Kuno Frankenstein

**Hand und Lehrbuch der Staatswissenschaften**

Grundbegriffe und Grundlagen der Volkswirtschaft

Kuno Frankenstein

**Hand und Lehrbuch der Staatswissenschaften**
*Grundbegriffe und Grundlagen der Volkswirtschaft*

ISBN/EAN: 9783742813121

Hergestellt in Europa, USA, Kanada, Australien, Japan

Cover: Foto ©Suzi / pixelio.de

Manufactured and distributed by brebook publishing software (www.brebook.com)

Kuno Frankenstein

**Hand und Lehrbuch der Staatswissenschaften**

# HAND- UND LEHRBUCH

DER

# STAATSWISSENSCHAFTEN

IN SELBSTÄNDIGEN BÄNDEN

BEARBEITET VON

Prof. Dr. G. ADLER in Basel, Oberbergrat Prof. Dr. A. ARNDT in Halle, Prof. Dr. R. VAN DER BORGHT in Aachen, Geh. Regierungsrat K. DRÄMER in Berlin, Verbandssekretär H. BRÄMER in Münster, Prof. Dr. K.TH. EHEBERG in Erlangen, Geh. Regierungsrat A. Freiherr VON FIRCKS in Berlin, Doz. Dr. K. FRANKENSTEIN in Berlin, Geh. Hofrat Prof. Dr. K.V. FRICKER in Leipzig, Privatdozent Dr. M. VON HECKEL in Würzburg, Dr. K. KAERGER in Buenos-Aires, Geh. Regierungsrat Prof. Dr. R. VON KAUFMANN in Berlin, k. k. Regierungsrat Prof. Dr. F. KLEIN-WÄCHTER in Czernowitz, weil. Prof. Dr. J. LEHR in München, Prof. Dr. E. MISCHLER in Graz, Prof. Dr. A. ONCKEN in Bern, Prof. Dr. A. PETERSILIE in Berlin, Regierungs- und Medizinalrat Dr. RAPMUND in Minden, k. k. Minister a. D. Dr. A. SCHÄFFLE in Stuttgart, Hofrat Prof. Dr. G. SCHANZ in Würzburg, Prof. Dr. R. SCHMIDT in Freiburg, Forstmeister Prof. Dr. A. SCHWAPPACH in Eberswalde, Regierungsrat Dr. SIEBB in Berlin, Kais. Regierungs-rat Dr. R. STEPHAN in Berlin, Kais. Geh. Oberrechnungsrat a. D. Dr. W. VOCKE in Ansbach.

HERAUSGEGEBEN

VON

KUNO FRANKENSTEIN.

---

Dritte Abteilung: Staats- und Verwaltungslehre. III. Band.

## Das öffentliche Unterrichtswesen

im Deutschen Reiche und in den übrigen europäischen Kulturländern.

Von

**Dr. A. Petersilie,**

Professor und Mitglied des Königl. statistischen Bureaus in Berlin.

---

LEIPZIG,

VERLAG VON C. L. HIRSCHFELD.

1897.

# Das

# ÖFFENTLICHE UNTERRICHTSWESEN

## im Deutschen Reiche

### und

## in den übrigen europäischen Kulturländern.

Von

**Dr. A. Petersilie,**

Professor und Mitglied des Königl. statistischen Bureaus in Berlin.

II. Band.

III. Verfassungsmässige Organisation des öffentlichen Unterrichts.

LEIPZIG,
VERLAG VON C. L. HIRSCHFELD.
1897.

# INHALTSVERZEICHNIS.

## III. Teil. Die verfassungsmäfsige Organisation des öffentlichen Unterrichts.

| | Seite |
|---|---|
| Einleitung. . . . . . . . . . . . . . . . . . . . . . | 3 |
| I. Hauptabteilung. Der öffentliche Unterricht in den Schulen für allgemeine Bildung . . . . . . . . . . . . . . . | 6 |
|   I. Abschnitt. Die Volksschule . . . . . . . . . . . . . | 6 |
|     I. Preußen . . . . . . . . . . . . . . . . . . . | 6 |
|       1. Kapitel. Die Schüler . . . . . . . . . . . . . | 6 |
|         § 1. Die Schulpflicht. — a. Beginn der Schulpflicht — 7 —; Einschulung und Wahl der Schule — 8 —; Einschulung von Kindern aus gemischten Ehen — 9 —. b. Erfüllung der Schulpflicht — 10 —; Teilnahme an den Lehrstunden — 10 —; Zwangsbeschaffung von Lehrmitteln — 11 —; Staatsverträge über die Durchführung der Schulpflicht — 11 —; Impfzwang — 12 —. c. Minderung der Unterrichtszeit — 13 —; Dispens vom Schulbesuche wegen kirchlichen bezw. religiösen Unterrichts — 13 —; zum Zwecke des Erwerbes — 14 —; Aussetzung der Schule wegen Krankheiten — 19 —; Ferientermine und -Dauer — 20. | 6 |
|         § 2. Die Schulzucht. — a. Kontrolle des Schulbesuchs — 21 —; im allgemeinen — 21 —; Teilnahme am Religionsunterricht — 21 —; Schifferkinder — 22 —; Hütekinder — 22 —; Fabrikkinder — 22 —; aus anderen Schulen entlassene Schulpflichtige — 23 —; Verhütung der Schulversäumnisse — 23 —. b. Behandlung der Schulversäumnisse — 23 —; allgemeine Bestimmungen — 23 —; Bestrafung der Schulversäumnisse — 24 —; Zwangsgestellung der Kinder — 27 —. c. Erziehungs- und Züchtigungsrecht — 27 —. d. Zwangserziehung — 29. | 21 |
|         § 3. Der Schulunterricht. — a. Aufgabe und Ziel des Volksschulunterrichts — 31 —. b. Allgemeine Bestimmungen vom 15. Oktober 1872 — 31 —. c. Besondere Bestimmungen — 39. | |
|         § 4. Die Schulentlassung. — a. Grundsätze — 45 —. b. Anordnungen einzelner Verwaltungsbehörden — 45 —. c. Entlassungstermin — 47 —. d. Kompetenz zur Entlassung — 48 —. e. Endgültigkeit der Entlassung — 48. | 45 |
|       2. Kapitel. Die Lehrer . . . . . . . . . . . . . . | 48 |
|         § 1. Erlangung des Amtscharakters — 48 —; Verpflichtung zum Schulamt — 48 —; Berufung — 48 —; Anstellung — 50 —; Einführung und Vereidigung — 53. | |
|         § 2. Amtliches Verhältnis. — a. Pflichten der Lehrer — 55 —; Dienstinstruktion — 55 —; Fortbildung im Amte — 57 —; Verhalten im öffentlichen Leben — 59 —. b. Rechtsan- | 55 |

Inhaltsverzeichnis.

|  | Seite |
|---|---|
| sprüche — 60 —; das Einkommen — 60 —; Gehaltsregulierung — 61 —; Bestandteile des Einkommens — 65 —; staatliche Dienstaltersulagen — 69 —; sonstige persönliche Zulagen aus Staats- usw. Mitteln — 72 —; Remunerationen — 74 —; Einkünfte aus kirchlichen Ämtern — 76 —; Pensionsberechtigung — 77. Lehrerbesoldungsgesetz vom 3. März 1897 siehe Nachtrag I, S. 473. | |
| § 3. Außeramtliches Verhältnis | 82 |
| § 4. Änderung des Dienstverhältnisses — 84 —; Konfessionswechsel — 84 —; Amtserledigung — 84 —; Kündigung — 84 —; Versetzung — 85 —; Disziplinarverfahren — 85 —; Amtssuspension — 92 —; Amtsentlassung — 93. | 84 |
| 3. Kapitel. Die Schulgemeinde | 93 |
| § 1. Organisation und Verwaltung der Schulgemeinde — 93 —; der Schulbezirk — 93 —; Schulverwaltung. Schuldeputation, Schulvorstand — 95. | |
| § 2. Rechtliche Befugnisse der Schulgemeinde | 99 |
| § 3. Schulunterhaltungspflicht — 100 —; Begriff — 100 —; Umfang — 101 —; Inhalt 102. | 100 |
| § 4. Träger der Schullast — 114 —; die Sozietät — 114 —; die politische Gemeinde — 115 —; kirchliche Interessenten — 118 —; der Staat — 120. | |
| 4. Kapitel. Ergänzung des Volksschulunterrichts | 120 |
| § 1. Die Fortbildungsschule — 120 —; in den Städten — 120 —; auf dem Lande — 123. | 120 |
| § 2. Unterrichtsanstalten für nicht vollsinnige Kinder | 125 |
| II. Der Volksschulunterricht im übrigen Deutschland | 126 |
| 1. Kapitel. Abriſs des deutschen Volksschulrechts | 126 |
| 2. Kapitel. Die einzelnen deutschen Staaten | 134 |
| § 1. Anhalt | 134 |
| § 2. Baden | 135 |
| § 3. Bayern | 135 |
| § 4. Braunschweig | 141 |
| § 5. Hansestädte | 142 |
| § 6. Hessen | 143 |
| § 7. Lippe | 144 |
| § 8. Schaumburg-Lippe | 145 |
| § 9. Mecklenburg-Schwerin | 145 |
| § 10. Mecklenburg-Strelitz | 145 |
| § 11. Oldenburg | 146 |
| § 12. Reuſs älterer Linie | 147 |
| § 13. Reuſs jüngerer Linie | 147 |
| § 14. Sachsen | 147 |
| § 15. Sachsen-Altenburg | 148 |
| § 16. Sachsen-Koburg Gotha | 149 |
| § 17. Sachsen-Meiningen | 150 |
| § 18. Sachsen-Weimar-Eisenach | 151 |
| § 19. Schwarzburg-Rudolstadt | 151 |
| § 20. Schwarzburg-Sondershausen | 152 |
| § 21. Waldeck und Pyrmont | 152 |
| § 22. Württemberg | 152 |

## Inhaltsverzeichnis.

**III. Der Volksschulunterricht in außerdeutschen Kulturstaaten** .................................................. 156
- § 1. Belgien .................................................. 156
- § 2. Dänemark .................................................. 157
- § 3. Frankreich .................................................. 160
- § 4. Großbritannien und Irland .................................................. 174
- § 5. Holland .................................................. 175
- § 6. Italien .................................................. 176
- § 7. Oesterreich-Ungarn .................................................. 178
- § 8. Rußland .................................................. 183
- § 9. Schweiz .................................................. 185
- § 10. Schweden und Norwegen .................................................. 186

**II. Abschnitt. Der öffentliche Unterricht in den Mittelschulen** .................................................. 190
- 1. Kapitel. Das Mittelschulwesen in Preußen .................................................. 190
- 2. Kapitel. Das Mittelschulwesen im übrigen Deutschland .................................................. 197
- 3. Kapitel. Das Mittelschulwesen in außerdeutschen Ländern .................................................. 198

**III. Abschnitt. Die höheren Mädchenschulen** .................................................. 203
- 1. Kapitel. Das höhere Mädchenschulwesen in Preußen .................................................. 203
- 2. Kapitel. Das höhere Mädchenschulwesen im übrigen Deutschland .................................................. 223

**IV. Abschnitt. Die Lehrerbildungsanstalten** .................................................. 223
- 1. Kapitel. Überblick über die Lehrerbildung in Deutschland .................................................. 223
- 2. Kapitel. Die Lehrerbildung in den einzelnen Staaten .................................................. 228
  - § 1. Die Lehrerbildung in Preußen. — a. Präparandenanstalten — 228 —; b. Lehrerseminare — 240.
  - § 2. Die Lehrerbildung im übrigen Deutschland .................................................. 258
  - § 3. Die Lehrerbildung in außerdeutschen Kulturstaaten .................................................. 262

**V. Abschnitt. Höhere Lehranstalten** .................................................. 268
- 1. Kapitel. Die höheren Lehranstalten in Preußen .................................................. 268
  - § 1. Einrichtung der höheren Lehranstalten .................................................. 268
  - § 2. Der Unterricht in den höheren Lehranstalten .................................................. 270
- 2. Kapitel. Die höheren Lehranstalten im übrigen Deutschland .................................................. 322
- 3. Kapitel. Die höheren Lehranstalten in außerdeutschen Kulturstaaten .................................................. 356

**II. Hauptabteilung. Der öffentliche Unterricht in Fachschulen** .................................................. 368
- 1. Kapitel. Landwirtschaftliche Lehranstalten .................................................. 368
- 2. Kapitel. Bergbau-Lehranstalten .................................................. 372
- 3. Kapitel. Forstlehranstalten .................................................. 375
- 4. Kapitel. Tierärztliche Hochschulen .................................................. 377
- 5. Kapitel. Technische Unterrichtsanstalten .................................................. 377
  - A. Gewerbeschulen — 377 —. B. Technische Hochschulen — 380.
- 6. Kapitel. Kunstschulen .................................................. 390

VIII Inhaltsverzeichnis. — Inhaltsübersicht der Bibliographie.

Seite

III. Hauptabteilung. Die Universitäten . . . . . . . . . . . . . 406
  I. Abschnitt. Die Universitäten in Preußen . . . . . . . . . 406
    1. Kapitel. Universitätsgesetze . . . . . . . . . . 406
    2. Kapitel. Fakultätsbestimmungen . . . . . . . . 422
    § 1. Statuten der evangelisch-theologischen Fakultät . . . 422
    § 2. Studienplan für die katholisch-theologische Fakultät . . 436
    § 3. Studienplan für Juristen — siehe auch Nachtrag II.,
        S. 477 — . . . . . . . . . . . . . . . . . 437
    § 4. Studienplan für Mediziner . . . . . . . . . . . 440
    § 5. Studienplan der philosophischen Fakultät . . . . . 445
  II. Abschnitt. Die Universitäten im übrigen Deutschland . . . . 455
  III. Abschnitt. Reichsausländische Universitäten . . . . . . . . 455

Anhang.

Nachtrag I. Das preußische Lehrerbesoldungsgesetz vom 3. März 1897 . . 473
Nachtrag II. Änderung des Studienplans der juristischen Fakultät an preußischen Universitäten . . . . . . . . . . . . . . . . . 477

Inhaltsübersicht der Bibliographie. 479

  I. Pädagogik im allgemeinen . . . . . . 480—483
  II. Voraussetzungen und Bedingungen des öffentlichen Unterrichts.
1. Lehrerstand und Lehrerbildungswesen im allgemeinen . . . . . . 483—484
2. Präparanden- und Seminarwesen . . . . . . . . . . . . . 484—487
3. Prüfungswesen . . . . . . . . . . . . . . . . . . . 487
4. Schulunterhaltungswesen . . . . . . . . . . . . . . . . 487
5. Schulgeld und unentgeltlicher Volksschulunterricht . . . . . . . 487—488
6. Schule und Staat, Schule und Kirche
  a. Schulzwang . . . . . . . . . . . . . . . . . . . 488—489
  b. Schulaufsicht . . . . . . . . . . . . . . . . . . . 489
7. Schuldienst. Schuldisziplin. Schulpraxis . . . . . . . . . . . 489—490
8. Rechtsverhältnisse der Lehrer und Lehrerinnen. Soziale Stellung derselben . . . . . . . . . . . . . . . . . . . . . . 490—491
9. Schulhygiene . . . . . . . . . . . . . . . . . . . . 491—493

  III. Der öffentliche Unterricht.
1. Internationales . . . . . . . . . . . . . . . . . . . . 493
2. Deutsches Reich . . . . . . . . . . . . . . . . . . . 493—495
3. Die Staaten des Deutschen Reichs . . . . . . . . . . . . 495—499
4. Außerdeutsche Kulturstaaten
  a. Belgien . . . . . . . . . . . . . . . . . . . . . 499
  b. Dänemark . . . . . . . . . . . . . . . . . . . . 500
  c. Großbritannien und Irland . . . . . . . . . . . . . . 500—501
  d. Frankreich . . . . . . . . . . . . . . . . . . . . 501—503
  e. Holland . . . . . . . . . . . . . . . . . . . . . 503
  f. Italien . . . . . . . . . . . . . . . . . . . . . . 503—504
  g. Oesterreich-Ungarn . . . . . . . . . . . . . . . . . 504—505

Inhaltsübersicht der Bibliographie. IX

|   |   | Seite |
|---|---|---|
| h. Rufsland | | 505—506 |
| i. Schweiz | | 506—507 |
| k. Schweden und Norwegen | | 507—508 |
| l. Spanien und Portugal | | 508 |
| m.—p. Die Staaten der Balkanhalbinsel | | 508 |

5. Aufsereuropäische Kulturstaaten
   - a. Vereinigte Staaten von Amerika . . . . . . . . 508—510
   - b.—f. Argentinien. Chile. Costa-Rica. Peru. Uruguay . . . 510—511
   - g. Canada . . . . . . . . . . . . . . . . 511
   - h. Japan . . . . . . . . . . . . . . . . 511—512
   - i.—m. Britisch-Indien. Aegypten. Kapkolonie. Engl. Kolonialbesitz in Australien . . . . . . . . . . . . 512

## IV. Der Volksschulunterricht.

1. Internationales . . . . . . . . . . . . . . . . 512—513
2. Staaten des Deutschen Reichs . . . . . . . . . . 513—522
3. Aufserdeutsche Kulturstaaten
   - a. Belgien . . . . . . . . . . . . . . . . 522—523
   - b. Dänemark . . . . . . . . . . . . . . . 523
   - c. Grofsbritannien und Irland . . . . . . . . . . 523—526
   - d. Frankreich . . . . . . . . . . . . . . . 526—528
   - e. Holland . . . . . . . . . . . . . . . . 528—529
   - f. Italien . . . . . . . . . . . . . . . . 529
   - g. Oesterreich-Ungarn . . . . . . . . . . . . 529—532
   - h. Rufsland . . . . . . . . . . . . . . . 532
   - i. Schweiz . . . . . . . . . . . . . . . . 532
   - k. Schweden und Norwegen . . . . . . . . . . 532
   - l. Spanien und Portugal . . . . . . . . . . . 533
   - m. Griechenland . . . . . . . . . . . . . . 533
4. Aufsereuropäische Kulturstaaten . . . . . . . . . . 533—534

## V. Die Fortbildungsschule. . . . . . . 534—536

## VI. Die Mittelschulen und höheren Lehranstalten.

1. Die Staaten des Deutschen Reichs . . . . . . . . . 536—553
2. Aufserdeutsche Kulturstaaten
   - a. Belgien . . . . . . . . . . . . . . . . 553—554
   - b. Dänemark . . . . . . . . . . . . . . . 554
   - c. Grofsbritannien . . . . . . . . . . . . . 554—555
   - d. Frankreich . . . . . . . . . . . . . . . 555—556
   - e. Holland . . . . . . . . . . . . . . . . 556
   - f. Italien . . . . . . . . . . . . . . . . 556
   - g. Oesterreich-Ungarn . . . . . . . . . . . . 556—559
   - h. Rufsland . . . . . . . . . . . . . . . 559
   - i. Schweiz . . . . . . . . . . . . . . . . 559—560
   - k. Schweden und Norwegen . . . . . . . . . . 560
   - l. Portugal. Serbien. Griechenland . . . . . . . . 560
3. Aufsereuropäische Kulturstaaten . . . . . . . . . . 560—561

## VII. Fachschulen.

1. Landwirtschaftliche Lehranstalten . . . . . . . . . 562—563
2. Höhere Bergschulen und Bergakademien . . . . . . . 563—564

Inhaltsübersicht der Bibliographie.

3. Forstlehranstalten . . . . . . . . . . . . . . . . . . . . . . . 564
4. Handelsschulen . . . . . . . . . . . . . . . . . . . . . . 564—565
5. Technische Schulen
   a. Allgemeines und Internationales . . . . . . . . . . . 565—566
   b. Die Staaten des Deutschen Reichs . . . . . . . . . . 566—570
   c. Aufserdeutsche Kulturstaaten
      c¹. Belgien . . . . . . . . . . . . . . . . . . . . 570—571
      c². Skandinavische Staaten . . . . . . . . . . . . . . 571
      c³. Grofsbritannien . . . . . . . . . . . . . . . . 571—572
      c⁴. Frankreich . . . . . . . . . . . . . . . . . . 572—573
      c⁵. Italien . . . . . . . . . . . . . . . . . . . . . . 573
      c⁶. Oesterreich-Ungarn . . . . . . . . . . . . . . 573—574
      c⁷. Rufsland . . . . . . . . . . . . . . . . . . . . . 574
      c⁸. Schweiz . . . . . . . . . . . . . . . . . . . 574—575
      c⁹. Portugal . . . . . . . . . . . . . . . . . . . . . 575
   d. Aufsereuropäische Kulturstaaten . . . . . . . . . . . 575—576

## VIII. Universitäten.

1. Die Universitäten im Altertum und Mittelalter. Die Universitäten Europas im allgemeinen . . . . . . . . . . . . . . . . . . . 576
2. Die Universitäten des Deutschen Reichs
   a. Geschichte und Verfassung. Pädagogische und ethische Aufgaben. Philologische und theologische Reformatoren. Allgemeines. 577—580
   b. Die akademischen Lehrer. Akademische Lehrfreiheit . . . . 581
   c. Die einzelnen Fakultäten. Methodik und Gliederung des akademischen Unterrichts . . . . . . . . . . . . . . . . . . 581—582
   d. Akademisches Leben. Studentische Sitten, Bräuche und Benefizien 582—583
   e. Das Promotionswesen . . . . . . . . . . . . . . . . . . . 584
   f. Preufsisches Universitätswesen im allgemeinen . . . . . . . . 584
   g. Die einzelnen deutschen Universitäten . . . . . . . . . 585—594
   h. Das Frauenstudium auf deutschen Universitäten . . . . . . 594
3. Die Universitäten aufserdeutscher europäischer Kulturstaaten
   a. Belgien . . . . . . . . . . . . . . . . . . . . . . . 594—595
   b. Skandinavische Staaten . . . . . . . . . . . . . . . . . 595
   c. Grofsbritannien und Irland . . . . . . . . . . . . . . 595—597
   d. Frankreich . . . . . . . . . . . . . . . . . . . . . 597—600
   e. Holland . . . . . . . . . . . . . . . . . . . . . . 600—601
   f. Italien . . . . . . . . . . . . . . . . . . . . . . 601—602
   g. Oesterreich-Ungarn . . . . . . . . . . . . . . . . . 602—603
   h. Rufsland . . . . . . . . . . . . . . . . . . . . . 604—605
   i. Schweiz . . . . . . . . . . . . . . . . . . . . . . . 605
   k. Spanien und Portugal . . . . . . . . . . . . . . . 605—606
4. Universitäten aufsereuropäischer Kulturstaaten
   a. Vereinigte Staaten von Amerika . . . . . . . . . . . 606—607
   b. und c. Chile. Argentinien. Japan . . . . . . . . . . . . 607
5. Volksschulen und Universitäts-Ausdehnungsbewegung . . . . . 607—608

Nachtrag . . . . . . . . . . . . . . . . . . . . . . . . . . . . 608

# III. Teil.

## Die verfassungsmässige Organisation des öffentlichen Unterrichts.

Der vorliegende Teil behandelt das Unterrichtswesen in der Verfassung. Er stellt die Aufgaben und Ziele des Unterrichts, die Einrichtungen und Lehrpläne der Anstalten dar. In erster Linie geschieht dies nach dem grundlegenden Gesetze, in zweiter nach der beigefügten und erläuternden Verordnung; überall dorgestalt, dafs das Hauptgewicht dem Unterrichte selbst, seinem Wesen und Inhalte, beigelegt wird. Unter den Verordnungen und Erlassen sind namentlich solche hervorgehoben, die einen Einblick in die ‚Seele' der Unterrichtsverwaltung gewähren, also solche, die einerseits die pädagogische Fassung des Unterrichts erweitern, anderseits seinen ethischen Gehalt vertiefen.

Die Unterrichtskategorieen sind geteilt nach den Anstalten für allgemeine Bildung, für specielle Fachbildung und für universalistische Hochschulbildung. Die Anstalten der ersten und zweiten Klasse sind in aufserdeutschen Staaten ihrem Charakter nach nicht immer reinlich geschieden. Ihre Gegenüberstellung ist deshalb an einigen Stellen entgegen der amtlichen Klassifizierung nach ihrer lehrplanmäfsigen Einrichtung erfolgt.

Die erste Klasse umfafst die Elementarschulen (Volksschulen niederen und höheren Grades, Fortbildungsschulen usw.), Mittelschulen, höhere Mädchenschulen, Lehrerbildungsanstalten, höhere und Gelehrtenschulen.

Den breitesten Raum nehmen naturgemäfs die Volksschulen ein. Diese sind überall Anstalten, welche der Erfüllung der allgemeinen Schulpflicht bezw. dem elementaren Unterrichtsbedürfnis genügen. Ihre Ergänzung finden sie in den Fortbildungs- und Sonntagsschulen soweit, als deren Unterricht die allgemeinen Bildungselemente berücksichtigt.

Was die hier so genannten Mittelschulen anlangt, so ist ihr Charakter ein ganz bestimmter: sie sind die eigentlichen Vorbereitungsanstalten für die Bedürfnisse des bürgerlichen Mittelstandes, und ihr Lehrziel ist demnach Erweiterung der Volksschulbildung auch mit Elementen des fremdsprachlichen Unterrichts. Anders ist es mit ihrer Bezeichnung. „Nichtssagend", wie LORENZ v. STEIN es thut, kann man sie wohl nicht nennen; denn der Name bezeichnet am Ende, wie schon der preufsische Gesetzentwurf von 1819 angibt, ihre Stellung zwischen Elementar- und höheren Schulen deutlich genug. Es ist indessen nicht abzusehen, warum nicht an der allgemeinen Bezeichnung „Bürgerschule", auch schon zum Unterschiede von der „höheren" Bürgerschule, festgehalten werden sollte; denn dafs damit, wie die Motive zum belgischen Gesetz von 1850 befürchten, die Bevölkerung klassenmäfsig „differenziert" werden könnte, ist doch wohl ausgeschlossen.

Die „höheren Mädchenschulen" haben im Auslande keine feste Gestaltung. Wo sie in Wirklichkeit vorkommen, d. h. in der That „höheren" Unterricht gewähren, sind es fast ausnahmslos Privatinstitute. Wie diese sind auch die sogen. Mädchengymnasien und ähnliche Anstalten unberücksichtigt geblieben, da sie vorerst unfertige Zustände darstellen.

Eine Ergänzung und gleichsam den Abschlufs des niederen Schulwesens bilden die Lehrerbildungsanstalten, die nach dem Stoffe ihres Unterrichts im wesentlichen zu den niederen, nach der Methode zu den höheren Lehranstalten zu rechnen sind.

Als höhere Lehranstalten sind im allgemeinen solche anzusehen, welche die Berechtigung haben, giltige, d. h. den behördlicherseits anerkannten Nachweis wissenschaftlicher Bildung liefernde Abgangszeugnisse zu erteilen, während unter ‚Gelehrtenschulen' solche verstanden werden, welche zur Universität entlassen. Im Auslande, teilweise auch im anderen Deutschland, werden diese Anstalten unzutreffender Weise als ‚Mittelschulen', zuweilen mit dem Zusatz ‚gelehrte', bezeichnet. Damit soll nämlich ihre Stellung zwischen Elementarschulen und Universität angedeutet werden. Dann aber hat es in der That den Anschein, als wenn bei letzterer die hohe ‚Schule' hervorgekehrt werden soll. Bei der Darstellung des höheren Schulwesens kommen vor allem die inneren Einrichtungen, Lehrpläne, Stoffbehandlung zur Geltung. Die im entsprechenden Range stehenden militärischen Bildungsanstalten sind übrigens weder hier noch auf anderen Unterrichtsstufen besonders berücksichtigt.

Aus dem umfangreichen Gebiete der Fachschulen sind des Raumes wegen nur die preufsischen Anstalten und auch diese nur soweit herangezogen, als deren Unterrichtsbetrieb nach den Elementen allgemeiner oder wissenschaftlicher Bildung über den Standpunkt mechanischer Vorbereitungskurse hinausgeht. Bei dieser notwendigen Beschränkung sind auch als reine Fachschulen die französischen Fakultäten übergangen[1]; denn auch da, wo sie mit mehreren oder auch allen Disciplinen erscheinen, sind die einzelnen aus der universitas litterarum gelöst.

Die Universitäten als die Brennpunkte allgemein humanistischer und speciell fachwissenschaftlicher Bildung beanspruchen besondere Encyklopädieen für jede Disciplin. Das an dieser Stelle Gebotene ist der

---

[1] Im I. Teile haben sie natürlich ihre Stelle gefunden.

Einblick in den äufseren Lehrbetrieb der Fakultäten und den Zusammenhang des gesamten Unterrichtsgefüges (d. h. den Studiengang der einzelnen Disciplinen und die Organisation des Fakultätswesens innerhalb des Universitätskörpers); und zwar betrifft die Darstellung ganz bestimmt ausgewählte Normen der in allen wesentlichen Einrichtungen übereinstimmenden deutschen Hochschulen und ergänzungsweise auch die ausländischen. Auf diese durch Statuten, Gesetze und Verordnungen ausgeprägte Seite des Universitätswesens konnte der Bericht aber um so eher beschränkt werden, als die einschlägigen inneren Verhältnisse des Unterrichtsganges, soweit nicht der materielle Gehalt der einzelnen Disciplin in Frage kommt, in dem von W. LEXIS herausgegebenen Sammelwerke ‚Die deutschen Universitäten' (Berlin, 1893, bei A. ASHER & Co.) die beste Beleuchtung gefunden haben.

Gesetz und Recht des öffentlichen Unterrichts sind in beständigem Werden begriffen; es ist deshalb nicht leicht, den jeweiligen Zustand seiner verfassungsmäfsigen Organisation in ein Augenblicksbild zu bannen. Das Bleibende aber, der Grundgedanke der Unterrichtsverwaltung auf Grund pädagogischen Systems, ist in dieser Darstellung hoffentlich zu seinem Rechte gekommen.

# 1. Hauptabteilung. Der öffentliche Unterricht in den Schulen für allgemeine Bildung.

## I. Abschnitt. Die Volksschule. I. Preufsen.

### 1. Kapitel. Die Schüler.

#### § 1. *Die Schulpflicht.*

Die Allerhöchste Verordnung vom 28. Sept. 1717, dafs die Eltern ihre Kinder zur Schule und die Prediger die *catechisationes* halten sollen, bestimmt, „dafs hinkünfftig an denen Orten, wo Schulen seyn, die Eltern bei nachdrücklicher Straffe gehalten seyn sollen, ihre Kinder gegen zwey dreyer wochentliches Schuel-Geld von einem jeden Kinde im Winter täglich und im Sommer, wann die Eltern der Kinder bei ihrer Wirthschafft benöthigt seyn, zum wenigsten ein- oder zweimal die Woche, damit sie dasjenige, was im Winter erlernet worden, nicht gänzlich vergessen mögen, in die Schuel zu schicken".

Diese Grundsätze, weiter ausgebildet in der Verordn. v. 29. Sept. 1736 für die Kur- und Neumark (in der Kab.-Order vom 14. Mai 1825[1]) für die übrigen Landesteile) und wieder aufgenommen in das General-Land-Schulreglement vom 12. Aug. 1763, bestehen auch für die neuerworbenen Gebiete (Schleswig-Holsteinsche Schulordnung vom 24. August 1814 §§ 31 u. 65; Nassauische Schulordnung von 1817 §§ 41—43; Kurhessisches Ausschreiben vom 2. Januar 1818 und Verordnung vom 17. Febr. 1853; Hannoversches Volksschulgesetz vom 26. Mai 1845 §§ 3—6; Lauenburgische Landschulordnung vom 10. Oct. 1868 §§ 13—15) und sind in Art. 21 der Verfassungs-Urkunde des Preufsischen Staates so gefafst: „Eltern oder deren Stellvertreter dürfen ihre Kinder oder Pflegebefohlenen nicht ohne den Unterricht lassen, welcher für die öffentlichen Volksschulen vorgeschrieben ist."

Inbetreff nicht vollsinniger Kinder, deren Unterbringung in Anstalten nach dem Reskript der Minister des Innern und des Kultus vom 12. Aug. 1847 durch Zwangsmafsregeln gegen die Eltern oder sonstigen Verpflichteten nicht durchgesetzt werden kann, haben die Regierungen im Einverständnis mit dem Kultusminister verfügt, dafs deren Schulbe-

---

[1] Hat nach GEK 19. Oct. 1872 auch für die neuen Provinzen Geltung.

auch, „sofern sie überhaupt bildungsfähig sind", „als Notbehelf" (Ministerial-Erlaſs vom 14. Jan. 1861) und „täglich für einige Stunden" zu gestatten sei.

Die Reg.-Verf. Magdeburg, d. 12. April 1883 schreibt vor: „Schwache oder blödsinnige Kinder sind vom öffentlichen Unterrichte der Volksschule nur dann auszuschlieſsen, wenn durch ihr Verhalten der Unterricht gehemmt werden sollte".

In Schleswig-Holstein sind nach Patent v. 8. Nov. 1805 und Cirkular v. 19. Mai 1807 (Chronol. Sammlg. der Verordnungen S. 115 und 291) alle taubstummen Kinder der Provinz nach zurückgelegtem 7. Jahre der (nunmehr) provinzialständischen Taubstummenanstalt zuzuführen und daselbst bei Bedürftigkeit der Eltern „auf Kosten des Landes", bei Nichtbedürftigkeit auf eigene Kosten zu unterhalten und auszubilden, „falls nicht nachweislich für ihre Ausbildung anderweitig ausreichend gesorgt wird". Zu rechtzeitiger Anmeldung und Überführung der Betreffenden sind die Schulinspektoren gehalten, „unter Benutzung des für die Schüler-Stammliste vorgeschriebenen Schemas von jedem taubstummen Kinde (nach Cirkular-Verfügung v. 13. Dez. 1877 auch bei neu anziehenden Familien) dem Landesdirektor Anzeige zu machen". RV Schleswig 28. Sept. 1885.

a. Beginn der Schulpflicht. Das Allgemeine Land-Recht, Teil II Titel 12 § 43 verordnet: „Jeder Einwohner, welcher den nötigen Unterricht für seine Kinder in seinem Hause nicht besorgen kann[1]) oder will, ist schuldig, dieselben nach zurückgelegtem fünften Jahre zur Schule zu schicken", und in § 41: „Zurückstellung oder zeitweilige Dispensation ist nur mit Genehmigung „der Obrigkeit und des geistlichen Schulvorstehers" angängig. Die Allerh. KO vom 14. Mai 1825 Abs. 1 schreibt vor: „Eltern oder deren gesetzliche Vertreter, welche nicht nachweisen können, daſs sie für den nötigen Unterricht der Kinder in ihrem Hause sorgen, sollen erforderlichen Falls durch Zwangsmittel und Strafen angehalten werden, jedes Kind nach zurückgelegtem fünften Jahre zur Schule zu schicken", und in Abs. 3: „nur unter Genehmigung der Obrigkeit und des (geistlichen) Schulvorstehers kann ein Kind länger von der Schule zurückgehalten oder der Schulunterricht desselben wegen vorkommender Hindernisse auf einige Zeit ausgesetzt werden".

Inverfolg dieser Einschränkungen ermächtigt ME 14. Jan. 1862 die Verwaltungsbehörden allgemein, „in Fällen des Bedürfnisses den Beginn der Schulpflicht auf ein späteres Lebensjahr hinauszurücken", wie teilweise schon früher geschehen.

---

[1]) Darüber hat die Schulaufsichtsbehörde, in letzter Instanz der Minister zu entscheiden, vergl. ME 20. Nov. 1872.

Der Rheinische Provinzial-Landtagsabschied vom 26. März 1839 gibt den Regierungen die Befugnis, „nach örtlichen Verhältnissen in ganzen Gemeinden oder gröfseren Distrikten" alle Kinder, die das 6. Jahr noch nicht zurückgelegt haben, vom Schulbesuch zu dispensieren.

Für Westfalen bestimmt der Oberpräsident mit Genehmigung des Unterrichtsministers unter d. 26. Jan. 1880 (Amtsbl. Reg. Minden S. 19):

„1. Die Schulpflicht beginnt mit dem zurückgelegten sechsten Lebensjahre.

2. Kinder, welche aufserhalb des Schulortes in einer Entfernung von mehr als zwei Kilometer von der Schule entfernt wohnen und erst in den letzten drei Monaten vor dem Aufnahmetermin das sechste Lebensjahr vollenden, können auf Antrag der Eltern oder deren Stellvertreter (an den Schulvorstand) bis zu dem nächstfolgenden Aufnahmetermin (Ostern oder Michaelis) zurückgestellt werden.

3. Findet der Schulvorstand nötig, dafs sämtliche Kinder in ganzen Ortschaften, welche von der Schule mehr als zwei Kilometer entfernt liegen, zurückgestellt werden, so entscheidet die Königl. Regierung nach Vernehmung des Kreisschulinspektors und des Landrats".

Die Schulordnung für die Provinz Preufsen vom 11. Dez. 1845 § 1 datiert den Beginn der Schulpflicht nach vollendetem sechsten; die Schleswig-Holsteinsche Schulordnung von 1814 §§ 31, 65 vom Anfang des sechsten, spätestens siebenten; die Lauenburgische Schulordnung von 1868 § 13 von dem im Vierteljahr vor oder nach Semesteranfang vollendeten sechsten; das Hannoversche Volksschulgesetz von 1845 § 4 und die Instruktion vom 31. Dez. 1845 Art. 8, das Nassauische Edikt von 1817 §§ 2 und 4 und die Schulordnung §§ 41, 44, 45, sowie der Beschlufs des Kammergerichts vom 13. Febr. 1882 für Kurhessen nach vollendetem sechsten Lebensjahre.

Danach bezeichnet es ME 14. Juli 1870 als „unzulässig, die Eltern zu zwingen, ihre Kinder früher als nach vollendetem sechsten Jahre in die Schule zu schicken."

Einschulung und Wahl der Schule. Die Aufnahme neuer Schüler erfolgt zumeist um Ostern.

Nach ME 28. Jan. 1882 können die Regierungen bestehende Schulgemeinden dazu anhalten, schulpflichtige Kinder nicht eingeschulter Ortschaften (Wohnplätze usw.) in ihre Schule aufzunehmen.

Nicht nur am Wohnsitze der Eltern, sondern auch da, wo die schulpflichtigen Kinder „ihren regelmäfsigen Aufenthalt haben", sind sie nach ME 21. Jan. 1882 zum Schulbesuch berechtigt. Die gastweise Benutzung einer Schule ist bei deren Vorstande zu beantragen (ME 11. Juli 1863) und nur dann unzulässig, wenn die betreffende Anstalt

## 1. Kapitel. Die Schüler.

zu weit oder in einem fremden Verwaltungsbezirke liegt, ME 18. Dez. 1863.[1])

„Die Schulaufsichtsbehörden haben nur darauf zu sehen, dafs die Kinder den notwendigen Unterricht wirklich empfangen" ME 24. Sept. 1870; denn „der Schulzwang enthält nur eine eventuelle Nötigung zur Benutzung der öffentlichen Schule, eine Nötigung zum Besuch einer bestimmten öffentlichen Schule aber nicht". Indessen ist nach dem Erkenntnis des Kammergerichts vom 12. Okt. 1882 für Kinder in Preufsen ansässiger Eltern der Besuch preufsischer Schulen obligatorisch und derjenige dänischer Anstalten von Kindern in Schleswig-Holstein wohnender Eltern nach dem Erkenntnis desselben Gerichtshofs vom 9. Febr. 1885 nur dann zu gestatten, wenn der Nachweis voller Leistungsfähigkeit der in Aussicht genommenen Schule erbracht ist.[2])

Gemäfs ALR II. 12 § 10 darf niemandem wegen Verschiedenheit des Glaubensbekenntnisses der Zutritt zu öffentlichen Schulen versagt werden. Demnach bestätigt ME 29. Nov. 1862 die freie Wahl der Schule unabhängig von der Konfession (Religion) der Eltern. Wo hingegen die gesetzlichen Autoritäten in betreff der konfessionellen Erziehung der Kinder (Eltern, Vormundschaftsgericht) in ihrer freien Entschliefsung hinsichtlich des Schulbesuchs und der Erziehung ihrer Kinder, wie es durch die Kurhessische Verordnung vom 13. April 1853 der Fall ist, gehemmt sein sollten, ist es nicht Sache der Schulaufsichtsbehörde, sondern Aufgabe der Gerichte, für die Aufrechterhaltung solcher Beschränkungen zu sorgen; ME 24. Sept. 1870. Im übrigen bestimmt § 19 der Vormundschaftsordnung vom 5. Juli 1875 (GS 431): „Bei der Auswahl des Vormundes ist auf das religiöse Bekenntnis des Mündels Rücksicht zu nehmen".

Einschulung von Kindern aus gemischten Ehen. (Vergl. Centralblatt 1859 S. 420.) Die Allerhöchste Deklaration vom 21. Nov. 1803 ändert den § 76 Tit. 2 Teil II Allg. L. R. dahin ab, „dafs eheliche Kinder jedesmal in der Religion des Vaters unterrichtet werden sollen". Nach § 74 daselbst kommt die Anordnung der Art, wie das Kind erzogen werden soll, dem Vater zu.[3]) Ist der Vater des einzuschulenden oder eingeschulten Kindes verstorben, so mufs die Einschulung oder weitere Erziehung in der Schule derjenigen Konfession erfolgen, welcher der Vater angehörte. Dies ergibt sich aus der Abänderung des § 80 II,

---

1) § 24 der Staatsministerial-Instruktion vom 31. Dez. 1839 stellt es auch frei, eine Privatschule zu besuchen, vergl. ME 12. Mai 1883.
2) Das Allgemeine Land-Recht und die Verfassungsurkunde sehen die Lokalität der Schule nicht vor, wohl aber die Allerh. Verordnung v. 28. Sept. 1717. Zur Sache selbst vergl. Schleswig-Holsteinsche Schulordnung von 1814 § 65 ff.
3) Der väterlichen Gewalt endgiltig verlustig geht ein mit Zuchthaus Bestrafter ALR II. 2 § 255 und 259; vergl. Johow, Jahrbücher II, 83.

2 Allg. L. R.; § 51 daselbst lautet: „Auf eine in der letzten Krankheit erst erfolgte Religionsänderung wird dabei keine Rücksickt genommen", und die Abänderung des § 52 daselbst: Wenn der verstorbene Vater das Kind wenigstens das ganze Jahr vor seinem Tode in einem anderen Glaubensbekenntnis hat erziehen lassen, „so mufs dieser Unterricht in eben der Art auch nach seinem Tode, bis zum vollendeten 14. Jahre des Kindes, fortgesetzt werden".[1])

Anordnungen über Ausführung dieser gesetzlichen Vorschriften hat nicht die Schulaufsichtsbehörde (Regierung), sondern das Vormundschaftsgericht zu treffen, ME 9. Juli 1868. Ingleichen ist auch die städtische Schuldeputation, selbst bei Requisition des Vormundschaftsgerichts, nicht die Behörde, welche die von letzterem getroffenen Entscheidungen zu vollstrecken hat. Ihre Aufgabe erfüllt sich vielmehr darin, durch ihre Organe mittels Belehrung und Ermahnung die Betreffenden den Anordnungen des Vormundschaftsgerichtes fügsam zu machen. Die Anwendung dieser Grundsätze „schützt die Schulbehörde vor Übergriffen in ein ihrer Kompetenz nicht zugängliches Gebiet, sowie vor dem Vorwurf des Gewissenszwanges und sichert andrerseits die Ausführung des Gesetzes in höherem Grade, da den Vormundschaftsgerichten wirksamere Mittel, als den Schulbehörden, zu Gebote stehen renitente Vormünder zum Gehorsam zu bringen, oder ungesetzlichen Widerstand der Angehörigen des Curanden zu brechen"; ME 6. März 1860. (Vgl. ME 18. März 1861).

Die selbständige Bestimmung der Religion, in welcher der Pflegebefohlene zu erziehen ist, gebührt im übrigen dem Adoptivvater, dem unehelichen Vater inbetreff legitimierter Kinder, den Pflegeeltern im gesetzlichen Sinne (ALR II 2 § 753 und Anhang § 104).

b. Erfüllung der Schulpflicht. Teilnahme an den Lehrstunden. Der Schulzwang erstreckt sich auf alle Gegenstände, welche von der Schulaufsichtsbehörde in den Bereich des Volksschulunterrichts gezogen werden, also auch auf Turnen und weibliche Handarbeiten.[2]) Etwaige Dispensationsgesuche sind bei dem Vorstande der Schule anzubringen, werden jedoch nach MEE 27. Mai und 6. August 1873 schwerlich Berücksichtigung finden können.

Auch auf schwach begabte Kinder erstreckt sich die Schulpflicht und der Schulzwang. Bestimmt ist darüber, dafs für sie, wenn angängig, besondere Schulklassen hergerichtet werden sollen. Für diese gilt: 1. Zur Auswahl der betreffenden Kinder ist thunlichst ein Arzt zuzuziehen, weil körperliche Gebrechen und überstandene Krankheiten mit

---

[1] Gilt auch für die Gebiete des Rheinischen Rechts: KG 2. Nov. 1885; vergl. Kirchl. Gesetz- u. Verordnungsbl. 1886 S. 32 ff.
[2] Die betreffenden Verfügungen siehe bei Schneider und v. Bremen, Das Volksschulwesen III, 5 f.

### 1. Kapitel. Die Schüler.

der zurückgebliebenen geistigen Entwickelung im Zusammenhang zu stehen pflegen und die ärztliche Mitwirkung die Gewähr bietet, daſs die Überweisung auf Kinder beschränkt bleibt, die geistig nicht genügend entwickelt sind, um an dem normalen Unterricht mit Nutzen sich zu beteiligen; 2. die Zahl der Kinder darf in keiner Klasse 25 übersteigen; 3. für diese Klassen ist ein besonderer Lehrplan zu entwerfen und bei mehrstufigen Schulsystemen für jede einzelne Klasse ein erheblich niedrigeres Ziel festzusetzen, das auch bei der obersten Klasse über das für die Mittelstufe einer normalen Volksschule vorgeschriebene Maſs nicht hinausgeht; bei der Auswahl treten die Gegenstände, die vorzugsweise geistige Anstrengung erfordern, zu Gunsten der auf die Entwickelung körperlicher Geschicklichkeit und praktischer Befähigung gerichteten zurück.

Die Teilnahme am Religionsunterrichte der Schule ist nach ALR II 12 § 11 nur für diejenigen Kinder obligatorisch, welche derselben Konfession (Religion) angehören, wie der Lehrer. Können jedoch Dissidenten einen angemessenen Ersatz nicht nachweisen (vergl. § 13 a. a. O.), so müssen ihre Kinder an dem Religionsunterrichte der Volksschule teilnehmen ME 6. April 1859, vergl. ME 16. Jan. 1892, 6. Jan., 13. Febr., 1. März 1893 und EK 17. April 1893.

Zwangsweise Beschaffung von Lehrmitteln durch die Verwaltungsbehörden. Auf Verfügung des Landrats hat die Ortspolizeibehörde fehlende Schulbücher usw. nach Einziehung eines angemessenen Vorschusses von den verpflichteten Eltern oder Pflegern entweder selbst anzukaufen, oder durch den Schulinspektor, Schulvorstand oder Lehrer ankaufen zu lassen. Die vermittelnde Thätigkeit des Gemeindevorstandes in Anspruch zu nehmen, ist der Landrat gemäſs § 66 der Kreisordnung vom 13. Dez. 1872 befugt, da die Erreichung derjenigen Ziele, welche die Volksschule zu erfüllen hat, einen wesentlichen Teil der Interessen der allgemeinen Landesverwaltung bildet. Durch Ausführung der Maſsregel wird der Ortsvorstand nicht regreſspflichtig, da er durch den Auftrag seiner vorgesetzten Dienstbehörde gedeckt ist, vergl. ME 23. Juni 1880.

Staatsverträge über Durchführung der Schulpflicht. (Erlaſs der Minister des Innern und des Kultus vom 13. Nov. 1876.) Die Königlich preuſsische Regierung ist mit den Regierungen der Bundesstaaten Sachsen, Württemberg, Baden, Hessen, Mecklenburg-Schwerin, Sachsen-Weimar, Mecklenburg-Strelitz, Oldenburg, Sachsen-Meiningen, Sachsen-Altenburg, Sachsen-Koburg-Gotha, Anhalt, Schwarzburg-Rudolstadt, Schwarzburg-Sondershausen, Reuſs ält. Linie, Reuſs jüng. Linie, Schaumburg-Lippe, Lippe, Lübeck, Bremen, Hamburg und Elsaſs-Lothringen dahin übereingekommen, „daſs die dem preuſsischen Staate angehörenden Kinder, welche sich in einem der bezeichneten Bundesstaaten aufhalten, und die einem der letzteren angehörenden Kinder, welche sich im preufsischen Staate aufhalten, nach Mafsgabe der im Lande des Aufenthalts bestehenden Gesetze wie Inländer zum Besuche der Schule herangezogen werden sollen;

„dafs diese Nötigung zum Besuche der Schule sich nicht nur auf die eigentliche Elementarschule (Volksschule), sondern, wo daneben eine sogenannte Sonntags- oder Fortbildungsschule mit obligatorischem Charakter besteht, auch auf diese erstrecke;

„dafs jedoch Kinder, welche sich durch ein Zeugnis der zuständigen heimischen Schulbehörde (-Organe)[1] darüber ausweisen, dafs sie der Schulpflicht, wie sie nach der Gesetzgebung ihrer Heimat normiert ist, vollständig Genüge geleistet haben, von fernerem Schulbesuche zu entbinden sind, auch wenn das am Orte ihres Aufenthaltes geltende Gesetz eine gröfsere Ausdehnung des obligatorischen Unterrichts vorschreibt."

(Dasselbe Abkommen besteht zwischen der Fürstlich Waldeckschen und der Grofsherzoglich Hessischen Regierung; vergl. Bekanntmachung des Königl. Provinzial-Schulkollegiums zu Kassel vom 12. Febr. 1878.)

In Frage kommen hier auch die Bestimmungen des Reichsimpfgesetzes vom 8. April 1874 (RGBl S. 31 Nr. 996), nach dessen § 1 Abs. 2 der Impfung mit Schutzpocken jeder Zögling einer öffentlichen Lehranstalt (oder einer Privatschule) mit Ausnahme der Sonntags- und Abendschulen innerhalb des Jahres unterzogen werden soll, in welchem er das zwölfte Lebensjahr zurücklegt, sofern er nicht nach ärztlichem Zeugnis in den letzten fünf Jahren die natürlichen Blattern überstanden hat oder mit Erfolg geimpft worden ist. Nach § 13 haben die Vorsteher derjenigen Schulanstalten, deren Zöglinge dem Impfzwange unterliegen, bei der Aufnahme von Schülern durch Einfordern der vorgeschriebenen Bescheinigungen festzustellen, ob die gesetzliche Impfung erfolgt ist. Sie haben dafür zu sorgen, dafs die Zöglinge, welche während des Besuches der Anstalt impfpflichtig werden, dieser Verpflichtung genügen. Ist eine Impfung ohne gesetzlichen Grund unterblieben, so haben sie auf deren Nachholung zu dringen. Sie sind verpflichtet, vier Wochen vor Schlufs des Semesters (Schuljahres) der zuständigen Behörde ein Verzeichnis derjenigen Schüler vorzulegen, für welche der Nachweis der Impfung nicht erbracht ist. Ärzte und Schulvorsteher, welche den ihnen durch § 13 auferlegten Verpflichtungen nicht nachkommen, werden mit Geldbufse bis zu einhundert Mark bestraft.[2] (§ 15 a. a. O.)

---

[1] Welche Organe zur Ausstellung dieser Art von Zeugnissen in den einzelnen Bundesstaaten zustandig sind, siehe im Centralbl. 1876 S. 684 und bei Schneider und v. Bremen a. a. O. S. 30.

[2] Über Aufnahme ungeimpfter Kinder in Schulen, welche nicht der allgemeinen Schulpflicht dienen, vergl. ME 31. Okt. 1871 (CBl 705); 7. Jan. 1874 CBl 201); 15. März 1885 (CBl 337).

Als Vorschrift zur Sicherung der gehörigen Ausführung des Impfgeschäfts ist der Erlafs der Minister des Innern und des Kultus vom 6. April 1886 zu erwähnen. Nach diesem hat die Ortspolizeibehörde dafür Sorge zu tragen, dafs in jedem Termine, in welchem Wiederimpflinge zur Impfung oder Nachschau gelangen, ein Lehrer anwesend ist. Derselbe sorgt in dem Termin im Einvernehmen mit dem Impfarzt und dem Vertreter der Ortspolizeibehörde für Aufrechterhaltung der Ordnung unter den Wiederimpflingen. Auch ist zu erwägen, ob die Umstände es erfordern, dafs die Schulkinder auf ihrem Wege von und zu dem Termin durch einen Begleiter beaufsichtigt werden, und zutreffenden Falls dafür zu sorgen, dafs eine zuverlässige Person dazu bestellt wird.

c. **Minderung der Unterrichtszeit.** Dispens vom Schulbesuch behufs kirchlichen bezw. religiösen Unterrichts oder Kultes. Das Bestreben der Verwaltungsbehörden geht dahin, die Teilnahme an kirchlichem Unterricht usw. möglichst aufserhalb der Schulzeit zu verlegen. Im einzelnen: RV Aachen 14. März 1876: Wo es sich durchaus nicht vermeiden läfst, dafs Kinder zur Beichte während der Schulstunden gehen, haben die geistlichen Schulinspektoren die Genehmigung des Schulvorstandes, die Pfarrer, welche nicht zugleich Lokalschulinspektoren sind, die des letzteren nachzusuchen; RV Marienwerder 29. Okt. 1871: Die zum Konfirmanden- oder Beichtunterricht gehenden Kinder sind nur an zwei bestimmten Tagen der Woche vom Schulbesuch zu dispensieren; Regulativ des Oberpräsidenten Königsberg 1. Mai 1876[1]): Vor vollendetem zwölften Jahre ist eine Dispensation zum Konfirmanden- usw. Unterricht überhaupt nicht statthaft. In Städten und solchen Landorten, wo der Pfarrer am Schulort wohnt oder unterrichtet, tritt eine Beurlaubung von je zwei Vormittagsstunden ein. Bei anderen Landschulen findet an zwei Wochentagen je nach der Entfernung ein Dispens an ganzen Vormittagen oder Teilen solcher statt. Kommen ganz besondere örtliche Verhältnisse, namentlich ungewöhnlich weite Entfernungen in Frage, so kann die Regierung (aber nur diese) auf ganze Tage dispensieren; durch RV Königsberg 15. Juli 1876 sind für nicht am Pfarrort befindliche Landschulen der Dienstag und Freitag als Konfirmandentage bestimmt.

Hinsichtlich der Befreiung jüdischer Kinder vom öffentlichen Unterricht am Sonnabend und an hohen jüdischen Feiertagen billigt der Minister unter dem 6. Mai 1859 (desgl. 4. April 1868; 5. April 1883), dafs auf Anträge der Eltern usw. bei dem Provinzialschulkollegium jüdische Schüler „am Sonnabend ganz oder für die Stunden des Gottesdienstes vom Schulbesuch entbunden" werden (und zwar bei Schulen

---

1) Vergl. Schulz, Schulordnung S 170.

jeder Art). „Gleichzeitig bemerke ich, daſs diejenigen jüdischen Kinder, welche an den Feiertagen oder Sonnabenden die Schule besuchen, während des Unterrichts zu schriftlichen Arbeiten gegen den Willen der Eltern oder deren Stellvertreter nicht anzuhalten sind." Jedoch kann „selbstverständlich die Schule keinerlei Verantwortung für die aus derartigen Versäumnissen den betreffenden Schulkindern entstehenden Folgen übernehmen."

Dispens vom Schulbesuche zum Zwecke des Erwerbes kann nur ausnahmsweise gestattet werden, wenn die Verhältnisse der Eltern eine dringende Veranlassung und die Persönlichkeit der Arbeitgeber eine genügende Garantie bieten, daſs die Kinder in ihrer Arbeitskraft nicht übermäſsig ausgenutzt und während der festgesetzten Unterrichtszeit von der Arbeit freigelassen werden.

Das Gesetz vom 17. Juli 1873 (Reichsgewerbeordnung; RGBl S. 229 ff.), § 135, Abs. 3[1]) schreibt vor: „Kinder, welche zum Besuch der Volksschule verpflichtet sind, dürfen in Fabriken nur dann beschäftigt werden, wenn sie in der Volksschule oder in einer von der Schulaufsichtsbehörde genehmigten Schule und nach einem von ihr genehmigten Lehrplan einen regelmäſsigen Unterricht von mindestens drei Stunden täglich genieſsen"[2]), und § 137 Abs. 1: „Die Beschäftigung eines Kindes in Fabriken ist nicht gestattet, wenn dem Arbeitgeber nicht zuvor eine Arbeitskarte eingehändigt ist. Dasselbe gilt hinsichtlich der noch zum Besuch der Volksschule verpflichteten jungen Leute zwischen 14 und 16 Jahren. Eines Arbeitsbuches bedarf es in diesem Falle nicht." Abs. 2 bestimmt: Solche Arbeitskarten, von der Ortspolizeibehörde kosten- und stempelfrei ausgestellt, „haben Namen, Tag und Jahr der Geburt, sowie die Religion des Kindes, den Namen, Stand und letzten Wohnort des Vaters oder Vormundes und auſserdem die zur Erfüllung der gesetzlichen Schulpflicht getroffenen Einrichtungen anzugeben"; weiter § 139 Abs. 1: „Wenn Naturereignisse oder Unglücksfälle den regelmäſsigen Betrieb einer Fabrik unterbrochen haben, können Ausnahmen von den in § 135 vorgesehenen Beschränkungen auf die Dauer von vier Wochen durch die höhere Verwaltungsbehörde, auf längere Zeit durch den Reichskanzler nachgelassen werden. In dringenden Fällen solcher Art, sowie zur Verhütung von Unglücksfällen kann die Ortspolizeibehörde, jedoch höchstens auf die Dauer von 14 Tagen, solche Ausnahmen gestatten"; ferner § 139 a Abs. 2: „Durch Beschluſs des Bundesrats können für Spinnereien, für Fabriken, welche mit ununterbrochenem Feuer betrieben werden oder sonst durch die Art

---

1) Vergl. § 4 des Preuſsischen Gesetzes vom 16. Mai 1853.
2) Vergl. die Verfügung des Provinzial-Schulkollegiums zu Berlin vom 30. Aug. 1862 und ME 31. Jan. 1880.

### 1. Kapitel. Die Schüler. 15

des Betriebes auf eine regelmäfsige Tag- und Nachtarbeit angewiesen sind, sowie für solche Fabriken, deren Betrieb eine Einteilung in regelmäfsige Arbeitsschichten von gleicher Dauer nicht gestattet oder seiner Natur nach auf bestimmte Jahreszeiten beschränkt ist, Ausnahmen von den in § 135 vorgesehenen Beschränkungen nachgelassen werden"; schliefslich § 146: „Mit Geldbufse bis zu 2000 M. oder im Unvermögensfalle mit Gefängnis bis zu 6 Monaten werden bestraft: Gewerbetreibende, welche den § 135 oder den auf Grund des § 139 und 139 a getroffenen Verfügungen zuwider jugendlichen Arbeitern Beschäftigung geben."

Auf Grund des § 139 a hat der Bundesrat laut Bekanntmachung vom 23. April 1879 (R. G. B. 304) beschlossen: „Die Beschäftigung von jugendlichen Arbeitern männlichen Geschlechts unter 14 Jahren ist nur gestattet, wenn mit Genehmigung der Schulaufsichtsbehörde eine Schuleinrichtung getroffen ist, welche den Knaben einen wöchentlichen Unterricht von mindestens zwölf Stunden sichert und zwischen dem Ende der Arbeitszeit und dem Beginne des Unterrichts eine Ruhezeit von ausreichender Dauer, auch dem Ende der Nachtschicht eine solche von mindestens 7 Stunden freiläfst. Knaben, welche zum Besuche der Volksschule verpflichtet sind, dürfen in Zukunft zur Beschäftigung nur angenommen werden, wenn vorher dem Arbeitgeber ein Zeugnis des zuständigen Schulaufsichtsbeamten eingehändigt ist, nach welchem die Knaben den Anforderungen der Schule vollständig genügen.[1]) Das Zeugnis ist halbjährlich zu erneuern; der Arbeitgeber hat mit diesem nach § 137 Abs. 3 der Gewerbeordnung zu verfahren";[2]) — des weiteren:[3]) „Die auf Erfüllung der Schulpflicht bezüglichen Landesgesetze werden durch die Gewerbeordnung nicht alteriert. Wenn durch Befolgung derselben thatsächlich eine Beschränkung in der Möglichkeit der Verwendung schulpflichtiger Kinder zu Gewerbsarten herbeigeführt wird, welche noch weiter geht, als § 135 der Gewerbeordnung, so ist hierin ein Widerspruch mit der letzteren nicht gegeben; § 135 enthält nur ein unter allen Umständen zu erzwingendes Minimum."

Die Vorschriften der §§ 134 ff. der Gewerbeordnung sind nach RG 19. Oct. 1882 (Erkenntn. in Strafs. VII, 105) auch auf Lehrlinge anwendbar.

Die unterrichtliche Versorgung solcher Kinder bietet in Ansehung der Disciplin und des mit ihnen einzuschlagenden Lehrganges erhöhte Schwierigkeit. Deshalb schreibt der Erlas der Minister des Handels

---

1) das heifst nach Alter und Klassenverhältnis.
2) aufzubewahren, auf amtliches Verlangen jederzeit vorzulegen und am Ende des Arbeitsverhältnisses dem Vater usw. des Kindes auszuhändigen.
3) Rechtsausführungen des Bundesrats Nr. 223 S. 56; vergl. Marcinowski, Gew.-Ordng. S. 403.

und des Unterrichts vom 26. Nov. 1878 unter II. vor: „Soweit thunlich, ist auf die Errichtung besonderer Fabrikschulen für eine oder mehrere Fabriken, in welchen schulpflichtige Kinder beschäftigt werden, hinzuwirken. Namentlich ist dieselbe überall da zu genehmigen, wo die beteiligten Fabrikbesitzer die Beschaffung der ausreichenden Lehrkräfte, Schullokale und sonstigen Schulbedürfnisse aus eigenen Mitteln übernehmen."

III. „Soweit besondere Fabrikschulen nicht errichtet werden können, ist zunächst zu erwägen, ob bei den Volksschulen, welche von den in Fabriken beschäftigten Kindern besucht werden, besondere Klassen für diese einzurichten sind. Jedoch darf durch eine solche Einrichtung weder eine Überlastung der an den betreffenden Volksschulen angestellten Lehrer, noch eine Beschränkung des Unterrichts der übrigen die Volksschule besuchenden Kinder herbeigeführt werden."

IV. „Die zur Unterhaltung der Volksschule Verpflichteten[1]) können wider ihren Willen mit den besonderen Kosten der unter II und III bezeichneten Schuleinrichtungen nicht belastet werden."

V. „Können Einrichtungen der erwähnten Art nicht getroffen werden, so ist den in Fabriken beschäftigten Kindern die Teilnahme an dem Unterricht in den gewöhnlichen Volksschulklassen, wenn irgend thunlich, durch Modifikationen des Lehrplanes[2]) zu ermöglichen. — Dabei ist als Regel festzuhalten, dafs die tägliche Beschäftigung in der Fabrik und der tägliche Unterricht zusammen nicht über 9 Stunden in Anspruch nehmen dürfen."

VI. „Bei Genehmigung der Lehrpläne ist folgendes zu beachten:
1. Die in Fabriken beschäftigten Kinder müssen mindestens in der Religion, im Deutschen (Lesen und Schreiben), im Rechnen und in der vaterländischen Geschichte Unterricht erhalten, und zwar mufs dieser Unterricht in allen Fällen ein zusammenhängender sein.
2. Der tägliche Unterricht darf nicht durch Beschäftigung in der Fabrik unterbrochen werden.
3. Die Unterrichtsstunden dürfen nicht in die Zeit nach 7 Uhr abends und vor 7 Uhr morgens fallen. Sie sind thunlichst so anzuordnen, dafs diejenigen Kinder, welche vormittags Unterricht erhalten, nur nachmittags, und diejenigen, welche nachmittags unterrichtet werden, nur vormittags in der Fabrik beschäftigt werden können.
4. Wo die Beschäftigung der Kinder in Fabriken in der Weise stattfindet, dafs von zwei Abteilungen derselben die eine während der ersten, die andere während der zweiten Hälfte der täglichen Arbeitszeit der erwachsenen Arbeiter beschäftigt wird, ist der Lehrplan thun-

---

1) soweit sie nicht mit den unter II genannten Arbeitgebern identisch sind.
2) Sie bedürfen der Genehmigung der Aufsichtsbehörde, ME 31. Jan. 1880.

## 1. Kapitel. Die Schüler.

liebst so einzurichten, dafs die eine Abteilung vormittags, die andere nachmittags unterrichtet wird, und dafs in dieser Beziehung zwischen beiden wochenweise ein Wechsel eintritt."

VII. „Von den genehmigten Schuleinrichtungen und Lehrplänen sind die zuständigen Ortspolizeibehörden in Kenntnis zu setzen."

VIII. „Auf Kinder, welche ... anderweit mit gewerblicher Arbeit, namentlich auch in der Hausindustrie beschäftigt werden, finden die Vorschriften des § 135 der Gewerbeordnung keine Anwendung."

Im einzelnen bestimmte die Regierung zu Arnsberg unter dem 14. Juni 1876: „Es ist nicht gestattet, schulpflichtige Kinder, die nicht vorschriftsmäfsig als Arbeiter in Fabrikanstalten angenommen sind und beschäftigt werden, in Fabrikschulen mit abgekürzter Unterrichtszeit aufzunehmen." Sobald die Beschäftigung aufhört, ist „dem Ortsschulvorstande zur weiteren Veranlassung sofort davon Anzeige zu machen." Die Aufnahme in die Fabrikschule darf nur bei Beginn eines Schulsemesters, zu Ostern oder Michaelis, und unter Vorzeigung eines Zeugnisses über den seitherigen Schulbesuch und dessen Erfolg stattfinden.

Die Festsetzung der Bedingungen, unter denen schulpflichtige Kinder „zum Hüten oder Dienen oder zu sonstigen ländlichen Arbeiten während der Zeit des Schulunterrichts vermietet oder verwendet werden sollen", und unter welchen eine damit verbundene „Befreiung von der Teilnahme an dem vollständigen Schulunterrichte stattfinden darf", ingleichen die Beschränkung dieser Freiheit auf das gehörige Mafs liegen in der Pflicht der Schulaufsichtsbehörde um so mehr, als die Folgen des Hütewesens die intellektuelle und sittliche Ausbildung der betreffenden Kinder in nicht geringem Grade gefährden ME 19. Dez. 1872.

Dieserhalb haben die Regierungen im einzelnen verfügt: Schleswig 5. Jan. 1871 (Amtsblatt S. 8), desgl. die Polizeiverordnung daselbst S. 9; 22. Jan. 1880 (Amtsblatt S. 25) — Frankfurt, 1. März 1870: „Überall da, wo zwei oder mehrere Lehrer an einer Schule angestellt sind, würde angeordnet werden können, dafs den Kindern aller Klassen ein dreistündlicher Unterricht täglich von 7—10 vormittags erteilt wird. In den Schulen mit einem Lehrer wäre es so zu halten, dafs die obere Abteilung dreimal in der Woche von 7—10, dreimal aber von 7—9 unterrichtet wird, während die übrigen 15 Vormittagsstunden für den Unterricht der jüngeren Kinder zu bestimmen sein würden". Im übrigen sei „niemals die Verwendung der Kinder zum Viehhüten als ein Entschuldigungsgrund für Schulversäumnis gelten zu lassen"[1]) — Königsberg, 29. Jan. 1869 (Amtsblatt S. 29): „Die

---

[1]) Sonstige Bedingungen: Kinder vor vollendetem 12. Jahr nicht „nach auswärts", ohne genügende Lesefertigkeit überhaupt nicht zu vermieten.

Erlaubnis zum Hüten und Vermieten darf nur für solche Kinder gegeben werden, welche entweder gar keine Ernährer und Versorger haben, oder deren Eltern arbeitsunfähig und notorisch aufser stande sind, ihre Kinder zu unterhalten, sodafs der eigene Erwerb derselben und der Eintritt in fremden Dienst das einzige Auskunftsmittel ist". „Mädchen sind überhaupt nicht zum Viehhüten zuzulassen". Als Bedingung für die Ausstellung eines Erlaubnisscheines zum Hüten oder Dienen gilt die Vollendung des elften Lebensjahres, ferner geläufiges Lesen, genügende Kenntnis und Fertigkeit im Schreiben, Rechnen und in der Religion. „Die Hüte- und dienenden Kinder haben wöchentlich an zwei von dem Kreisschulinspektor zu bestimmenden Vormittagen den gewöhnlichen Schulunterricht mit den übrigen Kindern zu besuchen". Der Stundenplan ist so einzurichten, „dafs in den Stunden, an denen Hütekinder teilnehmen, Lesen, Schreiben, Rechnen und Religion genügend vertreten ist". Sonstige Bestimmungen: Niemand darf mehr als ein schulpflichtiges Kind zum Hüten oder Dienen zu sich nehmen. Aufserhalb des Kirchspiels ihres Wohnsitzes dürfen Kinder nicht vermietet werden. Mit dem Jahre, in welchem die Kinder zum Konfirmanden- usw. Unterricht herangezogen werden, hört ihr Dispens vom Schulbesuch auf.[1]) Der Lokalschulinspektor hat über alle die Hütekinder betreffenden Angelegenheiten ein besonderes Aktenstück anzulegen. Der Kreisschulinspektor entscheidet über die wegen Verweigerung oder Entziehung von Erlaubnisscheinen vorkommenden Beschwerden endgültig. Polizeiverordnung vom nämlichen Datum: Kein schulpflichtiges Kind darf zum Hüten oder Dienen verwendet werden ohne schriftliche Erlaubnis des betreffenden Lokalschulinspektors.[2]) „Wer ein schulpflichtiges Kind zum Hüten oder Dienen verwendet, hat dasselbe binnen drei Tagen nach dem Eintritt in den Dienst dem Lehrer des Ortes, wo dies geschieht, vorzustellen und den Erlaubnisschein vorzuzeigen. An Sonn- und Festtagen ist hütenden und dienenden Kindern diejenige Zeit freizulassen, welche sie zur Teilnahme an dem Gottesdienste ihrer Konfession nach den Ordnungen ihrer Kirche nötig haben". Zuwiderhandelnde werden mit Geldbufse bis zu 30 M. bestraft. „Aufserdem wird, wenn ein Kind sich zum drittenmale einer nicht gerechtfertigten Schulversäumnis schuldig macht, die Erlaubnis zum Hüten oder Dienen durch den Lokalschulinspektor sofort und unnachsichtlich entzogen. Dabei bleibt es den Behörden auch jederzeit vorbehalten, den Erlaubnisschein zurück-

---

[1]) Nach RV 9. Mai 1871 sind nur in ganz besonders dringlichen Fällen Ausnahmen zu gestatten.

[2]) RV vom selben Datum (Amtsblatt S. 161): „Ausnahmsweise darf auch solchen Schulknaben die Erlaubnis erteilt werden, deren Eltern zwar im stande sind sie zu unterhalten, aber zu arm, um daneben noch ein fremdes Hütekind zu halten und zu bezahlen."

## 1. Kapitel. Die Schüler

zunehmen, den vollständigen Schulbesuch eines Kindes zu verlangen und selbst durch die erforderlichen Anordnungen im polizeilichen Exekutionswege herbeizuführen". Gumbinnen, 25. Jan. 1863: Die Amtsblatt-Verordnungen vom 9. März 1853 und 1. März 1857 über die Bedingungen der Erteilung von Hüte-Erlaubnisscheinen sind in den Monaten Februar bis Mai bei Gelegenheit der Gemeindeversammlungen monatlich besonders bekannt zu machen. Im übrigen darf ein Dispens zum Hütedienst nur für das Kirchspiel stattfinden, in welchem die Kinder schulpflichtig sind.

Ein Urlaub für Knaben zur Verwendung bei Treibjagden wird nicht erteilt; RV Schleswig, 8. Jan. 1883; vergl. ME 13. April und 13. Dez. 1883.

Aussetzung des Schulbesuchs in Krankheitsfällen. ME 18. Juni 1878: Revaccinierende Schulkinder sind auf die Dauer von 14 Tagen von der Wiederimpfung an vom Turnunterricht zu dispensieren. Bei Epidemieen: Erlafs der Minister des Innern und des Unterrichts vom 14. Juli 1884: „Über die Schliefsung einer Schule (bei Epidemieen) auf dem Lande und in Städten, welche unter dem Landrat stehen, hat der letztere unter Zuziehung des Kreisphysikus zu entscheiden". „Von jeder Schliefsung hat der Landrat dem Kreisschulinspektor Mitteilung und der vorgesetzten Schulaufsichtsbehörde Anzeige zu machen. In Städten, welche nicht unter einem Landrat stehen, ist über die Schliefsung einer Schule von dem Polizeiverwalter des Ortes nach Anhörung des Kreisphysikus und des Vorsitzenden der Schuldeputation zu entscheiden. Die Schliefsung ist durch den Ortschulinspektor zur Ausführung zu bringen und gleichzeitig der Schulaufsichtsbehörde anzuzeigen".

Anweisung von demselben Datum: „Zu den Krankheiten, welche vermöge ihrer Ansteckungsfähigkeit besondere Vorschriften für die Schulen nötig machen, gehören a. Cholera, Ruhr, Masern, Röteln, Scharlach, Diphtherie, Pocken, Flecktyphus und Rückfallfieber; b. Unterleibstyphus, kontagiöse Augenentzündung, Krätze und Keuchhusten, der letztere, sobald und solange er krampfartig auftritt.

„Kinder, welche an einer der genannten Krankheiten leiden, sind vom Besuch der Schule auszuschliefsen.

„Das Gleiche gilt von gesunden Kindern, in deren Familie bezw. Hausstande ein Fall der genannten Krankheiten vorkommt; es müfste denn ärztlich bescheinigt sein, dafs das Schulkind durch ausreichende Absonderung vor der Gefahr der Ansteckung geschützt ist.

„Kinder, welche demgemäfs vom Schulbesuch ausgeschlossen sind dürfen zu demselben erst dann wieder zugelassen werden, wenn entweder die Gefahr der Ansteckung nach ärztlicher Bescheinigung für beseitigt anzusehen oder die für den Verlauf der Krankheit erfahrungsmäßig und als Regel geltende Zeit abgelaufen ist.

„Als normale Krankheitsdauer gelten bei Scharlach und Pocken sechs Wochen, bei Masern und Röteln vier Wochen.

„Es ist darauf zu achten, daſs vor der Wiederzulassung zum Schulbesuche das betreffende Kind und seine Kleidungsstücke gründlich gereinigt werden".

Für die Beobachtung der Vorschriften bei Ausschliefsung einzelner Kinder sind die Lehrer verantwortlich. „Von jeder Ausschliefsung eines Kindes vom Schulbesuch wegen ansteckender Krankheit ist die Ortspolizeibehörde sofort zu benachrichtigen".

„Aus Pensionaten, Konvikten, Alumnaten und Internaten dürfen Zöglinge während der Dauer oder unmittelbar nach dem Erlöschen einer im Hause aufgetretenen ansteckenden Krankheit nur dann in die Heimat entlassen werden, wenn dies nach ärztlichem Gutachten ohne Gefahr einer Übertragung der Krankheit geschehen kann und alle vom Arzte etwa für nötig erachteten Vorsichtsmaſsregeln beobachtet werden".

Wenn eine im Schulhause wohnende oder zum Hausstande des Lehrers gehörige Person einer der genannten Krankheiten verfällt, ist hiervon dem Schulvorstande (Kuratorium) und der Ortspolizeibehörde sofort Anzeige zu machen. Letztere verfährt wie oben angegeben.

Bei besonderer Gefahr können der Schulvorstand (Kuratorium) und die Ortspolizeibehörde auf Grund ärztlichen Gutachtens die Schliefsung einer Schule selbständig verfügen. „Sie haben aber hiervon sofort ihrer vorgesetzten Behörde Anzeige zu machen. Aufserdem sind sie verpflichtet, alle gefahrdrohenden Krankheitsverhältnisse, welche eine Schliefsung der Schule angezeigt erscheinen lassen, zur Kenntnis ihrer vorgesetzten Behörde zu bringen".

Die Wiedereröffnung einer wegen ansteckender Krankheit geschlossenen Schule oder Schulklasse darf nur auf Grund einer vom Landrat oder dem Polizeiverwalter einer Stadt unter Zuziehung des Kreisphysikus getroffenen Anordnung und nach vorangegangener gründlicher Reinigung und Desinfektion des Schullokals erfolgen.

RV Hannover, 12. Jan. 1884. Bei Vorhandensein ansteckender Krankheiten dürfen Schulkinder zu Leichenbegleitungen nicht zugelassen werden.

Ferientermine und -Dauer. ME 7. April 1873: Sommer- und Herbstferien zusammen dürfen nicht länger als sechs Wochen dauern. Die Verteilung dieser Zeit auf die einzelnen Termine hat die Regierung vorzunehmen. Den Anfang der Sommerferien bestimmt gewöhnlich die Regierung, ausnahmsweise und bei besonderen Umständen der Landrat mit dem Kreisschulinspektor. Die Herbstferien sind mit Rück-

## § 2. Die Schulzucht.

**a. Kontrollierung des Schulbesuchs. Im allgemeinen.**
Ziemlich gleichmäfsig sind in Verfolg des § 48 Teil II Tit. 12 ALR[1]) von den einzelnen Regierungen die Gesichtspunkte hervorgehoben worden, nach denen eine regelmäfsige Kontrolle des Schulbesuchs an der Hand der Schülerstammliste zu erfolgen hat. RV Bromberg, 1. Dez. 1870: „Zu Ostern und Michaelis jedes Jahres erhalten die Lehrer resp. Schulinspektoren das Verzeichnis sämtlicher schulpflichtiger Kinder aus den zu jeder Schule gehörigen Ortschaften von den betreffenden Ortsvorstehern" (gegen welche die Landräte nötigenfalls von ihrer Exekutivgewalt Gebrauch machen.)

Die Richtigkeit der übergebenen Verzeichnisse ist von den Lehrern und Schulinspektoren zu prüfen, und zwar hinsichtlich derjenigen Kinder, welche zu dem betreffenden Termin erst schulpflichtig werden, nach einem aus den Kirchenbüchern (Standesamtsregistern) aufzustellenden Verzeichnis. Auf schulpflichtige, im Umkreise seiner Schulgemeinde zuziehende Kinder hat der Lehrer durch Nachfragen sein Augenmerk zu richten.

Die von den Ortsvorstehern dergestalt angemeldeten schulpflichtigen Kinder sind sofort nach dem Beginn der Sommer- oder Winterschule in das Schülerstammbuch einzutragen und im Laufe des Semesters nach Zu- und Abgang zu ergänzen. In diese Stammbücher ist Vor- und Zunahme, Geburtsort und -Tag sämtlicher schulpflichtiger Kinder einzutragen und gleichzeitig unter „Bemerkungen" anzugeben, welche von ihnen eine höhere Lehranstalt oder eine Privatschule besuchen bezw. von einem Privatleher oder von den Eltern selbst zu Hause unterrichtet werden, oder aber mit schriftlicher Genehmigung des Schulinspektors aufserhalb der Schulgemeinde vermietet sind.

Desgleichen ist regelmäfsig eine Absentenliste zu führen, in welcher jedoch die ordnungsmäfsig dispensierten oder anderwärts beschulten Kinder nicht zu bringen sind.

**Kontrollierung der Teilnahme am Religionsunterricht in konfessionell gemischten Schulen.** RV Danzig, 31. März 1872: Der Lehrer, welchem der konfessionelle Religionsunterricht der Minderheit übertragen ist, erhält von dem Ortsschullehrer vor Beginn des Unterrichts und demnächst zu Ostern und Michaelis jedes Jahres

---
1) Durch KO 14. Mai 1825 (GS 149) auch auf Provinzen ausgedehnt, in denen ALR sonst nicht gilt.

ein von dem zuständigen Lokalschulinspektor als richtig bescheinigtes Verzeichnis derjenigen Kinder, welche an dem betreffenden Unterrichte teilzunehmen haben. Dieser Religionslehrer hat über die ihm überwiesenen Kinder eine sorgfältige Kontrolle zu führen und bis zum 5. jedes Monats eine Nachweisung der im letztverflossenen Monate voigekommenen Schulversäumnisse dem Schulvorstande zuhänden des betreffenden Lokalschulinspektors einzureichen.

Kontrolle des Schulbesuches der Schifferkinder. Pol. Ver. Bromberg, 11. Nov. 1878: Jeder Kahnschiffer, welcher die Gewässer des Regierungsbezirks mit seiner Familie befährt, hat eine von der Polizeibehörde seines Heimatortes ausgestellte Nachweisung bei sich zu führen, in welcher Name und Alter jedes Kindes, welches er an Bord genommen, enthalten sein muß.

Wenn ein Kahnschiffer in den Gewässern des Bezirks überwintert, so hat er spätestens am dritten Tage nach seiner Anlage am Überwinterungsplatze die schulpflichtigen Kinder, welche er mit sich führt, unter Vorlegung jener Nachweisung bei der nächsten Ortspolizeibehörde anzumelden und gleichzeitig anzugeben, in welche Schule er die Kinder zu schicken gedenkt.

Bei seiner Abfahrt von dem Überwinterungsplatze hat er der Polizeibehörde, welcher letzterer unterstellt ist, die Schulabgangszeugnisse seiner schulpflichtigen Kinder (auch wenn dieselben eine Privatschule besucht haben sollten) zur Abstempelung vorzulegen, bei seiner Rückkehr in die Heimat der dortigen Polizeibehörde diese Abgangszeugnisse auf Verlangen zu präsentieren. — Dazu RV vom nämlichen Datum:[1]) Die angemeldeten bezw. bei der vorzunehmenden Revision aufgefundenen schulpflichtigen Kinder sind dem betreffenden Lehrer oder Schulvorsteher sofort schriftlich anzuzeigen.

Die Aufnahme der Schifferkinder in öffentliche Schulen darf von den Schulvorständen nicht verweigert werden.

Beim Austritt aus der Schule erhält jedes Schifferkind unentgeltlich ein Abgangszeugnis.

Kontrollierung der schulpflichtigen Hütekinder. RV Königsberg, 29. Jan. 1869: „Der Lehrer hat eine besondere Liste über die Versäumnisse der Hütekinder zu führen und diese wöchentlich am Sonnabend seinem Lokalschulinspektor einzureichen". Kontrollierung der schulpflichtigen Fabrikkinder. Erlaß der Minister des Innern, des Kultus und des Handels vom 18. Mai 1860: Die Fabrikinspektoren (Gewerberäte) haben gemäß der Arbeitskarte (in welcher nunmehr nach § 137, 2 der RGO die zur Erfüllung der gesetzlichen Schulpflicht getroffenen Einrichtungen anzugeben sind) zu revidieren, ob während

---

1) Vergl. RV Posen, 15. Juni 1879.

### 1. Kapitel. Die Schüler. 23

der dort angegebenen Zeit Kinder in Fabriken beschäftigt werden. Auch hat die Schulbehörde Eltern und Vormünder dafür verantwortlich zu machen, dafs ihre Kinder die Schule auch wirklich besuchen. Kontrolle über den Schulbesuch der aus höheren Lehranstalten entlassenen schulpflichtigen Kinder. RV Köln, 22. Februar 1867: Wenn ein schulpflichtiger Zögling aus einer höheren Lehranstalt ausscheidet, ist der Ortsschulbehörde desselben Anzeige zu machen, damit eventuell für seinen Eintritt in die Volksschule gesorgt werde.

Zur Verhütung der Schulversäumnisse und Aufrechterhaltung der Disciplin haben die Minister des Unterrichts und des Handels unter dem 29. Dez. 1875 gemeinschaftlich verfügt, dafs Kindern unter 14 Jahren das Feilbieten von Waren, das Musikmachen und Darbieten von Schaustellungen in öffentlichen Schanklokalen usw. untersagt werden kann.

Dies widerspreche nicht der Gewerbeordnung, namentlich nicht dem § 1 derselben, da „eine gesetzliche Berechtigung, wonach solche Kinder ein Gewerbe der fraglichen Art an jedem beliebigen Orte und in jeder beliebigen Weise ausüben dürften, nicht anzuerkennen ist". Eine Beschränkung des Gewerbebetriebes sei freilich in einer bezüglichen Untersagung und Strafandrohung an die Inhaber öffentlicher Lokale für diese Personen selbst vorhanden. Dafs jedoch solche Beschränkungen, „welche im allgemeinen polizeilichen Interesse notwendig erscheinen, mit dem Inhalt und dem Sinne der Gewerbeordnung vereinbar sind und sonach im Wege der Polizeiverordnung verfügt werden können, ist nicht allein von den Ressortministern in der zur Ausführung der Gewerbeordnung erlassenen Anweisung vom 4. Sept. 1869 ausdrücklich hervorgehoben, sondern auch von dem Kgl. Obertribunal wiederholt, namentlich in der Entscheidung vom 4. Nov. 1870[1]) erkannt worden".

„In dem Verbote der Duldung des in Rede stehenden gewerblichen Verkehrs von Kindern unter 14 Jahren ist ebenfalls nur eine solche, vom Standpunkte der allgemeinen Sitten- und Wohlfahrtspolizei gerechtfertigte Beschränkung des Gewerbebetriebes zu erblicken". Eine allgemeine Anordnung scheine weder nach dem Gesetz vom 11. März 1850, noch durch örtliches Bedürfnis überall gerechtfertigt.

b. Behandlung der Schulversäumnisse. Allgemeine Bestimmungen. Dem Lehrer sind aus Gemeindemitteln (Schulkassen) zu beschaffende gedruckte Formulare[2]) zu liefern, in welchen alle Schulversäumnisse ohne Unterschied zu verzeichnen sind. Hierbei sind solche besonders zu unterscheiden, welche entschuldigt sind

---

1) Justiz-Minist.-Bl. S. 350.
2) „Absentenlisten".

1. durch schriftlichen Urlaub des (Lokal-)Schulinspektors,
2. durch Krankheit des Kindes,
3. durch Unbilden der Witterung bei weiten Schulwegen.

Diese Listen sind in bestimmten Terminen (meist vierwöchentlich) dem Schulinspektor bezw. -Vorstand einzureichen und zu prüfen. Im ersten Falle einer ungerechtfertigten Versäumnis ist den Eltern oder Pflegern eine ernste Mahnung zu erteilen, im Wiederholungsfalle der Ortsbehörde durch Übergabe der Schulstraflisten (gewöhnlich in zwei Exemplaren [1]) entweder zu nochmaliger, und zwar protokollarischer Verwarnung oder zur Beitreibung von Schulversäumnisstrafen Anzeige zu machen.

Bei Versäumnissen des von Geistlichen aufser der Schulzeit erteilten Religionsunterrichts tritt das gleiche Verfahren ein.

Die Landräte sind befugt, die Versäumnislisten einzufordern und etwaige Vernachlässigungen durch Ordnungsstrafen zu rügen.

**Bestrafung der Schulversäumnisse.** Anwendung der Gesetze vom 11. März 1850 (über die Polizeiverwaltung) und vom 23. April 1883. Die Bestrafung der Schulversäumnisse gehört nach GEK 14. März 1863 zur Kompetenz der Polizeibehörden. OT 1. März 1867: Schulversäumnisse sind solange als strafbare Handlungen nicht anzusehen, als eine Ermahnung resp. Verwarnung nicht vorausgegangen ist.

Im einzelnen: Rechtsausführungen im Erkenntnis des GEK 14. März 1863: Die in Gemäfsheit von Regierungsverfügungen gegen Eltern usw. erkannten Versäumnisstrafen sind nicht als Exekutivmafsregeln, sondern als Polizeistrafen anzusehen, da sie nicht infolge specieller Anordnung zur Festsetzung gelangen, sondern auf Grund eines allgemeinen Gesetzes, d. h. des § 48 II, 12 ALR. Auch sind sie nicht Disciplinarstrafen, weil sie nicht die Schulkinder treffen, sondern die Eltern. Das in seinem Paragraphen angezogene Gesetz ist kein privatrechtliches, sondern es gehört dem öffentlichen Rechte an, das in Bezug auf die Ausbildung durch Schulunterricht zum Schutze der Wohlfahrt des Staates und seiner Angehörigen gegeben ist. Das „landespolizeiliche Interesse, welches hiernach dem Gesetze zu Grunde liegt, stellt dasselbe in die Reihe der Polizeigesetze." [2] Die Zuwiderhandlung gegen § 48 a. a. O. also gehört gemäfs dem Gesetze über Einführung des Strafgesetzbuchs vom 14. April 1851 Art. VIII (jetzt Reichsstrafgesetzbuch §§ 1, 360 und Einführungsgesetz Art. 3) in die Klasse der Übertretungen. Nach § 17 des Gesetzes über die Polizeiverwaltung vom 11. März 1850 [3]) haben die Polizeirichter über alle

---
[1] Vergl. ME. 5. Nov. 1860.
[2] Dieser polizeiliche Charakter ist übrigens auch in KO 20. Juni 1835 (GS 134 anerkannt.
[3] Vergl. Gerichtsverfassungsgesetz vom 27. Jan. 1877 Art. 27 Nr. 2.

Zuwiderhandlungen gegen polizeiliche Vorschriften zu erkennen. Da jedoch bei Übertretungen ein administratives Verfahren zulässig ist, so steht nach § 5 des Gesetzes vom 14. Mai 1852 (jetzt Gesetz vom 23. April 1883) dem Angeklagten die Berufung auf gerichtliche Entscheidung innerhalb zehn Tagen frei.

Auf Grund dieses Erkenntnisses wurden die Regierungen durch Erlaſs der Minister des Innern und des Unterrichts vom 31. Jan. 1867 ermächtigt, die Bestrafung der Schulversäumnisse, soweit nicht gesetzliche Bestimmungen entgegenständen (s. u. „Strafabmessung" bei Preuſsen und Schlesien), durch Polizeiverordnungen zu regeln.

Stellung des Antrages. Die Beurteilung, ob Schulversäumnisse gerechtfertigt seien oder nicht, steht lediglich dem Schulinspektor zu. OT 4. April 1867: Nach Nr. 2 und 3 KO 14. Mai 1825 hat „die Schulbehörde ausschliefslich darüber zu befinden, ob der Schulunterricht eines Kindes wegen dessen Persönlichkeit unterbleiben oder auf längere Zeit ausgesetzt werden darf"; vergl. ME 25. Jan. 1872. Daher ist die Ortspolizeibehörde zur Verhängung polizeilicher Schulstrafen ohne Antrag des Schulvorstandes (z. H. des Schulinspektors) nicht befugt OVG 12. Febr. 1881, vergl. OVG 23. Dez. 1884,[1]) jedoch nach ME 17. Juli 1873 zur Prüfung der Strafanträge wohl kompetent, da „die Pflicht einer Behörde, Strafen festzusetzen, auch das Recht involviere, ihr unbegründet erscheinende Strafanträge abzulehnen." Auf entsprechendes Ersuchen der Schulvorstände (Schulinspektoren) muſs denselben Nachricht zukommen, ob und inwieweit den gestellten Strafanträgen Folge gegeben ist. Unberechtigt erscheinenden Ablehnungen oder Ermäfsigungen der Strafanträge gegenüber steht den Schulorganen Rekurs an die vorgeordnete Verwaltungsbehörde offen; vergl. ME 25. Jan. 1864 und 17. Juli 1873.

Strafabmessung. Nach Art. VI AV 25. Juni 1867 (GS 921), jetzt Einführungsgesetz zum RStG Art. 2, sind folgende Bestimmungen über die Höhe des Strafsatzes bei Schulversäumnissen noch in Geltung:

Für Hohenzollern-Sigmaringen Allgemeine Schulordnung vom 20. Nov. 1809, Verordnung vom 20. Nov. 1823, Instruktion für die Schulrechner vom 20. März 1844: bei Versäumnis der Werktagsschule 3 Kr., der Sonntagsschule und der Christenlehre (Konfirmanden- usw. Unterricht) 6 Kr.; bei Wiederholung Steigerung der Bufse auf 12 Kr.

Für Hohenzollern-Hechingen Allgemeine Schulordnung vom 1. Juni 1833: Versäumnis der Werktagsschule 2—6 Kr., der Sonntagsschule und Christenlehre 6 Kr.

Für die Rheinprovinz KO 20. Juni 1835: Es kann auf Geld-

---

1) Entscheidungen XI, 398.

strafe von 1 Sgr. bis 1 Thl. oder Gefängnis bis 24 Stunden erkannt werden.

Für Hessen-Nassau, und zwar für die ehemals bayerischen Landesteile im Regierungsbezirk Kassel Verordnung vom 28. Juni 1862: Erstmalige Versäumnis 2—6 Kr., bei Wiederholung und nach vorgängiger Verwarnung (nach dem bayerischen Pol.-Str.-Ges.-B. vom 10. Nov. 1861) Geldstrafe bis 10 Gulden, Haft bis zu 3 Tagen; für den Bereich des ehemaligen Kurfürstentums Hessen Ausschreiben des Oberschulrats vom 2. Jan. 1818, Allerhöchste Verordnung vom 17. Febr. 1853: 1—15 Sgr.; im Regierungsbezirk Wiesbaden für das einstige Herzogtum Nassau Allgemeine Schulordnung von 1817, Verfügung der Regierung vom 9. Nov. 1822 und 26. Juli 1850¹): Geldbufse von 0,10 bis 2,00 M.²), im Unvermögensfalle Gefängnis; für die vormals Grofsherzoglich hessischen Landesteile Edikt vom 6. Juni 1832: 3 Kr., im Wiederholungsfall 6 Kr.³); die früher Landgräflich hessischen Art. 19—21 des Edikts vom 9. Okt. 1838: 2 Kr., in den Wiederholungsfällen eines Monats 4 und 8 Kr., im Unvermögensfalle anstatt 15 Kr. ein halber, anstatt 30 Kr. ein ganzer Tag Haft; für die ehemals zu Frankfurt a. M. gehörigen ländlichen Ortschaften Konsistorial-Verordnung vom 5. Dez. 1748: 4 Kr. In der Stadt Frankfurt a. M. ist die Strafabmessung bei dem Fehlen gesetzlicher Vorschriften durch Polizeiverordnung geregelt.

Für Hannover § 125 des Polizeistrafgesetzbuchs vom 25. Mai 1847 (umgeändert durch Art. 10 der AV 25. Juni 1867) Geldbufse von 1—3 Mark, „wenn dies nicht fruchtet", bis 6 M., „bei fernerer Widersetzlichkeit aber, sofern nicht andere Mafsregeln angemessener erscheinen", Gefängnisstrafe bis zu 3 Tagen.

Für Herzogtum Lauenburg § 18 der Lauenburgischen Landschulordnung vom 10. Okt. 1868: Geldstrafe von 0,45—3 M., bei Unvermögen, im Wiederholungsfalle „oder unter anderen erschwerenden Umständen" Gefängnis bis zu 6 Stunden für jeden versäumten Tag.

Für Schleswig-(Holstein) in dem früher unter dänischer Schul-Gesetzgebung stehenden Distrikt des Herzogtums Schleswig § 17 der Verordnung über das Volksschulwesen vom 29. Juli 1814: nach fruchtloser Verwarnung Geldbufse von 3 Rbs., im Wiederholungsfalle von 6, 12 und 24 Rbs., bei Unvermögen verhältnismäfsige Gefängnisstrafe.

Für die anderen Gebiete der Monarchie, seit dem Gesetz vom 6. Mai 1886 auch für die Provinzen Preufsen und Schlesien, welche seither ganz unzulänglich gewordene Bestimmungen in ihren Schulord-

---
1) Vergl. RV Wiesbaden, 14. Juli 1869 und 9. Dez. 1874.
2) Von den Schulvorständen festzusetzen.
3) Durch die Schulaufsichtsbehörde festzusetzen.

## 1. Kapitel. Die Schüler.

nungen (vom 11. Dez. 1845 bezw. 18. Mai 1801) besafsen, ist § 48 II, 12 ALR mafsgebend, welcher polizeiliche, den provinziellen Verhältnissen angemessene Verordnungen gestattet.

Was die Höhe des Strafsatzes anbelangt, so ist nach Entscheidung des Reichsgerichts in Strafsachen (Bd. II S. 33) die Landesgesetzgebung nicht gehindert, bei Schulversäumnisstrafen unabhängig von dem Reichsstrafgesetzbuch zu verfahren, namentlich unter die minima desselben herabzugehen. Bei substituierter Haftstrafe darf jedoch unter 1 Tag nicht erkannt werden; vergl. RV Oppeln, 16. Nov. 1881 (und Oppenhof, Strafgesetzbuch § 29.) (Tragung der Kosten bei Haftstrafe. Nach § 7 des Gesetzes vom 23. April 1883 (GS 66) fallen die Kosten der Vollstreckung einer für den Fall des Unvermögens der Geldstrafe substituierten Haft den zur Tragung der örtlichen Polizeiverwaltungskosten Verpflichteten zur Last.)

Verwendung der Strafgelder. Nach § 7 Abs. 3 des Gesetzes vom 23. April 1883 und § 15 der Anweisung vom 8. Juni 1883 (Ministerialblatt der inneren Verwltg. S. 155) sind die für Schulversäumnisse eingezogenen Strafgelder an die Schulkasse abzuführen (vergl. Erlafs der Minister des Innern und des Unterrichts vom 8. Jan. 1878).

Zwangsweise Gestellung der Schulkinder. ME 9. Juli 1872 führt aus: Nach ALR II, 12 § 48 und KO 14. Mai 1825 können bei Nichterfüllung der Schulpflicht erforderlichenfalls Bestrafung der nachlässigen Eltern bezw. Pfleger und Zwangsmittel in Anwendung kommen.[1] „Zu diesen Zwangsmitteln, die also neben der Bestrafung der schuldigen Eltern zulässig sind, gehört die Sistierung eines Kindes zur Schule, und diese wird insbesondere dann gerechtfertigt sein, wenn den Eltern eine strafbare Schuld bei der Schulversäumnis des Kindes nicht beizumessen ist"[2] ME 24. Sept. 1873 erklärt nach den angezogenen Gesetzen: „Die zwangsweise Sistierung eines Kindes zur Schule charakterisiert sich nicht lediglich und in allen Fällen als ein Zwangsmittel gegen die Kinder, sondern auch als eine gegen die Eltern zur Anwendung gebrachte Mafsnahme, soweit es sich darum handelt, ihren Willen und ihre Anordnungen zu rektifizieren und die ihnen untergebenen Kinder auch ungeachtet ihrer Weigerung zum Besuch der Schule anzuhalten".

c. Erziehungs- und Züchtigungsrecht. ALR II, 12, § 50: „Die Schulzucht darf niemals bis zu Mifshandlungen ausgedehnt

---

[1] § 48 ALR II, 12: Den Schulaufsehern „liegt es ob, unter Beistand der Obrigkeit darauf zu sehen, dafs alle schulfähigen Kinder erforderlichen Falls durch Zwangsmittel und Bestrafung der nachlässigen Eltern zur Besuchung der Lehrstunden angehalten werden".

[2] Vergl. Erlafs der Minister des Innern und des Unterrichts vom 3. Nov. 1873.

werden, welche der Gesundheit der Kinder auch nur auf entfernte Art schädlich werden können.

§ 51. „Glaubt der Schullehrer, dafs durch geringere Züchtigungen der eingewurzelten Unart eines Kindes oder dem überwiegenden Hange desselben zu Lastern und Ausschweifungen nicht hinlänglich gesteuert werden könne, so mufs er der Obrigkeit und dem Schulvorsteher davon Anzeige machen.

§ 52. „Diese müssen alsdann mit Zuziehung der Eltern oder Vormünder die Sache näher prüfen und zweckmäfsige Besserungsmittel verordnen".

§ 53. „Aber auch dabei dürfen die der elterlichen Zucht vorgeschriebenen Grenzen nicht überschritten werden".

(ALR II, 1 § 86: „Die Eltern sind berechtigt, zur Bildung der Kinder alle der Gesundheit derselben unschädliche Zwangsmittel anzuordnen".)

KO 14. Mai 1825 Abs. 4 lediglich in Bestätigung des § 50 II 12 ALR: „Die Schulzucht darf niemals bis zu Mifshandlungen ausgedehnt werden, die der Gesundheit des Kindes auch nur auf entfernte Art schädlich werden können"; Abs. 6 bestimmt für Überschreitung des Züchtigungsrechtes „ohne wirkliche Verletzung des Kindes" Disciplinarstrafen, im Falle einer solchen: Bestrafung des Lehrers auf gerichtlichem Wege.

Über die Vornahme der Züchtigung und deren Mafs steht nach ME 8. Febr. 1879 den Schulaufsichtsorganen da, wo es in den betreffenden Schulordnungen an solchen Bestimmungen fehlt, die Befugnis zu, „allgemeine und einzelne Anweisungen zu erteilen". Die Ausübung des Züchtigungsrechts gegen die Bestimmungen der Schulordnung macht die Züchtigung zu einer strafbaren Körperverletzung, Erkenntnis des Reichsgerichts, I. Strafsenat, vom 29. Sept. 1881 (vergl. Entscheidungen des Reichsgerichts in Strafsachen II, 10 ff.).

Das Züchtigungsrecht steht jedem Mitgliede des Lehrerkollegiums zu, einschliefslich der technischen und Hilfslehrer — vergl. SCHNEIDER und VON BREMEN, Das Volksschulwesen III, 218 ff. — und zwar nicht nur über Schüler ihrer eigenen Klassen, sondern auch über solche, deren Ordinarien sie nicht sind, GEK 18. April 1857; vergl. OVG 19. Nov. 1884; sogar aufserhalb der Schulzeit und des Schullokals; GEK 13. Febr. 1874.[1]) Denn „die Schulzucht begreift das Erziehungsrecht in sich. Der Lehrer hat vermöge dessen die Pflicht, über das sittliche Verhalten der Schulkinder auch aufser der Schulzeit und der Schulzimmer zu wachen"; vergl. GEK 21. Jan. 1857 und 7. Mai 1859,

---

[1]) Dies bezieht sich nicht nur auf Elementarschüler im schulpflichtigen Alter sondern auch auf ältere Schüler höherer Lehranstalten.

Just.-Min.-Bl. 1858 S. 77 und 1859 S. 442, desgl. OVG 18. Jan. 1882; CE 22. Okt. 1888.

Akte der Schulzucht können auch durch den Lokalschulinspektor — GEK 14. Mai 1870 und 13. Mai 1871 OVG 17. Juni 1893 — den Kreisschulinspektor — GEK 14. Nov. 1873 — den Präses des Schulvorstandes auf Beschlufs des letzteren — GEK 30. Jan. 1858 — sowie auf Anordnung der Schulinspektoren bezw. Lehrer durch Schuldiener und Pedelle — GEK 8. Jan. 1876 und OVG I. Sen. 25. Juni 1884 — vorgenommen werden.

Ein Konflikt ist nach § 4 der Verordnung betreffend die Kompetenzkonflikte zwischen den Gerichten und den Verwaltungsbehörden vom 1. Aug. 1879 (GS 573) nicht zu erheben bei Privatklagen gegen Lehrer usw. wegen Körperverletzung oder Beleidigung, da solche nicht zu den bürgerlichen Rechtsstreitigkeiten, sondern zu den Strafsachen gehören; vergl. § 3 des Einführungsgesetzes zur Strafprozefsordnung vom 1. Febr. 1877 (RGBl 346); §§ 13, 25 und 27 Nr. 3 des Gerichtsverfassungsgesetzes vom 27. Jan. 1877 (RGBl 41); § 414 ff. der Strafprozefsordnung vom 1. Febr. 1877 (RGBl 253). Demnach haben die Regierungen vor Erhebung des Konflikts[1]) nach ME 4. März 1881 „sorgfältig zu prüfen, ob der Lehrer oder Schulaufsichtsbeamte sich einer Überschreitung seiner Amtsbefugnisse schuldig gemacht habe". Vergl. OVG 21. Febr. 1896 I. 256.

Gerichtliche Bestrafung tritt also ein „bei Zufügung einer wirklichen Verletzung" (GEK 13. Febr. 1874), während sonstige Überschreitungen, z. B. aus Übereilung oder Mifsverständnis, dem Disciplinarverfahren der vorgesetzten Dienstbehörde unterliegen.

d. Zwangserziehung. Bei Unzulänglichkeit der in Schulen anzuwendenden Zuchtmittel können Lokal- und Kreisschulinspektoren auf Grund der §§ 90, 91 und 266 ALR II 2 sowie des § 1 des Gesetzes vom 13. März 1878 (GS 132) bei dem zuständigen Gericht (Vormundschaftsgericht) Antrag auf Zwangserziehung schulpflichtiger Kinder (in Erziehungsanstalten oder besonders dazu geeignet erscheinenden Familien) stellen; auch kann eine solche, besonders bei Vergehen usw. nach § 3 des Gesetzes vom 13. März 1878 das Vormundschaftsgericht „von Amtswegen" beschliefsen.

Um Fälle zu verhüten, in denen das Vormundschaftsgericht Anträge auf Zwangserziehung wegen Mangels „eingehender Darlegung der in Betracht kommenden thatsächlichen Verhältnisse" abzulehnen sich genötigt

---

1) Die Vorentscheidung behufs Feststellung der Thatsache, ob der Beamte sich einer Überschreitung der Amtsbefugnisse schuldig gemacht hat, steht für den ganzen Umfang der Monarchie nach § 11 des Einführungsgesetzes zum deutschen Ger.-Verf.-Ges. vom 27. Jan. 1877 bei dem Oberverwaltungsgericht (In Bundesstaaten, wo ein solches nicht besteht, bei dem Reichsgericht).

sieht, sind die Lokalbehörden nach Erlaß des Ministers des Innern vom 11. Jan. 1881 von den Regierungen anzuweisen, bei derartigen Anträgen nicht nur einzelne strafbare Handlungen, sondern die Gesamtführung des betreffenden Kindes vorzubringen, aus welcher ein die Zwangserziehung als notwendig ergebendes „Symptom der bösen Richtung" hervorgehe. Gegen ablehnende Entscheidungen und Entschlüsse des Vormundschaftsgerichts steht den Behörden nach § 4 des Gesetzes vom 13. März 1878 das Recht der Beschwerde zu.[1])

Kommunalverbände dürfen nach OVG, II. Sen. 14. Okt. 1880 (Entscheidungen des OVG VII, 239 Nr. 38) die Erfüllung der ihnen durch einen auf Zwangserziehung lautenden Beschluß des Vormundschaftsgerichts auferlegten Leistungen mit dem Einwande, daß der Beschluß sachlich nicht begründet sei, nicht ablehnen; denn nach OVG 1. April 1880 (Entscheid. des OVG VI, 187) ist ihre Verpflichtung eine „bedingungslose" in dem Sinne, daß „eine materielle Prüfung des vormundschaftsgerichtlichen Beschlusses überhaupt nicht mehr stattfindet". Im übrigen sind die Kosten des Unterhalts und der Erziehung der auf Grund des Gesetzes vom 13. März 1878 untergebrachten Kinder vom Staate und von den Provinzialverbänden zu tragen, woneben nur die Ausgaben für Einlieferung in die dazu erschene Familie oder Anstalt und die erste Ausrüstung des Zöglings mit den notwendigen Kleidungsstücken dem Ortsarmenverbande, in welchem das betreffende Kind seinen Unterstützungswohnsitz hat, ev. allein zur Last fallen.

§ 9 des Ergänzungsgesetzes vom 27. März 1881 (GS 275): „In betreff der nach diesem Gesetz untergebrachten nicht bevormundeten Kinder üben die Waisenräte eine gleiche Aufsicht[2]), wie ihnen solche die Vormundschaftsordnung vom 5. Juli 1875 insbesondere in den §§ 53 und 54 in betreff der Mündel übertragen hat.

Die Kommunalverbände haben von der Unterbringung und von jedem Wechsel des Aufenthalts eines Zöglings dem Waisenrate des Aufenthaltsortes Kenntnis zu geben.

Ingleichen ist dem Vormundschaftsgerichte von der Unterbringung und Entlassung eines Zöglings Mitteilung zu machen.

§ 10: „Die Entlassung aus der Zwangserziehung ist von dem verpflichteten Kommunalverbande zu beschließen, sobald die Erreichung

---

1) Dieselbe geht von dem Vormundschafts-Amts-Gericht an das Landgericht — § 40 des Ausführungsgesetzes vom 24. April 1878 (GS 230) — von diesem an das Kammergericht — § 51 a. a. O. — (jedoch mit der Beschränkung, daß die Beschwerde gegen eine Entscheidung des Landgerichts nur auf Verletzung des Gesetzes, nicht aber auf neu angeführte Thatsachen gestützt werden kann, § 52 a. a. O.)

2) Über die Anstalten selbst üben die Regierungen die Aufsicht. Erl. d. Min. des Inn. u. d. Unterrichts v. 17. Jan. 1884.

des Zweckes der Zwangserziehung anderweit sicher gestellt oder dieser Zweck erreicht ist. Ist dies zweifelhaft, so kann von dem Verbande eine widerrufliche Entlassung verfügt werden, welche das Recht der Zwangserziehung nicht berührt.

Wird von den Eltern bezw. Grofseltern, dem Vormund oder Pfleger die Entlassung aus der Zwangserziehung beantragt, weil der Zweck dieser Erziehung anderweit sicher gestellt sei, so entscheidet über den Antrag beim Widerspruch des Kommunalverbandes auf Anrufen des Antragstellers das Vormundschaftsgericht. Gegen den abweisenden Beschlufs des Gerichts steht dem Antragsteller, gegen den auf Entlassung lautenden dem Verbande das Recht der Beschwerde zu. Diese mufs innerhalb einer Woche bei dem Vormundschaftsgericht eingereicht werden und hat aufschiebende Wirkung.

Ein abgewiesener Antrag darf nicht vor Ablauf von sechs Monaten erneuert werden."

§ 3. *Der Schulunterricht.*

a. **Aufgabe und Ziel des Volksschulunterrichts.** Die Aufgabe der preufsischen Volksschule ist zu allen Zeiten dahin bestimmt worden, dafs sie die heranwachsende Jugend zu gottesfürchtigen, vaterlandsliebenden Menschen erziehen solle, welche auf Grund der von ihnen erworbenen allgemeinen Bildung befähigt seien, ihre Stelle in der bürgerlichen Gesellschaft ehrenvoll auszufüllen. Wie immer das Verhältnis von Staat und Kirche aufgefafst wurde, und welche theologische Richtung auch die Zeit beherrschte, überall ist die religiös-sittliche Erziehung der Jugend als die vornehmste Aufgabe der Volksschule bezeichnet worden, und man hat mit Recht dem höheren Ziele nachgestrebt, dafs durch Aussaat und Pflege vaterländischer und religiös-sittlicher Gesinnung die Kinder zu Bürgern erzogen werden, deren innere Tüchtigkeit das Gedeihen und das Bestehen des Staates sichern könne. Daneben ist aber auch die Ertüchtigung der Jugend für das praktische Leben nicht aus dem Auge gelassen: in der Schule sollen die Kinder erst arbeiten lernen, dann Lust an der Arbeit gewinnen und damit den Grund zu späterer Erwerbsfähigkeit legen.

Dies ist das Ziel der preufsischen Volksschule von jeher gewesen, und noch heute erstrebt sie nicht ein notdürftiges Unterrichten in „den Vehikeln der Kultur: Lesen, Schreiben, Rechnen", sondern die Erziehung zu Staatsbürgern, die Gott und dem Vaterlande und sich selbst ernstlich und mit Erfolg dienen können und wollen.

Von diesen Gesichtspunkten gehen die nachfolgenden Vorschriften aus, welche heute für die Volksschule in Geltung stehen.

b. **Allgemeine Bestimmungen vom 15. Oktober 1872 über Einrichtung, Aufgabe und Ziel der preufsischen Volksschule.**

**1. Die normalen Volksschuleinrichtungen.** Normale Volksschuleinrichtungen sind die mehrklassige Volksschule, die Schule mit zwei Lehrern und die Schule mit einem Lehrer, welche entweder die einklassige Volksschule oder die Halbtagsschule ist.

**2. Die einklassige Volksschule.** In der einklassigen Volksschule werden Kinder jedes schulpflichtigen Alters in ein und demselben Lokale durch einen gemeinsamen Lehrer gleichzeitig unterrichtet. Die Zahl derselben soll nicht über **achtzig steigen.**

In der einklassigen Volksschule erhalten die Kinder der Unterstufe in der Regel wöchentlich 20, die der Mittel- und Oberstufe 30 Lehrstunden, einschliefslich des Turnens für die Knaben und der weiblichen Handarbeiten für die Mädchen.

**3. Die Halbtagsschule.** Wo die Anzahl der Kinder über 80 steigt oder das Schulzimmer auch für eine geringere Zahl nicht ausreicht und die Verhältnisse die Anstellung eines zweiten Lehrers nicht gestatten sowie da, wo andere Umstände dies notwendig erscheinen lassen, kann mit Genehmigung der Regierung die Halbtagsschule eingerichtet werden, für deren Klassen zusammen wöchentlich 32 Stunden angesetzt werden.

**4. Die Schule mit zwei Lehrern.** Sind zwei Lehrer an einer Schule angestellt, so ist der Unterricht in zwei gesonderten Klassen zu erteilen. Steigt in einer solchen Schule die Zahl der Kinder über 120, so ist eine dreiklassige Schule einzurichten. In dieser kommen auf die dritte Klasse wöchentlich 12, auf die zweite wöchentlich 21, auf die erste wöchentlich 28 Lehrstunden.

**5. Die mehrklassige Volksschule.** In Schulen von drei und mehr Klassen, soweit dieselben nicht unter 4 fallen, erhalten die Kinder der unteren Stufe wöchentlich 22, die der mittleren 28, die der oberen 30—32 Unterrichtsstunden.

**6. Die Trennung der Geschlechter in der Schule.** Für mehrklassige Schulen ist rücksichtlich der oberen Klassen eine Trennung der Geschlechter wünschenswert. Wo nur zwei Lehrer angestellt sind, ist eine Einrichtung mit zwei bezw. drei aufsteigenden Klassen derjenigen zweier nach Geschlechtern getrennten einklassigen Volksschulen vorzuziehen.

**7. Vereinigung kleiner Schulgemeinden zu einem gemeinsamen Schulsystem.** Wo an einem Orte mehrere einklassige Schulen bestehen, ist deren Vereinigung zu einer mehrklassigen Schule anzustreben.

**8. Die Einrichtung und Ausstattung des Schulzimmers.** Das Schulzimmer mufs mindestens so grofs sein, dafs auf jedes Schulkind ein Flächenraum von 0,6 qm kommt. Auch ist dafür zu sorgen, dafs es hell und luftig sei, eine gute Ventilation habe, Schutz gegen Witterung gewähre und ausreichend mit Fenstervorhängen versehen sei. Die Schultische und -Bänke müssen in ausreichender Zahl vorhanden und so eingerichtet und aufgestellt sein, dafs alle Kinder ohne Schaden für ihre Gesundheit sitzen und arbeiten können. Die Tische sind mit Tintenfässern zu versehen.

Zur ferneren Ausstattung des Schulzimmers gehört namentlich eine hinreichende Anzahl von Riegeln für Mützen, Tücher, Mäntel u. dergl.; ferner eine Schultafel mit Gestell, eine Wandtafel, ein Katheder oder ein Lehrtisch mit Verschlufs, ein Schrank für die Aufbewahrung von Büchern und Heften; Kreide, Schwamm.

**9. Die unentbehrlichen Lehrmittel.** Für den vollen Unterrichtsbetrieb sind erforderlich:
1. je ein Exemplar von jedem in der Schule eingeführten Lehr- und Lernbuche,
2. ein Globus,
3. eine Wandkarte der Heimatprovinz,

4. eine Wandkarte von Deutschland,
5. eine Wandkarte von Palästina,
6. einige Abbildungen für den weltkundlichen Unterricht,
7. Alphabete weithin erkennbarer, auf Holz oder Papptäfelchen geklebter Buchstaben zum Gebrauch beim ersten Leseunterricht,
8. eine Geige,
9. Lineal und Zirkel,
10. eine Rechenmaschine.

(In evangelischen Schulen kommen noch hinzu:)
11. eine Bibel,
12. ein Exemplar des in der Gemeinde eingeführten Gesangbuches.

Für mehrklassige Schulen sind diese Lehrmittel angemessen zu ergänzen.

10. **Tabellen und Listen.** Der Lehrer hat eine Schulchronik, ein Schülerverzeichnis, einen Lehrbericht (Nachweisung der erledigten Unterrichtsstoffe) und eine Absentenliste regelmäfsig zu führen. Aufserdem mufs er den Lehrplan, den Lektionsplan und die Pensenverteilung für das laufende Semester stets im Schulzimmer haben.

11. **Die Schulbücher und Schulhefte.** Lernmittel für die Schüler der Volksschule mit einem oder zwei Lehrern sind folgende:

a. Bücher:
1. die Lesefibel und das Schullesebuch,
2. ein „Schülerheft" für den Rechenunterricht,
3. ein Liederheft,

aufserdem die für den Religionsunterricht besonders eingeführten Bücher;

b. Hefte (mindestens):
1. ein Diarium,
2. ein Schönschreibeheft,
3. ein Heft zu orthographischen und Aufsatzübungen,
4. (auf den oberen Stufen:) ein Zeichenheft;

c. Schiefertafel nebst Griffel, Schwamm, Lineal und Zirkel.

Den Schülern der mehrklassigen Volksschule darf die Anschaffung besonderer kleiner Leitfäden für den Unterricht in den Realien, sowie die eines stufenweise fortschreitenden mehrbändigen Lesebuches und eines Handatlas zugemutet werden. Ebenso haben sie für die einzelnen Lehrgegenstände besondere Hefte zu führen.

12. **Die Gliederung der Volksschule.** Die Volksschule, auch die einklassige, gliedert sich in drei Abteilungen, welche den verschiedenen Alters- und Bildungsstufen entsprechen. Wo eine Volksschule vier Klassen hat, sind der Mittelstufe zwei, wo sie deren sechs hat, jeder Stufe zwei Klassen zuzuweisen.

13. **Die Lehrgegenstände der Volksschule.** Die Lehrgegenstände der Volksschule sind Religion, deutsche Sprache (Sprechen, Lesen, Schreiben), Rechnen nebst den Anfängen der Raumlehre, Zeichnen, Geschichte, Geographie, Naturkunde, (für die Knaben) Turnen und (für die Mädchen) weibliche Handarbeiten.

In der einklassigen Volksschule verteilen sich die Stunden auf die einzelnen Gegenstände und Stufen, wie folgt:

|  | Unterstufe | Mittelstufe | Oberstufe |
|---|---|---|---|
| Religion | 4 | 5 | 5 |
| Deutsch | 11 | 10 | 8 |
| Rechnen / Raumlehre | 4 | 4 | 5 |
| Zeichnen | — | 1 | 2 |
| Realien | — | 6 | 6 |
| Singen | 1 | 2 | 2 |
| Turnen / Weibl. Handarbeit | — | 2 | 2 |
|  | 20 | 30 | 30 |

In der mehrklassigen Schule:

|  | Unterstufe | Mittelstufe | Oberstufe |
|---|---|---|---|
| Religion | 4 | 4 | 4 |
| Deutsch | 11 | 8 | 8 |
| Rechnen | 4 | 4 | 4 |
| Raumlehre | — | — | 2 |
| Zeichnen | — | 2 | 2 |
| Realien | — | 6 | 6 (8) |
| Singen | 1 | 2 | 2 |
| Turnen / Weibl. Handarbeit | 2 | 2 | 2 |
|  | 22 | 28 | 30 (32) |

In der Halbtagsschule und in der Schule mit zwei Lehrern und drei Klassen (Nr. 4) treten die nötigen Veränderungen nach Mafsgabe des Bedürfnisses ein.

14. **Der katholische Religionsunterricht.** In Bezug auf den katholischen Religionsunterricht bleiben die bis jetzt geltenden Bestimmungen mit den Modifikationen, welche sich aus der Veränderung der Stundenzahl ergeben, bis auf weiteres in Kraft (s. u.).

15. **Aufgabe und Ziel des evangelischen Religionsunterrichts.** Die Aufgabe des evangelischen Religionsunterrichts ist die Einführung der Kinder in das Verständnis der heiligen Schrift und in das Bekenntnis der Gemeinde, damit die Kinder befähigt werden, die heilige Schrift selbständig zu lesen und an dem Leben sowie an dem Gottesdienste der Gemeinde lebendig teilzunehmen.

16. **Die heilige Geschichte.** Die Einführung der Schüler in die heilige Schrift stellt sich als Unterricht in der biblischen Geschichte und Auslegung zusammenhängender Schriftabschnitte, insbesondere auch der evangelischen und epistolischen Perikopen des Kirchenjahres dar.

Den Kindern der Unterstufe werden wenige Geschichten vorgeführt; aus dem alten Testamente werden vorzüglich solche aus dem ersten Buche Mosis und etwa noch die von Mosis und von Davids erster Zeit, aus dem neuen die von der Geburt, der Kindheit, dem Tode und der Auferstehung Jesu Christi und einige dem kindlichen Verständnis vorzugsweise naheliegende Erzählungen aus seinem Leben gewählt.

Im weiteren Fortgange des Unterrichts erhalten die Schüler eine planmäfsig geordnete Reihe der wichtigsten Erzählungen aus allen Perioden der heiligen Geschichte des alten und neuen Testaments und auf Grund derselben eine zusammenhängende Darstellung der heiligen Geschichte, in welcher namentlich das Lebensbild Jesu deutlich hervortritt, und in die auch die Pflanzung und erste Ausbreitung der Kirche aufzunehmen ist. An diese Geschichte schliefst sich die der Begründung des Christentums in Deutschland, der deutschen Reformation, sowie Nachrichten über das Leben der evangelischen Kirche in unserer Zeit an.

In mehrklassigen Schulen ist dieser Unterricht und insbesondere auch die Darstellung der christlichen Kirchengeschichte entsprechend zu erweitern.

Der Lehrer hat die biblischen Geschichten in einer dem Bibelwort sich anschliefsenden Ausdrucksweise frei zu erzählen, sie nach ihrem religiösen und sittlichen Inhalt in einer Geist und Gemüt bildenden Weise zu entwickeln und fruchtbar zu machen. Geistloses Einlernen ist zu vermeiden.

17. Das Bibellesen. In den biblischen Geschichtsunterricht der Oberstufe fügt sich die Erklärung zusammenhängender Schriftabschnitte aus den prophetischen und den poetischen Büchern des alten Testaments.

Das Mafs des in diesem Unterrichte zu behandelnden Stoffes und seine Auswahl ist je nach den Verhältnissen der einzelnen Schulen in ihrem Lehrplane zu bestimmen.

18. Die Perikopen. An jedem Sonnabend sind den Kindern die Perikopen des nächstfolgenden Sonntags vorzulesen und kurz auszulegen. Ein Memorieren der Perikopen findet nicht statt.

19. Der Katechismus. Die Einführung in das Bekenntnis der Gemeinde wird durch die Erklärung des in derselben eingeführten Katechismus unter Heranziehung von biblischen Geschichten, Bibelsprüchen und Liederversen oder ganzen Liedern vermittelt; dabei ist aber Überladung des Gedächtnisses zu vermeiden.

Im allgemeinen gilt es als Regel, dafs besondere Stunden für den Katechismus in der Volksschule mit einem oder zwei Lehrern erst auf der oberen Stufe, in der mehrklassigen Schule frühestens in den Mittelklassen eintreten. Es sind dafür höchstens zwei Stunden anzusetzen.

Wofern nicht besondere Verhältnisse eine Änderung nötig machen, fallen, wo der lutherische Katechismus eingeführt ist, nur die drei ersten Hauptstücke in das Pensum der Volksschule, und zwar in der Art, dafs auf der Unterstufe der einfache Wortlaut der zehn Gebote und des Vaterunser, auf der Mittelstufe die beiden ersten Hauptstücke des kleinen Katechismus mit der Lutherschen Erklärung, auf der Oberstufe das dritte Hauptstück zur Aneignung kommen.

(Die Erklärung der folgenden Hauptstücke bleibt dem Konfirmationsunterricht überlassen.)

20. Das geistliche Lied. Auf allen Stufen des Religionsunterrichts ist die Beziehung auf das Kirchenlied zu nehmen. Auf der Unterstufe kommen vorzugsweise einzelne Verse, auf den beiden oberen neben solchen auch ganze Lieder zur Behandlung. Diese hat sich nicht auf einzelne Lieder zu beschränken, welche memoriert werden sollen, und es sind bei der Auswahl der Lieder auch die aus der neueren und neuesten Zeit zu berücksichtigen.

Wo nicht ein besonderes Schulgesangbuch eingeführt ist, werden die Texte der Lieder in der Regel aus dem in der betreffenden Kirchengemeinde in Brauch befindlichen Gesangbuche genommen.

Zur gedächtnismäfsigen Aneignung sind höchstens 20 Lieder zu wählen, welche nach Inhalt und Form dem Verständnis der Kinder angemessen sind. Dem Memorieren mufs die Erklärung des Liedes und die Übung im sinngemäfsen Vortrage vorangehen.

21 Gebete. Bereits auf der Unterstufe lernen die Kinder einige kurze und leichte Morgen-, Mittags- und Abendgebete; auf den oberen Stufen ist ihnen die Einrichtung des öffentlichen Gottesdienstes zu erklären. Gedächtnismäfsige Aneignung des allgemeinen Kirchengebets sowie anderer Teile des liturgischen Gottesdienstes findet nicht statt.

22. **Der Unterricht im Deutschen.** Der Unterricht im Deutschen schliefst die Übungen im Sprechen, Lesen und Schreiben in sich. Diese Gegenstände müssen auf allen Stufen in organischem Zusammenhange mit einander bleiben, und soweit dies angeht, in gleichmäfsigem Fortschritte gefördert werden.

23. **Die Übungen im mündlichen Ausdruck.** Die Übungen im mündlichen Ausdruck erfordern keinen abgesonderten Unterricht. Sie bereiten vielmehr den Schreib- und Leseunterricht vor und begleiten ihn auf seinen weiteren Stufen.

Ihre Stoffe nehmen sie auf der Unterstufe von den einfachsten und den Kindern zumeist bekannten Gegenständen, auf der Mittelstufe von Gruppenbildern u. dergl., auf der oberen von den Sprachstücken des Lesebuchs.

Ihr formelles Ziel ist, fortschreitend auf den verschiedenen Stufen, die Befähigung des Schülers zu richtiger und deutlicher Aussprache jedes einzelnen Wortes und zum freien Ausdruck seiner Gedanken im einfachen Satze, die Befähigung zum korrekten und sicheren Ausdruck im zusammengesetzten Satze unter Überwindung der gewöhnlichen Fehler im Gebrauche der Wortformen und in der Satzbildung und endlich die Befähigung zur freien und richtigen Wiedergabe fremder Stoffe, wie zur Ordnung und klaren Darstellung der eigenen Gedanken.

24. **Der Unterricht im Schreiben und Lesen.** Der Unterricht im Schreiben und Lesen ist nach der im Seminare des betreffenden Bezirks eingeführten Methode zu erteilen; die Anwendung der Buchstabiermethode ist ausgeschlossen.

Ziel ist für die Unterstufe die Befähigung der Kinder, zusammenhängende Sprachstücke richtig lesen und kurze Sätze nicht nur ab-, sondern auch selbständig aufschreiben zu können; für die Mittelstufe, ganze Sprachstücke in gebundener und ungebundener Rede, in deutscher und lateinischer Schrift fliefsend und sinngemäfs zu lesen, ein einfaches Diktat richtig aufzuschreiben und ein nach Form und Inhalt leichtes Sprachstück selbständig niederzuschreiben. Auf der Oberstufe sind die Schüler dahin zu führen, dafs sie schwierigere Sprachstücke, deren Inhalt ihrem Lebenskreise nicht zu fern liegt, leicht und mit Ausdruck vom Blatt lesen, Diktate dieser Art fehlerfrei niederschreiben und auch gröfsere Sprachstücke richtig wiedergeben können.

Für die Übung im Schreiben werden besondere Schreibstunden auf der Mittel- und Oberstufe der Schule mit einem oder mit zwei Lehrern, sowie in den Mittelklassen der mehrklassigen Schule eingerichtet. In den Oberklassen der letzteren kann die Übung aufserdem zum Gegenstande häuslicher Aufgaben gemacht werden. Ziel dieses Unterrichts ist die Aneignung einer sauberen, deutlichen und gewandten Schrift in allen, auch in schnell gefertigten Schriftsätzen.

(Die Resultate eines guten Unterrichts müssen demnach in allen Heften der Schüler zum Vorschein kommen.)

Als Inhalt der Vorschriften empfehlen sich volkstümliche Sprichwörter, gute und zeitgemäfse Muster von geschäftlichen Formularen und Aufsätzen.

25. **Der Unterricht in der deutschen Sprachlehre.** In den Oberklassen mehrklassiger Schulen sind für Unterricht und Übung in der deutschen Sprachlehre besondere Stunden anzusetzen; in Schulen mit einem oder zwei Lehrern ist er mit dem übrigen Sprachunterrichte zu verbinden.

Ziel ist für die Mittelstufe: Kenntnis des einfachen Satzes und der einfachsten Verhältnisse aus der Wortlehre; für die Oberstufe: der erweiterte Satz und weitergehende Belehrungen aus der Wort- und Wortbildungslehre.

26. **Das Lesebuch.** Dem gesamten Unterricht im Deutschen liegt das Lesebuch zu Grunde, dessen Inhalt möglichst vollständig nach und nach zu verarbeiten ist.

Das Lesebuch ist nicht nur zur Erzielung der Lesefertigkeit, sondern auch zur

Einführung in das Verständnis der in ihm enthaltenen Musterstücke zu benutzen. Die Auswahl der Stücke ist so zu treffen, dafs jährlich wechselnd ungefähr 30 zur Behandlung kommen.

Geeignete Sprachstücke poetischer Form, und zwar in Schulen mit einem oder zwei Lehrern besonders Volksliedertexte, werden auf allen drei Stufen nach vorangegangener Besprechung memoriert.

Auf der Oberstufe mehrklassiger Schulen wird das Lesebuch auch dazu benutzt den Kindern Proben von den Hauptwerken der vaterländischen, namentlich der volkstümlichen Dichtung und einige Nachrichten über die Dichter der Nation zu geben; doch beschränken sich diese Mitteilungen auf die Zeit nach der Reformation.

Die Auswahl der einzuführenden Lesebücher ist aus denen zu treffen, welche ein volkstümliches Gepräge tragen und durch ihren gesamten Inhalt den erziehlichen Zweck der Schule fördern.

Unter diesen aber verdienen diejenigen den Vorzug, welche in ihrer Form korrekt sind und auch in den geschichtlichen und realistischen Teilen nicht eigene Ausarbeitungen der Herausgeber, sondern Proben aus den besten populären Darstellungen der Meister auf diesem Gebiete geben, und welche sich von kirchlichen und politischen Tendenzen freihalten. Für Schulen, welche von Kindern verschiedener Konfessionen besucht werden, sind möglichst nur solche Lesebücher auszuwählen, welche keinen eigentlich konfessionellen Charakter haben. Aus den bereits eingeführten Lesebüchern sind die Sprachstücke konfessionellen Inhalts in den Religionsunterricht zu verweisen.

27. Der Sprachunterricht in Schulen verschiedener Nationalität. Bezüglich des Sprachunterrichts in solchen Schulen, in welchen die Kinder oder ein Teil derselben eine andere als die deutsche Sprache reden, kommen die hierüber ergangenen oder noch ergehenden besonderen Bestimmungen zur Anwendung.

28. Der Rechenunterricht. Auf der Unterstufe werden die Operationen mit benannten und unbenannten Zahlen von 1—100, auf der mittleren im unbegrenzten Zahlenraume gelernt und geübt, auf der letzteren auch angewandte Aufgaben aus der Durchschnittsrechnung, Resolutionen und Reduktionen, sowie einfache Regel de tri gerechnet; Pensum der Oberstufe ist die Bruchrechnung, welche bereits auf den unteren Stufen in der geeigneten Weise vorbereitet werden mufs, und deren Anwendung in den bürgerlichen Rechnungsarten, sowie eingehende Behandlung der Decimalbrüche.

In der mehrklassigen Schule erweitert sich das Pensum in den bürgerlichen Rechnungen durch Aufnahme der schwierigen Arten und das der Decimalrechnung durch die Lehre von den Wurzelextraktionen.

Auf der Unterstufe wird in der Schule mit einem oder zwei Lehrern, soweit es sein kann, in der mehrklassigen Schule regelmäfsig nur im Kopf gerechnet. Bei Einführung einer neuen Rechnungsart geht auf allen Stufen das Kopfrechnen dem Tafelrechnen voran. Bei der praktischen Anleitung ist überall die Beziehung auf das bürgerliche Leben ins Auge zu fassen; darum sind die Exempel mit grofsen und vielstelligen Zahlen zu vermeiden und die angewandten Aufgaben so zu stellen, wie sie wirklichen Verhältnissen entsprechen.

Durch diese Aufgaben sind die Schüler zugleich mit dem geltenden System der Mafse, Münzen und Gewichte bekannt zu machen.

Das Rechnen ist zwar auf allen Stufen als Übung im klaren Denken und richtigen Sprechen zu betreiben; doch ist als letzter Zweck stets die Befähigung der Schüler zu selbständiger, sicherer und schneller Lösung der ihnen gestellten Aufgaben anzusehen.

Dem Unterricht sind in allen Schulen Aufgaben-(Schüler-)Hefte, zu denen der Lehrer das Facitbüchlein in Händen hat, zu Grunde zu legen.

29. Der Unterricht in der Raumlehre. Das Pensum der Raumlehre bilden: die Linie (gerade, gleiche, ungleiche, gleichlaufende), der Winkel und dessen Arten. Dreiecke, Vierecke, regelmäfsige Figuren, der Kreis und dessen Hilfslinien, die regelmäfsigen Körper.

In der mehrklassigen Schule kommt die Lehre von den Linien und Winkeln und von der Gleichheit und Kongruenz der Figuren in elementarer Darstellung hinzu.

Der Unterricht in der Raumlehre ist sowohl mit dem Rechnen-, wie mit dem Zeichenunterricht in Verbindung zu setzen. Während die Schüler in dem letzteren die Formen der Linien, Flächen und Körper richtig anzuschauen und darzustellen geübt werden, lernen sie im ersteren mit deren Mafszahlen sicher und verständig operieren, die Länge der Linien, die Ausdehnung der Flächen und den Inhalt der Körper berechnen.

30. Der Zeichenunterricht. In dem Zeichenunterrichte sind alle Kinder gleichzeitig und gleichmäfsig zu beschäftigen und bei steter Übung des Auges und der Hand dahin zu führen, dafs sie unter Anwendung von Lineal, Mafs und Zirkel vorgezeichnete Figuren nach gegebenem verjüngten oder erweiterten Mafsstabe nachzuzeichnen und geometrische Ansichten von einfach gestalteten Gegenständen nach gegebenem Mafsstabe darzustellen vermögen, z. B. von Zimmergeräten, Gartenflächen, Wohnhäusern, Kirchen und anderen Gegenständen, welche gerade Kanten und grofse Flächen darbieten.

Wo dieses Ziel erreicht ist, kann besonders begabten Kindern Gelegenheit gegeben werden, nach Vorlegeblättern zu zeichnen.

(Für den Zeichenunterricht der mehrklassigen Volksschule wird eine besondere Instruktion vorbehalten.)

31. Der Unterricht in den Realien. Beim Unterricht in den Realien ist das Lesebuch zur Belehrung, Ergänzung und Wiederholung des Lehrstoffes, welchen der Lehrer nach sorgfältiger Vorbereitung anschaulich und frei darzustellen hat, zu benutzen. In mehrklassigen Schulen können daneben besondere Leitfäden zur Anwendung kommen. Diktate sind nicht zu gestatten, ebenso ist das rein mechanische Einlernen von Geschichtszahlen, Regentenreihen usw., Länder- und Städtenamen, Einwohnerzahlen, von Namen, Merkmalen der Pflanzen, Mafs- und Verhältniszahlen in der Naturlehre verboten. In der Geographie und der Naturkunde ist von der Anschauung auszugehen, welche in der Geographie durch den Globus und die Karte, in der Naturbeschreibung durch die zur Besprechung gebrachten Gegenstände oder durch gute Abbildungen, in der Naturlehre wenigstens in der mehrklassigen Schule durch das Experiment zu vermitteln ist.

Überall, auch in mehrklassigen Schulen, ist unter stufenweiser Erweiterung des Stoffes von dem Leichteren zum Schwereren, von dem Näheren zum ferner Liegenden fortzuschreiten.

32. Geschichte. In dem Geschichtsunterricht sind aus der älteren Geschichte des deutschen Vaterlandes und aus der älteren brandenburgischen Geschichte einzelne Lebensbilder zu geben; von den Zeiten des 30jährigen Krieges und der Regierung des grofsen Kurfürsten an ist die Reihe der Lebensbilder ununterbrochen fortzuführen. Soweit sie dem Verständnis der Kinder zugänglich sind, werden kulturhistorische Momente in die Darstellung mit aufgenommen.

Die Ausführlichkeit und die Zahl der Bilder bestimmt sich nach der Art der Schule und dem Mafse der Zeit, die auf den Gegenstand verwandt werden kann.

33. Geographie. Der geographische Unterricht beginnt mit der Heimatskunde; sein weiteres Pensum bilden das deutsche Vaterland und die Hauptsachen

## 1. Kapitel. Die Schüler. 39

der allgemeinen Weltkunde: Gestalt und Bewegung der Erde, Entstehung der Tages- und Jahreszeiten, die Zonen, die fünf Weltmeere und die fünf Erdteile, die bedeutendsten Staaten und Städte der Erde, die größten Gebirge und Ströme. Das Maß des darzubietenden Stoffes wird durch die Art der Schule bedingt; es ist indess bei Aufstellung des Lehrplanes vorzuziehen, nötigenfalls den Umfang des Lehrstoffes zu beschränken, statt auf dessen Veranschaulichung zu verzichten und den Unterricht in Mitteilung blofser Nomenklatur ausarten zu lassen.

34. **Naturbeschreibung.** Gegenstände des Unterrichts in der Naturbeschreibung bilden aufser dem Bau und Leben des menschlichen Körpers: die einheimischen Gesteine, Pflanzen und Tiere, von den ausländischen die grofsen Raubtiere, die Tier- und Pflanzenwelt des Morgenlandes und die Kulturpflanzen, deren Produkte bei uns im täglichen Gebrauche sind (z. B. Baumwollenstaude, Theestrauch, Kaffeebaum, Zuckerrohr). Von den einheimischen Gegenständen treten diejenigen in den Vordergrund, welche durch den Dienst, den sie dem Menschen leisten (z. B. Haustiere, Vögel, Seidenraupe, Getreide- und Gespinnstpflanzen, Obstbäume, das Salz, die Kohle), oder durch den Schaden, den sie thun (z. B. Giftpflanzen), oder etwa durch die Eigentümlichkeit ihres Lebens und ihrer Lebensweise (z. B. Schmetterling, Trichine, Bandwurm, Biene, Ameise) besonderes Interesse erregen.

In der mehrklassigen Schule kann nicht nur eine Vermehrung der Gegenstände, sondern auch eine systematische Ordnung und ein näheres Eingehen auf ihre gewerbliche Verwendung stattfinden. Die Gewöhnung der Kinder zu einer aufmerksamen Beobachtung und ihre Erziehung zu sinniger Betrachtung der Natur ist überall zu erstreben.

35. **Naturlehre.** In dem naturkundlichen Unterricht der Schule mit einem oder zwei Lehrern sind die Schüler zu einem annähernden Verständnis der Erscheinungen zu führen, welche sie täglich umgeben.

In der mehrklassigen Schule ist der Stoff so zu erweitern, dafs das Wichtigste aus der Lehre vom Gleichgewicht und der Bewegung der Körper, vom Schall, vom Licht und von der Wärme, vom Magnetismus und der Elektricität zu geben ist, so dafs die Kinder imstande sind, die gewöhnlichsten Naturerscheinungen und die gebräuchlichsten Maschinen zu erklären.

36. **Gesang.** In dem Gesangunterricht wechseln Choräle und Volkslieder ab. Ziel ist, dafs jeder Schüler nicht nur im Chor, sondern auch einzeln richtig und sicher singen könne und bei seinem Abgange eine genügende Anzahl von Chorälen und Volksliedern, letztere möglichst unter sicherer Einprägung der ganzen Texte, als festes Eigentum inne habe.

37. **Der Turnunterricht.** Der Turnunterricht wird auf der Mittel- und Oberstufe den Knaben in wöchentlich zwei Stunden nach dem durch C V v. 8. Okt. 1868 eingeführten Leitfaden für den Turnunterricht in den preufsischen Volksschulen erteilt. Wünschenswert ist, dafs auch auf der Unterstufe Turnspiele und Vorübungen angestellt werden.

38. **Unterricht in den weiblichen Handarbeiten.** Der Unterricht in weiblichen Handarbeiten wird, wenn thunlich, schon von der Mittelstufe an in wöchentlich zwei Stunden erteilt.

---

b. Besondere Bestimmungen. Einrichtung der Halbtagsschule. M E 16. Dez. 1874: „Nicht die Frage, ob eine zweite Klasse einzurichten sei, sondern nur die, ob bis auf weiteres (durch Einführung des Halbtagsunterrichts) von der Anstellung eines zweiten Lehrers abgesehen werden könne, unterliegt der Entscheidung der

Regierung." Bei überfüllten Klassen könne „von einer erziehlichen Einwirkung kaum mehr die Rede" sein, und gute Erfolge des Unterrichts würden da, wo die Zahl der Kinder über 80 steigt, „nur in seltenen Ausnahmefällen vorzugsweise begabten und kräftigen Lehrern gelingen." „Dagegen bietet die wohleingerichtete Halbtagsschule schon in ihren beiden aufsteigenden Klassen, welche die Erteilung eines planmäfsigen Unterrichts erleichtern, Vorteile, denen gegenüber die notwendige Verminderung der Stundenzahl als der geringere Übelstand weniger ins Gewicht fällt." Steigt indessen die Gesamtzahl der Schulkinder über 100, „so wird die Einrichtung einer zweiten Klasse im Wege der Halbtagsschule niemals als genügend angesehen werden können, sondern es ist dann stets auf Anstellung eines zweiten Lehrers Bedacht zu nehmen."

Herstellung mehrklassiger Volksschulen durch Zusammenlegung einzelner Schulorganismen. ME 29. Nov. 1873: „Dafs die mehrklassige Volksschule als ein besonders günstiger Schulorganismus anzusehen ist, erhellt schon aus Nr. 1 der Allgemeinen, die Mittelschule¹) betreffenden Bestimmungen, wo es gestattet wird, dafs die Oberklassen einer sechsklassigen Volksschule nach dem Lehrplane der Mittelschule arbeiten.²)

Hiernach ist eine bis zu sechs Klassen erweiterte Volksschuleinrichtung nicht blofs zulässig, sondern erstrebenswert. Infolgedessen ist selbst in kleineren Städten die Vereinigung der vorhandenen unentwickelten Schuleinrichtungen zu einem mehrgliedrigen Ganzen angebahnt und unter Genehmigung der Aufsichtsbehörde ins Leben gerufen worden."

ME 18. Mai 1874: Bei dahin zielenden Anträgen der Kommunen bedarf es, „um den einzelnen Fall richtig zu beurteilen, für die Aufsichtsbehörde der Einsicht in den gesamten Reorganisationsplan", welchen die Magistrate usw. vor der beabsichtigten Einrichtung der Regierung zur Genehmigung vorzulegen haben.

Errichtung eines Simultaneums. ME 15. März 1870: „Im allgemeinen wird unter Simultanschule eine Schule verstanden, in deren Lehrerkollegium grundsätzlich sowohl katholische wie evangelische Lehrer eintreten können. Dabei die Parität dergestalt zu wahren, dafs immer ebenso viele evangelische wie katholische Lehrer bei der Anstalt vorhanden seien und das Direktorat zwischen beiden Konfessionen alterniere, kann als notwendig nicht angesehen werden."

ME 16. Juni 1876: „Eine Anregung zur Vereinigung bisher konfessionell getrennter Schulen zu einer paritätischen Schule wird von

---

1) Siehe dieso.
2) Jedoch darf „die Verfolgung höherer Unterrichtsziele die Volksschule nicht benachteiligen". ME 30. Jan. 1874.

den Regierungen nur dann gegeben, wenn mit den dermaligen Einrichtungen Übelstände verbunden sind, welche die Erfüllung der Aufgabe der Schule wesentlich erschweren und auf anderem Wege nicht beseitigt werden können. Allerdings kann auch in den Fällen, wo dies nicht zutrifft, die Genehmigung zu paritätischen Schuleinrichtungen nicht versagt werden, wenn auf Grund einer Vereinbarung unter den Schulgemeinden (Sozietäten) von diesen ein bezüglicher Antrag gestellt wird, oder wenn dies da, wo die Schulunterhaltungspflicht der bürgerlichen Gemeinde obliegt, seitens der Gemeindebehörden geschieht."

Unterrichtszeit. CF. 9. April 1884: Anträge wegen Wegfalls des Nachmittagsunterrichts können da berücksichtigt werden, „wo es ohne Nachteil für die Schule, insbesondere auch ohne Kürzung der Unterrichtszeit geschehen kann."

Zu Nr. 14—21 d. Allg. Best.: Religionsunterricht. ME 28. Nov. 1883: „Damit der Unterricht in den Volksschulen mit voller Unterrichtszeit an jedem Wochentage mit Religion begonnen werden könne", empfiehlt sich „eine Teilung von einer oder zwei wöchentlichen Religionsstunden in Halbstunden."

CE 24. Juli 1884: Zur Erweiterung des Religionsunterrichts ist eine der Lehrstunden, welche die Mittel- und Oberstufe in der Muttersprache empfangen, auf Bibellesen zu verwenden.¹) Bibelkunde ist jedoch auszuschliefsen (ME 24. März 1888).

Überall da, wo es die Verhältnisse der Schule ermöglichen, den Kindern ein Wort- und Sachverständnis der sämtlichen Hauptstücke des kleinen lutherischen Katechismus zu geben, ist dieser vollständig in den Lehrplan der Schule aufzunehmen.²)

CE 12. Okt. 1881: Zur Einführung von Lehr- und Lernbüchern für den Religionsunterricht ist ministerielle Genehmigung nach vorangegangener Verständigung mit den kirchlichen Behörden einzuholen. Vergl. CE 18. Juni 1891.

ME 16. Jan. 1892: Dissidentenkinder haben an dem Religionsunterricht der öffentlichen Volksschulen teilzunehmen, sofern nicht ausreichender Ersatz für diesen geboten wird (s. S. 11).

Zu Nr. 26 d. Allg. Best.: Lesebücher. ME 11. Dez. 1874: „Sowohl durch das allgemeine Interesse des Unterrichts wie durch die Rücksicht auf die Schulinteressenten, welche die Lernmittel für ihre Kinder zu beschaffen haben, wird erfordert, dafs innerhalb desselben Bezirks möglichst dieselben Unterrichtsmittel im Gebrauch seien."

ME 5. Mai 1876: An Stelle zu beseitigender (veralteter oder unbrauchbarer) Lesebücher sind solche zu wählen, „welche in ihrer Form

---

1) ME 7. Okt. 1881 auch in katholischen Schulen.
2) Bezieht sich nicht auf überfüllte, Halb-, Sommer-, Fabrik- und zwiesprachige Schulen.

korrekt sind und in den geschichtlichen und realistischen Teilen nicht eigene Ausarbeitungen der Herausgeber, sondern Proben aus den besten populären Darstellungen der Meister auf diesen Gebieten geben, und welche sich von kirchlichen und politischen Tendenzen [1] freihalten.

CE 9. Nov. 1876: Bei Prüfung neuer Ausgaben, „wie überhaupt bei allen Lehrbüchern" hat das Provinzialschulkollegium darauf zu achten, „dafs alles fern bleibe, was etwa die Angehörigen anderer Konfessionen verletzen könnte."

Zu Nr. 24 d. Allg. Best.: Schreiben. ME 26. Sept. 1872 erinnert daran, dafs „für alle Schüler der Elementarschule die Anfertigung geschäftlicher Formulare und Aufsätze nach gegebenen Mustern geläufig gemacht werde", sowie dafs eine Belehrung darüber zu geben sei, „worauf es überhaupt bei Anfertigung korrekter Briefadressen ankomme."

Unterrichtssprache und Unterricht im Deutschen in zwiesprachigen Schulen. Verfügung des Oberpräsidenten der Provinz Preufsen vom 24. Juli 1873: Unterrichtssprache ist das Deutsche, nur bei dem Religionsunterrichte der Unterstufe polnischer oder litauischer Kinder deren Muttersprache. Diese ist sonst nur soweit anzuwenden, „als zum Verständnis des Lehrgegenstandes für die Kinder unerläfslich ist." Auf der Oberstufe sind die nichtdeutschen Kinder im polnischen bezw. litauischen Lesen und Schreiben zu unterrichten. Jedoch darf diesem Unterricht nicht ein breiterer Raum gewährt werden, „als zur Erreichung des Zweckes notwendig ist." Bei Schulen mit überwiegend deutschen Kindern kann er auf specielle Anordnung der Regierung ganz wegfallen.

Verfügung des Oberpräsidenten von Posen vom 27. Okt. 1873: Die Unterrichtssprache in allen Lehrgegenständen, mit Ausnahme der Religion und des Kirchengesanges, ist die deutsche. Das Polnische darf nur zur Erleichterung des Verständnisses zu Hilfe genommen werden, bleibt jedoch Unterrichtsgegenstand für die Kinder polnischer Zunge.

RV Oppeln, 20. Sept. 1872: „Nur der Religionsunterricht auf der Unterstufe hat sich in Schulen mit nicht deutsch redender Jugend in der Muttersprache der Kinder zu vollziehen."

Der Unterricht in der deutschen Sprache wurde in den Schulen der nördlichen Kreise von Schleswig durch RV 17. Aug. 1871 in folgender Weise eingeführt: (In den beiden ersten Jahren Unterricht in der Muttersprache.) „Nach Vollendung des zweiten Schuljahres tritt in wöchentlich sechs Stunden der Unterricht in der deutschen Sprache ein." Ziel dieses Unterrichts ist es, dafs die Kinder am Ende der Schulzeit Geläufigkeit im mündlichen und schriftlichen Ausdruck besitzen. „In methodischer Beziehung ist zur Erreichung dieses Zieles ein eigentlich

---

[1] Konfessioneller Inhalt ist indessen mit ihren Zwecken wohl vereinbar ME 15. April 1880.

grammatischer Unterricht nicht erforderlich; die nach dieser Seite hin unentbehrlichen Kenntnisse sind im Anschlufs an das Lesebuch, an die Sprech-, Übersetzungs- und Aufsatzübungen zu übermitteln."
RV Schleswig, 9. März 1878: "Der deutsche Unterricht ist für sämtliche Kinder in den nordschleswigschen Volksschulen während der ganzen Schulzeit obligatorisch" und beginnt schon auf der Unterstufe mit wöchentlich sechs halbstündigen Sprechübungen. Ferner ist Deutsch Unterrichtssprache:
auf der Mittelstufe in 2 Stunden Heimatkunde und 1 Stunde Kopfrechnen, auf der Oberstufe in 2 Stunden Geographie, 2 Stunden Geschichte, 1 Stunde Kopfrechnen, für sämtliche Knaben in den Turnstunden.

Im allgemeinen ist in zwiesprachigen Schulen der Lehrstoff, namentlich in den Realien, wesentlich zu beschränken ME 18. Juni 1885.

**Fremdsprachlicher Unterricht** kann nach ME 8. Dez. 1876 nur bei sechsklassigen Volksschulen in Frage kommen.

Zu Nr. 37 d. Allg. Best.: **Turnunterricht.** ME 14. April 1866: "Das Turnen der männlichen Jugend ist ein integrierender Teil des Schulunterrichts, woraus folgt, dafs jede (städtische) Schule für sich abgesonderten Turnunterricht haben mufs."

Zu Nr. 38 d. Allg. Best.: **Weibliche Handarbeiten.** ME 6. März 1873:[1]) "Es unterliegt keinem Bedenken, dafs auf der Oberstufe mehrklassiger Schulen für die Mädchen der Unterricht in der Raumlehre wegfalle und durch solchen in weiblichen Handarbeiten ersetzt werde." Vergl. CE 30. März 1894.

Über Haushaltungsunterricht für Mädchen vergl. ME 18. Jan. 1893.

Specielle Unterrichtspläne auszuarbeiten, die den Lehrstoff für die einzelnen Abteilungen und Stufen auf das genaueste bestimmen und abgrenzen, haben sich die Regierungen im Verfolg der Allgemeinen Bestimmungen angelegen sein lassen (s. S. 44.).

Einen Lehrplan für die einklassige Volksschule zum Unterricht in den Realien, von der Regierung zu Düsseldorf, gibt SCHNEIDER und v. BREMEN, Das Volksschulwesen III, 435—440; desgl. von der Regierung zu Oppeln: a. a. O. S. 440—443; einen Lehrplan für den Religionsunterricht, von der Regierung zu Merseburg: a. a. O. S. 453—455.

Lehrgegenstände der Volksschule sind in Spielschulen, Kleinkinderschulen, Kindergärten usw. unzulässig. ME 17. April 1884: "Jede Vorwegnahme der Aufgaben der Volksschule ist auszuschliefsen, und es darf nicht geduldet werden, dafs die bezeichneten ,Schulen' in irgend einer Weise den Charakter von Unterrichtsanstalten annehmen."

---
1) Vergl. ME 25. Jan. und 27. Mai 1873.

44   I. Hauptabteilung. 1. Abschnitt. Die Volksschule. I. Preußen.

**Lektionsplan für eine dreiklassige Schule mit zwei Klassenzimmern und zwei Lehrkräften (im R.-B. Trier).**[1]

| Stunden | Montag | Dienstag | Mittwoch | Donnerstag | Freitag | Sonnabend |
|---|---|---|---|---|---|---|
| 8—9 | I. Bibl. Geschichte<br>II. desgl. | I. Lesen mit Sprachlehre<br>II. desgl. | I. Religion<br>II. desgl. | I. Bibl. Geschichte<br>II. desgl. | I. Diktatenschreiben (Gedichte, Geschäftsaufsätze etc.)<br>II. Diktieren (Rechtschreiben) (Aufsatz) | I. Raumlehre<br>II. Freischreiben (Aufsatz) |
| 9—10 | I. Lesen mit Abschreiben<br>II. desgl. | I. Schreiben<br>II. desgl. | I. Zeichnen mit Formenlehre<br>II. Zeichnen | I. Lesen mit Abschreiben<br>II. Lesen mit Memor. von Gedichten | I. Schreiben<br>II. desgl. | I. Religion (Ev., Lied, Gebet)<br>II. Zeichnen |
| 10—11 | I. Rechnen<br>II. desgl. | I. Rechnen<br>II. desgl. | I. Freicurreiben (Aufsatz)<br>II. desgl. | I. Rechnen<br>II. desgl. | I. Rechnen<br>II. desgl. | I. Gesang<br>III. Lesen mit Schreiben |
| 11—12 | I. Vaterländische Geschichte | II. Naturlehre | I. Gesang<br>III. ½ St. Bibl. Gesch. (Aufsatz)<br>½ St. Lesen mit Schreiben | I. Geschichte<br>II. desgl. | I. Geographie<br>II. desgl. | I. Religion (Ev., Katechismus)<br>III. { ½ St. Lesen und Schreiben<br>½ St. Katechismus, Lied } |
| 2—3 | I. deßgl. | II. Geographie (Naturlehre)<br>III. { ½ St. Bibl. Gesch.<br>mit Katechismus<br>½ St. Lesen mit Schreiben } | frei | I. Lesen mit Schreiben | I. Naturgeschichte<br>II. Gesang | |
| 3—4 | III. { I. Turnen (Handarb.)<br>½ St. Lesen mit Schreiben<br>½ St. Rechnen } | III. { I. Turnen (Handarb.)<br>½ St. Lesen mit Schreiben<br>½ St. Rechnen } | frei | III. { I. Turnen (Handarb.)<br>½ St. Lesen mit Schreiben<br>½ St. Rechnen } | frei | |

In Summa I. Klasse 25 Stunden, II. Klasse 24 Stunden, III. Klasse 12 Stunden.

[1] Vergl. RV Trier, 24. Febr. 1874.

## § 4. Die Schulentlassung.

a. Grundsätze: ALR II 12 § 46: Der Schulunterricht muſs solange fortgesetzt werden, „bis ein Kind nach dem Befunde seines Seelsorgers die einem jeden vernünftigen Menschen seines Standes notwendigen Kenntnisse gefaſst hat."

ME 11. Dez. 1862: „In der Regel ist kein Kind vor dem vollendeten 14. Lebensjahre zu entlassen, eventuell nur mit Genehmigung des Schulinspektors." Widersprüche hiergegen sind nach ME 4. Febr. 1859 zurückzuweisen.

OT 7. Februar 1867: Die Verpflichtung zum Schulbesuch hört nicht absolut mit dem 14. Lebensjahre auf, sondern nach dem angezogenen Paragraphen des ALR sowie nach Abs. 2 KO 11. Mai 1825 bei jedem einzelnen Kinde „je nach dem Erfolge des Unterrichts" (vergl. SCHNEIDER und VON BREMEN, Volksschulwesen III, 87).

KG 23. März 1885 (Jahrbücher V, 377): Eine allgemeine Anordnung, nach welcher die Schulpflicht durchweg bis zu dem auf das vollendete 14. Lebensjahr folgenden Semesterschluſs ausgedehnt wird, ist gesetzlich unzulässig.]

b. Anordnungen einzelner Verwaltungsbehörden. RV Königsberg, 21. Jan. 1865: Die Entlassung darf „in der Regel" nur zweimal, und zwar unmittelbar vor dem Beginn der Oster- und Ernteferien stattfinden. Im ersteren Termine sind alle diejenigen Schüler zu entlassen, welche um Ostern, im letzteren die, welche vor dem 15. Oktober das 14. Lebensjahr vollenden.

Die Entlassung erfolgt in Verbindung mit einer angemessenen Schulfeierlichkeit und unter Überreichung von Entlassungszeugnissen.

Sehen der Lokalschulinspektor und der Lehrer sich veranlaſst, die Entlassung wegen mangelnder Reife über diese Termine hinaus zu verschieben, so ist nach einer vom Lehrer im Beisein des Lokalschulinspektors vorgenommenen Prüfung darüber zu entscheiden.

In Religion hat bei verschiedener Konfessionalität der zuständige Geistliche allein zu befinden.

Für Schlesien bestimmt die Verordnung des Oberpräsidenten vom 29. Juli 1832, daſs der Schulbesuch bis zum vollendeten 14. Lebensjahre notwendig stattfinden muſs; ME 14. Juli 1870 in Bestätigung des Obigen.[1]

RV (Konsistorium) Aurich, 27. März 1879: Schulkinder, welche das 14. Lebensjahr bereits vollendet haben, sind in den Versäumnislisten nicht mehr zu führen, auch behufs Verhängung von Schulversäumnisstrafen nicht mehr zur Anzeige zu bringen, wenngleich Lehrer und Pre-

---

[1] Die Befugnis des Oberpräsidenten hierzu ist nach § 3 Nr. 5 der Verordnung vom 30. April 1815 und § 1 der Instruktion für die Oberpräsidenten vom 31. Dez. 1825 unzweifelhaft.

diger dahin zu wirken haben, daſs der Schulbesuch erst mit dem Ablauf des Schulsemesters beendet werde. Für die 14jährigen Kinder findet jährlich zweimal, im März und September, von dem Lokalschulinspektor unter eventueller Beihilfe des Lehrers in Religion, Deutsch, Rechnen, Raumlehre und Gesang eine Prüfung statt, nach welcher die Geprüften mit Ausnahme derjenigen, welche in allen Fächern nicht bestanden haben, ein Entlassungszeugnis erhalten. Die Letztgenannten empfangen lediglich einen Ausweis über die Dauer ihres Schulbesuchs.

RV Münster, 26. April 1868: „Die Pflicht des Schulbesuchs erstreckt sich bis zum Schluſs desjenigen Schulsemesters, in welchem das 14. Lebensjahr vollendet wird. Eine frühere Entlassung aus der Schule ist demnach unzulässig." Bei nicht genügenden Resultaten ist der Schulbesuch noch über jenen Termin hinaus fortzusetzen, „jedenfalls bis mindestens zum Ende des nächsten Schulsemesters", und zwar namentlich da, wo „der Mangel einer genügenden Schulbildung die Folge vernachlässigten Schulbesuchs oder sonstiger verschuldeter Versäumnisse ist." Dem Ermessen der Schulinspektoren wird anheim gegeben, der Entlassung eine unter ihrer Leitung abzuhaltende besondere Prüfung vorausgehen zu lassen.

RV Köln, 7. April 1865: Der „normalmäſsige Termin" findet mit vollendetem 14. Lebensjahr nach einer Prüfung statt. Frühere Entlassung ist nur aus besonderen Gründen nach vorherigem schriftlichen Antrag bei dem Ortsvorstand (Bürgermeister) und nach protokollarisch aufgenommener Prüfung angängig. Kinder, welche bei der Entlassungsprüfung nicht die nötigen Kenntnisse und Fertigkeiten an den Tag legen, können länger zum Schulbesuch angehalten werden (mit Ausnahme der Mädchen, welche die Pubertät schon erreicht haben).

RV Düsseldorf, 13. Nov. 1866: Die Entlassung findet zweimal im Jahre statt, „und zwar auf Grund einer Prüfung unter Aushändigung eines Zeugnisses".

RV Trier, 12. März 1868: Entlassung nach vorgängiger Prüfung nur einmal jährlich, zu Ostern, für die Kinder, welche das vierzehnte Lebensjahr vollendet haben. Ausnahmsweise dürfen bei besonderer Armut der Eltern oder bei sonstiger dringlicher Veranlassung auch solche Kinder im Ostertermin entlassen werden, welche erst im Laufe des Sommersemesters (bis zum 30. September) das vierzehnte Lebensjahr überschreiten.

RV Aachen, 18. Juli 1877: Die Schulentlassung darf nur am Schlusse des Sommer- oder Winterhalbjahres auf Grund der durch Prüfung nachgewiesenen ausreichenden Schulbildung stattfinden. Zur Prüfung sind in der Regel nur die Kinder zuzulassen, welche bis zum Schlusse des Schulsemesters das 14. Lebensjahr vollenden. Ausnahmsweise dürfen Kinder, welche bis zu diesem Termine 13 Jahre und volle neun Monate alt werden, (unter besonderen Bedingungen) ebenfalls zugelassen werden. Kindern, welche die Prüfung bestanden haben, ist ein vom Lokalschulinspektor und dem Bürgermeister zu vollziehendes Entlassungszeugnis auszuhändigen.

c. Entlassungstermin mit Rücksicht auf die Konfirmation. RV Frankfurt a. O., 18. Okt. 1866: Kinder, welche das 14. Lebensjahr vollendet haben, dürfen die Schule nicht ohne weiteres verlassen, sondern, sofern sie evangelisch sind, erst nach der Konfirmation. Bei sittlicher Tüchtigkeit und erlangter Schulreife können jedoch sie nach Einholung eines Zeugnisses vom Lehrer, nach vorheriger Prüfung durch den Lokalschulinspektor und nach Genehmigung des Kreisschulinspektors dispensiert werden. „Es wird sich dabei im Interesse des Schulunterrichts empfehlen, Dispensationen in der Regel nur beim Semesterschluß eintreten zu lassen".

ME 13. Dez. 1883: Schulentlassungszeugnisse sind beim Abgange aus der Anstalt überall zu geben.

d. Kompetenz zur Entlassung. ME 4. Febr. 1859: Auslegung des § 46 II 12 ALR — zur Sache: Die Königl. Regierung zu Koblenz hatte den angeführten Paragraphen sowie seine Geltendmachung in KO 14. Mai 1825 durch Verfügung vom 11. Aug. 1857 dahin ergänzt, daß zu Dispensationen bezw. Schulentlassungen vor vollendetem 14. Lebensjahre die Genehmigung des Schulpflegers durch Vermittelung des Bürgermeisters einzuholen sei. Hierin erblickte die Kreissynode eine Beschränkung des den Geistlichen durch die Order von 1825 beigelegten Rechtes und erhob in ihrem Moderamen vom 14. Okt. 1857 dagegen Beschwerde. — Bescheid des Ministers: jene Order gebe „den Geistlichen nur ein Recht den Eltern, nicht aber eine selbständige Stellung auch den Anordnungen der vorgesetzen Schulbehörde gegenüber".[1]

ME 6. Nov. 1873: Nach dem Schulaufsichtsgesetz vom 11. März 1872 gehört der Schulbesuch und seine Begrenzung in den Bereich der Schulaufsicht. Gesuche um Dispensationen vom Schulunterricht auch noch nicht konfirmierter Kinder sind daher bei dem Lokalschulinspektor oder bei der mit der Schulaufsicht betrauten Ortsschulbehörde anzubringen.

ME 31. Jan. 1877: Die Beteiligung städtischer Schuldeputationen an den Entscheidungen über Gesuche um Dispensationen vom Schulbesuch bezw. um vorzeitige Entlassung von Schulkindern darf nach § 46

---

[1] OT 28. Nov. 1878: „Die in Nr. 2 der Allerh. Kab.-Order vom 14. Mai 1825 dem Seelsorger übertragene Entscheidung über die Entlassung eines Kindes aus der Schule kann von ihm lediglich kraft des dem Staate vorbehaltenen Aufsichtsrechtes über die Volksschule und in der Eigenschaft eines mit der Ausübung dieses Aufsichtsrechtes vom Staate beauftragten Beamten getroffen werden".

[] 12 ALR in Verbindung mit § 43 daselbst, sowie der Instruktion vom 26. Juni 1811 nicht ausgeschlossen werden, da überdies die Specialaufsicht der Prediger, d. h. Lokalschulinspektoren nach Nr. 14 der angeführten Instruktion mit der allgemeinen Oberaufsicht der Schuldeputationen in Verbindung gesetzt werden soll. Vielmehr sind nach dem vorstehenden Erlafs (CBl 1873, 722) Gesuche um Dispensationen usw. dem Lokalschulinspektor bezw. den Schuldeputationen einzureichen, deren Gutachten über Annahme oder Ablehnung der Entscheidung des Kreisschulinspektors unterliegt.

c. Endgiltigkeit der Entlassung. OT 28. Nov. 1878: Die einmal erfolgte Entlassung der Kinder, ob bestimmungsmäfsig oder nicht, schliefst eine Bestrafung wegen Schulversäumnis aus. Denn wenn auch die Aufsichtsorgane für die Befolgung der ihnen erteilten Anordnungen über Entlassung usw. der Staatsregierung verantwortlich bleiben, so ändert dies nichts an der Thatsache, dafs die von ihnen nach gesetzlicher Befugnis angeordnete Entlassung zu Recht besteht und die Eltern bezw. Pfleger solchergestallt entlassener Kinder straflos macht.

## 2. Kapitel. Die Lehrer.

### § 1. *Erlangung des Amtscharakters.*

Verpflichtung zur Übernahme einer Lehrerstelle. ME 17. Aug. 1872: Durch einen bei Eintritt in das Seminar auszustellenden und von dem Vater bezw. Vormund zu bestätigenden Revers sind die Schulamtsaspiranten verpflichtet, innerhalb der ersten 3 Jahre nach dem Abgange vom Seminar jede Lehrerstelle zur Verwaltung anzunehmen, welche ihnen die Bezirksregierung zuweist, im Weigerungsfalle aber, oder bei Übertritt in privaten Schuldienst, oder auch wenn sie aus eigenem Willen aus dem Seminar austreten bezw. durch ihre Führung die unfreiwillige Entfernung aus der Anstalt herbeiführen,

1. alle von dem Seminar erhaltenen Geld- oder Naturalienunterstützungen zu erstatten,[1]
2. für den genossenen Unterricht pro Semester zu zahlen.

Eine andere öffentliche Lehrerstelle können sie jedoch gegen die zuerst ihnen angewiesene ungehindert eintauschen. ME 8. Febr. und 28. März 1873, vergl. 14. Juni 1875 und 19. Nov. 1875.

Berufung. Jeder in einem öffentlichen Schulamte Anzustellende erhält eine Berufungsurkunde, welche die Vokation des Berufungsberechtigten und die Bestätigung der Schulaufsichtsbehörde enthalten mufs.[2]

---

[1] und zwar an die Anstalt selbst ME 25. Okt. 1872.
[2] Die bestätigte Vokationsurkunde wird dem zur Besetzung der Stelle Berechtigten behufs Aushändigung an den Lehrer bei Gelegenheit der durch den Schulvorstand zu bewirkenden Amtseinführung zugestellt ME 15. Jan. 1891.

## 2. Kapitel. Die Lehrer. 49

Handelt es sich um die Besetzung einer Lehrerstelle an mehrklassiger Schule, so hat weder die Ausschreibung noch die Vokation für die bestimmte, augenblicklich vakante Stelle, sondern allgemein für die Schule einer bestimmten Kategorie (ME 26. Jan. 1874), dagegen bei bevorstehender Umgestaltung des Schulwesens die Vokation nicht für eine besondere Schule oder Klasse, sondern nur „als Haupt-" oder „Klassenlehrer" zu erfolgen ME 14. April 1875 vergl. ME 25. Mai 1868.

ME 14. Juli 1864 Der Berufungsberechtigte hat auch für zunächst nur provisorisch anzustellende Lehrer eine unbedingte Vokation auszufertigen, während die Aufsichtsbehörde eine solche mit dem Vorbehalt des Widerrufs bestätigt und in der Folge den letzteren entweder zur Geltung bringt oder nach Erfüllung der Vorbedingungen zu einer definitiven Anstellung ausdrücklich aufhebt, vergl. ME 18. Nov. 1872, 31. März 1873 und 9. Dez. 1864 („die Vokation hat keinen Zusammenhang mit der definitiven Anstellung"),[1]) ME 25. Mai 1868.

Berufung mit dem Vorbehalt der Kündigung oder dem Ausschlufs der Pensionsberechtigung (z. B. bei Lehrerinnen) ist nicht statthaft ME 6. Dez. 1878. Auch Hilfslehrer und Adjuvanten dürfen von Privatpatronen nicht auf Kündigung berufen werden ME 25. April 1840.

In der Vokation müssen die einzelnen Bestandteile des Einkommens genau angegeben sein. Neben jener ist ein besonderer Genufszettel (Einkommensverzeichnis) vom Schulvorstande aufzustellen, namentlich da, wo mit dem Amte als Lehrer zugleich kirchliche Funktionen verbunden sind.[2]) Unter besonderem Rubrum ist das Einkommen aus dem kirchlichen Nebenamt vom Gemeindekirchenrat aufzuführen.

**Muster einer Vokation.**

N den . 18

Wir haben die erledigte Lehrerstelle
bei der Schule zu
dem ...
aus
(provisorisch) (definitiv) verliehen und erwarten von ihm, dafs er sich sowohl nach den allgemeinen gesetzlichen Bestimmungen als nach den von uns besonders gegebenen Vorschriften gewissenhaft achten und uns keine Veranlassung geben werde, kraft der uns zustehenden Disciplinargewalt gegen ihn wegen Vernachlässigung seiner Amtspflichten oder wegen unwürdigen Lebenswandels einzuschreiten.

Wir machen es dem Lehrer zur Pflicht, die ihm übertragenen Lehrstunden pünktlich und regelmäfsig zu erteilen und die Schuljugend mit Ernst und Liebe an Zucht und Ordnung zu gewöhnen, sich zu jeder Unterrichtsstunde gewissenhaft vorzubereiten und jede Gelegenheit, namentlich auch die amtlichen Lehrerkonferenzen, zu seiner Fortbildung wohl zu benutzen, mit den Eltern der Schulkinder und den übrigen Gemeindegliedern in Eintracht zu leben, seinen Vor-

---

1) Vergl. ME 5. März 1886 w. u.
2) Der Genufszettel ist demnächst von dem Lehrer gleichfalls zu unterzeichnen.

gesetzten überall die gebührende Achtung zu erweisen und sich überhaupt durch unermüdliche Treue in der Erfüllung aller seiner Berufspflichten, durch unwandelbare Liebe und Treue gegen Seine Majestät, den König, und das Vaterland, sowie durch einen gottesfürchtigen und untadelhaften Lebenswandel das Vertrauen seiner Vorgesetzten und die Achtung der Schulgemeinde zu erwerben und zu erhalten und der Schuljugend stets ein nachahmenswertes Beispiel zu geben.

Ferner wird ihm ausdrücklich zur Pflicht gemacht:

1. dem Schullehrer-Witwen- und Waisen-Unterstützungsverein als Mitglied beizutreten (sobald dies nach bestehenden resp. noch zu erlassenden Bestimmungen zulässig ist oder wird),

2. die Vertretung erkrankter oder beurlaubter Kollegen derselben Schule unentgeltlich, die an benachbarten, eines Lehrers zur Zeit entbehrenden Schulen gegen eine billige, mit dem betreffenden Schulvorstande zu vereinbarende Entschädigung zu übernehmen,

3. an Kinder seiner Konfession in benachbarten Schulen anderer Konfession gegen eine von uns in jedem einzelnen Falle besonders festzusetzende billige Vergütung den konfessionellen Religionsunterricht zu erteilen,

4. die Schuljugend in der Obstbaumzucht sowie im Turnen zu unterrichten,

5. sich auch der aus der Schule entlassenen Jugend anzunehmen und für sie erforderlichenfalls jeden Sonntag 1—2 Stunden in der Schule (Kirche) Unterricht zu erteilen.

Wenn der Lehrer diese Verpflichtungen treu und gewissenhaft erfüllt, soll er rücksichtlich aller ihm zustehenden Rechte und im Genusse des mit seiner Lehrer-(Organisten- und Kantor-)Stelle verbundenen Einkommens gegen jede Beeinträchtigung geschützt werden; jedoch muß er sich die Veränderungen gefallen lassen, welche durch eine etwaige Änderung des Schulbezirks in Rücksicht auf Ausstattung und Unterhaltung der Schule herbeigeführt werden.

(Behufs definitiver Anstellung hat er sich rechtzeitig und in vorgeschriebener Weise zur zweiten Prüfung zu melden.)

(L. S.)
Königliche Regierung

Vokation
für den
bei der          Schule zu

Die Aufstellung des Einkommensverzeichnisses erfolgt auf Grund des Etats.

Veränderungen dürfen hierbei nicht willkürlich vorgenommen werden; sie sind eventuell durch Vermittelung des Landratsamtes zu beantragen und haben mit Ablauf der Etatsperiode einzutreten.

Zur Rechtsverbindlichkeit einer Berufung ins Lehramt ist die Annahme der Vokation seitens des Berufenen erforderlich ME 17. März 1874.

Anstellung. Die Erledigung einer Lehrerstelle ist von dem Kreisschulinspektor der Regierung unverzüglich anzuzeigen.

[Lehrer dürfen ohne Genehmigung der Regierung weder ihr früheres Amt verlassen noch das neue antreten.

ME 5. März 1866: „Daß die Lehrer die Ermächtigung zur Wahrnehmung ihres Amts nur durch die Zustimmung des Staates erlangen, welche entweder in der direkten Besetzung oder in der Bestätigung

## 2. Kapitel. Die Lehrer.

der von Privatpatronen oder Gemeinden berufenen Bewerber ihren Ausdruck findet, folgt aus ihrer Eigenschaft als Staatsdiener."]

Durch das von der Regierung bewirkte öffentliche Ausschreiben einer Stelle („ein längst herkömmliches Verfahren") wird das Berufungs- oder Präsentationsrecht eines Patrons nicht beschränkt ME 10. Mai 1851; vgl. ME 5. Mai 1888.

Zeugnisse zur Bewerbung um andere Stellen dürfen Lehrern von den Schulaufsichtsbeamten nicht ausgestellt werden, sondern es müssen dieserhalb zwischen den Berufungsberechtigten, den Behörden und Beamten mittels amtlichen Schriftwechsels untereinander die erforderlichen Erkundigungen eingezogen werden ME 24. Febr. 1883.

Das Anstellungsalter ist im allgemeinen das zwanzigste Lebensjahr; jedoch kommt es bei der Erteilung des Befähigungszeugnisses hauptsächlich auf die Tüchtigkeit des Geprüften, auf dessen sittliche Haltung und Charakterfestigkeit an, bei welchen Eigenschaften auch ein paar Monate an dem bestimmten Alter fehlen können ME 2. Dezember 1836.

CV 6. Okt. 1854: Jeder Kandidat wird durch Ablegung der ersten Prüfung zunächst nur zur provisorischen Anstellung befähigt; die definitive ist von der Ablegung der zweiten Prüfung abhängig. Die letztere darf nicht vor Ablauf eines zweijährigen Zwischenraumes und soll nicht später als 5 Jahre nach dem ersten Termine erfolgen CV 22. Okt. 1852. Sechs Jahre nach erfolgter Anstellung im Schulamte muſs entweder über die definitive Anstellung oder die Entlassung des Betreffenden beschlossen werden. Sollten ganz besondere Umstände eine Ausnahme erheischen, so ist ministerielle Genehmigung einzuholen CV 22. Nov. 1867; vergl. ME 22. Sept. 1870, 20. Okt. 1883 und 29. Dezember 1887.

Anstellungsfähige Schulamtskandidaten sind nicht kommissarisch zu beschäftigen, sondern provisorisch anzustellen ME 21. Juli 1863, 25. Mai 1868.

Definitive Anstellung als Schullehrer hat erst nach Ableistung der militärischen Übung bezw. nach Erklärung der Dienstuntauglichkeit zu erfolgen: Erlaſs der Minister des Innern und des Unterrichts vom 10. Juni 1831.

Adjuvanten (in Schlesien) sind 1 bis 1½ Jahre nach Ablegung der zweiten Prüfung definitiv anzustellen ME 19. Juli 1868; vergl. MR 25. April 1840.

Über den Modus der Anstellung, ob sie provisorisch oder definitiv erfolgen soll, hat allein die Aufsichtsbehörde zu befinden ME 6. Februar 1864; vergl. ME 5. Juli 1866.

Im Interesse des Lehrerstandes und der Schule ist es zu vermeiden, bereits definitiv angestellt Gewesene provisorisch zu berufen und anzustellen. Jedenfalls ist dem betreffenden Lehrer das Bedenkliche eines solchen Schrittes zu Protokoll zu erklären ME 5. August 1864.

Anderseits empfiehlt es sich, solche Kandidaten, welche sich für das in Aussicht genommene Amt (z. B. bei Berufungen als Rektoren) noch nicht völlig bewährt haben, provisorisch zu bestätigen; ME 2. August 1870.

Von der Verwaltung unbesetzter Schulstellen durch Präparanden ist grundsätzlich abzusehen ME 16. Juni 1893; vgl. RV Schleswig 23. Aug. 1869.

Die Anstellung der Lehrerinnen erfolgt zuerst gleichfalls provisorisch, wonach sie bei Bewährung innerhalb der ersten fünf Jahre und frühestens zwei Jahre nach ihrer Berufung ohne Ablegung einer zweiten Prüfung anzustellen sind ME 9. März 1860[1]). Eine Klausel, welche die Anstellung nur bei Nicht-Verheiratung zu Recht bestätigt, ist in der Anstellungsurkunde statthaft; jedoch entbehrt es der rechtlichen Begründung, aus der Verheiratung der Lehrerin an sich die Ungiltigkeit ihrer Anstellung und damit den Verlust ihres Amtes und der vermögensrechtlichen Ansprüche aus dem Dienstverhältnis herzuleiten ME 5. Febr. 1885; vergl. CE 15. Juli 1892.

Die Anstellung überhaupt hat den unmittelbaren Anspruch auf sämtliche Einkommensbezüge, die definitive daneben die Erlangung des Pensionsanspruches ohne weiteres zur Folge ME 6. Dez. 1876.

Das Verfahren bei der Anstellung regelt sich in folgender Weise: Die Ernennung eines Lehrers (bei Privatpatronaten auf deren Präsentation) erfolgt durch die Regierung vermittels der Zustellung einer Ernennungsurkunde. Danach werden die Amtspflichten und -Rechte des Lehrers in einer besonders auszufertigenden Bestallung, bei Königlichen Patronatsstellen vom Ortsschulinspektor, bei Stellen privaten Patronats vom Patron zusammengestellt und der Regierung zur Prüfung und Bestätigung eingereicht. Die Prüfung wird vornehmlich darauf gerichtet, ob einem Lehrer in jener Zufertigung keine in den allgemein gesetzlichen Bestimmungen oder den besonderen rechtlichen Verhältnissen seines Amtes begründeten Rechte vorenthalten oder keine darüber hinausgehenden ihm beigelegt, ob keine ihm nicht obliegenden Verpflichtungen ihm auferlegt oder keine ihm obliegenden mit Stillschweigen übergangen worden.

Je nach dem Ergebnis dieser Prüfung wird die Bestallung entweder ohne weiteres oder nach Herbeiführung einer notwendigen Berichtigung bestätigt.

ME 15. Jan. 1881: Die bestätigte Vokationsurkunde wird dem zur Besetzung der Stelle Berechtigten zur Aushändigung an den Lehrer

---

1) ME 13. Juli 1867: „Selbstverständlich unterliegen Lehrerinnen hinsichtlich des Nachweises ihrer Qualifikation, Anstellung und Disciplin allen für Lehrer geltenden Bestimmungen."

## 2. Kapitel. Die Lehrer.

bei Gelegenheit der durch den Schulvorstand zu bewirkenden Amtseinführung zugestellt.

Das Gesetz vom 15. Juli 1886, betreffend die Anstellung und das Dienstverhältnis der Lehrer und Lehrerinnen an den öffentlichen Volksschulen im Gebiete der Provinzen Posen und Westpreufsen bestimmt insbesondere Folgendes:

### Artikel I.

§ 1. Die Anstellung der Lehrer und Lehrerinnen an den öffentlichen Volksschulen erfolgt, insoweit diese seither nicht durch den Staat stattgefunden, mit der Mafsgabe durch denselben, dafs vor der Anstellung

1. in Städten der Magistrat und die Schuldeputation, sofern aber die Unterhaltungspflicht nicht der Stadtgemeinde, sondern einer oder mehreren Schulgemeinden(-Sozietäten) obliegt, statt des Magistrats der Vorstand der beteiligten Schulgemeinde (Schulvorstand),

2. auf dem Lande bei Gemeindeschulen der Gemeinde-(Guts-)Vorstand, bei Sozietätsschulen der Schulvorstand

darüber zu hören ist, ob Einwendungen gegen die Person des für die betreffende Stelle Bestimmten zu erheben sind.

Auf Beschwerden der Anzuhörenden entscheidet der Unterrichtsminister.

§ 2. Die Bestimmungen des § 1 finden auf Stadtkreise und auf die Landkreise Deutsch-Krone, Marienburg, Rosenberg und Elbing sowie auf die in der Provinz Westpreufsen belegenen Städte mit mehr als 10000 Einwohnern auf Antrag der städtischen Vertretung keine Anwendung.

§ 3. Der Artikel 112 der Verfassungsurkunde wird, insoweit er den vorstehenden Bestimmungen entgegensteht, für den Geltungsbereich dieses Gesetzes aufgehoben.

### Artikel II.

Gegen Lehrer und Lehrerinnen an öffentlichen Volksschulen kann die in § 16 Ziffer 1 des Gesetzes vom 21. Juli 1852 betreffend die Dienstvergehen der nicht richterlichen Beamten (GS 465) bestimmte Disciplinarstrafe verhängt werden.

### Artikel III.

Bei Versetzungen im Interesse des Dienstes oder in Vollstreckung einer die Strafversetzung ohne Verlust des Anspruchs auf Umzugskosten verhängenden Entscheidung der Disciplinarbehörde ist eine Vergütung der Umzugskosten aus der Staatskasse zu gewähren, unter Wegfall der in den §§ 19 und 20 der Schulordnung für die Elementarschulen der Provinz Preufsen vom 11. Dez. 1845 (GS 1846 S. 1) und in den §§ 39 bis 42 Titel 12 Teil II des Allgemeinen Landrechts bestimmten Anzugs- oder Herbeiholungskosten.

**Anstellung bei Umwandlung einer Lehrerstelle.** ME 10. August 1670: Soll aus besonderen Gründen eine Lehrerstelle mit einer Lehrerin besetzt werden, so mufs zunächst die betreffende Stelle förmlich in eine Lehrerinstelle umgewandelt und hierbei wegen des Wirkungskreises und des Einkommens derselben nach den für solche mafsgebenden Grundsätzen das Nötige urkundlich festgestellt werden.

Die Einführung in das Schulamt hat möglichst in Gegenwart des gesamten Schulvorstandes (einschliefslich des Patrons, welcher hierzu besonders einzuladen ist,) sowie der übrigen Lehrer der Schule oder (auf dem Lande) des Ortsschulinspektions-Bezirkes und unter Aushändigung der Vokation durch den Lokalschulinspektor zu erfolgen.

54   1. Hauptabteilung. I. Abschnitt. Die Volksschule. I. Preufsen.

[Eine etwa herkömmlich vorausgehende Lehr- oder Organistenprobe hat lediglich den Zweck, der Gemeinde eine Kenntnis der Person des Lehrers und seiner Tüchtigkeit zu vermitteln; vergl. auch ME 17. Nov. 1887.]

Vereidigung. AV 6. Mai 1867 (GS 715). § 1: „Die Form des Diensteides, welcher von den im unmittelbaren oder mittelbaren Staatsdienste stehenden Beamten fortan zu leisten ist, wird dahin festgestellt:

„Ich NN. schwöre zu Gott dem Allmächtigen und Allwissenden, dafs Seiner Königlichen Majestät von Preufsen, meinem allergnädigsten Herrn, ich unterthan, treu und gehorsam sein und alle mir vermöge meines Amtes obliegenden Pflichten nach meinem besten Wissen und Gewissen genau erfüllen (auch die Verfassung gewissenhaft beobachten)[1]) will, so wahr mir Gott helfe usw."

Dem Schwörenden bleibt es überlassen, den vorstehend festgestellten Eidesworten die seinem religiösen Bekenntnis entsprechende Bekräftigungsformel hinzuzufügen.

Bei den im mittelbaren Staatsdienste stehenden Beamten tritt die Eidesnorm hinzu, mittels deren diese Beamten sich, den bestehenden Bestimmungen und besonderen Verhältnissen gemäfs, dem unmittelbaren Dienstherrn zu verpflichten haben."

§ 2: Der in § 1 gedachte Eid verpflichtet den Schwörenden nicht nur für die zur Zeit der Eidesleistung von ihm bekleideten, sondern auch für alle ihm etwa später übertragenen Ämter.

CE 6. Oct. 1873 (vergl. CE 30. Sept. 1872): Sämtliche neu anzustellende Lehrer haben den hier vorgeschriebenen Diensteid der Staatsbeamten zu leisten. Andere Zusätze, als die in der Verordnung zugelassenen, sind unstatthaft. „Die Verpflichtung, welche sich auf ein mit dem Lehramte verbundenes Kirchenamt bezieht, ist von dem oben gedachten Eide zu trennen.

Die Vereidigung erfolgt bei der ersten Anstellung, sei diese definitiv, provisorisch oder interimistisch. Lehrer, welche noch nicht geprüft sind und vorübergehend oder aushilfsweise zur Verwaltung einer Lehrerstelle verwendet werden, leisten den Eid nach abgelegter Prüfung."

Der Eid ist in der Regel von dem Lokalschulinspektor abzunehmen. „Es kann indessen auch, wo dies angemessener erscheint, der Kreisschulinspektor damit beauftragt werden."

Diese Bestimmungen finden auch auf Lehrerinnen Anwendung. „Ausgenommen sind nur diejenigen, welche lediglich zum Unterricht in den Handarbeiten angenommen sind, ohne fest angestellt zu sein."

ME 27. Mai 1868: Der nach Art. 108 der Verfassungsurkunde von den Staatsdienern abzuleistende Eid bindet diese nur für die Dauer ihres Amts.

---

1) Das Eingeklammerte galt bis 1. Okt. 1867 nur für die alten Provinzen.

## 2. Kapitel. Die Lehrer.

### § 2. *Amtliches Verhältnis.*
#### a. Pflichten der Lehrer.

Elementarlehrer (Volksschullehrer usw.) sind Beamte in mittelbarem Staatsdienst (ME 13. Juli 1867), und zwar Verwaltungsbeamte (zu welchen alle nicht richterliche Beamte gehören) Cirkular-Reskript des Justizministers vom 4. März 1834.

Dienstinstruktionen. CR 20. Dez. 1845 (Ministerialblatt für die innere Verwaltung S. 376): „Was das Verhalten der Lehrer im Amte anlangt, so hat das Land vor allem ein Recht zu fordern, dafs die Jugend in Zucht und Sitte und in Achtung und Gehorsam gegen die bestehende Verfassung des Landes und seiner Gesetze erzogen werde."

„Sollte daher ein Lehrer im Widerstreit seiner persönlichen Meinung mit der bestehenden Verfassung des Landes sich nicht enthalten können, diese seine Ansichten in die Verwaltung seines Amtes zu übertragen und der ihm anvertrauten Jugend statt Achtung vor dem Gesetz feindselige Gesinnungen gegen die verfassungsmäfsigen Einrichtungen des Landes einzuflöfsen, so werde ich, eingedenk der auf mir ruhenden Verantwortung, gegen einen solchen Mifsbrauch des Lehramtes, insofern er nicht den Charakter eines gerichtlich zu ahndenden Amtsverbrechens annimmt, im Wege der Dienstdisciplin mit unnachsichtlicher Strenge einschreiten."

General-Landschulreglement von 1763 § 12: „Ein Schullehrer mufs dahin trachten, dafs er in seinem ganzen Verhalten ein Vorbild der Gemeinde sei und mit seinem Wandel nicht wiederum niederreifse, was er mit seiner Lehre gebaut. Er hat sich darum vor allem der wahren Gottseligkeit zu befleifsigen und in und aufser dem Hause alles zu meiden, wodurch er Eltern oder Kindern irgendwie Anstofs geben könnte".

MR 12. April 1856: „Jeder evangelische Schullehrer soll sich in seinem Amte und aufserhalb desselben, im Unterrichte wie im Zeugnis durch Wort und Wandel, stets als ein lebendiges Mitglied und als ein treuer Diener der evangelischen Kirche beweisen".

ME 11. Dez. 1863: Schul- und Gemeindechroniken über alle für Schule, Kirche und Gemeinde wichtige Angelegenheiten der Vergangenheit und Gegenwart, „wo die Verhältnisse es gestatten", anzulegen, ist der Lehrer des Orts in erster Linie berufen.

Über seine Amtseinkünfte, namentlich die veränderlichen, hat der Lehrer ein genaues Verzeichnis zu führen, damit auf Erfordern der vorgesetzten Behörde das Einkommen der Stelle mit Sicherheit ermittelt werden kann.

[ALR II 11 § 785 (vergl. §§ 784. 786. 795): Reparaturen an der Amtswohnung, (deren Kosten einen Thaler (3 Mark) nicht übersteigen, mufs er aus eigenen Mitteln besorgen.]

ME 20. Nov. 1874: Bei Verbindung eines Schul- und Kirchenamtes ist eine Versäumnis der Unterrichtspflicht möglichst zu verhüten. Wo die Verbindung keine dauernde ist, der Lehrer vielmehr nur mit Genehmigung der Schulbehörde die Verrichtung kirchlicher Funktionen gegen Entschädigung übernommen hat, ist überall das Schulamt das Hauptamt und in Kollisionsfällen eine Vertretung bei den kirchlichen Funktionen zu beschaffen; vergl. RV Breslau, 7. April 1873; Düsseldorf, 9. Febr. 1875.

ME 11. Jan. 1881: Die Lehrer sind verpflichtet, zeitweise erledigte oder wegen Behinderung des Lehrers unterrichtlich nicht versorgte Lehrerstellen, auch wenn ihnen diese Verpflichtung bei Bestätigung ihrer Vokation nicht besonders auferlegt worden, gegen eine mit dem betreffenden Schulvorstande zu vereinbarende und von der Regierung zu bestätigende Entschädigung zu verwalten.

ME 21. Juli 1863: Eine Erkrankung ist rechtzeitig anzumelden und die Besellung eines Vertreters nachzusuchen. Geschieht dieses zu spät, so sind die Kosten der Vertretung[1]) von dem Betreffenden selbst zu tragen.

ME 14. Okt. 1878: Gesuche irgendwelcher Art sind den Regierungen nicht direkt, sondern im Instanzenwege zunächst dem Lokalschulinspektor einzureichen.

Unterstützungsgesuche. (Allgemeine Grundsätze.) Gesuche um Unterstützungen sind in solchen Fällen nicht anzubringen, wo es sich um geringfügige, in jedem Hausstande vorkommende und ohne wirkliche Gefahr für die Familienexistenz zu überdauernde Mifsgeschicke handelt, sondern nur dann, wenn ernstliche Krankheiten des Lehrers bezw. seiner Familienmitglieder oder andere schwere Unglücksfälle so erhebliche Ausgaben notwendig machen, dafs die gewöhnlichen Einnahmen und Hilfsquellen nicht mehr ausreichen, eine drohende Notlage zu vermeiden.

Wird der Besuch eines auswärtigen Kurortes von dem zuständigen Kreisphysikus als zur Herstellung der Gesundheit unerläfslich bezeichnet, so sind zunächst die unterhaltungspflichtigen Gemeinden usw. selbst als die an dem Gesundheitszustande des Lehrers mit am meisten Interessierten zur Gewährung einer Badeunterstützung zu veranlassen. Der Unterstützungsfonds der Regierung jedoch ist nur bei Prästationsunfähigkeit der zur Unterhaltung der Schule Verpflichteten auf Grund eines motivierten ärztlichen Gutachtens in Anspruch zu nehmen.

Unterstützungsgesuche sind weder direkt noch durch Vermittelung der Schulinspektoren bei dem Minister anzubringen CE 12. Juni 1867. Sie sind vielmehr dem Lokalschulinspektor einzureichen, von diesem zu begutachten und bei Begründung ihres Inhalts dem Kreisschulin-

---

[1] welche sonst die Gemeinde aufzubringen hat ME 11. März 1839, jedoch nicht für kommissarisch beschäftigte Lehrer ME 21. Juli 1863.

## 2. Kapitel. Die Lehrer.

spektor bezw. dem Vorsitzenden der Schuldeputation weiterzugeben. Von dieser Instanz sind die Gesuche nochmals zu begutachten bezw. in ihrer Motivierung zu ergänzen und unter Angabe der für erforderlich gehaltenen Unterstützungssumme der Regierung zu unterbreiten. Gesuche um Unterstützungen zu Badereisen sind mit demselben Vermerk ausnahmslos dem Kreislandrat zur weiteren Veranlassung vorzulegen; vergl. ME 16. Juni 1862; 23. Mai 1867; 21. Juni 1871. Das Vorstehende gilt auch bei Gesuchen von Lehrerinnen, einschliefslich der für weibliche Handarbeiten ME 17. Jan. 1872.

Urlaub. MR 11. März 1839 (Annalen XXIII, 110): 1. Zu Reisen der Elementarlehrer in den Ferien, soweit sie nicht in das Ausland gehen, bedarf es nur einer Anzeige bei dem nächsten Vorgesetzten, welcher seine Genehmigung nur in dem Falle versagen kann, wenn besondere Umstände die Anwesenheit des Lehres am Orte auch während der Ferien notwendig machen.

2. Zu kleineren Reisen auch aufser den Ferien, welche eine Abwesenheit von höchstens acht Tagen erfordern, ist die Genehmigung des nächsten Vorgesetzten oder der nächsten vorgesetzten Behörde hinreichend, welche jedoch zur Anordnung einer ordnungsmäfsigen Vertretung des abwesenden Lehrers verpflichtet sind.

3. In allen Fällen, wo die Abwesenheit eines Lehrers aufser den Ferien länger als acht Tage dauern soll, oder dieser in das Ausland reisen will, ist der Urlaub bei dem Provinzial-Schulkollegium, und zwar hinsichtlich der städtischen Lehrer durch die Schuldeputation, für die übrigen durch die ihnen zunächst vorgesetzte Behörde nachzusuchen.

CE 5. Dez. 1868: Die Regierungen sind ermächtigt, Urlaub wegen Krankheit an Elementarlehrer bis auf die Dauer eines halben Jahres zu erteilen.

Fortbildung im Amt. Im allgemeinen sind die Schulsozietäten resp. -Gemeinden zur Aufbringung der Kosten für Fortbildungszwecke der Lehrer nicht verpflichtet ME 19. März 1879; vielmehr haben hier die Regierungen in Fällen unabweisbaren Bedürfnisses einzugreifen. Von den Gemeinden freiwillig zu solchen Zwecken dargereichte Vergütungen usw. sind aus Titel „Insgemein" des Schuletats zu decken.

CE 26. Februar 1881 (an die Oberpräsidenten): Die Herbeiführung von Verkehrserleichterungen bei dem Besuch von Vereinen und Versammlungen ist davon abhängig zu machen, ob von solchen Veranstaltungen eine wirksame Förderung des Volksschulwesens zu erwarten sei.

ME 31. August 1864: Die zur Unterstützung von Civileleven der Centralturnanstalt dem Unterrichtsminister zur Verfügung stehenden Fonds sind dazu bestimmt, den Teilnehmern, wenn nötig, die Bestreitung der Kosten des sechsmonatlichen Aufenthalts soweit als möglich zu erleichtern, wogegen die Reise- und Stellvertretungskosten anderweit zu decken sind. Bezüglich der Gemeindeverpflichtung handelt es sich zumal bei gröfseren städtischen Schulen nicht um die Ausbildung eines Lehrers im gewöhnlichen Sinne, sondern um die Frage, ob ein mit der in der Centralturnanstalt gelehrten und in der Schule zur Anwendung zu bringenden Methode der Leibesübungen theoretisch und praktisch näher vertrauter Turnlehrer vonnöten sei.

Zur Fortbildung der Lehrer dienen auch **Kreis-Lehrerbibliotheken**. Als Normalreglement einer solchen kann Nachstehendes[1]) gelten:

§ 1. Für den Kreisschulinspektionsbezirk N...... wird eine Lehrerbibliothek nach folgenden Bestimmungen gegründet.

§ 2. Zur Begründung und Ergänzung der Bibliothek, sowie zur Bestreitung der notwendigen Kosten ihrer Verwaltung dienen die nach § 7 bezw. 8 zu zahlenden Beiträge und Strafgelder, sowie die aus Mitteln der Gemeinden oder Kreise und die aus Staatsfonds zu gewährenden Beihilfen.

§ 3. Den Ankauf der Bücher besorgt die Kommission (vergl. § 5). Es sind nur der Weiterbildung der Lehrer förderliche Werke anzuschaffen; auf solche, welche die Geschichte und Methodik des Unterrichts und der Erziehung und auf solche, die Geschichte und Kunde des engeren und weiteren Vaterlandes fördern, ist besonders Rücksicht zu nehmen.

§ 4. Zur Benutzung der Bibliothek sind alle an öffentlichen Schulen des Kreises angestellten Lehrer und Lehrerinnen berechtigt, und zwar ohne Unterschied, ob sie definitiv oder nur provisorisch angestellt sind, sofern und solange sie die regelmäfsigen Beiträge zahlen.

Ein anteiliges Recht an dem Bestande der Bibliothek erwirbt niemand.

§ 5. Die Verwaltung der Bibliothek führt eine Kommission, welche aus dem Kreisschulinspektor und vier von der Kreislehrerkonferenz aus ihrer Mitte gewählten Mitgliedern besteht.

Den Vorsitz in der Kommission führt der Kreisschulinspektor und bei dessen Behinderung das von ihm zu bestimmende Mitglied der Kommission. Die gewählten Mitglieder fungieren drei Jahre, können aber nach Ablauf dieser Zeit wieder gewählt werden. Für ein während der dreijährigen Periode ausscheidendes Mitglied ernennt die Kommission einen Ersatzmann aus den Mitgliedern der Kreislehrerkonferenz, welcher dann für den Rest der Periode zu fungieren hat.

Die Mitglieder der Kommission versehen ihr Amt unentgeltlich.

Die Thätigkeit der Kommission wird durch eine von ihr aufgestellte und von dem Kreislandrat sowie dem Kreisschulinspektor genehmigte Geschäftsordnung näher bestimmt.

§ 6. Von den Kommissionsmitgliedern führt nach Beschluſs der Kommission eines die Geschäfte des Bibliothekars und ein anderes die des Kassierers.

Deren Funktionen werden durch die Geschäftsordnung näher bestimmt.

§ 7. Die zur Benutzung der Lehrerbibliothek Berechtigten haben einen jährlichen Beitrag zu zahlen, dessen Höhe von der Kreislehrerkonferenz bestimmt wird.

§ 8. Für Beschädigung der entliehenen Bücher ist der Entleihende haftbar. Durch Beschluſs der Kommission kann die Ersetzung eines beschädigten Exemplars verlangt oder eine Konventionalstrafe bis zum Betrage des halben Kaufpreises des beschädigten Buches gefordert werden. Ebenso kann eine Konventionalstrafe bis

---

[1]) Vergl. RV Düsseldorf, den 12. Februar 1878.

## 2. Kapitel. Die Lehrer.

zu 1 Mark für nicht rechtzeitige Zurücklieferung des entliehenen Buches festgesetzt werden.

§ 9. Das Benutzungsrecht erlischt mit dem Verluste des bekleideten Schulamtes. Ein Wechsel der Schulstelle innerhalb des Kreises ist ohne Einfluß. Dem, welcher mit Zahlung der Beiträge bezw. Leistung fälliger Verpflichtungen länger als 3 Monate rückständig bleibt, kann die Benutzung der Bibliothek seitens der Kommission bis zur Erledigung seiner Verbindlichkeiten untersagt werden.

§ 10. Die Aufstellung der Bibliothek erfolgt am Sitze der Kreisschulinspektion. Wenn die örtlichen Verhältnisse des Kreises dies zweckmäfsig erscheinen lassen, so können auch an anderen Orten des Kreises Bestandteile der Bibliothek aufgestellt und für diese besondere Bibliothekare ernannt werden.

Über die Benutzung dieser Bibliotheken und die Cirkulation ihrer Bücher in dem ganzen Bibliotheksverbande sind die näheren Bestimmungen durch die Kommission nach Anhörung der Kreislehrerkonferenz festzustellen.

**Verhalten im öffentlichen Leben.** CR 20. Dez. 1818 (Allgemeine Gesichtspunkte): Es ist eine völlig naturgemäfse Erscheinung, dafs Lebensfragen der Gegenwart zumal in bewegten Zeiten auch im Kreise der Schule und des Unterrichts sich zur Beantwortung drängen und Lehrer als selbstbewufste Persönlichkeiten zur Stellungnahme förmlich herausfordern. Aber es kommt darauf an, über den allgemeinen Interessen nicht die eigentlichen Aufgaben der Schule aus dem Auge zu verlieren. Der Schule in ihrer ganzen Weite ist die Aufgabe gestellt, die ihr anvertrauten Zöglinge nicht allein mit Kenntnissen, welche später im Studium oder im praktischen Leben ergänzt werden können, auszurüsten, sondern auch, was das Wesentlichste ist, sie zu Staatsbürgern zu erziehen, welche die Religion, die Sitte und das Gesetz achten, ihr Vaterland und ihren Fürsten lieben, welche den Willen und die Kraft besitzen, ihr eigenes Hauswesen zu leiten und mit edler Hingebung sich dem Wohle der Gemeinde und des Staates zu widmen. Dafs die Schulen dieser Aufgabe genügen, verlangen mit Recht die Eltern, die Gemeinden und Bezirke, für deren Kinder sie errichtet sind.

Demnach ist es die Pflicht der Lehrer, in würdiger Haltung den nachteiligen Einflufs politischer Aufregung von Schulen und Schülern fern zu halten und alles zu vermeiden, was die naturgemäfse und gesunde Entwickelung der Jugend irgendwie stören, von ihr nicht begriffen und richtig gewürdigt werden, oder gar die Achtung vor allem Edlen und Guten untergraben kann. (CR 30. Dez. 1848:) Wie nun gerade das Verhalten des Lehrers aufserhalb der Schule von unverkennbarer Rückwirkung auf die Erziehungsthätigkeit in derselben ist und die fruchtbringende Wirksamkeit des Lehramtes nicht allein auf der wissenschaftlichen Befähigung und der Lehrgabe, welche der einzelne in den eigentlichen Lehrstunden an den Tag legt, sondern wesentlich auf der ganzen geistigen und sittlichen Haltung des Lehrers und auf der Achtung beruht, welche er seinen Schülern sowohl, als auch deren Eltern und Pflegern einzuflößen vermag, so muß es als ein sittlicher, die Achtung im Volke und damit die Amtswirksamkeit eines Beamten zerstörender Makel angesehen werden, wenn ein solcher in Unzufriedenheit mit der Verfassung und Regierung sich ergeht und im Widerspruche mit seinen beschworenen Amtspflichten die Fortführung seines Amtes und die Untergrabung der Staatsgewalt, in deren Dienste er steht, etwa glaubt vereinigen zu können.

ME 7. April 1859: Öffentliche Lehrer unterstehen bei der Ausübung ihrer staatsbürgerlichen Rechte der Kritik ihrer vorgesetzten Dienstbehörde. Ihre Beteiligung am Parteikampfe bis zur Verunglimpfung politischer Gegner ist unstatthaft.

Teilnahme an politischen Vereinen mit staats- oder regierungsfeindlicher Tendenz ist ihnen untersagt ME 27 Mai 1872 vergl. § 20 der Verordnung vom 11. Juli 1849; CR 19. April 1850; RV Posen, 18. März 1872; Oppeln, 11. April 1872 und 8 Febr. 1876. Ihre sonstige politische Richtung ist für die Aufsichtsbehörde bedeutungslos ME 9. Jan. 1862, wie auch eine Zurechnung und Verantwortlichkeit für persönliche Meinungen und Überzeugungen auf dem Gebiete der Dienstdisciplin nicht erfolgt CR 20. Dez. 1848. Dagegen ist es in Zeiten öffentlicher Krisen, wann die Existenz eines auf Sitte, Wahrheit und Recht begründeten Staates eine Probe zu bestehen hat, die unabweisbare Pflicht der Volksschullehrer, bei dem Einfluß, welchen sie namentlich auf dem Lande in ihrem steten Verkehr mit den Familien und Gemeinden üben, nach Maßgabe des ihnen zugewendeten Vertrauens auf die Berichtigung irrtümlicher Ansichten und die Belehrung und Aufklärung des Volkes kräftig hinzuwirken CR 30. Dez. 1848, wie sich denn auch nach ihrer überwiegenden Mehrzahl die preußischen Lehrer in schwierigen Lagen des Vaterlandes als Männer unerschütterlicher Pflichttreue und Gewissenhaftigkeit stets bewährt haben CR 26. Juli 1849.

b. Rechtsansprüche. Das Einkommen. Art. 25 der Verfassungsurkunde vom 31. Jan. 1850 sichert den Lehrern ein „festes, den Lokalverhältnissen angemessenes Einkommen", das nach den leges generales (z. B. Schul-Reglement für Schlesien vom 3. Nov. 1765 § 14, Reglement von 1801 vergl. ALR II 12 § 29 und 30) „auskömmlichen Unterhalt" zu bieten habe.

OVG 5. April 1878: „Die Bestimmung des Maßes dessen, was zur Bestreitung der Lebensbedürfnisse notwendig ist, entzieht sich in der Regel der gesetzlichen Fixierung schon deshalb, weil dieses Maß einem stetigen Wechsel unterliegt". Nach § 9 II 12 ALR und nach § 18 d—k der Regierungsinstruktion vom 23. Okt. 1817 steht den Regierungen das Recht zu, den Verpflichteten gegenüber zu bestimmen, was und wieviel zur Unterhaltung einer Schule und ihres Lehrers erforderlich sei. Diese Kompetenz wird weder durch solche in früheren (vor 1808) erlassenen

## 2. Kapitel. Die Lehrer.

Landesherrlichen Reglements und Provinzialgesetzen[1]) getroffene Bestimmungen über Normierung des Lehrergehalts und über Gehaltsminima[2]), noch durch Berufung auf die in der Vokationsurkunde dem zeitigen Stelleninhaber gegebene Zusicherung über seine Gehaltsverhältnisse[3]) eingeschränkt, da die Vokation nur einen Vertrag zwischen Lehrer und Schulunterhaltungspflichtigen darstellt, die öffentlich rechtliche Befugnis der Staatsbehörde aber durch einen Privatvertrag nicht beschränkt werden kann (vergl. ME 31. Jan. 1859 und 19. Mai 1868)[4]. Über Dotationspläne vergl. ME 7. Aug. 1893.

Zuständigkeit der Regierung zur Abänderung der Dotationspläne. ME 5. Nov. 1873: Die Regierung ist ebenso befugt wie verpflichtet, über die Festsetzung der Lehrerbesoldungen zu befinden, und dabei nicht behindert, über die Bestimmungen der Berufungsbriefe hinauszugehen. Sobald sie ihrer gesetzlichen Befugnis gemäfs die erforderliche Verbesserung der Lehrergehalte endgiltig festgestellt hat, ist die entsprechende Leistung nach § 19 des Gesetzes vom 1. August 1683 durch den Regierungspräsidenten nötigenfalls zwangsweise auf den Etat zu bringen.

Über Prüfung und Bestätigung von Besoldungsordnungen CE 30. Juni 1893.

Im übrigen hat die Regierung nach pflichtmäfsigem Ermessen da, wo die Kräfte der Unterhaltungspflichtigen nicht ausreichen, zur Beschaffung der für notwendig erachteten Gehaltserhöhung die erforderlichen Zuschüsse aus allgemeinen Staatsfonds vorschriftsmäfsig unter Nachweisung der finanziellen Verhältnisse der Beteiligten zu beantragen ME 8. Febr. 1859.

ME 20. April 1985: Eine Gehaltsregulierung kann angemessener Weise nur auf der Grundlage eines Durchschnittssatzes der Besoldung für eine Lehrerstelle erfolgen. Nach diesem hat eine Festsetzung des Maximal- und Minimalsatzes und eine Abstufung der

---

1) Vergl. Sitzung des Herrenhauses vom 4. Febr. 1869, Stenogr. Ber. I, 229.

2) ME 8. Febr. 1859: Die in einem Schulreglement usw. getroffene Festsetzung eines Gehaltsminimum hat nur die Bedeutung, dafs eine Untersuchung darüber, ob nicht ein noch geringeres Quantum für das Bedürfnis des Lehrers ausreichend sei, nicht stattfinden darf. Die Befugnis der Schulbehörde über dieses Minimum hinauszugehen und die Verpflichteten zu einer Erhöhung der Dotation anzuhalten, wenn das Bedürfnis eine solche fordert, wird jedoch dadurch nicht ausgeschlossen.

3) Vergl. Altmann, Kirchen-, Schul- und Eherecht XLIII sub. III Nr. 35 a und b.

4) Maxima, über die seitens der Schulaufsichtsbehörde nicht hinausgegangen werden darf, sofern nicht der Schulvorstand dieses beschliefst, sind festgesetzt für Provinz Hannover §§ 20 und 21 des Gesetzes vom 26. Mai 1845 und durch Gesetz vom 2. Mai 1856 vergl. ME 15. April 1875, 7. Okt. 1876, 13. Mai 1879 (Leverkühn, Gesetze in Schulsachen für Hannover II, S. 33. 76. 87) — für Nassau im Edikt vom 24. März 1817 § 27.

Besoldungen vom Minimum bis zum Maximum stattzufinden. Der Minimalsatz wird zwischen 66²/₃ und 70 Prozent, der Maximalsatz zwischen 133¹/₃ und 130 Prozent des Durchschnittssatzes festzustellen sein, dergestalt, dafs eine Steigerung vom Minimum bis zum Maximum um 100 bezw. 85,7 Prozent eintritt. [Daneben empfiehlt es sich, zugleich supplementäre Dienstalterszulagen für die Fälle in Aussicht zu nehmen, in welchen Lehrer, obwohl nach ihrer gesamten Dienstführung und nach ihren Leistungen einer Beförderung und Verbesserung im Diensteinkommen würdig, nach Zurücklegung gewisser Dienstzeitabschnitte seit ihrer ersten definitiven Anstellung nach dem gewöhnlichen, durch Vakanzen eintretenden Aufsteigen in die höheren Besoldungsstufen doch noch nicht zum Genusse eines bestimmten, ihrer Dienstzeit entsprechenden Prozentsatzes der Durchschnittsbesoldung haben gelangen können.]¹)

In ähnlicher Weise hat die Gehaltsregulierung für Lehrerinnen zu erfolgen, und zwar wird der Durchschnittssatz auf 75 bis 80 Prozent desjenigen einer Lehrerstelle zu normieren sein.

Zur Einführung eines entsprechenden Gehaltsregulierungsplanes tritt die Regierung, geeignetenfalls durch einen Kommissarius, mit den städtischen Behörden in Verhandlung.

Grundsätze für die Normierung des Lehrergehalts. (Gewährung standesgemäfsen Unterhalts.) ME 22. Jan. 1869: Die gesetzliche Verpflichtung der Schulgemeinden zur Unterhaltung ihrer Lehrer erstreckt sich regelmäfsig auf die Gewährung freier Wohnung, freier Feuerung und eines für alle übrigen Bedürfnisse einer Lehrerfamilie ausreichenden sonstigen Einkommens, welches den besonderen Verhältnissen des Ortes, der Zeit und der Stelle entsprechen mufs, und dessen Höhe hiernach von der Aufsichtsbehörde, soweit erforderlich, jederzeit ergänzend festgesetzt werden kann, vergl. CE (an die Oberpräsidenten) 26. Juni 1891.

ME 17. Juni 1874: Verwaltungsgerichte sind zur Normierung der Gehaltsverhältnisse nicht befugt, vergl. § 45 und 47 des Gesetzes vom 1. August 1883 und § 82 des Gesetzes vom 30. Juli 1883 (GS 195). Bei Abmessung der Höhe einer Lehrerbesoldung ist das besondere örtliche Verhältnis zu untersuchen ME 6. Aug. 1866 (14. Nov. 1671; 18. Okt. 1873) und die Wohlhabenheit einer Gemeinde ME 4. Mai 1868, nicht aber der Umfang des Amtes in Betracht zu ziehen ME 14. Juni 1860, 5. Dez. 1871.

ME 31. Juli 1868: Eine den veränderten Preisverhältnissen und der fortschreitenden Entwickelung auf den übrigen Gebieten des Lebens entsprechende Aufbesserung der unzulänglich gewordenen Lehrerbe-

---

1) Hat nur für gröfsere Städte Geltung behalten.

## 2. Kapitel. Die Lehrer.

soldungen ist unerläfslich, zumal es sich hierbei um Leistungen handelt, welche die Gemeinden und die Einzelnen im eigensten Interesse für den nächstliegenden Zweck der besseren Bildung und Erziehung der eigenen Kinder zu übernehmen haben, und welche so wenig als deren Ernährung und Bekleidung etwa mit den steuerlichen Lasten gleichgestellt werden können.

Bei dem einmal festgestellten Minimalsatz es bewenden zu lassen, ist die Regierung nur da befugt, wo die Verpflichteten zu arm sind, um zu einer reichlicheren, ihrer ganzen Schule sowie ihnen selbst und ihren Kindern wieder zu gute kommenden Ausstattung der Lehrerstelle beitragen zu können.

Über Festsetzung des pensionsfähigen Diensteinkommens: CE 24. Okt. 1892.

Über Aufbesserung der Lehrergehälter vergl. CE 3. Juni 1893. ME 23. Jan. 1873: Bei Gehaltsaufbesserungen, die aus Staatsmitteln erfolgen, sind Lehrerinnen erst dann zu berücksichtigen, wenn das Erforderliche auch für Lehrer geschehen ist[1]).

Die Erhaltung guter Stellendotationen ist im Schulinteresse durchaus erforderlich CR 18. Mai 1840 (Ministerialblatt d. i. V. S. 230); vergl. ME 8. Sept. 1859, 29. März 1888.

Lehrergehälter an städtischen Schulen. ME 27. Sept. 1882: Zur zweckmäfsigen Einrichtung mehrklassiger städtischer Schulen ist ein stufenweises Aufsteigen der Gehaltssätze für die Lehrer durch planmäfsige Abstufung der Lehrergehälter oder, wenn die Verpflichteten die dazu erforderlichen Mittel bereitzustellen vermögen, durch Einführung sogenannter beweglicher Gehaltsskalen notwendig, damit die älteren Lehrer mit dem steigenden Dienstalter auch in den Genufs einer entsprechenden Einkommensverbesserung zu gelangen Aussicht haben.

Wenn solchergestalt ein Dotations- oder Gehaltsregulierungsplan eingeführt ist, dessen Genehmigung bezw. Festsetzung der Regierung gebührt, so unterliegt demnächst dessen Ausführung in Bezug auf die einzelnen beteiligten Lehrer nicht mehr dem beliebigen Ermessen der Gemeinde oder der städtischen Schulbehörden. Vielmehr gehört es zur Zuständigkeit der Regierung als Schulaufsichtsbehörde, darüber zu befinden, ob bei eintretender Erledigung einer Gehaltsstelle, deren Vakanz immerhin ausgeschrieben werden mag, der nächstälteste Lehrer oder ein anderer der an der Schule bereits angestellten Lehrer in den Genufs des verfügbar gewordenen höheren Gehaltes rücken, oder ob

---

1) Nach den Verfügungen vom 7. Febr. und 17. Aug. 1867 war für Lehrerinnen im allgemeinen ein Gehalt von 360—600 M aufser freier Wohnung und Feuerung oder entsprechender Entschädigung in Aussicht genommen.

dem zur Besetzung der Lehrerstelle Berechtigten freigegeben werden soll, einen Lehrer von auswärts zu berufen (vgl. ME 17. Juli 1867).

ME 17. Mai 1883: Handelt es sich darum, unter besonderen Umständen einzelnen Lehrern aufserhalb des durch die Festsetzungen des Gehaltsregulativs begrenzten Bereiches aufserordentliche Bezüge zuzuwenden, sei es in Anerkennung besonders tüchtiger Leistungen, sei es in Rücksicht auf besondere persönliche Verhältnisse, so wird dies in der Regel nicht durch Gewährung einer aufserordentlichen persönlichen Gehaltszulage, sondern, sofern nicht schon die Gewährung einmaliger aufserordentlicher Remunerationen oder Unterstützungen als geeignetes Auskunftsmittel sich darbietet, lediglich durch Bewilligung von solchen terminlich zahlbaren Bezügen zu geschehen haben, zu deren Gewährung die Stadtgemeinde eine Verpflichtung weder gegen den Beteiligten noch gegenüber der vorgesetzten Schulbehörde übernimmt, dergestalt, dafs solche aufserordentlichen Bezüge nicht den Charakter des Gehalts oder einer Gehaltszulage annehmen.

Zur Bewilligung solcher Zuwendungen neben dem Gehalte bedarf es ebenso der Genehmigung der Regierung, wie zur Bewilligung wirklicher Gehaltszulagen selbst. Jedoch wird (ME eod. d.) die Rücksicht auf das allgemeine Schulinteresse und das Streben, für eine möglichst gleichmäfsige Besoldung sämtlicher Lehrer des Bezirks zu sorgen, nicht so weit gehen dürfen, Schulgemeinden, welche überhaupt eine allgemeine Verbesserung der Besoldungsverhältnisse der bei ihren Schulen angestellten Lehrer herbeizuführen bereit und imstande sind, von Aufsichtswegen Hindernisse zu bereiten.

ME 19. Juni 1869: Werden die Lehrerstellen gröfserer Schulsysteme nach ihren Gehaltsätzen in Gruppen eingeteilt, so haben nicht die Personen, sondern die Stellen nach ihrer Bedeutung im Schulorganismus als das Entscheidende zu gelten.

**Aufrücken in höhere Gehaltsstufen.** ME 14. Febr. 1882: Aus dem Dotationsplane erwächst den einzelnen Lehrern ein Rechtsanspruch darauf, dafs sie bei Eintritt einer Vakanz lediglich nach Mafsgabe ihres Dienstalters in eine höhere Gehaltsstufe aufrücken, nicht, und ebensowenig wird durch den Dotationsplan der Schulaufsichtsbehörde eine Nötigung auferlegt, die schulunterhaltungspflichtige Gemeinde zu bestimmen, beim Eintritt einer Vakanz die Lehrer schlechthin nach ihrem Dienstalter in den Genufs der durch die Vakanz möglich werdenden Einkommensverbesserung zu setzen. Vielmehr müssen die in der Regierungsinstruktion vom 23. Okt. 1817 und der Geschäftsanweisung für die Regierungen vom 31. Dez. 1825 niedergelegten Grundsätze über Beförderung und Einkommensverbesserung der Beamten auch auf Lehrer entsprechende Anwendung finden. Denn mag auch das Verfahren des gleichmäfsigen Aufrückens in manchen Fällen

## 2. Kapitel. Die Lehrer. 65

geeignet sein, Unbilden und Parteilichkeit insofern vorzubeugen, als es die Lehrer in gewisser Beziehung schützt und für ihre Zukunft sicherstellt, so birgt es doch die Gefahr in sich, die Lage der Lehrer thatsächlich von ihrem Fleifs und Eifer, von ihrer Leistung und Befähigung unabhängig zu machen, nötige Verbesserungen im Schulwesen zu erschweren und zu verhindern und somit, ohne dafs es die Regierung abwenden kann, recht nachteilig auf die Gestaltung des Schulwesens einzuwirken.

ME 28. Nov. 1884: Die Praxis, bei Vakanzen an Simultanschulen bestimmte Stellen den evangelischen, bestimmte den katholischen Lehrern zuzuweisen, entspricht weder den Absichten des Ediktes vom 24. März 1817 im § 2, noch ist sie geeignet, Unbilden zu vermeiden und das Wohl der Schule als Lehr- und Erziehungsanstalt zu wahren. Vielmehr steht sie im Widerspruch mit den Grundsätzen, welche für die Anstellung, die Gehaltsnormierung und das Aufrücken der Lehrer in höhere Besoldungssätze mafsgebend sind.

Demnach ist auch hier das (bereits in den früheren Erlassen vom 14. April 1875 und 10. April 1876 empfohlene) Prinzip allen Mifsverhältnissen vorbeugend, an mehrklassigen Schulen die Ernennung, Anstellung oder Vokation nicht für eine bestimmte Stelle, sondern allgemein für eine Lehrerstelle erfolgen zu lassen dergestalt, dafs aufser der Anstellungsverfügung nur noch wegen des zu gewährenden Diensteinkommens Bestimmung zu treffen bleibt. Darüber, in welcher Schulklasse ein Lehrer beschäftigt werden soll, ist von Aufsichts wegen und lediglich im Schulinteresse zu verfügen, ohne dafs dabei die Gehaltsverhältnisse des Lehrers irgendwie in Betracht kämen.

**Bestandteile des Lehrereinkommens. Freie Wohnung.** ME 3. Jan. 1882: Die den Lehrern zu gewährende Dienstwohnung oder Mietsentschädigung ist auch für den Wohnungsbedarf verheirateter Lehrer ausreichend und den örtlichen Verhältnissen entsprechend zu bemessen; und zwar mufs eine zu leistende Entschädigung in der Weise genügen, dafs sie die ortsübliche Miete für eine dem Stande des Lehrers angemessene Wohnung deckt ME 7. Jan. 1884. Jedoch ist bei sonst zureichenden Besoldungsverhältnissen die Annahme eines Ausgleichs in dem Gesamteinkommen statthaft ME 9. Mai 1885.

Auf den gröfseren oder geringeren Geldwert der vorhandenen Dienstwohnung kommt es bei Bestimmung des dem Lehrer zustehenden Gehaltes nicht an. Letzteres ist vielmehr nach den Bedürfnissen neben freier Wohnung zu ermitteln ME 29. Aug. 1865.

Unter Umständen müssen sich die Lehrer Zuweisung anderer Räume oder Mietsentschädigung gefallen lassen OVG (I. Sen.) 7. Febr. 1891.

**Freie Feuerung.** ME 21. Dez. 1872: Jede Lehrerstelle hat neben freier Wohnung und angemessenem Einkommen auch freie Feuerung darzubieten; vergl. CE 7. Febr. 1867, Generalverfügung vom 17. Aug. 1867, CE 3. Aug. 1869.

**Landdotation.** Auf Grund des § 101 der Gemeinheitsteilungsordnung vom 7. Juni 1821 ist nach dem Erkenntnis des Revisions-Kollegiums für Landeskultursachen vom 19. März 1858 (Ministerialblatt f. i. V. Nr. 11) bei einer Gemeinheitsteilung eine Landdotation für jede Lehrerstelle einer Landschule auszuwerfen; vergl. ME 19. Jan. 1859.

Nach Art. IV. der Allerhöchsten Kabinettsorder vom 17. Juni 1826 (GS 57) ist eine unentgeltliche Abtretung von Domänen- und Forstgrundstücken zu Schulzwecken nur bei der ersten Dotation neu angelegter Schulen zulässig (vergl. Erlafs des Finanz- und des Kultusministers vom 31. Dez. 1859.

Für die erst während der Gemeinheitsteilung gegründeten Schulstellen kann solche Dotation nicht beansprucht werden OT 11. Juli 1861.

OVG 12. Okt. 1878: Bei Abschätzung des Ertragswertes der Dienstländereien ist nicht das Gesetz vom 15. Juni 1840 (GS 131) heranzuziehen, da dieses nur das gerichtliche Verfahren bei Abschätzung von Grundstücken regelt. Vielmehr hat hier der Richter bezw. Berufungsrichter (Kreisausschufs, Bezirks-Verwaltungsgericht) gemäfs § 49 des Gesetzes vom 3. Juli 1875 nach seiner freien, aus der Gesamtheit der Verhandlungen und Beweise (z. B. Gutachten) geschöpften Überzeugung die Entscheidung zu fällen (welche, als auf Erwägungen thatsächlicher Natur beruhend, nur nach § 94 des Gesetzes vom 30. Juli 1883 anzufechten ist).

ME 15. Febr. 1858: Die Naturalemolumente höher anzurechnen, als im Genufszettel vokationsmäfsig bestimmt worden, ist „weder im Recht noch in der Billigkeit begründet".

OVG 26. März 1879: Das Verwaltungsstreitverfahren über den Ertragswert der Schulländereien ist unzulässig, so lange eine Regulierung des Lehrereinkommens nicht eingeleitet ist.

ME 11. Okt. 1878: Die Kosten, welche durch Festsetzung des Ertragswertes der Schulländereien entstehen, sind von der Schulgemeinde zu tragen.

**Benutzung des Schullandes.** Vergl. Schulordnung vom 11. Dez. 1845 §§ 12. 13. 16 (für Provinz Preufsen); Regulativ von 1831 Art. IV (für Neuvorpommern); Schulordnung von 1814 § 54 und 57 (für Schleswig-Holstein); Edikt von 1817 § 28 (für Nassau).

ME 14. Sept. 1877: Die Naturalnutzung der zur Ausstattung der Schulstelle gehörigen Ländereien darf dem Lehrer wider seinen Willen und ohne Genehmigung der Regierung nicht entzogen werden, auch dann nicht, wenn der Besitztitel auf den Namen der Schulgemeinde lautet.

Die Schulgemeinde kann nicht eher zu der in § 12 der Schulordnung von 1845 vorgesehenen Bestreitung der Bestellungsarbeiten oder -Kosten angehalten werden, als bis der Schulmorgen in natura oder die Rente[1]) dafür gewährt worden ist. Die Verpflichtung zur Düngung und Bestellung eines kulmischen Morgens ist aber als eine besondere Leistung der Schulgemeinde anzusehen, welche bei Feststellung der Rente nicht berücksichtigt wird und demnach für den Fall, dafs dem Lehrer an Stelle des Schulackers eine Rente gewährt wird, auf einem anderen zur Schule gehörenden und vom Lehrer zu bestimmenden Ackerstück von gleicher Gröfse zu verrichten ist ME 16. Okt. 1865.[2])

Bei Verpachtung des Schulmorgens kann die Gemeinde zur Entschädigung für die Bestellungskosten nicht gezwungen werden ME 7. Febr. 1863.[2])

Ist das Schulland gröfser, als in der Schulordnung vorgesehen, so hat die Gemeinde alljährlich von dem ganzen Areal ein Stück Landes in der Gröfse eines kulmischen Morgens zu beackern, wie es sich durch die Art der Gesamtbewirtschaftung ergibt ME 16. Aug. 1865.[2]) Wo durch Recefs und in hergebrachter Übung ein Mehreres bewilligt worden, hat es bei der Rechtsbeständigkeit einer Observanz damit sein Bewenden ME 18. Aug. 1863, vergl. ME 22. Juli 1865.

Wird die Bestellung des Schulackers von den Verpflichteten auf Mahnung des Lehrers nicht rechtzeitig bewirkt, so hat der Schulvorstand auf ihre Kosten diese Arbeiten ausführen zu lassen ME 30. Okt. 1862.

Grenzerneuerungskosten haben nach dem in § 384 I 17 ALR angegebenen Mafsstabe die Schullehrer nicht für ihre Person zu tragen, sondern nur vorschufsweise zu leisten und demnächst der Schulgemeinde in Rechnung zu setzen CR 23. Febr. 1843 (Ministerialbl. d. i. V. S. 74).

Bargehalt. ME 4. Juli 1859: Mafsgebend sind die gesetzlichen Bestimmungen über den Bezug der Beamtengehälter im allgemeinen.

Die vierteljährliche Vorauszahlung des Gehaltes an Staatsbeamte, zu welchen die Lehrer mittelbar gehören, ist vorschriftsmäfsig ME 29. Febr. 1872.

Wo aber vierteljährliche Ratenzahlung im Regulativ oder in der Schulordnung nicht vorgesehen ist, sind monatliche Raten pränumerando abzuführen, wobei den Empfängern die Abhebung der Beträge für das Vierteljahr im letzten Monat desselben unbenommen bleibt ME 7. Mai 1883.

Schulgeld. ALR II 12 § 32: Gegen Erlegung der Beiträge zur Unterhaltung der Lehrer sind „die Kinder der Kontribuenten von Entrichtung des Schulgeldes für immer frei".

---

1) Kann die Dotation in Ackerland nicht erfolgen, so ist dafür nach § 13 l. c. eine von der Regierung zu bestimmende Rente anzuweisen.
2) Gilt nur für Provinz Preufsen (Ost- und Westpreufsen).

Innerhalb der Monarchie ist das Schulgeld abgeschafft im vormaligen Herzogtum Nassau (Edikt vom 24. März 1817 § 27, Schulordnung vom 6. Dez. 1817 § 31 und in den Herzogtümern Schleswig und Holstein (Schulordnung vom 24. Aug. 1814 §§ 35. 36), während in Hannover § 27 ff. des Gesetzes vom 26. Mai 1845 die Aufhebung dem Beschluſs der Schulgemeinden anheimstellt. Eine allgemeine Aufhebung des Schulgeldes verlangt Art. 25 der Verfassungsurkunde: „Der Volksschulunterricht ist unentgeltlich." Ferner § 4 des Gesetzes vom 14. Juni 1888: „Ein staatlicher Zuschuſs zum Stellengehalt bedingt prinzipiell die Nichterhebung des Schulgeldes", vergl. Art. II des Gesetzes vom 31. März 1889.

ME 17. März 1869: Solange die Einrichtung des Schulgeldes nicht unter Genehmigung der Regierung aufgehoben ist, können Mitglieder der Schulgemeinde auf Grund des ALR Freilassung von der Schulgeldabgabe nicht in Anspruch nehmen. Denn einerseits fehlt es dann an der in § 32 II 12 ALR bezeichneten Voraussetzung solcher Freilassung, indem die neben dem Schulgeld zur Erhebung gelangenden Schulbeiträge nicht diejenigen sind, mit welchen die Schule vollständig zu unterhalten wäre, und anderseits geht auch den landrechtlichen Vorschriften über die Schulunterhaltung die besondere Verfassung einer Schulgemeinde nach § 40 ALR II 6 vor (vergl. § 18 der Regierungsinstruktion vom 23. Okt. 1817).

GEK 12. März 1870: Zur Regulierung des Schulgeldes ist die Regierung befugt.

ME 10. Mai 1884: Die Erhebung des Schulgeldes durch einen der Schulvorsteher, „die an sich empfehlenswerter erscheint, als die Befassung des Lehrers mit der Schulgelderhebung", ist gerechtfertigt.

ME 16. Juli 1873: Die nach § 28 des Reichsgesetzes vom 6. Juni 1870 (Unterstützungswohnsitz) zur vorläufigen Fürsorge verpflichteten Armenverbände sind zur Zahlung von Armenschulgeld nicht verpflichtet. Die Deckung der Ausfälle ist vielmehr „eventuell Sache der zur Unterhaltung der Schulen an und für sich verpflichteten Verbände." In der Provinz Preuſsen hat jedoch nach § 43 der Schulordnung von 1845 derjenige das Schulgeld für die Kinder armer Eltern zu entrichten, welchem gesetzlich die Verpflichtung zur Armenpflege obliegt ME 3. Nov. 1873.

Nach § 15 des Gesetzes vom 24. Mai 1861 ist inbezug auf Forderungen öffentlicher Schulanstalten an Schulgeld der Rechtsweg gestattet vergl. GEK 11. Jan. 1873.

ME 13. August 1868: Um einen Rückgang der Schulgeldeinnahme zu vermeiden, empfiehlt es sich, regierungsseitig darauf hinzuwirken, daſs das Schulgeld für Rechnung der Schulgemeinde zur Schule oder Gemeindekasse vereinnahmt und dem Lehrer als Fixum zugewiesen werde.

## 2. Kapitel. Die Lehrer. 69

Wo ein solches nicht garantiert ist, steht dem Lehrer ein Rechtsanspruch auf Entschädigung der Schulgeldausfälle nicht zu, wenn durch Teilung des Schulbezirks oder Einrichtung einer weiteren Klasse seine Einnahmen verringert werden, da er ein Schulgeld nur von solchen Kindern beanspruchen darf, welche seine Schule bezw. Klasse wirklich besuchen ME 5. Febr. 1866. Ist aber ein bestimmter Betrag an Schulgeld vokationsmäfsig zugesichert, oder aber das Lehrereinkommen durch den Ausfall dieser Bezüge unzureichend geworden, so hat die gesamte Schulgemeinde hier einzutreten ME 11. April 1863.

Die Entscheidung über rechtliche Ansprüche des Lehrers an das Schulgeld selbst oder auf Erstattung der Ausfälle desselben hängt davon ab, ob und inwieweit dem Lehrer bei einer Anstellung durch die Vokation und die Einkommensnachweisung das Schulgeld überhaupt als ein Dienstemolument und zugleich voller Ersatz für alle Schulgeldausfälle zugesichert worden, oder ob ihm das Schulgeld nur als ein seiner Natur nach steigendes oder fallendes Dienstemolument ohne Gewähr für ein bestimmtes Maximum und ohne Fixierung eines bestimmten Minimum angewiesen, oder ob ihm ein bestimmtes Minimum gewährleistet und ein bestimmtes Maximum fixiert worden. Hierbei darf die Frage, ob und unter welchen Voraussetzungen einem Lehrer ein Rechtsanspruch auf Schulgeld oder dessen Ersatz zusteht, nicht mit jener anderen vermischt werden, ob die Schulaufsichtsbehörde begründete Veranlassung hat, die Besoldung eines Lehrers, welchem ein Rechtsanspruch auf den Bezug von Schulgeld als Dienstemolument unbestritten oder nach rechtskräftig richterlicher Festsetzung zusteht, anderweitig zu regulieren ME 30. April 1880.

Gegen eine dieserhalb von der Regierung getroffene Anordnung findet der Rechtsweg nicht statt OVG 5. April 1878, vergl. GEK 14. Sept. 1878.

Die staatlichen Dienstalterszulagen regelt CE 28. Juni 1890 in folgender Weise:

1. Lehrer und Lehrerinnen, welche in Orten mit 10000 oder weniger Einwohnern an öffentlichen Volksschulen dauernd angestellt sind, erhalten, sofern sie nicht ein reichliches Stelleneinkommen beziehen, nach Vollendung von zehn Dienstjahren eine staatliche Dienstalterszulage.

2. Die Dienstalterszulage für Lehrer beträgt nach vollendetem zehnten Dienstjahre jährlich einhundert Mark und steigt von fünf zu fünf Jahren um je einhundert Mark jährlich bis zum Höchstbetrage von jährlich fünfhundert Mark.

Die Dienstalterszulage für Lehrerinnen beträgt nach vollendetem zehnten Dienstjahre jährlich siebzig Mark und steigt von fünf zu fünf Jahren um je siebzig Mark jährlich bis zum Höchstbetrage von jährlich dreihundertfünfzig Mark.

3. Bei Berechnung des Dienstalters kommt die gesamte Zeit in Ansatz, während welcher ein Lehrer oder eine Lehrerin im öffentlichen Schuldienste in Preufsen sich befunden hat. Die Dienstzeit wird vom Tage der ersten eidlichen Verpflichtung für den öffentlichen Schuldienst an gerechnet. Kann ein Lehrer nachweisen,

dafs eine Vereidigung erst nach seinem Eintritt in den öffentlichen Schuldienst stattgefunden hat, so wird die Dienstzeit von letzterem Zeitpunkt an gerechnet. Als Dienstzeit kommt auch diejenige Zeit in Anrechnung, während welcher ein Lehrer a. mit Genehmigung der Schulaufsichtsbehörde eine erledigte Schulstelle kommissarisch verwaltet oder einen Lehrer vertreten hat, b. nach der Anstellung im öffentlichen Schuldienst im aktiven Militärdienst eines deutschen Bundesstaates gestanden hat.

4. Der Bezug von Dienstalterszulagen beginnt mit dem Ablauf des Vierteljahres, in welchem die erforderliche Dienstzeit vollendet wird, und endet mit dem Ablauf des Monats, in welchem der Bedachte aus dem öffentlichen Volksschuldienst ausscheidet oder in eine Schulstelle eintritt, deren Inhaber staatliche Dienstalterszulagen nicht erhält.

5. Die Zahlung der Dienstalterszulagen erfolgt monatlich im voraus.

6. Die Bestimmung der Fälle, in welchen wegen reichlicher Bemessung des Stelleneinkommens staatliche Dienstalterszulage nicht zu gewähren ist, bleibt im allgemeinen dem pflichtmäfsigen Ermessen der Regierungen unter Würdigung der örtlichen Verhältnisse und der besonderen Amtsstellung des Lehrers überlassen. Jedenfalls ist aber ein Stellengehalt als reichliches, den Bezug staatlicher Dienstalterszulagen ausschliefsendes dann anzusehen, wenn es ohne Rücksicht auf etwaige Alterszulagen die doppelte Höhe desjenigen Betrages erreicht, welcher nach den örtlichen und den etwaigen besonderen Verhältnissen der Stelle als deren Mindesteinkommen anzusehen ist.

7. Was die örtliche Begrenzung der staatlichen Dienstalterszulagen betrifft, so ist für die Feststellung der Einwohnerzahl die bei der letzten amtlichen Erhebung ermittelte Seelenzahl der Civilbevölkerung mafsgebend.

Führt eine spätere Volkszählung zu dem Ergebnis, dafs in einem Orte von seither 10000 oder weniger Einwohnern die Einwohnerzahl über 10000 hinaus gestiegen ist, so ist die staatliche Dienstalterszulage nur denjenigen Lehrern und Lehrerinnen neu oder fort zu bewilligen, welche bis dahin an dem Orte im öffentlichen Volksschuldienst bereits angestellt waren.

8. Ein rechtlicher Anspruch auf Gewährung staatlicher Dienstalterszulagen steht weder den Gemeinden noch den Lehrern und Lehrerinnen zu. Indessen bedarf es besonderer ministerieller Genehmigung, wenn bei dem Vorliegen der thatsächlichen Voraussetzungen eine Dienstalterszulage versagt werden sollte.

9. Ein Lehrer oder eine Lehrerin, welche gemäfs §§ 48—50 des Gesetzes vom 21. Juli 1852 (GS 465 ff.) betreffend die Dienstvergehen der nicht richterlichen Beamten vom Amte suspendiert wird, behält während der Suspension die Hälfte der staatlichen Dienstalterszulage.

Wird der Lehrer oder die Lehrerin freigesprochen, so wird ihnen die einbehaltene Hälfte nachgezahlt.[1])

CE 18. Juni 1873: Sollen die Dienstalterszulagen ihren Zweck erreichen, so mufs auf die Aufbesserung des Stelleneinkommens durch Erreichung angemessener Minimalgehälter gröfserer Nachdruck gelegt und die Gemeinden angehalten werden, die ihnen in dieser Beziehung obliegenden Verpflichtungen zu erfüllen, soweit dies ohne zu grofse Härte von ihnen verlangt werden kann.

1) Damit ist die entgegengesetzte ältere Bestimmung des CE 18. Juni 1873 aufgehoben.

## 2. Kapitel. Die Lehrer. 71

ME 24. Juli 1876: Die aus Staatsfonds zu gewährenden Dienstalterszulagen sind zum Stelleneinkommen nicht gehörige, mit Rücksicht auf das Dienstalter allein gewährte persönliche Bewilligungen, welche auch bei auskömmlicher Ausstattung der Stelle gewährt werden können; eine solche aber zu ersetzen sind sie nicht bestimmt. Zu diesem Zweck sind nach ME 29. Juli 1873 für den Fall des nachgewiesenen Unvermögens der zur Unterhaltung der Schulen Verpflichteten lediglich die den Regierungen überwiesenen Mittel zur Aufbesserung der Stellengehalte bestimmt.

CE 27. Febr. 1880: Es darf nicht zugestanden werden, dafs Lehrern und Lehrerinnen andere als die für Dienstalterszulagen bestimmten Sätze gewährt werden. In solchen Fällen, in welchen das Bedürfnis hervortritt, einem Lehrer eine persönliche Zulage über den Maximalsatz hinaus zu bewilligen, ist das Bedürfnis näher zu begründen und ministerielle Genehmigung zu der Mehrbewilligung, die, wie überhaupt jede derartige Zuwendung, nur eine zeitweilige, jederzeit widerrufliche sein kann, nachzusuchen ME 29. Juli 1873.

ME 31. Jan. 1881: Staatliche Dienstalterszulagen sind nur den definitiv angestellten Lehrern an den öffentlichen Volksschulen zu gewähren.

ME 17. Jan. 1874: Einem Lehrer, dessen Emeritierung bereits genehmigt oder entschieden ist, wenn eine der im Gesetz vorgesehenen persönlichen Zulagen fällig bezw. zahlbar wird, ist für die bis zum thatsächlichen Eintritt in den Ruhestand noch verfliessende Zeit eine Dienstalterszulage nicht mehr neu zuzuteilen.

Die Berechnung der Dienstzeit bei Gewährung der Zulagen erfolgt in der Weise, dafs die gesamte im öffentlichen Schuldienste zugebrachte Zeit in Anschlag gebracht wird, wobei weder die provisorische (ME 17. Febr. 1875), oder die bei einer höheren Lehranstalt erfolgte Beschäftigung (ME 9. Nov. 1874), noch die vor einer etwaigen Unterbrechung der Amtsthätigkeit bezw. einer Amtssuspension (ME 17. Juli 1877 vergl. ME 4. Okt. 1876) verflossene Dienstzeit aufser Ansatz bleibt. Dem öffentlichen Schuldienste wird hierbei die an einer Provinzial-Taubstummen- (ME 30. Jan. 1891) oder kommunalen Erziehungs- oder Pflegeanstalt für Kinder zugebrachte Dienstzeit gleichgerechnet ME 6. Jan. 1894.

Dagegen wird die an privaten Unterrichtsanstalten oder in aufserpreufsischen Diensten stattgefundene Amtsverwaltung nicht angerechnet ME 24. Jan. 1874, 26. Febr. 1891 bezw. ME 18. Sept. 1875, wobei jedoch nicht ausgeschlossen ist, unter Umständen den hierbei in Frage kommenden Lehrern aus den der Regierung zu einmaligen Zuwendungen zur Verfügung gestellten Mitteln entsprechende Bewilligungen solange zu verstatten, bis nach den mafsgeblichen Bestimmungen Anwartschaft auf eine staatliche Dienstalterszulage erlangt ist ME 30. Nov. 1877.

**Bedürfnisnachweisung und Zahlungsmodus. CE. 5. Juni 1879:** Der Bedarf an Dienstalterszulagen bezw. der zur Zahlung derselben aus Centralfonds zu überweisende Zuschufs ist von Jahr zu Jahr vorschriftsmäfsig bis zum 1. Januar jedes Jahres festzustellen und bei dem Minister anzumelden. Im Laufe der Bewilligungsperiode kann demnach bei regelmäfsigem Verfahren, abgesehen von gelegentlichen Berichtigungen aus besonderer Veranlassung im Einzelfalle, hinsichtlich der zahlbaren Beträge im allgemeinen nur insofern eine Veränderung eintreten, als Tod bezw. Emeritierung (Amtssuspension usw.) der Empfänger Abgänge, Versetzungen der mit staatlichen Dienstalterszulagen bedachten Lehrer aus einem in den anderen Verwaltungsbezirk Zugänge mit sich bringen. Im übrigen kommt es für das Rechnungswesen darauf an, dafs von seiten der beteiligten Provinzialbehörden genau angegeben wird, an wen und in welchem Umfange nach Mafsgabe der in Betracht kommenden Bestimmungen Zahlung zu leisten ist vergl. CE 26. April 1889.

ME 24. Juni 1880: Die in Aussicht genommenen staatlichen Dienstalterszulagen sind regelmäfsig in monatlichen Raten voraus oder nach Wunsch der Empfänger vierteljährlich im letzten Monate des Vierteljahres zahlbar. Stirbt der Empfänger oder scheidet er infolge Emeritierung oder dergleichen aus dem Amte, so ist die Zahlung der Dienstalterszulagen mit dem Ende desjenigen Monats einzustellen, in welchem die Amtsthätigkeit aufhört. In solchen Fällen ist demnach, wenn nicht ganz besondere Verhältnisse eine Ausnahme bedingen, von der Rückforderung eines Betrages für einen Teil des letzten Monats, für welchen die Dienstalterszulage grundsätzlich noch zahlbar war, abzusehen. Wird ein mit einer solchen Zulage bedachter Lehrer in einen anderen Regierungsbezirk versetzt, ohne in seiner neuen Amtsstellung die Anwartschaft auf staatliche Dienstalterszulagen zu verlieren, so hat er letztere in seinem nunmehrigen Bezirk von dem Zeitpunkte an zu empfangen, wo die Zahlung in dem früheren aufgehört hat.

CE 27. Febr. 1880: Soweit die zu den in Rede stehenden Zulagen der Regierung zur Verfügung gestellten Summen nicht zur bestimmungsmäfsigen Verwendung kommen, ist der Restbetrag am Schlufs der Etatsperiode durch den Finalabschlufs als erspart in Abgang zu stellen und auf diese Weise zur weiteren Verfügung des Ministers abzuführen.

**Sonstige persönliche Zulagen aus Staatsmitteln. ME 26. Aug. 1873:** Liegen Fälle vor, in denen es nicht gelingt, eine Lehrerstelle normalmäfsig auszustatten, oder der zeitige Inhaber einer an sich ausreichend dotierten Stelle infolge von Familienverhältnissen oder von sonstigen andauernden, nicht im Wege einmaliger aufserordentlicher Unterstützungen zu behebenden Umständen mit dem normalmäfsigen Gehalt der Stelle nicht auszukommen vermag, da bei dessen Festsetzung auf besondere Not- und Ausnahmefälle nicht Rücksicht zu nehmen ist, so sind ausnahmsweise persönliche Zulagen auf die Dauer der Amtszeit bezw. der die bedrängte Lage des Lehrers verursachenden Umstände in Aussicht genommen. Die der Regierung zu dergleichen Bewilligungen überwiesenen Mittel sind (CE 18. Juni 1873 Nr. 3), unbeschadet ihrer eigentlichen Bestimmung, „zur Vereinfachung der Verwaltung" mit den ausschliefslich für Dienstalterszulagen bestimmten zu einem Fonds zu vereinigen und nach der Hinsicht zu verwenden, dafs die Rücksicht auf zurückgelegte längere Dienstzeit an sich einen Grund abgeben oder mitbestimmend sein könne, eine persönliche Zulage zu verleihen oder eine aus anderen Beweggründen gewährte zu verstärken. Jedoch sind diese wie alle anderen persönlichen Zulagen nicht nur jederzeit widerruflich, sondern auch auf das pensionsberechtigte Einkommen nicht anzurechnen.

ME 9. Juli 1874: Da das Bedürfnis zu persönlichen Zulagen aus anderen Ursachen, als wegen vorgerückter Dienstjahre sich bei der allgemein fortschreitenden Stellenaufbesserung mehr und mehr verringert, sind, soweit die zu Dienstalterszulagen bewilligten Fonds nicht hinreichen, die zu sonstigen persönlichen Zulagen bestimmten in Anspruch zu nehmen vergl. ME 26. April 1889.

Zulagen aus Mitteln der Gemeinden. ME 30. Juni 1880: Ist eine Stadt mit gröfseren Schulsystemen nicht gewillt, den städtischen Lehrkräften an öffentlichen Volksschulen regelmäfsig steigende Alterszulagen zu bewilligen bezw. ein Besoldungssystem mit sogenannter beweglicher (gleitender) Gehaltsskala einzuführen, so kann dieselbe von Aufsichts wegen angehalten werden, dafür zu sorgen, dafs durch planmäfsige Abstufung der Gehälter nach den Verhältnissen des Ortes und der Zeit den älteren Lehrern und Lehrerinnen angemessene Besoldungen, eventuell unter Gewährung staatlicher Beihilfen zu teil werden.

Hierbei genügt es nicht abzuwarten, ob die städtischen Schulbehörden bezw. die Stadtgemeinden etwa ihrerseits mit Rücksicht auf die örtlichen Verhältnisse eine Änderung ihrer Dotationspläne zu dem Zweck für angezeigt erachten, um älteren Lehrkräften eine weitere Aussicht auf Einkommensverbesserung zu eröffnen und eventuell darauf bezüglichen Vorschlägen entgegenzusehen; vielmehr hat die Regierung aus eigenem Antriebe und von Amts wegen die erforderlichen Verhandlungen mit den städtischen Schulbehörden bezw. den Stadtgemeinden einzuleiten ME 24. März 1883.

Einmalige Zuwendungen. CE 8. Mai 1872: Vorübergehende Ersparnisse der zu Stellenverbesserungen bestimmten Fonds sind in aufserordentlichen Fällen bei Unzulänglichkeit der Stellendotation als einmalige Zuwendungen zu bewilligen vergl. CE 19. Juni 1873, ME 9. Nov. 1876.

**Unterstützungen.** ME 27. April 1866: Bei aufsergewöhnlichem Bedürfnis hat die Behörde, wenn die aus verfügbaren Beständen gewährte Beihilfe als unzulänglich sich erweist, zu einer weiteren Bewilligung dem Minister Vortrag zu halten und soweit als thunlich Abhilfe zu gewärtigen. ME 17. Jan. 1872: Die der Regierung zur Unterstützung von Lehrern zugehenden Fonds sind auch für Lehrerinnen verwendbar, soweit diese an einer öffentlichen Schule als angestellte Lehrkräfte Verwendung finden. Desgleichen sind für festangestellte und unterstützungsbedürftige Handarbeits-Lehrerinnen, falls die zunächst verpflichtete Kommune zu einer Beihilfe aufser stande ist, die betreffenden Fonds in Anspruch zu nehmen.

Remunerationen für Mehrarbeit können nur dann beansprucht werden, wenn ein Lehrer vokationsmäfsig nur zu einer bestimmten Zahl von Unterrichtsstunden in der Woche verpflichtet ist und diese Zahl durch den Hinzutritt weiterer Dienstbeschäftigung, z. B. durch Erteilung von Turnunterricht überschritten wird ME 4. Juni 1862. Vergl. über Renumeration für den Religionsunterricht ME 13. April 1889.

Nach den Allgemeinen Bestimmungen vom 15. Okt. 1872 werden die Pflichtstunden auf 30 bis 32 bemessen werden können, wobei aber zwei Stunden Turnunterricht mit eingerechnet sind ME 18. März 1873. Wenn nun auch dieses Mafs bei einklassigen und Halbtagsschulen die Regel bilden wird, so kann es doch nicht ohne weiteres auf alle Schulen Anwendung finden. Abgesehen davon, dafs zuweilen nach Vokation oder Herkommen eine geringere Stundenzahl feststeht, wird auch bei mehrklassigen Schulen und namentlich bei solchen Lehrern, welche in den Oberklassen gehobener Stadtschulen unterrichten, schwierigere Lehrgegenstände zu behandeln oder die Korrekturen schriftlicher Arbeiten zu besorgen haben, hierauf Rücksicht zu nehmen sein. Läfst sich sonach im allgemeinen nicht bestimmen, bei welcher Stundenzahl eine Vergütung für Mehrarbeit zu gewähren ist, so ist dies besonders hinsichtlich der Erteilung des Turnunterrichts nicht angängig, da hierbei besondere Umstände in Betracht kommen, namentlich in welchem Umfange dieser Unterricht erteilt wird, und ob der Lehrer nur die Knaben einer Klasse, oder eine gröfsere Schüleranzahl zu unterrichten hat ME 6. Aug. 1873. Sollte nun auch mit dem vokationsmäfsig zugesicherten Gehalt die fragliche Mehrarbeit remuneriert werden, so kann doch nicht für statthaft erachtet werden, dafs ein Lehrer über das höchste Mafs unterrichtlicher Thätigkeit hinaus belastet wird, ohne dafs ihm für diese Mehrarbeit eine angemessene Vergütung zu teil werde. Weigert sich demnach die Stadtverwaltung, eine von der Regierung nach billigen Grundsätzen zu bemessende Remuneration zu zahlen, so bleibt nur übrig, jeden der angestellten Lehrer zur anteiligen Über-

## 2. Kapitel. Die Lehrer.

nahme der in Frage stehenden Überstunden für seine Klasse zu verpflichten und den Lehrplan bezw. die Stundenverteilung hiernach unter Beachtung der in den Allgemeinen Bestimmungen gegebenen Vorschriften einzurichten ME 18. März 1873.

Da das Gehalt einzelner Lehrerstellen wegen vorübergehender Umstände z. B. der Überfüllung der Klassen nicht auf Zeit zu einem höheren Betrage normiert und gleichzeitig die Zulässigkeit einer späteren Gehaltsverminderung ausgesprochen werden kann, so geht die gesetzliche Befugnis der Regierung im allgemeinen nur dahin, bei dauernder Überfüllung der vorhandenen Klassen die Einrichtung einer weiteren anzuordnen, nicht aber unter solchen Umständen für die an sich normalmäfsig besoldeten Lehrer Remunerationen festzusetzen ME 7. Mai 1868.

**Remuneration in Vakanzfällen.** ME 8. Mai 1871: Wenn mit der Vakanz einer Stelle auch zugleich deren Einkommen verfügbar geworden ist und die Mittel zur Entschädigung aufserordentlicher Mehrleistungen in den Einkünften selbst vorhanden sind, so liegt es durchaus in der Billigkeit, eine Remuneration in angemessener Höhe zu gewähren. Dabei ist auch die Erwägung mafsgebend, dafs die Zahlung von Entschädigungssummen für Vertretungsstunden die Wiederbesetzung vakanter Stellen, welche sonst leicht um der Ersparnisse willen gegen das Schulinteresse verzögert wird, erheblich fördert. ME 23. Februar 1868: Die Aufsichtsbehörde hat in dergleichen Fällen nur darauf zu sehen, dafs die Remuneration für die einzelne Vikariatstunde nicht zu niedrig bemessen und dafs der etwa ersparte Gehaltsteil zum Besten der Schule verwandt werde, sowie sie auch dafür zu sorgen hat, dafs die Vakanz nicht willkürliche Ausdehnung erleide. Hingegen ist die Ferienzeit bei Vergütung des Vikariatsunterrichtes nicht in Anrechnung zu bringen.

Eine Entschädigung für Vakanzarbeit kann nicht mit der Begründung verweigert werden, dafs die Vertretung nur kurze Zeit gedauert und eine erhebliche Mehrarbeit nicht verursacht habe ME 11. April 1868. Auch ist mit der in Vokationen enthaltenen Verpflichtung, in Fällen der Erkrankung eines Lehrers oder der Vakanz einer Stelle die Vertretungsgeschäfte zu übernehmen, nicht zugleich die Bedingung ausgesprochen, dafs diese Vertretung unentgeltlich geschehen müsse ME 23. Mai 1868, wie auch die Bezugnahme auf Verordnungen der Schulaufsichtsbehörden, nach welchen die Lehrer bis zu einer gewissen Stundenzahl wöchentlich herangezogen werden können, eine Ablehnung der Remuneration seitens der Kommune nicht begründet, da solche Bestimmungen nur festzustellen haben, wieviel Unterrichtsstunden den Lehrkräften als dauernde Verpflichtung ordnungsmäfsig auferlegt werden dürfen ME 8. Mai 1871.

Fällt die Vertretung in Vakanzfällen mit der Bewilligung eines Gnadenquartals an Lehrerwitwen und -Waisen zusammen, so findet eine Remunerierung der Vikariatstunden nicht statt, da in solchem Falle das Stelleneinkommen nicht verfügbar ist. Auch wird die unentgeltliche Vertretung hierbei um so williger übernommen werden, als dasselbe Beneficium künftig auch den Hinterbliebenen derjenigen zu teil wird, welche sie leisten ME 30. Jan. 1869. Sollte aber das Lehrerkollegium einer städtischen Schule die unentgeltliche Vertretung ablehnen, so ist die Regierung befugt, eine solche seitens der gesamten Lehrer von Aufsichts wegen anzuordnen ME 24. Dez. 1875.

Einkünfte aus kirchlichen Ämtern. ME 23. Dez. 1872: Bei vereinigten Kirchen- und Schulämtern ist, falls es sich nicht offenbar um eine Kirchschullehrerstelle handelt, die „organische" Verbindung der Ämter aus Berufsbriefen, Schuleinrichtungsrecessen, Matrikeln oder ähnlichen Unterlagen ersichtlich vergl. ME 14. Juli 1859, 26. Juli 1883.

ME 14. April 1882: Wenn mit einer Lehrerstelle ein Kirchenamt dauernd verbunden ist, mufs das Diensteinkommen lediglich als ein einheitliches behandelt werden, ohne Rücksicht darauf, aus welchen Quellen es fliefst. Ein Unterschied also zwischen Lehrerdiensteinkommen und besonderen Kirchenamtseinkommen ist nicht zu treffen vergl. ME 29. April 1882; 24. Dez. 1881.

ME 21. Jan. 1860: Über das ungesonderte Gesamteinkommen haben nur die Kirchengemeinde und Schulgemeinde gemeinschaftlich zu verfügen. In Ermangelung des Einverständnisses beider ist der thatsächlich bestehende Zustand im Verwaltungswege aufrecht zu erhalten und denen, welche eine Änderung fordern, die Beschreitung des Rechtsweges zu überlassen.

ME 11. Aug. 1862: Von der Anrechnung der aus kirchlichen Mitteln fliefsenden Gehaltsbezüge auf das Gesamteinkommen kann nicht abgesehen werden; denn (CE. 31. Mai 1875) bei Beantwortung der Frage, ob das letztere auskömmlich sei oder nicht, und ob eine Aufbesserung event. mit Hilfe von Staatsfonds notwendig sei, darf nirgends die Absicht vorwalten oder unterstützt werden, durch eine der Wirklichkeit und dem Bewufstsein der Verpflichteten widersprechende Berechnung einen verhüllten Vorteil für die Stelle zu gewinnen, sondern es mufs das Notwendige und Erreichbare im vollen Umfange direkt und offen gefordert werden vergl. ME 15. Mai 1861; 19. Okt. 1865; 10. März 1873. Wo diese kirchlichen Emolumente unwandelbar feststehen, kommen sie mit ihrem vollen Betrage zur Anrechnung, insoweit sie aber schwankend sind, ist in der Regel ein sechsjähriger Durchschnitt anzunehmen ME 12. Aug. 1868.

Hierbei ist stete Voraussetzung, dafs das Einkommen mit Rück-

## 2. Kapitel. Die Lehrer. 77

sicht auf die durch Verwaltung beider Ämter bedingte Mehrarbeit des Lehrers entsprechend höher bemessen worden, als es für gleichstehende Lehrerstellen ohne damit verbundene Nebenämter zu geschehen hat ME 6. Dez. 1872, vergl. CE 31. Mai 1875. Ob und in welchem Mafse vorliegenden Falls die Gehälter über die gewöhnliche Höhe hinaus zu bestimmen sind, hat die Regierung zu ermessen.

Auf das Gesamteinkommen nicht anzurechnen sind dagegen widerrufliche kirchliche Einkünfte (ME 5. Juli 1861, da es an einem gesetzlichen Titel fehlt, die Fortentrichtung solcher Leistungen zu erwirken, und die verwaltungsmäfsige Beitreibung nach AO 19. Juni 1836 [GS 198] nur bei solchen Abgaben und Leistungen zulässig ist, welche vermöge einer allgemein-gesetzlichen oder auf anerkannter Orts- und Bezirksverfassung beruhenden Verbindlichkeit zu entrichten sind), die aus nur nebenamtlicher kirchlicher Beschäftigung fliefsenden Emolumente (ME 9. Nov. 1853, welche an sich mit den Einnahmen aus irgend einem anderen Nebenamte z. B. als Standesbeamter oder Schiedsmann, auf gleicher Stufe stehen), sowie in der Provinz Schlesien reglementsmäfsig die unfixierten kirchlichen Einkünfte (ME 4. Nov. 1873) und die fixierten Einnahmen aus dem Kirchenfundationsvermögen (ME 2. Dez. 1863).

Die Verbindung einer Lehrerstelle mit dem Organisten- oder Küsteramt ändert für sich nichts an der gesetzlichen Verpflichtung der Schulgemeinde zur auskömmlichen Besoldung des Lehrers. Vermindern sich also die aus kirchlichen Quellen fliefsenden Beträge, z. B. bei Separation der Kirchengemeinde, dergestalt, dafs eine Unzulänglichkeit des Gesamteinkommens sich herausstellt, so ist die Schulgemeinde zu dessen Ergänzung verbunden ME 17. Juli 1866.[1])

Pensionsberechtigung. Das Gesetz vom 6. Juli 1885, betreffend die Pensionierung der Lehrer und Lehrerinnen an den öffentlichen Volksschulen (GS 298), bestimmt Folgendes:

Artikel 1. Bis zum Erlasse eines Gesetzes über die Unterhaltung der öffentlichen Volksschulen gelten für die Pensionierung der Lehrer und Lehrerinnen an denselben folgende Bestimmungen:

§ 1. Jeder an einer zur Erfüllung der allgemeinen Schulpflicht dienenden öffentlichen Schule (Volksschule) definitiv angestellte Lehrer erhält eine lebenslängliche Pension, wenn er nach einer Dienstzeit von wenigstens zehn Jahren infolge körperlichen Gebrechens oder wegen Schwäche seiner körperlichen oder geistigen Kräfte zur Erfüllung seiner Amtspflichten dauernd unfähig ist und deshalb in den Ruhestand versetzt wird.

Ist die Dienstunfähigkeit die Folge einer Krankheit, Verwundung oder sonstigen Beschädigung, welche der Lehrer bei Ausübung des Dienstes oder aus Veranlassung desselben ohne eigenes Verschulden sich zugezogen hat, so tritt die Pensionsberechtigung auch bei kürzerer als zehnjähriger Dienstzeit ein.

---

1) Die während des Druckes dieses Bogens eingebrachte Vorlage eines Lehrerbesoldungsgesetzes nimmt manche Änderung an vorstehenden Bestimmungen in Aussicht; falls sie Gesetz wird, soll dieses im Anhange mitgeteilt werden.

Bei Lehrern, welche das fünfundsechzigste Lebensjahr vollendet haben, ist eingetretene Dienstunfähigkeit nicht Vorbedingung des Anspruchs auf Pension.

Lehrern, welche, abgesehen von dem Falle des Absatzes 2, vor Vollendung des zehnten Dienstjahres dienstunfähig und deshalb in den Ruhestand versetzt werden, kann bei vorhandener Bedürftigkeit von dem Unterrichtsminister eine Pension entweder auf bestimmte Zeit oder lebenslänglich bewilligt werden.

§ 2. Die Pension beträgt, wenn die Versetzung in den Ruhestand nach vollendetem zehnten, jedoch vor vollendetem elften Dienstjahre erfolgt, ¹⁵/₆₀ und steigt von da ab mit jedem weiter zurückgelegten Dienstjahre um ¹/₆₀ des im § 4 bestimmten Diensteinkommens. Über den Betrag von ⁴⁵/₆₀ hinaus findet eine Steigerung nicht statt.

In dem in § 1 Absatz 2 erwähnten Falle beträgt die Pension ¹⁵/₆₀, in dem Falle des § 1 Absatz 4 höchstens ¹⁵/₆₀ des vorbezeichneten Diensteinkommens.

§ 3. Bei jeder Pension werden überschiefsende Markbrüche auf volle Mark abgerundet.

§ 4. Der Berechnung der Pension wird das von dem Lehrer zuletzt bezogene, mit der ihm verliehenen Lehrerstelle nach Festsetzung oder mit Genehmigung der Schulaufsichtsbehörde dauernd verbundene Diensteinkommen an Geld, an freier Wohnung und Feuerung bezw. Miets- und Feuerungsentschädigung, sowie an Naturalien und Ertrag von Dienstländereien zu Grunde gelegt.

Aufserdem kommt die aus Staatsfonds widerruflich gewährte Dienstalterszulage, welche der Lehrer zur Zeit der Pensionierung bezieht, in Anrechnung.

Naturalien und Ertrag von Dienstländereien kommen mit demjenigen Betrage zur Berechnung, auf welchen deren Goldwert als Teil der von der Schulaufsichtsbehörde festgesetzten Besoldung festgestellt worden ist, vorbehaltlich der Vorschrift des § 45 des Gesetzes über die Zuständigkeit der Verwaltungsbehörden und -Gerichte vom 1. August 1883 (GS 237).

Dienstemolumente, welche ihrer Natur nach steigend oder fallend sind, insbesondere Einkünfte an Schulgeld, werden nach der bei Verleihung des Rechtes auf diese Emolumente deshalb getroffenen Festsetzungen und in Ermangelung derselben nach ihrem durchschnittlichen Betrage während der drei letzten Etatsjahre vor demjenigen, in welchem die Pension festgesetzt wird, zur Anrechnung gebracht.

Diese Vorschriften gelten auch für die Berechnung der Pension eines Lehrers, mit dessen Schulamt ein kirchliches Amt vereinigt ist, dergestalt, dafs der Berechnung das Diensteinkommen der vereinigten Stelle als ein einheitliches zu Grunde zu legen ist.

§ 5. Bei Berechnung der Dienstzeit kommt die gesamte Zeit in Anrechnung, während welcher ein Lehrer im öffentlichen Schuldienste in Preufsen sich befunden hat.[1]

Die Dienstzeit wird vom Tage der ersten eidlichen Verpflichtung für den öffentlichen Schuldienst an gerechnet.

Kann jedoch ein Lehrer nachweisen, dafs seine Vereidigung erst nach seinem Eintritte in den öffentlichen Schuldienst stattgefunden hat, so wird die Dienstzeit von letzterem Zeitpunkte an gerechnet.

§ 6. Bei Berechnung der Dienstzeit kommt auch die Zeit in Anrechnung, während welcher ein Lehrer

1. im Dienste des preufsischen Staates, des Norddeutschen Bundes oder des Deutschen Reiches sich befunden hat, oder

2. als anstellungsberechtigte ehemalige Militärperson nur vorläufig oder auf Probe im Civildienste des preufsischen Staates, des Norddeutschen Bundes oder des Deutschen Reiches beschäftigt worden ist, oder

---

[1] einschliefslich des mit Genehmigung der Aufsichtsbehörde an einer öffentlichen Volksschule erfolgten Funktionierens CE 6. Okt. 1891 vergl. RG 23. Febr. 1891.

## 2. Kapitel. Die Lehrer.

3. in den von Preufsen neu erworbenen Landesteilen im öffentlichen Schuldienste oder im unmittelbaren Dienste der damaligen Landesherrschaft sich befunden hat.

Ausgeschlossen bleibt die Anrechnung derjenigen Dienstzeit, während welcher die Zeit und Kräfte eines Lehrers durch die ihm übertragenen Geschäfte nur nebenbei in Anspruch genommen gewesen sind.

§ 7. Der Dienstzeit im Schulamte wird die Zeit des aktiven Militärdienstes hinzugerechnet.

§ 8. Die Dienstzeit, welche vor dem Beginn des einundzwanzigsten Lebensjahres fällt, bleibt aufser Berechnung.

Nur die in die Dauer eines Krieges fallende und bei einem mobilen oder Ersatztruppenteile abgeleistete Militärdienstzeit kommt ohne Rücksicht auf das Lebensalter zur Anrechnung.

Als Kriegszeit gilt in dieser Beziehung die Zeit vom Tage einer angeordneten Mobilmachung, auf welche ein Krieg folgt, bis zum Tage der Demobilmachung.

§ 9. Für jeden Feldzug, an welchem ein Lehrer im preufsischen oder im Reichsheere, oder in der preufsischen oder Kaiserlichen Marine derart teilgenommen hat, dafs er wirklich vor den Feind gekommen oder in dienstlicher Stellung den mobilen Truppen in das Feld gefolgt ist, wird demselben zu der wirklichen Dienstzeit ein Jahr zugerechnet.

Ob eine militärische Unternehmung in dieser Beziehung als ein Feldzug anzusehen ist, und wiefern bei Kriegen von längerer Dauer mehrere Kriegsjahre in Anrechnung kommen sollen, dafür ist die nach § 23 des Reichsgesetzes vom 27. Juni 1871 (RGBl 275) in jedem Falle ergebende Bestimmung des Kaisers mafsgebend.

§ 10. Die Zeit a. eines Festungsarrestes von einjähriger und längerer Dauer, b. der Kriegsgefangenschaft kann nur unter besonderen Umständen mit königlicher Genehmigung angerechnet werden.

§ 11. Von dem Unterrichtsminister kann bei der Anstellung nach Mafsgabe der Bestimmungen in den §§ 5 bis 9 die Anrechnung der Zeit zugesichert werden, während welcher ein Lehrer aufserhalb Preufsens im Schuldienste oder im In- oder Auslande im Kirchendienste gestanden, oder als Lehrer oder Erzieher an einer Taubstummen-, Blinden-, Idioten-, Waisen-, Rettungs- oder ähnlichen Anstalt im Dienste einer Gemeinde oder eines sonstigen kommunalen Verbandes oder im Dienste einer Stiftungsanstalt der bezeichneten Art sich befunden hat.

Für die zur Zeit des Inkrafttretens dieses Gesetzes bereits definitiv angestellten Lehrer kann die Anrechnung der im ersten Absatze genannten Zeit bei der Versetzung in den Ruhestand von dem Unterrichtsminister genehmigt werden.

§ 12. Hat der Inhaber eines vereinigten Kirchen- und Schulamtes bei der Versetzung in den Ruhestand eine Pension aus kirchlichen Mitteln zu beanspruchen, so wird der Betrag derselben auf die nach den Vorschriften dieses Gesetzes zu gewährende Pension angerechnet.

§ 13. Die Bestimmung darüber, ob und zu welchem Zeitpunkte dem Antrage eines Lehrers auf Versetzung in den Ruhestand stattzugeben ist, erfolgt durch die Schulaufsichtsbehörde.

§ 14. Die Entscheidung darüber, ob und welche Pension einem Lehrer bei seiner Versetzung in den Ruhestand zusteht, erfolgt durch dieselbe Behörde.

§ 15. Die Beschreitung des Rechtsweges gegen diese Entscheidung (§ 14) steht dem Lehrer sowie den zur Unterhaltung der Schule Verpflichteten offen; doch mufs die Entscheidung des Unterrichtsministers der Klage vorangehen und letztere sodann, bei Verlust des Klagerechts, innerhalb sechs Monaten, nachdem diese Entscheidung den Beschwerdeführern bekannt gemacht ist, erhoben werden. Der Verlust des Klagerechtes tritt auch dann ein, wenn von den Beteiligten gegen die Entscheidung der Schulaufsichtsbehörde über den Anspruch auf Pension nicht binnen gleicher Frist die Beschwerde an den Unterrichtsminister erhoben ist.

§ 16. Die Versetzung in den Ruhestand tritt, sofern nicht auf den Antrag oder mit ausdrücklicher Zustimmung des Lehrers ein früherer Zeitpunkt festgesetzt wird, mit dem Ablauf desjenigen Vierteljahres ein, welches auf den Monat folgt, in welchem dem Lehrer die Entscheidung der Schulaufsichtsbehörde über seine Versetzung in den Ruhestand und die Höhe der ihm etwa zustehenden Pension bekannt gemacht worden ist.

§ 17. Die Pensionen werden monatlich im voraus gezahlt.

§ 18. Das Recht auf den Bezug der Pension kann weder abgetreten noch verpfändet werden.

§ 19. Das Recht auf den Bezug der Pension ruht: 1. wenn ein Pensionär das Deutsche Indigenat verliert, bis zur etwaigen Wiedererlangung desselben; 2. wenn und solange ein Pensionär im Reichs- oder Staatsdienste, im Dienste einer Gemeinde oder eines sonstigen kommunalen Verbandes, im öffentlichen Schuldienste oder im Kirchendienste ein Einkommen bezieht, welches unter Hinzurechnung der Pension den Betrag des von dem Lehrer vor der Pensionierung bezogenen pensionsfähigen Diensteinkommens übersteigt.

§ 20. Ein pensionierter Lehrer, welcher in eine an sich zur Pension berechtigende Stellung im öffentlichen Volksschuldienste wieder eingetreten ist, erwirbt für den Fall des Zurücktretens in den Ruhestand den Anspruch auf Gewährung einer neuen Pension nur dann, wenn die neue Dienstzeit wenigstens ein Jahr betragen hat.

Bei der Pensionierung aus der neuen Stelle ist dem Lehrer eine Pension von $^1/_{80}$ seines neuen pensionsfähigen Diensteinkommens für jedes nach der früheren Pensionierung zurückgelegte Dienstjahr zu gewähren.

Insoweit der Betrag der neuen Pension und der früher bewilligten zusammen $^{48}/_{80}$ des höchsten Diensteinkommens, von welchem eine dieser Pensionen berechnet ist, übersteigen würde, fällt das Recht auf den Bezug der früher bewilligten Pension hinweg.

§ 21. Die Einziehung, Kürzung oder Wiedergewährung der Pension auf Grund der Bestimmungen in den §§ 19 und 20 tritt mit dem Beginne des Monats ein, welcher auf das eine solche Veränderung nach sich ziehende Ereignis folgt.

Im Falle vorübergehender Beschäftigung im Reichs- oder Staatsdienste, im Dienste einer Gemeinde oder eines sonstigen kommunalen Verbandes, im öffentlichen Schuldienste oder Kirchendienste gegen Tagegelder oder eine anderweitige Entschädigung wird die Pension für die ersten sechs Monate dieser Beschäftigung unverkürzt, dagegen vom siebenten Monat ab nur zu dem nach vorstehenden Bestimmungen zulässigen Betrage gewährt.

(§ 22. Ist die nach Maßgabe dieses Gesetzes bemessene Pension geringer als diejenige, welche dem Lehrer hätte gewährt werden müssen, wenn er am 31. März 1886 nach den bis dahin für ihn geltenden Bestimmungen pensioniert worden wäre, so wird diese Pension an Stelle der ersteren bewilligt. Dieselbe ist dem Lehrer auch dann zu gewähren, wenn ihm zur Zeit der Versetzung in den Ruhestand nach den früheren Bestimmungen ein Anrecht auf Pension zugestanden haben würde, nach dem gegenwärtigen Gesetze jedoch nicht.

Die zur Zeit des Inkrafttretens dieses Gesetzes im Gebiete des vormaligen Herzogtums Nassau, der vormaligen Freien Stadt Frankfurt und in Hohenzollern-Hechingen angestellten Lehrer sind berechtigt zu verlangen, nach den bis dahin für sie geltenden Bestimmungen pensioniert zu werden.)

§ 23. Zusicherungen, welche in Bezug auf dereinstige Bewilligung von Pensionen an einzelne Lehrer oder Kategorieen von Lehrern durch den König oder einen der Minister, oder durch eine Provinsialbehörde, oder mit deren Genehmigung gemacht worden sind, bleiben in Kraft.

§ 24. Vorstehende Bestimmungen finden auch auf die an den § 1 bezeichneten Schulen definitiv angestellten Lehrerinnen Anwendung.

§ 25. Hinterläfst ein pensionierter Lehrer eine Witwe oder eheliche Nachkommen, so gebührt den Hinterbliebenen die Pension des Verstorbenen noch für den auf den Sterbemonat folgenden Monat.

Der gleiche Anspruch steht den ehelichen Nachkommen einer im Witwenstande verstorbenen Lehrerin zu.

An wen die Zahlung erfolgt, bestimmt die Schulaufsichtsbehörde.

Die Zahlung der Pension für den auf den Sterbemonat folgenden Monat kann auf Verfügung dieser Behörde auch dann stattfinden, wenn der Verstorbene Eltern, Geschwister, Geschwisterkinder oder Pflegekinder, deren Ernährer er gewesen ist, in Bedürftigkeit hinterläfst, oder wenn der Nachlafs nicht ausreicht, um die Kosten der letzten Krankheit und Beerdigung zu decken.

§ 26. Die Pension wird bis zur Höhe von 600 Mark aus der Staatskasse, über diesen Betrag hinaus von den sonstigen bisher zur Aufbringung der Pension des Lehrers Verpflichteten, sofern solche nicht vorhanden sind, von den bisher zur Unterhaltung des Lehrers während der Dienstzeit Verpflichteten gezahlt. Die auf besonderen Rechtstiteln beruhenden Verpflichtungen Dritter bleiben bestehen.

(Das Stelleneinkommen darf zur Aufbringung der nach diesem Gesetze zu zahlenden Pensionsbeträge nur insoweit, als dies bisher bereits statthaft war [1], und nur so weit herangezogen werden, dafs es nicht unter ³/₄ seiner Höhe und unter das Mindestgehalt sinkt.) [Aufgehoben.]

Die in Gemäfsheit des § 22 nach den im vormaligen Herzogtum Nassau und in der vormals Freien Stadt Frankfurt geltenden Vorschriften berechneten Pensionen fallen der Staatskasse nur insoweit zur Last, als sie die unter Zugrundelegung dieses Gesetzes zu bemessenden Beträge nicht übersteigen.

Artikel II. Die Pensionen der Lehrer und Lehrerinnen, welche aus einer im Artikel 1 § 1 genannten Schulstelle vor dem Inkrafttreten dieses Gesetzes in den Ruhestand versetzt sind, werden bis zu dem Betrage von 600 Mark auf die Staatskasse übernommen.

Artikel III. Dieses Gesetz tritt mit dem 1. April 1886 in Kraft.

Mit dem gedachten Zeitpunkte treten alle dem gegenwärtigen Gesetze entgegenstehenden Bestimmungen, sie mögen in allgemeinen Landes- und Provinzialgesetzen und Verordnungen oder in besonderen Gesetzen und Verordnungen enthalten sein, aufser Kraft.

OVG 30. April 1884 (Entsch. XI, 136): Küster (Organisten usw.) haben als solche keinen Anspruch auf Pension aus kirchlichen Mitteln.

Über Ruhegehaltskassen für Lehrkräfte öffentlicher Volksschulen Gesetz vom 23. Juli 1893 (GS 194; CBl. 1893 S. 654 ff.):

„§ 1. Behufs gemeinsamer Bestreitung des durch den Staatsbeitrag nicht gedeckten Teiles der Ruhegehälter (vergl. § 26) wird in jedem Regierungsbezirk eine Ruhegehaltskasse gebildet.

„§ 5. Die den Schulverbänden usw. zur Last fallenden Ruhegehälter werden von der Kasse an die Bezugsberechtigten gezahlt.

---

[1] Dies war z. B. in Nassau und Schleswig-Holstein nicht der Fall vergl. Drucksachen d. Abgeordn. Hs. 1884/85 III A.

„§ 6. Für jedes Rechnungsjahr wird der Bedarf der Kasse unter Hinzuziehung der voraussichtlichen Verwaltungskosten berechnet.

„§ 7. Den Mafsstab für die Verteilung des Bedarfs auf die Schulverbände usw. bildet die Jahressumme des pensionsberechtigten Diensteinkommens der Lehrkräfte öffentlicher Volksschulen unter Abrechnung eines Betrages von 800 M. für jede Stelle.

„§ 8. Der Verteilungsplan wird von der Bezirksregierung entworfen.

„§ 11. Die in dem Verteilungsplane festgestellten Beiträge werden von den Schulverbänden usw. in vierteljährlichen Vorauszahlungen eingezogen bezw. verrechnet" (vergl. CE 28. Juli 1893).

Über Fürsorge für Hinterbliebene von Lehrern vergl. SCHNEIDER und VON BREMEN, Volksschulwesen I, 903—913. Über Lehrerwitwen- und Waisenkassen (Verpflichtung zum Beitritt) Gesetz vom 22. Dez. 1869 — daselbst S. 913—963.

### § 3. Aufseramtliches Verhältnis der Lehrer.

„Es kann nicht zugegeben werden, dafs ein Schullehrer Nebenbeschäftigungen und Nebengewerbe treibe, die der Ruhe und der Sammlung, der Würde und dem Anstand entgegen sind, die sein Amt erfordert" (RV).

Ausübung der Jagd. MR 4. Dez. 1829: Lehrern, welche zugleich in kirchlichen Funktionen stehen, ist die Teilnahme an Jagdvergnügungen untersagt.

CR 20. Mai 1853: Nur in Rücksicht auf die Gesundheit einzelner Individuen und auch hier nur in den seltensten Fällen ist den Lehrern die Betreibung der Jagd zu gestatten, „da es keinem Zweifel unterliegt, dafs körperliche Bewegung auch auf andere Weise geschafft werden könne" (vergl. Min. Bl. d. i. V. 1853 S. 115).

RV Wiesbaden, 2. Juli 1867: „Die Teilnahme an den Jagdpachten bringt den Lehrer leicht in unangenehme, seiner Stellung in der Gemeinde schädliche Verwickelungen".[1]

Gewerbebetrieb. Nach § 19 der allgemeinen Gewerbeordnung vom 17. Jan. 1845 (GS 44) bedürfen Lehrer sowie alle Mitglieder ihres Hausstandes zum Gewerbebetrieb[2] der Erlaubnis ihrer vorgesetzten Dienstbehörde.

ME 14. Juni 1882: Der Betrieb eines Handels durch die Ehefrau des Lehrers bedarf der Genehmigung der Aufsichtsbehörde; vergl. § 1 Nr. 5 AV 23. Sept. 1867 (GS 1619).

1) Über Versagung eines Jagdscheines hat jedoch die Schulaufsichtsbehörde nicht zu befinden ME 17. Febr. 1879.
2) Gartenkultur, Obstbaumzucht und Seidenbau, desgleichen Betrieb der Ackerwirtschaft auf eigenem Schullande werden hierunter nicht betroffen.

CE 7. Aug. 1872: Die Übernahme von Agenturen in Auswanderungs-Angelegenheiten ist den Lehrern untersagt; ebenso die Beteiligung an derartigen Geschäften CE 10. Mai 1884.

Der Verkauf von Schreibmaterialien an Schüler, lediglich für den Schulbedarf, ist den Lehrern in kleinen Städten und auf dem Lande gestattet MR 8. März 1842 (MBl d. i. V. 90); jedoch nur da, wo der anderweitige Ankauf mit Schwierigkeiten für die Schulkinder verbunden ist, und „solange dadurch keine Unzuträglichkeiten hervorgerufen werden" ME 19. Okt. 1865.

Erteilung von Privatunterricht. ME 6. Okt. 1882: Öffentliche Lehrer bedürfen des in § 16 der Ministerialinstruktion vom 31. Dez. 1839 für Privatlehrer vorgeschriebenen Erlaubnisscheines (Konzession) der Ortsschulbehörde zur Erteilung von Privatunterricht nicht, da sie ihre wissenschaftliche und sittliche Tüchtigkeit nicht besonders nachzuweisen haben, wohl aber der Erlaubnis ihrer vorgesetzten Dienstbehörde (Rektor, Lokalschulinspektor usw.). Klassenlehrern ist die Erteilung von Privatunterricht gegen Entgelt an Schüler ihrer eigenen Klasse nur in Ausnahmefällen, z. B. nach längerer Versäumnis der Unterrichtsstunden zu gestatten.

Eine vokationsmäfsige Verzichtforderung auf Privatunterricht ist unzulässig ME 28. Juni 1861.

Nebenämter. ME 14. April 1863: Die Übernahme von Nebenämtern seitens der Lehrer ist von der Genehmigung der vorgesetzten Dienstbehörde abhängig vergl. CE 31. Okt. 1841 (MBl d. i. V. 1842 S. 10 und 15). Eine diesbezügliche Klausel in der Vokation ist jedoch unzulässig und wirkungslos (daselbst S. 10).

Lehrer in den Schulvorstand zu wählen ist durchaus nach dem Sinne des Ministers NE 8. Febr. 1893.

Die Übernahme einer Vormundschaft (§ 22 der Vormundschaftsordnung vom 5. Juli 1875) bedarf der Genehmigung der Dienstbehörde.

ME 30. Mai 1874: Auf Antrag des Oberpräsidenten ist die Verwaltung eines Standesamtes als Beamter oder Stellvertreter den Lehrern dann zu gestatten, wenn das Amt nach Lage der örtlichen Verhältnisse weder Gemeindebeamten noch anderen Personen füglich übertragen werden kann und besondere Gründe nicht entgegenstehen.

In Übereinstimmung mit dem Justizminister verfügt ME 24. Nov. 1873 die Zulässigkeit einer Mandatsübernahme als Reichstagsabgeordneter seitens der Lehrer, vorbehaltlich der Genehmigung der Dienstbehörde. Zur Teilnahme an den Sitzungen ist jedoch jedesmaliger Urlaub rechtzeitig nachzusuchen.

Nebenamtliche Unterrichtserteilung in Fortbildungsschulen, soweit solche öffentlich sind, steht den Lehrern frei ME 25. Juni 1861, vergl.

ME 3. Juli 1875. Die Aufnahme eines hierauf bezüglichen Vermerks in die Berufungsurkunde ist statthaft.

### § 4. Änderung des Dienstverhältnisses.

Konfessionswechsel. CR 24. Juli 1847: Bei Eintritt unwesentlichen Glaubenswechsels (z. B. bei dem Übertritt eines Lehrers aus der evang. Landeskirche zu den separierten Lutheranern) wird nur dann eine Änderung des Amtsverhältnisses (Versetzung usw.) herbeigeführt, wenn daraus ein Nachteil für die Wirksamkeit des Schullehrers oder eine Beschwerde der Gemeinde hervorgeht. Ist nämlich ein Lehrer als konfessioneller Schullehrer einer Gemeinde angestellt worden, so hat er damit auch die Verpflichtung übernommen, nicht nur in den eigentlichen Religionsstunden, sondern auch in den übrigen Unterrichtsgegenständen, welche sich mehr oder minder auf die Grundlagen der ersteren zurückbeziehen, nach und in dem Glauben der Gemeinde zu unterrichten. Sofern er nun die kirchliche Gemeinschaft mit dieser Gemeinde aufhebt, kann ihr nicht mehr zugemutet werden, ihre Kinder ihm noch ferner anzuvertrauen.

CR 15. März 1851: Eine Disciplinaruntersuchung wird in Fällen eines Konfessionswechsels zwar nicht eingeleitet, weil dieses ein irgendwie strafbares Amtsvergehen nicht in sich schliefst (vergl. Gutachten des Königl. Disciplinarhofs vom 14. Sept. 1850 und Resolut des Staatsministeriums vom 21. Jan. 1851); jedoch hat die Aufsichtsbehörde zu entscheiden, ob die Bestätigung einer Vokation in solchen Fällen für ungiltig zu erklären und der Betreffende aus seinem Amte zu entfernen ist.[1])

Amtserledigung. ME 11. Nov. 1872: Fällt das Amt eines Lehrers dadurch weg, dafs seine Thätigkeit entbehrlich wird, so mufs ihm das volle Gehalt dennoch gewährt werden, bis ihm eine andere Lehrthätigkeit von gleichem Range und etatsmäfsigem Einkommen übertragen werden kann; vergl. RG 19. Mai 1881.

Kündigung. CE 10. Febr. 1857: Will ein Elementarlehrer sein Amt niederlegen, so hat er dieses drei Monate vorher zu kündigen und seine Entlassung am Schlufs des Unterrichtssemesters zu gewärtigen. Lehrer, welche in ein anderes Amt eintreten wollen, sind drei Monate nach ihrer Kündigung zu entlassen; vergl. ME 19. April 1870, 22. Nov. 1875. Im letzteren Falle darf die Regierung die Kündigungsfrist verkürzen, falls für eine Wahrnehmung der Geschäfte des abgehenden Lehrers hinlänglich gesorgt ist ME 13. Aug. 1861.

ALR II 11 § 525 (vergl. II 12 § 42): Nimmt ein Lehrer innerhalb zehn Jahren von Zeit seiner Bestallung einen anderen Ruf an, so ist

---

1) Vergl. MBl d. i. V. 1851 S. 35.

er schuldig, der Kirchenkasse und der Gemeinde alle bei seinem Anzuge und seiner Einsetzung verwendeten Kosten zu erstatten.

**Pensionierung.** Zwangsweise Pensonierung bei nur zeitweiliger Dienstuntauglichkeit ist unzulässig ME 31. Aug. 1870.

ME 7. April 1864: Unfreiwillige Pensionierungen sind auf Grund eines Plenarbeschlusses und unter Vorbehalt des Rekurses an den Oberpräsidenten, dessen Entscheidung endgültig ist (vergl. KO 29. März 1837 — GS 70 —), von der Regierung resolutorisch festzusetzen; vergl. ME 21. Nov. 1883.

CE 9. Dez. 1843: Beruht die Unfähigkeit der Lehrer lediglich in körperlichen Gebrechen, so sind diese durch eine ärztliche Untersuchung und durch ein Attest des zuständigen Kreisphysikus festzustellen, wonach die Pensionierung vorzunehmen ist.

ME 13. Nov. 1872: Das die Dienstunfähigkeit aussprechende Attest eines Kreisphysikus mufs eine genaue Beschreibung des Krankheitszustandes enthalten, sowie eine Angabe der Art und Weise, wie sich der betreffende Arzt seine Überzeugung verschafft hat.

ME 18. Febr. 1860: Glaubt die Regierung Zweifel über die Richtigkeit der Schlufsfolgerung des Sachverständigen hegen zu dürfen, so ist vor Aussprechung der Pensionierung das Superarbitrium des Medizinal-Kollegiums der Provinz einzuholen.

ME 30. Nov. 1881: Wenn der zu pensionierende Lehrer Einwendungen gegen die Höhe der in Aussicht genommenen Pension, oder die zur Aufbringung derselben Verpflichteten gegen diese oder gegen die Emeritierung selbst Einspruch erheben, hat die Regierung gleichfalls durch Plenarbeschlufs zu entscheiden.

ME 15. Nov. 1869: Nur ausnahmsweise, wenn nicht blofs persönliche Verhältnisse, sondern ebensosehr das Schulinteresse es bedingen, darf von der ordnungsmäfsigen Erledigung einer Lehrerstelle Abstand genommen und zur Bestellung eines Adjunkten oder Adjuvanten geschritten werden.

**Versetzung.** ME 31. Dez. 1861: Im Interesse des Dienstes kann ein Lehrer auch gegen seinen Willen nach einer anderen Stelle versetzt werden. Eine Strafversetzung im Wege des Disciplinarverfahrens ist jedoch ausgeschlossen vergl. § 16 und 87 des Gesetzes vom 21. Juli 1852 (GS 465); ME 17. Aug. 1867. Eine Ausgleichung von Gehaltsdifferenzen ist regierungsseitig event. in Erwägung zu ziehen ME 25. Sept. 1869.

Das **Disciplinargesetz** vom 21. Juli 1852 (GS 465) gilt auch für Lehrer. Es bestimmt (unter Fortlassung der hier nicht in Frage kommenden Punkte):

§ 2. Ein Beamter, welcher die Pflichten verletzt, die ihm sein Amt auferlegt, oder sich durch sein Verhalten in und aufser dem Amte der Achtung, des Ansehens oder des Vertrauens, die sein Beruf erfordert, unwürdig zeigt, unterliegt den Vorschriften dieses Gesetzes.

§ 3. Ist eine der unter § 2 fallenden Handlungen (Dienstvergehen) zugleich in den gemeinen Strafgesetzen vorgesehen, so können die durch dieselben angedrohten Strafen nur auf Grund des gewöhnlichen Strafverfahrens von denjenigen Gerichten ausgesprochen werden, welche für die gewöhnlichen Strafsachen zuständig sind.

§ 4. Im Laufe einer gerichtlichen Untersuchung darf gegen den Angeschuldigten ein Disciplinarverfahren wegen der nämlichen Thatsachen nicht eingeleitet werden.

Wenn im Laufe eines Disciplinarverfahrens wegen der nämlichen Thatsachen eine gerichtliche Untersuchung gegen den Angeschuldigten eröffnet wird, so muſs das Disciplinarverfahren bis zur rechtskräftigen Erledigung des gerichtlichen Verfahrens ausgesetzt werden.

§ 5. Wenn von den gewöhnlichen Strafgerichten auf Freisprechung erkannt ist, so findet wegen der Thatsachen, welche in der gerichtlichen Untersuchung zur Erörterung gekommen sind, ein Disciplinarverfahren nur noch insofern statt, als dieselben an sich und ohne Beziehung zu dem gesetzlichen Thatbestande der Übertretung, des Vergehens oder Verbrechens, welche den Gegenstand der Untersuchung bildeten, ein Dienstvergehen enthalten.

Ist in einer gerichtlichen Untersuchung eine Verurteilung ergangen, welche den Verlust des Amtes nicht zur Folge gehabt hat, so bleibt derjenigen Behörde, welche über die Einleitung des Disciplinarverfahrens zu verfügen hat, die Entscheidung darüber vorbehalten, ob aufserdem ein Disciplinarverfahren einzuleiten oder fortzusetzen sei.

§ 6. Spricht das Gesetz bei Dienstvergehen, welche Gegenstand eines Disciplinarverfahrens werden, die Verpflichtung zur Wiedererstattung oder zum Schadenersatze oder eine sonstige civilrechtliche Verpflichtung aus, so gehört die Klage der Beteiligten vor das Civilgericht (jedoch vorbehaltlich der Bestimmung des § 100).

§ 7. Ist von dem gewöhnlichen Strafrichter auf eine Freiheitsstrafe von längerer als einjähriger Dauer, auf eine schwerere Strafe, auf Verlust der bürgerlichen Ehrenrechte, auf immerwährende oder zeitige Unfähigkeit zu öffentlichen Ämtern, oder auf Stellung unter Polizeiaufsicht erkannt, so zieht das Straferkenntnis den Verlust des Amtes von selbst nach sich, ohne daſs darauf besonders erkannt wird.

§ 8. Ein Beamter, welcher sich ohne den vorschriftsmäfsigen Urlaub von seinem Amte entfernt hält, oder den erteilten Urlaub überschreitet, ist, wenn ihm nicht besondere Entschuldigungsgründe zur Seite stehen, für die Zeit der unerlaubten Entfernung seines Diensteinkommens verlustig.

§ 9. Dauert die unerlaubte Entfernung länger als acht Wochen, so hat der Beamte seine Dienstentlassung verwirkt.

Ist der Beamte dienstlich aufgefordert worden, sein Amt anzutreten oder zu demselben zurückzukehren, so tritt die Strafe schon nach fruchtlosem Ablauf von vier Wochen seit der Aufforderung ein.

§ 10. Die Entziehung des Diensteinkommens wird von derjenigen Behörde verfügt, welche den Urlaub zu erteilen hat. Im Falle des Widerspruchs findet das förmliche Disciplinarverfahren statt.

§ 11. Die Dienstentlassung kann nur im Wege des förmlichen Disciplinarverfahrens ausgesprochen werden. Sie wird nicht verhängt, wenn sich ergibt, dafs der Beamte ohne seine Schuld seinem Amte fern gewesen ist.

§ 12. Die Einleitung des Disciplinarverfahrens wegen unerlaubter Entfernung vom Amte und die Dienstentlassung vor Ablauf der Fristen (§ 9) ist nicht ausgeschlossen, wenn sie durch besonders erschwerende Umstände als gerechtfertigt erscheint.

§ 13. Die in § 9 erwähnte Aufforderung, sowie alle anderen Aufforderungen, Mitteilungen, Zustellungen und Vorladungen, welche nach den Bestimmungen dieses

## 2. Kapitel. Die Lehrer. 87

Gesetzes erfolgen, sind gültig und bewirken den Lauf der Fristen, wenn sie dem Adressaten unter Beobachtung der für gerichtliche Insinuationen vorgeschriebenen Formen in Person zugestellt, oder wenn sie in seiner letzten Wohnung an dem Orte insinuiert werden, wo er seinen letzten Wohnsitz im Inlande hatte. Die vereideten Verwaltungsbeamten haben dabei den Glauben der Gerichtsboten.

§ 14. Die Disciplinarstrafen bestehen in Ordnungsstrafen oder Entfernung aus dem Amte.

§ 15. Ordnungsstrafen sind Warnung, Verweis, Geldbuße....

§ 16. Die Entfernung aus dem Amte kann bestehen.... 2. in Dienstentlassung. Diese Strafe zieht den Verlust des Titels und Pensionsanspruches von selbst nach sich; es wird darauf nicht besonders erkannt, es sei denn, daß vor Beendigung des Disciplinarverfahrens aus irgend einem von dessen Ergebnis unabhängigen Grunde das Amtsverhältnis bereits aufgehört hat und daher auf Dienstentlassung nicht mehr zu erkennen ist. Gehört der Angeschuldigte zu den Beamten, welche einen Anspruch auf Pension haben, und lassen besondere Umstände eine mildere Beurteilung zu, so ist die Disciplinarbehörde ermächtigt, in ihrer Entscheidung zugleich festzusetzen, daß dem Angeschuldigten ein Teil des regelmentsmäßigen Pensionsbetrages auf Lebenszeit oder auf gewisse Jahre als Unterstützung zu verabreichen sei.

§ 21. Gegen die Verfügung von Ordnungsstrafen findet nur Beschwerde im vorgeschriebenen Instanzenzuge statt.

§ 22. Der Entfernung aus dem Amte muß ein förmliches Disciplinarverfahren vorhergehen. Dasselbe besteht in der von einem Kommissar zu führenden schriftlichen Voruntersuchung und in einer mündlichen Verhandlung nach den folgenden näheren Bestimmungen.

§ 23. Die Einleitung des Disciplinarverfahrens wird verfügt und der Untersuchungskommissar ernannt:.... 2. von dem Vorsteher der Behörde, welche die entscheidende Disciplinarbehörde bildet (§ 24), oder von dem vorgesetzten Minister.

§ 24. Die entscheidenden Disciplinarbehörden erster Instanz sind:.... 2. die Regierungen, die Provinzialschulkollegien....

§ 27. Für den Fall, daß bei der zuständigen Disciplinarbehörde die beschlußfähige Anzahl von Mitgliedern nicht vorhanden ist, oder wenn auf den Antrag des Beamten der Staatsanwaltschaft oder des Angeschuldigten der Disciplinarhof das Vorhandensein von Gründen anerkennt, aus welchen die Unbefangenheit der zuständigen Disciplinarbehörde bezweifelt werden kann, tritt eine andere durch das Staatsministerium substituierte Disciplinarbehörde an deren Stelle.

§ 31. Bei den Provinzialbehörden werden die Disciplinarsachen in besonderen Plenarsitzungen erledigt, an welchen mindestens drei stimmberechtigte Mitglieder teilnehmen müssen. In diesen Plenarsitzungen steht bei den Regierungen den Mitgliedern nur dasjenige Stimmrecht zu, welches ihnen durch die allgemeinen Vorschriften für Verhandlungen im Plenum beigelegt ist. Bei den übrigen Provinzialbehörden nehmen an den zur Erledigung der Disciplinarsachen bestimmten Plenarsitzungen nur die etatsmäßigen Mitglieder und diejenigen teil, welche eine etatsmäßige Stelle versehen. .... Alle in dieser Weise zur Teilnahme Berufenen haben ein volles Stimmrecht....

§ 32. In der Voruntersuchung wird der Angeschuldigte unter Mitteilung der Anklagepunkte vorgeladen und, wenn er erscheint, gehört; es werden die Zeugen eidlich vernommen und die zur Aufklärung der Sache dienenden sonstigen Beweise herbeigeschafft.

Die Verrichtungen der Staatsanwaltschaft werden durch einen Beamten wahrgenommen, welchen die Behörde ernennt, von welcher die Einleitung des Disciplinarverfahrens verfügt wird.

Bei der Vernehmung des Angeschuldigten und dem Verhöre der Zeugen ist ein vereideter Protokollführer zuzuziehen.

§ 33. Der dem Angeschuldigten vorgesetzte Minister ist ermächtigt, mit Rücksicht auf den Ausfall der Voruntersuchung das fernere Verfahren einzustellen und geeignetenfalls nur eine Ordnungsstrafe zu verhängen.

Ist eine sonstige Behörde, welche die Einleitung der Untersuchung verfügt hat, der Ansicht, dafs das fernere Verfahren einzustellen sei, so mufs sie darüber an den Minister zu dessen Beschlufsnahme berichten.

In beiden Fällen erhält der Angeschuldigte Ausfertigung des darauf bezüglichen, mit Gründen zu unterstützenden Beschlusses.

§ 34. Wird das Verfahren nicht eingestellt, so wird nach Eingang der von dem Beamten der Staatsanwaltschaft anzufertigenden Anklageschrift der Angeschuldigte unter abschriftlicher Mitteilung der letzteren zu einer von dem Vorsitzenden zu bestimmenden Sitzung zur mündlichen Verhandlung vorgeladen.

§ 35. Bei der mündlichen Verhandlung, welche in nicht öffentlicher Sitzung stattfindet, gibt zuerst ein von dem Vorsitzenden der Behörde aus der Zahl ihrer Mitglieder ernannter Referent eine Darstellung der Sache, wie sie aus den bisherigen Verhandlungen hervorgeht.

Der Angeschuldigte wird vernommen.

Es wird darauf der Beamte der Staatsanwaltschaft mit seinem Vor- und Antrage und der Angeschuldigte mit seiner Verteidigung gehört.

Dem Angeschuldigten steht das letzte Wort zu.

§ 36. Wenn die Behörde auf den Antrag des Angeschuldigten oder des Beamten der Staatsanwaltschaft, oder auch von Amts wegen die Vernehmung eines oder mehrerer Zeugen, sei es durch einen Kommissar, oder mündlich vor der Behörde selbst, oder die Herbeischaffung anderer Mittel zur Aufklärung der Sache für angemessen erachtet, so erläfst sie die erforderliche Verfügung und verlegt nötigenfalls die Fortsetzung der Sache auf einen anderen Tag, welcher dem Angeschuldigten bekannt zu machen ist.

§ 37. Der Angeklagte, welcher erscheint, kann sich des Beistandes eines Advokaten oder Rechtsanwaltes als Verteidigers bedienen. Der nicht erscheinende Angeschuldigte kann sich durch einen Advokaten oder Rechtsanwalt vertreten lassen. Der Disciplinarbehörde steht es jedoch jederzeit zu, das persönliche Erscheinen des Angeschuldigten unter der Warnung zu verordnen, dafs bei seinem Ausbleiben ein Verteidiger zu seiner Vertretung nicht werde zugelassen werden.

§ 38. Bei der Entscheidung hat die Disciplinarbehörde, ohne an positive Beweisregeln gebunden zu sein, nach ihrer freien, aus dem ganzen Inbegriff der Verhandlungen und Beweise geschöpften Überzeugung zu beurteilen, in wieweit die Anschuldigung für begründet zu erachten.

Die Entscheidung kann auch auf eine blofse Ordnungsstrafe lauten.

Die Entscheidung, welche mit Gründen versehen sein mufs, wird in der Sitzung, in welcher die mündliche Verhandlung beendet worden ist, oder in einer der nächsten Sitzungen verkündigt und eine Ausfertigung derselben dem Angeschuldigten auf sein Verlangen erteilt.

§ 39. Über die mündliche Verhandlung wird ein Protokoll aufgenommen, welches die Namen der Anwesenden und die wesentlichen Momente der Verhandlung enthalten mufs. Das Protokoll wird von dem Vorsitzenden und dem Protokollführer unterzeichnet.

§ 40. Das Rechtsmittel des Einspruchs findet nicht statt.

§ 41. Gegen die Entscheidung steht die Berufung an das Staatsministerium sowohl dem Beamten der Staatsanwaltschaft als dem Beklagten offen.

§ 42. Die Anmeldung der Berufung geschieht zu Protokoll oder schriftlich bei der Behörde, welche die anzugreifende Entscheidung erlassen hat. Von seiten des Angeschuldigten kann sie auch durch einen Bevollmächtigten geschehen.

## 2. Kapitel. Die Lehrer. 89

Die Frist zu dieser Anmeldung ist eine vierwöchentliche, welche mit dem Ablaufe des Tages, an welchem die Entscheidung verkündigt worden ist, und für den Angeschuldigten, welcher hierbei nicht zugegen war, mit dem Ablaufe des Tages beginnt, an welchem ihm die Entscheidung zugestellt worden ist.

§ 43. Zur schriftlichen Rechtfertigung der Berufung steht demjenigen, der dieselbe rechtzeitig angemeldet hat, eine fernere vierzehntägige Frist offen.

Diese Frist kann auf den Antrag des Appellanten angemessen verlängert werden.

Neue Thatsachen, welche die Grundlagen einer anderen Beschuldigung bilden, dürfen in zweiter Instanz nicht vorgebracht werden.

§ 44. Die Anmeldung der Berufung und die etwa eingegangene Appellationsschrift wird dem Appellanten in Abschrift zugestellt, oder dem Beamten der Staatsanwaltschaft, falls er Appellat ist, in Urschrift vorgelegt.

Innerhalb vierzehn Tagen, nach erfolgter Zustellung oder Vorlegung kann der Appellat eine Gegenschrift einreichen.

Diese Frist kann auf den Antrag des Appellaten angemessen verlängert werden.

§ 45. Nach Ablauf der in § 44 bestimmten Frist werden die Akten an das Staatsministerium eingesandt.

Das Staatsministerium beschliefst auf den Vortrag eines von dem Vorsitzenden ernannten Referenten.

Ist die Berufung von der Entscheidung einer Provinzialbehörde eingelegt, so kann das Staatsministerium keinen Beschlufs fassen, bevor das Gutachten des Disciplinarhofes eingeholt ist.

§ 47. Eine jede Entscheidung einer Disciplinarbehörde, gegen die kein Rechtsmittel weiter stattfindet, und durch welche die Dienstentlassung ausgesprochen ist, bedarf der Bestätigung des Königs, wenn der Beamte vom Könige ernannt oder bestätigt worden ist.

§ 48. Die Suspension eines Beamten vom Amte tritt kraft des Gesetzes ein,
1. wenn in dem gerichtlichen Strafverfahren seine Verhaftung beschlossen oder gegen ihn ein noch nicht rechtskräftig gewordenes Urteil erlassen ist, welches auf den Verlust des Amtes lautet, oder diesen kraft des Gesetzes nach sich zieht;
2. wenn im Disciplinarverfahren eine noch nicht rechtskräftige Entscheidung ergangen ist, welche auf Dienstentlassung lautet.

§ 49. In dem im vorhergehenden Paragraphen unter Nr. 1 vorgesehenen Falle dauert die Suspension bis zum Ablauf des zehnten Tages nach Wiederaufhebung des Verhaftungsbeschlusses oder nach eingetretener Rechtskraft desjenigen Urteils höherer Instanz, durch welches der angeschuldigte Beamte zu einer anderen Strafe als der bezeichneten verurteilt wird.

Lautet das rechtskräftige Urteil auf Freiheitsstrafe, so dauert die Suspension, bis das Urteil vollstreckt ist. Wird die Vollstreckung des Urteils ohne Schuld des Verurteilten aufgehalten oder unterbrochen, so tritt für die Zeit des Aufenthalts oder der Unterbrechung eine Gehaltsverkürzung nicht ein. Dasselbe gilt für die im ersten Absatze dieses Paragraphen erwähnte Zeit von zehn Tagen, wenn nicht vor Ablauf derselben die Suspension vom Amte im Wege des Disciplinarverfahrens beschlossen wird.

In dem § 48 unter Nr. 2 erwähnten Falle dauert die Suspension bis zur Rechtskraft der in der Disciplinarsache ergehenden Entscheidung.

§ 50. Die zur Einleitung der Disciplinaruntersuchung ermächtigte Behörde kann die Suspension, sobald gegen den Beamten ein gerichtliches Strafverfahren eingeleitet oder die Einleitung einer Disciplinaruntersuchung verfügt wird, oder auch demnächst im Laufe des Verfahrens bis zur rechtskräftigen Entscheidung verfügen.

§ 51. Der suspendierte Beamte behält während der Suspension die Hälfte seines

II. Hauptabteilung. I. Abschnitt. Die Volksschule. I. Preufsen.

Diensteinkommens. Auf die für die Dienstunkosten besonders angesetzten Beträge ist bei Berechnung der Hälfte des Diensteinkommens keine Rücksicht zu nehmen. Der innebehaltene Teil des Diensteinkommens ist zu den Kosten, welche durch die Stellvertretung verursacht werden, der etwaige Rest zu den Untersuchungskosten zu verwenden. Einen weiteren Betrag zu den Stellvertretungskosten zu leisten ist der Beamte nicht verpflichtet.

§ 52. Der zu den Kosten nicht verwendete Teil des Einkommens wird dem Beamten nicht nachgezahlt, wenn das Verfahren die Entfernung aus dem Amte zur Folge gehabt hat.

Erinnerungen über die Verwendung des Einkommens stehen dem Beamten nicht zu; wohl aber ist ihm auf Verlangen eine Nachweisung über diese Verwendung zu erteilen.

§ 53. Wird der Beamte freigesprochen, so mufs ihm der innebehaltene Teil des Diensteinkommens vollständig nachgezahlt werden.

Wird er nur mit einer Ordnungsstrafe belegt, so ist ihm der innebehaltene Teil, ohne Abzug der Stellvertretungskosten, nachzuzahlen, soweit derselbe nicht zur Deckung der Untersuchungskosten und der Ordnungsstrafe erforderlich ist.

§ 54. Wenn Gefahr im Verzuge ist, kann einem Beamten auch von solchen Vorgesetzten, die seine Suspension zu verfügen nicht ermächtigt sind, die Ausübung der Amtsverrichtungen vorläufig untersagt werden; es ist aber darüber sofort an die höhere Behörde zu berichten.

§ 83. Beamte, welche auf Probe, auf Kündigung oder sonst auf Widerruf angestellt sind, können ohne förmliches Disciplinarverfahren von der Behörde, welche ihre Anstellung verfügt hat, entlassen werden.

Dem auf Grund der Kündigung entlassenen Beamten ist in allen Fällen bis zum Ablaufe der Kündigung sein volles Diensteinkommen zu gewähren.

§ 87. Die nachbenannten Verfügungen, welche im Interesse des Dienstes getroffen werden können, sind nicht Gegenstand des Disciplinarverfahrens, vorbehaltlich des im § 46 vorgeschenen Falles:

1. Versetzung in ein anderes Amt von nicht geringerem Range und etatsmäfsigem Diensteinkommen, mit Vergütung der reglementsmäfsigen Umzugskosten. Als eine Verkürzung im Einkommen ist es nicht anzusehen, wenn die Gelegenheit zur Verwaltung von Nebenämtern entzogen wird oder die Beziehung der für die Dienstunkosten besonders angesetzten Einnahmen mit diesen Unkosten selbst fortfällt.

2. einstweilige Versetzung in den Ruhestand mit Gewährung von Wartegeld nach Mafsgabe der Vorschriften der Verordnungen vom 14. Juni und 24. Oktober 1848. Wartegeldempfänger sollen bei Wiederbesetzung erledigter Stellen, für welche sie sich eignen, vorzugsweise berücksichtigt werden.

3. gänzliche Versetzung in den Ruhestand mit Gewährung der vorschriftsmäfsigen Pension nach Mafsgabe der §§ 88 ff. dieses Gesetzes.

§ 88. Ein Beamter, welcher durch Blindheit, Taubheit oder ein sonstiges körperliches Gebrechen oder wegen Schwäche seiner geistigen oder körperlichen Kräfte zur Erfüllung seiner Amtspflichten dauernd unfähig ist, soll in den Ruhestand versetzt werden.

§ 89. Sucht der Beamte in einem solchen Falle seine Versetzung in den Ruhestand nicht nach, so wird ihm oder nötigenfalls seinem hierzu besonders zu bestellenden Kurator von der vorgesetzten Dienstbehörde unter Angabe des zu gewährenden Pensionsbetrages und der Gründe der Pensionierung eröffnet, dafs der Fall seiner Versetzung in den Ruhestand vorliege.

§ 90. Innerhalb sechs Wochen nach einer solchen Eröffnung kann der Beamte eine Einwendungen bei der vorgesetzten Behörde anbringen. Ist dieses geschehen,

## 2. Kapitel. Die Lehrer.

so werden die Verhandlungen an den vorgesetzten Minister eingereicht, welcher, sofern nicht der Beamte von dem Könige ernannt ist, über die Pensionierung entscheidet.

Gegen diese Entscheidung steht dem Beamten der Rekurs an das Staatsministerium binnen einer Frist von vier Wochen nach Empfang der Entscheidung zu. Des Rekursrechtes ungeachtet kann der Beamte von dem Minister sofort der weiteren Amtsverwaltung vorläufig enthoben werden.

§ 91. Dem Beamten, dessen Versetzung in den Ruhestand verfügt ist, wird das volle Gehalt noch bis zum Ablaufe desjenigen Vierteljahres fortgezahlt, welches auf den Monat folgt, in dem ihm die schliefsliche Verfügung über die erfolgte Versetzung in den Ruhestand mitgeteilt worden ist.

§ 92. Wenn ein Beamter gegen die ihm gemachte Eröffnung (§ 89) innerhalb sechs Wochen keine Einwendungen erhoben hat, so wird in derselben Weise verfügt, als wenn er seine Pensionierung selbst nachgesucht hätte.

Die Zahlung des vollen Gehalts dauert bis zu dem im § 91 bestimmten Zeitpunkte.

§ 93. Ist ein Beamter vor dem Zeitpunkte, mit welchem die Pensionsberechtigung für ihn eingetreten sein würde, dienstunfähig geworden, so kann er gegen seinen Willen nur unter Beobachtung derjenigen Formen, welche für die Disciplinaruntersuchung vorgeschrieben sind, in den Ruhestand versetzt werden.

Wird es jedoch für angemessen befunden, dem Beamten eine Pension zu dem Betrage zu bewilligen, welcher ihm bei Erreichung des vorgedachten Zeitpunktes zustehen würde, so kann die Pensionierung desselben nach den Vorschriften der §§ 88—92 erfolgen.

§ 95. In Bezug auf die mittelbaren Staatsdiener bleiben die wegen Pensionierung derselben bestehenden Vorschriften in Kraft.

Wenn jedoch mittelbare Staatsdiener vor dem Zeitpunkte, mit welchem eine Pensionsberechtigung für sie eingetreten sein würde, dienstunfähig geworden, so können auch sie gegen ihren Willen nur unter den für Beamte im unmittelbaren Staatsdienste vorgeschriebenen Formen in den Ruhestand versetzt werden.

§ 100. Alle diesem Gesetze entgegenstehenden Bestimmungen sind aufgehoben. Dagegen wird durch dasselbe in der Befugnis der Aufsichtsbehörden, im Aufsichtswege Beschwerden Abhilfe zu verschaffen oder Beamte zur Erfüllung ihrer Pflichten in einzelnen Sachen anzuhalten und dabei alles zu thun, wozu sie nach den bestehenden Gesetzen ermächtigt sind, nichts geändert.

Disciplinarverfahren. ME 19. März 1866: Auch wenn ein angeschuldigter Lehrer gerichtlich aufser Verfolgung gesetzt ist, nimmt das Disciplinarverfahren seinen Lauf. Denn mit alleiniger Ausnahme freisprechender Urteile schliefsen keinerlei Beschlüsse der Gerichte das freie und uneingeschränkte Ermessen der Disciplinarbehörden aus, da Strafrechtspflege und Beamtendisciplin völlig selbständige und von einander völlig unabhängige Gebiete sind ME 12. Mai 1866 (vergl. § 5 des Gesetzes vom 21. Juli 1852).

ME 8. Jan. 1869: Mit den Funktionen der Staatsanwaltschaft wird in Disciplinaruntersuchungen in der Regel ein Mitglied der erkennenden Provinzialbehörde betraut. Wo dies nach obwaltenden Verhältnissen nicht auszuführen ist, kann ausnahmsweise entweder ein ihr untergeordneter Beamter mit entsprechendem Auftrage versehen oder eine koordinierte Behörde ersucht werden, einen ihrer Beamten zur Übernahme der Funktion als Staatsanwalt zu bestimmen.

Das förmliche Disciplinarverfahren ist überhaupt nur dann einzuleiten, wenn die vorläufigen Verhandlungen eine sichere Unterlage für den Antrag auf Amtsentsetzung darbieten. Wo diese Voraussetzung fehlt und die von einem Lehrer begangene Dienstwidrigkeit durch Warnung, Verweis oder Ordnungsstrafe angemessene Rüge erfährt, ist nach den §§ 22 ff. des Gesetzes vom 21. Juli 1852 nicht vorzugehen.

ME 18. März 1874: Die Anmeldung der Berufung gegen ein im Disciplinarverfahren ergangenes Urteil genügt zur Wahrung dieses Rechtsmittels an sich, während die etwaige Versäumung der gesetzlich bestimmten oder auf Antrag gewährten Frist zur Einreichung einer Rechtfertigungsschrift bezw. das Unterlassen der Einreichung den Verlust des rechtzeitig angemeldeten Rechtsmittels nicht zur Folge hat.

ME 23. Nov. 1868: Die Vorschriften des Disciplinargesetzes finden auch auf Lehrer in der Provinz Hannover Anwendung vergl. Verordnung vom 23. Sept. 1867 (GS 1613) und Staatsministerialbeschluß vom 31. Okt. 1868.

ME 12. Nov. 1878: Bei Amtssuspensionen ist für eine gehörige Stellvertretung im Schuldienste rechtzeitig Sorge zu tragen.

ME 21. Okt. 1861: Die Kosten der Stellvertretung eines vom Amte suspendierten Lehrers, soweit sie aus der innebehaltenen Gehaltshälfte nicht gedeckt werden, fallen lediglich den zur Unterhaltung der Schule Verpflichteten zur Last vergl. ME 26. Aug. 1864.

ME 6. Nov. 1860: Vor Bestimmung von Remunerationen (für Stellvertretung) seitens der Regierungen ist der Schulvorstand mit einer gutachtlichen Äußerung zu hören.

ME 13. Mai 1880: Die Mitverwendung des zur Lehrerbesoldung gewährten Staatszuschusses, welcher während der Amtssuspension einbehalten worden, zur Deckung der Stellvertretungskosten ist keineswegs ausgeschlossen vergl. ME 11. Juni 1877.

ME 26. März 1881: Wenn einem suspendierten Lehrer als Unterstützung auf Lebenszeit ein Teil der gesetzlichen Pension gewährt werden soll, so ist dieser Betrag deshalb, weil der Betreffende im Disciplinarwege aus dem Amte entlassen worden, nicht geringer zu bemessen, „denn seine Dienstvergehen sind durch die Dienstentlassung und den damit verbundenen Verlust des Pensionsanspruches gesühnt".

ME 20. Juni 1871: Wird eine Disciplinaruntersuchung gegen einen gleichzeitig im Kirchendienst stehenden Lehrer eingeleitet, so teilt die Regierung nach Ernennung des Untersuchungskommissars die Verhandlungen dem Konsistorium usw. zur Beschlußfassung wegen des kirchlichen Amtes mit. Gleichzeitig mit der Vorlegung der Verhandlungen bei der Regierung macht der ernannte Kommissarius dem Konsistorium usw.

Anzeige. Nach Abfassung der erstinstanzlichen Entscheidung seitens der Regierung werden die Akten zur Entscheidung über das Kirchenamt dem Konsistorium usw. mitgeteilt.

Entlassung. KO 24. Dez. 1836: Wegen Trunkenheit, unredlichen Schuldenmachens, Hazardspiels, Agiotierens mit Eisenbahn- und anderen Wertpapieren, Verletzung der Amtsverschwiegenheit sollen Schullehrer im Wege der Disciplinaruntersuchung ohne Pension entlassen werden. ME 5. Juli 1862: Entscheidung über die Entlassung eines Lehrers hat allein die Aufsichtsbehörde zu fällen vergl. ME 12. Sept. 1870. Den Privatpatronen steht eine Disciplinargewalt über die von ihnen berufenen oder mit Genehmigung der Aufsichtsbehörde auf Kündigung angenommenen Lehrer ebensowenig wie eine Kündigung oder Entlassung derselben zu vergl. ME 11. Juli 1863 und 2. Okt. 1868.

Provisorisch angestellte Lehrer können ohne weiteres und ohne Anspruch auf Pension entlassen werden ME 23. Febr. 1864, vergl. 16. März 1859. Einer Disciplinaruntersuchung bedarf es hierbei nicht, sondern nur einer Verfügung; hingegen ist eine gründliche Ermittelung des Sachverhältnisses, aus der sich die Notwendigkeit der Mafsregel ergeben soll, unerläfslich.

Mit Rücksicht auf des Lehrers Stand und Stellung ist ihm eine Kündigung seinerseits nahe zu legen ME 11. Febr. 1841.

(Über Amtsentlassung einer Lehrerin bei Verheiratung vergl. CE 15. Juli 1892).

## 3. Kapitel. Die Schulgemeinde.

§ 1. *Organisation und Verwaltung der Schulgemeinde.*

Die Schulgemeinde ist im Bereich des Allgemeinen Landrechts, in Neuvorpommern, Hannover und Schleswig-Holstein eine Sozietät, d. h. die Genossenschaft aller in einem Ortschaftsbezirke ansässigen selbstständigen Einwohner (Tit. 6 Tl. II ALR: Korporation.), während in den linksrheinischen Bezirken, im ehemaligen Herzogtum Nassau, im Regierungsbezirk Kassel, in Ost- und Westpreufsen sowie einzelnen Teilen von Schlesien die Schulgemeinden mit den politischen zusammenfallen.

Als Voraussetzung der Mitgliedschaft einer Schulgemeinde gilt
1. der Wohnsitz im Schulbezirk,
2. bei konfessionellen Schulgemeinden die Angehörigkeit zu einem bestimmten Religionsbekenntnis.

Der Schulbezirk bildet den Umfang der Schulgemeinschaft und wird nach § 18 Nr. K der Regierungsinstruktion vom 23. Okt. 1817 und § 49 des Zuständigkeitsgesetzes vom 1. Aug. 1883 von der Schulaufsichtsbehörde abgegrenzt und organisiert.

ME 10. April 1860: Die Grenzen der Schulgemeinde sind in der Regel mit denen der politischen Gemeinde zusammenzulegen, und nur aus gewichtigen, im öffentlichen Interesse liegenden Gründen ist hiervon abzuweichen.

ME 12. Nov. 1873: Aus- und Einschulungen haben sich nicht auf bestimmte Persönlichkeiten, sondern auf sämtliche Konfessionsverwandte des betreffenden Ortes usw. zu erstrecken.

ME 10. Jan. 1866: Die Befugnis der Schulaufsichtsbehörde, diejenigen Einwohner eines Ortes, für welche eine besondere Konfessionsschule nicht besteht, der Schule einer anderen Religionspartei zuzuweisen, steht aufser Zweifel vergl. ME 20. Febr. 1877.

ME 20. Febr. 1868. Über Einschulung von Dissidenten hat unter „billiger Berücksichtigung der von den Beteiligten kundgegebenen Wünsche" die Regierung zu entscheiden vergl. OVG 4. Febr. 1893.

Da die Herstellung gröfserer Schulkörper dem Schulinteresse zweifellos entspricht (ME 24. Jan. 1873), sind konfessionell getrennte Schulen oder Klassen, besonders dann, wenn für die einzelnen pädagogisch oder räumlich schlecht gesorgt ist (ME 10. Nov. 1877), möglichst zu einem simultanen Organismus zu vereinigen, wobei für den konfessionellen Religionsunterricht ausreichend zu sorgen und im übrigen weniger Gewicht darauf zu legen ist, ob die Kinder in den sonstigen Lehrgegenständen der Volksschule von einem katholischen oder evangelischen Lehrer unterrichtet werden ME 16. Juni 1873. Auf dem Lande jedoch, zumal bei weit auseinander liegenden Ortschaften zieht ME 2. Okt. 1873 die Herstellung neuer Schulen und Schulbezirke der Erweiterung schon bestehender vor.

ME 8. Jan. 1869: Ordnungsmäfsig mufs jede Ortschaft, welche eine eigene Schule nicht besitzt, einer benachbarten zugewiesen werden, wodurch die volle Zugehörigkeit zur Schulgemeinde bedingt wird.

OVG 2. März 1878: Nach § 18 der Instruktion vom 23. Okt. 1817 (GS 248) hat die Regierung die im Schulinteresse notwendigen Einrichtungen selbständig zu treffen. „Sie hat zu bestimmen, ob ein Schulbezirk zu teilen ist oder nicht, ob in einem Schulbezirke, falls sie die Vermehrung der Lehrkräfte für notwendig erachtet, die Erweiterung der bestehenden oder die Errichtung einer neuen Schule erfolgen soll. Sie ist berechtigt, in letzterem Falle anzuordnen, in welchem Teile des Schulbezirks die Schule einzurichten sei."

ME 8. Juni 1868: Die Begründung einer neuen Schulgemeinde kann nicht versuchsweise stattfinden, sondern sie ist eine endgiltige, für die Beteiligten verbindliche Anordnung, gegen welche der Rechtsweg unzulässig ist GEK 14. Okt. 1871.

### 3. Kapitel. Die Schulgemeinde. 95

Die **Verwaltung** der in Schulgemeinschaften befindlichen Schulanstalten wird teils von den Organen der betreffenden Societät oder politischen Gemeinde teils von besonderen zu diesem Zwecke geschaffenen Behörden geführt, und zwar in Städten von den nach der Instruktion vom 26. Juni 1811 gebildeten Schuldeputationen, auf dem Lande von den nach der Instruktion vom 28. Okt. 1812 angeordneten Schulvorständen. (Vergl. für Hannover Gesetz über die Kirchen- und Schulvorstände vom 14. Okt. 1848, 5. Nov. 1850 und 9. Okt. 1864; für Schleswig § 64 der Schulordnung vom 24. Aug. 1814; für Holstein Patent vom 16. Juli 1864 — Kuntze, Volksschulwesen, Nachtr. II 1882 S. 36 — für Nassau Edikt vom 24. März 1817 § 13 und Allgem. Schulordnung §§ 7—11. 13. 17. 21. 23. 25f. 30. 42f. 49f. 52—54. 61. 65.)

Die Verwaltungsthätigkeit dieser Organe bezw. Behörden besteht in der Aufsicht über die äussere Verfassung der Schule, der Verwaltung des Schulvermögens, der Aufstellung des Etats, der Ausschreibung und Erhebung der Schulbeiträge sowie der Entscheidung über etwaige Reklamationen. OVG 19. Sept. 1876: Die Schulvorstände werden von der Gemeinde gewählt oder von der Obrigkeit bestellt. Ihr Amt ist ein Ehrenamt, zu dessen Annahme jedes Mitglied der Schulgemeinde verpflichtet ist.[1])

§ 19 Tit. 12, § 159 Tit. 11 Tl. II ALR: Zur Erledigung besonderer Angelegenheiten (wie Schulbauten, Erwerbung und Veräufserung von Grundstücken, Bewilligung von Gratifikationen und solchen Gehaltszulagen, welche nicht von Aufsichts wegen angeordnet werden können) dürfen neben dem Schulvorstande Repräsentanten der Schulgemeinde gewählt werden vergl. § 114 ff. II 6 ALR.

Prozesse über das Schulvermögen hat der Schulvorstand zu führen ME 22. Aug. 1863: In der Provinz Preufsen ist nach § 32 Nr. 3 der Schulordnung von 1845 „zur Anstellung von Klagen" (d. h. bei Verfolgung von Rechtsansprüchen vor den ordentlichen Gerichten, nicht bei Klagen vor den Verwaltungsgerichten (vergl. Entsch. OVG VI, 182. 186) die „Approbation der Regierung" erforderlich; vergl. aber OVG (I. Sen.) 13. Mai 1891.

Im Verwaltungsstreitverfahren kann zwar der Schule als einem „selbständigen Rechtssubjekt" ein Mandatar von Amts wegen bestellt werden ME 7. Nov. 1881, nicht aber einer „Schulgemeinde" in der Provinz Preufsen, weil eine solche im Geltungsbereiche der Schulordnung von 1845 als juristische Person nicht besteht.

ME 19. April 1862: Wo nicht die Schulsozietät, sondern (nach dem Kommunalprinzip) die politische Gemeinde die Schulgemeinde bildet

---

1) Aus §§ 12—18, 47—49 II 12 ALR geht hervor, dafs die Schulvorstände nicht Vorsteher der Schulgemeinde sondern der Schule sind, weshalb ihnen die Rechte von Korporationsvorständen nicht gebühren vergl. ME 22. Sept. 1859.

hat bezüglich der als Kommunallast obliegenden Schulunterhaltungspflicht nicht der Schulvorstand einen die Gemeinde bindenden Beschlufs zu fassen; sondern dies kann nur in denselben Formen und durch dieselben Organe geschehen, wie zu rechtsgiltigen Gemeindebeschlüssen überhaupt erforderlich ist. Demnach ist weder der Schulpatron noch der Schulvorstand im ganzen befugt, eine Versammlung der zur Schule gehörigen Gemeinden usw. behufs Beschlufsfassung über einen die Schulunterhaltungslast betreffenden Gegenstand mit der Wirkung zu berufen, dafs die ausbleibenden Gemeindeglieder durch den Beschlufs der erschienen gebunden sind.

Interessenvertretung. §§ 12—18. 47. 49 II 12 ALR: Die Mitglieder des Schulvorstandes sind Vorsteher und Aufseher der Schule. Bei kollidierenden vermögensrechtlichen Interessen der Schulgemeinde haben sie als Vertreter des beteiligten Schulinstituts den Vorteil des letzteren wahrzunehmen.

In Schlesien ist der Schulvorstand der ausschliefsliche gesetzliche Vertreter der Schulanstalt OVG (I. Senat) 20. Juni 1891.

OVG 8. Jan. 1879: Bei Feststellung des Geldwertes der Naturalien und des Ertrages der Ländereien (zum Zwecke der Regulierung des Lehrereinkommens) sind die Beteiligten einerseits die einzelnen Gemeinden bezw. Ortschaften, andererseits die Schulstelle bezw. der Lehrer. Einwohner gutsherrlichen Vorwerkslandes werden von dem Grundherrn vertreten.

Rechtliches Verhältnis der Schulpatrone oder Gutsherren zum Schulverbande. In gewissem Sinne ist das einzelnen Korporationen, Inhabern von Pfründen, Besitzern von Rittergütern usw. nicht selten zustehende Kollationsrecht hinsichtlich der Lehrerstellen analog dem Patronsrecht über Kirchen und Kirchenstellen; indessen kennt das Allgemeine Landrecht ein besonderes Schulpatronat nicht; vergl. ME 31. Jan. 1876. Nicht einem „Patron", sondern nur dem Gutsherrn des Orts, an welchem die Schule sich befindet, sind besondere Pflichten und Lasten auferlegt, und nur dann, wenn die betreffende Schule eine Pfarrschule und der Gutsherr zugleich Patron der Pfarrkirche ist, tritt für ihn eine Befreiung von solchen Lasten ein, welche den Mitgliedern der Schulgemeinde hinsichtlich der Schulunterhaltung obliegen ME 16. Mai 1570.

ALR II 12 § 33: Gutsherrschaften auf dem Lande sind verpflichtet, ihre Unterthanen, welche zur Aufbringung ihres schuldigen Beitrags (zum Unterhalt des Schullehrers) ganz oder zum Teil, auf eine Zeit lang unvermögend sind, dabei nach Kräften zu unterstützen.[1]

---

[1] Zu diesen sind nach OVG 24. Juni 1893 nur die in ihrem natürlichen Zustande als Baumaterialien dienenden wie Steine, Sanderde, nicht Holzziegel, Kalk zu zählen.

### 3. Kapitel. Die Schulgemeinde.

**§ 36 I. e.:** Bei Bauten und Reparaturen der Schulgebäude müssen die Magisträte in den Städten und die Gutsherrschaften auf dem Lande die auf dem Gute oder Kämmereieigentum, wo die Schule sich befindet, gewachsenen oder gewonnenen Materialien, soweit solche hinreichend vorhanden und zum Bau notwendig sind, unentgeltlich verabfolgen.[1]

ME 26. Febr. 1861: Das gutsherrliche Verhältnis und die auf ihm begründeten gutsherrlichen Rechte und Pflichten sind insbesondere auf dem Gebiete des Schulwesens durch die neuere Gesetzgebung keineswegs gänzlich beseitigt.

Gutsherren im Sinne des Gesetzes sind nicht nur diejenigen, denen früher die Patrimonialgerichtsbarkeit[2] zustand; denn Gutsherr ist nicht gleichbedeutend mit Gerichtsherr §§ 87 ff. Tit. 7; § 23 ff., § 116 f. Tit. 17 Teil II ALR. Wie aber die Gerichtsherrlichkeit kein Essentiale der Gutsherrlichkeit ist und vielfach Güter mit gutsherrlichen Rechten bestanden, denen eine Gerichtsbarkeit nicht gebührte, so gewährt andererseits auch die Rittergutsqualität an sich nicht gutsherrliche Rechte über die Schule, vergl. Entsch. OVG IV, 173 ff.

ME 30. April 1860: „Ob der Besitzer eines Gutes als Gutsherr anzusehen sei oder nicht, kann nur aus der Gesamtheit der dem Gute verliehenen Rechte beurteilt werden; indessen legt auch für sich die Eigenschaft der polizei- oder ortsobrigkeitlichen Gewalt[3] diesen Charakter klar ME 26. Nov. 1862 vergl. ME 25. Jan. 1866; EDMEYER, Rechtsverb. 135.

In der Provinz Posen sind als Gutsherrschaft im Sinne des ALR nur die Besitzer von Rittergütern anzusehen ME 20. Sept. 1881, während Rittergutsbesitzer, welche in diesem Sinne nicht Gutsherren sind, „associierte" (scil. als Hausväter einer Schulgemeinde) heißen ME 5. April 1882. Rittergutsqualität hat ein abgetrenntes Gut dann, wenn ihm das Recht der Kreisstandschaft zuerkannt worden ist, ganz unabhängig davon, ob es im Grundbuche als „adliges Gut" bezeichnet ist oder nicht. Bei Abzweigung von Gütern ohne Rittergutsqualität (vergl. ME 30. April 1860 und Entsch. OVG IV, 173 ff.) entsteht ein Teilnahmerecht an dem gutsherrlichen Verhältnis in Bezug auf die Schule nicht; vergl. OT 7. April 1873 (Entsch. Bd. 69 S. 244).

ME 18. März 1862: Die eigentliche Trägerin eines solchen gutsherrlichen Rechtes ist immer die berechtigte Sache (hier das Grundstück), während alle in diesem Rechte enthaltenen Befugnisse jedesmal

---

1) Bezieht sich nicht auf Westfalen, weil dort ein Unterthanenverband, wie ihn ALR voraussetzt, früher nicht bestand, vergl. OT 27. Okt. 1862, ME 5. Mai 1865.
2) Aufgehoben durch Gesetz vom 2. Jan. 1849.
3) Dieselbe ist durch Gesetz vom 15. April 1856 (GS 354) in den 6 östlichen Provinzen wiederhergestellt, nachdem sie durch Art. 42 VU aufgehoben worden war.

derjenigen Person zukommen, welcher die Ausübung dieses Rechtes zusteht, also auch dem Niefsbraucher, Pächter usw.

ME 26. Mai 1866: Wenn ein Erbpachtgut, auf dem die gutsherrlichen Rechte und die Verpflichtungen gegen die Ortsschule beruht haben, freies Eigentum des Besitzers geworden ist, so ist letzterer zu einer Schulbaulast nicht als Hausvater nach § 34, sondern als Gutsherr nach § 36 II 12 ALR heranzuziehen vergl. OT 24. Juni 1857 (Entsch. Bd. 36 S. 149).

ME 2. Juli 1869: Bei Vorhandensein zweier Rittergüter in einem Schulverbande trifft die gutsherrliche Verpflichtung der Materialienlieferung beide Güter nach Verhältnis, wenn ein solches nicht zu bestimmen ist, zur Hälfte.

ME 10. Mai 1864: Nur Gutsherrschaften des Schulortes, d. h. Besitzer eines Gutes, auf dessen Grund und Boden die Schule sich befindet (ME 21. April 1865), sind von Hausväterbeiträgen frei vergl. OVG (I. Sen.) 14. Jan. 1891.

Neben den gutsherrlichen Verpflichtungen kann aber ein Grundbesitzer noch als Hausvater und Mitglied eines sich über das Gut erstreckenden konfessionellen Schulverbandes zu den Schulunterhaltungsbeiträgen herangezogen werden ME 9. Aug. 1859 vergl. ME 5. Aug. 1861, 10. Mai 1862, 7. Dez. 1876.[1]

Von Dominien können für eingezogene Bauernhöfe Schulunterhaltungsbeiträge nur dann erhoben werden, wenn solche dinglicher Natur sind oder den Charakter von Kommunallasten haben ME 26. Mai 1863, vergl. OVG 4. April 1877 und 11. Okt. 1882. In Schlesien aber haben nach dem Edikt vom 14. Juli 1749 (vergl. Korn, Editktensammlung III, 317) die Dominien für eingezogene bäuerliche Hufen (Rusticalhufen) nicht nur die Kommunallasten, sondern auch die von den Gemeinden nach Mafsgabe des Grundbesitzes aufzubringenden Sozietätsbeiträge, zu Schulunterhaltungskosten jedoch nur nach dem Mafsstabe ihres Rusticalbesitzes (ME 27. Febr. 1861) zu leisten OT (I. Senat) 3. Febr. 1848.

Nach Teilung gutsherrlichen Areals sind bei vorkommenden Bauten die auf dem gesamten Areal thatsächlich irgendwo vorhandenen Materialien zu liefern ME 15. Okt. 1864.

Wenn ein gutsherrlicher Besitz so vollständig parzelliert wird, dafs ein Restgut nicht verbleibt, so sind die auf dem Urbarium beruhenden Verpflichtungen gegen die Schule auf die Dominial-Trennstückbesitzer zu übertragen und unter diese von der Regierung als Schulaufsichtsbehörde zu verteilen ME 12. Jan. 1864.

---

[1] Besitzer selbständiger Gutsbezirke können bei der Regierung bezw. dem Minister Gesamteinschulung beantragen, wenn sie nach ihren Schullasten veranlagt sind ME 23. Jan. 1861.

### § 2. *Rechtliche Befugnisse der Schulgemeinde.*

Jedem Mitgliede einer Schulgemeinde steht es frei, seine **Kinder** oder **Pflegebefohlenen** an dem öffentlichen **Unterrichte teilnehmen zu lassen** vergl. § 10 und 43 II 12 ALR, KO 14. Mai 1825 Abs. 1, VU Art. 21.

Die Schulgemeinde hat das Recht, ihre **äufseren Schulangelegenheiten** selbst zu ordnen und den **Verteilungsmafsstab** bei den Schullasten festzustellen ALR II 12 § 12 und 13, II 14 §§ 78 f., §§ 11 ff. des Gesetzes vom 14. April 1856 (GS 353 ff.), vergl. GEK 14. März 1863, 14. Okt. 1871, OVG 19. Sept. 1876. Im Geltungsgebiete der Provinzial-Schulordnung vom 11. Dez. 1845 kann unter den beteiligten Gemeinden eine Meinungsverschiedenheit über die Verteilung der Schulunterhaltungskosten (und über die Verpflichtung zur Leistung von Schulbeiträgen nach der von der Regierung dieserhalb getroffenen Festsetzung nur im Wege des Verwaltungsstreitverfahrens zum Austrage gebracht werden ME 23. Okt. 1880; vergl. § 18 und 46 des Gesetzes vom 1. Aug. 1883.

ALR II 12 § 22: Die **Bestellung der Schullehrer** kommt in der Regel der Gerichtsobrigkeit zu. Art. 24 VU: Der Staat stellt unter gesetzlich geordneter Beteiligung der Gemeinden aus der Zahl der Befähigten die Lehrer der öffentlichen Volksschulen an. Vergl. für Schleswig-Holstein § 34 der Schulordnung von 1814: Die Lehrer werden, soweit es an jedem Orte herkömmlich ist, entweder unmittelbar ernannt, oder von dem Schulpatron erwählt und vociert. Für Holstein insbesondere vergl. Patent vom 16. Juli 1864 § 1: Die Besetzung der festen Lehrerstellen an den **Flecken- und Landschulen**, soweit diese nach der bisherigen Vorschrift landesherrlich unmittelbar oder durch die Kirchenvisitatorien bezw. den Probsten und den Amtmann vorzunehmen gewesen ist, erfolgt künftig durch Wahl der Schulkommunen unter dreien ihnen von den Schulvisitatorien zu präsentierenden Bewerbern. § 2: Wahlberechtigt sind alle mündigen dispositionsfähigen und zu den Schullasten kontribuierenden Mitglieder der Schulkommune männlichen Geschlechts. § 6: In den klösterlichen und Gutsdistrikten können vorstehende Bestimmungen zur Anwendung kommen, sofern ein Patronat sich seines Rechtes zur Vokation des Schullehrers zu Gunsten der Kommunemitglieder begiebt. Es steht dabei dem Patronate frei, sich das Recht der Präsentation vorzubehalten. § 7: Auf die Besetzung der Lehrerstellen an den mit eigenen Schulen versehenen **Armen-Arbeitshäusern** leiden vorstehende Bestimmungen keine Anwendung (Ges.- und Verordn.-Bl. f. Holstein und Lauenburg Nr. 128 S. 226).

Für **Hannover** vergl. Volksschulgesetz vom 26. Mai 1845 § 10: Hinsichtlich derjenigen Rechte, welche Behörden, Patronen, Gemeinden oder Einzelnen bei Besetzung von Schulstellen zustehen, behält es sein Bewenden.

Da die Patrimonialgerichtsbarkeit aufgehoben ist und Schulunterhaltungspflicht und Stellenbesetzungsrecht nicht Korrelate sind (vergl. Gesetz vom 2. März 1850, GS 77), üben im Geltungsbereiche des ALR Kommunen nur da das Wahl-, Präsentations-, Vorschlags- oder Besetzungsrecht aus, wo ihnen solches auf Grund eines Herkommens im rechtlichen Sinne des Wortes, d. h. eines örtlichen Gewohnheitsrechtes, einer Observanz oder eines besonderen Rechtstitels gesichert ist; vergl. ME 6. Aug. 1869, 19. Mai 1871, 17. Nov. 1881.

Wo dem Magistrate für einzelne Lehrerstellen aus Billigkeitsrücksichten ein Präsentationsrecht zugestanden worden, kann ein mehreres auf Grund Rechtens nicht in Anspruch genommen werden ME 22. März 1869.

Bei organisch verbundenen Kirchen- und Schulämtern gebührt die Berufung den kirchlichen Interessenten ME 22. Aug. 1860.

Regelmäßig wird es keine Schwierigkeit haben, zwischen den Beteiligten ein Einvernehmen über die Person des in dem vereinigten Amte Anzustellenden zu erreichen. Sollte ausnahmsweise ein solches nicht zu erzielen sein, so würde nur übrig bleiben, eine Trennung der vereinigten Ämter vorzunehmen ME 24. Juli 1884; vergl. ME 2. Mai 1864.

In der Rheinprovinz gebührt das Wahlrecht der Lehrer dem Bürgermeister bezw. dem Schulvorstande ME 17. Juni 1862, vergl. ME 14. Okt. 1867, 5. April 1871, § 53 des Gesetzes vom 15. Mai 1856.

Das den Gutsherrschaften zustehende Recht auf Anstellung des Lehrers ist durch die in § 46 der Kreisordnung vom 13. Dez. 1872 ausgesprochene Aufhebung der gutsherrlichen Polizeigewalt nicht beschränkt ME 7. April 1874.

Soweit es sich lediglich um Lehrerstellen handelt, ist die Konfession des Berufungsberechtigten unmaßgeblich ME 2. Juli 1872.

Wird das Besetzungsrecht von der Gutsherrschaft nicht ausgeübt oder die Berufung ungebührlich verzögert, so wird zur Besetzung der Stelle von der Regierung ex jure devolutionis geschritten ME 27. Dez. 1871; vergl. ME 28. Febr. 1881.

Über die Besetzung der Lehrerstellen in Westpreußen und Posen s. o. Seite 53 Gesetz vom 15. Juli 1886 (CBl 440 ff. und SCHNEIDER und VON BREMEN, Volksschulwesen III 685).

### § 3. *Schulunterhaltungspflicht.*

**Begriff.** Urteil des Kammergerichts in der Revisio monitorum zu ALR: „Eigentlich gehörten die Unterhaltungskosten des Schulmeisters zum Nachbarrecht". SUAREZ ebendaselbst: „Schulen sind Polizeianstalten und müssen wie diese von der Kommune gemeinschaftlich unterhalten werden".

### 3. Kapitel. Die Schulgemeinde.

**Umfang.** ME 20. Juli 1880: Die gesetzliche Pflicht zur Unterhaltung der Schule beschränkt sich auf solche Anstalten, deren Einrichtung die Aufsichtsbehörde überall, auch gegen den Willen der Beteiligten, anordnen und erzwingen darf. Die durch Erweiterung des Zieles der Volksschule entstehenden Mehrkosten sind nicht den Hausvätern im Sinne des ALR aufzulegen, sondern event. als Kommunallast zu übernehmen, wozu die Genehmigung durch die Kommunalaufsichtsbehörde zu erwirken ist; vergl. OVG 28. Nov. 1877; ME 8. Mai 1883, 1. Dez. 1883, 14. März 1885.

Bei Einführung des Unterrichts in den weiblichen Handarbeiten ist die Schulgemeinde zur Aufbringung der Remuneration für die Lehrerin verpflichtet OVG 29. Sept. 1876. Im allgemeinen steht den Regierungen zu, die Aufbringung der durch diesen Unterricht entstehenden Kosten — auch was den Ankauf der zu bearbeitenden Stoffe für Töchter gänzlich mittelloser Eltern anbetrifft — anzuordnen ME 1S. März 1861. Diese Kosten sind in der nämlichen Weise wie die übrigen der gesamten Schulverwaltung, also nötigenfalls durch Erhöhung der Schulbeiträge zu beschaffen ME 28. Nov. 1873. Letzteres gilt auch hinsichtlich der Kosten des Turnunterrichts, selbst dann, wenn ein Vertreter für den wegen körperlichen Leidens zur Erteilung des Unterrichtes nicht fähigen Lehrer zu bestellen ist ME 23. Okt. 1875. Für den Religionsunterricht der Minderheit sind die Kosten gleichfalls von der ganzen Schulgemeinde aufzubringen ME 11. Mai 1859; vergl. ME 7. Aug. 1865, 5. April 1883. Nötigenfalls sind die Gemeinden anzuhalten, mit einem „Wanderlehrer" über die Erteilung des Religionsunterrichtes sich zu einigen, wogegen im Weigerungsfalle die Aufsichtsbehörde befugt ist, auf Kosten der betreffenden Gemeinden im Exekutionswege ein solches Übereinkommen[1]) abzuschliefsen MF. 20. Aug. 1861.

**Rechtsquellen zur Bestimmung der Schullast** (Gesetz, Provinzialrecht, Observanz, Herkommen, Ortsverfassung; Gemeindebeschlüsse, Verträge, Vergleiche, Behördliche Verfügungen).

ALR II, 12 § 29: Wo keine Stiftungen für die gemeinen Schulen vorhanden sind, liegt die Unterhaltung der Lehrer den sämtlichen Hausvätern jedes Ortes[2]) ohne Unterschied, ob sie Kinder haben oder nicht, und ohne Unterschied des Glaubensbekenntnisses ob. § 30: Sind jedoch für die Einwohner verschiedener Glaubensbekenntnisses an einem

---

[1]) Ein solches kann immer nur als ein vorübergehendes Privatverhältnis betrachtet werden, welches eine feste Anstellung oder Pensionsberechtigung nicht einschliefst.

[2]) ALR überträgt die Schulangelegenheiten einer Gemeinschaft wirtschaftlich selbständiger Nachbarn nicht der politischen Gemeinde, um 1. die Schullast von dem ständischen Gemeinderecht unabhängig zu machen, 2. die Errichtung konfessioneller Schulen zu erleichtern.

Orte mehrere gemeine Schulen errichtet, so ist jeder Einwohner nur zur Unterhaltung des Schullehrers seiner Religionspartei beizutragen verpflichtet. § 31: Die Beiträge, sie bestehen nun in Geld oder Naturalien, müssen unter die Hausväter nach Verhältnis ihrer Besitzungen und Nahrungen (Einnahmen)[1]) billig verteilt und von der Gerichtsobrigkeit ausgeschrieben werden.

Art. 25 VU: Die Schulunterhaltungskosten werden von den Gemeinden, im Unvermögensfalle ergänzungsweise vom Staate aufgebracht. Die auf Rechtstiteln beruhenden Verpflichtungen bleiben bestehen.

OVG 2. Mai 1891: Über die Pflicht zur Schulunterhaltung entscheidet in erster Linie die Schulverfassung; vergl. OVG 22. Dez. 1884.

In den Provinzen Ost- und Westpreufsen bestimmt die Schulordnung vom 11. Dez. 1845: Wo Schulgeld üblich ist, bleibt seine Erhebung bestehen; für Kinder armer Eltern mufs der zur gesetzlichen Armenpflege Verpflichtete dasselbe entrichten. Soweit besondere Stiftungen und durch Rechtstitel begründete Leistungen zur Unterhaltung der Schule ausreichen, hat es dabei sein Bewenden, andernfalls ist dieselbe eine Aufgabe der bürgerlichen Gemeinde. Die Verteilung der dazu besonders erforderlichen Kommunalumlagen erfolgt principaliter nach dem Verhältnis der Grund- und Klassensteuer. Unter mehreren zu einer Schule gehörigen Gemeinden werden die Beiträge nach Zahl der Haushaltungen verteilt. Zu Abgaben und Leistungen, welche nach dem Verhältnis des Grundbesitzes umgelegt werden, müssen auch Gutsherrschaften und auswärts wohnende Eigentümer von den in ihrem Besitze befindlichen bäuerlichen Grundstücken beitragen. Ausgenommen hiervon auf Grund der Allerh. Kab.-Order vom 14. Juli 1836 sind die bei Gelegenheit der Regulierung der gutsherrlichen und bäuerlichen Verhältnisse den Gutsherren als Entschädigung abgetretenen bäuerlichen Grundstücke. Die Gutsherren haben das Bauholz[2]) oder dessen Geldwert für Bauten und Reparaturen an den Schulgebäuden auch ohne die in § 36 II 12 ALR enthaltene Voraussetzung (soweit solches „hinreichend vorhanden" ist) und ferner, abgesehen von herkömmlich weitergehenden Leistungen, sofern sie zur Gewährung des Deputat-Brennholzes verpflichtet sind, für jede Schulklasse höchstens 15 Klafter weiches Klobenholz, frei von Anweisegeld, zu liefern. Das gleiche Quantum Brennholz und eventuell Bauholz sowie den nötigen Bauplatz und einen kulmischen Morgen Ackerland bezw. entsprechende Geldrente für den ersten Lehrer gewährt der Fiskus für Schulen in Domänendörfern. Für das Schulbedürfnis der aufserhalb eines Kommunalbezirkes auf gutsherrlichem Vorwerkslande wohnenden Dienstboten, Tagelöhner, Ansiedler

---

[1] Vergl. C. F. Koch, Allgem. Landrecht, 2. Aufl. II, 2 S. 448 Anm. 14.
[2] Vergl. S. 96 Anm. 1.

### 3. Kapitel. Die Schulgemeinde. 103

und herrschaftlichen Beamten mufs entweder durch Errichtung einer eigenen Schule oder auf dem Wege des Vertrages durch Anschlufs an eine benachbarte Schule gesorgt werden¹). In allen diesen Fällen ist der Grundherr verpflichtet, die erforderlichen Kosten, soweit die Anwohner zu deren Aufbringung nicht im stande sind, ebenso wie die Kosten der Armenpflege zu bestreiten. In derselben Weise hat der Grundherr die Einwohner einer auf seinem Besitze neu errichteten Kolonie oder Gemeinde in betreff der Schuleinrichtungen zu unterstützen. Die Schullehrer erhalten ihre Besoldung mit Ausnahme der Naturalleistungen aus der Schulkasse, in welche alle Abgaben nebst dem Schulgelde fliefsen. Das letztere wird für jedes schulpflichtige Kind als feststehende Abgabe in der Regel jährlich pränumerando erhoben. (Nach § 17 l. c. sind die Regierungen ermächtigt, je nach den örtlichen Verhältnissen zu einer Erhöhung des Lehrergehaltes die Gemeinden zu veranlassen.) In Posen sind nach MR 22. Nov. 1819 nur die Vorschriften des ALR zur Anwendung zu bringen. Die Hausväterbeiträge werden zumeist nach der Klassensteuer repartiert und sollen die Hälfte dieses Satzes für gewöhnlich nicht übersteigen. (Die nach der Gemeinheitsteilungsordnung auszuwerfende Landdotation ist nicht überall durchgeführt.)

In Schlesien ist als wesentliche Grundlage zur Bestimmung der Schulunterhaltungsbeiträge, namentlich in Hinsicht auf die Fixierung der Lehrergehälter das Reglement vom 18. Mai 1801 anzusehen, dessen Anwendung auf die evangelischen Landschulen in seinen Paragraphen 10—29 durch den Landtagsabschied vom 22. Febr. 1829 vorgeschen wurde.²) Als Minimaleinkommen eines Lehrers wird festgestellt: Getreidedeputat (15 Scheffel Roggen, 3 Scheffel Gerste, Erbsen und Hafer, altschlesisch Mafs), Gartenland von einem Scheffel Aussaat, Sommerweide nebst Futter für Durchwinterung, Brennholz (9 Klafter) und 50 Rthlr. (150 M.) bares Geld. (Hiervon erhielten nach der Verordnung vom 19. Juni 1841 Adjuvanten die Hälfte.) Die Gesamtunterhaltung der Schule liegt den Gemeinden und Dominien ob nach folgendem Verhältnis: die Gutsherren haben ein drittel (bei evangelischen Schulen ein viertel) des baren Gehaltes und des Brennmaterials, zum Getreidedepotat und Gartenland nach Mafsgabe des katastrierten Grundbesitzes

---

1) § 51 f l. c.: Eine Umschulung und Regelung der Beitragsverhältnisse kann im Wege eines gütlichen Vergleiches stattfinden. Einem solchen Vergleiche ist nur dann, wenn seine Festsetzungen mit dem Interesse der beteiligten Schulen unvereinbar sind, die Bestätigung von Aufsichtswegen zu versagen ME 12. Juni 1860. (Die Mitbenutzung einer öffentlichen Schule ist kein Gegenstand des Privatrechts, weshalb dem nach allgemein gesetzlichen Bestimmungen und öffentlichen Rücksichten ausgeübten Organisationsrechte der staatlichen Aufsichtsbehörde nicht mit dem etwaigen Einwande der Verjährung begegnet werden kann ME 8. Mai 1855.)
2) nicht Gesetz geworden vergl. OVG 27. Dezember 1876.

einen Beitrag in Konkurrenz mit der Gemeinde, Anfuhr des Brennmaterials, soweit im Dorfe Gespanne bei den Wirten nicht vorhanden sind; die Gemeinden zwei drittel bezw. drei viertel des baren Gehaltes und des Brennmaterials[1]), in gleicher Verteilung unter alle Stellenbesitzer [2]), einen Beitrag zum Getreidedeputat und Gartenland in Konkurrenz mit dem Dominium, freie Weide, Anfuhr des Brennmaterials durch die Gespannwirte, Fällen und Hauen des Holzes durch die Einlieger aufzubringen und zu leisten.[3])

Für Brandenburg bezeichnet ME 25. April 1831 die Aufbringung der Schulkosten nach den Grundsätzen des ALR als die allein gesetzmäfsige. Diese sind jedoch nicht überall durchgeführt. Es werden entweder Hausväterbeiträge geleistet, oder die erforderlichen Kosten wie andere Kommunalbedürfnisse bestritten. In den Neumärkischen Landesteilen sind durch Gesetz vom 5. Nov. 1812 die Lehrerstellen mit 2 Magdeburger Morgen „guten Landes" dotiert. (Zur Erhöhung des Lehrereinkommens erfolgte 1816 die Stiftung des Provinzial-Schulfonds; 1817 wurde die Verwendung der evangelischen Rate des Neuzeller (Kloster-) Fonds für Schulzwecke des Regierungsbezirks Frankfurt genehmigt, aus welchem Fonds nach der Verfügung vom 20. März 1830 auch für Schulen privaten Patronats Zulagen bewilligt werden können.)

In Pommern haben für den Regierungsbezirk Stralsund das General-Landschulreglement von 1763, die Bestimmungen des ALR und die Gemeinheitsteilungsordnung vom 7. Juni 1821 keine Gültigkeit; für Neuvorpommern sind vielmehr das Regulativ vom 29. Aug. 1831 und als dessen Ergänzung die Allerh. Order vom 15. Aug. 1833 mafsgebend: Der Bau und die Unterhaltung des Schulhauses, die Beschaffung, Umfriedigung und Unterhaltung des Gartens, die Lieferung des Feuerungsbedarfs und der Winterfütterung sind nach dem Werte des Grundbesitzes zu tragen. Gebäude auf fremdem Boden kommen dabei nur nach halbem Werte zur Berechnung. Schulgeld wird nicht gezahlt. Der Lehrer erhält ein Fixum, welches aufgebracht wird von sämtlichen Familienvorständen (Hausvätern im Sinne des ALR), mit Einschlufs der selbständig wirtschaftenden Witwen, ohne Unterschied, ob sie Kinder haben oder nicht, ohne Unterschied des Standes und des Glaubens, als persönliche Last nach dem Steuerfufse, wobei jedoch ein anderer Verteilungsmafsstab nicht ausgeschlossen ist. In den Städten sind die Kirch- und Küsterschulen aus dem meist zur Schulkasse vereinnahmten Schulgelde und dem Kirchenvermögen, wenn dieses nicht ausreicht,

---

1) Nach Reskr. v. 18. Juni 1838 steht das Holzdeputat dem Lehrer zunächst für seine persönlichen Bedürfnisse zu. Das Mehrerfordernis ist von der Gemeinde usw. zu decken vergl. OVG 7. Jan. 1891.
2) Alle fünf Jahre findet eine neue Verteilung statt.
3) Über die Anteile bei Bauten vergl. OVG (I. Sen ) 21. Jan. 1891.

### 3. Kapitel. Die Schulgemeinde.

aus städtischen Einkünften oder mit Beihilfe der Bürgerschaft zu unterhalten.

Für die Bezirke Stettin und Köslin gelten das General-Landschulreglement von 1763, ALR und AK 15. Aug. 1833. Nach § 101 ff. der Gemeinheitsteilungsordnung ist den Landschullehrern eine bestimmte Fläche Landes auszuwerfen, und zwar, wie das Erkenntnis des Königl. Revisions-Kollegiums vom 19. März 1858 ausführt, jedem einzelnen Lehrer. Das bare Gehalt besteht, abgesehen von stiftungsmäfsigem und aus kirchlichen Ämtern fliefsendem Einkommen, aus dem Schulgelde, für welches nach dem Landtagsabschied vom 14. Febr. 1830 ein nach der Kinderzahl oder den vokationsmäfsigen ortsüblichen Sätzen zu ermittelnder Betrag von den zum Schulverbande gehörigen Hausvätern nach Verhältnis ihrer Besitzungen und Nahrungen und nach ihren sonstigen Schulunterhaltungsbeiträgen als „Amtsgehalt" aufgebracht werden kann. Für städtische Kirch- und Parochialschulen ist nach der Pommerschen Kirchenordnung von 1690 Bl. 81. 82. 84. 89 und 59 sowohl die Besoldung der Lehrer als auch der Bau und die Unterhaltung der städtischen Schulgebäude aus der Kirchenkasse zu bestreiten, desgleichen die Beschaffung der Subsellien für die Schulzimmer. Wo die Kirche dazu nicht vermögend ist, soll der Rat als Patron der Schule verpflichtet sein, von dem Stadteinkommen oder mit Hilfe der Bürgerschaft zu kontribuieren. Die anderen Schulen werden entweder völlig oder mit Zuflufs des Schulgeldes aus der Kommunalkasse bestritten. In betreff der Hergabe eines Bauplatzes, der Schulbauten und Reparaturen gelten hier die Bestimmungen des ALR. (Zur Unterstützung der Gemeinden in ihren Leistungen für das Schulwesen besitzen die Regierungen den Gnadenschulfonds und den Accise-Bonifikationsfonds.)

In Sachsen hat für die ehemals Königlich sächsischen Landesteile die Verordnung vom 11. Nov. 1844 (GS 698) Geltung. Danach haben Rittergutsbesitzer und andere ihnen gleich zu achtende Gutsbesitzer zu allen auf dem Parochialverbande beruhenden Leistungen für die Schule, einschliefslich der Hand- und Spanndienste bei den Bauten und der Naturalleistungen, jedoch mit Ausschlufs der ein für allemal bestimmten Beträge, andere Personen nach Verhältnis ihres in der Parochie liegenden Grundbesitzes zu allen Leistungen für die Schule beizutragen. Regelmäfsige Beiträge zu Schulzwecken können von den auf das Grundstück zu verteilenden Umlagen in Anrechnung gebracht werden. Verträge über das Beitragsverhältnis bleiben in Kraft; Berufung auf Specialobservanz ist unzulässig.

Für die übrigen Gebietsteile der Provinz ist nach MR 21. Aug. 1835 über die Grundsätze der Unterhaltung der Elementarschulen und namentlich der Aufbringung der Lehrerbesoldungen zunächst auf die bestehende Provinzialverfassung und in jedem einzelnen Falle auf die Lokalobservanz zurückzugehen, das ALR hingegen nur da anzuwenden, wo eine gütliche Regulierung bei Aufbringung der erforderlichen Mittel Schwierigkeit findet und auf den gemeinrechtlichen Modus „durch allgemein grundsätzliche Abschaffung des Schulgeldes und Substituierung bestimmter Beiträge in Form einer direkten Auflage" zurückgegriffen werden mufs. In den Distrikten „auf dem diesseitigen Elbufer" (dem östlichen) werden zu den unterhaltungspflichtigen Hausvätern des Ortes in der Regel nur die im gleichen Jurisdiktionsverbande stehenden Insassen gerechnet, die sogenannten Eximierten aber und namentlich auch Domänenpächter und -Käufer nicht darunter verstanden. Insbesondere ist die Gutsherrschaft selbst als Patron der Schule zu speciellen Leistungen nur für die Beschaffung des Lokals, sonst aber zur Unterhaltung der Anstalt nicht heranzuziehen. Dagegen sind in den Gebieten der einstmaligen westfälischen Zwischenregierung die Vorrechte des Standes und des Grundbesitzes aufgehoben und demnach sämtliche Insassen der Schulsozietät zu den Unterhaltungsbeiträgen überhaupt verpflichtet. „Die Grund- und Klassensteuer braucht dabei nicht notwendig als Repartitionsmafsstab angelegt zu werden."

Im übrigen sind die meisten Schulen, namentlich auf dem Lande Parochialschulen, und beziehen einen grofsen Teil ihres Einkommens aus kirchlichen und anderen Stiftungen sowie aus Accidenzien. Zur Verbesserung des Schuleinkommens, namentlich in dem katholischen Teile des Regierungsbezirks Erfurt, werden säkularisierte Kirchenfonds stark herangezogen.

In Westfalen gilt für den Bezirk Münster die domkapitularische Verordnung vom 2. Sept. 1801, wo diese nicht ausreicht, ALR[1]: Die Unterhaltung der Elementarschulen und ihrer Lehrer gehört zu den Kirchspiellasten und wird aus extraordinären Schatzungen bestritten. Das Schulgeld ist zwar als eine Remuneration für den Unterricht, aber doch als feste, die Unterhaltung des Lehrers in alle Fälle sichernde Abgabe zu betrachten. Für arme Kinder ist nach RV 5. Febr. 1825 das halbe, unter Umständen aber das ganze Schulgeld aus der Armenkasse bezw. aus Gemeindemitteln zu zahlen. Nach §§ 28—30 der angeführten Verordnung sind Lehrern und Lehrerinnen Zulagen von 30 bis 90 M. zu gewähren, deren Summe nach dem Landtagsabschied vom 8. Juni 1839 auf die Grund- und Klassensteuer verteilt werden darf.

Im Regierungsbezirk Minden kommen im allgemeinen die Grundsätze des ALR zur Anwendung, und die Schulunterhaltungspflicht wird nach Verf. vom 13. Aug. 1510 durchweg als Sozietätslast der einer

---
[1] Verf. der Minister des Innern und des Kultus vom 22. April 1844 erkennt an, dafs Schulsozietäten als besondere Korporationen hier nicht existieren und nur in Fällen, wo an einem Orte verschiedene Konfessionsschulen bestehen, eine Repartition der Schullasten auf die Interessenten nicht wohl umgangen werden kann.

### 3. Kapitel. Die Schulgemeinde. 107

jeden Schule zugewiesenen Einwohner betrachtet; jedoch soll Schulgeld erhoben werden, welches für unbemittelte Kinder aus der Armenkasse zu vergüten ist. Die laufenden Unterhaltungskosten werden fast überall aus dem eigenen Schulvermögen bezw. den eigentümlichen Einkünften der Anstalt bestritten.

Im Regierungsbezirk Arnsberg haben die Schulgemeinden nach der Ministerial-Instruktion für die Ortsschulvorstände vom 6. Nov. 1829 eine besondere Repräsentation und Vermögensverwaltung sowie ein gesondertes Etats-, Kassen- und Rechnungswesen erhalten und werden als selbständige Rechtssubjekte neben den politischen Gemeinden wenigstens von den Verwaltungsbehörden angesehen. (Schulgeld wurde teils direkt erhoben, teils nach den Grundsätzen des ALR, und zwar für arme Kinder nach dem Gesetz vom 31. Dez. 1842 gedeckt.) Die nach §§ 31 und 34 II 12 ALR aufzubringenden Beiträge werden nach dem Mafsstabe der Grund- und Klassensteuer zu gleichen Teilen veranlagt, teilweise unter Berücksichtigung der Klassifikation nach Vermögen und Einkommen und der Gewerbesteuer.

In der Rheinprovinz gilt für die Kreise Rees, Essen und Duisburg ALR in seinem ganzen Umfange, wenn auch die Schulbaukosten und Normalgehälter vielfach durch die Civilgemeinde ganz oder teilweise beschafft werden. Im Neuwieder, Altenkirchener, Wetzlarer und einem Teile des Koblenzer Kreises fliefsen die Schulunterhaltungskosten wesentlich aus Stiftungen und kirchlichen Fonds, oder sie werden durch observanzmäfsig unter die Parochianen verteilte Beiträge aufgebracht.

In den übrigen Teilen der Provinz gilt noch jetzt die französische und die grofsherzoglich Bergische Gesetzgebung, welche die Schulen völlig als Anstalten der Civilgemeinde betrachtet (mit Ausnahme der evangelischen Schulen auf dem linken Rheinufer, welche als kirchliche fortbestanden). So legt die Verordnung vom 11. Floreal X Tit. II Art 3 die Herstellung des Schullokals und der Lehrerwohnung zu den Kommunallasten, das Dekret vom 17. Dez. 1811 die sämtlichen Einrichtungs- und Unterhaltungskosten der Elementarschulen den bürgerlichen Gemeinden auf.

In Schleswig-Holstein werden die Leistungen für die Distriktsschulen nach § 59 der Schulordnung von 1814 [1]) folgendermafsen verteilt: Die Bau- und Reparaturkosten der Schulhäuser, die Auslegung und der Ankauf des Schullandes und die Lieferung an Korn und Feuerung sind allein von den Hufnern oder Bohlsbesitzern und den ihnen gleichzuachtenden Parzellisten und Erbpächtern, in der Marsch von den Landbesitzern, und zwar nach Verhältnis des Landbesitzes eines jeden ohne Zuthun der übrigen Schulinteressenten, das bare Lehrergehalt aber von allen Interessenten, Hufnern, Katnern. Kolonisten und Insten,

---

1) Vergl. Kuntze, Volksschulwesen 1872 S. 311.

Landbesitzern, Handwerkern und Tagelöhnern, sie mögen Kinder haben oder nicht, der Regel nach zu gleichen Teilen aufzubringen; jedoch bezahlen von letzteren Häuerinsten und Abnahmeleute nur dann ihren Anteil, wenn sie schulpflichtige Kinder haben. Bei den Bauten und Reparaturen der Schulwohnung haben diejenigen, welche keine Geldbeiträge dazu leisten, Handdienste unentgeltlich zu verrichten. Lediglich die adeligen Gutsbesitzer und die Besitzer adeliger Stammparzellen (jedoch nicht die Besitzer von Kanzleigütern) sind von diesen Schulleistungen befreit.

Für Herzogtum Lauenburg bestimmt die Landschulordnung von 1868 § 37: Die Verpflichtung, die Bedürfnisse einer Schule zu bestreiten, liegt dem Schulverbande ob, unbeschadet der Beihilfen, welche seither aus anderen Fonds verfügbar gewesen sind oder ferner verfügt werden möchten. Exemtionen von Schullasten, soweit sie den einem Schulverbande schon angehörenden Gütern und Bauerstellen etwa bereits rechtlich zustehen, werden durch dieses Gesetz nicht aufgehoben, gelten jedoch nicht für die infolge desselben entstehende Erhöhung der Dotation der Schulstellen, Vermehrung des Lehrerpersonals oder Aufbringung von Pensionen. Sämtliche Leistungen für die Landschulen und Landschullehrer sind Reallasten, mit alleiniger Ausnahme des Schulgeldes und der etwaigen Nebengebühr an Schulbroten und sonstigen kleinen Naturallieferungen. Die Verteilung der Realschullasten geschieht gewöhnlich nach dem Fuße der Kontribution hinsichtlich des kontributionspflichtigen Schulhufenstandes. Für die vorberegten drei Fälle aber ist der in einem Schulbezirke vorhandene Grundbesitz, mit alleiniger Ausnahme der Kirchenländereien, der Dienstländereien der Geistlichen, der Predigerwitwen- und Schuldienstländereien, nach seinem Umfang und Wert ebenfalls heranziehen, und zwar bis auf weiteres nach Maßgabe der Verordnung vom 1. Juni 1814. Die der Exemtensteuer nicht unterliegenden landesherrlichen Vorwerke haben in den angeführten Fällen zu den Realschullasten in der Weise beizutragen, daß bis auf weiteres ein Areal von 300 Morgen Vorwerksländereien einer Schulhufe gleich gerechnet wird. § 38: Die Erbauung und Erhaltung der Schulgebäude liegt den ansässigen Schulinteressenten nach dem Schulhufenstande ob; jedoch ist das dazu erforderliche Bauholz von den zu sonstigen Schulbaukosten nicht heranzuziehenden Schulpatronen zu liefern. Die Baukosten für diejenigen Schulhäuser, die zugleich Küsterhäuser sind, sollen zu $1/3$ von der betreffenden Schulkommune, zu $2/3$ von der gesamten Kirchengemeinde aufgebracht werden, wobei jedoch die für Einrichtung der Schulstuben erforderlichen Geräte, als Tische, Bänke und andere Utensilien, ausschließlich auf Kosten der Schulkommune anzuschaffen sind.

Für Hannover bestimmt das Volksschulgesetz vom 26. Mai 1845 § 15: Die Verpflichtung zur Bestreitung der Schulbedürfnisse liegt dem

### 3. Kapitel. Die Schulgemeinde. 109

Schulverbande ob, soweit nicht einzelne Personen, Korporationen oder Fonds dazu rechtlich verbunden und im stande sind. Exemtionen von Schullasten bleiben zwar weiter bestehen, gelten jedoch nicht für die weiterhin entstehende Erhöhung derselben. § 40: Wenn durch eine Änderung des bisherigen Schulverbandes oder durch Vermehrung der Schulbedürfnisse die Aufbringung gröfserer Kosten oder eine neue Feststellung des Beitragsfufses erforderlich wird und eine gütliche Vereinbarung der Schulinteressenten nicht zu erreichen ist, so sind bis zu einer allgemeinen gesetzlichen Anordnung die Beiträge der einzelnen zu den Lasten ihres Schulverbandes nach den jedesmaligen Umständen, jedoch unter steter Berücksichtigung des bereits bestehenden oder in der Umgegend üblichen Beitragsverhältnisses zu ähnlichen Lasten im Verwaltungswege festzusetzen.

In Hessen-Nassau beziehen die Elementarschullehrer nach § 27 des Schulediktes vom 24. März 1817 bares Gehalt aus den Gemeindekassen. Nach § 8 des Gesetzes vom 10. März 1862 sind die Gemeinden verpflichtet, das Einkommen ihrer Lehrer, soweit es nicht aus anderen fundationsmäfsigen Mitteln gedeckt wird, aus eigenem Vermögen aufzubringen. Die Kosten der Erbauung, Einrichtung und Unterhaltung der Schulhäuser fallen nach § 3 der Nassauischen Schulordnung von 1817, wenn Observanzen oder besondere Verpflichtungen nichts anderes bestimmen, gleichfalls den Gemeinden zur Last. (§ 12 l. c.: Zu den Kosten für Anschaffung und Unterhaltung des Lehrapparates und der Büchersammlung wird durch den Gemeinderechner ein Schulgeld erhoben und auf die in der Gemeindekasse zu verrechnenden Schulfonds übernommen.)

Andere Rechtsquellen zur Festsetzung der Schullast. § 4 der Einleitung zu ALR: Insofern durch Observanzen etwas bestimmt wird, was die Gesetze unentschieden gelassen haben, hat es bis zum Erfolge einer gesetzlichen Bestimmung dabei sein Bewenden. OT 18. Febr. 1837 (Entsch. II, 232): Observanzen zu Schulleistungen haben auch nach Erlafs des ALR Geltung. ME 10. Sept. 1860: Zur Bildung einer Observanz ist bei dem Fehlen diesbezüglicher Gesetzesvorschriften das gemeine Recht mafsgebend, welches eine longa consuetudo, also einen Zeitraum von 10 Jahren erfordert vergl. STRIETHORST, Archiv Bd. 43 S. 89; DERNBURG, Preufs. Priv.-R. I, 36.

Vereinbarungen bezw. Verträge über die Verteilungsart der Schullasten können, wenn durch diese das Schulinteresse selbst gefährdet erscheint, nach ME. 15. Dez. 1862 von den Regierungen abgeändert werden. ME. 9. März 1869: Den Schulverwaltungsbehörden steht die Befugnis zu, über das Beitragsverhältnis hinsichtlich der Schullasten, soweit dieses nicht durch Gesetz bestimmt worden, nach Anhörung der Gemeinden kraft ihres Aufsichtsrechtes verbindliche Anordnungen zu treffen.

Erläuterung der gesetzlichen Vorschriften. Nach §§ 29 ff.

ALR II, 12 liegt die Unterhaltung der Schule nicht der politischen Gemeinde oder den Grundbesitzern des Schulbezirks ob, sondern den zu einer Schule gewiesenen Einwohnern ohne Rücksicht auf deren Verhältnis zur politischen Gemeinde. Die Schullast ist daher nach ALR weder eine kommunale noch eine dingliche Last der bäuerlichen usw. Grundstücke, sondern eine persönliche der Mitglieder der Schulgemeinde, vergl. ME 31. Aug. 1860. Eine Heranziehung der Grundbesitzer, welche nicht zu den Hausvätern der Schulgemeinde gehören, ist nach den in ähnlichen Fällen ergangenen Entscheidungen der Gerichte (z. B. OT 23. Jan. 1837) nur dann zulässig, wenn die Schulabgaben als dingliche erachtet und in das betreffende Hypothekenbuch eingetragen sind, vergl. ME 24. April 1862, 3. Aug. 1864, 13. Juli 1880; GEK 14. Okt. 1865.[1])

OVG 30. Sept. 1882: Der Ausdruck „Hausvater" in ALR ist nicht nach dem gewöhnlichen Sprachgebrauche zu erklären (vergl. KOCH, Kommentar zum Landrecht, 5. Aufl. IV, 556); auch kann hier darunter nicht pater familias, homo sui juris im römischen Rechtssinne verstanden werden, da die privatrechtliche Dispositionsfähigkeit für die Steuerpflicht des öffentlichen Rechts überall bedeutungslos ist. Vielmehr ist der Begriff aus dem Gesetze selbst heraus zu erklären, und zwar aus den Worten des § 31: „nach Verhältnis ihrer Besitzungen und Nahrungen", wonach jeder Einwohner darunter zu verstehen ist, der eine Besitzung oder Nahrung hat. Für schulsteuerpflichtig sind also alle wirtschaftlich selbständigen physischen Personen zu betrachten, welche im Schulbezirk ihren Wohnsitz haben.[2])

OT 7. Sept. 1848: Es kommt nicht darauf an, ob solche physische Personen verheiratet sind oder nicht, ob sie einen eigenen Hausstand führen, oder Wohnung und Kost, sei es gegen Bezahlung, sei es als Entgelt für ihre Dienstleistung von einem Dritten erhalten; entscheidend ist allein das eigene Einkommen, die wirtschaftliche Selbständigkeit, vergl. OT 8. Sept. 1851, 13. April 1866, 8. Dez. 1866 (STRIETHORST, Archiv Bd. III S. 269, Bd. 62 S. 285, Bd. 65 S. 49); OVG 17. Jan. 1877, 23. Febr. 1878 (Entsch. II, 197 ff.); ME 31. Jan. 1870, 4. Sept. 1872, 11. Jan. 1873.

Der Ausdruck „Hausväter" schliefst der allgemeinen Rechtsregel nach (L. 195 pr. de verb. sign.) Personen weiblichen Geschlechtes nicht aus, zumal in § 34 ALR 1. c. überhaupt von „Einwohnern" ge-

---

1) Im übrigen mufs eine besondere Rechtsbildung, rechtsverbindliche örtliche Gewohnheit (Lokalobservanz) nachgewiesen werden.
2) Der Wohnsitz ist nach ME 18. Dez. 1860 da anzunehmen, wo jemand seinen Hausstand, den Mittelpunkt seiner bürgerlichen und häuslichen Thätigkeit hat, vergl. ME 8. Okt. 1872.

sprochen ist ME 24. Sept. 1873. Der Ausdruck „Familienvorstand" in Art. 5 des Regulativs vom 29. Aug. 1831[1]) (über die Landschulen in Neuvorpommern) hat im wesentlichen dieselbe Bedeutung wie „Hausväter" in ALR und ist nur mit Rücksicht auf den Zusatz „mit Einschluſs der Witwen usw." gebraucht OVG 1. Mai 1878. (Die Zahlung rückständiger Beiträge liegt nicht der Witwe eines inzwischen verstorbenen Mitgliedes der Schulgemeinde, sondern den Erben ob ME 28. Juli 1860, 6. März 1862.)

Zu den beitragspflichtigen Mitgliedern der Schulgemeinde gehören auch die Bewohner von Vorwerken, indem nach ME 24. Sept. 1873 nur der Gutsherr, dessen Rittergutsbesitz die Gutsherrschaft in Ansehung der Schule bildet, der Schulgemeinde als solcher gegenübersteht. „Im übrigen ist es irrelevant, ob die selbständigen Einwohner im Bezirke des Gutes oder im Dorfe wohnen, sofern Gut und Dorf zu derselben Schule gehören", ME 31. Aug. 1860.

Über die Gemeindeangehörigkeit bezw. die Abgaben, die auf allgemein gesetzlicher Verbindlichkeit beruhen, ist der Rechtsweg unzulässig GEK 14. Okt. 1871.

Der Schulsteuer unterliegen auch Prediger, Lokalschulinspektoren, Lehrer und vormals unmittelbare deutsche Reichsstände Entsch. OVG I, 183, IV, 178, VII, 233, II, 200 ff. OT 8. Sept. 1851, 7. April 1873, vergl. STRIETHORST, Archiv III, 266.

Sind die Kennzeichen eines doppelten Wohnsitzes im Sinne des § 15 II 1 ALR wirklich vorhanden, so ist dem Betreffenden an jedem Orte ein Teil des Einkommens zu den Schulsteuern heranzuziehen, welcher von der Regierung nach Lage der Verhältnisse und nach billigen Grundsätzen zu bemessen ist ME 3. Sept. 1861 vergl. ME 20. Jan. 1873 und § 11 des Gesetzes vom 27. Juli 1885 (GS 327).

OVG 1. Mai 1878: Das Gesetz vom 18. Juni 1840 über die Verjährungsfristen bei öffentlichen Abgaben (GS 140) findet nach § 14 auch auf die Steuern Anwendung, welche von den Schulgemeinden zur Unterhaltung der öffentlichen Schulen umgelegt werden. § 135 X Nr. 1 der Kreisordnung vom 13. Dez. 1872 und § 77 Nr. 1 des Gesetzes vom 26. Juli 1876 setzen nur an Stelle der vorgesetzten Behörde die Verwaltungsgerichte und bestimmen, daſs die Entscheidung im Verwaltungsstreitverfahren erfolgen solle. Diese tritt bei solchen Steuern an die Stelle des Rekursbescheides im früheren Reklamationsverfahren. „Gegenstand der Klage kann daher nur das sein, was früher Gegenstand der Reklamation war, d. h. eine bestimmte Steuerforderung,

---

1) Art. 5: „Die fixe Besoldung des Lehrers tragen sämtliche Familienvorstände des Schulbezirks, mit Einschluſs der Witwen, die eine Wirtschaft selbständig führen usw."

welche gestellt worden ist," und nur diese, nicht die Steuerpflicht in abstracto kann zum Gegenstande des Streites gemacht werden.

Die Benutzung und Unterhaltung einer (konfessionellen) Privatschule befreit nicht von der Beitragspflicht für die öffentliche Ortsschule ME. 10. Mai 1860.

Ein auf Grund des Gesetzes vom 14. Mai 1873 erfolgter Austritt aus der Kirche hat auf die Schulunterhaltungspflicht keinen Einfluſs GEK 8. Jan. 1876 vergl. OVG 4. Febr. 1893.

Militärpersonen sind nach dem Staatsministerialbeschluſs vom 17. Aug. 1850 von Schulsozietätsabgaben freizulassen, vergl. ME. 12. Juli 1870. (Werftschreiber und Werft-Bureauassistenten gehören nicht zu den servisberechtigten Militärbeamten ME 3. Juli 1882.)

Der Zeitpunkt einer Ausschreibung von Beiträgen ist für die Entscheidung der Frage maſsgebend, welche Ortschaften zur Schule gehörig und deshalb beitragspflichtig sind ME 4. Febr. 1864.

Bei Aufstellung der Gemeindehaushaltsetats gebührt den für das Elementarschulwesen erforderlichen Kosten, namentlich materiellen Interessen gegenüber, der Vorzug. Die Regierungen haben vermöge der über jene Etats zu übenden Aufsicht, nötigenfalls unter Berichtigung derselben, das Geeignete zu veranlassen, damit die Staatsfonds durch ihre Beihilfen und Zuschüsse nicht an unrechter Stelle belastet werden ME 24. Febr. 1862 vergl. ME 4. Juli 1868.

Erhaltung und Einrichtung von Schulanstalten. ME 10. April 1869: Eine Zahl von 20 Schulkindern ist groſs genug, um eine für sie bestehende eigene Schule auch ferner zu erhalten, zumal wenn die Entfernung von der nächstbenachbarten Anstalt eine halbe Stunde und darüber beträgt.

ME 12. Dez. 1862: Die Regierungen haben „mit gewissenhafter Sorgfalt darauf zu halten, daſs sowohl die Begründung neuer Schulen, als die Anerkennung schon bestehender Privatunternehmungen als öffentlicher Schulen bis zur Sicherung der erforderlichen Mittel eventuell bis zur Bewilligung des aus der Staatskasse in Aussicht zu nehmenden Zuschusses ausgesetzt bleiben."

ME 15. März 1864: Es hat kein Bedenken, eine säumige Gemeinde, erforderlichenfalls im Wege des administrativen Zwangsverfahrens zur Ansammlung eines Baufonds anzuhalten.

ME 25. Jan. 1860: Der Bau einer neuen Schule setzt (auf dem Lande) das Vorhandensein einer neuen Schulgemeinschaft, mithin die Ausschulung derjenigen Gemeindeteile, welche bisher zu einer anderen Schule gehört haben, voraus. Dieser Akt ist daher vorzunehmen, ehe mit dem Bau einer neuen Schule begonnen wird.

ME 15. März 1864: Erst mit der Begründung einer selbständigen Schulgemeinde wird ein rechtliches Fundament geschaffen, auf Grund

### 3. Kapitel. Die Schulgemeinde.

dessen die Gemeinde zur Herbeischaffung erforderlicher Einrichtungskosten für eine zu gründende Schule genötigt werden kann.
ME 13. Dez. 1877: Bei Errichtung neuer Schulen unter Trennung mehrerer zu einer Schule vereinigten Gemeinden müssen die bei der alten Schule verbleibenden Ortschaften usw. für den Schulneubau einen angemessenen Beitrag leisten, da sie der Beitragspflicht zu den Kosten der bei ausbleibender Trennung notwendigen Erweiterung ihrer Schulgebäude enthoben werden, anderseits aber an letzteren den abzutrennenden Gemeinden ein Wertanteil zusteht, welcher fortan dem Schulvermögen der Stammgemeinde zuwächst (vergl. SEIDEL, Schulverordn. 1881 S. 50).

ME 10. Mai 1860: Erstattungsansprüche bei Veränderungen der Schulbezirke gehören vor die Verwaltungsgerichte. ME 30. März 1861: Die Forderung einer Ablösungssumme von seiten des zurückbleibenden Teils einer Schulgemeinschaft ist gleichfalls auf den Rechtsweg zu verweisen. Die Entscheidung erfolgt nach § 47 des Zuständigkeitsgesetzes vom 1. Aug. 1883, soweit es Geltung hat, im Verwaltungsstreitverfahren. Nach § 135 X Nr. 3 der Kreisordnung sowie nach § 47 des Zuständigkeitsgesetzes vom 1. Aug. 1883 findet das Verwaltungsstreitverfahren nur über die Notwendigkeit und die Ausführungsart der Schulbauten sowie über die Beitragspflicht statt. Für die hierüber zu treffende Entscheidung ist die über die Schuleinrichtung von der Schulaufsichtsbehörde erlassene Anordnung maßgebend vergl. OVG 21. Okt. 1876 (Entsch. I, 192). Gegen den Beschluß der Regierung steht nur die Beschwerde bei dem Unterrichtsminister offen.

Nach § 707 Tit. 11 und § 19 Tit. 12 II. ALR ist die Regierung im Schulinteresse zu einer selbständigen Prüfung des Bauprojektes und eventuell zu einer resolutorischen Festsetzung über die Notwendigkeit und Art des Baues berechtigt ME 23. Sept. 1862. Der Vorbehalt des ordentlichen Rechtsweges ist nach §§ 47 und 160 des Gesetzes vom 1. Aug. 1883 bei Entscheidungen in Schulbausachen aufgehoben vergl. OVG 18. Sept. 1878.

Die Frage, ob im Einzelfalle ein Neu- oder Reparaturbau notwendig sei, unterliegt der Prüfung der Verwaltungsgerichte OVG (I. Sen.) 25. Nov. 1885 (Entsch. XII, 223).

Sollen neben den bestehenden Volksschulanstalten besondere Fabrikschulen entstehen, so werden die beiderseitigen Interessen der Gewerbetreibenden und der Gemeinden eine dem Bedürfnisse entsprechende Einigung in der Regel ohne Schwierigkeit erzielen lassen. Wo aber Mißverstand oder Unwillfährigkeit die Erreichung des notwendigen Zieles verhindert und die vorhandenen Schuleinrichtungen es nicht gestatten, den in Fabriken beschäftigten Kindern einen täglich dreistündigen Unterricht in der bestehenden Anstalt erteilen zu lassen, da kann die

Beschäftigung schulpflichtiger Kinder in Fabriken überhaupt nicht gestattet werden, Erlaß der Minister des Innern, des Unterrichts und des Handels vom 4. Dez. 1862.

### § 4. Träger der Schullast.

Nach OT 20. Juni 1853 hat die von der zuständigen Staatsbehörde anerkannte, für den öffentlichen Unterricht eingerichtete und mit einem Schulvorstande versehene Schulsozietät (-Gemeinde) die Eigenschaft einer Korporation. Aus der hiernach den Schulgemeinden zuerkannten korporativen Selbständigkeit folgt, daß sie nicht integrierende Teile der politischen Gemeinden sind. Die Unterhaltung der Schulen ist zunächst also Sozietätslast.

Die Schulsozietät. ME 5. April 1860: Nicht die im Schulbezirke vorhandenen Gemeinden, sondern die vom Staate zu einer Schule gewiesenen einzelnen Hausväter usw. bilden die „Schulgemeinde" im eigentlichen Sinne vergl. OT 20. Juni 1853. Demnach ist es für die Verpflichtung des einzelnen Hausvaters zur Unterhaltung der Schule ohne Einfluß, zu welcher politischen Gemeinde er gehört. In Bezug auf die Schule kommt er nur als Mitglied der Sozietät in Betracht und kann als solches nur in gleichem Maße wie die übrigen Mitglieder der Korporation zu den Schulbeiträgen herangezogen werden.

ME 28. Sept. 1880: Als Verteilungsmaßstab ist die kombinierte Grund-, Gebäude-, Klassen- und Einkommensteuer, geeignetenfalls auch die Gewerbesteuer mit Ausschluß der Hausiergewerbesteuer anzunehmen. Jedoch ist auch die Verteilung nach dem Maßstabe der Grund- und Klassensteuer (OVG 28. März 1867) oder nach Klassen- und Einkommensteuer allein als dem § 31 II 12 ALR entsprechend zu betrachten, da sie das gesamte Einkommen aus Besitzungen, Nahrungen, Gewerbe usw. berücksichtigen OVG 15. April 1885 (Entsch. XII, 202). Die Grund- und Gebäudesteuer braucht nicht mit dem vollen Betrage, sie muß aber mindestens mit der Hälfte desjenigen Prozentsatzes herangezogen werden, mit welchem die Klassen- und Einkommensteuer zu belasten ist. ME 19. März 1861: Neben der Klassen- bezw. Einkommensteuer kann nur diejenige Grundsteuer, welche von innerhalb des Schulbezirks gelegenen Grundstücken zu entrichten ist, als Verteilungsmaßstab angewendet werden vergl. OVG 28. März 1877, 11. März 1885; ME 30. Nov. 1883.

ME. 15. Aug. 1881: Die Schulunterhaltungspflicht liegt allen Mitgliedern der Sozietät, auch Geistlichen und Lehrern ob vergl. OVG. 10. Okt. 1876, 7. Febr. 1877.

Eine Beitragspflicht der Forensen ist aus ALR nicht herzuleiten ME 20. Aug. 1861.

### 3. Kapitel. Die Schulgemeinde.

Pächter können nach Verhältnis der von dem Pachtgrundstück zu erlegenden Grundsteuer nicht belastet werden, da letztere eine auf dem Eigentum beruhende Abgabe ist ME 19. Eobr. 1863. Auch Nutzniefser eines Hauses sind zu Quoten der Grundsteuer nicht heranzuziehen, weil durch diese ein Haus oder ein anderes Vermögensobjekt, nicht aber das Wohnungsrecht betroffen wird ME 15. Sept. 1863.

Die politische Gemeinde als Träger der Schullast. Bei einer Umänderung des landrechtlichen Prinzips von der persönlichen Natur der Schullasten ist die Möglichkeit geboten, einerseits die Forensen bezw. juristischen Personen, Aktiengesellschaften usw. in gerechtem Verhältnis und nach ihrem ganzen Umfange zu den Leistungen für die Schule heranzuziehen, anderseits den nicht unbilligen Beschwerden über die Belastung der Beamten mit Einschlufs der Geistlichen und Lehrer abzuhelfen. Denn weder sind die Nachteile für die Prästationsfähigkeit der Gemeinden zu verkennen, wenn die forensischen Besitzer umfangreicher, meistens in angekauften bäuerlichen Grundstücken bestehender Fabrikgelände usw. zu denjenigen Leistungen nicht beizutragen haben, welche als persönliche Last von den Hausvätern der Schulsozietät aufgebracht werden, noch sind die in dem Sozietätsprinzip liegenden Härten für die Beamten zu vermeiden, da jedes andere Mitglied einer Sozietät durch seinen Austritt aus dieser seiner Beitragspflicht sich entziehen kann, der an einen bestimmten Wohnsitz gewiesene Beamte aber nicht; vergl. ME 8. Aug. 1859, OVG 23. Sept. 1893.

Nach gemeinem Deutschen Recht gehören zu den Aufgaben der Gemeinde nicht allein die rein ökonomischen Angelegenheiten, sondern namentlich auch das Schulwesen (vergl. BESELER, Deutsches Privatrecht I, 246), und die Autonomie der Gemeinde wird hierin nur durch das staatliche Aufsichtsrecht beschränkt. Die politischen Gemeinden sind deshalb mit Zustimmung der Kommunalaufsichtsbehörde befugt, die Schullasten den Schulsozietäten abzunehmen und in Kommunallasten zu verwandeln[1]), wonach alle diejenigen, welche zu den letzteren beizutragen haben, nach dem Kommunalsteuerfufse auch die Schulunterhaltungskosten zu bestreiten verpflichtet sind; vergl. OVG 28. Nov. 1877, 16. Febr. 1881; ME 20. Juni 1874, 3. April, 1. Juni und 10. Okt. 1883[2]).

Den Gemeinden kann das Recht nicht bestritten werden, den an Schulsozietäten geleisteten Zuschufs für das Elementarschulwesen zurück-

---

1) ME 12. Febr. 1872: Von den Schulunterhaltungskosten kann auch ein Teil auf den Kommunaletat übernommen werden.

2) Will jemand eine Voranlagung zu den Gemeindelasten nicht anerkennen, so hat er nach §§ 18, 34 des Gesetzes vom 1. Aug. 1883 zunächst den Gemeindevorsteher um Bescheid anzugehen, gegen welchen ihm demnächst die Klage bei den Verwaltungsgerichten offen steht.

zuziehen ME 8. Febr. 1881. Verschiedene (konfessionelle) Schulsozietäten müssen aber von der bürgerlichen Gemeinde gleichmäßig berücksichtigt werden ME 8. Febr. 1881 vergl. ME 22. Juli und 25. Nov. 1862, 29. Juli 1865, sofern nicht ganz besondere Rücksichten der Humanität oder rechtliche Verpflichtungen der Begünstigung einer Klasse der Einwohner zu Grunde liegen ME 28. Juli 1861. Nötigenfalls kann der betreffende Posten von dem Oberpräsidenten zwangsweise auf den Haushaltsetat gebracht werden, wogegen eine Beschreitung des Rechtsweges nicht zulässig ist GEK 2. Okt. 1858 (Just.-Min. Bl. 1859 S. 77), sondern nur die Beschwerde an die höhere Verwaltungsbehörde GEK 9. Jan. 1869 und 8. März 1873.

ME 15. Febr. 1878: Wenn in einer Gemeinde Kommunalschulen bestehen für das Bedürfnis der einen Konfession, für das der anderen aber Sozietätsschulen, so haben die letzteren einen rechtlichen Anspruch auf Unterstützung seitens der Gemeinde nicht. Das Paritätsprinzip führt in diesem Falle vielmehr dahin, dafs die Gemeinde für das Schulbedürfnis der anderen Konfession, wenn es verlangt wird, ebenso wie für das der ersteren sorgen mufs, d. h. durch Einrichtung von Kommunalschulen. Anstatt der vollständigen Übernahme der Verbandsschulen in den kommunalen Schulorganismus kann die Gemeinde auch vorziehen, den ersteren eine entsprechende Unterstützung zu gewähren und dabei keine oder nur eine geringe Einwirkung auf die Schulen zu beanspruchen. Derartige Regelungen sind indessen Gegenstand freier Vereinbarung zwischen der Gemeinde und den Vertretern der Verbands- (Sozietäts-)Schulen vergl. ME 31. Dez. 1879.

Die Bestätigung dahin lautender Beschlüsse hat nicht nur durch die Schulaufsichtsbehörde, sondern auch durch die Kommunalaufsichtsbehörde zu erfolgen ME 30. Dez. 1865. Ministerieller Genehmigung bedarf es nicht ME 1. Juni 1883.

Bei Übernahme der Schullasten auf den Kommunaletat ist zu unterscheiden, ob die Schulsozietät bestehen und nur das sogenannte Schulkassendeficit auf den Kommunaletat übergehen, oder ob der Verband aufgelöst und unter Übereignung des Schulvermögens an die bürgerliche Gemeinde die Schule als Anstalt der letzteren und die Pflicht der Schulunterhaltung als Gemeindelast übernommen werden soll ME 1. Juni 1883.

Macht eine Gemeinde von der zu letztgenannter Entschliefsung ihr zustehenden Befugnis[1]) Gebrauch, und ist der Beschlufs von der Kommunalaufsichtsbehörde genehmigt, von den beteiligten Schulsozietäten und der Schulaufsichtsbehörde nicht beanstandet, so sind die Schulab-

---

1) Vergl. GEK 10. Dez. 1870 (Just.-Min. Bl. 1671 S. 49 und daselbst 1856 S. 383, 1860 S. 322, 1865 S. 275, 279).

### 3. Kapitel. Die Schulgemeinde. 117

gaben in allen privatrechtlichen wie öffentlichen Beziehungen Kommunalabgaben geworden GEK 14. Okt. 1871 vergl. OVG 25. Febr. 1885, 4. April 1891, dagegen OVG 25. April 1891 (I. Sen.).

(Bei Ausdehnung eines Schulbezirks über mehrere Gemeinden kann die Repartition mangels anderweitiger Vereinbarungen nach der Zahl der Haushaltungen erfolgen ME 13. Jan. 1883.)

Bei Aufnahme (konfessioneller) Sozietätsschulen in den Organismus städtischer Anstalten dürfen nicht höhere Leistungen von der Kommune verlangt werden, als zur etatsmäfsigen Unterhaltung der Schule erforderlich sind ME 7. April 1873.

Aus § 4 Abs. 3 und § 8 der Städteordnung erhellt, dafs zur Gemeinde im Sinne des Gesetzes aufser den Einwohnern auch die Forensen und juristischen Personen gehören, welche gleich Erstgenannten zu den Schulleistungen verpflichtet sind. Bei letzteren erstreckt sich die Steuer- und Dienstpflichtigkeit (z. B. bei Hand- und Spanndiensten) auf dasjenige Mafs, welches dem von ihnen nach ihrem Grundbesitz, Gewerbe oder Einkommen zu zahlenden Steuerquantum entspricht ME 30. April 1866 vergl. ME 25. Febr. 1863; OVG 31. Okt. 1877.

Beamte in ihrer Eigenschaft als Staatsdiener sind von Schulunterhaltungsbeiträgen, soweit diese von der bürgerlichen Gemeinde aufzubringen sind, befreit ME 9. Aug. 1859 vergl. ME 5. Sept. 1872, 6. Okt. 1881. vorausgesetzt, dafs sie in dem betreffenden Schulbezirke ihren Wohnsitz haben.

Durch Kommunalisierung der Schulen wird ihr konfessioneller Charakter nicht in Frage gestellt ME 13. Jan. 1883.

Der Entscheidung im Verwaltungsstreitverfahren unterliegen nach §§ 18, 34, 46, 47, 160 des Gesetzes vom 1. Aug. 1883 (GS 237 ff.) Streitigkeiten über Abgaben und sonstige nach öffentlichem Recht zu fordernde Leistungen für die Volksschulen und darüber, wem die öffentlichrechtliche Verpflichtung zum Bau und zur Unterhaltung der Schulen obliegt.

Im übrigen ist der Rechtsweg unzulässig gegen Bestimmungen der Schulaufsichtsbehörde über Schulsteuern [1]), besonders über den Verteilungsmodus [2]), über zu bestimmende öffentliche Rechtsverhältnisse, z. B. die Festsetzung der Lasten bei Umschulungen, über Erhöhung der Lehrergehälter [3]), Einrichtung der Schulsozietäten und Organisation der Schulen im Bezirk,[4]) Anordnung eines gastweisen Besuchs fremder Schulen und Bestimmung der Vergütung, Anordnung einer gleichmäfsigen Unterstützung der Schulsozietäten durch die politischen Ge-

---
1) GEK 5. März 1873, 14. Okt. 1876, 9. Okt. 1880.
2) GEK 14. Dez. 1867.
3) GEK 14. Sept. 1878.
4) GEK 14. Okt. 1871, 11. Okt. 1862, 11 Nov. 1876.

meinden; zulässig aber bei Ansprüchen auf Grund notorischer Orts- und Bezirksverfassung [1], bei Vertrag, Verjährung [2], Privileg [3] Prägravation, gegen Umlagen, die nicht in Gemäfsheit gesetzlicher Bestimmung angeordnet sind (jedoch ohne Aufhaltung der verwaltungsmäfsigen Beitreibung), über Schulgeld und Schulbaukosten, sowie gegen Festsetzung der Lehrerpensionen. [4]

Kirchliche Interessenten. ALR II 12 § 37: Wo das Schulhaus zugleich Küsterwohnung ist, mufs in der Regel seine Unterhaltung auf eben die Art, wie bei Pfarrbauten vorgeschrieben ist, besorgt werden. § 38: Doch kann kein Mitglied der Gemeinde wegen Verschiedenheit des Religionsbekenntnisses dem Beitrage zur Unterhaltung solcher Gebäude sich entziehen.

ME 21. Sept. 1863: Wenn die Unterhaltung einer Schule der Kirchengemeinde obliegt, so hat die Schulsteuer lediglich den Charakter einer Kirchensteuer, und bezüglich des Verfahrens wie der Verteilungsgrundsätze bei Veranlagung der Steuer kommen nur die wegen der Kirchensteuern bestehenden Vorschriften zur Anwendung.

Gesetz vom 21. Juli 1846 betreffend den Bau der Schul- und Küsterhäuser. § 1: Die Bestimmung des § 37 II 12 ALR, nach welcher der Bau und die Unterhaltung derjenigen Schulhäuser, die zugleich Küsterwohnungen sind, auf eben die Art, wie bei Pfarrbauten vorgeschrieben, zu besorgen ist, soll fortan nur unter nachstehenden Beschränkungen und Mafsgaben zur Anwendung kommen.

§ 2. Einzelne Ortschaften, Gemeinden, Teile von Gemeinden, oder Einwohnerklassen, welche innerhalb der Parochie, zu der die Küsterei gehört, mit Genehmigung der Behörden eine eigene öffentliche Schule haben, sind von Beiträgen zu denjenigen Bauten und Reparaturen an dem Schul- und Küsterhause frei, welche allein durch das Bedürfnis der Schulanstalt veranlafst werden.

§ 3. Tritt bei dem mit der Küsterwohnung verbundenen Schullokale das Bedürfnis ein, die Schulstube zu erweitern, oder Räume für neue Schulklassen oder zu Wohnungen für Lehrer zu beschaffen, so können weder die Kirchenkasse noch der Patron und die Eingepfarrten angehalten werden, die hierzu erforderlichen Bauten zu bewirken. In einem solchen Falle sind vielmehr diejenigen, welchen in Ermangelung eines Küsterhauses der Bau und die Unterhaltung einer gemeinen Schule am Orte obliegen würde, verpflichtet, jene Bauten nötigenfalls durch Herstellung besonderer Gebäude auszuführen und auch künftig zu

---

[1] GEK 9. Juni 1866.
[2] GEK 10. Okt. 1863.
[3] GEK 11. März 1871.
[4] § 15 des Gesetzes vom 6. Juli 1885. Vergl. im übrigen Ges. vom 26. Mai 1887 über Feststellung von Anforderungen für Volksschulen (GS 175; CBl 436 ff.).

unterhalten. Insbesondere müssen dieselben, wenn ein solcher Erweiterungsbau mit dem bestehenden Schul- nnd Küsterhause in Verbindung gebracht wird, nach Verhältnis dieses Erweiterungsbaues zur Unterhaltung des Schul- und Küsterhauses, sowie im Falle eines Neubaues dieses Hauses zu dessen Wiederherstellung beitragen.

§ 4. Ist eine Schule in Gemäfsheit des § 101 der Gemeinheitsteilungsordnung vom 7. Juni 1821 mit Land dotiert worden, so sind nur die zur Unterhaltung der Schule Verpflichteten schuldig, die dem Schullehrer zur Benutzung jenes Landes etwa nötigen Wirtschaftsräume, als Scheue und Stallung, zu bauen und zu unterhalten.

§ 5. Die der Schulanstalt vorgesetzte Regierung ist befugt, in den Fällen der §§ 2—4 das Beitragsverhältnis der verschiedenen Verpflichteten, bei dem Mangel einer gütlichen Einigung, auf Grund sachverständiger Ermittelungen durch ein Resolut vorläufig festzusetzen und in Vollzug zu bringen. Gegen diese Festsetzung ist der Rekurs an das Ministerium der geistlichen, Unterrichts- und Medizinalangelegenheiten zulässig. Findet sich ein Teil durch eine solche Entscheidung der Verwaltungsbehörden verletzt, so steht ihm frei, gegen den anderen Teil auf Entscheidung im Rechtswege anzutragen.

§ 6. Soweit ein Provinzial- oder Lokalgesetz oder das Herkommen mit dem § 37 II 12 ALR übereinstimmen, treten auch an ihre Stelle die Vorschriften des gegenwärtigen Gesetzes §§ 2—5. Jedoch soll da, wo das bisherige mit der gedachten Vorschrift des ALR übereinstimmende Rechtsverhältnis auf einem besonderen Rechtstitel beruht, durch das gegenwärtige Gesetz nichts geändert werden.

Verordnung vom 2. Mai 1811: Die Verbindlichkeit mancher Tochtergemeinden, zur Unterhaltung der Schullehrer- und Küsterwohnungen bei der Mutterkirche beizutragen, wird bei eintretender Separation durch diese gänzlich und auf immer aufgehoben, wogegen die Schullehrer- und Küsterwohnung bei der Tochterkirche durch verhältnismäfsige Beiträge aller zu derselben eingepfarrten Dörfer gemeinschaftlich unterhalten werden mufs.

Bei Bauten von Lehrer- und Küsteretablissements „in dem bisherigen Umfange" ist die Heranziehung kirchlicher Interessenten (die „Summe aller Eingepfarrten") davon abhängig, dafs diese Gebäude wesentlich kirchlichen Charakter (ME 2. Juli 1861, 7. Aug. 1865, 13. Jan. und 16. Juni 1871 vergl. ME 12. April 1859, 11. Jan. 1862, 4. Nov. 1865) oder doch (z. B. bei Wirtschaftsräumen) kirchlichen Ursprung haben (ME 9. Juli 1861, 6. Nov. 1862, 15. Febr. 1868). Handelt es sich aber um Erweiterung des Schulbedürfnisses oder um solche rein im Schulinteresse liegenden Bauten, so sind kirchliche Interessenten als solche nicht beitragspflichtig vergl. ME 28. März 1863, 9. Juni 1861, 28. Juni 1865, 8. Dez. 1869, 28. Nov. 1871, 26. Juni 1873; OT 18. Febr. 1861,

15. Sept. 1862 (STRIETHORST, Archiv Bd. 40 S. 276 ff., Bd. 47 S. 32 ff.), 21. Jan. 1870.

Der Staat. VU Art. 25: Die Mittel zur Errichtung, Unterhaltung und Erweiterung der öffentlichen Volksschulen werden von den Gemeinden und im Falle des nachgewiesenen Unvermögens ergänzungsweise vom Staate aufgebracht. — Der Staat gewährleistet demnach den Volksschullehrern ein festes, den Lokalverhältnissen angemessenes Einkommen.

Eine unmittelbare Verpflichtung des Staates tritt gegenwärtig nur bezüglich der Staatsbeiträge zum Lehrergehalt, der Lehrerpensionen und der Zuschüsse zu den Elementarlehrerwitwen- und Waisenkassen ein. Ohne Verpflichtung gewährt der Staat Dienstalterszulagen, sonstige Unterstützungen an Lehrer, Emeriten und Lehrerwitwen sowie ergänzungsweise Zuschüsse und Beihilfen zu Schulbauten. (Vergl. jedoch Anhang.)

CF. 26. Nov. 1864: Die Verhältnisse der an Staatszuschüssen ohne rechtliche Verpflichtung beteiligten Gemeinden sind periodisch zu prüfen vergl. ME 21. Dez. 1872.

ME 8. Sept. 1874: Bedürfniszuschüsse als Staatsunterstützungen können auch innerhalb der (zehnjährigen) Bewilligungsperioden zurückgezogen werden, wenn die Schulunterhaltungspflichtigen inzwischen in den Stand gelangt sind, jene Beträge aus eigenen Mitteln aufzubringen.

4. Kapitel. **Ergänzung des Volksschulunterrichts.**

§ 1. *Fortbildungsschulen.*

a. In den Städten. Reichsgewerbeordnung vom 1. Juli 1883 § 120: Gewerbeunternehmer haben ihren Arbeitern unter 18 Jahren, welche eine von der Gemeindebehörde oder vom Staate als Fortbildungsschule anerkannte Unterrichtsanstalt besuchen, hierzu die erforderlichenfalls von der zuständigen Behörde festzusetzende Zeit zu gewähren. Für Arbeiter unter 18 Jahren kann die Verpflichtung zum Besuch einer Fortbildungsschule, soweit eine solche landespolizeilich nicht besteht, durch Ortsstatut begründet werden. § 142: Ortsstatuten können die ihnen durch das Gesetz überwiesenen gewerblichen Gegenstände mit verbindlicher Kraft ordnen. Dieselben werden nach Anhörung der beteiligten Gewerbetreibenden auf Grund eines Gemeindebeschlusses abgefaßt und bedürfen der Genehmigung der höheren Verwaltungsbehörde.[1] Die Centralbehörde ist befugt, Ortsstatuten, welche mit den

---

[1] Nach § 122 des Gesetzes vom 1. Aug. 1883: des Bezirksausschusses vergl. § 57 Nr. 2 der Verordnung vom 9. Febr. 1849 (GS 39). Eine Beschwerde geht nach § 121 des Landesverwaltungsgesetzes vom 30. Juli 1883 an den Provinzialrat. Für den Stadtkreis Berlin treten an Stelle des Bezirksausschusses bezw. des Provinzialrates nach § 43 Abs. 2 des letztgenannten Gesetzes der Oberpräsident bezw. der Minister für Handel und Gewerbe (vergl. von BRAUCHITSCH, Kommentar I, 300).

Gesetzen im Widerspruch stehen, aufser Kraft zu setzen. § 147: Mit Geldstrafe bis zu 300 Mark und im Unvermögensfalle mit Haft wird bestraft, ..... wer der Aufforderungen der Behörde uneraehtet den Bestimmungen des § 120 zuwiderhandelt.[1])

Erlafs der Minister des Innern, des Unterrichts und des Handels vom 4. März 1871: Obwohl nach der Gewerbeordnung (vergl. § 6 GO des Nordd. Bds. vom 21. Juli 1869) Gesellen, Gehilfen und Lehrlinge ortsstatutarisch zum Besuche der Handwerker-Fortbildungsschulen bis zur Vollendung ihres 18. Lebensjahres verpflichtet werden können, so dürfen doch die vorkommenden Schulversäumnisse nicht in gleichem Wege mit Strafe bedroht werden, da es hierzu in dem angezogenen Gesetz an einer Bestimmung fehlt. Die Erfüllung der Verpflichtung zum Besuche der erwähnten Schulen mufs deshalb durch eine von der kompetenten Polizeibehörde auf Grund des Gesetzes über die Polizeiverwaltung vom 11. März 1850 zu erlassende Verordnung sichergestellt werden, vergl. ME 20. April 1846 (MBl d. i. V. S. 56).

§ 57 der Verordnung vom 9. Febr. 1849: Durch Ortsstatuten kann für alle, welche am Orte gleiche oder verwandte Gewerbe selbständig treiben, die Verpflichtung festgesetzt werden, zur Beförderung solcher Einrichtungen, welche die Fortbildung der Lehrlinge, Gesellen und Gehilfen bezwecken, unter den von der Kommunalbehörde (mit Genehmigung des Bezirksausschusses) festzustellenden Bedingungen zusammenzutreten und dazu Beiträge aus eigenen Mitteln zu entrichten. Diese Beiträge sind für alle Beteiligten nach gleichen Grundsätzen abzumessen. § 59: Alle Beiträge (und Vorschüsse) der selbständigen Gewerbetreibenden und Fabrikinhaber, sowie der Gesellen, Gehilfen und Fabrikarbeiter können eventuell durch exekutorische Beitreibung im Verwaltungswege eingezogen werden, vergl. ME 4. Sept. 1876 und 28. März 1876.

Festsetzungen über die Höhe der Beiträge von seiten der Arbeitgeber und des Schulgeldes der Arbeitnehmer müssen nach der Verfügung der Minister des Innern, des Unterrichts und des Handels vom 4. März 1871 der freien Übereinkunft zwischen den Genannten und den städtischen Behörden überlassen bleiben.

Ziele und Lehrpläne gewerblicher Fortbildungsschulen. ME 14. Jan. 1864: Die gewerblichen Fortbildungsschulen haben wesentlich die Aufgabe, den Schüler mit den für seinen gewerblichen Beruf erforderlichen Kenntnissen und Fertigkeiten auszurüsten, soweit dies durch Schulunterricht geschehen kann. Auswahl und Behandlung der Lehrstoffe hat also auf das gewerbliche Leben direkten Bezug zu nehmen.

Bei wöchentlich sechs Unterrichtsstunden empfiehlt sich die Be-

---

[1] Vergl. § 149 Nr. 9 ebendaselbst.

schränkung auf Deutsch, Rechnen nebst den Anfängen der Geometrie und Zeichnen (letzteres „für die Mehrheit der Handwerkslehrlinge").

Im Deutschen ist zu achten auf Rechtschreiben, Interpunktion, grammatische Grundlage und Verbesserung der Handschrift, zweckmäßige Auswahl geschichtlicher, geographischer und naturgeschichtlicher Abschnitte aus dem Lesebuche, deren Inhalt zu besprechen und anzueignen ist; Anleitung zum schriftlichen Gebrauch der Muttersprache auf geschäftlichem Gebiete (Briefe, Eingaben, Aufsätze usw.). Auch mag in der einfachen gewerblichen Buchführung entweder hier oder bei dem Rechnen Unterweisung erfolgen.

Im Rechnen folgen die Grundarten mit benannten und unbenannten Zahlen, gewöhnliche und Decimalbrüche, Einprägung der deutschen Maße, Gewichte und Münzen, die bürgerlichen Rechnungsarten und bei den Aufgaben der Regel de tri die Zins-, Rabatt-, Gewinn- und Verlustrechnung in steter Berücksichtigung der Anforderungen des gewerblichen Lebens. Das schriftliche Rechnen ist erst bei größeren Zahlen anzuwenden, bei der Geometrie so weite Förderung zu erzielen, daß Umfang und Inhalt geradlinig begrenzter ebener Figuren und des Kreises, sowie Oberfläche und Inhalt von Körpern mit ebenen Flächen und der Kugel von den Schülern berechnet werden können.

Im Zeichnen wird Übung von Augenmaß und Handfertigkeit durch das Auffassen und Darstellen einfacher Figuren zuerst erstrebt; sodann Zeichnen im Umrisse nach einfachen Holzmodellen und solchen Gegenständen, deren zweckmäßige Formen und Verzierungen den Geschmack zu bilden geeignet sind. Hieran schließen sich Übungen im Erkennen und Wiedergeben der Wirkung von Licht und Schatten, vorzugsweise nach Gipsmodellen; ferner Übung im Gebrauche von Zirkel, Lineal und Reißfeder durch Zeichnen einfacher Flächenmuster, sowie Darstellung einfacher Körper im Grund-, Auf- und Seitenriß. Weiter werden auf der obersten Stufe (wenn 4 Stunden für Zeichnen zur Verfügung stehen) Körper in gerader und schiefer Projektion geometrisch dargestellt; Abwickelungen, Schnitte und Durchdringungen gezeichnet und Maßskizzen angefertigt, beispielsweise nach Teilen von Thüren und Fenstern, Schränken, Tischen und Stühlen für Tischler; Holzverbindungen für Zimmerer; Schlössern, Gittern, Beschlägen für Schlosser; Blechgeräten für Klempner; Maschinenteilen und Werkzeugen für Maschinenbauer. Diese Skizzen werden zu Werkzeichnungen verwandt mit den erforderlichen Ansichten, Schnitten, Abwickelungen usw. in der für das betreffende Gewerbe am besten geeigneten Darstellungsweise. („Die Fortschritte in dem eigentlichen Fachzeichnen werden freilich ganz besonders davon abhängen, daß mit dem Gewerbe vertraute Lehrkräfte den Unterricht erteilen.")

Stehen nur 4 Wochenstunden zur Verfügung, so ist nicht ratsam, neben dem Deutschen und dem Rechnen etwa noch eine Stunde für das Zeichnen zu bestimmen, da hierbei kein merkbarer Erfolg zu erreichen ist. Dagegen empfiehlt es sich in solchem Falle, den Unterricht auf den unteren Stufen auf Deutsch und Rechnen zu beschränken und auf der oberen mit denjenigen Schülern, welche in jenen Fächern das Notwendigste gelernt haben, dem Zeichnen eine ausgedehntere Zeit zu widmen.

Bei der Minderheit der Anstalten, welche, zumal in gröfseren Städten, über eine ausdehntere Zeit, reichere Mittel und Lehrkräfte verfügen, wird eine vielseitigere Gestaltung des Lehrplanes möglich sein. Je nach seinem besonderen Berufe kann der Schüler hier meist unter einer Reihe von Kursen wählen. Hier werden die mathematischen Disciplinen weitergeführt, Mechanik und Physik hinzugenommen werden können; und zu dem Freihandzeichnen und Zirkelzeichnen kann das Modellieren treten und besonderer Fachzeichenunterricht für die einzelnen Zweige und Gruppen des Handwerks eingeführt werden. Das klare Bewufstsein von der besonderen Aufgabe der gewerblichen Fortbildungsschule wird sich aber auch hier darin zeigen, dafs die reicheren Kräfte und Mittel mehr zur Vervollkommnung des Unterrichts in den wesentlichen Disciplinen, als zur Heranziehung neuer, dem Gewerbestande ferner liegender Lehrfächer benutzt werden. Wo endlich an den Anstalten sich eine ausreichende Zahl junger Leute findet, die sich dem Handelsstande widmen wollen, werden Kurse in fremden Sprachen, Handelsgeographie usw. mit Nutzen einzurichten sein, falls nicht die betreffenden Städte durch besondere Einrichtungen diesen Schülern Gelegenheit zur Fortbildung geben.

b. Auf dem Lande. Bezüglich der Einrichtung ländlicher Fortbildungsschulen fehlt es zur Zeit noch an gesetzlichen Bestimmungen. Es werden dieserhalb durch den Erlafs der Minister des Innern, des Unterrichts und der Landwirtschaft vom 2. Febr. 1876 (an die) Oberpräsidenten) Anregungen gegeben, zuvörderst die nächstbeteiligten Verbände, d. i. die Gemeinden selbst für solche Einrichtungen zu gewinnen; überdies werden landwirtschaftlichen Vereinen) usw. aus dem Dispositionsfonds des landwirtschaftlichen Ministeriums Beiträge bewilligt. Da überall den Kreisvertretungen die Befugnis verliehen ist, Ausgaben im Interesse des Kreises zu bewilligen, so sollen sie angeregt werden, einen Beitrag für [die Förderung ländlicher Fortbildungsschulen auf ihren Etat zu nehmen und als Zuschufs für solche Gemeinden zu verwenden, in denen jene Einrichtungen am leichtesten und wirksamsten ins Leben treten können. Doch sind in der Regel nur da Fortbildungsschulen zu errichten oder aus Kreismitteln zu unterstützen, wo die Gemeinden selbst eine Leistung für sie übernehmen, da nur hierin eine Bürgschaft für Gedeihen und Fortgang der Schulen begründet ist. Überdies sind die verlangten Opfer gering, zumal die Räumlichkeiten wie auch die Lehrmittel der vorhandenen Volksschulen für die Fortbildungsschulen mit benutzt werden können und die Unterhaltungskosten sich wesentlich auf die dem Lehrer zu gewährende feste Remuneration beschränken. Denn die Volksschullehrer des Ortes sind auch, soweit es irgend thunlich ist, als Lehrer an den Fortbildungsschulen zu verwenden, wobei es jedoch nicht ausgeschlossen ist, daß ausnahmsweise ein dafür besonders befähigter anderer Fachmann, namentlich wo es sich um technische Gegenstände handelt, den Unterricht übernimmt.

Lehrgegenstände ländlicher Fortbildungsschulen (daselbst in den beigefügten „Grundzügen") sind: Muttersprache, Rechnen und Raumlehre, Naturkunde auf Grundlage der Anschauung und, wo es angeht, des Experiments, Erdbeschreibung und vaterländische Geschichte, Singen, Turnen, Zeichnen. (In jedem Falle ist aber Sorge zu tragen, daß diese Fortbildungsschulen nicht den Charakter von Fachschulen annehmen, sondern die Befestigung, Ergänzung und Erweiterung der Volksschulbildung und die Vertiefung der sittlichen Tüchtigkeit als ihre Aufgabe betrachten.)

Die Wahl der Schultage steht den Gemeinden bezw. Schulvorständen frei, doch sind am Sonntage die Stunden des Hauptgottesdienstes vom Unterricht freizulassen.

Die ländlichen Fortbildungsschulen stehen unter Aufsicht der Regierung und der in ihrem Auftrage handelnden Kreis- und Lokalschulinspektoren. Zu Prüfungen und Revisionen sind möglichst die bewährten Landwirte des Bezirks und Vorstandsmitglieder der landwirtschaftlichen Vereine hinzuzuziehen.

Staatsbeiträge für Westpreußen und Posen. Gesetz vom 4. Mai 1886 (GS 143) § 1: Zur Einrichtung und Unterhaltung von Fortbildungsschulen in den Provinzen Westpreußen und Posen ist der Minister für Handel und Gewerbe ermächtigt, den Gemeinden laufende Zuschüsse aus Staatsmitteln zu gewähren, geeignetenfalls auch solche Schulen aus Staatsmitteln zu errichten und zu unterhalten. § 2. An denjenigen Orten jener Provinzen, in welchen die Verpflichtung zum Besuche der Fortbildungsschulen nicht durch Ortsstatut begründet wird, kann von dem Minister für Handel und Gewerbe den Arbeitern unter 18 Jahren (vergl. § 120 GO) diese Verpflichtung auferlegt werden.

(Durch Allerh. Erlaß vom 3. Sept. 1884 ist das Fortbildungsschulwesen dem Ressort des Ministeriums für Handel und Gewerbe überwiesen.)[1]

---

[1] Über Fachschulen der Innungen (vergl. §§ 97a. 98a GO) siehe unter „Fachschulen".

## § 2. *Unterrichtsanstalten für nicht vollsinnige Kinder.*

Taubstummen-, Blinden- und Idiotenanstalten sind meist Internate, die aus Mitteln der Anstalt, staatlichen, provinziellen und kommunalen Zuschüssen, Stiftungen, Beiträgen und Sammlungen sowie dem für die Zöglinge von seiten der Verpflichteten gezahlten Pflege- und Schulgelde unterhalten werden. Nach § 4 Abs. 4 und 5 des Gesetzes vom 8. Juli 1875 betreffend die Dotation der Provinzial- und Kreisverbände ist ein Teil der aus Staatsfonds dieserhalb überwiesenen Summen zur „Fürsorge bezw. Gewährung von Beihilfen für das (Irren-,) Taubstummen- und Blindenwesen", sowie zur „Unterstützung (milder Stiftungen,) von Rettungs-, Idioten- (und anderer Wohlthätigkeits-) Anstalten" zu verwenden. Allerh. Erlaſs vom 27. Juli 1885 (GS 350): Die Ausübung der Schulaufsicht über Taubstummen- und Blindenanstalten wird in der Provinzialinstanz dem Geschäftskreise der Provinzial-Schulkollegien überwiesen. Vergl. ME 31. Okt. 1881, 20. Okt. 1885.

Erlaſs der Minister des Innern und des Unterrichts vom 12. Jan. 1876: Die Leitung und ein wesentlicher Teil der Beaufsichtigung, sowie die Anstellung der Lehrer an Taubstummenanstalten steht den Vorständen der Provinzialverbände zu; jedoch ist die Genehmigung der Reglements für den Unterricht und die Bestätigung der Lehrpläne der staatlichen Aufsichtsbehörde dem Provinzial-Schulkollegium vorbehalten. Die Anstellung der Lehrer geschieht durch den Provinzialausschuſs, die der Hilfslehrer (Hilfsarbeiter und Beamten) durch den Landesdirektor § 5 Abs. 4 und § 33 des Reglements betr. die dienstlichen Verhältnisse der Provinzialbeamten. Hinsichtlich der Qualifikationsbedingungen bei der Anstellung dieser Lehrer hat die Prüfungsordnung für Lehrer und Vorsteher an Taubstummenanstalten (vergl. CE 27. Juni 1878) als Grundlage zu dienen ME 26. Juli 1879.

Anstalten für Idioten. Erlaſs der Minister des Innern und des Unterrichts vom 24. Dez. 1859: Da genügende Resultate in Erziehung und Unterricht nur durch uneigennützigste Aufopferung besonders begabter Persönlichkeiten erzielt werden können, so dürfen Bildungs- und Erziehungsinstitute für Schwachsinnige nicht etwa mit Irrenheilanstalten und ähnlichen Instituten vereinigt werden, sondern sie bedürfen einer selbständigen Einrichtung und der Leitung eines pädagogisch durchgebildeten Lehrers und Erziehers von besonderer Vorliebe und Befähigung für seine Aufgabe.

(Geschichtlich-statistischen Überblick, Reglements und Lehrpläne der Taubstummen- und Blindenanstalten vergl. bei SCHNEIDER und v. BREMEN, Das Volksschulwesen im Preuſsischen Staate III, 164—212, specielle Lehrpläne, Angaben von Lehrmitteln und Erziehungsmethoden daselbst S. 606—671.)

## II. Der Volksschulunterricht im übrigen Deutschland.

### 1. Kapitel. Abrifs des deutschen Volksschulrechts.[1]

Die Entwickelung des Volksschulwesens in den einzelnen Gebieten des Deutschen Reiches hat zwar in geschichtlicher Beziehung einigermafsen einen gleichartigen Verlauf genommen; in verwaltungsrechtlicher und gesetzgeberischer Hinsicht hat aber die Selbständigkeit der Einzelstaaten sowohl nach der sachlichen Seite wie in der zeitlichen Folge der Entwickelungsstufen der Volksschule grofse Verschiedenheiten bedingt. Auch die Abgrenzung des Volksschulgebietes ist in den Bundesstaaten nicht ohne erhebliche Abweichungen. Deshalb ist es nicht leicht, ein übersichtliches Bild über das Volksschulwesen des gesamten Deutschen Reiches in gedrängter Kürze zu geben, zumal die Rechtsquellen für dieses Gebiet bezüglich der nichtpreufsischen deutschen Bundesstaaten sehr zerstreut liegen und nicht immer leicht zugänglich sind.

1. Die Schulpflicht. Der Grundsatz der allgemeinen Schulpflicht ist in sämtlichen Staaten des Deutschen Reiches durchgeführt, und ein gewisses Mindestmafs geistiger Ausbildung und sittlicher Erziehung ist jedem Kinde überall gesichert. Die Staatsregierungen haben es schon seit vielen Jahrzehnten nicht mehr dem guten Willen und der Einsicht der Eltern und Pfleger überlassen, ob sie den Kindern die Gelegenheit zur Erwerbung der notwendigen Kenntnisse geben wollen. Bestimmte Jahre des Kindesalters sind überall der Schulpflicht vorbehalten, und während dieser Zeit erstreckt sich der Schulzwang mit den durch konfessionelle und örtliche oder sonstige zulässige Rücksichten bedingten Mafsgaben auf alle in den vorgeschriebenen Lehrplänen der Volksschule aufgenommenen Unterrichtsgegenstände.

Der Schulpflicht unterliegen in erster Reihe die Kinder der Staatsangehörigen. Auf Grund von Verträgen zwischen den einzelnen Bundesstaaten, mit Ausschlufs von zwei Staaten, welche „unter Angabe von Gründen" ein Übereinkommen abgelehnt haben, sind auch die Kinder von anderen Reichsangehörigen zum Schulbesuche verpflichtet. Die Schulpflicht, welche auch in den einzelnen Landesteilen Preufsens nicht immer mit gleichen Lebensjahren beginnt und endet, erstreckt sich in Bayern vom 6. bis zum zurückgelegten 13. Jahre,

---

[1] Vergl. „Volks- und Mittelschulen usw. im preufsischen Staate von Dr. K. Schneider und Dr. A. Petersilie" (Berlin 1893) und „Zeitschrift des Königl. preufs. statist. Bureaus" Jahrg. 1894, S. 157 ff.

ebenso in Elsafs-Lothringen für Mädchen, in Württemberg und Lippe-Detmold vom 7. bis zum 14., in den übrigen Bundesstaaten vom 6. bis 14. Lebensjahre. In einzelnen Staaten, wie in Elsafs-Lothringen, Bayern, und Württemberg, ist die Entlassung aus der Volksschule von einer Abgangsprüfung abhängig. Geistig und sittlich nicht genügend reife Volksschüler können überall um ein Jahr länger, in Baden wenigstens die Knaben, in Württemberg sogar um zwei Jahre über die gesetzliche Schulpflicht hinaus in der Volksschule zurückgehalten werden. Manche der deutschen Staaten haben auch eine über das schulpflichtige Alter hinausgehende Verpflichtung zum Besuche von Fortbildungs-, Sonntags- und Feierabendschulen eingeführt. So verlangt Baden einen solchen Schulbesuch von den Knaben zwei Jahre lang, von den Mädchen ein Jahr; Bayern, Sachsen und Hessen fordern ihn drei Jahre hindurch; Württemberg hat das 18. Lebensjahr als Grenze hierfür festgesetzt; in Sachsen Coburg-Gotha, Schwarzburg-Sondershausen und Waldeck (nur im Winter) besteht ein zweijähriger Kursus für Knaben, in Sachsen-Meiningen (im Winter, in den Städten auch im Sommer) für beide Geschlechter.

Zeitliche oder vorübergehende Befreiungen von der Ableistung der allgemeinen Schulpflicht in der Volksschule werden aus gesundheitlichen, wirtschaftlichen und ähnlichen Rücksichten überall gestattet, haben aber einen Beschlufs der Schulbehörden zur Voraussetzung, so dafs ein Mifsbrauch der Schulpflichtbefreiungen ausgeschlossen ist. Selbstverständlich fällt der Zwang zum Besuche der Volksschulen fort, wenn und soweit für die ordnungsmäfsige Beschulung der Pflichtigen anderweit gesorgt ist und darüber der Nachweis erbracht wird.

Unerlaubte Schulversäumnis wird bestraft, bei den Schülern im Wege der disciplinarischen Schulstrafen, bei den schuldigen Eltern durch gerichtliche oder Polizeistrafen, auch durch Entziehung der Armenunterstützung (z. B. in Elsafs-Lothringen) usw.

2. Die Schulbezirke. Die Abgrenzung der Schulbezirke (Schulsprengel und dergl.) und damit im Zusammenhange die Umschreibung des Kreises der Träger der Schulunterhaltungspflicht ist in der Regel Sache der Schulaufsichtsbehörde und pflegt sich, der Natur der Volksschule entsprechend, den politischen Gemeinden, Ortschaften und dergl. anzuschliefsen, so in Bayern, Württemberg, Baden, Hessen, Elsafs-Lothringen. Die Dichtigkeit der Besiedelung, konfessionelle Verhältnisse u. a. m. begründen mancherlei Ausnahmen von der Regel. In Bayern, Württemberg, Baden, Hessen, Sachsen-Coburg-Gotha, Braunschweig und Schwarzburg-Sondershausen soll grundsätzlich jede Gemeinde (politische oder bürgerliche) eine Volksschule haben. Bayern verlangt eine solche auch für jeden Zweigort, der nach fünfjährigem Durchschnitte 25 Kinder über eine Stunde weit zur Schule sendet;

Württemberg setzt 15 Familien, Hessen 30 schulpflichtige Kinder als Mindestzahl für Gründung einer eigenen Anstalt fest. Beide Mecklenburg, Oldenburg, Braunschweig, Sachsen und Württemberg kennen Volksschulen nur als Konfessionsschulen; in Hessen ist die „gemeinsame" Schule (die paritätische) die Regel; Ausnahmen sind unter Zustimmung der politischen Gemeinden und der Schulvorstände zugelassen. In Bayern ist der konfessionelle Charakter vorherrschend; ausnahmsweise können auf Antrag der Gemeindebehörden konfessionell getrennte Volksschulen mit Genehmigung der kirchlichen Oberbehörden in gemischte (simultane, paritätische) umgewandelt, paritätische konfessionell getrennt werden. Eine solche Trennung ist nach zehnjährigem Bestehen einer Anstalt auch in Baden angängig, die konfessionelle Mischung von kirchlicher Genehmigung hier aber unabhängig; jedoch kann die konfessionelle Minderheit, wenn sie drei Jahre hindurch über 20 Kinder oder ebenso viel wie die Mehrheit gestellt, die Errichtung einer besonderen Konfessionsschule fordern.

3. Die Lehrgegenstände. Die Lehrgegenstände der Volksschulen sind im allgemeinen in allen Staaten dieselben wie in Preufsen: Religion, Lesen, Schreiben, Rechnen, Anfänge der Raumlehre, Zeichnen, Geschichte, Geographie, Naturkunde, Gesang, Turnen, weibliche Handarbeiten. Nur Mecklenburg-Schwerin hat auf dem Lande für Geschichte und Naturkunde keine besonderen Stunden angesetzt und betreibt Deutsch und Geographie nur in den Domanialschulen (ursprünglich landesherrlichen Patronates). Raumlehre hat neben dem Rechnen keine Stelle in Bayern, wo der Unterricht in weiblichen Handarbeiten auch nur in Unterfranken und der Oberpfalz obligatorisch ist. Anderseits hat Braunschweig neben geordnetem Religionsunterricht, Bibelkunde und Religionsgeschichte, Weltgeschichte, „die Lehre vom menschlichen Körper und der menschlichen Seele", Hamburg aufser den übrigen Gegenständen des Volksschulunterrichts Geometrie und Algebra, Englisch und Französisch, Physik und Chemie, indem nur bei Wenigstbemittelten die Aneignung fremder Sprachen als entbehrlich erachtet wird. Die Leitung und Überwachung des Religionsunterrichtes ist meist den Geistlichen oder den Kirchenbehörden vorbehalten, und letztere haben vereinzelt, z. B. in Bayern, das Recht, Anordnungen über die Lehrbücher zu treffen; in Bayern, Baden und Elsafs-Lothringen ist der Katechismusunterricht Sache der Geistlichen, die Vorbereitung dazu Sache des Lehrers; in Baden trifft die geistliche Behörde die Einrichtung des Lehrplans für den Religionsunterricht; in Bayern, Württemberg, Baden hat der Lehrer dabei mitzuwirken; in Hessen darf der Geistliche nur auf Grund besonderer Abmachungen den Religionsunterricht erteilen; in Bremen erhalten die älteren Schüler (von 12—14 Jahren) diesen Unterricht aufserhalb der Schule bei den Geistlichen ihrer Konfession; in Sachsen

ist der konfessionelle Religionsunterricht auch für dissidentische Kinder obligatorisch.

Die Volksschulen sind in einzelnen Staaten ihrer lehrplanmäfsigen Einrichtung nach in verschiedene Grade geteilt; so bestehen neben den „einfachen" in Sachsen „mittlere" und „höhere", in Baden, Hessen, Oldenburg und Anhalt „erweiterte" bezw. „gehobene", die nicht nur klassenmäfsig, sondern auch nach ihren Lehrzielen (durch Hinzunahme fremder Sprachen usw.) und ihrer Lernzeit über den Rahmen eigentlicher Volksschulen hinausgehen. Auch für „Stadtschulen" und „Landschulen" finden sich lehrplanmäfsige Besonderheiten. Diese Abweichungen sind aber nicht überall charakteristisch, weshalb eine Ausscheidung der Schulen der höheren Kategorie, wie z. B. bei den sogenannten Mittelschulen Preufsens, vielfach nicht angängig ist.

4. Die Schulunterhaltung. Die Schulunterhaltungskosten sind in den meisten Staaten grundsätzlich von den Gemeinden zu tragen. Anteilweise sind auch der Staat, in wenigen Bundesstaaten auch die gröfseren Kommunalverbände an der Aufbringung beteiligt.

In der Regel hat die Schulaufsichtsbehörde die Befugnis, die Höhe des Bedarfes festzusetzen; wie in Preufsen, so hat aber auch in Bayern, Württemberg, Baden, Hessen u. a. die Gesetzgebung den Organen der Verwaltungsrechtspflege bezw. den höheren Selbstverwaltungsbehörden bestimmte Befugnisse zur Beurteilung der Verpflichtung der Gemeinden usw., der zulässigen Höhe der von der Schulaufsichtsbehörde erforderten Leistungen und dergl. übertragen und damit die rein bureaukratische Einwirkung der letzteren beschränkt oder beseitigt.

An den Deckungsmitteln der Schulunterhaltungskosten ist fast in allen Staaten der Ertrag des Schulvermögens beteiligt, oft auch der des Kirchenvermögens. „Örtliche Stiftungen", „Ortsfonds" (so in Baden), „Landabfindungen" und dergl. werden nach den Gesetzen der einzelnen Staaten überall zunächst zur Deckung der Schulkosten herangezogen; in einzelnen Fällen ist sogar Vorsorge getroffen, dafs die Bestandteile eines vorhandenen Schulvermögens planmäfsig vermehrt, oder dafs ein solches neu begründet werde.

Ein anderer Teil des Bedarfes wird aus dem Schulgelde gedeckt. Wie in Preufsen, so ist dessen Erhebung neuerdings in einigen andern Staaten des Reiches eingeschränkt worden; viele haben das Schulgeld aber beibehalten. So ist es in Sachsen eine gesetzliche Einrichtung und darf von den Gemeinden nicht abgeschafft werden, ist vielmehr als Deckungsmittel der Schulunterhaltungskosten in die erste Stelle gerückt. In Württemberg mufs es erhoben werden, sobald der Fall des „Gemeindeschadens" eintritt, d. h. sobald Umlagen zur Deckung des Schulbedarfs notwendig werden. Das Schulgeld wird in der Regel zur Gemeinde-, zuweilen auch zur Staatskasse erhoben; in Bayern und Elsafs-

Lothringen gebührt es aber dem Lehrer; in Baden erhält der Lehrer ein bestimmtes Aversum, welches alle drei Jahre festgesetzt wird und einen Mindestbetrag nicht unterschreiten soll. Das Schulgeld ist in Bayern auch für Kinder, welche die Schule nicht besuchen und privatim unterrichtet werden, zu zahlen; ebenso kann in Sachsen durch die Lokalschulordnungen bestimmt werden, dafs auch Kinder, welche die Ortsschule nicht besuchen, zur Schulgeldzahlung bis zur Hälfte des höchsten ortsüblichen Schulgeldsatzes herangezogen werden. Die Schulgeldsätze sind meist nach dem Höchstbetrage begrenzt, in Württemberg, Hessen u. a. nach Ortsklassen bezw. nach der Einwohnerzahl der Orte, in Baden nach der dreijährigen Durchschnittszahl der Schulkinder; hier und da ist es auch nach Schulklassen, nach den Vermögens- oder Steuerverhältnissen und nach den Familienverhältnissen der Schulgeldpflichtigen (Sachsen) abgestuft. Wo, wie in Bayern, Sachsen, Baden und Braunschweig, das Schulgeld einen bestimmten Teil des Diensteinkommens des Lehrers bildet, ist es für Unbemittelte aus der Ortsarmenkasse und dergl. zu zahlen.

Von besonderer Bedeutung ist die Deckung der Schulkosten durch die öffentlich-rechtlichen Kommunalverbände und den Staat.

Während in Preufsen entweder die Schulsozietäten der Hausväter oder die politischen Gemeinden und Gutsherrschaften die Träger der Schulunterhaltungspflicht sind, herrscht in Sachsen das Sozietätsprinzip; in Anhalt bestreitet die Staatskasse die Ausgaben, soweit sie nicht durch Dotationsvermögen oder infolge rechtlicher Verpflichtung gedeckt werden, wofür sie 40 Prozent des Schulgeldes beansprucht; in allen übrigen Staaten liegt die Schullast den politischen Gemeinden ob. Höhere Kommunalverbände haben in Bayern und Elsafs-Lothringen einen Teil der Schulunterhaltung zu übernehmen. Die Erhebung der Schulkosten erfolgt durch Umlegung von Abgaben bezw. Beiträgen, wobei jeder Steuerzahler entweder, wie in Bayern und Hessen, nur zur Deckung des Bedarfes der Schule seiner Konfession herangezogen werden darf, oder, wie in Württemberg, Baden, Elsafs-Lothringen, die Konfession der Gemeindebürger keinen Unterschied in der Aufbringung der Schulkosten begründet. Der Mafsstab der zu erhebenden Umlagen ist in verschiedenen Staaten besonders geregelt, beispielsweise in Sachsen, wo die Schulunterhaltungskosten teilweise zur Hälfte nach dem Verhältnisse der Steuereinheiten des Grundbesitzes, zur anderen Hälfte nach dem Verhältnisse der über 14 Jahre alten Gemeindemitglieder aufzubringen sind, in Baden, wo die Zahl der zur Schule gehörigen Bevölkerung den Mafsstab abgiebt, in Württemberg, wo die Zahl der zum Schulverbande gehörigen Familien die Grundlage bildet usw. — Die Kirchengemeinden sind herkömmlich verschiedenerorten an der Aufbringung der Lehrergehalte und an der

1. Kapitel. Abrifs des deutschen Volksschulrechts. 131

Tragung der Baulasten beteiligt, wie denn, der Entwickelung des Volksschulwesens in Deutschland entsprechend, noch zahlreiche Lehrerstellen mit einem Kirchenamte organisch und dauernd verbunden sind. Der Staat trägt einen Teil der Schulunterhaltungslast einerseits infolge rechtlicher Verpflichtung als Rechtsnachfolger im Eigentume früherer Stiftungen, Klöster usw. oder als Eigentümer von Gütern und anderem unbeweglichen Vermögen, anderseits in der Form von Beihilfen und Unterstützungen, die, wie in Preufsen, so auch in einzelnen anderen Staaten teils nach festgelegten Grundsätzen zu gewähren sind, teils von den Verwaltungsbehörden nach dem schwankenden Bedürfnisse bemessen werden. In Bayern erhalten die Kreise den gröfseren Teil der von ihnen zu leistenden Volksschulzuschüsse aus der Staatskasse; in Baden trägt der Staat gesetzlich den Teil der Schulkosten, welcher noch ungedeckt bleibt, wenn die Gemeinden einen bestimmten Höchstbetrag durch die vorgeschriebenen Umlagen aufgebracht haben, unter besonders ungünstigen Steuerverhältnissen sogar die ganze Schullast; in Hessen gewährt die Staatskasse an die Gemeinden zu Schulbauzwecken niedrig verzinsliche oder zinsfreie Darlehen; in Sachsen wird alljährlich der dritte Teil der in jeder Steuergemeinde aufkommenden Grundsteuer an die Schulgemeinde der konfessionellen Mehrheit überwiesen, welche diesen Betrag nach dem Verhältnisse der Kinderzahl gegebenen Falls mit der Schulgemeinde der konfessionellen Minderheit zu teilen hat; in Anhalt und Oldenburg übernimmt die Staatskasse die Pensionen und die Versorgung der Witwen und Waisen der Lehrer, in Sachsen-Meiningen, Sachsen-Weimar-Eisenach, Lippe, Hessen, Baden und Württemberg trägt sie nicht unwesentlich zu diesen Leistungen bei.

Auf dem Gebiete der Volksschulunterhaltung besteht im Deutschen Reiche eine sehr grofse Vielgestaltigkeit, entsprechend der geschichtlichen Entwickelung des Volksschulwesens und des Verwaltungsrechts. Einheitlich erscheint aber überall der Grundgedanke, dafs in erster Linie ein engerer Kreis von grundsätzlichen Trägern der Schulunterhaltungspflicht in den Schulgeld zahlenden unmittelbaren Schulinteressenten sowie in den politischen Gemeinden oder Schulverbänden u. dergl. geschaffen ist und erst in zweiter Linie die höheren Kommunalverbände und der Staat zur Deckung der Schullasten herangezogen werden. Aufser durch die in Gestalt des Schulgeldes zu zahlende Gebühr als Entgelt für die Leistung der Schulveranstaltung ist die gesamte Bevölkerung in den engeren Kreisen der gemeindlichen Organisation überall durch Leistungen ihrer Steuerkraft ganz unmittelbar und in thunlichst gleichmäfsigem Umfange mit den Interessen und dem Gedeihen der Volksschule eng verknüpft, so dafs diese eine echt volkstümliche Erscheinung im deutschen Volksleben genannt zu werden verdient.

9*

5. **Die Lehrkräfte.** Die Voraussetzung für die Anstellung als Lehrer oder Lehrerin ist überall vollständige und planmäfsige Vorbildung und Ablegung der staatlicherseits verordneten Prüfungen. Bei Lehrern verleiht sonst das Bestehen der am Schlusse der Seminarzeit abzulegenden ersten Prüfung (Entlassungsprüfung, Seminarschlufsprüfung usw.) das Recht zur vorläufigen (widerruflichen, provisorischen usw.) Anstellung im Schulamte, welche in Bayern vier Jahre, in Sachsen, Württemberg und Hessen zwei Jahre, in Baden drei bis sechs Jahre dauert. Nur in Mecklenburg-Schwerin hat die vorbereitende und 2—3 Jahre dauernde Schulamtsthätigkeit nach der den Präparandenunterricht abschliefsenden „Schulassistentenprüfung" und vor dem eigentlichen von einer Aufnahmeprüfung abhängigen Seminarbesuche ihre Stelle gefunden. In Bayern und Hessen ist die Ausbildung auf einem staatlichen Seminare obligatorisch. In Sachsen müssen nicht seminarisch vorgebildete Lehramtskandidaten mindestens 19 (Lehrerinnen 18) Jahre alt sein, wenn sie zur ersten Prüfung zugelassen werden wollen. Mitglieder geistlicher Orden sind in Baden und Hessen vom Lehramte ausgeschlossen; in Bayern müssen Ordensschwestern, um zum Lehramte zugelassen zu werden, die zweite (Befähigungs-) Prüfung ablegen. Die Lehrerinnen müssen in der Regel unverheiratet sein und während der Dauer ihrer Lehrthätigkeit unverheiratet bleiben.

Die Pflichten der Lehrer regeln sich im allgemeinen nach den für Staatsbeamte geltenden Gesetzen, da die Lehrer zwar in der Regel nicht als Staatsdiener, wohl aber als mittelbare Staatsbeamte angesehen werden. Hieraus ergeben sich mancherlei Beschränkungen ihrer staatsbürgerlichen Rechte; so dürfen sie Nebenbeschäftigungen gegen Entgelt nicht oder nur unter Zustimmung der Aufsichtsbehörde übernehmen, dürfen nach Reichsrecht weder zu Schöffen, noch zu Geschworenen berufen werden, dürfen hier und da Ämter (auch unbesoldete) der Selbstverwaltung nicht führen, dürfen nicht Jagdpächter im Schulsprengel (Bayern) sein u. dergl. m. Dagegen haben sie gewisse Rechte auf strafrechtlichen Schutz, auf Schutz bei der Zwangsvollstreckung, auf Vergünstigung bei Ableistung der Militärdienstpflicht usw. und vor allem in den meisten Staaten das wichtige Recht auf den Gehaltsbezug, die Pension und die Versorgung der Witwen und Waisen. Das Recht auf Pension fehlt den Lehrern in Bayern und Württemberg; die Pensionsgewährung besteht aber auch hier thatsächlich, da in Bayern die ordentlichen Lehrkräfte als Mitglieder der „Unterstützungsvereine[1]) für dienstunfähige Lehrer" 595—850, die nichtständigen 355—595 M. jährlich erhalten, in Württemberg aber die Regierung

---

[1]) Solche Vereine müssen nach dem Schuldotationsgesetze vom 10. November 1861 in jedem Regierungsbezirke vorhanden sein.

## 1. Kapitel. Abriſs des deutschen Volksschulrechts.

dienstuntüchtig Gewordenen ein Ruhegehalt aus der Pensionskasse anweisen läfst. In Mecklenburg-Schwerin ist das Pensionswesen nur bei den Domanialschulen geregelt; bei den ritterschaftlichen und städtischen hingegen hängt die Pensionierung von dem guten Willen und den Mitteln der Patrone ab, während Witwen und Waisen nur zum kleineren Teile auf die Gnade der Kommunen, zum gröſseren auf Selbsthilfe angewiesen sind. Weder das Recht auf Pension, noch deren thatsächlichen Bezug genieſsen in Mecklenburg-Strelitz die Lehrer und deren Hinterbliebene bei den Schulen ritterschaftlichen Patronates. In den übrigen Bundesstaaten flieſsen die gesetzmäſsigen Ruhegehalte und Witwengelder entweder aus den gröſstenteils staatlich unterstützten Pensionskassen der Kommunalverbände und Korporationen oder, wie in Oldenburg und Anhalt, unmittelbar aus der Staatskasse. Die Pensionierung setzt in Sachsen-Altenburg elfjährige, in Sachsen und Elsafs-Lothringen zehnjährige, in Württemberg neunjährige, in Baden und Hessen fünfjährige, in Bayern, Weimar, Lippe, Reuſs und Oldenburg keine begrenzte Dienstzeit voraus. Die Höhe der Pension ist im Mindestbetrage in Sachsen und Braunschweig auf $33^1/_3$, in Altenburg auf 34, in Württemberg, Baden, Hessen, Weimar, Gotha, Koburg, Lippe und Reuſs auf 40, in Oldenburg auf 50, in Sachsen-Meiningen auf 60 Prozent des Diensteinkommens, der Höchstbetrag in Sachsen auf 80, in Oldenburg auf 90, in Württemberg auf $92^1/_2$, in Braunschweig, Hessen und Anhalt auf 100 Prozent des Diensteinkommens festgesetzt. Die Pension steigert sich mit den Dienstjahren nach verschiedenen Abstufungen. Die Lehrerinnen erhalten in Baden nach 40 Dienstjahren das volle Diensteinkommen als Pension; in Württemberg dürfen sie die Gewährung eines „Gratials" von 40—60 Prozent ihres Gehaltes aus der Staatskasse gewärtigen. In Bayern, Württemberg, Sachsen, Braunschweig, Oldenburg, Reuſs und Lippe haben die Lehrer zu den Pensionskassen Beiträge zu entrichten; in Hessen sind die Gemeinden hierzu verpflichtet. (Über Preuſsen vergl. w. o.).

Die ordentlichen Lehrkräfte der Volksschulen im Deutschen Reiche sind demnach durchweg fachlich ausgebildet, unabsetzbar (bis auf Mecklenburg) oder nur durch disciplinarischen oder Richterspruch nach ordnungsmäſsigem Verfahren aus dem Amte zu entfernen, sobald sie nach Ablegung der zweiten Prüfung fest angestellt sind, haben rechtlichen Anspruch auf Diensteinkommen, dessen Beschlagnahme, Verpfändung und Übertragung mehrfachen Einschränkungen unterliegt, im Falle der Dienstunfähigkeit in den meisten Staaten auf Ruhegehalt und im Falle des Todes auf Versorgung ihrer Witwen und Waisen. Die meisten gesetzlichen Rechte der Beamten stehen auch ihnen zur Seite. In beiden Mecklenburg sind an allen drei Gattungen der Volksschule die ordentlichen Lehrer auf Kündigung angestellt.

(6. Das Privatschulwesen. Wie in Preußen, so ist auch in den übrigen deutschen Staaten das Privatschulwesen, welches der Vorgänger des öffentlichen Schulwesens war, durch die immer mehr gesteigerte Pflege der öffentlichen Volksschulen nach und nach so sehr in den Hintergrund gedrängt worden, daſs es heute, von einzelnen blühenden Anstalten abgesehen, eine erhebliche Bedeutung nicht mehr hat. Die Gesetzgebungs- und Verwaltungspraxis der einzelnen Staaten hat auch ihrerseits dazu beigetragen, daſs für das Privatschulwesen wenigstens nicht ein besonders fruchtbarer Boden geschaffen wurde; sie hat überall an die Schulhalter privater Anstalten, an deren Lehrkräfte und die Einrichtungen dieselben Anforderungen gestellt, wie auf dem Gebiete des öffentlichen Volksschulwesens, und eine durch manche formellen Bestimmungen noch verstärkte staatliche Einwirkung der Schulaufsichtsbehörden geschaffen. Personen, welche Privatschulen errichten oder leiten, oder an solchen unterrichten wollen, müssen überall ihre sittliche und wissenschaftliche Befähigung nachgewiesen haben, als Begründer solcher Anstalten in Bayern und Sachsen auch einen Ausweis über den Besitz der erforderlichen Mittel beibringen. Die Errichtung von Privatschulen durch kirchliche Korporationen ist in Sachsen und Baden nur auf Grund eines besonderen Gesetzes, in Bayern nur mit Landesherrlicher Genehmigung zulässig. Mitgliedern religiöser Orden kann die Lehrthätigkeit in Baden durch die Staatsregierung in einzelnen Fällen widerruflich gestattet werden. In Gebieten mit nicht deutscher Volkssprache ist selbstverständlich auch die Beherrschung der deutschen Sprache Voraussetzung.

Der Privatschulunterricht entbindet von dem Besuche der öffentlichen Volksschule, in einzelnen Staaten auch von der Tragung der Unterhaltungskosten der öffentlichen Volksschulen. Die Privatschulen werden der fortdauernden Schulaufsicht des Staates unterworfen, insbesondere in Bezug auf Einrichtung und Einhaltung des Lehrplanes, den Gang des Unterrichtes, die Wahl der Lehrer, die Lehrmittel usw., so daſs die Gewähr dafür geboten ist, daſs der Unterricht in Privatschulen den der öffentlichen Volksschulen einigermaſsen ordnungsmäſsig ersetzt. Die regelmäſsige Besichtigung und Prüfung der Privatschulen ist allgemeiner Grundsatz.)

## 2. Kapitel. Die einzelnen Staaten.

1. **Anhalt.** Die Schulpflicht beginnt mit dem vollendeten sechsten und endet mit dem vollendeten vierzehnten Lebensjahre. In den ehemaligen Herzogtümern Dessau und Köthen ist der Unterricht in den Landschulen vorläufig noch halbtägig, sodaſs jede der beiden Klassen 14—18 Stunden wöchentlich empfängt. Die Unterrichtsgegenstände sind die gewöhnlichen, in den Realien dem Plane des Lesebuchs eng

angelehnt. In den Städten, zumal im Bernburgischen Landesteil, bestehen neben den Volksschulen vielfach gehobene, sogen. Rektorschulen, deren Oberklassen den Unterricht auf Latein und Französisch ausdehnen. Turnunterricht ist nicht überall eingeführt.

Das Rechtsverhältnis der Volksschullehrer ist das der übrigen Staatsbeamten. Die Gehaltsminima, welche unter 750 M. nicht hinuntergehen, sind nach Dienstjahren und örtlichen Verhältnissen abgestuft. Neben dem Gehalte wird eine Teuerungszulage (nicht pensionsberechtigt) von 90 M. auf dem Lande, von 120 M. in den Grofsstädten gewährt. Pensionsberechtigung mit vollem Gehalte tritt nach 50 Dienstjahren ein.

An der Spitze des Schulverbandes steht der Schulvorstand, zu welchem die ersten Lehrer jeder Anstalt von Amts wegen gehören. Die Schulgemeinde wird vertreten durch die Organe der bürgerlichen Gemeinde, bei Sozietäten mehrerer Gemeinden durch Bevollmächtigte der letzteren.

Die Bestreitung der Volksschulkosten regelt sich nach dem Gesetz vom 28. Febr. 1873, nach welchem sämtliche Unterhaltungskosten, die nicht aus eigenem Schulvermögen oder rechtlicher Verpflichtung Dritter Deckung finden, aus der Staatskasse bestritten werden, an welche 40 Procent des eingehenden Schulgeldes abzuführen sind. Aufserdem trägt der Staat bei Schulbauten oder gröfseren Reparaturen ⅝ der gesamten Baulast.

2. **Baden.** Gesetz vom 26. Februar 1894 (über die Aufsichtsbehörden der Volksschulen); Gesetz vom 8. März 1868, MV 11. Sept. 1868; Schulordnung für die Volksschulen vom 27. Februar 1894; Gesetz vom 13. Mai 1892: Das schulpflichtige Alter dauert vom 6.—14. Lebensjahr, doch können Schwächliche zu Anfang dispensiert. Knaben wegen Unfleifses länger zum Schulbesuch angehalten werden, während Mädchen auch dann zum Herbsttermine zu entlassen sind, wenn sie erst bis zum nächsten 31. Dezember das 14. Lebensjahr vollenden. In den zumeist aus zwei nach Alter und Kenntnissen abgeteilten Klassen bestehenden und von einem Lehrer besorgten Landschulen werden Knaben und Mädchen zusammen unterrichtet. Trennung der Geschlechter erfolgt erst dann, wenn vier oder mehr Lehrer an einer Anstalt beschäftigt sind. Die Unterrichtszeit für beide Klassen der einfachen Volksschule umfafst 28—32 Lehrstunden wöchentlich (mit Ausschlufs der Stunden für Leibesübungen). Unterrichtsgegenstände sind Religionslehre, Sprachlehre und Schreiben (5—6 Stunden), Gröfsenlehre (Rechnen und Raumlehre 3—4 Stunden), Zeichnen, Gesang und Realien (Naturgeschichte, Naturlehre, Erdkunde und Geschichte 2—4 Stunden). Dem Unterrichte in der Sprachlehre liegt ein von der Oberschulbehörde ausgearbeitetes Lesebuch, dem Religions-

unterricht, welchen in den oberen Klassen der Pfarrer erteilt, der Katechismus, die Bibel (in protestantischen Schulen) und ein Lehrbuch für biblische Geschichte zu Grunde. (Vergl. Verf. Ob.-Sch.-R. 12. März 1894.) Ein Stunden- und Lehrplan ist in allgemeinen Umrissen vorgezeichnet; ein vom Kreisschulrat zu bestätigender Lehrplan wird für jede einzelne Schule besonders ausgearbeitet. In weiblichen Handarbeiten werden die Mädchen vom 10. bis 11. Lebensjahre an von eigens dazu angestellten Lehrerinnen unterrichtet. (Vergl. Verfügung des Oberschulrats vom 3. März 1891.) Das Turnen der Knaben schliefst sich an das militärische Turnen an und soll eine Vorschule für den Wehrdienst bilden.

Die erweiterte Volksschule, welche für jeden der 8 Jahrgänge möglichst eine Klasse bilden soll, verlängert die Unterrichtszeit und dehnt die Lehrgegenstände auch über das Französische und Englische aus (vergl. im übrigen Gesetz vom 16. Febr. 1872 und §§ 92—97 des Gesetzes vom 13. Mai 1892).

ME 28. Febr. 1894: Die Anstellung der Hauptlehrer geschieht durch die Oberschulbehörde, nachdem diese dem Ortsschulrate Gelegenheit gegeben, etwaige Bedenken vorzubringen. Gemeinden, welche auf eigene Kosten ihre Schulen erweitern, haben das Vorschlagsrecht. Endgiltig angestellte Lehrkräfte erhalten die Eigenschaft etatsmäfsiger Beamten. Hinsichtlich der Gehaltsordnung gelten für die Lehrkräfte der öffentlichen Volksschulen die Bestimmungen des Gesetzes vom 24. Juli 1888 und vom 13. Mai 1892. Hauptlehrer erhalten ohne Rücksicht auf den Ort ihrer Anstellung 1100—2000 M. nach der Dienstzeit indem die Zulagen in dreijährigen Perioden 100 M. betragen. Hauptlehrerinnen steigen bis zum Höchstgehalte von 1500 M. An mehrklassigen Volksschulen beziehen die ersten Lehrer eine Funktionszulage von 100 oder (wenn mehr als 4 Lehrerstellen vorhanden) 200 M. Nicht etatsmäfsigen Lehrkräften wird eine „Vergütung" von 800 M. oder, wenn sie die Dienstprüfung bezw. ein gleichwertiges Examen abgelegt haben, von 900 M. gewährt. Für Schulverwalter kann aus besonderen Gründen die Vergütung bis zu 1100 M. durch die Oberschulbehörde erhöht werden.

Zur Fortbildung der Lehrer besteht in jedem Amtsbezirke ein Leseverein, dessen Organisation und Verwaltung den Beteiligten überlassen, ferner die Einrichtung alle zwei Jahre vom Kreisschulrat zu leitender Konferenzen, von fakultativ zu besuchenden Kursen an der Turnlehrerbildungsanstalt, an der Centralstelle des landwirtschaftlichen Vereins (zum Landwirtschaftsunterricht an Fortbildungsschulen) und an der Lehranstalt für kunstgewerbliches Zeichnen in Karlsruhe.

Ein Hauptlehrer kann im Interesse des Dienstes nur nach Vernehmung des Ortsschulrats der in Aussicht genommenen Stelle, gegen seinen Willen nur nach Anhören seines bisherigen Ortsschulrats und unter Beibehaltung seines bisherigen festen Einkommens sowie unter Vergütung der Umzugskosten versetzt werden. Pensionslose Entlassung ist während der ersten fünf Dienstjahre ohne Angabe von Gründen statthaft, nach dieser Zeit nur auf disciplinarischem Wege. Lehrer, welche nach mindestens fünfjähriger Dienstzeit wegen Krankheit oder vorgerückten Alters ihr Amt nicht mehr verwalten können, werden mit einem Ruhegehalte verabschiedet, welches sich je nach den Dienstjahren und dem früheren Stelleneinkommen (von 1300—2100 M.) abstuft.

Hinsichtlich der Unterhaltungspflicht vergl. MV 11. und 30. Sept. 1868, 11. Febr. 1869 und 1. Mai 1874; §§ 52—85 Ges. 13. Mai 1892 (MV 24. Febr. 1894): Zur Bestreitung der Gehälter und anderer Personalaufwendungen haben die Schulgemeinden einen bestimmten Bauschbetrag, der sich nach den Lehrerstellen, der Einwohner- und Schülerzahl richtet, in die Staatskasse einzuzahlen. Für jedes schulbesuchende Kind sind von den Nächstverpflichteten 3,20 M. an die Gemeinde zu steuern. Unvermögende werden von dieser Pflicht befreit, ohne dafs dieser Nachlafs als Armenunterstützung gerechnet wird. Ausfälle ersetzt die Gemeinde. Freie Wohnung für die Hauptlehrer (§ 39 b und 42) ist von der Schulgemeinde zu beschaffen. Unmittelbar an die Forderungsberechtigten sind von dieser zu entrichten: Gehalte für Handarbeits- und Haushaltungslehrerinnen, Mietsentschädigungen für Lehrkräfte, die nicht im Genusse freier Wohnung sind, sowie Vergütungen für Handfertigkeits-, Haushaltungs- und Musikunterricht. § 89: Die Pflicht zur Beschaffung und Unterhaltung der Schulgebäude liegt der Gemeinde ob. § 5 der Landesherrlichen Verordnung vom 26. Juni 1892: Beihilfen zu Schulbauten gewährt das Unterrichtsministerium. Städte, welche der Städteordnung unterstehen, haben die Aufwendungen für das Lehrpersonal unmittelbar aus der Gemeinde- (bezw. Schul-) Kasse zu bestreiten. Ruhe- und Unterstützungsgehalte für diese städtischen Lehrer, jedoch mit Ausschlufs derjenigen Hauptlehrer, die auf Antrag der Stadtverwaltung in einstweiligen Ruhestand versetzt sind, zahlt die Staatskasse. Über den Aufwand der Gemeinden vergl. MV 17. Mai 1892; über Staatsbeiträge zu den Gehältern der Volksschullehrer vergl. MV 13. Aug. 1884.

Durch Gesetz vom 18. Febr. 1874 wurde die nach 100jährigem Bestehen 1868 aufgehobene Fortbildungsschule wieder eingeführt, damit sie „die in der Volksschule erworbenen Kenntnisse in der Art und Richtung befestige und erweitere, dafs dieselben dem Schüler stets in ihrer unmittelbaren Beziehung auf die Bedürfnisse des Lebens erscheinen, und dafs er sich ihrer in seiner beruflichen Thätigkeit als Werkzeug zu bedienen lernt".

**3. Bayern.** Die Schulpflicht dauert nach der Verordnung vom 23. Dez. 1802 vom 6. bis zum vollendeten 12. (seit 1856: 13.) Lebensjahre für den Besuch der Werktagsschule, bis zum 16. Jahre für den der Sonn- oder Feiertagsschule. Der Grundtypus für Stadt- und Landschulen ist die dreiklassige Volksschule, welche in Vorbereitungs- und Unterklasse drei Jahre, in Mittel- und Oberklasse je zwei Jahre Knaben und Mädchen zugleich unterrichtet. Nach Zahl der Schüler und Lehrkräfte teilen sich, zumal in gröfseren Städten, diese drei Hauptklassen in sieben Unterabteilungen, indem die Vorbereitungsklasse mit einem Jahrgang (dem ersten) von der in zwei Jahrgänge zerlegten Unterklasse auch räumlich getrennt und so für jede Abteilung ein Jahreskursus bestimmt ist. Die Unterrichtszeit umfafst in „ganzen" Schulen täglich fünf Stunden, mit Ausnahme des Mittwochs und Sonnabends, deren Nachmittage frei bleiben. In Halbtagsschulen, welche nur am Sonnabend den Nachmittagsunterricht aussetzen, erhält jede Abteilung täglich drei Stunden. In der Sommerschule auf dem Lande, deren Besuch vom 1. Mai bis 1. November ME 5. Nov. 1810 regelt, wird jede Abteilung in der Regel täglich zwei Stunden unterrichtet. Der 1811 ausgearbeitete Normallehrplan ist für Oberbayern durch RE 15. März 1862, für die Oberpfalz durch RE 21. Sept. 1869, für Unterfranken durch RE 7. Nov. 1870 verhältnismäfsig umgestaltet worden. Als ziemlich allgemein geltende Norm eines Stundenplans kann folgender angenommen werden:

| Unterrichtsgegenstand | Vorbereitgs.-Klasse 1. Jahr | Unterklasse 2. u. 3. Jahr | Mittelklasse 4. u. 5. Jahr | Oberklasse 6. u. 7. Jahr |
|---|---|---|---|---|
| Religion inkl. Gedächtnisübungen | 6 | 3 | 3 | 6 |
| Biblische Geschichte | | 3 | 3 | |
| Lesen | 6 | 4 (3) | 4 (3) | 3 |
| Schreiben | | 2 | 4 | 3 |
| Deutsche Sprache | | 6 | 3 (4) | 6 |
| Rechnen | 4 | 6 (5) | 5 | 5 |
| Weltkunde | 1 | 1 (2) | 2 | 2 |
| Gesang | 1 | 1 (2) | 2 | 1 |
| Summe | 26 | 26 | 26 | 26 |

Turnen und weibliche Handarbeiten sind als obligatorische Lehrgegenstände nicht überall eingeführt, wenn auch ME 2. Nov. 1868 den k. Regierungen zur Pflicht macht, namentlich die Stadtgemeinden zur Einführung des Turnunterrichts für die männliche Jugend anzuhalten, und der Besuch weiblicher Arbeitsschulen, wenigstens in Unterfranken (Lehrordnung vom 7. Nov. 1870) und der Oberpfalz (RE 29. März 1871) für alle Schülerinnen angeordnet ist. Dem Unterricht in den obligatorischen Fächern liegen folgende Lehr- und Lernmittel zu Grunde:

LUTHERs kleiner Katechismus; der große und kleine Heidelberger Katechismus; DE HARBE, Diözesankatechismus; ZAHN, Biblische Historien; BUCHRUCKER, Die biblische Geschichte nach ihrem Zusammenhang; CITR. v. SCHMID, Biblische Geschichte für Kinder; BRAND, Schullehrerbibel; STEGER, Katechetische Erklärung der Evangelien und Episteln; BÖCKH, Erklärung des kleinen Katechismus; KURTZ, Lehrbuch der heiligen Geschichte (Religion und Biblische Geschichte) — HEINISCH, Lese- und Wandtafeln, HEINISCH und LUDWIG, Erstes Sprachund Lesebuch; dieselben, Sprach- und Lesebuch für mittlere und höhere Klassen; WACKERNAGEL, Lesebuch; OFFINGER, Neue Schreib- und Leseschule; Schreibvorlagen von (EBENSPERGER), RIEDL, RÜGEMER, DÄNNER Sprachlehren von KLASS, FÜRG, HÖNIG, JAKOBI (Lesen, Schreiben und Deutsche Sprache) — Rechenbücher von HEUNER, WEISS, GÖLL, ENGELBRECHT, SEYFRIED, HUTHER (Rechnen) — LUDWIG, Das Nötigste aus dem Menschenleben, der Naturkunde, Geographie und Geschichte; EBENSPERGER, Methodischer Leitfaden der Erd- und Himmelskunde; BURGER, Leitfaden für den Unterricht in der Geographie; ZEIDLER, Geographie des Königreichs Bayern; SCHUBERT, Geschichte von Bayern; DRIENDL, Fürstenbilder (Weltkunde) — KRAUSSOLD, Liedersammlung; PREIS, 36 Schullieder ("Erlanger Liederbüchlein"); ERCK und GRAEF, Singvögelein; RENNER, Wandtafeln für den Gesangunterricht.

— Der Unterricht in der Volksschule soll „von der in neuerer Zeit eingerissenen Tendenz bloßer Verstandesbildung und oberflächlicher Vielwisserei auf den Standpunkt gleichmäßiger Entwickelung des Geistes und Herzens zurückgeführt werden", und so bezeichnet es der Kultusminister VON KOCH am 7. April 1865 im Abgeordnetenhause als Aufgabe der Volksschule: „nicht minder den berechtigten Anforderungen der Zeit eines gehobenen Kulturlebens Rechnung zu tragen, als im Anhalt an die geschichtlichen Überlieferungen und an die volkstümlichen Anschauungen des Landes den Charakter einer Unterrichts- und Erziehungsanstalt auf sittlich-religiöser Grundlage zu wahren". Über die in der Klasse durchgenommenen Stoffe werden Schultagebücher geführt; über Führung und Fortschritte des einzelnen Kindes giebt die Schulmatrikel Auskunft. Die Schulzucht, welche sich auch über die Schulräume hinaus geltend machen soll, ist durch die Ministerialentschließung vom 25. März 1815 und die unterfränkische Disciplinarordnung vom 7. Nov. 1870 genau geregelt. Die Schulentlassung geschieht einmal im Jahre nach vorausgegangener Prüfung durch die Distriktsschulinspektion; der hierbei ausgehändigte Entlassschein muß bei Verheiratung, Niederlassung oder militärischer Aushebung vorgelegt werden.

Die Lehrer haben vor ihrer definitiven Anstellung eine 9—10jährige Vorbereitungszeit im Schuldienste durchzumachen, welche nur in seltenen Fällen (z. B. bei aufsergewöhnlichen Leistungen) abgekürzt wird. Nach der Abgangsprüfung im Seminar werden die Schuldienstexpektanten von der Kreisregierung bestimmten, von tüchtigen Lehrern verwalteten Schulen zu einjähriger (selten halbjähriger) Lehrpraxis zugewiesen, danach 3—3½ Jahre als Schulgehilfen oder -Praktikanten verwendet. Vier Jahre nach Austritt aus dem Seminar ist am Sitze der Kreisregierung die Anstellungsprüfung abzulegen vor einer Kommission, die unter dem Vorsitz eines Regierungskommissars aus einem kirchenregimentlichen Delegierten, einem Mitgliede des Kreisscholarchats, einem Seminarinspektor, Distriktsschulinspektor, Musik- und Zeichenlehrer zusammengesetzt ist. Wird die Prüfung bestanden — dreimaliges Nichtbestehen hat die gänzliche Ausschliefsung vom Schulfach zur Folge —, so schliefst sich ihr eine fünf- bis sechsjährige Thätigkeit als Schulverweser an, nach welcher die definitive Anstellung durch die Kreisregierung erfolgt; vergl. ME 20. Juli 1855 und 6. Jan. 1867. Schulgehilfen erhalten 430 M., Verweser und Lehrerinnen 515 M., ordentliche Lehrer 600 M. als Mindestgehalt, daneben Verweser, Gehilfen und Lehrerinnen jährlich 90 M. Zulage, ordentliche Lehrer 90 M., die übrigen je 45 M. Dienstalterszulage nach 10, 13, 16, 20, 25 usw. Dienstjahren (ME 17. Juni 1888). Nach Art. 8 des Schuldotationsgesetzes vom 10. Nov. 1861 bestehen in jedem Regierungsbezirk Unterstützungsvereine für dienstunfähige Lehrer, welche aus Eintrittsgeldern (2—45 fl.) und Jahresbeiträgen (1½—9 fl.) der Beteiligten, Zuschüssen aus Central- und Kreisfonds sich dotieren und Ruhegehalte von 210—350 fl. nichtständigen, von 350—500 fl. ordentlichen Lehrkräften gewähren.

Nach KE 10. Mai 1810 wird der Schulsprengel bestimmt durch die Grenzen des Gemeindegebietes; nach der Verordnung vom 22. Jan. 1815 soll er sich in der Regel mit dem Pfarrsprengel decken. Konfessionsverwandte Schulen in der Nachbarschaft können mit Erlaubnis der zuständigen Behörde besucht werden. Ist eine politische Gemeinde nicht so grofs, dafs sie für sich eine Schule unterhalten könnte, so wird aus mehreren Gemeinden oder Ortschaften eine Schulgemeinde gebildet. Schul- oder politische Gemeinden haben neben privatrechtlich bestehenden oder auf besonderen Rechtstiteln beruhenden staatlichen Verbindlichkeiten die Pflicht zur Errichtung und Unterhaltung der Volksschulen in erster Linie. Nur bei thatsächlichem Unvermögen können die den Kreisen aus Centralfonds bewilligten Zuschüsse herangezogen oder Kreisumlagen erhoben werden — Art. 2 Abs. 3 des Dotationsgesetzes von 1861: Wenn die Zahl der Schüler unter einem Lehrer nach fünfjährigem Durchschnitt 100 übersteigt, so kann die Gemeinde zur Errichtung einer neuen Lehrerstelle angehalten werden. Eine Abhilfe durch Anstellung von Hilfslehrern oder zweckmäfsige Zuteilung zu anderen Schulsprengeln ist jedoch nicht ausgeschlossen. Abs. 4: Befinden sich in einer Gemeinde oder einer Ortschaft oder in

## 2. Kapitel. Die einzelnen Staaten. 4. Braunschweig. 141

mehreren im Umkreis einer Stunde gelegenen Gemeinden oder Ortschaften zusammen nach einem fünfjährigen Durchschnitt 25 oder mehr schulpflichtige Kinder, welche eine über eine Stunde entfernte Schule besuchen müssen, so können die betreffenden Gemeinden zur Errichtung einer neuen Schule angehalten werden. — Die Verordnung vom 29. Aug. 1873 stellt es den Gemeinden frei, konfessionell getrennte Schulen in paritätische Anstalten zu verwandeln.

Die Sonntagsschule, welche nach dem Lehrplane von 1811 den Volksschulunterricht fortsetzen und unvollendet gebliebene Kenntnisse ergänzen sollte, ist für die Knaben meistens durch die gewerblichen und landwirtschaftlichen Fortbildungsschulen ersetzt.

4. **Braunschweig.** Gesetz vom 23. April 1840 betr. die Schulpflichtigkeit und das Schulgeld in den Landgemeinden; Gesetz vom 12. Mai 1840 betr. die Schulpflichtigkeit in den Städten und den mit einer Bürgerschule versehenen Flecken (vergl. Schulordnung von 1753): Die Schulpflicht dauert vom Beginn des sechsten Lebensjahres bis zur Konfirmation, welche in der Regel nicht vor dem vollendeten 14. Jahr, zumeist am Sonntag nach Ostern stattfindet. Kinder, welche eine höhere Lehranstalt oder genügenden Privatunterricht besuchen, und solche, die wegen Gebrechens für den öffentlichen Unterricht nicht geeignet sind, werden vom Besuch der Volksschulen dispensiert. Auf Grund des Gesetzes vom 8. Dez. 1851 und vom 27. März 1861 über Landgemeindeschulen führt der Konsistorialerlafs vom 1. April 1893 einen einheitlichen Stundenplan für ein- und mehrklassige Schulen ein. Unterrichtsfächer sind Religion, Lesen, Schreiben, Rechnen, Erdkunde, Geschichte, Heimatskunde, Naturkunde, Zeichnen und Turnen. Anschauungsunterricht und Sprachlehre sind im Anschlufs an das Lesebuch zu betreiben. Das Gesetz vom 19. Mai 1892 führt den Handarbeitsunterricht für Mädchen als obligatorischen Lehrgegenstand ein. Als Hilfsmittel für den Unterricht sind in Stadt- und Landschulen der Landeskatechismus von ERNESTI, die biblischen Geschichten von BOSSE, das Landesgesangbuch; die nach der gemischten Schreib-Lesemethode angelegten Fibeln von LOHMANN, KOST und KÜHNE; die Lesebücher von HAESTERS, LENZ, JOHANSEN, GITTERMANN; die Rechenbücher von HENTSCHEL und BERTHELT; die Liederbücher von S. MÜLLER und SÖLTER; die Leitfäden in der Geschichts- und Erdkunde von SOMMER zu Grunde gelegt. Die in der Schule durchgenommenen Stoffe werden nach ihren fortschreitenden Abschnitten in dem „Rechenschaftsbuch" monatlich verzeichnet.

Die Anstellung als Lehrer erfolgt nach dem den Seminarkursus abschliefsenden Tentamen zuerst provisorisch, nach dem in einigen Jahren abzulegenden Schulamtsexamen definitiv, und zwar bei den meisten Lehrerstellen durch die Regierung auf Vorschlag des Konsistoriums und nach Anhörung der betreffenden Gemeinde, bei 30 Proz. ländlicher Schulstellen durch das Patronat, bei sämtlichen Gemeindeschulen der Stadt Braunschweig durch die Kommunalbehörde. In Sachen der Amtsstellung und Disciplin sind die Volksschullehrer ungefähr den Staatsdienern gleichgestellt. Geldstrafen bis zu 60 M., Versetzung auf eine gehaltlich schlechtere Stelle und Amtssuspension mit teilweiser Einziehung des Gehalts können im Disciplinarwege, Absetzung und völlige Gehaltsentziehung nur infolge richterlichen Spruches verhängt werden — Gesetz vom 4. März 1895 über die Gehalts- und Pensionsverhältnisse der Gemeindeschullehrer: Auf dem Lande beträgt das Einkommen neben freier Wohnung 1000—1900 M., bei Ersten und Hauptlehrern nicht unter 1600 M., bei städtischen und Bürgerschulen 1050 bis 2100 M. (bei akademisch Geprüften 2400 M.), je nach den Dienstjahren, neben einem Wohnungsgeldzuschufs von 120 bis 180 M. Für gleichzeitige Verwaltung eines Kirchenamtes werden 150 M. vergütet. Aushilfslehrer, die das Schulamtsexamen bestanden haben, erhalten 900 M. Das Ruhegehalt beträgt nach fünf Dienstjahren 33⅓ Proz. des zuletzt bezogenen Einkommens und steigt mit jedem folgenden Jahre um 1½ Proz., bis nach 50jähriger Dienstzeit das volle Gehalt als Pension bezogen wird.

Gesetz vom 8. Dez. 1851 über die Gemeindeschulen: Die Pflicht zur Schulunterhaltung ruht auf der bürgerlichen Gemeinde oder dem Schulverbande. Die Mittel zur Unterhaltung werden aufgebracht durch Dotationen, Schulgeld, Zuschüsse aus Gemeindekassen und aufserordentliche Zuwendungen aus dem Kloster- und Studienfonds. Dem Schulvorstande gehört nach Gesetz vom 6. April 1892 auch der Lehrer, bei mehreren der dienstälteste (und zwar bis zu seinem 30. Lebensjahr nur als beratendes Mitglied) an.

5. Hansastädte. a. Hamburg. Gesetz vom 11. Nov. 1870 betr. das Unterrichtswesen. (Ausgedehnt auf die Vororte durch Gesetz vom 14. Mai 1877.) Nachträge vom 11. Febr. 1874, 6. Nov. 1876, 17. Juni 1878: Die Schulpflicht dauert vom vollendeten 6. bis zum 14. Jahre. Die Entlassung findet ausnahmslos am 31. März nach vollendetem 14. Lebensjahre statt. Die Schulen gliedern sich in 7 aufsteigende Stufen. Die Maximalfrequenz jeder Klasse beträgt 50. Der Lehrplan für Volksschulen von 1873 (mäfsig abgeändert 1879) nimmt auch die Lehrgegenstände der sonstigen Mittelschulen auf, also neben den gewöhnlichen: Geometrie, Algebra, Englisch, Französisch („soweit es die Verhältnisse gestatten"), Naturgeschichte, Physik und Chemie. Die Geschlechter sind gesondert. Die Schulen haben sämtlich evangelisch-lutherischen Charakter. Nach dem Gesetz vom Jahre 1878 ist die Hälfte der Lehrerstellen mit definitiven Kräften zu besetzen. Diese teilen sich nach dem Gesetz vom 30. Dez. 1892 in 2 Klassen. Die untere bezieht 1800 M.

Einkommen, das alle 3 Jahre um 250 M. steigt bis 2800 M. Der oberen Gehalt steigt im selben Mafsstab von 2000—3000 M. Das Einkommen der Hauptlehrer beträgt neben Dienstwohnung, für welche 700 Mark angerechnet werden, 3300 M. und steigt alle drei Jahre um 300 M. bis 4500 M. Das Gehalt festangestellter Lehrerinnen beginnt mit 1200 M. und steigt alle 3 Jahre um 200 M. bis 2000 M. Hilfslehrer beziehen 1400 M., Hilfslehrerinnen 1000 M.

b. Lübeck. Nach dem Schulgesetz von 1866 dauert die Schulpflicht vom vollendeten 6. bis zum vollendeten 14. Lebensjahr, und zwar nach der Senatsverfügung vom 26. Jan. 1874 von dem auf das vollendete 6. Jahr nächstfolgenden Oster- bezw. Michaelistermin bis zu dem auf das vollende 14. Jahr folgenden Ostern. Die Lehrpläne von 1875, 1876 und 1886 ziehen fremde Sprachen nicht in den Unterrichtsbereich. Lehrplan vom 30. März 1886; Schulordnung vom 1. Juli 1895. — Das Gesetz vom 10. Nov. 1873 bestimmt als Gehalt für einen Hauptlehrer neben freier Wohnung 2400 M., in fünfjährigen Terminen um 180 M. steigend bis 3120 M., für festangestellte Lehrer 1800 M., steigend bis 2520 M., für nicht festangestellte 720—1200 M., für Lehrerinnen 300—720 M.

c. Bremen. Die Unterrichtspläne (für Landschulen 1861 neu herausgegeben) verfolgen die gehobenen Ziele mehrklassiger Volksschulen mit Ausschlufs fremder Sprachen. Religionsunterricht wird den Schülern von 12—14 Jahren aufserhalb der Schule erteilt. In der Schuldeputation sitzen die Lehrer mit beratender Stimme.

6. Hessen. Schulgesetz vom 16. Juni 1874: Die Schulpflicht dauert vom vollendeten 6. bis zum vollendeten 14. Lebensjahre und kann bei mangelhaften Leistungen in den Hauptfächern (Religion, Deutsch, Rechnen, Schreiben) um ein Jahr verlängert werden. Zum Besuch der Fortbildungsschule sind Knaben darnach drei Jahre lang verpflichtet. Die Landschulen sind zumeist in Ober-, Mittel- und Unterklassen gegliedert. Die Unterklasse wird in 4 wöchentlichen Stunden allein, in 8 weiteren mit den anderen Abteilungen zusammen, die Oberklasse in drei Stunden (bei Raumlehre, Geschichtskunde und Naturlehre) allein, die Mittelklasse stets mit den anderen zusammen unterrichtet. Lehrgegenstände sind: Religion (Religionslehre, Biblische Geschichte, Lieder, Sprüche), Deutsche Sprache (Lesen, Schreiben, Aufsatz- und Sprachübungen), Rechnen, Raumlehre, Zeichnen, Geographie, Geschichte, Naturbeschreibung, Naturlehre, Singen, Turnen (für Knaben), weibliche Handarbeiten. In 3—4 Stunden erteilt den Religionsunterricht der Geistliche[1]. Der Fortbildungsschule liegt die weitere allgemeine Ausbildung, namentlich die Befestigung und Weiterführung in den für das bürger-

---

[1] Vergl. MV 27. April 1891.

liche Leben notwendigen Kenntnissen und Fertigkeiten ob, wozu ihr in 4—5 Wintermonaten mindestens 4 wöchentliche Abendstunden zu Gebote stehen.

Gesetz vom 11. April 1896: Das Gehalt eines definitiv angestellten Lehrers beträgt bei guter Dienstführung 1100—2000 M., das einer Lehrerin bis 1600 M., je nach der Dienstzeit. Daneben wird diesen Lehrern freie Wohnung oder Mietsentschädigung von 120—550 M., Unverheirateten von 100—250 M. gewährt. (Gesetz vom 9. März 1879:) Schulverwalter erhalten 700—800 M. Definitiv angestellte Lehrer beziehen bei unverschuldet eingetretener Dienstuntauglichkeit in den ersten zehn Dienstjahren 10 Proz. ihres Einkommens als Pension, für jedes weitere Jahr als Zuschlag 1½ Proz. bis zur vollen Höhe ihres Gehalts. Nichtauskömmliche Sätze müssen angemessen erhöht werden. Dienstentlassung ist nur nach förmlichem Disciplinarverfahren angängig nachdem das Verwaltungsgericht sein Urteil abgegeben.

Die Schulunterhaltungspflicht ruht auf der bürgerlichen Gemeinde. Arme Gemeinden werden vom Staate unterstützt. Schulgeld wird nicht überall erhoben. Das Vorhandensein von 30 schulpflichtigen Kindern in einer Gemeinde verpflichtet diese zur Errichtung einer eigenen Volksschule. Bestehen mehrere Konfessionsschulen an einem Orte, so hört die staatliche oder kommunale Unterhaltung oder Unterstützungspflicht auf, wenn innerhalb drei Jahren die Schülerzahl der einen Konfession unter 30 gesunken ist. Jedes Bekenntnis, das im gleichen Zeitraum über 50 schulpflichtige Kinder gezählt, darf die Errichtung einer eigenen Schule verlangen. Konfessionell getrennte Anstalten können auf Gemeindebeschluß zu einer paritätischen Schule vereinigt werden. Der Schulvorstand setzt sich aus dem Geistlichen, dem Gemeindevorsteher, dem dienstältesten Lehrer (bezw. zwei Lehrern bei mehr als vier Lehrkräften), ferner aus 3—6 Mitgliedern zusammen, die der Ortsvorstand erwählt. Der Vorsitzende wird von der obersten Schulbehörde nach Anhören der Kreisschulkommission ernannt.

7. Lippe. Gesetz vom 11. Dez. 1849. Volksschulordnung von 1873. Die Schulpflicht dauert vom 6.—14. Lebensjahre. Die Unterrichtsgegenstände sind die der preußischen Volksschule. Als Lehrmittel bei dem Religionsunterricht dient KOHLRAUSCH, Biblische Geschichten, bei dem Lese- und Realienunterricht in der Oberklasse ein Lesebuch, in der Mittelklasse ein Kinderfreund, in der Unterklasse ein kleines Lesebuch nach der Lautiermethode. — Nach dem Gesetz von 1878 erhalten Neben- und Hilfslehrer ein Gehalt von 600 M., Hauptlehrer neben freier Wohnung 900 M., in 5 jährigen Perioden um 150 M. steigend bis 1500 M., für Verwaltung eines Kirchenamtes 75 M. Die Pensionierung erfolgt nach dem Gesetz für Staatsdiener (nach 10 Jahren

40 Proz., mit jedem weiteren Dienstjahre mehr 1½ Proz. bis 80 Proz. des Einkommens). — Im Schulvorstande sitzen als ständige Mitglieder Prediger, Ortsvorstand und Lehrer; daneben 6—8 Mitglieder der Schulgemeinde.

8. **Schaumburg-Lippe.** Die Einrichtungen entsprechen den preufsischen.

9. **Mecklenburg-Schwerin.** Die Schulpflicht umfafst das 7. bis 13. Lebensjahr und endet meistens mit der Konfirmation. Der Lehrstoff beschränkt sich auf den Katechismus, auf biblische Geschichte, Bibelkunde, Kirchenlieder und Lesen, Schreiben, Rechnen und Singen. Hierzu tritt in (landesherrlichen) Domanialschulen noch der Unterricht in deutscher Sprache, Geographie und vaterländischer Geschichte. Naturkunde wird, soweit angängig, beim Gebrauch des Lesebuchs betrieben. Unterricht in weiblichen Handarbeiten für Mädchen, im Turnen für Knaben ist meist eingeführt. In den Fortbildungsschulen, welche in Städten und Flecken eingerichtet sind, wird in Schön- und Rechtschreiben, geschäftlichem Aufsatz, Rechnen, Freihand- und Rissezeichnen, Raumlehre, Naturkunde und Geographie unterrichtet. — Die Anstellung der Lehrer erfolgt bei Domanialschulen durch den Unterrichtsminister, bei Ritterschaftsschulen durch die Gutsobrigkeit oder den Kirchenpatron, in den Städten entweder durch den Landesherrn (Minister) oder durch den Magistrat. — Domanialschulen empfangen durch die Gemeinde ihren Unterhalt, wozu aus landesherrlichen Mitteln das gesamte Brennmaterial, die Hälfte des Bargehalts für unverheiratete und Hilfslehrer, ¼ des Gehaltes für Handarbeitslehrerinnen und ⅖ der Ruhegehalte beigesteuert wird. Bei Ritterschaftsschulen liegt die Unterhaltungspflicht der Gutsherrschaft ob, indem nur das Schulgeld (3 M. für ein Kind jährlich) von den Gutseinwohnern zu entrichten ist.

10. **Mecklenburg-Strelitz.** Die Schulpflicht dauert vom 6. Jahre bis zur Konfirmation. Aufnahme findet zu Ostern statt. In den ritter- und landschaftlichen Schulen dauert der Unterricht im Sommer an 4 Wochentagen 3 Stunden, im Winter an 6 Tagen vormittags 3, an 4 Tagen nachmittags 2 Stunden. Das Schulgeld beträgt jährlich 3 M. für das Kind. Nach der Verordnung vom 5. Febr. 1869 erhalten die Lehrer freie Wohnung und Feuerung, Landdotation, Naturalien, Weide und Winterfutter und 90 M. bare Zulage. Schullehrer und Patrone dürfen zu Ostern auf den 21. Oktober kündigen. Nach der Patentverordnung vom 23. Juli 1821 liegt die Schulunterhaltungspflicht fast ganz den Gutsherren ob. In den Domanialschulen wird nach der Schulordnung vom 28. Okt. 1826 im Winterhalbjahr vormittags 3 und nachmittags an 4 Wochentagen ebenfalls 3 Stunden, im Sommerhalbjahr nur vormittags täglich 3 Stunden unterrichtet. Zu den gewöhnlichen Unterrichtsgegenständen treten für Mädchen auch Näh- und Strickar-

beiten hinzu. Für Lehrziel und Unterrichtsgang dient als Anhalt (seit 1873) der „Einrichtungs- und Unterrichtsplan" von BECKSTRÖM. Seit 1877 erhalten die Lehrer eine Zulage von 50—150 M. je nach dem Dienstalter. Die Volksschulen in Ratzeburg (Herzogtum) nehmen nach der rev. Schulordnung vom 29. Aug. 1872 (Abänderungen des Beitragsfußes der Gemeinden vom 24. März 1874) neue Schüler zu Ostern und Michaelis auf und unterrichten — in den Realien im Anschluß an das Lesebuch — im Winter 6 mal vormittags 3, 4 mal nachmittags 2 Stunden wöchentlich, im Sommer täglich 4 Stunden vormittags.

11. Oldenburg. Volksschulgesetz von 1855: Die Schulpflicht dauert vom vollendeten 6.—14., in den Fürstentümern für Knaben bis zum vollendeten 15. Lebensjahr. Die Lehrgegenstände sind:

|  | A. In der einklassigen Schule | B. In der zweiklassigen Schule | |
| --- | --- | --- | --- |
|  |  | Unterklasse | Oberklasse |
| Religion | 9 Stunden | 6 Stunden | 6 Stunden |
| Lesen, Schreiben, Deutsche Sprache | 9 „ | 13 „ | 11 „ (3 Schreiben) |
| Rechnen | 5 „ | 5 „ | 4 „ |
| Weltkunde einschl. Anschauung | 4 „ | 3 „ | 4 „ |
| Gesang | 1 „ | 1 „ | 1 „ |
| Zeichnen (Formenlehre) | — „ | — „ | 2 „ |

Turn- und Handarbeitsunterricht wird zumeist wöchentlich in einer bis zwei Stunden erteilt. Das Lehrziel im Rechnen ist Fertigkeit in den 4 Species mit Anwendung auf die Verhältnisse des bürgerlichen Lebens, namentlich auch auf Flächen- und Körperberechnung; in der Weltkunde Kenntnis des Wichtigsten aus Geographie und Geschichte, namentlich des engeren und weiteren Vaterlandes, und der Weltgeschichte. Bei mehr als zwei Klassen kann die Oberklasse nach Geschlechtern getrennt und für die Mädchenklasse eine Lehrerin angestellt werden. — Das Einkommen beträgt bei Stellen auf der Geest neben freier Wohnung und Landdotation für Hauptlehrer 525—750 M., für Nebenlehrer 375—600 M., für provisorisch Angestellte 345 M.; in Städten und in der Marsch treten zu jenen Gehaltssätzen bei Hauptlehrern 180—300 M., bei Nebenlehrern 150 M. und bei ungenügender Landdotation 90—120 M. Entschädigung hinzu. Im übrigen sind die Bestimmungen des Regulativs vom 3. April 1894 maßgebend. Als Dienstalterszulagen werden viermal alle 5 Jahre je 75 M. gewährt. Pensionen werden, wie bei Staatsdienern, aus der Staatskasse gezahlt: nach zehnjähriger Dienstzeit 50 Proz., mit jedem weiteren Jahre 1 Proz. mehr bis 90 Proz. des Einkommens. Die Pensionierung kann mit 70 Lebensjahren verlangt werden.

12. Reufs d. L. Gesetz vom 4. Dez. 1874: Das Minimaleinkommen beträgt neben freier Wohnung oder Mietsentschädigung (120—150 M.) auf dem Lande 690 Mk., in der Stadt 780 M. Für Kirchendienst werden 240 M. vergütet. Die Alterszulagen sind auf dem Lande viermal in fünfjährigen Perioden je 75 M., in der Stadt nach den ersten 5 Dienstjahren 210 M., sodann dreimal je 150 M. Die Pension beträgt innerhalb der ersten 10 Dienstjahre 40 Proz., danach für jedes weitere Jahr 1½ Proz. mehr bis 80 Proz. des letztbezogenen Gehalts. Die Jahresabgabe zum Pensionsfonds beträgt 2 Proz.

13. Reufs j. L. Volksschulgesetz vom 4. Nov. 1870: Das Besetzungsrecht steht auf dem Lande dem Fürsten, in den Städten meist den Kommunalbehörden zu. Das Minimaleinkommen beträgt auf dem Lande 600 M., in Flecken und kleinen Städten 650 M., in Schleiz und Lobenstein 900 M. neben freier Wohnung. Als Dienstalterszulagen werden in fünfjährigen Perioden je 100 M. bis zu 600 M. gewährt. Die Pensionsverhältnisse sind wie bei Staatsdienern geordnet: nach 40 jähriger Dienstzeit als Höchstbetrag 80 Proz. des letzten Diensteinkommens.

14. Königreich Sachsen. Volksschulgesetz vom 26. April 1873 nebst Ausführungsverordnung vom 25. Aug. 1874: Die Schulpflicht dauert vom vollendeten 6. bis zum vollendeten 14., bei mangelhaften Leistungen 15. Lebensjahre. Zum Besuch der Fortbildungsschulen sind die Knaben noch 3 Jahre lang verpflichtet, falls nicht in anderer Weise für ihren ferneren Unterricht gesorgt ist.

Als Aufgabe der Volksschule bezeichnet es das Gesetz, der Jugend durch Unterricht, Übung und Erziehung die Grundlagen sittlich-religiöser Bildung und die für das bürgerliche Leben nötigen allgemeinen Kenntnisse und Fertigkeiten zu gewähren. Wesentliche Unterrichtsgegenstände sind: Religions- und Sittenlehre, Deutsche Sprache mit Lesen und Schreiben, Rechnen, Formenlehre, Geschichte, Erdkunde, Naturgeschichte und -Lehre, Gesang, Zeichnen, Turnen und weibliche Handarbeiten. Nach dem Normallehrplan vom 5. Nov. 1878 dürfen in einer Klasse nicht mehr als 60 Schüler sein. Bei 6 und mehr Lehrern soll die Volksschule einem Direktor unterstellt werden. Den Unterricht in der Fortbildungsschule regelt der Normallehrplan vom 18. Okt. 1881. — Bei Besetzung ständiger Lehrerstellen geschieht die Wahl durch den Schulvorstand oder -Ausschufs, die Bestätigung durch die oberste Schulbehörde. Lehrerinnen dürfen in Unter- und Mittelklassen gemischter Anstalten sowie in allen Klassen der Mädchenschulen verwendet werden. Einkommensgesetz vom 4. Mai 1892: Das Mindestgehalt einer ständigen Lehrkraft beträgt aufser freier Wohnung oder Mietsentschädigung 1000 M., worin das Kircheneinkommen unter 900 M. nicht eingerechnet werden darf. Bei mehr als 40 Kindern ist diesen Lehrkräften das Gehalt durch Zulagen nach 5 Dienstjahren auf 1200, nach

10 auf 1350, nach 15 auf 1500 M., weiter nach je 5 bis zum 30. Dienstjahr um 100 M., bei geringerer Frequenz in den angegebenen Abschnitten um je 75 M. von der Schulgemeinde, bei deren Unvermögen aus der Staatskasse, zu erhöhen. Gesetz vom 25. März 1892: Pensionsberechtigt sind Lehrer, die das 65. Lebens- oder 40. Dienstjahr zurückgelegt haben, und solche, die nach 10 Dienstjahren dienstuntüchtig geworden. Die Pension steigt von $30/100$ bis $80/100$ des am 1. Januar des Vorjahres rechtmäßig bezogenen Diensteinkommens. Früher ohne Verschulden dienstunfähig Gewordene erhalten den niedrigsten Pensionssatz, und zwar, wenn außerdienstlich verunglückt, nach Befinden des Ministers unterstützungsweise. — Sämtliche Volksschulen sind konfessionell. Jede anerkannte Religionsgesellschaft kann mit Genehmigung der obersten Schulbehörde eigene Schulen für ihre Kinder errichten. Religionsunterricht im eigenen Bekenntnisse wird der Minderheit anheimgegeben; nur Kinder solcher Dissidenten, welche keiner bestätigten Religionsgesellschaft angehören, müssen an dem Religionsunterricht einer anerkannten Konfession teilnehmen. Die Kosten für Errichtung und Erhaltung der Volksschulen liegen bei einem Mangel besonderer Fonds den Schulgemeinden ob. Für schulpflichtige Kinder wird ein Schulgeld erhoben, welches nach den Vermögensverhältnissen der Beitragspflichtigen abgestuft werden kann. Ein Fehlbetrag bei Unvermögenden wird von der Schulgemeinde durch Umlage aufgebracht. Bedürftige Kommunen empfangen zu Schulbauten und Unterhaltungsbedürfnissen Zuschüsse aus der Staatskasse; überdies werden nach Gesetz vom 26. April 1892 allen Gemeinden, die nicht über 5 M. (ausnahmsweise — mit ministerieller Genehmigung — 8 M.) durchschnittlich pro Kind Schulgeld erheben, für jede ständige Lehrerstelle einfacher oder mittlerer Volksschulen 300 M., für jede Hilfslehrerstelle 150 M. Staatsbeihilfen gewährt.

15. Sachsen-Altenburg. Die Schulpflicht dauert vom 6. bis 14. Lebensjahr. Die Fortbildungsschulen stehen Knaben und Jünglingen (gegen Eintrittsgeld) für unbeschränkte Zeit offen. Die Dienstanweisung für die Schullehrer vom 11. Okt. 1825 betont als Zweck des Unterrichts christlich-religiöse und sittliche Ausbildung. Die Unterrichtsgegenstände sind nach der Verordnung vom 6. Febr. 1877 in den Volksschulen die gewöhnlichen, in den Fortbildungsschulen: Rechnen, Deutsch, Buchführung, Geschichte, Geographie, Geometrie, Modellieren, Freihand- und Linearzeichnen. — Die Besoldungen der Landschullehrer betragen nach dem Gesetz vom 16. Juli 1862 in vier Minimalklassen 900—1050—1200—1350 M. und steigen nach 25jährigem Dienste auf 1150 bezw. 1300, 1500 und 1650 M. Die Pension macht bis zum vollendeten 11. Dienstjahre 34 Proz., bis zum vollendeten 44. 89 Proz. des Gehaltes aus. (Vergl. im übrigen Verordnung vom 13. Januar 1896.)

16. **Sachsen-Koburg-Gotha.** a. **Koburg.** Volksschulgesetz vom 27. Okt. 1874: Die Unterrichtsgegenstände sind die gewöhnlichen. Der allgemeine Unterrichtsplan, welcher den Lehrstoff für die einzelnen Arten und Klassen der Volksschule und die zur Verfügung stehende Zeit auf jeden Unterrichtszweig verteilt, wird von der obersten Schulbehörde aufgestellt. Die Zahl der einem Lehrer zum Unterricht überwiesenen Kinder soll in der Regel 80 nicht übersteigen. Nach der Schulordnung vom 26. April 1876 gliedert sich die einklassige Schule in drei nach Alter und Kenntnissen gesonderte Abteilungen. Bei fünf und mehr Lehrkräften tritt eine Trennung der Geschlechter wenigstens in den oberen Klassen ein. Die Fortbildungsanstalten bestehen mit unmittelbarem Anschluß bei jeder Volksschule. Ihr Besuch ist obligatorisch zwei Jahre lang. Mindestens in den Wintermonaten wird zwei Stunden wöchentlich Unterricht erteilt; die Schulvorstände können ihn jedoch auf das ganze Jahr und auf sechs Wochenstunden ausdehnen.

Das Anfangs- und Mindestgehalt beträgt für Hilfslehrer und provisorisch Angestellte bei Landschulen 500 M. neben freier Wohnung, in Koburg 800 M., in den übrigen Städten 700 M.; für fest angestellte Lehrer in Landorten 690—1050 M. neben freier Wohnung, in Koburg 1050—1650 M., in den übrigen Orten 850—1650 M. je nach dem Dienstalter. Das Ruhegehalt, bemessen nach den Verhältnissen der Staatsdiener, kann bis zur Höhe des Gesamteinkommens steigen. — Die Bedürfnisse der Volksschulen und ihrer Unterhaltung sind aus Gemeindemitteln zu bestreiten. Bei Unvermögen werden Zuschüsse aus Bezirksfonds gewährt.

b. **Gotha.** Volksschulgesetz von 1863: Unterrichtsgegenstände sind die sonst üblichen. § 2: Der Religionsunterricht wird auf der Grundlage der biblischen Geschichte, namentlich des neuen Testaments erteilt. Mit dem Beginn des Konfirmandenunterrichts hört der Schulunterricht in diesem Gegenstande auf. § 3: Die Volksschule soll die Kinder zum bewußten sittlichen Handeln erziehen und ihre geistigen Kräfte gleichmäßig entwickeln. § 4: Die Schulpflicht dauert vom 6. Lebensjahre an 8 Jahre. § 18: Aufnahme findet jährlich einmal, zu Anfang des Schuljahres in der Woche nach Ostern, statt. § 19: Die Entlassung geschieht zu Ostern nach zurückgelegtem 14. Lebensjahre. — § 37: Das Wahlrecht steht den Gemeinden zu, vorausgesetzt, daß sie bei Erledigung ihrer Schulstelle mindestens seit fünf Jahren keinerlei Staatsbeiträge für ihr Schulwesen bezogen haben. Die Wahl bedarf der landesherrlichen Bestätigung. § 39: Falls Gemeinden oder Patrone ihr Wahlrecht nicht innerhalb 4 Monaten nach der Vakanz ausüben, geschieht die Besetzung der Stelle durch die Staatsregierung. § 42: Für widerruflich Angestellte soll das Mindestgehalt neben freier Wohnung oder Mietsentschädigung 450 M. (für Vikare oder Hilfslehrer) bezw. 525 M. (für provisorisch angestellte Lehrer) betragen. Fest angestellte Lehrkräfte erhalten auf dem Lande bei 50 und weniger Schülern neben freier Wohnung mindestens 600—870 M., bei über 50 Schülern mindestens 600—960 M., an Stadtschulen als Mindesteinkommen 750—1200 M. je nach dem Dienstalter. Das Ruhegehalt beträgt nach § 48 innerhalb der ersten zehn Dienstjahre 40 Proz. des Einkommens, für jedes weitere Jahr 1½ Proz. mehr. — Die Unterhaltungspflicht liegt nach § 12 den Gemeinden ob, soweit nicht andere Fonds oder Rechtsverbindlichkeiten Dritter heranzuziehen sind. § 16: Nachweislich unvermögenden Gemeinden werden Beiträge aus der Staatskasse bewilligt.

17. **Sachsen-Meiningen.** Volksschulgesetz vom 22. März 1875: Die Schulpflicht dauert 8 Jahre. Die Einschulung erfolgt zu Ostern für die Kinder, welche bis zum 30. Juni 6 Jahre alt geworden sind. Am gleichen Termine werden diejenigen entlassen, die zum selben Datum das vierzehnte Lebensjahr vollendet haben. Zu den gewöhnlichen Unterrichtsgegenständen kommen in den gehobenen Volksschulen der Städte (Bürgerschulen) Planimetrie und fakultativ Latein, Französisch und Englisch hinzu. Zu den unentbehrlichen Lehrapparaten gehören zwei Wandtafeln (mit und ohne Linien), Schwamm, Kreide, Lesemaschine oder auf Pappe gezogene Lesetafeln und von Landkarten die Planigloben, die Karten von Europa, Deutschland, Meiningen und Palästina. — Die provisorische Anstellung der Schulamtskandidaten vor dem 2. Examen erfolgt unmittelbar durch die Oberschulbehörde; die definitive als Lehrer geschieht in den meisten Städten nach Wahl der Gemeindevertretung, bei allen übrigen Lehrerstellen durch die Behörde nach vorgängiger Anhörung der Kommunalverwaltung. Das Minimalgehalt definitiv angestellter Lehrer beträgt in Städten 850—1200 M., für Schuldirektoren 1800—1900 M., bei anderen Lehrerstellen 675—1350 M. Bei untadeliger Führung erhält jeder Hauptlehrer nach fünfjähriger Dienstzeit 70 M., nach 10jähriger 100, nach 15jähriger 150, nach 20jähriger 200, nach 30jähriger 300 M. Alterszulage, welche bis zu 70 M. von der Schulgemeinde, zum anderen Teil aus der Staatskasse aufzubringen ist. Nicht definitiv angestellte Rektoren und akademisch gebildete Hauptlehrer haben 200 M. weniger zu beanspruchen, als definitiv Angestellte. Provisorisch beschäftigte Hauptlehrer beziehen Remunerationen von 600—700 M. Für Kirchendienste werden 100—175 M. vergütet. Dienstwohnungen werden auf dem Lande und in kleinen Städten zu 2½—5 Proz., in gröfseren Städten zu 5—10 Proz. des Diensteinkommens angerechnet. Als event. Mietsentschädigung werden 10—12 Proz. des letzteren gewährt. Das Ruhegehalt beträgt innerhalb der ersten zehn Dienstjahre 60 Proz., danach mit jedem weiteren Jahre 1⅕ Proz. mehr bis zum vollen Betrage des letztbezogenen Gesamt-

einkommens. Zurücklegung des 50. Dienstjahres berechtigt zum Anspruch auf Pensionierung mit vollem Gehalt.

Die Fortbildungsschulen, deren Besuch 2 Jahre lang nach Entlassung aus der Volksschule obligatorisch ist, unterrichten auf dem Lande zumeist nur im Winter, in Städten das ganze Jahr hindurch 3—6 mal in der Woche. Die Geistlichen und Lehrer sind angewiesen, sich ihrer mit Eifer anzunehmen. Unterrichtsgegenstände sind neben Lesen, Schreiben und Rechnen Übung im deutschen Aufsatz, Geographie, Geschichte, geometrische Formenlehre und Zeichnen.

18. **Sachsen-Weimar-Eisenach.** Volksschulgesetz vom 24. Juni 1874. Ausführungsverordnung vom 16. Dez. 1874 und ME 20. März 1875: Die Schulpflicht dauert vom vollendeten 6.—14. Lebensjahre, für die Fortbildungsschule bei Knaben zwei weitere Jahre. Zu den gewöhnlichen Unterrichtsgegenständen deutscher Volksschulen treten noch Zeichnen und Turnen für Mädchen und Knaben und für die letzteren Obstbaumzucht hinzu. Im Turnen werden die Frei-, Ordnungs- und Geräteübungen nach Anleitung von HAUSMANN, „Das Turnen in der Volksschule", ausgeführt. Die Unterrichtszeit für weibliche Handarbeiten soll wöchentlich mindestens drei Stunden betragen. Auf Grund des allgemeinen Unterrichtsplanes wird von jedem Lehrer alljährlich ein besonderer Lehr- und Stundenplan ausgearbeitet und von dem Orts- und Bezirksschulinspektor nach vorangängiger Prüfung genehmigt, auf welchen für Religion 5, Deutsch 8 bezw. 7, Rechnen 5 bezw. 4, Realien 6, Schreiben 2, Gesang 2, Zeichnen 2, Turnen 2 Stunden anzusetzen sind. — Das Gehalt provisorischer Lehrer beträgt neben Dienstwohnung oder Mietsentschädigung 700 M. Das Minimaleinkommen ordentlicher Lehrer schwankt zwischen 900 und 1710 M. je nach Dienstalter und Ortsverhältnissen. In nicht klassifizierten Orten ist es 850 M. einschließlich der auf 50 M. veranschlagten freien Wohnung. In Weimar und Eisenach steigen die Gehalte bis 2100 M. Die Pensionierung geschieht nach dem Staatsdienergesetz, wobei das Maximum des Ruhegehalts von 80 Proz. des Diensteinkommens nach 37 Dienstjahren erreicht wird. — Die Aufbringung der Schulunterhaltungskosten ist zunächst Sache der Schulgemeinde. Die finanzielle Beihilfe des Staates besteht im wesentlichen in Zuschüssen zur gesetzlichen Minimalbesoldung. Solange jedoch die Gemeinde kein angemessenes Schulgeld erhebt, hat sie keinen Anspruch auf staatliche Unterstützung.

19. **Schwarzburg-Rudolstadt.** Der Lektionsplan von 1850 schreibt Unterrichtsgegenstände, Stundenplan und Lehrbücher vor. Die Schulpflicht dauert vom vollendeten 6. bis 14. Jahre bei Knaben, bis 13½ bei Mädchen. Die Einschulung erfolgt zu Ostern. — Die Verordnung von 1875 bestimmt als Mindestgehalt bei Landschulen 750 M., bei Stadtschulen 850 M. Das Ruhegehalt steigt von 40 Proz. des

Einkommens nach 10 jähriger bis 100 Proz. nach 50 jähriger Dienstzeit.

20. **Schwarzburg-Sondershausen.** Gesetz vom 6. Mai 1852 über das Volksschulwesen; ME 14. März 1866: Der Besuch der Volksschule ist obligatorisch bis zum 14., derjenige der Fortbildungsschule bis zum 16. Lebensjahr. Ein Schulplan regelt Lehrziel und Stoffverteilung. Als Mittelpunkt der Lehrthätigkeit ist der Religionsunterricht bezeichnet. — Die Ernennung der Lehrer geht vom Fürsten aus, nachdem der Ortsschulvorstand mit seinen Wünschen gehört worden ist. Nach dem Gesetz vom 6. Juni 1883 ist das Mindestgehalt in Landorten 750 M., in Städten 900 M. Alterszulagen werden vom 6. Dienstjahre an in 5 jährigen Perioden gewährt. Bei sonderlichen Bedürfnissen und Ortsverhältnissen erhalten die Lehrer Lokalzulagen bis 150 M. Für Erteilung des Turnunterrichts werden 75 bis 150 M. besonders vergütet. Alle öffentlichen Lehrer stehen in dem Rechtsverhältnisse der Staatsdiener und werden hiernach pensioniert. — Den Unterrichtsbetrieb der Fortbildungsschulen regelt der Normallehrplan vom 4. Sept. 1876.

21. **Waldeck.** Schulgesetz vom 1. Okt. 1846 und Schulordnung vom 9. Juli 1855 ordnen die Schul- und Unterrichtsverhältnisse des Landes, das seit 1885 dem mit der allgemeinen Landesverwaltung betrauten Landesdirektor in Arolsen auch hinsichtlich des Elementarschulwesens unterstellt ist.

22. **Württemberg.** Die Schulpflicht dauert nach der Novelle vom 6. Nov. 1858 vom Anfang des 7. bis zum 14. Lebensjahr; Entlassung vor dem 14. Jahr wird bei genügenden Kenntnissen mit Rücksicht auf dringende Familienverhältnisse genehmigt. Bis in das 18. Lebensjahr ist der Besuch der Sonntagsschule obligatorisch, soweit nicht der Unterricht in einer höheren Lehranstalt oder Gewerbeschule oder aber ein nach dem Ermessen der Ortsschulbehörde genügender anderweitiger Unterricht an seine Stelle tritt. Die innere Ordnung der Schule bestimmt der Normallehrplan vom 21. Mai 1870, welcher zunächst für einklassige Schulen, nach der begleitenden Ministerialverfügung aber auch für mehrklassige Anstalten massgebend ist. Das Volksschulgesetz vom 29. Sept. 1836 bezeichnet als wesentliche Unterrichtsgegenstände Religions- und Sittenlehre, Lesen, Schreiben, Deutsch, Rechnen und Singen. Hinzugetreten sind die Realien, seit 1877 das Turnen (für Knaben), weibliche Handarbeiten und fakultativ das Zeichnen. Bei dem evangelischen Religionsunterricht soll nach dem Konsistorialerlass vom 5. Juli 1870 Bibelkunde nach einem für statarisches Bibellesen vorgeschriebenen Plane von dem Geistlichen, die Grundlegung durch biblische Geschichte, Memorieren und kursorisches Bibellesen von dem Lehrer getrieben werden. Als Hauptzweck des Unterrichts wird die Erzeugung eines biblischen Christentums und praktische Anleitung

## 2. Kapitel Die einzelnen Staaten. 22. Württemberg.

zur eigenen Bibellektüre bezeichnet. Seine Lehrmittel sind die biblischen Geschichten vom Calwer Verlagsverein und FREIHOFER, Biblische Geschichte. Der Religionsunterricht katholischer Kinder soll in der Unterstufe die Hauptbegriffe und Wahrheiten der christlichen Religion und die Hauptbegebenheiten der Heilsgeschichte als ein zusammenhängendes Ganzes zur Erkenntnis bringen, daneben die einfachen Übungen der Religion einleiten. In der Oberstufe sind die Kenntnisse der biblischen Geschichten und Heilswahrheiten begründend zu vertiefen und christlichkatholisches Leben, Gottesdienst und Sakramentsgebrauch darzulegen. Der israelitische Religionsunterricht erstreckt sich auf hebräische Sprache (6 Stunden wöchentlich), biblische Geschichte, Bibellesen und systematischen Unterricht in der mosaischen Glaubens- und Sittenlehre.

In der deutschen Sprache ist Zweck und Ziel des Unterrichts Erwerbung der Lese- und Schreibefertigkeit, Verständnis des Durchgenommenen, Fähigkeit zu mündlicher und schriftlicher Wiedergabe und Bekanntschaft mit den zum Verständnis nötigen elementaren Sprachregeln.

Das Lesen tritt in der I. Abteilung als Schreibleseunterricht auf; der Unterricht folgt dem Gange der Fibel. In der II. Abteilung wird neben fortgesetzter Pflege des lautrichtigen Lesens das sinnrichtige angeleitet. Den Stoff bieten Lesebuch, Bibel, biblische Geschichte und auch das Gesangbuch. Das 1843 von einer Kommission neu durchgesehene und verbesserte Lesebuch enthält eine Reihe von Stücken aus der Naturkunde, der Völker- und Weltkunde und aus Geschichte und Menschenleben in gebundener und ungebundener Rede von bewährten Schriftstellern. Der Aufsatz, schon in den Unterstufen vorbereitet durch Behandlung ganzer Sätze und Wiedergabe kurzer Lesestücke, schliefst sich bei älteren Schülern an den gesamten Sprach- und Realunterricht an durch Beschreibungen von Tieren und Pflanzen, durch Wiedergabe kurzer Erzählungen und als Muster von einfachen Briefen und Geschäftsaufsätzen. Die Sprachlehre soll den Lese- und Schreibunterricht unterstützen und mit der Unterscheidung der Sprachlaute, der Silben, den Wortarten und ihrer Flexion, den Wortfamilien, dem einfachen Satz und seinen Bestandteilen, den zusammengezogenen, zusammengesetzten Haupt- und Nebensätzen bekannt machen an der Hand geeigneter Lesestücke.

Der Unterricht in den Realien ist vorzubereiten durch den Anschauungsunterricht, wobei Sach- und Sprachunterricht vereinigt sind. Für die älteren Schüler wird der Stoff im Lesebuch so ausgewählt, dafs die heimatlichen Gegenstände und Verhältnisse unter Erweiterung des Blickes auf das Allgemeine vorgeführt werden. Die einzelnen Fächer treten nicht gleichzeitig auf, sondern im 1. Jahre Geographie und Naturlehre, im 2. (dem letzten Schuljahr) des Sommers Bilder aus der Naturgeschichte, im Winter Geschichte. Die Geographie geht von der engeren Heimat zu Deutschland und Europa über und giebt einen Überblick der übrigen Erdteile nach Lage, Gröfse und hervorragendsten Eigentümlichkeiten und ein Gesamtbild von der Erdoberfläche. Die Naturlehre betrachtet nach Hauptgesichtspunkten die wesentlichsten Erscheinungen und Kräfte, die Naturgeschichte die im Lesebuch beschriebenen Mineralien, Pflanzen und Tiere, letztere nach Klassenrepräsentanten. Die Geschichte behandelt die wichtigsten Daten und Begebnisse der württembergischen und allgemeinen Geschichte an der Hand des Lesebuchs.

Der im Jahre 1883 allgemein verordnete Turnunterricht beginnt mit dem 4. Schuljahr und wird nach der „Neuen Turnschule" von OTTO JÄGER erteilt.

Zum Ausweis über das tägliche Lehrgeschäft dienen die Schuldiarien, in denen mindestens von Woche zu Woche das in jedem Lehrfache Durchgenommene mit genauer Bezeichnung der Abschnitte zu verzeichnen und als „Bemerkungen" die in Disciplin, Lehrweise usw. gemachten besonderen Erfahrungen sowie etwaige ungünstige Vorkommnisse bei Schülern hervorzuheben sind. Über die Schulzucht und ihre Handhabung trifft ME 22. Mai 1880 eingehende Bestimmungen. Darnach sind Gegenstand der Schulzucht nur solche Erscheinungen, welche sich als Schulvergehen darstellen, d. h. als Verletzung der besonderen durch das Zugehörigkeitsverhältnis zur Schule begründeten Pflichten. Zur Kontrolle der Schulversäumnisse ist ein Neglektenbuch zu führen, in welchem der Lehrer die erlaubten und die gesetzwidrigen besonders vermerkt. Am Monatsende werden die letzteren zusammengestellt und dem Ortsschulinspektor zur weiteren Veranlassung übergeben. Das Strafverfahren richtet sich hierbei nach § 453 R. Str. Pr. O. bezw. Art. 9 des württ. Gesetzes vom 12. Aug. 1879.

Gesetz vom 25. Mai 1865: Besteht an einer Volksschule nur eine Lehrerstelle, so ist diese mit einem Schullehrer (definitiv angestellten Hauptlehrer) zu besetzen. Sind zwei Stellen vorhanden, so mufs die eine mit einem Schullehrer besetzt werden, während die andere einem Lehrgehilfen oder Unterlehrer übertragen werden kann. Wo 3—5 Stellen bestehen, kann eine mit einem unständigen (widerruflich angestellten) Lehrer besetzt werden. An Schulen mit mehr als 5 Lehrern kann bis zu 5 weiteren Lehrerstellen noch eine zweite einem unständigen Lehrer übertragen werden. ME 11. Sept. 1865: Für jede Schule, welche fünf oder mehr zusammenhängende Klassen umfafst, ist aus der Mitte des ständigen Kollegiums ein Lehrer als Oberlehrer in widerruflicher Eigenschaft zu bestellen (auf den Vorschlag der Ortsschulbehörde durch die Oberschulbehörde), welcher für die Erhaltung der inneren und äufseren

Schulordnung zu sorgen, die unständigen Lehrer bezüglich ihrer gesamten Schulthätigkeit und ihrer beruflichen Fortbildung zu überwachen, die Entwürfe der Lehrpläne für die Beratungen im Lehrerkonvent vorzubereiten und Lehrgang, Lehrverfahren und Schulzucht, sowie die äufsere Ordnung der Anstalt zu überwachen und periodisch zu prüfen hat. Alle ständigen und unständigen Lehrerstellen werden, soweit nicht das Ernennungsrecht Standesherren oder Rittergutsbesitzern zukommt, von der Oberschulbehörde besetzt. Zu ständigen Lehrern werden nur solche ernannt, welche nach mindestens zweijährigem unständigen Dienst und zurückgelegtem 24. Lebensjahre die zweite Dienstprüfung bestanden haben. Lehrerinnen können zu definitiver Anstellung nicht gelangen. Zur Weiterbildung im Amte dienen in erster Linie die Schullehrerkonferenzen, welche jährlich 4 mal durch den Schulkonferenzdirektor, der zumeist Bezirksschulinspektor ist, abgehalten werden und in theoretischen Belehrungen und praktischen Übungen bestehen. Für Teilnahme an diesen Versammlungen beziehen die Lehrer Tagegelder (2,60 M.) aus den Gemeindekassen. In jedem Bezirk bestehen ferner Schullehrer-Lesegesellschaften, welche pädagogische Zeitschriften und Bücher von fachmännischem und allgemein wissenschaftlichem Inhalt aus eigenen Mitteln anschaffen, vorerst unter den Teilnehmern cirkulieren lassen und sodann der Bezirksbibliothek einverleiben. Alle zwei Jahre wird von der Oberschulbehörde ein Thema aus dem Gebiete des Unterrichts- und Erziehungswesen als Preisaufgabe ausgeschrieben und die beste Arbeit prämiiert. Auch ist eine Etatssumme zu Prämien ausgesetzt, welche besonders strebsamen Lehrern auch als Reiseunterstützung zugewandt werden kann. Im Übrigen werden Zeichen- und Turnkurse, Lehrkurse zur Weiterbildung in der Naturkunde oder Mathematik, deutschen Stilistik und Litteratur, Sechswochen-Kurse in Physik, Mineralogie, Geognosie, Chemie in Stuttgart, Landwirtschafts-Lehrkurse in Hohenheim, sowie Lehrkurse für Orgelspiel und Harmonielehre (Stuttgart) abgehalten und Wiederholungskurse für junge Lehrer eingerichtet, welche drei Wochen lang dem Unterrichte in der Seminarübungsschule unter Leitung des Oberlehrers anzuwohnen und teilweise Lektionen selbst abzuhalten haben. — In ihren Rechtsverhältnissen sind die Lehrer durch das Gesetz vom 30. Dez. 1877 den Staatsdienern im wesentlichen gleichgestellt. Nach dem Gesetz vom 25. Mai 1865 und den Novellen vom 18. April 1872 und 22. Jan. 1874 ist das Mindestgehalt auf dem Lande und in kleinen Städten 946 M. neben freier Wohnung und steigt nach der Gröfse des Ortes bis zu 1386 M., wobei die Wohnung oder die Mietsentschädigung den Bedürfnissen einer Familie durchaus entsprechen soll. Dazu treten als staatliche Dienstalterszulagen nach zurückgelegtem 40. Lebensjahr 100 M., nach dem 45. 140 M., nach dem 50. 200 M. Von den unständigen Lehrern beziehen Unterlehrer und Amtsverweser neben eingerichtetem Wohnzimmer und neben Getreidelieferung 600—680 M. Lehrgehilfen und Lehrerinnen erhalten neben gleicher Naturalleistung 500—580 M., wobei den letzteren noch als Alterszulagen nach dem 30. Jahre 100 M., nach dem 35. 125 M. und nach dem 40. 150 M. gewährt werden. Nach vollendetem 9. Dienstjahre hat ein Lehrer bei Eintritt unverschuldeter Dienstuntauglichkeit Anspruch auf lebenslängliches Ruhegehalt aus der Schullehrerpensionskasse. Vor dieser Zeit kann dienstunfähig Gewordenen eine Unterstützung bis 40 Proz. des Gehalts aus der Staatskasse bewilligt werden. Auch Lehrerinnen haben, obgleich ihnen ein Rechtsanspruch auf Pension nicht zusteht, bei Alter und Gebrechlichkeit die Bewilligung eines jährlichen Gratials aus der Staatskasse zu gewärtigen.

Die Verbindlichkeit zur Errichtung und Unterhaltung der Volksschulen liegt den Gemeinden ob. Danach sind die Kosten für Schulbedürfnisse, soweit nicht rechtliche Unterhaltungspflichten Dritter oder besondere örtliche Stiftungen oder Einnahmen für Schulzwecke vorhanden und ausreichend sind, aus Gemeindemitteln zu bestreiten und nötigenfalls als Gemeindelast, ohne Rücksicht auf das Konfessionsverhältnis der Mitglieder, nach dem Steuerfuſse umzulegen. Ein Schulgeld wird, sobald Umlagen erforderlich sind, zur Gemeindekasse vereinnahmt, und zwar für jeden Werktagsschüler 1,40—2,40 M. nach der Gröſse der Ortschaft. Zur Einführung, Erhöhung oder Aufhebung des Schulgeldes ist ein Gemeindebeschluſs und die Genehmigung der Kreisregierung erforderlich. Diejenigen Orte, welche den für die Volksschule nötigen Aufwand nicht völlig zu bestreiten vermögen, erhalten angemessene Beiträge zum Gehalte der Lehrer und zu den Kosten der Schulbauten aus der Staatskasse.

### III. Der Volksschulunterricht in auſserdeutschen Kulturstaaten.

1. **Belgien.** Gesetz vom 20. Sept. 1884, 4. Jan. 1892, 15. Sept. 1895: In jeder leistungsfähigen Gemeinde muſs wenigstens eine Volksschule sein, deren Kosten die Gemeinde bestreitet. Im Notfalle können mehrere Gemeinden zu einem Schulverbande vereinigt werden. Bedürftige Gemeinden unterstützt die Provinz und aushilfeweise der Staat. Kinder armer Eltern müssen auf deren Antrag unentgeltlichen Unterricht empfangen. Der Schulbesuch geschieht vom 7.—14. Lebensjahre, jedoch ist er nicht obligatorisch. Der Primärunterricht der Volksschulen umfaſst: Religion und Moral, Lesen, Schreiben, die Elemente der französischen oder vlämischen oder deutschen Sprache (je nach dem örtlichen Bedürfnis), Elemente des Rechnens, das gesetzliche Maſs- und Gewichtssystem, Geographie, belgische Geschichte, Zeichnen, Gesundheitslehre, Gesang und Turnen. Der Unterricht in Religion und Moral

wird unter Leitung eines Geistlichen der betreffenden Konfession in den Schulräumen erteilt; Dispensation findet auf schriftlichen Antrag der Eltern statt. Die Befähigung zum Volksschuldienste wird durch mindestens zweijährigen Seminarbesuch und den Besitz eines Diploms oder Prüfungszeugnisses erlangt. Erledigte Lehrerstellen müssen innerhalb 40 Tagen oder einer längeren von der Regierung gesetzten Frist vom Gemeinderat wieder besetzt werden, widrigenfalls von der Regierung zur Besetzung der Stelle geschritten wird. Der Gemeinderat kann einen Lehrer mit oder ohne Gehaltsentziehung auf höchstens drei Monate suspendieren. Über Absetzung oder Weiterbelassung hat endgiltig die Regierung zu entscheiden. Das Mindestgehalt beträgt für Lehrer 1200 bis 2400 Frs., für Lehrerinnen 1200 bis 2200; für Unterlehrer 1000 bis 1400, für Unterlehrerinnen 1000 bis 1200 Frs., je nach der Größe des Ortes, Accidentien, Schulgeld usw. mit eingerechnet. Daneben werden nach guter Dienstleistung allen im Lehramt Angestellten Zulagen von 100—600 Frs. je nach der Dienstzeit verliehen. Der Fortbildung der Lehrer dienen die Bibliotheken, deren jeder Bezirk eine besondere hat, und Lehrerkonferenzen, deren Programme nach AE 3. Juli 1854 auch Grundrisse des Gartenbaues und der Baumzucht umfassen. Das Cirkular der Regierung vom 15. Okt. 1868 überläfst es den Gouverneuren der Provinzen, hinsichtlich der Privatbeschäftigung der Lehrer je nach den Umständen zu verfügen. Das Handeltreiben indessen ist den letzteren nicht erlaubt. Nach den Königl. Verordnungen vom 31. Dez. 1812, 10. und 27. Febr. 1843 und 10. Nov. 1852 sind in den Hauptstädten Kassen (caisses de prévoyance) eingerichtet, welche den ländlichen Lehrern samt deren Witwen und Waisen Pensionen und Unterstützungen gewähren. Der Fonds der Kasse wird gebildet 1. aus einem jährlichen Abzug von 3 Proz. der Einkünfte der Lehrer, 2. aus einem aufserordentlichen Abzug von 1—3 Zwölftel von jeder Zulage, 3. aus Beisteuern der Provinz, 4. aus Staatszuschüssen, 5. aus besonderen Zuwendungen. Auf lebenslängliche Pension haben Anspruch: Lehrer, welche 60 Jahre alt sind und mindestens 30 Dienstjahre zählen; ferner solche, die nach 12 Dienstjahren ohne eigenes Verschulden dienstunfähig geworden sind. Aufserdem bewilligt die Kasse Unterstützungen auch an Lehrer, welche auf Pension kein Anrecht haben. Für Lehrer in den Städten ist nach Art. 27 des Gesetzes vom 23. Sept. 1842 eine Centralkasse gegründet.

2. Dänemark. Verfügungen vom 29. Juli 1814. Gesetz vom 2. Mai 1855 nebst Zusätzen vom 30. Sept. 1864: Die Schulpflicht beginnt mit dem Anfange des 7. Lebensjahres. Nach vollendetem 13. Jahr kann bei genügenden Leistungen ein Kind auf Wunsch der Eltern oder

deren Stellvertreter aus der Schule entlassen werden, nach vollendetem 15. Jahr muſs es geschehen, wenn die Eltern es verlangen [1]). Aufnahmen neuer Schüler erfolgen in der Regel am 1. Mai oder 1. November, da der Kursus halbjährig ist. Die Volksschule mit einem Lehrer, welche auf dem Lande die Norm bildet, ist in zwei Klassen geteilt, welche entweder je an drei vollen Tagen der Woche, oder abwechselnd an den Vor- oder Nachmittagen unterrichtet werden. Die Lehrstunden sind im Sommer von 8—11 und von 1—4, im Winter von 9—12 und von 1—3 oder 4. Unterrichtsgegenstände sind: Religion nebst biblischer Geschichte, Lesen, Schreiben, Rechnen, Gymnastik und Gesang; zumeist auch ein kurzer Überblick über vaterländische Geschichte und Geographie. Ein besonderer ordnungsmäſsiger Unterrichtsplan wird für jede Schule von dem Lehrer entworfen, darnach von der Schulvorsteherschaft und der Schuldirektion bestätigt. In Bezug auf Unterrichtsmethode und Wahl der Lehrbücher herrscht groſse Freiheit, die nur bei offenbaren Miſsgriffen und Willkürlichkeiten von oben her eingeschränkt wird. Die Schulzucht weist in Hinsicht auf Strafvollziehung den Lehrer in enge Grenzen. Das im Gesetz von 1814 verordnete Mulktsystem belegt Schulversäumnisse bei Mangel ausreichender Gründe mit Strafe von 3 Schillingen, in Wiederholungsfällen: 6, 12 und 24 Schillingen für jeden versäumten Tag.

Die Lehrer werden mit wenigen Ausnahmen von der Schuldirektion angestellt, nachdem die Vakanz in den Blättern bekannt gemacht worden ist und die Kommunalbehörde in Verbindung mit dem Bischof drei von den Bewerbern vorgeschlagen hat. Jeder in einer Seminarprüfung bestandene Kandidat sowie jeder mit höheren wissenschaftlichen Zeugnissen Versehene darf sich um eine Lehrerstelle bewerben. Nicht geprüfte Bewerber können im Notfalle beschäftigt, aber nur auf Kündigung angestellt werden. — Gesetz vom 8. März 1856: Die Einkünfte der Lehrer bestehen in festem Gehalt an barem Gelde, Getreideernte, „Festopfern", Accidentien für Küstergeschäfte (mit dem Lehramt fast stets verbunden), dem Schulgelde und Alterszulagen (25—50 Rdlr. je nach der Dienstzeit); ferner in freier Wohnung und Feuerung, Landdotation und Naturallieferungen (Viktualien, Viehfutter). Alle zehn Jahre bestimmt das Ministerium für jede Lehrerstelle eine „Regulierungssumme", welche den Geldbetrag sämtlicher Einkünfte nach dem Durchschnitte festsetzt. Festangestellte Lehrer sind schon nach zehnjähriger Amtsthätigkeit — vom zurückgelegten 30. Jahre an gerechnet — pensionsberechtigt. Die Höhe des Ruhegehalts, die der

---

[1] Kinder, welche zu Hause oder in Anstalten privaten Unterricht erhalten, müssen sich den halbjährigen Prüfungen der öffentlichen Schulen unterziehen. Diejenigen, welche hierbei nicht erscheinen oder nicht bestehen, werden sofort dem öffentlichen Unterrichte zugewiesen.

Minister bestimmt, kann ²/₃ der Regulierungssumme betragen, welche der Lehrer innerhalb der letzten fünf Jahre bezogen hat. Lehrerinnen sind zumeist etwas niedriger dotiert als ihre männlichen Kollegen; indessen beziehen auch sie wie diese Alterszulagen und bei unverschuldeter Aufserdienstsetzung Pension.

Das ganze Land ist vom Kultusministerium im Anschlusse an die kirchliche Einteilung in Schuldistrikte oder -Sprengel geordnet. Jeder Schuldistrikt hat wenigstens eine Schule mit einem Lehrer. Wächst im Laufe eines Jahres die Zahl der schulpflichtigen Kinder über 100, so wird entweder eine Biskole (Beischule) gegründet oder eine neue Schulstube für einen Hilfslehrer eingerichtet. Ist dies aber der dünnen Bevölkerung wegen z. B. auf den Haiden und Flugsandfeldern des westlichen Jütlands nicht angängig, so wird ein Omgangslärer für zwei oder drei Distrikte angestellt, der nach einem bestimmten Turnus ihre Schulbedürfnisse versieht. Auf eben diese Weise werden auch die „Winterschulen" abgewartet, deren Kinder nur im Sommer die entlegene Hauptschule besuchen. — Sämtliche öffentliche Schulen sind konfessionell und zwar lutherisch nach dem Bekenntnis der Augustana. — Das Schulwesen einer jeden Gemeinde steht unter der allgemeinen Kommunalverwaltung. Zur Aufsicht des Unterrichts und des Lehrers ist eine besondere Schulvorsteherschaft eingesetzt, zu welcher neben dem vorsitzenden Geistlichen zwei von der Gemeindeverwaltung gewählte Mitglieder gehören, deren eines in dieser Körperschaft Sitz und Stimme haben mufs. Die Schulunterhaltungskosten werden zum gröfsten Teile durch Beiträge gedeckt, welche durch Umlage in jeder Gemeinde erhoben werden; zum anderen Teile durch Zuschüsse des Schulfonds, welcher in jedem Amtskreise besteht, aus der Staatskasse und aus Beiträgen der Städte und Landdistrikte dotiert, von der Amtsschuldirektion und dem Schulrate verwaltet wird und zur Hergabe von Alterszulagen und Pensionen, von Unterstützungen kranker oder unverschuldet in Not geratener Lehrer, von Beiträgen zur Besoldung der Hilfslehrer, zur Errichtung von Arbeits- und Armenschulen, höheren Volks- oder Bauernschulen, zur Anschaffung von Schulmaterial, überhaupt zur Verbesserung des Schulwesens und Erleichterung ärmerer Kommunalbezirke bestimmt ist.

In den Provinzstädten bestehen als Volksschulanstalten Freischulen, welche den auf das Minimum der Landschulen beschränkten Unterricht unentgeltlich erteilen, und Bezahlungsschulen, bürgerliche Realschulen oder -Klassen, in denen ein Schulgeld von 1 bis 2 Rdlr. jährlich erhoben und der Unterricht auch auf Geographie, Geschichte, Naturwissenschaften und Deutsch ausgedehnt wird. Als Gehalt beziehen nach dem Gesetz vom 8. März 1856 an Stadtschulen fest angestellte Lehrer, wenn sie verheiratet sind, mindestens 300 Rdlr. bar und

50 Tonnen Gerste (= 250 Rdlr.), unverheiratete als Minimum das gleiche Quantum Gerste und 150 Rdlr. bar. — In Kopenhagen sind nach den Gesetzen vom 20. März 1844 und 29. Dez. 1857 ebenfalls Freischulen eingeführt, mit demselben Unterrichtsmaß wie in den übrigen Städten; daneben als Bezahlungsschulen 1. Tagklassen, welche 6 bis 7 Stunden, und zwar in Religion, Schreiben, Rechnen, Gesang und Gymnastik, in Dänisch, Deutsch, Geschichte, Geographie, Naturgeschichte und Naturlehre, in Mathematik und Zeichnen unterrichten (für Mädchen treten anstatt der beiden letztgenannten Gegenstände weibliche Handarbeiten ein); 2. Halbtagklassen, in denen täglich 4 bis 5 Stunden, entweder vor- oder nachmittags, neben den üblichen Elementargegenständen auch Geographie, vaterländische Geschichte und die Grundlage der Naturgeschichte gelehrt wird.

3. Frankreich. a. Schüler und Unterricht. Das Gesetz vom 28. März 1882 bestimmt: Der Unterricht ist für alle Kinder vom vollendeten 6. bis zum vollendeten 13. Lebensjahr obligatorisch. Vom Besuch einer Volksschule entbindet nur ein mindestens gleichwertiger Privatunterricht zu Hause oder in einer Anstalt, worüber eine Prüfung [1] Ausweis zu geben hat. Vor dem Beginne jedes Schuljahres ist dem Maire Anzeige zu machen, ob die Eltern den öffentlichen oder den privaten Unterricht für ihre Kinder gewählt haben. Der Unterricht in den Volksschulen (écoles primaires élémentaires) [2] umfaßt nach Art. 1 des Gesetzes: Sittengesetze und Bürgerpflichten, Lesen und Schreiben, Französische Sprache, Rechnen und das metrische System, Geschichte und Geographie, besonders vaterländische, Anschauungsunterricht und Grundzüge der Naturwissenschaften, namentlich in ihrer Anwendung auf die Gesundheitslehre, die Landwirtschaft und die Gewerbe, die Elemente des Zeichnens, des Modellierens und der Musik, Handfertigkeitsunterricht (in den Mädchenschulen: Nadelarbeiten), Turnen, für die Knaben soldatische Übungen. Art. 2: Die öffentlichen Volksschulen sind außer an den Sonntagen noch einen Tag in der Woche (Donnerstags) geschlossen, damit die Eltern, welche es wünschen, ihren Kindern Religionsunterricht außerhalb des Schulhauses geben lassen können.

1) ME 22. Dez. 1882 (Bulletin 525 S. 745 ff.) regelt das Verfahren einer solchen.

2) Vor Erlaß des Gesetzes vom 30. Okt. 1886 gab es besondere écoles enfantines oder maternelles, welche Kinder schon im zweiten Lebensjahre in Obhut nahmen, gleichwohl aber den Charakter von Unterrichtsanstalten bereits trugen. Seitdem wird dieser Charakter nur den classes enfantines zugesprochen, welche nach Art. 7 des Gesetzes vom 16. Juni 1881, ME 26. und 29. Mai und 27. Juli 1582 (Bull. 495 S. 397 ff.; 504 S. 214 ff.) den Volksschulen gleichsam als Vorstufen anzugliedern, in erster Linie von weiblichen Lehrkräften zu leiten sind und Kinder schon im fünften Lebensjahre aufnehmen dürfen. Die Einrichtung dieser Klassen regelt CE 25. Jan. 1882 (Bull. 477 S. 220 ff) des näheren.

## 3. Frankreich.

Der Ministerialerlaſs vom 27. Juli 1882 über Einrichtung, Aufgabe und Ziel der Volksschule[1]) bestimmt Folgendes:

Art. 1. Der Volksschulunterricht in den öffentlichen Schulen zerfällt in drei Stufen: 1. Unterstufe (cours élémentaire), 2. Mittelstufe (c. moyen), 3. Oberstufe (c. supérieur). Die Einrichtung dieser drei Stufen ist vorschriftsmäſsig für alle Schulen und unabhängig von der Zahl der Klassen und der Schüler.

Art. 2. In jeder Gemeinde, deren Volksschulen in Ermangelung von Bewahranstalten Kinder unter dem schulpflichtigen Alter aufnehmen, kann eine Kinderklasse eingerichtet werden[2]). Wenn in einer Schule sich mehr als zehn Kinder befinden, welche nach Erlangung des Prüfungszeugnisses und beendetem Besuch der Oberstufe noch weitere Ausbildung wünschen, so kann für diese ein Fortbildungskursus (c. complémentaire) von der Dauer eines Jahres errichtet werden[3]).

Art. 3. Die Dauer der Lernzeit verteilt sich auf:
1. Die Kinderklasse: 1 oder 2 Jahre, jenachdem die Kinder im Alter von 5 oder 6 Jahren aufgenommen werden,
2. die Unterstufe: 2 Jahre (8. und 9. Lebensjahr),
3. die Mittelstufe: 2 Jahre (10. und 11. Lebensjahr),
4. die Oberstufe: 2 Jahre (12. und 13. Lebensjahr),
5. den Fortbildungskursus: 1 Jahr.

Art. 4. In Schulen mit einem Lehrer und nur einem Schulsaal darf keine Unterabteilung stattfinden, weder in der Mittel- noch in der Oberstufe. Die Kinder unter 9 Jahren dürfen höchstens in zwei Abteilungen getrennt werden.

Art. 5. In Schulen mit zwei Lehrern erhält der eine Mittel- und Oberstufe, der andere die Unterstufe und event. die Kinderklasse.

Art. 6. In Schulen mit drei Lehrern bildet jede Stufe eine besondere Klasse.

Art. 7. In Schulen mit vier Klassen wird die Unterstufe in zwei Klassen geteilt.

Art. 8. In Schulen mit fünf Klassen zerfällt Unter- und Mittelstufe in zwei Abteilungen.

Art. 9. In Schulen mit sechs Klassen entfallen auf jede Stufe zwei Klassen, falls nicht die Schülerzahl der Oberstufe die Vereinigung zu einer Klasse gestattet.

Art. 10. Wenn eine Stufe in zwei Klassen geteilt ist, umfaſst jede einen besonderen Jahrgang. Beide folgen demselben Lehrplan; Aufgaben und Übungen aber steigern sich derart, daſs die Schüler des zweiten Jahrganges das Pensum des ersten wiederholen, vertiefen und vervollständigen können.

Art. 11. In Schulen mit mehr als sechs Klassen darf keine Stufe mehr als zwei Jahrgänge umfassen. Die Klassen über sechs hinaus, die Kinderklasse nicht eingerechnet, müssen Parallelklassen sein.

Art. 12. Beim Beginn eines jeden Schuljahres werden die Schüler nach ihren Kenntnissen durch den Hauptlehrer und unter Aufsicht des Volksschulinspektors klassenweise eingeteilt. Das Aufsteigen in die Oberstufe ist von einer Prüfung abhängig.

Art. 13. Jeder Schüler erhält bei seinem Eintritt in die Schule ein besonderes Heft, welches er während der ganzen Schulzeit in stand halten muſs. Die erste schriftliche Arbeit eines jeden Monats in einem jeden Fache wird durch den Schüler in dieses Heft eingetragen. Dasselbe bleibt in der Schule aufbewahrt.

Art. 14. Jede Preisbewerbung ist ausdrücklich untersagt, wenn an ihr nicht alle Schüler wenigstens einer Stufe teilnehmen.

---

[1] Vergl. Chr. Schröder Das Volksschulwesen in Frankreich II. S. 77 ff.
[2] Vergl. Art. 7 des Gesetzes vom 16. Juni 1881.
[3] Vergl. ME 15. Jan. 1881.

Art. 15. Der Unterricht erstreckt sich auf die physische, intellektuelle und moralische Erziehung (siehe Lehrplan).

Art. 16. Zu Anfang jedes Schuljahres wird ein genauer Stundenplan von dem Hauptlehrer aufgestellt und nach seiner Genehmigung durch den Volksschulinspektor im Klassenzimmer angebracht.

Der Stundenplan muſs folgenden Gesichtspunkten entsprechen:

Die Unterrichtszeit ist in Übungsstunden eingeteilt, die entweder durch Erholungspausen oder körperliche Bewegung und Gesang unterbrochen werden.

Die Unterrichtsfächer, welche die gröſste Aufmerksamkeit erfordern, wie Rechnen, Sprachlehre, Aufsatz fallen auf den Vormittag.

Jede Unterrichtsstunde, Leseübung oder schriftliche Arbeit wird mit mündlichen Erklärungen und Fragen verbunden.

Die Verbesserung der schriftlichen Arbeiten und das Hersagen und Abfragen der Aufgaben findet in den betreffenden Unterrichtsstunden selbst statt. Nur die Aufsätze sind vom Lehrer auſserhalb der Schulzeit zu verbessern. In der Regel sollen die schriftlichen Arbeiten auf der Wandtafel zu derselben Zeit verbessert werden, als das Nachsehen der Hefte geschieht.

Die 30 wöchentlichen Unterrichtsstunden sind so zu verteilen:

In den beiden unteren Stufen muſs entweder in Form einer freien Besprechung oder durch geeignete Lektüre wenigstens eine Stunde täglich auf die **Sittenlehre** verwendet werden. In der Oberstufe findet möglichst die planmäſsige Entwickelung dieses Lehrstoffes statt.

Der Unterricht im **Französischen** hat täglich wenigstens zwei Stunden zu beanspruchen.

Die **Realien** haben je nach den Stufen 1—1½ Stunden in Beschlag zu nehmen, indem ¾—1 Stunde dem Rechnen und anschlieſsenden Übungen, der Rest der Naturlehre und Naturgeschichte anheimfällt.

Dem Unterricht in **Geschichte und Erdkunde**, welchem sich die Unterweisungen über das bürgerliche Leben anschlieſsen, ist etwa eine Stunde täglich zu Gebot zu stellen.

Die Zeit, welche dem eigentlichen **Schönschreibunterricht** gewidmet wird, ist in der Unterstufe auf eine Stunde und nach dem Hinzutreten der **Diktat- und Aufsatzübungen** stufenweise kürzer zu bemessen.

Der **Zeichenunterricht**, der mit den einfachsten Übungen in der Unterstufe beginnt, soll die beiden Oberstufen wenigstens 2—3 Stunden in der Woche beschäftigen.

Der **Gesangunterricht**, welcher unabhängig von den täglichen Übungen zwischen den einzelnen Unterrichtsstunden oder am Anfang und Schluſs des Unterrichts vorgenommen wird, hat 1—2 Stunden wöchentlich auszufüllen.

Auf das **Turnen** ist abgesehen von den körperlichen Übungen bei Gelegenheit des Stundenwechsels täglich oder jeden zweiten Tag eine Stunde des Nachmittags zu verwenden[1]).

Für den **Handarbeitsunterricht** der Knaben und der Mädchen sind schlieſslich 2—3 Stunden in der Woche aufzuheben.

Art. 17. Die Anforderungen, welche an die Schulräumlichkeiten zu stellen sind, werden durch besondere Vorschriften festgesetzt, die von dem Ausschusse für Schulbauten im Ministerium des öffentlichen Unterrichts entworfen werden.

Der in Art. 15 genannte **Unterrichtsplan** begreift:

---

1) Bataillonsexerzieren wird, da wo dieser Gegenstand eingeführt ist, nur Donnerstags und Sonntags betrieben.

## 3. Frankreich. 163

### I. Physische Erziehung und Vorbereitung zum Beruf.

Ziel. Stärkung des Körpers und Förderung physischer Anlagen zur Herstellung eines möglichst günstigen Gesundheitszustandes.

Den Kindern sind frühzeitig Gewandtheit und Geschicklichkeit, die Fertigkeit der Hand, Behendigkeit und Sicherheit der Bewegungen beizubringen, welche wertvoll für alle, notwendig aber für Schüler der Volksschule sind, deren Mehrzahl bestimmt ist für handwerksmäfsige Berufsarbeiten.

Ohne den Charakter einer Erziehungsanstalt zu verlieren und den einer Werkstatt anzunehmen, kann und mufs die Volksschule hinlängliche Sorgfalt auf körperliche Übungen verwenden, um die Knaben für die zukünftigen Arbeiten des Handwerkers und des Soldaten, die Mädchen für Haushaltung und weibliche Arbeiten bis zu einem gewissen Grade vorzubereiten.

Das Verfahren: Der Unterrichtsgang für das Turnen und die soldatischen Übungen wird bis in die kleinsten Einzelheiten durch die im Gebrauch befindlichen Handbücher und Anleitungen der betreffenden Lehrer geregelt. Da die Schüler diesen Übungen im allgemeinen guten Willen und Lust und Liebe entgegenbringen, wird es leicht zu erreichen sein, dafs sie diese als wirkliche Erholung betrachten.

Der Handfertigkeitsunterricht umfafst einerseits die vorschiedenen Übungen, welche Fingerfertigkeit zu erzeugen, Geschicklichkeit und Genauigkeit der Bewegungen hervorzubringen im allgemeinen geeignet sind; anderseits die stufenmäfsigen Übungen im Modellieren, welche zur Vervollständigung des entsprechenden Zeichenunterrichts und besonders des gewerblichen Zeichnens dienen.

Die Handarbeit der Mädchen begreift aufser Nähen und Zuschneiden eine bestimmte Anzahl von Unterweisungen und Übungen, welche Ordnungsliebe einzuflöfsen, die wichtigsten Eigenschaften einer Hausfrau zu vermitteln und vor unnützen und schädlichen Beschäftigungen zu bewahren im stande sind.

Lehrplan: 1. Sorge für Gesundheit und Reinlichkeit. Überwachung der Spiele. Zweckmäfsige Ratschläge über Nahrung, Körperhaltung und Kleidung.

2. Turnen nach den für Knaben und Mädchen vom Ministerium herausgegebenen Leitfäden. Unterstufe: Vorübungen. Bewegungen der Arme und Beine. Übungen mit Hanteln und Stab. Laufschritt Wendungen. Mittelstufe: Beugungs- und Streckbewegungen. Hantelübungen. Übung mit Stäben, Ringen, an Leiter, Schwungseil, Schwebebalken, Barren, Reck, Stange, Schwebereck. Oberstufe: Dieselben Übungen. Marschübungen. Dauerlauf. Springen. Stabübungen.

3. Soldatische Übungen. Unterstufe: Marschübungen. Ausrichten. Rottenbildung. Soldatische Vorübungen. Mittelstufe: Freiübungen. Schrittarten. Ausrichten. Marschieren. Aufmarschieren. Oberstufe: Wiederholungen. Fertigkeit der Bewegungen in aufgelösten Reihen. Marschübungen. Vorübungen zum Schiefsen. Kenntnis der Schufslinien, der Zusammensetzung des Gewehrs.

4. Handarbeit für Knaben. Unterstufe: Übungen zur Entwickelung der Handfertigkeit. Zuschneiden von Pappe zu geometrischen Körpern. Korbflechten Verbindung von Halmen verschiedener Farben. Modellieren, Herstellung geometrischer Körper und einfacher Gegenstände. Mittelstufe: Anfertigung von Papparbeit mit bemalten Mustern und farbigem Papier. Kleine Drahtarbeiten. Gitter. Verflechtung von Draht und Holz. Käfige. Modellieren, einfache Bauverzierungen Kenntnis der gebräuchlichsten Werkzeuge. Oberstufe: Vereinigte Zeichen- und Modellierübungen. Entwürfe zur Ausführung von Gegenständen, Ausführung nach Entwürfen. Kenntnis der Werkzeuge zur Holzbearbeitung. Stufenmäfsige Übungen. Hobeln. Sägen. Zusammenfügung von Schachteln und Kisten. Drechseln einfacher

11*

Gegenstände. Kenntnis der hauptsächlichsten Werkzeuge zur Eisenbearbeitung. Feilübungen. Glätten und Abfeilen von Roh- und Gußeisen.

5. Handarbeit für Mädchen. Unterstufe: Stricken und Kenntnis des Stiches, der Maschen, Rippen, Zulegen und Mindern. Zeichenstiche auf Kanevas. Grundregeln des Nähens, Säume und überwendliche Naht. Abschneiden und Zusammenfügen von buntem Papier. Kleine Modellierversuche. Mittelstufe: Stricken und Stopfen. Vorderstich, Seitenstich, Hinterstich, überwendlicher Stich. Einfache Naht, Saum, Doppelnaht, überwendliche Naht bei Kanten und Falten. Anfertigung einfacher Näharbeiten. Flicken. Oberstufe: Stricken von Unterröcken, Unterjacken, Handschuhen. Wäschezeichnen. Steppen. Einreihen. Ausbessern der Kleider. Kenntnis des Zuschneidens und Anfertigung leichter Kleidungsstücke. Die einfachsten Regeln der Haushaltung und ihre Anwendung in der Küche, im Garten und Geflügelhof, bei der Behandlung und dem Waschen der Wäsche, bei der Kleidung und Verpflegung.

## II. Intellektuelle Ausbildung.

Ziel. Vermittelung einer begrenzten Menge von Kenntnissen, die dem Kinde alles verwertbare, zum Leben nötige Wissen sichern, seine Fähigkeiten fördern, seinen Gesichtskreis erweitern und seinen Geist ausbilden und schärfen.

Das Kind, das die Volksschule verläßt, soll nicht vieles, aber sicher wissen. Der Unterricht, den es zu empfangen hat, sei darum begrenzt, aber nicht oberflächlich. Er soll nicht in einen Wissenskreis einführen, der systematisches Denken in sich schließt, sondern die Kenntnisse für's Leben mitgeben, die den künftigen Bedürfnissen entsprechen, dann aber auch gute Eigenschaften überhaupt, aufgeweckten Verstand, klare Gedanken, Ordnung, Urteil und Überlegung, Folgerichtigkeit im Denken und Reden erzeugen und gewährleisten.

Das Verfahren. Der Lehrer tritt nach und nach in eine Wechselbeziehung mit seinen Schülern, welche einen beständigen Gedankenaustausch unter schmiegsamen und geistvoll geordneten Formen unterhält. Fortschreitend vom Bekannten zum Unbekannten, vom Leichten zum Schweren führt er sie durch Fragen oder schriftliche Arbeiten zur Entdeckung der Folgerungen aus einem Grundsatze, der Anwendung einer Regel, oder umgekehrt zur Auffindung der Grundsätze und Regeln, die bereits unbewußt angewandt werden. Der Unterricht geht überall von der Anschauung aus und schafft so allmählich den Boden für Abstraktion, Verallgemeinerung und Vergleichung.

Der Unterricht in der Volksschule ist notwendigerweise Massenunterricht. Der Lehrer kann sich nicht einzelnen Kindern widmen, sondern ist für alle da. Die Leistungen, welche bei der Gesamtheit der Klasse erzielt werden, sind der Maßstab, welcher die Wirksamkeit des Lehrers richtet. Wie ungleich also die Anlagen seiner Schüler auch sein mögen, so muß er ein bestimmtes Maß von Kenntnissen und Fertigkeiten allen beibringen.

Lehrplan. 1. Lesen. Unterstufe: Geläufiges Lesen nebst Worterklärung. Mittelstufe: Geläufiges Lesen und Erklärung des Inhalts. Oberstufe: Lesen mit Betonung.

2. Schreiben. Unterstufe: Große, mittelgroße und kleine Schrift. Mittelstufe: Gewöhnliche Schrägschrift. Oberstufe: Kursivschrift, Rundschrift, Mittelschrift.

3. Französische Sprache. Unterstufe: Grundbegriffe des Haupt-, Eigenschafts- und Zeitwortes (Anfangsgründe der Flexion). Bildung der Mehrzahl und des femininum. Begriff des einfachen Satzes. Sprechübungen: Fragen und Erklärungen. Wiedergabe gelesener und erklärter Sätze. Gedächtnisübungen: Vor-

## 3. Frankreich.

tragen leichter Gedichte. Schriftliche Übungen: Rechtschreibung. Wiedergabe erklärter Sätze. Zergliederungsübungen: Zerlegung des Satzes in seine Bestandteile. Vorlesen eines Stückes durch den Lehrer. Mittelstufe: Anfangsgründe der Sprachlehre. Abwandlung des Zeitwortes. Kenntnisse aus der Satzlehre. Wortfamilien. Grundregeln der Zeichensetzung, Aussprache und Betonung. Fragen aus der Sprachlehre. Wiedergabe vorgetragener Erzählungen. Inhaltsangabe gelesener Stücke. Vortrag von Fabeln, Gedichten und Prosastücken, Diktate. Übungen in der Satzbildung. Gegenseitige Verbesserung der Diktate und anderer schriftlicher Arbeiten durch die Schüler. Freie schriftliche Wiedergabe gelesener oder angehörter Stücke. Aufsatzübungen über einfache und bekannte Gegenstände, Wort- und Satzzergliederung. Oberstufe: Wiederholung der Wort- und Satzlehre. Kenntnis der hauptsächlichsten Satzarten. Bedeutung der Wörter im Satze. Hauptregeln über die Anwendung der Wörter und die Folge der Zeiten. Ableitung der Wörter. Fortsetzung und Erweiterung der Sprachübungen. Vortrag über gelesene oder erlebte Stoffe, über Stücke aus der Geschichte oder Litteratur. Vortrag ausgewählter Lesestücke, Wechselreden und Auftritte aus Musterschriftstellern. Diktate. Schriftliche Übungen in Ableitung und Zusammensetzung der Wörter. Anwendung der wichtigsten Satzregeln. Aufsätze. Übersicht über die Lektüre und die Unterrichtsstunden überhaupt. — Fragen über die sprachliche Zergliederung des Gelesenen. Übungen in der logischen Zergliederung. Vorlesung dramatischer und geschichtlicher Stoffe durch den Lehrer und durch Schüler.

4. Geschichte. Unterstufe: Erzählungen und Besprechungen über die berühmtesten Persönlichkeiten und wichtigsten Begebenheiten der vaterländischen Geschichte. Mittelstufe: Grundriß der Geschichte Frankreichs. Oberstufe: Hauptübersicht über die allgemeine Geschichte (aus dem Altertum, Ägypten, Judäca, Griechenland, Rom; aus dem Mittelalter und der Neuzeit die wichtigsten Begebenheiten in ihren Beziehungen zur französischen Geschichte). Wiederholung der Geschichte Frankreichs. Eingehend: Neueste Geschichte.

5. Erdbeschreibung. Unterstufe: Die Himmelsrichtungen. Beobachtungsübungen. Die Jahreszeiten, die hauptsächlichsten Lufterscheinungen, der Gesichtskreis, die Eigenschaften des Bodens. Erklärung der einfachsten geographischen Ausdrücke. Vorbereitung der Erdkunde durch Anschauung und Beschreibung. Besprechung des Heimatsortes. Begriff der Kartendarstellung. Grundzüge des Plan- und Kartenzeichnens. Die Erdkugel; Festland und Weltmeere. Mittelstufe: Beschreibung Frankreichs und seiner Niederlassungen. Natürliche Beschaffenheit des Landes. Politische Einteilung, besonders des Kantons, des Departements und der Provinz. Übungen im Kartenzeichnen an der Wandtafel und im Heft. Oberstufe: Wiederholung und Erweiterung der Beschreibung Frankreichs. Natürliche Beschaffenheit und Einteilung Europas. Übersicht über die anderen Erdteile. Die französischen Kolonien. Kartenzeichnen aus dem Gedächtnis.

6. Unterricht über das bürgerliche Leben und gemeine Recht. Kenntnis der Volkswirtschaft. Unterstufe: Erklärung sozialer Ausdrücke bei Gelegenheit der Lektüre. Mittelstufe: Allgemeine Übersicht über die staatliche Einrichtung Frankreichs. Rechte und Pflichten des Bürgers. Die gesetzgebende und vollstreckende Gewalt. Die Rechtspflege. Oberstufe: Erweiterte Kenntnis der politischen, administrativen und gerichtlichen Einrichtung Frankreichs. Die einfachen Begriffe des praktischen Rechts. Die gewöhnlichsten Verträge. Belehrungen über die Grundbegriffe der Volkswirtschaft (Der Mensch und seine Bedürfnisse; die Gesellschaft und ihre Vorteile; die Arbeit und die Vereinigung zu Gesellschaften. Die Rohstoffe; das Kapital; die Produktion und der Umschlag. Kapitalsanlage, Sparkassen und Lebensversicherungsgesellschaften, Unterstützungsvereine, Altersversorgungskassen.

7. Rechnen. Unterstufe: Übungen im Zählen und Zahlenschreiben. Kopfrechnen. Übung des Einmaleins. Schriftzeichen: Addieren, Subtrahieren, Multiplizieren. Kleine Rechenaufgaben, mündlich und schriftlich. Erklärung der Aufgaben und des Verfahrens bei der Ausrechnung. Vorkenntnisse vom Mafs-, Gewichts- und Münzsystem. Mittelstufe: Wiederholung des Vorhergegangenen. Dividieren mit ganzen Zahlen. Allgemeine Kenntnis der Brüche. Decimalbrüche. Anwendung der 4 Species auf die letzteren. Regel de tri. Einfache Zinsrechnung. Das Mafs- und Gewichtssystem. Aufgaben, Erklärung und Auflösung. Kopfrechnen in den 4 Species und mit Decimalen. Oberstufe: Wiederholung und Erweiterung. Aufsuchen der Rechenvorteile. Primzahlen. Zerlegen in Faktoren. Merkmale der Teilbarkeit. Der Hauptdivisor. Reduktion und ihre Anwendung auf Zins-, Rabatt-, Teilungs- und Mischungsrechnung. Das metrische System. Buchführung.

8. Raumlehre. Unterstufe. Übungen zur Kenntnis regelmäfsiger Figuren. Die Winkel. Begriff der Ausdehnung. Merkmale der Körper. Mefsübungen und Mafsvergleichung (Augenmafs). Entfernungsschätzen. Mittelstufe: Darstellung planimetrischer Figuren und ihre einfachsten Zusammensetzungen. Belehrungen über Würfel, Prisma, Cylinder, Kugel und deren Grundeigenschaften. Oberstufe: Allgemeine Kenntnis der ebenen Raumlehre sowie des Rauminhalts. (Für Knaben:) Anwendung auf das einfachste Verfahren beim Feldmessen. Grundbegriffe des Nivellierens.

9. Ornamentzeichnen. Unterstufe: Ziehen gerader Linien und Zerlegen derselben. Beziehungen der Linien zu einander. Bildung und Schätzung der Winkel. Anfänge des Ornamentzeichnens. Kreislinien, regelmäfsige Vielecke, sternförmige Rosetten. Mittelstufe: (Freihandzeichnen:) Die gebräuchlichsten geometrischen Kurven. Kurven aus dem Pflanzenreich: Stengel, Blätter, Blumen. Abzeichnung von Flachverzierungen in Gips. Anfänge des geometrischen Zeichnens und Grundbegriffe der Perspektive, geometrische und perspektivische Darstellung im Umrifs: geometrische Körper und einfache Gebrauchsgegenstände. (Geometrisches Zeichnen:) Gebrauch von Lineal und Zirkel, Winkelmafs, Gradmesser. Oberstufe: (Freihandzeichnen:) Zeichnen nach Abdruck und Relief von Verzierungen aus dem Pflanzenreich; Blätter, Blumen, Früchte; von geometrischen Vorzierungen: Gesimse, Randverzierung, Herzformen, Zacken. Grundzüge der verschiedenen Bauarten. Zeichnen des menschlichen Kopfes; seine Teile und Verhältnisse. (Geometrisches Zeichnen:) Ausführung geometrischer Linien auf Papier mit Instrumenten. Grundregeln des Zeichnens mit Tusche ohne Schatten. Zeichnen von Verzierungsentwürfen, Steinplatten, Täfelung, Glasfenstern, Thürverkleidungen, Zimmerdecken. Tuschen solcher Zeichnungen mit chinesischer Tinte und mit Farben. Aufnahme und geometrisch-graphische Darstellung geometrischer und sonstiger Körper: Holzverbindungen, Quadersteine, Schlosserarbeit, Möbel usw. mit Mafsangabe. Gebrauch der Tusche zur Artbezeichnung der Stoffe. Tuschen von Plänen und Karten.

10. Naturlehre und Naturwissenschaften. Unterstufe: Anschauungsunterricht in den Naturreichen. Betrachtung der Gegenstände und gewöhnlichen Naturerscheinungen und deren Erklärung. Belehrungen über Umbildung der Rohstoffe und gewöhnlichsten Gebrauchsstoffe. Anlegung von Sammlungen. Mittelstufe: Allgemeine Darstellungen aus der Naturwissenschaft. Der Mensch. Übersichtliche Beschreibung des menschlichen Körpers und seiner Lebensfunktionen. Das Tierreich. Kenntnis der Hauptverzweigungen und der Einteilung der Wirbeltiere in Klassen. Genauere Besprechung je eines Tieres als Musterbild jeder Gruppe. Das Pflanzenreich. Die Hauptteile der Pflanzen. Einteilungen des Pflanzenreichs. Kenntnis der nützlichen und schädlichen Pflanzen. Die Erscheinungsformen (Zustände) der Körper. Experimente. Oberstufe: Wiederholung und Erweiterung des vorhergegangenen Stoffes. Der Mensch: Belehrung über Verdauung, Blutumlauf,

## 3. Frankreich.

Atmung, Nerven, Sinneswerkzeuge. Die einfachsten Gesundheitsregeln. Die Eigenschaften des Alkohols, Tabaks usw. Das Tierreich: Einteilung in Hauptklassen. Nützliche und schädliche Tiere. Das Pflanzenreich: Die wesentlichen Teile und die Haupteinteilung der Pflanzen. Anlegen von Herbarien. Das Mineralreich: Allgemeine Belehrung über Ackerboden, Gesteine, Versteinerungen und Gebirgsarten mit besonderer Rücksicht auf die Heimat. Ausflüge und Anlage von Sammlungen. Die Grundbegriffe aus der Naturlehre. Schwerkraft, Hebel. Die einfachsten Gesetze über das Gleichgewicht der Flüssigkeiten. Der Luftdruck, das Barometer. Grundbegriffe und Versuche über Wärme, Licht, Elektricität, Magnetismus (Thermometer, Dampfmaschine, Blitzableiter, Telegraph, Kompals). Einfachste Kenntnisse der Chemie. Begriffe über einfache und zusammengesetzte Körper. Metalle und Salze.

11. **Acker- und Gartenbau.** Unterstufe: Erste Unterweisungen im Schulgarten. Mittelstufe: Belehrung über die Hauptarten des Bodens, die hauptsächlichsten Arbeiten und Geräte des Acker- und Gartenbaues (bei Gelegenheit des Anschauungsunterrichts, der Lektüre und der Spaziergänge). Oberstufe: Zusammenhängende Belehrungen über die Landarbeit, Ackergeräte, Entwässerung und Düngung, Saat, Ernte, über Haustiere und landwirtschaftliche Buchführung. Gartenbau: Pflanzenvermehrung, Veredelungsarten.

12. **Gesang.** Unterstufe: Treffübungen. Übung leichter Gesänge nach dem Gehör. Notenschreiben. Takteinteilung. Nachsingen einstimmiger Gesänge. Mittelstufe: Tonübungen. Unterweisung in Tonleitern. Erklärung der Vorzeichen, Tonarten, Tonstufen und -Entfernungen. Bedeutung des Schlüssels. Treffübungen. Rhythmische Übungen. Treffübungen bei F-Schlüssel. Einübung von Liedern ein- und mehrstimmig. Oberstufe: Erklärung der Schlüssel. Kenntnis der Tongattungen. Erklärung der Moll-Tonleiter. Taktschlagen. Gebrauch des Metronoms. Tonabstufungen. Allgemeiner Begriff eines Tonsatzes. Anfangsgründe der Harmonielehre. Tonverbindungen. Vollkommene Accorde. Umsetzung derselben. Septimenaccord (Erklärung und Beispiele). Nachsingen und Nachschreiben. Chorgesänge, zwei- bis vierstimmig.

### III. Sittliche Erziehung.

Ziel. Der Unterricht in der Sittenlehre ist dazu bestimmt, die gesamten übrigen Unterrichtsfächer zu verbinden und inhaltlich zu vertiefen. Er strebt dahin, im Menschen den Menschen selbst zu entwickeln, d. h. die Gesinnung, die Einsicht und das sittliche Bewußtsein. Er hat demnach den Endzweck, den Willen herauszubilden und aus dem Sittlichhandeln eine Gewohnheit zu erzeugen. Die Aufgabe des Lehrers bei diesem Unterricht ist es, das Wesen der sittlichen Gewohnheit zu verkörpern und die schon vor dem Schulunterricht durch häusliche Einwirkung in das Kind gelegten Keime religiösen Bewußtseins zu entwickeln. Diese Aufgabe kann er erfüllen, ohne persönlich weder Zu- noch Abneigung zu den verschiedenen auf das religiöse Bewußtsein bezüglichen Glaubenssätzen kundzugeben, mit welchen seine Schüler die Hauptgrundsätze der Sittenlehre verbinden. Er nimmt die Kinder so auf, wie sie zu ihm kommen, mit ihren Begriffen und ihrer Sprache, mit den Glaubenslehren, welche sie aus dem elterlichen Hause mitbringen, und hat sie nur anzuleiten, daraus den kostbarsten Inhalt zu ziehen, nämlich die Lehren erhabener Sittlichkeit. Später, wenn sie Bürger geworden, werden sie vielleicht durch verschiedene Auffassungen von Glaubenslehren getrennt; aber wenigstens soweit werden sie in ihrer Handlungsweise übereinstimmen, dafs sie das Lebensziel möglichst hoch stellen, dafs sie denselben Abscheu haben vor dem, was niedrig und gemein, dieselbe Bewunderung für das, was edel ist, erhaben und gut, dasselbe Feingefühl in der Hochschätzung der Pflicht, welche Anstrengung es auch kosten möge, um sich einig zu fühlen im gemeinsamen Dienste des Guten, Schönen und Wahren, welches auch eine Form, und nicht die am wenigsten reine, des religiösen Gefühles ist.

**Das Verfahren.** Der Unterricht muß das Innerste der Seele treffen und muß es fertig bringen, daß das Herz des Kindes durch unmittelbare Einwirkung die Erhabenheit des sittlichen Gesetzes mit empfindet. Dem Lehrer, welcher nur wenig Zeit für eine so große Aufgabe zur Verfügung hat, bietet sich hierzu als das sicherste Mittel, das zarte Werkzeug des Gewissens auszubilden und dem Geist und Herzen des Kindes eine genügende Anzahl guter Vorbilder und Eindrücke, gesunder Gedanken, heilsamer Gewohnheiten und edler Entschlüsse einzuprägen.

**Lehrplan.** (Unterstufe:) Kleine Besprechungen. Lesen und Erklären von Erzählungen, Beispielen, Sprüchen, Gleichnissen, Fabeln. Praktische Übungen, welche die Sittenlehre in der Schule selbst betätigen, wie Beobachtung der sittlichen Anlagen, rechte Anwendung der Schulzucht, stete Berufung auf das sittliche Gefühl und Urteil der Kinder selbst, Berichtigung oberflächlicher Vorstellungen (Vorurteile, Aberglaube usw.), Anleitung zu eigener Beobachtung über die Folgen von Tugend oder Laster usw. (Mittelstufe:) Mündliche Unterweisungen, Lesen mit Erklärung nach folgenden Gesichtspunkten:

I. Das Kind in der Familie: Pflichten gegen Eltern, Geschwister, Dienstboten. Das Kind in der Schule: Fleiß, Arbeitsamkeit, Anstand; Pflichten gegen Lehrer und Mitschüler. Das Vaterland: seine Größe und sein Unglück; Pflichten gegen das Vaterland.

II. Pflichten gegen sich selbst: Reinlichkeit, Nüchternheit, Mäßigkeit. Gefahren der Trunksucht. Die Lehren Franklins; Vermeidung der Schulden, verderbliche Folgen des Spiels. Der Adel der Arbeit — Persönliche Würde, Selbstachtung, Bescheidenheit; Vermeidung des Zornes, der Eitelkeit, der Lüge; Abscheu vor Unwissenheit und Faulheit; Mut in Gefahr und Unglück; Geduld und Milde.

III. Pflichten gegen den Nächsten: Gerechtigkeit und Liebe. Achtung vor Leben, Eigentum und Ehre des Nächsten. Toleranz.

IV. Pflichten gegen Gott: Ehrfurcht und Verehrung vor dem Urgrund aller Dinge und dem vollkommenen Wesen (auch dann zu pflegen, wenn der Lehrer selbst eine andere Vorstellung von der Gottheit haben sollte). Darlegung des Begriffes, daß die erste heilige Verpflichtung, welche man der Gottheit schuldet, der Gehorsam gegen die göttlichen Gesetze ist, wie Gewissen und Vernunft sie offenbaren.

(Oberstufe:) Besprechungen, Lektüre, geeignete Übungen. Unterweisung in der allgemeinen und bürgerlichen Sittenlehre nach folgendem Plan:

1. Die Familie: Pflichten der Eltern und Kinder; gegenseitige Pflichten der Herren und Diener.

2. Die Gesellschaft: Notwendigkeit und Vorteil der Gesellschaft. Die Gerechtigkeit als ihre Vorbedingung. Gegenseitige Verantwortlichkeit. Erklärung und Anwendung des Begriffes Gerechtigkeit: Achtung vor dem Leben und der Freiheit, der Ehre und dem Eigentum anderer. Rechtschaffenheit, Billigkeit, Zartgefühl, Toleranz. Erklärung und Anwendung des Begriffes Nächstenliebe: Wohlwollen, Dankbarkeit, Aufopferung.

3. Das Vaterland: Gehorsam gegen die Gesetze, Heeresdienst, Zucht, Aufopferung, Fahnentreue. Die Steuern. Das Stimmrecht. Die Freiheit des Einzelnen, des Gewissens, der Arbeit, der Vereinigung. Die Souveränität des Volkes. Erklärung des republikanischen Wahlspruches „Freiheit, Gleichheit, Brüderlichkeit".

Im allgemeinen: Unterschied zwischen Pflicht und Eigennutz, zwischen dem geschriebenen und dem Sittengesetz.

Die Dienstanweisung vom 17. Nov. 1883 über den Unterricht in der Sittenlehre hebt hervor: Die Lehrer sind bei diesem neuen Unterrichtszweige nicht Verkündiger einer neuen göttlichen Botschaft.

### 3. Frankreich.

Der Gesetzgeber hat aus ihnen weder Philosophen noch plötzlich Theologen machen wollen, sondern er fordert von ihnen nur das, was er von jedem vernünftigen Ehrenmann fordern kann, nämlich den sich täglich um sie scharenden und ihr Zutrauen ihnen im vollsten Mafse entgegenbringenden Kindern die Grundzüge der Sittlichkeit beizubringen. Es handelt sich hierbei nicht um den Nachweis einer Reihe von Wahrheiten, sondern um eine lange Folge sittlicher Einflüsse, welche auf die Kinder mit Geduld, Festigkeit, Milde und überzeugender Macht ausgeübt werden müssen. Andere werden später das Werk vollenden, welches die Lehrer angelegt haben, und die Sittenlehre der Volksschule durch philosophische oder religiöse Ausbildung ergänzen. Was aber als sittlich gut zu erachten und wie weit in dem Unterrichte zu gehen sei, das ist durchaus dem freien Ermessen der Lehrer anheimgegeben, wie denn auch die Schulbücher über Sittenlehre und bürgerliches Leben nicht etwa eine Art von neuem Katechismus sein sollen, sondern ein Hilfsbuch in den Händen der Lehrer und nichts mehr als ein Werkzeug, dessen man sich bedient, ohne sich daran zu binden.

Gesetz vom 27. Jan. 1880 Art. 1: Der Turnunterricht ist gesetzlich vorgeschrieben in allen öffentlichen Knaben-Unterrichtsanstalten, welche vom Staate, von den Departements oder den Gemeinden unterhalten werden. Art. 2: Dieser Unterricht wird in der Art und nach den Plänen erteilt, wie sie durch den Minister des öffentlichen Unterrichts festgesetzt werden.

CE 20. Mai 1880: Zur Teilnahme am Turnunterricht sind alle Knaben verpflichtet mit Ausnahme der schwächlichen und kranken, welche auf Grund ärztlichen Attestes davon entbunden werden. Der Unterricht wird nach dem Handbuch des Turnens erteilt, welches von der Centralturnkommission herausgegeben ist und aus den beiden Teilen besteht: I. Das Turnen, II. Die soldatischen Übungen.

CE 3. Nov. 1882 schreibt als notwendigste Turngeräte vor: Kleine und grosse Kletterstange, 1 Leiter von Holz, 1 Barren, 12 Hanteln von je 1 kg Schwere, 12 von 2 kg, Kletterseil, Schwungseil, 1 glattes Seil, 1 Strickleiter, ein paar Ringe mit Seilen, ein Schwebereck.

CE 29. März 1881 über die soldatischen und Schiefsübungen: „Es handelt sich hier nicht allein um Gesundheit und Körperkraft, um die körperliche Ausbildung der französischen Jugend, sondern um die gute Wirksamkeit unserer militärischen Gesetze und die Zusammenstellung und Stärke unseres Heeres." Wenn es in allen Schulen erreicht ist, dafs den Knaben die männliche Festigkeit gegeben und das vertraut gemacht ist, was sie später zu thun haben, „dann werden die jungen Leute, wenn sie zu den Fahnen kommen, nur noch ihre besondere soldatische Erziehung erhalten müssen; und damit wird die Lösung der Frage über Herabsetzung des Heeresdienstes unter den Fahnen gefunden sein".[1]

CE 1. Juni 1862 Art. 1: Bei jeder öffentlichen Volksschule mufs eine Bibliothek eingerichtet sein. Art. 2: Diese steht unter Aufsicht des Hauptlehrers in einem der Säle derjenigen Schulanstalt, deren Eigentum sie ist. Art. 3: Sie umfafst 1. die Bücher, welebe in der Schule im Gebrauch sind, 2. die, welche der Schule durch den Minister oder 3. durch den Präfekten überwiesen werden, 4. einzelne geschenkte, 5. aus den Mitteln der Bibliothek selbst beschaffte Werke.

Die Bücher werden entweder unentgeltlich oder gegen einen geringen Jahresbeitrag den Kindern und auch deren Eltern usw. geliehen.

ME 16. Juni 1880 über die Wahl der Volksschulbücher. Art. 1: Jedes Jahr wird in jedem Departement ein Verzeichnis solcher Bücher aufgestellt, welche zum Gebrauch in Volksschulen für geeignet erachtet werden. Art. 2. Zu diesem Zwecke legen die ordentlichen Lehrer und Lehrerinnen eines jeden Kantons, welche das Befähigungszeugnis besitzen, in der allgemeinen Lehrerversammlung Listen der Bücher auf, welche nach ihrem Urteil zur Einführung in öffentliche Volksschulen geeignet sind. Art. 3: Alle so aufgestellten Verzeichnisse werden dem Inspektor der Akademie übersandt. Ein Ausschufs, welcher am Hauptort des Departements seinen Sitz hat und zusammengesetzt ist aus den Volksschulinspektoren, dem Vorsteher und der Vorsteherin des Lehrer- und Lehrerinnenseminars und den Lehrern dieser Anstalten, und unter dem Vorsitz des Inspektors der Akademie beratet, prüft die nach Kantonen aufgestellten Verzeichnisse und setzt den Entwurf eines Gesamtverzeichnisses fest, welches durch die Genehmigung des Rektors der Akademie endgiltig abgeschlossen wird. ME 18. Jan. 1887: Nur die auf diese Weise approbierten Lehrbücher dürfen in öffentlichen Schulen benutzt werden.

Die Musterschulordnung vom 18. Juli 1882 bestimmt über die Schulzucht in Art. 16: Die einzigen Strafmittel, welche der Lehrer anwenden darf, sind folgende: Tadelstriche, Verweis, teilweise Entziehung der Erholungspausen, Nachsitzen nach der Unterrichtszeit unter Aufsicht des Lehrers, Ausschliefsung auf bestimmte Zeit. Die letztere

---

[1] Nachdem das Gesetz vom 27. Juli 1881 dem Kriegsminister 1 Million Francs zur Beschaffung von Flinten für die Schiefsübungen der Volksschüler zur Verfügung gestellt, CE 30. Aug. 1881 jeder Schule 3 Flinten zum Gebrauch überwiesen und ME 21. Jan. 1882 einen Ausschufs für die soldatische Erziehung der Jugend eingesetzt hatte, erschien am 6. Juli 1882 das Dekret über die Schulbataillone, wonach bei Anstalten des Primär- und Sekundärunterrichts 200—600 Knaben über 12 Jahre zu Bataillonen formiert und — zumeist von Offizieren des stehenden Heeres militärisch exerziert werden.

Strafe darf drei Tage nicht überschreiten. Der Lehrer muſs die Eltern des betreffenden Kindes, die Ortsbehörde und den Volksschulinspektor davon sofort in Kenntnis setzen. Eine Ausschlieſsung auf längere Zeit kann nur durch den Inspektor der Akademie ausgesprochen werden. Art. 17: Es ist ausdrücklich untersagt, irgend welche körperliche Züchtigung vorzunehmen.

b. Das Lehrerpersonal. Das Gesetz vom 30. Okt. 1886 schreibt vor: Art. 26. Die Probelehrer (stagiaires) und Probelehrerinnen unterrichten im Auftrage des Inspektors der Akademie. Derselbe kann auf das begründete Gutachten des Volksschulinspektors diesen Auftrag zurückziehen. Die Probelehrer unterliegen denselben Disciplinarstrafen wie die ordentlichen Lehrer, mit Ausnahme der Dienstentlassung. Art. 27: Die Ernennung der ordentlichen Lehrer (titulaires) geschieht durch den Präfekten im Auftrage des Ministers des öffentlichen Unterrichts und auf den Vorschlag des Inspektors der Akademie.

Art. 17: In öffentlichen Schulen jeder Art wird der Unterricht ausschlieſslich weltlichen Personen anvertraut. Art. 20: Niemand kann zur Erteilung irgend welchen Unterrichts in einer öffentlichen Schule berufen werden, wenn er nicht mit dem dieser Thätigkeit entsprechenden Befähigungszeugnis versehen ist, wie es entweder das Gesetz oder die Bestimmungen der Unterrichtsverwaltung vorschreiben. Art. 23: Zur Anstellung als titulaire ist eine Probezeit von mindestens zwei Jahren an einer öffentlichen oder privaten Schule erforderlich. Die im Seminar verbrachte Zeit wird auf die Probezeit in Anrechnung gebracht für Seminaristen vom vollendeten 18, für Seminaristinnen vom vollendeten 17. Lebensjahre an. Nachlaſs der Probezeit kann vom Minister nach dem Gutachten des Departementsschulrats bewilligt werden. Art. 7: Zum Unterricht in Volksschulen ist das Alter von 18 Jahren für Lehrer, von 17 für Lehrerinnen erforderlich. Vorsteher einer gewöhnlichen Volksschule müssen 21, Vorsteher einer höheren oder einer mit Internat verbundenen Anstalt 25 Lebensjahre zählen. Art. 6: Der Unterricht wird erteilt durch Lehrer in den Knabenschulen, durch Lehrerinnen in den Mädchenschulen, den Bewahranstalten, Kinderklassen und gemischten Schulen. Der Departementsschulrat kann vorläufig und stets widerruflich einem Lehrer gestatten, eine gemischte Schule zu verwalten unter der Bedingung, daſs ihm eine Handarbeitslehrerin beigegeben wird. In Knabenschulen können weibliche Personen zum Unterrichte als Klassenlehrerinnen (adjointes) zugelassen werden, falls sie Gattin, Schwester oder direkte Verwandte des Vorstehers der Anstalt sind. Abweichungen von diesem Vorbehalte hat der Departementsschulrat zu genehmigen.

Der Fortbildung der Lehrer dienen die nach CE 3. Juli 1882

an den Seminaren eingerichteten Turnkurse[1]), die an eben jene Anstalten und an die Specialschulen für die schönen Künste durch Dekret vom 18. Jan. 1882 (Bull. 477 S. 206 ff.) in die Schulferien verlegten Zeichenkurse, die nach ME 3. Okt. 1882 auch Volksschullehrern nach Ablegung einer öffentlichen Prüfung zugänglichen (8 Monate dauernden) Kurse an der Handfertigkeits-Musterschule und die Konferenzen. ME 5. Juni 1880 bestimmt über letztere u. a.: Pädagogische Konferenzen (retraites pédagogiques) für Lehrer und Lehrerinnen öffentlicher Schulen werden in jedem Kanton abgehalten. (Zwei oder mehrere Kantone können jedoch unter Umständen hierbei vereinigt werden.) Vorsitzender ist der Inspektor der Akademie, in seiner Abwesenheit der Volksschulinspektor. Die Mitglieder der Konferenz ernennen jährlich einen Stellvertreter und einen Schriftführer aus ihrer Mitte. Die Gegenstände der Verhandlungen sind ausschliesslich aus der theoretischen und praktischen Pädagogik zu entnehmen. Die Teilnahme ist obligatorisch. Dispensation ist in besonderen Fällen bei dem Inspektor der Akademie nachzusuchen. CE 10. Aug. 1880: Die Konferenzen sollen nicht nach gleichem Plane, sondern nach den Verhältnissen eingerichtet werden, wie sie sich in den einzelnen Gegenden am besten entwickeln. Sie bezwecken, die Ergebnisse der täglichen Erfahrung in der Schule vorzubringen und die praktischen Lehren einander mitzuteilen, die sich im Unterrichte ergeben haben, damit sich jeder über die wirkliche Lage der Volksschule klar werde. — Der Weiterbildung im Amte dient endlich neben den in jedem Kreise vorhandenen Lehrerbibliotheken von kleinerem Umfange das weitumfassende Pädagogische Museum zu Paris, welches ein unschätzbares Material von Ausstellungsgegenständen, geschichtlichen und statistischen Dokumenten und Unterrichts-Litteraturen Frankreichs und des Auslandes sein eigen nennt, eine Leihbibliothek mit mustergiltigem Katalog zur Verfügung stellt, Lese- und Zeichensäle, Arbeiträume mit zoologischen, botanischen, mineralogischen und anatomischen Sammlungen, Gipsabgüsse und plastische Bildwerke, Geräte und Modelle für den Handfertigkeitsunterricht nebst Proben von Leistungen der Zöglinge in sich schliesst und Laboratorienkurse in der Handhabung der Apparate sowie Vorträge und Übungen in Geographie, Geschichte, Litteratur und Pädagogik veranstaltet, deren Leitung angesehene Gelehrte in die Hand nehmen.

Über das ausserdienstliche Verhältnis bestimmt Art. 25 des Gesetzes vom 30. Okt. 1886: Den Lehrern und Lehrerinnen an öffentlichen Schulen jeder Art sind kaufmännische und gewerbliche Geschäfte sowie die Thätigkeit in der Verwaltung und die besoldeten Kirchenämter untersagt. Lehrer an Gemeindeschulen können die Ge-

---
[1]) Mit der weitergehenden seminaristischen Ausbildung allmählich fortfallend.

### 3. Frankreich.

schäfte eines Schreibers der Mairie ausüben mit Genehmigung des Departementsschulrats.

Über Disciplinarmafsregeln verlautet daselbst Art. 29: Die Versetzung aus einer Gemeinde in die andere im Interesse des Dienstes wird durch den Präfekten veranlafst auf den Vorschlag des Inspektors der Akademie. Art. 30: Die Disciplinarstrafen, welche über die Lehrpersonen des öffentlichen Volksschulunterrichts verhängt werden können, sind folgende: Verweis, Rüge, Entlassung aus dem Dienst, Amtsentsetzung bis auf die Dauer von 5 Jahren, gänzliche Amtsentsetzung. Art. 31: Die Dienstentlassung geschieht durch den Präfekten auf Antrag des Inspektors der Akademie und das begründete Gutachten des Departementsschulrats. Berufung steht innerhalb 20 Tagen an den Minister frei, doch hat sie keine aufschiebende Wirkung. Art. 32: Amtsentsetzung wird ausgesprochen durch den Departementsschulrat, nachdem der Beschuldigte, dem ein Verteidiger gestattet ist, persönlich geladen und das Urteil nach Beweisgründen gefällt worden ist. Berufung steht in der Weise wie bei Dienstentlassung offen. Art. 33: In schweren und dringlichen Fällen kann der Inspektor der Akademie die vorläufige Dienstenthebung für die Dauer der Untersuchung verfügen. Diese vorläufige Aufserdienstsetzung zieht den Verlust des Gehaltes nicht nach sich.

Die ordentlichen Lehrer und Lehrerinnen sind ihrem Einkommen nach in 5 Klassen eingeteilt und erhalten danach neben freier Wohnung oder vom Präfekten festgesetzter Mietsentschädigung 1000—1200— 1500—1600—2000 Frs. (Lehrer) bezw. 1000—1200—1400—1500— 1600 Frs. (Lehrerinnen). Als Leiter einer Schule von mehr als 2 Klassen erhalten sie eine Zulage von 200 Frs., bei mehr als 4 Klassen 400 Frs. Daneben beziehen die Leiter von mehr als zweiklassigen Schulen, Direktoren und Lehrer an höheren Volksschulen eine Teuerungszulage von 100—800 Frs. je nach der Gröfse des Ortes, in Paris von 2000 Frs., die übrigen Lehrer die Hälfte jener Sätze. Hilfslehrer und -Lehrerinnen erhalten neben freier Wohnung oder Mietsentschädigung 800 Frs. und als Teuerungszulage ¼ der vorgenannten Sätze.

Nach dem Gesetz vom 17. Aug. 1876 sind Volksschullehrer in ihren Pensionsverhältnissen den aktiven Staatsdienern gleich gestellt und im Alter von 55 Jahren nach 25 Dienstjahren pensionsberechtigt. Das Ruhegehalt wird nach sechsjährigem Durchschnitt des Einkommens samt Zulagen aller Art berechnet und darf für Lehrer nicht unter 600, für Lehrerinnen nicht unter 500 Frs. betragen. Die Jahre, welche ein Lehrer nach vollendetem 20. Lebensjahre und Erwerbung des Befähigungszeugnisses als Zögling eines Seminars zugebracht hat, werden in die Dienstjahre mit eingerechnet.

Das Gesetz vom 19. Juli 1889 sur les dépenses ordinaires de l'Instruction primaire publique et les traitements du personnel de ce service überträgt von der Unterhaltungslast den Gemeinden die Verpflichtung, für Wohnungsgelder des Lehrerpersonals, Unterhaltung und event. Miete der Schulräumlichkeiten, für Heizung und Beleuchtung der letzteren und Beschaffung des gesamten Unterrichtsmaterials aufzukommen, während die Gehälter der Lehrkräfte vom Staat, die Entschädigungen für Meister, Werkführer usw. des Handfertigkeitsunterrichts von den Departements aufzubringen sind. Das Schulgeld ist und bleibt durch Art. 1 des Gesetzes vom 16. Juni 1881 aufgehoben.

Als Fortbildungsschulen in unserem Sinne sind die cours complémentaires anzusehen, welche in organischer Verbindung mit der eigentlichen Volksschule 1—2 Jahre über das schulpflichtige Alter hinaus die aus den écoles primaires élémentaires Entlassenen nach erweitertem Lehrplane, namentlich in den realen Gegenständen, unterrichten

**4. Grofsbritannien und Irland.** Elementary Education Act vom 9. Aug. 1870 und 15. Aug. 1876: Die Schoolboards haben in ihren Bezirken für die Beschulung aller Kinder vom vollendeten 5. bis 13. Lebensjahr zu sorgen. Schulpflicht kann von den königlichen Inspektoren mit Genehmigung der councils durch die „Bye-laws" eingeführt werden. Fabrikkinder haben nach dem Gesetz von 1878 bis zum vollendeten 13. Jahre den Unterricht 5 mal wöchentlich zu besuchen. Kleinkinderschulen, die ihre Zöglinge bis zum vollendeten 7. Lebensjahr unterrichten, sind womöglich von der eigentlichen Volksschule zu trennen. Der Unterricht wird unter Aufsicht und Hauptleitung eines ordentlichen Lehrers teils von diesem selbst, teils, und zwar im selben Schulsaale, von Hilfslehrern und Schulzöglingen (männlichen und weiblichen) erteilt mit der Mafsgabe, dafs für 60 Kinder ein Hauptlehrer, für jede weiteren 40 ein Schulzögling — jedoch unter einem Hauptlehrer nicht mehr als drei — zu bestellen ist, und dafs für 2 Zöglinge ein Hilfslehrer angestellt werden kann, bei durchschnittlich 220 Schülern aber ein zweiter geprüfter Lehrer oder ein Hilfslehrer angestellt werden mufs. Nach Revised Code of Regulations vom Mai 1862 (für Schottland die nämlichen Schulordnungen seit 1872 und 1876 in Geltung) sind Lehrgegenstände der Volksschule: Lesen, Schreiben, Grammatik, Geographie, Geschichte und fakultativ (für Mädchen) Näh- und Strickarbeit; für die 3 obersten Klassen kommen nach örtlichen und persönlichen Verhältnissen hinzu: Englische Litteratur, Mathematik, Latein, Französisch oder Deutsch, Mechanik, Animalische Physiologie, Physische Geographie, Botanik und (für Mädchen) Hauswirtschaft — jedoch mit der Beschränkung, dafs den Schülern der obersten Stufe nur 3 dieser Fächer, den andern nur

2 zu betreiben gestattet ist. Das in den Hauptgegenständen zu erreichende Ziel in den nur nach Kenntnissen abgeteilten 6 Stufen ist in den Standards of Examination (Prüfungsordnung) von 1878 festgesetzt. Die Verteilung des Stoffes und der Unterrichtszeit, sowie die Wahl der Lehrmethode ist dem Lehrer überlassen; indessen wird z. B. beim Leseunterricht die Syllabiermethode (Look-and-say) von Aufsichts wegen bevorzugt. Religionsunterricht, Singen, Zeichnen und Turnen bezw. militärische Exercitien sind zwar nicht obligatorische, praktisch aber zumeist eingeführte Gegenstände. (Vergl. den Bericht der Royal Commission vom 23. August 1895.)

Die Schulen sind in ihrer Einrichtung und Unterhaltung entweder von den Gemeinden abhängig oder von den grofsen, über das ganze Land verbreiteten Schulgesellschaften, der British and Foreign School Society (Dissenters, gegr. 1805), der National Society for Promoting the Education (Episcopale, gegr. 1811) und The Home and Colonial Infant-School Society (gegr. 1836). Anstellung und Besoldung der Lehrer liegen in den Händen der Lokalschulbehörde. Das Durchschnittseinkommen eines geprüften Lehrers beträgt 115, das einer Lehrerin 70 Lstr. Pensionen werden von Unterstützungs- und Versicherungsgesellschaften gewährt. Staatliche Beihilfen (grants) werden den Schulen je nach ihren Leistungen bewilligt.

Abend- und Fortbildungsschulen befinden sich gewöhnlich in den Lokalen der Tagschulen. Ihre Unterrichtsgegenstände sind die obligatorischen Fächer der 6 Standards (s. o.). Die Zöglinge stehen im Alter von 12—21 Jahren.

Die schottische Schulordnung und das Schulgesetz vom 1. Okt. 1878 stimmen zumeist wörtlich mit den englischen Verordnungen überein. In Irland sind Unterrichtsgegenstände und Lehrplan gleichfalls die nämlichen.

5. Holland. Gesetz vom 17. Aug. 1878: In jeder Gemeinde soll für den Elementarunterricht der Knaben und Mädchen hinreichend gesorgt sein. Beschlüsse über Einrichtung der Schulen und des Unterrichts müssen vom ständigen Ausschufs bestätigt werden. Die Lehrervorstände und Schöffenkollegien haben den Schulbesuch der 6—12jährigen Kinder durch Bekanntmachung der Schülerlisten beziehentlich durch indirekte Zwangsmafsregeln (Entziehung öffentlicher Unterstützungen usw.) herbeizuführen. Die Elementarfächer des Volksschulunterrichts sind: Lesen, Schreiben, Rechnen, Elemente der Geometrie, der holländischen Sprache, der Geographie, vaterländischen Geschichte, Naturgeschichte und Naturlehre, Gesang, Turnen und weibliche Handarbeiten. Als höhere Fächer werden gelehrt: Elemente des Französischen, Deutschen, Englischen, der allgemeinen Geschichte, elementare Mathematik, Frei-

handzeichnen und Elemente der Landwirtschaft. Die inneren Einrichtungen des Unterrichts, Festsetzung des Stunden- und Lehrplanes usw. bestimmt das Schöffenkollegium mit dem Schulinspektor. Auf eine Lehrkraft sollen nicht mehr als 40 Schüler entfallen. Lehrerinnen werden zumeist in den unteren Klassen, in reinen Mädchenschulen auch in oberen verwendet. Das Minimalgehalt beträgt 700 fl. Die Vorsteher der Schulen erhalten freie Wohnung oder Mietsentschädigung. Pensionsanspruch wird mit dem 40. Dienst- und 65. Lebensjahr erworben. Mit jedem Dienstjahr wächst sie um $1/60$, jedoch nicht über $2/3$ des Gehalts. Die Ruhegehalte werden ausschliefslich aus der Staatskasse gezahlt. Das Recht der Anstellung oder Entlassung von Lehrkräften gebührt dem Gemeinderat. Als Lehrer sollen nur geprüfte Individuen, als Schulvorsteher nur solche, die ein Konkursexamen bestanden haben, gewählt werden. Zur Aushilfe im Unterricht können die letzteren Lehramtszöglinge verwenden.

6. Italien. Nach dem Gesetz Casati vom 13. Nov. 1859 soll in jeder Gemeinde wenigstens eine Elementarschule für Knaben und eine für Mädchen bestehen. Ortschaften mit mehr als 4000 Seelen sollen höhere Elementarschulen für beide Geschlechter besitzen. Das Gesetz vom 15. Juli 1877 macht den Schulbesuch der Kinder vom 6. bis 9. Jahre obligatorisch für die niedere Elementarschule. Deren Lehrplan umfafst die Grundbegriffe der Menschen- und Bürgerpflichten, Lesen, Schreiben, die Anfangsgründe der italienischen Sprache, des Rechnens und des metrischen Systems. Der höhere Elementarkursus dauert 2 Jahre und erstreckt sich daneben auf grammatikalische und stilistische Übungen, Schönschreiben, Buchführung, Elementargeographie, Elemente der vaterländischen Geschichte und der Naturwissenschaften. Knaben werden auch in Geometrie und Linearzeichnen, Mädchen in weiblichen Handarbeiten unterrichtet. Schüler, welche die niedere Elementarschule absolviert haben, sind zum Besuch der Abendschulen, wo solche bestehen, noch ein Jahr lang verpflichtet. Zur Bekleidung des Lehramtes ist die Zurücklegung des 18. Lebensjahres, der Besitz eines Sittenzeugnisses und eines Befähigungspatentes erforderlich. Die Volksschullehrer werden von den Gemeinden mit Zustimmung des Provinzialschulrates gewählt und können auf Kündigung angestellt werden. Pensionsberechtigung ist ihnen rechtlich nicht gesichert. Durch Gesetz von 1878 ist eine Pensionskasse für Lehrer öffentlicher Elementarschulen gegründet, die aber nur Lehrkräfte bis zum 55. Lebensjahr berücksichtigt; die übrigen sind auf die gegenseitige Unterstützung privatim gebildeter Gesellschaften angewiesen. Das gesetzliche Minimum der Lehrerbesoldung von 500 Lire auf dem Lande und 800 in den Städten wird nur an wenigen Stellen überschritten.

7. Oesterreich-Ungarn. Reichsvolksschulgesetz vom 14. Mai

**1869.** Leitende Grundsätze: Jede Volksschule, zu deren Gründung oder Erhaltung der Staat, das Land oder die Ortsgemeinde die Kosten ganz oder teilweise beiträgt, ist eine öffentliche; ihre Lehrämter und ihr Besuch sind Angehörigen aller Glaubensbekenntnisse zugänglich. Die Schulpflicht dauert vom vollendeten 6. bis zum vollendeten 14. Lebensjahre. Der Lehrstoff ist so zu verteilen, dafs jedem dieser Jahre eine Unterrichtsstufe entspricht. Zu den allgemeinen Lehrgegenständen der Volksschulen treten das Wissenswerteste aus Naturkunde und Geschichte, geometrische Formenlehre, Gesang, Turnen und für Mädchen überdies weibliche Handarbeiten und Haushaltungskunde. Die Bürgerschule[1]) gewährt in den nämlichen Gegenständen einen eingehenderen, über das Lehrziel der gewöhnlichen Volksschule hinausreichenden Unterricht. Mit einzelnen Schulen können einerseits Anstalten zur Pflege, zur Erziehung und zum Unterrichte noch nicht schulpflichtiger Kinder, anderseits landwirtschaftliche und gewerbliche Fachkurse verbunden werden. Den Lehrplan und die innere Ordnung jeder Art von Volksschulen bestimmt der Minister, der auch über die Zulässigkeit von Lehr- und Lesebüchern entscheidet. Auf je 80 Schüler mufs eine Lehrkraft entfallen, zwischen der Zahl von Lehrern und Unterlehrern ein festes Verhältnis innegehalten werden. Die Rechtsverhältnisse des Lehrerstandes sind den Landesverhältnissen gemäfs zu ordnen, stets aber die Sicherung eines Diensteinkommens, welches die Beseitigung aller hemmenden Nebenbeschäftigungen gestattet, und die Pensionsberechtigung für Lehrer und deren Hinterblichene ins Auge zu fassen. Die nächste Verpflichtung, für die notwendigen Volksschulen zu sorgen, hat die Ortsgemeinde, danach der Schulbezirk, subsidiarisch das Land.

Nach diesen Grundsätzen sind die Bestimmungen der Landesgesetzgebung eingerichtet.

**a. Oesterreich.** Zur Feststellung aller Schulpflichtigen nimmt der Ortsschulrat jährlich vor Beginn des Schuljahres eine Schulbeschreibung vor, in der auch die Kinder verzeichnet sind, für welche ein gesetzlicher Befreiungsgrund eintritt oder aber der Unterricht in einer Fabrikschule usw. eingerichtet ist. In Dalmatien, Istrien, Galizien, der Bukowina und in den Landschulen Krains ist der Schulbesuch nur 6 Jahre lang obligatorisch. Da, wo 8jährige Schulpflicht besteht, kann der Landesschulrat für Kinder der zwei obersten Jahresklassen eine Verkürzung der vorgeschriebenen Schulzeit, z. B. durch Verminderung der wöchentlichen Lehrstundenzahl, Einschränkung des Unterrichts auf das Winterhalbjahr, eintreten lassen. Die Aufnahme in die Volksschule wird regelmäfsig nur bei Beginn des Schuljahres gestattet. Der Unterricht einer mehrklassigen Volksschule soll in der Regel ein ganztägiger

---

[1]) nicht Mittelschule im preufsischen Sinne, sondern gehobene Volksschule.

sein, so dafs Fortbestand oder Einführung eines halbtägigen Unterrichts durch den Landesschulrat nur auf bestimmte Zeitdauer oder bis zur Behebung der Hindernisse eines ganztägigen bewilligt werden darf. Anfang und Dauer der täglichen Schulzeit wird durch den Ortsschulrat festgesetzt. Den Stundenplan entwerfen von Jahr zu Jahr die Lehrer, welche hierbei lokale oder sogar ganz specielle Bedürfnisse zu berücksichtigen haben. Die Volksschulen bestehen aus mehreren Abteilungen oder Klassen. Eine allgemeine Volksschule, welche so eingerichtet ist, dafs sie zugleich die Aufgabe der Bürgerschule lösen kann, hat 8 Klassen. Die Verteilung der Schulkinder auf die Klassen findet nach Alter und Kenntnissen statt; jede Klasse, welche Kinder verschiedener Alters- oder Bildungsstufen in sich vereinigt, zerfällt in Abteilungen oder Gruppen. Überfüllte Klassen sollen in parellele Abteilungen (mit eigenen Lehrern oder mit Wechselunterricht) aufgelöst werden. Als überfüllt ist eine Klasse zu betrachten, welche mehr als 80 Schulkinder aufweist. In einer mehrklassigen Schule ist jedem Lehrer oder Unterlehrer eine Klasse ganz zu übergeben, sodafs er nach Thunlichkeit mit der Klasse aufsteigen kann. In den drei obersten Klassen der Bürgerschule können die Lehrkräfte als Gruppen- oder Fachlehrer beschäftigt werden. Auf Grundlage der vom Unterrichtsministerium kundgemachten Lehrpläne für die verschiedenen Kategorieen der allgemeinen Volksschule hat die Landesschulbehörde Normallehrpläne zu verfassen, welche in allen wesentlichen Bestimmungen bindend sind. Innerhalb dieser Normen stellt den Lehrplan für jeden Bezirk die Bezirkslehrerkonferenz fest, deren Beschlüsse jedoch von der Bezirksschulbehörde zu genehmigen sind. Damit auch die Schüler, welche nicht den ganzen Bildungsgang einer achtklassigen Volksschule vollenden, mit einem möglichst abgerundeten Wissen ins praktische Leben übertreten, hat nach den vorgezeichneten Lehrplänen der Unterricht auf allen Stufen in konzentrischen Kreisen fortzuschreiten, wobei alle wissenschaftliche Systematik ausgeschlossen ist.

Im Unterricht achtklassiger Volks- bezw. Bürgerschulen ist folgendes Lehrziel zu erreichen:

Deutsche Unterrichtssprache. Richtiges Lesen und genaues Verständnis des Gelesenen und Gehörten mit Rücksicht auf Inhalt und Form; fehlerfreier und gefälliger Ausdruck in Wort und Schrift; Geübtheit in der Abfassung der im bürgerlichen Leben am häufigsten vorkommenden Geschäftsaufsätze. Bekanntschaft mit den hauptsächlichsten Erzeugnissen der neueren Litteratur, soweit sie nicht den Gesichtskreis der Schüler übersteigen.

Geographie und Geschichte. Kenntnis des Wichtigsten aus der mathematischen und physikalischen Geographie. Übersichtliche Kenntnis Europas und der übrigen Erdteile. Genauere Kenntnis der österreichisch-ungarischen Monarchie und des Heimatlandes. Industrie und Handel, sowie die charakteristischen Erzeugnisse der Länder sind zu berücksichtigen.

Naturgeschichte. Kenntnis der wichtigsten Körper in den drei Naturreichen mit Rücksicht auf deren praktische Verwendung und Bedeutung im Haushalte der Natur. Belehrungen über den menschlichen Körper und dessen Pflege. Naturlehre. Kenntnis der wichtigsten chemikalischen und physikalischen Veränderungen mit steter Rücksicht auf die Bedürfnisse des bürgerlichen Lebens und auf die Erscheinungen in der Natur. Arithmetik. Fertigkeit und Sicherheit in den elementaren Rechnungsarten mit benannten Zahlen und in den gebräuchlichen Vorteilen und Abkürzungen. Gewandtheit in den Rechnungen des bürgerlichen Lebens und in der einfachen gewerblichen Buchführung. Geometrie. Sicherheit im Erkennen, Vergleichen, Berechnen und Ausmessen von Raumgröfsen. Freihandzeichnen. Fertigkeit im Auffassen und Darstellen ebner geometrischer Gebilde, Darstellung räumlicher Gröfsen nach perspektivischen Grundsätzen, Gewandtheit im Zeichnen nach ornamentalen Vorlegeblättern und Modellen. Schreiben. Aneignung einer deutlichen und gefälligen Handschrift und der im gewerblichen Leben vorkommenden Schriftarten. Gesang. Weckung und Bildung des Tonsinnes, Veredlung des Gemüts und Belebung des patriotischen Gefühls. Befähigung der Schüler zum Vortrage ein- und zweistimmiger Lieder, mit besonderer Berücksichtigung des Volksliedes.

Die Ziele im Religionsunterricht werden von den betreffenden Kirchenbehörden festgesetzt.

Zu obigen Gegenständen treten noch für die Knaben Turnübungen, für Mädchen weibliche Handarbeiten hinzu.

Jede Schule soll als Lehrmittel besitzen: Apparate für den ersten Leseunterricht; Anschauungsmittel für den ersten Rechenunterricht; Bilder für den Anschauungsunterricht; einen Globus; von Landkarten Planigloben, die Heimatprovinz, Oesterreich, Europa und Palästina; Vorlegeblätter für den Zeichenunterricht; eine kleine Sammlung von heimischen Naturkörpern und einfachen physikalischen Apparaten.

An jeder Schule soll eine Schulbibliothek, in jedem Bezirk eine Lehrerbibliothek bestehen.

Über Schulbesuch, Betragen und Fortgang jedes Schulkindes wird vierteljährlich eine „Klassifikation" zusammengestellt und den Eltern usw. mittels der „Schulnachrichten" bekannt gemacht. Bei der Entlassung wird ein Zeugnis über die Dauer des Schulbesuchs, über sittliches Verhalten, Fleifs und Leistungen in den einzelnen Lehrgegenständen oder lediglich ein „Abgangszeugnis" ausgefertigt.

Bei der Schulzucht sind als Strafarten zulässig: Warnung, Verweis, Anweisung eines besonderen Platzes, Nachsitzen, Vorladung vor die Lehrerkonferenz und zeitweilige Ausschliefsung. Körperliche Züchtigung ist unter allen Umständen ausgeschlossen.

Das Lehrerpersonal einer Volksschule besteht aus Lehrern und Unterlehrern. Bei 4 oder 5 Lehrerstellen können 2 mit Unterlehrern besetzt werden, bei einer gröfseren Anzahl ⅓ von ihnen. Der verantwortliche Leiter mehrklassiger Schulen ist ein hierzu bestimmter Oberlehrer, der bei Bürgerschulen den Titel Direktor führt. Als Religionslehrer fungiert gewöhnlich der Ortsgeistliche; wo ein solcher nicht vorhanden ist, kann der Religionsunterricht mit Zustimmung der Kirchenbehörde dem Lehrer übertragen werden. An Bürgerschulen ist nach Thunlichkeit ein eigener Katechet anzustellen. Bei Erledigung von Lehrerstellen hat der Bezirksschulrat einen Konkurs auszuschreiben. Nach Eingang der Bewerbungsgesuche macht letzterem der Ortsschulrat einen Vorschlag hinsichtlich der Besetzung. Das Präsentationsrecht steht im allgemeinen dem Erhalter der Schule bezw. dem Patrone zu. Gewählt dürfen nur solche Bewerber werden, welche aufser der österreichischen Staatsbürgerschaft die ausreichende Befähigung für die betreffende Stelle besitzen (für Stellen von Unter- oder provisorischen Lehrern das Reifezeugnis einer Lehrerbildungsanstalt, für definitive Stellen das Lehrbefähigungszeugnis für allgemeine Volksschulen bezw. Bürgerschulen). Das Bestätigungsrecht steht in Oberösterreich, Steiermark, Krain, Schlesien und Dalmatien dem Landesschulrat, sonst dem Bezirksschulrat zu.

Die Bezüge der Lehrer bestehen aus dem Jahresgehalt und den Dienstalterszulagen. Das Mindestgehalt wird in den einzelnen Gegenden je nach den Teuerungsverhältnissen und den Durchschnittspreisen in jedem Decennium bemessen und schwankt zwischen 300 und 900 fl. bei Volksschulen, zwischen 600 und 1000 fl. bei Bürgerschulen. Dienstalterszulagen werden meistens in fünfjährigen Perioden gewährt, steigen aber nach dem 30. Dienstjahre nicht mehr. Oberlehrer erhalten eine Funktionszulage von 50—200 fl., Direktoren der Bürgerschulen von 100—300 fl. Die Leiter von Schulen sowie alle Lehrer in Oberösterreich und Istrien haben eine Dienstwohnung oder Mietsentschädigung zu beanspruchen. Soweit eine Lehrerstelle mit Schulland dotiert ist, sind die erforderlichen Wirtschaftsräume beizurichten. Das Gehalt der Unterlehrer ist entweder in fixen Summen (200—600 fl.) oder in Prozenten des Lehrereinkommens bestimmt. Lehrerinnen beziehen nicht über 80 Proz. des Lehrergehaltes. Nebenlehrer (für einzelne, meist fakultative Fächer) und Industrie-Lehrerinnen erhalten angemessene Remuneration. Allen Mitgliedern des Lehrerstandes sind zur Vermehrung ihres Einkommens solche Nebenbeschäftigungen gestattet, welche weder dem Schuldienste Abbruch thun, noch dem Anstande und Ansehen der Lehrer zuwider sind.

Die Versetzung aus Dienstrücksichten ohne Gehaltsschmälerung kann von dem Bezirks- und Landesschulrat verfügt werden; Disciplinarstrafen (schriftlicher Verweis, Aufschub oder Entziehung der Dienstalterszulage, Strafversetzung, Dienstentlassung) werden nur nach einem Disciplinarverfahren durch den Landesschulrat verhängt.

Vor dem vollendeten 10. Dienstjahre wird dienstuntauglich Gewordenen nur eine Abfertigung vom meistens 1½ fachen Betrage des Jahresgehalts gewährt. Später gebührt den Mitgliedern des Lehrerstandes eine lebenslängliche Pension, welche, je nach der Dienstzeit bemessen, von einem Drittel des Gehalts bis zu seinem vollen Betrage (nach vollendetem 40. Dienstjahr) ansteigt.

Zur Errichtung und Erhaltung öffentlicher Volksschulen sind verpflichtet in Böhmen, Galizien, Krain und Niederösterreich die Gemeinden, der Bezirk und das Land; in der Bukowina, in Dalmatien, Istrien, Kärnten, Mähren, Oberösterreich, Salzburg, Schlesien, Steiermark und Vorarlberg die Gemeinden und das Land. In Görz werden die Ausgaben für diese Schulen sämtlich aus dem Bezirksschulfonds bestritten. Rechtliche, stiftungs- oder gewohnheitsmäfsige Verpflichtungen zu Schulunterhaltungsbeiträgen bleiben bestehen. Schulgeld wird nur noch in Böhmen, Mähren und Schlesien sowie an Bürgerschulen in Kärnten und Vorarlberg für auswärtige Schüler erhoben.

b. Ungarn. Gesetzartikel 38 (Volksschulgesetz) von 1868: Alle Kinder, welche nicht genügenden anderweitigen Unterricht empfangen und dies durch Prüfungen an den öffentlichen Lehranstalten nachweisen, müssen vom 6.—12. Lebensjahre die Alltagsschule, vom 12. bis zum vollendeten 15. Jahre die Wiederholungs- oder Fortbildungsschule besuchen. (Als öffentliche Schulen gelten die Anstalten des Staates, der politischen Gemeinde und der Konfession.) Schülern von über 10 Jahren kann in ackerbautreibenden Gemeinden durch die Ortsschulbehörde gestattet werden, zwei Monate lang während der gröfsten Sommerarbeit nur die sonntägige Wiederholungsschule zu besuchen. Die Zahl der wöchentlichen Lehrstunden darf in einklassigen ungeteilten Alltagsschulen nicht über 32 betragen; in geteilten schwankt sie zwischen 20 und 30. In der Wiederholungsschule dauert der wöchentliche Unterricht im Winter 5, im Sommer 2 Stunden. Nach dem Lehrplane vom 26. Aug. 1877[1]) sind obligatorische Unterrichtsgegenstände: Religions- und Sittenlehre, Lesen, Schreiben und Sprachlehre in der Muttersprache, ungarische Sprache[2]), Kopf- und Zifferrechnen, Kenntnis der vaterländischen Münzen, Mafse und Gewichte, die Elemente der Geometrie, Denk- und Sprechübungen, vaterländische Geschichte und Geographie, das Wichtigste aus der allgemeinen Geschichte und Geographie, die Elemente der Physik und Naturgeschichte, der Landwirtschaft und der Gärtnerei, die wichtigsten bürgerlichen Rechte und Pflichten, Gesang, Zeichnen und Turnen. Der Lehrstoff ist derart zu verteilen, dafs das vorgeschriebene Lehrziel der Alltagsschule in sechs Jahreskursen erreicht werde. Als Ziel des Unterrichts bezeichnet es ME 1. Jan. 1882: Der aus der Elementarschule tretende Zögling mufs aufser der Fertigkeit im verständigen und fliefsenden Lesen und im korrekten Ausdruck seiner Gedanken die im Leben zur Anwendung gelangenden Elemente

---
1) Der Lehrplan für Elementarschulen mit nichtungarischer Unterrichtssprache erschien 1879.
2) soweit sie nicht die Muttersprache ist; vergl. GA XVIII, 1879.

des Rechnens, ferner die praktischen Kenntnisse sich angeeignet haben, die er in seiner Haushaltung und Wirtschaft unmittelbar nötig hat; auch muſs ihm ein Begriff geworden sein von den fundamentalen Thatsachen der Geschichte, der Geographie und des Staatslebens. Wichtiger aber noch ist die Erwerbung praktischer Kenntnisse und Fertigkeiten: bei den Knaben in der Landwirtschaft, bei den Mädchen in Haushaltung und weiblichen Handarbeiten und für beide Geschlechter die Aneignung der Elemente der Physiologie und Gesundheitslehre. — Das Hauptgewicht des Unterrichts ist auf die Muttersprache zu legen. Als besondere Hilfsmittel hierbei haben Denk- und Sprechübungen, Schreiben, Lesen und Sprachlehre zu gelten. In den Realien ist bei der Mitteilung geographischer und physikalischer Lehrstoffe immer von der Anschauung auszugehen und ein Lehrbuch erst dann in die Hand zu geben, wenn die behandelten Gegenstände auf der Landkarte oder im Wege des Experiments bereits völlig erkannt sind.

Die höheren Volksschulen, welche Gemeinden mit 5000 und mehr Einwohnern zu errichten verpflichtet sind, lehnen sich an den abgeschlossenen sechsjährigen Lehrkursus der einfachen Volksschule an und unterrichten, Mädchen und Knaben getrennt, die letzteren in Religions- und Sittenlehre, Muttersprache, ungarischer Sprache, Arithmetik und Geometrie, Physik, Naturgeschichte (mit besonderer Rücksicht auf Landwirtschaftskunde und Gewerbe), Geographie und Geschichte, in den Grundzügen der Landwirtschaft, in vaterländischer Verfassungskunde, Schönschreiben, Zeichnen, einfacher Buchführung, Turnen und Gesang; die Mädchen in Religions- und Sittenlehre, Muttersprache, ungarischer Sprache, Geographie und Geschichte, Physik und Naturgeschichte (mit besonderer Rücksicht auf weibliche Beschäftigungen), Schönschreiben, Zeichnen, Gesang und weiblichen Handarbeiten.

In beiden Arten der Volksschule soll überdies noch ein Zweig der Hausindustrie, welcher der Gegend besonders angemessen ist, betrieben werden.

Für Knaben dauert der Unterricht in der höheren Volksschule 3, für Mädchen 2 Jahre.

(An diese dreiklassige höhere Schule für Knaben kann je nach den örtlichen Verhältnissen noch eine landwirtschaftliche oder gewerbliche Fachklasse angeschlossen werden.)

Zum Lehramt an Volksschulen können nur geprüfte Personen zugelassen werden. Die Lehrer werden von den Gemeinden auf Lebenszeit gewählt. Das Bestätigungsrecht ruht bei dem Municipalverwaltungsausschuſs. Auſser politischen und kirchlichen Ehrenämtern dürfen die Lehrer keine Nebenämter ohne Bewilligung der Schulbehörde bekleiden. Das Lehrereinkommen wird nach den Lokalverhältnissen durch die Ortsschulkommission angesetzt und vom Verwaltungsausschusse bestätigt. Das Mindestgehalt neben freier Wohnung und einem Garten von wenigstens ¹/₄ Joch Umfang beträgt bei einem ordentlichen Lehrer der Elementarvolksschule 300 fl., einem Hilfslehrer 200 fl., bei Lehrern der höheren Volksschule 550 fl., bei Hilfslehrern 250 fl.; bei Lehrern an Bürgerschulen gröfserer Städte 600 fl., kleinerer Städte 700 fl., bei Hilfslehrern 400 bezw. 350 fl. Nach GA XXXII, 1875 sind alle definitiv angestellten Lehrkräfte an öffentlichen Volksschulen pensionsfähig. Die volle Pensionsberechtigung tritt nach vollendetem 65. Lebens- und 40. Dienstjahre ein und gewährt dem Elementarlehrer ein Ruhegehalt von 300 fl., den Lehrern an höheren Volks- und Bürgerschulen ein solches von 400 fl.

Die Schulunterhaltungspflicht ruht auf der politischen Gemeinde. Ortschaften, die von einander höchstens eine halbe Meile entfernt und zur Errichtung einer eigenen Schule nicht im stande sind, können eine Sozietätsschule einrichten. Die politischen Gemeinden haben auch für den Unterricht in den Meiereien (Tanyen) des ungarischen Tieflandes zu sorgen, indem sie entweder Tanyaschulen errichten oder Wanderlehrer anstellen. Zu den Unterhaltungskosten der Gemeindeschulen werden Schulsteuern ausgeworfen, die jedoch 5 Proz. der direkten Staatssteuer nicht überschreiten dürfen. Nachweislich unvermögenden Gemeinden wird von Staats wegen Beihilfe geleistet. Auch hat der Unterrichtsminister das Recht, überall, wo er es für nötig befindet, reine Staatsvolksschulen auf Staatskosten zu errichten, wozu die Gemeinde gleichfalls 5 Proz. der direkten Staatssteuer beizutragen hat. Ein Schulgeld wird von jedem Zögling erhoben und zur Gemeindekasse vereinnahmt; arme Kinder, denen auch die Schulbedürfnisse unentgeltlich verabfolgt werden, sind davon befreit.

9. Rufsland. Gesetz über die Elementarvolksschulen vom 25. Mai 1874 (a. St.): Die Schulen haben den Zweck, die religiösen und sittlichen Begriffe im Volke zu kräftigen und nützliche Elementarkenntnisse zu verbreiten. Lehrgegenstände sind: Religion (kurzer Katechismus und Hauptpunkte der biblischen Geschichte), Lesen in Büchern mit gewöhnlichem und kirchenslavischem Druck, Schreiben, die vier Species und (womöglich) Kirchengesang. Der Unterricht findet in russischer Sprache statt. Der Religionsunterricht wird entweder vom Ortspfarrer (Popen) oder von einem besonderen Religionslehrer erteilt. Als Lehrziel bestimmt die Prüfungsordnung vom 15. Okt. 1874 (a. St.): Der Examinierte mufs im stande sein, ein seinem Ideenkreise zugängliches, ihm aber nicht bekanntes Buch richtig und geläufig zu lesen und sein Verständnis entweder durch zusammenhängende eigene Wiedergabe des Gelesenen oder wenigstens durch richtige Beantwortung der an ihn gestellten Fragen nachzuweisen; eine deutliche Handschrift mufs er lesen können, ebenso in kirchenslavischer Schrift gedruckte Evangelien- und Gebet-

bücher. Einen vorher vorgelesenen Abschnitt soll er bei mäfsig schnellem Diktat deutlich, ohne Auslassung oder Wortentstellung und mit Interpunktionszeichen niederzuschreiben vermögen. — Rechnen: Anwendung der 4 Species auf einfache, im täglichen Leben vorkommende Aufgaben; Bekanntschaft mit den russischen Münzen, Mafsen und Gewichten.

Den Unterricht können geistliche und weltliche Personen versehen. Die Auswahl von Kandidaten gebührt in erster Linie den Landschaften, Gemeinden oder Patronen, welche die Schule unterhalten; die Erlaubnis zu unterrichten erteilt der Volksschulinspektor. Nach Ablauf eines Probejahrs, welches unter Umständen erlassen werden kann, erfolgt die Anstellung durch den Kreisschulrat.

Eine Pflicht zur Errichtung und Erhaltung von Schulen besteht für die Gemeinden nicht; ebensowenig eine Schulpflicht. Landschaften, Gemeinden oder Privatpersonen, welche Schulen errichten wollen, bedürfen dazu der Genehmigung des Volksschulinspektors und des Adelsmarschalls. Letztere beiden können die Schulen, wenn Unordnungen vorkommen oder der Unterricht eine „schädliche Richtung" nimmt, zeitweise schliefsen. Die definitive Schliefsung hängt von dem Kreisschulrat ab. Regierungs- und geistliche Behörden eröffnen und schliefsen die Volksschulen ihres Aufsichtskreises nach eigenem Ermessen, indem sie dem Kreisschulrat davon Anzeige machen.

Über Stadtschulen bestimmt das Gesetz vom 31. Mai 1872 (a. St.): Die Schulen haben den Zweck, Kindern aller Stände eine intellektuelle und religiös-sittliche Elementarbildung zu geben. Sie werden in ein- bis vierklassige Anstalten eingeteilt; Schulen, welche Zuschüsse aus dem Reichsbudget nicht beanspruchen, können 5—6 Klassen haben. Ein- und zweiklassige Anstalten sind innerhalb der Klassen in drei auf einander folgende Abteilungen zu sondern. Der volle Lehrkursus dauert 6 Jahre. Kinder von 7 bis 10 Jahren können ohne Aufnahmeexamen in die Stadtschulen eintreten. Der Lehrplan vom 7. Jan 1877 (n. St.) verteilt die Stunden auf die einzelnen Fächer und Klassen, wie folgt:

| Gegenstände | Einklass. Schule | Zweiklassige Schule | | Dreiklassige Schule | | | Vierklassige Schule | | | |
|---|---|---|---|---|---|---|---|---|---|---|
| | I | I | II | I | II | III | I | II | III | IV |
| Religion | 6 | 6 | 2 | 6 | 3 | 2 | 6 | 3 | 2 | 2 |
| Lesen und Schreiben | | | | — | 5 | — | — | 5 | — | — |
| Russisch | | 4 | | 6 | 1 | — | 6 | 5 | 1 | |
| Rechnen | | 5 | 1 | 6 | 5 | 4 | 6 | 5 | 5 | |
| Prakt. Geometrie | 22 | 22 | — | — | 1 | 6 | — | 1 | 6 | 6 |
| Zeichnen | | | 6 | — | | | | | | |
| Geschichte u. Geographie | | | 3 | — | 2 | 3 | — | 2 | 3 | 3 |
| Naturkunde | | | 1 | — | 3 | 1 | — | 3 | 3 | 4 |
| Zusammen | 28 | 28 | 24 | 18 | 24 | 24 | 18 | 24 | 24 | 24 |

In den russischen Unterrichtsstunden werden auch kirchenslavische Bücher gelesen und ins Russische übersetzt. Aus der allgemeinen Geschichte wird nur das Notwendigste mitgeteilt; auf die vaterländische wird näher eingegangen. Falls Unterricht in Handwerken von den Beteiligten gewünscht wird, kann solcher eingeführt werden, wenn letztere die Hälfte aller Kosten zu tragen sich verpflichten. Diese Lehrstunden, sowie die im Singen und Turnen fallen auf die schulfreie Zeit. Auch kann in den oberen Klassen mit Genehmigung des Unterrichtsministers noch in anderen Fächern (z. B. in populärer Medizin) unterrichtet werden vergl. ME 25. Febr. 1882 (a. St.).

Die Stadtschulen sollen eine Bibliothek, eine auf die Umgegend möglichst Rücksicht nehmende naturhistorische Sammlung und die üblichen notwendigsten Lehrmittel besitzen.

Die Stadtschulen werden entweder von der Regierung oder den Landschaften, den städtischen Gemeinden, Ständen oder Privatpersonen unterhalten. Zur Errichtung von Schulen auf Kosten der Regierung ist die Genehmigung des Ministers erforderlich. Das Lehrpersonal wird von denen angestellt, welche die Anstalten unterhalten, falls nicht die Gemeinden usw. dieses Recht gegen Eintausch gröfserer Bewegungsfreiheit der Regierung abtreten. Die Lehrer und Lehrgehilfen stehen im aktiven Staatsdienst und sind pensionsberechtigt.

9. Die Schweiz. Unterrichtsgesetze. Zürich 1859 (1873) — Lehrplan 1891 — Bern 1856 — Unterrichtsplan 1877 — Luzern 1679 — Lehrplan 1881 — Uri 1875 (1888) — Lehrplan 1852 — Schwyz 1877 — Unterrichtsplan 1887 — Obwalden 1875 — Lehrplan 1876 — Nidwalden 1879 — Lehrplan 1880 — Glarus 1873 (1885) — Lehrplan 1877 — Zug 1850 (1882) — Lehrplan 1879 — Freiburg 1874 — Lehrprogramm 1887 — Solothurn 1873 — Lehrplan 1885 — Baselstadt 1880 (1891) — Lehrplan 1864 — Baselland 1835 (1892) — Lehrplan 1887 — Schaffhausen 1879 (1888) — Lehrplan 1880 — Appenzell A.-Rh. 1878 — Appenzell I.-Rh. 1875 — St. Gallen 1862 — Lehrplan 1865 — Graubünden 1853 — Schulordnung 1867 — Aargau 1865 (1869) — Lehrplan 1890 — Thurgau 1875 — Lehrplan 1879 — Tessin 1879 (1885) — Lehrplan 1879 — Waadt 1889 — Lehrplan 1868 — Wallis 1873 — Lehrplan 1878 — Neuenburg 1859 — Lehrplan 1890 — Genf 1886 (1890) — Lehrplan 1891. — Die Schulpflicht beginnt mit dem 7. Lebensjahre und dauert 6 Jahre in Zürich, Uri, Ob- und Nidwalden, Zug, Baselland, Appenzell I.-Rh. und Luzern; 7 Jahre in Schwyz, Glarus, Appenzell A.-Rh., St. Gallen, Neuenburg und Genf; 8 bis 9 Jahre in Baselstadt, Schaffhausen, Aargau, Tessin, Wallis, Freiburg, Solothurn, Graubünden, Thurgau, Bern und Waadt. Unterrichtsgegenstände der einfachen Volksschule: Muttersprache, Rechnen (Geometrie), Ge-

schichte, Geographie (meist vaterländische), Naturkunde, Schönschreiben, Gesang, Zeichnen, Turnen. Religion ist überall fakultativ. Dazu kommen stellenweise: Buchführung, Gesundheitslehre, Verfassungskunde, Obstbaumzucht, Wirtschaftslehre. — In den gehobenen Volksschulen ist eine Fremdsprache obligatorisch.

10. Skandinavien. a. Schweden. Volksschulgesetz vom 20. Jan. 1882: Jedes Kirchspiel soll in der Regel eine Volksschule besitzen. Jede Volksschule muſs wenigstens einen seminaristisch geprüften Lehrer haben. Ausnahmsweise können mehrere zu einer Pfarrei gehörige Kirchspiele zu einer Schulsozietät vereinigt oder in abgelegenen Orten „kleine" Volksschulen errichtet werden, für welche eine Seminarprüfung der Lehrer nicht erforderlich ist. Bei dünner Bevölkerung, in den Gebirgsgegenden und Skären, dürfen die (Klein-)Schulen ambulatorisch sein, d. h. an wechselnden Orten des Schulbezirks im Laufe des Jahres abgehalten werden. Jeder Schulsprengel hat das Recht, nach Einvernehmen mit dem Schulrate das Einschulungsalter selbst zu bestimmen, welches indessen über das neunte Jahr nicht hinausgeschoben werden darf.[1]) Die jährliche Unterichtszeit umfaſst je nach den Verhältnissen 32—40 Wochen. Im allgemeinen wird zur Zeit der nötigsten Landwirtschaftsarbeiten der Schulbesuch älterer Kinder entweder ganz ausgesetzt oder äuſserst eingeschränkt. Die täglichen Unterrichtsstunden dürfen in den Kleinschulen nicht mehr als fünf, in den anderen Volksschulen nicht über sechs betragen. Der Unterrichtszwang ist verbindlich für alle Kinder; privatim unterrichtete haben sich bei den öffentlichen Prüfungen einzufinden und werden bei nicht genügendem Befunde in den öffentlichen Anstalten eingeschult. Lehrgegenstände der Volksschule sind: Religion, Muttersprache (Übungen im Lesen, Sprechen, Schreiben), Geographie, Geschichte, Naturlehre, Rechnen, Geometrie, Zeichnen, Gesang, Gymnastik und weibliche Handarbeiten, event. Baumzucht und Gartenbau. Hiervon umfaſst der Unterricht in den Kleinschulen nur: Anfangsgründe der Religionslehre, Muttersprache, Rechnen, Zeichnen, Gesang und Gymnastik, sowie Denk-, Sprech- und Anschauungsübungen.

Hierbei ist die Voraussetzung, daſs von der zumeist 6jährigen Schulzeit 2 Jahre in der Kleinschule, 4 Jahre in der eigentlichen Volksschule zugebracht werden. Der Schulbesuch darf nicht eher beendet werden, als bis eine genügende Kenntnis und Fertigkeit in den obengenannten Gegenständen erreicht ist. Jedoch kann in der Entlassungsprüfung bei schwächer begabten oder armen Schulkindern auf ein Minimum herabgegangen werden, welches verlangt: Kenntnis der Religionslehre in dem zum Beginn des Konfirmandenunterrichts erforder-

---

[1]) Im allgemeinen wird die Zeit vom 7. bis 14. Lebensjahre als das Schulalter angesehen.

## 10. Schweden und Norwegen.

lichen Mafse; reines und geläufiges Lesen sowie deutliches und ziemlich fehlerfreies Schreiben; die vier Species in ganzen Zahlen; Kirchengesang bei den stimm- und gehörbegabten Kindern.

Für Schüler, welche die Abgangsprüfung bestanden haben und eine weitere Fortbildung wünschen, besteht an einigen Schulen eine besondere Klasse, die sogen. Fortsetzungsschule, welche in wenigstens 6 Wochen jährlich und 30 Stunden wöchentlich als Lehrgegenstände betreibt: Religion, hauptsächlich Bibellesen, die Muttersprache, vorzugsweise mit schriftlichen Übungen, Rechnen und Geometrie mit Hinsicht auf praktische Anwendung, Zeichnen, schwedische Geschichte, Naturkunde und Naturlehre mit besonderer Berücksichtigung des Ackerbaues.

Die höheren Volksschulen haben die nämlichen Lehrgegenstände der gewöhnlichen mit erweiterten Zielen, namentlich in der Muttersprache, im Rechnen, in Geometrie, Geographie, Geschichte und Naturlehre, wozu als besondere Unterrichtsstoffe Buchhaltung, Staatskunde, Kommunalverfassung, Gesundheitslehre und Feldmefskunst hinzukommen. Die Unterrichtszeit in diesen Anstalten dauert in der Regel sechs Monate im Jahre.

Der Normallehrplan für ständige Schulen verteilt die Stunden:

| Unterrichtsgegenstände | In der Kleinschule | | in der Volksschule | | | |
|---|---|---|---|---|---|---|
| | im 1. Jahr | im 2. Jahr | im 1. Jahr | im 2. Jahr | im 3. Jahr | im 4. Jahr |
| Katechismus | 3 | 3 | 3 | 3 | 3 | 3 |
| Biblische Geschichte | 3 | 3 | 2 | 2 | 2 | 2 |
| Lesen | 6 | 6 | 6 | 5 | 4¹/₂ | 4 |
| Rechtschreiben | — | — | 2¹/₂ | 2 | 2 | 2 |
| Schönschreiben | 6 | 4 | 2¹/₂ | 2 | 1¹/₂ | 1 |
| Geographie | — | — | 2 | 2 | 2 | |
| Geschichte | — | — | — | — | 2 | 2 |
| Naturlehre | — | — | — | 2 | 2 | 2 |
| Memorieren und Denkübungen | 1¹/₂ | 1¹/₂ | — | — | — | — |
| Rechnen | 3¹/₂ | 3¹/₂ | 4 | 4 | 3 | 3 |
| Geometrie | — | — | — | — | — | 2 |
| Zeichnen | — | 2 | 2 | 2 | 2 | 2 |
| Gesang | 1 | 1 | 2 | 2 | 2 | 2 |
| Gymnastik | — | — | 2 | 2 | 2 | 2 |
| Zusammen | 24 | 24 | 25 | 28 | 28 | 25 |

Die Befähigung zur Verwaltung einer Lehrerstelle an gewöhnlichen Volksschulen wird durch Seminarbesuch und Bestehen einer Prüfung erlangt. Die Bewerbungen geschehen bei dem Schulrat, welcher drei von den Kandidaten zum Vorschlag bringt, unter denen die Wahl von der Gemeinde vollzogen wird. Wenn er es für nötig befindet, kann der Schulrat dem Erwählten eine Lehrprobe auferlegen. Zum Unterricht an höheren Volksschulen sind Universitätsstudien sowie Absolvierung des praktischen Übungskurses an einem Volksschullehrerseminar erforderlich. Zur Besetzung solcher Lehrerstellen bringt das Stiftskonsistorium drei Bewerber in Vorschlag, unter denen der Schulrat die Auswahl trifft. Hinsichtlich der Besoldung sind die geprüften Lehrer und Lehrerinnen gleichgestellt. Das Mindestgehalt beträgt 500 Kr. neben freier Wohnung und Heizung. Hierzu kommt bei den meisten Stellen Landdotation. Nach fünf Dienstjahren wird das Gehalt auf 600 Kr. erhöht. Jeder Lehrer, welcher 55 Lebens- und 30 Dienstjahre zählt, darf Pensionierung mit vollem Ruhegehalt beanspruchen. Dieses beträgt 75 Proz. seines Lehrereinkommens, darf jedoch nicht über 1000 Kronen steigen. Vor der angegebenen Zeit kann unter Umständen gleichfalls Emeritierung erfolgen, jedoch wird die Pension für jedes fehlende Jahr um 1 Proz. vermindert. Die Pensionsberechtigung beginnt mit dem vollendeten 10. Dienstjahre.

Die Kosten für die Volksschulen werden von der Kommune bestritten, bei armen Gemeinden unterstützungsweise bis zur Hälfte bis zu zwei Drittel vom Staate. Ein Schulgeld wird erhoben, für arme Kinder aus Gemeindemitteln ersetzt. Höhere Volksschulen werden vom Staate subventioniert.

b. Norwegen. Volksschulgesetz vom 16. Mai 1860: Alle Kinder vom vollendeten 8. Jahre bis zur Konfirmation (im 14. oder 15. Lebensjahre) sind schulpflichtig, jedoch kann die Entlassung schon nach zurückgelegtem 13. Lebensjahre stattfinden, wenn das betreffende Kind die nötige Kenntnis und Entwickelung besitzt. Die Volksschulen zerfallen in niedere und höhere; in Freischulen, welche unentgeltlich unterrichten, und Zahlungsschulen, welche ein (mäfsiges) Schulgeld beanspruchen. Der Zweck des Volksschulunterrichtes ist es, die häusliche Erziehung darin zu unterstützen, dafs der Jugend eine wahre christliche Aufklärung beigebracht und ihr die Kenntnisse und Fähigkeiten verschafft werden, welche jedes Mitglied der Gesellschaft besitzen mufs. Die Lehrgegenstände der niederen Volksschule sind: Lesen, Christentumslehre, Grundzüge der Naturkunde, Geschichte, Geographie, Gesang, Schreiben und Schriftlesen, Rechnen und, wo angängig, Gymnastik und militärische Übungen. In der höheren Volksschule, welche Kinder von 12 Jahren aufnimmt, kommen noch hinzu: Weltgeschichte, Naturgeschichte, Zeichnen, Vermessungslehre und event. Chemie, Physik und eine fremde Sprache (deutsch oder englisch).[1] Mit Genehmigung des Gemeindevorstandes kann die Schulkommission Handarbeitsschulen für Mädchen und allgemeine Arbeitsschulen neben den Volksschulanstalten einrichten. Der Unterricht ist möglichst in der eigenen Mundart zu

---

[1] Auf diesem (vereinzelten) Standpunkt sind diese Volksschulen also unseren Mittelschulen etwa gleichgestellt.

## 10. Schweden und Norwegen. 189

erteilen. Erst allmählich sollen die Kinder im Verstehen und Schreiben der gewöhnlichen Büchersprache geübt werden. Die jährliche Unterrichtszeit soll nicht unter 12 Wochen, bei Halbtagsschulen nicht unter 9 Wochen für jede Abteilung betragen. Die Woche wird zu 33 Stunden gerechnet. Alljährlich soll gegen Schluſs der Unterrichtszeit im Beisein des Pfarrers und der Schulkommission eine öffentliche Prüfung stattfinden, bei welcher sich auch die privatim unterrichteten Schulpflichtigen einzustellen haben.

Zur Anstellung als Lehrer ist in der Regel die Erledigung eines Kursus an einem Stiftsseminar oder einer Lehrerschule erforderlich. Die Anstellung der Lehrer und Lehrerinnen an Volksschulen geschieht durch die Stiftsdirektion auf Vorschlag der Schulkommission. Letztere hat das Recht, Hilfslehrer anzustellen und zu entlassen. Definitiv angestellte Lehrkräfte können nur bei Untauglichkeit oder Vergehen und nach übereinstimmendem Verdikt der letztgenannten Behörde und der Stiftsdirektion des Amtes entsetzt werden. Nach dem Gesetz vom 19. Juni 1878 erhalten die Volksschullehrer neben freier Wohnung und Landdotation ein Bargehalt, dessen Minimum der Amtsvorstand festsetzt, und Alterszulagen nach 5, 10 und 15 Dienstjahren. Die Pensionierung dienstuntauglich gewordener Lehrer wird in jedem Falle vom Storthing entschieden.

Neben diesen Volksschulanstalten für schulpflichtige Kinder bestehen in verschiedenen Amtsbezirken „Amtsschulen" für Erwachsene, welche ambulatorisch sind und in getrennten Kursen jährlich etwa 4 Monate in der Muttersprache, Geschichte und Geographie, Kirchengeschichte, Rechnen und Vermessungslehre, Physik, Chemie, Gesang, Zeichnen, Gymnastik und weiblichen Handarbeiten unterrichten. Die Amtsschulen werden zu ¾ ihrer Unterhaltungskosten vom Staate subventioniert unter der Bedingung, daſs Ordnung und Plan der Schule und des Unterrichts vom Amtsvorstand gebilligt und vom Könige oder seinem Bevollmächtigten approbiert werden, und daſs die Anstalt von einer Amtsschulkommission verwaltet wird, welche zugleich das Lehrpersonal anzustellen hat.

Die Stadtschulen sind nach dem Gesetz vom 12. Juli 1848 und dem Ergänzungsgesetz vom 22. Mai 1869 in gleicher Weise wie die Landschulen organisiert. In beiden ist der Unterricht unentgeltlich.

In den niederen Klassen der Volksschule und in sämtlichen Mädchenklassen können Lehrerinnen angestellt werden.

Die ordentlichen Lehrer an Stadtschulen beziehen neben Dienstbezw. freier Wohnung oder Mietsentschädigung 1000 Kr., die Unterlehrer wenigstens 400 Kr. Gehalt.

Die Unterhaltungspflicht ist bei Stadt- und Landschulen Sache der Gemeinden.

## II. Abschnitt. Der öffentliche Unterricht in den Mittelschulen.
### 1. Kapitel. Preußen.

CE 15. Okt. 1872: Als Mittelschulen (Bürger-, Rektor-, höhere Knaben- oder Stadtschulen), welche einerseits ihren Schülern eine höhere Bildung geben sollen, als mehrklassige Volksschulen dies vermögen, andererseits die Bedürfnisse des gewerblichen Lebens in dem sogenannten Mittelstande der Gesellschaft weiter berücksichtigen, als es den höheren Lehranstalten möglich ist, sind Unterrichtsanstalten anzusehen, die folgenden Anforderungen entsprechen.

1. Die Schulen sollen neben den Volksschulen des Ortes bestehen und mindestens fünf aufsteigende Klassen mit einer Maximalzahl von je fünfzig Schülern haben. Es kann jedoch gestattet werden, daß die Oberstufen einer sechsklassigen Volksschule nach dem Lehrplane der Mittelschule arbeiten.

2. Der Unterricht in der Mittelschule ist im Anschluß an den beifolgenden Lehrplan, welcher auf eine sechsklassige Anstalt berechnet ist, zu erteilen. Bei fünf Klassen sind die Pensa der drei Unterklassen auf zwei Klassen zu verteilen. Bei mehr als sechs Klassen findet eine Erweiterung des Pensums statt.

Wo die lokalen Verhältnisse eine besondere Berücksichtigung des Ackerbaues, Fabrikwesens, Bergbaues, Handels oder der Schiffahrt in dem Lehrplane bedingen, sind die erforderlichen Änderungen darin vorzunehmen. Demgemäß ist es auch je nach dem Bedürfnis zulässig, nur eine der im Lehrplane bezeichneten neueren Sprachen oder eine andere, dort nicht aufgeführte zu betreiben.

3. Die Inventarien der Mittelschule müssen ihren höheren Lehrzwecken entsprechen. Insbesondere sind für den Unterricht in der Geographie und Naturkunde die erforderlichen Lehrmittel zu beschaffen. Auch ist für eine Bibliothek Sorge zu tragen, welche die größeren wissenschaftlichen Werke enthält, deren Benutzung für die Lehrer notwendig ist.

4. Der Unterricht ist nur von solchen Lehrern zu erteilen, welche hierzu nach der Prüfungsordnung befähigt sind.

**Lehrplan für die Mittelschulen.**
1. Religion.

In den drei Unterklassen (wöchentlich je 3 Stunden): Biblische Geschichte alten und neuen Testaments. In der sechsten Klasse eine kleine, in der fünften eine etwas größere Anzahl biblischer Erzählungen, womöglich unter Benutzung guter Abbildungen; in der vierten eine zusammenhängende Darstellung der biblischen Geschichte. Die zehn Gebote, das Glaubensbekenntnis und das Vaterunser werden ohne die Erklärung der Konfessionskatechismen angeeignet und nach Wort- und Sachinhalt erklärt.

## 1. Kapitel. Preußen.

Sowohl mit dieser Erklärung wie mit der biblischen Geschichte werden passende Bibelsprüche wie einzelne Verse geistlicher Lieder in Verbindung gebracht: einige davon, in der vierten Klasse auch eine kleine Zahl (etwa vier) ganzer Lieder gelernt; in der fünften und sechsten kommen einige dem Kindesalter angemessene Gebete zur Aneignung.

In den drei Oberklassen (wöchentlich je 2 Stunden) wird die heilige Geschichte unter Hinzunahme des Lehrinhaltes der heil. Schrift erweitert und ergänzt. Dabei kommen das christliche Kirchenjahr und seine evangelischen Perikopen zur Behandlung, ebenso das Notwendige aus der Bibelkunde. Den evangelischen Schülern wird Anleitung zum selbständigen Schriftverständnis durch Lesen und Auslegen ausgewählter Psalmen und anderer zusammenhängender Abschnitte aus den prophetischen und poetischen Büchern des alten Testaments und aus dem neuen Testamente gegeben. Hieran reihen sich die Geschichte der Pflanzung und Ausbreitung der christlichen Kirche und die Hauptsachen aus der Kirchengeschichte in Lebensbildern

Die Religionslehre wird nach dem Katechismus der betreffenden Konfession unter Beziehung auf biblische Geschichte, Bibelspruch und Kirchenlied im Zusammenhange erklärt, einzelne Sprüche, Liederverse, auch ganze Lieder werden gelernt; über die bedeutendsten Liederdichter werden Nachrichten gegeben.

Die Verteilung dieses Pensums auf die einzelnen Klassen bestimmt sich nach der Stelle und der Bedeutung, welche seinen Teilen bei den einzelnen Konfessionen zukommen.

Der gesamte Religionsunterricht wird den Schülern in konfessioneller Sonderung erteilt.

### II. Deutsch, Lesen und Schreiben.

Sechste Klasse. 12 Stunden.

Die Schüler lernen die Laute und ihre Zeichen in der deutschen Schreib- und Druckschrift kennen und werden im Lesen so weit gefördert, daſs sie kleine zusammenhängende Stücke ohne Stocken langsam vorlesen können. Sie werden ferner angehalten, einzelne Wörter und dann kleine Stücke aus der Fibel und vorgesprochene Wörter und kleine Sätze, in denen Laut und Zeichen übereinstimmen, zu schreiben. Endlich werden diese Stunden zu Anschauungs- und Sprechübungen und zum Auswendiglernen und Vortragen kleiner Gedichte benutzt. Bei dem Unterrichte sind Lesen und Schreiben zu verbinden und leicht ins Auge fallende Bilder zu benutzen.

Fünfte Klasse. 12 Stunden einschl. 3 Schreibstunden.

Die Arbeit der vorigen Klasse wird nicht sowohl durch Aufnahme neuer Gegenstände oder Erweiterung der Ziele, als durch erhöhte Anforderungen an die Sicherheit und Selbständigkeit der Leistungen sowohl im Lesen als im Schreiben fortgeführt.

Es treten drei besondere Stunden für die Übung im Schreiben ein.

Vierte Klasse. 12 Stunden einschl. 3 Schreibstunden.

Das Hauptziel dieser Klasse ist, daſs die Schüler leichte, ihnen bis dahin unbekannte Sprachstücke mit Verständnis bekundender Betonung geläufig vorlesen und mäſsig schwere Diktate orthographisch richtig niederschreiben können. Alle Übungen müssen vorzugsweise auf diesen Zweck gerichtet sein, und es ist hier eher zuzulassen, daſs beim Lesen an der Betonung als an der Geläufigkeit etwas auszusetzen sei, und daſs in der Orthographie am Wissen etwas fehle, als in der Sicherheit in dem, was gelernt ist.

Aus der Grammatik: Unterscheidung der Redeteile und das Wichtigste aus der Lehre vom einfachen Satze.

Übrigens sind Übungen im mündlichen Nacherzählen des Gelesenen und im Vortrag auswendig gelernter Gedichte hier, wie in allen folgenden Klassen ein wichtiger Teil des deutschen Unterrichts.

Die schriftlichen orthographischen Übungen werden fleißig fortgesetzt und die Stilübungen mit der Wiedergabe kleiner von dem Lehrer mitgeteilter Erzählungen oder im Unterrichte vorbereiteter Beschreibungen begonnen.

### Dritte Klasse. 8 Stunden einschl. 3 Schreibstunden.

Die Lehre vom einfachen Satze und von der Satzverbindung sowie die Kenntnis der Biegeformen des Nomens und des Verbs.

Die Stilübungen werden fortgesetzt; ihr Gegenstand sind, wie früher, im Unterrichte vorbereitete Erzählungen oder Beschreibungen, doch werden für diese etwas schwierigere Stoffe gewählt.

Bei der Lektüre und Besprechung wird auf Korrektheit und Geläufigkeit, bei den orthographischen Übungen auf Kenntnis der Hauptregeln und Sicherheit in deren Gebrauch gehalten.

### Zweite Klasse. 6 Stunden einschl. 2 Schreibstunden.

Die Schüler werden in das Verständnis von Musterstücken deutscher Prosa und Poesie eingeführt und zu ihrem guten Vortrage angeleitet.

Die poetische Lektüre wird so eingerichtet, daß die Schüler an ihr eine hinreichend deutliche Vorstellung von den wichtigsten Dichtungsarten erhalten.

Einführung in die Lehre vom Satzgefüge und von der Interpunktion.

Als Stilübungen dienen abwechselnd Übersetzungen aus dem Französischen und ganz leichte Aufsätze, zu welchen der Stoff und die Disposition in der Unterrichtsstunde unter Anleitung des Lehrers gefunden wird; Schilderungen von Selbsterlebtem, namentlich auch in Briefform, und leichte Geschäftsaufsätze.

### Erste Klasse. 5 Stunden. (Keine Schreibstunde.)

Fortgesetzte Erklärung von Musterstücken deutscher Prosa und Poesie. Im Anschlusse an die poetische Lektüre wird dem Schüler das Unentbehrliche über Versmaß und allgemeine metrische Gesetze, sowie über die bedeutendsten deutschen Dichter in einer seiner Fassungskraft entsprechenden Weise gegeben.

Unterweisung über die wichtigsten Stilgattungen.

Die Aufsatzthemata werden nur Gebieten, welche den Schülern aus dem Unterrichte, aus der Lektüre oder aus dem Leben hinlänglich bekannt sind, entnommen, und es sollen die Schüler auch Anleitung in der Anfertigung von Geschäftsaufsätzen und Geschäftsbriefen, die im gewerblichen Leben am häufigsten vorkommen und specielle Berufskenntnisse nicht erfordern, hier erhalten.

Die Auswahl des Lesebuches ist so zu treffen, daß die Schüler in ihm Proben aus den Meisterwerken der deutschen Dichtung und Prosa finden; erforderlichenfalls ist daneben eine gute Gedichtsammlung zu gebrauchen. In Schulen, welche mehr als sechs Klassen haben, werden Werke wie Minna von Barnhelm, Hermann und Dorothea, Tell, Wallenstein usw. im Zusammenhange gelesen.

## III. Rechnen und Raumlehre.

### Sechste Klasse. 5 Stunden.

Im ersten Semester die vier Species im Zahlenkreise von 1—20, im zweiten in dem von 1—100. Die Einübung des Einmaleins fällt in dieses Pensum.

### Fünfte Klasse. 5 Stunden.

Die vier Species, im ersten Semester im Zahlenkreise von 1—1000, im zweiten im unbegrenzten mit unbenannten Zahlen. (Schriftliches Rechnen).

Auf diesen beiden Stufen Benutzung der Rechenmaschine.

# 1. Kapitel. Preußen.

**Vierte Klasse. 5 Stunden.**

Die vier Species mit mehrfach benannten Zahlen. Resolvieren, Reduzieren, Zeitrechnung, einfache Regel de tri.

**Dritte Klasse. 5 Stunden.**

Rechnen 3 Stunden. Die vier Species in Decimalen und gemeinen Brüchen. Raumlehre 2 Stunden. Veranschaulichung der Elemente der Formenlehre an regelmäfsigen Körpern.

**Zweite Klasse. 5 Stunden.**

Rechnen 3 Stunden. Einfache und zusammengesetzte Regel de tri. Zinsrechnung.

Raumlehre 2 Stunden. Planimetrie bis zur Lehre von den Linien und Winkeln im und am Kreise. Im Anschlusse daran Konstruktionsaufgaben.

**Erste Klasse. 6 Stunden.**

Rechnen 3 Stunden. Die bürgerlichen Rechnungsarten, Ausziehen von Quadrat- und Kubikwurzeln. Anfänge der Buchstabenrechnung und Algebra.

Raumlehre 3 Stunden. Die Lehre von den Parallelogrammen. Berechnung des Inhaltes geradliniger Figuren und des Kreises.

Die Elemente der Stereometrie. Berechnung der Oberfläche und des Inhaltes prismatischer, pyramidaler und kugelförmiger Körper.

In Mittelschulen von mehr als sechs Klassen wird das arithmetische Pensum durch Fortführung der Algebra und der Buchstabenrechnung, durch die Gleichungen, die Hinzunahme schwierigerer Aufgaben aus den bürgerlichen Rechnungsarten, namentlich der Wechsel- und Kursrechnung erweitert, das geometrische Pensum durch schwierigere Aufgaben aus der rechnenden Geometrie.

## IV. Naturkunde.

*(Naturbeschreibung, Physik, Chemie.)*

**Naturbeschreibung.**

**Dritte und zweite Klasse je 2 Stunden.**

Beschreibung ausgewählter phanerogamischer Gewächse mit Angabe ihrer Nutzanwendung im menschlichen Haushalte, der wichtigsten heimischen Säugetiere und Vögel und ausgewählter Repräsentanten der übrigen Tierklassen in stufenweis erweiterter Darstellung.

**Erste Klasse. 2 Stunden.**

Fortgesetzte Beschreibung von Pflanzen, Anleitung zum Bestimmen der einheimischen unter Hervorhebung ihres Nutzens oder Schadens. Das Allgemeinste über das Leben der Pflanze. Kenntnis des menschlichen Körpers. Diätetik. Beschreibung von Tieren in der Reihenfolge des Systems. Die wichtigsten Mineralien.

In dem gesamten Unterrichte sind die Schüler zu selbständiger und aufmerksamer Beobachtung der Natur anzuleiten.

**Naturlehre.**

**Zweite Klasse. 2 Stunden.**

Mechanische Eigenschaften der festen, flüssigen und luftförmigen Körper. Die einfachsten Erscheinungen des Magnetismus.

**Erste Klasse. 3 Stunden.**

Das Wichtigste aus der Lehre von der Elektricität, der Wärme, dem Lichte und dem Schalle; aufserdem in einer besonderen Stunde die Anfangsgründe der Chemie.

In Schulen mit mehr als sechs Klassen werden namentlich die Unterweisungen aus der Physik und Chemie zu einer mehr zusammenhängenden Darstellung dieser

Disciplinen erweitert; in der Naturbeschreibung treten in solchen Schulen Mitteilungen über Bau und Bildung der Erdrinde hinzu.

Überall sind bei dem Unterrichte in der Naturkunde gute natürliche Exemplare oder Nach- und Abbildungen zu benutzen, in der Physik aufserdem das Experiment der Unterweisung zu Grunde zu legen.

### V. Geographie.

**Vierte Klasse. 2 Stunden.**

Die Heimat. Das Wichtigste über die Erscheinungen des Luftkreises, über den Horizont, über Sonne, Mond und Sterne, Tages- und Jahreszeiten. Einführung in die kartographische Darstellung.

**Dritte Klasse. 2 Stunden.**

Gestalt und Bewegung der Erde. Das mathematische Netz. Übersicht der Kontinente und Oceane. Europa im allgemeinen; besonders physikalisch.

**Zweite Klasse. 2 Stunden.**

Die Hauptsachen aus der physikalischen und politischen Geographie aller fünf Erdteile.

**Erste Klasse. 2 Stunden.**

Deutschland. Der preufsische Staat. Übersichtliche Wiederholung des ganzen bisherigen Pensums unter Hervorhebung der mathematischen Geographie.

In Schulen mit mehr als sechs Klassen mufs aufser einer Erweiterung des Pensums eine genauere Darstellung der fremden Länder gegeben werden.

Durchweg Benutzung guter Wandkarten, Globen und Tellurien. Auch die Schüler müssen im Besitze guter Atlanten sein.

### VI. Geschichte.

**Dritte Klasse. 2 Stunden.**

Biographieen aus der Weltgeschichte aller Zeitalter. Die Geschichten aus der Heroenzeit und dem Altertum werden ausführlicher mitgeteilt; aus dem Mittelalter und der neueren Zeit nur die Geschichte der bekanntesten Männer, wie Karls des Grofsen, Friedrichs Barbarossas, Friedrichs des Grofsen und ähnlicher.

**Zweite Klasse. 2 Stunden.**

Biographieen und Lebensbilder aus der Weltgeschichte aller drei Zeitalter, wobei die Geschichte der Gründung und Ausbreitung der christlichen Kirche und die Mitteilungen über die Ereignisse und Männer besonders hervortreten, welche auf die allgemeine Geschichte einen vorzüglichen Einfluss geübt haben.

**Erste Klasse. 2 Stunden.**

Biographieen und Lebensbilder aus der Weltgeschichte aller drei Zeitalter, wobei jedoch die aus der vaterländischen Geschichte besonders hervorgehoben und Ereignisse, wie der siebenjährige, der Befreiungs-, der deutsche, der deutschfranzösische Krieg im Zusammenhange behandelt werden.

In einer Schule mit mehr als sechs Klassen sind die Mitteilungen ausführlicher zu geben, und es kann mehr aus der Geschichte des Altertums und aus der der aufserdeutschen Völker in die Darstellung aufgenommen werden.

### VII. Fremde Sprachen.

**a. Französisch. Englisch.**

Ziel: Richtige Aussprache und Sicherheit in der Orthographie der fremden Sprache, sowie die Befähigung des Schülers, in derselben leichte prosaische Schriftsteller ohne Wörterbuch geläufig zu lesen, leichte Geschäftsbriefe selbständig aufzusetzen und sich innerhalb der Grenzen des gewöhnlichen Verkehrs einigermafsen zu verständigen.

1. Kapitel. Preußen. 195

In Schulen mit mehr als sechs Klassen ist die Befähigung zum Verständnis der Dichter, sowie einige Bekanntschaft mit der Litteratur der fremden Nationen anzustreben und gesteigerte Sicherheit in der Konversation und Korrespondenz zu erzielen.

In Schulen mit sechs Klassen beginnt der Unterricht in der dritten. Es ist ihm in der dritten und zweiten ein Elementarbuch, in der ersten eine Schulgrammatik zu Grunde zu legen. Die Lektüre ist in der Mittelklasse unter Benutzung eines leichten Lesebuchs, in den oberen an Litteraturproben zu üben, wie sie in größeren Chrestomathieen oder in kleineren Schulbibliotheken zusammengestellt sind.

In Schulen mit mehr als sechs Klassen tritt in den oberen systematischer Unterricht in der Grammatik ein. Außerdem erweitert sich der Lehrstoff durch Hinzunahme schwieriger, namentlich auch poetischer Lesestoffe und Mitteilungen aus der Litteraturgeschichte.

b. Lateinisch.

Der Unterricht ist fakultativ.

Derselbe hat wesentlich den Zweck, eine Vorbereitung für die unteren Gymnasialklassen zu bilden, und es ist darum auch der Lehrgang dem des Gymnasiums (in welches die Mehrzahl der Schüler übergeht) anzupassen.

VIII. Zeichnen.

Dritte Klasse. 2 Stunden.

Linearzeichnen nach Vorzeichnung des Lehrers an der Wandtafel, unter Hinweisung auf die geometrische Grundlage.

Zweite Klasse. 2 Stunden.

Geometrische Ansichten von einfach gestalteten Gegenständen nach gegebenem verjüngten oder erweiterten Maßstabe. Kopieren einfach schattierter Vorlegeblätter verschiedener Art.

Erste Klasse. 2 Stunden.

Elemente der Perspektive. Zeichnen von Holzkörpern, Gipsmodellen und Naturgegenständen; Schattieren mit schwarzer Kreide, Tusche und Sepia, Kopieren ausgeführter Ornamente, Köpfe usw.

In mehr als sechsklassigen Schulen Erweiterung des Pensums nach einem für diese besonders zu entwerfenden Plane.

IX. Gesang.

Sechste Klasse. 2 Stunden.

Stimm- und Treffübungen innerhalb des Tonumfanges von $\bar{c}$ bis $\bar{d}$. Als Tonarten kommen vorzugsweise in Betracht: G-, F- und D-Dur. Die sämtlichen Treffübungen sind mit bestimmter taktischer (2- und 3 teiliger) Betonung auszuführen. Als Tonzeichen dient die Ziffer. Es wird durchgehends nur in den Stärkegraden von Mezzoforte und Piano gesungen. Einübung von etwa 6—5 Choralmelodieen und einigen (8—10) einstimmigen weltlichen Gesängen aus dem Bereiche obiger Tonarten.

Fünfte Klasse. 2 Stunden.

Der bisherige Tonumfang wird durch die Töne e und f erweitert. Die Stimm- und Treffübungen erstrecken sich auf die Töne von $\bar{c}$ bis f. Sämtliche Übungen treten in bestimmter taktischer Form auf. Zwei-, drei- und vierteiliger Takt unter der Form von einfachen, doppelten und dreifachen Taktteilen und -Gliedern ersten Ranges. Die Ziffer dient als Tonzeichen.

Einübung von 8 bis 10 Choralmelodieen und ebenso vielen weltlichen Liedern. Alles ist einstimmig und im Bereiche der in Klasse VI vorgekommenen Tonarten auszuführen.

13*

### Vierte Klasse. 2 Stunden.

Als Tonzeichen tritt die Note auf. Die Stimm- und Treffübungen werden an der C-Dur-Tonleiter gemacht. Auch Gesänge aus F- und G-Dur können nach der Notenbezeichnung eingeübt werden, jedoch mit der durch den Standpunkt der Kinder gegebenen Beschränkung.

Die bisherigen rhythmischen Tonverhältnisse im $^2/_4$-, $^3/_4$- und $^4/_4$-Takt werden an der Note veranschaulicht und eingeübt.

Aus dem dynamischen Elemente tritt poco-forte und forte nebst crescendo und diminuendo auf. Acht bis zehn Choralmelodieen und weltliche Lieder aus C-, F- und G-Dur werden eingeübt. Alles ist noch einstimmig zu singen.

### Dritte Klasse. 2 Stunden.

Stimm- und Treffübungen in den Tonarten C-, F- und G-Dur. Der Tonumfang erhält eine Erweiterung durch die unterhalb c liegenden Töne h, a, g.

Die Töne fis und b in der G- und F-dur-Tonleiter gelangen jetzt zur gründlicheren Anschauung und Einübung. Auch die übrigen chromatischen Töne cis, gis usw. sind vorzuführen.

Vorführung und Einübung des $^3/_8$- und $^6/_8$-Taktes nebst Einführung der Tondauer von $1^1/_2$ Taktteilen. Vorführung und Einübung der Pausen und Pausezeichen. Einführung in den zweistimmigen Gesang.

10 einstimmige Choralmelodieen. 10—12 weltliche Lieder in ein- und zweistimmigem Tonsatze.

### Zweite Klasse. 2 Stunden.

Stimm- und Treffübungen in den Tonarten D-, B-, A- und Es-Dur.

Einführung in die verschiedenen Tempograde.

Vierteilige Gliederung der Taktteilnoten in den bisherigen Tonarten. Vorführung der auf vierteilige Gliederung des Taktteiles gestützten punktierten Form.

Als Stärkegrad tritt Forte hinzu.

10—12 teils ein-, teils zweistimmige Choräle. 10—12 zweistimmige weltliche Lieder.

### Erste Klasse. 2 Stunden.

Es werden die gebräuchlicheren Molltonarten A-, D-, G- und C-Moll vorgeführt und eingeübt.

Einführung in den dreistimmigen Gesang für 2 Soprane und 1 Alt.

In Schulen mit mehr als sechs Klassen kann der Gesang für gemischten Chor eintreten. Die Bässe haben sich alsdann in sehr mäfsigem Tonumfange zu ergeben.

Das Auswendigsingen ist vorzugsweise auf einstimmige Choräle und Lieder, weniger auf drei- und vierstimmige Tonsätze anzuwenden.

### X. Turnen.
#### Wöchentlich 2 Stunden.

In der sechsten und fünften Klasse Vorübungen und Turnspiele.

In den vier oberen Klassen systematischer Unterricht nach dem neuen Leitfaden für preufsische Volksschulen, dessen Aufgaben auf der Oberstufe einer mehr als sechsklassigen Schule entsprechend zu ergänzen und zu erweitern sind.

ME 3. April 1873: Da, wo den Mittelschulen wohleingerichtete Volksschulen vorarbeiten, ist es unbedenklich, die ersteren auf zwei oder drei Klassen zu beschränken. Dagegen ist die Trennung der Geschlechter die unabweisliche Voraussetzung für die Erreichung der im Normallehrplan angegebenen Ziele.

## 2. Kapitel. Das Mittelschulwesen im übrigen Deutschland.

### Übersicht der Lehrstoff- und Stundenverteilung.

| Lehrgegenstände | Wöchentliche Stundenzahl | | | | | |
|---|---|---|---|---|---|---|
| | I. | II. | III. | IV. | V. | VI. |
| Religion | 2 | 2 | 2 | 3 | 3 | 3 |
| Deutsch, einschl. Lesen und Schreiben | 4 | 6 | 8 | 12 | 12 | 12 |
| Rechnen | 3 | 3 | 3 | 5 | 5 | 5 |
| Raumlehre | 3 | 2 | 2 | — | — | — |
| Naturbeschreibung | 2 | 2 | 2 | — | — | — |
| Physik (Chemie) | 3 | 2 | — | — | — | — |
| Geographie | 2 | 2 | 2 | 2 | — | — |
| Geschichte | 2 | 2 | 2 | — | — | — |
| Französisch | 5 | 5 | 5 | — | — | — |
| Zeichnen | 2 | 2 | 2 | 2 | — | — |
| Gesang | 2 | 2 | 2 | 2 | 2 | 2 |
| Turnen | 2 | 2 | 2 | 2 | 2 | 2 |
| Zusammen | 32 | 32 | 32 | 28 | 24 | 24 |

ME 19. März 1873: Bei Aufstellung des Lehrplanes für die Mittelschule ist die Absicht maßgebend gewesen, unter Sicherstellung der Volksschulbildung im engeren Sinne der Ausbildung eines tüchtigen Mittelstandes möglichst freie Bahn zu geben und gleichzeitig zu verhüten, daß zwischen den eigentlichen Volksschulen und den Mittelschulen ein Unterschied entstehe, wie er etwa zwischen letzteren und Gymnasien vorhanden ist. Es ist daher gestattet worden, daß auch mehrklassige Volksschulen in ihren Oberklassen nach dem Lehrplane der Mittelschule arbeiten. Der obligatorische Unterricht in zwei fremden Sprachen wird nur in neunklassigen Mittelschulen mit einigem Erfolge betrieben werden können. Unbedenklich aber ist bei allen Anstalten, daß die Schüler, welche für ein Gymnasium oder eine Realschule vorbereitet werden sollen, neben dem obligatorischen Unterricht in einer neueren Sprache fakultativen Unterricht in der lateinischen erhalten.

ME 23. April 1873: Bei der Bestimmung, daß der Unterricht in wenigstens einer fremden Sprache in den Lehrplan der Mittelschulen aufgenommen werden solle, ist nicht nur die Rücksicht auf das Bedürfnis des bürgerlichen Lebens, sondern auch auf die formal bildende Kraft dieses Gegenstandes ausschlaggebend gewesen, wie es auch hierbei die Absicht war, einem Übergewichte des realen und technischen Unterrichts über den in den ethischen Lehrgegenständen vorzubeugen.

## 2. Kapitel. Das Mittelschulwesen im übrigen Deutschland.

In Anhalt unterrichten die Mittelschulen ihre Zöglinge bis zum 16. Lebensjahre in den Elementarfächern der Volksschule und in Geometrie, Französisch und Latein. In Baden ist dasselbe der Fall bei den „Bürgerschulen". In Bayern stehen auf dem Standpunkte von

Mittelschulen die im Lehrplan vom 25. Jan. 1809 (Niethammer-Montgelas) als „Realschulen" bezeichneten, durch die Verfügung vom 25. Sept. 1816 in „höhere Bürgerschulen" umgewandelten Unterrichtsanstalten, welche Kinder im Alter von 10—13 Jahren in den Elementargegenständen und in Französisch, allgemeiner Geschichte, Kosmographie, Naturgeschichte und Zeichnen unterrichten. In den „Rektorschulen" der Hansestädte treten zu den gewöhnlichen Unterrichtsfächern Latein, Englisch und Französisch, in Hessen Englisch und Französisch, während in den oberen Klassen der Mittelschulen Mecklenburgs Latein, Französisch und Englisch hinzukommen. Die Erweiterung des Unterrichts in Oldenburg erstreckt sich nur auf Mathematik, Naturkunde und Zeichnen (event. weibliche Handarbeiten), in den „höheren Volksschulen" des Königreichs Sachsen auch auf fremde Sprachen; in Württemberg ist gleichfalls nur die Erweiterung des Real- und Zeichenunterrichts die besondere Aufgabe der Mittelschulen, während Französisch nur fakultativ und nur an einigen dieser Anstalten betrieben wird. Die meisten Mittelschulen sind hier nur einklassig und nehmen ihre Zöglinge erst im Alter von 10 bis 14 Jahren auf.

3. Kapitel. **Das Mittelschulwesen in auserdeutschen Ländern.**

a. **Belgien.** Das Gesetz vom 1. Juni 1850 legt dem Unterricht der höheren Volksschulen (écoles primaires supérieures) den Charakter des Mittelschulunterrichts (enseignement moyen) bei und bestimmt diesen in seinen Motiven „für die mittlere Klasse der Gesellschaft, besonders für solche jungen Leute, die sich keinem gelehrten Berufe widmen." Daneben soll er dazu dienen, die Schüler für den Unterricht in den klassischen Sprachen und den exakten Wissenschaften vorzubereiten. Lehrgegenstände sind: Religion, grundlegendes Studium der französischen und, je nach örtlichen Bedürfnissen, der vlämischen oder deutschen Sprache, Arithmetik, Elemente der Algebra und Geometrie, Zeichnen (besonders Linearzeichnen), Feldmesskunst und andere praktische Verwendungsarten der Geometrie, Schreiben, Buchhaltung und einige Begriffe des Handelsrechts, Mitteilungen aus den Naturwissenschaften, die einer praktischen Anwendung fähig sind, Elemente der Geographie und Geschichte, besonders der vaterländischen, Vokalmusik und Turnen. Zur Aufnahme in die Vorbereitungsklasse ist ein Alter von 6 Jahren, in die Mittelschule selbst ein solches von 10 Jahren erforderlich. Die letztere umfasst 3 Klassen oder Studienjahre. Die Schülerzahl einer Klasse soll nicht über 50 betragen. In jeder Mittelschule sind gemeinsame Arbeitssäle einzurichten. Mit Genehmigung des Ministers des Innern können mit diesen Anstalten Pensionate und nach der Verordnung vom 10. Juni 1852 auch Unterricht in den klassi-

## 3. Kapitel. Das Mittelschulwesen in aufserdeutschen Ländern. 199

schen Sprachen oder in der Landwirtschaft, oder Lehrkurse für künftige Volksschullehrer verbunden werden.

b. In Dänemark sind die Mittelschuleinrichtungen teils auf elementare Anstalten aufgesetzte höhere Realklassen oder eigene „höhere Bürgerschulen", in denen auch Mathematik, Deutsch, Englisch und Französisch gelehrt wird.

c. Frankreich. Nach dem Gesetz vom 28. März 1852 (vergl. Art. 3 des Gesetzes vom 30. Oktober 1886) begreift der Unterricht in den écoles primaires supérieures aufser der Wiederholung des Elementarkursus folgende Gegenstände: Angewandtes Rechnen, Elemente der Algebra und Geometrie, das gewöhnliche Rechnungswesen und die Elemente der Physik und Naturwissenschaft in ihrer Anwendung auf die Landwirtschaft, Industrie und Gesundheitspflege, geometrisches und Ornament-Zeichnen, Modellieren, französische Geschichte und Litteratur, die Hauptepochen der allgemeinen Geschichte, insbesondere der Neuzeit, Handels- und Gewerbegeographie, lebende Sprachen, Arbeiten in Eisen und Holz (für Knaben), Handarbeiten, Zuschneiden usw. (für Mädchen). Zur Aufnahme in diese Anstalten ist ein Alter von mindestens 12 Jahren und ein Abgangszeugnis der Elementarschule erforderlich. Kein Schüler soll diese Schulen länger als bis zum vollendeten 18. Jahre besuchen. Der Unterricht ist unentgeltlich. Der Staat verleiht Stipendien an bedürftige Schüler und trägt zur Unterhaltung der Anstalten bei.

d. Grofsbritannien. In England sind die Unterrichtsveranstaltungen für den höheren Elementarunterricht nicht besondere Anstalten, sondern nur Erweiterungen der Volksschule in deren Unterrichtszeit und Lehraufgaben; in Schottland sind es besondere Schulen. Hier wie dort erstreckt sich der Unterricht auch auf fremde Sprachen.

e. In Oesterreich nehmen den Standpunkt deutscher Mittelschulen wegen des Mangels eines fremdsprachlichen Unterrichts nur zum Teil die Bürgerschulen ein, die sich entweder mit drei selbständigen Klassen an den fünften Jahreskursus der gewöhnlichen Volksschulen anschliefsen, oder als besondere Anstalten von 8 zusammenhängenden Klassen zu einem Gesamtorganismus zusammengefafst sind. Die Unterrichtsgegenstände sind: Religion, deutsche Sprache, Geographie und Geschichte, Naturgeschichte und -Lehre, Arithmetik, Geometrie, geometrisches und Freihandzeichnen, Schreiben, Gesang, Turnen (für Knaben) und (für Mädchen) weibliche Handarbeiten sowie Haushaltungskunde.

Die Bürgerschulen in Ungarn, welche sich hinsichtlich des Schulalters und der Unterrichtsziele an das vierte Schuljahr der Elementarschule anschliefsen, haben gewöhnlich einen 6jährigen Lehrkursus für Knaben, einen 4jährigen für Mädchen; jedoch können auch solche mit ein- und zweijährigem Lehrkursus eingerichtet werden, welche dann den höheren Volksschulen gleichstehen. Unterrichtsgegenstände sind: Religions- und Sittenlehre, Muttersprache, deren Stilistik und Litteratur, Ungarisch (soweit dieses nicht Muttersprache ist) bezw. Deutsch, Rechnen, Geometrie, Geographie, Geschichte, Physik, Naturgeschichte, Chemie (die drei letztgenannten Gegenstände mit Rücksicht auf Ackerbau, Gewerbe und Handel), Landwirtschafts- und Gewerbekunde, Statistik, Grundzüge des öffentlichen, des Privat- und Wechselrechts, Buchführung, Zeichnen, Schönschreiben, Gesang, Gymnastik und (für Knaben) Waffenübung. Fakultative Lehrgegenstände können sein Lateinisch, lebende Fremdsprachen, wie Französisch, Englisch, und Musik. Der ministerielle Lehrplan vom 26. Aug. 1877 bestimmt als Stundenzahl und Lehrziele: in Religions- und Sittenlehre wöchentlich eine Stunde in jeder Klasse — (den Lehrstoff umgrenzt die betreffende Kirchenbehörde); in Geschichte Kenntnis der Kulturgeschichte Ungarns mit besonderer Rücksicht auf die sozialen Verhältnisse und die staatliche Gesetzgebung; Bekanntschaft mit den Perioden der europäischen Geschichte, welche zum Verständnis des gegenwärtigen Kulturzustandes der civilisierten Völker notwendig sind (Klasse I—III wöchentlich 2, IV—VI 3 Stunden); in Muttersprache und Litteratur gründliche Kenntnis der Grammatik und Gewandtheit in klarem und korrektem Ausdruck; auf Lektüre und Erklärung beruhende Kenntnis der verschiedenen Dichtungsarten und deren Entwickelung in der Litteratur (I—II 4, III—VI 3 Stunden); in Ungarisch bezw. Deutsch sichere Kenntnis der Sprache auf grammatikalischer Grundlage und Gewandtheit im schriftlichen und mündlichen Ausdruck (I—V 3, VI 2 Stunden); in Geographie und Statistik Bekanntschaft mit den natürlichen und staatlichen Verhältnissen der Erde, mit besonderer Rücksicht auf Ungarn (I—V 3, VI 2 St.); in Naturgeschichte auf Anschauung und Vergleichung beruhende Kenntnis der wichtigeren Gruppen aus der Tier- und Pflanzenwelt, sowie auf Analysierung des tierischen und vegetabilischen Organismus begründetes Verständnis der Funktionen im Tier- und Pflanzenleben (I—III 2 St.); in Physik und Chemie Kenntnis der Gesetze in den Naturerscheinungen, soweit diese durch Experimente erkennbar sind, mit besonderer Rücksicht auf die kosmischen Phänomene; Kenntnis der chemischen Elemente und Verbindungen, die im gewöhnlichen Leben von Wichtigkeit sind (III 3, IV 4, V u. VI 3 St.); in Arithmetik und Buchführung Sicherheit und Gewandtheit in der Ausführung arithmetischer Operationen und Vertrautheit mit der Lösung der im bürgerlichen Leben vorkommenden angewandten Aufgaben; einfache und doppelte Buchführung, namentlich auch bei Sparkassen, Banken und Aktiengesellschaften, Wechselgeschäft und Kontokorrent (I—III 4, IV 6, V u. VI 5 St.); in Geometrie und geometrischem Zeichnen Kenntnis der Grundprobleme der konstruierenden Planimetrie und ihre praktische Anwendung (I u. II 4, III 3, IV—VI 2 St.); in staats- und rechtswissenschaftlichen Fächern die Elemente der Nationalökonomie; aus dem ungarischen Staatsrechte: Bestand, Verfassung, Reichstag, Regierung und Verwaltung; aus dem Privatrechte: Grundzüge des Erb-, Vertrags- und Grundbuchrechts, das materielle Strafrecht; aus dem formalen Rechte: Gerichtsorganisation und kurze Darstellung der Prozefsordnung; die Hauptzüge des Wechselrechtes und des Konkursgesetzes (VI 2 St.); in praktischen Gegenständen entweder die Elemente der Agrikulturkunde (Pflege des Ackerbodens, Getreidebau, Viehzucht, Garten- und Weinbau, Seidenund Bienenzucht, Elemente der Forstkultur) oder die Elemente der Technologie verbunden mit praktischer Übung eines Industriezweiges (wenigstens einer hausindustriellen Arbeit). Für Schönschreiben setzt der Lehrplan in I und II eine Stunde, für Freihandzeichnen in III—VI zwei Stunden, für Gesang in I und II zwei Stunden, in III—VI eine Lehrstunde, für Turnen und Waffenübungen in I—VI zwei Stunden wöchentlich an. In dem Unterricht der Mädchen bleiben Geometrie, Nationalökonomie, Staats- und Rechtswissenschaften, Landwirtschaftslehre, Technologie und Turnen fort; dafür treten weibliche Handarbeiten in wöchentlich 2 Stunden und Küchengärtnerei sowie Haushaltungskunde in III und IV mit gleichfalls 2 Stunden wöchentlich ein.[1)]

f. Skandinavien. In Schweden sind eigentliche Mittelschulen nicht vorhanden; denn die sogen. Volkshochschulen, welche der schon erwachsenen Jugend einen über die Volksschulziele hinausgehenden Unterricht in der Muttersprache, in Rechnen, Geschichte, Geographie, Geologie, Naturlehre, Ackerbau, Ökonomie, Staatskunde usw. in einoder zweijährigen Kursen während der Wintermonate erteilen, sind mehr Einrichtungen von Vortragscyklen. In Norwegen sind die Mittelschulen Kommunalanstalten mit der Bestimmung, sowohl für die Gymnasien vorzubereiten, als auch den unmittelbar in Lehensberufe übertretenden Schülern eine abgeschlossene, ihren Bedürfnissen angepafste allgemeine Bildung zu verleihen. Zur Aufnahme in diese Anstalten ist ein Alter nicht unter 9 und nicht über 16 Jahre erforderlich (Ausnahmen nur bei besonderen Umständen statthaft); aufserdem sind als Vorkenntnisse in einer Aufnahmeprüfung nachzuweisen: lautlich

---

1) Die ungarische Bürgerschule steht nach dem Anscheine dieses Lehrplans und nach den ME 5. Sept. 1879 aufgeführten, an ihr Abgangszeugnis geknüpften Berechtigungen etwa auf der Stufe deutscher höherer Lehranstalten. Indessen sind die wirklichen Leistungen bei der Überbürdung ihres Lehrplanes (das Gesetz schreibt 24—26 Wochenstunden vor — der Unterricht in der VI. Klasse beansprucht 32 Lehrstunden ohne die fremdsprachlichen Fächer) weit unter diesem Standpunkte; vergl. Schmid PE⁷, V 414.

reines Lesen, deutliche, zusammenhängende Schrift, Addieren, Subtrahieren, Multiplizieren unbenannter ganzer Zahlen, einige Bekanntschaft mit der biblischen und vaterländischen Geschichte und annähernde Kenntnis der Karte von Palästina und von Norwegen. Lehrgegenstände der Mittelschule sind: Religion, Muttersprache, Geschichte, Geographie, Rechnen, Schreiben, Deutsch, Naturkunde, Zeichnen, Geometrie, Latein bezw. Englisch und Französisch. Auf ihr Verlangen können die Schüler vom Unterricht im Französischen, auf Antrag der Eltern usw. auch in anderen Fächern (z. B. aus Gesundheitsrücksichten oder wegen anderweitiger genügender Ausbildung) dispensiert werden. Latein oder Englisch wird erst vom vierten, Französisch erst vom fünften Schuljahre an gelehrt. Der ganze Kursus soll sechsjährig sein; wo andere niedere Schulen als Unterbau dienen können, darf er auch auf drei Jahre beschränkt werden. Die Unterrichtsziele sind in den einzelnen Lehrgegenständen folgende: In Religion sichere Kenntnis des wesentlichen Inhaltes der biblischen Geschichte und der christlichen Glaubens- und Sittenlehre nach dem evangelisch-lutherischen Bekenntnis. In der Muttersprache deutliches und ausdrucksvolles Lesen, sprachrichtige und orthographische Behandlung einer leichteren Aufgabe. In Deutsch sichere Kenntnis der grammatischen Elemente und Fähigkeit, vorher nicht gelesene Stücke, die keine besonderen Schwierigkeiten enthalten, richtig und gewandt zu lesen und zu übersetzen, sowie mit Hilfe eines Wörterbuches eine schriftliche Aufgabe ohne gröbere Fehler zu erledigen. In Latein Aneignung der grammatischen Formenlehre und der wichtigsten Regeln der Syntax, möglichst fehlerfreie Lösung einer leichteren schriftlichen Aufgabe mit Hilfe von Wörterbuch und Grammatik sowie Übersetzung und Erklärung leichterer Schriftsteller. Im Englischen sichere Kenntnis des Wesentlichen der Grammatik und Fähigkeit zur Übersetzung eines leichteren Stückes sowie zur Lösung einer schriftlichen Aufgabe mit Hilfe des Wörterbuchs. Im Französischen sichere Kenntnis des Wesentlichen der Formenlehre und Fertigkeit in der Übersetzung eines in der Schule durchgenommenen Stückes. In Geschichte klare Übersicht über die allgemeinen Weltbegebenheiten und vollständige Kenntnis der nordischen, namentlich der vaterländischen. In Geographie einigermaßen vollständige Übersicht über die physikalische und politische Geographie sowie vollständigere Kenntnis der nordischen, hauptsächlich der vaterländischen. In der Naturkunde Übersicht über das Tier- und Pflanzenreich mit eingehenderer Kenntnis der merkwürdigsten, namentlich einheimischen Arten und Geschlechter, sowie Kenntnis der wichtigsten Mineralien, der wichtigsten Naturerscheinungen und der in ihnen wirkenden Kräfte. In Mathematik Einsicht und Fertigkeit im praktischen Rechnen (mit Einschluß der Logarithmen) bei Aufgaben des täglichen Lebens, im Rechnen mit Buchstabengrößen und in der Lösung von Gleichungen ersten und zweiten Grades; Fertigkeit im Ausführen der gewöhnlichen und praktisch anwendbaren Konstruktionen und Berechnungen, sowie Bekanntschaft mit der ebenen Geometrie. Im Zeichnen Übung in einfachen Figuren nach Vorlagen und schließlich im Schreiben eine reinliche und deutliche Handschrift.¹)

### III. Abschnitt. Der öffentliche Unterricht in den höheren Mädchenschulen.

#### 1. Kapitel. Preufsen.

Lehrplan für die höhere Mädchenschule (CE 31. Mai 1894).

A. Stundentafel.

| Unterrichtsgegenstände | Unterstufe | | | Mittelstufe | | | Oberstufe | | | Summe |
|---|---|---|---|---|---|---|---|---|---|---|
| | IX | VIII | VII | VI | V | IV | III | II | I | |
| Religion | 3 | 3 | 3 | 3 | 3 | 3 | 2 | 2 | 2 | 24 |
| Deutsch | 10 | 9 | 5 | 5 | 5 | 4 | 4 | 4 | 4 | 54 |
| Französisch | — | — | — | 5 | 5 | 5 | 4 | 4 | 4 | 27 |
| Englisch | — | — | — | — | — | — | 1 | 1 | 1 | 12 |
| Rechnen | 3 | 3 | 3 | 3 | 3 | 3 | 2 | 2 | 2 | 24 |
| Geschichte | — | — | — | — | 2 | 2 | 2 | 2 | 2 | 10 |
| Erdkunde | — | — | 2 | 2 | 2 | 2 | 2 | 2 | 2 | 14 |
| Naturwissenschaften | — | — | — | 2 | 2 | 2 | 2 | 2 | 2 | 12 |
| Zeichnen | — | — | — | — | 2 | 2 | 2 | 2 | 2 | 10 (8) |
| Schreiben | 3 | 2 | 2 | 2 | — | — | — | — | — | 5 (9) |
| Handarbeit | — | — | 2 | 2 | 2 | 2 | 2 | 2 | 2 | 14 |
| Singen | 2 | 2 | 2 | 2 | 2 | 2 | 2 | 2 | 2 | 12 (18) |
| Turnen | 2 | 2 | 2 | 2 | 2 | 2 | 2 | 2 | 2 | 15 (12) |
| Zusammen | 18 | 20 | 22 | 28 | 30 | 30 | 30 | 30 | 30 | 238 |

B. Lehraufgabe.

I. Religion. Allgemeines Lehrziel. (Für Evangelische.) Unterstützt von der Gesamtthätigkeit der Schule verfolgt der evangelische Religionsunterricht das Ziel, die Mädchen zum Leben in Gottes Wort zu erziehen, sie in das Verständnis der heiligen Schrift und in das Bekenntnis der Gemeinde einzuführen und sie so zu befähigen, durch ihren Wandel und durch Beteiligung am gottesdienstlichen Leben der Gemeinde sowie an christlichen Liebeswerken die ihnen im Leben zufallende Aufgabe zu lösen.

Lehraufgaben. Klasse IX—VII (Unterstufe): Eine mäfsige, allmählich erweiterte Auswahl biblischer Geschichten des alten und neuen Testaments, welche dem Verständnis dieser Stufe entsprechen, ohne

---
¹) Auch dieser Lehrplan scheint, zumal auf sprachlichem Gebiete, höhere Ziele zu erreichen, als Anstalten solcher Art eigentlich vorgesetzt ist; indessen geht auch hier die obligatorische Leistung über den Standpunkt sonstiger Mittelschulen nicht hinaus.

Betonung des inneren Zusammenhanges und ohne Anwendung eines Lesebuches. Passende Bibelsprüche; einzelne Liederverse und Gebete. Zehn Gebote und Vaterunser ohne Auslegung. Klasse VI—IV (Mittelstufe): Darstellung der Geschichte des Reiches Gottes in einer zusammenhängenden Reihe biblischer Geschichten nach einem Lesebuch. Das erste Hauptstück mit Luthers Auslegung. Das zweite Hauptstück. Worterklärung des zweiten und dritten Hauptstückes. Bibelsprüche Jährlich etwa 4 Kirchenlieder. Das Kirchenjahr. Oberstufe. Klasse III: Evangelische Perikopen in reichlicher Auswahl. Gleichnisse. Eingehende Auslegung der Bergpredigt. Erklärung des zweiten Hauptstückes mit Luthers Auslegung. Ordnung des Gottesdienstes. Vier Kirchenlieder. Klasse II: Zusammenhängende Lesung und Erklärung eines der synoptischen Evangelien. Ausgewählte Psalmen und prophetische Stellen des alten Testaments. Luthers Auslegung des dritten Hauptstücks. Das vierte und fünfte Hauptstück ohne Auslegung. Vier Kirchenlieder. Die Geschichte des evangelischen Kirchenliedes in einzelnen Lebensbildern. Luthers Leben und Wirken. Klasse I: Ausgewählte epistolische Perikopen. Wiederholung des Katechismus, der Bibelsprüche und Lieder. Bilder aus der Kirchengeschichte in strenger Beschränkung auf die für die kirchlich-religiöse Bildung der evangelischen Jugend unentbehrlichen Stoffe: Pflanzung und Ausbreitung der christlichen Kirche im Anschluß an die Lektüre ausgewählter Abschnitte aus der Apostelgeschichte. Christenverfolgungen. Augustinus. Winfried. Ansgar. Adalbert von Prag. Otto von Bamberg. Anselmus. Bernhard von Clairvaux. Tauler. Johann Hufs. Brüder vom gemeinen Leben. Die Reformation (Luther, Melanchthon, Zwingli, Calvin). Paul Gerhardt. Francke (A. H.). Zinzendorf. Oberlin. Fliedner. Wichern. (Über katholischen Religionsunterricht vergl. CBl 1894, 415 ff.)

Methodische Bemerkungen. Das Dargebotene soll überall schlicht, klar, anschaulich sein und auf das Leben bezogen werden. Dogmatisieren und Schematisieren ist fernzuhalten. Die Forderung des Wiedererzählens biblischer Geschichten hat sich der wachsenden Sprachfertigkeit der Kinder anzupassen. Hauptaufgabe bleibt die religiössittliche Erziehung, und von diesem Gesichtspunkt aus ist auch der Gedächtnisstoff zu bemessen und zu behandeln. Die dadurch gebotene Beschränkung wird es leichter ermöglichen, durch häufige Wiederholung das, was an Liedern, Bibelstellen und aus dem Katechismus der Schülerin mitgegeben wird, zu einem festen Besitz für das Leben zu machen.

Aufser dem biblischen Lesebuch, der Bibel, dem Katechismus, dem Gesangbuch und etwa einer kurzen Zusammenstellung der zu lernenden Lieder und Sprüche dürfen Hilfsbücher nicht benutzt werden. Die Kirchenlieder sind überall in der beim Gemeindegesang eingeführten

Form zu lernen und auch im Gesangunterricht zu üben. Bei der Auswahl des Religionslehrers kommt es nicht auf die Art seiner Vorbildung, sondern darauf an, dafs er eine lebendige, warme und überzeugte Persönlichkeit sei.

II. Deutsch. Allgemeines Lehrziel. Fertigkeit im richtigen und ungezwungenen mündlichen wie schriftlichen Gebrauch der Muttersprache. Weckung und Stärkung des Sprachgefühls. Befähigung zum sinnvollen Lesen und Sprechen einfacher poetischer und prosaischer Stücke. Vertrautheit mit einigen Meisterwerken unserer klassischen Litteratur; Bekanntschaft mit dem Lebensgange und der Bedeutung einiger der gröfsten Dichter der klassischen Zeit. Belebung des vaterländischen Sinnes besonders durch Einführung in die Welt der deutschen Dichtung und Sage.

Lehraufgaben. Kl. IX—VII (Unterstufe): Der Unterricht im Deutschen schliefst die Ubungen im Sprechen, Lesen und Schreiben in sich. Diese Gegenstände müssen im organischen Zusammenhange mit einander bleiben. Auch den Unterricht im Schönschreiben in VIII und VII hat möglichst der Lehrer des Deutschen zu erteilen. Für die Sprechübungen sind konkrete Gegenstände und gute, nicht überladene Bilder zu benutzen. Lesen bis zu voller mechanischer Geläufigkeit, zuerst nach der eingeführten Fibel, später nach dem Lesebuch. Erste Übungen in der mündlichen Wiedergabe des Gelesenen. Regelmäfsige häusliche Abschriften in mäfsigem Umfange. Lernen kleiner Gedichte und kurzer erzählender Prosastücke. Die einfachsten Grundzüge der Rechtschreibung. In VII die ersten grammatischen Belehrungen: Redeteile und Glieder des einfachen Satzes. Kl. VI—IV (Mittelstufe): Reichliche Übungen im sinngemäfsen Lesen. Erschliefsung des Lesestückes durch Zergliederung, Zusammenfassung und Wiedergabe des Inhaltes. Rechtschreibe- und Interpunktionsübungen in wöchentlichen Diktaten. Schriftliche Wiedergabe prosaischer Lesestücke erzählenden Inhalts in allmählich gesteigerter Selbständigkeit des Ausdrucks und der Darstellung. Freie Niederschriften von Erlebtem, Gesehenem, Erfahrenem in kurzer, möglichst zwangloser Fassung (in der Klasse). Im Anschlufs an typische Beispiele elementare Belehrungen über die Unterscheidung der starken und schwachen Flexion, den einfachen, erweiterten und zusammengesetzten Satz und das Wichtigste aus der Wortbildungslehre. (Diese grammatischen Belehrungen finden gelegentlich der Lesestunde an geeigneten Prosastücken und Beispielen statt. Ein Leitfaden ist nicht erforderlich.) Fleifsige Übung im Wiedererzählen. Vortrag einer Auswahl von Gedichten nach einem für die Schule fortzusetzenden Kanon mit kurzen Notizen über die Verfasser. Kl. III—I (Oberstufe): In III ist vorzugsweise dem Gebiet der deutschen Sage (Nibelungen, Gudrun), Uhlands Gedichten, den Freiheitssängen und der deutschen Kulturgeschichte mit Berücksichtigung des Frauenlebens der Lehrstoff zu entnehmen. Elementare Belehrungen über poetische und Stilformen nur, soweit sie zur Erläuterung des Gelesenen erforderlich sind. Klasse II und I benutzt in der Regel kein Lesebuch mehr. II liest geeignete Abschnitte aus einer guten metrischen Übersetzung der Odyssee nach einer Schulausgabe. Schillersche Balladen und ein Drama von Schiller; ein zweites Drama als Privatlektüre. I liest neben einer reichlichen Auswahl Goethescher, Schillerscher und Uhlandscher Gedichte abwechselnd Hermann und Dorothea und Iphigenie; als Privatlektüre eins der beiden vorhergenannten Stücke, Lessings Minna von Barnhelm und ausgewählte Abschnitte von Dichtung und Wahrheit nach einer Schulausgabe. Abweichungen von vorstehender Auswahl der Klassenlektüre für II und I sind unter besonderen Umständen nicht ausgeschlossen. In allen drei Klassen werden die zu lernenden Gedichte in möglichst engem Anschluß an den Hauptlesestoff bestimmt. Wie im Aufsatz alles Rhetorische, so ist im Vortrage der Gedichte alles Deklamatorische zu vermeiden. Die Aufsätze beschränken sich auch auf der Oberstufe auf freiere Wiedergabe aus dem Gebiete des Lehrstoffes und des der Schülerin vertrauten Lebens. In jedem Vierteljahr ein Klassenaufsatz. Der Umfang aller Aufsätze sei mäßig; ihr Inhalt auch anderen Gebieten als dem des deutschen Unterrichts entnommen (z. B. der Geschichte, Erdkunde, Naturwissenschaft). Aufgaben, welche zu ästhetischen oder moralisierenden Auslassungen führen könnten, sind nicht zu wählen. Es empfiehlt sich statt der Aufsätze zuweilen vorbereitete Übersetzungen aus den Fremdsprachen anfertigen zu lassen. Der litteraturkundliche Unterricht hält sich im wesentlichen an das, was durch die Lektüre während der ganzen Schulzeit erworben ist, oder was auf der Oberstufe in der Klasse oder im Hause gelesen werden soll. Dichter, von denen die Schülerin durch Lektüre keine Anschauung erhält, sind nicht zu behandeln. Die Jahreszahlen beschränken sich auf das Notwendigste. Eine zusammenhängende Darstellung des Entwickelungsganges der deutschen Dichtung, auch nur des 18. oder 19. Jahrhunderts ist ausgeschlossen. Eingehendere Nachrichten sind in I zu geben von dem Leben und Dichten Lessings, Schillers, Goethes und Uhlands. Klopstock und Herder im Anschluß an Lessing und Goethe, soweit ihre Bekanntschaft für deren Verständnis notwendig ist. Der Zusammenhang mit der politischen Geschichte und der allgemeinen Kultur der Zeit ist überall zum Bewußtsein zu bringen, das Gebotene durch Mitteilung von Briefen, durch Bilder u. a. möglichst anschaulich zu gestalten. Was der Schülerin von der epischen Dichtung des Mittelalters zu wissen nötig ist, erfahre sie gelegentlich der Besprechungen der Nibelungen und der Gudrun. Walther von der Vogelweide schließe sich an die Behandlung der deutschen Kaiserzeit und des deutschen Frauenlebens im Mittelalter an. Luthers Bedeutung für das geistige Leben unseres Volkes hat der evangelische Religions- und der Geschichtsunterricht darzulegen. Hans Sachs und das Volkslied sind mit der Behandlung von Goethes Jugend zu verbinden. Ein Leitfaden für den Litteraturunterricht ist ausgeschlossen, ebenso ein besonderes litterarhistorisches Lesebuch. Dagegen empfiehlt sich eine Sammlung von mäfsigem Umfange, welche aufser dem Kanon der auf der Mittel- und Oberstufe zu lernenden Gedichte eine kleine Auswahl des Besten aus der lyrischen und epischen Poesie des 18. und 19. Jahrhunderts und aus der Spruchdichtung Goethes, Schillers und Rückerts enthält. Methodische Bemerkungen. Das Beste, was der deutsche Unterricht der Schülerin ins Leben mitgeben kann, ist eine verständnisvolle Liebe zu Worten und Werken unserer Muttersprache. Deshalb hat die grammatische Unterweisung alles zu vermeiden, was noch systematischem Regelwerk aussieht. Es darf nie vergessen werden, dafs der Schülerin die Sprache selbst bekannt und geläufig ist, und dafs ihr natürliches Sprachgefühl nur richtig geleitet zu werden braucht. Der unbewufst erworbene und ungeordnete Sprachstoff soll durch Zergliederung, Vergleichung und Zusammenstellung bewufst gemacht werden. Darum ist in Aussprache, Ausdruck und Vortrag auch alles Gemachte, Gezwungene und Erkünstelte zu verwerfen und der Schülerin in ihren mündlichen und schriftlichen Äufserungen die möglichste Freiheit zu gewähren. Auf Einfachheit der Darstellung, insbesondere des Satzbaues ist zu halten und dem Eindringen fremdartiger Wendungen aus dem französischen und englischen Unterricht streng zu wehren. Fremdwörter, für welche gute deutsche Ausdrücke vorhanden sind, die den vollen Begriffsinhalt und -Umfang decken, sollen ausgemerzt werden. Indessen ist gerade in diesem Punkte ein verständiges Mafshalten geboten, um nicht der Willkür Thür und Thor zu öffnen. Es empfiehlt sich, dafür an jeder Schule bestimmte Normen aufzustellen. Das Lesebuch sei beschränkt in seinem Umfange, reich und deutsch in seinem Inhalte. Für die Unter- und Mittelstufe mufs es namentlich enthalten eine reiche Auswahl der besten echten und unverfälschten deutschen Märchen, Sagen und Kirchenlieder, gute Schilderungen des deutschen Landes und Volkes, Charakterbilder deutscher Männer und Frauen. Als Hilfsbuch für den Unterricht in den sogen. Realien ist das deutsche Lesebuch der höheren Mädchenschulen nicht bestimmt. Der Kanon der zu lernenden Gedichte beschränke sich auf eine mäfsige Anzahl der besten Stücke, die wert sind, ein Teil des geistigen Lebensgutes der Schülerin zu werden. Für den Text sei die vom Dichter gegebene Fassung bestimmend. Die gewählten Gedichte dürfen dem weiblichen Anschauungs- und Empfindungskreise nicht fern liegen und der gedächtnismäfsigen Aneignung nicht allzu grofse Schwierigkeiten bieten. Bei der Auswahl ist ausschliefslich der künstlerische und ethische Gehalt mafsgebend. Bei der Behandlung von Gedichten ist alle gelehrte Erklärung und alles Sprachliche, das nicht für das poetische Verständnis unmittelbar notwendig ist, vom Übel. Das Gedicht soll durch das Wort des Lehrers nur Licht und Leben erhalten. Die Unterweisung in den Dichtungsformen und Dichtungsarten ist nie Selbstzweck, sondern dient lediglich zur Erklärung des Kunstwerkes. Antike Metren sind auszuschliefsen; nur der Bau des deutschen Hexameters und des Distichons möge gelegentlich der Homerlektüre und an Beispielen aus der deutschen Spruchdichtung erörtert werden. Es sind im deutschen Unterricht auch die Volkslieder und volkstümlichen Lieder zu besprechen und zu lernen, die für den Gesangunterricht vorzugsweise in Betracht kommen. Der deutsche Aufsatz soll zum wahren, schlichten, natürlichen Ausdruck erziehen. Die Neigung zum unklar Schwärmerischen, poetisch Phrasenhaften und zum Pranken mit unreifen oder entlehnten Urteilen ist nachdrücklich zu bekämpfen. Daher haben sich die Aufgaben innerhalb des vorbezeichneten Stoffes zu halten und alles Verstiegene strengstens zu vermeiden. Dispositionsübungen sind nur insoweit anzustellen, als sie die Übersicht über ein gröfseres Gebiet erleichtern und den natürlichen Gang der Darstellung hervortreten lassen. Bei der Klassenlektüre gröfserer Kunstwerke ist nicht der ganze Text in der Klasse zu lesen; es empfiehlt sich vielmehr, nur die wichtigeren Partieen nach vorheriger Besprechung des Inhalts, und nachdem die Schülerin in häuslicher Arbeit sie zu verstehen gesucht hat, vorlesen zu lassen. Die gelesenen Epen und Dramen sind den Mädchen zu einem ihrem Alter entsprechenden Verständnis zu bringen. Die Privatlektüre ist durch Besprechung des Gelesenen in der Klasse und durch gelegentliche Aufsätze fruchtbar zu machen. Sie hat besonders auch den Zweck, den Geschmack der Schülerin am Echten und Einfachen zu bilden und sie für die spätere Lebenszeit vor dem zerfahrenen Lesen seichter Unterhaltungslektüre möglichst zu bewahren.

Je reichere litteraturgeschichtliche Kenntnis der Lehrer besitzt, je umfänglicher und gründlicher seine Belesenheit, je lebhafter und genauer seine Anschauung vergangener Zeiten und Menschen ist, um so leichter wird es ihm bei methodischem Geschick werden, die litteraturkundlichen Unterweisungen um einige persönliche und sachliche Mittelpunkte zu gruppieren und von einem Punkte aus die Umgebung zu beleuchten. Der Schein der Wissenschaftlichkeit ist um der Wahrheit willen streng zu meiden. Der Lehrer hat hier wie in der Erklärung deutscher Dichtungen viel erreicht, wenn es ihm gelungen ist, vergangene Zeiten und Menschen lebendig darzustellen und bleibenden Anteil an grofsen Deutschen und an ihrem Wirken zu erwecken.

### III./IV. Französisch. Englisch.
#### Allgemeines Lehrziel für die beiden fremden Sprachen.

Der Unterricht in den fremden Sprachen hat die unmittelbare Aufgabe, die Schülerin zu befähigen, einen leichteren französischen oder englischen Schriftsteller zu verstehen, gesprochenes Englisch oder Französisch richtig aufzufassen und die fremde Sprache in den einfachen Formen des täglichen Verkehrs mündlich wie schriftlich mit einiger Gewandtheit zu gebrauchen. Er hat die mittelbare Aufgabe, das Verständnis für die geistige und materielle Kultur, für Leben und Sitte der beiden fremden Völker möglichst zu erschliefsen.

**a. Französisch. Lehraufgabe.** Mittelstufe (VI—IV): Erste Aufgabe ist die Erwerbung einer richtigen Aussprache durch sorgfältige und planmäfsige Einübung der fremden Laute zunächst in einem kurzen propädeutischen Kursus (4—6 Wochen) unter Ausschlufs von theoretischen Regeln über Lautbildung und Aussprache und ohne sogen. Lautschrift. Hierbei ist stets vom Laut, nicht vom Buchstaben auszugehen. Von vornherein ist neben der richtigen Aussprache des Einzellautes und des Wortes Gewicht zu legen auf die natürliche Trennung der Sprechsilben, die Bildung und Beobachtung der Sprechtakte und auf den Satzaccent. Im Anschlufs an ein Lese- und Lehrbuch, das die Lektüre sogleich in den Mittelpunkt des Unterrichts stellt und die allmähliche Erwerbung elementarer grammatischer Kenntnisse, eines kleinen verwendbaren Wortschatzes, sowie die mündlichen und schriftlichen Übungen möglichst aus den Lesestücken hervorgehen läfst, ist nach und nach die Kenntnis der regelmäfsigen Formenlehre, der Hilfsverben und der einfachen Wortstellung zu gewinnen. Alles Seltene und Ungewöhnliche ist beiseite zu lassen. Die Konjugationsübungen beschränken sich auf die Verben in er und ir. Dagegen müssen die grofsen bestimmenden Züge klar hervortreten und immer wieder eingeprägt werden. In der Lektüre auftretende unregelmäfsige Formen werden als Vokabeln behandelt. Eine Trennung von Grammatik- und Lektürestunden findet auf dieser Stufe nicht statt. Am Schlusse des Lehrbuches empfiehlt sich eine kurze systematische Zusammenstellung des grammatischen Stoffes nach Redeteilen unter Voranstellung typischer Beispiele. Die Sprechübungen, auf welche vom ersten Tage an Gewicht zu legen ist, schliefsen sich teils an den Lesestoff, teils an konkrete Gegenstände, an Vorgänge des Schullebens oder an gute, nicht überfüllte Bildertafeln mit Darstellungen aus dem täglichen Leben an. Sogen. Questionnaires im Anhange an Lesestücke, oder abgesondert, sind nicht empfehlenswert. Wenn das Lesebuch kein sachlich geordnetes Wörterverzeichnis enthält, so empfiehlt sich die Anlage eines solchen durch die Schülerin unter Anleitung des Lehrers. Wöchentlich Diktate kleiner durchgearbeiteter oder besprochener französischer Texte zur Übung des Ohres und zur Übertragung des Lautes in das herkömmliche Schriftbild. Übersetzung deutscher Sätze nur, soweit sie zur Einübung grammatischer Formeln und Regeln sich als notwendig erweisen. Häufige Übungen in der mündlichen Wiedergabe anfänglich ganz kurzer, allmählich längerer erzählender Abschnitte, die im Unterricht behandelt worden sind. Erlernen kleiner Gedichte, Kindersprüche, Rätsel, Spielreime.

Oberstufe (III—I): Lektüre und Grammatik sind getrennt, doch bleibt die Grammatik in ihrer Hilfsstellung. Möglichst reiche Lektüre ausgewählter leichterer Schriftwerke im Zusammenhang, namentlich solcher erzählender und schildernder Art, in Originalausgaben oder deutschen Schulausgaben ohne Fußnoten. Die historische, novellistische und poetische Litteratur des 19. Jahrhunderts ist zu bevorzugen. Häufige Übungen im zusammenhängenden Lesen längerer Abschnitte, wobei namentlich auch auf den logischen und rhetorischen Accent zu achten ist. Die Behandlung französischer Gedichte schließt sich am besten an eine gute Schulsammlung an, welche das 19. Jahrhundert besonders berücksichtigt. Grammatik: Die Verben in re; gründliche Einprägung der notwendigen unregelmäßigen Verben unter Ausschluß aller ungebräuchlichen Zeitwörter und aller seltenen Formen. Auf das Gemeinsame gewisser Unregelmäßigkeiten ist hinzuleiten. Die syntaktischen Hauptgesetze in Bezug auf den Gebrauch der Hilfsverba, Wortstellung, Tempora, Indikativ und Konjunktiv, in induktiver Behandlung anschließend an Mustersätze. Grundsätze der Syntax des Artikels, Adjektivs, Adverbs, der Pronomina; die sogen. Kasusrektion; die Präpositionen; Syntax des Infinitivs und der Participien — überall unter Beschränkung auf das Notwendige und Gebräuchliche und in induktiver Lehrform, sodaß die Regel nicht als Verhaltungsmaßregel zur Vermeidung von Fehlern entgegentritt, sondern als Ausdruck des sprachlichen Thatbestandes. Das System der französischen Grammatik kann in seinen Hauptzügen in II zum Abschluß gebracht werden. In der I. Klasse mögen dann noch einzelne Kapitel der Formen-, Wort- und Satzlehre mit der besonderen Absicht sprachlich-logischer Schulung eingehender behandelt werden, um so die Schülerin auch zur Beobachtung der ihr verständlichen Erscheinungen in der jeweiligen Lektüre anzuleiten. — Fortsetzung der Diktate leichter französischer Texte in steigender Selbständigkeit, einfache Briefe, mündliche Rückübersetzungen in das Französische. Systematische Vermehrung des Besitzes an Vokabeln und idiomatischen Wendungen; freie mündliche Erzählungen, Gespräche über Gegenstände und Vorkommnisse des täglichen Lebens nach Angabe und Vorbereitung durch den Lehrer. Keine Stunde, wenn sie nicht ausschließlich schriftlicher Arbeit gewidmet wird, vergehe ohne französisches Gespräch; nur der grammatische Unterricht ist überall in deutscher Sprache zu erteilen. Die grammatische Terminologie sei im Deutschen, Französischen und Englischen möglichst die gleiche. Kurze litteraturgeschichtliche Notizen können gelegentlich der Lektüre gegeben werden. Zusammenhängende französische Litteratur gehört nicht zu den Aufgaben der höheren Mädchenschule; dagegen empfiehlt es sich, die Schülerinnen auf gute Erzeugnisse der neueren französischen Litteratur für ihre Privatlektüre zu verweisen und nach dieser Richtung auch die Schülerinnenbibliothek zu vermehren.

b. Englisch. Lehraufgabe. Der Unterricht beginnt mit dem Eintritt in das siebente Schuljahr. Das für das Französische Angeführte gilt in sinngemäfser Anwendung auch für das Englische. Nur wird bei der gröfseren geistigen Reife der Schülerinnen, bei der kürzeren Lehrzeit und bei der Verwandtschaft des englischen und deutschen Sprachgeistes alles grammatische Regelwerk noch mehr beschränkt werden und die mannigfache Verwendung zusammenhängenden Lesestoffes sowie die vielfältige Übung mündlichen und schriftlichen Gebrauchs der fremden Sprache noch deutlicher hervortreten können. Die erste und wesentlichste Aufgabe bleibt auch hier die Erwerbung einer richtigen Aussprache in einem propädeutischen Kursus durch sorgfältige und planmäfsige Einübung der fremden Laute unter Ausschlufs theoretischer Regeln und ohne Lautschrift, sowie die Gewinnung eines beschränkten Wortschatzes. Versuche im Sprechen in jeder Stunde im Anschlufs an den Lesestoff und an Dinge und Vorkommnisse des täglichen Lebens. Lektüre und Grammatik werden im 1. Jahre nicht in gesonderten Stunden getrieben. Die grammatische Aufgabe bilde für III die Formenlehre, namentlich die schwache und starke Flexion des Zeitwortes unter strenger Beschränkung auf das Notwendige und Gebräuchliche und mit Berücksichtigung der wichtigsten syntaktischen Verhältnisse, die zum Verständnis der Formen selbst sowie der Lektüre notwendig werden. Systematische Zusammenstellung des grammatischen Stoffes an der Hand des Lehr- und Lesebuches. Der II. Klasse fällt zu: die Syntax des Verbum; die I. vervollständigt die Syntax der Redeteile namentlich nach der Seite der Pronomina, des Artikels und der Präpositionen. Auch hier überall induktives Verfahren im Anschlufs an Mustersätze. — Unter den schriftlichen Arbeiten steht in erster Reihe das dem Lesestoff unmittelbar oder mittelbar entlehnte Diktat kurzer englischer Texte, das allmählich zu orthographischer Sicherheit erziehen soll. Mündliche und schriftliche Wiedergabe erzählender Texte in allmählich freier werdenden Umbildungen und Nachahmungen; mündliche Rückübersetzungen ins Englische; leichte Briefe. Übersetzung deutscher Einzelsätze nur zum Zweck grammatischer Übung. Systematische Erweiterung des Besitzes an Vokabeln und idiomatischen Wendungen mit vielseitiger Benutzung in den Sprechübungen. — Für die Lektüre sind in II und I ausgewählte zusammenhängende Schriftwerke in Einzelausgaben zu benutzen mit Bevorzugung der historischen, novellistischen und poetischen Litteratur des 19. Jahrhunderts. (Zusammenhängende englische Litteraturgeschichte hat hier keine Stelle.) Gedichte im Anschluſs an eine gute Schulsammlung. Kurze litteraturgeschichtliche Notizen gelegentlich der Lektüre. Hinweise auf geeignete Privatlektüre und litterarisch Wertvolles für die spätere Fortbildung.

Methodische Bemerkungen über beide fremde Sprachen. Der Unterricht erfordert einen Lehrer, der die fremde Sprache möglichst leicht und sicher handhabt. Er setzt eine gewisse Selbständigkeit des Lehrenden dem Pensum gegenüber voraus. Nach den jeweiligen Bedürfnissen des Unterrichts wird der Stoff im einzelnen bemessen, gesichtet und mannigfach verwendet werden müssen. Der neusprachliche Unterricht verlangt schließlich ein nicht geringes Maſs geistiger Beweglichkeit und immer reger Hingabe an den Gegenstand. Die schwierigste Aufgabe fällt dem Unterrichte im ersten Jahre zu; das hier Versäumte ist später kaum wieder einzuholen. Der Lehrende selbst muſs phonetisch hinreichend geschult sein, um die Hilfen, welche dem Kinde bei der ersten Aussprache fremder Laute und Lautverbindungen gegeben werden müssen, und die Übungsweisen, welche die gelernte Aussprache befestigen sollen, selbständig finden und verwenden zu können. Da der natürliche Lautstand der Schülerinnen je nach Heimat und Herkunft verschieden ist, lassen sich einzelne Verhaltungsmaſsregeln nicht geben. In den unteren Klassen empfiehlt sich eine konsequente Artikulationsgymnastik, welche auch Chorsprechen einzelner Laute und Lautverbindungen berücksichtigt. Einfaches Vorsprechen und Nachsprechenlassen genügt im Klassenunterrichte nicht. In den Oberklassen ist zuweilen ein kurzes prosaisches oder poetisches Lesestück nach der Seite der Aussprache hin genau durchzuarbeiten, auswendig zu lernen und oft zu wiederholen. Aussprachefehler sind bei der Beurteilung orthographischen und grammatischen Fehlern in den schriftlichen Arbeiten gleichzurechnen. Für die schließliche Beurteilung der Leistungen einer Schülerin ist sehr viel weniger die gröſsere oder geringere Geübtheit in der Übersetzung eines deutschen Textes in die fremde Sprache, als die Sicherheit und Schnelligkeit des Verständnisses eines fremdsprachlichen Textes maſsgebend. — Die grammatischen Erörterungen beschränken sich auf das Gebräuchliche; allgemeine Begriffsbestimmungen sind mit Maſs zu verwenden. Die Ergebnisse der geschichtlichen Sprachforschung gehören nicht in den Schulunterricht; wohl aber wird der mit ihnen vertraute Lehrer praktische Hilfen aus ihnen ziehen können. Die Hauptschwierigkeit der Sprechübungen liegt in der Aufgabe, nicht nur einzelne Begabte, sondern die ganze Klasse zu beteiligen und die

Selbstthätigkeit anzuregen. Auf die einzelne Schülerin kommt naturgemäfs jedes Mal nur wenig Zeit; es sind also solche Übungen zu bevorzugen, an welchen alle teilnehmen können. Der Wetteifer mag durch Rede und Gegenrede der Schülerinnen selbst unter Leitung des Lehrers geweckt werden. Je mehr die Schülerinnen von vornherein an den Gedanken gewöhnt werden, dafs Französisch und Englisch weniger aus dem Buche als aus dem Munde des Lehrers zu lernen ist, um so schneller wird sich der Verkehr zwischen Lehrer und Schülerinnen in der Fremdsprache erreichen lassen und die Scheu, sich zu äufsern, verlieren.

Wenn auf der Oberstufe viel gelesen werden soll, so ist es nicht möglich, alles zu übersetzen und alles gleichmäfsig zu verarbeiten. Der Lesestoff des Semesters wird also von Anbeginn von dem Lehrer nach verschiedenen methodischen Gesichtspunkten zu gliedern sein. Im Anfange wird es sich empfehlen, gemeinsam eine gute deutsche Übersetzung festzustellen. Ist die Übersetzung zu Hause vorbereitet, so wird zuerst übersetzt und dann gelesen. Später mögen einzelne Abschnitte zur Vorübersetzung unter die Schülerinnen verteilt werden. Andere Abschnitte werden nur gelesen und besprochen, sobald einige Vertrautheit mit dem Stoff und seiner Form erreicht ist. Je sicherer der Grund in der Aussprache, in den Elementen der Grammatik und im Wortschatz gelegt ist, um so weniger wird das Lesen durch formale Hindernisse aufgehalten, um so mehr werden bei der Erklärung sachliche Gesichtspunkte in den Vordergrund treten können. Sobald übersetzt wird, ist durchaus auf einen guten deutschen Ausdruck hinzuarbeiten; eine Übersetzung, die auf halbem Wege stehen bleibt, ist sachlich wie pädagogisch wertlos. Können von gröfseren Schriftwerken nur ausgewählte Abschnitte in der Schule gelesen werden, so ist streng darauf zu achten, dafs die Auswahl nach bestimmten sachlichen Gesichtspunkten erfolge, und dafs immer ein möglichst abgeschlossenes Bild gewährt werde. Zu dessen Vervollständigung mufs auch die regelmäfsig zu pflegende unvorbereitete Lektüre beitragen.

## V. Rechnen.

Allgemeines Lehrziel. Sicherheit und Gewandtheit im Rechnen mit Zahlen und in dessen Anwendung auf die gewöhnlichen Verhältnisse des bürgerlichen Lebens, namentlich auf dem Gebiete der Hauswirtschaft, des Spar- und Versicherungswesens, der einfachen Vermögensverwaltung. Förderung klaren und besonnenen Denkens durch vielseitige Anschauung und Benutzung der Zahl. Letzter Zweck bleibt die Befähigung der Schülerinnen zu selbständiger und schneller Lösung der ihnen gestellten Aufgaben.

Lehraufgabe. Das Rechnen mit einfach benannten ganzen

Zahlen bildet das Pensum der Unterstufe; das Rechnen mit mehrfach benannten Zahlen, mit Decimalbrüchen und gemeinen Brüchen und leichte angewandte Aufgaben das Pensum der Mittelstufe. Der Oberstufe fällt zu die ausgiebige Anwendung des so erlernten Rechnens auf die im Anschauungskreise der Schülerinnen liegenden bürgerlichen Verhältnisse, sowie der auf Anschauung zu begründende und mit Mefs- und Rechenoperationen in beständiger Verbindung zu haltende Unterricht in der elementaren Raumlehre. — Besonderes Gewicht ist zu legen auf die Sicherheit des Kopfrechnens im Zahlenkreise von 1—1000; auf das angewandte Rechnen mit Decimalbrüchen bei Münzen, Mafsen und Gewichten; auf die Prozentrechnung in ihren verschiedenen Anwendungen; auf Sicherheit der geometrischen Grundbegriffe und der einfachen Flächenberechnungen. Auf allen Stufen empfiehlt sich bei der Auswahl der Aufgaben die Berücksichtigung des bürgerlichen Haushalts.

Methodische Bemerkungen. Auf der Unterstufe wird regelmäfsig nur im Kopf gerechnet; in IX und VIII unter Anwendung einer Rechenmaschine. Bei Einführung einer neuen Rechnungsart geht auf allen Stufen das Kopfrechnen dem schriftlichen voraus; dieses ist zu Gunsten des ersteren möglichst zu beschränken. Die Aufgaben aus dem bürgerlichen Leben sind stets so zu wählen, dafs die Schülerinnen mit den thatsächlichen Verhältnissen bekannt werden. Aufgaben mit unwahrscheinlich grofsen Zahlen oder unwahrscheinlichen Bruchteilen sind zu vermeiden, ebenso nicht gebräuchliche Formen und Ausdrücke. Schematische Regeln sind besonders auch bei der Bruchrechnung und bei der Anwendung des Drei- und Vielsatzes entbehrlich. Algebraisches Rechnen auch in seinen Anfängen ist ausgeschlossen. Es kommt alles darauf an, die Schülerin zum sicheren Überblick über die in Betracht kommenden Verhältnisse und Beziehungen zu befähigen und zur einfachsten und schnellsten Lösung der Aufgabe zu führen.

## VI. Geschichte.

Allgemeines Lehrziel. Kenntnis der vaterländischen Geschichte. Bekanntschaft mit den wichtigsten Ereignissen der alten Geschichte und der grofsen modernen Kulturvölker, soweit diese für die vaterländische Geschichte von Bedeutung sind. Der Unterricht erstrebt Stärkung und Vertiefung der Liebe zu Vaterland, Heimat und Herrscherhaus, Verständnis für das Leben der Gegenwart und die Aufgaben unseres Volkes. Dieser letzteren hat die Schule auch mittelbar durch die Feier der vaterländischen Gedenktage zu genügen.

Lehraufgaben. Der Geschichtsunterricht beginnt mit dem zweiten Schuljahr der Mittelstufe. Er hat zunächst die Aufgabe, durch Lebensbilder der hervorragendsten Gestalten unserer vaterländischen Geschichte, ganz besonders der Herrscher und Herrscherinnen aus dem Hause

Hohenzollern und durch anschauliche Darstellung klar begrenzter bedeutungsvoller Begebenheiten und Zustände die Schülerinnen mit kräftigem persönlichen Interesse zu erfüllen und ihnen die nötigsten Halt- und Mittelpunkte zu geben. Der Unterricht der Oberstufe hat einzelnes auszuführen, den Zusammenhang herzustellen und kulturgeschichtliche Ergänzungen zu geben. Er mündet in eine zusammenhängende Darstellung der neuesten deutschen Geschichte bis zur Gegenwart. — Klasse V und IV: Lebensbilder aus der vaterländischen Geschichte bis zur Gegenwart. Deutsche Sagen. Klasse III: Die Hauptthatsachen der griechischen und römischen Geschichte unter Betonung des kulturgeschichtlichen, möglichst durch Anschauung zu vermittelnden Stoffes, besonders der griechischen Kunst im Perikleischen, der römischen Kultur im Augusteischen Zeitalter. Römer und Germanen. Klasse II: Deutsche Geschichte bis zum Westfälischen Frieden mit Hervorhebung der kulturgeschichtlichen Momente und des deutschen Frauenlebens. Klasse I: Fortführung der deutschen Geschichte bis zur Gegenwart mit wachsender Hervorhebung der brandenburgisch-preufsischen Geschichte (Friedrich Wilhelm I., Friedrich der Grofse, Französische Revolution, Zeitalter der napoleonischen Herrschaft und der Befreiungskriege, die Kämpfe von 1864, 1866, 1870/71; die Einigung Deutschlands, das neue Reich und seine Entwickelung); Ausblicke auf die Geschichte Englands, Frankreichs, Italiens, Oesterreichs und der Vereinigten Staaten von Amerika.

Methodische Bemerkungen. Dem Geschichtsunterricht fällt im Verein mit dem Unterricht in Religion und Deutsch die Aufgabe zu, den heranwachsenden Mädchen eine höhere sittliche Auffassung des Lebens zu vermitteln, die Liebe zum Vaterlande und zur Menschheit in ihnen fester zu begründen. Der Lehrer der Geschichte hat sich zunächst bewufst zu bleiben, dafs es nicht seine Aufgabe ist, allgemeine Weltgeschichte zu lehren, sondern dafs er sich im wesentlichen auf das Vaterländische im weiteren und engeren Sinne zu beschränken hat, und dafs die Geschichte anderer Völker nur soweit heranzuziehen ist, als sie für das Verständnis unserer Kultur notwendig wird. Abgesehen von dieser unerläfslichen Beschränkung hat der Geschichtsunterricht in der höheren Mädchenschule zu beachten, dafs alle verwickelten Fragen der äufseren und inneren Politik, alle strategischen Verhältnisse und militärischen Einzelheiten dem Verständnis der Mädchen fremd bleiben, dafs also eingehendere Darstellungen von Staatsverträgen, Verfassungskämpfen, Schlachten in diese Schule nicht gehören, dafs die politische Geschichte im engeren Sinne nur in ihren Hauptzügen zu durchmessen ist, dafs es überall, der weiblichen Art gemäfs, auf die Erweckung eines warmen persönlichen Interesses an den grofsen handelnden Personen und Völkern, ihren Schicksalen und Thaten ankommt. Die Kulturzustände, besonders auch Frauenleben und Frauenarbeit, sind ausgiebig zu berücksichtigen, aber auch ungeschminkt und ohne lange ästhetische Entwickelung darzustellen. Durch lebendige Schilderungen unter Zuhilfenahme geeigneter charakteristischer Abbildungen sollen sie den Schülerinnen möglichst deutlich zur Anschauung kommen. Neben Litteratur und Kunst sind nationale und häusliche Sitten, religiöse und sittliche Auffassungen, Handel und Gewerbe nicht aufser acht zu lassen. Antike Mythologie gehört nicht in diesen Geschichtsunterricht. — Die während der Schulzeit fest einzuprägenden Daten sind auf das Notwendige zu beschränken, in den Lehrplänen der einzelnen Anstalten genau festzusetzen und den Schülerinnen im Abdruck zugänglich zu machen. Besonders sicheren Takt erheischt die für Klasse I zu fordernde Belehrung über die wichtigsten wirtschaftlichen und gesellschaftlichen Fragen der Gegenwart. Sie schliefst sich am besten der Darstellung der Verdienste unserer Herrscher auf diesem Gebiete an. Durch allmähliche Gewöhnung ist darauf hinzuwirken, dafs die Schülerinnen der beiden Oberklassen auch in zusammenhängender Form sich über einzelne Personen oder Ereignisse zu äufsern wissen. Das Lehrbuch sei der Mädchenschule angepafst, möglichst kurz und übersichtlich. Es enthalte nur die zur Einprägung und Wiederholung bestimmten Thatsachen in einfachster Form. Die Ausführung der Umrisse ist Sache des Lehrers.

### VII. Erdkunde.

**Allgemeines Lehrziel.** Verständnisvolle Anschauung der umgebenden Landschaft und der Kartenbilder; Kenntnis der physikalischen Beschaffenheit der Erdoberfläche und ihrer politischen Einteilung im grofsen, sowie der Grundbegriffe der mathematischen Geographie. Genauere Kenntnis der physikalischen und politischen Erdkunde Deutschlands.

**Lehraufgaben.** Vorbereitung durch die Heimatkunde in VII. In Form von Sprechübungen und mit Hilfe einfacher Anschauungsmittel wird das durch zusammenhangslose Anschauung bereits erworbene Heimatsbild zu einem geordneten Besitz. Gleichzeitig werden die Schülerinnen mit den wichtigsten geographischen Grundbegriffen vertraut gemacht. (Kein Lehrbuch.) Mittelstufe. Klasse VI: Befestigung der Grundbegriffe. Erste Anleitung zum Verständnis des Reliefs, des Globus und der Karten. Oro- und hydrographische Verhältnisse der Erdoberfläche im allgemeinen, das Bild der Heimat nach denselben Gesichtspunkten im besonderen; ohne Lehrbuch. Klasse V: Preufsen und Deutschland physikalisch und politisch unter Benutzung eines Lehrbuchs. Weitere Einführung in das Verständnis der Kartenbilder. Anfänge im Entwerfen von einfachen Umrissen an der Wandtafel. Klasse IV: Physikalische und politische Erdkunde der aufserdeutschen Länder Europas.

Die Länder des Mittelmeers. Entwerfen einfacher Kartenskizzen an der Wandtafel und auf Blättern. Klasse III: Die aufsereuropäischen Erdteile mit besonderer Berücksichtigung der deutschen Kolonieen und der Vereinigten Staaten von Nordamerika. Beziehungen zu Deutschland. Kartenskizzen. Klasse II: Wiederholung und Ergänzung der Erdkunde der aufserdeutschen Länder Europas. Wiederholung und Erweiterung der Grundbegriffe der mathematischen Erdkunde. Kartenskizzen. Klasse I: Physikalische, politische und Kulturgeographie Deutschlands im Zusammenhange mit der vaterländischen Geschichte der neuesten Zeit. Die grofsen Verkehrs- und Handelswege. Kartenskizzen.

Methodische Bemerkungen. Unbeschadet der Bedeutung der Erdkunde als eines Zweiges der Naturwissenschaft ist für die Schule vor allem der praktische Nutzen ins Auge zu fassen. Der erdkundliche Unterricht soll die Schülerin im eigenen Vaterlande heimisch und mit anderen Kulturländern bekannt machen, soll sie über Gestalt und Bewegung der Erde, über die Entstehung der Tages- und Jahreszeiten u. a. belehren; er soll ihr aber auch die notwendigsten Kenntnisse aus der Völkerkunde, der Pflanzen- und Tiergeographie sowie die Bekanntschaft mit den wichtigsten der heutigen internationalen Handels- und Verkehrsverhältnisse vermitteln und so an seinem Teile zur Einführung der heranwachsenden Mädchen in das Verständnis der Welt und des Lebens beitragen. Der erdkundliche Unterricht mufs stets auf die Anschauung gegründet sein; er darf sich nirgend in die lediglich gedächtnismäfsige Aneignung von Namenreihen, Flächen-, Höhen-, Längen- oder Einwohnerzahlen verirren. Eine richtige Anschauung der Raumgröfsen ist am besten zu gewinnen durch Anlegung eines bekannten Mafsstabes, z. B. der Gröfse Deutschlands, der Heimatprovinz usw.; im übrigen wird die vergleichende Übersicht auf Grund einzelner weniger absoluter Zahlen genügen. Unabläsig ist darauf zu achten, dafs die Kartenbilder von der Schülerin verständnisvoll angesehen und als Zeichen betrachtet werden, welche sie allmählich lesen lernen mufs. Das in den Lehraufgaben vorgeschriebene Zeichnen von Skizzen ist für Lehrer und Schülerinnen unentbehrlich; dabei ist aber jede Überspannung der Anforderungen streng zu meiden. Namentlich als häusliche Arbeiten dürfen Kartenbilder nie aufgegeben werden. Mit einfachen Umrissen, Profilen u. a. an der Wandtafel und auf einzelnen Blättern wird man sich meist begnügen müssen. Bei Wiederholungen ist das Zeichnen mit zu verwenden, um Gewifsheit darüber zu erlangen, bis zu welchem Grade die äufsere Gestalt sowie Verhältnisse der Lage und Gröfse erfafst worden sind. — Sowohl der Unterricht in der Geschichte als in den Naturwissenschaften müssen mit dem erdkundlichen Unterricht in Verbindung bleiben, nehmen auf diesen Bezug und werden von ihm ergänzt. — Das Lehrbuch sei beschränkt auf den für häusliche Arbeit und für Wiederholungen notwendigen Stoff, der Atlas auf eine mäfsige Zahl deutlicher Blätter. Alle Belebung des Stoffes mufs auch hier vom Lehrer ausgehen.

### VIII. Naturwissenschaften.

**Allgemeines Lehrziel.** Naturgeschichte: Aufmerksame und sinnige Betrachtung der Natur. Elementare Vorstellungen von dem Bau und den wichtigsten Lebensvorgängen der Tiere und Pflanzen, von den Gegenseitigkeitsbeziehungen der verschiedenen Lebewesen und von ihren Beziehungen zum Menschen. Allgemeine Gesundheitslehre.

Naturlehre: Eine durch Versuche vermittelte elementare Kenntnis der wichtigsten physikalischen und chemischen Naturvorgänge und -Gesetze, besonders derer, die für das häusliche Leben und den Verkehr von Bedeutung sind und den Kulturfortschritt unserer Zeit bestimmen helfen.

**Lehraufgaben.** VI: Beschreibung vorliegender einfacher Blütenpflanzen. Erklärung der wichtigsten Formen und Teile der Wurzeln. Stengel, Blätter, Blüten und Früchte. Grundbedingungen des Pflanzenlebens. Beschreibung einiger wichtiger heimischer Säugetiere und Vögel in Bezug auf Gestalt, Farbe, Gröfse nach vorhandenen Exemplaren oder guten, genügend grofsen Abbildungen nebst Mitteilungen über ihre Lebensweise, ihren Nutzen oder Schaden. V: Erweiterung und Ergänzung des Pensums der vorhergehenden Klasse. Reptilien, Amphibien, Fische. Grundvorstellungen vom Körperbau des Menschen. IV: Vergleichende Beschreibung verwandter Arten und Gattungen von Blütenpflanzen nach vorhandenen Exemplaren. Lebenserscheinungen der Pflanzen. Giftpflanzen. Niedere Tiere, namentlich nützliche und schädliche mit besonderer Berücksichtigung der Insekten und ihrer Bedeutung im Haushalte der Natur. Die im täglichen Leben am häufigsten vorkommenden Mineralien nach Aussehen, Gewinnung und Verwertung. III: Die wichtigsten Kulturpflanzen und ihre Verwertung. Grundvorstellungen aus der Anatomie und Physiologie der Pflanzen. Das Wichtigste über Kryptogamen und die Pflanzenkrankheiten. Bau und Leben des menschlichen Körpers (zur Unterweisung in der Gesundheitslehre). II: Die wichtigsten chemischen Vorgänge mit Berücksichtigung der Mineralogie und Geologie. Physik: Wärme, Magnetismus, Elektricität. I: Physik: Gleichgewicht und Bewegung fester, flüssiger und gasförmiger Körper, Schall, Licht.

**Methodische Bemerkungen.** Bei der gewaltigen Fülle des Stoffes auf diesen Gebieten und der verhältnismäfsig geringen Anzahl der verfügbaren Lehrstunden ist auf eine angemessene Auswahl die gröfste Sorgfalt zu verwenden. Dabei ist das Bestreben des Lehrers dahin zu richten, die Schülerinnen zu eigenem Beobachten und Denken anzuleiten, jede Belastung mit gedächtnismäfsig anzueignendem Lehrstoff aber zu meiden. Der Versuch und die unmittelbare Anschauung sind bei allen Belehrungen in den Vordergrund zu stellen. Es ist wünschenswert, einzelne Versuche von den Schülerinnen selbst ausführen zu lassen. Auf die Kenntnis botanischer und zoologischer Systeme und Schemata ist kein Gewicht zu legen. Die in das menschliche Kulturleben eingreifenden Pflanzen und Tiere stehen in erster Linie; die heimische Natur und ihre Lebensgemeinschaften sollen der Schülerin vor allem bekannt und vertraut werden. Die Naturgegenstände selbst sind, wo sie irgend erlangt werden können, den Abbildungen vorzuziehen. Die Belehrungen über Bau und Leben des menschlichen Körpers und über die Gesundheitspflege sind einerseits ohne Ängstlichkeit, andererseits mit Rücksicht auf weibliche Empfindung zu geben. In der Physik ist mathematische Betrachtungsweise nur da gerechtfertigt, wo sie sich mit dem geometrischen Anschauungsunterricht zwanglos berührt. Ein besonderes Lehrbuch für den naturkundlichen Unterricht erscheint entbehrlich. Wird ein solches benutzt, so sei es der Mädchenschule besonders angepafst, kurz, übersichtlich und ohne wissenschaftlichen Schein.

### IX. Zeichnen.

**Allgemeines Lehrziel.** Sicherheit in der richtigen Abschätzung der Gröfsen- und Richtungsverhältnisse bei ebenen Gebilden und einfachen körperlichen Gegenständen. Befähigung zur sicheren Wiedergabe, Ergänzung und Umformung gegebener symmetrischer Figuren, insbesondere von Flachornamenten. Richtige Auffassung und Darstellung der Umrisse und Beleuchtungsverhältnisse einfacher körperlicher Gegenstände.

**Lehraufgaben.** V und IV: Vorübungen. Zeichnen ebener gerad- und krummliniger Gebilde nach Wandtafeln mit Übungen im Abändern der vorgeführten Formen, erläutert durch Zeichnungen des Lehrers an der Wandtafel. Einfache Flachornamente. Der Gebrauch der Grundfarben. V widmet je nach Bedürfnis monatlich einige Stunden dem Schönschreiben. III—I: Flachornamente und Blattformen. Zeichnungen nach einfachen Modellen und nach plastischen Ornamenten im Umrifs, zuletzt mit Übungen in der Wiedergabe von Licht und Schatten. Für besonders begabte Schülerinnen Ausführung von Zeichnungen nach Gegenständen der Natur und des Kunstgewerbes; Übungen im Malen mit Wasserfarben nach lebenden Blumen, Pflanzen usw.

**Methodische Bemerkungen.** Die allgemeinen Ziele des Zeichenunterrichts sind so bestimmt, dafs zu ihrer Erreichung eine besondere künstlerische Beanlagung nicht erforderlich ist. Den über den Durchschnitt hinaus befähigten Schülerinnen möge nach Erreichung des allgemeinen

Zieles Anleitung zu einer weitergehenden Bethätigung ihrer Anlagen geboten werden, immer aber in der Richtung des Zeichnens nach der Natur. Der Zeichenunterricht in V und IV ist ausschliefslich Klassenunterricht. Im Freihandzeichnen sind Vorlageblätter nirgends zu benutzen, vielmehr nur grofse Wandvorlagen (Wandtafeln) und körperliche Gegenstände. Das Messen am Modell und jede Benutzung mechanischer Hilfsmittel, wie Zirkel und Lineal sind dem Unterricht in der Raumlehre zu überlassen. Auf das Verständnis für Form und Farbe sowie auf die Bildung des Geschmacks im Sinne des Einfachen und Echten ist durch Besprechungen an geeigneter Stelle hinzuwirken.

## X. Schreiben.

**Allgemeines Lehrziel.** Aneignung einer sauberen, deutlichen, fliefsenden und gewandten Schrift in allen, auch in schnell gefertigten Schriftsätzen sowohl in deutschen wie in lateinischen Buchstaben. Das Ergebnis des Schreibunterrichts mufs in allen Heften der Schülerinnen zum Vorschein kommen. Die Schrift sei eher grofs als klein und werde in späteren Kursen auch ohne Linien gefertigt.

**Lehraufgaben.** Der Unterricht im Schreiben ist in der untersten Klasse durch die eingeführte Fibel bedingt und vom Lesen und von den Sprechübungen nicht getrennt. In den folgenden Schuljahren wird in einem kalligraphischen Lehrgange die deutsche und lateinische Schrift methodisch durchgearbeitet. Pflicht jedes Lehrers ist es, sobald er schriftliche Arbeiten fertigen läfst, auch der Schrift der Schülerin Beachtung zu widmen. Schlechte und undeutliche Schrift bei häuslichen Arbeiten ist auch noch in den Aufsätzen der ersten Klasse Grund zur Minderung des Prädikats. Auch im Diarium darf die Schrift nicht vernachlässigt werden.

**Methodische Bemerkungen.** Statt Griffel und Schiefertafel empfiehlt sich für den Anfangsunterricht, um die Schrift von vornherein leicht zu machen, der Gebrauch von Bleistift und Papier. Der Übergang zum Schreiben mit der Feder erfolge so früh wie möglich. Ein Teil jeder Stunde ist auf Taktschreiben zu verwenden. Am Schlusse des Kursus sind auch solche Übungen vorzunehmen, welche auf schnelles und doch gutes Schreiben hinzielen. Es ist stets darauf zu achten, dafs die Buchstaben selbst wie die Zwischenräume der Linien grofs genug seien, um das Auge nicht unnütz anzustrengen. Auf gute Körperhaltung beim Schreiben ist mit Strenge zu achten.

## XI. Handarbeit.

**Allgemeines Lehrziel.** Fähigkeit, die in Haus und Familie üblichen weiblichen Handarbeiten richtig und sauber anzufertigen, schadhaft gewordene Stücke auszubessern, auch fertige Arbeiten nach Material und Ausführung zu beurteilen.

**Lehraufgaben.** VII: Häkeln (starke Stahlhaken mit Holzgriff, starker gedrellter Baumwollenfaden). VI und V: Stricken. Ausbessern der Strümpfe. IV und III: Näh-, Zeichen- und Stopftuch. II und I: Das Hemd. Ausbessern der Wäsche. Das Sticktuch.

**Methodische Bemerkungen.** In Klassen über 20 Schülerinnen muß die Handarbeitsstunde doppelt besetzt sein. Die Lehrerin soll durch Mitteilungen über das Material, seine Herkunft, Herstellung und Verwendung, durch Hinweise auf seine kulturgeschichtliche Bedeutung (Baumwolle, Leinen), auf die Technik früherer Zeiten u. a. den Unterricht zu beleben verstehen. Die erziehende Aufgabe des Unterrichts liegt in der Pflege weiblicher Sorgfalt, Sauberkeit und geduldigen umsichtigen Fleißes bei der Herstellung bescheidener Arbeiten.

Vorlesen oder fremdsprachliche Unterhaltung während der Stunden ist unter allen Umständen verboten.

## XII. Singen.

**Allgemeines Lehrziel.** Fähigkeit, eine durch Vorschrift festzusetzende Anzahl von Chorälen, vaterländischen und Volksliedern ohne Notenblatt und ohne Textvorlage richtig, vollständig, sicher und mit natürlichem Ausdruck einstimmig zu singen. Mehrstimmiger Gesang ausgewählter Volkslieder, einfacher Psalmen, Hymnen und Motetten.

**Lehraufgaben.** In den drei unteren Klassen wird Gesangunterricht in besonderen Stunden nicht erteilt. Es werden leichte Choralmelodieen in den Religionsstunden, kleine Kinder- und Volkslieder im Anschlusse an den Turnunterricht und den deutschen Unterricht nach dem Gehör gesungen. Der Lehrer singt vor, möglichst ohne Gebrauch eines Instruments. Es ist sorgfältig darauf zu achten, daß die Texte eingeprägt sind, ehe das Lied gesungen wird. Jede theoretische Unterweisung, namentlich auch das Notenlernen, ist hierbei ausgeschlossen. Auf deutliche Aussprache ist von Anbeginn zu halten. Mittelstufe, VI—IV: Notenlernen. Versetzungszeichen. Dur-Tonleiter und -Tonarten. Einfache melodische und rhythmische Übungen. Einstimmige Choräle, einstimmige, in IV auch zweistimmige Volkslieder, einstimmige Psalmen. Oberstufe, III—I: Moll-Tonarten. Fortsetzung der melodischen und rhythmischen Übungen. Einstimmige und mehrstimmige Volkslieder, Psalmen, Hymnen und Motetten. Wiederholungen der Volkslieder und Choräle aller Stufen bis zum sicheren Besitz nach Wort und Weise.

**Methodische Bemerkungen.** Der Gesangunterricht in der Schule hat weder den Zweck, stimmliche Kunstleistungen zu erzielen, noch die Schülerinnen zur Wiedergabe schwieriger Tonsätze zu befähigen. Seine erste und wichtigste Aufgabe bleibt die Einprägung einstimmiger Choräle und schlichter ein- und zweistimmiger Volkslieder.

Bei der Erklärung und Einübung der Texte hat der Religionsunterricht und der deutsche Unterricht mitzuwirken. Deshalb ist ein nach Klassen geordneter Kanon der Kirchenlieder und Volkslieder, mit Einschlufs der vaterländischen, in jeder Schule festzustellen. Als Volkslieder sind auch diejenigen Lieder GOETHES, UHLANDS, GEIBELS usw. zu behandeln, die durch ihre Weisen volkstümlich geworden sind. (Mädchen und Frauen sind ja von Alters die berufenen Hüterinnen des dichterischen Schatzes, der im Volksliede ruht!) Jede Mädchenschule hat die Pflicht, mit dafür zu sorgen, dafs der gemeinsame Haus- und Familiengesang wieder zu Ehren komme, indem sie vorzugsweise solche geistliche und weltliche Lieder übt, die nach Wort und Weise wert sind, ein Lebensgut der Schülerin zu werden. Gegen diese Aufgabe tritt die Rücksicht auf die Einübung mehrstimmiger Motetten usw. zurück. Auf Mundstellung, Tonbildung, reine ungekünstelte Aussprache, richtiges Atemholen ist auf allen Stufen zu achten. Die Entwickelung der jugendlichen Stimmen ist sorgfältig zu überwachen, damit zu rechter Zeit die notwendige Schonung eintrete. Übungen im Chorgesange, im Einzel- und Gruppengesange müssen mit einander abwechseln, damit ein lautes und reines Singen erzielt werde.

### XIII. Turnen.

**Allgemeines Lehrziel.** Kräftigung des Körpers, Natürlichkeit und Anmut der Bewegungen, richtige Haltung, Freude an frischer körperlicher Thätigkeit.

**Lehraufgaben.** Auf der Unterstufe nimmt der Turnunterricht überwiegend die Form des ungezwungenen, von Kinderliedern begleiteten Bewegungsspieles an. Erst auf der Mittelstufe erhält er strengere Formen. In einer dem fortschreitenden Schulalter entsprechenden Weise sind von da an Ordnungsübungen, Frei- und Gerätübungen, unter sich mit Bewegungsspielen abwechselnd, zu treiben, bei sorgfältiger Beachtung des dem weiblichen Körper Zuträglichen. So oft die Witterung es erlaubt, soll wenigstens ein Teil der Turnstunde mit Laufspielen u. a. im Freien zugebracht werden. Nach mehrstündigem Sitzen und einseitiger Kopfarbeit soll das Turnen die Lungen- und Herzthätigkeit beleben, den Blutumlauf beschleunigen und das jugendliche Gehirn entlasten. Zu diesem Zwecke ist es nötig, dafs nur ein Teil der Stunde mit Übungen zugebracht werde, welche die gespannte Aufmerksamkeit des Mädchens fordern, und dafs in dem anderen Teil dem natürlichen Bewegungsdrang und der fröhlichen Spiellust des jugendlichen Alters kein allzustrenger Zaum angelegt werde. Die Einübung verwickelter Reigen, die erfahrungsmäfsig lange Zeit erfordert, ist ausgeschlossen.

Auf gute Lüftung und Staubfreiheit in der Turnhalle ist sorgsam zu achten.

Methodische Bemerkungen. Der Unterricht ist durch Lehrerinnen zu erteilen. Bei der geringen Zahl eigentlicher Turnstunden, die an sich nicht genügen würde, um der geistigen Anstrengung das Gegengewicht zu halten, ist es unerläfslich, dafs während der grofsen Pausen die Schülerinnen im Hofe oder auf dem Spielplatze Gelegenheit zu freier Bewegung erhalten. Wo die Örtlichkeit es zuläfst, empfiehlt sich die Einrichtung von Spielnachmittagen während der schönen Jahreszeit.

Der Anzug der Schülerinnen sei leicht und hindere die Bewegungen des Körpers nicht. Auf die schweren Nachteile des engen Schnürens soll die Turnlehrerin nachdrücklich hinweisen. Ihr liegt es auch ob, die Schülerinnen zu anderen Leibesübungen, namentlich Schwimmen und Schlittschuhlaufen zu ermuntern.

Bei den Spielen ist einerseits alles Gekünstelte, anderseits der sportmäfsige Betrieb zu vermeiden.

## 2. Kapitel. Höhere Mädchenschulen im übrigen Deutschland.

In Anhalt umfafst der Lehrplan höherer Mädchenschulen aufser den gewöhnlichen Fächern gehobener Volksschulen: Zeichnen, Französisch, Englisch und Gymnastik; in Baden: Französisch, Englisch, Stilbildung, Geschichte der Litteratur, (meist auch) Mythologie, Zeichnen und Musik; in Bayern: Litteratur, Geschichte einschl. Mythologie, Französisch, Englisch, Italienisch und Tanz; in Braunschweig: Litteraturgeschichte, Mythologie, Weltgeschichte, Physik, Französisch, Englisch und Turnen, dazu an einigen Stellen Anthropologie, eine Übersicht über die Kunstgeschichte und Modellieren; in Hessen: Französisch, Englisch, Physik, Elemente der Chemie und Turnen; in Mecklenburg-Strelitz auf I und II Französisch und (fakultativ) Englisch; in Oldenburg von VII an Französisch, von IV an Englisch; in Sachsen (Königreich und Herzogtümer) und Württemberg gleichfalls Französisch und Englisch.

## IV. Abschnitt. Der öffentliche Unterricht in den Lehrerbildungsanstalten.

### 1. Kapitel. Überblick über die Lehrerbildung im Deutschen Reiche.

Schon im vorigen Jahrhundert bestanden in mehreren deutschen Bundesstaaten Lehrerbildungsanstalten. Durch die Einführung der allgemeinen Schulpflicht erhielt die staatliche Fürsorge für das Lehrerbildungswesen in fast allen deutschen Staaten einen weiteren Anstofs. Es brach sich die Auffassung Bahn, dafs es der Staat, welcher den Schulbesuch allgemein verbindlich mache, nicht dem Zufalle überlassen könne, ob geeignete Personen zur Ausübung der Lehrthätigkeit an den öffentlichen Volksschulen vorhanden seien. Je mehr sich der Staat der Schulbildung annahm, und je weniger er das Recht und die Pflicht übersehen konnte, nur Lehrkräfte von geistiger und sittlicher Tüchtigkeit zuzulassen und anzustellen, um so mehr mufste ihm obliegen, für ausreichende Gelegenheit zu deren gleichartiger und systematischer Heranbildung zu sorgen; er hatte selbst Lehrerbildungsanstalten zu begründen und mufste auch das private Lehrerbildungswesen überwachen und nach festen Grundsätzen regeln.

Diesen Erwägungen ist in weitem Umfange zuerst langsam, in den letzten Jahrzehnten in rascherem Schritte Folge gegeben worden. Aber in den einzelnen Staaten wurde mit der Errichtung und Ausbildung des Seminarwesens verschieden vorgegangen, je nach den vorhandenen Anfängen, an welche sich die planmäfsige Neugestaltung anzulehnen hatte, und je nach der mehr oder minder vollkommenen gesetzlichen Ordnung des Volksschulwesens überhaupt und wohl auch je nach den verfügbaren Mitteln. Deshalb ist das Lehrerbildungswesen im Deutschen Reiche im einzelnen noch vielfach nach verschiedenen Grundsätzen geordnet und nur in dem allgemeinen Ziele, einen tüchtigen und leistungsfähigen Schullehrerstand heranzuziehen, einheitlich. Dieses Ziel wird erreicht. Ein äufseres Kennzeichen für die Gleichwertigkeit der Lehrerbildung der einzelnen Bundesstaaten sind die bestehenden Vereinbarungen zwischen vielen von ihnen, wonach die in dem einen erworbenen Lehrbefähigungszeugnisse auch in anderen als gültig anerkannt werden.

In einzelnen Staaten mit ausgebildeter Volksschulgesetzgebung ist die Begründung und Unterhaltung von staatlichen Lehrerbildungsanstalten von vornherein von dem Volksschulgesetze gefordert. So bestimmt das Volksschulgesetz von Württemberg: „Vom Staate werden eigene teils mit den Erziehungshäusern in Verbindung gesetzte, teils für sich bestehende Anstalten (für Lehrerbildung) unterhalten", und weiter: „Der Unterricht in den Staatsanstalten wird unentgeltlich erteilt. Aufserdem werden an die Zöglinge zur Bestreitung des mit der Benutzung der Anstalt verbundenen Aufwandes Unterstützungen nach dem Mafsstabe der Bedürftigkeit bewilligt. Die Aufnahme in die Anstalt begründet die Verbindlichkeit des Zöglings, sich dem Dienste an den Volksschulen des Vaterlandes zu widmen. Ein Zögling, welcher vor seiner Anstellung oder nach dieser vor Erfüllung einer dreijährigen Dienstzeit als Schulmeister willkürlich seinen Beruf verläfst oder dem vaterländischen Schuldienste sich entzieht oder wegen Unwürdigkeit zum Schulamte für unfähig erklärt wird, hat den Wert der genossenen Unterstützungen zu ersetzen." Diese und ähnliche Grundsätze gelten auch anderwärts. In Bayern haben die Zöglinge der Lehrerseminare für Unterricht, Wohnung, Heizung, Beleuchtung und Waschen des Bettzeuges nicht zu entrichten, die übrigen Verpflegungskosten aber selbst zu bestreiten. In Sachsen zahlen die Seminaristen ein geringes Kostgeld; bedürftige und tüchtige Schüler erhalten namhafte Unterstützungen. In Baden ist gleichfalls die Beköstigung zu vergüten, jedoch erhält die Mehrzahl Stipendien. In Hessen haben die Seminaristen für Bekleidung und Beköstigung selbst zu sorgen. Die Bekleidung ist auch in Anhalt Sache der Zöglinge, die hier zum Teil Stipendiaten sind. Oldenburg, das nur ein Externat besitzt, gewährt doch Mittagstisch in der Anstalt, und Mecklenburg-Schwerin liefert seinen Internen alles unentgeltlich bis auf das Brot.

Die lehrordnungsmäfsige Einrichtung der Lehrerbildungsanstalten zeigt mannigfache Abweichungen in den einzelnen Bundesstaaten. Einige von ihnen haben sich an die preufsische Gestalt und Lehrordnung angelehnt, so neuerdings Württemberg u. a. Andere Staaten sind ihre eigenen Wege gegangen. So hat Sachsen seine Seminare als sechsklassige (für Lehrerinnen fünfklassige) Anstalten, in welche der Eintritt mit dem vollendeten 14. Lebensjahre erfolgt, ausgebildet. Dort ist das Seminar eine den Gymnasien und Realschulen ähnliche und in gewissem Sinne gleichwertige Anstalt, in welcher auch die lateinische Sprache Unterrichtsgegenstand [1]) ist, und an welcher zwei Drittel der Lehrkräfte die Befähigung als Lehrer höherer Unterrichtsanstalten nachgewiesen haben müssen; den tüchtigeren Zöglingen ist der spätere Besuch der Universität und nach zweijährigem akademischen Studium die Ablegung der gesetzlichen Prüfung für das höhere Lehrfach vorbehalten. Sachsen, das wegen seiner dichten Bevölkerung in den Industriegegenden einklassige Volksschulen kaum hat und in den zahlreichen „höheren" Volksschulen die Mittelschulbildung in hervorragendem Umfange pflegt, war hierdurch auf Einführung jener erhöhten lehrplanmäfsigen Anforderungen und auf die getroffenen Einrichtungen hingewiesen, denen entsprechend es dort eine besondere Präparandenbildung nicht giebt, weil diese in den Lehrplan des Seminars mit aufgenommen ist. — In Bayern haben die Lehramtsbewerber aufser der Volksschule noch drei auf einander folgende Kurse durchzumachen: einen dreijährigen Präparandenkurs, einen zweijährigen Lehrkurs in den Lehrerseminaren und einen mindestens einjährigen praktischen und Fortbildungskurs an einer Volksschule unter der Leitung eines dazu befähigten Lehrers. Der obligatorische Präparandenkurs wird in den in jedem Kreise vor-

---

1) Die Motive des Gesetzes von 1876 begründen die Aufnahme des Lateinischen im Gegensatze zur Betreibung der neueren Fremdsprachen also: „Der Unterricht im Latein ist zur logisch-grammatischen Schulung des Geistes erforderlich; die Kenntnis einer modernen Sprache hat nur dann einen wirklichen Wert, wenn dieselbe zur Sicherheit im mündlichen oder schriftlichen Ausdruck gebracht wird, was ohne Schädigung nötigerer Fächer in den Seminaren nicht erreichbar ist."

handenen Präparandien bei freiem Unterrichte und Gewährung von Unterstützungen an arme Zöglinge zurückgelegt und soll die jungen Leute mit positivem Wissen in den Gegenständen, welche sie in der Schule zu lehren haben, ausstatten. Der Lehrkurs der Lehrerseminare ist dagegen dazu bestimmt, den Zöglingen die eigentliche pädagogische Fachbildung zu erteilen, namentlich durch den Unterricht in den hierzu erforderlichen theoretischen Kenntnissen. Die Aufnahme in das Seminar hängt von dem Ergebnis einer Prüfung in sämtlichen Lehrgegenständen der Präparandie ab. Den Schluſs des Lehrkurs bildet die Seminarschluſsprüfung, deren Vorschriften sich zur Zeit im wesentlichen an die preuſsische Prüfungsordnung anschlieſsen. Nach dem Bestehen der Schluſsprüfung tritt der Lehramtsbewerber in den einjährigen praktischen Kursus ein, unter gewissen Voraussetzungen mit Unterstützung aus Staatsmitteln. Die Praktikanten haben unter Leitung des Lehrers, dem sie zugewiesen sind, alle auf den unmittelbaren Unterricht und Schuldienst bezüglichen Angelegenheiten zu besorgen, sich Übung bei den öffentlichen Gottesdiensten anzueignen und sich durch Selbststudium theoretisch weiter zu bilden. Vier Jahre nach dem Austritt aus dem Seminar hat der Lehramtsbewerber die eigentliche „Befähigungsprüfung" abzulegen. In allen wesentlichen Stücken besteht in Hinsicht auf Ausbildung und Prüfung zwischen Lehrern und Lehrerinnen in Bayern kein Unterschied.

Eine besonders reiche Entwickelung hat das Seminar- und Lehrerbildungswesen in Württemberg aufzuweisen. Über Aufnahme in eine Präparandenanstalt und damit in den Stand der Volksschulaspiranten entscheidet eine Vorprüfung, die im Frühjahre jedes Jahres vor einer Kommission von Seminarlehrern abzulegen ist. Den zweijährigen Vorbereitungskursus beschlieſst eine Konkursprüfung, die nach günstigem Ausfall und mit Genehmigung der Oberschulbehörde (Stuttgart) die Aufnahme in ein Seminar eröffnet. Hier werden die Zöglinge im ersten Jahreskursus in den allgemeinen Gegenständen des Volksschulunterrichtes befestigt und auch (in einer Wochenstunde) in die Kunst des Vortrages und der Fragebildung eingeführt.

Im zweiten Jahre erhalten sie Unterricht in der praktischen Methodik, die sämtliche Lehrfächer umfassen soll. Im dritten Bildungsjahre treten die Aspiranten als „Lehrseminaristen" in die Übungsschule, um sich hier die angeeignete Methode unterrichtend (3—5 Stunden) und anhörend (3—4 Stunden) fester einzuprägen. Die am Schluſs der Seminarjahre erfolgende erste Dienstprüfung, die mündlich und schriftlich abzulegen ist und beispielsweise im Religionsfache Anforderungen eines Gymnasialabiturientenexamens stellt, zieht neben praktischen Lehrproben aus der Schulkunde auch die wesentlichen Grundsätze der Pädagogik und Didaktik mit hinein. In die zweite Dienstprüfung darf erst nach wenigstens zweijähriger auftrags- und probeweise geübter Bethätigung im Lehramte¹) eingetreten werden; sie setzt eine Vertiefung pädagogischer Einsicht neben Erweiterung des allgemeinen Wissenskreises voraus.

Auch die zur Fortbildung bereits im Dienste befindlicher Lehrer hier getroffenen Einrichtungen zeigen eine reichgegliederte Gestaltung. So sind die Bezirkskonferenzen, die neben Bearbeitung rein lehrfachlicher Gegenstände auch oberamtsärztliche Gutachten über schulgesundheitliche Fragen zur Besprechung erhalten, dazu bestimmt, Verbesserungsvorschläge und Anträge an die Behörden, Ausstellungen von Lehrmitteln, schriftlichen Schülerarbeiten und Leistungen der weiblichen Arbeitsschulen in ihren Gesichtskreis zu ziehen. Die Lesegesellschaften bringen namentlich neue Erscheinungen lehramtlich-wissenschaftlicher Art ihren Mitgliedern durch Umlauf zur Kenntnis. Bearbeitungen von Preisaufgaben der Oberschulbehörde und durch regierungsseitige Unterstützungen ermöglichte Bildungsreisen sorgen für fördersame Anregung. Besondere Kurse für Zeichnen und Turnen, deren Teilnehmer aus der Staatskasse neben Reisekostenentschädigung Tagegelder beziehen, ferner solche zur Weiterbildung in der Naturkunde und Mathematik, in der deutschen Stilistik und Litteratur, die (für katholische Lehrer) eingerichteten sechswöchigen Lehrkurse in Physik und Chemie, Geognosie und Mineralogie, die landwirtschaftlichen Lehrkurse in Hohenheim, endlich die Wiederholungskurse für jüngere Schulmänner, die von Seminarlehrern in Methodik und Technik weitergebildet und aus der Staatskasse gleichfalls mit Tagegeldern versehen werden, sorgen für planmäfsige Weiterbildung und Ertüchtigung des Lehrerstandes.

Auch andere Staaten, wie Anhalt und die thüringischen Herzogtümer, darunter namentlich Gotha und Sachsen-Weimar-Eisenach, haben Vorbildliches in den Besonderheiten ihrer Seminareinrichtungen und -Leistungen. — In Schaumburg-Lippe ist das Seminar an ein Realgymnasium angelehnt. — Im übrigen Reiche ist die Übereinstimmung der Lehrordnungen und Einrichtungen der Seminare mit den preufsischen gröfser, wenn auch nicht überall vollständig. — Im allgemeinen darf gesagt werden, dafs alle Lehrerseminare mindestens einen zwei-, meist dreijährigen Lehrgang haben, dem eine organisch damit verbundene oder, wenn selbständige, doch systematische Präparandenbildung vorhergeht. Die Bildungszeit eines Lehrers umfafst demnach im ganzen überall sechs Jahre und schliefst etwa mit dem 20. Lebensjahre ab.

Die Lehrerbildung beruht in den meisten deutschen Staaten auf dem Grundsatze der Konfessionalität. Nur in Baden und Hessen ist

---

1) Derartige Beschäftigung als „Lehrgehilfe" gewährt neben Naturalleistungen (freier Wohnung, Brennholz, Getreide) Bezüge von 500—550 M. jährlich.

ihre Gestaltung, wie auf dem gesamten Volksschulgebiete, grundsätzlich paritätisch; in Elsaſs-Lothringen ist der anfänglich eingenommene paritätische Standpunkt wieder aufgegeben worden. Die meisten Seminare bestehen entweder für Lehrer oder für Lehrerinnen; nur in dem katholischen Seminare des Groſsherzogtums Oldenburg werden Lehrer und Lehrerinnen gleichzeitig ausgebildet. Der äuſseren Einrichtung nach sind die Anstalten entweder Internate oder Externate oder in diesem Sinne gemischte Anstalten. Früher, etwa bis vor 30 Jahren, gab man der Internatseinrichtung den Vorzug; seitdem ist eine Strömung zu Gunsten der Externate kräftig geworden, die indessen in neuerer Zeit wieder einer ruhigeren und wohlwollenderen Beurteilung der Internatseinrichtungen Platz zu machen scheint.

Die Lehrerinnenbildung erfolgt aufser in den der Zahl nach beschränkten staatlichen Anstalten in Gemeinde- und Privatinstituten, denen hierzu die Berechtigung verliehen ist. Die Prüfungen vollziehen sich aber überall unter Mitwirkung staatlicher Beauftragter und nach denselben Grundsätzen, wie bei den staatlichen Anstalten.

## 2. Kapitel. Die Lehrerbildung in den einzelnen Staaten.

§ 1. *Preuſsen.*

a. **Präparandenanstalten.** ME 9. Juli 1873. Die staatlichen Präparandenanstalten sind Externate und werden, sofern sich nicht Gemeinden willig finden lassen, die nötigen Räume unentgeltlich herzugeben, mietweise untergebracht. Die Zahl der Zöglinge, welche in zwei aufsteigenden Klassen unterrichtet werden, ist auf 30—50 anzunehmen. Sie zahlen Schulgeld, nicht unter 36 M. jährlich. Der Ertrag des Schulgeldes wird zur Unterstützung armer Zöglinge verwendet [1]; auſserdem wird für diesen Zweck ein Dispositionsquantum angenommen, das aber nicht über 90 M. jährlich auf den Kopf der aufzunehmenden Präparanden zu bemessen ist.

Die Anstalt hat zwei festangestellte Lehrer, deren einer ihr Vorsteher ist und wöchentlich 26 Stunden zu erteilen hat. Der andere ist zu wöchentlich 30 Stunden verpflichtet. Sofern Mehrstunden nötig sind, können besonders zu remunerierende Hilfslehrer angenommen werden.

Die Vorsteher der Präparandenanstalten sind im Gehalte den ordentlichen Seminarlehrern gleichgestellt und rangieren mit diesen nach ihrem Dienstalter. Sie beziehen also neben freier Wohnung oder Wohnungsgeldzuschuſs jährlich 1700—2700 M., im Durchschnitt 2200 M. Die Besoldung des zweiten Lehrers ist auf 1200—1800 M., im Durch-

---

[1] ME 30. Nov. 1883: Von diesen Zuwendungen sind die Angehörigen der Zöglinge fortlaufend in Kenntnis zu setzen.

schnitt 1500 M. neben einer Mietentschädigung von 10 Proz. des Gehaltes zu bemessen. Für Remunerationen sind höchstens 900 M. aufzuwenden.

Bei Neueinrichtungen werden die Vorsteher soweit möglich zunächst aus dem Kreise der Seminarlehrer gewählt, damit die Unterrichtsarbeit der Anstalten von vornherein in das richtige Verhältnis und in lebendige Beziehung zum Seminar trete.

Für den Unterrichtsbedarf genügen zwei Lehrzimmer und ein Musikzimmer. (Die Wohnung für den Vorsteher wird zu 3—4 Zimmern angenommen.)

Die Kosten für die erste Einrichtung einer Anstalt sollen einschliefslich der Beschaffung einer kleinen Orgel den Betrag von 3000 M. nicht überschreiten. Die Verwaltungskosten sind etwa auf 210 M. zu bemessen. Für Lehrmittel sind jährlich ca. 300 M. auszuwerfen. Im übrigen sind die Bedürfnisse und Verhältnisse der einzelnen Anstalt für deren Etat mafsgebend.

Die dem Unterrichtsminister im Staatshaushaltsetat zur Förderung des Präparandenwesens bewilligten Fonds überweist dieser (ME 27. Mai 1876) den einzelnen Regierungen, welche die (möglichst) zu Anfang des Rechnungsjahres darüber getroffene Verfügung in der Rechnung ihrer Hauptkasse nachzuweisen haben.

Meldung und Aufnahme der Präparanden. Zur Verhütung von Enttäuschungen ist es unbedingt erforderlich, das bei der Meldung zum Seminar verlangte Gesundheitsattest schon beim Eintritt in den Präparandenkursus zu beschaffen, da auch versteckte Krankheiten oder Krankheit-Keime, wie Anlage zur Tuberkulose usw., vom Lehrfache ausschliefsen.

MF. 26. Sept. 1872: Zur Aufnahme in Präparandenanstalten ist ein von den Eltern oder Vormündern ausgestellter Revers über irgendwelche späteren Verpflichtungen nicht erforderlich vergl. ME 17. Nov. 1974 und 26. Sept. 1878.

Über Organisation und Lehrplan[1]) einer evangelischen Präparandenanstalt bestimmt CE 28. Nov. 1878:

### A. Organisation.

§ 1. Die Anstalt setzt diejenigen Kenntnisse und Fertigkeiten voraus, deren Aneignung die Allgem. Bestimmungen vom 15. Okt. 1872 als Aufgabe und Ziel der preufsischen Volksschule bezeichnen, und nimmt die Zöglinge erst nach erfolgter Konfirmation auf.

§ 2. Die Aufnahme von Zöglingen geschieht nur einmal im Jahre (zu Ostern oder Michaelis); doch ist der Eintritt Einzelner unter besonderen Verhältnissen aufser der Zeit gestattet, sobald sich aus den eingereichten Attesten kein Bedenken ergiebt und die Prüfung befriedigend ausfällt.

§ 3. Der Meldungstermin wird jedesmal öffentlich bekannt gemacht. Das

---

1) Entwurf eines neuen Lehrplans vergl. CBl 1894, 609 ff.

Aufnahmegesuch ist an den Vorsteher der Anstalt zu richten; die erforderlichen Atteste sind beizufügen. Über die definitive Aufnahme entscheidet das Provinzial-Schulkollegium.

§ 4. Die angemeldeten Aspiranten haben eine Prüfung zu bestehen.

§ 5. Die Zöglinge werden in zwei Klassen unterrichtet. Der ganze Kursus ist dreijährig. Die zweite Klasse enthält nur eine Abteilung und wird in der Regel in einem Jahre absolviert. Der Übertritt in die erste Klasse erfolgt nach bestandener Prüfung. Die erste Klasse ist in zwei Abteilungen geteilt, die jedoch in den meisten Unterrichtsgegenständen kombiniert werden.

§ 6. Die Zöglinge erhalten den gesamten für die Vorbereitung zur Aufnahme in ein evangelisches Schullehrerseminar erforderlichen Unterricht. Dafür wird ein jährliches Schulgeld gezahlt.

§ 7. Ist die Anstalt Externat, so haben die Zöglinge für Logis, Kost, Bekleidung usw. selbst zu sorgen; sie werden jedoch in ihrer Führung auch aufserhalb der Schulstunden beaufsichtigt. Bedürftigen und würdigen Präparanden kann das Schulgeld erlassen werden; auch können diese Unterstützungen von seiten des Staates erhalten.

§ 8. Am Ende jedes Schuljahres werden Wiederholungsprüfungen gehalten, die sich über alle Unterrichtsgegenstände verbreiten.

§ 9. Über Führung und Leistungen erhalten die Zöglinge halbjährlich schriftliche Censuren, die bei der Rückkehr von den Ferien mit der Unterschrift des Vaters oder des Vormundes wieder vorzulegen sind.

§ 10. Der Übertritt ins Seminar erfolgt nach bestandener Aufnahmeprüfung. Zöglinge, welche nicht bestanden haben, kehren in die Anstalt zurück, um sich für die Aufnahme vollends tüchtig zu machen. Der Lehrplan ist so eingerichtet, dafs der Übertritt ins Seminar sowohl Ostern als Michaelis erfolgen kann.

### B. Lehrplan.

#### I. Allgemeine Grundsätze.

Aufgabe der Anstalt ist es, diejenige allgemeine Bildung zu gewähren, welche eine sichere Grundlage für die mehr fachmännische des Volksschullehrers abgiebt. Es ist eine möglichst gleichmäfsige Ausbildung der Kräfte zu erstreben und gute Gesittung, vaterländischer Sinn und aufrichtige christliche Frömmigkeit bei den Zöglingen zu fördern.

Unterrichtsgegenstände sind: Religion, Deutsch, Mathematik, Geschichte, Geographie, Naturkunde, Schreiben, Zeichnen, Singen, Violinspiel, Turnen, Klavierspiel, Orgelspiel und Französisch. Die drei letztgenannten sind fakultativ.

Der Unterricht beginnt jeden Morgen mit einer gemeinsamen kurzen Andacht. Das Unterrichtsverfahren ist vorwiegend elementar entwickelnd. Wo es dem Gegenstande entspricht, wird von der Auschauung oder dem Beispiel ausgegangen und der Schüler angehalten, aus den besprochenen Beispielen selbst das allgemeine Gesetz herzuleiten, sowie entwickelte Gedankenreihen zusammenfassend zu wiederholen. Auf Selbstthätigkeit im Beobachten und Denken und auf zusammenhängendes, korrektes, wohlartikuliertes und fliefsendes Sprechen wird grofser Wert gelegt. Bei Wiederholungen werden umfassendere Aufgaben gestellt, bei deren Lösung von selbständiger Verarbeitung Zeugnis abzulegen ist.

Dem Unterrichte liegen geeignete Leitfäden zu Grunde.

Die Privatlektüre der Zöglinge wird so geleitet und beaufsichtigt, dafs der Unterricht dadurch erwünschte Ergänzung findet. Auch sind die Zöglinge zu nützlichen Sammlungen anzuleiten.

## II. Aufgaben und Ziele der einzelnen Lehrgegenstände.

### 1. Religion.

**Biblische Geschichte. Aufgabe.** Durch den Unterricht in der biblischen Geschichte sollen die Präparanden zu genauer Bekanntschaft mit der heiligen Geschichte alten und neuen Testaments gelangen, im Erzählen dieser geübt und zum rechten Verständnis ihres Inhalts, sowie zur Erkenntnis ihrer hohen Bedeutung für das religiöse und sittliche Leben geführt werden.

**Verfahren.** Die wichtigeren Geschichten werden von dem Lehrer im Anschlusse an die Ausdrucksweise der Bibel erzählt, in ihrer religiösen und sittlichen Bedeutung eingehend besprochen und von den Schülern frei wiedererzählt. Die Erzählungen, bei welchen der geschichtliche Charakter vorwiegt, werden von den Schülern in der heiligen Schrift nachgelesen, darauf in der Unterrichtsstunde nach ihren Hauptmomenten wiedergegeben und unter Benutzung der Karte durch Erläuterung der fremdartigen Verhältnisse von seiten des Lehrers zum rechten Verständnis gebracht. Leseabschnitte werden gelesen, vom Lehrer entwickelt und bei der Wiederholung von den Schülern selbständig abschnittsweise erklärt, wobei durch Fragen stets die Aufmerksamkeit auf die Hauptsachen hinzulenken ist. Sind diese Abschnitte von besonderer Wichtigkeit, so werden sie ganz oder teilweise memoriert; dasselbe findet bei den Kernstellen der Erzählungen statt. Die notwendigen bibelkundlichen Mitteilungen erfolgen im Anschlusse an die biblische Geschichte.

**Lehrgang. 2. Klasse** (wöchentlich 3 Stunden). Bibelkundliches über Wesen, Namen, Ursprung, Einteilung, Grundsprachen und wichtige Übersetzungen der heiligen Schrift. Biblische Geschichte des alten Testaments im Zusammenhange. Zu eingehender Behandlung kommen: Schöpfung, Sündenfall, Kain und Abel, Sintflut, Abrahams Berufung, Lots Errettung, Abrahams Gehorsam, Isaaks Segen über seine Söhne, Jakob und Esau, Jakobs Flucht und Heimkehr, Joseph in Ägypten, Mosis Geburt und Errettung, Mosis Berufung, Gesetzgebung, Josua, Gideon und Simson, Eli und Samuel, David und Goliath, Absaloms Empörung, Salomos Gebet, Naboths Weinberg, Elias Himmelfahrt.

Bibelkundliche Mitteilungen über die verschiedenen Bücher des alten Testaments, besonders die fünf Bücher Mosis und die Psalmen. Geographie des heiligen Landes. Gottesdienstliche Handlungen der Israeliten. Erläuterung und teilweise Einprägung von Psalm 1, 19, 23, 90, 104 und 130.

**1. Klasse** (wöchentlich 2 Stunden). I. Jahreskursus: Jugendgeschichte Jesu bis zu seinem ersten Wunder in Kana, Bergpredigt, Hauptmann von Capernaum, Meeresstillung, Gichtbrüchige, Jairi Tochter, Jüngling von Nain, Gleichnisse (Mt. 13), Kananäisches Weib, Petri Bekenntnis, Christi Verklärung, Schalksknecht, Arbeiter im Weinberg, Christi Reise nach Jerusalem, Leidensgeschichte, Auferstehung, Erscheinungen Christi nach seiner Auferstehung, Himmelfahrt. Bibelkundliches über die vier Evangelien und die Apostelgeschichte. II. Jahreskursus: Jugendgeschichte Jesu, Gespräch mit Nikodemus, Jesus und die Samariterin, Jesus in Nazareth, Petri Fischzug, Johannis Botschaft, Teich Bethesda, Johannis Tod, Speisung der Fünftausend, Barmherzige Samariter, Blindgeborene, Jesus der gute Hirte, Gleichnisse Lucas 14—16, Pharisäer und Zöllner, Jesus und die Kinder, Auferweckung des Lazarus, Jesu Reise nach Jerusalem, Leidensgeschichte, Auferstehung, Himmelfahrt, Ausgiessung des heil. Geistes. Inhalt der Apostelgeschichte.

Lehrbuch: Heil. Schrift; H. WENDEL, Biblische Geschichte.

**Katechismus. Aufgabe.** Die Schüler sollen den lutherischen Katechismus seinem Wortlaute nach verstehen und seine Begründung in der Schrift klar erkennen lernen, sodafs sie im stande sind, über die Bedeutung der einzelnen Worte im Katechismus Rechenschaft zu geben und Belegstellen aus der Bibel dazu anzuführen.

**Verfahren.** Den Ausgangspunkt für die Erklärungen bilden entweder passende Beispiele aus der biblischen Geschichte oder zweckmäfsig ausgewählte Bibelsprüche, deren Beziehung zu dem betreffenden Katechismusabschnitt stets klar nachzuweisen ist. Die Erläuterungen sind kurz und bestimmt zu fassen, auch passende Liederverse heranzuziehen. Die wichtigsten Belegstellen werden sicher memoriert. Bei Wiederholungen sind die Schüler anzuhalten, über einzelne Punkte sich im Zusammenhange auszusprechen.

**Lehrgang.** 2. Klasse (wöchentlich eine Stunde). Das erste Hauptstück und der erste Glaubensartikel. 1. Klasse (wöchentlich eine Stunde). Der zweite und dritte Glaubensartikel; das Gebet des Herrn; vom Sakrament der heil. Taufe und des Altars. (Die Auswahl der zu memorierenden Bibelsprüche ist so zu treffen, dafs die eine Hälfte in dem einen Jahr, die andere im darauffolgenden zur Einprägung gelangt.)

**Lehrbuch:** H. Wendel, Luthers kleiner Katechismus.

**Kirchenlied. Aufgabe.** Die Präparanden sollen eine Anzahl der schönsten evangelischen Kirchenlieder kennen und im einzelnen, wie im Zusammenhange recht verstehen lernen, sie ganz oder teilweise sich einprägen und mit guter Betonung und gutem Ausdruck vorzutragen im stande sein, auch mit den Verfassern bekannt gemacht werden.

**Verfahren:** Besondere Stunden werden für diesen Gegenstand nicht angesetzt. Jede Religionsstunde beginnt mit der Erklärung oder dem Vortrage einzelner Liederverse. Dem Memorieren geht stets eine eingehende Erläuterung voraus.

**Lehrgang.** In der 2. Klasse werden memoriert 10 Lieder, in der 1. Klasse von dem 1. Jahreskursus 7, von dem zweiten 9 Lieder.

## 2. Deutsche Sprache.

**Aufgabe** des deutschen Sprachunterrichts ist es, die Schüler zu befähigen, sich mündlich und schriftlich korrekt, sachgemäfs, klar und fliefsend auszudrücken und poetische und prosaische Stücke der deutschen Nationallitteratur, die ihrem Gedankengange nicht fern liegen, richtig aufzufassen, gut zu lesen und zu reproduzieren.

**Lektüre.** Den Mittelpunkt des Sprachunterrichts bildet das Lesebuch. Eine besonders eingehende Behandlung erfährt der Normal- und Memorierstoff, bei dessen Auswahl Form, Inhalt und Verfasser mafsgebend sind. Hinsichtlich der Form müssen die ausgewählten Stücke die wichtigsten Stilgattungen und die Hauptarten der Poesie repräsentieren. Ihr Inhalt mufs geeignet sein, dem jugendlichen Geiste eine ideale Richtung zu verleihen, den Gedankenkreis zu erweitern, das Gemüt zu beleben und den Willen nachhaltig anzuregen. Unter den Verfassern darf keiner der bedeutenderen nationalen Schriftsteller, die im Lesebuch vertreten sind, unberücksichtigt bleiben.

Die unterrichtliche Behandlung der ausgewählten Stücke besteht vornehmlich in Folgendem: a. Im guten Vorlesen von seiten des Lehrers; b. in der Erklärung schwer verständlicher Ausdrücke, bildlicher Redeweisen, Figuren usw.; c. in wiederholtem Lesen durch die Schüler, wobei besonders auf richtige Betonung und ausdrucksvollen Vortrag zu achten und zu halten ist; d. in der Angabe des Hauptinhaltes und dem Aufsuchen des Gedankenganges; e. in der freien selbständigen Darstellung des Inhaltes (entweder in gedrängter Kürze oder mit Hinzufügung des zwischen den Zeilen Gelesenen, mit Umschreibung der erklärten Stellen, nach einer anderen Disposition, in anderer Redeweise usw.); f. in der mündlichen und schriftlichen Lösung angeschlossener Aufgaben (Nachbildungen, ausführliche Erklärungen von einzelnen Ausdrücken, Synonymen, Vergleichungen zwischen zwei verwandten Sprachstücken usw.). — Auch über Form und Verfasser werden die nötigen Mit-

## 2. Kapitel. Die Lehrerbildung in den einzelnen Staaten. 1. Preufsen.

tellungen gemacht. Eine Anzahl der behandelten poetischen Stücke, namentlich Gedichte erzählenden Inhalts, werden auswendig gelernt. Der übrige Inhalt des Lesebuches bildet den Lesestoff. Dazu gehören namentlich die historischen, geographischen und naturkundlichen Abschnitte. Diese dienen zur Belebung des betreffenden Unterrichts und werden thunlichst im Zusammenhange damit behandelt. Die Schüler müssen stets lautrichtig, fliefsend, logisch richtig, mit Wohllaut und Wohlklang lesen.

Lehrgang. 2. Klasse (wöchentlich 2 Stunden). Es kommen zur Besprechung: Kleine Erzählungen, Fabeln, Parabeln und Paramythieen, Märchen, Sagen, historische Darstellungen, poetische Erzählungen, Beschreibungen, Schilderungen, geographische Bilder, beschreibende Gedichte, Lieder und lyrische Lebensbilder. 1. Klasse (wöchentlich 2 Stunden). Aufser gröfseren Erzählungen, Beschreibungen, historischen Darstellungen und geographischen Bildern werden Betrachtungen und Abhandlungen, Sprichwörter und Reimsprüche, Lieder und Elegieen, Legenden, Balladen, Idyllen und Abschnitte aus Dramen besprochen. — Die hervorragenderen nationalen Schriftsteller, welche im Lesebuch vertreten sind, werden auch nach ihren äufseren Lebensumständen eingehender behandelt, namentlich folgende: Luther, Simon Dach, Paul Gerhard, Gellert, Lessing, Claudius, Klopstock, Vofs, Herder, Schiller, Goethe, Pestalozzi, Ernst Moritz Arndt, Schenkendorf, Körner, Rückert, Uhland, Chamisso, Freiligrath, Geibel, die beiden Grimm, Hebel, Krummacher. (In I. ist der Kursus zweijährig. Die Auswahl ist so zu treffen, dafs im zweiten Jahre zwar dieselben Stilgattungen und Dichtungsarten, aber nicht dieselben Stücke wieder besprochen werden.)

Lehrbücher: Bock, Deutsches Lesebuch (für mittlere und obere Stufen).

Aufsatz. Aufgabe. Die Stilübungen zerfallen in kleinere schriftliche Arbeiten, welche sich unmittelbar an die Behandlung der Lesestücke anschliefsen, und in gröfsere Aufsätze, zu welchen die Stoffe teils aus den Sprachstücken, teils aus dem Unterrichte in den Realien, teils unmittelbar aus dem Leben genommen werden.

Verfahren. Bei der Vorbereitung des Aufsatzes werden die Schüler zunächst angeleitet, das Material zu der Arbeit herbeizuschaffen, zu erweitern und zu vermehren. Hierbei wird zugleich auf die Wahl des Ausdrucks, auf die deutliche und ansprechende Einkleidung des Stoffes in die sprachlichen Formen hingewiesen. Darauf haben die Schüler die Reihenfolge, in welcher die Hauptabschnitte am besten zu behandeln sind, zu finden. Sie fertigen dann eine möglichst vollständige Disposition an und führen nach dieser den Aufsatz aus. Von den so entstandenen Arbeiten werden mehrere vorgelesen und eingehend besprochen. Nun erst wird der Aufsatz eingeschrieben und an den Lehrer zur Korrektur abgegeben.

Lehrgang. 2. Klasse (2 Stunden wöchentlich). In je drei Wochen werden durchschnittlich zwei Arbeiten vom Lehrer korrigiert. Die Aufsätze bestehen in freien Nachbildungen von Erzählungen, in Beschreibungen und Schilderungen, wozu Stoff und Disposition gegeben werden, und in Umbildungen. 1. Klasse (wöchentlich 1 Stunde). In 14 Tagen wird durchschnittlich ein Aufsatz korrigiert. Die Schüler fertigen an: historische Darstellungen, kurze Biographieen, geographische Schilderungen, leichte Parallelen, Charakterzeichnungen, Erläuterungen besprochener Gedichte, Erklärungen synonymer Ausdrücke und von Sprichwörtern und Sinnsprüchen, kleine Abhandlungen und Briefe. (Aufser den stilistischen Übungen werden noch besondere orthographische angestellt, und zwar wird in II. ein vollständiger Kursus in der Orthographie absolviert, wobei an Musterbeispielen die orthographischen Regeln entwickelt und dann geübt werden. In I. kommen die gelernten Regeln zur Wiederholung und finden Anwendung in Musterstücken. Als Leitfaden dient: WETZEL, Handbuch der Orthographie.

Grammatik. Aufgabe. Durch den grammatischen Unterrricht soll der Schüler die Gesetze für den Gebrauch der Muttersprache kennen lernen und befähigt werden, den Zusammenhang der einzelnen Teile der Rede sicher aufzufassen.

Verfahren. Die Schüler werden angeleitet, aus Musterbeispielen die Regel selbst aufzufinden.

Lehrgang. 2. Klasse (wöchentlich 1 Stunde). Der einfache Satz und seine Teile, der zusammengezogene und der zusammengesetzte Satz in leichteren Verbindungen. Die Wortlehre. 1. Klasse (wöchentlich 1 Stunde). Satz- und Wortbildungslehre. Die Lehre von der Interpunktion.

Lehrbücher: ENGLIEN, Leitfaden für den deutschen Sprachunterricht. WETZEL, Grundrifs der deutschen Grammatik.

Privatlektüre. Die Schülerbibliothek enthält gute Jugend- und Volksschriften, geographische, historische und naturkundliche Charakterbilder, Biographieen berühmter Männer, populäre Darstellungen aus der Physik, klassische Schriften und Übersetzungen fremder Klassiker, die dem Verständnisse der Zöglinge zugänglich sind. Die Auswahl der zu lesenden Bücher ist frei; doch hat der Lehrer mit gutem Rate dem Schüler an die Hand zu gehen. In der Regel wird etwa alle vierzehn Tage dem Einzelnen ein Buch verabfolgt. Zur Übung im mündlichen Ausdruck müssen die Schüler aus den gelesenen Schriften vor der Klasse kleine Episoden, kurze Erzählungen, leichte Schilderungen oder Biographieen zusammenhängend vortragen. Um den Geschmack zu bilden, wird den Schülern die Wahl dieser Stoffe freigestellt. Damit sie das Hauptsächliche von dem Nebensächlichen unterscheiden lernen, werden sie auch angehalten, schriftliche Excerpte anzufertigen.

3. Mathematik.

Rechnen. Aufgabe. Die Praparanden sollen Sicherheit in selbständiger Lösung von Aufgaben aus allen elementaren Rechnungsarten erlangen und die Elemente der Buchstabenrechnung kennen lernen.

Verfahren. Gemäfs dem elementaren Prinzip der Anschaulichkeit wird die Regel aus Beispielen abgeleitet; durch mannigfache mündliche und schriftliche Übungen wird unverlierbare Sicherheit erstrebt; über alle Operationen mufs der Schüler klare Rechenschaft geben können; er ist bei allen Lösungen und Beweisführungen zu bestimmtem und bündigem Ausdruck anzuhalten. Die Übung im schriftlichen Rechnen fällt hauptsächlich der häuslichen Beschäftigung zu, und um dabei an saubere und übersichtliche Darstellung zu gewöhnen, werden in besonderen Heften und an der Wandtafel Musterbeispiele gerechnet. Stets wird vom Schüler verlangt, dafs er selbständig das eingeschlagene Verfahren zu begründen im stande sei.

Lehrgang. 2. Klasse (wöchentlich 3 Stunden). Die Bildung der Zahl und ihre Darstellung: Die vier Species in ganzen unbenannten und benannten Zahlen, sowie in zehnteiligen und gewöhnlichen Brüchen. Aufserdem algebraische Aufgaben, ohne Anwendung der Buchstaben und Gleichungen, durch einfache Verstandesschlüsse gelöst. 1 Klasse (wöchentlich 2 Stunden). Einfache und zusammengesetzte Regel de tri-Aufgaben und die darauf sich gründenden Rechnungsarten des bürgerlichen Lebens (Zins-, Termin-, Rabatt-, Gesellschafts- und Mischungsrechnung), abgekürzte Rechnung mit Decimalen, Ausziehen der Quadratwurzel. Algebraische Aufgaben wie in II.

Lehrbücher: STUBBA, Übungshefte. BÖTTNER, Elemente der Buchstabenrechnung und Algebra.

Geometrie. Aufgabe. Die Schüler sollen die räumlichen Gröfsen richtig auffassen und berechnen und die wichtigsten Lehrsätze über Linien, Winkel, Dreiecke, Vierecke, Vielecke und den Kreis kennen und beweisen lernen.

**Verfahren.** Der Unterricht in diesem Gegenstande hat sich von blofsen Abstraktionen fern zu halten und auf Anschauung zu beruhen. Er verfährt streng entwickelnd, gewöhnt an präcisen Ausdruck und läfst den Schüler selbst die ihm bisher unbekannte Wahrheit finden. Zugleich wird er im Zeichnen geometrischer Figuren geübt und erhält Anleitung zur Lösung von Konstruktionsaufgaben.

**Lehrgang. 2. Klasse** (wöchentlich 1 Stunde). Vorbereitender Anschauungskursus: Allgemeines über Ausdehnungen und Richtungen im Raume; von den Linien, Winkeln, den Drei-, Vier- und Vielecken und dem Kreise; deren Konstruktion und Berechnung; vom Körpermafse; Einteilung der Körper; Eigenschaften der Prismen, der Pyramiden, des Cylinders, des Kegels, der Kugel und der regulären Polyeder; Berechnung dieser Körper. **1. Klasse** (wöchentlich 2 Stunden). Planimetrie: Von den geraden Linien, den geradlinigen Winkeln, den Parallelen, den Figuren im allgemeinen, den Dreiecken insbesondere.

Abteilung A aufserdem: Die wichtigsten Sätze aus der Lehre von den Parallelogrammen und dem Kreise. Fortgesetzte Übung im Lösen geometrischer Berechnungs- und Konstruktionsaufgaben.

**Lehrbücher:** W. ADAM, Elementarer Schulbedarf. KAMBLY, Planimetrie.

### 4. Geschichte.

**Aufgabe.** Aufser den wichtigsten Thatsachen der alten Geschichte, vorzugsweise der griechischen und römischen, sollen die Präparanden mit der Geschichte der Pflanzung und Ausbreitung des Christentums und der Völkerwanderung und mit den Hauptpersonen und wichtigsten Begebenheiten der deutschen und brandenburgisch-preufsischen Geschichte bekannt gemacht werden.

**Verfahren.** Der Stoff wird den Schülern in lebensvollen Bildern vorgeführt, die sich um wenige Hauptpersonen und -Thatsachen gruppieren. Nach dem Vortrage von seiten des Lehrers folgt eine eingehende Besprechung, wobei auch die Karte fleifsig benutzt wird. Darauf wird von den Schülern verlangt, den betreffenden Stoff sich so einzuprägen, dafs sie einzelne Partieen im Zusammenhange zu erzählen im stande sind. Die Hauptdaten, Namen und Zahlen werden sorgfältig eingeprägt und durch häufige Wiederholung befestigt. Die im Lesebuche dargebotenen historischen Abschnitte werden zur Belebung des Unterrichts herangezogen.

**Lehrgang. 2. Klasse** (wöchentlich 2 Stunden). Die Völker des Morgenlandes. Griechen. Römer. Gründung und Ausbreitung des Christentums. Die alten Deutschen. Die Völkerwanderung. Das Frankenreich. Bonifatius. Muhammed. **1. Klasse** (wöchentlich 2 Stunden). Geschichtsbilder aus dem Mittelalter und der neueren Zeit.

**Lehrbücher:** ANDRAE, Erzählungen. PIERSON, Leitfaden.

### 5. Geographie.

**Aufgabe.** Die Schüler sollen eine genauere Kenntnis der Heimatprovinz und des Deutschen Reiches, sowie nähere Bekanntschaft mit Europa und eine allgemeinere mit den übrigen Erdteilen und den fünf Weltmeeren erlangen, auch mit den Elementen der mathematischen Geographie wohl vertraut werden.

**Verfahren.** Zur Vermittelung der richtigen Auffassung ist von Bekanntem auszugehen und ferner ein vielseitiger Gebrauch von geeigneten Anschauungsmitteln (Globen, Karten, Bildern usw.) zu machen. Das richtig Angeschaute müssen die Schüler selbständig reproduzieren und selbstthätig darstellen (letzteres durch Kartenzeichnen). Allzugrofse Fülle von Namen und Zahlen ist zu vermeiden, dagegen durch anschauliche Schilderungen der Unterricht zu beleben.

**Lehrgang. 2. Klasse** (wöchentlich 2 Stunden). Allgemeine Vorbegriffe über Gestalt, Gröfse und Bewegung der Erde. Das geographische Netz. Verteilung von

Wasser und Land. Horizontale und vertikale Gliederung der Erdoberfläche im allgemeinen. Die Zeichen der geographischen Karte. Kurze Übersicht der fünf Erdteile und Geographie der Heimatprovinz. 1. Klasse (wöchentlich 2 Stunden). Geographie von Deutschland und Europa. Eingehendere Betrachtung von Asien, Afrika, Amerika und Australien. Die Hauptsätze der mathematischen Geographie.

Lehrbücher. DANIEL, Leitfaden. ADAMY, Geographie.

### 6. Naturkunde.

Aufgabe. Die Präparanden sollen den Bau, die Eigenschaft, das Leben, das Vorkommen und die Benutzung der wichtigsten Naturkörper kennen lernen, ihre charakteristischen Merkmale richtig aufzufassen befähigt und mit ihrer Einteilung vertraut, auch mit den wichtigsten Lehren aus der Physik und den Grundlehren der Chemie auf der Basis des Experiments bekannt werden.

Verfahren. Bei der Naturbeschreibung wird mit eingehender Besprechung einzelner Individuen (hervorstechender Typen), die entweder in natura oder in guten Abbildungen zu genauer Anschauung dargeboten werden, begonnen. Der Lehrer macht durch Fragen die Schüler auf die charakteristischen Merkmale aufmerksam, veranlaßt sie, ihre Wahrnehmungen im Zusammenhange auszusprechen, und berichtigt falsche Auffassungen. Das auf diese Weise im Geiste der Schüler entstandene Bild wird darauf durch weitergehende Mitteilungen über Leben, Entwickelung, Verbreitung und Benutzung vervollständigt. Nachdem so der Schüler die Fähigkeit erlangt hat, die einzelnen Naturkörper richtig aufzufassen, wird er auf der folgenden Stufe angeleitet, durch Vergleichung des äußeren und inneren Baues ihre Verwandtschaft zu erkennen und ihre systematische Einteilung zu verstehen. Durch Anregung und Anleitung zu eigenen Sammlungen von Naturkörpern soll Interesse an der Beschäftigung mit der Natur geweckt und ein Grund zu selbständiger Beobachtung gelegt werden. Beim Unterricht in Physik und Chemie wird von der anschaulichen Erscheinung an einzelnen Versuchen ausgegangen, und die Schüler werden angeleitet, denkend die stattfindenden Vorgänge zu verfolgen, deren einzelne Momente durch Schlußfolgerungen aus schon gemachten Erfahrungen im voraus zu bestimmen, die Gesetze, welche den Erscheinungen zu Grunde liegen, selbst aufzufinden und aus dem Anschaulichen zu abstrahieren, überhaupt selbst zu sehen, zu vergleichen und zu schließen. Die künstlich vor den Augen der Schüler hervorgebrachten Erscheinungen werden mit Vorgängen im Leben der Natur und der Menschen verglichen. Die bei den Versuchen benutzten Apparate, Präparate und Chemikalien werden zu genauer Anschauung dargeboten und nach Einrichtung und Beschaffenheit beschrieben. Zeichnungen an der Wandtafel unterstützen den Unterricht. Über die gemachten Erfahrungen müssen sich die Schüler stets im Zusammenhange aussprechen.

Lehrgang. 2. Klasse (wöchentlich 3 Stunden). a. Naturbeschreibung (2 Stunden). Es werden einheimische Samenpflanzen, welche den am meisten verbreiteten Familien angehören, beschrieben. b. Physik und Chemie (1 Stunde). Einzelne Erscheinungen der Schwere, Wärme, Kohäsion, Adhäsion, des Luftdrucks, des Magnetismus, der Elektricität. Einleitendes zum Verständnis chemischer Vorgänge und Gesetze sowie der Terminologie in der Chemie. 1. Klasse (wöchentlich 3 Stunden). a. Naturbeschreibung (2 Stunden). Wiederholte Betrachtung der in II. beschriebenen Naturkörper und Beschreibung verwandter Arten und Gattungen. Linnés System. System des Tierreichs. Anleitung zur Bestimmung von Pflanzen. Der Bau des menschlichen Körpers (I. Jahreskursus). Die wichtigsten Mineralien (II. Kursus). b. Physik und Chemie (1 Stunde). I. Jahreskursus: Wirkungen der Schwerkraft. Magnetische und elektrische Erscheinungen. Sauerstoff, Wasserstoff, Stickstoff, Kohlenstoff, Schwefel, Phosphor, Chlor und ihre wichtigsten Verbindungen. II. Jahres-

kursus: Erscheinungen des Schalles, des Lichtes und der Wärme. Einiges über Metalle und deren Verbindungen.
Lehrbücher: Schilling, Kleine Schulnaturgeschichte. Bänitz, Lehrbuch der Physik. Schlichting, Chemische Versuche.

7. Schreiben.

Aufgabe. Die Schüler sollen eine deutliche, reine und geläufige Handschrift erlangen und auch mit Kreide an der Tafel schreiben lernen.
Verfahren. Die einzelnen Buchstaben werden vor den Augen der Schüler vom Lehrer an die Wandtafel geschrieben und ebenso ihe Bestandteile einzeln. Darauf folgt eingehende Besprechung und zusammenfassende Beschreibung; erst dann tritt die Übung ein. Diese findet im Heft und an der Wandtafel statt und erfolgt zum Teil nach Zahlen. Die Korrektur ist hauptsächlich Klassenkorrektur und hat den Schülern zum klaren Bewufstsein der gemachten Fehler zu verhelfen. Wie bei der Einübung hauptsächlich auf Deutlichkeit, Genauigkeit und Bestimmtheit gesehen wird, so bei der fortgesetzten Übung hauptsächlich auf Festigkeit und Geläufigkeit.
Lehrgang. 2. Klasse (wöchentlich 2 Stunden). Einübung der deutschen Schrift. 1. Klasse (wöchentlich eine Stunde). Einübung der lateinischen Schrift. Übung in zusammenhängender deutscher Schrift.
Lehrmittel sind die Schreibhefte von Henze.

8. Zeichnen

Aufgabe. Durch Übung im Linear- und Freihandzeichnen soll das Wahrnehmungsvermögen, das Augenmafs, die Einbildungskraft und der Schönheitssinn gebildet werden und die Hand Sicherheit in der Darstellung geometrischer Flächenfiguren und einfacher Gegenstände nach der Natur erlangen.
Verfahren. Der Unterricht ist Klassenunterricht. Die von sämtlichen Schülern der Klasse gleichzeitig zu lösenden Aufgaben werden erst eingehend besprochen, zum Teil an der Wandtafel vorgezeichnet und dann möglichst korrekt und sauber ausgeführt. Vorgefallene Fehler müssen durch geeignete Fragen vom Schüler selbst als solche erkannt und unter allen Umständen von ihm selbst verbessert werden. Auch im Zeichnen an der Wandtafel wird geübt.
Lehrgang. 2. Klasse (wöchentlich 2 Stunden). Darstellen der geraden Linien in verschiedener Richtung und Stärke und Teilen derselben. Winkelzeichnen und Winkelteilen. Zeichnen geometrischer Flächenfiguren. Zusammengesetzte symmetrischen Figuren durch Einzeichnen in ein Quadrat gewonnen. Krumme Linien und krummlinige Figuren. 1. Klasse (wöchentlich 2 Stunden). Zeichnen rechtwinkliger und runder Körper nach der Vorderansicht. Zeichnen symmetrischer Figuren, charakteristischer Formen aus der Pflanzenwelt und leichter Flächenornamente nach Vorlagen.
Lehrmittel. Domschke, Wegweiser und Atlas zum Freihandzeichnen. Vorlagen von Haedtle, Pabusker, Täubinger, Brücke, Stuhlmann.

9. Musik.

I. Singen. Aufgabe. Die Schüler sollen je zwanzig der gangbarsten Kirchenmelodieen und bewährtesten Volksweisen aus dem Liederstoffe der Schule auswendig singen lernen und die Fähigkeit erlangen, leichte Volkslieder und Choräle vom Blatt zu singen.
Verfahren. Bei jedem einzuübenden Choral und jedem Liede werden Tonart, Taktart und Lage der Intervalle und Tempo besprochen. Es wird angegeben, wo zweckmäfsig Atem geholt werden kann; dann wird die Melodie satzweise zunächst auf la

eingeübt. Beim Beginn jeder Singstunde wird eine Tonleiter geübt oder eine Treff-
übung durchgenommen. In allem wird streng auf richtige Intonation, auf Takt,
rechte Accentuierung und richtige Aussprache gehalten.

**Lehrgang.** Es findet in dieser Disciplin zunächst eine Kombination beider
Klassen statt. Es wird ein- und mehrstimmig gesungen.

Wöchentliche Unterrichtszeit 2 Stunden. Zur Einübung kommen ca. 20 Choräle
und 20 Lieder. Lehrmittel: Daast, 200 Choralmelodieen. Baumert, Deutsche
Lieder.

**II. Klavierspiel. Aufgabe.** Die Präparanden sollen sämtliche Dur- und
Moll-Tonleitern sicher spielen und leichtere Etüden, Sonatinen und Sonaten gut
vortragen lernen.

**Verfahren.** Bei jedem Stück wird aufmerksam gemacht auf Tonart, Takt
und Tempo, und dann wird es perioden-, auch teilweise eingeübt, zuweilen
mit einer Hand, zumeist aber mit beiden Händen. Streng wird auf gute Arm- und
Handhaltung, sowie auf präcisen Anschlag und leichtes Spiel geachtet.

**Lehrgang.** Die Schüler werden nach ihrer Fähigkeit in Abteilungen gebracht.
Jede Abteilung hat wöchentlich eine Unterrichtsstunde. Es wird vom Leichteren
zum Schwereren übergegangen. Der Lehrgang schliefst sich einer guten Klavierschule
an. An zweckmäfsiger Stelle werden eingelegt: Sonatinen von Lichner, Hiller,
Clementi, Haydn, Mozart; Etüden von Löschhorn und Bertini.

**III. Violinspiel. Aufgabe.** Die Präparanden sollen die gebräuchlichsten
Dur- und Moll-Tonleitern in der ersten Lage rein ausführen, eingeübte Choräle und
Volkslieder vortragen und unbekannte von Noten spielen lernen.

**Verfahren.** Vor allen Dingen wird auf gute Haltung der Violine, guten,
leichten Bogenstrich und festen Stand des ersten Fingers gehalten. Dazu tritt das
Hervorbringen reiner und angenehm klingender Töne. Guter Vortrag und korrektes
Zusammenspiel wird ernstlich angestrebt.

**Lehrgang.** Nach der Fähigkeit der Schüler werden Abteilungen gebildet.
Jede Abteilung hat wöchentlich eine Unterrichtsstunde.

Neben Choral-, Lieder- und Tonleiterspiel wird nach dem Gange einer Violin-
schule geübt.

**IV. Allgemeine Musiklehre. Aufgabe.** Jeder Präparand soll zur
Kenntnis der verschiedenen Schlüssel, Takt- und Tonarten, der gewöhnlichen Fremdwörter und Tempobezeichnungen, der Intervallenlehre und der Tonverwandtschaften
gebracht werden.

**Verfahren.** Durch Beispiele an der Notentafel wird das rechte Verständnis
vermittelt und der Schüler zu selbständiger Lösung gestellter Aufgaben angeleitet
und angehalten.

**Lehrgang.** Dem Unterrichte liegen die Harmonie-, Melodie- und Formenlehre von Widmann und hauptsächlich die Musiktheorie von Daast zu Grunde. Die
wöchentliche Unterrichtszeit in der Harmonielehre und in der allgemeinen Musiklehre ist für jede Klasse eine Stunde.

**V. Harmonielehre. Aufgabe.** Die Präparanden sollen den Dur- und
Moll-Dreiklang, sowie den Hauptseptimenaccord in allen Lagen und Umkehrungen
nennen und spielen lernen.

**Verfahren.** Das Bilden der Dreiklänge und Septimenaccorde wird nicht
nur besprochen, sondern auch an der Tafel und auf dem Instrumente veranschaulicht
und durch Ausarbeiten in den verschiedenen Tonarten befestigt.

**Lehrgang.** Er schliefst sich einer gediegenen Anleitung an. Wöchentliche
Unterrichtszeit für jede Klasse 1 Stunde.

**VI. Orgelspiel. Aufgabe.** Die Präparanden sollen die elementaren Manual-
und Pedalübungen innehaben, einen ausgesetzten vierstimmigen Choral ohne Vor-

bereitung von Noten spielen und leichte Orgelstücke aus dem Gedächtnisse vortragen lernen.

Verfahren. Es wird genau auf Fingersatz, Fingerwechsel, genaues Zusammenspiel beider Hände, sowie auf zweckmäfsigen Gebrauch des Fufses geachtet. Besonders sorgfältig werden die ersten Übungen behandelt. Über den Gebrauch der Register ist das Nötige mitzuteilen.

Lehrgang. Die Schüler werden nach ihrer Fähigkeit in Abteilungen gebracht. Jede erhält wöchentlich eine Unterrichtsstunde.

Lehrmittel: Schütze, Orgelschule. Baumert, Präludien.

### 10. Französische Sprache.

(An diesem Unterrichte dürfen nur Zöglinge teilnehmen, deren Leistungen in den übrigen Lehrgegenständen durchaus genügen.)

Aufgabe. Die Schüler sollen Sicherheit in der Elementargrammatik erlangen und befähigt werden, leichtere Übungsstücke aus dem Französischen ins Deutsche und umgekehrt zu übersetzen.

Verfahren. Die Vokabeln werden sorgfältig eingeprägt, ihre richtige Aussprache und Schreibweise fleifsig geübt. Zur Vermittelung des Verständnisses der grammatischen Regeln ist vom Beispiele auszugehen. Die Übungsbeispiele müssen fliefsend übersetzt werden. Gleich vom Beginne des Unterrichts an werden die Schüler daran gewöhnt, leichte französische Sätze, später in Fragen zu verstehen. Die einfachsten Regeln der Wortstellung geben fortwährend Veranlassung zum Vergleiche der französischen und der deutschen Sprache. Die im kleinen Lesebuche dargebotenen Stücke werden erst wörtlich, dann in gutes Deutsch übersetzt, darauf aus dem Deutschen zurückübersetzt. Der gelesene und allseitig verarbeitete Stoff giebt das Thema zu Gesprächen mit den Schülern, welche die erlernten Wörter, sowie ihr grammatikalisches Wissen in Sätzen fortwährend mündlich und schriftlich anwenden müssen.

Lehrgang. 2. Klasse (wöchentlich 2 Stunden). Lektion 1—59 des Elementarbuches von Ploetz. Einübung aller Formen von avoir und être. Nach Beendigung der ersten 40 Lektionen wird das Paradigma der 1. und 2. Konjugation gelernt. 1. Klasse (wöchentlich 2 Stunden). Lektion 60—91 des genannten Elementarbuches. Gründliche Einübung der vier Konjugationen. Abteilung A arbeitet aufserdem das dem Elementarbuche angehängte kleine Lesebuch durch.

Lehrbuch: Ploetz, Elementarbuch der französischen Sprache.

### 11. Turnen.

Aufgabe des Turnunterrichts ist es, die Präparanden zu befähigen, sämtliche in dem „Neuen Leitfaden für den Turnunterricht in den preufsischen Volksschulen" verzeichneten Übungen auszuführen.

Verfahren. Jede Unterrichtsstunde beginnt mit Freiübungen auf der Stelle, woran sich Gesang- und taktische Elementarübungen anschliefsen. Die darauf folgenden Gerätübungen finden in Abteilungen statt.

Lehrgang. Sämtliche Zöglinge turnen gemeinsam, und zwar in wöchentlich 2 Stunden. Die Aufeinanderfolge der Übungen bestimmt der Leitfaden.

Leitende Grundsätze für den Präparandenunterricht. ME 20. Dez. 1877: Es ist die Aufgabe der Präparandenbildung, die Schüler in den sicheren Besitz der für die Aufnahme in das Seminar erforderlichen Kenntnisse zu bringen, ihre geistigen Kräfte zu üben und sie zu mündlicher und schriftlicher korrekter Wiedergabe der angeeigneten Lehrstoffe zu befähigen, während es dem Seminarunterrichte vorbehalten bleiben muſs, den Zöglingen die tiefere Einsicht in den Zusammenhang der einzelnen Lehrgegenstände und ihrer Teile, sowie die Mitteilungen über deren Behandlung zu geben, wodurch sie befähigt werden sollen, später selbst zu unterrichten. Der Unterricht der Präparanden hat darum nicht eine Lehrmethode einzuschlagen, welche erst im Seminarunterricht ihre Stelle hat, da sonst die erforderliche Vorbereitungskenntnis nicht erlangt und dem Unterricht im Seminar selbst die nötige Frische und Anteilnahme entzogen würde. Vielmehr sind für ihn die Methoden des einfachen Schulunterrichts innezuhalten, wie ein solcher in den obersten Klassen guter Mittelschulen erteilt wird.

b. **Lehrerseminare.** Über Einrichtung, Unterrichtsmethode und Lernthätigkeit vergl. CBl 1862 S. 35 ff., 1864 S. 345 ff., 1865 S. 163 ff., 578 ff., 1872 S. 16 ff.

Die Seminare sind ihrer Einrichtung nach Externate oder Internate oder beides zusammen. Der Unterricht ist immer unentgeltlich. Wohnung, Beleuchtung und Heizung ist für die Internen gleichfalls kostenlos. Zur Unterstützung für (bedürftige) externe Zöglinge darf nach ME 14. Aug. 1876 aus den im Seminaretat ausgeworfenen und vom Minister den Provinzial-Schulkollegien zu halbjährlicher Verrechnung überwiesenen Fonds nur der Betrag verwendet werden, welcher sich aus der Multiplikation der Zahl der in jedem Semester wirklich vorhandenen Externen mit der Hälfte des für derartige Unterstützungen bewilligten jährlichen Durchschnittssatzes ergiebt. Internen hingegen werden (ME 14. Aug. 1882) solche Beträge als „Beihilfen" zu den Unterhaltungskosten gewährt. Kostgelderlasse in Form von Freistellen finden nicht statt.

ME 25. März 1874: Die Zahl der Lehrkräfte umfaſst auſser dem Direktor und dem ersten (wissenschaftlichen oder Ober-) Lehrer vier ordentliche Seminarlehrer (unter denen sich der Übungsschullehrer befindet) und einen Hilfslehrer.

Dem Bedürfnis des Seminars nach selbstthätiger pädagogischer Ausbildung der Zöglinge genügt neben der einklassigen eine dreiklassige Übungsschule ME 8. Juli 1873. Die Anstellung eines ständigen Lehrers an einer solchen ist mit der zweckmäſsigen Einrichtung und einheitlichen Leitung der seminarischen Einweisung in den praktischen Schuldienst unverträglich. Die Übungsschule soll ein möglichst treues Bild der besten Schule des Bezirks darstellen und den Seminaristen Gelegenheit bieten, sich in der ihnen später obliegenden Lehrthätigkeit zu üben ME 29. Jan. 1873. Diese Schule ist im Seminargebäude unterzubringen. Ihre Einrichtung geschieht entweder von Staats wegen oder durch einen Vertrag mit der Gemeinde, durch welchen die Anstalt in das Ressort des Provinzial-Schulkollegiums, die

Schulaufsicht auf den Direktor des Seminars übergeht. Bei solchen Verträgen, welche ministerieller Genehmigung bedürfen und den Vorbehalt einzuschliefsen haben, dafs das darin getroffene Abkommen bei Verlegung, Auflösung oder Umgestaltung des Seminars nichtig sei, ist indessen stets daran festzuhalten, dafs die Gemeinde die Summen herzugeben hat, um welche sich durch Einrichtung der Übungsschule ihre Ausgaben für Schulzwecke vermindern.

ME 11. Okt. 1865: Zwar sind die Seminare in erster Linie dazu bestimmt, die Bedürfnisse des eigenen Bezirkes nach Schulamtskandidaten zu befriedigen; indessen darf die Aufnahme der Zöglinge doch nicht geographisch begrenzt werden.

CE 26. August 1873: Seminaraufnahmeprüfungen sind für alle Schulaspiranten verbindlich.

**Vorschriften über die Aufnahmeprüfung an den königlichen Schullehrerseminaren (CE 15. Okt. 1872).**

§ 1.

An jedem Schullehrerseminar findet alljährlich einige Zeit vor dem Beginn des neuen Kursus eine Aufnahmeprüfung statt. Der Termin wird seitens des Provinzial-Schulkollegiums durch das Regierungsamtsblatt bekannt gemacht.

§ 2.

Zur Prüfung sind alle Aspiranten, welche den Nachweis ihrer Unbescholtenheit, ihrer Gesundheit und der für die Kosten des Aufenthaltes am Seminar ausreichenden Mittel führen können und das vorschriftsmäfsige Alter erreicht haben, zuzulassen, gleichviel ob sie ihre Vorbildung in Volksschulen, Mittelschulen, Realschulen, Gymnasien, Präparandenanstalten oder privatim empfangen haben.

§ 3.

Die Meldung geschieht bis spätestens drei Wochen vor dem Prüfungstermine bei dem Seminardirektor, welcher die eingereichten Atteste zu prüfen und auf Grund derselben, wenn die vorgeschriebenen Bedingungen erfüllt sind, die Zulassung zum Examen zu gestatten hat. Ein Aspirant, welcher die Prüfung bereits dreimal ohne Erfolg abgelegt hat, ist abzuweisen.

§ 4.

Der Meldung sind folgende Atteste beizufügen:
1. das Taufzeugnis (der Geburtsschein);
2. ein Impfschein, ein Revaccinationsschein und ein Gesundheitsattest, ausgestellt von einem zur Führung eines Dienstsiegels berechtigten Arzte;
3. für die Aspiranten, welche unmittelbar von einer anderen Lehranstalt kommen, ein Führungsattest von dem Vorstande derselben, für die anderen ein amtliches Attest über ihre Unbescholtenheit;
4. die Erklärung des Vaters oder Nächstverpflichteten, dafs er die Mittel zum Unterhalte des Aspiranten während der Dauer seines Seminarkurses gewähren werde, mit der Bescheinigung der Ortsbehörde, dafs er über die dazu nötigen Mittel verfüge.

Der Aspirant mufs bei seinem Eintritt in das Seminar das 17. Lebensjahr vollendet und darf das 24. noch nicht überschritten haben; doch kann die Zulassung eines älteren Aspiranten vom Provinzial-Schulkollegium genehmigt werden, wenn sie in Rücksicht auf seine Persönlichkeit und seine bisherigen Lebensverhältnisse unbedenklich ist.

### § 5.

Die für die Aufnahme in das Seminar geeignet befundenen Aspiranten werden einer ärztlichen Untersuchung durch den Anstaltsarzt unterworfen, von deren Ergebnis die schliefsliche Entscheidung abhängt.

### § 6.

Die Prüfung wird von dem Seminarlehrerkollegium unter Vorsitz eines Kommissars des Provinzial-Schulkollegiums abgehalten. Den Kreisschulinspektoren und den Präparandenbildnern des Bezirkes ist es gestattet, derselben beizuwohnen.

### § 7.

Die Prüfung ist eine schriftliche und eine mündliche. In der schriftlichen Prüfung hat der Examinand über ein aus seinem Anschauungskreise gewähltes Thema eine kleine Ausarbeitung zu fertigen und eine Anzahl von Fragen aus dem Gebiete der verschiedenen Prüfungsgegenstände zu beantworten. Die Aufgaben sind so zu stellen, dafs ihre Lösung ganz kurz gegeben werden kann und nicht mehr Zeit als zwei bis drei Minuten erfordert. Die Prüfungskommission ist befugt, solche Prüflinge, deren Unreife sich in den schriftlichen Arbeiten zweifellos herausstellt, von der ferneren Prüfung auszuschliefsen. Die mündliche Prüfung verbreitet sich über sämtliche obligatorische Lehrgegenstände des Seminarunterrichts mit Ausschlufs der Schulkunde. Jeder Seminarlehrer prüft in den Gegenständen, in denen er im Seminar unterrichtet. Die Prüfung ist thunlichst vor dem ganzen Kollegium abzuhalten. Im anderen Falle werden so viele Gruppen gebildet, als Examinatoren vorhanden sind; jedoch mufs jeder Examinand, über dessen Reife unter den Prüfenden eine Verschiedenheit der Ansicht hervortritt, in den Gegenständen, in denen er zu schwach erscheint, noch einmal vor dem ganzen Kollegio geprüft werden.

### § 8.

Bei der Beurteilung sind die Leistungen in 1. Religion, 2. Sprache, 3. Rechnen und Raumlehre, 4. Musik, 5. Realien und Geschichte je unter eine gemeinsame Hauptcensur zu bringen. Aspiranten, welche in einer dieser Hauptcensuren das Prädikat „ungenügend" erhalten haben, sind zurückzuweisen, sofern sie sich nicht in den übrigen Gegenständen derart unterrichtet erwiesen haben, dafs eine Ergänzung ihrer Lücken in dem betreffenden Fache von ihnen erwartet werden darf. Wenn die unzureichenden Leistungen in der Musik im Mangel an Gehör begründet sind, so kann gleichwohl die Aufnahme stattfinden. Wegen ungenügender oder ganz mangelnder Vorbildung des Aspiranten im Orgelspiele darf ihm die Aufnahme gleichfalls nicht verweigert werden.

### § 9.

In der Aufnahmeprüfung haben die Examinanden die nachstehend bezeichneten Kenntnisse und Fertigkeiten aufzuweisen:

a. in Religion

die Evangelischen: Bekanntschaft mit der heiligen Geschichte alten und neuen Testaments, einschliefslich der zum Verständnisse derselben nötigen Kenntnis ihres Schauplatzes. Der Aspirant mufs befähigt sein, die bekanntesten biblischen Geschichten frei, aber im Anschlusse an die Ausdrucksweise der Bibel, zu erzählen und über den religiösen und sittlichen Inhalt derselben Auskunft zu geben. Er mufs ferner den dem Religionsunterrichte im Seminar zu Grunde liegenden Katechismus mit den Erklärungen nach Wort- und Sachinhalt beherrschen, namentlich über die Bedeutung der einzelnen Worte Rechenschaft geben können, auch zu den Geboten, den Glaubensartikeln und den Bitten des Vaterunsers die wichtigsten Belegstellen aus der heiligen Schrift, sowie passende Liederverse auswendig wissen und Beispiele aus der biblischen Geschichte zu ihnen angeben können. Er mufs über den Inhalt der einzelnen Bücher der heiligen Schrift eine allgemeine, über das 1. Buch Mosis, die Psalmen, die vier Evangelien, die Apostelgeschichte eine etwas genauere Auskunft zu erteilen im stande sein. Er mufs die Hauptsachen von der Reformationsgeschichte wissen und etwa 20 geistliche Lieder inne haben, in deren Inhalt eingeführt sein, sie mit guter Betonung und gutem Ausdruck vortragen, sowie über ihre Verfasser Rechenschaft geben können.

Die Katholiken:
Der Examinand soll im stande sein, die heiligen Thatsachen des alten und neuen Testaments im Anschlusse an die Fassung eines guten Historienbuches mit sinngemäfser Betonung zu erzählen, eine solche Kenntnis von dem Schauplatze besitzen, wie sie zum Verständnis des einzelnen erforderlich ist, im Auffinden der in der Erzählung enthaltenen Glaubenswahrheiten und Sittenlehren Übung zeigen, Zahl, Einteilung und Hauptinhalt der biblischen Schriften kennen. Er mufs wortgetreue Kenntnis des gröfseren Diöcesankatechismus erlangt, Verständnis des Wort- und Sachinhalts und Übung im Wiedergeben der einzelnen Gedanken mit anderen Worten und nach eigener Fassung erlangt haben. Er soll zwanzig Liedertexte auswendig wissen, in deren Inhalt eingeführt sein und sie mit guter Betonung und ebensolchem Ausdruck vortragen können; auch dürfen ihm die Diöcesan- und die vorzüglichsten Schutzheiligen der Kirche in ihrem Leben und Wirken, sowie jene Gebete nicht fremd sein, deren Verrichtung dem katholischen Christen geboten ist.

b. im Deutschen: 1. Kenntnis der Wort-, Wortbildungs- und Satzlehre. Präparand mufs die einzelnen Regeln usw. an Sprichwörtern und Mustersätzen aus den Schriften der deutschen Dichter und Volksschriftsteller nachweisen können.

2. Er mufs lautrichtig, logisch richtig und fliefsend vom Blatte lesen können und über das Gelesene Rechenschaft zu geben, die einzelnen Wörter zu bestimmen, die Sätze zu bestimmen und zu analysieren vermögen.

3. Er mufs die Hauptarten der Poesie an Proben aus den deutschen Klassikern kennen gelernt haben und einige Gedichte erzählenden Inhalts von Schiller, Uhland, Rückert usw., die seinem Verständnisse zugänglich sind, auswendig wissen, mit Verständnis und gutem Ausdruck sprechen und über ihren Inhalt Auskunft geben können.

4. Er mufs orthographisch und grammatisch richtig schreiben und Aufsätze, deren Stoff ihm gegeben ist oder in seinem Anschauungskreise liegt, fertigen können.

c. im Rechnen: Gewandtheit und Sicherheit im Kopfrechnen, Vertrautheit mit der Weise des Tafelrechnens. Stoff: die vier Species mit benannten und unbenannten Zahlen, mit ganzen Zahlen und mit gemeinen und Decimalbrüchen, Regel de tri, die bürgerlichen Rechnungsarten einschliefslich der zusammengesetzten Teilungs- und Mischungsrechnung. Elementare Lösung algebraischer Aufgaben. Der Aspirant mufs zu selbständiger, sicherer und schneller Lösung der ihm gestellten Aufgaben befähigt sein und zeigen, dafs er Einsicht in die Gründe des Verfahrens gewonnen habe.

d. in der Raumlehre: Elemente der Planimetrie, Flächen- und Raumberechnungen.

e. In der Geographie: Allgemeine Bekanntschaft mit den fünf Erdteilen und Weltmeeren, nähere mit derjenigen Europas und speciell mit der deutschen. Die Hauptbegriffe aus der mathematischen Geographie.

f. in der Geschichte: Die Hauptsachen aus der alten Geschichte (wie der Trojanische Krieg, die Perserkriege, die Blüte Griechenlands, Alexander der Grofse, die Gründung Roms, die Könige, die Vertreibung der Tarquinier, Camillus, die Punischen Kriege usw.). Die Pflanzung und Ausbreitung des Christentums, die Völkerwanderung; nähere Bekanntschaft mit den Hauptpersonen und Begebenheiten der deutschen und der brandenburgisch-preufsischen Geschichte bis zur Gegenwart. (Verständnis des Zusammenhanges ist nicht zu fordern, ebensowenig Vollständigkeit der Daten, sondern es genügt, wenn der Präparand die Geschichte bis dahin in guten Lehrbildern gelernt hat. Sicherheit des Wissens, namentlich auch in Bezug auf die Hauptdata ist unbedingte Forderung.)

g. in der Naturkunde: Die Naturgeschichte der drei Reiche soll der Präparand an hervorstechenden Typen und Familien kennen gelernt haben. Nähere Bekanntschaft mit den Kulturpflanzen, den Giftpflanzen und der Fauna und Flora der Heimat. Die wichtigsten physikalischen Lehren. Die Elemente der Chemie. (Es ist wünschenswert, dafs der Präparand auf der Grundlage des Experiments gelernt hat.)

h. im Schreiben: Fertigkeit im Schnellschreiben und im Schreiben mit Kreide an die Wandtafel. Präparand mufs in allen seinen Schriftsätzen eine deutliche, reine und ordentliche Handschrift haben.

i. im Zeichnen: Freihand- und Linearzeichnen; einige Übung im Zeichnen an der Wandtafel.

k. in der Musik: Im Gesange soll der Präparand je 20 der gangbarsten Kirchenmelodieen und der bewährtesten Volksweisen aus dem Liederstoffe der Schule auswendig singen können. Der Gesang mufs von groben Vorstöfsen gegen Intonation, Takt, Accentuierung und Aussprache frei sein. Auch soll Aspirant bereits einige Übung besitzen, leichte Choräle und Volkslieder vom Blatte abzusingen. Im Klavierspiel soll er sämtliche Tonleitern in Dur und Moll mit dem richtigen Fingersatze fest einstudiert haben, einige leichte, memorierte Stücke, Etuden, Sonatinen vortragen, auch leichte Klaviersätze mit einiger Sicherheit vom Blatte spielen können. Im Violinspiel soll Präparand die gebräuchlichsten Dur- und Moll-Tonleitern in der ersten Lage und bei mäfsigem Tempo mit Reinheit ausführen, die aus dem Gedächtnis zu singenden Choräle und Volkslieder auf der Violine vortragen und leichte Melodieen ohne erhebliche Fehler gegen die Intonation von Noten unmittelbar abspielen können; Korrektheit in den Grundlagen der Technik des Instruments ist überall erstes Erfordernis. In der allgemeinen Musiklehre genügt die Kenntnis der verschiedenen Schlüssel, Takt- und Tonarten, der gewöhnlichen Fremdwörter und Tempobezeichnungen, der Intervallenlehre und der Tonverwandtschaft. In der Harmonielehre soll der Spieler den Dur- und Molldreiklang sowie den Hauptseptimenaccord in allen Lagen und Umkehrungen nennen und spielen können. Im Orgelspiel mufs Präparand die elementaren Manual- und Pedalübungen innehaben, einen ausgesetzten vierstimmigen Choral ohne Vorbereitung von Noten abspielen und leichte Orgelstücke aus dem Gedächtnis vortragen können.

l. im Turnen: Der Aspirant mufs sämtliche in dem neuen Leitfaden für den Turnunterricht in den preufsischen Volksschulen verzeichneten Übungen auszuführen im stande sein.

**Bedingungen der Aufnahme in das Lehrerinnenseminar der Luisenschule in Posen** (vergl. Verf. d. Prov.-Sch.-Koll. 17. Mai 1878).

Die Aufnahmeprüfung in das Königliche Seminar für Lehrerinnen und Erzieherinnen zu Posen ist eine mündliche und schriftliche.

Zur Meldung ist einzureichen:
1. ein Zeugnis über sittliche Unbescholtenheit,
2. ein solches über den bisher erhaltenen Unterricht,
3. ein Tauf- und Konfirmationsschein,
4. ein Gesundheitsattest des zuständigen Kreisphysikus,
5. ein Revaccinationsschein,
6. ein selbständig abgefafster und mit guter Handschrift geschriebener Lebenslauf.

Zur Aufnahme ist das vollendete sechszehnte Lebensjahr erforderlich.

## 2. Kapitel. Die Lehrerbildung in den einzelnen Staaten. 1. Preufsen.

An Vorkenntnissen werden verlangt (im allgemeinen die Leistungen einer guten höheren Mädchenschule):

### 1. In der Religion

**a. von den Evangelischen:**

Bekanntschaft mit der heiligen Geschichte alten und neuen Testaments und ihrem Schauplatze.

Die Aspirantin mufs befähigt sein, die bekanntesten biblischen Geschichten im Anschlusse an die Ausdrucksweise der Bibel frei zu erzählen und über den religiösen und sittlichen Inhalt derselben Auskunft zu erteilen. Sie mufs ferner den Katechismus mit den Erklärungen nach Wort- und Sachinhalt beherrschen, die wichtigsten Belegstellen aus der heiligen Schrift, sowie passende Liederverse auswendig wissen und Beispiele aus der biblischen Geschichte zu denselben angeben können.

Sie mufs über den Inhalt der einzelnen Bücher der heiligen Schrift eine allgemeine, über das erste Buch Mosis, die Psalmen, die vier Evangelien, die Apostelgeschichte eine etwas genauere Auskunft zu erteilen im stande sein, die Hauptsachen der Reformationsgeschichte wissen und etwa 20 geistliche Lieder inne haben, in ihren Inhalt eingeführt sein, sie mit guter Betonung und gutem Ausdruck vortragen, sowie über die Verfasser Rechenschaft geben können.

**b. von den Katholischen:**

Bekanntschaft mit den heiligen Thatsachen alten und neuen Testaments im Anschlufs an die Fassung eines guten Historienbuches, Kenntnis des Schauplatzes derselben, Übung im Auffinden der in ihnen enthaltenen Glaubens- und Sittenlehren, Zahl, Einteilung, Hauptinhalt der biblischen Schriften, wortgetreue Kenntnis des gröfseren Diöcesankatechismus, Verständnis seines Inhalts. Auch mufs die Aspirantin mit den Diöcesan- und den vorzüglichsten Schutzheiligen der Kirche in ihrem Leben und Wirken, sowie mit den Gebeten bekannt sein, deren Verrichtung katholischen Christen geboten ist.

### 2. Im Deutschen:

Aspirantin mufs lautrichtig, logisch richtig und fliefsend vom Blatte lesen und über das Gelesene Rechenschaft geben können. Sie mufs die Hauptarten der Poesie an Proben aus den deutschen Klassikern kennen gelernt haben und einige Gedichte, insbesondere Balladen von Goethe, Schiller, Uhland, Rückert usw., die ihrem Verständnisse zugänglich sind, auswendig wissen, mit Verständnis und gutem Ausdruck sprechen und über ihren Inhalt Auskunft geben können. Sie mufs im Anschlusse an ein gutes Lesebuch in die wichtigsten Erscheinungen der deutschen Litteraturgeschichte, besonders des 18. Jahrhunderts, eingeführt sein. Ferner mufs Aspirantin Kenntnis der Wort-, Wortbildungs- und Satzlehre haben und die einzelnen Regeln aus mustergültigen Beispielen ableiten können.

Sie mufs orthographisch und grammatisch richtig schreiben und Aufsätze, deren Stoff ihr gegeben ist oder in ihrem Anschauungskreise liegt, fertigen können.

### 3. Im Französischen:

Aspirantin mufs genaue Kenntnis der Formenlehre und Syntax bis einschliefslich der Lehre vom Subjonctiv besitzen. Sie mufs diesen Besitz durch korrekte mündliche und schriftliche Übersetzungen aus dem Deutschen ins Französische nachweisen und endlich mit korrekter Aussprache einen leichteren französischen Schriftsteller lesen und übersetzen können.

### 4. Im Englischen:

Sicherheit der Formenlehre und Syntax. Korrektes Lesen und Verständnis eines leichteren Schriftstellers.

5. Im Rechnen:
Gewandtheit und Sicherheit im Kopfrechnen. Vertrautheit mit der Weise des Tafelrechnens innerhalb der vier Species mit benannten und unbenannten Zahlen, mit ganzen Zahlen, gemeinen und Decimalbrüchen an Exempeln aus der Regel de tri. Gründliche Kenntnis des Mafs- und Gewichtsystems.

6. In der Geschichte:
Kenntnis der wichtigsten Thatsachen aus der alten, mittleren und neueren Geschichte, speciellere Kenntnis der preufsischen Geschichte.

7. In der Geographie:
Die Hauptbegriffe aus der mathematischen Geographie, allgemeine Kenntnis der Erde und der Erdteile, speciellere Kenntnis Europas, speciellste Deutschlands nach physikalischer und politischer Beziehung.

8. In den Naturwissenschaften:
Kenntnis wichtiger Repräsentanten aus den drei Naturreichen, sowie der wichtigsten physikalischen Gesetze.

9. Im Zeichnen:
Einige Übung im Freihandzeichnen, dargelegt durch eine zur Prüfung mitgebrachte Zeichnung.

10. In der Musik

a. im Klavierspiel:
Genaue Kenntnis der Dur-Tonleitern und ihr fliefsendes Spiel durch vier Oktaven hindurch unter besonderer Berücksichtigung des richtigen Fingersatzes. Kenntnis sämtlicher Notenwerte und Pausen, sicheres Notenlesen, Bekanntschaft der gebräuchlichsten musikalischen Fremdwörter.

b. In der Theorie der Musik:
Kenntnis der Intervallenlehre, der Vorzeichen sämtlicher Dur-Tonleitern, sowie dieser selbst. Kenntnis der Dur- und Molldreiklänge, sowie der Verwandtschaftsverhältnisse zwischen Dur- und Moll.

c. im Gesange:
Aspirantin mufs eine Reihe vorgespielter Töne sicher nachsingen können.
(Mangel an der musikalischen Fertigkeit schliefst zwar nicht von der Aufnahme ins Seminar, wohl aber von der Teilnahme am Klavierunterricht aus.)

Sonstige Bedingungen.
Für Wohnung und Beköstigung haben die Zöglinge der Anstalt selbst zu sorgen. Das Honorar, welches für die Zeit des zweijährigen Unterrichts 255 Mark beträgt, kann den Zöglingen, welche ein Dürftigkeitsattest beibringen, auf 150 Mark ermäfsigt und unter der Bedingung gestundet werden, dafs sie sich verpflichten, in den ersten beiden Jahren nach ihrer Entlassung jede von dem Provinzial-Schulkollegium und dem Direktor für annehmbar erachtete und ihnen überwiesene Stelle in der Provinz Posen anzunehmen und jenes Honorar in den ersten drei Jahren nach ihrer Entlassung in jährlichen Raten zu 60 Mark an die Kasse der Anstalt zurückzuzahlen.

In das Lehrerinnenseminar der Augustaschule zu Berlin (Externat) werden ohne vorgängige Aufnahmeprüfung aufgenommen: jährlich zehn Zöglinge der Augustaschule und je zwei der Elisabethschule und der städtischen höheren Mädchenschulen Berlins, welche die erste Klasse absolviert und nach dem Zeugnis des Lehrerkollegiums der betreffenden Anstalt die Reife für das Lehrerinnenseminar erlangt haben.

Zur Aufnahme in das Lehrerinnenseminar zu Droyſsig sind mit Ausnahme der Ausbildung in der Musik die Kenntnisse und Fertigkeiten erforderlich, welche nach den Allgemeinen Bestimmungen vom 15. Oktober 1872[1]) in der Aufnahmeprüfung an den Königlichen Schullehrerseminaren verlangt werden, aufserdem Fertigkeit in den gewöhnlichen weiblichen Handarbeiten.

Ein Anfang im Verständnisse der französischen Sprache, sowie im Klavierspiel und Gesange ist erwünscht.

### Lehrordnung und Lehrplan
### für die Königlichen Schullehrerseminare (CE 15. Okt. 1872).

**§ 1.**

Jedes Schullehrerseminar ist mit einer mehrklassigen und einer einklassigen Seminar-Übungsschule verbunden.

**§ 2.**

Die Arbeit in der Übungsschule wird unter Aufsicht des Seminardirektors durch einen besonderen Lehrer als Ordinarius geleitet.

Diese Funktion ist möglichst einem ordentlichen Seminarlehrer zu übertragen. Jedenfalls ist der Ordinarius der Übungsschule Mitglied des Seminarlehrerkollegiums.

**§ 3.**

Der Unterrichtskursus im Seminar dauert drei Jahre.

**§ 4.**

Es ist die Aufgabe der Unterstufe (dritten Klasse), die von den verschiedenen Bildungsstätten her zusammenkommenden Zöglinge zu gleichmäfsiger Bildung und Leistungsfähigkeit zu fördern. Sie sollen gelehrt werden, ihre Kenntnisse zu ordnen, zu ergänzen und selbständig zu reproduzieren. In eine Beziehung zur Übungsschule treten die Seminaristen auf dieser Stufe noch nicht.

Auf der Mittelstufe (zweiten Klasse) erhalten die Zöglinge die Erweiterung ihrer Kenntnisse, deren sie bedürfen, damit sie diese später lehrend mitteilen können. In der Übungsschule hören sie den Lektionen der Seminarlehrer zu, leisten in diesen, sowie in den Pausen Helferdienste und versuchen sich in eigenen Lehrproben.

Auf der Oberstufe (ersten Klasse) findet die Unterweisung der Seminaristen ihren Abschlufs, wobei ihnen zugleich Anleitung für ihre selbständige Weiterbildung gegeben wird. Aufserdem übernehmen sie unter Leitung und Aufsicht der Seminarlehrer und des Ordinarius der Übungsschule fortlaufenden Unterricht in dieser.

Es ist dafür zu sorgen, dafs kein Seminarist weniger als sechs und mehr als zehn Schulstunden wöchentlich zu erteilen habe, und ebenso, dafs keiner die Anstalt verlasse, ohne Gelegenheit erhalten zu haben, sich im Unterrichte in Religion, im Rechnen, im Deutschen, im Singen und in einem der anderen Lehrgegenstände zu üben.

Es mufs daher wenigstens dreimal im Jahre ein Wechsel in der Arbeitsverteilung eintreten.

---

1) Berlin 1872, Verlag von W. Hertz (Bessersche Buchhandlung).

Mit diesem Wechsel unter den Seminaristen ist jedesmal eine Prüfung in den einzelnen Klassen der Übungsschule vor dem Seminarlehrerkollegium zu verbinden, welche die von dem Unterrichte zurücktretenden Seminaristen in Gegenwart der in ihn neu eintretenden abzunehmen haben.

### § 5.

Die in dem Unterrichte durchgearbeiteten Pensa werden vom Lehrer allwöchentlich in ein dafür eingerichtetes Klassenbuch eingetragen, welches sowohl bei aufserordentlichen Revisionen, als auch bei den Schlufsprüfungen als Anhalt dient. Die letzten werden am Ende jedes Semesters vor dem Lehrerkollegium abgehalten und verbreiten sich über sämtliche Unterrichtsgegenstände.

### § 6.

Am Ende eines Kursus gehen seine sämtlichen Mitglieder ohne weiteres in den nächsthöheren über. Hat ein Seminarist die Befähigung dazu nicht erworben, so ist seine Entlassung beim Provinzial-Schulkollegium zu beantragen; doch kann statt jener die Genehmigung nachgesucht werden, dafs der Betreffende den Kursus einer Klasse noch einmal durchmache, wenn sein Zurückbleiben nicht von ihm verschuldet ist.

### § 7.

Die beiden unteren Klassen erhalten wöchentlich je 24, die erste 14 Stunden mit Ausschlufs der in den technischen und fakultativen Gegenständen.

### § 8.

Der Unterricht in allen Gegenständen, welche im Lehrplane der Volksschule vorkommen, sowie der in der Pädagogik ist obligatorisch für alle Zöglinge.

Inwieweit einige Zöglinge vom Unterricht im Orgelspiel, sowie solche, denen trotz unzureichender oder völlig mangelnder Vorbildung in der Musik die Aufnahme in das Seminar gestattet worden ist, von dem Musikunterricht überhaupt oder von einzelnen Zweigen desselben zu dispensieren sind, ist in jedem einzelnen Falle durch Konferenzbeschlufs festzustellen.

### § 9.

In der französischen, bezw. englischen oder lateinischen Sprache wird fakultativer Unterricht erteilt.

An diesem sollen indes Zöglinge, die in der betreffenden Sprache noch keinen Anfang gemacht haben, nur bei besonderer Begabung ausnahmsweise teilnehmen dürfen.

In der Regel ist die französische Sprache zum Lehrgegenstand zu nehmen.

### § 10.

Der Unterricht, welchen die Seminaristen empfangen, soll in seiner Form ein Muster desjenigen sein, welchen sie als Lehrer später zu erteilen haben. Es ist dabei ebensosehr auf Korrektheit in der Darbietung des Stoffes durch den Lehrer, als auf solche in der mündlichen und schriftlichen Wiedergabe seitens der Schüler zu halten.

Das Diktieren ist ebenso ausgeschlossen, wie das Nachschreiben der Seminaristen während des Vortrags durch den Lehrer. Dem Unterrichte soll jedoch möglichst in allen Gegenständen ein kurzer Leitfaden zu Grunde liegen.

Die Unterweisung giebt überall zugleich mit dem Stoffe auch die Methode und leitet zu dessen selbständiger Durchdringung an. In allen Lehrstunden, nicht nur im deutschen Sprachunterricht, werden die Seminaristen in freier, zusammenhängender Darstellung des durchgenommenen Pensums geübt.

### § 11.

Zur Förderung der Unterrichtsarbeit dient dem Seminar neben einer guten Bibliothek, einem physikalischen Kabinett, und, wo es sein kann, einem chemischen

## 2. Kapitel. Die Lehrerbildung in den einzelnen Staaten. 1. Preußen. 249

Laboratorium eine zweckmäßige Zusammenstellung der bewährtesten Lehr- und Anschauungsmittel.

### § 12.

Wo die Errichtung einer Seminaristenbibliothek, sei es auch nur in Form einer besonderen Abteilung der ganzen Büchersammlung, noch nicht durchführbar ist, wird mindestens dafür Sorge getragen, daß neben den Bedürfnissen der Seminarlehrer auch diejenigen der Zöglinge in der Bibliothek Berücksichtigung finden. Diese erfordern sowohl die Anschaffung von Büchern, in denen die Seminaristen einen würdigen Unterhaltungsstoff, als von solchen, in denen sie eine geeignete Ergänzung des Unterrichtsstoffes oder eine musterhafte Darstellung desselben finden. Es gehören dahin diejenigen Werke unserer Klassiker sowie hervorragendsten Dichter und Volksschriftsteller neuerer und neuester Zeit, welche dem Verständnisse der Seminaristen zugänglich sind und den Bildungszweck des Seminars fördern; ferner einige Quellenschriften zur Geschichte der Pädagogik, und zwar neben den bedeutendsten Arbeiten der hervorragenden Pädagogen der letzten drei Jahrhunderte, wie sie in guten Sammelwerken, z. B. der pädagogischen Bibliothek von KARL RICHTER dargeboten sind, auch Muster guter Jugendschriften von den ersten Versuchen derselben aus der Zeit der Philantropisten bis zur Gegenwart. Endlich gehören dahin die Muster populärer Darstellungen aus den Gebieten der Welt- und Vaterlandskunde sowie der Kulturgeschichte, also Schriften von SCHLEIDEN, TSCHUDI, MASIUS, BREHM, ROSSMÄSSLER, RUSS, HARTWIG MÜLLER, VARNHAGEN, ADAMI, WERNER HAHN, FERDINAND SCHMIDT, WILPENHAHN, WILHELM HAUF, FREITAG, RIEHL; Zusammenstellungen, wie die von GAUDE u. a. m.

### § 13.

Die Benutzung der für die Privatlektüre der Seminaristen ausgewählten Bücher wird planmäßig geordnet und im Unterrichte kontrolliert. Die Veranstaltungen sind derart zu treffen, daß die Zöglinge die Wahl zwischen Gleichartigem haben, und nur das Lesen solcher Werke, deren Verwertung im Unterrichte unentbehrlich ist, wie z. B. Minna von Barnhelm, Wallenstein, Hermann und Dorothea, PESTALOZZIS Lienhard und Gertrud obligatorisch gemacht wird.

### § 14.

Es ist den Seminaristen auch anderweitige Gelegenheit und Anleitung zu geben, in privaten Vereinigungen, wie gemeinsamen Lesestunden an Sonntagsabenden, musikalischen Übungen, botanischen Exkursionen eine gegenseitige Förderung ihres Bildungszieles herbeizuführen.

### § 15.

Mindestens einmal im Monat wird der Unterricht an einem vollen Schultage ausgesetzt. Die dadurch gewonnene Gelegenheit zu zusammenhängender selbständiger Beschäftigung darf nicht durch Erteilung von besonderen Aufgaben für diesen Tag verkümmert werden.

### § 16.

Bei Aufstellung des Lektionsplanes wird dafür Sorge getragen, daß die Seminaristen durch ihre Beschäftigung in der Übungsschule nicht in dem Unterrichte, den sie selbst empfangen, verkürzt werden. Die Lehrstunden der ersten Klasse fallen daher ausschließlich, die der zweiten wenigstens teilweise in Zeiten, wo in der Übungsschule nicht unterrichtet wird.

### § 17.

Der Unterricht im Seminar wird nach einem für jede Anstalt besonders aufgestellten Lehrplane erteilt, für welchen ebenso, wie für die Einführung neuer Lehrbücher ministerielle Genehmigung erforderlich ist. Soweit es die Verhältnisse des Seminars gestatten, hält der Lehrplan desselben die nachstehend für die einzelnen Gegenstände bezeichneten Aufgaben und Ziele inne.

### § 18.
### Pädagogik.

**Dritte Klasse. 2 Stunden.**

Die Zöglinge erhalten das Wesentlichste aus der Geschichte der Erziehung und des Unterrichts in lebendigen Bildern der bedeutendsten Männer, der bewegtesten Zeiten, der interessantesten und folgenreichsten Verbesserungen auf dem Gebiete der Volksschule mitgeteilt. Zur Ergänzung und Veranschaulichung dieser Bilder dient die Einführung in die Hauptwerke der pädagogischen Litteratur, vorzugsweise aus der Zeit nach der Reformation. Die Lektüre wird so gewählt, dafs sich die Besprechung irgend einer pädagogischen Frage an sie knüpft, und derart behandelt, dafs die Seminaristen den Inhalt eines längeren Schriftstückes selbständig und richtig auffassen lernen.

**Zweite Klasse. 2 Stunden.**

Allgemeine Erziehungs- und Unterrichtslehre (Der Unterricht. Die Unterrichtsform. Die Erziehung durch den Unterricht) unter Hinzunahme des Notwendigen aus der Logik und Psychologie.

**Erste Klasse. 3 Stunden.**

Specielle Unterrichtslehre (Methodik). Das Schulamt. Die Schulverwaltung. Der erweiterte Amtskreis und die Fortbildung des Lehrers. — Die Seminaristen werden mit dem in ihrem Vorbereitungsbezirke geltenden allgemeinen Bestimmungen bekannt gemacht. (2 Stunden.)

Die dritte Stunde, welche der Ordinarius der Übungsschule erteilt, hat die Wahrnehmungen zum Gegenstande, welche von ihm selbst in Bezug auf die Arbeit der Seminaristen in der Schule gemacht, und welche ihm von den Fachlehrern mitgeteilt worden sind.

### § 19.
### Religion.

**Dritte Klasse. 4 Stunden.**

Die biblische Geschichte alten Testaments im Zusammenhange. 3 Stunden.

Es werden hier wie in der zweiten Klasse die einzelnen biblischen Geschichten nach ihrem religiösen und sittlichen Inhalte entwickelt und fruchtbar gemacht, die Seminaristen in freier und würdiger Erzählung der biblischen Geschichte geübt.

Psalmen und andere poetische Stücke des alten Testaments.

Das Kirchenlied in seiner Entwickelung.

Die in den Lehrplan der Schule aufgenommenen geistlichen Lieder werden unter Hinzunahme der ihnen nach Form und Inhalt nächststehenden in historischer Folge so erläutert, dafs sich an ihnen die Geschichte der kirchlichen Dichtung veranschaulicht. — 1 Stunde.

Die gedächtnismäfsige Aneignung bezw. Wiederholung der Lieder verteilt sich als Pensum auf die dritte und zweite Klasse.

**Zweite Klasse. 4 Stunden.**

Die biblische Geschichte neuen Testaments im Zusammenhange, unter besonderer Berücksichtigung der evangelischen und epistolischen Perikopen. Erklärung des christlichen Kirchenjahres und der Ordnung des öffentlichen Gottesdienstes.

Die Religionslehre im Zusammenhange auf Grund des Katechismus der betreffenden Konfession unter fortwährender Beziehung auf die biblische Geschichte und mit Anleitung für die Behandlung des Stoffes in der Schule.

Vom zweiten Semester an wird mindestens eine Stunde zu Musterlektionen und Lehrproben in der Übungsschule benutzt.

**Erste Klasse. 2 Stunden.**

Bibelkunde; in den evangelischen Seminaren Bibellesen. (Apostelgeschichte, Paulinische Briefe, Stücke aus Hiob und Jesajah.)

## 2. Kapitel. Die Lehrerbildung in den einzelnen Staaten. 1. Preußen.

Das Wesentlichste aus der Kirchengeschichte.

Die Methodik des Religionsunterrichts, veranschaulicht durch Lehrproben, welche alle Stoffe desselben vorführen: Biblische Geschichte, Perikopen, Bibelspruch, Schriftabschnitt, Katechismus, geistliches Lied, Kirchengeschichte. — Anleitung für die Fortbildung.

Die in der Schule eingeführten Religionsbücher, Katechismus und Historienbuch, sind dem Unterrichte so zu Grunde zu legen, daß der Seminarist sie später selbständig zu gebrauchen und zu erklären vermag. Doch hat die Unterweisung auch stofflich aber die durch diese Bücher gezogenen Grenzen hinauszugehen, weshalb auch, namentlich für die Einführung in die heilige Geschichte bezw. Schrift, ausführlichere Leitfäden zu benutzen sind.

In das Pensum der katholischen Seminare fällt noch die Aneignung und Erklärung der Gebete, deren Verrichtung die Kirche als religiöse Pflicht bezeichnet.

### § 20.
### Deutsch.
#### Dritte Klasse. 5 Stunden.

Der einfache, zusammengezogene und zusammengesetzte Satz in leichteren Verbindungen. Die Wortarten, Deklination, Komparation, Konjugation. Die Regeln der Orthographie und Interpunktion im Zusammenhange.

Im Anschlusse an die Lektüre: Übung im mündlichen Vortrag und schriftlichen Ausdruck, sowie Mitteilungen über Wesen und Form der Poesie; die Elemente der Metrik, das Wichtigste über den Reim. Von den Dichtungsarten der lyrischen Poesie: das Lied; der epischen: die poetische Erzählung, Legende, Sage, Märchen, Ballade; der didaktischen: Fabel und Parabel.

#### Zweite Klasse. 5 Stunden.

Genauere Kenntnis des zusammengesetzten und verkürzten Satzes, ebenso der Wortlehre, der Rektion der Zeitwörter, Eigenschaftswörter, Verhältniswörter. Die Wortbildungslehre.

Lektüre wie in der dritten Klasse. Die zur Besprechung kommenden Dichtungen und Prosastücke sind nach Umfang, Form und Inhalt schwieriger als die für die dritte Klasse ausgewählten. An ihnen werden veranschaulicht: lyrische, epische und dramatische Poesie im allgemeinen; Volkslied, Ode, Ballade, Romanze, Epos und Drama.

Leselehre und praktische Anleitung zur Erteilung des Sprachunterrichts in Musterlektionen und Lehrproben.

#### Erste Klasse. 2 Stunden.

Wiederholung des bisherigen Pensums. Erweiterung desselben in Bezug auf Lektüre.

Methodik des deutschen Sprachunterrichts im Zusammenhange, im Anschlusse an Lehrproben.

Für den deutschen Sprachunterricht gelten folgende Gesichtspunkte:

a. Es wird auf fließendes und korrektes Sprechen ein vorzügliches Gewicht gelegt, doch wird das Resultat nicht durch einzelne Redeübungen, sondern dadurch erzielt, daß wie in allen Lehrgegenständen, so besonders im Deutschen die Schüler zu guten, zusammenhängenden Darstellungen veranlaßt werden.

b. Für die schriftlichen Arbeiten ist Korrektheit in der Form, Klarheit im Ausdrucke, Übersichtlichkeit in der Anordnung des Stoffes strenge Forderung. Ziel: das Vermögen des Seminaristen, Stoffe, die er durchdrungen hat, unterrichtlich darzustellen. In dieser Richtung müssen die Aufgaben für die einzelnen Stufen fortschreiten. Die Stoffe werden allen Unterrichtsgebieten entnommen.

c. Die Lektüre der Seminaristen ist teils eine private, teils vollzieht sie sich im Unterrichte selbst.

Im ersteren Falle werden ihnen die Bücher aus der Anstaltsbibliothek gegeben: vorzüglich die Meisterwerke unserer Dichter und Prosaiker. (Besonders geförderte Schüler können dabei reichlicheren Stoff erhalten.) Die im Unterrichte selbst vorgenommenen Lesestoffe werden nach Form und Inhalt erklärt. Es werden solche Poesieen und Prosastücke aus den Zeiträumen der deutschen Litteratur von Luther an, vorzugsweise die unserer Klassiker genommen.

Die Auswahl, die nur nach Form und Inhalt Mustergiltiges berücksichtigt, wird so getroffen, dafs die oben bezeichneten Dichtungsarten vertreten sind, deren Eigentümlichkeit dann an diesen Beispielen zu veranschaulichen ist. Eine Anzahl der erklärten Gedichte wird memoriert. Die Stoffe werden dem in der Anstalt gebrauchten Lesebuche entnommen. Endlich werden die Stoffe des Volksschullesebuchs der Provinz unterrichtlich durchgearbeitet und Anleitung für die Fortbildung gegeben.

Neben dem Lesebuche der Übungsschule, zu dessen zweckmäfsigem Gebrauch im Unterricht die Seminaristen Anweisung erhalten, liegt dem deutschen Unterricht im Seminar noch ein besonderes Lesebuch zu Grunde.

§ 21.

Geschichte.

Dritte Klasse. 2 Stunden.

Bilder aus dem Leben der wichtigsten Kulturvölker des Altertums. Ausführlicher: Die Geschichte der Hellenen (Heroenzeitalter, das Zeitalter der Gesetzgeber, von den Perserkriegen bis auf Alexander den Grofsen), der Römer (Sagen aus der Königszeit, Geschichte der Republik in Lebensbildern, Untergang der Republik, einiges aus der Kaiserzeit des ersten Jahrhunderts.)

Zweite Klasse. 2 Stunden.

Land und Volk der alten Deutschen. Kämpfe mit den Römern. Völkerwanderung. Zeitalter der Karolinger. (Ausführlich: Ausbreitung des Christentums in Deutschland, Karl der Grofse). Geschichte der grofsen Kaiserhäuser; Zeitalter der Kreuzzüge; bis zur Reformation.

Erste Klasse. 2 Stunden.

Brandenburgisch-preufsische Geschichte bis zur Gegenwart. (An den betreffenden Stellen ist auf die bedeutendsten Ereignisse in den Nachbarländern Bezug zu nehmen.

Die methodische Anleitung beginnt in der dritten Klasse mit der Übung in zusammenhängender freier Geschichtserzählung, setzt sich in der zweiten Klasse in Lehrproben fort und schliefst in der ersten mit der Beurteilung der Leistungen in der Übungsschule.

§ 22.

Rechnen.

Dritte Klasse. 3 Stunden.

Die Bildung der Zahl und ihre Darstellung. Die vier Species in unbenannten und benannten Zahlen. (Die Lehre von den Decimalen.)

Die gemeinen Brüche. Regel de tri-Aufgaben. Zusammengesetzte Regel de tri. Die Rechnungen des bürgerlichen Lebens (Zins-, Termin-, Rabatt-, Gesellschafts-, Mischungsrechnung). Quadrat- und Kubikwurzeln.

Zweite Klasse. 3 Stunden.

Die Lehre von den Proportionen und von den positiven und negativen Gröfsen. Gleichungen ersten Grades. Potenzen und Wurzeln — 2 Stunden.

Methoden in Musterlektionen und Lehrproben veranschaulicht, deren Aufgaben dem Pensum der Volksschule entnommen sind. Hierbei werden die Seminaristen zugleich mit den gebräuchlichsten Rechenmaschinen bekannt gemacht — 1 Stunde.

Erste Klasse. 1 Stunde.

Sicherheit in der Methode.

Neu eingeführt werden die Gleichungen zweiten Grades und, wo es erreichbar ist, die Lehre von den Reihen und Logarithmen. Anleitung für die Fortbildung.

Ziel: Klare Einsicht in das Verfahren und Sicherheit in selbständiger Lösung der Aufgabe.

§ 23.
Raumlehre.

Dritte Klasse. 2 Stunden.

Die Lehre von den Linien und Winkeln, dem Dreieck, Parallelogramm und Kreise. Konstruktionsaufgaben.

Zweite Klasse. 2 Stunden.

Die Lehre von der Gleichheit und der Ähnlichkeit der Figuren und Berechnung derselben. Stereometrie (Körperberechnung).

Erste Klasse.

Die Wiederholungen des Stoffes der Raumlehre und die methodische Anleitung zur Behandlung derselben werden in der Rechenstunde gegeben. —

Auf allen drei Stufen werden die Zöglinge im Zeichnen der geometrischen Figuren an der Wandtafel geübt.

Der Unterricht geht von der Anschauung aus und wird an der Hand guter Leitfäden erteilt.

Ziel: Klare Einsicht in die Methode des Gegenstandes. Möglichkeit einer Weiterbildung auch in neuen Stoffen und Befähigung zur Erteilung des Unterrichts.

§ 24.
Naturbeschreibung. Physik. Chemie.

Dritte Klasse. 4 Stunden.

a. Naturbeschreibung.

Kenntnis ausgewählter einheimischer Samenpflanzen, welche den am meisten verbreiteten Familien angehören. Kenntnis des Linné'schen Systems und des Wichtigsten aus der botanischen Morphologie.

Im Winter: Zoologie — 2 Stunden.

b. Physik.

Magnetische, elektrische und mechanische Erscheinungen.

c. Chemie.

Die einfachsten Grundstoffe und ihre Verbindungen. Berücksichtigt wird besonders die mineralogische Seite derselben — 2 Stunden.

Zweite Klasse. 4 Stunden.

a. Naturbeschreibung.

Kenntnis der Hauptformen der Samen- und Sporenpflanzen, Kenntnis eines natürlichen Systems. Bau, Leben und Verbreitung der Pflanzen.

Im Winter: Erweiterung des Pensums der Zoologie. Außerdem der innere Bau und Lebensverrichtungen des menschlichen Körpers — 2 Stunden.

b. Physik.

Die Erscheinungen des Lichtes, der Wärme und des Schalles.

c. Chemie.

Erweiterungen des Pensums der zweiten Klasse mit Hinzufügung der organischen Chemie — 2 Stunden.

In allen drei Disciplinen wird das Methodische auf dieser Stufe gegeben; es werden Musterlektionen erteilt und Lehrproben abgenommen.

Ergänzung des Pensums nach der methodischen Seite des Gegenstandes.

Neu eingeführt wird eine Übersicht des Baues der Erdrinde. Anleitung zur selbständigen Fortbildung.

Es ist die besondere Aufgabe des Unterrichtes, für die Darstellung der Naturwissenschaften Methoden zu finden, durch welche dieselben auch auf unteren Stufen schon formell bildende Kraft erlangen. Es ist daher überall von der Anschauung auszugehen. Der Unterricht in der Physik und Chemie darf nicht ohne das Experiment, der in der Naturbeschreibung nicht ohne das Original oder die Abbildung auftreten. Reines Gedächtniswerk ist ausgeschlossen.

Ziel: Die Befähigung der Zöglinge, sich selbständig in den drei Naturreichen zurechtzufinden, an der Hand guter Bücher weiter zu arbeiten und einen anschaulichen Unterricht zu erteilen.

## § 25.
## Geographie.
### Dritte Klasse. 2 Stunden.

Das Wichtigste aus der Heimatskunde und der allgemeinen Geographie. Übersichtliche Kenntnis der Erdoberfläche. Die vier aufsereuropäischen Erdteile. Kartenlesen.

### Zweite Klasse. 2 Stunden.

Europa. Deutschland. Mathematische Geographie. Anleitung zur Erteilung des geographischen Unterrichts in Musterlektionen; Abnahme von Lehrproben.

### Erste Klasse. 1 Stunde.

Fortgesetzte methodische Anleitung namentlich auch in Bezug auf die unterrichtliche Verwertung von Atlanten, Wandkarten, Globen, Tellurien und anderer Anschauungsmittel.

Jeder Seminarist muſs im Besitze eines guten Handatlas sein, den er während des Unterrichts benutzt. Der eingeführte Leitfaden ist der Schulauszug des gröſseren Werkes, dem der Lehrer in seinem Gange sich anschlieſst.

## § 26.
## Zeichnen.
### Dritte Klasse. 2 Stunden.

Freihandzeichnen: Darstellen und Teilen der Linien und Winkel. Zeichnen der geometrischen Flächenfiguren. Zusammengesetzte symmetrische Figuren, durch Einzeichnen in ein Quadrat gewonnen. Zeichnen rechtwinkliger und runder Körper nach der Vorderansicht. Zeichnen symmetrischer Figuren und Ornamente nach Vorlagen. Zeichnen mit Lineal, Maſs und Zirkel, Übungen im Ornament und im Zeichnen an der Wandtafel.

### Zweite Klasse. 2 Stunden.

a. Elemente der Perspektive. b. Freihandzeichnen nach Holzkörpern, Gipsmodellen, Naturgegenständen, ausgeführt mit schwarzer Kreide, Tusche, Sepia usw., je nach Begabung der einzelnen Zöglinge. c. Übung im Zeichnen an der Wandtafel.

### Erste Klasse. 1 Stunde.

a. Fortgesetzte Übung, besonders an der Wandtafel, auch in Objekten, welche in anderen Unterrichtsstunden zur Veranschaulichung dienen. b. Methodik des Zeichenunterrichts. c. Anleitung zur Fortbildung.

Ziel des Unterrichts ist die Befähigung des Seminaristen, die Zeichnungen, welche er in den verschiedenen Lehrgegenständen (Geometrie, Geographie, Anschauungsunterricht oder Sprechübungen) an der Wandtafel zu zeichnen hat, sauber auszuführen und in der Volksschule einen verständigen Zeichenunterricht erteilen zu können.

## § 27.
## Schreiben.
### Dritte Klasse. 2 Stunden.
### Zweite Klasse. 1 Stunde.

Ziel ist 1. daſs die Seminaristen eine gute ausgeschriebene Handschrift erlangen und in allen ihren Schriftsätzen, auch in schnell geschriebenen, gut, sauber und ordentlich schreiben;

2. dafs sie nicht nur die Vorschriften für die Schreibstunde, sondern auch, was im anderen Unterricht schnell an die Wandtafel zu schreiben ist, sicher und sauber ausführen;

3. dafs sie in der Volksschule einen verständigen Schreibunterricht geben können.

§ 29.
Turnen.

Dem Turnunterricht in den Seminaren ist der „Neue Leitfaden für den Turnunterricht in den preufsischen Volksschulen" zu Grunde zu legen; dabei ist nicht ausgeschlossen, dafs da, wo es die Verhältnisse gestatten, über die Grenzen desselben hinausgegangen werde.

Die unter allen Umständen zu lösende Aufgabe bleibt aber, dafs die Seminaristen befähigt werden, den Turnunterricht zweckmäfsig und nach dem Leitfaden zu erteilen.

Die dritte und zweite Klasse haben wöchentlich je zwei Stunden, die erste eine Stunde praktisches Turnen; daneben erhält letztere in einer besonderen Stunde die nötigen Belehrungen über den Bau und das Leben des menschlichen Körpers, über die ersten notwendigen Hilfeleistungen bei Körperverletzungen, über die geschichtliche Entwickelung des Turnwesens, über Zweck, Einrichtung und Betrieb des Turnens, sowie über die Einrichtung von Turnplätzen und Turngeräten für Elementarschulen.

Den Zöglingen der ersten Klasse wird Gelegenheit gegeben, sich unter Aufsicht des Seminarturnlehrers im Erteilen von Turnunterricht an Schüler zu üben.

§ 29.
Musik.
I. Klavierspiel.

In der dritten Klasse rein technische Übungen für Anschlag und Geläufigkeit; eigentliche Etüden in einer Stufenfolge, wie sie in den besseren Klavierschulen gegeben ist; freie Tonstücke, aufsteigend etwa von den Clementischen Sonatinen in einer Reihe, worin neben bewährtem Älteren auch das berechtigte Neue Vertretung findet.

In der zweiten Klasse Fortsetzung der Etüden, bei besonders begabten und geförderten Schülern selbst bis zum Cramerschen Werke hin; Sonaten von klassischen Meistern, wie Mozart, Haydn, Beethoven usw. nach einer vom Lehrer zu treffenden progressiven Anordnung.

In der ersten Klasse bleibt das Klavierspiel Privatübung.

II. Orgelspiel.

Der Seminarist hat von Klasse zu Klasse in der eingeführten Orgelschule nach dem Mafse seiner Begabung und Vorbildung fortzuschreiten. Aufserdem fallen jeder Klasse noch besondere Aufgaben zu, nämlich

der dritten: fortgesetzte Übung sämtlicher Nummern des Choralbuchs;

der zweiten: Einspielen der in der Harmonielehre (s. u.) analysierten oder transponierten (kleinen) Orgelsätze; Abspielen derartiger Stücke vom Blatt. Sichere Aneignung eines Vorspiels zu jedem gebräuchlichen Choral, als Ausrüstung für würdiges gottesdienstliches Orgelspiel;

der ersten: Choraltransposition, Übung im Modulieren, Erfinden kleiner Choraleinleitungen und einfacher Zwischenspiele.

III. Harmonielehre.

Die Seminaristen, welche zum Organistendienste nicht ausgebildet werden sollen, haben zwar dennoch an dem Unterrichte teilzunehmen, jedoch nur das Pensum der dritten Klasse und aus dem der ersten den geschichtlichen Teil zu absolvieren.

#### Dritte Klasse.

Aufstellung und Einübung der Dreiklänge in Dur und Moll, der Septimen- und Nonenaccorde nach ihren Hauptformen und den Grundgesetzen ihrer Verbindung.

#### Zweite Klasse.

Befestigung der Zöglinge in der Kenntnis des harmonischen Materials und fortwährende Verwendung desselben im Setzen von Chorälen, sowie im Analysieren, Transponieren und Einspielen kleiner harmonischer, vom Lehrer gegebener Orgelsätze. Erster Kursus der Modulation.

#### Erste Klasse.

Harmonisierung des Chorals und des Volksliedes. Erfindung einfacher Choraleinleitungen. Bildung von kirchlich würdigen Zwischenspielen. Zweiter Kursus der Modulation. Die alten Tonarten. Einiges zur Kenntnis der wichtigsten Formen der Vokal- und Instrumentalmusik. Bau und Pflege der Orgel. Einiges zur Geschichte der Musik.

### IV. Violinspiel.

Die Seminaristen werden nicht nach Jahreskursen, sondern nach dem Maße ihrer Fertigkeit in Abteilungen gesondert. Jede Abteilung hat die Aufgaben der eingeführten Elementarviolinschule von Stufe zu Stufe korrekt zu lösen. Neben dieser formalen Aufgabe sind folgende in Bezug auf Stoff und Fertigkeit zu lösen:

1. feste, gedächtnismäßige Einübung der Choralmelodieen, sowie der in der Übungsschule vorkommenden Volkslieder;
2. Heranziehung von Duetten in systematischer Folge;
3. Einführung der oberen Abteilung in die höheren Lagen.

### V. Gesang.

(Dritte Klasse in besonderem Unterricht.)

Elementarübungen zur Stimmbildung und selbstthätigen Auffassung und Darstellung der melodischen, rhythmischen und dynamischen Tonverhältnisse. Chorüle und Volkslieder, erstere einstimmig, letztere ein-, zwei- und dreistimmig.

Außerdem gemischter Chor kombinierter Klassen.

Weiterführung der Elementarübungen, und zwar 1. in eigentlichen, als selbständige Tonstücke ausgeprägten Vokalisen und Solfeggien, 2. in mehr und mehr eingehender Behandlung der Intervalle, besonders aber auch der Accorde und ihrer verschiedenen Gestalten.

Feste Einprägung der gangbarsten Kirchenmelodieen. Mehrstimmige Choräle. Figuralgesänge:

1. die liturgischen Chöre, welche die erste Klasse auch dirigieren lernt;
2. andere geistliche Chorgesänge, Motetten, Psalmen von klassischen Meistern;
3. weltliche Chorlieder unter besonderer Berücksichtigung des edleren Volks- und Vaterlandsliedes.

Erste Klasse (in besonderem Unterricht):

Methodische Anleitung zur Erteilung des Gesangunterrichts in der Volksschule, verbunden mit praktischen Übungen. Ausführung von gemischten Chorgesängen in Gemeinschaft mit der Oberklasse der Seminarschule.

Der Unterricht hat die Ausbildung der Seminaristen zu guten Gesanglehrern, zu Kantoren und Organisten zum Ziele. Die Erreichung derselben darf nicht durch die Ausbildung einzelner Zöglinge zu Virtuosen beeinträchtigt werden. Auch sind die Seminaristen zum Verständnisse der Meisterwerke zu erziehen und dadurch vor der Neigung zu bewahren, in der Kirche der Gemeinde, im Unterrichte den Schülern eigene Kompositionen statt jener zu bieten.

Die Stundenzahl von je 5 für die beiden unteren, von 3 für die Oberklasse ist so zu verstehen, daß bei Abteilungsunterricht in den technischen Gegenständen jede Abteilung die betreffende wöchentliche Stundenzahl erhält.

### § 30.

Der fremdsprachliche Unterricht wird in drei Kursen (mit wöchentlich 3, 3 und 2 Stunden) erteilt, welche von der übrigen Klasseneinteilung unabhängig zu bilden sind, und in welche die Seminaristen je nach dem Maße ihrer Vorbildung eintreten. Die unterste Abteilung beginnt mit der Elementargrammatik der betreffenden Sprache.

### § 31.

Die Betreibung von Gartenbau, Obstbaumzucht, Seidenbau soll wie bisher auch weiterhin eine Pflege im Seminar und in dem naturkundlichen Unterrichte desselben die nötige Ergänzung finden. (Die nach dieser Seite hin getroffenen Einrichtungen an den einzelnen Anstalten bleiben in Kraft.)

Allgemeine Gesichtspunkte für den Unterricht: Der Lehrplan des Seminars ist so angelegt, daß die Pensen der einzelnen Lehrgegenstände sich auf einander beziehen und die gesamte Lehrarbeit einer Klasse ein in sich abgeschlossenes Ganzes bildet. Außerdem liegt dem Lehrplane die Absicht zu Grunde, die Zöglinge der obersten Klasse möglichst von Lernarbeit zu befreien, um ihnen Zeit und geistige Freiheit für ihre eigene Lehrübung zu geben. Das Jahrespensum ist unter allen Umständen zu erledigen; eine Übertragung des Reststoffes auf die nächsthöhere Klasse ist gänzlich unstatthaft.

Des besonderen ist im Geschichtsunterricht Wesentliches von Unwesentlichem scharf zu scheiden; beim Rechnen sind mehr Rechenexempel wirklich auszuführen als zu erläutern. In den Realien ist eine Zersplitterung und ein Aufgehen in Einzelheiten, in der Physik namentlich eine zu sehr abstrakte Behandlung zu vermeiden. In der Geographie sind die vielen erziehlichen Momente, welche gerade in diesem Gegenstande wirken können, in Bewegung zu setzen und im Deutschen nur solche Lesestücke auszuwählen, welche sich nach ihrem vollen Inhalte derart beherrschen lassen, daß sich das Interesse der Zöglinge auf den Hauptpunkt konzentriert.[1]

Das pädagogische Moment des Seminarlebens (vergl. CBl. 1866 S. 101): Die gesamten Lebensordnungen des Seminars ergeben sich aus der Aufgabe, welche es zu lösen hat. Das Seminar ist keine bloße Unterrichtsanstalt. Erlangung von Kenntnissen und Fertigkeiten und eine Denk- und Sprachbildung, wie sie der Lehrerberuf erfordert, bezeichnen nur das nächste Ziel seiner Wirksamkeit; aber dessen Erreichung befähigt für sich allein noch nicht zu einer ersprießlichen Lehrerwirksamkeit. Der weitere und letzte Zweck der Seminarbildung ist der, daß in den Zöglingen Leben geschaffen werde und sittliche Kräfte zur Entwickelung gelangen, welche sie antreiben und befähigen, als Lehrer der breiteren Volksschichten an ihrem Teile

---

[1] Ausführliche Instruktionen über Seminareinrichtungen, Behandlung der einzelnen Unterrichtsgegenstände, sowie über Lehrmittel siehe SCHNEIDER und VON BREMEN, Volksschulwesen I, 459—506

die Jugend unterweisen und erziehen zu helfen in christlicher, vaterländischer Gesinnung und zu häuslicher Tugend und Tüchtigkeit in den Berufsarten des bürgerlichen Lebens.

Diesem höchsten und letzten Zwecke des Seminars dienen neben dem Unterricht die Lebensordnungen des Hauses als eine Übungsstätte der Nächstenliebe, des Gehorsams, der Selbstverleugnung, des Fleifses und aller christlichen Tugenden, deren Besitz allein zur Führung des Lehramtes innerlich befähigt. Diese häuslichen Gesetze sind keine anderen, als die in dem ethischen Gemeinschaftsverhältnis der Familie, des Staates und der Kirche begründeten. Sie sind nur dazu bestimmt, den Inhalt jener allgemeinen Lebensordnungen zu den besonderen Aufgaben des Anstaltslebens in die nächste Beziehung zu setzen.

§ 2. *Das Lehrerbildungswesen im übrigen Deutschland.*

a. **Anhalt.** Die Anstalten sind Internate mit vier- bezw. fünfjährigem Lehrkursus, indem auf die Präparandenbildung 1 bezw. 2, auf die seminarische 4 bezw. 3 Jahre verwendet werden. Fakultative Lehrgegenstände sind Latein und Französisch.

b. **Baden.** Die Präparandenschulen umfassen nach Verfügung des Oberschulrats vom 20. April 1875 zwei Jahreskurse, nehmen gut veranlagte Knaben nach dem 14. Lebensjahre auf, die bereits die oberste Abteilung einer Volksschule besucht haben, und gewähren unentgeltlichen Unterricht sowie Unbemittelten Stipendien. Der Lehrplan vom 19. Juli 1879 führt als Unterrichtsfächer auf: Religion, Deutsch, Arithmetik, Geometrie, Geographie, Geschichte, Naturgeschichte, Schönschreiben, Zeichnen, Turnen, Theorie der Musik, Klavierspiel, Violinspiel und Gesang, für den I. Kursus in 35 Stunden, für den II. in 34 Stunden wöchentlich. — Die **Lehrerseminare**. Lehrplan und Schulordnung vom 19. Juli 1879. Aufnahmebedingungen sind die Zurücklegung des 16. Lebensjahres, körperliche Gesundheit und entweder das Abgangszeugnis von Präparandenschulen oder das Bestehen einer Aufnahmeprüfung. Die Seminare sind Internate, die freie Wohnung und freien Unterricht gewähren. Ausnahmsweise und widerruflich kann auswärts zu wohnen und zu speisen gestattet werden. Der Kursus ist dreijährig. Lehrgegenstände sind: Religionslehre, Deutsche Sprache, Arithmetik, Geometrie, Geographie, Geschichte, Naturgeschichte, Naturlehre, Erziehungs- und Unterrichtslehre (im 2. und 3. Jahrgang), Schönschreiben (nur im 1. Kursus), Zeichnen, Turnen, Gesang, Klavier und Orgel, Violine, Harmonielehre und Französisch (fakultativ). Landwirtschaftslehre ist nicht selbständiger Unterrichtsgegenstand; in der Naturgeschichte und -Lehre soll aber stets auf die Landwirtschaft Bezug genommen werden. Auch erhalten die Zöglinge praktische Anweisung in der Obstbaumzucht, im Gemüsebau und in der Anpflanzung landwirtschaftlicher Produkte überhaupt.

c. **Bayern.** Allerh. Verordnung vom 29. Sept. 1866: Normativ über die Bildung der Schullehrer. Deren Ziel ist, dem künftigen Lehrer einerseits wahre religiöse und sittliche Erziehung zu geben, anderseits ein gründliches Wissen und Können innerhalb der erforderlichen Disciplinen. Der Besuch einer Präparandenschule kann nur durch den einer Gewerbe- oder Lateinschule ersetzt werden. Die Präparandenschule ist in drei Jahreskurse gegliedert. Unterrichtsgegenstände sind in allen drei Kursen: Religion (3 Stunden), Deutsch (6), Rechnen (4), Geographie (2), Geschichte (2), Naturgeschichte (2), Schönschreiben (2), Zeichnen (2), Musik (6). Die Schüler des dritten Kursus machen am Schlufs des Schuljahres die Aufnahmeprüfung für das Seminar. Wiederholung des Kurses nach ungenügendem Ausfall ist nur einmal gestattet. Die Aufnahme in das Seminar findet zum 1. Oktober statt. Das Seminar ist Internat mit zwei einjährigen Kursen. Unterrichtsgegenstände: Religion (3 Stunden), Deutsch (4), Mathematik (3), Geographie (1), Geschichte (2), Naturgeschichte (2), Erziehungskunde (I: 5, II: 4 Stunden), Zeichnen (2), Musik (6), Turnen (2).

d. **Braunschweig.** Die Präparandenanstalt und die als Seminar dienende Realschule haben 3 Klassen mit Jahreskursen; die Lehrerinnenseminare einen dreijährigen Kursus und als Lehrgegenstände aufser den Disciplinen der höheren Mädchenschule Erziehungs- und Unterrichtslehre.

e. **Hamburg.** Revidierter Lehrplan für Seminare von 1875. Die Präparandenanstalt hat 2, das Seminar 3 Klassen. Für Lehrerinnen besteht ein zweijähriger Seminarkursus mit zwei Abteilungen. Die Präparanden werden nachmittags und abends unterrichtet, am Tage meist mit praktischen Lehrübungen in den öffentlichen Schulen beschäftigt.

f. **Hessen.** Der Seminarkursus ist dreijährig. Hier und in der Präparandenanstalt ist Französisch fakultativer Lehrgegenstand.

g. **Lippe und Schaumburg-Lippe.** Der Seminarlehrplan ist dem preufsischen analog.

h. **Mecklenburg-Schwerin.** In der mit dreijährigem Kursus eingerichteten Präparandenanstalt wird betrieben: Katechismus, Biblische Geschichte, Bibelkunde, Kirchenlied, Deutsche Sprache, Schreiben, Rechnen, Geographie, Geschichte, Naturgeschichte, Zeichnen, Musik und Turnen. Die Zöglinge der obersten Klasse wohnen wöchentlich einige Stunden dem Unterrichte in der Seminarübungsschule bei und versuchen sich selbst im Unterrichten. Am Schlufs des Kursus findet die Schulassistentenprüfung statt, deren Bestehen zur vorübergehenden Verwaltung erledigter Stellen befähigt. Nach zwei- bis dreijähriger praktischer Thätigkeit ist die Aufnahmeprüfung im Seminar abzulegen. Bei dem Lehrgang dieser Anstalt kommen Naturkunde und Harmonielehre hinzu und als eigentliche Fachgegenstände Pädagogik, Methodik und Lehrübungen in der Seminarschule. Auch werden Lektionen im Garten- und Obstbau sowie in der Ausführung technischer Arbeiten erteilt.

i. Oldenburg. Das Seminar hat vier Klassen mit je einjährigem Kursus. Lehrgegenstände sind: Religion, Pädagogik, Deutsch, Rechnen, Mathematik, Geschichte, Geographie, Physik, Chemie, Naturgeschichte, Zeichnen, Schreiben, Singen, Turnen, Französisch (fakultativ), Musik (Orgel, Klavier, Geige) und Theorie der Musik.

k. Sachsen. (Gesetz vom 22. August 1876 nebst Ausführungsverordnung vom 29. Jan. 1877.) Die Lehrerseminare haben 6 Klassen, deren untere drei die Präparandenbildung vermitteln. Obligatorische Lehrfächer sind: Religion, Deutsch, Latein, Geschichte, Geographie, Arithmetik, Geometrie, Naturbeschreibung, Naturlehre, Pädagogik (Logik, Psychologie, Methodologie und Katechetik, Unterrichtslehre, Geschichte der Pädagogik, Lehrübungen), Schreiben, Turnen, Zeichnen und Musik, (Harmonielehre, Violinspiel und Gesang). Fakultativ sind Stenographie in V—III, Harmonielehre in V—I, Klavier- und Orgelspiel. — Latein ist in den Lehrplan (wieder) eingestellt, weil es zur logisch-grammatischen Schulung des Geistes für unentbehrlich gehalten wird. Eine moderne Fremdsprache ist nicht berücksichtigt, da ihrer Kenntnis in den Gesetzesmotiven nur dann ein wirklicher Wert beigemessen ist, wenn sie einigermafsen beherrscht wird, was ohne Schädigung anderer Fächer auf dem Seminar nicht [zu] erreichen sei. Zur praktischen Übung der Seminaristen ist eine vierklassige Übungsschule eingerichtet. Sämtliche Lehrerseminare sind Internate. Wohnung und Unterricht ist unentgeltlich, für Kost wird eine geringe Entschädigung gezahlt. Arme und tüchtige Schüler erhalten (namhafte) Stipendien. — Die Lehrerinnenseminare haben fünf Jahreskurse. Der Unterricht umfafst hier auch Französisch und (fakultativ) Englisch sowie weibliche Handarbeiten.

l. Sachsen-Koburg-Gotha. (§§ 29 ff. des Volksschulgesetzes von 1863.) Zur Aufnahme in das Seminar ist erforderlich Vollendung des 16. Lebensjahres, Gymnasialvorbildung, und zwar mindestens die Stufe für Sekunda, oder die Reife für die Prima des Progymnasiums oder eine gleichwertige, durch ein Examen nachzuweisende Vorbildung. Unterrichtsgegenstände des Seminars sind aufser den gymnasialen Lehrstoffen (mit Ausschlufs der fremden Sprachen): Pädagogik und deren Geschichte, Anthropologie, Psychologie, Litteratur und Musik.

m. Sachsen-Meiningen. Das Seminar hat vier Jahreskurse. Der Unterricht erstreckt sich auf die Lehrgegenstände der Volksschule und auf Pädagogik, Musik, Gartenbaukunde und theoretische Unterweisung in der Behandlung der Taubstummen. Mit dem Seminar ist eine Übungsschule und eine Taubstummenanstalt verbunden. In beiden erhalten die Seminaristen Lehrübung. — Das Lehrerinnenseminar ist nach preufsischem Muster eingerichtet.

n. Sachsen-Altenburg. (Regulativ vom 3. Sept. 1858.) Der Seminarkursus ist fünfjährig. Unterricht und Wohnung sind kostenlos. Französisch ist fakultativ. Zur Schulkunde werden gerechnet: Die Elemente der Anthropologie, Psychologie und Pädagogik, ein Abrifs der Geschichte des Volksschulwesens mit den darauf bezüglichen biographischen Notizen und eine kurze Darstellung der Kirchen- und Schulgesetze.

o. Snchsen-Weimar. (ME 20. März 1875.) Der Vorbereitungs- und Seminarunterricht dauert 6 Jahre. Der Unterricht erstreckt sich auch auf Landwirtschaft und Obstbau.

p. Württemberg. Die Präparandenanstalten sind sämtlich Internate mit einer oder zwei Jahresklassen. Zur Aufnahme ist die Ablegung einer Vor- oder Schulaspirantenprüfung erforderlich, welche an einem Seminar und vor Seminarlehrern abzulegen ist und die Kenntnisse eines tüchtigen Volksschülers sowie die Anfangsgründe von Klavierspiel und Zeichnen voraussetzt. Fast sämtliche Zöglinge erhalten eine Staatsunterstützung (120 M.), wovon sie den Unterricht und Unterhalt zu bestreiten haben. Die Seminare sind Internate mit dreijährigem Kursus. Die Aufnahme, welche nicht vor dem 16. Lebensjahre erfolgt, ist bedingt durch eine Konkursprüfung in Deutsch, Rechnen, Weltkunde, Musik, Schönschreiben, Formenlehre und Zeichnen. Unterricht, Wohnung und Heizung sind im Seminar unentgeltlich. Zur Bestreitung des Kostgeldes werden Staatsstipendien (ca. 150 M.) verliehen. Das Lehrpersonal besteht aus 5 ständigen und 3 unständigen Lehrern, und zwar aus dem theologisch gebildeten Vorstand (für Religion und Schulkunde), einem wissenschaftlich gebildeten Hauptlehrer (für Deutsch, Geschichte und Geographie), 3 seminarisch gebildeten Oberlehrern (für Musik, Mathematik nebst Naturkunde und Zeichnen), 2 Unterlehrern (für Turnen, Musik und Nebenfächer) und 1 Hilfslehrer für Musik. Lehrfächer sind Religion (Glaubens- und Sittenlehre, Bibelkunde), Schulkunde (Erziehungs- und Unterrichtslehre nebst Elementen der Psychologie und Logik), Geschichte (allgemeine und besonders deutsche), Geographie (mathematische, physikalische und politische), Deutsche Sprache (Grammatik, Litteraturgeschichte und Aufsatz), Mathematik (Rechnen, Arithmetik, Algebra, ebene Geometrie und Stereometrie), Naturkunde (-Lehre und -Geschichte), Musik (Gesang, Klavier, Orgel, Violine, Harmonielehre), Schön- und Rechtschreiben, Zeichnen (Freihand- und geometrisches Zeichnen) und Turnen. Fakultativ ist Französisch. Die praktische Vorbildung wird schon im ersten Schuljahr durch Einführung in die Fragebildung und mit Übung des Vortrages betrieben. Im 2. Jahre tritt der Unterricht in Methodik, im

3. Jahre die eigene Lehrthätigkeit als „Lehrseminarist" in der dreiklassigen Seminarübungsschule hinzu, wo 3—5 Stunden zu unterrichten, 3—4 Stunden wöchentlich zu hospitieren ist.

Das Seminar für weibliche Schulamtszöglinge hat einen dreijährigen Kursus und gewährt Unterricht und Wohnung unentgeltlich. Lehrfächer sind: Religion, Schulkunde, Deutsch, Rechnen, Realien, Schön- und Rechtschreiben mit Aufsatzübungen, Zeichnen, Gesang, Klavierspiel und weibliche Handarbeiten. Aus der Staatskasse werden Stipendien von ca. 140 M. verliehen.

§ 3. *Das Lehrerbildungswesen aufserdeutscher Kulturstaaten.*

a. Belgien. I. Staatsnormalschulen. (Königl. Verordnung vom 10. April und 20. Nov. 1843). Dreijähriger Lehrkursus. Obligatorische Lehrgegenstände: Religion und Moral, heilige und Kirchengeschichte, Lesen, Schreiben und Buchführung, französische, vlämische oder deutsche Sprache (je nach örtlichem Bedürfnis), Geographie, Geschichte, Arithmetik (mit Anwendung auf Handel und Verkehr), Feld- und Gartenbau, Pädagogik und Methodologie, Kinder- und Schulgesundheitspflege, Elemente der Verwaltungspraxis, Erklärung der auf den Primärunterricht bezüglichen Gesetze und Verordnungen, Führung der Civilstandsregister, Abfassung von Protokollen usw., Zeichnen, Vokalmusik und Gymnastik. Zöglinge des 3. Jahreskursus üben sich in den städtischen Volksschulen. II. Bischöfliche Normalschulen. Unterrichtsfächer: Religion, heilige und Kirchengeschichte, Methodik des Unterrichts, Französisch (Lektüre und Grammatik), Schönschreiben, Arithmetik, Geographie, Landesgeschichte, Buchhaltung, Linearzeichnen und Feldmessen, Gregorianischer Gesang, Musik (Orgel) und Gartenbau. — Der Kursus ist vierjährig in zwei Abteilungen. (Vergl. Art. 21 ff. Gesetz vom 20. Sept. 1884.)

b. Dänemark. Die Seminare haben drei Klassen mit einjährigen Kursen. In den beiden unteren Klassen soll der Unterricht wesentlich allgemeine Bildung vermitteln, in der ersten Klasse vorzüglich in den Fachwissenschaften ausbilden. Zur Aufnahme wird verlangt: fertiges Lesen und Schreiben, einige Kenntnis der vaterländischen Geschichte und Geographie, gewisse Beanlagung für Gesang und Musik, ein Zeugnis über Lust und Befähigung zum Lehrberuf und mindestens einjährige Praxis als Schulgehilfe. Unterrichtsgegenstände sind in allen 3 Klassen: Religion, Dänische Sprache und Litteratur, Rechnen und Mathematik, Schreiben, Geschichte und Geographie, Naturgeschichte und -Lehre. Erziehungs- und Unterrichtslehre, Gesang, Musik, Zeichnen, Gymnastik und Katechisation. Die Seminaristen beteiligen sich am Unterricht der öffentlichen Volksschulen auch selbstthätig. (Vergl. Gesetz vom 9. Aug. 1879 und 29. Juli 1881.)

c. **Frankreich.** Die Ausbildung der Lehrkräfte geschieht in den Seminaren, écoles normales primaires und supérieures. Zur Aufnahme ist erforderlich: ein Alter von 16—18 Jahren, eine gesunde Körperbeschaffenheit, ein „brevet élémentaire" (über orthographische Niederschrift, Schönschreiben, französischen Aufsatz, arithmetische Aufgaben, Erklärung eines Lesestücks, französische Geschichte und Geographie, Naturgeschichte und physikalische Kenntnisse; ferner eine Freihandzeichnung und Turnübung von männlichen, eine Konturzeichnung und Nadelarbeit von weiblichen Bewerbern) und die Verpflichtung zu mindestens 10 jähriger Lehrthätigkeit. Die Anstalten sind vorwiegend Internate; Unterricht, Wohnung und Kost ist unentgeltlich. Der Kursus dauert drei Jahre. Der Unterricht umfafst: Sittenlehre und Bürgerpflichten, Lesen, Schreiben, Französische Sprache und Elemente der Litteratur, Geschichte, besonders französische, Geographie, Rechnen, das metrische System, elementare Arithmetik mit Anwendung auf die Praxis, Grundbegriffe der Algebra und der Buchführung, elementare Geometrie, Elemente der Physik und Naturwissenschaften mit ihren hauptsächlichsten Anwendungen, Zeichnen, Gesang und Musik, Pädagogik, eine fremde Sprache, Gartenbau, Landwirtschaft, Feldmessen und Nivellieren, Turnen und Handfertigkeitsunterricht für männliche, Hauswirtschaft und Nadelarbeiten für weibliche Zöglinge. — Nach Ablauf eines jeden Unterrichtsjahres findet eine Prüfung statt. Zur praktischen Übung im Unterrichten ist mit jedem Seminar eine Elementarschule, bei den Anstalten für Lehrerinnen aufserdem noch ein Kindergarten verbunden.

Die Normalschulen höherer Ordnung sind nach gleichem Muster eingerichtet und bilden ihre Zöglinge zu Lehrkräften für die Seminare und zu Leitern der höheren Volksschulen sowie der Kindergärten aus.

d. **Grofsbritannien und Irland.** Zur Vorbildung und Aneignung allgemeiner Kenntnisse treten die Schulzöglinge (Pupil Teachers) auf 4 Jahre bei einem Schulmeister in die Lehre. Zur Aufnahme in ein Seminar gehört das Bestehen einer Prüfung in den Elementarfächern des Volksschulunterrichts. Als freiwillige Fächer bei der Aufnahmeprüfung gelten fremde Sprachen und Naturwissenschaften. Die Seminare sind Internate mit 2 Klassenkursen. Der Lehrgang und die Unterrichtsziele sind nach der Prüfungsordnung von 1878 in den einzelnen Fächern: Lesen und Memorieren: Deutliches Lesen mit Beachtung der Interpunktion und richtigem Ausdruck. Memorieren eines poetischen Stückes von wenigstens 300 Zeilen. — Schreiben: Fraktur- und Kurrentschrift. Diktatschreiben. — Schulmethode: Behandlung der Elementarfächer im Unterricht mit Beziehung auf die Entwickelung der geistigen Fähigkeiten der Kinder. Methode des mündlichen Unterrichts überhaupt. Dispositionsübung einer Lektion über Gesundheitspflege, Anlegung von Ersparnissen, Gemeinnütziges. — Grammatik und Aufsatz: Elemente der Grammatik. Gründliche Erklärung einer Stelle aus MILTONS Comus oder LAMBS Last Essays of Elia. Einfacher Aufsatz über gegebene Gegenstände. — Geographie: Elemente der mathematischen und physischen Geographie. Beschreibung und Zeichnen der 5 Weltteile, der europäischen Länder und besonders Grofsbritanniens und seiner Kolonieen. Politische Geographie des britischen Reiches. — Geschichte: Grundzüge der britischen (oder schottischen) Geschichte. — Arithmetik, Algebra, Flächenberechnung: Schriftliches und Kopfrechnen. Erklärung und Beweis der Regeln. Algebra bis einschl. der quadratischen Gleichungen. Messung von Ebenen. — Geometrie: Euklid, B. I und II. — Für den zweiten Kursus kommen als gesteigerte Anforderungen hinzu: Abhaltung von Probelektionen, Kenntnis der Methoden zur Einrichtung von Elementarschulen, Behandlung des Unterrichts in Geographie, Geschichte und Grammatik, Handhabung der moralischen Disciplin; Paraphrasen über SHAKESPEARES König Lear oder BARONS Essays; Physikalische, politische und Handelsgeographie des britischen Reiches; Specielle Perioden aus der Geschichte von 1603—1815; Binomische Gröfsen, Logarithmen, Interessenrechnung; Messung des Kreises, Cylinders, Kegels und der Kugel; Euklid, B. I—IV, VI, 1—15; Grundzüge der Nationalökonomie. — Des weiteren wird betrieben Vokalmusik für Kursus I: Diskant- und Bafsschlüssel, einfacher Takt, Tonarten, chromatische Leiter, Transponieren; für Kursus II: Alt- und Tenorschlüssel, schwierigere Taktarten, Einteilung der Intervalle; Auflösung von Dissonanzen, Anfänge der Harmonielehre. — Für beide Kurse Zeichnen: Freihand-, geometrisches, perspektivisches und Modellzeichnen.

In den Lehrerinnenseminaren werden im allgemeinen die gleichen Aufgaben gelöst; jedoch treten für die Herabminderung in Mathematik hinzu: Haushaltungskunde, Nähen, Zuschneiden und Kenntnisse in der Leitung und Behandlung von Kleinkinderschulen.

Aufser den Lektionen haben sich die Seminaristen in den Practising Schools teils hörend teils lehrend zu beteiligen.

In Schottland ist bei dem Präparandenkursus die Aneignung einer der 4 Fremdsprachen, Griechisch, Lateinisch, Französisch oder Deutsch, obligatorisch. Die Seminare sind Externate, die Unterrichtsgegenstände und Lehrziele wie die englischen vergl. Code of Regulations, 1. Okt. 1878. — Stipendiaten dürfen mit Erlaubnis ihrer Seminarbehörde die Vorlesungen der philosophischen Fakultät besuchen.

e. Holland. Die Seminareinrichtung gleicht im allgemeinen der preufsischen. Der Lehrplan umfafst aufser den üblichen Gegenständen auch Neuere Sprachen und Landwirtschaftskunde. Auf Pädagogik und

Kenntnis der Methoden wird wie in den preufsischen Anstalten besonderes Gewicht gelegt.

f. Oesterreich. Jede vollständige Bildungsanstalt für Lehrer oder Lehrerinnen besteht aus vier Jahrgängen oder Klassen und nach den Umständen auch aus einer Vorbereitungklasse. Bei den Anstalten für Lehrerinnen können Kindergärten und besondere Lehrkurse zur Ausbildung von Arbeitslehrerinnen und Kindergärtnerinnen hinzutreten. Zur Aufnahme in den ersten Jahrgang ist erforderlich: Vollendung des 15. Lebensjahres, physische Tüchtigkeit, sittliche Unbescholtenheit und eine in der Aufnahmeprüfung oder durch Zurücklegung der Vorbereitungsklasse zu erweisende Vorbildung. Das Reifezeugnis einer „Mittelschule" (höhere Lehranstalt) berechtigt zur Aufnahme in den obersten Jahrgang. Der Unterricht ist unentgeltlich. Unbemittelte tüchtige Zöglinge erhalten gegen die Verpflichtung zu mindestens sechsjähriger öffentlicher Lehrthätigkeit Staatsstipendien. Als Lehrziel ist in den einzelnen Unterrichtsgegenständen folgender Standpunkt vorgezeichnet: Religion (nach kirchenregimentlichem Ermessen und der Bestimmung der Landesschulbehörde). — Erziehungs- und Unterrichtslehre: Kenntnis des Menschen und seiner Kräfte, der Ziele und Mittel zu ihrer Ausbildung; Vertrautheit mit den allgemeinen Grundsätzen des erziehenden Unterrichts überhaupt und der Methodik der einzelnen Lehrgegenstände insbesondere; Bekanntschaft mit den in Volksschulen eingeführten Schulbüchern und mit einzelnen methodischen Schriften, Kenntnis des Wesentlichen aus der Geschichte der Pädagogik mit besonderer Berücksichtigung der historischen Entwickelung der Volksschule; Kenntnis der österreichischen Schulgesetzgebung; Befähigung zu einer entsprechenden Selbständigkeit im Unterrichten, sowie zur Führung des Schulamtes (event. bei weiblichen Zöglingen in der Praxis des Kindergartens). — Unterrichtssprache: Kenntnis der Grammatik, soweit diese zum richtigen Ausdruck in Wort und Schrift erforderlich ist; Korrektheit, Klarheit und möglichste Gewandtheit im Gebrauch der Sprache; Bekanntschaft mit den hervorragendsten Erzeugnissen der Litteratur unter Berücksichtigung der Volksdichtung und vorzüglicher Jugendschriften; Kenntnis der Hauptgattungen der prosaischen und poetischen Kunstformen. — Geographie: Verständnis der Karte, des Globus und der Hauptlehren aus der physikalischen und mathematischen Geographie; übersichtliche Kenntnis der Erdoberfläche nach ihrer natürlichen und politischen Gruppierung; genaue Kenntnis Europas, speciell des mittleren und der österreichisch-ungarischen Monarchie mit Hervorhebung des Heimatlandes; Übung in kartographischen Darstellungen und im Vergleichen geographischer Verhältnisse. — Geschichte und vaterländische Verfassungslehre; Übersichtliche Kenntnis der wichtigsten, namentlich der kulturhistorischen Thatsachen der allgemeinen Geschichte;

Geschichte des Vaterlandes, seiner Verfassung und Staatseinrichtungen (letzteres nicht in Mädchenseminaren). — Mathematik und geometrisches Zeichnen: Verständnis der arithmetischen Operationen mit besonderen und allgemeinen Zahlen, sowie der Lehre von den Gleichungen des 1. und 2. Grades. Fertigkeit im Kopfrechnen und in den bürgerlichen Rechnungen mit klarer Einsicht in das Verfahren. Verständnis der wichtigsten Lehren der Planimetrie und Stereometrie sowie der Grundzüge der ebenen Trigonometrie; entsprechende Geübtheit in der Lösung von Konstruktionsaufgaben (fällt bei Mädchen fort). — Naturgeschichte: Bekanntschaft mit dem inneren Bau und den Lebensverrichtungen des menschlichen Körpers, sowie mit seiner Entwickelung im Kindesalter; übersichtliche Kenntnis der drei Naturreiche und der geologischen Verhältnisse des Heimatlandes (bei Mädchen auch der für den Haushalt wichtigen Naturkörper). — Naturlehre: Kenntnis der wichtigeren physikalischen und chemischen Erscheinungen und Gesetze auf Grundlage des Experiments. Sicherheit im Erklären der im täglichen Leben vorkommenden physikalischen und chemischen Erscheinungen. — Landwirtschaftslehre (nur für Knaben): Verständnis der Hauptgrundsätze der Bodenkunde, des Pflanzenbaues und der Tierzucht. Bekanntschaft mit den für das Land wichtigen landwirtschaftlichen Erwerbszweigen und den einschlägigen Gesetzen. — Schreiben: Eine deutliche und gefällige Handschrift; Geübtheit im Schreiben auf der Schultafel. — Freihandzeichnen: Fertigkeit im freien Auffassen und Darstellen ebener und räumlich elementarer Formen und ihrer Kombinationen, mit besonderer Rücksicht auf die korrekte Gewandtheit im Tafelzeichnen. — Violinspiel (nur für Knaben): Befähigung zum sicheren und richtigen Gebrauch des Violinspiels beim Gesangunterricht. Tonbildung und Bogenführung; Intervalle; Skalen; verschiedene Stricharten; melodische Übungsstücke; Duette und Terzette; Einübung von Volks-, Schul- und Kirchenliedern; methodische Anweisung über den Gebrauch der Violine beim Gesangunterricht. — Gesang: Auf der unteren Stufe sind zur Bildung und Entwickelung der Stimme besondere Übungen vorzunehmen; das Volkslied ist zu pflegen. Auf der oberen Stufe ist die zum Chorgesang erforderliche Fähigkeit allmählich herbeizuführen; außerdem ist das Wissenswerteste aus der allgemeinen Musiklehre, der Harmonielehre und der Musikgeschichte gelegentlich zu vermitteln. (Den Unterricht der Zöglinge begleiten methodische Anweisungen über die Erteilung des Gesangunterrichts.) — Weibliche Handarbeiten: Gründliche Kenntnis der für die bürgerliche Haushaltung notwendigen Handarbeiten; Elemente der Kunstarbeiten. — Turnen: Fertigkeit in mustergiltiger Ausführung der in Volksschulen anzuwendenden Übungsformen; Kenntnis der Bewegungsorgane und ihrer Entwickelungsveränderungen; Verständnis der Bewegungstechnik; Fähigkeit, diese zu zerlegen, methodisch abzustufen und turnspraohlich zu bezeichnen. Vertrautheit mit den nötigen Hilfen; Bekanntschaft mit der geschichtlichen Entwickelung, dem Wesen und der pädagogischen Aufgabe des Volksschulturnens, dem Bau der Geräte und der Einrichtung von Turnstätten (bei weiblichen Zöglingen nur mit Rücksicht auf das Mädchenturnen).

An den theoretischen Unterricht in der Pädagogik und Methodik schliefsen sich im 3. und 4. Jahrgange praktische Übungen an. Im 3. hospitieren die Zöglinge in der Übungsschule. Im 2. Semester des betreffenden Jahrganges können sie auch zur Mithilfe beim Unterricht herangezogen werden.

Der Unterricht im Orgelspiel ist für männliche, der im Klavier- und Violinspiel sowie im Französischen für weibliche Zöglinge fakultativ.

Die Seminare in Ungarn haben einen dreijährigen Kursus. Die ordentlichen Unterrichtsfächer sind nach dem Lehrplan vom 13. Juli 1877: Religions- und Sittenlehre, Pädagogik und Methodik, Geographie und Geschichte; Muttersprache, Ungarisch bezw. Deutsch; Naturwissenschaften und deren Anwendung auf Landwirtschaft und Gewerbe; Landwirtschaftskunde mit Gartenbauübungen; vaterländische Verfassungskunde; Mathematik und Geometrie; Gesang und Musik (besonders Violine und Klavier); Kalligraphie und Zeichnen; Turnen; Hausindustrie.

Für weibliche Seminaristen ist das Internat vorgeschrieben.

g. Skandinavien. Schweden. Verfügung vom 1. Dez. 1865 und CE 31. Mai 1878: Der Kursus ist vierjährig. Zum Eintritt in die unterste Klasse ist an Kenntnissen erforderlich: hinreichende Bekanntschaft mit der biblischen Geschichte und Luthers Katechismus; genügende Fertigkeit im Lesen deutscher und lateinischer Druckschrift und Fähigkeit, das Gelesene mit eigenen Worten nachzuerzählen, sowie Vorgelesenes ziemlich fehlerfrei aufzuschreiben; Fertigkeit im Rechnen in den vier Species mit ganzen Zahlen und einige Kenntnis von Decimalbrüchen; Bekanntschaft mit den Umrissen der vaterländischen Geographie und eine gute und deutliche Handschrift. Unterrichtsgegenstände des Seminars sind: Religion, Schwedisch, Rechnen und Geometrie, Geschichte und Geographie, Naturwissenschaften, Pädagogik und Methodik, Kalligraphie, Zeichnen, Musik und Gesang, Gymnastik und und Waffenübung, Gartenbau und Baumzucht. — Die praktischen Übungen beginnen in der 3. Jahresklasse.

In Norwegen ist nach dem Reglement vom 31. Juli 1869 der Seminarkursus zweijährig. Lehrfächer sind: Christentumskunde (Bibelgeschichte, Behandlung einzelner Schriften und der Perikopen; Luthers Katechismus). Die Muttersprache (Lesen, Satz- und Wortlehre, Rechtschreibung, Diktatschreiben, Wiedergabe vorgetragener Stücke); Rechnen (4 Species, geometrische Proportionen, einfache Gleichungen, Berechnung des Flächeninhalts rechtliniger Figuren sowie des Kubikinhalts regelmäfsiger Körper); Musik (das Wichtigste aus der Theorie, Vortrag von Psalmen und Volksliedern, mehrstimmiger Gesang event. Orgelspiel); Geographie (allgemeine Übersicht, hauptsächlich physikalisch und mathematisch; vaterländische Erdkunde); Geschichte (nordische und besonders vaterländische; aus der allgemeinen eine Auswahl der wichtigsten Erzählungen, die mit der Bibel-, Kirchen- und Vaterlandsgeschichte in Verbindung stehen); Naturkunde (gedrängte Übersicht über die drei Reiche; ausführlichere Darstellung der Einrichtung des menschlichen Körpers); Schreiben (Übung der lateinischen Schrift); Zeichnen (einfache Vorübungen aus freier Hand zur Bildung von Umrissen); Leibes- und Waffenübungen; Gartenbau (soweit angängig); Erziehungs- und Unterrichtslehre (die wichtigsten Grundsätze der Pädagogik und Methodik; Lehrproben in der Seminarübungsschule).

## V. Abschnitt. Höhere Lehranstalten.

### 1. Kapitel. Preufsen.

#### § 1. *Einrichtung.*

**Einrichtung höherer Schulen:** ALR II 12 §§ 1, 2, 9—11, 54—57, 59—65; vergl. Patent v. 2. Juni 1830 (für Hannover).

ME 2. März 1867: Zur Errichtung von Gymnasien ist die Aufstellung eines Statuts erforderlich, in dem die Anstalt als eigene juristische Person qualifiziert, ihr konfessioneller Charakter bestimmt bezeichnet und ihre Dotation nach Mafsgabe der besonderen Verhältnisse gewährleistet wird. Eine Verbindung von elementaren Vorklassen und parallelen Realklassen mit dem Gymnasium kann im Statut vorbehalten werden. Neben diesem ist ein vollständiger Etat aufzustellen. Erhebungen von Schülern, welche sich nicht mit dem Eintrittsgelde oder der Gebühr für Abgangszeugnisse decken, und welche in dem Schulgelde nicht zusammengefafst sind, dürfen in den Etat nicht eingestellt werden. Zur Wahrnehmung der Schulinteressen kann ein Schulkuratorium eingesetzt werden, das im Auftrage der Aufsichtsbehörde und des Magistrats handelt und den Direktor sowie den Vertreter des königlichen Kompatronats zu Mitgliedern hat.

Über Schuletats vergl. WIESE-KÜBLER, Sammlung der Verordnungen und Gesetze für die höheren Schulen in Preufsen, 3. Aufl. S. 38 ff.

Über Schullokale CBl. 1868, 297 ff. und WIESE-KÜBLER S. 41 ff.

Unterrichts- und Prüfungsordnung vom 6. Okt. 1859: Die äufsere Ausstattung einer Schule ist nicht das Mafs für ihren inneren Wert; auch mit dürftigen Mitteln versehene Anstalten haben durch vorzügliche Befähigung einzelner Lehrer und durch die Anstrengung einzelner oder vereinter Kräfte bisweilen in einzelnen Klassen und Gegenständen Vor-

# 1. Kapitel. Preußen. 269

züglichea geleistet. Aber das Eintreten von günstigen Umständen der Art kann nicht in Rechnung gebracht werden. Es mufs vielmehr zu den Erfordernissen einer wohleingerichteten Schule gezählt werden, dafs in der Beschaffenheit der ihr zu Gebote stehenden Mittel und in der von dem Patronate thatsächlich ihr gewidmeten Fürsorge eine sichere Garantie dafür gegeben ist, dafs das Bedürfnis an Lehrkräften immer hinreichend gedeckt sei, die einzelnen Lehrer nicht überbürdet werden müssen, einige Sicherheit gegen den bei niedrigen Besoldungen häufigen Lehrerwechsel vorhanden sei, und für alles zum Bestande einer höheren Lehranstalt und zu einem gedeihlichen Unterricht Erforderliche an Lokalen, Apparaten usw. ausreichend gesorgt werde. — Vom Standpunkte der Unterrichtsverwaltung kann es als ein Nachteil nicht angesehen werden, wenn Schulen, welche solchen Anforderungen zu genügen aufser stande sind und nur mit Mühe ihre Existenz als höhere Lehranstalt fristen, in die Reihe der Mittelschulen zurücktreten, die bei zweckmäfsiger Einrichtung und Ausstattung dem Unterrichtsbedürfnis eines grofsen Teiles des Bürgerstandes besser genügen.

An Lehrkräften sind im allgemeinen für je 2 Klassen 3 Lehrer anzustellen. ME 13. Mai 1863: Die Verpflichtung der wissenschaftlich gebildeten Lehrer an höheren Unterrichtsanstalten darf bei dem Direktor (Rektor) über 14 bis 16, bei den Oberlehrern über 20 bis 24 Stunden nicht hinausgehen, während den an solchen fungierenden Elementarlehrern eine wöchentliche Stundenzahl von 26 bis 28 auferlegt werden kann. Auch die Übernahme der höheren Stundenzahl von 22 bis 24 kann nur solange als zulässig erachtet werden, als die Frequenz der einzelnen Anstalten gering ist und nicht Korrekturen herbeiführt, welche viel Zeit in Anspruch nehmen.

AO 1. Mai 1889: Der Religionsunterricht hat die ethischen Momente mehr in den Vordergrund zu stellen, der geschichtliche die vaterländischen und monarchischen, vergl. Vorschläge des Staatsministeriums vom 27. Juli 1889, CBl. 1890 S. 707 ff.: Unter merklicher Verringerung des Lehrstoffes, namentlich durch Ausscheidung des die religiösen Streitfragen behandelnden kirchen- und dogmengeschichtlichen Stoffes, ist der Unterricht, soweit er die Geschichte voraussetzt, auf die für das kirchlich-religiöse Leben bleibend bedeutsamen Vorgänge zu beschränken.

CE 7. Dez. 1892: Homer in der Übersetzung von Voss) als Lektüre im Deutschen Unterricht.

CE 12. Febr. 1891: Über den Wegfall des lateinischen und griechischen Aufsatzes.

Über das Bifurkationssystem (Spaltung einer auf gemeinsamer Grundlage — Sexta bis Quarta — aufgebauten Gymnasial- und Realanstalt von Tertia ab) vergl. WIESE-KÜBLER, Sammlung der Verordnungen usw. I 158 ff und CBl. 1875 S. 488 ff.

CE 7. Jan. 1856: In kleineren Städten, wo das Gymnasium auch die Bedürfnisse derer erfüllen mufs, die sich nur die für bürgerliche Berufe nötige allgemeine Bildung erwerben wollen, ist die Dispensation vom Unterricht im Griechischen mit Genehmigung des Provinzial-Schulkollegiums zulässig. Jedoch schliefst die Unkenntnis des Griechischen in jedem Falle von der Teilnahme am Abiturientenexamen aus (vergl. CO 13. Mai 1865 und CE 11. Okt. 1865).

CE 7. Dez. 1882: Der Ersatzunterricht für das Griechische hat an derselben Stelle des Lehrganges zu beginnen, an welcher der Unterricht im Griechischen anfängt, und hat sich auf die gleiche Zahl von Stunden zu erstrecken. Notwendiger Gegenstand des Ersatzunterrichts ist die englische Sprache. Als sein Lehrziel ist dasjenige Mafs des Wissens anzusehen, das von Schülern des Realgymnasiums auf gleicher Stufe gefordert wird.

CE 6. Juni 1890: Über den Zeichenunterricht und seine Wichtigkeit für die meisten Unterrichtsgegenstände.

Über das Turnen vergl. CBl. 1892 S. 740 ff.

Verzeichnis der an höheren Lehranstalten eingeführten Schulbücher CBl. 1890 S. 339—466.

CE 11. Juli 1893: Grundsätze bei Beschaffung neuer Lehrbücher usw. — Über Einführung neuer Lehr-, Lese- und Übungsbücher CE 19. März und 1. Juni 1893.

Grundsätze für das Verfahren bei Anstellung wissenschaftlicher Lehrkräfte höherer Unterrichtsanstalten CE 7. Aug. und 22. Nov. 1892.

ME 10. Febr. 1892: Die Prüfung der Gehaltsverhältnisse der Lehrer höherer Lehranstalten und die Abstellung etwaiger Mifsstände gehört zu den Befugnissen der staatlichen Aufsichtsbehörde, vergl. WIESE-KÜBLER II, 373 (3. Aufl.).

Über Besoldungsverhältnisse der Leiter und Lehrer höherer Unterrichtsanstalten vergl. Normaletat vom 4. Mai 1892 und CE 2. Juli 1892.

Gesetz vom 25. Juli 1892 (GS 219) über das Diensteinkommen der Lehrer an nichtstaatlichen öffentlichen höheren Schulen, vergl. CE 21. Okt. 1892 (Ausführungsbestimmungen).

AO 28. Juli 1892: Rangverhältnisse der Leiter und Lehrer höherer Unterrichtsanstalten vergl. CE 31. Aug. 1892.

§ 2. *Der Unterricht in den höheren Lehranstalten.*

Als höhere Lehranstalten gelten in Preufsen **Gymnasien, Realgymnasien, Oberrealschulen, Realschulen** oder **Höhere Bürgerschulen.**

Die **Lehrpläne** und **Lehraufgaben** sind durch CE 6. Jan. 1892 festgelegt und bestimmen Folgendes.

1. Kapitel. Preufsen.

## I. Allgemeine Lehrpläne.
### A. Lehrplan der Gymnasien.

| Unterrichtsgegenstände | VI | V | IV | III B | III A | II B | II A | I B | I A |
|---|---|---|---|---|---|---|---|---|---|
| Religion | 3 | 2 | 2 | 2 | 2 | 2 | 2 | 2 | 2 |
| Deutsch u. Geschichtserzählungen | 4 (3+1) | 3 (2+1) | 3 | 2 | 2 | 3 | 3 | 3 | 3 |
| Lateinisch | 8 | 8 | 7 | 7 | 7 | 7 | 6 | 6 | 6 |
| Griechisch | — | — | — | 6 | 6 | 6 | 6 | 6 | 6 |
| Französisch | — | — | 4 | 3 | 3 | 3 | 2 | 2 | 2 |
| Geschichte und Erdkunde | 2 | 2 | 2 2 | 2 1 | 2 1 | 2 1 | 3 | 3 | 3 |
| Rechnen und Mathematik | 4 | 4 | 4 | 3 | 3 | 4 | 4 | 4 | 4 |
| Naturbeschreibung | 2 | 2 | 2 | 2 | — | — | — | — | — |
| Physik, Chemie, Mineralogie | — | — | — | — | 2 | 2 | 2 | 2 | 2 |
| Schreiben | 2 | 2 | — | — | — | — | — | — | — |
| Zeichnen | — | 2 | 2 | 2 | 2 | — | — | — | — |
| Zusammen | 25 | 25 | 28 | 30 | 30 | 30 | 25 | 25 | 25 |

Bemerkungen: a. Zu diesen Stunden treten ferner als allgemein verbindlich hinzu je 3 Stunden Turnen von VI bis I A und je 2 Stunden Singen in VI und V. Befreiungen vom Turnen finden nur auf Grund ärztlicher Zeugnisse und in der Regel nur auf ein halbes Jahr statt. Die für Singen beanlagten Schüler sind — Einzelbefreiungen wie in VI und V vorbehalten — auch von IV bis I A zur Teilnahme an dem Chorsingen verpflichtet.

b. Zur Fortsetzung des Zeichnens in je 2 Stunden sind an allen Gymnasien bezw. Progymnasien bis zur obersten Klasse Veranstaltungen getroffen; ebenso wird zur Erlernung des Englischen oder des Hebräischen in je 2 Stunden von II A bis I A Gelegenheit gegeben. Die Meldung zu diesem Unterricht verpflichtet zur Teilnahme auf mindestens ein halbes Jahr.

c. Bezüglich der Trennung der Tertien und Sekunden an solchen Anstalten, wo diese Klassen noch räumlich vereinigt sind, siehe III, I.

d. Durch die Klammern zu Deutsch und Lateinisch soll angedeutet werden, dafs diese beiden Gegenstände thunlichst in einer Hand zu vereinigen sind.

### H. Lehrplan der Realgymnasien.

| Unterrichtsgegenstände | VI | V | IV | III B | III A | II B | II A | I B | I A |
|---|---|---|---|---|---|---|---|---|---|
| Religion | 3 | 2 | 2 | 2 | 2 | 2 | 2 | 2 | 2 |
| Deutsch u. Geschichtserzählungen | 4 (3+1) | 3 (2+1) | 3 | 3 | 3 | 3 | 3 | 3 | 3 |
| Lateinisch | 8 | 8 | 7 | 4 | 4 | 3 | 3 | 3 | 3 |
| Französisch | — | — | 5 | 5 | 5 | 4 | 4 | 4 | 4 |
| Englisch | — | — | — | 3 | 3 | 3 | 3 | 3 | 3 |
| Geschichte und Erdkunde | 2 | 2 | 2 2 | 2 2 | 2 2 | 2 1 | 3 | 3 | 3 |
| Rechnen und Mathematik | 4 | 4 | 4 | 5 | 5 | 5 | 5 | 5 | 5 |
| Naturbeschreibung | 2 | 2 | 2 | 2 | 2 | 2 | — | — | — |
| Physik | — | — | — | — | — | 3 | 3 | 3 | 3 |
| Chemie und Mineralogie | — | — | — | — | — | 2 | 2 | 2 | 2 |
| Schreiben | 2 | 2 | — | — | — | — | — | — | — |
| Zeichnen | — | 2 | 2 | 2 | 2 | 2 | 2 | 2 | 2 |
| Zusammen | 25 | 25 | 29 | 30 | 30 | 30 | 30 | 30 | 30 |

272   I. Hauptabteilung. V. Abschnitt. Höhere Lehranstalten.

**Bemerkungen.** a. Zu diesen Stunden treten als allgemein verbindlich hinzu je 3 Stunden Turnen von VI bis I A und je 2 Stunden Singen in VI und V.
b. Durch die Vereinigung der naturwissenschaftlichen Fächer in einer Hand soll ermöglicht werden, jedem einzelnen derselben zeitweise die Stunden beider zuzuwenden.

### C. Lehrplan der Oberrealschulen.

| Unterrichtsgegenstände | VI | V | IV | III B | III A | II B | II A | I B | I A |
|---|---|---|---|---|---|---|---|---|---|
| Religion | 3 | 2 | 2 | 2 | 2 | 2 | 2 | 2 | 2 |
| Deutsch u. Geschichtserzählungen | 5 (4+1) | 4 (3+1) | 4 | 3 | 3 | 3 | 4 | 4 | 4 |
| Französisch | 6 | 6 | 6 | 6 | 6 | 5 | 4 | 4 | 4 |
| Englisch | — | — | — | 5 | 4 | 4 | 4 | 4 | 4 |
| Geschichte und Erdkunde | 2 | 2 | 2 / 2 | 2 / 2 | 2 / 2 | 2 / 1 | 3 | 3 | 3 |
| Rechnen und Mathematik | 5 | 5 | 6 | 6 | 5 | 5 | 5 | 5 | 5 |
| Naturbeschreibung | 2 | 2 | 2 | 2 | 2} 2} | 2} 2} 2} | — | — | — |
| Physik | — | — | — | — | 2} | 2} 3} | 3} | 3 | 3 |
| Chemie und Mineralogie | — | — | — | — | — | 2} 3} | 3} | 3 | 3 |
| Schreiben | 2 | 2 | 2 | — | — | — | — | — | — |
| Freihandzeichnen | — | 2 | 2 | 2 | 2 | 2 | 2 | 2 | 2 |
| Zusammen | 25 | 25 | 28 | 30 | 30 | 30 | 30 | 30 | 30 |

**Bemerkungen.** Zu diesen Stunden treten als allgemein verbindlich hinzu je 3 Stunden Turnen von VI bis I A und je 2 Stunden Singen in VI und V. Außerdem wird als wahlfreies Fach das Linearzeichnen von III A bis I A in je 2 Stunden gelehrt.

### D. Lehrplan der Realschulen (Höheren Bürgerschulen).

Für diese Schulen gilt der Lehrplan der Oberrealschule von VI bis II B einschl. Inwieweit es unter Berücksichtigung örtlicher Bedürfnisse angängig ist, diesen Lehrplan dahin zu ändern, daß von VI bis II eine Verstärkung des Deutschen und dementsprechend eine Verminderung des Rechnens und der Mathematik bezw. der Naturwissenschaften oder des Französischen auf den betreffenden Stufen eintrete, bleibt der Entscheidung der Aufsichtsbehörde überlassen. Die Wochenstundenzahl für die einzelnen Klassen darf dadurch nicht erhöht werden. Eine der möglichen Formen eines solchen Lehrplanes findet im Nachstehenden seinen Ausdruck:

| Unterrichtsgegenstände | VI | V | IV | III | II | I |
|---|---|---|---|---|---|---|
| Religion | 3 | 2 | 2 | 2 | 2 | 2 |
| Deutsch und Geschichtserzählungen | 6 (5+1) | 5 (4+1) | 5 | 5 | 4 | 3 |
| Französisch | 6 | 6 | 6 | 5 | 4 | 4 |
| Englisch | — | — | — | 5 | 4 | 4 |
| Geschichte und Erdkunde | 2 | 2 | 2 / 2 | 2 / 2 | 2 / 1 | 2 / 2 |
| Rechnen und Mathematik | 4 | 4 | 5 | 5 | 5 | 5 |
| Naturbeschreibung | 2 | 2 | 2 | 2 | 2} | — |
| Naturlehre | — | — | — | — | 3} | 5 |
| Schreiben | 2 | 2 | 2 | — | — | — |
| Freihandzeichnen | — | 2 | 2 | 2 | 2 | 2 |
| Zusammen | 25 | 25 | 28 | 30 | 29 | 29 |

## 1. Kapitel. Preußen.

**Bemerkungen.** Zu diesen Stunden treten als allgemein verbindlich hinzu je 3 Stunden Turnen in VI bis I und je 2 Stunden Singen in VI und V. Außerdem als wahlfreies Fach das Linearzeichnen (2 Stunden) in III bis I.

### II. Besondere Lehrgegenstände.

**1. Religion.** (Evangel.) (Lehrziel, Lehraufgaben und methodische Bemerkungen gelten im wesentlichen für die entsprechenden Stufen an allen Arten von höheren Schulen.)

Allgemeines Lehrziel. Der evangelische Religionsunterricht an höheren Schulen verfolgt, unterstützt von ihrer Gesamtthätigkeit, das Ziel, die Jugend in Gottes Wort zu erziehen und zu befähigen, dereinst durch Bekenntnis und Wandel und namentlich auch durch lebendige Beteiligung am kirchlichen Gemeindeleben ein wirksames Beispiel zu geben.

Lehraufgaben. VI (3 Stunden wöchentlich): Biblische Geschichten des Alten Testaments nach einem Lesebuch. Vor den Hauptfesten die betreffenden Geschichten des Neuen Testaments. Aus dem Katechismus Durchnahme und Aneignung des I. Hauptstücks mit LUTHERS Auslegung. Einfache Worterklärung des 2. und 3. Hauptstücks. Einprägung einer mäßigen Zahl von Katechismussprüchen und von 4 Liedern, zunächst im Anschluß an die Festzeiten des Kirchenjahres. V. (2 Stunden): Biblische Geschichten des Neuen Testaments nach einem Lesebuch. Aus dem Katechismus: Wiederholung der Aufgabe der vorigen Klasse; dazu Erklärung und Einprägung des 2. Hauptstücks mit LUTHERS Auslegung, Katechismussprüche und Kirchenlieder wie in VI; Wiederholung der dort gelernten Lieder und Einprägung von 4 neuen. IV. (2 Stunden): Das Allgemeinste von der Einteilung der Bibel und die Reihenfolge der biblischen Bücher. Übungen im Aufschlagen von Sprüchen. Lesung wichtiger Abschnitte des Alten und Neuen Testaments behufs Wiederholung der biblischen Geschichten. Aus dem Katechismus: Wiederholung der Aufgaben von VI und V; Einprägung und Erklärung des dritten Hauptstücks mit LUTHERS Auslegung und mit Bibelsprüchen. Einprägung des 4. und 5. Hauptstücks. Katechismussprüche wie in den vorangehenden Klassen und Wiederholung der dort gelernten. Einprägung von 4 neuen. III B (2 Stunden): Das Reich Gottes im Alten Testament; Lesung entsprechender biblischer Abschnitte, dazu Psalmen und Stellen aus Hiob. Wiederholung des in VI, V und IV gelernten Katechismus nebst den dazu eingeprägten Sprüchen. Wiederholung der früher gelernten Kirchenlieder, Einprägung einiger neuer (2—4) und wertvoller Liederstrophen. Belehrungen über das Kirchenjahr und die Bedeutung der gottesdienstlichen Ordnungen. III A (2 Stunden): Das Reich Gottes im Neuen Testament; Lesung entsprechender biblischer Abschnitte. Eingehende Behandlung der Bergpredigt. Gleichnisse. Sicherung der erworbenen Kenntnis des Katechismus und des in den vorangegangenen Klassen angeeigneten Spruch- und Liederschatzes. Erklärung einiger Psalmen. Reformationsgeschichte im Anschluß an das Lebensbild Luthers. II B. (2 Stunden): Bibellesen behufs Ergänzung der in Unter- und Obertertia gelesenen Abschnitte. Erklärung eines der synoptischen Evangelien. Wiederholung des Katechismus und Aufzeigung seiner inneren Gliederung. Wiederholung von Sprüchen, Liedern und Psalmen. II A. (2 Stunden): Erklärung der ganzen Apostelgeschichte. Lesung von Abschnitten anderer neutestamentlicher Schriften. Wiederholung von Katechismus, Sprüchen und Liedern. I B. (2 Stunden): Kirchengeschichte unter Beschränkung auf die für kirchlich-religiöse Bildung der evangelischen Jugend unmittelbar bedeutsamen Stoffe: das Judenchristentum, die Paulinische Auffassung der Person und des Werkes Christi; Augustinus, Pelagius, die Entwickelung der römisch-katholischen Kirche.

die Reformation und ihre Vorbereitung, die wichtigsten Richtungen in der Fortentwickelung der evangelischen Kirche (Pietismus, Herrnhuter, Spener, Wichern); auch neuere Sekten, wie Methodisten, Baptisten, Irvingianer. Erklärung neutestamentlicher Schriften: des Evangeliums Johannis und leichterer Briefe (Galater-, Philipper-, Jakobus-, Erster Korintherbrief, an Philemon). Hier und in I A stellenweise unter Heranziehung des Urtextes. IA (2 Stunden): Glaubens- und Sittenlehre in Gestalt von Erklärung der Artikel I–XVI, XVIII und XX der Conf. Aug. nach vorangeschickter kurzer Einleitung über die drei alten Symbole. Erklärung neutestamentlicher Schriften: des Römerbriefes und anderer aus dem bei IB angegebenen Kreise.

Methodische Bemerkungen. Durch die Aufstellung der Lehraufgaben wird der Gedächtnisstoff auf das Notwendigste beschränkt, damit die ethische Seite des Unterrichts um so mehr in den Vordergrund treten könne. Auf die lebendige Annahme und wirkliche Aneignung der Heilsthatsachen und der Christenpflichten ist der Nachdruck im Religionsunterrichte zu legen, und dieser, soweit er sich auf Geschichte stützt, auf die für das religiös-kirchliche Leben bleibend bedeutsamen Vorgänge zu beschränken. Für keinen Unterrichtszweig gilt so sehr wie für diesen die pädagogische Wahrheit, dafs die Grundbedingung für den Erfolg in der lebendigen Persönlichkeit des Lehrers und dessen innerer Erfüllung mit dem Gegenstande liegt. Aber auch wo diese Grundbedingung vorhanden ist, darf es an der pädagogischen Einsicht nicht fehlen, welche in der Schlichtheit und Einfachheit des Darstellens und Fragens den Altersstufen der Schüler gerecht wird und das Dargebotene ihrer Auffassung klar und anschaulich zu vermitteln weifs. Die Beschränkung des Gedächtnisstoffes macht es um so leichter möglich, das, was an Liedern und Bibelstellen und aus dem Katechismus gelernt wird, in einen sicheren, durch Wiederholung gesicherten Besitz des Schülers zu verwandeln, der diesem in das Leben nachfolgt. Der unteren Stufe ist die biblische Geschichte des Alten und Neuen Testaments in passender Auswahl und Darstellung nach einem zweckmäfsigen biblischen Lesebuche, sowie die Erlernung der für diese Stufe geeigneten Kirchenlieder und der lutherische Katechismus zugewiesen. Der Lehrer hat dafür zu sorgen, dafs alle Teile dieses Unterrichtes in lebendige Beziehung gesetzt werden. Der Mittelstufe fällt die Befestigung des Katechismus, die Wiederholung und Erweiterung des Lieder- und Spruchschatzes und die in ihrem Zusammenhange übersichtliche Geschichte des Reiches Gottes im Alten und Neuen Testament zu. Hierzu tritt die Einführung in das Kirchenjahr und die gottesdienstliche Ordnung, sowie eine besonders an Luthers Person sich anschliefsende lebendige Erzählung der Reformation. Ein erster Abschlufs wird in dem sechsten Jahreskursus erreicht, indem ein synoptisches Evangelium behufs zusammenhängender Auffassung des Lebens Jesu gelesen und erklärt wird. Auf der Oberstufe wird die Kenntnis der Schriften des Neuen Testaments in dem bei den besonderen Lehraufgaben bezeichneten Umfange erweitert, wobei dem Lehrer bei der Wahl im einzelnen freie Bewegung, auch mit Rücksicht auf die Leistungsfähigkeit seiner Schüler, zu lassen ist. Als Einleitung in die Geschichte der Kirche dient das Lesen der für die Obersekunda bestimmten Apostelgeschichte.

Die Kirchengeschichte soll in der Prima nur in ihren Hauptmomenten und mit bestimmter Ausscheidung alles dessen gelehrt werden, was nicht von unmittelbarer Bedeutung für die religiös-kirchliche Bildung unserer Jugend ist. Sie hat sich also im wesentlichen auf die Darstellung des Urchristentums, der Reformation und ihrer Vorbereitung und auf die wichtigsten Erscheinungen der neueren Zeit zu beschränken. Die christliche Glaubens- und Sittenlehre wird nicht nach einem System und Hilfsbuch, sondern im Anschlufs an die evangelischen und apostolischen Schriften und an die Augustana gelehrt, indem nach kurzer Einleitung über die drei alten Symbole

# 1. Kapitel. Preußen.

Insbesondere die Artikel I—XVI sowie XVIII und XX des ersten Teils der Augustana erklärt werden. Auch in der Prima des Gymnasiums ist bei dem Lesen der neutestamentlichen Schriften im allgemeinen der deutsche Text zu Grunde zu legen. Jedoch kann hier wenigstens abschnittweise der griechische Text herangezogen werden, um den Schüler zum Zurückgehen auf den Urtext anzuleiten. Es ist aber vorzusehen, daß dadurch der Unterricht nicht einen philologischen Charakter annehme und sein Hauptzweck gefährdet werde. Aus den sogenannten Einleitungswissenschaften für die biblischen Bücher ist nur das Notwendigste zu geben. Kritische Untersuchungen auf diesem Gebiete gehören nicht in den Bereich der Schule.

## Katholische Religion (vergl. CE 9. Jan. 1893).

**Allgemeines Lehrziel.** Der katholische Religionsunterricht an höheren Schulen hat als wesentlicher Bestandteil des Gesamtorganismus der Schule nicht in abgesonderter und vereinzelter Stellung, sondern mit allen Zweigen der bildenden und erziehenden Thätigkeit der Schule in reger Wechselbeziehung eng verbunden, die besondere fachunterrichtliche Aufgabe, die katholische Jugend nach Maßgabe ihrer geistigen Entwickelung mit den Lehren und Vorschriften wie mit dem inneren und äußeren Leben und Wirken der katholischen Kirche bekannt zu machen, sie in der Überzeugung von der Wahrheit und dem göttlichen Ursprunge des Christentums und der Kirche zu befestigen und sie anzuleiten, diese Überzeugung durch das Leben in und mit Christus und seiner Kirche treu zu bewahren, sorgfältig zu pflegen und stets unverbrüchlich zu bekennen.

**Lehraufgaben:** VI (3 Stunden wöchentlich): Die notwendigen Gebete; kurze Anleitung, der heiligen Messe mit Andacht beizuwohnen. Nach Bedürfnis Beichtunterricht oder kurze Wiederholung desselben. Katechismus: das erste Hauptstück vom Glauben. Biblische Geschichten des alten Testaments (nach einer biblischen Geschichte). V (2 St.): Das 2. und 3. Hauptstück, von den Geboten und den Gnadenmitteln. Biblische Geschichten des neuen Testaments bis zur Auferstehung Jesu (nach einer biblischen Geschichte). IV (2 St.): Erweiterter Katechismus: das erste Hauptstück, vom Glauben. Biblische Geschichte: Abschluß des neuen Testaments nebst ergänzender und vertiefender Wiederholung der gesamten biblischen Geschichte des neuen Testaments, insbesondere der Zeit der öffentlichen Lehrthätigkeit Jesu (nach einer biblischen Geschichte). Erklärung und Einprägung einiger Kirchenlieder. III B (2 St.): Erweiterter Katechismus: Das zweite Hauptstück, von den Geboten; dazu Erklärung des Kirchenjahres in Verbindung mit dem ersten Kirchengebote. Biblische Geschichte: Ergänzende und vertiefende Wiederholung der Geschichte des alten Testaments, mit besonderer Hervorhebung seines vorbereitenden, prophetischen und vorbildlichen Charakters in einzelnen hervorragenden Personen wie in Ereignissen und gottesdienstlichen Einrichtungen (nach einer biblischen Geschichte). Erklärung und Einprägung weiterer Kirchenlieder und einiger lateinischer Hymnen. III A (2 St.): Erweiterter Katechismus: Das dritte Hauptstück, von den Gnadenmitteln, unter Berücksichtigung der Liturgie bei dem heiligen Meßopfer, bei der Spendung der heiligen Sakramente und bei den Sakramentalien. Einführung in die Kirchengeschichte mittels hervorragender kirchengeschichtlicher Charakterbilder. (NB. Statt des erweiterten Katechismus kann auch ein entsprechendes Lehrbuch benutzt werden.) II B (2 St.): Begründung des katholischen Glaubens (Apologetik): Die Lehre von der natürlichen Religion, von der göttlichen Offenbarung und von den Offenbarungsstufen (Uroffenbarung, Judentum, Christentum); die Lehre von der Kirche, von den Quellen des katholischen Glaubens und von der katholischen Glaubensregel (nach einem Lehrbuch). Wiederholung der wichtigsten Gegenstände aus den Lehraufgaben der mittleren Klassen. II A (2 St.): Die Glaubenslehre von Gott, von der Schöpfung und von der Erlösung (nach einem

18*

Lehrbuch). (Eingehendere Besprechung finden aufser den Unterscheidungslehren die Lehrpunkte, welche gegenüber den herrschenden Zeitrichtungen eine apologetische Behandlung erfordern. Ausführliche Mitteilungen aus der Kirchengeschichte bis auf Karl den Grofsen, vornehmlich durch entsprechende Charakterbilder einzelner Persönlichkeiten oder Zeitabschnitte, kirchlicher Institute usw. (im Anschlufs an ein Lehrbuch). I B (2 St.): Abschlufs der Glaubenslehre: von der Heiligung und der Vollendung (nach einem Lehrbuch). Kirchengeschichtliche Mitteilungen aus der mittleren und neueren Zeit. I A (2 St.): Die allgemeine und die besondere Sittenlehre (nach einem Lehrbuch). (Auch diese vorzugsweise mit Widerlegung der das sittliche Leben und die gesellschaftliche Ordnung gefährdenden Grundsätze und Bestrebungen der Gegenwart). Zusammenfassende Wiederholungen aus den Lehraufgaben der oberen Klassen. Wo durch eigenartige Verhältnisse, insbesondere durch die Vereinigung einzelner oder mehrerer Klassen im Unterrichte eine Abänderung der vorstehenden Lehraufgaben notwendig ist, wird der Lehrer die aus solchen Verhältnissen unvermeidlich entstehenden Nachteile durch um so regeren Eifer und durch unterrichtliche Geschicklichkeit nach Kräften auszugleichen suchen und sich dahin bemühen, dafs gleichwohl mit Ablauf des gesamten Lehrkursus das ganze Gebiet des Unterrichts behandelt ist. Wenn der Organismus der Anstalt es erfordert, kann die Kirchengeschichte in Obersekunda allein durchgenommen und für die beiden Primen die Glaubens- und Sittenlehre vorbehalten werden.

Methodische Bemerkungen. Die religiöse Ausbildung beruht auf allen Klassenstufen zunächst auf der Darlegung, Erklärung und Begründung des positiven kirchlichen Lehrbegriffs. Apologetische Gesichtspunkte sollen daneben im allgemeinen erst von Untersekunda ab in den Bereich des Unterrichts gezogen werden, und auch dann nur insofern, als es sich um die Abwehr von solchen Irrtümern handelt, welche entweder schon jetzt im unmittelbaren Gesichtskreise der Schüler liegen oder sich ihnen doch voraussichtlich so bald aufdrängen, dafs deren Besprechung und Zurückweisung unerläfslich ist. Dabei mufs wiederholt auf die Bedeutung der Besprechung gegnerischer Einwände hingewiesen und nachdrücklich daran erinnert werden, dafs die hier als erwiesen vorausgesetzte unfehlbare Lehrautorität der vom Geiste Gottes geleiteten Kirche Jesu Christi die volle sichere Bürgschaft des christlichen Glaubens ist. Bezüglich des Gedächtnisstoffes versieht die Aufstellung der Lehraufgaben für die untere und mittlere Stufe durchweg mit der erforderlichen Anweisung; nur auf Untersekunda sowie auf der Oberstufe hat der Lehrer die Mafshaltung, welche dort nur im allgemeinen angegeben ist, im einzelnen selbst durchzuführen. Nur von der festen Grundlage sicherer religiöser Kenntnisse, gläubiger Überzeugung und kirchlicher Gesinnung aus kann der Religionsunterricht bestrebt sein und hoffen, auch die andere Seite, nicht den letzten und unwichtigsten Teil seiner Aufgabe, nämlich die religiöse Erziehung und sittliche Veredlung, mit vollem und dauerhaftem Erfolge zu verwirklichen. Die Glaubens- und Sittenlehre kommt, entsprechend der Dreiteilung der 9jährigen Unterrichtsanstalten und durchgehends im Anschlufs an diese, dreimal zur Behandlung, jedesmal in erweiterter Form und in gröfserer Vertiefung. Bei der Besprechung sind auch die auf anderem als dem religiösen Lehrgebiete gewonnenen Kenntnisse der Schüler thunlichst zu verwerten. Im Interesse der Schüler, welche nach Beendigung des Untersekunda-Kursus die Anstalten verlassen, ist dieser Klasse als vornehmstes Lehrpensum eine populär gehaltene Begründung des katholischen Glaubens zugewiesen. Auf die Lehre von der Kirche ist bei diesem Unterrichtsstoffe vornehmlich Gewicht zu legen; denn auf dem Gehorsam gegen die Kirche als die von Gott beglaubigte Hüterin und Erklärerin der göttlichen Satzungen beruht nach katholischer Lehre das wahrhaft sittliche Leben, und in diesem liegt wieder ein besonderer Schutz gegen die verkehrten, die sittliche Ordnung gefährdenden Richtungen der Gegenwart.

Wie der Unterricht in der Glaubens- und Sittenlehre immer auf die biblischen Geschichten, so muſs umgekehrt der biblische Geschichtsunterricht stets auf die Glaubenswahrheiten und die sittlichen Vorschriften zurückgehen. In dieser Wechselbeziehung kann auf der Oberstufe die Besprechung der Glaubens- und Sittenlehre bei einzelnen Gelegenheiten thunlichst an die Lesung oder Mitteilung ausgewählter kleiner Abschnitte der heiligen Schrift, an einzelne Gleichnisreden und Begebenheiten aus dem Leben Jesu geknüpft werden.

An die erste Einführung in die Kirchengeschichte auf der Mittelstufe schliefsen sich auf der Oberstufe ausführlichere Mitteilungen aus diesem Unterrichtsgebiete an, hier wie dort vorwiegend in Form von Charakterbildern. Das Hauptziel dieses Unterrichts liegt nicht darin, eine möglichst grofse Summe von Einzelheiten zu bieten, sondern die Kirche hochhalten und lieben zu lehren und in ihrer Geschichte insbesondere die Entfaltung eines Planes der göttlichen Vorsehung erkennen zu lassen.

2. Deutsch.

(Lehrziel, Lehraufgaben und methodische Bemerkungen gelten im wesentlichen für die entsprechenden Stufen aller höheren Schulen.)

Allgemeines Lehrziel. Fertigkeit im mündlichen und schriftlichen Gebrauche der Muttersprache; Bekanntschaft mit den wichtigsten Abschnitten der Geschichte unserer Dichtung an der Hand des Gelesenen; Belebung des vaterländischen Sinnes, insbesondere durch Einführung in die germanische Sagenwelt und in die für die Schule bedeutsamsten Meisterwerke unserer Litteratur.

Lehraufgaben. VI (4 bezw. 5 Stunden wöchentlich): Grammatik. Redeteile und Glieder des einfachen Satzes; Unterscheidung der starken und schwachen Flexion. (Terminologie durchaus in Übereinstimmung mit dem lateinischen Unterricht.) Rechtschreibeübungen in wöchentlichen Diktaten in der Klasse. Lesen von Gedichten und Prosastücken (Fabel, Märchen, Erzählungen aus der vaterländischen Sage und Geschichte). Nacherzählen. Auswendiglernen und Vortragen (Gedichte). V (3 bezw. 4 St.): Grammatik. Der einfache und erweiterte Satz. Das Notwendigste vom zusammengesetzten Satz. Rechtschreibe- und Interpunktionsübungen in wöchentlichen Klassendiktaten. Mündliches Nacherzählen; erste Versuche im Schriftlichen. (Im ersten Halbjahr in der Klasse, im zweiten auch als Hausarbeit.) Erzählungen aus der alten Sage und Geschichte. Sonst wie VI. IV (3 bezw. 4 St.): Grammatik. Der zusammengesetzte Satz. Das Wichtigste aus der Wortbildungslehre, an typische Beispiele angeschlossen. Abwechselnd Rechtschreibeübungen in der Klasse und schriftliches freieres Nacherzählen des in der Klasse Gehörten. (Häusliche Arbeit alle 4 Wochen.) Lesen von Gedichten und Prosastücken. Nacherzählen. Auswendiglernen und Vortragen (Gedichte). III D (2 bezw. 3 St.): Grammatik. Zusammenfassender Überblick über die wichtigsten der deutschen Sprache eigentümlichen grammatischen Gesetze. Häusliche Aufsätze (Erzählungen, Beschreibungen, Schilderungen, Übersetzungen aus fremdsprachlicher Lektüre) alle 4 Wochen. Behandlung prosaischer und poetischer Lesestücke (nordische, germanische Sagen, Allgemein-geschichtliches, Kulturgeschichtliches, Stoffe aus Geographie oder Naturgeschichte; Episches, besonders Balladen). Belehrungen über die poetischen Formen, soweit zur Erläuterung des Gelesenen erforderlich. Auswendiglernen und Vortragen von Gedichten wie auf den Vorstufen. III A (2 bezw. 3 St.): Häusliche Aufsätze wie III B; dazu Berichte über Selbsterlebtes, auch in Briefform. Allmähliches Hervortreten der poetischen Lektüre vor der prosaischen. Lyrisches und Dramatisches, (insbesondere Schillers Glocke und Wilhelm Tell) mit Anknüpfung weiterer Belehrungen über Poetik und Rhetorik. (In Realanstalten statt des Dramas Homer in der Übersetzung von Voss.) Auswendiglernen und Vortragen von Gedichten und Dichterstellen. II B (3 St.): Praktische Anleitung zur Aufsatzbildung durch Übungen in Auffindung des Stoffes und dessen Ordnung in der Klasse. Leichte Aufsätze abhandelnder Art alle 4 Wochen, besonders Vergleichungen neben erzählenden Darstellungen oder Berichten wie in III A, nur umfassender. Übersetzungen aus fremdsprachlicher Lektüre — Jungfrau von Orleans (In Realanstalten Wilhelm Tell), Minna von Barnhelm, Hermann und Dorothea. Die Erklärung ist in möglichst einfacher Weise darauf zu richten, dafs das Ganze von dem Schüler als ein in sich abgeschlossenes Kunstwerk aufgefafst werde. Auswendiglernen von Dichterstellen und erste Versuche im Vortrag kleiner selbständiger Ausarbeitungen über Gelesenes. II A (3 bezw. 4 St.): Häusliche und Klassenaufsätze. Kleinere Abhandlungen aus dem den Schülern im Unterricht eröffneten Gesichtskreise. Etwa 6 Aufsätze im Schuljahr. Einführung in das Nibelungenlied unter Mitteilung von Proben aus dem Urtext, welche vom Lehrer zu lesen und zu erklären sind. Ausblicke auf nordische Sagen und die grofsen germanischen Sagenkreise, auf die höfische Epik und Lyrik. Einzelne sprachgeschichtliche Belehrungen durch typische Beispiele. Zusammenfassender Rückblick auf die Arten der Dichtung. Lesen von Dramen (z. B. Wallenstein, Egmont, Götz). Gelegentliches Auswendiglernen von Dichterstellen und Vorträge der Schüler über den Inhalt bedeutender mittelhochdeutscher Dichtungen oder gelesener moderner Dramen und sonstiger Dichtungen nach eigenen Ausarbeitungen. I B (3 bezw. 4 St.): Häusliche und Klassenaufsätze wie in II A. Lebensbilder aus der deutschen Litteraturgeschichte vom Beginn des 16. bis zum Ende des 18. Jahrhunderts in knapper Darstellung. Lektüre. Lessingsche Abhandlungen (Laokoon). Einige Oden Klopstocks. Schillers und Goethes Gedankenlyrik. Dramen, namentlich Iphigenie, Braut von Messina (in Realanstalten auch Sophokleische Dramen in deutscher Übersetzung). Proben von neueren Dichtern. Vorträge der Schüler über Leben und Werke von Dichtern. An die Stelle der genannten Prosalektüre tritt unter Umständen hier, wie in I A, die Durcharbeitung schwieriger Stücke eines Lesebuches für I. I A (3 bezw. 4 St.): Häusliche und Klassenaufsätze. Lebensbilder Goethes und Schillers und ihrer berühmtesten Zeitgenossen sowie bedeutenderer neuerer Dichter. Lektüre aus der „Hamburgischen Dramaturgie", Lesen von Dramen, insbesondere auch Shakespearescher in der Übersetzung (an Gymnasien). Vorträge der Schüler über Leben und Werke von Dichtern nach eigener Ausarbeitung.

Methodische Bemerkungen. (Wegen der Stellung des deutschen Unterrichts zu den übrigen Lehrgegenständen vergl. Erläuterungen III, 5.)

Die grammatische Unterweisung in der Muttersprache ist bestimmt, dem Schüler eine objektive Norm für die Beurteilung eigenen und fremden Ausdruckes zu bieten und ihn auch später in Fällen des Zweifels zu leiten. Diese Unterweisung hat sich aber auf das Notwendigste zu beschränken und immer an bestimmte Beispiele sich anzulehnen. Die Behandlung der deutschen Grammatik wie die einer Fremdsprache ist in deutschen Schulen zu verwerfen. — Die stufenmäfsig geordneten schriftlichen Übungen sollen aus dem Unterrichte selbst erwachsen. Dadurch aber ist nicht ausgeschlossen, dafs auf den oberen Stufen auch Aufgaben allgemeineren Inhalts, sofern eine genügende Vorbereitung aus dem Unterrichte im ganzen vorausgesetzt werden kann, zur Bearbeitung gestellt werden. Aufgaben, welche an das Gelesene sich anschliefsen, sind besonders auf den oberen Stufen zu empfehlen. Indessen mufs dabei vor jeder Überspannung der Anforderungen namentlich in Bezug auf den Umfang der Arbeiten dringend gewarnt werden. Bezüglich der Verwertung der Übersetzungen aus den Fremdsprachen für den deutschen Unterricht und der Bearbeitung eng begrenzter Wiederholungsaufgaben in anderen Fächern darf auf die Erläuterungen III, 5 verwiesen werden. Anleitung zur Behandlung der gestellten Aufgaben ist auf allen Stufen erforderlich, und zwar sollen die Schüler dadurch mehr und mehr lernen, unter Führung des Lehrers die Hauptgesichtspunkte und ihre Ordnung selbst zu finden.

Auf Einfachheit der Darstellung, insbesondere des Satzbaues, ist zu halten und dem Eindringen fremdartiger Periodenbildung in die deutsche Darstellung entschieden zu wehren. Fremdwörter, für welche gute deutsche Ausdrücke vorhanden sind, sollen ausgemerzt werden. Indessen ist gerade in diesem Punkte ein verständiges Mafshalten geboten; und so empfiehlt es sich, dafür an jeder Schule bestimmte Normen aufzustellen. — Für die Pflege des mündlichen Ausdrucks ist in allen Fächern und auf allen Stufen Sorge zu tragen. Vor allem aber mufs der Lehrer selbst mit gutem Beispiel vorangehen. Jede Nachlässigkeit in dieser Beziehung wirkt nachteilig auf den Ausdruck der Schüler. — Sinngemäfses Lesen und Vortragen der Schüler mufs geübt werden. Auf den oberen Klassen haben sich vorbereitete, kurze freie Vorträge über Gelesenes oder Gehörtes in regelmäfsigen Zwischenräumen anzuschliefsen. Die Beurteilung der Vorträge erfolgt durch den betreffenden Lehrer. — Im Auswendiglernen ist ein Zuviel nicht angebracht. Der an den meisten Anstalten eingeführte Kanon von Gedichten ist erneuter Prüfung zu unterziehen. — Bei dem zu Lesenden ist zu scheiden zwischen Klassenlektüre und Privatlektüre. In ersterer ist überall das für die betreffende Stufe Typische herauszuheben, in letzterer die Eigenart des Schülers besonders zu berücksichtigen. Gedichte, welche in der Klasse behandelt werden, sind auf den unteren und mittleren Stufen zunächst vom Lehrer vorzulesen; danach sind die nötigen sprachlichen und sachlichen Erläuterungen anzufügen und Grund- und Teilgedanken mit den Schülern aufzusuchen. Nach einem wiederholenden Lesen durch einen Schüler ist das Gedicht zum Lernen aufzugeben, um in der nächsten Stunde vorgetragen und zusammenfassend besprochen zu werden. Auch bei dem Lesen gröfserer Werke auf der Oberstufe sind vor allem die leitenden Grundgedanken unter Mitarbeit der Schüler hervorzuheben, die Hauptabschnitte und deren Gliederung aufzuzeigen, und so das Ganze zum Verständnis zu bringen. Der Kunstform ist dabei Beachtung zu schenken. Besonders zu empfehlen ist die vergleichende Zusammenstellung von Gedichten, welche denselben Gegenstand behandeln. Die gelesenen Epen und Dramen sind nach ihrem ganzen Aufbau und den Charakteren der handelnden Personen vollinhaltlich zu erläutern. Die auf allen Stufen neben der Dichtung zu pflegende Prosalektüre hat den Gedanken- und Gesichtskreis des Schülers zu erweitern und zumal auf der Oberstufe den Stoff für die Erörterungen wichtiger allgemeiner Ideen und Begriffe zu bieten. Zweckmäfsig geleitet, kann diese Lektüre in der Prima die oft recht unfruchtbare und als besondere Lehraufgabe hier ausgeschiedene philosophische Propädeutik ersetzen. (Wegen der Behandlung des Mittelhochdeutschen siehe „Lehraufgaben".) — Behufs zweckmäfsiger Wahl der Privatlektüre mufs der Lehrer dem Schüler als Berater helfend zur Seite stehen.

Der Unterricht im Deutschen ist neben dem in Religion und Geschichte der ethisch bedeutsamste. Die ihm gestellte Aufgabe ist aufserordentlich schwierig und kann nur von einem solchen Lehrer voll gelöst werden, welcher, gestützt auf tieferes Verständnis unserer Sprache und deren Geschichte, getragen von Begeisterung für die Schätze unserer Litteratur und erfüllt von patriotischem Sinn die empfänglichen Herzen unserer Jugend für deutsche Sprache, deutsches Volkstum und deutsche Geistesgröfse zu erwärmen vermag.

3. Lateinisch.
A. Gymnasium.

Allgemeines Lehrziel. Verständnis der bedeutenderen klassischen Schriftsteller der Römer und sprachlich-logische Schulung.

**Lehraufgaben.** IV (5 Stunden wöchentlich): Formenlehre mit strengster Beschränkung auf das Regelmäfsige und mit Ausschlufs der Deponentia. Aneignung eines angemessenen Wortschatzes im Anschlufs an das Lesebuch und zur Vorbereitung auf die Lektüre. Das Lese- und Übungsbuch nimmt seinen Stoff vorzugsweise aus der alten Sage und Geschichte, um damit inhaltlich und sprachlich eine Vorstufe für den Schriftsteller zu bilden. Es biete möglichst viel zusammenhängenden Inhalt, zuerst überwiegend lateinische Lesestücke, dann entsprechende deutsche. Sämtliche Abschnitte werden in der Schule, anfangs unter Anleitung und Hilfe des Lehrers, allmählich immer selbständiger übersetzt und dann zum Rückübersetzen aufgegeben. Übungen im Konstruieren und Rückübersetzen. An den lateinischen und deutschen Abschnitten finden regelmäfsige mündliche und schriftliche Übungen in der Klasse statt. Aus dem Lehrstoff werden hergeleitet einige elementar-syntaktische Regeln, z. B. über Orts- und Zeitbestimmungen, den Abl. instrum., die gebräuchlichsten Konjunktionen cum, quamquam, ut, ne, und einige Vorschriften über Wortstellung. Wöchentlich eine halbstündige Klassenarbeit im Anschlufs an den Lesestoff. Reinschriften derselben, gegen Ende des Schuljahres statt dieser auch besondere, in der Klasse vorbereitete Übersetzungen als Hausarbeiten. V (5 St.): Wiederholung der regelmäfsigen Formenlehre; die Deponentia; die unregelmäfsigen Formen (mit Beschränkung auf das Notwendige). Aneignung eines angemessenen Wortschatzes, unter Ausschlufs besonderer, an das Gelesene nicht angelehnter Vokabularien. Gebrauch des Lese- und Übungsbuches. — Nach Bedürfnis werden aus dem Lesestoff einige syntaktische Regeln, z. B. über Accus. cum Inf., Participium conjunctum, Ablat. absol., Konstruktion der Städtenamen und einige notwendige Stilregeln abgeleitet. Mündliche und schriftliche Übungen, sowie Reinschriften; abwechselnd damit besondere, in der Klasse vorbereitete Übersetzungen als Hausaufgaben. IV (7 St.): Lektüre im ersten Halbjahre 3, im zweiten 4 Stunden. Cornelius Nepos oder ein geeignetes Lesebuch. Die Vorbereitungen der Lektüre finden im ersten Halbjahr in der Klasse statt. Fleifsige Übungen im Konstruieren, Übersetzen, Rückübersetzen. Gelegentlich werden weitere stilistische Eigenheiten, wichtigere Phrasen und synonyme Unterscheidungen bei der Lektüre gelernt. Grammatik im 1. Halbjahr 4, im 2. drei Stunden. Wiederholung der Formenlehre. Das Wesentliche aus der Kasuslehre im Anschlufs an Musterbeispiele, die möglichst aus dem Gelesenen entnommen werden. Syntax der Verbum nach Bedürfnis. Mündliche und schriftliche Übersetzungen in das Lateinische aus einem Übungsbuche, dessen Inhalt sich an das Gelesene anlehnt. Wöchentlich eine kurze Übersetzung ins Lateinische im Anschlufs an die Lektüre als Klassenarbeit oder als Hausaufgabe. In jedem Halbjahr drei schriftliche Übersetzungen ins Deutsche. III B (7 St.): Lektüre 4 Stunden. Caesar bell. gall. Anleitung zur Vorbereitung. Übungen im Konstruieren, Übersetzen, Rückübersetzen. Gelegentliche Ableitungen von Stilregeln. Grammatik 3 Stunden. Wiederholung der Kasuslehre. Hauptregeln der Tempus- und Moduslehre. Mündliche und schriftliche Übersetzungen aus einem Übungsbuche, dessen Inhalt an Caesar anknüpft. Alle 8 Tage eine Übersetzung ins Lateinische, im Anschlufs an Gelesenes als Klassenarbeit, oder eine häusliche Arbeit. Alle 6 Wochen anstatt der Klassenarbeit eine schriftliche Übersetzung ins Deutsche. III A (7 St.): Lektüre 4 St. Caesar bell. gall., Ovid Metam., Anleitung zum Übersetzen in der Klasse. Erklärung und Einübung des daktylischen Hexameters. Grammatik 3 St. Wiederholung und Ergänzung der Tempus- und Moduslehre, Abschlufs der Verbalsyntax in ihren Hauptregeln. II B (7 St.): Lektüre 4 St. Leichtere Reden Ciceros, Auswahl aus Livius und Vergil, (aus letzterem nach einem Kanon, der in sich abgeschlossene Bilder gewährt) oder aus Ovid. Anleitung zur Vorbereitung. Übungen im Übersetzen, Auswendiglernen einzelner dichterischer Stellen. Gelegentlich werden aus dem Gelesenen stilistische Regeln und synonyme Unterscheidungen abgeleitet. Grammatik 3 Stunden. Wiederholungen und Ergänzungen. Alle 8 Tage eine kurze Übersetzung ins Lateinische im Anschluſs an Gelesenes als Klassenarbeit oder häusliche Aufgabe; alle sechs Wochen eine schriftliche Übersetzung ins Deutsche. II A (6 St.): Lektüre 5 Stunden. Livius und Sallust mit besonderer Rücksicht auf den Geschichtsunterricht; ausgewählte Reden Ciceros; Vergil nach einem Kanon. Regelmäſsige Übungen im Extemporieren. Auswendiglernen einzelner Stellen aus Vergil. — Stilistische Zusammenfassungen und grammatische Wiederholungen im Anschluſs an Gelesenes. Alle 14 Tage eine schriftliche Übersetzung ins Lateinische als häusliche oder Klassenarbeit. Gelegentlich eine lateinische Inhaltsangabe lediglich zur Verarbeitung des Gelesenen. I B (6 St.): Lektüre 5 Stunden. Tacitus, Auswahl aus Ciceros Briefen sowie aus Horaz. Ergänzende Privatlektüre, namentlich aus Livius. Regelmäſsige Übungen im Extemporieren. Auswendiglernen einzelner Stellen aus Horaz. Ableitung notwendiger stilistischer Regeln und synonymer Begriffe.

Alle 14 Tage eine Übersetzung ins Lateinische im Anschluſs an Gelesenes abwechselnd als Klassen- und als Hausarbeit, daneben alle 6 Wochen eine Übersetzung ins Deutsche als Klassenarbeit. Bei Gelegenheit dieser schriftlichen Übungen grammatische und stilistische Wiederholungen. I A (6 St.): Lektüre. 5 Stunden. Statt Ciceros Briefen eine gröſsere Rede, sonst wie in I B. Ergänzende Privatlektüre namentlich aus Livius. Übungen wie in Unterprima; desgl. schriftliche Übungen. Inhaltsangaben wie in Obersekunda.

### B. Realgymnasium.

**Allgemeines Lehrziel.** Verständnis leichterer Stellen der in Prima gelesenen Schriftsteller und sprachlich-logische Schulung.

**Lehraufgaben.** VI (5 St.), V (5 St.) und IV (7 St.) wie im Gymnasium. III B (4 St.): Lektüre. Caesar bell. gall. oder ein geeignetes Lesebuch (2 St.), Grammatik. Wiederholungen der Form- und Erweiterungen der Kasuslehre. Moduslehre, soweit wie für das Lesen erforderlich. Übungen im schriftlichen und mündlichen Übersetzen aus dem Deutschen (2 St.). III A (4 St.): Lektüre. Caesar bell. gall. (2 St.). Grammatik. Das Wichtigste aus der Tempus- und Moduslehre. Sonst wie in Untertertia. Schriftliche und mündliche Übersetzungen aus dem Deutschen und Lateinischen (2 St.). II B (3 St.): Lektüre. Caesar bell. gall. mit Auswahl, Ovid Metam.; Erklärung und Einübung des daktylischen Hexameters (2 St.). Grammatik. Wiederholung aus der Formenlehre und Syntax bei Gelegenheit der alle 14 Tage anzufertigenden schriftlichen Übungen. (Ein Übungsbuch wird nicht gebraucht.) Schriftliche Übersetzungen aus dem Lateinischen (1 St.) II A (3 St.): Lektüre: Caesar; Ovid Met., nach einem Kanon. Schriftliche Übungen. Alle 14 Tage eine Übersetzung aus dem Lateinischen. Gelegentliche grammatische Wiederholungen. I A und B (je 3 St.): Lektüre. Einfachere Abschnitte aus Livius; Cicero in Catilinam I, II oder III; leichtere Stellen aus Vergils Aeneis nach einem Kanon. Schriftliche Übungen. Alle 14 Tage eine Übersetzung aus Livius. Gelegentlich grammatische Wiederholungen.

**Methodische Bemerkungen.** Zu A. 1. Grammatik, Wortschatz und schriftliche Übungen. Entsprechend dem allgemeinen Lehrziel ist nach den bezeichneten Richtungen die Vorbereitung auf ein gründlicheres Verständnis der Schriftsteller und die sprachlich-logische Schulung fest im Auge zu behalten. Darnach ist von VI an die Auswahl des zu Lernenden und der Übungen zu bemessen; diese wird überall auf das Regelmäſsige zu beschränken sein. Grammatik und die dazu gehörigen Übungen sind nur ein Mittel zur Erreichung des bezeichneten Zweckes. — Bei der Wahl der Grammatik ist darauf zu achten, daſs sie in ihrem ganzen Aufbau von der neben ihr gebrauchten griechischen nicht allzu verschieden ist.

Untere Stufe. Als Ausgangspunkt für den ersten Unterricht in VI empfiehlt sich im allgemeinen nicht die Regel, sondern der von dem Lehrer vorzuübersetzende und von dem Schüler in der Übersetzung zu wiederholende lateinische Satz. Erst dann, wenn eine Reihe ausgewählter Sätze eingeübt, die Deklinationsformen daraus erklärt und vergleichend zusammengestellt sind, schliefst sich die gedächtnismäfsig einzuprägende Regel an. Der anzueignende Wortschatz ergiebt sich aus dem Gelesenen. — Hand in Hand mit dieser Vorbereitung geht die mündliche und schriftliche Verarbeitung des Gelesenen und Gelernten durch umformende Übersetzungen teils in der Muttersprache, teils aus derselben. Die Beschwerung des Unterrichts mit besonderen Feinheiten der Aussprache empfiehlt sich nicht.

Mittelstufe. Ist so in VI und V Sicherheit in den gebräuchlichsten Formen und in den für das Übersetzen unentbehrlichsten syntaktischen Regeln erreicht, so schliefst sich daran auf der Mittelstufe die systematische Einübung der weiter notwendigen syntaktischen Gesetze an, und zwar so, dafs auch hier immer erst von einer Reihe möglichst aus der Lektüre genommener Mustersätze für die Regel ausgegangen und nach Aufzeigung derselben zu ihrer Aneignung geschritten wird. Besonderes Gewicht ist auf gelegentliche Zusammenfassung von Gleichem oder Verwandtem, Unterordnung des Besonderen unter das Allgemeine zu legen. Wortschatz und mündliche oder schriftliche Übungen sind, immer im Zusammenhange mit dem Gelesenen, stetig zu erweitern; die Übungen im Übersetzen ins Lateinische haben sich in der Regel an ein nach dem betreffenden Prosaiker zu bearbeitendes Übungsbuch anzulehnen.

Oberstufe. Hier kann in der einen zur Verfügung stehenden Stunde nur die Festhaltung erlangter Übung und die gelegentliche Zusammenfassung und Erweiterung des Gelernten zur Unterstützung der Lektüre das Ziel sein. Besondere Eigentümlichkeiten im Gebrauch der Redeteile, stilistische und synonyme Ableitungen sind mit Beschränkung auf das Notwendigste zu behandeln. Die Texte für die häuslichen oder Klassen-Übersetzungen ins Lateinische hat in der Regel der Lehrer, und zwar im Anschlufs an Gelesenes, zu entwerfen. Sie sind einfach zu halten und fast nur als Rückübersetzungen ins Lateinische zu behandeln.

2. Lektüre. Je sicherer der Grund in Grammatik und Wortschatz gelegt ist, um so weniger wird das Lesen durch formale Hindernisse aufgehalten, und um so mehr werden bei der Erklärung überall die sachlichen Gesichtspunkte in den Vordergrund treten können. Etwaige Versuche, die grammatische Erklärungsweise in Anwendung zu bringen, sind überall streng zurückzuweisen. Das inhaltliche Verständnis des Gelesenen und die Einführung in das Geistes- und Kulturleben der Römer bilden die Hauptsache. Auf die in den Lehraufgaben betonte Vorbereitung auf neue oder schwierigere Schriftsteller in der Klasse mufs stets gehalten werden. Die beste Erklärung ist und bleibt eine gute deutsche Übersetzung des Schriftstellers. Diese ist in gemeinsamer Arbeit von Lehrer und Schüler in der Klasse festzustellen und durch den Schüler zu wiederholen. Die systematisch geordneten schriftlichen Übersetzungen aus dem Lateinischen in der Klasse bilden den Prüfstein erreichter Fertigkeit. Sind gewisse Abschnitte oder ein Ganzes übersetzt, so ist mit dem Schüler eine Übersicht über den Inhalt und seine Gliederung festzustellen. Auf der Oberstufe ist dabei durch den Lehrer aufser dem Grundgedanken auch die Kunstform des Gelesenen den Schülern zum Verständnis zu bringen. Bei Schriftstellern oder Schriften, welche nicht vollständig gelesen werden können, ist streng darauf zu halten, dafs die Auswahl nach bestimmten sachlichen Gesichtspunkten erfolge, und dafs immer ein möglichst abgeschlossenes Bild gewährt werde. Zu dessen Vervollständigung mufs auch die regelmäfsig zu pflegende unvorbereitete Lektüre beitragen.

Ein zur Konzentration des Unterrichts überaus wichtiger Gesichtspunkt ist die nähere Verbindung der Prosalektüre mit der Geschichte. Dies gilt für das Deutsche, die Fremdsprachen und besonders für das Lateinische. Dadurch wird es ermöglicht, ohne Überladung des Geschichtsunterrichts, für bedeutsame Abschnitte der Geschichte und hervorragende Persönlichkeiten einen durch individuelle Züge belebten Hintergrund zu gewinnen. Eine zweckmäfsige Verwertung von Anschauungsmitteln, wie sie in Nachbildungen antiker Kunstwerke und in sonstigen Darstellungen antiken Lebens so reichlich geboten sind, kann nicht genug empfohlen werden. Das Zurücktreten Ciceros aus seiner hervorragenden Stellung in der Schullektüre ist bedingt durch die Änderung des Lehrziels. Die zu lesenden Reden und Briefe sind in erster Linie aus sachlichen Gesichtspunkten zu behandeln.

Zu B. Für die Methode gelten hier im wesentlichen dieselben Gesichtspunkte wie bei den Gymnasien, selbstverständlich unter Beachtung des beschränkten Lehrzieles, der Lehraufgaben und der zur Verfügung stehenden geringeren Stundenzahl. In III und II B ist es freigestellt, die gesamten Stunden zeitweise entweder auf das Lesen oder die Grammatik und mündliche oder schriftliche Übungen zu verwenden. In I gehört die ganze Zeit, abgesehen von den schriftlichen Übersetzungen aus dem Lateinischen, dem Schriftsteller, und nur gelegentlich sind einzelne Stunden für grammatische Wiederholungen und Zusammenfassungen zu verwerten.

### 4. Griechisch.

**Allgemeines Lehrziel.** Verständnis der bedeutenderen klassischen Schriftsteller der Griechen.

**Lehraufgaben.** III B (6 St. wöchentlich): Die regelmäfsige Formenlehre des attischen Dialektes bis zum verbum liquidum. Das Nötigste aus der Laut- und Accentlehre in Verbindung mit der Flexionslehre. Auswendiglernen von Wörtern, soweit sie für das Lesen nötig sind, mit Ausschlufs besonderer, nicht an die Lektüre gelehnter Vokabularien. Im Anschlufs an das Gelesene sind einzelne syntaktische Regeln abzuleiten. — Mündliche und schriftliche Übersetzungen ins Griechische zur Einübung der Formenlehre alle 14 Tage; teils häusliche, teils Klassenarbeiten, und zwar von Anbeginn regelmäfsig im Anschlufs an den Lesestoff — Lektüre nach einem geeigneten Lesebuch; diese wird sofort begonnen und geht möglichst bald auf zusammenhängende Lesestücke über. Der Stoff ist der griechischen Sage und Geschichte zu entnehmen. Es ist darauf zu achten, dafs nur solche Wörter vorkommen, die regelmäfsig in den Schulschriftstellern wiederkehren, unter Vermeidung aller unregelmäfsigen Formen. III A (6 St.): Die Verba in μι und die wichtigsten unregelmäfsigen Verba des attischen Dialektes. Die Präpositionen zur gedächtnismäfsigen Einprägung. Wiederholung und Ergänzung der Lehraufgabe in III B. Ausgewählte Hauptregeln der Syntax im Anschlusse an Gelesenes. Mündliche und schriftliche Übersetzungen in gleichem Umfange und nach den gleichen Grundsätzen wie in der Vorklasse, desgl. das Wörterlernen. Im ersten Halbjahr 3, im zweiten 2 Stunden. Lektüre. Anfangs nach dem Lesebuch; bald Xenophons Anabasis. Anleitung zur Vorbereitung. 3 bezw. 4 Stunden. II B (6 St.): Lektüre. Xenophons Anabasis und Hellenika mit Auswahl; Homers Odyssee. Die Vorbereitung auf Homer erfolgt im ersten Halbjahr in der Klasse. Der epische Dialekt wird nicht systematisch durchgenommen, sondern durch Erklärung und gelegentliche Zusammenfassung bei dem Lesen eingeübt. Geeignete Stellen werden auswendig gelernt. (4 St.) Grammatik. Die Syntax des Nomens (Artikel, Pronomen, Kasuslehre); die notwendigsten Hauptregeln der Tempus- und Moduslehre. Die Durchnahme der Syntax erfolgt, soweit nötig, systematisch; im übrigen wird das bereits Vorgekommene zusammengefafst und an Beispiele angeknüpft. Die Formenlehre wird wiederholt und nach Bedürfnis die Prosalektüre ergänzt. Schriftliche Übersetzungen werden wie bisher gefordert; gelegentlich treten auch solche aus dem Griechischen in»

I. Hauptabteilung. V. Abschnitt. Höhere Lehranstalten.

Deutsche ein (2 St.). II A (6 St.): Lektüre. Auswahl aus Herodot, Xenophons Memorabilien und Homers Odyssee. Von besonderer Erlernung des jonischen Dialekts sowie von der Übertragung des Herodot ins Attische ist abzusehen. Auswendiglernen geeigneter Stellen (5 St.). Schriftliche Übungen im Übersetzen aus dem Griechischen in Verbindung mit dem Lesen des Prosaikers alle 4 Wochen, und zwar gewöhnlich in der Klasse. Die Grammatik ist auf dieser Stufe zusammenfassend abzuschliefsen. Weitere Einführung in die Syntax der Tempora und Modi; Lehre vom Infinitiv und Participium, wobei die Eigentümlichkeit der griechischen Sprache besonders zu betonen ist. Einübung des Gelernten in der Klasse zur Unterstützung der Lektüre (1 St.). I A und I B (je 6 St.): Lektüre. Plato mit Auswahl und Thukydides, letzterer mit Ausschlufs schwierigerer Reden; Demosthenes olynthische und philippische Reden. Vorausgehende Vorbereitung in der Klasse. Homers Ilias und und Sophokles. Letzterer ist eine Zeit lang mit den Schülern gemeinsam vorzubereiten. Auswendiglernen geeigneter Stellen aus den Dichtern wie früher. Ergänzende Privatlektüre. Grammatische Wiederholungen aus allen Gebieten je nach Bedürfnis (gelegentlich). Übersetzungen aus dem Griechischen alle 4 Wochen; dieselben sind gewöhnlich in der Klasse, aus dem Schriftsteller oder nach Diktaten zu veranstalten.

Methodische Bemerkungen. Grammatik, Wortschatz und schriftliche Übungen. Die Auswahl bemifst sich hier lediglich nach dem Lehrziel. Auszuscheiden ist alles, was im Lateinischen bereits vorweg genommen ist und nicht dem Zwecke der Lektüre dient; insbesondere fallen fast alle allgemeinen Begriffsbestimmungen fort. Bezüglich der aus dem Lesebuch zu gewinnenden und sodann fest einzuprägenden Formen und syntaktischen Regeln gilt dasselbe wie für das Lateinische, nur dafs die Rücksicht auf Übersetzungen ins Griechische fast ganz aufhört. Die dahin zielenden schriftlichen Übungen in III A und II B sind elementarster Art und dienen nur der Einübung der Formen und der wichtigsten Sprachgesetze. Auf der Oberstufe fallen sie gänzlich fort. Lektüre. Sie mufs, unbeschadet der Gründlichkeit, umfassend betrieben werden, zumal auf der Oberstufe. Ilias und Odyssee z. B. sind thunlichst ganz zu lesen. Soweit dies in der Ursprache nicht möglich ist, sind zur Ergänzung von dem Lehrer gute Übersetzungen heranzuziehen. Bei der Behandlung Sophokleischer Stücke ist nach voraufgeschickter Übersetzung und Einzelerklärung vor allem der Ideengehalt und dann das Verständnis der Kunstform dem Schüler zu erschliefsen. Das Nämliche hat bei den Platonischen Dialogen zu geschehen, deren Auswahl in erster Linie im Hinblick auf den pädagogisch bedeutsamen ethischen Gehalt zu treffen ist.

3. Französisch.
A. Gymnasium.

Allgemeines Lehrziel. Verständnis nicht zu schwieriger bedeutender Schriftwerke der letzten drei Jahrhunderte und einige Geübtheit im praktischen mündlichen und schriftlichen Gebrauch der Sprache.

Lehraufgaben. IV (4 Stunden wöchentlich): Erwerbung einer richtigen Aussprache durch praktische Übungen zunächst in einem kurzen propädeutischen Kursus unter Ausschlufs von theoretischen Regeln über Lautbildung und Aussprache. Leseübungen; erste Versuche im Sprechen in jeder Stunde. Aneignung eines mäfsigen Wortschatzes. Die regelmäfsige Konjugation unter vorläufiger Beschränkung auf den Indikativ; die Hilfsverben avoir und être. Geschlechtswort, Teilartikel im Nominativ und Accusativ; Deklination des Hauptwortes auch unter Berücksichtigung der wichtigsten Unregelmäfsigkeiten; Eigenschaftswort, seine Veränderlichkeit, regelmäfsige und unregelmäfsige Steigerung; Grundzahlwörter. Schriftliche und mündliche Übersetzungen aus dem Elementar- und Lesebuch. Übungen im Rechtschreiben. III B (3 St.): Fortsetzung der Sprech- und Leseübungen; Erweiterung des Wortschatzes. Wiederholung der regelmäfsigen Konjugation sowie der Hilfsverben unter besonderer Berücksichtigung der Konjunktivformen; Veränderungen in der Rechtschreibung gewisser Verba auf er; die notwendigsten unregelmäfsigen Verba. Die letzteren sind gründlich auswendig zu lernen; auf das Gemeinsame gewisser Unregelmäfsigkeiten ist hinzuleiten. Schriftliche und mündliche Übersetzungen aus dem Elementar- und Lesebuch, Rechtschreibeübungen. III A (3 St.): Die unregelmäfsigen Verben in logischer Gruppierung unter Ausscheidung der minder wichtigen und der selteneren Komposita. Ergänzung der Formenlehre. Die syntaktischen Hauptgesetze im Gebrauch der Hilfsverben avoir und être. Wortstellung, Tempora, Indikativ und Konjunktiv, im Anschlufs an Mustersätze. Erweiterung des Wort- und Phrasenschatzes. Schriftliche und mündliche Übersetzungen ins Französische; Diktate; nachahmende Wiedergaben. Lektüre leichter geschichtlicher oder erzählender Prosa und einiger Gedichte. Übungen im richtigen, betonten Lesen und im Sprechen (Frage und Antwort) im Anschlufs an Gelesenes und Vorkommnisse des täglichen Lebens (in jeder Stunde). II B (3 St.): Befestigung des Konjunktiv; Artikel, Adjektiv, Adverb, Kasusrektion, Präposition, Particip, Infinitiv. Wiederholung des Fürworts, soweit es auf der Unterstufe gelernt ist. Erweiterung des Wort- und Phrasenschatzes. Schriftliche und mündliche Übersetzungen ins Französische, Diktate, nachahmende Wiedergabe von Gelesenem und Vorerzähltem; Lektüre und Sprechübungen.

Von IV bis II B findet im allgemeinen eine Scheidung der Stunden nach den einzelnen Unterrichtsstoffen nicht statt. Die Lektüre und die sich daran anschliefsende Übung im Sprechen stehen im Mittelpunkte des Unterrichts.

II A bis I A (je 2 St.): Lesen ausgewählter, vorzugsweise modern französischer Prosa, teilweise zur Belebung des geschichtlichen Stoffes, sowie geeigneter moderner Dichtungen und einzelner klassischer Dramen, jedenfalls einer der grofsen Komödien Molières. Auf Gedankeninhalt und gute Übersetzung ist besonderes Gewicht zu legen. Synonymische, stilistische und metrische Regeln nach Bedürfnis und in mafsvoller Beschränkung auf das Feststehende und Allgemeingültige im Anschlufs an Gelesenes. Gelegentlich zusammenfassende grammatische Wiederholungen nebst mündlichen Übersetzungen ins Französische, dazu alle 14 Tage eine Übersetzung aus dem Französischen. Fortgesetzte Übungen im Sprechen in jeder Stunde; in der Hauptsache auch hier auf Frage und Antwort beschränkt.

B. Realgymnasium.

Allgemeines Lehrziel. Verständnis der wichtigeren Schriftwerke der drei letzten Jahrhunderte und Übung im praktischen mündlichen und schriftlichen Gebrauch der Sprache.

Lehraufgaben. (Vorbemerkung. Im wesentlichen sind die Lehraufgaben dieselben wie bei A. Der Unterschied bemifst sich nach der gröfseren Stundenzahl und der Bedeutung des Faches im Organismus der Schule. Aussprache- und Sprechübungen, Grammatik, schriftliche Übungen, Wortschatz und Lektüre gewinnen gröfseren Umfang und erfahren eine eingehendere Behandlung.)

IV (5 Stunden wöchentlich): wie im Gymnasium. III B (5 St.): Grammatik wie im Gymnasium. Die wichtigeren Regeln über die Veränderlichkeit des Perfektparticips; gründliche Einübung der Fürwörter, Adverb; die Präpositionen de und à. (Im übrigen wie im Gymnasium.) III A (5 St.): Die unregelmäfsigen Verben wie im Gymnasium. Gruppierende Zusammenfassung der gesamten Formenlehre. Hauptgesetze über den Gebrauch der Hilfsverben avoir und être und der unpersönlichen Verben. Tempora und Modi. Erweiterung des Wort- und Phrasenschatzes. Schriftliche und mündliche Übersetzungen; Diktate, Lektüre, Übungen im Sprechen wie an

Gymnasien, nur erweitert und eingehender behandelt. II B (4 St.): Die syntaktischen Hauptgesetze über Artikel, Adjektiv, Adverb, Fürwort, Kasusrektion, Infinitiv, Präpositionen und Konjunktionen. Erweiterung des Wort- und Phrasenschatzes. Im übrigen wie in III A. II A — I A (je 4 St.): Die Lektüre, welche auch hier wie an Gymnasien im Mittelpunkt des Unterrichts steht, wird ausgedehnter und eindringlicher behandelt, so dafs eine reichere Anschauung von der Entwickelung und Eigenart der französischen Litteratur in den letzten Jahrhunderten gewonnen wird. Metrisches Lesen; Übungen im Vortrag französischer Verse. Ergänzung und Wiederholung der wichtigeren Abschnitte der Grammatik. Neue Gruppierung und tiefere Begründung der grammatischen Erscheinungen; Hinzunahme des mehr Phraseologischen. Aus der Stilistik, Synonymik und Metrik das für die Lektüre bezw. die Schreibübungen Notwendigste. Erweiterung des Wortschatzes auch nach der technischen und wissenschaftlichen Seite. Schriftliche und mündliche Übersetzungen ins Französische, Diktate, Anleitung zum Aufsatz; von häufigen kleinen Wiedergaben des Gelesenen bis zur freieren Behandlung von eng begrenzten konkreten Themen fortschreitend. Sprechübungen in jeder Stunde im Anschlufs an Gelesenes sowie an Vorkommnisse des täglichen Lebens.

### C. Oberrealschule.

**Allgemeines Lehrziel.** Wie am Realgymnasium.

**Lehraufgaben.** Vorbemerkung. An den lateinlosen Schulen hat das Französische die Aufgabe der sprachlich-logischen Schulung zu lösen; auch steht ihnen für den Betrieb des Französischen weit mehr Zeit zur Verfügung als den lateinlehrenden. Daraus ergeben sich notwendig Verschiedenheiten der Behandlung im einzelnen trotz der im wesentlichen für alle Realanstalten gleichen allgemeinen Normen. An den lateinlosen Anstalten mufs das System der Grammatik als solches zur Erkenntnis gebracht werden; das Theoretische ist gründlicher zu befestigen, das Praktische reichlicher zu betreiben. Dasselbe gilt von Hilfsdisciplinen, wie Stilistik, Metrik, Synonymik. Lektüre, Sprechübungen, schriftliche und mündliche Übersetzungen, Diktate, Aufsätze wie an den Realgymnasien, jedoch eingehender.

Nach Vorstehendem genügt es, hier nur die Abweichungen der grammatischen Aufgaben zu bezeichnen.

VI (6 Stunden wöchentlich): Im Mittelpunkte steht die Erlernung der regelmäfsigen Konjugation, sowie der Hilfsverben avoir und être. Das Notwendigste aus der Formenlehre des Substantivs, des Adjektivs, der Zahlwörter, im Anschlufs an Gelesenes. V. (6 St.): Systematische Durchnahme der Grammatik. Das Geschlechtswort; der sogen. Teilartikel im Nominativ und Accusativ; das Notwendigste über Geschlecht der Substantiva; Bildung der Mehrheit, der weiblichen Form des Adjektivs; die Steigerung des Adjektivs; die Fürwörter unter Berücksichtigung der notwendigsten syntaktischen Regeln; die Zahlwörter. Wiederholung und Einprägung der regelmäfsigen Konjugation, der Hilfsverben avoir und être. Die wichtigsten unregelmäfsigen Verbalformen. IV (6 St.): Wiederholung der Lehraufgabe der Quinta, namentlich der Fürwörter. Bildung und Steigerung des Adverbs; die unregelmäfsigen Verben in logischer Gruppierung. Übersicht der Konjunktionen, zusammengestellt nach ihrer Bedeutung für die Satzarten. Präpositionen de und à. Überblick über die gesamte Formenlehre. III B (6 St.): Gebrauch der Hilfsverben avoir und être. Die unpersönlichen Verben. Syntax des Verbs: Gebrauch der Zeiten, Indikativ, Konjunktiv, Infinitiv, Particip, Konkordanz, Rektion. III A (6 St.): Wortstellung. Syntax des Artikels, des Adjektivs, des Fürworts mit Ausnahme der demonstrativen und unbestimmten Fürwörter. II B (5 St.): Syntax der demonstrativen und unbestimmten Fürwörter, Syntax des Adverbs; die wichtigeren Präpositionen nach ihren verschiedenen Bedeutungen. Wiederholung der gesammten Formenlehre und Syntax.

1. Kapitel. Preußen. 287

II A—I A (je 4 St.): wie im Realgymnasium. Auf die Erweiterung des Wortschatzes nach der Seite des Technischen und Kommerziellen ist besonderes Gewicht zu legen.

D. Realschule.

Für VI—IV dieselben Lehraufgaben wie in der Oberrealschule. III (6 Stunden wöchentlich): Gebrauch der Hilfsverben avoir und être. Syntax des Verbs: Gebrauch der Zeiten, Indikativ, Konjunktiv, Infinitiv, Particip. II (6 St.): Die notwendigsten Regeln von der Wortstellung. Syntax des Artikels, des Adjektivs. I (5 St.): Syntax des Adverbs und der Fürwörter (im wesentlichen Wiederholungen). Von den unbestimmten Fürwörtern werden die unwichtigeren übergangen. Wiederholung der gesamten Grammatik unter besonderer Berücksichtigung der Präpositionen. Gelegentliche Erklärung noch nicht besprochener Erscheinungen bei der Lektüre.

G. Englisch.

A. Gymnasium.

Allgemeines Lehrziel. Sicherheit der Aussprache und erste auf fester Aneignung der Formen, der notwendigsten syntaktischen Gesetze und eines ausreichenden Wortschatzes beruhende Übung im mündlichen und schriftlichen Gebrauch der Sprache, sowie Verständnis leichterer Schriftsteller.

Lehraufgaben. II A—I A (je 2 Stunden wöchentlich): Einer besonderen Verteilung des Lehrstoffes bedarf es nicht. Der Betrieb ist ein wesentlich empirischer und muß darauf gerichtet sein, nach sorgfältiger praktischer Einübung der Aussprache im Anschluß an das Gelesene einen solchen Grund zu legen, daß darauf mit Erfolg weiter gebaut werden kann. Lese-, Schreib- und Sprechübungen sowie der anzueignende Wortschatz dienen lediglich diesem Zweck. Die notwendigsten grammatischen Regeln sind induktiv zu behandeln und nach einem kurzen Lehrbuch einzuprägen; alles übrige ist bei der Lektüre zu besprechen. Anfangs ist ein Lesebuch zu benützen, im letzten Jahre ist ein geeigneter Schriftsteller zu lesen.

B. Realgymnasium.

Allgemeines Lehrziel. Verständnis der wichtigsten Schriftwerke seit Shakespeare und Übung im praktischen mündlichen und schriftlichen Gebrauch der Sprache.

Lehraufgaben. III B (3 Stunden wöchentlich): Erwerbung einer richtigen Aussprache durch praktische Übungen zunächst in einem kurzen propädeutischen Kursus unter Ausschluß theoretischer Regeln über Lautbildung und Aussprache. Leseübungen; erste Versuche im Sprechen (in jeder Stunde). Aneignung eines beschränkten Wortschatzes. Durchnahme der regelmäßigen und unregelmäßigen Formenlehre unter Berücksichtigung der Syntax insoweit, als sie zur Erklärung der Formen, sowie zum Verständnis der Lektüre dient. Schriftliche und mündliche Übersetzungen aus dem Elementar- und Lesebuch. Rechtschreibeübungen. III A (3 St.): Fortsetzung der Lese- und Sprechübungen in jeder Stunde und Erweiterung des Wortschatzes. Syntax des Verbs, namentlich die Lehre vom Infinitiv, Gerundium, Particip, den Hilfsverben; Gebrauch der Zeiten; Konjunktiv. Schriftliche und mündliche Übersetzungen ins Englische und aus dem Englischen; Übungen wie in III B. II B (3 St.): Syntax des Artikels, Substantivs, Adjektivs, Pronomens, Adverbs und Übersicht der wichtigeren Präpositionen, zum Teil wiederholend. Schriftliche und mündliche Übungen, nachahmende Wiedergabe von Gelesenem, Erweiterung des Wort- und Phrasenschatzes. Lektüre leichterer erzählender und beschreibender Prosa und einer Auswahl von Gedichten. Sprechübungen in jeder Stunde im Anschluß an das Gelesene und an Vorkommnisse des täglichen Lebens. II A—I A (je 3 St): Die Lektüre steht im Mittelpunkt des gesamten Unterrichts. Lesen ausgewählter, vorzugsweise modern englischer Prosa, teilweise zur Belebung des geschichtlichen Stoffes, sowie geeigneter Dichterwerke, besonders Shakespearescher Dramen nach einem festzustellenden Kanon. Auf Gedankeninhalt und gute Übersetzung ist besonders zu achten, und auch darauf, dafs der Schüler ein Bild von der Eigenart der englischen Litteratur und ihrer Entwickelung seit Shakespeare in Haupttypen erhält. Stilistisches, Synonymisches und Metrisches nach Bedürfnis und unter mafsvoller Beschränkung auf das allgemein Gültige und Feststehende im Anschlufs an das Gelesene. Gelegentlich Erweiterung und Vertiefung der früheren grammatischen Lehraufgabe; Etymologisches und Sprachgeschichtliches. Schriftliche und mündliche Übersetzungen ins Englische, freie Wiedergabe von Gelesenem, Anleitung zu Aufsätzen, an konkrete Themata angelehnt (besonders in Anstalten, wo auf das Englische ein besonderes Gewicht gelegt wird). Elemente der technischen und wissenschaftlichen Terminologie. Fortgesetzte Übungen im Sprechen im Anschlufs an Lektüre und tägliche Vorkommnisse.

### 6. Oberrealschule.

Allgemeines Lehrziel: Wie im Realgymnasium.
Lehraufgaben. Vorbemerkung. Im wesentlichen sind die Lehraufgaben dieselben wie im Realgymnasium. Die etwas reichlicher vorhandene Zeit hat einer strengeren grammatischen Schulung, einer umfangreicheren Lektüre und ausgedehnteren schriftlichen Übungen zu dienen, welche sich auf konkrete technische Aufgaben, Briefe usw. erstrecken können. Das Idiomatische ist besonders zu betonen und die Aneignung eines reichlicheren, auch technischen Wortschatzes zu sichern. Ausgedehntere Sprechübungen. — Das Grammatische verteilt sich wie folgt: III B (5 St. wöchentlich): Durchnahme der regelmäfsigen und unregelmäfsigen Formenlehre (wie auf dem Realgymnasium). III A (4 St.): Syntax des Verbum, insbesondere die Lehre von den Hilfsverben, von dem Infinitiv, Gerundium, Particip, Gebrauch der Zeiten, Konjunktiv. Syntax des Artikels. II B (4 St.): Syntax des Substantivs, des Adjektivs, der Pronomina und Adverbien. Wiederholungen und Ergänzungen der in III B gelernten Regeln. Besprechung der wichtigeren Präpositionen. II A — I A (je 4 St.): In den drei oberen Klassen Wiederholung, Erweiterung, Vertiefung, wo es die Lektüre oder die schriftlichen und mündlichen Übungen notwendig machen.

### D. Realschule.

III (5 Stunden wöchentlich): Durchnahme der regelmäfsigen und unregelmäfsigen Formenlehre unter Berücksichtigung der wichtigeren syntaktischen Regeln, die zum Verständnis der Formen selbst sowie der Lektüre notwendig sind. Systematische Gruppierung des Zusammengehörigen an der Hand des Lehrbuches. II (4 St): Die Syntax des Verbs: Hilfsverben, Infinitiv, Gerundium, Particip, Gebrauch der Zeiten. Aus der Lehre vom Konjunktiv das Notwendigste. I (4 St.): Besprechung der Syntax des Artikels, des Substantivs, Adjektivs, Pronomens, Adverbs; im wesentlichen Wiederholungen der bereits in III gelernten und durch die Lektüre ergänzten Regeln. Besprechung der wichtigeren Präpositionen about, after, at, by, from, to, with.

Methodische Bemerkungen zu Französisch und Englisch.
1. Grammatik, Wortschatz und schriftliche Übungen. Die Aufgabe der sprachlich-logischen Schulung, welche an lateinlehrenden Anstalten vorzugsweise der lateinischen Grammatik und den angeschlossenen Übungen zufällt, ist an lateinlosen durch die französische Grammatik und die entsprechenden Übungen zu lösen. Der Betrieb der französischen Grammatik an letzteren Anstalten wird sonach mehr systematisch sein müssen. Bei der Auswahl der französischen und englischen Grammatiken ist darauf zu sehen, dafs sie in ihrem ganzen Aufbau

# 1. Kapitel. Preußen.

sich nicht zu sehr unterscheiden, und daß die Terminologie hier dieselbe ist wie in den anderen Sprachen. Französisch oder englisch geschriebene Grammatiken sind auch auf den Oberstufen zu verwerfen. Die grammatischen Gesetze haben sich auf das Regelmäßige und allgemein Gebräuchliche zu beschränken, wobei Grundgesetze, abgeleitete Regeln und Einzelheiten zu scheiden sind. Allgemeine Begriffsbestimmungen sind an lateinlehrenden Schulen ganz zu meiden, an lateinlosen auf das Notwendigste zu beschränken. Die Anordnung des syntaktischen Stoffes nach Redeteilen ist zu bevorzugen. Dabei empfiehlt sich eine zweckmäßig gruppierende Zusammenstellung von Verwandtem. Die Ergebnisse der geschichtlichen Sprachforschung sind mit Vorsicht und nur soweit heranzuziehen, als durch dieselben im Anschluß an Gelerntes das Verständnis von Formen, Regeln oder Wortbildungen erleichtert wird. An lateinlosen Schulen ist eine solche Heranziehung zu unterlassen. Auszugehen ist auf der Anfangsstufe für Französisch und Englisch von der Anleitung zu einer richtigen Aussprache unter Vermeidung von allgemeinen Aussprachregeln und unter Fernhaltung aller theoretischen Lautgesetze und der Lautschrift. Am zweckmäßigsten erfolgt die erste Anleitung in einem kurzen Lautierkursus. Vorsprechen des Lehrers, Nachsprechen des Schülers, Chorsprechen und -Lesen sind die Mittel zur Erreichung einer richtigen Aussprache in der Schule. Ausbildung der Hör- und Sprechfähigkeit des Schülers ist stets im Auge zu behalten. An diesen Kursus haben sich alsbald die ersten Versuche im Sprechen im Anschluß an den umzuformenden Lesestoff des methodisch angelegten Elementar- und Lesebuchs anzulehnen, welches propädeutisch die Grundlage für Grammatik, Lektüre, mündliche und schriftliche Übungen zu bilden hat. Für das Erlernen der Formen und der wichtigeren syntaktischen Regeln kann auf eine feste gedächtnismäßige Einprägung nicht verzichtet werden. Das Verständnis ist aber induktiv durch Beispiele und Mustersätze vorzubereiten. Auf Aneignung eines festen von Stufe zu Stufe zu erweiternden und auch auf den Gebrauch im täglichen Verkehr zu bemessenden Wort- und Phrasenschatzes in beiden Sprachen ist auf allen Stufen streng zu halten. Dieser Schatz ist durch fortgesetzte mündliche und schriftliche Verwertung in sicheren Besitz umzuwandeln. Besondere, die Lektüre und das Bedürfnis des täglichen Lebens berücksichtigende Vokabularien sind empfehlenswert. Rechtschreibeübungen sind von unten auf regelmäßig anzustellen und behufs Gewöhnung auch des Ohrs als Diktate bis in die oberen Klassen fortzusetzen. Die sonstigen schriftlichen Übungen haben vielseitige Verarbeitung des in dem Elementar- und Lesebuch oder in der Grammatik, der Lektüre und dem angeeigneten Wortschatz dargebotenen Stoffes zum Zweck. Auf den oberen Klassen empfehlen sich besonders auch Übungen im Rückübersetzen. Diese Rückübersetzungen bilden den Übergang zu freien Arbeiten, Briefen, Inhaltsangaben, kürzeren geschichtlichen Darstellungen in der Fremdsprache. Wegen der Übersetzungen aus den beiden Sprachen gelten dieselben Bemerkungen wie bei dem Lateinischen.

2. Lektüre. Auf allen Stufen ist in beiden Sprachen die prosaische Lektüre vor der dichterischen, die geschichtliche und beschreibende vor den übrigen Gattungen zu bevorzugen, der Prosaiker aber thunlichst nicht neben dem Dichter zu lesen. In den oberen Klassen, zumal an Realanstalten, sind auch die übrigen Gattungen zu berücksichtigen. Hier gilt es, die Bekanntschaft mit dem Leben, den Sitten, Gebräuchen, den wichtigsten Geistesbestrebungen beider Nationen zu vermitteln und zu dem Zweck besonders moderne Schriftwerke ins Auge zu fassen. Die für die alten Sprachen geforderte Verwertung der geschichtlichen Lektüre für den Geschichtsunterricht trifft auch hier zu.

3. Übungen im mündlichen Gebrauch der beiden Sprachen. Diese haben auf der untersten Stufe bald nach den ersten Versuchen in der Aus-

sprache zu beginnen und den ganzen Unterricht von Stufe zu Stufe zu begleiten. Die Form dieser Übungen ist wesentlich die der Frage und Antwort; der Stoff dazu wird entweder aus der Lektüre oder den Vorkommnissen des täglichen Lebens entnommen. Die mündlichen Inhaltsangaben sind nicht zu verwerfen, aber, als Monologe der Schüler weniger geeignet, Freude am Sprechen und Übung im praktischen Gebrauch der Sprache zu fördern. Abgesehen von den Stunden für schriftliche Übersetzungen soll keine Stunde ohne kurze Sprechübungen vergehen.

### 7. Geschichte.

**Vorbemerkung.** Lehrziel, Lehraufgaben und methodische Bemerkungen gelten für die entsprechenden Stufen aller Arten von höheren Schulen.

**Allgemeines Lehrziel.** Kenntnis der epochemachenden Ereignisse der Weltgeschichte, insbesondere der deutschen und preufsischen Geschichte im Zusammenhange ihrer Ursachen und Wirkungen, und Entwickelung des geschichtlichen Sinnes.

**Lehraufgaben.**[1]) VI (1 Stunde wöchentlich): Lebensbilder aus der vaterländischen Geschichte, wobei von Gegenwart und Heimat auszugehen ist. V (1 St.): Erzählungen aus der sagenhaften Vorgeschichte der Griechen und Römer. (Die eigentlichen Sagen des klassischen Altertums sind der altsprachlichen Lektüre und dem deutschen Unterricht zuzuweisen.) IV (2 St.): Übersicht über die griechische Geschichte bis zum Tode Alexanders des Grofsen nebst Ausblick auf die Diadochenreiche und Übersicht über die römische Geschichte bis zu dem Tode des Augustus in Anlehnung an die führenden Hauptpersonen. Die Behandlung der Zeit vor Solon einerseits und vor dem Auftreten des Pyrrhus andererseits ist auf das knappste Mafs zu beschränken. Bei der griechischen Geschichte ist das Notwendigste über die wichtigsten orientalischen Kulturvölker, soweit sie nicht schon in der biblischen Geschichte behandelt sind, einzuflechten. Einprägung der unentbehrlichen Jahreszahlen und des geschichtlichen Schauplatzes auf allen Stufen, erstere in der Beschränkung, wie sie durch die Verfügung vom 22. Juli 1591 gegeben ist. III B (2 St.): Kurzer Überblick über die weströmische Kaisergeschichte vom Tode des Augustus, sodann deutsche Geschichte bis zum Ausgange des Mittelalters. Die aufserdeutsche Geschichte ist nur soweit heranzuziehen, als sie allgemeine Bedeutung hat. III A (2 St.): Deutsche Geschichte vom Ausgange des Mittelalters bis zum Regierungsantritt Friedrichs des Grofsen; insbesondere brandenburgisch-preufsische Geschichte. Die aufserdeutsche Geschichte ist nur soweit heranzuziehen, als sie zum Verständnis der erstgenannten notwendig ist. II B (2 St.): Deutsche und preufsische Geschichte vom Regierungsantritt Friedrichs des Grofsen bis zur Gegenwart. Die aufserdeutsche Geschichte wie in III A. Friedrich der Grofse, die französische Revolution, Napoleon I., insbesondere in seinem Verhältnis zu Deutschland, das Unglück und die Erhebung Preufsens, die Befreiungskriege, die innere Umgestaltung Preufsens, die Neuordnung der politischen Verhältnisse Deutschlands 1815, die Bemühungen um Herstellung des Zollvereins und einer gröfseren nationalen Einheit,

---

1) In ME 13. Okt. 1895 (CBl. 716) wird erneut vorgeschrieben, dafs in der alten Geschichte die kriegsgeschichtlichen Einzelheiten gegen die Verfassungs- und Kulturverhältnisse zurücktreten sollen; eine breitere Beschäftigung mit den Zeiten vor Solon oder Pyrrhus verbiete sich deshalb von selbst; auch für die Zeiten nach Solon oder Pyrrhus sei knappes Mafshalten in den kriegsgeschichtlichen Einzelheiten geboten. Es wird auch gestattet, dafs die alte Geschichte in II A und IV nur bis zum Tode des Augustus behandelt und die Zeit von da ab bis zum Untergange des weströmischen Reiches noch der Lehraufgabe der Unterprima zugewiesen werde.

die Thaten Kaiser Wilhelms I. und die Gründung des Deutschen Reiches bilden den Hauptinhalt der Lehraufgabe. Im Anschlufs an die vaterländische Geschichte und die Lebensbilder der betreffenden Herrscher vergleichende Berücksichtigung unserer gesellschaftlichen und wirtschaftlichen Entwickelung unter Hervorhebung der Verdienste der Hohenzollern insbesondere um die Hebung des Bauern-, Bürger- und Arbeiterstandes. II A (3 St.): Hauptereignisse der griechischen Geschichte bis zum Tode Alexanders des Grofsen und der römischen Geschichte bis zum Untergange des weströmischen Kaisertums nach Ursachen und Wirkungen. Besondere Berücksichtigung der Verfassungs- und Kulturverhältnisse in zusammenfassender vergleichender Gruppierung. I B (3 St.): Geschichte der epochemachenden weltbewegenden Ereignisse vom Untergange des weströmischen Reiches bis zum Ende des 30jährigen Krieges, im Zusammenhange ihrer Ursachen und Wirkungen. Im übrigen wie in II A. Die aufserdeutschen Verhältnisse von weltgeschichtlicher Bedeutung, die Kreuzzüge, die kirchlichen Reformbewegungen, die Entdeckungen des 14. und 15. Jahrhunderts sind von allgemeinen Gesichtspunkten aus zu behandeln. Geschichtlich-geographische Übersicht der 1648 existierenden Staaten. I A (3 St.): Die wichtigsten Begebenheiten der Neuzeit vom Ende des 30jährigen Krieges, insbesondere der brandenburgisch-preufsischen Geschichte bis zur Gegenwart, im Zusammenhange ihrer Ursachen und Wirkungen. Im übrigen wie in II A. Im Anschlufs an die Lebensbilder des Grofsen Kurfürsten, Friedrich Wilhelms I., Friedrichs des Grofsen, Friedrich Wilhelms III. und Kaiser Wilhelms I. zusammenfassende Darstellungen wie in II B, entsprechend dem Verständnis der höheren Stufe vertieft.

Methodische Bemerkungen. Der propädeutische Unterricht in VI und V hat die Aufgabe, ausgehend von der Gegenwart und der Heimat, die grofsen Heldengestalten der nächsten und ferneren Vergangenheit dem Herzen und der Phantasie der Schüler nahe zu bringen, seinen Gedankenkreis damit zu erfüllen und den ersten Grund für eine geschichtliche Betrachtung zu legen. Begeisterung des Lehrers selbst, schlichte, aber lebenswarme Schilderung der vorgeführten Helden in freier Erzählung ohne Anschlufs an ein Buch thun hier fast alles. Für den Erfolg dieses Unterrichts ist es von Wichtigkeit, dafs das deutsche Lesebuch auf diesen Stufen im engsten Zusammenhange mit den biographischen Aufgaben stehe. Für die folgenden Klassen gilt es vor allem zu unterscheiden zwischen dem Unterricht in IV bis II B und dem auf der Oberstufe. Handelt es sich in den ersteren wesentlich um Überlieferung und Einprägung der wichtigsten Thatsachen, vielfach in Anlehnung an hervorragende Persönlichkeiten, um Festhaltung der chronologischen Ordnung, so fällt auf die Oberstufe die ergänzende Vertiefung und vergleichende Durchdringung des früher Gelernten nach verschiedenen Gesichtspunkten. Zwar ist das Vorführen von Thatsächlichem und das gedächtnismäfsig geordnete Festhalten desselben auch hier erforderlich, aber die inneren Verhältnisse müssen vor den äufseren in den Vordergrund treten, das Verständnis für den pragmatischen Zusammenhang der Ereignisse und für ein höheres Walten in der Geschichte, die Fähigkeit zum Begreifen der Gegenwart aus der Vergangenheit müssen vor allem geweckt werden. Auf beiden Stufen hängt der Erfolg in erster Linie von der Lehrerpersönlichkeit ab, welche völlig nur in dem freien Vortrage zur Geltung kommt. Zur Belebung des geschichtlichen Unterrichts empfiehlt es sich, charakteristische Anschauungsmittel heranzuziehen. Besonders sicheren Takt und grofse Umsicht in der Auswahl und Behandlung des einschlägigen Stoffes erheischt die für Untersekunda und Oberprima geforderte Belehrung über wirtschaftliche und gesellschaftliche Fragen in ihrem Verhältnis zur Gegenwart. Je mehr hierbei die Tendenz vermieden, vielmehr der gesamte Unterricht von ethischem und geschichtlichem Geist durchdrungen und gegenüber den sozialen Fragen der Gegenwart auf die geschichtliche Entwickelung des Verhältnisses der Stände untereinander und der Lage des arbeitenden Standes insbesondere hingewiesen, der stetige Fortschritt zum Besseren und die Verderblichkeit aller gewaltsamen Versuche der Änderung sozialer Ordnungen aufgezeigt wird, um so eher wird bei dem gesunden Sinn unserer Jugend; es gelingen, sie zu einem Urteil über das Verhängnisvolle gewisser Bestrebungen der Gegenwart zu befähigen. Indem an der Hand der Geschichte die sozialpolitischen Maßnahmen der europäischen Kulturstaaten in den beiden letzten Jahrhunderten vor Augen geführt werden, ist der Übergang zur Darstellung der Verdienste unseres Herrscherhauses auf diesem Gebiete bis in die neueste Zeit herab von selbst gegeben. Selbstverständlich ist es, daß solche Belehrungen in Untersekunda, der Stufe entsprechend, knapp und mehr thatsächlich, in Oberprima aber ausgedehnter und mehr pragmatisch zu behandeln sind. Sehr zu empfehlen ist die vergleichende und den Stoff nach verschiedenen Gesichtspunkten gruppierende Zusammenfassung geschichtlicher Thatsachen. Dies gilt vorzugsweise auch für Wiederholungen in den oberen Klassen. In welcher Weise derartige gruppierende Wiederholungen vorzunehmen sind, ist in der einschlägigen Litteratur eingehend dargelegt. Der mündliche freie Vortrag der Schüler muß in dem Geschichtsunterrichte besonders geübt werden.

### 6. Erdkunde.

**Allgemeines Lehrziel.** Verständnisvolles Anschauen der umgebenden Natur und der Kartenbilder, Kenntnis der physischen Beschaffenheit der Erdoberfläche und ihrer politischen Einteilung sowie der Grundzüge der mathematischen Erdkunde.

**Lehraufgaben.** VI (2 Stunden wöchentlich): Grundbegriffe der physikalischen und mathematischen Erdkunde, elementar und in Anlehnung an die nächste örtliche Umgebung. Erste Anleitung zum Verständnis des Reliefs, des Globus und der Karten. Oro- und hydrographische Verhältnisse der Erdoberfläche im allgemeinen; nach denselben Gesichtspunkten das Bild der engeren Heimat insbesondere, ohne Zugrundelegung eines Lehrbuchs und thunlichst (wie auch in der folgenden Klasse) in Verbindung mit Naturbeschreibung. V (2 St.): Physikalische und politische Erdkunde Deutschlands unter Benutzung eines Lehrbuchs. Weitere Einführung in das Verständnis des Reliefs, des Globus und der Karten. Anfänge im Entwerfen von einfachen Umrissen an der Wandtafel. IV (2 St.): Physikalische und politische Erdkunde von Europa außer Deutschland, insbesondere der um das Mittelmeer gruppierten Länder. Entwerfen einfacher Kartenskizzen an der Wandtafel und in Heften. III B (1 bezw. 2 St.): Wiederholung der politischen Erdkunde Deutschlands; physikalische und politische Erdkunde der europäischen Staaten. Kartenskizzen. III A (1 bezw. 2 St.): Wiederholung der physikalischen Erdkunde Deutschlands. Erdkunde der deutschen Kolonieen. Kartenskizzen. II B (1 bezw. 2 St.): Wiederholung der Erdkunde Europas. Elementare mathematische Erdkunde. Kartenskizzen. (Dazu in Realanstalten:) Die bekanntesten Verkehrs- und Handelswege der Gegenwart. II A—I: Das Wichtigste aus der allgemeinen Erdkunde und Begründung der mathematischen Geographie (beide mit Mathematik oder Physik verbunden). Sonstige Wiederholungen im Geschichtsunterrichte nach Bedürfnis. (An Realanstalten überdies:) Genauere vergleichende Übersicht der wichtigsten Verkehrs- und Handelswege bis zur Gegenwart.

**Methodische Bemerkungen.** Dem Zwecke dieses Unterrichts in höheren Schulen entsprechend ist vor allem, unbeschadet der Bedeutung der Erdkunde als Naturwissenschaft, der praktische Nutzen des Faches ins Auge zu fassen und die politische Geographie demgemäß nicht zurückzustellen, wonach Lehrziel und -Aufgaben zu bemessen sind. Überall ist der Gedächtnisstoff auf das Notwendige zu beschränken; zu verständnisvollem Anschauen der umgebenden Natur, der Relief- und Kartenbilder ist stets hinzuleiten. Zur Gewinnung der ersten Vorstellungen auf dem Gebiete der physikalischen und mathematischen Geographie ist an die

## 1. Kapitel. Preußen.

nächste örtliche Umgebung anzuknüpfen; an dieser sind die allgemeinen Begriffe möglichst verständlich zu machen. Hierbei ist jedoch jede Künstelei zu vermeiden und vor sogen. systematischen Beobachtungen zu warnen. Sind die ersten Grundbegriffe dergestalt zum Verständnis gebracht, so sind sie an dem Relief und dem Globus zu veranschaulichen; dann aber ist zur Benutzung der Karte anzuleiten, welche der Schüler allmählich lesen lernt. Das in den Lehraufgaben empfohlene Zeichnen ist für diesen Unterricht sehr wichtig; jedoch ist vor Überspannung der Anforderungen zu warnen. Mit einfachen Umrissen, Profilen und Ähnlichem an der Wandtafel wird man sich meist begnügen müssen. Auf der Oberstufe empfiehlt sich das Zeichnen besonders für die am Ende eines Vierteljahres in zusammenhängenden Stunden anzustellenden Wiederholungen. Ob der Unterricht in der Erdkunde von dem Lehrer der Geschichte oder dem der Naturwissenschaften zu erteilen sei, hängt von der Persönlichkeit ab. Im allgemeinen dürfte auf der unteren Stufe der Lehrer der Naturwissenschaften, auf der mittleren der der Geschichtslehre dazu geeignet sein. Die Wiederholungen auf der Oberstufe, soweit sie die physikalische und politische Erdkunde betreffen, müssen von dem Lehrer der Geschichte, die in der allgemeinen und besonders der mathematischen Erdkunde von dem Lehrer der Mathematik oder Physik angestellt werden.

### 9. Mathematik.

#### A. Gymnasium.

**Allgemeines Lehrziel.** Sicherheit im Rechnen mit bestimmten Zahlen und in dessen Anwendung auf die gewöhnlichen Verhältnisse des bürgerlichen Lebens. Arithmetik bis zur Entwickelung des binomischen Lehrsatzes für ganze positive Exponenten; Algebra bis zu den Gleichungen zweiten Grades (einschließlich). Die ebene und körperliche Geometrie und die ebene Trigonometrie. Der Koordinatenbegriff und einige Grundlehren von den Kegelschnitten. Auf allen diesen Gebieten ist nicht bloß ein auf Verständnis beruhendes Wissen der Sätze, sondern auch Gewandtheit in ihrer Anwendung zu erreichen.

**Lehraufgaben.** VI (4 Stunden wöchentlich): Wiederholung der Grundrechnungen mit ganzen Zahlen, unbenannten und benannten. Die deutschen Maße, Gewichte und Münzen nebst Übungen in der decimalen Schreibweise und den einfachsten decimalen Rechnungen. V (4 St.): Teilbarkeit der Zahlen. Gemeine Brüche. Einfache Aufgaben der Regeldetri (durch Schluß auf die Einheit zu lösen). Maße, Gewichte und Münzen wie in VI. IV (4 St.): Rechnen (2 St.). Decimalrechnung. Einfache und zusammengesetzte Regeldetri mit ganzen Zahlen und Brüchen. (Aufgaben aus dem bürgerlichen Leben). Planimetrie (2 St.). Lehre von den Geraden, Winkeln und Dreiecken. III B (3 St.): Arithmetik (1 St.) Die Grundrechnungen mit absoluten Zahlen unter Beschränkung auf das Notwendigste. (Bei den Übungen sind auch Gleichungen ersten Grades mit einer Unbekannten zu benutzen.) Planimetrie (2 St.). Parallelogramme. Kreislehre 1. Teil. III A (3 St): Arithmetik (S. 1 St., W. 2 St.). Gleichungen ersten Grades mit einer und mehreren Unbekannten. Dabei Übungen in der Bruchrechnung. Potenzen mit positiven ganzzahligen Exponenten. Das Notwendigste über Wurzelgrößen. Planimetrie (S. 2 St., W. 1 St.). Kreislehre 2. Teil. Sätze über Flächengleichheit von Figuren. Berechnung der Fläche geradliniger Figuren. Anfangsgründe der Ähnlichkeitslehre. II B (4 St.): Gleichungen einschließlich einfacher quadratischer mit einer Unbekannten. Definition der Potenz mit negativem und gebrochenem Exponenten. Begriff des Logarithmus. Übungen im Rechnen mit (fünfstelligen) Logarithmen. Berechnung des Kreisinhaltes und -Umfanges. Definitionen der trigonometrischen Funktionen am rechtwinkligen Dreieck. Trigonometrische Berechnung rechtwinkliger und gleichschenkliger Dreiecke. Die einfachen Körper nebst Berechnungen von Kantenlängen, Oberflächen und Inhalten. II A (4 St.): Die Lehre von den Potenzen, Wurzeln und Logarithmen. Gleichungen einschließlich der quadratischen mit mehreren Unbekannten. Arithmetische und geometrische Reihen erster Ordnung. Abschluß der Ähnlichkeitslehre (Goldener Schnitt; einiges über harmonische Punkte und Strahlen). Ebene Trigonometrie nebst Übungen im Berechnen von Dreiecken, Vierecken und regelmäßigen Figuren. I B (4 St.): Wiederholungen des arithmetischen Pensums der früheren Klassen an Übungsaufgaben. Zinseszins- und Rentenrechnung. Imaginäre Größen, Vervollständigung der Trigonometrie (Additionstheoreme). Stereometrie nebst mathematischer Geographie der Kugeloberfläche. I A (4 St.): Binomischer Lehrsatz für ganze positive Exponenten. Abschluß der Stereometrie. Der Koordinatenbegriff und einige Grundlehren von den Kegelschnitten.

Methodische Bemerkungen. Der Rechenunterricht hat Sicherheit und Geläufigkeit in den Operationen mit Ziffern zu erstreben. Damit er mit dem darauffolgenden arithmetischen Unterrichte im Einklang stehe und diesen vorzubereiten und zu unterstützen geeignet sei, muß sowohl die Wiederholung der Grundrechnungsarten in Sexta als auch die Behandlung des Bruchrechnens in Quinta und Quarta unter Anlehnung an die mathematische Form geschehen, sodaß dabei auch die Anwendung von Klammern dauernd geübt wird. Die Kenntnis der deutschen Münzen, Maße und Gewichte ist durch die Anschauung zu vermitteln. Auch bei der Einführung in das Wesen der Brüche ist bei allen Erklärungen dahin zu zielen, daß die Schüler mit Bruchteilen wie mit konkreten Dingen rechnen lernen. Kopfrechenaufgaben mit kleinen Zahlen gehen zur Vermittelung des Verständnisses auf allen Stufen den schriftlichen Aufgaben mit größeren Zahlen und den eingekleideten Aufgaben voran. Auf der Mittelstufe ist das abgekürzte Multiplizieren und Dividieren zu üben. Bei der Behandlung der sogen. bürgerlichen Rechnungsarten sind alle Aufgaben auszuschließen, denen für die Schüler unverständliche Vorkommnisse und Gepflogenheiten des rein geschäftlichen Verkehrs zu Grunde liegen. Der eigentliche Rechenunterricht findet in Quarta seinen Abschluß. Die Sicherheit im Rechnen ist aber im arithmetischen Unterrichte der folgenden Klassen durch fortgesetzte Übungen zu erhalten. Der geometrische Unterricht ist neben dem Rechenunterricht in Quarta zu beginnen, der arithmetische in Untertertia. Die planmäßige Verteilung des mathematischen Lehrstoffes hat den Zweck, den aus Untersekunda abgehenden Schülern eine wenigstens einigermaßen abgeschlossene Vorbildung mitzugeben. Bei der durch mancherlei Rücksichten gebotenen Beibehaltung von drei Stunden und bei dem Umfange der Lehraufgabe für Untersekunda ist von den in diesen Klassen unterrichtenden Lehrern eine planmäßige Sichtung des Lehrstoffes unter Ausscheidung alles nicht unbedingt Notwendigen zu fordern. So sind in der Planimetrie nur die für das System unentbehrlichen Sätze einzuprägen, alles andere ist aber als Übungsstoff zu behandeln. In der Trigonometrie, welche möglichst anschaulich, d. h. geometrisch zu behandeln ist, sind nur die Formeln einzuüben, welche sich auf die Funktionen eines Winkels beziehen, und welche zur Auflösung der Dreiecke unbedingt erforderlich sind. In der Stereometrie, bei welcher auf die Körperberechnung der Nachdruck zu legen ist, soll mit der Betrachtung einfacher Körper, wie Würfel und Prismen, begonnen und zur Behandlung der wichtigsten Sätze über die Lage der Linien und Ebenen im Raume erst dann übergegangen werden, wenn das räumliche Vorstellungsvermögen der Schüler ausreichend geübt ist. Im übrigen ist zulässig, daß da, wo die Verhältnisse es gestatten, gewisse Abschnitte aus der Lehraufgabe der Untersekunda schon in der Obertertia behandelt werden, um jene Klasse thunlichst zu entlasten. Die strengste Einhaltung der Jahreskurse ist unerläßliche Forderung. Da auf dem mathematischen Gebiete schwerer, als auf einem andern, Lücken im elementaren Wissen und Können sich durch Privatfleiß ersetzen lassen, und da die Schwierigkeit, welche dieser Unterricht in den oberen Klassen zuweilen macht, erfahrungsmäfsig fast ausnahmslos auf Lücken in den Grundlagen beruht, so wird gewissenhafte Strenge in der Verselzung zu einer um so dringenderen Pflicht gegen die Schüler. Der Wegfall gewisser früher in Obersekunda und Prima behandelter Abschnitte soll Gelegenheit bieten, den übrigen Lehrstoff zu vertiefen und zahlreichere Übungen anzuschliefsen; dann aber ergiebt sich auch die Möglichkeit, die Schüler der obersten Klasse in den besonders wichtigen Koordinatenbegriff einzuführen und ihnen in möglichst einfach gehaltener Darstellung einige Grundeigenschaften der Kegelschnitte klar zu machen. Selbstverständlich ist weder in analytischer noch in sogen. neuerer Geometrie ein planmäfsiger Unterricht zu erteilen. Einige Grundformeln der sphärischen Trigonometrie, die zum besseren Verständnis der mathematischen Erdkunde erforderlich sind, lassen sich in einfacher Weise bei Betrachtung der dreiseitigen Ecke ableiten.

B. Realgymnasium und Oberrealschule.

Allgemeines Lehrziel. Sicherheit und Gewandtheit im Rechnen mit bestimmten Zahlen und in dessen Anwendung auf die gewöhnlichen Verhältnisse des bürgerlichen Lebens. Allgemeine Arithmetik bis zum Beweise des binomischen Lehrsatzes für beliebige Exponenten; Algebra bis zu den Gleichungen dritten Grades einschliefslich. Ebene Geometrie einschliefslich der Lehre von harmonischen Punkten und Strahlen, Chordalen, Ähnlichkeitspunkten und Achsen; körperliche Geometrie nebst den Grundlehren der beschreibenden Geometrie. Ebene und sphärische Trigonometrie. Einführung in die Theorie der Maxima und Minima. Analytische Geometrie der Ebene. Für Oberrealschulen ist ferner die Behandlung der wichtigsten Reihen der algebraischen Analysis verbindlich. An diesen Anstalten bleibt es dem Fachlehrer überlassen, auch die Gleichungen vierten Grades zu behandeln, sowie die Methoden zur angenäherten Lösung numerischer algebraischer und transcendenter Gleichungen klarzulegen und zu üben. In allen diesen Zweigen ist nicht nur sichere Kenntnis in der Herleitung der Sätze, sondern auch Übung in ihrer Anwendung zu erwerben.

Lehraufgaben. VI und V (1 bezw. 5 St. wöchentlich): wie im Gymnasium. IV (4 bezw. 6 St.): Rechnen. Decimalrechnung. Einfache und zusammengesetzte Regeldetri mit ganzen Zahlen und Brüchen. (Aufgaben aus dem bürgerlichen Leben). Anfänge der Buchstabenrechnung. Planimetrie. Lehre von den Geraden, Winkeln, Dreiecken und Parallelogrammen. Einführung in die Inhaltsberechnung. III B (5 bezw. 6 St.): Arithmetik. Die Grundrechnungen mit absoluten Zahlen. Bestimmungsgleichungen ersten Grades. Anwendung auf Aufgaben aus dem bürgerlichen Leben und dem sogenannten kaufmännischen Rechnen. Planimetrie. Kreislehre. Sätze über Flächengleichheit von Figuren. Berechnung der Fläche geradliniger Figuren. III A (5 St.): Arithmetik (2 St). Lehre von den Potenzen und Wurzeln. Gleichungen einschliefslich einfacher quadratischer mit einer Unbekannten. Planimetrie (3 St.) Ähnlichkeit der Figuren. Berechnung regulärer Vielecke sowie des Kreisinhaltes und -Umfanges. II B (5 St.): Das Wichtigste über Begriff und Anwendung des Logarithmen nebst Übungen im logarithmischen Rechnen. Quadratische Gleichungen. Anfangsgründe der Trigonometrie und Berechnung von Dreiecken. Die einfachen Körper nebst Berechnungen von Kantenlängen, Oberflächen und Inhalten. II A (5 St.): Schwierigere quadratische Gleichungen. Arithmetische und geometrische Reihen erster Ordnung. Zinseszins- und Rentenrechnung. Lehre von den harmonischen Punkten und Strahlen, Chordalen, Ähnlichkeitspunkten und Achsen. Konstruktion algebraischer Ausdrücke. Goniometrie (einschliefslich der Additionstheoreme) nebst schwierigeren Dreiecksberechnungen. Wissenschaftliche Begründung und Ausführung der Stereometrie. 1 B (5 St.): Kubische Gleichungen.

Dazu an Oberrealschulen nach dem Ermessen des Fachlehrers Gleichungen vierten Grades und Methoden zur angenäherten numerischen Auflösung von Gleichungen beliebigen Grades. Die wichtigsten Sätze über Kegelschnitte in elementarer synthetischer Behandlung. Sphärische Trigonometrie nebst Anwendung auf mathematische Erdkunde. I A (5 St): Elementare Theorie der Maxima und Minima. Der binomische Satz für beliebige Exponenten. Dazu an Oberrealschulen die wichtigsten Reihen der algebraischen Analysis. (Ob und inwieweit dieses Gebiet auch an Realgymnasien zu behandeln ist, bleibt dem Ermessen des Fachlehrers überlassen). Analytische Geometrie der Ebene.

Methodische Bemerkungen. Bezüglich des Rechenunterrichtes, welcher auf den Realanstalten in der Regel auf Untertertia seinen Abschluſs findet, wird auf die Bemerkungen zu dem Lehrplane der Gymnasien verwiesen. Der frühere Umfang des mathematischen Unterrichts ist nach Stundenzahl und Lehraufgabe im wesentlichen ungeändert geblieben; nur ist eine Verschiebung in der Verteilung des Lehrstoffes zu dem Zwecke eingetreten, den aus Untersekunda abgehenden Schülern eine nach Möglichkeit abgeschlossene Vorbildung zu geben. Hinsichtlich der Gestaltung des Unterrichts in dieser Klasse finden die zum Lehrplane der Gymnasien gemachten Bemerkungen entsprechende Anwendung. Die gröſsere Stundenzahl ermöglicht vor allem eine ausgedehntere Übung im einzelnen. Die Verminderung der wöchentlichen Lehrstunden in der Obertertia der Oberrealschule um eine wird die Bewältigung der Lehraufgabe nicht in Frage stellen, sobald die gewährte Zeit gut ausgenutzt und der Lehrstoff auf das Wichtigste beschränkt wird. Der weitere Ausbau der einzelnen Gebiete in den oberen Klassen wird nach den Jahrgängen der Schüler etwas verschieden sein, und zwar in den Oberrealschulen bei der gröſseren Stundenzahl weitergehend als in den Realgymnasien. Im allgemeinen ist aber darauf zu achten, daſs überall auf Sicherheit der Kenntnisse und Gewandtheit in deren Anwendung das Hauptgewicht zu legen ist, und daſs dieser Gesichtspunkt bei der Auswahl und Ausdehnung des Lehrstoffes maſsgebend sein muſs. So ist z. B. bei der sphärischen Trigonometrie nicht die Herleitung und Einübung der in den meisten Lehrbüchern gegebenen Formeln erforderlich, sondern es genügt, wenn die Schüler die ersten Sätze richtig aufgefaſst haben und dadurch zur Berechnung einfacher Aufgaben mathematischer Erdkunde, wenn auch auf etwas unbequemerem Wege, befähigt werden. Es ist ferner darauf zu achten, daſs der Unterricht auch auf der obersten Stufe nicht einen ausschlieſslich rechnenden Charakter annimmt, sondern auch hier die Übung in geometrischer Anschauung und Konstruktion fortgesetzt wird. Besonders ist im stereometrischen Unterrichte das Verständnis projektivischen Zeichnens vorzubereiten und zu unterstützen.

### C. Realschule.

Allgemeines Lehrziel. Sicherheit und Gewandtheit im Rechnen mit bestimmten Zahlen und in dessen Anwendungen auf die gewöhnlichen Verhältnisse des bürgerlichen Lebens. Allgemeine Arithmetik bis zur Kenntnis der Logarithmen. Algebra bis zu leichten Gleichungen zweiten Grades. Grundlehren der ebenen und körperlichen Geometrie; die Anfangsgründe der ebenen Trigonometrie.

### 10. Naturwissenschaften.
#### A. Gymnasium.

Allgemeines Lehrziel. In der Botanik: Kenntnis der wichtigeren Familien des natürlichen Systems. Lebenserscheinungen der Pflanzen. Besprechung der wichtigsten ausländischen Nutzpflanzen. Einiges aus der Anatomie und Physiologie der Pflanzen, sowie über Kryptogamen und Pflanzenkrankheiten.

In der Zoologie: Kenntnis der wichtigsten Ordnungen aus den Klassen der

## 1. Kapitel. Preufsen. 297

Wirbeltiere sowie einzelner Vertreter aus den übrigen Klassen des Tierreichs. Grundbegriffe der Tiergeographie. Kenntnis vom Bau des menschlichen Körpers nebst Unterweisungen über die Gesundheitspflege.

In der Mineralogie (welche nicht als besonderer Unterrichtsgegenstand, sondern in Verbindung mit der chemischen Lehraufgabe zu behandeln ist): Kenntnis der einfachsten Krystallformen und einzelner besonders wichtiger Mineralien.

In der Physik: Kenntnis der wichtigsten Erscheinungen und Gesetze aus den verschiedenen Zweigen der Physik und der Grundlehren der mathematischen Erdkunde.

In der Chemie: Kenntnis der einfachsten Lehren.

Lehraufgaben. VI (2 Stunden wöchentlich): Beschreibung vorliegender Blütenpflanzen; im Anschlufs daran Erklärung der Formen und Teile der Wurzeln, Stengel, Blätter, Blüten, leicht erkennbaren Blütenstände und Früchte. Beschreibung wichtiger Säugetiere und Vögel in Bezug auf Gestalt, Farbe und Gröfse nach vorhandenen Exemplaren und Abbildungen nebst Mitteilungen über ihre Lebensweise, ihren Nutzen oder Schaden. V (2 St.): Vollständige Kenntnis der äufseren Organe der Blütenpflanzen im Anschlufs an die Beschreibung und Vergleichung verwandter, gleichzeitig vorliegender Arten. Beschreibung wichtiger Wirbeltiere nach vorhandenen Exemplaren und Abbildungen nebst Mitteilungen über ihre Lebensweise, ihren Nutzen oder Schaden. Grundzüge des Knochenbaues beim Menschen. Übungen im einfachen schematischen Zeichnen des Beobachteten, wie auch in den folgenden Klassen. IV (2 St.): Vergleichende Beschreibung verwandter Arten und Gattungen von Blütenpflanzen nach vorhandenen Exemplaren. Übersicht über das natürliche Pflanzensystem. Lebenserscheinungen der Pflanzen. Niedere Tiere, namentlich nützliche und schädliche, sowie deren Feinde, mit besonderer Berücksichtigung der Insekten. III B (2 St.): Beschreibung einiger schwieriger Pflanzenarten zur Ergänzung der Erkenntnisse in Formenlehre, Systematik und Biologie. Besprechung der wichtigsten ausländischen Nutzpflanzen. Einiges aus der Anatomie und Physiologie der Pflanzen sowie über Kryptogamen und Pflanzenkrankheiten. (Im letzten Vierteljahr:) Überblick über das Tierreich. Grundbegriffe der Tiergeographie. III A (2 St.): Der Mensch und dessen Organe nebst Unterweisungen über die Gesundheitspflege. Vorbereitender physikalischer Lehrgang Teil I (Mechanische Erscheinungen; das Wichtigste aus der Wärmelehre). II B (2 St.): Vorbereitender physikalischer Lehrgang Teil II (Magnetismus, Elektricität; die wichtigsten chemischen Erscheinungen nebst Besprechung einzelner besonders wichtiger Mineralien und der einfachsten Krystallformen; Akustik; einfache Abschnitte aus der Optik). II A (2 St.): Wärmelehre, Magnetismus, Elektricität. Wiederholungen der chemischen und mineralogischen Grundbegriffe. I B (2 St.): Mechanik (erforderlichen Falls mit Ausschlufs der Wärmetheorie und der Wellenlehre). Akustik. I A (2 St.): Optik. Mathematische Erdkunde.

Methodische Bemerkungen. Der Unterricht in der Zoologie und Botanik hat, von der Anleitung zur Beobachtung und Beschreibung einzelner Pflanzen und Tiere ausgehend, die Schüler durch Vergleichung verwandter Formen allmählich zur Aneignung der wichtigsten Begriffe der Morphologie und zur Kenntnis des Systems hinzuführen. Dabei sind die Schüler auf allen Stufen in einfachen schematischen Zeichnen des Beobachteten zu üben. Das Hauptgewicht ist nicht sowohl auf einen grofsen Umfang des Lehrstoffes, als auf dessen unterrichtliche Durcharbeitung zu legen. Zu behandeln sind vorzugsweise die Vertreter der einheimischen Tier- und Pflanzenwelt, daneben aber auch einzelne besonders charakteristische Formen fremder Erdteile. Beginnt das Sommerhalbjahr so zeitig, dafs die Beschaffung geeigneter Pflanzen für den botanischen Unterricht noch nicht zu ermöglichen ist, so bleibt es den betreffenden Lehrern überlassen, die erste Zeit des Sommerhalbjahres auf Ergänzung und Wiederholung der zoologischen Lehraufgabe des Winterhalbjahres zu verwenden. Der Unterricht in der Physik und Chemie nebst Mineralogie hat eine nicht unbedeutende Verschiebung gegen früher erfahren. Mafsgebend für diese Änderungen war der Gedanke, auch den Schülern, welche nach Abschlufs der Untersekunda die Schule verlassen, ein möglichst abgerundetes Bild der wichtigsten Lehren auf diesen Gebieten mit ins Leben zu geben. Hierdurch wurde die Anordnung des Lehrstoffes in zwei Kursen bedingt. In dem ersten, welcher das zweite Halbjahr der Obertertia und die Untersekunda umfafst, sind die Grundlehren zu behandeln, während in dem zweiten, welcher sich auf jenem aufbaut, das in ihm gewonnene Wissen zu vertiefen und zu erweitern ist. Bei der gewaltigen Fülle des Stoffes auf diesen Gebieten und der verhältnismäfsig geringen Anzahl der dafür verfügbaren Lehrstunden ist auf eine angemessene Auswahl die gröfste Sorgfalt zu verwenden. Dabei wird das Bestreben des Lehrers vor allem dahin zu richten sein, dafs die Schüler zu eigenem Denken und zum Beobachten angeleitet werden, jede Überlastung mit gedächtnismäfsig anzueignendem Lernstoff aber sorgsam gemieden wird. Der Versuch ist bei allen Betrachtungen in den Vordergrund zu stellen. (Die Lehrbuchfrage bedarf einer besonderen Regelung)

### B. Realgymnasium und Oberrealschule.

**Allgemeines Lehrziel.** In der Botanik: Kenntnis des natürlichen Systems; genauere Bekanntschaft mit den wichtigsten natürlichen Familien der einheimischen Pflanzen. Lebenserscheinungen der Pflanzen. Besprechung der wichtigsten ausländischen Nutzpflanzen. Mitteilungen über die geographische Verbreitung bekannter Pflanzen. Einiges aus der Anatomie und Physiologie der Pflanzen sowie über Kryptogamen und Pflanzenkrankheiten.

In der Zoologie: Kenntnis des Systems der Wirbel- und der wirbellosen Tiere. Grundbegriffe der Tiergeographie. Kenntnis vom Bau des menschlichen Körpers nebst Unterweisungen über die Gesundheitspflege.

In der Mineralogie: Kenntnis der wichtigeren Krystallformen sowie der physikalischen Eigenschaften und der chemischen Zusammensetzung der bekanntesten Mineralien.

In der Physik: Sichere Kenntnis der wichtigsten Erscheinungen und Gesetze aus den verschiedenen Zweigen der Physik sowie der mathematischen Herleitung der Hauptgesetze. Kenntnis der wichtigsten Lehren der mathematischen Erdkunde.

In der Chemie: Kenntnis der wichtigeren Elemente und ihrer bedeutendsten anorganischen Verbindungen sowie der Grundgesetze der Chemie. (An den Oberrealschulen:) Kenntnis der wichtigsten organischen Verbindungen.

**Lehraufgaben.** VI und V (je 2 Stunden wöchentlich): wie beim Gymnasium. IV (2 St.): Vergleichende Beschreibung verwandter Arten und Gattungen von Blütenpflanzen nach vorhandenen Exemplaren. Übersicht über das natürliche Pflanzensystem. Lebenserscheinungen der Pflanzen. Wiederholungen und Erweiterungen des zoologischen Lehrstoffes der früheren Klassen mit Rücksicht auf die Erkennung des Systems der Wirbeltiere. III B (2 St.): Wiederholungen und Erweiterungen des botanischen Lehrstoffes der früheren Klassen mit Rücksicht auf die Erkennung des natürlichen Systems der Phanerogamen. Gliedertiere. III A (2 St.): Beschreibung einiger schwieriger Pflanzenarten zur Ergänzung und Wiederholung der Formenlehre, Systematik und Biologie. Besprechung der wichtigsten ausländischen Kulturgewächse. Mitteilungen über die geographische Verbreitung der Pflanzen. Niedere Tiere. Erweiterung und Wiederholung des zoologischen Lehrstoffes der früheren Klassen mit Rücksicht auf die Erkennung des Systems der wirbellosen Tiere. Wiederholung des Systems der Wirbeltiere. (Dazu in der Oberrealschule:) Kurzgefafste Aufklärung über Gegenstand und Aufgabe der Physik. Mechanische Erscheinungen, einschliefslich der Hydrostatik und Aërostatik. Wärmelehre. (2 St. wöchentlich.) II B (3 St. bei Realgymnasien, 6 St. bei Oberrealschulen): Einiges aus der Anatomie und Physiologie der Pflanzen, sowie über Kryptogamen und Pflanzenkrankheiten. Anatomie und Physiologie des Menschen nebst Unterweisungen über die Gesundheitspflege. Magnetismus, Elektricität, Akustik, wichtige optische Erscheinungen. Propädeutischer Unterricht in der Chemie. Elemente der Krystallographie. II A (5 bezw. 6 St.): Wärmelehre (mit Ausschluſs der Wärmestrahlung.) Magnetismus und Elektricität. Allgemeine chemische Begriffe. Metalloide. Stöchiometrische Aufgaben. I B (5 bezw. 6 St.): Mechanik (einschlieſslich der Wärmetheorie und Wellenlehre). Akustik. Die Metalle. Einfache Arbeiten im Laboratorium. I A (5 bezw. 6 St.): Optik. Wiederholungen aus dem ganzen Gebiet. Einzelne wichtige Kapitel aus der organischen Chemie. Einfache Arbeiten im Laboratorium.

Methodische Bemerkungen. Das Streben der Lehrer muſs stets darauf gerichtet sein, die Schüler zur Beobachtung und Beschreibung einzelner Naturkörper anzuleiten und durch Vergleichung verwandter Formen zum Verständnisse des Systems hinüberzuführen, auch neben dieser Einführung in die systematische Ordnung mit den wichtigsten Erscheinungen und Gesetzen des Tier- und Pflanzenlebens bekannt zu machen. Auf Vollständigkeit ist kein besonderes Gewicht zu legen. Der Stoff ist hauptsächlich der einheimischen Tier- und Pflanzenwelt zu entnehmen, wie sie die Umgebung und die Sammlung der Schule bietet, doch dürfen charakteristische Formen anderer Erdteile nicht unbeachtet bleiben. Auf allen Stufen sind die Schüler im einfachen schematischen Zeichnen des Beobachteten zu üben. Bezüglich der zeitlichen Abgrenzung des botanischen und zoologischen Unterrichts in den einzelnen Klassen gilt dasselbe wie beim Gymnasium. Der physikalische Unterricht erfolgt auch an Realgymnasien und Oberrealschulen in zwei Kursen, von welchen der erste mit der Untersekunda abschlieſst. In ihm ist der Unterricht in der Art zu erteilen, daſs in einfachster Weise vom Versuche ausgegangen wird. (Die Lehrbuchfrage bedarf noch einer besonderen Regelung.) Auf den Realgymnasien sind in diesem Kursus auch die Grundlehren der Chemie und Mineralogie zu behandeln, während in dem zweiten mit der Obersekunda beginnenden Kursus für den chemisch-mineralogischen Unterricht besondere Stunden festgesetzt sind. Zur sicheren Erledigung der nicht unbedeutenden Lehraufgabe des ersten Kursus ist es ratsam, in der Untersekunda sämtliche naturwissenschaftliche Stunden thunlichst in die Hand eines Lehrers zu legen, um dadurch eine gröſsere Konzentration des Unterrichts zu ermöglichen. Auch ist es unter Umständen statthaft, den Lehrplan für den naturwissenschaftlichen Unterricht in der Obertertia und Untersekunda dieser Anstalten ähnlich dem für die Gymnasien vorgeschriebenen zu gestalten, vorausgesetzt, daſs dadurch die Lehraufgaben der genannten Klassen im ganzen keine Kürzung erfahren. In den Oberrealschulen findet von vornherein eine Trennung des physikalischen Unterrichts von dem chemisch-mineralogischen statt, und zwar erstreckt sich der physikalische Unterricht schon in der Obertertia über das ganze Schuljahr Der Unterricht in der Mineralogie wird am besten mit dem chemischen verbunden und ist im allgemeinen auf Oryktognosie zu beschränken. Zu behandeln sind die wichtigsten Krystallformen und die physikalischen und chemischen Eigenschaften der hauptsächlichsten Mineralien. An den theoretischen Unterricht in der Chemie, in welchem darauf Bedacht zu nehmen ist, daſs die Schüler nicht etwa durch gleichmäſsige Behandlung der Elemente und ihrer Verbindungen mit Lehrstoff überladen und zu überwiegend gedächtnismäſsiger Aneignung genötigt werden, sind, zumal an den Oberrealschulen, in Prima praktische Übungen im Laboratorium anzuschlieſsen, in welchen die Schüler die wichtigsten Reaktionen der Metalloide und Metalle durchmachen, einfache qualitative Analysen ausführen und leichte Präparate herstellen. Derartige praktische Übungen haben bei richtiger Leitung einen nicht zu unterschätzenden erzieherischen Wert und können unter Umständen auch auf das Gebiet des physikalischen Unterrichts ausgedehnt werden.

### C. Realschule.

**Naturbeschreibung.** Anleitung zur Beobachtung und Beschreibung einzelner Pflanzen. Kenntnis der wichtigeren Pflanzenfamilien und Erscheinungen aus dem Leben der Pflanze. Anleitung zur Beobachtung und Beschreibung von Vertretern der einzelnen Klassen der Tierwelt. Kenntnis der wichtigeren Ordnungen der Wirbeltiere und Insekten. Bekanntschaft mit dem Bau des menschlichen Körpers. Kenntnis der einfachsten Krystallformen, sowie einzelner besonders wichtiger Mineralien.

**Naturlehre.** Eine durch Versuche vermittelte Kenntnis der allgemeinen Eigenschaften der Körper, der Grundlehren des Gleichgewichts und der Bewegung, der Elektricität, des Magnetismus und der Wärme, sowie der einfachen optischen und akustischen Gesetze; ferner der bekanntesten chemischen Elemente und ihrer hauptsächlichsten Verbindungen.

## II. Zeichnen.

### A. Gymnasium.

**Allgemeine Lehraufgabe.** Lehraufgabe des obligatorischen Zeichnens ist die Ausbildung im Sehen und sicheren Darstellen einfacher körperlicher Gegenstände im Umrifs. In dem fakultativen Unterricht der oberen Klassen (von II B an) erfolgt die weitere Entwickelung des Formen- und Farbensinnes durch Wiedergabe von schwieriger darzustellenden Gegenständen im Umrifs, auch mit Rücksicht auf die Beleuchtungserscheinungen und die Farbenwirkung. Einzelne, für welche das geometrische Zeichnen von besonderem Wert ist, werden in die darstellende Geometrie eingeführt.

**Bemerkungen.** Für den obligatorischen Unterricht: Zeichnen ebener geradliniger und krummliniger Gebilde im Klassen- und Abteilungsunterricht nach grofsen Wandvorlagen (Wandtafeln), erläutert durch Zeichnungen des Lehrers an der Schultafel, zugleich mit Abänderung der gegebenen Formen. Vorlegeblätter sind ausgeschlossen. Umrifszeichnen nach einfachen Modellen, plastischen Ornamenten und anderen geeigneten körperlichen Gegenständen im Einzelunterricht. Es wird durch diese Übungen für die Schüler, welche an dem weiteren Zeichenunterricht nicht teilnehmen, ein gewisser Abschlufs erzielt, während andererseits für jeden, der eine weitere Ausbildung im Zeichnen anstrebt, eine sichere Grundlage gewonnen wird. Bei dem fakultativen Unterricht folgt im Freihandzeichnen auf ein erweitertes Umrifszeichnen nach Geräten, Gefäfsen, plastischen Ornamenten, lebenden Pflanzen und, je nach der Leistungsfähigkeit der Schüler, auch nach anderen Gegenständen, das Ausführen von Zeichnungen nach Modellen und nach plastischen Ornamenten mit der Licht- und Schattenwirkung und darauf die Darstellung farbiger Gegenstände, lebender Pflanzen, Früchte und dergl. mit Bleistift und der Wasserfarbe. Auf das Verständnis für Form und Farbe sowie auf die Bildung des Geschmacks durch hierfür geeignete Besprechungen ist hinzuwirken. Im geometrischen Zeichnen, soweit es an Gymnasien überhaupt betrieben werden kann, giebt zuerst das Zirkelzeichnen Übung im Gebrauch von Zirkel, Lineal und Ziehfeder durch sorgfältiges Zeichnen von Flächenmustern, Kreisteilungen und anderen geometrischen Gebilden. Es folgt das geometrische Darstellen von Körpern in den verschiedenen Ansichten mit Durchschnitten und Abwickelungen der Flächen und zum Schlufs die Einführung in die darstellende Geometrie, Schattenkonstruktion und Perspektive.

### B. Realgymnasium und Oberrealschule.

**Allgemeine Lehraufgabe.** Die Lehraufgabe ist im allgemeinen dieselbe wie bei den Gymnasien, nur ist sie hier vollständiger und umfassender zu lösen

Ausbildung im richtigen Sehen und in der richtigen Wiedergabe der verschiedensten körperlichen Gegenstände aus freier Hand im Umrifs, in weiterer Ausführung unter Wiedergabe der Licht- und Schattenwirkung und in farbiger Darstellung. Einübung des geometrischen Darstellens von Körpern und Einführung in die darstellende Geometrie, Schattenkonstruktion und Perspektive.

Bemerkungen. Im Freihandzeichnen sind, wie beim Gymnasium, Vorlegeblätter nicht zu benutzen, vielmehr nur grofse Wandvorlagen (Wandtafeln) und körperliche Gegenstände. Das Messen am Modell und jede Benutzung mechanischer Hilfsmittel, wie Zirkel und Lineal, ist gänzlich zu vermeiden. Das Zeichnen nach Gegenständen wird im einzelnen geübt. Der Stoff des Unterrichts verteilt sich in folgender Weise: Für Quinta und Quarta: Zeichnen ebener und krummliniger Gebilde nach Wandtafeln mit Übungen im Abändern der vorgeführten Formen, erläutert durch Zeichnungen des Lehrers an der Wandtafel, Zeichnen von Flachornamenten und Blattformen. In der Tertia: Zeichnen nach einfachen und schwierigeren Modellen und plastischen Ornamenten im Umrifs, zuletzt Übungen in der Wiedergabe von Licht und Schatten nach einfachen Modellen. In den oberen Klassen: Zeichnen nach plastischen Ornamenten im Umrifs und mit Rücksicht auf die Beleuchtung, Ausführung von Zeichnungen nach der Natur und nach kunstgewerblichen Gegenständen. Übungen im Malen in Wasserfarbe nach verschiedenen Gegenständen, z. B. Früchten, Blumen, Pflanzen. Das Linearzeichnen beginnt in der Obertertia mit Übungen im Gebrauch von Zirkel, Lineal und Ziehfeder an Flächenmustern, Kreisteilungen und anderen gerad- und krummlinigen Gebilden. In der Untersekunda folgt das geometrische Darstellen einfacher Körper in verschiedenen Ansichten mit Schnitten und Abwickelungen, dem sich in der Obersekunda und Prima die Einführung in die darstellende Geometrie, Schattenlehre und Perspektive anschliefst. Das Zeichnen ganzer Maschinen und Gebäude nach Vorlage ist ausgeschlossen.

## C. Realschule.

Allgemeine Lehraufgabe. Die Lehraufgabe ist dieselbe wie bei den übrigen Realanstalten und begrenzt sich nur durch den Abschlufs des Unterrichts nach sechs Jahren.

Bemerkungen. Für das Freihandzeichnen gelten die obigen allgemeinen Bemerkungen. Der Stoff verteilt sich auf die einzelnen Klassen wie bei den übrigen Realanstalten. Auf der obersten Stufe wird, wenn Sicherheit im Umrifszeichnen erzielt ist, die Wiedergabe von Licht und Schatten nach hierfür besonders geeigneten Modellen geübt. Im Linearzeichnen: Übung im Gebrauch von Zirkel, Lineal und Ziehfeder an Flächenmustern, Kreisteilungen und anderen gerad- und krummlinigen Gebilden. Sind für das Linearzeichnen in den oberen Klassen mehr als zwei Stunden verfügbar, so tritt das geometrische Darstellen von Körpern in verschiedenen Ansichten mit Schnitten und Abwickelungen hinzu.

## 12. Turnen.

Das Turnen in den Schulen verfolgt das Ziel, durch zweckmäfsig ausgewählte und geordnete Übungen die leibliche Entwickelung der Jugend zu fördern, den Körper zu stählen, Mut und Vertrauen in die eigene Kraft zu wecken, raschen Entschlufs und entsprechende Ausführung zu sichern. Dabei ist zugleich die Aneignung gewisser Fertigkeiten besonders auch in Rücksicht auf den künftigen Dienst im vaterländischen Heere zu erstreben. Dieses Ziel kann nur erreicht werden, wenn der Turnunterricht auf Grund eines bestimmten Lehrplanes nach sorgsam erwägender Vorbereitung des Lehrers für jede einzelne Stunde so erteilt wird, dafs der Übungsstoff in stufenmäfsiger Folge und angemessenem Wechsel ein regelmäfsiges Fortschreiten aller Schüler sichert, diese selbst aber angehalten werden, alle Übungen genau und mit Anspannung ihrer Kräfte möglichst vollkommen auszuführen. Damit ist aber nicht ausgeschlossen, vielmehr bringt es die Natur der Sache mit sich und wird ausdrücklich als Aufgabe bezeichnet, dafs das Turnen mit frischem, fröhlichem Sinne betrieben werde und der Jugend die Lust gewähre, welche das Gefühl gesteigerter Kraft, erhöhter Sicherheit in der Beherrschung und dem Gebrauche der Gliedmafsen und des ganzen Körpers, sowie vor allem das Bewufstsein jugendlicher Gemeinschaft zu edlen Zwecken mit sich führt. Auf der Unter- und Mittelstufe ist das Turnen in Form von Gemeinübungen unter unmittelbarer Leitung des Lehrers zu betreiben. Auf der Oberstufe ist Riegenturnen zulässig, sobald die Möglichkeit vorhanden ist, in besonderem Unterrichte tüchtige Vorturner auszubilden. Bei günstigem Wetter ist, wo es nur irgend möglich, im Freien zu turnen.

A. Unterstufe. Einfache Frei- und Ordnungsübungen. Gangarten. Übungen mit Holz- oder leichten Eisenstäben. Leichte Verbindungen dieser Übungsformen. Springübungen mit Benutzung von Schwingseil, Freispringel usw., auch von festen Hindernissen. Übungen am Kletter- und Steigegerüst. Einfache Hang- und Stützübungen an Reck und Barren. Schwebe- (Gleichgewichts-)Übungen. Leichte Aufschwünge am Reck.

B. Mittelstufe. Wiederholung der Frei- und Ordnungsübungen der Unterstufe und deren Erweiterung durch schwierigere Formen und Zusammensetzungen (Übungsgruppen). Übungen mit dem Eisenstabe. Weitere Übungen an den schon auf der Unterstufe benutzten Geräten. Sturmspringel (Schrägbrett), Springbock, Springkasten und Schaukelringe.

C. Oberstufe. Weitere Zusammensetzungen von Freiübungen; Eisenstab- und Hantelübungen, namentlich in Verbindung mit Ausfallbewegungen, unter Umständen auch Keulenübungen. Bei den Ordnungsübungen sind auch die rein militärischen Formen zu berücksichtigen. Erweiterung des Gerätturnens, insbesondere durch Hinzunahme der Übungen am Springpferd, des Stabspringens, Gerwerfens usw. Planmäfsige Pflege der Turnkür.

Auf der Unterstufe sind die Frei- und Ordnungsübungen, auf der Oberstufe die Gerätübungen vorzugsweise zu pflegen. Übungen im angewandten Turnen sind auf allen Stufen vorzunehmen; besonders ist der Lauf mit allmählicher Steigerung durchgehend zu üben, und zwar als Dauer- und als Schnelllauf.

Turnspiele werden auf allen Stufen in geeigneter Auswahl vorgenommen.

Gesichtspunkte für die Bemessung der Hausarbeit.

A. Allgemeines. Alle Hausarbeiten dienen lediglich entweder der Anleitung zu Ordnung und Sauberkeit (Reinschriften) oder der Erziehung zur selbständigen geistigen Thätigkeit.

Demgemäfs sind die Hausarbeiten als eine wesentliche Ergänzung des Schulunterrichts besonders für mittlere und obere Klassen zu erachten, aber unter steter Berücksichtigung desselben und unter Beachtung der körperlichen und geistigen Entwickelung sowie der Leistungsfähigkeit der betreffenden Altersstufen zu bemessen.

Ein Teil der sonst zu Hause zu bewältigenden Arbeit kann bei richtiger methodischer Behandlung des Unterrichts in die Schule verlegt werden.

Die nicht schriftliche Hausarbeit, soweit sie die Aneignung des unentbehrlichen Gedächtnisstoffes und die Befestigung des Gelernten betrifft, vereinfacht sich in demselben Mafse, wie der gedächtnismäfsige Lernstoff auf allen Gebieten gemindert wird. Eine solche Minderung ist besonders herbeizuführen in der Religion, im Deutschen, in den Fremdsprachen, der Geschichte, Erdkunde, Naturbeschreibung und Chemie.

Ein wirksames Mittel zur Verminderung der Hausarbeit ist die methodische innere Verknüpfung verwandter Lehrfächer untereinander und die entsprechende Gruppierung des Lehrstoffes. Diese sind aber nur zu erreichen, wenn wenigstens auf den unteren Stufen die sprachlich-geschichtlichen Fächer einerseits und die mathematisch-naturwissenschaftlichen anderseits in jeder Klasse in eine Hand gelegt werden.

B. Besonderes. a. Untere und mittlere Stufe: Die Hausarbeiten können eine gewisse Einschränkung erfahren, wenn

1. in VI bezw. V im Deutschen und in den Fremdsprachen die Forderungen im wesentlichen zurückgeführt werden auf wiedergebende Reinschriften der in der Klasse an der Wandtafel oder in den Schülerheften vorgenommenen schriftlichen Übungen;

2. von IV bis II B fernerhin häusliche deutsche Aufsätze allgemein nur alle 4 Wochen, daneben aber in der Klasse kürzere Ausarbeitungen über durchgenommene Abschnitte aus dem Deutschen, den Fremdsprachen, der Geschichte und Erdkunde, sowie der Naturwissenschaften verlangt werden;

3. die häusliche Vorbereitung auf schwierigere Schriftsteller, besonders bei Beginn der Lektüre, nur nach vorheriger Anleitung des Lehrers in der Klasse gefordert wird;

4. verwickeltere Rechen- und mathematische Aufgaben möglichst vermieden, jedenfalls aber nur nach vorheriger Klarstellung durch den Lehrer in der Klasse zur häuslichen Bearbeitung aufgegeben werden.

b. Obere Stufe: Hier entfallen an Gymnasien alle bisher notwendigen häuslichen Übungen für den lateinischen Aufsatz und für die griechische und französische Versetzungsarbeit; die sonstigen Klassenübungen und häuslichen Arbeiten bleiben. Die Übersetzungen in die Fremdsprachen sind in der Regel nur nach Diktaten des Lehrers und im Anschlufs an die Lektüre zu fertigen.

Der deutsche Aufsatz, welcher auf dieser Stufe vorzugsweise Erziehung zu selbständiger Arbeit bezweckt, aber nach Inhalt und Umfang mafsvoll zu begrenzen ist, tritt noch mehr als bisher in den Mittelpunkt des gesamten Unterrichts und entnimmt aus ihm seinen Stoff. Mehr als 8 Aufsätze im Schuljahr (6 zu Hause und 2 in der Klasse) sind nicht zu fordern. Danebenher gehen kleine Ausarbeitungen in anderen Fächern.

In der Mathematik, an Realanstalten auch in den Naturwissenschaften sind neben den regelmäfsigen Klassenübungen höchstens alle 4 Wochen selbständigere häusliche Ausarbeitungen von nicht zu grofser Schwierigkeit zu fordern.

Eine geordnete deutsche und fremdsprachliche Privatlektüre bildet in den oberen Klassen die notwendige Ergänzung der Schularbeit. Diese Lektüre ist zwar planmäfsig zu leiten; indessen ist dem Schüler nach seiner Eigenart eine gewisse Freiheit der Wahl zu gestatten, damit das rechte Interesse für die Sache geweckt und Freude an der Arbeit erzeugt werde. Die Erziehung zu selbständiger freier Thätigkeit ist vor allem im Auge zu behalten.

Die zweckmäfsige Verwertung der Privatlektüre zu freien Arbeiten im Deutschen bleibt dem Ermessen der betreffenden Lehrer überlassen.

**Erläuterungen und Ausführungsbestimmungen zu I u. II.**

1. Um für die nach Vollendung der II B ins Leben tretenden Schüler einen ersten Abschlufs in der Bildung herbeizuführen, welcher sich organisatorisch in der Scheidung zwischen Unter- und Oberstufe geltend macht, ist eine Trennung der Sekunden bei den Lehrstunden in Geschichte, Erdkunde und Mathematik überall notwendig. Eine weitere Trennung der Sekunden in wissenschaftlichen Lehrgegenständen unter Berücksichtigung der allgemeinen pädagogischen Bedürfnisse und der Schülerzahl der betreffenden Klassen bleibt für jeden Fall vorbehalten.

2. Die Provinzial-Schulkollegien sind ermächtigt,

a. in sprachlich gemischten Bezirken das Deutsche in VI und V um je eine Stunde zu verstärken und so die Wochenstunden dieser Klassen auf 26 zu erhöhen;

b. an allen Realanstalten die für das Französische und Englische angesetzten Stunden gegen einander zu vertauschen, vorausgesetzt, dafs eine derartige Abweichung durch die Lage des Schulorts und seine Verkehrsverhältnisse nahegelegt wird;

c. an allen höheren Schulen die Mathematik und Naturwissenschaft und an Gymnasialanstalten überdies das Lateinische und Griechische unter entsprechender Verminderung des anderen Faches der betreffenden Gruppe bis auf die Dauer eines Schuljahres um je eine Stunde wöchentlich zu verstärken; desgleichen zur Beseitigung besonderer Schwächen einer Klasse auf kürzere Zeit eine weitere Verschiebung der Wochenstunden innerhalb der bezeichneten beiden Gruppen zu gestatten;

(ME 13. Oktober 1895 [CBl. S. 716] dehnt die erteilte Ermächtigung zu Abweichungen von den für die einzelnen Lehrfächer festgesetzten Wochenstunden dahin aus, dafs die für die drei obersten Klassen [Obersekunda bis Oberprima] der Gymnasien und Realgymnasien bestimmten Wochenstunden für das Lateinische je nach Bedürfnis auf Antrag der Direktoren um je eine erhöht werden können; jedoch soll an den Gymnasien bei kombinierten Sekunden keine und bei kombinierten Primen nur eine Mehrstunde eintreten können; bei Realgymnasien ist dies etwas anders bestimmt. Die Mehrstunden sollen an Gymnasien für die schriftlichen Übungen und für grammatische und stilistische

Wiederholungen oder Zusammenfassungen zur Förderung der Lektüre, bei Realgymnasien je nach Bedürfnis zur Befestigung und Einübung der Grammatik oder Lektüre benutzt werden.)

d. an Realgymnasien in den beiden Sekunden die Stundenzahl für das Lateinische unter entsprechender Verminderung der mathematischen bei vorhandenem Bedürfnis wöchentlich um je eine zu erhöhen.

Vorausgesetzt ist bei allen diesen Abweichungen von den Lehrplänen, dafs die Erreichung des allgemeinen Lehrzieles in den betreffenden Fächern auf die Dauer nicht beeinträchtigt wird. Über die selbständig genehmigten Abweichungen unter a—d, über deren Gründe und Erfolge haben die Provinzial-Schulkollegien jedesmal in den zu erstattenden Verwaltungsberichten sich zu äufsern.

Des weiteren sind diese Behörden ermächtigt, die in dem Zusatz zu den Lehrplänen (A—D) angegebenen besonderen Formen eines gemeinsamen Unterbaues höherer Schulen in ihren Bezirken selbständig zuzulassen.

3. Aus der oben erörterten Organisation ergiebt sich mit Notwendigkeit gegenüber der früheren eine andere Abgrenzung der Lehraufgaben für fast alle wissenschaftlichen Fächer in allen höheren Schulen mit Ausnahme der Realschulen, und zwar so, dafs, unbeschadet der Erreichung des vollen Lehrzieles der Prima an Vollanstalten, nach dem sechsten Jahrgang überall eine einigermafsen abgerundete Vorbildung erreicht werden mufs. Der Versuch dazu ist in den jetzigen Lehraufgaben gemacht; insbesondere darf in dieser Beziehung auf den Abschlufs der zusammenhängenden grammatischen Unterweisung in den Fremdsprachen, den Abschlufs in der Geschichte und Erdkunde, in der Mathematik und den Naturwissenschaften hingewiesen werden.

An die Lehrer tritt die Pflicht heran, diesen Abschlufs durch zweckmäfsige Methode von unten auf vorzubereiten und ihn im sechsten Jahrgange in einem gesicherten Wissen und Können zu erreichen. Die Aufsichtsbehörden haben bei ihren Besichtigungen diesem Punkte ihre unausgesetzte Aufmerksamkeit zuzuwenden.

4. Ein entschiedenes Gewicht legt die Unterrichtsverwaltung darauf, dafs der Religionsunterricht an den einzelnen Anstalten nicht zu sehr zersplittert und nicht als vereinzeltes Fach behandelt, sondern ohne künstliche Mittel zu allen übrigen Lehrgegenständen, insbesondere den ethischen, in engste Beziehung gesetzt werde. Darauf hinzuwirken ist besonders Sache der Direktoren und Schulräte.

Eng damit verbunden ist die hier anzuschliefsende erziehliche Pflicht der Schule. Soll die höhere Schule auch nach dieser Seite ihre Aufgabe lösen, so hat sie äufsere Zucht und Ordnung zu halten, Gehorsam, Fleifs, Wahrhaftigkeit und lautere Gesinnung zu pflegen und aus allen, besonders den ethischen Unterrichtsstoffen fruchtbare Keime für die Charakterbildung und tüchtiges Streben zu entwickeln. Indem so der jugendliche Geist mit idealem sittlichen Gedankeninhalt erfüllt und sein Interesse dafür nachhaltig angeregt wird, erfährt zugleich der Wille eine bestimmte Richtung nach diesem Ziele. Die dem Lehrer damit gestellte Aufgabe ist ebenso schwierig wie lohnend und muſs immer von neuem zu lösen versucht werden. Daſs dabei ein liebevolles Eingehen auf die Eigenart des Schülers notwendig ist, erscheint selbstverständlich.

Erste Voraussetzung für eine auch nur annähernde Lösung der Aufgabe, zumal unter den heutigen Verhältnissen und in den meist überfüllten Klassen, ist eine ernste und gewissenhafte Vorbereitung des Lehrers auch auf seinen Erzieherberuf. Wie der angehende Schulmann jetzt zu einem methodischen Unterricht angeleitet wird, so wird er auch für seine pädagogische Aufgabe durch Benutzung aller auf der Universität und in der praktischen Vorbereitungszeit gebotenen Hilfsmittel, sowie durch eigene Beobachtung und Übung sich mehr und mehr selbst befähigen müssen. Daſs sein Beispiel in erster Linie von entscheidendem Einflusse auf seinen Erfolg ist, hat er sich stets gegenwärtig zu halten.

Eine weitere Voraussetzung ist, daſs das gesamte Lehrerkollegium einmütig nach demselben Ziele hinstrebt und so dem Geiste der Schule eine bestimmte Richtung giebt.

Nicht minder hängt die Erreichung dieses Zieles von der Stärkung des Einflusses und der gesamten Wirksamkeit des Klassenlehrers gegenüber dem Fachlehrer, besonders auf den unteren und mittleren Klassen, ab. Die Zersplitterung des Unterrichts auf diesen Stufen unter zu viele Lehrer ist ein Hindernis für jede nachhaltige erzieliche Einwirkung, ebenso der oft von Stufe zu Stufe eintretende Wechsel der Klassenlehrer.

Zur Steuerung dieses Übelstandes werden die Provinzial-Schulkollegien angewiesen, bei Genehmigung der alljährlich einzureichenden Lehrpläne für die einzelnen Anstalten streng darauf zu achten, daſs der für ein Ordinariat vorgeschlagene Lehrer sich auch dazu eignet, und daſs er in dem Umfange,' wie dies nach seiner Lehrbefähigung oder praktischen Bewährung möglich ist, in seiner Klasse Beschäftigung gefunden hat. Soweit zur Zeit noch in der wissenschaftlichen Vorbildung der Lehrer Hindernisse für eine ausgedehntere Verwendung in einer Klasse liegen, muſs auf deren Beseitigung Bedacht genommen werden.

Dem Klassenlehrer vor allen liegt es ob, mit den Familien seiner Zöglinge sich in Verbindung zu halten und den Eltern mit Rat und That an die Hand zu gehen.

Die Zugehörigkeit des Schülers zu einer bestimmten kirchlichen

Gemeinschaft legt der Schule die Pflicht auf, nicht blofs alle Hemmnisse der religiös-kirchlichen Bethätigung zu beseitigen, sondern, soweit die Schulordnung dadurch nicht gestört wird, diese Bethätigung auch in positiver Weise zu fördern. Die Lehrerkollegien werden gewifs gern dazu mitwirken, dafs diese Absicht thunlichst erreicht werde.

5. Das Deutsche hat durch Vermehrung der Wochenstunden, zumal an Gymnasien, eine weitere Förderung erfahren. Es ist noch mehr als bisher in den Mittelpunkt des gesamten Unterrichts gerückt, und die Leistungen darin sind von so entscheidender Bedeutung bei der Reifeprüfung, dafs ein Schüler, welcher in den Gesamtleistungen im Deutschen nicht genügt, fernerhin in den Prüfungen für nicht bestanden erklärt wird. — Die diesem Unterrichte gestellte besondere Aufgabe der Pflege vaterländischen Sinnes und des nationalen Gedankens weist dem Deutschen eine enge Verbindung mit der Geschichte zu. Durch lebendige Veranschaulichung deutscher Heldensagen mit ihrem Hintergrunde, den nordischen Sagen, bereitet der deutsche Unterricht ebenso auf die deutsche Geschichte vor, wie er die letztere durch Einführung in die bedeutendsten Geisteswerke unserer Litteratur inhaltlich befruchtet und belebt. Durch eine planmäfsige Pflege einer nicht blofs richtigen, sondern auch dem Geiste unserer Sprache angemessenen deutschen Übersetzung aus den Fremdsprachen sowie durch die vorgesehenen regelmäfsigen deutschen Klassenarbeiten aus den meisten übrigen Fächern soll der Übung im schriftlichen Ausdruck eine besondere Unterstützung gesichert werden. Dasselbe geschieht bezüglich des mündlichen Ausdrucks durch geordnete Übungen im freien Vortrag. Diese Mittel voll auszunützen mufs eine vornehmliche Sorge der Lehrer sein. Die mit dem Deutschen in VI und V verbundenen Geschichtserzählungen liefern gleichzeitig einen passenden Stoff zum mündlichen oder schriftlichen Nacherzählen. Wo entsprechend vorgebildete Lehrer für philosophische Propädeutik vorhanden sind, bleibt es den Direktoren freigestellt, die Grundzüge der letzteren im Anschlufs an konkrete Unterlagen, wie sie z. B. einzelne Platonische Dialoge bieten, in Prima lehren zu lassen.

6. Die Verminderung der Stunden für das Lateinische an den Gymnasien um 15 und an den Realgymnasien um 11 wöchentlich ist in erster Linie durch die unabweisbare Forderung einer Verminderung der Gesamtstunden und der Vermehrung der Turnstunden geboten geweseu. Bei den Gymnasien kommt überdies noch die Notwendigkeit der Verstärkung des Deutschen, des Zeichnens und der Aufnahme des Englischen in den Lehrplan dazu.

Eine so bedeutende Verminderung der Wochenstunden bedingte eine Änderung des Lehrzieles. An dem Gymnasium mufste nach Wegfall des lateinischen Aufsatzes auf stilistische Fertigkeit in dem bisherigen Umfange verzichtet werden, ein Verzicht, welcher ohnehin durch die abnehmende Wertschätzung des praktischen Gebrauchs des Lateinischen und die auch in Gelehrten- und Lehrerkreisen abnehmende Fertigkeit darin bedingt war.

Verständnis der bedeutenderen klassischen Schriftsteller Roms und die geistige Zucht, welche bewährtermafsen durch eindringliche Beschäftigung mit den alten Sprachen erworben wird, ist das allgemeine Ziel dieses Unterrichts. Innerhalb dieser Grenzen ist die diesem Fache zugewiesene bedeutsame Aufgabe trotz der Stundenverminderung auch fernerhin zu lösen. Dies setzt allerdings voraus, dafs der grammatische Lernstoff und der anzueignende Wortschatz auf das Regelmäfsige und für eine gründliche Lektüre Notwendige beschränkt und die schriftlichen Übungen lediglich nach dem allgemeinen Lehrziel bemessen werden. Die eine Stunde, welche in den drei oberen Klassen fernerhin noch für grammatische Zusammenfassungen und mündliche wie schriftliche Übungen bleibt, soll dazu dienen, die erworbene Sicherheit festzuhalten und die Lektüre von störendem grammatischen Beiwerk frei zu machen. Aufgabe der Direktoren und Aufsichtsbehörden wird es sein, allen Versuchen energisch entgegen zu treten, welche darauf abzielen, diese den schriftlichen Übungen gezogenen Grenzen zu überschreiten und die Schriftstellerlektüre durch Hineinziehen grammatischer Erörterungen aufzuhalten, welche zum Verständnis des Schriftstellers nicht unbedingt nötig sind. — Neben der schriftlichen Übersetzung ins Lateinische ist entsprechend dem allgemeinen Lehrziel auch der Übersetzung aus dem Lateinischen eine ebenbürtige Stellung zuzuweisen. Damit entfällt auch die einseitige Wertschätzung des sogen. Extemporales. Auf eine gute deutsche Übersetzung aus der Fremdsprache ist fernerhin sowohl bei den Zeugnissen und Versetzungen als auch in der Reifeprüfung ein weit gröfseres Gewicht zu legen. Um eine solche Leistung in geordneter Weise von unten auf vorzubereiten, ist angeordnet, dafs auf allen Stufen auch regelmäfsige schriftliche Übersetzungen aus dem Lateinischen neben denen ins Lateinische hergehen.

Die in den Lehraufgaben für das Lateinische und Griechische bezeichneten Schriftsteller und Schriften sind solche, die in den betreffenden Schuljahren gelesen werden müssen. Indessen sind die Provinzial-Schulkollegien ermächtigt, auch andere Schriftsteller oder Schriften zuzulassen, vorausgesetzt, dafs diese nach Form und Inhalt zur Schullektüre auf den einzelnen Stufen sich eignen und ein Einlesen in die obligatorischen Klassenschriftsteller durch diese erweiterte Lektüre nicht behindert wird.

Was die Realgymnasien angeht, so begründete die Zurückführung der Wochenstunden auf das ungefähre Mafs der Unterrichts- und Prüfungsordnung von 1859 zugleich die Notwendigkeit der Beschränkung des Lehrziels. Trotz seiner Verminderung kann bei der gesicherten grammatischen Vorbildung in VI bis IV ein gründliches Verständnis leichterer Stellen der in der Prima gelesenen Stücke erreicht werden. Damit aber ist dem praktischen Bedürfnis dieser Schülerkreise genügt.

7. Das Griechische hat 4 Wochenstunden verloren. Nachdem auch hier der grammatische Lernstoff und der anzueignende Sprachschatz beschränkt und die elementaren, nur auf Einübung der Formen und der wichtigsten grammatischen Regeln zu bemessenden Schreibübungen der Unterstufe auf ein geringes Maſs zurückgeführt sind, erscheint die sichere Erreichung des alleinigen Zieles dieses Unterrichts verbürgt, ohne daſs die Gründlichkeit der Lektüre Abbruch erleide.

8. Den Beginn des Französischen auf IV zurückzulegen war geboten, weil es erfahrungsmäſsig mit groſsen Schwierigkeiten verknüpft ist, in den unteren Klassen in zwei aufeinander folgenden Jahren jedesmal eine neue Fremdsprache anzufangen. Von III B an aufwärts die entsprechenden Lehraufgaben allmählich auszugleichen, bleibt den Provinzial-Schulkollegien überlassen.

Die Verminderung der Stunden im Französischen an allen höheren Schulen ist lediglich bedingt durch die Notwendigkeit der Herabsetzung der Gesamtstundenzahl. Bei der erheblichen Kürzung des grammatischen Lernstoffes und bei der fortschreitenden Durchbildung der sogen. neueren Methode ist das im wesentlichen auf den praktischen schriftlichen und mündlichen Gebrauch der Sprache bemessene Lehrziel zu erreichen. In diesem Vertrauen fühlt sich die Unterrichtsverwaltung bestärkt durch die an manchen Anstalten bisher schon erzielten Erfolge und durch das rege Streben der Lehrer der neueren Sprachen, unter Benutzung aller ihnen zu Gebote stehenden Mittel, teils in der Heimat, teils im Auslande für den praktischen Gebrauch der Fremdsprache sich zu befestigen.

9. Das Englische hat an Realanstalten nur eine geringe Minderung der Wochenstunden erfahren, soll aber an Gymnasien von II A bis I A als wahlfreies Fach gelehrt werden. Demgemäſs wird bestimmt, daſs es an allen Gymnasien, wo geeignete Lehrkräfte sowie die Mittel zu deren Entschädigung in den Anstalten vorhanden sind, in II A begonnen und fortschreitend bis I A weitergeführt werde. (Für die Provinz Hannover bewendet es bezüglich des obligatorischen Charakters des englischen Unterrichts bei dem bisherigen Zustande.) An gymnasialen Anstalten, wo das Englische bisher schon auf einer früheren Stufe gelehrt wurde, ist zu prüfen, ob und in wieweit dafür ein Bedürfnis vorliegt.

10. Wegen des Unterrichts in der Geschichte und Erdkunde darf auf die Lehraufgabe und die methodischen Bemerkungen im allgemeinen verwiesen werden. — Eine besondere Schwierigkeit wird

dem Unterricht in der **Erdkunde** durch die Verschiedenheit der Wandkarten und Atlanten bereitet. Bei Änderung der Lehrmittel wird darauf zu halten sein, dafs alle Schüler denselben Atlas, und zwar möglichst durch alle Klassen, gebrauchen. Auch empfiehlt es sich, bei Neuanschaffung von Wandkarten darauf zu sehen, dafs deren System von dem der im Gebrauch befindlichen Atlanten möglichst wenig abweicht.

11. Der Wegfall des Zeichnens in VI ist durch den erfahrungsmäfsig geringen Erfolg dieses Unterrichts auf jener Stufe gerechtfertigt. Wenn dagegen an Gymnasialanstalten das allgemein verbindliche Zeichnen um je zwei Stufen weiter geführt ist, so erschien dies durch die Bedeutung dieses Faches und dessen Unentbehrlichkeit für die meisten Berufszweige geboten.

12. (15.) Um an **Gymnasien** eine Überbürdung der Schüler mit Unterrichtsstunden zu verhüten, ist daran festzuhalten, dafs derselbe Schüler in der Regel nur an dem Englischen oder Hebräischen teilnehmen darf, und dafs eine Beteiligung an beiden Fächern von dem Direktor nur ausnahmsweise gestattet werden kann. Desgleichen wird eine Befreiung einzelner Schüler vom Singen in IV bis I dem pflichtmäfsigen Ermessen des Direktors überlassen. An der Verpflichtung zur Teilnahme an dem theoretischen Gesangunterrichte auch von seiten dispensierter Schüler wird nichts geändert.

13. (16.) Hinsichtlich der Lehr-, Lese- und Übungsbücher sowie der sonstigen Hilfsmittel ist die Unterrichtsverwaltung entschlossen, im Interesse der Beteiligten den anerkannten Mifsständen bezüglich der zu grofsen Zahl der Schulbücher und Hilfsmittel sowie der einander vielfach ausschliefsenden neuen Auflagen derselben zu steuern. In dieser Hinsicht schien es vorläufig genügend, die Provinzial-Schulkollegien auf diese beiden Gesichtspunkte für ihre künftigen Vorschläge, die Einführung von Schulbüchern betreffend, hinzuweisen und insbesondere bezüglich des zweiten Punktes ihnen zu empfehlen, darauf in geeigneter Weise hinzuwirken, dafs die Verfasser einzuführender Schulbücher sich verpflichten, neue Auflagen nach Form und Inhalt in irgend einer äufserlich erkennbaren Weise so zu gestalten, dafs die alten Ausgaben neben den neuen von den Schülern gebraucht werden können.

14. Für die Art und das Mafs der von den Schülern zu fordernden Hausaufgaben sind die in den Gesichtspunkten für die Hausarbeit niedergelegten Anweisungen zu beachten. Auf Grund dieser und unter Berücksichtigung der von den Provinzial-Schulkollegien vor Beginn des Schuljahrs festgestellten besonderen Lehraufgaben für jede Anstalt werden die Lehrerkollegien auch fernerhin jedesmal einen Arbeitsplan für die betreffenden Klassen bezüglich der Verteilung der Hausarbeit

zu entwerfen haben. Bei dieser wird darauf Bedacht zu nehmen sein, dafs bei normaler Leistungsfähigkeit der Schüler eine Überbürdung nicht stattfindet und an jedem Tage ausreichend Zeit zur Erholung bleibt. Eine wirksame Überwachung der Einhaltung des gebotenen Mafses ermöglichen dem Direktor und dem Klassenlehrer die genau zu führenden Klassenbücher.

CR 24. Okt. 1837: Die Lehrgegenstände in den Gymnasien, namentlich die deutsche, lateinische und griechische Sprache, die Religionslehre, die philosophische Propädeutik, die Mathematik nebst Physik und Naturbeschreibung, die Geschichte und Geographie sowie die technischen Fertigkeiten des Schreibens, Zeichnens und Singens machen die Grundlage jeder höheren Bildung aus und stehen zu dem Zwecke der Gymnasien in einem ebenso natürlichen als notwendigen Zusammenhange. Die Erfahrung von Jahrhunderten und das Urteil der Sachverständigen, auf deren Stimme ein vorzügliches Gewicht gelegt werden mufs, spricht dafür, dafs gerade diese Lehrgegenstände vorzüglich geeignet sind, um durch sie und an ihnen alle geistigen Kräfte zu wecken, zu entwickeln und zu stärken und der Jugend, wie es der Zweck der Gymnasien mit sich bringt, zu einem gründlichen und gedeihlichen Studium der Wissenschaften die erforderliche, nicht blofs formelle, sondern auch materielle Vorbereitung und Befähigung zu geben. — Diese Lehrgegenstände sind nicht willkürlich zusammengehäuft; vielmehr haben sie sich im Laufe von Jahrhunderten als Glieder eines lebendigen Organismus entfaltet, indem sie mehr oder minder entwickelt in den Gymnasien immer vorhanden waren. Es kann daher von diesen Lehrgegenständen auch keiner aus dem in sich abgeschlossenen Kreise des Gymnasialunterrichts ohne wesentliche Gefährdung der Jugendbildung entfernt werden, und alle dahin zielenden Vorschläge sind nach näherer Prüfung unzweckmäfsig und unausführbar erschienen. .... Kein Lehrgegenstand in den Gymnasien ist als Zweck für sich, sondern jeder nur als dienendes ungeordnetes Mittel zur Erreichung ihres gemeinsamen Zweckes zu betrachten und zu behandeln.

Um ungeachtet der Mannigfaltigkeit der Lehrgegenstände in den Gymnasien die nötige Einheit im Unterricht und in der Methode zu bewirken, eine möglichst gleichmäfsige Ausbildung der Schüler herbeizuführen und auch ihnen das lebendige Band, welches alle Lehrgegenstände vereint, fühlbar zu machen und zur geistigen Anschauung zu bringen, hat das Ministerium schon längst für alle Gymnasien das Klassensystem und das Klassenordinariat angeordnet. Bei einer sachgemäfsen Durchführung dieses Systems müssen in derselben Klasse die verwandten Lehrgegenstände nicht getrennt neben einander in verschiedenen Stunden, sondern können in denselben Stunden mit und nach einander behandelt werden. Hiernach scheint es rätlich und thunlich, in den beiden unteren Klassen das Lateinische und Deutsche sowie die Geschichte, Geographie und Naturbeschreibung, in den mittleren und oberen Klassen die Geschichte und Geographie sowie die Mathematik und Physik zu einander auf die angedeutete Weise in ein näheres Verhältnis zu bringen. Ferner sind zur Vermeidung der wesentlichen Nachteile, welche für die Einheit des Unterrichts aus der Teilung der Lehrgegenstände in einer und derselben Klasse unter zu viele Lehrer erwachsen, nicht nur die Zweige eines Lehrgegenstandes und die verwandten Lehrfächer, sondern auch die einander nahestehenden Lehrobjekte soviel als nur irgend möglich einem Lehrer anzuvertrauen. Dieser Bestimmung gemäſs soll in den beiden unteren Klassen jedenfalls das Lateinische und Deutsche, in den beiden mittleren Klassen das Lateinische, Griechische und Französische und in den beiden Oberklassen das Lateinische, Griechische und Deutsche oder auch das Griechische, Deutsche und Französische in der Regel einem Lehrer übertragen, ferner in den unteren Klassen die Geschichte, Geographie und Naturbeschreibung und in den mittleren und oberen Klassen die Geschichte und Geographie und in der obersten Klasse die Mathematik, Physik und philosophische Propädeutik soviel als möglich in eine Hand gelegt werden. — Diese und ähnliche Veranstaltungen werden jedoch nur in dem Maſse ihrem Zwecke entsprechen, als es je länger je mehr gelingen wird, für das schwierige, aber einfluſsreiche Geschäft der Klassenordinarien tüchtige Lehrer von allgemein wissenschaftlicher Bildung, von treuer Liebe und Hingebung für ihren Beruf und von gereifter Erfahrung zu gewinnen, welche die ihnen anvertrauten Lehrfächer wahrhaft durchdrungen haben und beherrschen, in wahrer und stets wacher Einsicht von dem Zusammenhange des einzelnen mit den übrigen Lehrobjekten und mit dem gemeinsamen Zwecke des Gymnasialunterrichts in allen Fächern das zur allgemeinen Entwickelung und zur intensiven Bildung ihrer Schüler dienende Material auszuwählen, das Wesentliche vom Unwesentlichen zu sondern wissen und endlich durch die Reinheit und Würde ihres Charakters wie durch den milden Ernst ihrer ganzen Haltung eine unauslöschliche Ehrfurcht vor der sittlichen Macht, welche das Leben der Menschen regiert, in der ihrer väterlichen Obhut und Pflege übergebenen Klasse zu erwecken vermögen.

Die häuslichen Arbeiten bilden ein notwendiges Glied in dem Organismus des Gymnasialunterrichts. Es reicht nicht aus, dafs der Schüler in der Lehrstunde den ihm dargebotenen Stoff in sich aufnehme, sich aneigne und dem Lehrer gegenüber in der Schule auf geeignete Weise Zeugnis ablege, ob und inwieweit ihm dies gelungen. Vielmehr mufs er die in der Schule begonnene Übung und Thätigkeit auch auſserhalb der Klasse fortsetzen und in zweckmäſsiger Art das in sich Aufgenommene auch wieder darzustellen und seine an den einzelnen

Lehrgegenständen gewonnene Bildung durch freie häusliche Arbeiten zu bethätigen lernen. Von seiten der Gymnasien ist daher eine umsichtige Sorgfalt von nöten, dafs in Hinsicht der Aufgaben zu diesen Arbeiten überall das richtige Mafs beobachtet und von den Schülern nichts verlangt werde, was ihrem Bildungsstande unangemessen und mit der pflichtmäfsigen Rücksicht auf die Erhaltung ihrer körperlichen Gesundheit unverträglich ist. Um möglichen Mifsgriffen in dieser Hinsicht vorzubeugen, ist in allen Gymnasien zu Anfang jedes Semesters in einer Konferenz für alle Lehrfächer und Klassen alles, was Gegenstand des häuslichen Fleifses sein soll, nach Reihenfolge und Verteilung der Aufgabe auf Tage, Wochen und Monate in möglichster Bestimmtheit zu verabreden und durch Konferenzbeschlufs anzuordnen. Hierbei ist als Regel festzuhalten, dafs keine schriftliche Arbeit von den Schülern gefordert werden darf, die der Lehrer nicht selbst nachsieht. Von den Aufgaben der Lehrer für die öffentlichen Lehrstunden darf nicht die ganze häusliche Arbeitszeit in Anspruch genommen werden, sondern ein angemessener Teil davon mufs der Erholung und der freien Selbstbeschäftigung der Schüler verbleiben, und auch hierin soll eine Abstufung nach der Verschiedenheit der Klassen stattfinden. Die für die Schüler der oberen Klassen empfohlene Privatlektüre der griechischen, lateinischen und deutschen Klassiker darf in keinerlei Art erzwungen, sondern mufs in sorgfältiger Berücksichtigung der Persönlichkeit, Anlagen und Verhältnisse der Schüler geleitet werden. Ferner ist bei allen Gymnasien für jede Klasse ein Aufgabebuch einzuführen, in welches jeder Lehrer sogleich beim Unterrichte seine Aufgabe einträgt, oder durch den Primus der Klasse eintragen läfst, damit jeder Lehrer derselben Klasse ersehen könne, wie weit der häusliche Fleifs der Schüler für eine bestimmte Zeit schon von den übrigen Lehrern in Anspruch genommen ist, und damit dem Direktor bei der Revision der Klassen die Übersicht der häuslichen, besonders schriftlichen Arbeiten erleichtert und er in den Stand gesetzt werde zu beurteilen, ob, wieweit und von wem gegen den Konferenzbeschlufs gefehlt ist. Der Klassenordinarius mufs aufser den schriftlichen Arbeiten, deren Korrektur ihm nach dem Lektionsplan obliegt, sämtliche Hefte seiner Schüler monatlich wenigstens einmal revidieren. Ebenso mufs der Direktor monatlich wenigstens einmal in einer Klasse die Schulhefte seiner besonderen Durchsicht unterwerfen, um dadurch sich nicht blofs von dem Fleifse und den Fortschritten der Schüler, sondern auch von der Zweckmäfsigkeit und der Zahl der Aufgaben Kenntnis zu verschaffen.

Bei Feststellung des von den Gymnasien zu erreichenden Zieles sind sechs gesonderte, einander untergeordnete Klassen und einjährige Lehrkurse für die drei unteren, zweijährige für die drei oberen Klassen in Aussicht genommen: doch ist eine Bestimmung, dafs die

Schüler aus der dritten und zweiten Klasse immer nur erst nach zwei Jahren versetzt werden dürfen, nicht anwendbar einerseits, weil diesen Klassen infolge der Versetzung aus der nächstunteren alljährlich neue Schüler zugeführt werden, welche ohnehin eine Teilung des zweijährigen Kursus notwendig machen, andererseits, weil in diesen Klassen die körperliche und geistige Entwickelung der Schüler schon soweit gediehen ist, dafs ihnen ohne Gefahr die Möglichkeit eröffnet werden kann, durch erhöhten Fleifs auch in einem kürzeren Zeitraum das Bildungsziel ihrer Klasse zu erreichen.

Dem angeordneten Klassensystem gemäfs hat die Versetzung aus einer Klasse in die andere nicht nach einzelnen, sondern nach allen Lehrgegenständen zu erfolgen, weshalb ein jeder, der auf Versetzung Ansprüche macht, wenn auch nicht in allen Lehrobjekten durchaus gleichmäfsig fortgeschritten, so doch in den Hauptlehrgegenständen zu dem für die nächsthöhere Klasse unentbehrlichen Grade der Reife gelangt sein mufs.

Ob und in wieweit die Schüler der ersten Klasse die Gesamtbildung, welche der Zweck des ganzen Gymnasialunterrichtes und das notwendige Erfordernis zu einem gedeihlichen wissenschaftlichen Studium ist, wirklich erlangt haben, wird durch eine Abgangsprüfung ermittelt.

Wenn auch die Lehrerstellen an den Gymnasien dem gröfsten Teile nach mit Männern besetzt sind, die sich durch gründliche gelehrte Bildung, durch reges wissenschaftliches Streben, durch echte Religiosität, Sittlichkeit und Unbescholtenheit des Wandels, durch edle würdige Haltung sowie durch Fleifs, Gewissenhaftigkeit und Treue in ihrem Beruf auszeichnen, so erhebt sich doch gegen einen Teil dieser Männer die Anklage, dafs, während das Elementarschulwesen in Hinsicht auf Didaktik und Methodik ungemein verbessert und ein Stand von Lehrern gebildet worden, die wegen ihrer pädagogischen Gewandtheit und wegen ihres Geschickes, grofse Massen zu beleben, in ihrem Kreise sich als Meister zeigen, sehr viele und besonders die jüngeren Gymnasiallehrer das Studium der Pädagogik nicht gehörig beachten, die schwere Kunst des Unterrichtens vernachlässigen, die erfreulichen Fortschritte, welche die Elementarschule in dieser Beziehung gemacht hat, entweder garnicht kennen, oder doch nicht benutzen und sich gerade den wichtigsten Teil ihres Berufes, die ihnen anvertrauten Lehrfächer und Klassen in der rechten Methode zu behandeln, nicht gebührend angelegen sein lassen. Eben diesen Lehrern wird zum Vorwurfe gemacht, dafs sie in verkehrter Methode, aus falscher Gründlichkeit ihre Schüler mit einer erdrückenden Masse materiellen Wissens überhäufen, dafs sie in Überschätzung des ihnen angewiesenen Lehrfaches sein Verhältnis zu dem Gesamtzwecke, dem es als untergeordnetes Mitglied dienen soll, aus den Augen setzen, dafs ihnen endlich, indem sie die Lehrweise der Universitätsprofessoren nachahmen, in ihrem Vortrage die belebende Frische und Regsamkeit sowie das Geschick abgebe, sich dem jugendlichen Geiste anzuschliefsen, seine Bedürfnisse und Kräfte richtig zu würdigen und eine gröfsere Masse von Schülern zu durchdringen und zu beseelen. Wie es bei einer so verkehrten Methode nicht anders sein kann, ist der Erfolg solchen Unterrichts wenig befriedigend und steht besonders in den alten Sprachen, in der deutschen Sprache und in der Geschichte zu den grofsen Anstrengungen, welche sie selbst machen und auch ihren Schülern zumuten, in keinem Verhältnis. In grofser Selbstverblendung suchen sie aber den Grund hiervon ganz und garnicht in sich selbst, in ihrer Unkenntnis der Methode, in ihrem zweckwidrigen Verfahren, sondern lediglich in der geistigen Stumpfheit, Gleichgültigkeit und Starrheit ihrer Schüler und werden deshalb auch nicht müde, über deren Schlaffheit, Unfleifs und Regungslosigkeit Beschwerde zu führen.

Je gröfsere Schwierigkeiten und Hindernisse sich den Gymnasien in der Mannigfaltigkeit und im Umfange der Lehrobjekte, in der Überfüllung der Klassen, in der Verschiedenartigkeit der Schüler einer und derselben Klasse, in der oft verkehrten häuslichen Erziehung und in der materiellen Richtung der Zeit entgegenstellen, um desto unerläfslicher ist es, dafs der Lehrer selbst aus freiem Entschlusse das Wesen der Methode und ihre der Verschiedenheit der Lehrobjekte und der Klassen entsprechende Gestaltung zu einem ernstlichen Studium mache, um desto dringender ist es zu wünschen, dafs er durch sorgfältiges Achten auf sich selbst und auf den gröfseren oder geringeren Erfolg seines Unterrichts durch sinniges, liebevolles Eingehen in die Lehrweise Anderer, die für Meister im Unterrichten gelten, durch rastlose Übung und durch eine Strenge, die sich selbst nimmer genügt, seine Methode zu verbessern und dem Inhalte seines Unterrichts die angemessenste Form zu geben bestrebt sei. Eine weitere Hilfe gegen das fragliche Übel ist von den Direktoren zu erwarten, welche nicht nur sich selbst in ihrem Unterrichte einer zweckmäfsigen Methode befleifsigen und hierin als Muster vorleuchten, sondern auch durch häufigen Besuch der einzelnen Klassen sich von der in ihnen herrschenden Lehrweise in vertrauter Kenntnis erhalten, wahrgenommene Mifsgriffe rügen und abstellen und jede schickliche Gelegenheit, namentlich die vorschriftsmäfsigen Lehrerkonferenzen, benützen müssen, um alles, was die Methode des Unterrichts und dadurch seinen Erfolg fördern kann, zur Sprache und zur Beratung zu bringen.

CR 7. Jan. 1856: Nur der Unterricht kann auf Erfolg rechnen, welcher das wissenschaftliche Material mit stetem Hinblick auf seinen pädagogischen Zweck behandelt. Dieses wird verfehlt, wenn z. B. die Interpretation eines Autors nicht sowohl darauf gerichtet ist, vermittelst einer grammatisch genauen und das Notwendige gründlich erörternden Erklärungsweise in das Denken und Anschauen des Autors lebendig einzuführen und mit dem Inhalt und Zusammenhang seines Werkes bekannt zu machen, sondern ihn vielmehr als einen Stoff benutzt, an welchem die grammatischen und lexikalischen Kenntnisse der Schüler zu üben und zu erweitern sind, ein Verfahren, durch welches der Jugend keine Liebe zu den klassischen Schriftstellern des Altertums, sondern Abneigung gegen sie in dem Mafse eingeflöfst wird, dafs die Studierenden nach beendetem Gymnasialkursus immer seltener zu ihrer Lektüre und ihrem tieferen Studium zurückkehren.

Das unabweisbar hervortretende Bedürfnis grösserer Konzentration des gesamten Unterrichtsstoffes ist nur durch das einmütige Zusammenwirken des ganzen Lehrerkollegiums zu erreichen, wobei der einzelne sich willig dem Zweck des Ganzen unterordnet, kein Lehrobjekt sich isoliert und in der Lehrweise sowie in der Auffassung der Gegenstände ohne Beeinträchtigung der persönlichen Eigentümlichkeit des einzelnen Lehrers eine prinzipielle Übereinstimmung herrscht. An dieser fehlt es, wenn z. B. die verschiedenen Lehrer der verschiedenen Sprachen, welche auf den Gymnasien gelehrt werden, in der grammatischen Theorie und den Grundregeln wesentlich von einander abweichen; oder wenn z. B. die Äufserungen des Geschichtslehrers über die Geschichte des alten und neuen Testaments und über die Thatsachen der Kirchengeschichte mit dem im Widerspruch stehen, was der Religionslehrer oder auch der Lehrer des Deutschen bei der Besprechung deutscher Aufsätze über dieselben Gegenstände vorträgt.

Wenn die Ordinarien der Klassen auch durch ein bemerkbares Übergewicht an Lehrstunden als Hauptlehrer sich darstellen, so mufs der Unterricht dadurch an innerer wie äufserer Einheit gewinnen, und übermäfsige Anforderungen an die Schüler werden ebenso leicht erkannt als vermieden werden. Die Vielheit der Lehrer wirkt besonders nachteilig auf die jüngeren Schüler, die zur Verarbeitung dessen, was ihnen von verschiedenen Lehrern mitgeteilt wird, noch weniger Geschick und Übung haben als ältere. Womöglich sind deshalb in den unteren Klassen nicht mehr als drei Lehrer neben einander zu beschäftigen, wie auch ihre Anzahl in den oberen Klassen möglichst zu beschränken ist. In solchen Fällen, wo es die Provinzial-Schulkollegien für vorteilhaft erachten, ist das Aufsteigen der Ordinarien und übrigen Lehrer einer Klasse mit ihren Schülern in einem Turnus, der jedoch nur die Klassen von Sexta bis Tertia umfassen darf, zu genehmigen.

Zur Überbürdungsfrage vergl. aus dem Gutachten von Prof. Dr. Schiller CBl. 1891 S. 262 ff.: Das vielgeschmähte Auswendiglernen ist überall berechtigt, wo Vorstellungen verknüpft werden müssen, die nicht anders als mechanisch verknüpfbar sind. Die hieraus sich ergebenden Wiederholungen werden sich allerdings einem bescheidenen Maße von Selbstthätigkeit schon damit nähern können, daß von den Schülern stets Umgestaltungen verlangt werden, die das eigene Nachdenken herausfordern, ohne zugleich beim Nichtfinden der Lösung zu langem Hinbrüten Veranlassung zu geben. Solche Übungen sind z. B. freie Inhaltsangaben gelesener Stücke, wobei die Zusammenfassung in recht gutem Deutsch und möglichst kurzem Ausdruck die eigentliche Aufgabe ist. Auch Übungen, den Inhalt eines Lesestückes (Gedichtes usw.) in 1, 2, 3 Sätze zusammenzuziehen, sind ausgezeichnete Mittel, die Denkfähigkeit zu entwickeln. Vielleicht die wertvollste Thätigkeit bietet aber eine richtige Benutzung der Schülerbibliothek. Da der Ordinarius ganz genau seinen Unterrichtsplan, seine Bibliothekbücher und seine Schüler kennt, so ist es ihm ein leichtes, die Bücher so zu verteilen, daß zunächst ein besserer Schüler ein Buch erhält, das im Klassenunterricht vorkommende Stoffe bietet. Der betreffende Schüler wird, im richtigen Augenblicke aufgefordert, zu dem Unterrichtsstoffe gern etwas beitragen, und allmählich werden alle Schüler zu dieser Selbstthätigkeit herangezogen werden können. Gänzlich zu verwerfen, ja vielleicht am besten zu verbieten sind die Massenwiederholungen zu Probearbeiten am Ende einer Schulperiode; denn WILLMANN sagt mit Recht: „die Repetition kommt immer zu spät, wenn sie erst als Bedürfnis empfunden wird." Jene Wiederholungen sind ein roher didaktischer Materialismus, haben gar keinen bildenden Wert, geben vielmehr zu einer ganz falschen Auffassung der Schul- und Hausarbeit und zur Überbürdung Veranlassung. Die deutschen Aufsätze, musterhafte Übertragungen kleiner fremdsprachlicher Stücke ins Deutsche, mathematische Aufgaben können die Selbstthätigkeit in fruchtbarer Weise fördern. Bei Durchführung des Klassenlehrersystems läßt sich das bunte Vielerlei der täglichen Aufgaben sehr wirksam beschränken, indem eben nicht täglich alle Gegenstände des Stundenplanes Hausarbeit zugewiesen erhalten. Eine zu große Ängstlichkeit bezüglich des Mehrerlei der täglichen Arbeit ist indessen nicht gerechtfertigt. Dieses bleibt den meisten Menschen im späteren Leben auch nicht erspart, und für den jungen Menschen ist eine geordnete Abwechselung nicht nur willkommen, sondern geradezu notwendig, wenn ihm nun anderseits Gelegenheit zu zusammenhängendem Denken und zur Vertiefung in einen ihm besonders sympathischen Gegenstand bleibt.

Tiefgreifende Änderungen hierin sind wenig ersprießlich, wie sich auch unvermittelte Sprünge im Schulwesen stets als verfehlt erwiesen haben. Könnten aber der pädagogischen Theorie die praktische Durchführung der Methodik und die zugehörigen Lehrer gesichert werden, so wäre dies die beste und nachhaltigste Reform.

CE 21. Febr. 1890 (Über Seminareinrichtungen für Kandidaten des höheren Schulamts): Das Provinzial-Schulkollegium hat sorgfältig zu prüfen, welche Anstalten für Seminarzwecke hinsichtlich der Direktoren und Lehrer sich am meisten eignen, da von den hierzu ausgewählten Persönlichkeiten das Gelingen des ganzen Unternehmens abhängt. Ein Unterschied zwischen staatlichen, städtischen oder stiftischen Anstalten ist in dieser Hinsicht nicht zu machen.

CE 5. April 1890: Jeder zu Seminarkursen ausgewählten Anstalt sind 6 Kandidaten zuzuweisen, ein oder zwei überschiefsende einer aus 6 Teilnehmern bestehenden Gruppe zuzuteilen, für 3 bis 5 aber eine neue Seminareinrichtung zu beschaffen.

CE 15. März 1890: **Ordnung der praktischen Ausbildung der Kandidaten für das Lehramt an höheren Schulen (CBl. 1892 S. 612 ff.).**

§ 1. Zur Erwerbung der Anstellungsfähigkeit an höheren Schulen haben sämtliche Kandidaten nach bedingungslos bestandener wissenschaftlicher Prüfung für ihren künftigen Beruf praktisch sich auszubilden. Die Ausbildung erfolgt unter der Leitung bewährter Schulmänner und unter der Aufsicht des Provinzial-Schulkollegiums.

§ 2. Die praktische Ausbildungszeit dauert zwei Jahre und besteht aus einem Seminarjahr und einem darauf folgenden Probejahr. A. Das Seminarjahr ist dazu bestimmt, die Kandidaten entweder an einem der vorhandenen pädagogischen Seminare oder an einer den Zwecken des Seminarjahres entsprechend eingerichteten höheren Lehranstalt von neun Jahrgängen bezw. der Vorschule derselben mit den Aufgaben der Unterrichts- und Erziehungslehre in ihrer Anwendung auf höhere Schulen und insbesondere mit der Methodik der einzelnen Unterrichtsgegenstände bekannt zu machen, sowie durch Darbietung vorbildlichen Unterrichts und durch Anleitung zu eigenen Unterrichtsversuchen zur Wirksamkeit als Lehrer zu befähigen. — B. Das Probejahr dient vorzugsweise der selbständigen praktischen Bewährung des im Seminarjahr erworbenen Lehrgeschickes und wird in der Regel an solchen höheren Lehranstalten abgelegt, welche nicht bereits durch die Aufgaben der Seminarausbildung in Anspruch genommen sind. Ein Unterschied zwischen Anstalten mit neun Jahrgängen und solchen mit kürzerer Lehrzeit findet hierbei nicht statt.

### A. Das Seminarjahr.

§ 3. Die Meldung zur Ableistung des Seminarjahres haben die Kandidaten, soweit sie nicht in ordnungsmäfsiger Weise an einem der zur Zeit bestehenden pädagogischen Seminare Aufnahme gefunden haben, unter Beifügung des Prüfungszeugnisses bezw. einer vorläufigen Bescheinigung über die bedingungslos bestandene wissenschaftliche Prüfung spätestens vier Wochen vor Anfang des Sommer- oder Winterhalbjahres an das Provinzial-Schulkollegium derjenigen Provinz zu richten, in welcher sie das Seminarjahr abzuleisten wünschen.

Dem Minister der Unterrichtsangelegenheiten bleibt es vorbehalten, behufs Vermeidung einer Überzahl von Kandidaten in einer Provinz solche einer anderen Provinz zuzuteilen.

§ 4. Die Überweisung der Kandidaten erfolgt zweimal im Jahre, zu Ostern und Michaeli durch das betreffende Provinzial-Schulkollegium, und zwar derart, dafs die zu verschiedenen Terminen Eintretenden auch thunlichst verschiedenen Anstalten überwiesen werden. Mafsgebend für die Überweisung ist im übrigen allein die zweckmäfsige Ausbildung der Kandidaten.

Solche, gegen deren sittliche Unbescholtenheit erhebliche Zweifel vorliegen, sind mit Genehmigung des Ministers von der Überweisung auszuschliefsen.

Das Provinzial-Schulkollegium bildet unter Beachtung der Hauptlehrbefähigung der Kandidaten und unter Berücksichtigung der für die Anleitung in der Methodik der einzelnen Fächer besonders geeigneten Lehrkräfte vor jedem Schulhalbjahr entsprechende Gruppen von Seminaristen und überweist diese den Anstalten mit der Maſsgabe, daſs auf die einzelne Anstalt im Durchschnitt je sechs Kandidaten jährlich entfallen. Ein Wechsel der Anstalt innerhalb des Seminarjahres ist nicht gestattet.

§ 5. Der Direktor und die von dem Provinzial-Schulkollegium besonders beauftragten Lehrer tragen die Verantwortlichkeit für die planmäſsige Unterweisung und Übung der Kandidaten (§ 2 A) nach folgenden näheren Bestimmungen: a. Das ganze Schuljahr hindurch mit Ausnahme der Ferienzeit finden in mindestens zwei Stunden wöchentlich unter Leitung des Direktors oder eines der beauftragten Lehrer mit den Kandidaten planmäſsig geordnete pädagogische Besprechungen statt. Zu diesen haben auch mit Genehmigung des Direktors die übrigen Lehrer Zutritt. Gegenstände dieser Besprechungen sind vor allem: die wichtigsten Grundsätze der Erziehungs- und Unterrichtslehre in ihrer Anwendung auf die Aufgaben der höheren Schulen und insbesondere auf das Unterrichtsverfahren in den von den Kandidaten vertretenen Hauptfächern mit geschichtlichen Rückblicken auf bedeutende Vertreter der neueren Pädagogik (seit dem Beginne des XVI. Jahrhunderts); Regeln für die Vorbereitung auf die Lehrstunden, Beurteilung der von den Seminaristen erteilten Lektionen in persönlicher und sachlicher Beziehung, Grundsätze der Disciplin, möglichst im Anschluſs an individuelle Vorgänge; kürzere Referate der Seminaristen pädagogischen und schultechnischen Inhalts (z. B. über einzelne Punkte der Allgemeinen Lehrpläne, der Prüfungsordnungen, der Verhandlungen preuſsischer Direktorenkonferenzen, der amtlich veröffentlichten Speciallehrpläne höherer Schulen; über wichtigere neuere Erscheinungen auf dem Gebiete der Pädagogik, beachtenswerte Methoden, Unterrichtsmittel, Apparate, Grundsätze der Schulhygiene usw.); eine drei Monate vor Schluſs des Seminarjahres einzureichende Arbeit über eine vom Direktor gewählte konkrete pädagogische oder didaktische Aufgabe. Die Bestimmung der Ordnung im einzelnen und die Art der Unterredungen bleibt dem Vorsitzenden überlassen. — b. Im engen Zusammenhange mit diesem Lehrgange findet eine geordnete praktische Beschäftigung statt. Diese besteht zunächst in dem Besuch von Unterrichtsstunden des Direktors und der von diesem bezeichneten Lehrer, dann in eigenen unterrichtlichen Versuchen nach besonderer Anweisung. Die letzteren beginnen im zweiten Vierteljahr und erstrecken sich anfangs auf dem Umfang und der Zeit nach eng begrenzte, später allmählich erweiterte Lehraufgaben, für welche der Seminarist nach Anweisung des beaufsichtigenden Lehrers sich, soweit der Unterrichtsstoff es zuläſst, schriftlich vorzubereiten hat. Den Lehrversuchen eines der Seminaristen wohnen auch die übrigen bei, soweit der Direktor nicht anders bestimmt. Die Unterrichtserteilung der Seminaristen vollzieht sich unter steter Leitung des Direktors oder eines beauftragten Lehrers und ist für jeden Seminaristen auf zwei bis drei Stunden wöchentlich zu bemessen. Den Kandidaten ist Gelegenheit zu geben, sich mit dem Gebrauch der Unterrichtsmittel besonders für Naturwissenschaften und Geographie vertraut zu machen. Auch sind die Kandidaten thunlichst an der Leitung von Arbeits- und Spielstunden zu beteiligen, sowie zu dem Turnunterricht und zu Schulausflügen heranzuziehen. Soweit die örtlichen Lehreinrichtungen es gestatten, empfiehlt sich das zeitweise Hospitieren an Lehrerseminaren und Volksschulen. Wie Direktor und Lehrer gehalten sind, dem zum Besuche ihrer Lehrstunden verpflichteten Seminaristen Aufschluſs über den Stand der Klasse, die gesteckten Lehrziele im ganzen und die gestellten Lehraufgaben im einzelnen sowie über die Art der Lösung zu geben, so werden sie es sich auch angelegen sein lassen, den Kandidaten teils unmittelbar nach der

Stande, teils in den Seminarbesprechungen (§ 5 a) auf diejenigen Mängel aufmerksam zu machen, welche er in dem eigenen Unterricht bezüglich der Vorbereitung, des Unterrichtsverfahrens und der erziehlichen Behandlung der Schüler oder der eigenen Haltung vor der Klasse gezeigt hat. Die beauftragten Lehrer sind verpflichtet, ihre besonderen Wahrnehmungen dem Direktor am Ende jedes Monats mitzuteilen und dessen Weisungen einzuholen. — c. Zu den regelmäfsigen Klassenprüfungen sowie zu den Verhandlungen der Lehrerkonferenz sind in der Regel alle Seminaristen als Zuhörer zuzuziehen; soweit Schüler in Betracht kommen, welche sie unterrichten, haben die Kandidaten Auskunft zu geben.

§ 6. Der Direktor und die mit der Anleitung der Seminaristen beauftragten Lehrer werden in ihrer eigenen Unterrichtsabteilung erforderlichenfalls erleichtert.

§ 7. Vier Wochen vor Ablauf des Seminarjahres erstattet der Direktor auf Grund seiner eigenen Beobachtungen und der Urteile der beauftragten Lehrer an das Provinzial-Schulkollegium einen Bericht über die Führung der Kandidaten, ihre Thätigkeit während des Jahres, das von jedem einzelnen bekundete Streben und die erreichte Stufe der praktischen Ausbildung. In diesem Bericht sind besondere Beweise der Tüchtigkeit ebensowenig zu verschweigen wie auffallende Mängel der Führung, des Strebens und der Leistungen. Dem Berichte beizufügen sind die pädagogischen Arbeiten der Kandidaten mit dem Urteil des Direktors (§ 5 a) und die Meldungen der Kandidaten zum Probejahr. Bei der Meldung können die Kandidaten hinsichtlich des Ortes des abzuhaltenden Probejahres, welches in der Regel in derselben Provinz wie das Seminarjahr abzuleisten ist, Wünsche zum Ausdruck bringen, welche das Provinzial-Schulkollegium, sofern es sich um die Erleichterung des Unterhalts der Kandidaten oder um ihre Fortbildung handelt, thunlichst berücksichtigen wird. Das Provinzial-Schulkollegium hat solchen Kandidaten, welche es in Übereinstimmung mit dem Bericht des Direktors für ungeeignet zum Lehrerberuf hält, den Rat zu erteilen, von der begonnenen Laufbahn Abstand zu nehmen.

### B. Probejahr.

§ 8. Auf Grund der in § 7 bezeichneten Meldungen überweist das Provinzial-Schulkollegium die Kandidaten zur Fortsetzung ihrer Vorbereitung einer der in § 2 b bezeichneten Anstalten, wobei zu beachten ist, dafs an Schulen mit neun Jahrgängen nicht mehr als drei, an solchen mit kürzerer Lehrzeit nicht mehr als zwei Kandidaten gleichzeitig beschäftigt werden dürfen. Bei dieser Zuweisung sind den Dirigenten die in dem Seminarjahr erzielten Erfolge der Kandidaten und ihre etwaigen besonderen Vorzüge oder Mängel kurz mitzuteilen (§ 7). Ein Wechsel der Anstalt im Probejahr ist nur ausnahmsweise mit Genehmigung des Provinzial-Schulkollegiums zulässig.

§ 9. Die Kandidaten sind unter genauer Beachtung ihrer Lehrbefähigung sofort mit zusammenhängenden gröfseren Lehraufgaben zu betrauen und mit 8 bis 10 Stunden wöchentlich zur unentgeltlichen Unterrichtserteilung heranzuziehen. Diese Thätigkeit vollzieht sich unter Leitung des Dirigenten der Anstalt und der Ordinarien und Fachlehrer, in deren Klassen die Kandidaten unterrichten, oder deren Stunden sie stellvertretungsweise übernehmen. Die Ordnung der Beschäftigung der gesamten Kandidaten bestimmt der Dirigent, welcher dabei im allgemeinen darauf zu halten hat, dafs ihnen Gelegenheit gegeben wird, in mehreren Fächern und in mehr als einer Klassenstufe zu unterrichten, und insbesondere, dafs Kandidaten, deren Hauptlehrbefähigung auf Natur- und Erdkunde sich erstreckt, zur Übung im Gebrauch von Anschauungsmitteln und der gewöhnlichen Apparate auf längere Zeit einem geeigneten Lehrer überwiesen werden.

§ 10. Der Dirigent und die Lehrer der Anstalt, deren Unterricht der Kandidat zeitweise stellvertretend übernimmt, haben sich stets gegenwärtig zu halten, dafs der

# 1. Kapitel. Preußen. 321

einzige Zweck der Zuweisung die möglichste Förderung des letzteren in seiner praktischen Ausbildung, nicht aber die Erleichterung der betreffenden Lehrer ist. Zu dem Ende haben die Dirigenten den Kandidaten sogleich bei ihrem Eintritt die ihnen gestellten Aufgaben genau zu bezeichnen, sie mit der Disciplinarordnung der Schule bekannt zu machen und unter Berücksichtigung der Mitteilungen des Provinzial-Schulkollegiums über den Erfolg des Seminarjahres (§ 7) mit den nötigen Ratschlägen und Weisungen zu versehen. Demnächst werden die Dirigenten die Führung und die Thätigkeit der Kandidaten überwachen, diese in ihren Lehrstunden öfters besuchen und auf etwaige Mißgriffe aufmerksam machen, nötigenfalls auch unter Hinweis auf die Folgen der Nichtbeachtung (§§ 16, 17) ernste Mahnungen ihnen erteilen. Die mit der Leitung beauftragten Lehrer sind verpflichtet, den Lehrstunden der Kandidaten während des ersten Vierteljahrs regelmäßig, später mindestens zweimal monatlich beizuwohnen, ihre etwaigen Korrekturen öfter zu prüfen und ihnen aufserhalb der Lehrstunden die nötig scheinenden Bemerkungen zu machen. Monatlich werden nach Schluß der üblichen Konferenzen die betreffenden Lehrer ihre Beobachtungen über die Thätigkeit der ihnen überwiesenen Kandidaten und deren Streben dem Dirigenten vortragen und das weiter Erforderliche mit ihm besprechen.

§ 11. Der Kandidat, welcher durch den Dirigenten zeitweise mit der Beaufsichtigung und Förderung einzelner Schüler beauftragt wird, hat dem Ordinarius der Klasse seine Beobachtungen mitzuteilen und dessen Ratschläge einzuholen.

§ 12. An einzelnen von dem Dirigenten besonders bezeichneten Lehrstunden haben die Kandidaten zuhörend teilzunehmen; ebenso sind sie verpflichtet, den üblichen Klassenprüfungen und den Lehrerkonferenzen nach Anordnung des Dirigenten beizuwohnen und bei Feststellung der Censuren der von ihnen beaufsichtigten oder unterrichteten Schüler unter Revision des Klassenordinarius ihre Stimme abzugeben.

§ 13. Wo die Verhältnisse der Anstalt es dringend erheischen, können die Kandidaten mit Genehmigung des Provinzial-Schulkollegiums bis zu 20 Stunden wöchentlich herangezogen werden; sie erhalten dann eine angemessene Vergütung. In diesem Falle ist ihnen in der Lehrerkonferenz volles Stimmrecht in allen Fragen einzuräumen, welche die von ihnen geführte Klasse oder die von ihnen unterrichteten Schüler betreffen.

§ 14. Zum Erweise des erreichten Mafses pädagogischer Einsicht haben die Kandidaten gegen Ende des Probejahrs einen Bericht über ihre eigene unterrichtliche Thätigkeit dem Dirigenten einzureichen.

§ 15. Am Schlusse des Probejahrs erstattet der Dirigent einen ähnlichen Bericht an das Provinzial-Schulkollegium, wie in § 7 vorgesehen. Diesem ist die in § 14 erwähnte Arbeit beizufügen.

§ 16. Das Provinzial-Schulkollegium stellt demnächst auf Grund der Berichte der Dirigenten über das Seminarjahr und das Probejahr und auf Grund etwaiger Beobachtungen seiner Departementsräte das Urteil über den Verlauf und den Erfolg der gesamten zweijährigen praktischen Ausbildung fest und erkennt dem Kandidaten die Anstellungsfähigkeit entweder zu oder ab. Für die eigenen Akten hat das Provinzial-Schulkollegium sein Urteil kurz zu begründen und die betreffenden Abschnitte der Berichte von seiten der Dirigenten beizufügen.

§ 17. Dem für anstellungsfähig erklärten Kandidaten ist über seine praktische Ausbildung ein nach besonderem Formular anzufertigendes Zeugnis auszuhändigen, worin nur enthalten ist: das Nationale des Kandidaten mit Angabe der Konfession oder Religion, der äufsere Verlauf seiner praktischen Vorbildung und die Bemerkung über die zuerkannte Anstellungsfähigkeit. Dieses Zeugnis ist als Ergänzung zu dem über die wissenschaftliche Prüfung bei jeder Bewerbung um eine Lehrerstelle mit vorzulegen. — Die Versagung der Anstellungsfähigkeit ist besonders auszusprechen, wenn der Kandidat nach seiner bisherigen Thätigkeit wegen grofsen pädagogischen Ungeschicks oder fortgesetzten Unfleifses unter Nichtachtung erfolgter Warnungen oder wegen erheblicher sittlicher Mängel oder wegen körperlicher Gebrechen zur Bekleidung des Amtes eines Jugendlehrers unbrauchbar erscheint. Der hierüber gefafste Beschlufs des Provinzial-Schulkollegiums ist dem Kandidaten samt den Entscheidungsgründen mitzuteilen.

§ 19. Der Unterrichtsminister behält sich vor, in einzelnen Fällen, insbesondere bei Berufung von Geistlichen als Religionslehrer höherer Schulen, von der Ableistung der zweijährigen praktischen Ausbildung zu entbinden.

## 2. Kapitel. Der höhere Schulunterricht im übrigen Deutschland.

1. **Baden.** Es bestehen neunklassige Gymnasien, siebenklassige Progymnasien, fünfklassige Pädagogien; Realgymnasien, höhere Bürgerschulen und kombinierte Anstalten, welche in den unteren Klassen bis auf das Griechische gemeinsamen Unterricht haben — sämtlich als „Mittelschulen" bezeichnet. Die Organisation der Gymnasien beruht auf AV 1. Okt. und ME 2. Okt. 1869, 11. Juni 1872. Zu den obligatorischen Fächern zählen philosophische Propädeutik (in I), für die drei Oberklassen Englisch, für II und I Hebräisch. Neben dem ordentlichen Schulbesuch ist auch gastweise die Teilnahme an einzelnen Unterrichtsstunden ausnahmsweise gestattet. Der lateinische Unterricht beginnt in Sexta, der französische in Quarta, der griechische in Untertertia. Die philosophische Propädeutik soll Logik, Psychologie und Methodologie des akademischen Studiums umfassen. Nach AV 10. Mai 1856 wird für jede Gelehrtenschule zur Mitwirkung bei der Beaufsichtigung und Leitung ein Beirat bestellt, der aus 2 bis 4 vom Oberschulrat aus der Zahl der Einwohner zu ernennenden Mitgliedern, dem Direktor und einem Lehrer der Anstalt sowie einem im Gymnasialorte wohnenden Arzte besteht. Zu den Befugnissen dieses Beirates gehören die Beratung organisatorischer Fragen allgemeiner Art, Verhandlungen über sanitäre Mafsnahmen, Beratungen über Handhabung der Disciplin u. a. — **Realgymnasien.** Lehrplan vom 2. Juli 1887; AV 5. Juni 1893. Der Lehrkursus ist 9jährig in 6 Klassen, von denen III bis I je zwei Jahreskurse enthalten. Die Lehrgegenstände in Sexta, Quinta und Quarta sind dieselben wie in den entsprechenden Gymnasialklassen, weshalb eine wechselseitige Versetzung zwischen beiden Anstalten stattfinden kann. Lehrfächer: Religion, Deutsch, Latein, Französisch (von IV), Englisch (von Untertertia), Geographie (bis III), Geschichte (von IV), Mathematik, Naturbeschreibung (bis III), Physik (von II), Chemie (in I), Schreiben (in VI und V), Zeichnen, Singen und Turnen. — Im Lateinischen sind von III an zum Unterschiede von den Gelehrtenschulen für den Grammatikalunterricht alle ferner liegenden Anomalieen auszuschliefsen. In Tertia ist Caesar und Ovid, in II Cicero, Livius,

Sallust, Vergil, in I Cicero (pro Roscio, Milone, Verrinae), Livius und auch Horaz bestimmt, daneben Tacitus nicht ausgeschlossen. Im Französischen wird die schriftliche Gewandtheit bis zu freien Arbeiten (Aufsätzen) gesteigert, die mündliche Übung schon früh begonnen, jedoch die grammatische Behandlung nur deutsch geleitet. Zur Lektüre dient namentlich die dramatische Litteratur. Im Englischen wird in Tertia der Elementarkursus, in Sekunda und Prima die Sprachlehre zusammenhängend behandelt. Die Sprechübungen beginnen in Sekunda. Die Geographie verbreitet sich in Untertertia über solche aufsereuropäische Länder, welche für Handel und Industrie am wichtigsten sind. Eingehendere mathematische Geographie ist zum Anschluſs an die sphärische Trigonometrie der Prima vorbehalten. Das Ziel des Geschichtsunterrichts bildet ein solcher Überblick über das ganze Gebiet, daſs keine wichtigere menschliche Entwickelungsstufe dem Schüler unbekannt geblieben ist. Kulturgeschichtliche Betrachtungen und Einblicke in die weltgeschichtlichen Gesetze finden daher ebenso ihren Platz, wie der nationale und sittliche Sinn der Jugend an rechter Stelle zu pflegen ist. In II und I wird die Geschichte in mehr pragmatischer Behandlung vorgetragen. Der Memorierstoff wird derartig beschränkt, daſs die wichtigsten Daten um so geläufiger werden. Die Mathematik begreift in VI bis IV den Elementarunterricht (numerisches Rechnen und geometrische Formenlehre), in III bis I den wissenschaftlich begründenden und den technisch darstellenden Unterricht (allgemeine Arithmetik und Algebra, Geometrie und Trigonometrie mit Einschluſs der synthetischen Geometrie, geometrisches Zeichnen, elementare Projektionslehre und darstellende Geometrie). Der Unterricht in Naturgeschichte verfolgt als Hauptzweck in materieller Beziehung Anschauung der wichtigsten Gattungscharaktere an einzelnen Hauptrepräsentanten des Tier- und Pflanzenreiches, in formaler Hinsicht Erweckung des Beobachtungssinnes und Anbahnung eines liebevollen und verständigen Umganges mit der Natur. Für die Physik ist ein propädeutischer Kursus in II, eine systematische Behandlung in Prima bestimmt, wobei der Unterprima die Lehre von der Wärme, dem Magnetismus und der Elektricität, der Oberprima Mechanik, Akustik und Optik zufallen. Mit dem Unterricht in der Chemie auf Prima soll die fabrikmäſsige Darstellung der wichtigsten Stoffe als kurzer Abriſs einer chemischen Technologie verbunden werden. Für freiwillige Teilnehmer können auch Übungen im Laboratorium eingerichtet werden, ohne daſs jedoch der übrige Unterricht hierdurch beeinträchtigt werden darf. — Anstalten, welche nur 6 bis 7 Jahreskurse haben, sind Realprogymnasien. — Oberrealschulen haben gleichfalls neunjährigen Lehrgang. Die Unterrichtsstoffe sind dieselben, wie die der Realgymnasien, jedoch mit Ausschluſs der lateinischen Sprache. — Realschulen sind nach dem Lehrplan der

Oberrealschulen eingerichtete Lehranstalten, denen die zwei oder drei oberen Jahreskurse fehlen.

2. **Bayern. Gymnasien.** AV vom 23. Juli 1891: Schulordnung für die humanistischen Gymnasien. Die Anstalten umfassen 9 Jahreskurse oder Klassen (I bis IX). Lehrgegenstände sind Religion, Deutsch, Lateinisch, Griechisch, Französisch, Arithmetik, Mathematik, Physik, Geschichte, Geographie, Naturkunde, Zeichnen, Kalligraphie und Turnen; dazu fakultativ: Hebräisch, Englisch, Italienisch, Zeichnen (IV bis IX), Stenographie, Gesang, Instrumentalmusik und Schwimmen. Lehrplan und -Ziel. Deutsche Sprache. I bis V: Grammatischer Unterricht im Anschlusse an einen Leitfaden oder ein Lesebuch. Lektüre von Musterstücken; Wiedergabe des Inhalts; Auswendiglernen von Gedichten. In VI bis IX Bekanntschaft mit den bedeutendsten Kunstformen der Poesie und Prosa und mit den besten Schriftstellern. Die Klassenlektüre, die in sachlicher, sprachlich-stilistischer, ethischer und ästhetischer Beziehung Musterwerke der Litteratur zu behandeln hat, erstreckt sich auf Klopstock, Herder, Vofs, Goethe, Schiller, Bürger, Körner, Uhland, Platen, Rückert, Chamisso, Geibel in der 6. und 7. Klasse, auf schwierigere lyrische Gedichte, Dramen der deutschen Litteratur und auch Shakespeares, sowie auf Prosa-Abhandlungen (von Herder, Lessing, Schiller) und hervorragende Erzeugnisse der Redekunst. Ein historischer Überblick der deutschen Litteratur wird in VIII und IX gegeben. In VIII aufserdem mittelhochdeutsche Laut- und Formenlehre sowie ausgewählte Stücke des Nibelungen- und Gudrunliedes. Schriftliche Arbeiten in allen, freie Vorträge in den drei oberen Klassen. Lateinische Sprache. Ziel: Fähigkeit der Übersetzung und Bekanntschaft mit den hauptsächlichsten Werken der klassischen Litteratur. Der grammatische Unterricht hat sich wesentlich auf das zur Klassenlektüre und zum Verständnis der Autoren Nötige zu beschränken. Mit und in der Lektüre soll zugleich ein Einblick in das kulturelle Leben der Alten gegeben werden. Schriftsteller für VI: Caesar (bellum civile), Curtius, Livius, Ovid, Elegiker; VII: Livius, Sallust, Cicero (kleinere Reden und Cato, Laelius), Vergil; VIII: Ciceros Reden und Briefe (Auswahl) Quintilian, Buch X, Tacitus' Germania, Horaz (Oden und ars poetica); IX: Cicero, Tacitus, Horaz (Satiren und Episteln), Terenz, Plautus. Griechische Sprache (beginnt in Klasse IV). Ziel: Verständnis der klassischen Werke der griechischen Litteratur. Der grammatische Unterricht soll vor allem die Sicherheit der Interpretation vorbereiten. Von der 6. Klasse an tritt die Lektüre der Klassiker in den Vordergrund. Gelesen werden: Xenophons Anabasis (zuweilen auch Arrian), Odyssee in VI, Ilias in VII, Lysias, Isokrates, Lykurg, Demosthenes (kleinere Reden), Homer, Auswahl aus den Lyrikern, Euripides oder Sophokles in VIII. Demosthenes, Plato, Thukydides, Homer

Sophokles oder Aeschylus in IX. Schriftliche Übersetzungsübungen finden in beiden klassischen Sprachen statt und werden in stilistischer Beziehung stufenweise gesteigert. Französische Sprache beginnt in Klasse VI. Ziel des Unterrichts ist rasches Verständnis des Gelesenen und Gesprochenen und einige Gewandtheit in französischer Übersetzung. Grammatisch wird in VI die Formenlehre, in VII und VIII die Syntax behandelt; zur Einübung der Regeln dienen bis IX fortgesetzte Übungen, Diktate und Sprechübungen. In VI und VII werden Lesebuch oder Chrestomathie benutzt, kurze Erzählungen usw. auswendig gelernt und vorgetragen; in VIII und IX folgen als Lektüre gröfsere chrestomathische Abschnitte oder Montesquieu, Grandeur et décadence, Voltaire, Charles XII, Michaud, I. Croisade, Ségur, Napoléon, Guizot, Charles I, Villemain, Cours de littérature française, Mignet, Revolution, Thiers, Expédition d'Egypte, Dramen von Racine, Corneille, Molière, Scribe und Sandeau. Arithmetik umfafst die 4 Species in ganzen und gebrochenen Zahlen, Proportionen und Progressionen mit Anwendungen auf das bürgerliche Leben. Algebra und Geometrie bewegt sich innerhalb der Elementarmathematik unter Ausschlufs der Kombinationslehre und analytischen Geometrie. In Physik werden bei Anwendung einfacher Apparate physikalische Thatsachen praktisch demonstriert und dergestalt die wichtigsten Abschnitte der elementaren Physik behandelt. Die Mathematische Geographie wird mit Benutzung eines Telluriums und Globus gelehrt und durch Beobachtung des gestirnten Himmels unterstützt. Geschichte beginnt in III und berücksichtigt bis V vorzugsweise das biographische Moment, zugleich aber die Einprägung eines festen Grundstocks historischer Daten. In VI bis IX wird der Überblick über alte, deutsche und bayerische Geschichte erweitert und durch Eingehen auf den Zusammenhang der Thatsachen vertieft. Die Geschichte Deutschlands und Bayerns erfährt besonders eingehende Behandlung und verwertet kulturhistorische Stoffe dem Klassenstandpunkte entsprechend. Geographie erstreckt sich auf I bis V. Anschauliche Kenntnis der natürlichen Beschaffenheit der Erdoberfläche und der physikalischen und politischen Verhältnisse der Erdteile und Länder ist ihre Aufgabe; Globus und geographische Anschauungsbilder dienen als Hilfsmittel. Der Unterricht in Naturkunde bezweckt die Ausbildung der Sinneswahrnehmungen zur Beobachtung von Naturgegenständen und vermittelt nicht die Vorbereitung für ein Fach, sondern einen wesentlichen Bestandteil der allgemeinen Bildung. Mit ihm sollen Anleitungen zu verständiger Anlage und Pflege von Sammlungen verbunden werden. — Die Wahl der erforderlichen Lehrbücher ist dem Lehrerrat aus der Zahl der vom Königl. Staatsministerium zugelassenen gestattet. Einführung nicht vorgesehener Lehrmittel bedarf besonderer Genehmigung. Lehrbücher in irgend einem Fache durch Diktate zu ersetzen ist nicht gestattet. Zur Einübung des Lehrstoffes und zur Beurteilung der Schülerfortschritte werden in angemessenen Zwischenräumen Extemporalien geschrieben, aufserdem von I bis V alle 14 Tage, von VI bis IX alle vier Wochen Hausaufgaben geliefert. Beide Arten schriftlicher Arbeiten werden sorgfältig korrigiert und in der Klasse durchgesprochen. — Über Turnunterricht an humanistischen und Realgymnasien vergl. CE 19. Juli 1893. — Über Progymnasien und Lateinschulen vergl. AO 25. Juni 1894.

Realgymnasien. Schulordnung vom 28. Jan. 1891. Die Anstalten sollen neben allgemeiner Bildung die Vorbereitung für solche Berufsarten gewähren, die eine nähere Vertrautheit mit den exakten Wissenschaften erfordern. Lehrfächer sind die sonst üblichen. — Über 6- und 4klassige Realschulen vergl. Realschulordnung vom 29. April 1877, CE 22. März 1886 und 23. Juli 1888.

3. Braunschweig. Die Einrichtungen der Gymnasien sind in allen wesentlichen Punkten den preufsischen angenähert. Englisch ist gröfstenteils obligatorischer Gegenstand. Die Auswahl der Lehrbücher wird zumeist den Lehrerkollegien überlassen. Sämtliche Gymnasien sind Vollanstalten, an denen eine Verbindung mit Realklassen nirgends stattfindet. Das Realgymnasium ist eine Vorbereitungsanstalt für die höheren Stufen des bürgerlichen Geschäftslebens und für den Besuch der merkantilisch-technischen Abteilung des Collegii Carolini.

4. Hessen. Gymnasien. Lehrplan vom 18. Jan. 1893. Die Gymnasien sind 9klassig (VI bis Ia) mit je einjährigen Kursen. Der Lehrplan umfafst die gewöhnlichen Fächer deutscher Gelehrtenschulen. Griechisch beginnt in IIIb, Französisch in IV; Zeichnen erstreckt sich bis IIIa, Schreiben auf VI und V. Lehraufgaben. Deutsche Sprache. Der Unterricht hat mit den Gesetzen der Sprache, dem Sprachschatz und den hervorragendsten Erzeugnissen der heimischen Litteratur bekannt zu machen. Der Mittelpunkt desselben ist der Lesestoff. Ziel des Leseunterrichts ist rasche und durchdringende Erfassung eines Lesestückes in seinen grammatischen, logischen und stilistisch-theoretischen Beziehungen. In VI wird das Wichtigste aus der griechischen Sage behandelt, in V, möglichst in Übereinstimmung mit dem Geographieunterricht, eine Anzahl Bilder aus der deutschen Geschichte bis Wilhelm I. vorgeführt. In IV wird die deutsche Sage eingehend, in IV und III die deutsche Grammatik in grofsen Zügen, in II das Wesen der Hauptdichtungsarten, in I Dispositions- und Stillehre entwickelt. Zur Lektüre dienen Lesebücher und von II an Klassiker. Der Obersekunda wird im Anschlufs an die Nibelungen und Walther von der Vogelweide ein Abrifs des Mittelhochdeutschen sowie eine kurze Übersicht der Entwickelung mittelhochdeutscher Dichtung geboten. Der

## 2. Kapitel. Der höhere Schulunterricht im übrigen Deutschland. 327

Prima fällt die Einführung in die historische Entwickelung und die Kenntnis der neueren Litteratur anheim, und zwar schliefst der eine Kursus mit Herder ab, der andere behandelt Goethe und Schiller. Durch alle Klassen gehen Übungen im mündlichen Vortrage von Gedichten, wozu die einzelnen Anstalten für jede Stufe einen Kanon aufstellen. Die schriftlichen Arbeiten beschränken sich in VI und V auf Klassenarbeiten (orthographische Übungen und Wiedergabe kleiner Erzählungen) und steigern sich stufenweise zu selbständigeren Produktionen. **Lateinisch.** In III wird die Grammatik in ihren Hauptpunkten zum Abschlufs gebracht, in II und I die grammatische Bildung befestigt und erweitert. Die schriftlichen Übungen schliefsen sich in der Regel der Klassenlektüre an. Die Prosalektüre ist in beiden klassischen Sprachen planmäfsig mit dem Geschichtsunterricht zu verbinden. Bei der Dichterlektüre sind Prosodie und Metrik zu behandeln. Die Präparation der Schriftsteller ist im allgemeinen in der Schule vorzunehmen. Mündliche und schriftliche Übersetzungsübungen sind (in beiden alten Sprachen) auch unvorbereitet anzustellen. **Griechisch.** Tertia absolviert die Formenlehre und die Hauptregeln der Syntax. Sekunda die Lehre vom Nomen und vom Verbum. Homers Odyssee wird im 2. Semester der Obertertia begonnen. Xenophon, Herodot, Plato, Thukydides, Demosthenes, Odyssee und Ilias wie auch Sophokles bilden die Lektüre der Oberklassen, woneben auch Tragödien von Aeschylus und Euripides nebst Anthologieen aus Lyrikern und Elegikern verstattet sind. Zur Einübung in der Grammatik sind im weiteren Schreibübungen bis Untersekunda zulässig. **Französisch.** IV bis II umfassen den eigentlichen grammatischen Unterricht. Formenlehre und Syntax werden streng gesondert. Schreibübungen sind in den unteren Klassen reichlich an der Wandtafel und in Form von Diktaten und anderen Klassenarbeiten anzustellen; bei II und I treten häusliche Arbeiten hinzu. Zur Ausbildung der Aussprache ist frühzeitig das Verständnis durch das Ohr anzubahnen und freie Wiedergabe und Retrovertieren zu üben. Bei der Lektüre sollen in den Oberklassen die wichtigsten Gattungen der französischen Litteratur in ihren Hauptrepräsentanten vertreten sein; daneben können dramatische und historische Werke ganz gelesen werden. **Geschichte.** In IV wird die griechische und römische Geschichte bis auf Augustus gelehrt, in Untertertia deutsche Geschichte, mindestens bis zur Reformation, in Obertertia die neuere bis 1815, in Untersekunda die neueste bis zur Gegenwart in gruppierender Behandlung und die griechische Geschichte, in Obersekunda die römische bis zur Völkerwanderung mit besonderer Hervorhebung der Verfassungsgeschichte; in Unterprima das Mittelalter und die neuere Geschichte bis 1648, in Oberprima die Neuzeit bis zur Gegenwart, namentlich mit Rücksicht auf Deutschland und Hessen

Auf der Oberstufe sollen, soweit angängig, Quellenschriftsteller nutzbar gemacht werden. Geographie. In VI populäre Belehrung über die allgemeinen Verhältnisse der Erdoberfläche und ihre Gestaltung; Kartenlesen; in V Hessen und Deutschland ausführlich; in IV die anderen europäischen Länder; in III die aufsereuropäischen und Wiederholung der deutschen Länder. Der Unterricht in der Mathematik steigt von dem dekadischen Zahlensystem und den 4 Species in IV durch die Elemente der Arithmetik und Algebra bis zu den Grundregeln von den Kegelschnitten und den Grundformen der sphärischen Trigonometrie in I und hat in Sekunda und Prima seinen Übungsstoff auch dem Gebiete der Naturwissenschaften und besonders der Physik zu entnehmen, weshalb namentlich gewisse rein mathematische Ableitungen mechanischer und physikalischer Sätze zur Weckung und Bethätigung des mathematischen Könnens verwertet werden. Naturwissenschaften. Naturgeschichte in VI bis IV ohne jede Systematik. In III: allgemeine Zoologie, anknüpfend an die menschliche Anatomie und Physiologie; allgemeine Botanik. Systematische Zusammenfassung der Vorpensa. In Untersekunda vorbereitender physikalischer Lehrgang; in Obersekunda Wärmelehre, Magnetismus, Elektricität, Wiederholung der chemischen und mineralogischen Grundbegriffe; in Prima Mechanik und das Notwendigste aus der Akustik und Optik. In II und I werden vorzüglich eingehendere Betrachtungen wichtiger Erscheinungsgruppen angestellt, um die Schüler mit den naturwissenschaftlichen Methoden und dem induktiven Schlufsverfahren vertraut zu machen.

Realgymnasien. Lehrplan vom 18. Jan. 1893. Die Lehrfächer sind die üblichen. Lateinisch wird auf VI und V in 8, IV in 7, III in 6, II und I in 5 Wochenstunden betrieben. Französisch beginnt in Quarta, Englisch in Untertertia, Physik in Unter-, Chemie in Obersekunda. Deutsche Sprache. Im wesentlichen wie am Gymnasium. Als Lektüre werden von Obersekunda an auch gröfsere Stücke aus guten Übersetzungen griechischer Epiker und Tragiker gelesen. In den unteren Klassen soll der deutsche Unterricht in der Regel von dem Lehrer des Lateinischen erteilt werden. Lateinisch. VI und V: Formenlehre und einfachste syntaktische Regeln. IV: Kasuslehre und wichtigste Abschnitte der Tempus- und Moduslehre. III und II: Abschlufs der Kasus-, Tempus- und Moduslehre. In I: Vorwiegen der Lektüre. VI bis III: Chrestomathie, später Cornelius Nepos oder bellum gallicum. II: Caesar, Ovids Metamorphosen und Sallust. I: Sallust, Livius, leichtere Reden Ciceros und Aeneis. Lektüre ist möglichst umfangreich zu betreiben. Häufige Übungen im Extemporieren und Retrovertieren. Französisch. In IV bis II der eigentlich grammatische Unterricht. Erwerbung eines reichlichen Wortvorrates. Memorieren, Retrovertieren, Variieren. Schriftliche Arbeiten in der Schule oder zu

## 2. Kapitel. Der höhere Schulunterricht im übrigen Deutschland.

Hause. Lektüre von Chrestomathieen und zusammenhängenden prosaischen und poetischen Werken. Englisch. Im allgemeinen wie beim Französischen. Geschichte. In IV und III das ganze Gebiet der altklassischen und vaterländischen Geschichte (bis 1815) in elementarer Behandlung. Von II an dieselbe mehr pragmatisch. Dem Unterrichte liegen auf allen Stufen kurzgefaſste Lehrbücher zu Grunde, an die sich der Vortrag anschlieſst. Von Anfang wird das freie Nacherzählen geübt. Geographische Verhältnisse hat der Geschichtsunterricht überall zu berücksichtigen. Geographie. VI. Feststellung geographischer Vorbegriffe. Die Heimat, das Groſsherzogtum, die angrenzenden Länder, Kartenlesen. V und IV. Überblick über die Erdoberfläche; einiges aus der mathematischen Geographie; Deutschland, Oesterreich, Niederlande, Dänemark. III. Europa und auſsereuropäische Erdteile. II bis I. Wiederholung und Erweiterung. Physikalische und Verkehrsgeographie. In Oberprima: das Wichtigste aus der mathematischen Geographie in systematischer Behandlung. Das Hauptgewicht des geographischen Unterrichts liegt auf der Topographie. Mathematik. VI bis III Rechnen. IV bis I Allgemeine Arithmetik, Algebra, Geometrie. IV: Elemente der Planimetrie bis zur Kongruenz der Dreiecke. III: Kongruenz der geradlinigen Figuren; Kreissätze, die auf Kongruenz beruhen (U). Gleichheit der Flächen, Proportionen, Ähnlichkeit; Faktorenzerlegung. Einfache Gleichungen 1. Grades mit einer Unbekannten. Einleitung in die Lehre von den Potenzen und Wurzeln. Ausziehen der Quadratwurzel (O). II: Proportionen im Kreis; Berechnung der regelmäſsigen Vielecke und des Kreises. Trigonometrie der Ebene. Rechnen mit Potenzen und Wurzeln. Logarithmen. Gleichungen 1. Grades mit einer und mehreren Unbekannten. Leichtere quadratische Gleichungen (U). Lösen planimetrischer und trigonometrischer Aufgaben. Elemente der Stereometrie. Quadratische Gleichungen mit einer und mehreren Unbekannten. Komplexe Zahlen. Arithmetische Reihen 1. Grades. Geometrische Reihen. Zinseszins- und Rentenrechnung (O). I: Abschluſs der Stereometrie, Elemente der sphärischen Trigonometrie. Diophantische Gleichungen. Das Notwendigste aus der Kombinationslehre; figurierte Zahlen; arithmetische Reihen höherer Ordnung; binomischer Satz für ganze positive Exponenten. Gleichungen 3. Grades (U). Elemente der analytischen Geometrie und der Kegelschnitte. Anfangsgründe der Lehre von den Determinanten und ihre Anwendung in der analytischen Geometrie und bei Lösung von Gleichungen. Die Reihen für $e^x$, $\sin x$, $\cos x$, $\log x$. Die Binominalreihe. Für die Methode des Unterrichts bestimmend ist der Umstand, daſs die Mathematik neben der Grammatik ganz besonders dazu berufen ist, den Verstand zu bilden und an streng richtiges Denken und Schlieſsen zu gewöhnen. Deshalb ist der innere Zusammenhang der Operationen stets zu erfassen und die Lösung der

Aufgaben richtig zu formulieren. **Naturwissenschaften**. a. **Naturgeschichte**. Lehrziel: Kenntnis der hauptsächlichsten Tier- und Pflanzenformen, namentlich der einheimischen und besonders wichtigen. Bekanntschaft mit den unterscheidenden Merkmalen und den hierauf begründeten Systemen. Kenntnis der Hauptorgane des menschlichen, tierischen und pflanzlichen Körpers und ihrer Verrichtungen. Bekanntschaft mit den wichtigsten Krystallformen, den physikalischen Eigenschaften und der chemischen Zusammensetzung der bekannteren Mineralien und Felsarten. b. Chemie. Lehrziel: Kenntnis der Elemente und ihrer anorganischen Verbindungen, sowie der stoichiometrischen Gesetze. c. Physik. Lehrziel: Kenntnis der wichtigsten physikalischen Erscheinungen und ihrer Gesetze auf Grund des Experiments. Mathematische Begründung der Hauptsätze der Mechanik und deren Anwendung auf die mathematische Geographie, die Gesetze der Spiegelung und Brechung der Lichtstrahlen. Der Unterricht in den Naturwissenschaften soll dem Schüler einen gewissen Schatz von Kenntnissen überliefern und ihn beobachten und Beobachtetes geistig verwerten lehren. Aus der grofsen Fülle des Stoffes ist nur relativ weniges herauszuheben, dies aber eingehend zu behandeln und in Zusammenhang zum Ganzen zu bringen. Diese Beschränkung trifft besonders die beschreibenden Naturwissenschaften. Zeichnen. Der Unterricht im Freihandzeichnen ist für alle Klassen verbindlich. Übung des Auges und der Hand, Entwickelung des Sinnes für Raumverhältnisse und Förderung des Verständnisses für schöne Formen sind seine Aufgabe. Er geht aus von Flächenfiguren, Ornamenten, Modellen und anderen körperlichen Objekten, wobei zu dem übrigen Klassenunterrichte möglichst viele Beziehungen hergestellt werden. Im Anfangskursus sind die wichtigsten Lehren über Schattengebung und Linearperspektive durch praktische Anweisung geläufig zu machen. In II und I ist die weitere Entwickelung des Formen- und Farbensinnes zu verfolgen. Auch ist eine elementare Einleitung in die Kunstgeschichte hier am Platze. Realschulen II. Ordnung. Französisch beginnt in VI, Englisch in IV, Physik und Chemie in II. Naturgeschichte wird nur bis Tertia getrieben. Lateinische Sprache tritt nicht auf.

5. **Königreich Sachsen. Gymnasien.** Lehrordnung vom 28. Jan. 1893. Lehrfächer: Religion, Deutsch, Lateinisch, Griechisch, Französisch, Hebräisch, Geschichte, Geographie, Rechnen und Mathematik, Naturkunde und Physik. Hebräisch ist nur für die künftigen Theologen obligatorisch. Fakultativ sind Stenographie, Englisch und Zeichnen für die Mittel- und Oberklassen. Die Jahreskurse gehen von Ostern zu Ostern (Gesetz vom 22. Aug. 1876 § 39). Ausnahmsweise können besonders begabte und fleifsige Schüler nach halbjährigem Klassenbesuche versetzt werden. In Oberprima hat aber jeder Schüler

## 2. Kapitel. Der höhere Schulunterricht im übrigen Deutschland. 331

ein ganzes Jahr zu verbleiben. (Die beiden Fürsten- und Landesschulen Meifsen und Grimma haben keine Unterklassen, jedoch denselben Lehrplan wie die übrigen.) Lehrplan. Religion. Erweckung und Belebung des christlich-religiösen Sinnes und Begründung evangelischen Glaubens. VI bis III A. und N. T. Katechismus, Bibelsprüche, Kirchenlieder, Kirchenjahr. II und I Heilsgeschichte, Apostelgeschichte, Bilder aus der Kirchengeschichte, eingehendere Behandlung der Reformation und der reformatorischen Schriften Luthers (II); Erklärung der Confessio Augustana, eingehendere Behandlung der Unterscheidungslehren, Ergänzung der Reformationsgeschichte, Überblick der Kirchengeschichte des 18. und 19. Jahrhunderts, Behandlung der wichtigsten Glaubens- und Sittenlehren. Daneben auf allen Klassen Schriftlektüre. Von Obersekunda ab sind besonders wichtige Abschnitte des N. T. in der Ursprache zu lesen. Deutsch. VI bis III Formen- und Wortbildungslehre, Syntax, Lesen, Erklären, Memorieren, Deklamieren; Diktate, Aufsätze. Kunstformen der Epik und Lyrik. Einführung in die deutsche Heldensage. II: Lektüre gröfserer lyrisch-philosophierender Gedichte von Schiller und einzelner Dramen (Tell, Jungfrau von Orleans, Götz von Berlichingen, Egmont). Übungen im freien Vortrag. Stilistik; Stilgattungen, Stilgesetze; Dispositionsübungen, Aufsätze (U.). Überblick über die Entwickelung der deutschen Sprache und Litteratur bis zum Ausgange des Mittelalters. Kurze Einführung in die Anfangsgründe des Mittelhochdeutschen. Nibelungen und Walther von der Vogelweide in Auswahl. Dispositionslehre. Logische Übungen. Aufsätze. Übungen im einfachen Vortrage (O). Prima: Das Wichtigste aus der Litteraturgeschichte von Luther bis Klopstock. Klopstock und Lessing. Schwierigere philosophierende Gedichte, auch Abhandlungen und Dramen von Schiller. Freie Vorträge mit Übungen im Protokollieren und Referieren. Logisch-rhetorische Übungen. Disponieren. Aufsätze. Oberprima: Eingehendere Behandlung von Goethes Leben unter Hervorhebung seiner Beziehungen zu Herder, Wieland, Schiller und den Romantikern. Lektüre und Besprechung der wichtigsten gröfseren Werke von Goethe, Schiller, mindestens einer Tragödie Shakespeares und auch Behandlung ausgewählter Abschnitte aus Herders Schriften. Mit Genehmigung des Ministers kann in Oberprima eine besondere Stunde philosophische Propädeutik angesetzt werden. Sonst sind auf Prima die Hauptregeln der Logik und Psychologie im Anschlufs an die Disponierübungen und Besprechung der Arbeiten gelegentlich zu behandeln. Lateinisch. VI: Regelmäfsige Formenlehre; Syntaktisches; Übersetzungsübungen. V: Unregelmäfsige Formenlehre; Hauptregeln der Syntax; Übersetzungen. IV: Hauptregeln der gesamten Syntax; eingehendere Behandlung des Nomens; Wiederholung der Formenlehre. Übersetzungen. Nepos oder Lesebuch. IIIb: Wiederholung der Syntax, besonders der Kasuslehre. Syntax des Verbums und Satzlehre. Bellum gallicum. Einführung in die Prosodie. Leichtere poetische Stücke (Chrestomathie). IIIa: Bellum gallicum und civile oder eine leichtere Rede Ciceros. Leichtere Stücke einer poetischen Chrestomathie. Prosodische Regeln und Übungen. Wiederholung des syntaktischen Pensums. IIb: Cato major, pro Roscio, Ligario, Marcello, Archia, de imperio Cn. Pompei; Curtius; Ovid. Wiederholung der gesamten Syntax, besonders schwierigerer Abschnitte. IIa: Sallust, Livius; pro Sulla, Philippica I, II, VII; Acneis; Auswahl aus Catull, Tibull, Properz. Ergänzende Zusammenfassung der Grammatik; Stilistik. Ib: Cicero, Tusculanae disputationes, de officiis; pro Sestio, Murena, in Verrem IV, V, pro Milone; Livius; Horaz; (Plautus; Terenz). Grammatisch-stilistisches, Archäologisches, Litteratur- und Kunstgeschichtliches gelegentlich. Ia: Tacitus; (ergänzende Chrestomathie nachklassischer Prosaiker). Auswahl aus Ciceros Briefen; Quintilian X; Cicero, de oratore I. Oden, Satiren und Episteln von Horaz. Gelegentliches wie in Unterprima. Regelmäfsige schriftliche Übersetzungen ins Deutsche finden nur in den Unterklassen statt, regelmäfsige prosodische Übungen nur in Obertertia und Untersekunda; dagegen Scripta und Extemporalien sowie auch Hausarbeiten in allen Klassen. Griechisch. Lehrziel: Eingehendere Bekanntschaft mit Homer, Sophokles, Demosthenes, Überblick über die klassische Litteratur, Sicherheit in den Elementen der griechischen Sprache und Kenntnis des griechischen Lebens und der Entwickelung des griechischen Geisteslebens. III: Formenlehre, Hauptregeln der Syntax, Übungsbuch; Einführung in Xenophons Anabasis. II: Syntax des Nomens, Hauptregeln der Tempus- und Moduslehre; Xenophons Anabasis oder Hellenika; Einführung in die Odyssee (U.). Abschlufs des syntaktischen Unterrichts; Lysias, Herodot, Hellenika, Odyssee (O.). Ib: Syntaktisch-stilistisches; leichtere Staatsreden des Demosthenes, Platons Apologie, Kriton, Laches, Phaedon, Thukydides VI und VII oder Plutarch; Ilias oder ein Stück von Euripides oder ausgewählte lyrische Gedichte. Ia: Syntaktisch-stilistisches; Demosthenes gröfsere Staatsreden, Platons Protagoras, Gorgias, Auswahl von Thukydides I bis V, Sophokles, Aeschylus. — In IIIb bis IIa Extemporalia und Scripta. Schriftliche Übersetzungen ins Deutsche an Stelle der Scripta in I. Das Nötige über griechischen Tempelbau, Einrichtung des griechischen Theaters, die namhaftesten bildenden Künstler und plastischen Werke gelegentlich. Französisch. Gute Aussprache, Sicherheit in grammatischen Elementen, Geübtheit im schriftlichen und mündlichen Gebrauch der Sprache, Bekanntschaft mit einigen Hauptwerken des klassischen Zeitalters sind das Ziel dieses Unterrichts. In allen Klassen ist das Gelernte durch Diktate, Scripta und Extemporalien nach einem festen Plan einzuüben. An Stelle der Scripta können in 1 kurze freie Arbeiten

## 2. Kapitel. Der höhere Schulunterricht im übrigen Deutschland. 333

treten. Durchgehends sind Sprechübungen zu betreiben. Bei der Lektüre klassischer Dichtungen sind besonders schöne Stellen möglichst wenig durch grammatische und ähnliche Zwischenbemerkungen zu stören. **Englisch** (nur für solche, die am hebräischen Unterricht nicht teilnehmen): Richtige Aussprache; Bekanntschaft mit den grammatischen Elementen und Verständnis leichter Prosawerke. **Hebräisch:** Einige Sicherheit im Lesen und Übersetzen leichter Prosastellen des A. T.; Elemente der Grammatik. **Rechnen und Mathematik.** Volle Sicherheit im Rechnen mit bestimmten Zahlen und in der Anwendung dieser Fertigkeit auf die Verhältnisse des bürgerlichen Lebens. Arithmetik und Algebra bis zu der Zinseszins- und Rentenrechnung und den Gleichungen 2. Grades. Geometrie, das Wesentlichste aus der Planimetrie, Stereometrie und der ebenen Trigonometrie; Koordinatenbegriff mit Anwendung; Grundlehren von den Kegelschnitten. Beim Zahlenrechnen sind grofse Zahlen möglichst zu vermeiden; Logarithmen mit mehr als fünf Stellen werden nicht benutzt. Die Hauptlehren der mathematischen Geographie finden hier ihre Stelle. **Naturkunde** und **Physik**. Bekanntschaft mit den wichtigsten Erscheinungen und Gesetzen aus den verschiedenen Gebieten der Physik und den Grundlehren der Chemie. Überblick über die verschiedenen Naturreiche. In allen Klassen ist auf Anschaulichkeit des Unterrichts und eigenes Beobachten der Schüler besonderes Gewicht zu legen. Der physikalisch-chemische Unterricht hat auf allen Gebieten von den beobachteten Erscheinungen auf die ihnen zu Grunde liegenden Gesetze hinzuleiten. **Geographie**. Lehrziel: Die zur allgemeinen Bildung erforderliche Bekanntschaft mit den Grundregeln der mathematischen und den Hauptsachen der physikalischen und politischen Geographie. Genauere Kenntnis von Mitteleuropa. Besprechung typischer Landschaften, Hinweisung auf Kultur- und Verkehrsverhältnisse haben den Unterricht zu beleben. Das Unentbehrlichste aus der Geologie, Anthropologie, Tier-, Pflanzen- und Handelsgeographie wird bei Behandlung der geschichtlich bedeutenden Kulturländer gelegentlich mitgeteilt. Soweit thunlich, ist der geographische Unterricht in Tertia einem naturwissenschaftlich gebildeten Lehrer zu übertragen. **Geschichte**. VI: Die wichtigsten griechischen Sagen. Bilder aus der griechischen und älteren römischen Geschichte bis auf die Punischen Kriege. V: Bilder aus der späteren römischen und der älteren deutschen Geschichte bis zu Karls des Gr. Tod. IV: Fortsetzung der deutschen Geschichte in Einzelbildern bis zum Ende des 30jährigen Krieges unter besonderer Rücksicht auf Sachsen. IIIb: Überblick über die deutsche Geschichte von 1648 bis 1871. IIIa: Griechische Geschichte bis zum Tode Alexanders d. Gr. mit kurzem Überblick der Diadochenzeit bis 301. Berücksichtigung der orientalischen Geschichte. IIb: Römische Geschichte bis 31 a. Chr. Wiederholung der gesamten deutschen Geschichte. IIa: Geschichte des Mittelalters, insbesondere des deutschen. Das Wichtigste aus der römischen Kaiserzeit. I: Geschichte der neueren Zeit bis 1871 mit besonderer Rücksicht auf Deutschland. Wiederholung der alten Geschichte, insbesondere der Abschnitte ihres Verfassungslebens. (Wiederholungen aus der Geographie in II und I.) Der Geschichtsunterricht hat den besonderen Zweck, die Liebe zum Vaterlande zu wecken und für die idealen Aufgaben der Menschheit zu begeistern. Auf der Oberstufe sind die bedeutenden Persönlichkeiten in den Vordergrund zu rücken. Bei Behandlung der Kulturverhältnisse, Verfassungsgeschichte, Volkswirtschaftsprobleme ist übermäßige Gründlichkeit und Vorwegnahme zu vermeiden. Die Gedächtnisarbeit ist auf das Unerläßliche zu beschränken. In allen Klassen sind die Schüler im zusammenhängenden Nacherzählen des Vorgetragenen zu üben.

Realschulen. Gesetz über die Realschulen I. und II. Ordnung vom 15. Febr. 1884. a. Realgymnasien. Lehrfächer dieselben wie in preußischen Anstalten. Im Deutschen haben die drei oberen Klassen einen zusammenhängenden Kursus der Litteraturgeschichte. Der grammatische Unterricht ist wesentlich im Anschluß an den lateinischen zu erteilen. Im Lateinischen gilt als Lehrziel eine ziemlich fehlerlose Übersetzung aus dem Deutschen und Extemporieren leichterer Abschnitte aus Cicero, Livius, Vergil und Horaz. Im Französischen und Englischen wird Bekanntschaft mit dem Wesentlichsten aus der Litteraturgeschichte und Fertigkeit im Gebrauch der Sprache erstrebt. Geographie beginnt in VI mit Entwickelung der geographischen Begriffe an der Hand der Orts- und Heimatkunde und schließt in Obersekunda ab. In Mathematik wird mit Gleichungen 4. Grades und der einfachsten unendlichen Reihe abgeschlossen. b. Realschulen II. O. (Realschulen mit Latein und Höhere Bürgerschulen). Der Unterricht in der Muttersprache bildet den Mittelpunkt des gesamten sprachlichen Unterrichts und dient zur formalen Geistesbildung wie zur Vorbereitung auf den fremdsprachlichen (Französisch und Englisch). Die Naturbeschreibung erstreckt sich über alle Klassen und erstrebt außer übersichtlicher Kenntnis der Botanik, Zoologie, Anthropologie und Mineralogie auch einen Überblick über Bau und Entwickelung des Erdkörpers. Physik und Chemie sollen thunlichst mit einander verbunden werden. In Rechnen und Mathematik tritt das kaufmännische Rechnen in den Vordergrund. In den Kreis dieses Unterrichts werden auch die Elemente der ebenen Trigonometrie, Logarithmen und Progressionen hineingezogen. — Die Realschulen sind meist kommunale Anstalten. Seminaristisch gebildete Lehrer, die nach CE 1. Juni 1865 ein zweijähriges Universitätsstudium absolviert haben, sind in den Lehrerkollegien der Realschulen zahlreich vertreten.

6. **Württemberg.** Gymnasien. Normallehrplan von 1852, vergl. ME 19. Juni 1873, Dienstvorschrift von 1878. Turnordnung vom 16. April 1864. Unterrichtsfächer: Lateinisch, Griechisch, Französisch, Deutsch, Religion, Geschichte und Geographie, Arithmetik, Turnen; fakultativ: Freihandzeichnen und geometrisches Zeichnen in Lateinschulen — Lateinisch, Griechisch, Geschichte, Geographie, Mathematik, Physik, Chemie, Religion, Deutsche Sprache und Litteratur, französische Sprache, philosophische Propädeutik, Naturgeschichte und Turnen; fakultativ: Hebräisch, Englisch, Italienisch, Musik und Zeichnen in Gymnasien. Die lateinische Lektüre verbreitet sich über Sallust, Livius, Cicero, Tacitus, Vergil, Ovid, Horaz; die griechische über Xenophon, Herodot, Thukydides, Demosthenes, Lysias, Plato, Homer, Sophokles, Euripides.

Realschulen. Normalverordnung vom 16. Nov. 1835, MV 12. Juli 1844, 20. April 1872, 14. Febr. 1876. Realgymnasien. Die Grundlage der gesamten Ausbildung ist die lateinische Sprache, welche durch alle 10 Klassen (I bis X) geht. Mit Klasse IV beginnt das Französische, mit VII das Englische, Geometrie mit VI, Zoologie und Botanik mit V, Zeichnen mit IV. Den Hauptbestandteil des Lehrplans bilden in den oberen Klassen Algebra, Geometrie, Stereometrie, Trigonometrie, Physik, analytische und darstellende Geometrie, Chemie, Mineralogie, Geognosie und Geologie. Realschulen. Lehrfächer: Deutsche und französische Sprache, Mathematik, Naturwissenschaften, Zeichnen, Religion, Geschichte, Geographie, Singen, Kalligraphie, Turnen und (zumeist auch) Englisch. Die Unterrealschule umfafst bei vollständigen Anstalten die Klassen I bis VI, die Oberrealschule Klasse VII bis X. Die Bürgerschule hat 9 Klassen. Ihr Lehrplan, der dem für Realschulen durchaus ähnlich ist, führt das Französische als fakultatives Lehrfach.

Lehrkräfte der höheren Bildungsanstalten sind aufser den Direktoren oder Rektoren die Hauptlehrer (Professoren), Präceptoren und Reallehrer (an kleineren Latein- und Realschulen), Kollaboratoren und Elementarlehrer. Die letzteren sind Vorbereitungslehrer für Gelehrten- und Realschulen. Kollaboratoren sind Lehrer an den untersten Abteilungen der Latein- und Realschulen, die ein Examen für untere Klassen abgelegt haben.

Zur Ausbildung der Lehrkräfte höherer Unterrichtsanstalten besteht am Sitze der Landesuniversität ein philologisches Seminar und der philologisch-pädagogische Cötus des evangelisch-theologischen Seminars. ME 30. Okt. 1853; Revidierte Statuten von 1854 (neugedruckt 1885). MV 2. März 1876, 6. Mai 1876. (MV 14. Juli 1868: Statuten für die katholischen Lehramtskandidaten des Wilhelmstifts in Tübingen.) Die Seminaristen können den Unterrichtsstunden an Gymnasien beiwohnen und in Gegenwart des Rektors sich im Lehrfach üben. Die an der

Universität eingerichteten Kurse in neueren Sprachen sind für sie unentgeltlich. Der Studiengang der Lehramtskandidaten im evangelischen Seminar ist 4jährig und umschliefst Vorlesungen über Encyklopädie und Methodologie der philologischen Disciplinen, klassische Litteraturen und Archäologie, politische Geschichte, deutsche Grammatik und Litteratur.

### 3. Kapitel. Der höhere Schulunterricht in aufserdeutschen Kulturstaaten.

1. Belgien. Enseignement moyen nach dem Gesetz vom 1. Juni 1850 umfafst die königlichen Athenäen und die provinzialen oder kommunalen collèges oder Gymnasien. Der Unterricht in den Athenäen ist humanistisch und realistisch. Die humanistische Abteilung begreift nach ME 18. Juli 1869 1 Vorbereitungs- und 6 lateinische Klassen, von denen die 2. „Poesie", die 1. „Rhetorik" heifst. Unterrichtsgegenstände sind: Religion, die Regeln der Rhetorik und Poesie, Griechisch, gründliches Studium der lateinischen und französischen, sowie der vlämischen und deutschen Sprache (für die Landesteile, wo letztere Idiome im Gebrauch sind), Elementarmathematik (Arithmetik, Algebra bis zu den Gleichungen des 2. Grades einschliefslich, Geometrie, Stereometrie und geradlinige Trigonometrie) und die Grundbegriffe der Physik, die wichtigsten Thatsachen aus der allgemeinen und der belgischen Geschichte, alte und neue Geographie, insbesondere vaterländische, allgemeine Kenntnis der konstitutionellen und administrativen Einrichtungen des Landes, neuere Sprachen, wie das Vlämische und Deutsche in den Landesteilen, wo sie nicht gesprochen werden, und das Englische, die Elemente der graphischen Künste (Zeichnen und Schönschreiben), Vokalmusik und Gymnastik. Griechisch beginnt in der 5. Klasse, Französisch geht durch alle sieben; Physik wird nur in Prima getrieben. Die realistische Abteilung zerfällt in eine höhere mit 2 Sektionen, der kaufmännisch-gewerblichen und der wissenschaftlichen, und eine niedere, welche 3 Studienjahre einschliefst, die als Grundlage der höheren, je 2 Studienjahre umfassenden Sektionen gelten. Unterrichtsgegenstände sind: Religion, Rhetorik, Französisch oder Vlämisch oder Deutsch (in den entsprechenden Landesteilen), das praktische Studium eben dieser Sprachen in den Provinzen, in denen sie nicht gesprochen werden, Elementarmathematik (mit Einschlufs der analytischen Geometrie), beschreibende Geometrie, sphärische Trigonometrie mit ihren Anwendungen auf Künste, Handel und Gewerbe, die Elemente der Physik, der Mechanik, Chemie, Naturgeschichte und Astronomie, Buchhaltung, Elemente des Handelsrechts und der politischen Ökonomie, Elemente der neueren Geschichte und Geographie,

### 3. Kapitel. Der höhere Schulunterricht in aufserdeutschen Kulturstaaten. 337

besonders der belgischen, Elemente der graphischen Künste (Zeichnen und Schönschreiben), Vokalmusik und Turnen. Die Einrichtungen der Collèges sind dieselben wie die der Athenäen. Im einzelnen bestimmt der für alle Anstalten gleichgeformte Studienlehrplan im Lateinischen für VII: Lesen lateinischer Texte, regelmäfsige Formen, das Hilfszeitwort; VI: Ergänzung der Lexigraphie, einiges aus der Syntax, lateinische thèmes, grammatische und syntaktische Analyse, Chrestomathie, Gedächtnisübungen; V: Repetition der Lexigraphie, unregelmäfsige Formen, elementare Syntax, Übersetzungen und Aufsätze, Phädrus, Cornelius Nepos; IV: Repetitionen der Syntax, schwierigere Abschnitte, Prosodie, Caesar, einige Briefe von Cicero, einige Stücke aus Ovids Metamorphosen; III: Repetitionen der Syntax, Stilistik, Übungen in Versen, Livius, Sallust, Vergil, kursorische Lektüre von Caesar, Nepos usw., Notizen über gelesene Schriftsteller; II: Kompositionen und Erzählungen, [Metrik, Stilistik, litterarische Analysen, Cicero, Aeneis, Horaz, kursorische Lektüre von Caesar, Qu. Curtius, Sallust, Cicero, Mitteilungen aus der Naturgeschichte; I: Lateinische Vorträge, litterarische Analysen, Cicero pro Milone, Horaz, Satiren, Episteln, ars poëtica, Auswahl aus Vergil, Livius, Cicero.

**Anstalten zur Heranbildung höherer Lehrkräfte.** AO 16. April 1851, 1. Sept. 1852, 9. Juli und 2. Okt. 1854, 30. Juni und 1. Juli 1855; ME 1. Okt. 1850. a. **Normalschule für die humanistischen Studien.** Zur Aufnahme gehört ein Alter von 18—23 Jahren, das Bestehen einer Aufnahmeprüfung und ministerielle Genehmigung. Letztere richtet sich nach dem jeweiligen Bedürfnis der Unterrichtsanstalten. Zur Aufnahmeprüfung gehört eine lateinische Komposition, eine Übersetzung aus dem Lateinischen, aus dem Griechischen, eine französische Komposition, zwei Fragen aus der alten Geschichte, eine mündliche Prüfung, in der besonders die Befähigung zum Lehrfach erprobt werden soll. Der Unterricht in der Anstalt dauert 4 Jahre. Der theoretische erstreckt sich auf lateinische und griechische Sprache und Litteratur, alte Litteraturgeschichte und theoretische Prinzipien der Klassiker, Geschichte der französischen Litteratur, vlämische, deutsche und englische Litteratur, Philosophie (Anthropologie, Logik, Moral), alte Geschichte, römische Altertümer, Geschichte des Mittelalters, Geschichte Belgiens, physikalische und politische Geographie mit Rücksicht auf den geographischen Unterricht in den Gymnasien, allgemeine Grammatik und Haupttheorieen der griechischen, lateinischen und französischen Syntax, Psychologie, Pädagogik und Methodenlehre. Der Unterricht in vlämischer, deutscher oder englischer Litteratur ist fakultativ. Geschichte und Geographie sind nur für solche verbindlich, welche sich dem Unterricht in Geschichte widmen wollen. Die Vorlesungen über Latein, Griechisch, Vlämisch, Deutsch, Englisch, Geographie, allgemeine Grammatik, Psychologie, Pädagogik und Methodenlehre werden im Seminare selbst gehalten, die übrigen an der Universität (Lüttich). Als Lehrkräfte fungieren ein Direktor, Professoren und maîtres de conférence für praktische Lehrübungen, philosophische und historische Besprechungen. Die Professoren gehören zumeist der philosophischen Fakultät zu Lüttich an. Die Vorlesungen sind unentgeltlich. Jeder Zögling erhält zu seinem Unterhalt 500 Frs. Stipendien. b. **Normalschule für die exakten Wissenschaften.** I. Jahrgang: Analytische Geometrie, algebraische Analysis, Differential- und Integralrechnung, die ersten Elemente der Mechanik, die Elemente der beschreibenden Geometrie; Experimentalphysik; Übungen zur Elementarmathematik; Linear- und architektonisches Zeichnen. II. Jahrgang: Mathematische Methodologie; analytische Statik; Anwendungen der beschreibenden Geometrie; anorganische und organische Chemie; die Elemente der Astronomie; Übungen in der Elementarmathematik und Differentialrechnung; Handhabung der physikalischen Instrumente; chemische Experimente; Freihand- und Linearzeichnen. III. Jahrgang: Elemente der Anthropologie und Logik; 2. Teil der Integralrechnung; Elemente der analytischen Dynamik; maschinelle und industrielle Mechanik; Feldmessen und Nivellieren; allgemeine Prinzipien der Naturgeschichte und Bestimmung der einheimischen Kulturpflanzen, Tiere, Erdarten und Mineralien; Maschinenzeichnen; Repetitionen und praktische Übungen. Die Vorlesungen werden von Professoren der Universität Gent gehalten. (Vergl. im übrigen E. GREYSON, L'enseignement public en Belgique. Brüssel 1894.)

2. **Dänemark. Gelehrtenschulen.** Gesetz vom 1. April 1871, Gesetz vom 5. Aug. 1871, CE 12. Juli 1871. Zur Aufnahme in die unterste Klasse gehört das zurückgelegte 12. Lebensjahr und an Kenntnissen eine orthographische Niederschrift, Elementares aus der deutschen und französischen Grammatik, der Geographie, Weltgeschichte, Religion und Naturgeschichte. Die Schulen haben 6 Klassen mit einjährigem Kursus; der Unterricht zerfällt in 2 Abteilungen, die linguistisch-historische und mathematisch-naturwissenschaftliche, und wird in I bis IV durchweg gemeinschaftlich, in V und VI für „Studierende" und „Realschüler" besonders erteilt. — Über Schulgeld vergl. Gesetz vom 22. Aug. 1872. — Der **Rektor** leitet die innere Organisation der Schule; zu seinen Obliegenheiten gehört die Auswahl der Lehrmittel und des Bibliothekbestandes, die Handhabung der Disciplin, die Verteilung der Unterrichtsstoffe auf die Lehrkräfte und die Aufstellung des Stundenplanes. Ihm steht das **Lehrerkollegium** beratend zur Seite, über dessen Konferenzen Protokoll geführt wird. **Unterrichtsfächer** sind: Die Muttersprache einschließlich des Altnordischen und Schwedischen, Deutsch, Französisch, Englisch, Latein, Griechisch, Religion, Geschichte,

Geographie, Arithmetik, Geometrie, Rechnen, Naturgeschichte, Naturlehre, Zeichnen, Schreiben, Gesang und Gymnastik. Diese Fächer sind obligatorisch, nur ist den Schülern der V und VI die Auswahl zwischen Deutsch und Englisch freigestellt. Für die linguistisch-historische Abteilung fällt in I bis IV das geometrische Zeichnen und die Naturlehre fort, für die mathematisch-naturwissenschaftliche durchweg das Griechische. Letzteres beginnt (für die Humanisten) erst in III; von den lebenden Fremdsprachen werden in I bis IV nur Deutsch und Französisch getrieben; Religion tritt nur in I bis III auf. Lehrplan im einzelnen:

Dänisch: I und II: Grundbegriffe der Grammatik; in den oberen Klassen reichliche Lektüre, an der vor allem der ästhetische Sinn und Geschmack der Schüler zu bilden ist; Aufsätze über allgemeine und den Schulwissenschaften entnommene Aufgaben; Litteraturgeschichte, erläutert durch Lektüre; (zuweilen) Deklamation Homerischer Dichtungen in einer Übersetzung: Übungen in mündlichen Vorträgen.

Deutsch. Als Unterrichtsziel (in VI) wird Fertigkeit der Übersetzung und ziemlich fehlerfreier schriftlicher Ausdruck angesehen; auch soll das Wesentlichste aus der deutschen Litteraturgeschichte zur Aneignung gelangt sein. In den oberen Klassen werden von deutschen Klassikern namentlich Schiller und Goethe gelesen. Schreibübungen beginnen schon in I; in den oberen Klassen wird auf sie die Hälfte aller Stunden verwendet. Gewöhnlich werden alle 14 Tage Stilübungen angefertigt.

Französisch. Der Unterricht beginnt in III mit Leseübungen; danach wird mit Grammatik und Lektüre (meist Chrestomathieen) bis VI fortgeschritten. Überall mündliche und schriftliche Übersetzungen. In den oberen Klassen werden hin und wieder Sprechübungen veranstaltet.

Englisch, namentlich im Realkursus gepflegt, wobei eine ziemliche Fertigkeit im schriftlichen und mündlichen Ausdruck das Lehrziel ist.

Lateinisch beginnt in I und soll bis IV soweit gefördert sein, daß der Schüler „ein Pensum lesen könne, welches an Umfang wenigstens ein Buch des Livius oder zwei Bücher des bellum gallicum, 50 Kapitel Ciceronischer Reden und ein Buch der Aeneis oder 800 Verse der Methamorphosen Ovids ausmacht". Grammatik und Übersetzungen ins Lateinische. In III Lektüre eines Elementarbuches, in IV Nepos oder Caesar oder auch die 1. Catilinarische Rede, Phädrus und Ovids Metamorphosen, in V und VI Sallust oder Livius, Ciceros Reden und einige seiner philosophischen Schriften, Vergil, Horaz, Tacitus. Kursorisch wird vieles aus Curtius, Sueton, Cicero, Seneca oder Plinius gelesen. Gewohnheit ist gleichzeitige Lektüre von Dichtern und Prosaikern. In den unteren Klassen wird von dem Lehrer vorübersetzt, in den höheren soll es die Präparation zum Verständnis und zu fertiger Übersetzung bringen. Grammatik wird in allen Klassen getrieben. Ausarbeitung von Exercitien. Aufsätze werden nicht hergestellt. In der humanistischen V und VI wird die Lektüre auf 70 Kapitel von Ciceros philosophischen und rhetorischen Schriften, 50 Kapitel seiner Reden, 1 Buch des Livius, 1 des Tacitus, 2 Bücher der Aeneis, Episteln und ars poëtica von Horaz, zuweilen auch ein Buch seiner Oden ausgedehnt.

Griechisch beginnt in III. Durcharbeitung eines Elementarbuches bis IV; Anabasis, Memorabilien, Odyssee in V, Ilias, Herodot, Plato, attische Redner, Lyriker und zumeist auch Sophokles oder Euripides in VI. Griechische Schreibübungen spärlich. Übersetzungen aus einem Elementarbuch ins Griechische mündlich.

Hebräisch fakultativ in VI bis zur elementaren Vorbereitung alttestamentlicher Lektüre.

Religion. Zuerst ein Katechismus, dann ein systematisches Lehrbuch (zumeist Kurtz in dänischer Übersetzung); etwas aus dem N. T. in der Ursprache; zuweilen ein kurzer Überblick der Kirchengeschichte.

Geschichte. Fragmentarische Übersicht der Welt- und vaterländischen Geschichte; sodann ausführlicher die alte und die dänische; im obersten Kursus Kultur- und Litteraturgeschichte. Genaues Memorieren von Namen und Daten neben lebendiger Anschauung und Durchdringung geschichtlicher Begebenheiten; als Endziel: klare Übersicht des Wesentlichen im Zusammenhange.

Geographie bis IV in 2 Kursen. I bis II die ersten Elemente, Weltbau, Erde; einzelnes aus dem Besonderen. III und IV: physikalische und politische Geographie.

Mathematik. a. Arithmetik von I bis VI. Die Hauptsätze von den Eigenschaften der Zahlen, die 4 Species, Potenzen, Wurzeln, Entwickelung von Gröfsen, Logarithmen. b. Geometrie: auf Anschauung gestützte erste geometrische Begriffe; Einteilung der Körper, Flächen, Linien, planigeometrischer Kursus; Berechnung von Linien, Flächen und Volumina. (Für die realistische Sektion:) Arithmetik und Algebra in weiterem Umfange (Permutation, Kombination, Kettenbrüche, unbestimmte Gleichungen 1. Grades, Determinanten); Stereometrie mit synthetischer Entwickelung der Kegelschnitte, Trigonometrie, analytische Geometrie, angewandt auf gerade Linie und Kreis; Parabel, Ellipse, Hyperbel; Projektionslehre.

Naturlehre in III bis VI. Zunächst Überblick über physische Kräfte und Thätigkeiten, sodann kurze Darstellung der anorganischen Chemie. Kursus in Astronomie und mathematischer Geographie. Lehrziel des ganzen Unterrichts: Klare Anschauung der durch Experimente darstellbaren Hauptphänomene und Naturgesetze. — Für die realistische Abteilung im weiteren (VI): mechanische und chemische Physik, Optik in mathematischer Behandlung mit Experimentierübungen; Astronomie (mathematisch); Meteorologie.

Naturgeschichte in I bis IV: Zoologie, Botanik, Mineralogie in Umrissen.

Das Lehrerkollegium an diesen Gelehrtenschulen ergänzt sich aus philologischen Lehrern, die nach 4- bis 6jährigen akademischen Studien das „philologisch-historische Schulamtsexamen" und die pädagogisch-praktische Prüfung bestanden haben, aus mathematisch-physikalisch gebildeten Lehrkräften, die das polytechnische Examen oder eine „Magisterkonferenz" absolvierten, und ungeprüften Hilfslehrern, meist Kandidaten der Theologie, die eine gewisse Lehrbefähigung nachgewiesen haben müssen. Sämtlichen Lehrkräften ist die Ablegung eines Probejahrs vorgeschrieben.

Höhere Realschulen. AO 18. Sept. 1855; Gesetze vom 28. Mai 1859, 19. Mai 1870, 25. Aug. 1871. Unterrichtsgegenstände: Dänisch, Deutsch, Französisch, Englisch, Religion, Geschichte, Geographie, Mathematik, Naturlehre, Naturgeschichte, Schreiben, Zeichnen, Gesang und Gymnastik.

3. Frankreich. Lyceen. A. L'enseignement secondaire classique. Lehrpläne vom 2. Aug. 1880, 22. Jan. 1865; ME 28. Jan. und 12. Aug. 1690, 8. Aug. 1895.

Division élémentaire. Klasse IX bis VII. IX ist Vorklasse der Elementarabteilung mit dem ersten Lese- und Schreibunterricht in der Muttersprache. Wöchentlich finden 10 Lektionen, die meisten zu 2 Stunden, statt, also an den 5 Schultagen (der Donnerstag fällt überall aus) je 4 Stunden. Die Lehrfächer sind in beiden Klassen Muttersprache, moderne Sprachen (Englisch oder Deutsch, Italienisch oder Spanisch), Geschichte, Geographie, Mathematik (Rechnen), Naturwissenschaften und Zeichnen.

Division de grammaire. Klasse VI bis IV. Lehrgegenstände: Französisch (in VI und V je 3, in IV 2 Stunden), Lateinisch (in VI und V je 10, in IV 4 Stunden), Griechisch (von V an; in V 2, in IV 6 Stunden), moderne Sprachen (1½ Stunden und 1 Stunde Conférence), Geschichte, Geographie, Matematik und Naturwissenschaften, Zeichnen (1½ Stunden). Den Unterricht erteilen Professoren (Klassenlehrer) und Fachlehrer. Die mit Erfolg bestandene Schlußprüfung in IV berechtigt zum Eintritt in III.

Division supérieure. Klasse III bis Ia. In III Französisch (2 Stunden), Latein (5 Stunden), Griechisch (5 Stunden), Mathematik und Naturwissenschaften (3 Stunden), moderne Sprachen (2½ Stunden), Geschichte (1½ Stunden), Geographie (½ Stunde), Zeichnen (2½ Stunden). In II wird der Unterricht bei Lateinisch, Griechisch, modernen Sprachen, Geschichte und Geographie ebenso verteilt; für Französisch sind 3, für Mathematik und Naturwissenschaften 2 Stunden angesetzt; Zeichnen ist von hier an (in 2 Stunden) fakultativ. Klasse Ib (Rhétorique) Französisch, Latein, Griechisch (je 4 Stunden), moderne Sprachen (2½ Stunden), Geschichte und Geographie (2½ Stunden, dazu 1 Stunde Conférence), Mathematik und Naturwissenschaften (1½ Stunden), wobei in 10 Lektionen zu je 1½ Stunden Kosmographie getrieben wird. Ib (classe littéraire par excellence) erstrebt zusammenhängenden Überblick des gesamten klassischen Sprachunterrichts und möglichste Vollkommenheit im französischen und lateinischen Ausdruck. Klasse Ia (Philosophie) betreibt Psychologie, Logik, Moral, Geschichte der Philosophie im Auszuge, Erklärung philosophischer Werke, zusammen in 6 bezw. (im 2. Semester) 7½ Stunden, ferner in 3 bezw. (im 2. Semester) 1½ Stunden Geschichte bis zur Gegenwart, namentlich um richtige nationalökonomische Kenntnisse zu gewinnen, Physik nebst Elementen der Anatomie und Physiologie (4½ Stunden) und Chemie, wobei in 12 Stunden Hygiene behandelt wird. Moderne Sprachen sind hier in 1 Stunde wahlfrei. Die Klassen der division supérieure haben zwar ihren Hauptlehrer, sonst aber Fachlehrersystem. Im Anschluß an die Fächer der Ia bilden in abgesondertem Unterricht die Mathématiques élémentaires und spéciales ebenfalls Jahresklassen zur Vorbildung für die polytechnische Schule oder die realistische Abteilung der École normale supérieure und zur Ablegung der 2. Stufe des baccalauréat classique oder moderne (vergl. B. Heinzig, Neue Jahrbücher 1893 p. 602 und 1896 p. 57 und ME 12. Juni 1895 in Rev. Intern. 1895).

Zur lateinischen Lektüre werden benutzt: Nepos, Phaedrus, Metamorphosen, Auswahl von Ciceros Briefen, Qu. Curtius, bellum gallicum, Vergils Eklogen, Auswahl der Metamorphosen, Cicero in Catilinam, de amicitia, Sallust, Vergils Georgica, Livius narrationes excerptae, Ciceros Verrinen, de senectute, Vergils Aeneis I bis III, Horaz Oden, Ciceros Scipionis somnium, Caesars Kommentarien, Auswahl aus Plinius maj., Tacitus Annalen, Vergils Aeneis IV bis X, Horaz Satiren, Episteln und ars poëtica; zur griechischen Lektüre: Aesops Fabeln, Plutarchs Cicero, Herodot, Plutarchs Biographieen, Homers Ilias, Platons Apologie, Odyssee, Thukydides, Demosthenes olynthische, philippische Reden und Kranzrede, von Sophokles eine Tragödie, Aristophanes im Auszuge [1]); zur französischen Lektüre: Fénélons Fabeln und Musterstücke, Lafontaines Fabeln und Musterstücke in Poesie und Prosa, Racines Esther, Fénélons Télémaque, Racines Athalie, Voltaires Charles XII, Boileaus Satiren, Fénélons lettres à l'Akadémie, Bossuets Discours, Voltaires Siècle de Louis XIV, Théatre classique, Boileaus épîtres, J.-B. Rousseaus Oeuvres lyriques, Bossuets Oraisons funèbres, Fénélons Dialogues sur l'Éloquence, Montesquieus Grandeur et décadence, Lafontaines Fabeln, Musterstücke aus Pascal, Labruyère, Sérigné, Massillon, Fontenelle, Buffon.

1) durch ME 5. Aug. 1895 wieder eingestellt.

Verteilung der übrigen Lehrgegenstände nach ihren Aufgaben. **Französische Grammatik.** (Auf den einzelnen Stufen:) Grammatische Grundlage. Lesen, Erklären, Auswendiglernen von Musterstücken. Aufsatzübungen (Erzählungen, Briefe, Beschreibungen). Elemente der Stilistik und Rhetorik. Aufsätze (Reden, Analysen, Abhandlungen). Auf den oberen Klassen wird das Wesentliche der Geschichte der französischen Sprache behandelt.

**Lateinische Grammatik.** (Auf den einzelnen Stufen:) Deklination und Konjugation. Vollendung der Wortlehre, Beginn der Syntax. Fortsetzung und Schluſs der Syntax. Repetition der Syntax. Repetition der ganzen lateinischen Grammatik. Elemente der Prosodie. Bearbeitung von Themen. Litterarische Analyse einiger Autoren.

**Griechische Grammatik.** (Auf den einzelnen Stufen:) Deklination, Konjugation bis zum 2. Aorist. Beschluſs der Konjugationen, Repetition, Elemente der Syntax. Wiederholung der Flexionen, leichtere Abschnitte der Syntax. Im übrigen: Bearbeitung von Themen in III und II; litterarische Analysen; Versionen.

(Das Memorieren der Regeln soll auf das Notwendigste beschränkt werden, da man die Grammatik aus der Sprache, nicht umgekehrt lerne; deswegen solle man zu der abstrakten Regel nur vom konkreten Texte aus übergehen. Vergl. ZEVORT, L'enseign. sec. 1890.)

Geschichte. Umriſs der alten Geschichte und Geographie als Einleitung in die Geschichte Frankreichs. Geschichte und Geographie des Mittelalters. Geschichte Frankreichs bis Franz I. Französische Geschichte bis 1815. Geschichte und Geographie der Neuzeit. (Programm vom 2. Aug. 1880: Der kriegsgeschichtliche Kleinkram soll zu Gunsten der Kulturgeschichte geopfert werden. In der Geschichte Frankreichs soll die Entwickelung der modernen Gesellschaft klar hervortreten.)

Geographie. Allgemeine Begriffe, Haupteinteilung des Globus, Umrisse und Einteilung von Europa. Frankreichs Grenzen, Berge, Flüsse, alte Provinzen; die Departements mit ihren Hauptstädten. IV: Amerika. III: Asien, Afrika, Australien. II: Europa. Ib: Physikalische und politische Geographie Frankreichs. Die auſsereuropäischen Besitzungen Frankreichs. Industrielle und Handelsgeographie Frankreichs.

Mathematik. Die 4 Species. Das metrische System für Maſse und Gewichte. VI und V (je ½ Stunde): Arithmetik. IV (1½ Stunden): Geometrie. III: Allgemeines aus Geometrie und Physik. II (1½ Stunden): Algebra und Geometrie. Ib (1½ Stunden): Arithmetik und Algebra; Repetitionen der Geometrie.

Naturwissenschaften. VI (1 Stunde): Zoologie. V (1 Stunde): Geologie und Botanik. Ib: Kosmographie. Ia: Physik, Chemie; Elemente der Anatomie und Physiologie; Hygiene.

Deutsch. Wortlehre, Orthographie, Lese- und Sprechübungen. Syntax; Übersetzungen. Repetitionen der Grammatik; Lesen und Erklären deutscher Klassiker. Englisch. Aussprache, Wortbildung, Syntax; Lese- und Sprechübungen. Vergleichung der sächsischen, lateinischen und französischen Elemente im Englischen. Lese- und Übersetzungsübungen. Repetitionen der Grammatik; Lektüre englischer Klassiker.

Philosophie. Ia: Studium des menschlichen Geistes und der Sprache; Methoden des Erkennens in den verschiedenen Wissenschaften; Studium der Hauptfragen der Moral und Religionsphilosophie. Abhandlungen von Plato, Aristoteles, Cicero, Baco, Descartes, Pascal, Malebranche, Bossuet, Leibniz und Euler.

R. L'enseignement secondaire moderne. ME 15. Juni 1891. Die unterste Klasse, VI, setzt, wie der Enseignement classique, die Kenntnisse der Division élémentaire voraus. Unterrichtsgegenstände: Philosophie (Ib und Ia), Französisch (VI bis Ib), moderne Sprachen (Deutsch oder Englisch, Italienisch, Spanisch, Russisch: VI bis Ia), Geschichte (VI bis Ia), Elemente des Rechts und der Wirtschaftslehre (Ib und Ia), Kulturgeschichte (Ib), Geographie (VI bis Ia), Moral (IV), Mathematik (VI bis II und Ia), Physik und Chemie (III, II und Ia), Naturgeschichte (VI, V, Ib und Ia), Buchführung (Ia), Schreiben (VI bis IV), Zeichnen (VI bis II und Ia, je 3 Stunden). Letzteres sowie Buchführung sind in Ib fakultativ.

Auf dem Unterricht in der Muttersprache beruht der Schwerpunkt aller Stufen (vergl. CE 29. Sept. 1686). In Ib (Première-Lettres) werden die Litteraturgeschichte des 19. Jahrhunderts und Proben der bedeutenden Redner, Dichter und Geschichtschreiber behandelt. Überdies werden von VI an die Meisterwerke des klassischen Altertums und einiger moderner Kulturvölker in Übersetzungen gelesen. Der fremdsprachliche Unterricht bezweckt bei Beschränkung des grammatikalischen Lernstoffes vor allem die Fertigkeit des mündlichen Ausdruckes in der Sprache des täglichen Lebens. Geschichte wird in VI und V mit der des Orients und Griechenlands begonnen. Bei dem geographischen Unterricht wird in VI mit Frankreich angefangen, um in Première-Lettres und -Sciences die Fragen der allgemeinen Geographie als letztes Kapitel der Kulturgeschichte zusammenzufassen.[1]

Der Conseil supérieur arbeitet für sämtliche Lyceen Unterrichtsprogramme aus, die jeder Klasse die einzelnen Fächer und die in ihnen zu erreichenden Ziele bestimmen und die Materien in ganz bestimmter Aufeinanderfolge von Klasse zu Klasse detaillieren. Diese Programme verhelfen zur Konzentration des Unterrichts, erleichtern dem einzelnen

---

[1] Vergl. Plan d'études et progr. de l'ens. sec. mod. und B. Heinzio, Neue Jahrb. 1893 p. 601 f

Lehrer die Abgrenzung seines Gebietes und schaffen in der Nation „ein gemeinsames Wissensgut und eine gewisse Einheit der Ideen", die als „Grundlage nationaler Anschauungen und Tendenzen" zu gelten hat (vergl. CANTEMERLE, Dictionnaire de l'administration des lycées. Paris 1887. I, 297 ff.).

Für alle Fächer existieren als Hilfsmittel kurzgefaßte Inbegriffe oder Auszüge, „Eléments", deren fertig abgeschlossenes Material in klarer Darstellung präcis formuliert ist.

Collèges communaux sind allgemeine Bildungsanstalten für solche Zöglinge des Mittelstandes, die sich der Industrie, dem Handel, den Künsten oder dem Landbau widmen wollen. Je nachdem ihren allgemeinen Schulklassen Industrie-, Handels- oder agronomische Abteilungen angefügt sind, die das Übergewicht in der unterrichtlichen Versorgung erlangen, nehmen sie den Charakter von Fachschulen an. Die Collèges zerfallen in Lateinschulen und Realanstalten. Sie sind teils Internate teils Lehranstalten mit Pensionseinrichtung. Ihre inneren und äußeren Einrichtungen sind sehr verschieden. Lehrplan einer Lateinschule. I (unterste Klasse): Moral, Arithmetik, Französisch, Deutsch (oder Englisch), Geographie (Vorbegriffe, Einteilung der Erdkugel, Teile Europas), Weltgeschichte (Allgemeines; alte Geschichte v. Chr.), Geometrisches Zeichnen, Freihandzeichnen, Singen. II: Arithmetik (4 Species, gemeine und Decimalbrüche, Potenzen, Wurzeln, Proportionen), Geometrie (Elemente der Planimetrie), Französiche Grammatik, Deutsch (oder Englisch), Mathematische Geographie, Geographie der vornehmsten Staaten, besonders Frankreichs, Weltgeschichte (bis zur Eroberung Konstantinopels), Geometrisches Zeichnen (Lehre und Anwendung der Projektionen, Kugel, Cylinder, Prisma, Pyramide). Freihandzeichnen, Gesang. III: Arithmetik (übersichtliche Behandlung aller Lehrsätze, besonders Einübung der Logarithmen), Elemente der Algebra, Ebene Geometrie, Einleitung in die Stereometrie. Französisch (Grammatik, Aufsätze), Deutsch (oder Englisch), Elemente der allgemeinen Physik, Elemente der allgemeinen Chemie (auf Experimente gestützt), Buchführung, industrielle und Handelsgeographie, Technische Mineralogie (Metalle), Weltgeschichte (bis zum Westfälischen Frieden), Linearzeichnen, Ornamentzeichnen, Singen. IV: Arithmetik, Geometrie, Algebra (bis zum binomischen Lehrsatz), Ebene Trigonometrie, Französisch (Aufsätze), Elemente der lateinischen Grammatik, Deutsch (oder Englisch), Italienisch (oder Spanisch), Technische Botanik (das Wichtigste aus der Landwirtschaft), Physik (Gleichgewicht der Flüssigkeiten und Gase, Wärme, Magnetismus und Elektricität), Anorganische Chemie, Mechanik (elementare und geometrische Beschreibung der Maschinen; das Nötigste über Bewegung und Kraft), Technische Botanik und Zoologie (besonders die Gewebe- und Farbstoffe),

Weltgeschichte (bis 1815), Linearzeichnen (Projektionen, Steinschnitt, Theorie der Schatten, Tuschen), Ornamentzeichnen, Gesang. V: Geometrie (Ellipse, Parabel, Schraube), Algebra (binomischer Lehrsatz), Ebene Trigonometrie, Beschreibende Geometrie (bis zu den Oberflächen des Cylinders und Kegels), Analytische Geometrie, Französische Litteraturgeschichte, Lateinisch (Schriftsteller), Deutsch (oder Englisch), Italienisch (oder Spanisch), Zoologie und Gesundheitslehre, Physik (Fortsetzung über Wärme und Elektricität, Akustik, Optik), Anorganische Chemie, Praktische Mechanik (Göpel, Windmühlen, Wasserräder, Dampfmaschinen, Hebelsysteme), Technologie (Werkzeuge, Maschinen), Weltgeschichte (Wiederholung der alten und neuen Geschichte), Linearzeichnen (Perspektive, Architekturen, Maschinen; Tuschen), Ornamentzeichnen. Gesang. VI: Höhere Algebra, Sphärische Trigonometrie, Descriptive Geometrie, Analytische Geometrie der Ebene und des Raumes, Französische Litteraturgeschichte, Latein (Autoren, Studium griechischer Etymologieen), Deutsch (oder Englisch), Italienisch (oder Spanisch), Geologie und Mineralogie, Physik (Schwere, Hydrostatik, Hydrodynamik, Kapillarität, Elektricität und Magnetismus), Anorganische Chemie, Theoretische Mechanik (Bewegung eines Punktes, Kräfte an einem Punkt, an einem Körper, einfache Maschinen), Kosmographie, Industrielle Ökonomie; das Notwendigste aus der Gesetzgebung und Verwaltung des Staates, Geschichte Frankreichs, Linearzeichnen (Plan- und Kartenzeichnen, architektonische Entwürfe, Tuschen), Ornamentzeichnen, Gesang.

Lehrplan einer lateinlosen Realschule (école primaire supérieure). Klasse I (die Vorschule ist Elementarschule): Moral, Französische Grammatik, Arithmetik, Elemente der Naturgeschichte (Physiologie, Zoologie, Gesundheitslehre), Alte Geschichte, Allgemeine Geographie, Englisch (oder Deutsch), Schönschreiben, Ornamentzeichnen, Geometrisches Zeichnen (Linien, Flächen, Anfänge im Tuschen), Gesang, Turnen. II: Französisch (Stillehre, Aufsatz), Arithmetik, Anfangsgründe der Algebra, Ebene Geometrie, Anfangsgründe der Experimentalphysik, Elemente der Naturgeschichte (Physiologie der Pflanzen, Botanik, Elemente der Landwirtschaft), Anfangsgründe der Chemie, Geschichte Frankreichs, Physikalische, politische und administrative Geographie Frankreichs, Englisch (oder Deutsch), Schönschreiben, Ornamentzeichnen, Geometrisches Zeichnen (Körper, Projektionen; Tuschen), Gesang, Turnen. III: Französische Litteratur, Arithmetik (Logarithmen, Progressionen, Rentenrechnung), Geometrie des Raumes, Ebene Trigonometrie, Praktische Geometrie (Feldmessen, Nivellieren, Planzeichnen), Allgemeine Chemie (mit Experimenten), Mineralogie und Geologie, Elemente der Mechanik, Weltgeschichte (Mittelalter und neue Zeit), Handels- und industrielle Geographie, Deutsch oder Englisch,

Buchführung, Ornamentzeichnen (Bossieren, Modellieren), Geometrisches Zeichnen (Architekturen, Maschinen), Turnen. — Schüler, welche ihre Kenntnisse darüber hinaus erweitern wollen, können in III ein weiteres Jahr bleiben und werden speciell unterrichtet in Algebra (binomischem Satz), descriptiver Geometrie, Elementen der analytischen Geometrie, Elementen des Steinschnitts, Theorie der Schatten, der Perspektive, chemischer Analyse, technischer Naturkunde, Physik und Mechanik, Geometrischem Zeichnen (Aufnahme von Gebäuden und Maschinen).

Zur Ausbildung von Lehrkräften höherer Lehranstalten existiert (zu Paris) die École normale supérieure. Dekret vom 9. März 1852. Das Seminar besteht aus einer humanistischen und einer realistischen Abteilung, deren jede 3 einjährige Kurse hat. Die Aufnahme ist an das Maturitätsdiplom geknüpft und an den jeweiligen Bedürfnisstand der höheren Lehranstalten. Der Aufgenommene verpflichtet sich zu 10 jährigem Dienst an öffentlichen Unterrichtsanstalten. Humanistische Abteilung (section littéraire). Lehrgegenstände: Latein, Griechisch, Französisch, Deutsch (oder Englisch), Geschichte und Philosophie. Lehrplan im einzelnen: Lateinische Sprache und Litteratur im 1. Jahr wöchentlich 3 Stunden. Gründliche Wiederholung der ganzen Grammatik mit Hervorhebung der Hauptschwierigkeiten. Übungen in Exposition und litterarischer Analyse. Die Professoren üben wissenschaftliche Kritik an Leistungen der Zöglinge, geben Muster der Exegese und kurze litterar-historische Monographieen der Schriftsteller. Monatlich ein Thema. Kompositionsübungen, eine freie Arbeit in Prosa und eine in Versen. Im 2. Jahr: wöchentlich 2 Konferenzen in der Anstalt und 2 Vorlesungen in der Faculté des lettres. Die Vorlesungen betreffen die Geschichte der lateinischen Dichtkunst oder Beredtsamkeit und werden von jedem Zögling vollständig ausgearbeitet. Diese Exposés und die in den Vorlesungen behandelten Autoren werden in den conférences durchgenommen und mit sonstiger Lektüre vervollständigt. Monatlich werden eine Version oder eine schriftliche Analyse, eine freie Abhandlung und freie Verskompositionen ausgearbeitet. Im 3. Jahr werden gleichfalls Fakultätsvorlesungen besucht; der Schwerpunkt aber liegt in der erkenntnismäfsigen Aneignung und Verwertung der Lehrobjekte. Einführung in die Regeln der Interpretation, Übersetzungskunst, Stillehre; Übungen der Seminaristen in Lehrvorträgen; schriftliche Arbeiten wie im 2. Jahre. In griechischer Sprache und Litteratur ist der Unterricht ähnlich. Als neues Moment kommt hinzu, dafs die Seminaristen griechische Themata von Pariser Lycealschülern zu korrigieren haben. Auch wird in den griechischen conférences allgemeine Grammatik getrieben, welche sich jedoch nur auf das Griechische, Lateinische und Französische erstreckt. Der Unterricht in Muttersprache und Nationallitteratur wird im Seminar zum Abschlufs gebracht. Eingehendes Studium der französischen Klassiker. Häufiges Vergleichen nationaler Meisterwerke mit anderen klassischen Litteraturen. Abfassung schwieriger Abhandlungen aus Litteratur- und Moralgebieten; praktische Übungen im Grammatik- und Litteraturunterricht. Den Unterricht in lebenden Sprachen haben beide Sektionen gemeinsam. Die Hauptregeln der Grammatik und leichtere Übersetzungen fallen dem ersten Jahre zu, schwierigere Grammatikabschnitte, Prosaiker- und Dichterübersetzungen dem zweiten, litteraturgeschichtliche Unterweisungen, Sprechübungen und freie Arbeiten dem dritten. Im Geschichtsunterricht wird zuerst die alte, dann die mittlere und neuere bis 1815, zulezt die französische Geschichte behandelt. In der Philosophie wird der logische und psychologische Lycealunterricht genau repetiert, sodann die wichtigsten alten und neuen Systeme durchgearbeitet. Der Beschlufs wird mit Leibniz und Newton gemacht.

Realistische Abteilung (section des sciences). Die Zöglinge des 1. und 2. Jahrganges haben gemeinschaftlichen Unterricht (zumeist von den Professoren der Faculté des sciences). 1. Jahr: Differential- und Integralrechnung, Chemie, Zeichnen, Deutsch (oder Englisch), beschreibende analytische Geometrie des Raumes, Mineralogie, Botanik. 2. Jahr: Mechanik, Physik, Zeichnen, Deutsch (oder Englisch), Zoologie und Geologie. Den Eintritt in den 3. Kursus ermöglicht die Prüfung vor der Fakultät als Licencié ès sciences physiques und als licencié ès sciences mathématiques. Derselbe spaltet sich in mathematischen, physikalischen und naturhistorischen Unterricht. Die Mathematiker betreiben Astronomie, beschreibende Geometrie, Mechanik, Physik; die Physiker: Physik, Chemie, Astronomie, Experimentalmechanik; die Naturhistoriker: Mineralogie und Geologie (in der Bergbauschule), Botanik (im Museum des botanischen Gartens) und Zoologie. — In allen drei Kursen sind die Vorträge sorgfältig auszuarbeiten und Abhandlungen über die Vorträge zu verfassen. Im 3. Jahre halten die Zöglinge Lehrvorträge vor ihren Mitschülern. Zur pädagogischen Ausbildung haben sich die Zöglinge des letzten Kursus beider Sektionen an den Lehrstunden der Pariser Lyceen und Kollegien thätig zu beteiligen, worüber von den Proviseurs und Lycealprofessoren eingehend zu berichten ist. (Vergl. im übrigen Drrurs, Le Centenaire de l'École normale. Paris 1895.)

4. Grofsbritannien und Irland. Gymnasien (colleges) The Public Schools Act v. 29. Juli 1864. Public Schools Act vom 31. Juli 1865. Endowed Schools Act vom 2. Aug. 1869, 5. Aug. 1873 und 7. Aug. 1874. Die Public Schools als Alumnate. Eine gröfsere Anzahl der Schüler sind Stipendiaten, Foundation Scholars, Collegers

denen stiftungsmäfsig freier Unterricht und Unterhalt gewährt wird. Daneben geniefsen andere Zöglinge den gleichen Unterricht, die teils bei dem Warden (Vorstand) wohnen und mit den Collegers in der Halle speisen (commensales, "Commoners"), teils in Kosthäusern oder sonst in der Stadt untergebracht (oppidani), jedoch derselben Disciplin unterworfen sind wie die Collegers. Aus den Schülern der oberen Klassen (V. und VI. "Form"), den "Upper Boys", werden Monitoren, Prepostors, genommen, welche in und aufser der Anstalt die Aufsicht üben, bei dem Unterricht der jüngeren Knaben helfend mitwirken und ziemlich ausgedehnte Disciplinargewalt besitzen. An der Spitze der Anstalt steht der Direktor, Headmaster, der, selber vom Kuratorium gewählt, seine Lehrer anzustellen oder zu entlassen die Befugnis hat. Dem Headmaster liegt die Organisation und Oberleitung der Schule ob. Seine pädagogische Thätigkeit gipfelt in der Beaufsichtigung der Unterrichtsresultate. Als Lehrer werden vielfach Theologen verwendet, daneben solche, die als baccalaurei artium oder legum doctores (Schottland) promoviert haben. Zur Aufnahme in die Alumnate gelangen britische Knaben zwischen dem 12. und 14. Jahr, die ein Konkursexamen in lateinischer und griechischer Konstruktion, lateinischer Komposition (Prosa und Vers), Übersetzung leichter klassischer Autoren, Arithmetik, elementarer Algebra und Geometrie, Anfangsgründen des Französischen und englischer Geschichte und Geographie bestanden haben. Für Nichtstipendiaten ist das Aufnahmeexamen bedeutend leichter. Die Tagschulen haben meistens Anfängerklassen, die ihre Zöglinge schon mit 7 und 8 Jahren aufnehmen. Die sonstige Vorbereitung geschieht durch Hauslehrer oder in Preparatory Schools. — Die Colleges und Grammar Schools sind entweder rein klassische oder mit realistischen Abteilungen versehene Anstalten, deren Stufen von der IV. Form an in eine klassische und eine realistische Abteilung (Classical and Modern Side) nach dem Bifurkationssystem gespalten sind. Die realistische Abteilung, der ein besonderer selbständiger Direktor vorsteht, ist nicht selten zu besonderen Klassen mit Fachschulcharakter erweitert (Military und Engineering Side, Handelsklasse, Kunstschule, pharmaceutischer, juristischer Kurs usw.) — In Schottland ist gleichfalls das Bifurkationssystem eingeführt. Die Knaben treten mit 10 oder 11 Jahren aus den Junior Classes in die klassische oder realistische Abteilung, deren Kursus 6jährig ist und in vorgeschriebener Reihenfolge die Hauptfächer umfafst. Neben den offiziellen Sides sind besondere Klassen für alte und neue Sprachen, Mathematik, Buchhaltung, Zeichnen, Fortifikations- und Ingenieurwissenschaft, Stenographie und Gymnastik eingerichtet, deren Besuch beliebig freisteht. — In der Klasseneinteilung ist der sechsklassige Typus vorherrschend, wobei I bis III die untere, IV bis VI die obere Schule ausmachen. Dazwischen sind vielfach je nach Bedürfnis Unterabteilungen eingeschaltet (die „Removes", „Shelly" usw.). Unterrichtsgegenstände der Gymnasien sind Religion (jedoch keineswegs an erster Stelle, auch nicht überall betrieben), klassische Sprachen, neuere Sprachen, englische Sprache und Litteratur, Mathematik, Naturwissenschaften, Geschichte und Geographie. Die Unterrichtsziele sind durch die Anordnungen der Prüfungsbehörden bestimmt, wonach die Schulen zumeist ihren Lehrplan einrichten. Daneben herrscht volle Freiheit in der Wahl, Behandlung und Verteilung der Gegenstände. In den klassischen Sprachen umfafst der Kreis der Autoren, die in den Klassen oder bei den Tutoren (besonders ausgewählte Klassenlehrer, die in loco parentis das ganze Erziehungs- und Unterrichtsgeschäft zu leiten und zu beaufsichtigen haben) gelesen werden: Caesar, Nepos, Livius, Cicero, Tacitus, Sallust, Vergil, Horaz (Oden und Satiren), Ovid, Terenz, Lucrez, Iuvenal, Persius, Plautus, Xenophon, Demosthenes, Plato, Homer, die Bukoliker, Aeschylus, Sophocles, Euripides, Aristophanes. Bei der Erklärung der Stücke werden besonders sachliche Notizen geboten; das Nötigste aus der alten Geschichte, Geographie und Archäologie wird meist im Anschlufs an die Lektüre behandelt. Poetische und prosaische Stücke werden vielfach auswendig gelernt. Grammatik und Stilübungen treten hinter der Lektüre zurück. Die an den meisten Anstalten eingeführte Public School Latin Primer wird wörtlich eingeprägt. Lateinische und griechische Kompositionen werden zumeist wöchentlich geliefert. Neuere Sprachen, Französisch, Deutsch und zuweilen auch Italienisch, sind in den Lehrplan der realistischen wie der humanistischen Abteilungen aufgenommen, wobei das Französische fast überall obligatorisch ist und durch die ganze Schule oder wenigstens bis zur V. Form gelehrt wird. Übersetzungen finden meistens aus dem Französischen oder Deutschen ins Englische statt, nicht umgekehrt. Die gewöhnlichsten Klassenschriftsteller sind Racine, Corneille, Molière, Voltaire, Pascal; Lessing, Goethe, Schiller, Immermann (Oberhof). Englische Sprache und Litteratur wird grammatisch, stilistisch und sprachgeschichtlich behandelt. Von Dichtern wird überwiegend Shakespeare getrieben, daneben Chaucer und Spencer, von Prosaikern Bacon und Johnson. In Religion findet ein systematischer Unterricht nicht statt. Aufser dem Katechismus wird (in anglikanischen Schulen) auch das Common Prayer Book behandelt, das Neue Testament mit Wort- und Sacherklärung (oft) schon in der IV. Form begonnen und überdies ein Umrifs der alt- und neutestamentlichen Geschichte mitgeteilt. Der Geschichtsunterricht beschränkt sich auf das Notwendigste der griechischen, lateinischen und englischen Geschichte. Ein Leitfaden wird meistens mechanisch auswendig gelernt. In Mathematik wird fast überall bis IV die elementare Arithmetik und Algebra sowie Euklid I. und II. B. durchgenommen und bis zur höheren Mathematik in der VI. Form aufgestiegen. In Physik und Chemie erstreckt sich der Unterricht auf elementare Mechanik, Optik und Astronomie, die Elemente der anorganischen Chemie, Wärme, Elektricität und Magnetismus. Botanik wird meist aus Handbüchern gelernt.

5. Holland. Gymnasien. Gesetz vom 2. Apr. 1876 vergl. Ordonnanz von 1815 und Gesetz von 1863. Der Kursus ist 6jährig; ist er an einer Anstalt (mit königlicher Genehmigung) 4jährig, so gilt diese als Progymnasium. Der Aufnahme in den ersten Jahreskurs geht eine Prüfung in Lesen, Schreiben, Rechnen, Anfangsgründen der holländischen Sprache, Geographie und Geschichte vorauf. Unterrichtsgegenstände: Griechische Sprache und Litteratur, lateinische Sprache und Litteratur, holländische, französische, deutsche, englische Sprache und Litteratur, Geschichte, Geographie, Mathematik, Physik, Chemie, Naturgeschichte. Fakultativ sind Hebräisch und Turnen. AE 27. April 1877: Lehrplan. Lateinisch. I. Schuljahr: Lexigraphie (Wortformlehre), die gebräuchlichsten unregelmäfsigen Formen mitbegriffen; Grundregeln der Syntax; Übersetzen aus dem Holländischen ins Lateinische; Erklärung eines leichten Schriftstellers (Nepos). II.: Wiederholung und Fortführung des ersten Jahreskurses; Komposition und Exposition prosaischer Schriftsteller (Caesar). III.: Grammatik, Komposition, Lesen und Erklären von Schriftstellern (Sallust und Cicero) und Dichtern (Ovid). IV.: Grammatik, Komposition, Exposition von Dichtern (Lucrez, Properz) und Prosaikern (Cicero, Livius). V.: Grammatik; Erklärung von Prosaikern (Cicero, Tacitus) und Dichtern (Vergil). VI.: Übungen im Lateinschreiben und -Sprechen; Römische Altertümer, Horaz u. a. (Humanistische Abteilung). Griechisch. II. Schuljahr: Attische Formenlehre mit Einschlufs der häufigsten Unregelmäfsigkeiten; Grundregeln der Syntax; Übersetzen ins Griechische; Erklärung leichter Schriftsteller (aus einem Lesebuch und Xenophons Anabasis). III.: Wiederholung und Fortsetzung der Grammatik. Erklärung leichter Prosaiker (Memorabilien, Hellenika, Reden des Lysias). IV.: Wiederholung und Fortsetzung der Grammatik. Erklärung epischer Stücke und attischer Prosaiker (Xenophon, Lysias, Isokrates). V.: Grammatik, kursorische Lektüre leichter attischer Prosa; Erklärung epischer Stücke und schwierigerer attischer Prosa (Plato, Demosthenes). VI. (Humanistische Abteilung): Erklärung attischer Prosaiker (Plato, Demosthenes, Thukydides) und epischer Stücke sowie jonischer Prosa, dramatischer und lyrischer Poesie. Holländisch. I. Schuljahr: Grammatik, Stilübungen, Lesen und Erklären von Schriftstellern. II.: erweitertes Pensum von I. III.: Stilistik und Lektüre. IV. bis VI.: Stilistik, Lektüre und Erklärung. Französisch. I. Schuljahr: Grammatische Formen, Stilübungen, Ubersetzen ins Französische; Lesen und Erklären französischer

Schriftsteller. II.: Wiederholung und Weiterführung der Grammatik; Stilübungen; Lesen und Erklären von Schriftstellern. III.: Grammatische Wiederholung, Stilübungen usw. IV.: Stilübungen; Lektüre. Englisch. IV. Schuljahr: Grammatische Formen. Aussprache; Erklärung und Lektüre. V.: Grammatik, Stilübungen, Lesen und Erklären von Schriftstellern. Deutsch. II. Schuljahr: Lexigraphie; Aussprache; Übersetzen ins Deutsche; Lesen und Erklären deutscher Schriftsteller. III.: Grammatik, Wiederholung und Fortsetzung; Stilübungen; Lektüre. IV.: Lektüre und Erklärung. Geschichte und Geographie. I. Schuljahr: Geschichte der alten Welt, niederländische Geschichte; Geographie des Altertums, physikalische und politische Geographie im Umriſs. II.: Geschichte des Mittelalters und der neueren Zeit bis 1648; Geographie des Mittelalters und Überblick über die politische Geographie während der ersten Periode der neueren Zeit. III.: 2. Hälfte der neueren Geschichte; Geographie, politische Geographie. IV.: Erste Hälfte der alten Geschichte, insbesondere griechische; Geographie (alte, in Verbindung mit Geschichte). V.: 2. Teil der alten Geschichte, insbesondere römische; in Verbindung mit Geschichte. VI. (Human. Abtlg.): Specielle Behandlung einer wichtigen Epoche der alten Geschichte; Geographie in Verbindung mit Geschichte. Mathematik. I. Schuljahr: Arithmetik und Algebra. Proportionslehre, Wurzeln, algebraische Regeln und Formeln; leichte Gleichungen 1. Grades. II.: Algebra; Gleichungen 1. Grades; Potenzen, negative Exponenten usw. III.: Algebra; binomischer Lehrsatz; Newtons Gleichungen 2. Grades; unbestimmte Gleichungen; Elemente der Logarithmen. IV.: Algebra; Logarithmen, Reihen; Trigonometrie. V.: Repetition; Anwendungen der Geometrie. VI. (Human. Abtlg.): Wiederholung. Physik, Chemie. V.: Kenntnis der Naturkräfte und -Gesetze; Erklärung der hauptsächlichsten Naturerscheinungen; Anwendungen auf die Gewerbe und das bürgerliche Leben (Dampfmaschine, Telegraphie usw.). Einleitung in die Chemie. Naturgeschichte. V.: Das Tierreich. VI.: Der Mensch (Human. Abtlg.). — Die sechste Klasse, die nach dem Erlaſs vom 27. April 1877 neben der humanistischen Oberklasse eine mathematisch-naturwissenschaftliche Abteilung zur Vorbildung von Fachstudien abzweigt, hat als Lehrstoffe und -Aufgaben: Griechisch (2 Stunden), kursorische Lektüre attischer Prosa und epischer Stücke; Latein (2 St.), kursorische Lektüre; Geographie (2 St.), physikalische und mathematische Geographie; Mathematik (6 St.), Wiederholung der Algebra (1), Stereometrie, sphärische Trigonometrie, Anfangsgründe der beschreibenden Geometrie (5); Physik (2 St.), Theorie der Gravitation, der Wärme; Chemie (5 St.), allgemeine Begriffe, veranschaulicht an Experimenten; praktische Übungen; Naturgeschichte (4 St.): Wiederholung und Fortsetzung der Beschreibung des Tierreichs; Botanik; Grundriſs der

## 3. Kapitel. Der höhere Schulunterricht in aufserdeutschen Kulturstaaten. 353

Krystallographie. (Vergl. im übrigen K. BLÜMLEIN, Das holländische Gymnasium. Heidelberg 1893).
6. Italien. Gymnasien und Lyceen. Gesetz vom 13. Nov. 1859. Verordnung vom 22. Sept. 1876. Unterrichtsfächer der Gymnasien: Italienisch, Lateinisch, Griechisch, Mathematik (Rechnen), Geschichte, Geographie, klassische Archäologie. Stundenplan der Gymnasien:

| Lehrgegenstände | I. | II. | III. | IV. | V. |
|---|---|---|---|---|---|
| Italienisch | 7 | 7 | 7 | 5 | 5 |
| Lateinisch | 10 | 10 | 10 | 6 | 6 |
| Griechisch | — | — | — | 6 | 6 |
| Geschichte und Geographie | 3 | 3 | 3 | 3 | 3 |
| Mathematik | 2 | 2 | 2 | 3 | 3 |

(Gymnasien verhalten sich hier zu Lyceen etwa wie in Deutschland Lateinschulen zu Gymnasien.)

Unterrichtsfächer der Lyceen: Philosophie, Mathematik, Physik, Chemie, italienische, römische und griechische Litteratur, Geschichte und Naturgeschichte. Lehrstoffe im einzelnen: Italienische Litteratur. Lektüre der wichtigsten klassischen Werke La Gerusalemme liberata, Il Canzoniere von Petrarca, Le prose von Galilei, L'Orlando furioso, Divina Comedia); philologische, geschichtliche und litterarische Erläuterungen; Memorieren. Lateinische Litteratur. Livius, Tacitus, Georgica, Aeneis, Oden und Episteln von Horaz, Cicero, Quintilian; (Aufsätze in Prosa über die Lektüre). Griechisch. Xenophon, Homer. Griechische Grammatik (von Curtius). Geschichte. I. Klasse: Von Konstantin bis zum päpstlichen Exil zu Avignon; II.: bis zum westfälischen Frieden; III.: bis zum Wiener Kongrefs. Philosophie. I.: Lektüre philosophischer Lateiner; Erklärung der Nomenklatur; II. und III.: physiologische Psychologie mit Ausschlufs aller metaphysischen und ontologischen Fragen. Mathematik. Geometrie von Euklid, Arithmetik, Algebra, Logarithmen, Trigonometrie, Stereometrie. Physik und Chemie. Allgemeine Eigenschaften der Körper; Stoffe und Verbindungen. Mechanik, Hydrostatik, Aërostatik, Akustik, Wärme, Elektromagnetismus, Optik und Kosmographie. — Die Gymnasien werden von einem Direktor geleitet, die Lyceen von einem Präses, welche beide der König ernennt. Die Lehrer sind teils titolari, teils reggenti (Amtsverwalter). Die ordentlichen Professoren an königlichen Anstalten ernennt gleichfalls der König, die professori reggenti der Minister kommissarisch. Den gymnasialen Unterricht in der Mathematik erteilen gewöhnlich Fachlehrer, den anderen meist Klassenlehrer. Die Lycealprofessoren sind sämtlich Fachlehrer. Die Zöglinge aller Jahreskurse müssen jährliche Schlufsprüfungen ablegen. Die der Klasse V eines Gymnasiums berechtigt zum Eintritt in die unterste Klasse der Lyceen.

### 7. Oesterreich-Ungarn. a. Oesterreich.

Die Staatsgrundgesetze vom 21. Dez. 1867 behalten die Legislative über die Grundsätze des Gymnasialwesens dem Reiche vor. Gesetz vom 26. Mai 1884 über den Unterricht an Mittelschulen (Gymnasien, Realschulen). CE 14. Jan. 1890; CE 1. Juli 1887 und 30. Sept. 1891; CE 24. Mai 1892. Das vollständige Gymnasium hat 8 Klassen, deren 4 erste (I—IV) das Untergymnasium, deren V. bis VIII. das Obergymnasium bilden. Beide stehen unter gemeinsamer Leitung und bilden äufserlich ein Ganzes. Realgymnasien sind Untergymnasien, deren sämtliche Klassen obligatorischen Zeichenunterricht, deren 3. und 4., zum Aufsteigen ins Obergymnasium nicht bestimmte Klassen an Stelle des Griechischen obligatorischen Unterricht in einer neueren Fremdsprache haben. Gesetz vom 3. Juni 1887: Aufnahmealter für die I. Klasse der Gymnasien ist das 10. Lebensjahr. Über Aufnahmebedingungen für höhere Gymnasialklassen vergl. CE 6. April 1886 und ME 30. Juni 1887. Unterrichtsgegenstände sind Religion, Latein, Griechisch, Deutsch (oder andere Unterrichtssprache), Geographie, Geschichte, Mathematik, Physik und philosophische Propädeutik. Lebende Sprachen, Schönschreiben, Zeichnen, Gesang, Stenographie, zumeist auch Turnen sind fakultativ. Der Religionsunterricht wird nach Einvernehmen mit den Kirchenbehörden konfessionell geregelt. Im Lateinischen hat das Untergymnasium die grammatische Kenntnis der Sprache, Fertigkeit im Übersetzen eines leichten Schriftstellers, das Obergymnasium die Kenntnis der römischen Litteratur in ihren bedeutendsten Erscheinungen sowie des altrömischen Staatslebens und die Erwerbung stilistischer Sprachgewandtheit zu vermitteln. Im Griechischen haben I bis IV grammatische Kenntnis der attischen Formenlehre und Syntax nach ihren hauptsächlichen Punkten, V bis VIII gründliche Lektüre der hauptsächlichsten klassischen Litteraturprodukte zu betreiben." — Der grammatikalische Sprachunterricht hat zunächst mit den regulären Spracherscheinungen zu beginnen und bei ihnen zur genauesten Kenntnis am längsten zu verweilen. Die Ausnahmen sind, wenn nicht anders, den reiferen Schülern vorzuführen. Die Schulgrammatik hat kein vollständiges Bild von dem ganzen Bau der Sprache zu entwerfen, sondern nur die Sprache bestimmter Zeitperioden zu behandeln. Weil nun als vornehmste Aufgabe des grammatischen Studiums die Vorbereitung der Lektüre besonderer Schriften und Autoren zu gelten hat und demgemäfs die Schulgrammatik in engste Beziehung zur Klassenlektüre treten mufs, so haben die an dem Unterricht in klassischen Sprachen beteiligten Lehrer jeder Anstalt das grammatische Lehrpensum in Hinsicht auf die vorgeschriebene Lektüre in gemeinsamer Beratung zu begrenzen und das Wesentliche vom Unwesentlichen reinlich auszuscheiden. Überhaupt sind die verschiedenen Teile des fremdsprachlichen Unterrichts, Grammatik, Stilistik, Metrik, Übersetzung und Erklärung, in ein solches Verhältnis zu bringen, dafs der bildende Einflufs des klassischen Altertums auf die verschiedene Fassungskraft der einzelnen Klassen wirksam werde. Die Lektüre soll, um bildend zu wirken, vor allem zur Aneignung des Gedankeninhaltes und zur Auffassung der Kunstform hinführen. „Ein Betrieb der Lektüre, welcher die erforderliche Genauigkeit in grammatischen und lexikalischen Dingen vernachlässigte, müfste jene Strenge und Gewissenhaftigkeit des Denkens beeinträchtigen, zu welcher jeder Unterricht erziehen soll, und auf welcher der formal bildende Einflufs dieses Unterrichts zumeist beruht." Aber Grammatik als Wissenschaft ist nicht (Gegenstand und) Ziel des Gymnasialunterrichts. Sein Ziel ist vielmehr, „durch die Einführung in die Werke der Alten jene Bildung zu begründen, die in ihrer Vollendung als die klassische bezeichnet wird [1]." Deshalb wird der Vertreter dieses Lehrgebietes, unbeschadet seiner wissenschaftlichen Weiterbildung, „unablässig pädagogische Erwägungen darüber anstellen, was er bei der Lektüre in der Schule aus dem Reichtum der einzelnen Disciplinen aufzunehmen hat, und bemüht sein, zu jener mehr philosophischen Betrachtungsweise des klassischen Altertums vorzudringen, welche alle seine Erscheinungen im Zusammenhange und in ihrer Beziehung zur menschlichen Natur umfafst." Gelingt es so, die Erklärung von dem Ballast unnützer Bemerkungen zu befreien, dann wird Aufmerksamkeit und Interesse für das Gelesene leicht gewonnen und die Lektüre in rechter Weise für die Unterrichtszwecke nutzbar gemacht sein; denn indem man das Überwuchern der grammatischen Exegese meidet, opfert man nicht zugleich die Genauigkeit des grammatischen Verständnisses. — Lateinische oder griechische (schriftliche) Hausarbeiten werden von Schülern der oberen Klassen nicht gefertigt. Zur weiteren Förderung der Lektüre haben in den Oberklassen schriftliche Übersetzungen zu dienen. In der Unterrichtssprache wird erstrebt für das Untergymnasium: richtiges Lesen und Sprechen, Sicherheit im schriftlichen Gebrauch der Sprache; im Obergymnasium: Gewandtheit und stilistische Korrektheit im schriftlichen und mündlichen Gebrauch zum Ausdruck eigener Gedanken, historisch erweiterte Kenntnis der Sprache und des Bedeutendsten aus der Nationallitteratur. — Für den Unterricht in der deutschen Sprache als Unterrichtssprache bestimmt CE 14. Jan. 1890 bei dem Lehrplan der Klasse V: Grammatik, Wortbildung, Lehnwörter, Fremdwörter, Volksetymologie; Lektüre zur Charakteristik der epischen, lyrischen und didaktischen Dichtungsarten (ausgewählte Partieen aus Wielands Oberon, Klopstocks Messias; bei VI: Grammatik, Genealogie der germanischen Sprachen, Lautverschiebung, Umlaut, Ablaut; Lektüre aus Klopstock, Lessing, Nibelunge, Walther von der Vogelweide (Urtext); Geschichte

---

[1] Vergl. CE 30. Sept. 1891.

der deutschen Litteratur im Umrifs bis zur Sturm- und Drangperiode; bei VII wie in der vorigen Klasse und Aufsatzübungen; bei VIII: Goethe, Schiller, Lessing (Laokoon und Auswahl der Hamburgischen Dramaturgie); Litteraturgeschichte bis zu Goethes Tod und Überblick der Entwickelung der neueren deutschen Litteratur in Oesterreich mit besonderer Berücksichtigung Grillparzers; daneben Themenbearbeitung. Die Lektüre der Briefe Lessings an Nikolai und Mendelssohn und Schillers Abhandlung „Über naive und sentimentalische Dichtung" kann fortfallen. In der Geographie I. Klasse: Anschauliche Vermittelung der geographischen Grundvorstellungen; Orientierung in der wirklichen Umgebung, auf der Karte und am Globus; die Situation der bedeutendsten Staaten und Städte. Versuche im Zeichnen der einfachsten geographischen Objekte. II: Asien und Afrika nach Lage und Umrifs unter Rücksichtnahme auf klimatische Zustände; Zusammenhang des Klimas mit der Vegetation, den Landesprodukten und der Volksbeschäftigung; Europa im Umrifs; die Länder Südeuropas und des britischen Inselreiches; Übungen in einfachen Kartenskizzen. III: Die sonstigen Länder Europas ohne Oesterreich-Ungarn, Amerika, Australien nach den wesentlichsten Gesichtspunkten. Übungen im Kartenzeichnen. IV: Physikalische und politische Geographie von Oesterreich-Ungarn mit eingehender Beachtung der Landesprodukte, des Verkehrslebens und der Kulturverhältnisse der Völker. Übungen im Kartenzeichnen. In Geschichte ist bei I bis IV der Lehrstoff möglichst in Form von Erzählungen zu vermitteln. Sagentradition; die hervorragendsten geschichtlichen Personen und Begebenheiten; ein Grundstock unentbehrlicher Jahreszahlen. In Klasse II: Altertum; das Wichtigste aus der griechischen und römischen Geschichte. III: Mittelalter. IV: Neuzeit; die Geschichte der österreichisch-ungarischen Monarchie bildet den Hauptinhalt des Unterrichts in III und IV. V bis VIII: Übersicht der Weltgeschichte in pragmatischem Zusammenhange mit sonderlicher Rücksicht auf die Kulturentwickelung; eingehendere Kenntnis der griechischen, römischen und österreichisch-ungarischen Geschichte; Hauptmomente der Völker- und Staatenkunde der Gegenwart. Das Lehrziel in Mathematik ist für I bis IV Sicherheit im Zahlenrechnen bei praktischer Anwendung; Kenntnis der geometrischen Gebilde, ihrer wichtigsten Eigenschaften und Beziehungen. In I: (Arithmetik) Das Decimalsystem, römische Zahlzeichen, die vier Species mit benannten und unbenannten, ganzen und Decimalzahlen. Das metrische Mafs- und Gewichtssystem. Rechnen mit mehrfach benannten Zahlen. Teilbarkeit der Zahlen, Zerlegung in Faktoren. Geometrische Anschauungslehre: Gerade, Kreis, Winkel, Parallelen. Elementare Eigenschaften des Dreiecks. II: (Arithmetik) Erweiterte Übungen über Mafse und Portionen. Bruchrechnung. Verwandlung von Decimalbrüchen. Verhältnisse und Proportionen nach ihren Hauptsätzen. Einfache Regeldetri mit Anwendung der Proportionen und Schlufsrechnung. Prozent- und einfache Zinsrechnung. (Geometrische Anschauungslehre.) Lehre von den Winkeln. Kongruenz der Dreiecke. Die wichtigsten Eigenschaften des Kreises, der Vier- und Vielecke. III: (Arithmetik) Die vier Grundoperationen mit ganzen und gebrochenen allgemeinen Zahlen. Quadrieren und Ausziehen der Quadratwurzel. (Im Zusammenhange mit geometrischen Rechnungen:) Unvollständige Zahlen, abgekürztes Multiplizieren und Dividieren; Anwendung des letzteren beim Ausziehen der Quadratwurzel. (Geometrische Anschauungslehre:) Einfache Fälle der Vergleichung, Verwandlung und Teilung der Figuren. Längen- und Flächenmessung. Pythagoräischer Lehrsatz auf Grund der einfachsten Beweise. Das Wichtigste über die Ähnlichkeit geometrischer Gebilde. IV: (Arithmetik) Gleichungen 1. Grades mit einer und mehreren Unbekannten; Gleichungen 2. und 3. Grades, die beim geometrischen Rechnen vorkommen. Kubieren und Ausziehen von Kubikwurzeln. Zusammengesetzte Regeldetri. Teil- und Zinseszinsrechnung. (Geometrische Anschauungslehre.) Gegenseitige Lage von Geraden und Ebenen. Die körperliche Ecke. Hauptarten der regelmäfsigen Körper. Einfachste Fälle der Oberflächen- und Raumberechnung. Aufgabe des Obergymnasiums: Kenntnis und Durchübung der elementaren Algebra und Geometrie. Naturgeschichte. Lehrziel für I bis III: Bekanntschaft mit den wichtigsten Formen der organischen und unorganischen Welt, auf unmittelbare Beobachtung gegründet; einige Geübtheit in der Erfassung übereinstimmender und unterscheidender Merkmale der Tier- und Pflanzenarten. I: Tierreich. Pflanzenreich. Beobachtung, Beschreibung, vergleichende Betrachtung. II: Vögel, Reptilien, Amphibien, Fische. Samenpflanzen; Anbahnung des Verständnisses ihrer systematischen Gruppierung; einige Sporenpflanzen. III: Mineralreich. Beobachtung und Beschreibung wichtiger und weitverbreiteter Minerale (ohne Systematik). Gewöhnlichste Gesteinsformen. Physik. Lehrziel für das Untergymnasium: Kenntnis der auffälligsten Naturerscheinungen auf Grund der Beobachtung und des Versuchs. Anwendung der Kenntnisse zur Erklärung ähnlicher Erscheinungen und ihrer nächstliegenden praktischen Verwertung. Klasse III: Vorbegriffe. Räumlichkeit und Undurchdringlichkeit der Körper. Charakteristik der drei Aggregatzustände. Absolutes und specifisches Gewicht. Luftdruck. Wärmeempfindungen. Wärmegrad und -Menge. Veränderung des Volumens und Aggregatzustandes. Wärmequellen. Vorbereitung der Chemie: Kohäsion, Adhäsion, Elasticität; Mischung, Lösung, Krystallisation. Synthese, Analyse, Substitution. Gesetze über Erhaltung der Masse und der bestimmten Gewichts- und Raumverhältnisse. Grundstoffe, Moleküle, Atome; Basen, Säure, Salze. Die verbreitetsten Metalloide und einige ihrer Verbindungen. Klasse IV:

Natürliche und künstliche Magnete; Magnetpole und ihre Wechselwirkung; Magnetisierung durch Verteilung. Erdmagnetismus. Elektrischer Zustand; gute und schlechte Leiter; positiv und negativ elektrische Körper. Elektrisierung durch Verteilung. Die gebräuchlichsten Apparate zur Erzeugung und Ansammlung der Elektricität. Gewitter; Blitzableiter. Voltasche Kette; konstante Versuchsketten. Hauptwirkungen des galvanischen Stromes. Galvanoskop; elektrische und magnetische Induktion. Einfache elektrotechnische Anwendungen (Galvanoplastik, Morseapparat usw.). Beschreibung der Hauptformen der Bewegung. Beschleunigung und Druck als Wirkungsarten der mechanischen Kräfte. Messung der Wirkung. Schwerkraft; Stofs; Bewegungshindernisse, Zusammensetzung und Zerlegung gleichartiger Bewegungen, von Kräften mit einem gemeinschaftlichen Angriffspunkt und von gleichstimmig parallelen Kräften. Schwerpunkt, Arten des Gleichgewichts, Pendel. Beispiele einfacher und zusammengesetzter Maschinen (1. Semester). 'Charakteristische Eigenschaften tropfbar flüssiger Körper. Niveau; hydrostatischer Druck. Gleichgewicht einer Flüssigkeit. Archimedisches Gesetz; die einfachsten Methoden zur Bestimmung des specifischen Gewichts fester und tropfbarer Körper. Kapillarerscheinungen. Charakteristische Eigenschaften gasförmiger Körper. Torricellis Versuch; Barometer. Luftpumpe. Luftballon. Prinzip der Dampfmaschinen. — Schallempfindungen, Geräusch, Klang. Tonhöhe, Tonleiter; die einfachsten Schallerreger. Stimmorgan. Telephon. Fortpflanzung und Reflexion des Schalles. Gehörorgan — Lichtempfindungen. Geradlinige Fortpflanzung des Lichts; Schatten; Photometer. Reflexion und Brechung des Lichts. Spiegel und Linsen (Prinzip der Photographie). Farbenzerstreuung; Regenbogen. Auge. Mikroskop. Dioptrische Fernrohre in einfachster Form. — Mit dem physikalischen Unterricht ist zu verbinden: Beschreibung des Fixsternhimmels; Phasen des Mondes, monatlicher Umlauf; jährliche Bewegung der Sonne; Erklärung der Verschiedenheit von Tages- und Jahreszeiten an ungleich gelegenen Orten. Sonnen- und Mondfinsternis. Klasse V bis VIII: Systematische Übersicht und wissenschaftlich begründete Kenntnis der Naturgesetze, soweit die Mittel der Elementarmathematik hinreichen.

Der gesamte Gymnasialunterricht hat weder eine streng wissenschaftliche Form anzunehmen noch auch blofsen Gedächtnisstoff mechanisch anzuhäufen; vielmehr soll er in allen seinen Teilen Gründlichkeit der Kenntnisse, Selbständigkeit des Denkvermögens und selbstthätige Nutzanwendung des Erlernten zu erreichen suchen. —

Die Lehrkräfte der Gymnasien sind wirkliche Lehrer (definitiv bestätigte), Hilfslehrer und Nebenlehrer. Wirkliche Lehrer sind zur Führung des Professortitels befugt. Einer der Lehrer fungiert als Direktor, dem die ganze Oberleitung und Vertretung der Anstalt in wissenschaftlicher und disciplinarischer Hinsicht obliegt. Für jede Klasse wird ein Lehrer als Ordinarius bestimmt; im übrigen wird der Unterricht durch Fachlehrer erteilt. Über Anstellung der Supplenten (Hilfslehrer) und Nebenlehrer vergl. MV 2. Juni 1893.

Realschulen. Die Gesetzgebung in Realschulangelegenheiten ist durch das Grundgesetz vom 21. Dez. 1867 den Landtagen zugewiesen. AO 9. Aug. 1868. Gesetz vom 3. März 1870, 1. Mai 1886, 31. März 1885; Normallehrplan von 1879.

Die Realschulen zerfallen in Unterrealschulen und vollständige oder Oberrealschulen. Unterrealschulen bereiten zum praktischen Leben oder Übertritt in höhere Lehranstalten vor und können für sich allein bestehen. Oberrealschulen sind zuweilen mit Realgymnasien verbunden; allein bestehen können sie nicht. Zur Aufnahme in die unterste Klasse ist erforderlich das zurückgelegte 10. Lebensjahr und der Besitz notwendiger Vorkenntnisse. Für höhere Klassen hat der Aufzunehmende entweder Abgangszeugnisse anderer Lehranstalten beizubringen oder eine Vorprüfung zu bestehen. Unterrichtsgegenstände sind: Religionslehre, Unterrichtssprache, Geographie und Geschichte, Mathematik, Naturgeschichte, geometrisches Zeichnen, darstellende Geometrie, Freihandzeichnen — obligatorisch für alle Länder; Französisch, Englisch, Italienisch, Slovenisch, Deutsch, Physik und Chemie — obligatorisch für einzelne Gebiete. — Lehrziele: Unterrichtssprache: Richtiges Lesen und Sprechen; Sicherheit im schriftlichen Gebrauch der Sprache; sichere Kenntnis der Formenlehre und Syntax (Unterrealschule). Fertigkeit in der Darstellung eines im Unterrichts- und Erfahrungskreise der Schüler gelegenen Gedankeninhalts; Bekanntschaft des Bedeutendsten aus der Litteratur; Kenntnis der Hauptformen der Dichtung und Prosa (Oberrealschule). Französisch: Kenntnis der Formenlehre und der wichtigsten syntaktischen Regeln; Fertigkeit im Übersetzen innerhalb des schulmäfsigen Sprachschatzes (U.). Kenntnis der Formenlehre und Syntax, Fertigkeit im Übersetzen; Übung im Ausarbeiten leichter französischer Aufsätze. Einige Sicherheit im mündlichen Gebrauch der Sprache; Bekanntschaft mit den hervorragendsten klassischen Werken seit dem 17. Jahrhundert (O.). Englisch: Richtige Aussprache, Sicherheit in Formenlehre und Syntax. Fertigkeit im Übersetzen leichter (Prosa-) Stücke (O.). Geographie und Geschichte: Allgemeine Kenntnis der natürlichen Beschaffenheit der Erdoberfläche und der politischen Reiche mit besonderer Hervorhebung der österreich-ungarischen Monarchie. Bekanntschaft mit den bedeutendsten Personen und Ereignissen aus der Sage und Geschichte (U.). Kenntnis der topischen Verhältnisse und der wichtigsten physikalischen Erscheinungen auf der Erdoberfläche. Völker- und Länderkunde, besonders der eigenen

Monarchie. Kenntnis der Hauptbegebenheiten aus der inneren und äufseren Geschichte der wichtigeren Völker nach ihrem pragmatischen Zusammenhange, hauptsächlich von Oesterreich-Ungarn (O.). Mathematik: Gründliche Kenntnis und sichere Durchübung der elementaren Mathematik. Naturgeschichte: Durch Anschauung vermittelte Bekanntschaft mit den wichtigsten Formen der organischen und unorganischen Welt (U.). Systematische Übersicht der Tier- und Pflanzengruppen auf Grund der Bekanntschaft mit den wichtigsten Thatsachen aus ihrer Anatomie, Physiologie und Morphologie. Kenntnis der Formen und Eigenschaften der wichtigeren Mineralien, sowie der wichtigeren Thatsachen aus der Geologie (O.). Physik: Experimentelle Kenntnis leichtfafslicher Naturerscheinungen und ihrer Gesetze mit praktischer Anwendung (U.). Verständnis der wichtigsten Naturerscheinungen vermittelt durch experimentelle und andere Beobachtungen (O.). Chemie: Verständnis der Vorgänge stofflicher Veränderungen, der Bedingungen ihres Zustandekommens und der Gesetzmäfsigkeit ihres Auftretens, auf experimentellem Wege gewonnen. Übersichtliche Kenntnis der chemischen Grundstoffe und ihrer Verbindungen mit besonderer Bezugnahme auf ihr Vorkommen und ihre Bedeutung für den Haushalt der Natur, sowie auf industrielle Verwertung. Geometrie und geometrisches Zeichnen (Unterrealschule): Kenntnis der wichtigsten Lehrsätze der Geometrie und ihrer Anwendungen in der geometrischen Konstruktionslehre. Fertigkeit im Linearzeichnen. Elemente der darstellenden Geometrie (Oberrealschule): Kenntnis der wichtigsten Lehrsätze und Aufgaben der Projektionslehre und ihre sichere Handhabung bei Anwendung auf die Schattenlehre und Darstellung einfacher technischer Objekte. Freihandzeichnen: Gröfstmögliche Fertigkeit im freien Auffassen und Darstellen technischer Objekte nach perspektivischen Grundsätzen. Gewandtheit im Zeichnen des Ornaments, stilgerechtes Verständnis desselben. Korrekte Darstellung der menschlichen Gesichtsformen. Im allgemeinen: Verständnis der Formenwelt und Bildung des Schönheitssinnes. — Über die in den einzelnen Fächern zu leistenden schriftlichen Arbeiten vergl. ME 20. Okt. 1890.

b. Ungarn. Gymnasien. Lehrplan vom 3. Juli 1879. Unterrichtsgegenstände: Religions- und Sittenlehre; ungarische, deutsche, lateinische und griechische Sprache und Litteratur; vaterländische und allgemeine Geographie; ungarische Geschichte, allgemeine Geschichte; philosophische Propädeutik; Mathematik; Naturgeschichte; Physik und Chemie; mathematische und physikalische Geographie und Elemente der Geologie; Zeichnen; Turnen. — Fakultative 'Lehrgegenstände: Französisch, Englisch, Italienisch, Zeichnen, Stenographie, Gesang. — Lehraufgaben und -Ziele: Ungarische Sprache und Litteratur: Gründliche Kenntnis der Grammatik Fertigkeit und stilistische Gewandtheit des Ausdrucks; Kenntnis der ästhetischen Grundbegriffe, der Kunsttheorie und der Entwickelung der ungarischen Litteratur. **Lateinisch und Griechisch**: Gründliche Kenntnis der Grammatik und korrekte Übersetzung ausgewählter Klassiker. Kenntnis des Lebens und der Weltanschauung der klassischen Völker, soweit eine solche aus der Lektüre gewonnen werden kann. **Lateinische Lektüre**. Klasse V: Livius, lyrische Anthologie. VI: Livius, Cicero, Vergil (Aeneis). VII: Oratorisch und politisch bedeutsame Reden Ciceros, zeitgeschichtliche Briefe; Aeneis; Kursorisches aus Plautus oder Terenz. VIII: Horaz, Tacitus, Ciceros philosophierende Schriften. **Griechische Lektüre**. VI: Xenophon. VII: Homer, Herodot. VIII: Plato, Homer, Sophokles. **Deutsche Sprache**. Sichere grammatische Kenntnis und Bekanntschaft mit neueren Litteraturwerken. Übersetzen aus dem Ungarischen ins Deutsche. **Geschichte**. Chronologische Übersicht der allgemeinen Geschichte und pragmatische Geschichte Ungarns im Zusammenhange mit Kulturgeschichte. **Geographie**. Kenntnis der natürlichen und staatlichen Verhältnisse, besonders Ungarns. **Naturgeschichte**. Kenntnis der wichtigeren Mineralien und Steine, der Bestandteile und allmählichen Entwickelung der Erdrinde, mit besonderer Rücksicht Ungarns. Kenntnis der wichtigeren Tier- und Pflanzengruppen, sowie des animalischen und vegetabilischen Organismus. **Physik**. Kenntnis der Gesetze physikalischer Erscheinungen. **Mathematik**. Sicherheit im Rechnen mit gewöhnlichen Zahlen. Zusammenhängende Kenntnis der Elementarmathematik und einige Selbständigkeit in ihrer Anwendung. **Philosophische Propädeutik**. Elemente der Psychologie und Logik. Die Selbstthätigkeit des Seelenlebens. Die Hauptgruppen der geistigen Funktionen. Die intellektuelle Entwickelung. Logische Kategorieen. Einteilung der Wissenschaft und Methoden.

**Realschulen**. Lehrplan von 1875. **Unterrichtsfächer**: Religions- und Sittenlehre; Geschichte; ungarische, deutsche, französische Sprache und Litteratur; philosophische Propädeutik; Geographie; Naturgeschichte; Physik; Chemie; Mathematik; Geometrie und Zeichnen; Freihandzeichnen; Turnen. Fakultativ sind: Lateinisch, Englisch, Italienisch; Modellieren; Gesang; Musik; Stenographie. Lehrziele: **Geschichte**: Kenntnis der griechischen und römischen Geschichte; derjenigen Epochen der modernen Geschichte, aus welchen der jetzige Kulturzustand begreiflich wird; der Kulturgeschichte Ungarns mit besonderer Rücksicht auf soziale Verhältnisse und Gesetzgebung. **Ungarische Sprache und Litteratur**: Bewußte und gründliche Kenntnis der Grammatik und stilistische Gewandtheit in klarem und präcisem, mündlichem und schriftlichem Ausdruck. Lektüre nationaler Klassiker und kunsttheoretische Kenntnis der ungarischen Litteratur in ihrer Entwickelung. Deutsche Sprache und Litteratur: Kenntnis der Grammatik und Verständnis gelesener Klassiker der neueren deutschen Litteratur. Gewandtheit in mündlichem und schriftlichem Ausdruck. Französische Sprache und Litteratur: Gründliche grammatische und litterarische Kenntnisse; fehlerfreie Übersetzung ins Französische und Fertigkeit im mündlichen Gebrauch der Sprache. Geographie: Gründliche Kenntnis der physischen und politischen Verhältnisse der Erde, mit besonderer Rücksicht auf Ungarn. Naturgeschichte: Systematische Kenntnis der bedeutenderen Tier- und Pflanzengruppen; der Eigenschaften wichtiger Mineralien und Gesteine; der Entwickelung der Erdrinde; der elementaren Physiologie des Menschen. Physik: Kenntnis der wichtigeren Naturgesetze, besonders kosmischer Erscheinungen. Chemie: Kenntnis der Elemente und hauptsächlichsten Verbindungen. Mathematik: Sicherheit und Gewandtheit im Rechnen; Geschicklichkeit im Lösen praktischer Aufgaben. Zusammenhängende Kenntnis der elementaren Mathematik und Selbständigkeit ihrer Anwendung. Geometrie und geometrisches Zeichnen: Genaue Kenntnis der Fundamentalprobleme der konstruktiven Planimetrie und der Projektionslehre; deren Anwendung auf die Schattenlehre und perspektivische Konstruktion sowie auf korrektes Abbilden kunstgewerblicher Gegenstände. (Vergl. im übrigen KEMÉNY, Die Mittelschulen Ungarns. Prefsburg 1896.)

Zur Ausbildung von Lehrern an Mittelschulen (Gymnasien und Realschulen) dienen pädagogische Seminare mit 4jährigem Kursus und philosophisch-philologisch-historischen, mathematisch-naturwissenschaftlichen und pädagogischen Abteilungen. (Über das Michaelis 1895 in Budapest eröffnete ‚Eötvös-Kollegium' vergl. WYCHGRAM, Deutsche Zeitschrift 1896 IV 377 f.)

8. Rufsland. Gymnasien. Statut vom 30. Juli 1871. Die Anstalten bestehen aus 7 Klassen, deren oberste zweijährigen, die übrigen einjährigen Kursus haben. Nach dem Beschlufs des Reichsrats vom 13. Mai 1875 werden die beiden Abteilungen der Klasse VII nur in Religion, Geographie, Französisch und Deutsch zusammen, sonst aber getrennt unterrichtet, weshalb zumeist eine besondere 8. Klasse vorhanden ist. Jedes Gymnasium hat eine Vorbereitungsklasse, welche die Aufgabe hat, der ersten Klasse einigermafsen gleichmäfsig vorbereitete Schüler zuzuführen. Zur Aufnahme in die Vorbereitungsklasse wird verlangt: ein Alter von 8 bis 10 Jahren, Kenntnis zweier Gebete, Lesen und Schreiben, Zählen, Addieren, Subtrahieren bis 1000. Unterrichtet wird in Religion, Russisch, elementarem Rechnen und Schönschreiben. Lehrplan der Gymnasien von 1877: Unterrichtsgegenstände: Religion, russische und kirchenslavische Sprache und Litteratur, Elemente der Logik, Lateinisch, Griechisch, Mathematik (Rechnen,

### 3. Kapitel. Der höhere Schulunterricht in aufserdeutschen Kulturstaaten 363

Algebra, Geometrie, ebene Trigonometrie, mathematische Geographie, Physik, Naturkunde, Geographie, Geschichte, Französisch oder Deutsch, Schönschreiben. Logik wird nur in VII, Physik in VI bis VIII, Naturkunde in VI getrieben; Griechisch beginnt in III, Lateinisch geht durch alle Klassen. Religion. In I und II: Geschichte des alten und neuen Testaments. Zuweilen wird der Urtext gelesen. In III: die Lehre vom orthodoxen Gottesdienst. IV und V: der grofse Katechismus in 3 Teilen (Symbolum fidei, Paternoster, Dekalog). VI: Geschichte der orthodoxen Kirche. VII und VIII: Wiederholung. Russisch, Kirchenslavisch. I bis III: Formenlehre und Syntax. Memorieren. Diktat. Scriptum. Besondere Beachtung ist den Flexions- und Rektionsformen zugewiesen, in denen die Volkssprache von der Schrift abweicht. IV: Kirchenslavisch an der Hand des Ostromirschen Evangeliums. V: Theorie des Stils; Prosa, Poesie; im engsten Zusammenhange mit praktischen Übungen (Lesen und Analysieren poetischer und prosaischer Stücke; schriftliche Bildung von Perioden; Disponieren von Erzählungen, Beschreibungen, Abhandlungen, Abfassung solcher Übungen). VI bis VIII: Geschichte der russischen Litteratur. Die praktischen Übungen schliefsen sich an Musterstücke an. Aufsätze; Inhaltsangaben; Charakteristiken von Personen und Epochen. Verlangt wird richtige und bestimmte Sprache, logische Darstellung, natürlicher und direkt auf das Thema bezüglicher Gedankengang. Logik. Die Grundformen und Grundgesetze und die Methode des Denkens. Dazu elementare Psychologie (Grundformen des psychischen Lebens; Eindrücke der äufseren Sinne; Empfindungen, Vorstellungen — Gedächtnis, Reflexion, Einbildung; innere Empfindungen, Affekte.) — Die Logik soll den Schüler von einseitigem Empirismus fernhalten, die Psychologie in ihrer Beschreibung seelischer Erscheinungen vor dem vulgären Materialismus bewahren. Lateinisch. I. Regelmäfsige Deklination. Mündliche und schriftliche Übungen. II. Konjugation des regelmäfsigen Zeitworts; Hilfszeitwort. Elemente der Syntax. Mündliche und schriftliche Übungen; Fabeln oder Chrestomathie. III. Unregelmäfsige Verba; syntaktische Regeln. Mündliche und schriftliche Übungen. Nepos; grammatische Analyse und Retroversion. IV. Formenlehre. Syntax. Übungen im Übersetzen ins Lateinische. Bellum gallicum. V. Repetition und Beendigung der Syntax; Übungen. Hauptregeln der Prosodie. Ovids Metamorphosen, Caesar, Sallust. VI. Repetitionen der Syntax. Extemporalien und Scripta. Aeneis. Cicero. VII und VIII. Repetitionen. Übungen Hauptregeln der Stilistik. Livius; Aeneis (VII) Cicero, Tuscul., de off., Laelius, Cato major, Brutus, orator; Horaz (VIII). Griechisch. III und IV: bis zu den Verba auf μι; mündliche und schriftliche Übersetzungen. Chrestomathie; Xenophon. V: Repetition der Formenlehre mit Ergänzungen. Übersetzungen ins Griechische. Anabasis; Odyssee. VI:

**Syntax.** Übungen; Odyssee; Memorabilien von Xenophon; Isokrates oder Arrian, Lucian, Plutarch. VII und VIII: Übersetzungen ins Griechische; schwierigere Teile der Syntax. Herodot, Plato (Apologie oder Kriton), Ilias (VII); Demosthenes, olynthische oder philippische Reden, Thukydides, Platos Enthydemus, Laches, Hippias, Euripides oder Sophokles (VIII). Die Tragödien werden in VIII ganz gelesen; überhaupt soll die einmal vorgenommene Lektüre am Schlusse des Semesters nicht unbeendet bleiben. — Schriftliche Übungen werden in den untersten Klassen nur in der Schule gemacht. IV und V: in jeder Woche eine schriftliche Arbeit daheim oder in der Klasse. VI bis VIII: alle 14 Tage eine häusliche Arbeit und, soweit nötig, ein Extemporale. — Bei der Lektüre werden die nötigen Erklärungen aus der Geschichte, Geographie, Litteratur, Mythologie und Archäologie gelegentlich mitgeteilt. Übersetzungen sind möglichst wörtlich zu halten. Die lyrischen Stellen der griechischen Tragödien werden nicht im Versmafs gelesen. **Mathematik.** III. Rechnen. Diskont-, Proportions- und Mischungsaufgaben. IV. Elemente der Algebra. V. Gleichungen. Quadrieren. VI. Progressionen und Logarithmen. VII. Kubikwurzeln; Kettenbrüche. Kombination. Ebene Trigonometrie. VIII. Wiederholung der Algebra und Arithmetik. Anwendung der Algebra auf Geometrie. Mathematische Geographie. **Physik.** VI. Allgemeine Vorbegriffe. Kurzer Abrifs der wichtigsten chemischen Erscheinungen. VII. Wärme, Magnetismus, Elektricität; Licht. VIII. Bewegung; Schall; atmosphärische Erscheinungen. **Naturkunde.** Allgemeiner Abrifs der Erdkunde. Veränderungen im Bau der Erdrinde. Übersicht der wichtigsten Gebirgsarten und Mineralien. Elemente der Botanik. Allgemeine Charakteristik der Säugetiere. Vergleichende Übersicht der Wirbeltiere. Typische Vertreter des Tierreichs. Abrifs der systematischen Zoologie. **Geschichte.** Kurzer episodischer Kursus in III und IV. Systematischer Kursus in V bis VIII. Klasse V: Griechische und römische Geschichte. VI: Geschichte des Mittelalters. VII: Zeitalter der Reformation. Überblick des 17. Jahrhunderts in Westeuropa. Russische Geschichte von Joann IV. bis Peter d. Gr. (Zustand Littbauens und Südwestrufslands unter polnischer Herrschaft. Kulturverhältnisse. Regierung Peters d. Gr., Peter III. und Katharina II. Regierungsformen in Europa. Nordamerikanische Republik. Französische Revolution.) VIII: Französischer Krieg. Die Kongresse. Hauptereignisse 1830 bis 1852. Der orientalische Krieg; der Pariser Friede; Unterwerfung Turkestans; der polnische Aufstand; der italienisch, österreichisch-preufsische, deutschfranzösische Krieg; das Deutsche Reich. Die Reformen Alexanders II. **Geographie.** I. Vorkenntnisse der mathematischen und physikalischen, Übersicht der politischen Geographie. II. Asien, Afrika, Amerika, Australien. III. Europa. IV. Rufsland. VII. und VIII. Repetition. Neuere Sprachen. Abschluſs der Formenlehre in IV, der Syntax in VI. Über das Lehrziel hinaus, doch nicht vom Klassenunterricht ausgeschlossen liegt die Lektüre neusprachlicher Klassiker wie Montesquieu, Corneille, Racine; Lessing, Goethe, Schiller. — Die Verteilung des Unterrichts auf die Lehrkräfte wird auf den Beschluſs der Lehrerkonferenz und den Antrag des Direktors von dem Kurator des Bezirks vorgenommen. Neben dem Direktor, welcher sich eine bestimmte Klasse wählt, unterrichten die Klassenlehrer (das Fachsystem ist aufgegeben) und (an jedem Gymnasium 2) Klassenlehrergehilfen, welchen besonders die Aufsicht über die Schüler obliegt. Über Disciplin vergl. Gesetz vom 4. Mai 1874.

b. Realschulen. Statut vom 15. Mai 1872. Die Anstalten haben 6 einjährige Klassen. Der Unterricht in I bis IV bezweckt allgemeine Bildung; in V und VI nimmt er Naturgeschichte, Physik, Chemie und Mechanik auf und bereitet zu praktischen Berufsarten vor. Neben den beiden Oberklassen kann überdies eine Handelsabteilung bestehen, welche den neueren Sprachen und den Handelswissenschaften gröfseren Raum gewährt. Der Normallehrplan, der im allgemeinen dem gymnasialen ähnlich ist, hat neben Religion als Sprachfächer Russisch und zwei neuere Fremdsprachen, Geographie, Geschichte, Mathematik, Naturgeschichte, Physik, Chemie und Mechanik. Je nach der besonderen Gestaltung der Anstalten sind die Musterlehrpläne gemäfs CE 31. Juli 1872 anzuwenden.

9. Die Schweiz. Die Gymnasien (27) sind zumeist 8 klassig, setzen sich gewöhnlich aus einer unteren und oberen Anstalt zusammen und haben in den oberen Klassen nicht selten das Bifurkationssystem. Lehrgegenstände: Religion (meistens fakultativ), Deutsch, Latein, Französisch, Griechisch (gewöhnlich fakultativ), Englisch (Italienisch), Geschichte, Geographie, Mathematik, Naturkunde, Zeichnen, Turnen (beides oft fakultativ), Hebräisch (fakultativ). Real- oder Industrieschulen (25), oft mit besonderen Fachklassen für Handelswissenschaften usw. verbunden, betreiben Deutsch, Französisch, Englisch, Mathematik, Geschichte, Geographie, Naturkunde, Zeichnen, Turnen.

10. Skandinavien. a. Schweden. Studienanstalten. Schulordnung vom 1. November 1878. Höhere oder vollständige Anstalten haben 7 Klassen; niedere oder unvollständige 5 oder 3. Die Klassen I bis V haben einjährigen, VI und VII zweijährigen Kursus. Von Klasse IV ab werden die Schüler in eine klassische und eine realistische Ordnung geteilt. In der klassischen ist die lateinische Sprache Hauptfach, in der realistischen herrscht die Mathematik vor. Nach Umständen fehlt die klassische oder die realistische Ordnung entweder gänzlich oder in den höheren Klassen. In VI und VII sind die Schüler der klassischen Ordnung getrennt in solche, die griechischen

Unterricht, und in solche die für diesen englischen und Zeichenunterricht geniefsen. (Daneben existieren Pädagogien mit einer und zwei Klassen, die den niederen der allgemeinen Lehranstalten ähneln.) Der Eintritt in die Schule kann vor dem zurückgelegten 9. Jahre nicht erfolgen. Zur Aufnahme gehören elementare Vorkenntnisse. In Klasse I unterrichtet ein Klassenlehrer, in II bis IV solche und Fachlehrer, in V bis VII meist die letzteren. Zu den Unterrichtsfächern gehört auch die philosophische Propädeutik in Klasse VII für beide Ordnungen. Religion und Muttersprache gehen durch alle Klassen, Mathematik, Geschichte und Geographie in ihren Abstufungen ebenfalls durch die ganze Schule. Latein tritt nur in IV bis VII, Griechisch in VI und VII der klassischen Ordnung auf; Deutsch wird von I bis VI, Französisch in V bis VII beider Ordnungen gelehrt. Chemie tritt (in 2 Stunden) nur in der realistischen VI und VII auf. Im Griechischen finden Extemporalia zur Einübung der Formen statt. Die obligaten Schriftsteller sind Xenophon und Homer. Das Ziel im Französischen ist geläufige Übersetzung und Erklärung leichter Stücke. Die Mathematik beginnt in den gemeinschaftlichen Klassen mit geometrischem Anschauungsunterricht. Das Rechnen umfafst lediglich die 4 Species in unbenannten und benannten Zahlen. Für die klassische Ordnung sind im weiteren Planimetrie und die Lehre von den Proportionen mit einem gleich zu Anfang systematisch beweisenden Lehrgange vorgeschrieben. Dazu kommen von Arithmetik und Algebra die 4 ersten Operationen, Potenzen, Wurzeln, Gleichungen 1. und 2. Grades, die Lehre von den Progressionen und Übung im Gebrauch der Logarithmen. Die realistische Ordnung betreibt noch Stereometrie, ebene Trigonometrie, Konstruktion analytischer Formen und die Anfangsgründe der analytischen Geometrie. Der naturwissenschaftliche Unterricht beginnt in I mit einem einleitenden Studium des menschlichen Körpers und begreift bis III die Elemente der Zoologie und Botanik. In IV und V schliefst sich ein kurzgefafster Kursus der Physik, Chemie, Geologie und Kosmographie an. In IV beendigt ein systematischer Überblick der Pflanzenphysiologie und menschlichen Anatomie für die Humanisten, in VII eine systematische Übersicht der Wirbeltiere sowie Pflanzengeographie diesen Kursus für die Realisten. In der Geschichte wird den Klassen I bis III eine Übersicht der schwedischen Geschichte, IV und V ein klarer Abrifs der allgemeinen, VI und VII ein ausführlicher Einblick in die Weltgeschichte und die schwedische Geschichte geboten. Die Geographie umfafst in I bis III nach einer allgemeinen Übersicht der Weltteile Schweden und die übrigen Länder Europas in Umrissen, in IV und V die Erdteile eingehender. Die philosophische Propädeutik begreift Psychologie und Logik.

 b. **Norwegen.** Schulgesetz vom 17. Juni 1869; Gesetz vom

27. Juli 1896. **Gymnasien. Humanistische Linie.** Unterrichtsfächer: Muttersprache, Geschichte, Mathematik, Französisch, Deutsch, Englisch und Altnorwegisch. (Mit Genehmigung des Königs und des Storthings kann in einzelnen Anstalten auch Latein getrieben werden.) Lehrziel in **Muttersprache**: Kenntnis des Wichtigsten aus der Litteratur und ihrer Geschichte sowie Gewandtheit in schriftlicher Behandlung einer Aufgabe; **Altnorwegisch**: Kenntnis des Wichtigsten aus der Formenlehre und Fertigkeit in der Übersetzung eines Lesestückes; ıLateinisch: gewandte Übersetzung leichter Prosastücke und Kenntnis der Hauptwerke römischer Litteratur sowie des Wesentlichen aus Altertumskunde und Mythologie); **Französisch, Deutsch** und **Englisch**: Extemporieren leichter Prosawerke und ihre grammatische Erklärung, dazu Bekanntschaft mit den betreffenden Litteraturen; **Geschichte**: Kenntnis der alten und nordischen Geschichte sowie der europäischen in grofsen Zügen; **Mathematik**: Beherrschung der elementaren Mathematik und Algebra einschliefslich der Logarithmen, der arithmetischen und geometrischen Reihe und Lösung von Gleichungen 1. und 2. Grades sowie Bekanntschaft mit der ebenen Trigonometrie und den Berechnungen der Oberfläche und des Inhalts der wichtigsten stereometrischen Körper.]

**Realistische Linie.** (Der Schwerpunkt des Unterrichts liegt auf Mathematik und Naturwissenschaft.) Lehrziel in Muttersprache, Altnorwegisch, Französisch, Deutsch, Englisch und Geschichte wie vorstehend. Die **Geographie** schliefst eine Übersicht der politischen und ökonomischen Verhältnisse des Nordens und der wichtigsten Länder ein; die **Naturkunde** eine übersichtliche Kenntnis der Physik, Mechanik und Wärmelehre, das Wesentlichste aus der anorganischen Chemie und der Mineralogie sowie die Grundzüge der Systematik und Physiologie des Tier- und Pflanzenreiches; die **Mathematik** die Elemente der analytischen Geometrie, der Kegelschnitte und der beschreibenden Geometrie.

Der Kursus der Gymnasien ist dreijährig und setzt den vierstufigen einer Mittel- oder Bürgerschule voraus. Das Turnen ist in 5 Wochenstunden überall obligatorisch. Ein Unterschied der Geschlechter bei Aufnahme von Schülern oder Anstellung von Lehrkräften wird nicht gemacht.

## II. Hauptabteilung. Fachschulen.[1])

CE 24. Mai 1881. Die Angelegenheiten der Fachschulen sind, soweit sie den Unterricht betreffen, bei den Regierungen von den Abteilungen für Kirchen- und Schulwesen zu bearbeiten. Jedoch bleibt die Mitwirkung der technischen Räte und Hilfsarbeiter der ressortmäfsigen Verfügung des Regierungspräsidenten überlassen.

CE 9. April 1880. Zur Errichtung technischer Unterrichtsanstalten, welche als Baugewerk- oder Bauschulen, Schulen für Maschinentechniker, Chemiker usw. oder als technische Fachschulen, Technika usw. bezeichnet werden, hat die Regierung Privaten oder Gemeinden nicht ohne ministerielle Genehmigung die Erlaubnis zu erteilen. Den bezüglichen Berichten ist der specielle Lehrplan, ein Verzeichnis der Lehrkräfte, deren Lebensläufe und Zeugnisse und eine Übersicht, aus welcher die Verteilung der Stunden unter den einzelnen Lehrern ersichtlich ist, sowie Pläne der Schullokalitäten und der Nachweis, dafs die zur Unterhaltung der Anstalt erforderlichen Geldmittel verfügbar sind, beizufügen.

(Über die Entwickelung des gewerblichen Fachschulwesens vergl. CBl. 1881, 440 ff.)

### 1. Kapitel. Landwirtschaftliche Lehranstalten.

a. Ackerbauschulen. Organisation und Lehrplan vergl. CBl. 1867, 544 ff. und 1869, 602 ff.

b. Landwirtschaftschulen. Militärberechtigte höhere Fachlehranstalten ohne obligatorischen Lateinunterricht (vergl. CBl. 1895, 147): Heiligenbeil, Marggrabowa (Ostpreufsen); Marienburg (Westpreufsen); Dahme (Brandenburg); Eldena, Schivelbein (Pommern); Samter (Posen); Brieg, Liegnitz (Schlesien); Flensburg (Schleswig-Holstein); Hildesheim (Hannover); Herford, Lüdinghausen (Westfalen); Weilburg (Hessen-Nassau); Bitburg, Kleve (Rheinprovinz).

Reglement für die Landwirtschaftsschulen vom 10. Aug. 1875.

Ministerialerlafs des Unterrichts- und Landwirtschaftsministers vom 9. Mai 1877. Nur solche Lehrer der Landwirtschaft sollen an

---

[1]) Es werden hier nur die preufsischen Schulen behandelt und auch für diese nur das unumgänglich Notwendige zur Vermittelung eines Überblicks über ihre Organisation usw. mitgeteilt.

den nach Mafsgabe des Normallehrplanes organisierten Landwirtschaftsschulen definitiv angestellt werden, welche 1. das Reifezeugnis eines Gymnasiums oder Realgymnasiums erworben, 2. ein dreijähriges Studium an höheren landwirtschaftlichen Lehranstalten oder Universitäten zurückgelegt und die Prüfung für das Lehramt der Landwirtschaft bestanden haben, 3. zwei Jahre praktisch landwirtschaftlich beschäftigt gewesen sind und 4. ein Probejahr als Lehrer an einer Landwirtschaftsschule mit Erfolg absolviert haben.

ME 14. Nov. 1892. Dispensation von Beibringung des Reifezeugnisses zur Prüfung für das landwirtschaftliche Lehramt an Landwirtschaftsschulen ist nicht angängig.

Erlafs des Ministers für Landwirtschaft, Domänen und Forsten vom 2. Juni 1891.

§ 1. An den vom Staate subventionierten landwirtschaftlichen Winterschulen, Ackerbauschulen und Landwirtschaftsschulen sind thunlichst nur solche landwirtschaftliche Fachlehrer und Direktoren anzustellen, welche dargethan haben, dafs sie mit Erfolg in die Methodik des Unterrichts eingeführt sind.

§ 2. Zu dieser Einführung dienen pädagogische Seminare für Kandidaten des landwirtschaftlichen Lehramts, welche mit geeigneten Landwirtschaftsschulen verbunden sind.

§ 3. Dieselben haben den Zweck, die Kandidaten mit den Aufgaben der Erziehungs- und Unterrichtslehre in ihrer Anwendung auf die genannten Schulen, mit der Methodik der einzelnen Unterrichtsgegenstände, welche in diesen Schulen betrieben werden, insbesondere aber mit der Methodik des naturwissenschaftlichen und landwirtschaftlichen Unterrichts bekannt zu machen und sie hierdurch, sowie durch Darbietung vorbildlichen Unterrichts und durch Anleitung zu eigenen Unterrichtsversuchen für die Wirksamkeit als Lehrer zu befähigen.

§ 4. Die Dauer dieser Lehrzeit beträgt ein Jahr, welches entweder mit dem Sommer- oder Wintersemester begonnen werden kann. Die genauen Anfangstermine sind dem Ministerium von den betreffenden Direktoren spätestens drei Monate vorher anzuzeigen.

§ 5. Die Meldung zum Antritt des Seminarjahres haben die Kandidaten unter Beifügung ihrer Zeugnisse im März oder September dem Ministerium einzureichen, welches sie alsdann einer Landwirtschaftsschule überweist und zwar so, dafs die zu verschiedenen Terminen Eintretenden auch thunlichst verschiedenen Anstalten überwiesen werden.

§ 6. Die Zahl der gleichzeitig an einem Seminar beschäftigten Kandidaten soll in der Regel nicht mehr als sechs betragen.

§ 7. Die Anleitung der Seminarmitglieder besteht teils in Unterweisungen und Übungen, an welchen alle teilnehmen, teils in besonders geordneter Thätigkeit der einzelnen.

§ 8. Für die Gesamtheit zerfallen die Anleitungen in Seminarsitzungen, welche der theoretisch-pädagogischen Unterweisung gewidmet sind, und in praktische Übungen. Die letzteren bestehen teils in Musterlektionen, welche der anleitende Lehrer im Beisein sämtlicher Seminarmitglieder hält, teils in Probelektionen der letzteren.

§ 9. Für diese Anleitungen sind wöchentlich 12 Stunden bestimmt. Davon entfallen 3 Stunden auf Seminarsitzungen, die übrigen auf Muster- und Probelektionen, welche auf die anleitenden Lehrer nach Verhältnis der ordentlichen Seminarsitzungen zu verteilen sind. Doch steht es jedem Lehrer frei, die auf ihn fallenden

Stunden, statt für Lektionen, teilweise auch noch für Seminarsitzungen (außerordentliche) zu verwenden.

§ 10. Zu den Sitzungen und Lektionen haben auch die übrigen Lehrer mit Genehmigung des Direktors Zutritt.

§ 11. Die in den Seminarsitzungen zu behandelnden Gegenstände sind hauptsächlich folgende: Grundsätze der Schulhygiene und der allgemeinen Erziehungs- und Unterrichtslehre (wobei auch das Wichtigste aus der Geschichte der Pädagogik, besonders aus den Hauptwerken der neueren, zu behandeln ist); specielle Methodik der einzelnen Unterrichtsfächer, namentlich a. Methodik des botanischen und zoologischen Unterrichts, wobei in die bezügliche Litteratur einzuführen, mit der Gewinnung, Verwertung und Konservierung der nötigen Anschauungsobjekte aus der Natur sowie mit den zweckmäßigsten Modellen, Abbildungen und sonstigen Lehrmitteln bekannt zu machen, auch zu eigener Herstellung morphologischer und anatomischer Zeichnungen, Anfertigung mikroskopischer Apparate und Ausführung pflanzenphysiologischer Experimente für Schulzwecke anzuleiten ist, b. Methodik des physikalischen, chemischen und mineralogischen und c. des landwirtschaftlichen Unterrichts, die gleichfalls mit entsprechenden Anleitungen (zu eigener Herstellung einfacher physikalischer und chemischer Apparate, zur schulmäßigen Thätigkeit auf den Versuchs- und Demonstrationsfeldern usw.) zu verbinden sind.

§ 12. Die Behandlung dieser Gegenstände erfolgt teils in Vorträgen und Anweisungen der leitenden Lehrer oder in kurzen Referaten der Seminarmitglieder über bestimmte Themata, Schriften und Abschnitte aus solchen, mit nachfolgender Diskussion, teils in Erläuterungen der Musterlektionen und Besprechung der Lehrproben, welche in vorhergehenden Seminarsitzungen vorbereitet, in nachfolgenden beurteilt werden.

§ 13. Jedes Seminarmitglied hat ca. 3 Monate vor Schluß des Jahres eine schriftliche Arbeit über ein von dem Direktor gestelltes konkretes pädagogisches Thema zu liefern, welche dann in den Sitzungen zu besprechen ist.

§ 14. Sobald ein Seminarmitglied einige Einsicht in die Theorie des Lehrverfahrens erlangt und in den Probelektionen einiges Geschick im Unterrichten gezeigt hat, wird ihm mit Rücksicht auf seine Neigung und Befähigung ein Lehrgegenstand in einer Klasse zu selbständiger Behandlung überwiesen und zwar unter Leitung und Verantwortlichkeit des damit beauftragten Lehrers, welcher die Verteilung des Lehrstoffes auf die verfügbare Zeit mit ihm zu besprechen, seine schriftliche Vorbereitung für jede Lehrstunde einzusehen und wenigstens $1/n$ seiner Lehrstunden zu besuchen hat. Hierzu werden besonders die Lehrgegenstände der mit der Landwirtschaftsschule [verbundenen Winter- oder Ackerbauschule gewählt, außerdem die Fächer des naturwissenschaftlichen Anfangsunterrichts und einzelne Zweige der speciellen Pflanzen- und Tierproduktionslehre, welche gesondert behandelt werden können.

§ 15. Die Seminarmitglieder sind möglichst an der Leitung der an der Anstalt eingeführten Jugendspiele zu beteiligen sowie zum Turnunterricht und den Schulausflügen heranzuziehen.

§ 16. Im Sommer wird jedem Seminarmitglied eine Anzahl Schüler zugeteilt, deren Anbauversuche auf dem Versuchsfeld er zu leiten hat.

§ 17. Die Mitglieder werden in die landwirtschaftlichen Vereine der Umgegend eingeführt und bekommen hier Gelegenheit, sich in Vorträgen und sonstigen populären Belehrungen für Erwachsene zu üben, wobei ihnen der Landwirtschaftslehrer der Anstalt mit seinem Beispiel und Rate zur Seite steht.

§ 18. Zu den Verhandlungen der Lehrerkonferenz sind gewöhnlich auch die

# 1. Kapitel. Landwirtschaftliche Lehranstalten.

Seminarmitglieder heranzuziehen. Soweit von ihnen unterrichtete Schüler in Betracht kommen, haben sie über diese Auskunft zu geben.

§ 19. Die sonstigen Anordnungen zur Ausführung obiger Bestimmungen hat der Direktor zu treffen, welchem die Gesamtleitung des Seminars obliegt.

§ 20. Vier Wochen vor Ablauf jedes Semesters erstattet der Genannte auf Grund seiner eigenen Beobachtungen und der Urteile der beauftragten Lehrer an das Ministerium einen Bericht über die ausscheidenden Seminarmitglieder, ihre Thätigkeit, ihr Streben und das Mafs ihrer pädagogischen Ausbildung. In diesem Berichte sind besondere Beweise von Tüchtigkeit der Kandidaten ebensowenig zu verschweigen, wie auffallende Mängel der Führung, des Strebens und der Leistungen. Dem Berichte sind die pädagogischen Arbeiten der Seminarmitglieder mit dem Urteil des Direktors beizufügen.

§ 21. Auf Grund desselben sowie nach etwaigen Beobachtungen des aufsichtsführenden Regierungsschulrates stellt das Ministerium demnächst das Urteil über den Verlauf und Erfolg des Seminarjahres fest und erklärt den Kandidaten entweder für geeignet oder ungeeignet zur Anstellung. Auch kann er gleichzeitig von dem sonst vorgeschriebenen Probejahr dispensiert werden.

§ 22. Für ungeeignet zur Anstellung wird ein Kandidat insbesondere dann erklärt, wenn er nach seiner bisherigen Thätigkeit wegen grofsen pädagogischen Ungeschickes oder fortgesetzten Unfleifses unter Nichtbeachtung erfolgter Warnungen oder wegen erheblicher sittlicher Mängel oder körperlicher Gebrechen zur Bekleidung des Amtes eines Jugendlehrers unbrauchbar erscheint. Eine dahingehende Entscheidung des Ministers wird dem Kandidaten samt den Beweggründen mitgeteilt.

§ 23. Dem für geeignet erklärten Kandidaten wird über seine pädagogische Ausbildung ein formell vorgeschriebenes Zeugnis ausgefertigt, worin enthalten ist: das Nationale desselben mit Angabe der Konfession oder Religion, der äufsere Verlauf seiner pädagogischen Vorbildung und die Bemerkung, dafs er zur Anstellung geeignet sei, event. mit dem Zusatz: „besonders an Landwirtschaftsschulen". Dieses Zeugnis ist jeder Bewerbung um eine Lehrerstelle beizufügen.

CE 16. März 1881. Da nicht zu verkennen ist, dafs es im Interesse nicht nur der Landwirtschaftsschulen, sondern ebensosehr der anderen höheren Lehranstalten, namentlich da, wo beide Arten von Schulen in derselben Stadt neben einander bestehen, als förderlich zu erachten ist, wenn hinsichtlich der äufseren Schulordnung an allen Schulen dieselben Grundsätze mafsgebend sind, so haben die Provinzial-Schulkollegien von allen derartigen Verfügungen den Regierungen, zu deren Ressort eine Landwirtschaftsschule gehört, Abschrift zugehen und deren Erwägung anheimgestellt zu lassen, ob sie die Verfügungen der betreffenden Schule zur Kenntnisnahme und Nachachtung mitteilen wollen.

Der (theoretische) Unterricht an Ackerbauschulen umfafst: Deutsch, Rechnen, vaterländische Geschichte, landwirtschaftliche Buchführung, Hauptbegriffe der Nationalökonomie, elementare Physik, Chemie, Botanik, Feldmessen und Nivellieren, allgemeinen und speciellen Pflanzenbau, Viehzucht, landwirtschaftliche Betriebslehre und Taxation; an Landwirtschaftsschulen: Deutsch, Englisch, Französisch, Geschichte, Geographie, Mathematik, Feldmessen und Nivellieren, propädeutische Naturkunde und Physik, Chemie und Technologie, Mineralogie und Bodenkunde, Botanik und Pflanzenproduktionslehre, Zoologie, Geräte- und Maschinenkunde, landwirtschaftliche Betriebslehre, Volkswirtschaftslehre.

c. **Landwirtschaftliches Institut an der Universität Halle.**
AO 16. Febr. 1863. Immatrikuliert werden auch solche, die ein Reifezeugnis nicht erworben haben. Zur Anmeldung ist erforderlich: 1. Einwilligung der Eltern oder deren Stellvertreter zum Besuch der Hochschule; 2. Sittenzeugnis der Obrigkeit des letzten Aufenthaltsortes; 3. Nachweisung über die Art der erlangten Schul- und praktischen Vorbildung. Die Anstalt ist ausgestattet mit landwirtschaftlichen Sammlungen, Laboratorien für Agrikulturchemie und -Physiologie, Versuchsfeldern, Tiergarten, Sämereien usw. und giebt praktisch vorgebildeten Landwirten Gelegenheit, sich eine wissenschaftliche Durchbildung zu erwerben, sowie Studierenden der Staats- und Rechtswissenschaften die Möglichkeit, die Grundsätze eines rationellen Landwirtschaftsbetriebes kennen zu lernen; vergl. CBl. 1866, 65 ff.

d. **Landwirtschaftliche Hochschulen zu Berlin und Poppelsdorf.** Regulativ vom 14. April 1857.

(NB. Die Anstalten zu a, b und d stehen unter dem Landwirtschaftsministerium.)

ME 15. Juni 1880. Hinsichtlich der Benutzung der Königlichen Bibliothek seitens der Dozenten und Studierenden des landwirtschaftlichen Lehrinstituts in Berlin gelten die betreffenden Bestimmungen der Universität.

ME 25. Febr. 1881. Die Studierenden des landwirtschaftlichen Lehrinstituts zu Berlin können ohne Zahlung einer Matrikelgebühr gegen das vorgeschriebene Honorar Vorlesungen der technischen Hochschule besuchen und umgekehrt.

2. Kapitel. **Bergbau-Lehrinstitute.**

Königliche Bergakademie Berlin. AO 28. Sept. 1863. Vorschriften für die Königliche Bergakademie in Berlin (vergl. CBl. 1863, 670 ff.).

§ 1. Die Königliche Bergakademie in Berlin hat den Zweck, denjenigen, welche sich im Berg-, Hütten- und Salinenwesen ausbilden wollen, Gelegenheit zur Erwerbung der erforderlichen Fachkenntnisse zu geben.

§ 2. Der vom König ernannte Direktor führt die Leitung der Anstalt. Sie ist dem Minister für Handel, Gewerbe und öffentliche Arbeiten untergeordnet. Die Kassen- und Bureaugeschäfte werden von Beamten der Ministerialabteilung für das Berg-, Hütten- und Salinenwesen wahrgenommen.

§ 3. Das Kuratorium der Akademie besteht aus fünf vom König ernannten Mitgliedern. Dasselbe hat bei den organischen Einrichtungen, der Feststellung des Lehrplanes sowie bei der Anstellung von Docenten mitzuwirken.

§ 4. Aufser der allgemeinen Leitung der Lehranstalt liegt dem Direktor im

## 2. Kapitel. Bergbau-Lehrinstitute.

besonderen ob: 1. die Genehmigung zum Besuch der Akademie nach § 10 bis 12; 2. die Überwachung des planmäßigen Ganges der Lehrvorträge und des Unterrichts; 3. die Kontrolle über die Sammlungen und Lehrmittel, für welche zunächst die beteiligten Docenten verantwortlich sind, sowie über Instandhaltung des Lokales und des Inventariums; 4. die Aufstellung und Einreichung der Etatsentwürfe; 5. die Anschaffung von Utensilien, Mobilien und Lehrmitteln und die Vollziehung der Zahlungsanweisungen an die Kassen innerhalb der Grenzen des Etats; 6. die Einreichung der Jahresrechnungen, die Bearbeitung und Erledigung der Notaten und Monita; 7. die Erstattung eines Jahresberichtes; 8. die Berufung der ordentlichen Docenten zu Beratungen über den Lehrplan und andere den Unterricht betreffende Verhältnisse, so oft dergleichen erforderlich ist, in der Regel aber halbjährlich einmal.

§ 5. Für die Hauptgegenstände des Unterrichts werden ordentliche Docenten mit der Verpflichtung bestimmte Vorträge zu halten und bestimmten Unterricht zu erteilen vom Handelsminister auf Vorschlag des Direktors und gutachtlichen Bericht des Kuratoriums angestellt.

§ 6. Außerdem kann der Direktor mit Zustimmung des Kuratoriums jedem ordentlichen Docenten der Akademie, jedem Professor und Lehrer einer anderen höheren Lehranstalt und sonstigen geeigneten Personen gestatten, Vorträge über hierher gehörige Gegenstände zu halten.

§ 7. Die Vorlesungen an der Bergakademie dauern vom 15. Oktober bis 15. August. Zu Ostern finden dreiwöchige Ferien statt.

§ 8. Der ordentliche Unterricht umfaßt folgende Gegenstände: Bergbaukunde; Salinenkunde; allgemeine Hüttenkunde; Eisenhüttenkunde; Mechanik; Maschinenlehre; Markscheide- und Meßkunst; Zeichnen und Konstruieren mit Vorträgen über Projektionsmethoden und Schattenkonstruktion; Repetitorien und Kolloquien über Mineralogie und Geognosie; über mathematische Disciplinen; allgemeine chemische Analyse, mit praktischen Arbeiten im Laboratorium; Probierkunst auf trockenem und nassem Wege, theoretisch und praktisch. — Das specielle Verzeichnis der Lektionen und der dafür zu entrichtenden Honorare wird halbjährlich bekannt gemacht.

§ 9. Die Erlaubnis zum Besuche der Akademie wird nach § 10 bis 12 auf vorgängige, innerhalb der ersten 14 Tage jedes Semesters unter Überreichung der erforderlichen Atteste anzubringende Meldung durch den Direktor erteilt und auf dem Anmeldebogen vermerkt, welchen der Studierende bei dem Registraturbeamten der Akademie persönlich in Empfang zu nehmen hat.

§ 10. Zum Besuche der Akademie sind berechtigt: 1. die Aspiranten, welche sich dem preußischen Staatsdienst widmen wollen, 2. die immatrikulierten Studierenden der Berliner Universität, 3. die des königlichen Gewerbeinstituts (jetzt Technische Hochschule).

§ 11. Außerdem ist der Direktor befugt, anderen Personen den Besuch einzelner Vorlesungen zu gestatten. Die betreffenden Vorträge werden auf dem Anmeldebogen namhaft gemacht.

§ 12. Die zugelassenen Personen zeichnen die Vorträge, welche sie während des Semesters zu hören wünschen, in die bestimmte Kolumne des Anmeldebogens ein und legen denselben dem Registrator der Akademie zur Signatur vor.

§ 13. Demnächst, und längstens innerhalb 4 Wochen nach Beginn des Semesters, erfolgt die Zahlung der Honorare an die Kasse und die Vorlegung des Anmeldebogens, sowie die persönliche Meldung bei den Docenten.

§ 14. Kein Docent ist befugt, die Meldung eines Studierenden anzunehmen oder den Besuch der Vorträge und des Unterrichts zuzulassen, bevor das Honorar gezahlt und darüber von der Kasse auf dem Anmeldebogen quittiert oder die Stundung nachgewiesen ist.

§ 15. Die Vorlesungen und Übungen werden teils gegen Honorar (privatim), teils unentgeltlich (publice) gehalten.

§ 16. Für die zum ordentlichen Unterricht gehörenden Privatvorlesungen soll das Honorar auf jede wöchentliche Lehrstunde 4.50 M., also beispielsweise bei einem wöchentlich 5stündigen Vortrag 22,50 M., pro Semester nicht übersteigen. Die Festsetzung der Honorare für den Zeichenunterricht und für die Arbeiten im Laboratorium bleibt vorbehalten.

§ 17. Den Betrag des Honorars für aufsergewöhnliche Vorträge setzen die Docenten im Einverständnis mit dem Kuratorium fest, worüber die Kasse Nachricht erhält. Hierbei soll im allgemeinen der für ordentliche Vorträge angenommene Satz nicht überschritten werden.

§ 18. Das für den aufserordentlichen Unterricht entrichtete Honorar wird den betreffenden Lehrern am Schlusse des Semesters ausgezahlt.

§ 19. In Fällen grofser, durch Atteste öffentlicher Behörden nachzuweisender Bedürftigkeit kann der Handelsminister auf Vorschlag des Direktors Inländern Stundung der Hälfte des Honorars für den ordentlichen Unterricht bewilligen. Für aufserordentliche Vorträge findet eine Stundung nicht statt.

§ 20. Die Stundung wird auf dem Anmeldebogen von dem Direktor bescheinigt. Durch einen schriftlichen Revers verpflichtet sich der Studierende, die gestundeten Beträge spätestens in sechs Jahren nach dem Abgange zurückzuzahlen.

§ 21. Rückzahlung des Honorars erfolgt, wenn Vorlesungen nicht zu stande kommen, innerhalb der ersten Hälfte des Semesters abgebrochen oder auf eine andere als die angekündigte Zeit verlegt werden. Die Beträge müssen jedoch in den ersten 4 Monaten des laufenden Semesters bei der Kasse abgehoben werden, widrigenfalls der Anspruch auf Rückerstattung erlischt.

§ 22. Die Testate werden am Schlusse jedes Semesters durch Eintragung in die bestimmte Rubrik des Anmeldebogens erteilt. Auf Verlangen werden den Studierenden Zeugnisse über den Besuch der Bergakademie durch den Direktor gegen Rückgabe des Anmeldebogens ausgestellt.

ME 18. Dez. 1856. Da die Bergeleven den allgemeinen Diensteid zu leisten haben, mithin Staatsbeamte sind, so müssen sie gleich den Bergreferendaren von der Immatrikulation bei der Universität ausgeschlossen, dagegen auf ihren Wunsch in der vorschriftsmäfsigen Form zum Besuch von Vorlesungen zugelassen werden. Bergexpektanten hingegen müssen die Immatrikulation nachsuchen und, wenn sie das Reifezeugnis besitzen, als maturi, wenn nicht, als immaturi bei der philosophischen Fakultät inskribiert werden. Da sie aber (nach § 14 des Regulativs vom 3. März 1856) zu zweijährigem Besuch einer Universität verpflichtet sind, um die Zulassung zur Elevenprüfung zu erlangen, so sind sie auch ohne Reifezeugnis, ohne besondere Genehmigung der Universitätskuratorien und ohne die sonstige Beschränkung auf nur 3 semestrige Studien zur Immatrikulation zuzulassen.

Bergakademie Klausthal (errichtet 1775). Zur Aufnahme als Akademiker ist das Reifezeugnis einer deutschen 9klassigen Vollanstalt, bei Ausländern dementsprechende Vorbildung erforderlich. Die Immatrikulation findet im Oktober statt. Als Hospitanten können auch sonst Vorgebildete zugelassen werden. Lehrgegenstände: Mathematik,

Physik, Chemie, Mineralogie und Geologie, mechanische Wissenschaften, Bergbau- und Aufbereitungskunde, Vermessungskunde, Hüttenkunde und Brennmateriallehre, Probierkunst, allgemeine Wissenschaften.

## 3. Kapitel. Forstlehranstalten.

Regulativ vom 24. Jan. 1884 für die Forstakademieen zu Eberswalde und Münden.

§ 1. Die Anstalten haben den Zweck, Unterricht in der Forstwissenschaft und deren Hilfsdisciplinen zu erteilen, insbesondere eine umfassende theoretische und praktische Vorbildung für den Dienst in der Staatsforstverwaltung zu gewähren und die Forstwissenschaft im allgemeinen zu fördern.

§ 2. Die Forstakademieen sind dem Landwirtschaftsminister unterstellt, auf dessen Vorschlag die Direktoren vom König ernannt werden.

§ 3. Der Minister bedient sich zur oberen Leitung und Beaufsichtigung des Oberlandforstmeisters als Kurators der Anstalt. Zu den Pflichten des Kurators gehört es, durch örtliche Untersuchungen sich über den Zustand und gedeihlichen Fortgang des Instituts, über die zweckmäfsige Richtung des theoretischen und praktischen Unterrichts, über Beschaffenheit und notwendige Ergänzung der Lehrmittel, sowie über Aufrechthaltung guter Disciplin unter den Studierenden zu versichern und, wo in irgend einer Beziehung Mängel oder Zweckwidrigkeiten bemerkbar werden, den Direktor und die übrigen Lehrer darauf aufmerksam zu machen und nach Befinden dem Minister zu berichten. Alle Berichte des Direktors an den Minister sind durch den Kurator zu befördern, welcher denselben nach Veranlassung sein Gutachten beizufügen hat.

§ 4. Das Lehrerpersonal jeder Akademie besteht aus 1. dem Direktor, welcher zugleich Lehrer der Forstwissenschaft ist, 2. den erforderlichen anderen Lehrern für Forstwissenschaft einschliefslich der Forstpolitik und denen für Mathematik, Naturwissenschaften und Itechtskunde. (Die Zulassung als Privatdocent ist mit Genehmigung des Ministers statthaft.)

§ 5. Dem Direktor liegt aufser der allgemeinen Leitung der Anstalt im besonderen ob: Erteilung der Erlaubnis zum Anstaltsbesuch nach § 10 ff.; Überwachung des planmäfsigen Ganges der Lehrvorträge und des praktischen Unterrichts; Kontrolle über Sammlungen und Lehrmittel, für welche jedoch zunächst die beteiligten Docenten verantwortlich sind, sowie über Instandhaltung der Lokale und des Inventariums; Aufsicht über die Fonds des Instituts und die Kuratel über die Institutskasse; Anschaffung der nötigen Utensilien, Mobilien und Lehrmittel; Zahlungs- und Erhebungsanweisungen an die Kasse innerhalb der Grenzen des Etats; Prüfung, Bescheinigung und Einreichung der Jahresrechnungen; Erstattung von Semesterberichten über den Besuch der Anstalt; Verwaltung der als Lehrmittel dienenden botanischen und forstökonomischen Gärten und Versuchsfelder — hinsichtlich der botanischen Gärten im Einverständnis mit dem Professor der Botanik, dem ihre Leitung obliegt; Verwaltungsleitung der als Lehrmittel dienenden Oberförstereien nach dem darüber besonders erteilten Regulativ; Aufrechterhaltung der Disciplin unter den Studierenden; Berufung der Lehrer zu Beratungen über den Lehrplan, über wichtigere Disciplinarfälle und andere die Anstalt betreffende Verhältnisse, nach Bedürfnis; Leitung der Prüfungen nach § 16; eigene Abhaltung der hauptsächlichsten Vorträge und praktischen Demonstrationen in der Forstwissenschaft.

§ 6. Der Unterricht umfafst alle einzelnen Zweige der gesamten Forstwissenschaft und wird durch praktische Anleitung und gründliche Erläuterung in den Institutsforsten und anderen benachbarten Wäldern sowie durch Repetitorien, Examinatorien und forstliche Reisen, wozu in der Regel alle zwei Jahre einmal ein Teil der Herbstferien benutzt wird, unterstützt. Die während des zweijährigen Lehrkursus vorzutragenden ¡Gegenstände umfassen a. grundlegende Fächer: Physik, Meteorologie und Mechanik; Chemie; Mineralogie, Geologie; Botanik, allgemeine, Anatomie, Physiologie und Pathologie der Pflanzen, systematische, mit besonderer Rücksicht der Forstpflanzen; Zoologie, allgemeine und specielle; Mathematik, Arithmetik, Planimetrie, Stereometrie, ebene und sphärische Trigonometrie, Grundzüge der analytischen Geometrie einschließlich der Lehre von den Linear- und Polarkoordinaten; Geodäsie, Landmeßkunde, Nivellieren, barometrische Höhenmessung, Tracieren, Planzeichnen, Instrumentenkunde; b. Hauptfächer: Geschichte [und Litteratur des ¡Forstwesens; forstliche Standortslehre; Holzzucht; Forstschutz; Forstbenutzung, Forsttechnologie; Forstertragsregelung, Holzmeßkunde, Forstvermessungsinstruktion für Preußen; Waldwertberechnung und forstliche Statik; Forststatistik; Forstpolitik und -Verwaltungslehre; Ablösung der Waldservituten mit Rücksicht auf preußisches Recht; c. Nebenfächer: Rechtskunde, Civilrecht, Strafrecht, Civil- und Strafprozeß; Waldwegebau; Jagdkunde; Fischzucht.

Die Vorträge in den Grund- und Nebenwissenschaften sind durchweg in specieller Beziehung auf die Forstwirtschaft zu halten und nicht weiter auszudehnen, als es für den künftigen Forstwirt notwendig ist. Zur Richtschnur in dieser Beziehung haben die an das forstwissenschaftliche Tentamen zu stellenden Anforderungen nach den Prüfungsbestimmungen vom 1. August 1883 zu dienen. Auch ist stets zu beachten, daß der Hauptzweck des Unterrichts dahin gerichtet sei, wissenschaftlich gebildete und praktisch brauchbare Forstwirte zu erziehen.

§ 7. Als Hilfsmittel dieses Unterrichts dienen: 1. die unter Oberleitung des Direktors verwalteten Oberförstereien (Eberswalde, Biesenthal, Chorin und Freienwalde; Gahrenberg und Kattenbühl); die Samendarre bei Eberswalde; die Fischzuchtanstalten; botanische und forstökonomische Gärten; chemische Laboratorien; naturwissenschaftliche, geodätische, forst- und jagdtechnische Sammlungen; die Bibliothek.

§ 8. Alljährlich mit dem Sommersemester beginnt ein neuer 2jähriger Kursus.

§ 10. Die Anmeldungen zur Aufnahme sind mit den erforderlichen Zeugnissen schriftlich bis zum 15. März oder 15. August bei dem Direktor einzureichen.

§ 11. Die Aufnahme darf nur erfolgen, wenn der Angemeldete 1. das Reifezeugnis eines deutschen Gymnasiums, eines preußischen Realgymnasiums oder einer preußischen Oberrealschule erlangt und in diesem Zeugnis eine unbedingt genügende Censur in der Mathematik erhalten hat, 2. das 25. Lebensjahr noch nicht überschritten hat, 3. ein Zeugnis über die praktische Vorbereitungszeit, 4. über tadellose sittliche Führung, 5. den Nachweis über die zum Aufenthalt auf der Akademie erforderlichen Subsistenzmittel, 6. Zeugnisse über etwa schon absolvierte Universitätsstudien, über die Militärverhältnisse sowie über etwaigen Aufenthalt in Forsten außer der Vorbereitungszeit beibringt. Für kommandierte Feldjäger bedarf es nur der Zeugnisse sub 1, 3 und 6. Studierende, welche den Eintritt in den preußischen Staatsforstdienst nicht beabsichtigen, können bei Nachweis anderweitiger genügender Vorbildung auch ohne Erfüllung der Bedingungen 1 bis 3 aufgenommen werden.

§ 12. Ein längerer als 2jähriger Besuch der Akademie ist nur ausnahmsweise statthaft.

§ 16. Jeder abgehende Studierende erhält auf Verlangen ein Abgangszeugnis. Besonders gewünschte Prüfungen sind am Schlusse eines Semesters vom Direktor und mindestens 4 akademischen Lehrern schriftlich und mündlich abzuhalten.

## 4. Kapitel. Tierärztliche Hochschulen.

Tierärztliche Hochschulen zu Berlin und Hannover. AO 20. Juni 1887. (Die Hochschulen stehen im Ressort des Landwirtschaftsministers.) Statuten vom 29. Juni 1887. § 1: Die Tierärztliche Hochschule soll dem Unterricht und der Forschung im Gesamtbereiche der Tierheilkunde und deren Hilfswissenschaften dienen. CE 25. Mai 1860: Civileleven haben die Befähigung zur Aufnahme durch den Nachweis der Reife für die Obersekunda eines Gymnasiums oder Realgymnasiums oder für die Prima einer Oberrealschule oder endlich durch das Abgangszeugnis einer Realschule zu erbringen vergl. CV Provinzial-Schulkollegium Hannover vom 3. Okt. 1870.

Institute der Hochschule: Anatomisches, pathologisches, physiologisches, histologisches Institut, Klinik für innere und für äußere Krankheiten der grofsen Haustiere, Klinik für kleine Haustiere, pharmakologisches Institut, ambulatorische Klinik, chemisches Institut.

## 5. Kapitel. Technische Unterrichtsanstalten.

AO 14. Okt. 1878. Das technische Unterrichtswesen mit Ausnahme der Navigationsschulen wird dem Kultusministerium überwiesen.

### A. Gewerbeschulen[1]).

1. **Baugewerkschulen** (zu Nienburg, Berlin, Breslau, Eckernförde, Deutsch-Krone, Höxter, Idstein, Buxtehude, Magdeburg). ME 6. Sept. 1882, ME 13. März 1883. Baugewerkschulen haben die Bestimmung, die zum Baugewerbe nötigen theoretischen Kenntnisse und Fertigkeiten im Zeichnen zu vermitteln.

Die Anstalt zu Berlin steht mit einer Handwerkerschule, die zu Breslau mit der Oberrealschule in Verbindung; die Schule in Köln ist ein Teil der gewerblichen Fachschule. Die Anstalten haben 4 aufsteigende Semesterkurse und sechswöchige Samariterkurse (in wöchentlich 2 Stunden) im Semester.

2. **Werkmeisterschulen** (für Maschinenbauer, Schlosser und Schmiede zu Dortmund; Rheinisch-westfälische Eisenhüttenschule mit einer metallurgischen und einer Maschinenbauabteilung zu Bochum, Werkmeisterschule zu Magdeburg). Zur fachtheoretischen Heranbildung praktisch vorgebildeter Techniker zu selbständigen Werkführern

---

[1] Zahlreiche hierher gehörige Unterrichtsveranstaltungen sind keine besonderen Anstalten, sondern als Fachklassen u. A. mit höheren Lehranstalten verbunden; so die Fachschule für Maschinenbau, Chemie und Hüttenkunde zu Breslau mit der 9klassigen Oberrealschule, desgl. die für Mechaniker und Hüttenbaubeflissene zu Gleiwitz, die Fachschule für mechanische und chemisch-technische Gewerbe zu Aachen mit der 7klassigen Realschule, die Gewerbeschulen zu Barmen und Hagen (Westf.) mit den höheren Bürgerschulen.

industrieller Unternehmungen. Die metallurgische Abteilung zu Bochum erteilt vorwiegend chemisch-technologischen Unterricht zur Heranbildung geeigneter Hilfskräfte für Eisenhütten und verwandte Betriebe. Als Aufnahmebedingung gilt eine mindestens 2jährige Praxis.

3. Handwerkerschulen (zu Berlin, Hannover, Magdeburg, Aachen, Königsberg, Danzig; gewerbliche Zeichenschulen zu Halle, Elberfeld, Köln). Die Anstalten pflegen im allgemeinen die technische Fortbildung in allen Arten von Gewerben; die gewerblichen Zeichenschulen im besonderen bilden Maler usw. zu Kunsthandwerkern aus. Die Schule zu Berlin ist Musteranstalt. Sie besteht aus zwei Tagesklassen für Tischler und Maler, einer Fachschule für Mechaniker und einer nach Kursen für die einzelnen Unterrichtsgegenstände eingeteilten Abend- und Sonntagsschule. Der Schwerpunkt des Unterrichts liegt im Zeichnen, das als elementares und als Fachzeichnen betrieben wird. Kurse bestehen hierin für Tischler und Drechsler, Klempner und Schlosser, Maschinenbauer, Mechaniker und Optiker, Uhrmacher, Goldschmiede und Graveure, Gürtler und Ciseleure, Maurer und Zimmerer, Steinmetze, Bildhauer, Maler, Tapezierer und Lithographen. Außerdem findet Vortragsunterricht statt (in 2 bis 4 Wochenstunden) in darstellender Geometrie, Mathematik, Physik, Chemie, Mechanik, Elektrotechnik, Rechnen und Buchführung.

4. Gewerbliche Fachschulen (Fachschulen für Goldwaarenindustrie — Zeichenakademie — zu Hanau, für Metallindustrie zu Iserlohn, für Kleineisen- und Stahlwaarenindustrie zu Remscheid, keramische Fachschule zu Grenzhausen-Höhr, Meisterschule für Kunsttischler und Bildschnitzer zu Flensburg, Webe-, Färberei- und Appretursohule zu Krefeld, Webeschulen zu Berlin, Nowawes, Falkenberg, Spremberg, Sorau, Einbeck, Aachen, Mühlheim a. Rh., Webereilehrwerkstätte zu Rummelsburg, Werkmeisterschulen für Tuch- und Bukskinweber zu Forst, Sommerfeld und Finsterwalde, Fachschule für Seedampfer-Maschinisten zu Flensburg). Die Webeschulen pflegen vor allem die Seiden- und Wollwaarenfabrikation, erstrecken sich aber auch auf das ganze Gebiet der Textilindustrie. Die Hanauer Fachschule umfaßt sämtliche Gewerbe der Juwelen- und Edelsteinindustrie, die zu Iserlohn namentlich die Bronceindustrie, die zu Remscheid ist Vorbereitungsanstalt für Metallarbeiter jeder Gattung, angehende Maschinenbauer und Maschineningenieure, soll aber vornehmlich Hilfskräfte für die lokale Stahlwaaren- und Kleineisenindustrie technisch heranbilden.

5. Kunstgewerbeschulen (zu Berlin — Unterrichtsanstalt des Königl. Kunstgewerbemuseums und Kunstschule — zu Breslau, Kassel, Frankfurt a. M., Köln und Düsseldorf). Die Anstalten dienen der Vorbereitung für gewerbliche Berufe, die eine künstlerische Vor-

bildung voraussetzen, und umschliefsen vorbereitenden Unterricht im Zeichnen und Modellieren und Fachunterricht in besonderen Klassen oder Abteilungen. Neben den Tagesstunden wird besonders der Abend- und Sonntagsunterricht gepflegt. Die Kunstschule zu Berlin dient als Vorstufe für die Fachklassen des Kunstgewerbemuseums zur Ausbildung von Kunsthandwerkern im Zeichnen, Malen und Modellieren; daneben ist sie eine Vorbereitungsanstalt für die Kunstakademie und für den Zeichenunterricht höherer Lehranstalten (vergl. CBl. 1870, 197 ff. und 477). Die Unterrichtsanstalt des Kunstgewerbemuseums (Kunst-Gewerbeschule) in Berlin lehrt in besonderen Fachklassen: Entwerfen von Möbeln, Geräten usw; von Flachmustern; dekorative Malerei und figürliche Dekoration; Modellieren; Ciselieren; Gravieren; Kupferstich und Radierung; Kunsttischlerei. In den Abendunterricht ist gelegt: elementares Freihand- und geometrisches Zeichnen, architektonisches und Fachzeichnen, Gipszeichnen, Modellieren, Anatomie, Stil- und Projektionslehre. (Statuten vom 22. April 1873 vergl. AO 27. Juni 1879). Daneben werden Specialstudien betrieben, wie Aktstudien und Schriftzeichnen. Die Anstalt zu Breslau enthält 3 kunstgewerbliche Fachklassen für Architektur, Dekorationsmalerei und Radierkunst; die zu Kassel solche für Dekoration, Holzbildhauerei und gewerbliches Zeichnen; die zu Frankfurt a. M. neben einem offenen Zeichensaal eine Möbel- und Gerätklasse, eine Modellier-, Mal-, Ciselier- und Holzbildhauerklasse; die zu Köln Abteilungen für Dekorationsmaler, Kunsttischler, Ornamentbildhauer und Modelleure und für kunstgewerbliche Metallarbeiter; die zu Düsseldorf eine Vorbereitungsschule mit Tagesunterricht und eine Abendschule für Kunstgewerbetreibende mit 6 Fachklassen.

6. Navigationsschulen (Vorschulen zu Stolpmünde, Swinemünde, Zingst, Prerow, Arnis, Grünendeich, Grohn, Westrhauderfehn; Schulen zu Memel, Pillau, Danzig, Stralsund, Barth, Grabow, Flensburg, Apenrade, Altona, Geestemünde, Emden, Leer, Timmel, Papenburg). Zweck der Anstalten ist theoretische Ausbildung der Seeleute zu Steuermännern und Seeschiffern auf grofser Fahrt bezw. Vorbereitung zur Steuermanns- und Schifferprüfung. Die Vorschulen bereiten zur Aufnahme in die Steuermannsklasse vor; die eigentlichen Schulen umfassen eine Steuermannsklasse (9- bis 10 monatlichen Unterricht) und eine Schifferklasse (5- bis 6 monatlichen Kursus). Die Aufnahme in letztere ist durch die Ablegung der Steuermannsprüfung bedingt. Unterrichtsgegenstände der Steuermannsklasse sind: Mathematik, Nautik, See- und Kartenzeichnen, Englisch; der Schifferklasse: wiederholende und ergänzende Mathematik und Nautik; Schiffsdampfmaschinenkunde; Schiffsfrachten- und Wechselrechnung; See-, Handels- und Wechselrecht; Schifferkunde; Englisch.

(Die Schulen werden im Ressort des Handelsministeriums geführt.)

## B. Technische Hochschulen.

**ME 20. April 1889.** Nur solche junge Leute sind zum Besuch der technischen Hochschulen zuzulassen, welche entweder die Reifeprüfung an einer Realschule mit 7jährigem Kursus bestanden haben oder an einer Vollanstalt mit 9jährigem Kursus die Klassen der Obersekunda durchgemacht und die Versetzung nach Prima erlangt haben. Ein blofser einjähriger Aufenthalt in der obersten Klasse einer Realschule ohne Reifeprüfung oder in Obersekunda einer Vollanstalt ohne Zeugnis der Versetzung nach Prima ist nicht ausreichend.

**ME 21. Nov. 1891.** Relegierte Schüler höherer Lehranstalten finden in demselben Semester, in welchem ihre Verweisung aus der Schule erfolgte, weder als Schüler noch als Hospitanten in der technischen Hochschule Aufnahme.

Erlafs des Ministers der öffentlichen Arbeiten vom 6. Juli 1886 über das Elevenjahr der Maschinenbaubeflissenen: Dem Beginne des Studiums (auf technischen Hochschulen) geht eine praktische Thätigkeit von mindestens einem Jahr unter Leitung eines Maschinentechnikers voraus. Zur Aufnahme dieser Thätigkeit hat sich der Aspirant an den Präsidenten der betreffenden Eisenbahndirektion zu wenden. Dem Gesuch ist beizufügen 1. ein Lebenslauf (in deutscher Sprache und eigenhändig geschrieben), welcher auch über die Militärverhältnisse Auskunft giebt, 2. das Reifezeugnis eines deutschen Gymnasiums oder preufsischen Realgymnasiums (oder einer vom Minister diesen ausdrücklich gleichgewerteten aufserpreufsischen oder -deutschen Anstalten). Dem Präsidenten steht die Entscheidung solcher Gesuche und die Überweisung an einen Maschinenbaubeamten zu. Auch kann er unter Umständen die nachgesuchte Vorbildung bei einem bestimmten Staatsbaubeamten oder Privattechniker genehmigen, wozu die schriftliche Bereitwilligkeit der Betreffenden, den Baubeflissenen gemäfs den Bestimmungen auszubilden, erforderlich ist. Vergl. ME 13. Juli 1891.

**Technische Hochschule zu Berlin.** AO 28. Juli 1882, vergl. ME 22. Aug. 1882: Verfassungsstatut.

I. § 1. Die technische Hochschule zu Berlin hat den Zweck, für den technischen Beruf im Staats- und Gemeindedienst wie im industriellen Leben eine höhere Ausbildung zu gewähren, sowie die Wissenschaften und Künste zu pflegen, welche das technische Unterrichtsgebiet in sich schliefst. Die technische Hochschule ist dem Minister der geistlichen usw. Angelegenheiten unmittelbar unterstellt.

§ 2. An der Anstalt bestehen folgende Abteilungen: 1. für Architektur, 2. Bauingenieurwesen, 3. Maschineningenieurwesen mit Einschlufs des Schiffsbaues, 4. Chemie und Hüttenkunde, 5. allgemeine Wissenschaften, besonders Mathematik und Naturwissenschaften. Es bleibt dem Minister vorbehalten, sowohl die Anzahl dieser Abteilungen wie auch die ihnen überwiesenen Disciplinen nach Bedürfnis zu vermehren. Neben den Abteilungen bestehen Werkstätten und Versuchsstationen zur Förderung besonderer technisch-wissenschaftlicher Zwecke.

§ 3. Mit den Vorträgen in den einzelnen Disciplinen sind je nach Bedürfnis

## 5. Kapitel. Technische Unterrichtsanstalten.

des Unterrichts praktische Übungen in den Zeichensälen oder in den Laboratorien, Werkstätten und Versuchsanstalten sowie Unterweisungen in den Sammlungsräumen und bei Exkursionen verbunden.

§ 4. Der Unterricht ist nach Jahreskursen geordnet. Ausnahmsweise erstreckt sich die Unterrichtserteilung nur auf einen Teil des Jahres. Ferien finden statt vom 1. August bis 1. Oktober sowie zu Weihnachten und Ostern auf je 14 Tage. Das Verzeichnis der Vorträge und Übungen ist spätestens sechs Wochen vor Beginn des Kursus bekannt zu machen.

§ 5. Den Studierenden steht die Wahl derjenigen Vorträge und Übungen, an welchen sie teilnehmen wollen, frei. Doch werden von jeder Abteilung Studienpläne aufgestellt, deren Innehaltung den bei ihr inskribierten Studierenden empfohlen wird. Die Zulassung zu solchen Vorträgen und Übungen, welche zu ihrem Verständnis die vorherige Absolvierung anderer vorbereitender Unterrichtsgegenstände voraussetzen, kann von der vorgängigen Teilnahme abhängig gemacht werden.

II. § 6. Der Unterricht wird von Professoren und Docenten erteilt. Zur Unterstützung beider werden nach Bedürfnis Assistenten und zur Leitung von Werkstätten und Versuchsstationen, soweit sie nicht den Docenten selbst übertragen wird, geeignete Techniker bestellt. Die etatsmäfsigen Professoren werden vom König ernannt.

§ 7. Aufser den Professoren und Docenten haben die bei einer Abteilung der technischen Hochschule habilitierten Privatdocenten das Recht, Vorlesungen und Übungen abzuhalten. Die Gesuche um Habilitation sind bei der Abteilung einzureichen, in deren Unterrichtsgebiet der Nachsuchende zu lehren gedenkt. Über die Zulassung beschliefst die Abteilung auf Grund der Vorschriften, welche die Bedingungen feststellen. Von der stattgefundenen Habilitation ist unter Beibringung des Nachweises der erfüllten Bedingungen dem Minister durch Vermittelung des Senats Anzeige zu machen.

III. § 8. Die Organe für die Leitung und Verwaltung der Anstalt sind: 1. für jede Abteilung das Abteilungskollegium und der -Vorsteher, 2. für die gesamte Hochschule der Senat und der Rektor sowie bezüglich des in § 28 bezeichneten Geschäftskreises der Verwaltungsbeamte (Syndikus).

§ 9. Jede Abteilung bildet ein selbständiges Ganzes. Innerhalb des Kreises der ihr zugehörigen Professoren und Docenten wird nach besonderen Vorschriften das Abteilungskollegium gebildet.

§ 10. Dieses hat die allgemeinen Interessen des Unterrichts wahrzunehmen und für die Vollständigkeit und Zweckmäfsigkeit des betreffenden Gebietes Sorge zu tragen. Es ist dafür verantwortlich, dafs jeder Studierende der Abteilung während der vorgeschriebenen Studienzeit Gelegenheit hat, in den zu seinem Fache gehörigen Disciplinen in geordneter Folge die erforderlichen Vorträge zu hören und die bezüglichen Übungen durchzumachen. Wenn in dieser Hinsicht sich in dem Lehrgange Lücken oder Mängel finden, so hat das Abteilungskollegium darüber an den Minister durch Vermittelung des Senats rechtzeitig Bericht zu erstatten.

§ 11. Das Abteilungskollegium hat die Aufgabe, die bei seiner Abteilung eingeschriebenen Studierenden in wissenschaftlicher Beziehung zu leiten; es macht die Vorschläge zu Benefizien und Prämien für dieselben. Für die Studierenden, welche sich im ersten und zweiten akademischen Semester befinden, sind, auch wenn sie bei einer Fachabteilung eingeschrieben sind, die Vorschläge in letzterer und die Leitung in ersterer Beziehung von der Abteilung für allgemeine Wissenschaften zu übernehmen.

§ 12. Zu den Befugnissen und Obliegenheiten des Abteilungskollegiums gehören insbesondere: 1. Die Entwerfung der Studien- und Stundenpläne der Abteilung, sowie etwaige das Gebiet der Abteilung berührende Vorschläge zum Programme und Vorlesungsverzeichnisse der Gesamtanstalt; 2. die Stellung von Anträgen in betreff des Bedarfes an Lehrmitteln, welche für die Unterrichtszwecke erforderlich scheinen, sowie in betreff der Repartiarung des derselben zugewiesenen Anteils an Lehrmittelfonds auf die einzelnen Lehrfächer; 3. die Vorschläge wegen des Bedarfes an Assistenten und wegen der Verteilung der nach Maßgabe der disponiblen Mittel zur Verfügung stehenden Anzahl von Assistenten an die einzelnen Docenten; 4. die Anzeige der in dem Lehrgange der Abteilung hervortretenden Lücken und Mängel sowie die Abgabe von Gutachten wegen Berufung neuer Lehrkräfte für erledigte oder neu gegründete Lehrstühle. (Diese Gutachten haben sich der Regel nach mindestens auf drei für den Lehrstuhl geeignet erscheinende Personen zu erstrecken und deren Befähigung für das betreffende Amt eingehend zu erörtern.); 5. die Beschlußfassung über die Zulassung von Privatdocenten zur Habilitation nach den Bestimmungen des § 7; 6. die Abgabe von Gutachten in betreff der bei der Abteilung eingeschriebenen Bewerber um Stipendien und sonstige Benefizien. (Die zu 1—6 bezeichneten Entwürfe, Anträge usw. sind bei dem Senate zur weiteren Veranlassung einzureichen.)

§ 13. Zur Leitung seiner Geschäfte wählt das Abteilungskollegium aus seinen Mitgliedern einen Vorsteher. Die Amtsperiode desselben ist einjährig und beginnt und endigt in der Regel mit dem 1. Juli. Die Wahl ist so zeitig vorzunehmen, daß ihr Ergebnis dem Minister vor dem 1. Juni zur Bestätigung vorgelegt werden kann. Erfolgt die Bestätigung nicht, so führt bis zu einer Bestätigung findenden Neuwahl der bisherige Abteilungsvorsteher die Geschäfte.

§ 14. Der Abteilungsvorsteher vermittelt die Beziehungen des Abteilungskollegiums zum Rektor und Senate. Er hat sich den dem Kollegium in betreff der Vollständigkeit und Zweckmäßigkeit des Unterrichts auferlegten Pflichten ganz besonders zu unterziehen und in der Abteilung die in dieser Beziehung von ihm bemerkten Lücken und Mängel zur Beratung zu bringen. Er hat den Studiengang sowie die disciplinäre Haltung der Studierenden seiner Abteilung zu überwachen, mit seinem Rate ihnen zur Seite zu stehen, und ist befugt, ihn persönlich oder durch eines der Abteilungsmitglieder als unteren Grad der Disciplinarstrafe eine Rüge zu erteilen, wovon dem Senate Mitteilung zu machen ist.

§ 15. Der Abteilungsvorsteher beruft das Kollegium nach seinem Ermessen oder auf Antrag zweier Mitglieder zu Sitzungen, in welchen die Geschäfte der Abteilung verhandelt werden und in denen er den Vorsitz führt. Zur Gültigkeit von Beschlüssen des Abteilungskollegiums ist die Anwesenheit der Mehrheit seiner Mitglieder erforderlich. Die Berufung zu einer Sitzung hat unter Mitteilung der Tagesordnung zu erfolgen. Jedes Mitglied des Kollegiums ist befugt, die Beschlußfassung über Fragen, welche die Angelegenheiten der Abteilung betreffen, zu beantragen und die Aufnahme der betreffenden Gegenstände in die Tagesordnung der nächsten Sitzung zu verlangen. Jedem in einer Sitzung anwesenden Mitgliede des Abteilungskollegiums ist es gestattet, seine von der Mehrheit abweichende Ansicht zu Protokoll zu geben sowie bei Gutachten und Berichten, welche durch Vermittelung des Senates an den Minister gelangen, sein separates Votum mit Motiven beizulegen. Über die Beschlüsse des Abteilungskollegiums ist eine besondere, in ein Protokoll einzutragende Verhandlung aufzunehmen, in welche die anwesenden Mitglieder, der Wortlaut der Beschlüsse, die Stimmenzahl, mit welcher die Beschlüsse gefaßt sind, auf Verlangen der Abstimmenden unter Nennung der Namen, verzeichnet werden. Mit der Führung des Protokolls wird auf Vorschlag des Vorsitzenden entweder für die betreffende Sitzung oder für einen bestimmten Zeitraum der Regel nach ein Mitglied der Abteilung betraut. Dem Senate wie dem Rektor steht das Recht zu, von den Protokollen der Abteilungen und deren Anlagen Einsicht zu nehmen.

## 5. Kapitel. Technische Unterrichtsanstalten.

**§ 16.** Der Rektor und Senat haben die Aufgabe, die gemeinsamen Angelegenheiten der technischen Hochschule zu leiten und die allgemeine Aufsicht und Disciplin über die Studierenden zu üben.

**§ 17.** Der Senat besteht aus: 1. dem Rektor, 2. dem Vorgänger des Rektors (Prorektor), 3. den Abteilungsvorstehern, 4. einer der Zahl der Abteilungen entsprechenden Anzahl der Senatoren, von denen jedes Abteilungskollegium je einen aus seiner Mitte auf den Zeitraum von zwei Jahren wählt. Die Wahlen finden in den letzten Tagen des Juni statt, so dafs die Gewählten am 1. Juli ihr Amt antreten können. Alljährlich scheidet die Hälfte der gewählten Senatoren aus. Ist die Zahl derselben nicht durch 2 teilbar, so bestimmt der Minister den einzuhaltenden Turnus.

In betreff der Vertretung der zur Abteilung für das Maschineningenieurwesen gehörigen Docenten des Schiffsbaues durch ein in den Senat zu entsendendes Mitglied trifft das Regulativ über die Organisation der Abteilungen besondere Bestimmung.

**§ 18.** Der Senat hält auf Einladung und unter Vorsitz des Rektors an zwei bestimmten Tagen des Monats ordentliche und, so oft es sonst die Geschäfte erfordern, aufserordentliche Sitzungen.

**§ 19.** In betreff der Normen für die Geschäftsführung des Senates finden die Bestimmungen des § 15 entsprechende Anwendung.

**§ 20.** Der Senat ist die Disciplinarbehörde für sämtliche Studierende. In dieser Eigenschaft beschliefst er über die Erteilung von Verweisen vor versammeltem Senate, über die Androhung des Ausschlusses und den wirklichen Ausschlufs von der Hochschule, über die Aufhebung von Honorarstundungen und -Befreiungen sowie über die bei dem Minister zu beantragende Entziehung von Stipendien und Unterstützungen.

**§ 21.** Der Senat erläfst nach Anhörung der betreffenden Abteilungen und mit Genehmigung des Ministers a. die Vorschriften für die Benutzung der zur technischen Hochschule gehörigen Sammlungen und Institute, b. die Anweisungen für die in den Sammlungen und Instituten, sowie beim Unterrichte beschäftigten Anstaltsdiener. Der Senat hat ferner nach Anhörung der betreffenden Abteilungen dem Minister Vorschläge zu machen über 1. die Disciplinarvorschriften für die Studierenden, 2. die Bestimmungen über die Zulassung, die Rechte und Pflichten und die Ausschliefsung von Privatdocenten, 3. die Prüfungsordnung für die Diplomprüfungen.

**§ 22.** Zu den Befugnissen und Obliegenheiten des Senates gehören insbesondere 1. die Begutachtung von Abänderungen des Verfassungsstatutes; 2. die Abfassung des Vorlesungsverzeichnisses, des Programmes und Gesamtstundenplanes unter Zugrundelegung der Stundenpläne der Abteilungen, sowie die Veränderungen in der Verteilung der Hör- und Zeichensäle. Die Aufstellung neuer oder die Abänderung bestehender Studienpläne, sowie Veränderungen in den den einzelnen Docenten zugewiesenen Lehrgebieten bedürfen der Zustimmung des Ministers. Die Verteilung der Räume in der technischen Hochschule erfolgt nach Anhörung des Senates, der die Vorschläge der Abteilungen einzuholen hat, durch den Minister. Die Zustimmung desselben ist auch bei Veränderungen in der Benutzung der Räume einzuholen, sofern die im Besitze befindlichen Docenten gegen die Veränderung Einspruch erheben; 3. die Anmeldung der im Interesse der technischen Hochschule erforderlich scheinenden persönlichen und sachlichen Mehrausgaben für das nächste Etatsjahr, speciell die Vorschläge über den Bedarf an Hülfslehrern, Assistenten und Lehrmitteln, für die Gesamtanstalt, sowie über die Verteilung der für diese Zwecke verfügbaren Mittel auf die Abteilungen und deren Mitglieder und auf die verschiedenen

Sammlungen unter Berücksichtigung der Vorschläge der Abteilungen; 4. die Begutachtung der Vorschläge der Abteilungen in betreff des Lehrganges derselben, sowie in betreff der Berufung neuer Lehrkräfte; 5. die Anzeige über die Beschlüsse der Abteilungen in Bezug auf die Zulassung usw. von Privatdocenten (§ 21 Nr. 2); 6. die Vorschläge über die Verleihung von Stipendien unter Berücksichtigung der Vota der Abteilungen, sofern über jene Verleihung nicht anderweitige Bestimmungen bestehen; 7. die Festsetzung des Beginnes und des Schlusses der Weihnachts- und Osterferien unter Einhaltung der Vorschriften des § 4 Abs. 1. 8. Die Berichterstattung über die zum Amte des Rektors (§ 26) und der Abteilungsvorsteher (§ 13) stattgefundenen Wahlen und die Einholung der Bestätigung derselben, sowie die Anzeige in betreff der nach § 17 Nr. 4 gewählten Senatoren. — Die Beschlußfassung über die Stundung oder den Erlaß von Honoraren innerhalb der zulässigen Grenzen erfolgt durch eine Kommission, welche aus dem Rektor als Vorsitzenden, den Abteilungsvorstehern und dem Verwaltungsbeamten besteht. In betreff der Verteilung der Lehrmittelfonds und der Zuweisung der Assistenten ergeben besondere Bestimmungen. Desgleichen wird die Verwaltung des Bibliothekfonds und der Sammlungen durch specielle Festsetzung geregelt.

§ 23. Der Rektor beruft den Senat, sowie die Gesamtheit der Abteilungskollegien und führt in den Sitzungen den Vorsitz. Der Rektor leitet den Geschäftsgang des Senates und sorgt für die pünktliche Erledigung der Geschäfte. Er führt die laufenden Geschäfte der dem Senate übertragenen Verwaltung, bereitet die Beschlüsse des Senates vor und trägt für die Ausführung derselben Sorge. Er hat das Recht, die Abteilungskollegien zu Äußerungen zu veranlassen, welche für die Beschlüsse des Senates oder für die sonstige ihm obliegende Berichterstattung erforderlich sind. Der Rektor ist befugt und verpflichtet, Beschlüsse des Senates, welche die Befugnisse desselben überschreiten oder das Interesse der Hochschule verletzen, mit aufschiebender Wirkung zu beanstanden und die Entscheidung des Ministers über ihre Ausführung nachzusuchen. Der Rektor vertritt den Senat wie die technische Hochschule nach außen, verhandelt namens des Senates und der Hochschule mit Behörden und Privatpersonen, führt den Schriftwechsel und unterzeichnet alle Schriftstücke, sofern dieselben nicht den im § 28 dem Syndikus ausschließlich zugewiesenen Geschäftskreis betreffen. Er zeichnet die Berichte des Senates mit der Unterschrift: Rektor und Senat der technischen Hochschule und seinem Namen, die übrigen Schriftstücke mit der Unterschrift: der Rektor der technischen Hochschule und seinem Namen. Die Abfassung der Berichte des Senates liegt dem Rektor ob, jedoch können mit Zustimmung des letzteren auch Mitglieder des Senates zu Berichterstattern genommen werden. Wenn das Votum des Rektors von dem der Mehrheit des Senates abweicht, bleibt der letzteren anheim gegeben, die Motive ihres Beschlusses durch eine dem Berichte beigefügte Eingabe noch besonders auszuführen. Der Rektor wird in Verhinderungsfällen von dem Prorektor, und falls solcher nicht vorhanden oder verhindert ist, von dem an Jahren ältesten nicht verhinderten Mitgliede des Senates vertreten.

§ 24. Der Rektor hat die Beobachtung des Verfassungsstatutes und der sonstigen Vorschriften zu überwachen und ist für die ordnungsmäßige Verwendung der für die Zwecke der Anstalt überwiesenen Mittel, für die richtige Verteilung derselben und die Einhaltung der etatsmäßigen Grenzen in den einzelnen Titeln und Positionen, wie sie im Specialetat aufgestellt sind, verantwortlich. Er hat, mit Ausnahme der im § 28 bezeichneten Anweisungen für Amtsbedürfnisse und Gebäudeunterhaltung, sämtliche Zahlungsanweisungen zu zeichnen, soweit nicht für die Verwaltung einzelner Fonds mit ministerieller Genehmigung besondere Vorschriften bestehen. Der Rektor ist der Dienstvorgesetzte der Subaltern- und Unterbeamten

## 5. Kapitel. Technische Unterrichtsanstalten.

§ 25. Der Rektor bewirkt nach Mafsgabe der nachstehenden Bestimmungen die Aufnahme der Studierenden und Hospitanten und die Einschreibung der ersteren in die Abteilungen. Inwieweit auch Hospitanten den Abteilungen zugewiesen werden können, bleibt ministerieller Regelung vorbehalten. Der Rektor ist befugt, zur Wahrung der disciplinaren Autorität auch ohne vorgängigen Senatsbeschlufs Studierenden persönlich oder durch ein Senatsmitglied einen Verweis zu erteilen.

§ 26. Der Rektor wird vom Könige berufen. Die Amtsperiode des Rektors ist einjährig und beginnt und endet in der Regel mit dem 1. Juli des betreffenden Jahres. Der Gesamtheit der Abteilungskollegien steht die Befugnis zu, alljährlich durch eine stattfindende Wahl eines ihrer Mitglieder für das Rektoramt in Vorschlag zu bringen. Die getroffene Wahl ist vor dem 15. Mai jedes Jahres unter Einreichung des Wahlprotokolles vom Rektor und Senate dem Minister behufs Einholung der Bestätigung der Wahl anzuzeigen. Wird die Bestätigung versagt, so führt bis zu einer die Bestätigung findenden Neuwahl der frühere Rektor die Geschäfte. Das Gleiche gilt in dem Falle, dafs am Schlusse der Amtsperiode oder bei sonstiger Erledigung der Rektorstelle der Nachfolger noch nicht ernannt sein sollte. Das Nähere über das Verfahren bei der Wahl, welche unter Vorsitz des bisherigen Rektors stattfindet, wird durch Regulativ geregelt.

§ 27. Die Wiederwahl des Rektors, der Abteilungsvorsteher, sowie der sonstigen Senatsmitglieder nach Ablauf ihrer Amtsperioden ist zulässig. Wird ein Abteilungsvorsteher zum Rektor berufen, so erlischt sein Amt als Abteilungsvorsteher und ist eine Neuwahl für denselben vorzunehmen. Die Annahme des Rektoramtes oder die Wahl zum Abteilungsvorsteher oder Senator darf von den Abteilungsmitgliedern, welche festangestellte Professoren sind, nur aus Rücksicht auf ihren Gesundheitszustand, welcher zur Führung der Geschäfte des Amtes untauglich machte, abgelehnt werden. Scheidet der Rektor, ein Abteilungsvorsteher oder ein Senatsmitglied im Laufe seiner Amtsperiode aus, so sind für den Rest derselben Ersatzwahlen vorzunehmen.

§ 28. Für die Verwaltung der ökonomischen Angelegenheiten der technischen Hochschule, sowie zur Unterstützung des Rektors in der ordnungsmäfsigen Verwendung der für die Zwecke der Anstalt überwiesenen Mittel ist von dem Minister ein besonderer Verwaltungsbeamter (Syndikus) bestellt. Der Syndikus hat das Recht, wie die Pflicht, den Sitzungen des Senates beizuwohnen, und ist befugt, bei den Verhandlungen das Wort zu ergreifen. Der Syndikus ist gleich dem Rektor dafür verantwortlich, dafs die zur Unterhaltung der Hochschule erforderlichen persönlichen und sächlichen Ausgaben sich innerhalb der durch den Etat vorgeschriebenen Grenzen bewegen. Zu dem Behufe hat er die Kassenkuratel zu führen und ordentliche und aufserordentliche Revisionen abzuhalten. Er hat die zur Befriedigung von Amtsbedürfnissen und zur Unterhaltung der Gebäude erforderlichen Zahlungsanweisungen allein zu zeichnen und die sämtlichen sonstigen Zahlungsanweisungen mitzuzeichnen. Ihm steht das Specialaufsichtsrecht über die Kassen- und Rechnungsführung zu. Mit Ausnahme der Lehrmittel sind die Anschaffungen aller Ar durch ihn zu bewirken, und ist der haushälterische Verbrauch derselben durch ihn zu kontrollieren. Bei der Ausführung der Geschäfte sind die Verwaltungs- und Unterbeamten der Anstalt verpflichtet, seinen Weisungen zu folgen. Der Syndikus ist befugt, von allen ein- und ausgehenden Geschäften Einsicht zu nehmen. Von den Ministerialerlassen und den an den Minister gehenden Berichten, und zwar von den letzteren vor ihrem Abgange, ist dem Syndikus Kenntnis zu geben. Derselbe ist berechtigt und verpflichtet, in Fällen, wo der Gegenstand eines Berichtes auf die Positionen des Etats Bezug hat oder Rechtsfragen berührt, oder wo ihm nach seiner Kenntnis der Akten eine Ergänzung aus dem Inhalte derselben erforderlich scheint, sein besonderes Votum dem Minister einzureichen. Weitere Feststellungen über die dem Syndikus hiernach obliegenden Pflichten und zustehenden Befugnisse bleiben dem Minister vorbehalten.

VI. § 29. Die Aufnahme eines Deutschen als Studierenden in die technische Hochschule ist durch die Beibringung des Reifezeugnisses eines deutschen Gymnasiums oder eines preußischen Realgymnasiums (Realschule 1. Ordnung) oder einer preußischen Oberrealschule (Gewerbeschule mit neunjährigem Kursus und zwei fremden Sprachen) bedingt. Ausnahmen hiervon sind nur mit Genehmigung des Ministers zulässig. Die vorstehende Bestimmung gilt auch für diejenigen, welche von anderen polytechnischen Anstalten auf die technische Hochschule übergehen. Welche außerpreußische Lehranstalten den in Absatz 1 bezeichneten preußischen Lehranstalten gleich zu stellen sind, bleibt ministerieller Entscheidung vorbehalten. Personen, welche nicht das deutsche Indigenat besitzen (Ausländer), können als Studierende, jedoch ohne Anspruch auf Zulassung zur Staatsprüfung, immatrikuliert werden, wenn der Rektor im Einverständnisse mit dem betreffenden Abteilungsvorsteher die Überzeugung gewinnt, daß sie ihrem Alter und Bildungsgrade nach zur Immatrikulation geeignet sind. Im Falle des fehlenden Einverständnisses entscheidet der Senat.

§ 30. Die Aufnahme der Studierenden findet in der Regel nur beim Beginne des Studienjahres statt, ist aber nur für solche Vorträge und Übungen, welche nicht an einen Jahreskursus gebunden sind, auch semesterweise zulässig. Die Aufnahme erfolgt durch Erteilung einer Matrikel, deren Gültigkeit sich auf vier Jahre erstreckt, nach Umständen jedoch verlängert werden kann. Jeder Studierende hat bei der Aufnahme einer bestimmten Abteilung beizutreten, deren Wahl ihm freisteht. Die spätere Änderung dieser Wahl ist hierdurch nicht ausgeschlossen.

§ 31. Am Schlusse der einzelnen Studienjahre, sowie beim Verlassen der Hochschule wird den Studierenden auf ihren Wunsch eine Bescheinigung über den Besuch der Anstalt und die angenommenen Vorträge und Übungen erteilt. Bei den Unterrichtsgegenständen, welche mit praktischen Übungen verbunden sind, oder in welchen Schlußprüfungen stattfinden, kann den Studierenden, welche sich an diesen Übungen und Prüfungen beteiligt haben, auf ihren Wunsch auch ein Zeugnis über die in den Fächern erzielten Erfolge seitens der betreffenden Abteilung erteilt werden.

§ 32. Die Teilnahme an den im § 31 bezeichneten Prüfungen ist freiwillig. Inhaber von Staatsstipendien und Unterrichtsfreistellen sind jedoch zur Teilnahme verpflichtet.

§ 33. Studierende, welche den Lehrgang einer der Abteilungen 1 bis 4 zurückgelegt haben, können auf Grund einer vor dieser Abteilung zu bestehenden besonderen Prüfung ein Diplom erhalten, welches ihre Kenntnisse und ihre technische Ausbildung bekundet. Die Diplomerteilung, sowie die für dies zu bestehenden Prüfungen werden durch besondere Vorschriften geregelt.

V. § 34. Personen, welche nicht die Qualifikation zum Eintritte als Studierende besitzen und nur an einzelnen Vorträgen oder Übungen teilnehmen wollen, können unter der Voraussetzung, daß das Unterrichtsinteresse darunter nicht leidet, als Hospitanten zugelassen werden. Die Zulassung kann von dem Nachweise genügender Vorbildung abhängig gemacht werden und erfolgt durch Erteilung einer Erlaubniskarte des Rektors, welche zur Legitimation der Hospitanten dient. Der Besuch angenommener Kollegien kann ihnen bescheinigt werden; sonstige akademische Zeugnisse erhalten sie nicht.

§ 35. Zur Annahme von Unterricht gegen das für Studierende der technischen Hochschule vorgeschriebene Honorar sind berechtigt: die Studierenden der Berliner Universität, der Bergakademie, der königlichen Akademie der Künste, der landwirtschaftlichen Hochschule sowie solche Techniker, welche die erste Staatsprüfung für das Bau-, Maschinen- oder Bergfach bestanden haben.

§ 36. Sonstigen Personen, welche an einzelnen Vorträgen oder Übungen teilnehmen wollen, ihrer äufseren Lebensstellung nach aber weder als Studierende noch als Hospitanten eintreten können, darf von dem Rektor im Einverständnis mit dem betreffenden Lehrer gestattet worden, dem Unterricht des letzteren gegen Erlegung des für Hospitanten festgesetzten Honorarbetrages beizuwohnen.

VI. § 37. Das Unterrichtshonorar wird durch den Minister bestimmt und ist halbjährlich im voraus zu entrichten. Das Honorar für die Teilnahme an praktischen Übungen in den Laboratorien und Ateliers unterliegt besonderer Festsetzung. Für den von Privatdocenten erteilten Unterricht bleibt die Höhe des Honorars, welches den Privatdocenten zufliefst, ihrem Ermessen unter Vorbehalt der Genehmigung des Senats überlassen.

§ 38. Eine Rückerstattung eingezahlter Honorare findet nur dann statt, wenn ein Vortrag nicht zu stande gekommen ist, oder innerhalb der ersten drei Monate hat abgebrochen werden müssen. Der letztere Fall ist nicht als vorhanden anzusehen, wenn der abgebrochene Vortrag durch einen anderen Lehrer zu Ende geführt wird. Der Anspruch auf Rückerstattung geht verloren, wenn er nicht innerhalb desselben Semesters geltend gemacht wird.

§ 39. Mittellosen, dem preufsischen Staate angehörigen Studierenden kann, sofern sie durch Verhalten und Fortschritte sich auszeichnen, das Honorar erlassen werden. Die Zahl der so Begünstigten darf jedoch einen bestimmten vom Minister festzustellenden Prozentsatz der für dasselbe Unterrichtsjahr bei der Hochschule aufgenommenen Studierenden nicht übersteigen. Inhaber von preufsischen Staatsstipendien sowie von solchen, welche vom Minister den ersteren in dieser Beziehung gleichgestellt werden, sind von der Honorarzahlung befreit. Sie werden auch in die vorher bezeichnete Zahl nicht eingerechnet. Bei Hospitanten kann ein Honorarerlafs nur ausnahmsweise und mit Genehmigung des Ministers stattfinden. Eine Stundung des Honorars ist nur für Studierende und höchstens auf die Dauer von zwei Monaten zulässig.

Die zur Ausführung dieses Statuts erforderlichen Anordnungen werden von dem Minister erlassen.

(Über Vorkehrungen bei den technischen Hochschulen für das Studium der Elektrotechnik vergl. Deutschen Reichs- und Preufs. Staatsanz. 1882 Nr. 272.)

Technische Hochschule zu Hannover. Verfassungsstatut vom 27. Aug. 1880 (vergl. Ergänzung).

Regulativ über die Organisation der Abteilungen vom 7. Sept. 1880.

Technische Hochschule zu Aachen. Verfassungsstatut vom 27. August 1880.

Regulativ über die Organisation der Abteilungen vom 7. Sept. 1880.

Ergänzung der Verfassungsstatute von Hannover und Aachen (zu § 6) AO 13. Dez. 1882: „Die etatsmäfsigen Professoren werden vom Könige ernannt."

ME 24. April 1884. Habilitationsordnung für die Technischen Hochschulen.

§ 1. Das Recht, an der technischen Hochschule als Privatdocent zu lehren, kann nur durch Habilitation bei einer der Abteilungen und nur für solche

Fächer erworben werden, welche innerhalb derselben vertreten sind. Das Gesuch um Zulassung ist schriftlich bei dem Vorsteher der betreffenden Abteilung einzureichen.

§ 2. Dem Gesuch sind beizufügen 1. eine Darstellung des Lebens- und Bildungsganges des Bewerbers nebst Angabe der Lehrgegenstände, für welche er sich zu habilitieren wünscht; 2. das Reifezeugnis eines deutschen Gymnasiums, Realgymnasiums oder einer Oberrealschule; 3. Zeugnisse über mindestens 3jähriges, dem bezüglichen Lehrgebiet gewidmetes akademisches Studium, sowie der Nachweis, dafs der Bewerber entweder die erste technische Staatsprüfung oder die Diplomprüfung an einer deutschen technischen Hochschule bestanden oder den Doktorgrad an einer deutschen Universität nach vorgängiger mündlicher Prüfung und auf Grund einer gedruckten Dissertation erworben hat; 4. der Nachweis einer 3jährigen auf die weitere Ausbildung im bezüglichen Fache gerichteten wissenschaftlichen oder praktisch-technischen oder künstlerischen Thätigkeit nach beendetem Studium; 5. eine geschriebene oder gedruckte Abhandlung aus dem betreffenden Lehrgebiet, oder wenn der Bewerber in mehreren Hauptfächern einer Abteilung docieren will, eine Abhandlung aus jedem dieser Fächer (bei der Architektenabteilung können diese Arbeiten ergänzt bezw. ersetzt werden durch ein oder mehrere Specialprojekte oder durch den Nachweis selbständiger Ausführung gröfserer technischer Anlagen und Konstruktionen); 6. ein amtliches Führungsattest sowie, wenn der Bewerber ein Deutscher ist, der Nachweis erfüllter Militärpflicht.

Für die Lehrfächer des Freihandzeichnens (mit Einschlufs von Figuren-, Landschaftszeichnen, Aquarellieren) und des Modellierens genügt statt der Bedingungen unter 2 und 3 der Nachweis eines 3jährigen Studiums auf einer deutschen Kunstakademie oder technischen Hochschule und als Erfüllung der Bedingungen unter 5 die Einreichung entsprechender künstlerischer Leistungen.

§ 3. Sollte der Bewerber den im § 2 Nr. 2—4 gestellten Anforderungen nicht genügen können, das Abteilungskollegium aber dennoch nach Einsicht in den Bildungsgang und die vorgelegten Arbeiten des Bewerbers es nicht für angezeigt erachten, den letzteren zurückzuweisen, so kann dasselbe beim Minister Dispensation beantragen.

§ 4. Der Abteilungsvorsteher hat, unter gleichzeitiger Benachrichtigung des Rektors und der übrigen Abteilungsvorsteher von dem Eingange des Gesuches, das letztere dem Abteilungskollegium in der nächsten Sitzung desselben mitzuteilen und dafür Sorge zu tragen, dafs von dem Kollegium ein Referent und Korreferent bestellt werde, welche über das Gesuch nebst Anlagen und insbesondere über die eingereichten Arbeiten schriftlichen Bericht zu erstatten haben. In besonderen Fällen kann auch ein Docent der betreffenden Abteilung, welcher dem Kollegium nicht angehört, sowie ein Mitglied eines anderen Abteilungskollegiums mit einem der beiden Referate betraut werden.

§ 5. Die Gutachten der Referenten sind nebst den Anlagen des Gesuches bei den Mitgliedern des Abteilungskollegiums in Umlauf zu setzen. Nachdem dies geschehen, beschliefst das Kollegium in einer Sitzung, an welcher auch solche Referenten, die ihm nicht angehören, zur Teilnahme mit beratender Stimme eingeladen werden, ob der Bewerber zu den weiteren, für die Habilitation erforderlichen Leistungen aufzufordern oder zurückzuweisen ist. Im Falle des § 3 ist vor der Beschlufsfassung die Entscheidung des Ministers abzuwarten. Die letztere ist auch dann einzuholen, wenn das Abteilungskollegium zwar nichts gegen die Leistungen, aber gegen die Person des Bewerbers Bedenken hegt, oder wenn es zweifelhaft ist, ob die ausgewählten Lehrgegenstände zum Unterrichtsgebiete der technischen Hochschule gehören.

§ 6. Steht dem Habilitationsgange ein Hindernis nicht im Wege, so hat der Bewerber einen Probevortrag zu halten, für welchen er drei Themata aus dem Lehrgebiete, in welchem er docieren will, dem Abteilungskollegium zur Auswahl stellt, und welcher spätestens vier Wochen nach getroffener Auswahl abgehalten werden muſs. Zu dem Vortrage sind die Mitglieder des Kollegiums, der Rektor und die übrigen Abteilungsvorsteher sowie alle die Docenten der Hochschule einzuladen, deren Anwesenheit dem Kollegium erwünscht erscheint.

§ 7. An den Vortrag schlieſst sich ein Kolloquium, das von dem Abteilungsvorsteher oder einem durch ihn bestimmten ;Mitgliede des Kollegiums (und, wenn der Bewerber über Schiffsbau docieren will, von dem Vorsteher dieser Sektion [1]) geleitet wird. Sämtliche Docenten, welche zu dem Vortrage eingeladen worden, sind zur Teilnahme am Kolloquium befugt. Dasselbe kann auf alle Gegenstände erstreckt werden, für welche der Bewerber eine Lehrbefähigung in Anspruch genommen hat.

§ 8. Bewerbern, welche bereits an anderen Hochschulen mit gutem Erfolge dociert und sich durch wissenschaftliche oder künstlerische Leistungen hervorgethan haben, kann der Probevortrag sowie das Kolloquium auf Beschluſs des Abteilungskollegiums erlassen werden.

§ 9. Hat ein Bewerber bereits an einer preuſsischen Universität oder Hochschule in den gleichen Lehrgegenständen als Privatdocent gelehrt, so muſs er zwar zur Erlangung der Lehrbefähigung an der technischen Hochschule sich in den vorgeschriebenen Formen von neuem habilitieren, die Zulassung als Privatdocent kann ihm aber nur mit Genehmigung des Ministers versagt werden.

§ 10. Unmittelbar nach Beendigung oder Erlaſs des Kolloquiums faſst das Abteilungskollegium über die Zulassung des Bewerbers als Privatdocent Beschluſs. Der Vorsteher hat dessen Ergebnis dem Bewerber mitzuteilen und im Falle der Zulassung einen Verpflichtungsschein nach bestimmtem Formular vorzulegen, mit dessen Unterzeichnung die Habilitation als vollzogen gilt. Gleichzeitig ist der nunmehrige Privatdocent darauf hinzuweisen, daſs er durch die verstattete Lehrthätigkeit einen Anspruch auf Remuneration oder Anstellung nicht erwirbt. Der zurückgewiesene Bewerber kann nur noch einmal, jedoch nicht vor Ablauf eines Jahres, sein Habilitationsgesuch erneuern.

§ 11. Über die vollzogene Habilitation ist von dem Abteilungsvorsteher eine schriftliche Mitteilung an die übrigen zu richten, eine Bekanntmachung am schwarzen Brett zu veranlassen und durch Vermittelung des Senats unter Überreichung der vom Privatdocenten vorgelegten Nachweise, der erstatteten Gutachten und unter Abschrift der Protokolle der auf die Habilitation bezüglichen Verhandlungen des Abteilungskollegiums an den Minister zu berichten.

§ 12. Bei Einreichung des Meldegesuches hat der Bewerber zur Kasse der Hochschule 90 M. zu entrichten, welche ihm bei etwaiger Zurückweisung zur Hälfte erstattet werden.

§ 13. Der Abteilungsvorsteher hat thunlichst dafür zu sorgen, daſs spätestens innerhalb 14 Tagen nach Einreichung des Gesuches die Referenten erwählt, innerhalb 4 Wochen nach Auswahl derselben die Gutachten eingereicht werden und innerhalb 3 Wochen nach deren Einreichung die Beschluſsfassung erfolgt. Bei Bemessung dieser Fristen werden die Sommerferien (vom 1. August bis 1. Oktober) nicht in Rechnung gezogen.

§ 14. Der Privatdocent hat das Recht, innerhalb des Lehrgebietes, für welches er seine Lehrbefähigung nachgewiesen, Kollegien abzuhalten. Er darf jedoch dieselben nicht geringer an Stundenzahl oder Honorarsatz ankündigen, als für die der staatlich besoldeten Docenten festgesetzt ist. In Lehrfächern, für welche er

---

[1] Gilt nur bei Berlin.

durch die Habilitation nicht zugelassen wurde, darf er nur mit Genehmigung des Abteilungskollegiums, welches den Nachweis der Befähigung im neuen Lehrgegenstand zu fordern berechtigt ist, docieren. Die Anschläge am schwarzen Brett, durch welche der Privatdocent seine Vorlesungen ankündigt, müssen von dem Abteilungsvorsteher zuvor geprüft und mit dessen „gesehen" und Namensunterschrift versehen sein. Das Verzeichnis der Kollegien, welche der Privatdocent im folgenden Studienjahre zu halten gedenkt, hat er zur Aufnahme in das Programm der Hochschule bis zu dem festgestellten Termine dem Abteilungsvorsteher einzureichen. Auch ist von ihm auf Verlangen des Kollegiums ein specielles Inhaltsverzeichnis der Kollegien vorzulegen.

§ 15. Der Privatdocent ist verpflichtet, die angekündigten Kollegien abzuhalten, wenn sich mindestens drei Teilnehmer für dieselben eingeschrieben haben. Er hat seine Lehrthätigkeit nach den Ordnungen der Hochschule zu beginnen und ohne Unterbrechung durchzuführen. Ist er durch Krankheit oder andere dringende Umstände zu einer Unterbrechung von mehr als 8 Tagen genötigt, so hat er dem Abteilungsvorsteher davon Anzeige zu machen. Ebenso hat er Nachricht zu geben, wenn er aus Mangel an Besuch das Kolleg nicht beginnen oder weiterführen kann.

§ 16. Will der Privatdocent seine Lehrthätigkeit für ein Semester oder länger unterbrechen, so hat er hierzu durch Vermittelung des Abteilungskollegiums oder des Senats die Genehmigung des Ministers einzuholen.

§ 17. Die Lehrberechtigung des Privatdocenten erlischt, wenn er ohne Genehmigung seine Lehrthätigkeit für ein Semester unterbrochen hat; sie kann ferner auf Antrag des Kollegiums von dem Minister entzogen werden, wenn er in zwei aufeinanderfolgenden Studienjahren wegen mangelnder Teilnehme keines der angekündigten Kollegien hat zu stande bringen oder während eines Semesters fortführen können.

§ 18. Der Abteilungsvorsteher ist befugt, dem Privatdocenten wegen Verstofses gegen Ordnungen und Lehrinteressen der Hochschule auf Beschlufs des Kollegiums Vorstellungen zu machen.

§ 19. Bei wiederholten und groben Verstöfsen oder bei Vorkommnissen, welche das öffentliche Ansehen der Hochschule beeinträchtigen, ist das Abteilungskollegium nach Anhören des Privatdocenten berechtigt und nach Lage der Sache verpflichtet, die Entziehung der erteilten Lehrberechtigung durch Vermittelung des Senates beim Minister zu beantragen.

Die gleichen Ordnungen gelten für Hannover und Aachen.

## 6. Kapitel. Kunstschulen.

AO 19. Juni 1882. **Statut der Königlichen Akademie der Künste zu Berlin.**

I. § 1. Die unter dem Protektorate Sr. Majestät des Königs stehende Königliche Akademie der Künste zu Berlin ist eine der Förderung der bildenden Künste und der Musik gewidmete Staatsanstalt. Sie besitzt die Rechte einer juristischen Person und hat ihren Sitz in Berlin. Sie steht unmittelbar unter dem Minister der geistlichen, Unterrichts- und Medizinalangelegenheiten als ihrem Kurator.

§ 2. Die Königliche Akademie der Künste, an deren Spitze der Präsident der Akademie steht, umfafst den Senat, die Genossenschaft der Mitglieder und folgende Unterrichtsanstalten: A. Für die bildenden Künste: 1. die akademische Hochschule für die bildenden Künste, 2. die akademischen Meisterateliers. B. Für die Musik: 1. die akademische Hochschule für Musik, 2. die akademischen Meisterschulen für musikalische Komposition, 3. das akademische Institut für Kirchenmusik.

## 6. Kapitel. Kunstschulen.

II. § 3. Der Präsident der Akademie wird vom Senate aus der Zahl der Senatoren unter Vorbehalt der Bestätigung Seiner Majestät des Königs auf ein Jahr gewählt. Wählbar sind nur die Senatoren, welche ordentliche Mitglieder der Akademie sind und am Beginne des Geschäftsjahres des neuen Präsidenten dem Senate angehören. Die Wahl erfolgt nach den Bestimmungen der §§ 18 und 19. Wiederwahl ist zulässig.

§ 4. Die Wahl ist unter Einsendung des Wahlprotokolles dem Minister anzuzeigen, welcher die Allerhöchste Entscheidung über ihre Bestätigung einholt. Wird die Wahl nicht bestätigt, so ist binnen vier Wochen eine Neuwahl nach denselben Bestimmungen (§§ 18 und 19) vorzunehmen.

§ 5. Als Vertreter des Präsidenten wird vom Senate ein zweiter Senator in derselben Sitzung, in welcher die Präsidentenwahl erfolgt, nach den für diese getroffenen Bestimmungen ebenfalls auf ein Jahr gewählt. Die Wahl bedarf der Bestätigung des Ministers.

§ 6. Der Amtsantritt des Präsidenten und seines Stellvertreters erfolgt am 1. Oktober.

§ 7. Der Präsident vertritt die Akademie nach außen und führt den Vorsitz in allen Gesamtsitzungen, sowohl des Senates, als der Genossenschaft, sowie in den Sitzungen derjenigen Sektion des Senates, welcher er angehört. Er ernennt für die Beratungsgegenstände die Referenten. Er ist befugt, allen Sitzungen der Sektionen des Senates, sowie der Genossenschaft der Mitglieder beizuwohnen und von dem Zustande der akademischen Unterrichtsanstalten jederzeit Kenntnis zu nehmen. Er erledigt selbständig unter Mitwirkung des ersten Sekretärs die laufenden Verwaltungsgeschäfte, soweit sie nicht des Vortrages im Senate bedürfen. (§§ 16 und 27.) Er führt die neu eintretenden Senatoren in einer Gesamtsitzung des Senates ein und vereidigt dieselben, sofern sie den Diensteid noch nicht geleistet haben.

§ 8. Der Präsident vollzieht namens der Akademie und des Senates alle von denselben ausgehenden Schriftstücke und Bekanntmachungen. Er verhandelt namens der Akademie und des Senates mit Behörden und Privatpersonen. Er übermittelt alle Anträge, Gutachten oder sonstigen Berichte des Senates und seiner Sektionen, sowie der Genossenschaft und deren Sektionen an den Minister. Urkunden über Rechtsgeschäfte, welche die Akademie gegen Dritte verpflichten sollen, sind von dem Präsidenten und dem ersten ständigen Sekretär zu vollziehen.

§ 9. Der Präsident hat auf Vorschlag des zuständigen Sekretärs die Subaltern- und Unterbeamten, soweit dieselben nicht ausschließlich einer akademischen Unterrichtsanstalt zugewiesen sind (§§ 46, 87 und 127), anzunehmen. Bei denjenigen dieser Beamten, welche sowohl bei der Gesamtakademie, als auch bei einer akademischen Unterrichtsanstalt Dienste zu versehen haben, geschieht der Vorschlag unter Zustimmung der betreffenden Direktoren. Zur Anstellung der Subalternbeamten ist die Genehmigung des Ministers erforderlich. Der Präsident übt über die Subaltern- und Unterbeamten der Akademie die Disciplinarbefugnisse des Vorstandes einer Provinzialbehörde.

§ 10. Der Präsident hat jede Abwesenheit von Berlin über die Dauer einer Woche dem Minister anzuzeigen. Für Urlaub auf länger als zwei Wochen bedarf er der Genehmigung des Ministers.

§ 11. Dem Präsidenten stehen zwei ständige Sekretäre der Akademie zur Seite, welche auf Antrag des Ministers von Sr. Majestät dem Könige ernannt werden. In Behinderungsfällen wird deren Vertretung durch den Minister geregelt.

§ 12. Zum Geschäftskreise des ersten ständigen Sekretärs gehören die Angelegenheiten der Akademie in ihrer Gesamtheit sowie der Sektion des Senates für die bildenden Künste. Insbesondere liegt ihm ob: 1. die Abfassung der in den Gesamtsitzungen des Senates sowie der Genossenschaft der Mitglieder gefafsten Beschlüsse und der auf Grund derselben zu erstattenden Berichte zu erlassenden Bekanntmachungen usw., 2. die Bearbeitung der administrativen Geschäfte der Gesamtakademie und der Senatssektion für die bildenden Künste sowie die Fürsorge für die Ausführung der Geschäfte der Genossenschaft der Mitglieder der Akademie und ihrer Sektionen. Der erste Sekretär ist der nächste Dienstvorgesetzte der Subaltern- und Unterbeamten der Gesamtakademie. Zum Geschäftskreise des zweiten ständigen Sekretärs gehören die Angelegenheiten der Senatssektion für Musik sowie der Verwaltungsgeschäfte bei der akademischen Hochschule für Musik. Im übrigen bestimmt die Funktionen der Sekretäre ein vom Minister zu erlassendes Reglement.

III. § 13. Der Senat ist technische Kunstbehörde und künstlerischer Beirat des Ministers. Er ist berufen, das Kunstleben zu beobachten und Anträge im Interesse desselben an den Minister zu stellen oder mit seinem Gutachten zu übermitteln. Er beschliefst über die Angelegenheiten der Akademie als juristische Person und über ihre Verwaltung, soweit diese nicht anderen Organen übertragen ist.

§ 14. Die Mitglieder des Senates (Senatoren) werden vom Minister nach Mafsgabe des § 15 berufen. Diejenigen Senatoren, welche dem Senate als Inhaber eines bestimmten Amtes angehören, werden für die Dauer ihrer Amtsführung, die übrigen jedesmal auf drei Jahre, vom 1. Oktober an gerechnet, berufen. Scheiden Senatoren innerhalb der Zeit, auf welche sie berufen sind, aus, so tritt eine Ergänzung der Wahl und Berufung für den Rest der Zeit ein, auf welche der Ausgeschiedene dem Senate angehörte.

§ 15. Der Senat zerfällt in zwei Sektionen, eine für die bildenden Künste und eine für Musik. Die Mitglieder desselben sind: A. In der Sektion für die bildenden Künste: 1. sechs Maler, vier Bildhauer, drei Architekten, welche von der Genossenschaft der ordentlichen Mitglieder der Akademie, Sektion für die bildenden Künste, aus ihrer Mitte unter Vorbehalt der Bestätigung des Ministers auf drei Jahre gewählt werden; Wiederwahl ist zulässig; 2. die Vorsteher der akademischen Meisterateliers (§ 67); 3. die Direktoren der akademischen Hochschule für die bildenden Künste, der Königlichen Kunstschule und der Lehranstalt des Kunstgewerbemuseums; 4. der erste ständige Sekretär der Akademie; 5. der Direktor der Königlichen Nationalgalerie; 6. einer der Abteilungsdirektoren der hiesigen Königlichen Museen; 7. ein Kunstgelehrter; 8. ein Rechts- und Verwaltungskundiger. Die zu 6, 7 und 8 Aufgeführten werden vom Minister ernannt. B. In der Sektion für Musik: 1. vier Musiker, welche von der Genossenschaft der ordentlichen Mitglieder der Akademie, Sektion für Musik, aus ihrer Mitte unter Vorbehalt der Bestätigung des Ministers auf drei Jahre gewählt werden; Wiederwahl ist zulässig; 2. die Vorsteher der akademischen Meisterschulen für Komposition (§ 102); 3. die Vorsteher der vier Abteilungen der akademischen Hochschule für Musik sowie der Dirigent der Aufführungen an derselben; 4. der Direktor des akademischen Institutes für Kirchenmusik; 5. der zweite ständige Sekretär der Akademie; 6. ein Musikgelehrter; 7. die oben unter A. 4 und 8 Genannten. Dieselben sind in den Sitzungen dieser Sektion zu erscheinen nur dann verpflichtet, wenn Fragen, die ihre Teilnahme erheischen, auf der Tagesordnung stehen.

§ 16. Zum Geschäftskreise des Gesamtsenates gehören: 1. die Wahl des Präsidenten der Akademie und seines Stellvertreters (§ 18), 2. die Erörterung und Begutachtung allgemeiner Kunst- und Unterrichtsfragen, 3. die Beschlufsfassung über Organisationsfragen der Gesamtakademie und über die Verwaltung ihres Vermögens, 4. die Abgabe von Vorschlägen für die Ernennung der ausländischen Ritter des Ordens pour le mérite für Wissenschaften und Künste nach Mafsgabe

## 6. Kapitel. Kunstschulen.

des Allerhöchsten Erlasses vom 24. Juni 1846, 5. die Erstattung der vom Minister sonst noch erforderten Berichte.

§ 17. Zu den Sitzungen des Gesamtsenates erläfst der Präsident die Einladung unter Angabe der Tagesordnung. Er verteilt die dazu geeigneten Sachen zum Vortrage in den Sitzungen auf die Mitglieder.

§ 18. Die Wahl des Präsidenten erfolgt in einer während des Monates Mai besonders für diesen Zweck zu berufenden Sitzung des Gesamtsenates, in welcher mindestens zwei Drittteile sämtlicher Senatoren anwesend sein müssen. Ist keine beschlußfähige Anzahl von Wahlberechtigten erschienen, so ist binnen acht Tagen eine neue Versammlung zu berufen, welche alsdann ohne Rücksicht auf die Anzahl der Anwesenden beschlußfähig ist. Dies ist in der Einladung zu derselben ausdrücklich zu bemerken.

§ 19. Die Wahl erfolgt mittels Abstimmung durch Zettel nach absoluter Mehrheit der abgegebenen Stimmen. Die Zählung der Stimmen geschieht durch zwei von dem Präsidenten zu ernennende Senatoren. Ist keine absolute Mehrheit erreicht, so werden die drei Senatoren, welche die meisten Stimmen erhalten haben, auf die engere Wahl gebracht. Ergiebt sich auch bei dieser engeren Wahl keine absolute Mehrheit, so werden die beiden, welche die meisten Stimmen haben, auf die engere Wahl gebracht. Bei Stimmengleichheit entscheidet in den vorbemerkten Fällen das Los, welches durch den Präsidenten zu ziehen ist.

§ 20. Zum Geschäftskreise der Senatssektion für die bildenden Künste gehören insbesondere: 1. die Erstattung der vom Minister erforderten oder sonst notwendigen, die bildenden Künste betreffenden Gutachten, 2. Vorschläge für die Ernennung der Vorsteher der akademischen Meisterateliers und des Direktors der Hochschule für die bildenden Künste, 3. Anträge und Vorschläge in Bezug auf den Lehrplan der Hochschule für die bildenden Künste, 4. die Prüfung und Begutachtung aller die akademischen Meisterateliers und die Hochschule für die bildenden Künste gemeinsam betreffenden Angelegenheiten, 5. die Ausschreibung der von dieser Sektion abhängigen Konkurrenzen und die Entscheidung derselben unter Mitwirkung der in Berlin wohnhaften ordentlichen Mitglieder der Akademie nach dem bestehenden Reglement, sowie erforderlichenfalls Vorschläge zur Revision der geltenden Konkurrenzordnung, 6. die Ausschreibung der akademischen Kunstausstellungen mit Genehmigung des Ministers und der Leitung derselben nach den von dem Minister genehmigten reglementarischen Bestimmungen, 7. die Vorschläge zur Verleihung der goldenen Medaille für Kunst bei Gelegenheit der Kunstausstellungen nach Mafsgabe der Allerhöchsten Erlasse vom 3. Mai 1845 und vom 22. Oktober 1855, unter Zuziehung von ordentlichen Mitgliedern der Akademie, 8. die Erteilung des grofsen Staatspreises und der übrigen bei der Akademie für Zwecke der bildenden Künste gestifteten Preise, 9 die Bewilligung von Unterstützungen innerhalb der im Etat vorgeschriebenen Grenzen an Schüler der Meisterateliers, 10. Vorschläge zur Bewilligung von Auszeichnungen an bildende Künstler, 11. die Wahl der durch den Minister aus dem Senate in die Landeskommission zur Begutachtung der Verwendungen des Kunstfonds zu berufenden Künstler.

§ 21. Zum Geschäftskreise der Senatssektion für Musik gehören insbesondere: 1. die Erstattung der vom Minister verlangten oder sonst erforderlichen, die Musik betreffenden Gutachten, 2. Vorschläge für die Ernennung der Vorsteher der akademischen Meisterschulen für Komposition, sowie des Direktors bei dem akademischen Institute für Kirchenmusik, 3. Anträge und Vorschläge, welche den Lehrgang und Lehrplan der Hochschule für Musik und des Institutes für Kirchenmusik betreffen, 4. die Prüfung und Begutachtung aller die akademischen Meisterschulen für musikalische Komposition und die Hochschule für Musik gemeinsam betreffenden

## II. Hauptabteilung. Fachschulen.

Angelegenheiten, 5. die Ausschreibung der von dieser Sektion abhängigen Konkurrenzen und die Entscheidung derselben nach den bestehenden Reglements, 6. Vorschläge zur Bewilligung von Auszeichnungen an Musiker.

§ 22. Der Senat und seine Sektionen sind berechtigt, einzelne der ihnen obliegenden Geschäfte auf besondere, aus ihrer Mitte zu wählende Kommissionen zu übertragen.

§ 23. Der Präsident der Akademie ist zugleich Vorsitzender der Sektion, welcher er angehört. Die andere Sektion wählt, sobald die Wahl des Präsidenten bestätigt ist, nach den Bestimmungen des § 19 aus den für das betreffende Geschäftsjahr ihr angehörigen Mitgliedern ihren Vorsitzenden auf ein Jahr. Jede Sektion wählt für ihren Vorsitzenden einen Stellvertreter.

§ 24. Die Vorsitzenden der Sektionen unterzeichnen die von den Sektionen zu erstattenden Berichte und die sonstigen von diesen ausgehenden Schriftstücke sowie die von ihnen zu erlassenden Bekanntmachungen. Sie laden zu den Sitzungen der Sektionen, soweit möglich unter Angabe der Tagesordnung, ein und erteilen die dazu geeigneten einzelnen Sachen zur Bearbeitung und zum Vortrage an die Mitglieder. Die Abfassung der Beschlüsse und der zu erstattenden Gutachten usw. liegt, soweit sie nicht vom Vorsitzenden dem betreffenden Referenten übertragen wird, in der Sektion für die bildenden Künste dem ersten, in der Sektion für Musik dem zweiten ständigen Sekretär ob. Die Vorsitzenden der Sektionen erlassen die nötigen Bekanntmachungen über den Beginn des Unterrichtes in den akademischen Meisterateliers und veröffentlichen im Zusammenhange hiermit die von den Vorständen der akademischen Unterrichtsanstalten zu erlassenden und zu diesem Zwecke sechs Wochen vor Beginn jedes Studiensemesters ihnen zu übergebenden Bekanntmachungen über den Lehrplan usw. der betreffenden Anstalten. (§ § 55, 69, 89, 104 und 120.)

§ 25. Über jede Sitzung des Senates und seiner Sektionen ist ein Protokoll aufzunehmen, welches nach erfolgter Genehmigung von dem Vorsitzenden und dem Protokollführer vollzogen und in Abschrift dem Minister eingereicht wird. Als Protokollführer fungiert in den Sitzungen des Gesamtsenates der erste ständige Sekretär, in den Sitzungen der Sektionen der betreffende ständige Sekretär.

§ 26. Urlaub bis zu vierzehn Tagen haben die Senatoren beim Präsidenten der Akademie, Urlaub für längere Zeit beim Minister durch Vermittelung des Präsidenten nachzusuchen. Hat der Minister einem Senator in anderer Eigenschaft Urlaub erteilt, so genügt die Anzeige an den Präsidenten.

§ 27. Sitzungen des Gesamtsenates und seiner Sektionen sollen in der Woche vor und nach den hohen Festen und in der Zeit vom 1. August bis 1. Oktober der Regel nach nicht anberaumt werden. In diesen Zeiten sind dringliche Sachen, welche der Mitwirkung des Senates bedürfen, durch den Präsidenten oder durch die Vorsitzenden der Sektionen unter Zuziehung von wenigstens zwei anderen Mitgliedern des Senates oder der betreffenden Sektionen zu erledigen. Dieselben sind nachträglich zur Kenntnis des Senates oder der einzelnen Sektionen zu bringen.

§ 28. Gemeinschaftliche Versammlungen des Gesamtsenates und der Genossenschaft der Mitglieder finden nach Beschluß des Senates bei besonderen Veranlassungen und regelmäßig zur Feier des Geburtstages Sr. Majestät des Königs statt, in letzterem Falle unter Beteiligung sämtlicher Lehrer der akademischen Unterrichtsanstalten. Zu diesen Versammlungen erläßt der Präsident die Einladungen.

IV. § 29. Die Mitglieder der Akademie zerfallen in ordentliche und Ehrenmitglieder.

§ 30. Die ordentlichen Mitglieder bilden eine Genossenschaft, welche sich durch die Wahl aus hervorragenden hiesigen und auswärtigen Künstlern nach Maßgabe

## 6. Kapitel. Kunstschulen.

der Bestimmungen der §§ 34 ff. ergänzt. Sie scheidet sich wie der Senat in eine Sektion für die bildenden Künste und in eine Sektion für Musik, deren jede ihren Vorsitzenden und dessen Stellvertreter aus ihrer Mitte im Monat Juni jedes Jahres auf ein Jahr wählt. Wiederwahl ist zulässig. Das Ergebnis der Wahl ist dem Präsidenten der Akademie und durch diesen dem Minister und dem Senate anzuzeigen. Die Gewählten übernehmen den Vorsitz mit dem 1. Oktober. Gemeinschaftliche Versammlungen beider Sektionen hat der Präsident der Akademie zu berufen und zu leiten.

§ 31. Zu den Rechten und Pflichten der Genossenschaft und ihrer Sektionen gehören: 1. die Wahl der Sektionsvorsitzenden (§ 30), 2. die Wahl neuer ordentlicher Mitglieder und Ehrenmitglieder der Akademie nach den Bestimmungen der §§ 34 ff., 3. die Wahl von Senatoren (§ 15 A. Nr. 1 und B. Nr. 1), 4. die Beteiligung an der Entscheidung über die von der Akademie zu erteilenden Konkurrenzpreise nach Mafsgabe der dafür geltenden Bestimmungen (§ 20 Nr. 5). Der Sektion der Genossenschaft für die bildenden Künste liegt insbesondere noch ob: 5. die Mitwirkung bei den Vorschlägen, welche wegen Verleihung der goldenen Medaille für Kunst bei Gelegenheit der akademischen Kunstausstellungen zu machen sind, durch diejenigen ihrer Mitglieder, welche die grofse goldene Medaille besitzen, 6. die Wahl von Mitgliedern zur Jury und zur Kommission für Aufstellung der Kunstwerke bei den akademischen Ausstellungen nach den bestehenden Reglements. Aufserdem steht es der Genossenschaft sowie ihren Sektionen zu, Anträge an den Senat und durch diesen an den Minister zu richten.

§ 32. Gemeinsame Sitzungen beider Sektionen der Genossenschaft hat der Präsident der Akademie nach Bedürfnis, doch mindestens einmal in jedem Halbjahre anzuberaumen. In denselben werden rechtzeitig eingebrachte Anträge verhandelt sowie Berichte und Vorlagen der Mitglieder entgegengenommen.

§ 33. Zur Ausübung der in § 31 den Sektionen beigelegten Rechte und Pflichten werden die Mitglieder von dem Vorsitzenden der Sektion je nach Bedürfnis berufen. Aufserdem ist von demselben eine Versammlung anzuberaumen, so oft mehr als ein Drittel der in Berlin wohnhaften Mitglieder der Sektion es beantragt.

§ 34. In jeder Sektion findet jährlich im Monate Januar eine Versammlung zur Wahl neuer ordentlicher Mitglieder der Akademie statt. Zu derselben sind die in Berlin wohnhaften Mitglieder der betroffenen Sektion mindestens drei Wochen vorher schriftlich unter Angabe des Zweckes einzuladen. Etwaige Vorschläge für die Wahl bestimmter Personen sind bis 14 Tage vor der Wahlversammlung dem Vorsitzenden schriftlich einzureichen, welcher diese Vorschläge in einer spätestens acht Tage vor der eigentlichen Wahlversammlung zu berufenden Vorversammlung zur Kenntnis der erschienenen Mitglieder bringt. In der Vorversammlung findet nach voraufgegangener Besprechung über die einzelnen Kandidaten geheime Abstimmung statt. Nur diejenigen Kandidaten, welche bei dieser Abstimmung in der Sektion für die bildenden Künste eine Unterstützung von zehn, in der Sektion für Musik eine solche von drei Stimmen erhalten haben, kommen zur Wahl in der eigentlichen Wahlversammlung. Eine Liste dieser Kandidaten ist in der Wahlversammlung jedem Stimmenden einzuhändigen. Jeder Stimmende giebt durch Hinzufügung von Ja oder Nein hinter jedem Namen auf dieser Liste seine Stimme ab. Die Mitglieder sind verpflichtet, über diese selbst, solange und insoweit sie nicht zur amtlichen Veröffentlichung gelangen, gegen Nichtmitglieder Stillschweigen zu beobachten.

§ 35. Die Wahlversammlung jeder Sektion ist nur beschlufsfähig, wenn mindestens zwei Drittel der wahlberechtigten Sektionsmitglieder erschienen sind. Als gewählt gilt derjenige, welcher mindestens zwei Drittel der abgegebenen Stimmen erhalten hat.

§ 36. Personen, welche, ohne Künstler zu sein, sich um die Akademie oder die Kunst im allgemeinen Verdienste erworben haben, sowie hervorragende Künstlerinnen können zu Ehrenmitgliedern der Königlichen Akademie der Künste gewählt werden. Dieselben nehmen an den Rechten und Pflichten der ordentlichen Mitglieder nicht teil. Anträge auf Wahl von Ehrenmitgliedern müssen von mindestens fünfzehn Mitgliedern gemeinschaftlich an den Präsidenten der Akademie gerichtet werden. Die Wahl findet in einer von dem Präsidenten zu berufenden gemeinschaftlichen Sitzung beider Sektionen nach den Bestimmungen des § 34 statt.

§ 37. Über die nach Maßgabe der §§ 31 ff. vollzogenen Wahlen wird ein Wahlprotokoll aufgenommen, welches nach erfolgter Genehmigung vom Vorsitzenden der Sektion oder dem Präsidenten der Akademie und zwei Mitgliedern vollzogen wird. Die von einer Sektion oder der Gesamtheit der Genossenschaft vollzogenen Wahlen von ordentlichen und Ehrenmitgliedern sowie von Mitgliedern des Senates werden dem Gesamtsenate angezeigt und mit dessen Berichte dem Minister unter Beifügung des Wahlprotokolles zur Bestätigung vorgelegt. Die Veröffentlichung bestätigter Wahlen erfolgt namens der Akademie durch den Präsidenten.

§ 38. Für die nach § 31 Nr. 1 und 3 zu vollziehenden Wahlen ist die Anwesenheit von mindestens der Hälfte der in Berlin wohnhaften Mitglieder erforderlich; im übrigen gelten die Wahlbestimmungen des § 19. Die Wahl der Senatoren hat mindestens vier Wochen vor der Wahl des Präsidenten der Akademie zu erfolgen.

§ 39. Über jede Sitzung der Genossenschaft und ihrer Sektionen ist ein Protokoll aufzunehmen und nach der Feststellung dem Minister in Abschrift einzureichen. Die Führung des Protokolles wechselt unter den Mitgliedern der Versammlung.

§ 40. Die in § 31 aufgeführten Rechte und Pflichten können nur persönlich ausgeübt worden.

§ 41. In den Monaten August und September sind keine Mitglieder-Versammlungen anzuberaumen.

### V. Akademische Hochschule für die bildenden Künste.

§ 42. Die akademische Hochschule für die bildenden Künste bezweckt eine allseitige Ausbildung in den bildenden Künsten und ihren Hilfswissenschaften, wie sie der Maler, Bildhauer, Architekt, Kupferstecher, Holzschneider usw. gleichmäßig bedarf, und die specielle Vorbildung für die selbständige Ausübung der bildenden Kunst.

§ 43. Die akademische Hochschule für die bildenden Künste steht unter einem Direktor. Derselbe muß ausübender Künstler sein und wird auf eine Dauer von mindestens fünf Jahren auf den Antrag des Ministers von Sr. Majestät dem Könige ernannt. Derselbe ist für die Dauer seines Amtes Mitglied des Senates der Akademie und nur dem Minister verantwortlich.

§ 44. Der Direktor führt die Aufsicht über die Hochschule in allen ihren Teilen und überwacht die Ausführung der für dieselbe getroffenen Bestimmungen. Insbesondere hat er für Heranziehung geeigneter Lehrkräfte zu sorgen, bei Erledigung ordentlicher Lehrerstellen für ihre Wiederbesetzung und, wenn der Unterricht unvollständig erscheint, für die Ergänzung desselben durch Gründung und Besetzung neuer Stellen motivierte Vorschläge zu machen. Anträge des Direktors, welche die Einführung eines Lehrgegenstandes betreffen, sind durch die Sektion des Senates für die bildenden Künste mit deren Gutachten einzureichen.

§ 45. Der Direktor ordnet unter Mitwirkung des Lehrerkollegiums für jedes Semester den Lehrplan und überweist die Schüler auf Grund der Beschlüsse des Lehrerkollegiums den einzelnen Klassen. Er ist der nächste Dienstvorgesetzte der Lehrer; dieselben haben seinen Anordnungen innerhalb ihrer amtlichen Verpflichtungen Folge zu leisten.

### 6. Kapitel. Kunstschulen.

§ 46. Die ausschließlich zur Erledigung der Verwaltungsgeschäfte der Hochschule erforderlichen Beamten werden auf Vorschlag des Direktors vom Minister ernannt. Die Funktionen derselben bestimmt ein vom Minister zu erlassendes Reglement. Der Direktor ist der nächste Dienstvorgesetzte der für die Hochschule angestellten Beamten. Er hat dieselben dem Präsidenten der Akademie namhaft zu machen.

§ 47. Über die Mittel des Instituts verfügt der Direktor nach Maßgabe der Bestimmungen des Etats und der allgemeinen, die Geldverwendung betreffenden Vorschriften. Er trägt Sorge für das Inventar und die Lehrmittel des Instituts und verfügt über deren Benutzung.

§ 48. Die ordentlichen Lehrer werden vom Minister ernannt. Hilfslehrer werden unter Vorbehalt des Widerrufes vom Direktor mit Genehmigung des Ministers angenommen. Die Lehrer sind dem Präsidenten der Akademie namhaft zu machen.

§ 49. Die ordentlichen Lehrer bilden unter dem Vorsitze des Direktors das Lehrerkollegium, welches, so oft dieser es für nötig hält, mindestens aber halbjährlich einmal zur Feststellung des Lehrplanes usw. sich versammelt, über die ihm vorgelegten Angelegenheiten berät und etwa erforderliche Gutachten abgiebt. Über Anträge auf Bewilligungen erhöhter Geldmittel für das Institut hat der Direktor das Lehrerkollegium zu hören. Außerdem hat der Direktor eine Versammlung des Lehrerkollegiums zu berufen, sobald die Hälfte sämtlicher ordentlicher Lehrer eine solche unter Mitteilung des Beratungsgegenstandes beantragt. Jedem ordentlichen Lehrer steht das Recht zu, selbständig Anträge, welche die Hochschule für die bildenden Künste betreffen, in den Versammlungen des Lehrerkollegiums zu stellen. In diesen Versammlungen sind auch die Hilfslehrer zuzuziehen, denen jedoch ein Stimmrecht nicht zusteht. Über jede Sitzung des Lehrerkollegiums ist ein Protokoll zu führen, welches nach Genehmigung vom Direktor und dem Protokollführer unterzeichnet wird.

§ 50. Ordentliche Lehrer der Hochschule für die bildenden Künste, welchen vom Minister ein Atelier mit Schülerraum gewährt wird, sind verpflichtet, mindestens zwei Schüler aufzunehmen und unentgeltlich zu unterrichten. Die näheren Bestimmungen über die Leitung dieser Schüler trifft ein vom Minister zu erlassendes Reglement.

§ 51. Urlaub für länger als eine Woche hat der Direktor bei dem Minister nachzusuchen. Soweit ihm bei seiner Anstellung ein solcher Urlaub zugesichert ist, bedarf es nur der Anzeige vom Antritte desselben und von der Wiederaufnahme der Geschäfte.

§ 52. Urlaubsgesuche der Lehrer sind an den Direktor zu richten und können von diesem für die Dauer einer Woche bewilligt werden. Für längeren Urlaub ist die Genehmigung des Ministers erforderlich.

§ 53. Zur Aufnahme in die Hochschule für die bildenden Künste ist erforderlich: a. eine allgemeine Bildung, welche zum einjährigen freiwilligen Militärdienste berechtigt, b. eine untadelhafte sittliche Führung, c. eine für das erfolgreiche Studium der Kunst genügende Begabung und die für dasselbe nötigen Fertigkeiten und Vorkenntnisse. Bei der Meldung zur Aufnahme, welche schriftlich bei dem Direktor zu erfolgen hat, ist ein selbstgeschriebener Lebenslauf und ein schriftlicher Nachweis über die Erfüllung der unter a. und b. bezeichneten Bedingungen sowie bei Minderjährigen die Genehmigung der Eltern oder Vormünder beizubringen. Über die Bedingungen unter c. haben sich die Bewerber durch Ablegung einer Prüfung vor dem Direktor und dem Lehrerkollegium auszuweisen. Die Aufnahme verfügt auf Grund des Beschlusses des Lehrerkollegiums der Direktor. Von dem oben unter a. bezeichneten Erfordernisse kann der Direktor auf Beschluß des Lehrerkollegiums ausnahmsweise bei hervorragender künstlerischer Begabung Dispens erteilen und hat in solchen Fällen den Betreffenden zur nachträglichen Ergänzung seiner allgemeinen Bildung anzuhalten. Von den Erfordernissen unter b. und c. ist eine Dispensation überhaupt unzulässig.

§ 54. Die Aufnahme von Schülern erfolgt zu Ostern und Michaelis. Nach Beginn des Semesters ist die Aufnahme neuer Schüler in der Regel nicht zulässig.

§ 55. Den Zeitpunkt des Unterrichtsbeginnes und der Aufnahme neu eintretender Schüler bestimmt der Direktor. Er übergiebt die von ihm vollzogene Ankündigung mindestens sechs Wochen vor Beginn des Studiensemesters dem Vorsitzenden der Senatssektion für die bildenden Künste zum Zwecke ihrer Veröffentlichung (§ 24).

§ 56. Die Immatrikulation der aufgenommenen Schüler erfolgt auf Anweisung des Direktors gegen Erlegung der Gebühren auf drei Jahre. Ihre Gültigkeit kann von dem Direktor verlängert werden.

§ 57. Der Unterricht an der Hochschule für die bildenden Künste ist obligatorisch.

§ 58. Den Schülern ist die Benutzung der akademischen Bibliothek und der Lehrmittel der Anstalt, sowie das Kopieren in den Königlichen Museen und in der Nationalgalerie gegen Vorlage eines von dem Direktor ausgestellten Befähigungszeugnisses nach den bestehenden Vorschriften gestattet.

§ 59. Das festgesetzte Unterrichtshonorar ist halbjährlich im voraus an den Inspektor der Akademie der Künste zu zahlen. Wer ausnahmsweise im Laufe eines Semesters eintritt, hat in der Regel für das ganze Semester Honorar zu entrichten. Auf Erstattung bereits gezahlten Honorars hat kein Schüler Anspruch. Über Erlaß des ganzen oder halben Honorars befindet der Direktor innerhalb der im Etat vorgesehenen Grenzen. Gesuche um Unterstützungen sind an den Direktor unter Einreichung eines amtlich beglaubigten Bedürftigkeitszeugnisses zu richten. Dieser entscheidet darüber auf Grund des schriftlich abzugebenden Zeugnisses der Lehrer des Bittstellers innerhalb der Grenzen des Etats.

§ 60. Hospitanten dürfen mit Bewilligung des Direktors an einzelnen Unterrichtsstunden gegen Erlegung eines angemessenen Honorars für jedes einzelne Fach teilnehmen.

§ 61. Alljährlich findet eine öffentliche Ausstellung von Schülerarbeiten aus dem abgelaufenen Schuljahre statt, zu welcher jeder Schüler seine Arbeiten einzuliefern verpflichtet ist. Über die Erteilung von Preisen entscheidet das Lehrerkollegium. Das Ergebnis wird den Schülern durch den Direktor vor den versammelten Lehrern verkündigt. Kein Schüler der Hochschule darf seine Arbeiten ohne Bewilligung des Direktors öffentlich ausstellen.

§ 62. Schüler, welche wegen ungenügender Begabung oder durch Unfleiß keine Hoffnung auf erfolgreiche Benutzung des Unterrichts gewähren, können durch Beschluß des Lehrerkollegiums von dem Besuche der Hochschule ausgeschlossen werden. Wegen ungebührlichen Verhaltens können Schüler durch das Lehrerkollegium zeitweilig von der Teilnahme am Unterricht, oder für immer von der Anstalt ausgeschlossen werden. In dringenden Fällen kann der Direktor den Besuch des Unterrichts und der Institutsräume sofort untersagen.

§ 63. Den Schülern werden bei ihrem Abgange auf Verlangen Zeugnisse über ihren Besuch der Hochschule ausgestellt. Diejenigen Zeugnisse, welche die erlangte Ausbildung, den Fleiß und die Befähigung der Schüler bestätigen sollen, werden auf Grund der schriftlich abzugebenden Urteile der Lehrer durch Beschluß des Lehrerkollegiums festgestellt und vom Direktor ausgefertigt.

§ 64. Die Hauptferien fallen in die Monate August und September; außerdem wird der Unterricht zu Weihnachten, Ostern und Pfingsten, soweit die Festzeit oder die Vorbereitungen für das Sommersemester es erfordert, ausgesetzt.

§ 65. Alljährlich erstattet der Direktor an den Minister den zur Veröffentlichung und zur Mitteilung an den Senat und die Genossenschaft der Mitglieder der Akademie bestimmten Bericht über das verflossene Schuljahr.

### VI. Akademische Meisterateliers.

§ 66. Mit der Akademie der Künste sind Meisterateliers verbunden für Malerei, Bildhauerei, Architektur und Kupferstich. Sie bieten Gelegenheit zur Ausbildung in selbständiger künstlerischer Thätigkeit unter unmittelbarer Aufsicht und Leitung eines Meisters.

§ 67. Jedes Atelier steht unter selbständiger Leitung eines ausübenden Künstlers, welcher vom Minister, dem er allein verantwortlich ist, angestellt wird. Als Inhaber des Ateliers ist er, wenn definitiv angestellt, Mitglied des Senats der Akademie. Provisorisch angestellte Vorsteher können durch Beschlufs des Ministers in den Senat berufen werden. Jeder Meister ist verpflichtet, bis zu 6 Schülern anzunehmen.

§ 68. Die Aufnahme von Schülern findet in der Regel nur zu Anfang eines Vierteljahres statt. Vorbedingung der Aufnahme ist der Nachweis untadelhafter sittlicher Führung. Über die künstlerische Befähigung der Schüler zur Aufnahme entscheidet der betreffende Meister.

§ 69. Seine Einwilligung zur Aufnahme zeigt derselbe dem Inspektor der Akademie an, welcher einen auf 3 Jahre gültigen Immatrikulationsschein gegen Erlegung der Gebühren ausstellt. Nur auf Vorlegung dieses Scheines und der Honorarquittung ist der Eintritt in das Atelier gestattet. Den Zeitpunkt des Unterrichtsanfanges und der Schüleraufnahme hat der Meister mindestens 6 Wochen zuvor dem Vorsitzenden der Senatssektion zur Veröffentlichung anzuzeigen.

§ 70. Das festgesetzte Honorar ist vierteljährlich an den Inspektor vorauszuzahlen. Kein Schüler hat ein Anrecht auf Erstattung bereits gezahlten Honorars. Über Erlafs der ganzen oder halben Summe befindet der Ateliervorsteher im Einverständnis mit dem Präsidenten der Akademie innerhalb der Etatsgrenzen. Gesuche um Unterstützungen sind an den Ateliervorstand zu richten und von diesem der Senatssektion für die bildenden Künste mit seinen Vorschlägen zur Beschlufsfassung vorzulegen.

§ 71. Den Schülern ist die Benutzung der akademischen Bibliothek, der Lehrmittel der Akademie und der unentgeltliche Besuch der Vorträge über Hilfswissenschaften bei der Hochschule für die bildenden Künste sowie der akademischen Kunstausstellungen gestattet.

§ 72. Glaubt der Meister einem Schüler persönlich nicht mehr nützen zu können, so kann er ihn am Vierteljahrsschlufs entlassen. Dem Eintritt in ein anderes Atelier steht in diesem Falle nichts entgegen.

§ 73. Für die Ateliers gelten die Ferien der Hochschule für die bildenden Künste, jedoch steht es den Schülern frei, mit Genehmigung des Meisters auch während der Ferien ihre Arbeiten im Atelier fortzusetzen.

§ 74. Für Abwesenheit auf länger als 14 Tage bedarf der Meister Urlaubserteilung des Ministers. Bei Anstellung zugesicherter Urlaub ist nur nach seinem Antritt und Schlufs anzuzeigen. Für die Dauer seiner Abwesenheit hat der Ateliervorsteher wegen Beaufsichtigung seines Ateliers Anordnung zu treffen und von dem Geschehenen dem Minister Anzeige zu machen.

### VII. Akademische Hochschule für Musik.

§ 75. Zweck der Akademie ist einesteils allseitige höhere Ausbildung für sämtliche Gebiete der Musik, anderseits Veranstaltung musikalischer Aufführungen unter Verwertung der von ihr ausgebildeten Kräfte. Sie zerfällt in die Abteilungen für **Komposition, Gesang, Orchesterinstrumente** und **Klavier und Orgel**.

§ 76. Die Hochschule steht unter einem Direktorium, welches sich zusammensetzt aus den Vorstehern der 4 Abteilungen und dem zweiten ständigen Sekretär der Akademie. Der Vorsitz wechselt jährlich unter den Abteilungsvorstehern nach einem vom Minister aufzustellenden Turnus. Die Stellvertretung regelt der Minister. Das Direktorium faßt seine Beschlüsse bei Anwesenheit von mindestens 3 Mitgliedern mit Stimmenmehrheit. Bei Gleichheit der Stimmen entscheidet der Vorsitzende.

§ 77. Das Direktorium vertritt die Hochschule gegenüber der vorgesetzten Behörde und nach außen. Insbesondere liegt ihm ob, von dem Gange des Unterrichts in allen seinen Zweigen Kenntnis zu nehmen und alle im Interesse desselben liegenden Anträge an den Minister zu richten, außerdem den Lehrplan auf Grund der Vorschläge der Abteilungsvorsteher festzustellen.

§ 78. Jede Abteilung hat einen Vorsteher, welcher die artistischen Angelegenheiten derselben leitet. Dieselben werden vom Minister ernannt, und zwar für die Kompositionsabteilung aus der Zahl der Vorsteher der akademischen Meisterschulen für musikalische Komposition.

§ 79. Die ordentlichen Lehrer ernennt der Minister auf Vorschlag des Direktoriums. Außerordentliche Lehrer und Hilfslehrer werden auf Vorschlag der Abteilungsvorsteher vom Direktorium unter Zustimmung des Ministers kommissarisch bestellt. Die Lehrkräfte werden den einzelnen Abteilungen vom Minister zugewiesen und sind dem Präsidenten der Akademie namhaft zu machen.

§ 80. Die Abteilungsvorsteher und die sämtlichen übrigen Lehrkräfte bilden mit dem Sekretär das Lehrerkollegium. Dieses wird von letzterem nach seinem Ermessen oder auf Veranlassung des Direktoriums zu Sitzungen berufen und beschließt über die ihm vorgelegten Angelegenheiten nach Stimmenmehrheit. Den Vorsitz in diesen Sitzungen führt der Vorsitzende des Direktoriums, sofern es sich um artistische Angelegenheiten, der Sekretär, wenn es sich um Verwaltungsangelegenheiten handelt. Über jede Sitzung ist ein Protokoll zu führen, welches nach Verlesung und Genehmigung vom Vorsitzenden und Protokollführer vollzogen wird.

§ 81. Jeder Abteilungsvorsteher beruft und leitet die Konferenzen der Lehrer seiner Abteilung. Dieselben finden mindestens halbjährlich einmal statt; außerdem so oft der Abteilungsvorstand es für nötig hält, oder die Hälfte sämtlicher Lehrer einer Abteilung eine Konferenz unter Mitteilung des Beratungsgegenstandes beantragt.

§ 82. Die von der Hochschule zu veranstaltenden öffentlichen und halböffentlichen Aufführungen stehen bezüglich ihrer Anordnung und Leitung unter einem besonderen Dirigenten, welcher aus der Zahl der Lehrer auf Vorschlag des Ministers durch Sc. Majestät ernannt wird. Der Dirigent hat den Plan der öffentlichen Aufführungen für jedes Halbjahr festzustellen, sich wegen Durchführung desselben mit dem Direktorium und dem Sekretär zu verständigen und vor Erlaß der Ankündigung eines Konzerts dem Minister Anzeige zu machen. Über Verleihung der etatmäßigen Orchesterstipendien schlägt der Dirigent dem Minister das Betreffende vor. Praktische Übungen im Dirigieren leitet er gleichfalls.

§ 83. Die sämtlichen an der Hochschule für Musik beschäftigten Lehrer der Orchesterinstrumente sind gehalten, bei den von der Hochschule veranstalteten öffentlichen Musikaufführungen mitzuwirken. Ausnahmen hiervon sind nur mit Genehmigung des Ministers zulässig. Kein Lehrer ist befugt, ohne ministerielle Erlaubnis an anderen Instituten Unterricht zu übernehmen.

§ 84. Erachten die Lehrer der Abteilung für Komposition Probeaufführungen

### 6. Kapitel. Kunstschulen.

von Arbeiten ihrer Schüler durch Chor- und Orchesterkräfte der Hochschule für zweckmäßig, so bleibt ihnen überlassen, darüber mit dem Dirigenten das Erforderliche zu vereinbaren. Kompositionen von Schülern, welche von Lehrern der Kompositionsabteilung dessen als würdig erkannt werden, können nach den dafür bestimmten Mitteln und nach Verständigung mit dem Dirigenten unter thunlichster Mitwirkung der Chor- und Orchesterkräfte der Hochschule auch zur öffentlichen Aufführung gebracht und dabei für die Autoren prämiiert werden.

§ 85. Urlaubsgesuche der Lehrer sind an den Sekretär zu richten und können von diesem mit Zustimmung des Abteilungsvorstehers für eine Woche bewilligt werden. Für längeren Urlaub ist die Genehmigung des Ministers erforderlich. Letzterer trifft auch hinsichtlich der Mitglieder des Direktoriums und des Dirigenten der Aufführungen die nötigen Anordnungen.

§ 86. Die geschäftliche Verwaltung der gesamten Anstalt sowie die Überwachung der für Haus und Schule erlassenen Reglements liegt dem Sekretär ob. Derselbe hat auch sämtliche vom Direktorium an den Minister zu erstattende Berichte sowie die Schülerzeugnisse mitzuzeichnen.

§ 87. Die zur Erledigung der Verwaltungsgeschäfte außer dem Sekretär erforderlichen Beamten und sonstigen Hilfskräfte werden vom Minister auf Vorschlag des Sekretärs bestellt. Letzterer ist der nächste Dienstvorgesetzte dieser Beamten und hat dieselben dem Präsidenten der Akademie namhaft zu machen.

§ 88. Der Unterricht teilt sich in Abschnitte von halbjähriger Dauer, welche zu Ostern und Michaelis beginnen. Die Aufnahme in den Chor findet in der Regel nur einmal jährlich, zu Ostern, statt.

§ 89. Den Zeitpunkt des Unterrichtsanfanges und der Aufnahme neuer Schüler bestimmt das Direktorium. Es übergiebt die von ihm vollzogene Ankündigung 6 Wochen vor Beginn des Semesters dem Vorsitzenden der Senatssektion für Musik zur Veröffentlichung.

§ 90. Obligatorisch für alle Schüler ist die Teilnahme am elementaren Gesangunterricht und an den Chorübungen; ferner a. für die Abteilung für Komposition der Unterricht in Klavier und in der Geschichte der Musik; b. für die Gesangabteilung Geschichte und Theorie der Musik, Klavierspiel, Italienisch und Deklamation; c. für die Orchesterabteilung Geschichte und Theorie der Musik und Klavier; für die Klavier- und Orgelabteilung Geschichte und Theorie der Musik und (für Orgelschüler) Unterricht in der Orgelstruktur. Dispensation von einem dieser obligatorischen Fächer kann vom Abteilungsvorsteher nach Anhörung des betreffenden Lehrers gewährt werden.

§ 91. Zur Aufnahme in die Hochschule ist erforderlich 1. das vollendete 16. Lebensjahr, 2. untadelhafte sittliche Führung, 3. genügende allgemeine Bildung, und zwar bei den männlichen Schülern das Einjährigenzeugnis, 4. eine für die Ausbildung in der Hochschule genügende musikalische Begabung und Vorbildung. Bei der Meldung zur Aufnahme ist ein selbstgeschriebener Lebenslauf und ein schriftlicher Nachweis der Bedingungen 1 bis 3 sowie bei Minderjährigen die Genehmigung des Vaters oder Vormundes beizubringen. Über die Bedingungen zu 4 haben sich die Bewerber in einer besonderen Aufnahmeprüfung auszuweisen. Die Abnahme derselben erfolgt durch die Lehrer der betreffenden Abteilung und die Entscheidung durch den Abteilungsvorsteher. Das Direktorium hat die Aufnahme sämtlicher Schüler endgültig zu verfügen und kann den Prüfungen beiwohnen. Dispensationen zu 1 und 3 können ausnahmsweise bei vorzüglichen musikalischen Fähigkeiten auf Antrag des Abteilungsvorstehers vom Direktorium gewährt werden. Zu 2 und 4 sind Dispensationen überhaupt unzulässig. Das erste Semester wird als Probezeit angesehen, nach deren Ablauf bei ungenügendem Ergebnis das weitere Studium an der

II. Hauptabteilung. Fachschulen.

Hochschule auf Antrag des Abteilungsvorstehers durch das Direktorium verweigert werden kann. Bei ausnahmsweise im Laufe des Semesters vorkommenden Anmeldungen ist das Direktorium befugt, ohne Zuziehung der Lehrer über die Aufnahme zu entscheiden.

§ 92. Das festgesetzte Honorar ist halbjährlich vorauszuzahlen. Ausnahmsweise im Semester Eintretende haben für dessen ganze Dauer zu bezahlen. Auf Erstattung bereits gezahlter Honorare hat kein Schüler Anspruch. Über Honorarerlaß, ganzen und halben, befindet das Direktorium in den etatsmäßigen Grenzen. Gesuche um Unterstützungen sind unter Einreichung amtlich beglaubigter Bedürftigkeitszeugnisse an das Direktorium zu richten. Dieses entscheidet darüber innerhalb der Etatsgrenzen nach Einforderung eines schriftlichen Zeugnisses der betreffenden Fachlehrer. Schülern, die den vollständigen Kursus absolvierten, kann unentgeltliche Teilnahme an Chor- und Orchesterübungen gestattet werden.

§ 93. Den männlichen Schülern der Hochschule ist die Teilnahme an den kunstwissenschaftlichen Vorträgen in der Hochschule für bildende Künste sowie die Benutzung der allgemeinen Bibliothek der Akademie der Künste gestattet.

§ 94. Die Schüler sind verpflichtet, bei den öffentlichen Aufführungen der Hochschule mitzuwirken. Ohne Zustimmung des Vorstehers oder des Fachlehrers dürfen sie jedoch sich nicht anderweit öffentlich hören lassen oder eigene Kompositionen veröffentlichen. Gesangschüler, welche sich zum Lehrerberuf ausbilden, müssen auf Anordnung und unter Aufsicht des Vorstehers bis 4 Unterrichtsstunden erteilen. Den Zutritt zu Aufführungen regelt eine besondere Anordnung.

§ 95. Die Hauptferien fallen auf August und September; außerdem sind die Festzeiten zu Weihnachten, Ostern und Pfingsten unterrichtsfrei.

§ 96. Austretende Schüler haben sich vor Schluß des Semesters bei dem Sekretär schriftlich abzumelden.

§ 97. In jedem Semester findet eine Reifeprüfung statt, zu welcher die Meldung ohne Rücksicht auf die Studiendauer den Schülern freisteht. Die Prüfung geschieht vor dem Lehrerkollegium, welches durch Stimmenmehrheit über den Ausfall entscheidet. Die Bestandenen erhalten ein Zeugnis darüber, daß sie bei dem Grad ihrer künstlerischen Reife fernerhin fremder Führung bei ihrer Weiterbildung entraten können.

§ 98. Wegen Mangels an Fleiß oder sittlich anstößigen Betragens können Schüler auf Beschluß des Lehrerkollegiums entlassen werden. In dringenden Fällen kann der Sekretär einem Schüler den Besuch des Unterrichts und der Unterrichtsräume bis zur höheren Entscheidung untersagen.

§ 99. Vorgeschrittene Schüler oder Musikfreunde, welche die Ausübung der Kunst nicht zum Lebensberuf erwählt haben, können gemäß § 91 mindestens ein halbes Jahr zum Unterricht zugelassen werden. Für diese Zeit verpflichten sie sich gleich den übrigen Schülern zur genauen Befolgung der Unterrichtsordnung, sowie zur Mitwirkung in den vom Institut veranstalteten Aufführungen.

§ 100. Alljährlich erstattet das Direktorium den zur Veröffentlichung und zur Mitteilung an den Senat und die Genossenschaft der Mitglieder der Akademie bestimmten Bericht über das verflossene Schuljahr.

VIII. Akademische Meisterschulen für musikalische Komposition.

§ 101. Die mit der Akademie der Künste verbundenen Meisterschulen haben den Zweck, unter unmittelbarer Leitung eines Meisters weitere Ausbildung in der Komposition zu geben.

§ 102. Jede Meisterschule steht unter selbständiger Leitung eines Komponisten, welcher vom Minister angestellt und nur diesem verantwortlich ist. In dieser Eigen-

## 6. Kapitel. Kunstschulen.

schaft ist derselbe, wenn definitiv angestellt, Mitglied des Senats der Akademie. Provisorisch angestellte Vorsteher können durch besonderen Beschluß des Ministers in den Senat berufen werden. Jeder Meister ist verpflichtet, bis zu sechs Schüler aazunehmen.

§ 103. Wenn der Meister für länger als eine Woche verhindert ist, den Unterricht seiner Schule zu leiten, so hat er dem Minister Anzeige zu erstatten. Für Abwesenheit von länger als 14 Tagen bedarf er dessen Urlaubserteilung. Soweit ein Urlaub bei der Anstellung zugesichert ist, genügt eine Anzeige vom Antritt und Schluß desselben.

§ 104. Die Aufnahme von Schülern findet in der Regel nur zu Ostern und Michaelis statt. Über die künstlerische Befähigung der Bewerber entscheidet der betreffende Meister. Vorbedingung der Aufnahme ist der Nachweis einer untadelhaften sittlichen Führung.

§ 105. Ist der Meister geneigt, den Schüler aufzunehmen, so macht er davon dem Inspektor der Akademie Anzeige, welcher gegen Erlegung der Gebühren den auf drei Jahre gültigen Immatrikulationsschein ausstellt. Nur gegen dessen Vorlegung ist der Eintritt in die Meisterschule gestattet.

§ 106. Es ist zulässig, daß ein Schüler den Unterricht mehrerer Meister gleichzeitig in Anspruch nimmt, falls Verständigung hierüber mit denselben erfolgt ist. Glaubt ein Meister dem Schüler nicht mehr nützen zu können, so ist er befugt, denselben am Semesterschlusse zu entlassen. Dem Schüler ist unbenommen, alsdann bei einem anderen Meister Aufnahme nachzusuchen. Eine nochmalige Entrichtung der Immatrikulationsgebühren ist dann nicht erforderlich.

§ 107. Der Unterricht ist bis auf weitere Bestimmungen unentgeltlich.

§ 108. Den Schülern ist der Besuch der an der Hochschule für Musik gehaltenen musikwissenschaftlichen Vorträge sowie die Benutzung der Akademiebibliothek unter den dafür bestehenden Bestimmungen gestattet. Auch steht den Meistern und ihren Schülern der unentgeltliche Zutritt zu den von der Hochschule für Musik veranstalteten Aufführungen frei.

§ 109. Für die Meisterschulen gelten die Ferien der Hochschule für Musik.

§ 110. Talentvollen und bedürftigen Schülern, die sich durch Fleiß bewährt haben, können auf Vorschlag ihres Meisters aus dem etatsmäßig dafür bestimmten Fonds Unterstützungen zunächst auf ein Halbjahr und bei andauerndem Fleiß und sichtlichen Fortschritten auch weiterhin bewilligt werden. Über solche Unterstützungen entscheidet auf Antrag des betreffenden Meisters der Minister.

§ 111. Erachtet ein Meister Probeaufführungen von Arbeiten seiner Schüler durch Chor- und Orchesterkräfte für zweckmäßig, so bleibt ihm überlassen, sich darüber mit dem Dirigenten der Aufführungen an der Hochschule für Musik zu verständigen. Kompositionen von Schülern, von dem betreffenden Meister dessen als würdig anerkannt sind, können nach Maßgabe der dafür bestimmten Mittel und nach Verständigung mit dem Dirigenten unter thunlichster Mitwirkung der Chor- und Orchesterkräfte der Hochschule auch zur öffentlichen Aufführung gebracht werden. Prämien für solche Schüler sind hierbei zulässig.

§ 112. Alle 3 Jahre kann mit Genehmigung des Ministers von den Vorstehern der Meisterschulen eine Konkurrenzaufgabe zur Erlangung eines größeren Preises für ihre Schüler gestellt werden. Dieselbe muß entweder aus einer mehrere Nummern umfassenden geistlichen oder weltlichen Kantate, oder aus einer Symphonie oder anderen größeren Instrumentalkomposition bestehen. Die Zuerkennung des Preises, über welche die Mitglieder der Senatssektion für Musik nach Stimmenmehrheit beschließen, erfolgt durch den Präsidenten der Akademie.

## IX. Akademisches Institut für Kirchenmusik.

§ 113. Das Institut bildet Organisten, Kantoren, Chordirigenten wie auch Musiklehrer für höhere Lehranstalten, namentlich Schullehrerseminare aus.

§ 114. Lehrgegenstände sind Orgel-, Klavier- und Violinspiel, Harmonielehre, Kontrapunkt- und Formlehre, Gesang und Orgelstruktur.

§ 115. Der Unterricht teilt sich in Abschnitte von halbjähriger Dauer, welche zu Ostern und Michaelis beginnen.

§ 116. Die Normalzahl der Schüler beträgt 20. An dem Unterricht in der Theorie ist aufserdem 6 Hospitanten die Teilnahme gestattet.

§ 117. Allgemeine Aufnahmebedingungen sind: 1. ein Alter von mindestens 17 Jahren; 2. genügende musikalische Befähigung; 3. Beibringung eines Zeugnisses über Absolvierung eines Gymnasiums, eines Realgymnasiums, einer Oberrealschule oder die nach 3jährigem Seminarkursus bestandene Lehrerprüfung; 4. der Nachweis, dafs der Bewerber die Kosten seines Unterhalts aufzubringen vermag, ohne dadurch in der regelmäfsigen Teilnahme am Unterricht gestört zu werden.

§ 118. Ein Bewerber, welcher seine musikalische Vorbildung durch Privatunterricht erhalten hat, mufs über die Art und den Grad derselben von einem glaubwürdigen Sachverständigen ein Zeugnis beibringen.

§ 119. Jeder Aufzunehmende hat sich in einer Vorprüfung vor dem gesamten Lehrerkollegium über den Grad seiner musikalischen Vorbildung auszuweisen und mufs folgenden Anforderungen zu genügen im stande sein: 1. (in der Harmonielehre) eine Choralmelodie mit und ohne gegebenen Bafs korrekt vierstimmig zu harmonisieren; 2. (im Gesang) Tonleitern, Choräle und Lieder ohne Begleitung rein und korrekt auszuführen; 3. (im Orgelspiel) Choräle mit obligatem Pedal zu spielen, einfache Vor- und Zwischenspiele zu erfinden, leichte Orgelstücke von Rink, Fischer u. a. vorzutragen; 4. (im Klavierspiel) das Studium der sogen. Fünffinger-Übungen der sämtlichen Tonleitern und eines leichteren Etüdenwerks nachzuweisen und eine Sonate von Haydn, Mozart oder Clementi korrekt vorzutragen; 5. (im Violinspiel) in den ersten drei Lagen zu spielen und leichtere Etüden korrekt auszuführen.

§ 120. Die Meldungen zum Eintritt in das Institut sind für das Sommersemester mindestens 6 Wochen vor Ostern, für das Wintersemester mindestens 6 Wochen vor Michaelis an das Kultusministerium zu richten. Denselben sind aufser einem selbstgeschriebenen Lebenslauf die Nachweise über Erfüllung der in § 117 genannten Bedingungen beizufügen. Der Zeitpunkt der Aufnahmeprüfung wird durch den Vorsitzenden der Senatssektion für Musik öffentlich bekannt gemacht.

§ 121. Die Aufnahme wird gewöhnlich nur auf ein Jahr bewilligt; doch kann, wenn besonderer Fleifs und vorzügliches Talent ausgezeichnete Leistungen erwarten lassen, oder wenn besondere Umstände, namentlich Krankheit, ungeachtet des aufgewandten Fleifses die Erreichung des Zieles gehindert haben, die Studienzeit nach Umständen verlängert werden.

§ 122. Der Unterricht ist unentgeltlich.

§ 123. Die Eleven sind berechtigt und auf Anweisung des Direktors verpflichtet, sowohl an den Vorträgen über Geschichte der Musik in der akademischen Hochschule als auch, wenn sie die zur Aufnahme in den Chor nötige Prüfung bestanden haben, an den Chorübungen und Aufführungen teilzunehmen.

§ 124. Den Eleven des Instituts steht die Teilnahme an den kunstwissenschaftlichen Vorträgen der akademischen Hochschule für die bildenden Künste, sowie die Benutzung der Bibliothek und der Instrumente des Instituts gemäfs den Bestimmungen zu.

§ 125. Die Eleven haben den Unterricht regelmäfsig zu besuchen und die ihnen gestellten Aufgaben sorgfältig und pünktlich auszuführen. Mangel an Fleifs, unfügsames oder sittlich anstöfsiges Betragen können auf Beschlufs des Lehrerkollegiums die sofortige Entlassung herbeiführen.

§ 126. Nach regelmäfsig absolviertem Kursus erhält jeder ausscheidende Eleve ein vom Lehrerkollegium gemeinschaftlich ausgefertigtes Zeugnis, welches nach Mafsgabe der Leistungen in den einzelnen Lehrfächern ein Urteil über seine amtliche Verwendbarkeit feststellt.

§ 127. Der Direktor des Instituts wird vom Unterrichtsminister ernannt. Die ordentlichen Lehrer ernennt der Minister auf Vorschlag des Direktors. Das Dienstpersonal wird unter Zustimmung des Ministers vom Direktor unter Vorbehalt des Widerrufs angestellt. Der Direktor hat die Lehrer und Beamten des Instituts dem Präsidenten der Akademie namhaft zu machen.

§ 128. Die Lehrer stehen zunächst und unmittelbar unter Leitung des Direktors. Unter dessen Vorsitz versammeln sie sich, so oft derselbe es für gut findet.

§ 129. Wenn der Direktor auf länger als vier Tage an seinen Geschäften verhindert ist, so hat er für angemessene Vertretung zu sorgen und dem Minister Anzeige zu machen. Urlaub von länger als einer Woche hat er vorher einzuholen. Urlaubsgesuche der Lehrer sind an den Direktor zu richten und können von diesem für die Dauer von einer Woche bewilligt werden. Längerer Urlaub bedarf ministerieller Genehmigung.

Schülerordnung für die Kunstakademie zu Düsseldorf vom 13. April 1863 vergl. CBl. 1863, 656 ff.

Statut der Kunstakademie zu Kassel vom 4. Dez. 1885 vergl. CBl. 1886, 183 ff.

## III. Hauptabteilung. Universitäten.

### I. Abschnitt. Preufsen.

#### 1. Kapitel. Universitätsgesetze.

1. Fundationsdiploma der Akademie zu Königsberg vom 20. Juli 1544. Constitutiones academicae Regiomontanae vom 28. Juni 1546. Privilegium der Universität Königsberg vom 18. April 1557. (Albertina.) Statuta Academiae Regiomontanae d. a. 1554. Statuten der philosophischen Fakultät vom 15. Okt. 1853.

2. Statuta, Reformation und Ordnung der Akademie zu Greifswald, erneuert und konfirmiert 1545. (Durch päpstliche Bulle und kaiserliches Dekret 1456 bestätigt, am 17. Okt. 1456 eröffnet, 1524 wieder eingegangen.) Verbesserter Recefs für die Akademie zu Greifswald vom 20. Dez. 1795. Universitätsstatuten vom 10. Nov. 1865 (in §§ 54 und 84 abgeändert durch AO 2. Jan. 1875).

3. Privilegium der Universität Halle vom 19. Okt. 1693. Regulativ wegen Vereinigung der Universität Wittenberg (1502) mit der zu Halle vom 12. April 1817. Statuten der vereinigten Friedrichs-Universität Halle-Wittenberg vom 24. April 1854. (Statuten der theologischen Fakultät vom 24. Nov. 1885.)

4. Kabinettsorder vom 16. Aug. 1809 über die Errichtung der Universität Berlin (AO 28. Juni 1828 „Friedrich-Wilhelms-Universität"). Statuten der Universität vom 31. Okt. 1816, der theologischen, juristischen, medizinischen, philosophischen Fakultät vom 29. Jan. 1838.

5. Kabinettsorder vom 3. Aug. 1811 über die Vereinigung der Universität Frankfurt a. O. (eröffnet 4. Okt. 1505) mit der zu Breslau (früher Jesuitenkollegium, seit 1702 mit den Rechten einer vollständigen Universität, in Wirklichkeit aber nur mit einer theologischen und philosophischen Fakultät ausgestattet.) Statuten der Universität vom 21. Febr. 1816. § 5 Abschnitt IX derselben abgeändert durch AO 12. Mai 1876. Reglement der juristischen Fakultät vom 13. Sept. 1840; abgeändert durch ME 24. März 1874 (Abs. 2 § 91 tritt aufser Kraft).

6. Stiftungsurkunde — KO — der Universität Bonn vom 18. Okt. 1818. Statuten der Rheinischen Friedrich-Wilhelms-Universität vom 1. Sept. 1827 (in §§ 40 und 41 abgeändert durch AO 7. Mai 1879).

## 1. Kapitel. Universitätsgesetze.

Statuten der evangelisch-theologischen, katholisch-theologischen, juristischen, medizinischen und philosophischen Fakultät vom 18. Okt. 1834.

7. Akademie zu Münster. Fundationsurkunde der Akademie von 1631 (kam nicht zu stande). Bestätigung der Stiftung vom 12. Juni, 8. Okt 1773. (Einweihung als katholische „Universität" 1780.) AO 18. Okt. 1818 Aufhebung der „Universität" und Errichtung theologischer und philosophischer Kurse. AO 14. April 1832: Fortbestehen jener Kurse in der Form einer akademischen Lehranstalt. Statuten vom 12. Nov. 1832 (in § 65 abgeändert durch AO 9. Febr. 1857 und 13. Dez. 1876).

8. Lyceum Hosianum zu Braunsberg. Stiftungsurkunde des Lyceum Hosianum vom 30. Okt. 1565 (vom Bischof Stanislaus Hosius als Jesuitenkollegium errichtet; Priesterseminar bis 1807). AO 19. Mai 1818: Errichtung der theologischen und philosophischen Fakultät zur Vorbildung für katholische Kleriker. Statuten vom 24. Okt. 1843.

9. Generalstatuten der Universität Kiel vom 2. April 1666 (gegründet 1665). Statuten der Universität von 1857.

10. Privilegium der Universität Göttingen vom 7. Dez. 1736. Universitätsstatuten c. d.

11. Statuten der Universität Marburg (gegründet 1527) vom 28. Oktober 1885.

ALR II, 12 § 1. Schulen und Universitäten sind Veranstaltungen des Staates, welche den Unterricht der Jugend in nützlichen Kenntnissen und Wissenschaften zur Absicht haben. § 2. Dergleichen Anstalten sollen nur mit Vorwissen und Genehmigung des Staates errichtet werden.

§ 67. Universitäten haben alle Rechte privilegierter Korporationen.

§ 68. Die innere Verfassung derselben, die Rechte des akademischen Senats und seines jedesmaligen Vorstehers in Besorgung und Verwaltung der gemeinschaftlichen Angelegenheiten sind durch Privilegien und die vom Staate genehmigten Statuten einer jeden Universität bestimmt.

§ 73. Alle sowohl ordentliche als aufserordentliche Professoren, Lehrer und Offizianten auf Universitäten geniefsen die Rechte königlicher Beamten.

§ 74. Die Aufnahme der Studierenden unter die Mitglieder der Universität geschieht durch Einschreiben in die Matrikel.

(§ 75. Wer einmal eingeschrieben worden, bleibt ein Mitglied der Universität, solange er sich am Sitze derselben aufhält und daselbst keinen besonderen Stand oder Beruf ergriffen hat.)

§ 76. Wer sich Studierens halber auf eine Universität begiebt, ist schuldig, bei dem Vorstande des akademischen Senats sich zur Einschreibung zu melden.

**Anh. § 132.** Sobald jemand an dem Orte, wo die Universität ihren Sitz hat, Studierens wegen eintrifft, ist er verpflichtet, sich immatrikulieren zu lassen. Wer von derselben oder von einer anderen Universität relegiert worden, kann ohne vorgängige Genehmigung der den Universitäten vorgesetzten Behörden nicht unter die Studierenden aufgenommen werden.

**§ 77.** Der Einzuschreibende muſs sein mitgebrachtes Schulzeugnis vorlegen.

(**§ 78.** Wenn er dergleichen, weil er Privatunterricht genossen, nicht mitgebracht hat, so ist der Rektor denselben an die zur Prüfung solcher neuen Ankömmlinge verordnete Kommission zu weisen schuldig.)

**Anh. § 132.** Inländer müssen ein auf ein vorgängiges Examen sich gründendes Zeugnis, in Rücksicht auf ihre Reife zu den akademischen Studien, von der von ihnen besuchten öffentlichen Schule mitbringen. Wer mit dem Zeugnisse der Unreife die Universität bezieht, kann auf keine Benefizien Anspruch machen. Ausländer sind von dieser Prüfung ausgenommen.

**§ 80.** Der Rektor muſs einem jeden ankommenden Studenten die akademischen und die Polizeigesetze bekannt machen und ihn zu deren gehöriger Beobachtung anweisen.

**§ 81.** Nach geschehener Immatrikulation muſs der Student seine Matrikel dem Decanus der Fakultät vorlegen.

**§ 82.** Bemerkt der Decanus an einem zu seiner Fakultät gehörenden Studenten Unfleiſs oder unordentliche Lebensart, so muſs er davon dem akademischen Senate Anzeige machen.

**§ 83.** Dieser muſs den Studierenden durch nachdrückliche Ermahnungen zu bessern suchen, und wenn dieselben fruchtlos sind, seinen Eltern oder Vormündern, sowie denjenigen, von welchen sie Stipendia genieſsen, davon Nachricht geben.

**Anh. § 135.** Wer unter dem Namen eines Studenten allein seinen Vergnügungen nachgeht und weder die Collegia besucht, noch sonst gelehrte oder doch dem Zwecke der Universität angemessene Geschäfte treibt, soll auf der Universität nicht gelitten werden.

**§ 84.** Alle Studierenden müssen den allgemeinen Polizeigesetzen des Landes und Orts sowohl, als den besonderen die akademische Zucht betreffenden Vorschriften und Anordnungen die genaueste Folge leisten.

**Anh. § 136.** Soweit die akademischen Vorrechte und Gesetze keine Ausnahme machen, sind die Studenten auf den königlichen Universitäten, gleich anderen Unterthanen, alle Gesetze des Staats zu beobachten schuldig. — Auch bei Kriminalfällen, besonders in Ansehung der Duelle, sind die Studenten den allgemeinen Landesgesetzen unterworfen, und es wird deshalb ausdrücklich auf das Allgemeine Landrecht verwiesen; doch soll kein Arzt oder Wundarzt verpflichtet sein, der Obrigkeit von einem vorgefallenen, zum Behuf der Kur zu seiner Kenntnis gekommenen Duell Kenntnis zu geben, vielmehr in solchem Falle ein gewissenhaftes Stillschweigen beobachten, bis dafs die Obrigkeit, wenn sie durch andere Mittel die That entdeckt, deren Vernehmung darüber veranlafst.

§ 85. Besonders müssen Schlägereien, Schwelgereien und zum öffentlichen Ärgernisse oder zur Störung der gemeinen Ruhe und Sicherheit gereichende Excesse der Studenten nachdrücklich geahndet werden.

§ 86. Der Rektor und Prorektor ist vorzüglich, und nach ihm der akademische Senat, für alle entstandenen Unordnungen, welche durch genauere Aufmerksamkeit und Sorgfalt hätten vermieden werden können, dem Staate verantwortlich.

§ 87. Gefängnisstrafe mufs an Studierenden nur zu solchen Zeiten und Stunden, wo sie dadurch an Besuchung der Kollegien nicht verhindert sind, vollzogen werden.

Anh. § 138. Hierin findet eine Ausnahme dann statt: 1. Wenn die Karzerstrafe bekanntlich unfleifsige Studenten betrifft; 2. wenn der Student ohnedies schon während der Untersuchung im Gefängnisse gewesen, oder aus Furcht vor der Verhaftung sich während der Zeit, da die Vorlesungen gehalten werden, in oder aufser dem Bezirke der Universität verborgen gehalten hat; 3. wenn auf eine längere als vierwöchentliche Karzerstrafe erkannt worden.

§ 88. Sie mufs mit gänzlicher Entfernung aller Gesellschaft und Entziehung der gewöhnlichen Bequemlichkeiten des Lebens verbunden sein.

§ 89. Wiederholte grobe Excesse, Widersetzlichkeit gegen den akademischen Senat und dessen zur Ausübung der akademischen Zucht verordnete Bediente, Aufwiegeleien, Rottenstiftungen und Verführung anderer müssen mit Relegation bestraft werden.

§ 90. Von der erkannten Relegation mufs den Eltern oder Vormündern des Straffälligen sofort Nachricht gegeben werden.

Anh. § 139. Bei jedem Consilio abeundi mufs ein Gleiches geschehen; auch mufs von jeder Relegation jeder anderen Königlich preufsischen Universität Nachricht gegeben werden.

§ 91. Von jeder erkannten Relegation mufs dem der Universität vorgesetzten Departement mit Beilegung des Erkenntnisses Anzeige geschehen, damit dieses, nach Beschaffenheit der Umstände, die übrigen Universitäten gegen die Aufnahme eines solchen Subjekts, vor hinlänglich nachgewiesener Besserung, warnen, auch dem Departement, von welchem der Relegierte nach der Fakultät, zu welcher er gehört, eine künftige Beförderung zu erwarten hat, davon Nachricht geben könne.

§ 92. Ein Relegierter soll weder am Orte, noch in der Nachbarschaft unter irgend einem Vorwande geduldet werden.

§ 94. Grobe Excesse, wenn sie sich auch noch nicht zur Relegation qualifizieren, sollen dennoch mit Gefängnis-, niemals aber mit bloßer Geldstrafe geahndet werden.

Anh. § 140. Grobe und wiederholte Ausschweifungen oder anhaltender Unfleiſs eines Benefiziaten sollen den Kollatoren zur Entziehung der genossenen Vorteile angezeigt werden.

§ 95. So wenig die Relegation als eine nach den Gesetzen verwirkte Gefängnisstrafe kann mit Geld abgekauft werden.

§ 96. In Ansehung wirklicher Verbrechen der Studierenden hat es bei den Vorschriften der Kriminalgesetze sein Bewenden.

§ 97. In ihren Privatangelegenheiten bleiben Studierende der Regel nach den Gesetzen ihres Geburtsorts oder ihrer Heimat unterworfen.

§ 98. Solange Studierende noch unter Eltern oder Vormündern stehen, bleibt es, wegen ihrer Unfähigkeit für sich allein verbindliche Verträge zu schließsen, bei den allgemeinen gesetzlichen Vorschriften.

§ 99. Kein Studierender, er mag der väterlichen oder vormundschaftlichen Gewalt unterworfen sein oder nicht, kann, solange er auf Universitäten ist, ohne Vorwissen und Konsens des akademischen Gerichts gültig Schulden kontrahieren oder Bürgschaften übernehmen.

§ 102. Das Honorarium für den Unterricht in Sprachen und Leibesübungen darf nicht über drei Monate kreditiert werden.

§ 141. Repetenten, welche die von anderen gehaltenen Vorlesungen in dem Zeitraume, in welchem sie gehört worden, mit den Studierenden wiederholen, haben in Ansehung der Honorare mit den akademischen Lehrern gleiche Rechte; wegen anderer Privatstunden aber sind sie den Sprach- und Exerzitienmeistern gleich zu achten.

§ 127. Jeder Studierende muſs, wenn er die Universität verlassen will, bei seinen Lehrern Zeugnisse seines Fleiſses und seiner Ordnung in Abwartung der Lehrstunden nachsuchen und selbige dem Vorsteher des akademischen Senats zustellen.

§ 128. Dieser muſs die Richtigkeit derselben unter dem Siegel der Universität bekräftigen und zugleich bemerken, ob gegen das sittliche Betragen des Studenten während seines Aufenthalts auf der Universität (Akademie) etwas Nachteiliges bekannt geworden sei.

§ 129. Jeder Landeseingeborene, welcher sich zur Übernehmung eines Amtes oder sonst zur Ausübung seiner Wissenschaft qualifizieren will, muſs dergleichen Zeugnis von einer inländischen Akademie vorlegen.

Gesetz vom 29. Mai 1879 über Rechtsverhältnisse und Disciplin.

§ 1. Die Eigenschaft eines Studierenden begründet keine Ausnahme von den Bestimmungen des allgemeinen Rechts. Jedoch darf daraus, dafs ein Studierender zur Zeit der Annahme einer Vorlesung minderjährig war oder unter väterlicher Gewalt stand, ein Einwand gegen die Verpflichtung zur Zahlung des Honorars nicht entnommen werden. Die von dem Universitätsrichter (Syndikus) über die Anerkenntnisse gestundeter Honorare aufgenommenen Verhandlungen haben die Glaubwürdigkeit öffentlicher Urkunden. § 13 Abs. 2 des Ausführungsgesetzes vom 14. April 1878 wird aufgehoben.

§ 2. Die akademische Disciplin hat die Aufgabe, Ordnung, Sitte und Ehrenhaftigkeit unter den Studierenden zu wahren.

§ 3. Der Unterrichtsminister ist befugt, die bisher geltenden Vorschriften über die akademische Disciplin und deren Handhabung, nach Anhören des Senats der betreffenden Universität usw. abzuändern. In dringenden Fällen darf der Kurator unter Zustimmung des Senats einstweilige Anordnungen vorbehaltlich der Genehmigung des Ministers erlassen. Der Senat erläfst selbständig die Vorschriften zur Aufrechterhaltung der Ordnung in den Gebäuden und Anstalten der Universität.

§ 4. Die Disciplin wird durch den Rektor, Richter und Senat ausgeübt.

§ 5. Disciplinarstrafen sind gegen die Studierenden auszusprechen, wenn sie 1. gegen Vorschriften verstofsen, welche unter Androhung disciplinarer Strafen erlassen sind; 2. Handlungen begehen, welche die Sitte und Ordnung des akademischen Lebens stören oder gefährden oder 3. ihre oder ihrer Genossen Ehre verletzen; 4. leichtsinnig Schulden machen und ein Verhalten zeigen, das mit dem Zwecke des Aufenthaltes auf der Universität in Widerspruch steht.

§ 6. Disciplinarstrafen sind: 1. Vorwels, 2. Geldstrafe bis zu 20 Mark, 3. Karzerhaft bis zu 2 Wochen, 4. Nichtanrechnung des laufenden Halbjahrs auf die vorgeschriebene Studienzeit, 5. Androhung der Entfernung von der Universität (Unterschrift des consilium abeundi), 6. Entfernung von der Universität (consilium abeundi), 7. Ausschlufs von dem Universitätsstudium (Relegation).

Letztere kann nur auf Grund einer rechtskräftigen Verurteilung wegen einer strafbaren Handlung ausgesprochen werden, wenn dieselbe aus einer ehrlosen Gesinnung entsprungen ist. Die von Gerichten gegen Studierende erkannte Freiheitsstrafe bis zu 2 Wochen kann auf Antrag der gerichtlichen Behörden auf dem akademischen Karzer verbüfst werden.

§ 7. Die Strafe der Entfernung von der Universität bewirkt zugleich, dafs das betreffende Semester auch dann nicht auf die vorgeschriebene Studienzeit angerechnet werden darf, wenn der Betreffende während desselben auf einer anderen Universität Aufnahme gefunden haben sollte. Die Strafe der Relegation hat zur Folge, dafs der Betroffene nicht weiter an einer Universität als Studierender aufgenommen oder zum Hören von Vorlesungen zugelassen werden darf. Die nichtpreufsischen deutschen Universitäten verhängten Strafen der Entfernung oder des Ausschlusses vom Universitätsstudium haben dieselben Wirkungen.

§ 8. Die zur Feststellung eines Disciplinarvergehens erforderlichen Ermittelungen erfolgen durch den Universitätsrichter (Syndikus) und, sofern der Rektor dies verlangt, unter seiner Teilnahme. Derselbe hat zu dieser Ermittelung die Befugnis zur Ladung und eidlichen Vernehmung von Zeugen; auch sind Polizei- und Gerichtsbehörden verpflichtet, ihm auf sein Ersuchen Beistand und Rechtshilfe zu leisten. Zur Aufrechterhaltung der Ordnung bei seinen Verhandlungen gegen Studierende ist er befugt, einen Verweis auszusprechen und eine Karzerstrafe bis zu 24 Stunden festzusetzen.

§ 9. Verweise und Karzerstrafen bis zu 24 Stunden können von dem Rektor allein, Geldstrafen und Karzerstrafen bis zu 3 Tagen von dem Rektor in Gemeinschaft mit dem Universitätsrichter (Syndikus), schwerere Strafen nur von dem Senate auferlegt werden.

§ 10. Sind nach dem Ermessen des Rektors oder Universitätsrichters schwerere Strafen, als die in § 9 festgesetzten, verwirkt, so hat der letztere über den Disciplinarfall im Senat Vortrag zu halten und Strafantrag zu stellen. Auf Entfernung von der Universität oder Relegation darf nur dann erkannt werden, wenn dem Angeschuldigten, dessen Aufenthalt bekannt ist, Gelegenheit gegeben, sich vor dem Senat zu verantworten.

§ 11. Das Urteil des Senats ist mit den Gründen dem Angeschuldigten bekannt zu machen. Die Bekanntmachung erfolgt, falls derselbe erschienen ist, mündlich, falls dies nicht geschehen, durch Mitteilen einer schriftlichen Ausfertigung und, falls der Aufenthaltsort des Angeschuldigten nicht bekannt ist, durch öffentlichen Anschlag auf die Dauer einer Woche.

§ 12. Nur gegen Urteile auf Nichtanrechnung des laufenden Semesters, Entfernung von der Universität oder Relegation ist Berufung zulässig. Dieselbe ist schriftlich oder zu Protokoll bei dem Rektor binnen einer Ausschlufsfrist von zwei Wochen einzulegen. Der Unterrichtsminister entscheidet über die Berufung; jedoch hat dieselbe keine aufschiebende Wirkung.

§ 13. Der Minister ist befugt, aus besonderen Gründen nach Anhörung des Senats dem zur Entfernung von einer Universität Verurteilten die Wiederaufnahme an derselben Universität und dem zum Ausschlufs vom Universitätsstudium Verurteilten den Zutritt zum Studium wieder zu gestatten.

§ 14. Das disciplinarische Einschreiten der Universitätsbehörde ist unabhängig von einem wegen derselben Handlung eingeleiteten Strafverfahren.

§ 15. Ein Studierender kann von den ihm zustehenden Rechten durch Entscheidung des Senats ausgeschlossen werden, solange gegen ihn ein gerichtliches Strafverfahren schwebt, wegen dessen auf Verlust der bürgerlichen Ehrenrechte erkannt werden kann. Die rechtskräftige Aberkennung derselben hat den Ausschlufs vom Universitätsstudium ohne weiteres zur Folge.

§ 16. Das Disciplinarverfahren ist gebühren- und stempelfrei.

§ 17. Unter Senat ist hier bei Göttingen der Rechtspflegeausschufs, bei Marburg die Deputation zu verstehen.

§ 18. Die Bestimmungen über die Löschung im Universitätsalbum werden durch dieses Gesetz nicht berührt.

§ 19. Alle entgegenstehenden Vorschriften werden aufgehoben.

Vorschriften für die Studierenden über Aufnahme, Abgang, rechtliche Stellung und akademische Disciplin nebst Instruktion zu den Vorschriften vom 1. Okt. 1879.

I. § 1. Wer als Studierender bei einer der Landesuniversitäten, der Akademie zu Münster oder dem Lyceum Hosianum zu Braunsberg aufgenommen werden will, hat sich über seine bisherige sittliche Führung auszuweisen. Wer bereits vorher andere Universitäten besucht hat, mufs die ihm von dort erteilten Abgangszeugnisse vorlegen.

(Der dem Aufzunehmenden obliegende Nachweis der bisherigen sittlichen Führung ist, wenn die Meldung unmittelbar nach dem Verlassen einer Schule oder einer anderen Universität erfolgt, durch das betreffende Abgangszeugnis, andernfalls durch polizeiliches Führungsattest, von Ausländern durch ihren Pafs usw. zu erbringen. Mit Consilium abeundi Bestrafte sind jedenfalls in dem betreffenden Semester auch auf anderen Universitäten zur Immatrikulation nicht zuzulassen. Auch bei späterer

# 1. Kapitel. Universitätsgesetze. 413

Meldung steht es der Immatrikulationskommission frei, wenn das fragliche Vergehen Bedenken gegen die sittliche Würdigkeit des Studierenden erweckt, seine Aufnahme vorbehaltlich der Beschwerde an den Unterrichtsminister abzulehnen.[1]

§ 2 (abgeändert durch CE 7. Febr. 1894:) Zum Nachweis der wissenschaftlichen Vorbildung für das akademische Studium haben Angehörige des Deutschen Reichs außerdem dasjenige Reifezeugnis einer höheren Lehranstalt beizubringen, welches für die Zulassung zu den ihrem Studienfach entsprechenden Berufsprüfungen in ihrem Heimatsstaate vorgeschrieben ist. Durch dieses Studienfach bestimmt sich zugleich die Fakultät, bei welcher der Studierende einzutragen ist.

(Neben den letzteren Bestimmungen bleiben in Geltung statutarische Bestimmungen, wonach Studierende bei Beginn der Universitätszeit sich außer an der eigenen Fakultät auch bei der philosophischen müssen einschreiben lassen, sowie § 42 der Statuten des Lyceum Hosianum vom 24. Okt. 1843.)

§ 3 (ebendaselbst abgeändert:) Mit besonderer Erlaubnis der Immatrikulationskommission können Angehörige des Deutschen Reichs, welche ein Reifezeugnis nach § 2 nicht erworben, jedoch wenigstens dasjenige Mafs der Schulbildung erreicht haben, welches für die Berechtigung zum einjährigen Dienst vorgeschrieben ist, auf vier Semester immatrikuliert und bei der philosophischen Fakultät eingetragen werden. Die Immatrikulationskommission ist ermächtigt, nach Ablauf dieser 4 Semester die Verlängerung des Studiums um weitere zwei aus besonderen Gründen zu gestatten. Eine weitere Verlängerung ist nur mit Genehmigung des Kurators zulässig.

§ 4 (ebenda abgeändert:) Ausländer können immatrikuliert und bei jeder Fakultät eingetragen werden, sofern sie sich über den Besitz einer Schulbildung ausweisen, welche der in § 3 bezeichneten im wesentlichen gleichwertig ist.

(Auf welche Art die Immatrikulationskommission sich in Ermangelung beweisender Zeugnisse über die Bildung der sich meldenden Ausländer vergewissern will, ist ihr anheimgestellt. Insbesondere steht ihr frei, dieselben durch Vermittelung der philosophischen Fakultät einer Prüfung zu unterziehen.)

§ 5. Als Studierende dürfen nicht aufgenommen worden: 1. Reichs-, Staats-, Gemeinde- oder Kirchenbeamte; 2. Angehörige einer anderen preussischen öffentlichen Bildungsanstalt, sofern nicht besonderer Bestimmungen eine Ausnahme begründen; 3. Personen, welche dem Gewerbestande angehören.

(Die statutarische Bestimmung bleibt in Geltung, daß immatrikulationsfähigen Personen, welche, im gewöhnlichen Alter der Studierenden stehend, sich ohne stichhaltigen Grund nicht immatrikulieren lassen, der Besuch von Vorlesungen nicht verstattet werden soll.)

§ 6. Die Meldung zur Aufnahme soll innerhalb der ersten drei Wochen nach dem vorgeschriebenen Semesteranfang erfolgen. Spätere Meldungen dürfen nur bei besonderer Begründung ausnahmsweise mit Genehmigung des Kurators zugelassen werden.

§ 7. Mit der Aufnahmeurkunde zugleich empfängt der Studierende ein Anmeldebuch für Vorlesungen und eine Erkennungskarte. Letztere ist der Studierende stets bei sich zu tragen verpflichtet. Sollte er sie verlieren, so hat er alsbald die Ausstellung einer neuen Karte nachzusuchen, welche gegen Erlegung von 1 Mark erfolgt. Die zur Aufnahme vorgelegten Zeugnisse werden in der Regel auf dem Universitätssekretariat (Rektoratsbureau) aufbewahrt und dem Studierenden erst bei seinem Abgang wieder ausgehändigt.

(Die Verpflichtung, eine Erkennungskarte stets bei sich zu tragen, ist nicht

---

[1] Die in Parenthese beigefügten Bemerkungen sind Instruktionsbestimmungen.

unter disciplinarische Strafe gestellt, da den säumigen Studierenden von selbst der Nachteil trifft, dafs er als Studierender sich nicht ausweisen kann.)

§ 8. Der Studierende ist verpflichtet, der akademischen Behörde bei seiner Aufnahme seine Wohnung anzuzeigen und ihr von jedem Wechsel binnen 3 Tagen Mitteilung zu machen.

(Die auf einzelnen Hochschulen bestehende Vorschrift über die Verpflichtung, sich zu Anfang des Semesters bei der akademischen Behörde zu melden, insbesondere ME 12. Jan. 1846 in Bezug auf Münster, bleibt in Kraft.)

§ 9. Will ein Student von einer Fakultät zur andern übergehen, so hat er dies zunächst seinem bisherigen Dekan zu melden, sodann unter Vorlegung von dessen Bescheinigung den Dekan der neugewählten Fakultät um seine Einschreibung zu ersuchen. Ein solcher Übertritt von einer Fakultät zur andern ist nur am Anfang oder Schlufs eines Semesters zulässig. Von dem vollzogenen Übertritt hat der Studierende sofort dem Universitätssekretariat (Rektoratsbureau) Anzeige zu machen.

§ 10. Ein Studierender kann von den ihm in dieser Eigenschaft zustehenden Rechten durch Entscheidung des Senats ausgeschlossen werden, solange gegen ihn ein gerichtliches Strafverfahren wegen eines Verbrechens oder Vergehens schwebt, wegen dessen auf Verlust der bürgerlichen Ehrenrechte erkannt werden kann. Für die Dauer der Ausschliefsung sind seine Legitimationspapiere in Beschlag zu nehmen. Die rechtskräftige Aberkennung der bürgerlichen Ehrenrechte hat den Ausschlufs von dem Universitätsstudium ohne weiteres zur Folge.

§ 11. Abgangszeugnisse dürfen den Studierenden erst in der letzten Woche vor dem gesetzlichen Semesterschlufs ausgehändigt werden, sofern nicht dem Rektor besonders nachzuweisende Gründe den früheren Abgang des Studierenden ausnahmsweise rechtfertigen.

II. § 12. Die Annahme von Vorlesungen soll innerhalb der ersten 4 (in Berlin 6) Wochen nach dem vorgeschriebenen Semesteranfang erfolgen. Für spätere Annahme ist die nur auf nachgewiesene ausreichende Gründe zu erteilende Erlaubnis des Rektors erforderlich. Diese Erlaubnis ist in dem Anmeldebuch zu vermerken.

§ 13. Wer nicht innerhalb der vorgeschriebenen Frist mindestens eine Privatvorlesung gehörig angenommen hat, kann entweder aus dem Verzeichnis der Studierenden gestrichen oder im Wege des Disciplinarverfahrens wegen Unfleifses mit Nichtanrechnung des laufenden Semesters und im Wiederholungsfalle mit Entfernung von der Universität bestraft werden.

§ 14. Binnen der in § 12 vorgeschriebenen Frist haben sich die Studierenden ferner bei den betreffenden akademischen Lehrern persönlich zu melden und sie um Eintragung ihres Namens und des Datums der Meldung in die dazu bestimmte Spalte des Anmeldebuches zu ersuchen. Wer durch besondere Gründe an der rechtzeitigen Meldung verhindert worden ist, hat dieselben dem Rektor nachzuweisen, welcher bei entschuldigter Verspätung einen Vermerk in das Anmeldebuch einträgt. Fehlt ein solcher, so wird auch eine eingetragene Vorlesung in das Abgangszeugnis nicht aufgenommen.

§ 15. Innerhalb der letzten 14 Tage vor dem vorgeschriebenen Semesterschlufs haben sich die Studierenden bei den Lehrern, deren Vorlesungen sie hören, abermals persönlich zu melden und sie um Eintragung ihres Namens und des Datums im Anmeldebuch zu ersuchen. Zu einem früheren Termin darf die Abmeldung nur erfolgen, wenn in das Anmeldebuch die besondere Erlaubnis des Rektors eingetragen ist oder die Bescheinigung über die erfolgte Meldung zum Abgange von der Universität und über die Zahlung der Abgangszeugnisgebühren vorgelegt wird. Wenn die Abmeldung einer Vorlesung wegen Abwesenheit, Krankheit oder Tod eines Lehrers nicht rechtzeitig vorgenommen werden kann, so ist sie innerhalb der oben bezeichneten Frist bei dem Dekan der betreffenden Fakultät zu bewirken. Ist der Studierende ohne sein Verschulden an der Innehaltung der Abmeldungsfrist verhindert worden, so hat er dies dem Rektor nachzuweisen und ihn um Eintragung eines die nachträgliche Abmeldung gestattenden Vermerkes in das Anmeldebuch zu ersuchen. Ist die Abmeldung unterblieben oder nach Mafsgabe der bestehenden Vorschriften zu früh oder zu spät erfolgt, so wird über die Vorlesung kein Vermerk in das Abgangszeugnis aufgenommen.

§ 16. (Abgeändert durch CE 9. Aug. 1884:) Verliert ein Studierender sein Anmeldebuch, so wird ihm ein neues Exemplar nur gegen eine Gebühr von 20 M. ausgefertigt. Dieselbe kann jedoch bei nachgewiesenermafsen unabsichtlich herbeigeführtem Verlust vom Rektor mit Rücksicht auf alle Umstände des einzelnen Falles ganz oder teilweise erlassen werden. Über die Vorlesungen jedoch, deren vorschriftsmäfsige An- und Abmeldung nicht mehr nachgewiesen werden kann, wird ein Vermerk in das Abgangszeugnis nur dann aufgenommen, wenn ihr Besuch dem Studierenden von den betreffenden Docenten bescheinigt wird.

§ 17, 18, 21, 22, 24, 25, 26 bis 31, 33 bis 35, 37: Vergl. Gesetz vom 29. Mai 1879 (s. S. 411).

§ 19. Auch in Strafsachen stehen die Studierenden unter den allgemeinen Gesetzen und sind der ordentlichen Gerichtsbarkeit unterworfen. Sie haben die örtlichen Polizeivorschriften zu beobachten und den Anordnungen der Polizeibeamten und sonstigen Organe der bürgerlichen Obrigkeit Folge zu leisten.

§ 20. Der nach § 420 der deutschen StPO erforderliche Sühneversuch ist, wenn die Klage gegen einen Studierenden gerichtet werden soll, von dem Rektor oder in dessen Vertretung von dem Syndikus (Universitätsrichter) vorzunehmen.

§ 23. Die akademische Disciplin wird durch den Rektor, Richter und Senat ausgeübt.

§ 26. Hinsichtlich disciplinarisch zu ahndender Handlungen, welche Sitte und Ordnung des akademischen Lebens stören oder gefährden (vergl. Nr. 2 § 5 des Gesetzes vom 29. Mai 1879) sollen namentlich bestraft werden: 1. Verletzung der den akademischen Behörden und Lehrern gebührenden Achtung; 2. Ungehorsam gegen die Anordnungen der akademischen Behörden und Beamten; 3. Fortgesetzter Besuch einer nicht angenommenen Vorlesung ohne besondere Erlaubnis des Docenten; 4. Verletzungen der am schwarzen Brett angehefteten Anschläge der akademischen Behörden, Lehrer und Beamten; 5. Störung der Ordnung und Ruhe oder Verletzung des Anstandes in den Universitätsgebäuden und -Anlagen; 6. Hohes oder unerlaubtes Spielen oder Wetten; 7. Verrufserklärungen; 8. Ehrenkränkungen unter Studierenden; 9. Herausforderung zum Zweikampf und Annahme derselben, der Zweikampf selbst und die Teilnahme daran als Kartellträger, Sekundant, Unparteiischer, Arzt oder Zuschauer (doch bleiben Kartellträger straflos, wenn sie ernstlich bemüht gewesen sind, den Zweikampf zu verhindern); 10. Unsittlicher Lebenswandel, Hingabe an den Trunk oder Erregung öffentlichen Ärgernisses durch Trunkenheit.

§ 27. (Nach Nr. 4 § 5 des angeführten Gesetzes) wird besonders derjenige bestraft, der sich während des Semesters längere Zeit ohne Erlaubnis des Rektors aus der Universitätsstadt entfernt.

§ 32. Studierende, welche als Angeschuldigte oder Zeugen in einer Disciplinarsache der Vorladung des Rektors oder Richters ohne genügende Entschuldigung nicht Folge leisten, unterliegen disciplinarischer Ahndung und können durch Anschlag am schwarzen Brett geladen oder zwangsweise vorgeführt werden. Der Angeschuldigte darf während eines gegen ihn schwebenden Disciplinarverfahrens bei Vermeidung besonderer Strafe die Universitätsstadt nur mit besonderer Erlaubnis des Universitätsrichters verlassen. Auch darf ihm ein Abgangszeugnis nicht ausgehändigt werden.

§ 36. Das Disciplinarverfahren ist gebühren- und stempelfrei. Im Falle der Verurteilung jedoch hat der Angeschuldigte die entstandenen baren Auslagen zu ersetzen.

§ 38. Vereine und Versammlungen der Studierenden unterliegen den allgemeinen Landesgesetzen. Aufserdem gelten folgende Bestimmungen.

§ 39. Von der Begründung eines Vereins der Studierenden ist binnen 3 Tagen dem Rektor Anzeige zu machen unter Einreichung der Statuten und eines Verzeichnisses der Vorstände und der Mitglieder. Bestehende Vereine haben in den ersten 4 Wochen jedes Semesters dem Rektor eine Liste ihrer Mitglieder einzureichen. Von Änderungen der Statuten, dem Wechsel der Vorstände oder der Auflösung des Vereins ist binnen 3 Tagen Anzeige zu erstatten. Auch ist der Verein verpflichtet, dem Rektor Zeit und Ort seiner regelmäfsigen Versammlungen anzugeben. Die Unterlassung der gedachten Anzeigen und Vorlagen wird an den Vorständen und nach Umständen an sämtlichen Mitgliedern disciplinarisch geahndet.

§ 40. Vereine von Studierenden dürfen nur Studierende derselben Hochschule als Mitglieder aufnehmen; Vereinen zu wissenschaftlichen oder Kunstzwecken kann jedoch durch den Rektor die Erlaubnis der Aufnahme anderer Mitglieder erteilt werden.

§ 41. Die akademische Disciplinarbehörde ist befugt, Vereine, deren Bestehen die akademische Disciplin gefährdet, vorübergehend oder dauernd zu verbieten.

§ 42. Giebt das Verhalten der Mitglieder eines Vereins Anlafs zu disciplinarischem Einschreiten gegen dieselben, so kann durch die Disciplinarbehörde zugleich das Verbot des Vereins ausgesprochen werden.

§ 43. Die Fortsetzung eines verbotenen Vereins zieht für alle Teilnehmer disciplinarische Strafen nach sich.

§ 44. Allgemeine Studentenversammlungen, Festlichkeiten und öffentliche Aufzüge sowie öffentliche Ankündigungen von dergleichen bedürfen der vorherigen Genehmigung des Rektors.

(Das Verbot des § 40 bezieht sich zunächst nur auf aktive Mitglieder; auf Ehrenmitglieder und ähnliche nur insofern, als der Versuch gemacht werden sollte, durch solche Formen der Aufnahme das Verbot selbst zu umgehen. Die Fassung der §§ 41 und 42 giebt der Disciplinarbehörde insbesondere auch die Möglichkeit, gegen die Begünstigung des Duellwesens durch die studentischen Verbindungen in geeigneter Weise neben der Bestrafung der einzelnen Duellanten und Teilnehmer zu Zweikämpfen einzuschreiten. Hinsichtlich § 44 ist der Rektor nicht verpflichtet, den Beteiligten die Gründe der Versagung mitzuteilen.)

CE. 15. Mai 1888 (Minister der öffentlichen Arbeiten und Minister der Unterrichtsangelegenheiten) Behandlung der Universitätsbausachen.

Bei Universitätsbauten vertritt der Kurator den Bauherrn.

Die technische Bearbeitung der Bausachen gehört zu dem Geschäftskreise der Lokalbaubeamten der allgemeinen Bauverwaltung (in Berlin der Ministerialbaukommission).

Die Kuratoren erteilen den Lokalbaubeamten unmittelbare Aufträge. In allen technischen Angelegenheiten stehen ihnen die Regierungs- und Bauräte als Berater zur Seite, deren Gutachten vor allen wichtigen Entscheidungen technischer Art und, sofern es sich um Neu- oder Umbauten handelt, deren Kosten für das Hauptgebäude 30 000 M. übersteigen, einzuholen ist.

Die von den zukünftigen Institutsdirektoren aufgestellten Bauprogramme, welche die Universitätsneubauten vorbereiten, werden vor ihrer Einreichung an den Kultusminister einer Beratung unterzogen, an der sich unter Vorsitz des Kurators der betreffende Institutsdirektor, der Regierungs- und Baurat und der Kreisbaubeamte (in Greifswald der akademische Baubeamte) beteiligen. Ist über das Bauprogramm entschieden, so erteilt der Kurator den Auftrag zur Bearbeitung allgemeiner Entwurfsskizzen, von denen dem Regierungs- und Baurat zur event. Einwirkung auf die Gestaltung der Gebäude durch den Regierungspräsidenten Einsicht zu geben ist. Der Kreisbaubeamte (bzw. der akademische) und der Institutsdirektor haben sich während der Bearbeitung der Skizzen über deren Einzelheiten zu verständigen. Die Aufstellung ausführlicher Entwürfe und Kostenanschläge erfolgt durch den Kreis- (oder akademischen) Baubeamten, sobald über den Bauplatz entschieden ist und die vorgelegten Skizzen genehmigt und im Ministerium entworfen sind. Nachdem der Kurator durch den Minister zur Ausführung des Baues ermächtigt ist, übermittelt er zunächst das genehmigte Projekt nebst Kostenanschlag usw. dem Regierungs- und Baurat zur Erteilung etwaiger technischer Weisungen oder zur Festsetzung, inwieweit ihm noch Detailzeichnungen, Berechnungen usw. zur Prüfung vorzulegen sind. Unter Berücksichtigung jener Angaben geschieht der Auftrag zur Ausführung von seiten des Kurators gleichzeitig mit der abschriftlichen Benachrichtigung an den Regierungspräsidenten.

Bei allen Neubauten, deren Kosten 100000 M. übersteigen, sind besondere Baukommissionen zu berufen, welche in der Regel aus dem Kurator, dem Regierungs- und Baurat, dem Institutsdirektor und dem Kreis- oder akademischen Baubeamten bestehen. Bei Kostensummen über 500000 M. und bei Bauausführungen, welche in technischer oder künstlerischer Beziehung als besonders wichtig anzusehen sind, bleibt die Ernennung von Kommissaren den Ministern des Kultus und der öffentlichen Arbeiten zur regelmäfsigen Beteiligung an den Arbeiten der Baukommissionen vorbehalten. Vergl. das Nähere CBl. 1888, 518 ff., und ME 15. Juni 1885 (bei Institutsgebäuden), 6. April 1897, CE 28. Nov. 1888, 16. Febr. 1889.

In vermögensrechtlicher Beziehung wird die **Universität durch den Kurator** als Organ des Kultusministers und in Behinderungsfällen durch **Rektor und Richter vertreten** ME 15. März 1871 vergl. ME 26. Okt. 1868.

„**Deutsche Staatsuniversitäten**" sind Anstalten, welche im Deutschen Reiche liegen ME 29. Juli 1873.

Künftigen Staatsdienern und Ärzten ist ein mindestens **dreisemestriger Besuch preufsischer Universitäten** vorgeschrieben ME 17. Okt. 1867 vergl. AO 30. Juni 1811.

Für künftige Lehrer höherer Schulen kann jedoch den deutschen Bundesstaaten gegenüber, welche sich zur gegenseitigen Anerkennung der Prüfungszeugnisse und analogen Bestimmung ihrer Landesuniversitäten verpflichten, allgemeine Dispensation eintreten AO 29. Mai 1888.

Über Immatrikulation von Realabiturienten ME 28. Febr. 1880 und AO 1. Dez. 1891.

Hinsichtlich der Nichtpreufsen bezw. Ausländer haben die Immatrikulationskommissionen § 4 der Vorschriften vom 1. Okt. 1879 unnachsichtlich durchzuführen.

Schülern, welche von einer höheren Lehranstalt verwiesen worden sind, ist in demselben Jahre die Erlaubnis zur Immatrikulation zu versagen. Ist ferner die Verweisung an einem Universitätsorte erfolgt, so sind die Betreffenden an dieser Universität zur Immatrikulation überhaupt nicht zuzulassen CE 20. Sept. 1881.

Für ordnungsmäfsige Semesterdauer haben die akademischen Lehrer pflichtmäfsig mitzuwirken. Der Schluls des Winterhalbjahrs ist durch AO 26. September 1879 auf den 15. März festgesetzt, vergl. ME 30. April 1880.

Die Vorlesungen sind in jedem Semester innerhalb der ersten 7 Tage zu beginnen und innerhalb der letzten Woche zu schliefsen CE 8. Juli 1891.

ME 1. Juli 1867 über den Urlaub der Professoren. Während der gesetzlichen Ferienzeiten bedürfen die Professoren keines Urlaubs. Sofern sie aber mit der Leitung eines akademischen Instituts beauftragt sind, das auch während der Ferien fortgesetzter Beaufsichtigung bedarf, haben sie auch während der Ferien dem Kurator (Kuratorium) nachzuweisen, dafs für ihre Vertretung ausreichend gesorgt ist, und dessen Genehmigung zu den dieserhalb getroffenen Mafsregeln nachzusuchen. Aufserhalb der Ferienzeiten kann zwar nachgesehen werden, dafs die Professoren in dringenden Fällen auf 3 Tage ohne Urlaub verreisen; doch haben sie davon dem Rektor Anzeige zu machen. Zu Reisen von höchstens vierwöchiger Dauer ist Urlaub bei dem Kurator, zu Reisen von längerer Dauer bei dem Unterrichtsminister nachzusuchen. Der Rektor bedarf während der ganzen Zeit seiner Amtsführung des Urlaubs, welchen bis zu 4 Wochen der Kurator, bei längerer Dauer der Minister erteilt. (In Kiel bedürfen die übrigen Mitglieder des Konsistorium arctius ebenfalls, solange ihre Funktion währt, des Urlaubs zum Reisen, welchen während der Ferien stets und aufserhalb derselben bis zu 4 Wochen das Kuratorium, sonst der Minister erteilt. Dasselbe gilt vom Universitätssyndicus.) Bei allen Beurlaubungen auf länger als 1½ Monate kommt AO 15. Juni

1863¹) zur Anwendung, von welcher der Minister nur bei Sr. Majestät in geeigneten Fällen Dispensation erwirken kann. Von jeder Reise, die mit Urlaub unternommen wird, haben die Professoren dem Rektor und Dekan Anzeige zu machen. Die Urlaubsgesuche können bei dem Kurator mündlich nachgesucht und beschieden werden.

Die akademischen Disciplinarbehörden haben besonderes Augenmerk auf die Ortsanwesenheit der Studierenden zu richten. In allen Fällen einer längeren unerlaubten Abwesenheit ist gegen die Betreffenden nicht nur disciplinarisch einzuschreiten, sondern zugleich den Universitätslehrern Nachricht zu geben, damit sie sich über etwaige Versagung der Abmeldungsbescheinigung schlüssig machen CE 18. Juli 1890 vergl. CE 4. Nov. 1890. Für die Kontrolle der Ortsanwesenheit wird die Universitätsstatistik nutzbar gemacht CE 21. April 1892.

Es ist eine hauptsächliche und wesentliche Amtspflicht der Universitätslehrer, die von ihnen angekündigten Vorlesungen und klinischen oder praktischen Übungen selbst zu halten. Sobald ein Docent durch Krankheit oder sonstwie auf längere Zeit daran verhindert wird, ist dem Universitätskurator und der Fakultät Anzeige zu erstatten und das Vertretungsgeschäft ordnungsmäßig zu erledigen ME 10. März 1880.

Privatdocenten sind als Staatsbeamte nicht anzusehen ME 22. Febr. 1870. Sie haben sich als „Docenten" schlechtweg nicht zu bezeichnen CE 11. Nov. 1889. Sie unterliegen nicht einer eigentlichen „Residenzpflicht"; jedoch wird die Verpflichtung, am Universitätsorte zu wohnen, auch für die Privatdocenten anzunehmen sein, da dies unter gewöhnlichen Verhältnissen als eine stillschweigende Voraussetzung der Habilitation anzusehen ist ME 23. April 1890. Lehrer höherer Unterrichtsanstalten, welche sich nebenbei als Privatdocenten zu habilitieren gedenken, haben durch Vermittelung ihres vorgesetzten Direktors vorherige Genehmigung des Provinzial-Schulkollegiums einzuholen CE 25. Sept. 1890. Von der Verpflichtung zu Vorlesungen können sie urlaubsweise entbunden werden ME 26. Juni 1886. Eine Entlassung von Privatdocenten kann nicht in Frage kommen, da sie keine Beamtenqualität besitzen. Wollen sie auf die venia docendi verzichten, so haben sie der Fakultät dieses mitzuteilen ME 4. Nov. 1886.

Den akademischen Behörden ist von Ernennung oder Versetzung und dem Lehrauftrage der Professoren Kenntnis zu geben, nicht aber von der ihnen zugebilligten Besoldung CE 18. April 1868. Die Universitätslehrer sind verpflichtet, in solchen Fällen, wo sie durch eigene Wahrnehmung oder sonstwie zur Überzeugung gelangen,

---

¹) Bei Beurlaubungen über 1½ Monate tritt (aufser in Krankheitsfällen) für weitere 4½ Monate Verkürzung des Gehalts um die Hälfte, darüber hinaus Entziehung desselben ein.

dafs ein Studierender die Vorlesung überhaupt nicht oder nur mit wesentlichen Unterbrechungen besucht hat, die Bescheinigung der Abmeldung zu versagen (wonach die Vorlesung auch im Abgangszeugnis nicht vermerkt werden darf). Bei seminaristischen und sonstigen Übungsvorlesungen sind den Studierenden auf deren Ersuchen eingehende Zeugnisse über Fleifs und Leistungen auszustellen, welche auf Antrag der Studierenden den Abgangszeugnissen unter entsprechender Verweisung bei dem Vorlesungseintrage beigeheftet werden CE 2. Juni 1890.

Auditoriengelder werden von allen Vorlesungen erhoben, für welche überhaupt eine Anmeldung auf der Quästur zu erfolgen hat. Ob eine Vorlesung in Universitäts- oder anderen Räumen gehalten wird, macht hierbei keinen Unterschied. Für repetendo belegte Vorlesungen fällt das Honorar fort ME 30. Okt. 1885. Für alle von einem Studierenden während eines Semesters anzunehmenden Vorlesungen sind bei der Belegung auf der Quästur 5 M. an Auditoriengeld zu entrichten ME 6. Juli 1889. Dieses bezieht sich nicht nur auf die Studierenden im engeren Sinne, sondern auf alle bei Vorlesungen zugelassenen Personen ME 21. Okt. 1889.

Die Stundung des Honorars ist in das Belieben der Docenten gestellt, eine gesetzliche oder administrative Nötigung dazu findet nicht statt. Gestundete Kollegienhonorare unterliegen jedoch der Einkommensteuer ME 28. Febr. 1859, vergl. CE 11. März 1872.[1])

Über Verleihung akademischer Benefizien vergl. die Ministerialerlasse CBl. 1861, 471 ff.

Hinsichtlich der Abmeldungsfristen sind die Docenten befugt, ein Datum zur Unterschrift innerhalb der letzten 14 Tage des Semesters festzusetzen vergl. ME 18. Febr. 1892.

Etwaige aufserakademische Strafen sind in den Abgangszeugnissen nicht zu berücksichtigen ME 3. Febr. 1880.

In den Abgangszeugnissen ist hinsichtlich des Studiums zu vermerken, dafs der Studierende während seines Aufenthaltes an der Universität nach den vorgelegten Bescheinigungen die im einzelnen aufgeführten Vorlesungen „vorschriftsmäfsig an- und abgemeldet" habe CE 8. Juli 1890.[2])

Eine Streichung von Studierenden im Universitätsverzeichnis hat namentlich zu geschehen, wenn die Aufnahme bei der Universität zu Unrecht erfolgt ist, das akademische Bürgerrecht durch disciplinare Bestrafung, durch Ablauf einer bestimmten Semesterzahl oder aus sonstigen statutenmäfsig festgesetzten Gründen oder (an einzelnen Universitäten) bei Abgang von der Universität ohne Exmatrikulation, bei längerer

---
1) Vergl. auch E. Horn, Kolleg und Honorar, S. 136 ff.
2) Seminarübungen usw. sind ebenso zu behandeln.

## 1. Kapitel. Universitätsgesetze.

unerlaubter Entfernung aus der Universitätsstadt, bei unterlassener Wohnungsanzeige und bei unterlassenem Umtausch der Erkennungskarte. Es ist jedoch zu beobachten, dafs die Streichung im wesentlichen nur aus der Vermutung gerechtfertigt erscheint, dafs der Studierende auf die Fortsetzung seiner Studien an der Universität thatsächlich verzichtet habe. Wenn diese Vermutung durch alsbaldigen Widerspruch der Beteiligten zuverlässig ausgeschlossen ist, wird daher die Wiederaufhebung der Mafsregel auf Antrag nicht versagt werden können CE 4. Mai 1891.

(Hinsichtlich der vorgeschriebenen Studienzeit werden die auf den Universitäten zu Wien und Prag und zu Graz und Innsbruck sowie der deutschen Schweiz zugebrachten Semester voll gerechnet vergl. CE 7. März 1861, AO 15. Juli 1867, ME 15. März und 12. Okt. 1871.)

(Bei der Bedeutung, welche der Seminarbesuch in dem Bildungsgange zukünftiger Lehrer einnimmt, ist auch bei den Prüfungen für das Lehramt davon Notiz zu nehmen und von der wissenschaftlichen Prüfungskommission deshalb im Eingange der auszustellenden Zeugnisse zu bemerken, bei welcher Universität und wie lange die Betreffenden Mitglieder eines Seminars gewesen sind CE 8. Juli 1872.)

Die Aufsichtsbehörde ist nicht befugt, eine Fakultät zur Erteilung der Doktorwürde an einen bestimmten Kandidaten oder zur Abstandnahme von Bedenken anzuhalten, in welchen diese nach ihrem Ermessen Grund findet, in einem einzelnen Falle von ihrem Rechte keinen Gebrauch zu machen. Demgemäfs ist auch eine Beschwerde über die Versagung der Promotion belanglos ME 24. Jan. 1861.

Zur Promotion sind nur solche zuzulassen, welche mit dem Zeugnis der Reife die Universität bezogen haben ME 6. Okt. 1859.

(Auf den Universitäten Berlin und Königsberg gilt die Bestimmung:) Wenn ein Doktorand immatrikulationsfähig und nicht schon akademischer Bürger ist, so hat er sich vor den Promotionsprüfungen immatrikulieren zu lassen, damit er während der Dauer der Promotionsangelegenheit unter akademischer Disciplin stehe. Solche, die in Berlin studierten, werden dortselbst zur Promotion unentgeltlich immatrikuliert, sobald sie durch ein Dekanatszeugnis nachweisen, dafs sie sich zum Rigorosum gemeldet haben vergl. ME 14. Jan. 1860.

Den medizinischen Fakultäten bleibt es überlassen, den Gebrauch der deutschen Sprache bei den Inauguraldissertationen und -Disputationen zu gestatten. Ebenso haben die philosophischen Fakultäten die Befugnis, insofern es sich nicht um Gegenstände aus dem Gebiete der klassischen und orientalischen Philologie und Altertumskunde, sowie aus der alten Geschichte und Philosophie handelt, auf Antrag des Kandidaten in jedem einzelnen Falle über die Zulässigkeit deutscher Dissertationen und Disputationen Beschlufs zu fassen

ME 22. Mai 1867 vergl. ME 19. Mai 1873. Es steht jedoch der philosophischen Fakultät im Falle deutscher Dissertationen frei, bei der mündlichen Prüfung eine ausreichende Kenntnis der lateinischen Sprache (durch Interpretation eines römischen Klassikers) bei dem Kandidaten zu eruieren. Ohne ministerielle Genehmigung ist keine Fakultät befugt, Dissertationen und Disputationen in einer anderen als der deutschen oder der lateinischen Sprache zu gestatten CE S. Nov. 1879.

Promotionen in absentia finden nicht statt ME 19. Mai 1876.

Die licentia docendi ist an eine bestimmte Frist nicht gebunden ME 5. Okt. 1859.

Auswärts Promovierte müssen zur Habilitation nostrifiziert werden ME 5. Juli 1867, wozu die Genehmigung des Ministers erforderlich ist vergl. CBl. 1866, 9 f.

Auf Fürsprache der Fakultät kann Privatdocenten bei hervorragender Leistung vom Minister ein Stipendium verliehen werden CE 24. April 1875 vergl. CE 23. Juli 1884.

## 2. Kapitel. Fakultätsbestimmungen.

§ 1. *Statuten der evangelisch-theologischen Fakultät zu Berlin vom 29. Jan. 1838.*[1])

### § 1. Erster Abschnitt.

**Von der Bestimmung und den Geschäften der theologischen Fakultät im allgemeinen.**

§ 1. Die theologische Fakultät hat die Bestimmung, nach der Lehre der evangelischen Kirche sowohl überhaupt die theologischen Wissenschaften fortzupflanzen, als insbesondere durch Vorlesungen und andere akademische Übungen die sich dem Dienste der Kirche widmenden Jünglinge für diesen würdig zu machen.

§ 2. Insofern die theologische Fakultät im weiteren Sinne eine Korporation in der Universität bildet, gehören zu derselben die bei ihr angestellten, für den königlichen Dienst vereideten ordentlichen und außerordentlichen Professoren, die bei ihr habilitierten Privatdocenten und die in ihr Album eingetragenen Studierenden. Als Behörde umfaßt sie aber nur die bei ihr angestellten ordentlichen Professoren, in wiefern sie Doctores theologiae und nicht mehr bloß Professores designati sind. Die Behörde übt unter dem Vorsitze des Dekans die ihr zustehenden Rechte und Verpflichtungen unter den im Folgenden enthaltenen Bestimmungen unabhängig vom Senat aus.

§ 3. Die Rechte und Verpflichtungen der theologischen Fakultät, als Behörde betrachtet, betreffen: 1. die Aufsicht über die Lehre in ihrem Gebiete und deren Vollständigkeit; 2. die Aufsicht über die Studenten in wissenschaftlicher und sittlicher Hinsicht und die Erteilung der Benefizien und Prämien; 3. die Erteilung der akademischen Würden; 4. die Befugnis, theologische Gutachten und Responsa auszustellen, was die Fakultät jedoch, wenn selbige nicht von höheren Behörden verlangt worden, auch ablehnen darf.

§ 4. Die theologische Fakultät nimmt bei feierlichen Repräsentationen, unbe-

---

1) Des Raumes wegen kann hier nur dieses eine Statut, probeweise, mitgeteilt werden, das namentlich als Vergleichsobjekt wichtig ist.

## 2. Kapitel. Fakultätsbestimmungen.

schadet der Rechtsgleichheit aller Fakultäten, den ersten Platz ein und unterzeichnet auch in dieser Ordnung durch ihren jedesmaligen Dekan.

§ 5. Sämtliche ordentliche Professoren sollen nach der Reihenfolge ihrer Anstellung, sowie sämtliche Privatdocenten nach dem Datum ihrer öffentlich vollzogenen Habilitation in einem eigenen Album dergestalt verzeichnet werden, dafs darin die Lebensverhältnisse eines jeden, insbesondere Tag und Ort der Geburt, der Doktorpromotion, des Patents oder Dekrets der Anstellung bei der Fakultät, sowie das Ausscheiden eines jeden oder die Versetzung in eine andere Kategorie sorgfältig angemerkt werden.

### Zweiter Abschnitt.
### Von der Verfassung der theologischen Fakultät als Behörde betrachtet.
### I. Von den Mitgliedern der Fakultät und deren Aufnahme.

§ 6. Die theologische Fakultät als Behörde betrachtet besteht aus sämtlichen bei ihr angestellten ordentlichen Professoren, in wiefern sie Doctores theologiae und nicht blofs Professores designati sind, und diese nehmen an den ihr zukommenden Rechten und Verpflichtungen alle völlig gleichen Anteil. Der Rang der Mitglieder der Fakultät untereinander richtet sich nach dem Datum ihres ersten Patents als ordentlicher Professor an einer gesetzmäfsig konstituierten Universität.

§ 7. Wer als berufener ordentlicher Professor in die Fakultät eintreten will, mufs den theologischen Doktorgrad haben, oder ihn binnen Jahresfrist bei der theologischen Fakultät irgend einer gesetzmäfsig konstituierten und mit dem Rechte der Erteilung akademischer Würden versehenen Universität erwerben. Bis zur Erwerbung desselben ist er nicht habilitationsfähig, und seine Ausübung aller Vorrechte eines ordentlichen Professors bleibt so lange, bis er den Grad besitzt, suspendiert. (Univ.-St. Abschn. II § 2.)

§ 8. Für einen ordentlich promovierten Doktor der Theologie ist in Beziehung auf den im § 6 bestimmten Punkt nur derjenige zu achten, welcher den Doktorgrad von der theologischen Fakultät einer gesetzmäfsig konstituierten und mit dem Rechte der Erteilung akademischer Würden versehenen Universität, entweder nach allen vorgeschriebenen Leistungen, oder honoris causa, und zwar wegen seiner schriftstellerischen oder anderweitigen notorischen Verdienste um eine, in das Gebiet der theologischen Fakultät gehörige Wissenschaft erhalten hat. Jedoch hat die Fakultät das Recht, entweder dasjenige, was an der Promotion des berufenen Professors auszusetzen sein möchte, durch ihre Anerkennung zu ergänzen, oder falls er gar noch nicht promoviert sein sollte, ihn nach Mafsgabe der unten vorkommenden Bestimmungen honoris causa zu promovieren, niemals aber ihm die Erwerbung des Doktorgrades gänzlich zu erlassen.

(§ 9. Aufser Kraft gesetzt ME 17. Sept. 1870.)

### II. Von der Wahl des Dekans.

§ 10. Zur Leitung ihrer Geschäfte erwählt die Fakultät aus ihrer Mitte auf ein Jahr jedesmal einen Dekan. (Univers.-St. Abschn. II § 10.)

§ 11. Der Dekan wird innerhalb zweier Tage nach erfolgter Wahl des neuen Rektors gewählt, und der Gewählte dem fungierenden Rektor sogleich angezeigt, damit sein Name von diesem in den Bericht über die Wahlen an das Ministerium aufgenommen werden könne (ibid. § 11.)

§ 12. Die Wahl des Dekans geschieht von den zu diesem Zwecke versammelten Mitgliedern der Fakultät durch Abstimmung auf zusammengefalteten Zetteln, wobei absolute Stimmenmehrheit entscheidet. Ergiebt sich solche bei der ersten Abstimmung nicht, so werden die zwei Namen, welche die relativ meisten Stimmen gehabt haben, auf die engere Wahl gebracht, damit nun eine absolute Mehrheit oder bei gleicher Anzahl der Stimmen auf beiden Seiten, das Los entscheide. Sollten bei der ersten Abstimmung mehr als zwei Mitglieder die relativ meisten Stimmen erhalten, weil mehrere gleiche Anzahl hätten, so ist zwischen allen denen, welche entweder die relativ gröfste oder die zwei relativ gröfsten Zahlen haben (insofern die zweite Zahl mehreren gemein wäre), solange zu wählen, bis nur zwei Namen mit relativ gröfsten Zahlen übrig sind, welche dann auf die entscheidende Wahl kommen. Hätten endlich alle bei der ersten Abstimmung vorkommende Namen gleich viel Stimmen, und wären deren mehr als zwei, so bestimmt das Los, welche zwei von ihnen auf die engere Wahl kommen sollen. — Die beiden, welche zuletzt auf die engere Wahl kommen, enthalten sich der Abstimmung. (Vergl. § 30.)

§ 13. Zwei Jahre hintereinander darf nicht derselbe zum Dekan erwählt werden.

§ 14. Jedes Fakultätsmitglied hat das Recht, jedoch nur einmal, das Dekanat auch ohne Anführung bestimmter Gründe abzulehnen. (Univers.-St. Abschn. II § 12.) Will dasselbe Mitglied es öfter ablehnen, so hat es seine Gründe zu erklären, und die Fakultät entscheidet in der Sitzung durch absolute Stimmenmehrheit, ob sie gültig sein sollen.

§ 15. Wenn ein Fakultätsmitglied krank oder erlaubter Weise abwesend ist, darf es zur Dekanswahl seine Stimme schriftlich abgeben, die jedoch nur solange gilt, als der Bezeichnete auf der Wahl ist; der Abwesende mufs aber auch zugleich seine Erklärung, ob er das Dekanat anzunehmen geneigt sei, einsenden (Univ.-St. Abschn. II § 13), auf welche dann die Bestimmungen des vorigen § Anwendung finden.

### III. Vom Dekanat.

§ 16. Die Übernahme des Dekanats erfolgt am letzten Sonnabend der Herbstferien, als dem zum Rektoratswechsel und zur Erneuerung des Senats der Universität bestimmten Tage (Univ.-St. Abschn. II § 11 Abschn. III § 12.). Der niederlegende Dekan überliefert dem antretenden das von seinem Vorgänger Empfangene und das Hinzugekommene, mit Bemerkung des Abganges, und nimmt darüber eine Verhandlung auf, welche der niederlegende Dekan selbst zu den Akten zu schreiben hat.

§ 17. Der Dekan eröffnet alle an die Fakultät als solche gelangenden Verfügungen, Zuschriften und Gesuche, hält darüber ein Journal, welches sein Vorgänger von Sitzung zu Sitzung kontrolliert, und bringt das Eingegangene sowie seine eigenen oder eines jeden Fakultätsmitgliedes Vorschläge bei der Fakultät zur Beratschlagung, die, wofern nicht für gewisse Gegenstände etwas Näheres bestimmt ist, nach seinem Gutbefinden eine mündliche oder schriftliche sein kann. Er kann aber mit Ausnahme dessen, was in den gewöhnlichen Gang der ihm besonders übertragenen, gehörigen Orts aufgeführten Geschäfte gehört, für sich nichts verfügen oder beantworten (Univ.-St. Abschn. II § 14).

§ 18. Er beruft, so oft er es für nötig hält, die Fakultät zusammen, führt in der Versammlung mit allen Rechten und Pflichten des Präses einer nach Stimmenmehrheit entscheidenden Kollegiums den Vorsitz und bringt die Fakultätsbeschlüsse zur Ausführung. Er verrichtet die Promotionen oder läfst sie durch ein anderes Mitglied der Fakultät, welches er dazu einladet und ad hunc actum als Prodekan konstituiert, verrichten, welche Substitution jedoch kein Anderer, aufser dem bei unvermeidlichen Verhinderungen des Dekans von selbst eintretenden Prodekan, zu übernehmen verpflichtet ist (Univ.-St. Abschn. II § 15). Er schreibt ferner die zu der Fakultät sich bekennenden Studenten in das Album derselben und in das dazu gehörige alphabetische Register ein, führt das Album der Lehrer der Fakultät, vollzieht die Zeugnisse der Studierenden der theologischen Fakultät mit den übrigen dazu verordneten Behörden, redigiert den die Fakultät betreffenden Anteil des Verzeichnisses der Vorlesungen, verwaltet die Kasse der Fakultät, hat Sitz und Stimme in der Unterstützungskommission der Universität und besorgt alle übrigen in diesen Statuten der Universität ihm aufgegebenen, auf das Ganze der Universität bezüglichen Obliegenheiten. Er führt in seinem Amte das Siegel der Fakultät und sein besonderes Amtssiegel.

§ 19. Der Dekan hat die Alba und übrigen Namenlisten und das für ihn bestimmte Siegel in seinem Beschlusse und ist dafür und für die Ordnung der auf der Registratur der Universität befindlichen Akten der Fakultät verantwortlich, für letztere insofern, als die Registraturbeamten in dieser Beziehung von ihm abhängen. Das grofse Siegel der Fakultät und der statt dessen dienende schwarze Stempel sind in Verwahrung der Registratur, welche dem Dekan dafür verantwortlich ist.

§ 20. Die Einkünfte des Dekans bestehen in den Gebühren für Inskription, für welche er von jedem Studierenden der theologischen Fakultät, der noch nicht auf einer als solche anerkannten Universität immatrikuliert gewesen, einen Thaler, oder wenn der Studierende bereits auf einer solchen immatrikuliert gewesen, die Hälfte erhält; in den Gebühren für die Abgangszeugnisse der Studierenden der theologischen Fakultät, von welchen er für jedes einen Thaler erhält; in einem Zehnteil der für theologische Promotionen zu erlegenden Gebühren, und in 5 Thalern Gold für jede von ihm eingeleitete, bis zur mündlichen Abstimmung über die eingereichten Probeschriften in der deshalb gehaltenen Sitzung fortgeführte Verhandlung über die Habilitation eines Privatdocenten. Wird die Promotion eines Kandidaten nicht mehr unter dem Dekan vorrichtet, unter welchem der Kanditat examiniert worden, so erhält der Dekan, in dessen Jahre die öffentliche Promotion selbst verrichtet worden, den genannten Zehnteil. Hält ein Habilitandus die Probevorlesungen in consessu facultatis nicht mehr unter dem Dekan, welcher die Habilitation eingeleitet hat, so kommen die Gebühren demjenigen Dekan zu, in dessen Jahre diese Vorlesung gehalten wird.

§ 21. Ist der Dekan krank, oder sonst durch dringende Abhaltungen an der Ausübung seiner Geschäfte verhindert, so ist sein letzter Vorgänger im Dekanat verbunden, die interimistische Verwaltung derselben als Prodekan zu übernehmen, hat jedoch an die während dieser Verwaltung entspringenden oder eingehenden Einkünfte des Dekanats für seine Person keine Ansprüche. — Wird das Dekanat durch Tod, Abberufung oder Abdikation, welche jedoch allemal der Genehmigung des Ministers bedarf, erledigt, so hat dieser zu entscheiden, ob bis zum Ablauf des Universitätsjahres der vorletzte Dekan eintreten, oder eine neue Wahl stattfinden soll. Im Todesfalle beziehen die Witwe und minderjährigen Kinder noch drei Monate die Gebühren, welche der Verstorbene bezogen haben würde.

### IV. Vom Geschäftsgange bei der Fakultät.

§ 22. Die Versammlungen der Fakultät werden in der Regel im Senatszimmer des Universitätsgebäudes gehalten. Sollten indessen besondere Veranlassungen zu einer Ausnahme eintreten, so hat der Dekan auch das Recht, die Fakultät in seiner Wohnung zu versammeln, insofern er im Universitätsbezirke wohnt (Univ.-St. Abschn. II § 16).

§ 23. In den Sitzungen ruft der Dekan die Mitglieder der Fakultät sowohl zur Deliberation, als zur Abstimmung auf, und zwar nach dem Fakultätsalter (Abschn. II § 6), so dafs der älteste Angestellte seine Meinung zuerst eröffnet; die Abstimmung geschieht in umgekehrter Ordnung. In allen Fällen entscheidet, sowie bei nachgegebenen schriftlichen Abstimmungen, mit Ausnahme der Abschn. V §§ 109 und 112 angeführten Fälle, die absolute Mehrheit der Stimmenden gilt und bei gleicher Anzahl der Stimmen die des Dekans den Ausschlag giebt, so auch in den Versammlungen die absolute Mehrheit der in der Sitzung anwesenden Mitglieder und bei gleicher Anzahl der Stimmen die des Dekans. Glaubt aber jemand durch den Beschlufs der Mehrheit sein Gewissen gefährdet, so hat er das Recht, seine Erklärung, daſs er sich in der Minderheit befunden, oder ein besonderes Votum entweder zu den Akten zu geben, oder auch dem beschlossenen Berichte, wenn derselbe an das Ministerium geht, sowie einem beschlossenen Schreiben an die Allerhöchste Person Seiner Majestät des Königs beizulegen, alles jedoch nur, wenn er sich dasselbe in der Sitzung selbst ausdrücklich vorbehalten hat. Die abwesenden Mitglieder der Fakultät dagegen sind an alle Beschlüsse der Anwesenden gebunden und als der Mehrheit beigetreten anzusehen. Denjenigen, welche nach vorhergegangener schriftlicher Entschuldigung abwesend sind, schickt der Dekan nachher das Protokoll der Sitzung, jedoch ohne die Vorakten zu, um sie von den gefaſsten Beschlüssen zu unterrichten.

§ 24. Nach abgemachten Vorträgen des Dekans oder derjenigen, welche mit besonderen Geschäften beauftragt sind, hat ein jedes Mitglied das Recht, in der Sitzung sich das Wort zu erbitten, um Anträge zu machen.

§ 25. Das Protokoll der Sitzung führt der Dekan, unterschreibt dasselbe für sich allein und liest es im Anfange der nächsten Sitzung vor. In jeder gültig berufenen Sitzung, wenn sie auch zunächst zu einem einzelnen besonderen Zwecke angesetzt worden, kann zwar, wenn nicht ausdrücklich von dem Dekan im Umlaufschreiben bemerkt ist, es sollte weiter nichts vorkommen, über jeden anderen Gegenstand verhandelt, und falls die Sache dazu reif befunden wird, darüber beschlossen werden; wenn indessen in einer und derselben Sitzung ein Examen eines Promovenden oder ein Kolloquium mit einem Habilitanden gehalten und noch andere Verhandlungen vorgenommen werden, so ist über erstere ein besonderes Protokoll aufzunehmen und dasselbe in dem Protokoll über die übrigen verhandelten Gegenstände nur zu allegieren. In der nächsten Sitzung wird nur das letztere über die übrigen Gegenstände aufgenommene Protokoll verlesen.

§ 26. Bei schriftlichen Verhandlungen durch Umlauf darf der Dekan nur dann eine wirkliche Abstimmung annehmen, wenn die Umfrage auf ein bloſses Ja oder Nein zwischen zwei entgegengesetzten Meinungen gestellt war und lediglich in dieser Form beantwortet ist, nicht aber, wenn in den schriftlichen Bemerkungen der Mitglieder entweder mehrere abweichende Meinungen, oder neue Vorschläge, oder neue zur Sache gehörige Nachrichten vorkommen. In diesen Fällen muſs der Dekan eine Übersicht dessen, was bei dem ersten Umlauf vorgekommen ist, zum Behuf einer neuen Abstimmung abfassen und umlaufen lassen, oder falls sich nach den Umständen auch davon kein reines Ergebnis erwarten lieſse, eine Fakultätssitzung berufen. Auch muſs in jedem Falle, wenn ein Mitglied gegen die Entscheidung der Sache ohne mündliche Beratschlagung protestiert, eine Versammlung gehalten werden. Der Erfolg einer jeden schriftlichen Abstimmung ist vom Dekan den Mitgliedern bekannt zu machen. Jedoch steht es dem Dekan frei, ob er den Erfolg einer schriftlichen Abstimmung durch Cirkular oder in der nächstfolgenden Sitzung anzeigen wolle; hat er das letztere gethan und die geschehene Vorlegung des Erfolges der Abstimmung in dem Protokoll vermerkt, so ist er nicht verpflichtet, die Abwesenden anders als nach § 23 durch Zusendung des Protokolls an die Mitglieder, welche ihr Ausbleiben aus der Sitzung entschuldigt haben, damit bekannt zu machen.

§ 27. Wenn die Fakultät Gutachten abzugeben oder sonst Sachen zu beraten hat, wobei es auf besondere wissenschaftliche Kenntnisse ankommt, so ist die Sache, sowohl bei mündlichen als schriftlichen Verhandlungen, zuerst denjenigen Professoren vorzulegen, in deren besonderes Fach sie einschlägt.

§ 28. Wenn die Ausführung eines Beschlusses sich nicht mit den übrigen Geschäften des Dekans vereinigen läſst, oder die Fakultät es sonst zweckmäſsig findet, so kann sie dies einem Fakultätsmitgliede oder einer Kommission von mehreren, mit oder ohne Vorbehalt des nochmaligen Vortrages in der Fakultät, übertragen, jedoch

## 2. Kapitel. Fakultätsbestimmungen.

steht solchen Beauftragten nur die Ausführung zu, niemals aber das Recht, neue Beschlüsse im Namen der Fakultät zu fassen. Finden sie solche nötig, so haben sie deshalb an die Fakultät zu berichten.

§ 29. Die Fakultät ist berechtigt, wegen Ungebührlichkeiten oder Beleidigungen, welche sich ein Mitglied in schriftlichen oder mündlichen Verhandlungen derselben gegen die Fakultät oder einzelne Mitglieder erlaubt hat, dasselbe schriftlich oder mündlich durch den Dekan zur Ordnung verweisen zu lassen, oder deshalb bei dem Ministerium Beschwerde zu führen, worüber, auf mündlichen oder schriftlichen Antrag eines Mitgliedes, durch mündliche Abstimmung mit absoluter Stimmenmehrheit entschieden und der Beschlufs im Protokoll vermerkt wird. Sollte aber die Fakultät oder ein Mitglied derselben Veranlassung finden, sich über den Dekan zu beschweren, so versammelt sie sich unter dem Vorsitz des letzten Vorgängers des Dekans, welcher alsdann in die Funktion eines Prodekans eintritt, auf den an diesen Prodekan gebrachten Antrag eines oder mehrerer Mitglieder; doch mufs sie den Dekan sowohl vorher von einem solchen Schritte, als auch nachher vom Erfolge benachrichtigen, und ist er seinerseits verpflichtet, ihr auf Verlangen alle zur Sache gehörigen Aktenstücke herauszugeben. Der Beschlufs wird mit absoluter Stimmenmehrheit gefafst.

§ 30. Sowohl der Dekan als jedes andere Mitglied der Fakultät erleidet eine Suspension seines Stimmrechts bei Angelegenheiten, wobei es allein, oder doch hauptsächlich auf dessen persönliches Interesse ankommt.

§ 31. Ein jedes Mitglied der Fakultät ist zur Verschwiegenheit über alle ihre schriftlichen und mündlichen Verhandlungen vor der Ausführung verpflichtet.

§ 32. Jedem bei einer der Abschn. III § 40, 57 und 55 und Abschn. IV § 51 bezeichneten Sitzungen der Fakultät ohne giltige Entschuldigung ausbleibenden Fakultätsmitgliede wird für jede versäumte Sitzung der Art eine Geldbufse von einem Thaler Courant von der ihm zustehenden Dividende der Kasse am Schlusse des Dekanats abgezogen und als Bestand im folgenden Jahr übertragen. Wenn die Summe der Bufsen seinen Anteil an dem zu verteilenden Gelde übersteigt, so wird nur sein Anteil inne behalten, eine weitere Zahlung aber von ihm nicht gefordert.

§ 33. Die Fakultät hat das Recht, die Ausfertigungen ihrer Beschlüsse dem Sekretär der Universität zu übertragen, sowie sie sich auch behufs ihrer Geschäfte des Kanzlisten und Registrators und der Pedelle der Universität bedient (Univ.-St. Abschn. V § 10 und 11).

§ 34. Alle Schreiben an die Allerhöchste Person Sr. Majestät des Königs, sowie alle Berichte an das Ministerium, zu welchen beiden die Fakultät unabhängig vom Senat berechtigt ist, werden von sämtlichen Mitgliedern der Fakultät, den Dekan an ihrer Spitze, und unter Vorsetzung der Formel „Dekan und Professoren der theologischen Fakultät der Königlichen Friedrich-Wilhelms-Universität hierselbst" unterschrieben. Die Korrespondenz mit dem Königlichen Kurator, mit dem Rektor und Senat der Universität, die Schreiben an diejenigen, welche Gesuche bei der Fakultät angebracht haben, die Zeugnisse, Fakultätssigna und andere Ausfertigungen, welche auf Fakultätsbeschlüssen beruhen, oder sonst im Namen der Fakultät geschehen, gehen zwar unter der Unterschrift „Dekan und Professoren der theologischen Fakultät der Königlichen Friedrich Wilhelms-Universität" namens derselben, aber blofs mit namentlicher Unterzeichnung des Dekans. Diejenigen Schreiben des Dekans, welche blofs den Geschäftsgang zwischen ihm als Beamten und dem Königlichen Kurator, dem Rektor, dem Rektor und Senat und dem Universitätsrichter betreffen, unterzeichnet er allein in seinem eigenen Namen.

§ 35. Das grofse Siegel der Fakultät und bei gedruckten Formularien der statt dessen dienende schwarze Stempel werden nur bei den Signis Facultatis, den Zeugnissen und den Diplomen, in allen übrigen Fällen aber das Siegel des Dekans gebraucht.

### V. Von der Fakultätskasse.

§ 36. Die Einkünfte der Fakultät bestehen: 1. in den Gebühren für die Promotion und Habilitation, nach Abzug dessen, was davon einzelnen Personen zukommte und 2. in den § 32 angeführten Strafgeldern. — Diese Einnahmen werden am Schlufs, eines jeden Dekanats unter alle Mitglieder der Fakultät gleich verteilt, so jedoch, dafs die Abschnitt II § 32 bestimmten Bufsen von den Dividenden der Einzelnen abgezogen und als Bestand in das folgende Jahr übertragen werden. Ist ein Fakultätsmitglied nach dem 31. März des laufenden Jahres verstorben, so erhalten dessen Witwe oder Kinder die dem Verstorbenen zukommende Dividende; ist er vor dem 1. April verstorben, so fällt die Berechtigung weg. Diejenigen Mitglieder, welche nach dem 31. März des laufenden Jahres in die Fakultät eingetreten sind, haben keinen Anteil an der Dividende.

§ 37. Die Ausgaben der Fakultät, mit Inbegriff der Formularien zu Quittungen und Meldescheinen für die Studierenden, werden aus den § 36 benannten Einkünften bestritten; die Kosten der Signa aber trägt der Dekan, sowie er auch zu den von der Quästur berechneten Kosten der Formularien für die Abgangszeugnisse seinen verhältnismäfsigen Beitrag zu leisten hat.

§ 38. Der abgehende Dekan legt der Fakultät spätestens binnen drei Tagen nach seinem Abgange Rechnung ab, welche vorher von der Quästur in calculo revidiert sein mufs. Die Rechnung wird von dem Nachfolger im Dekanat geprüft, und das hierüber aufgenommene Protokoll cirkuliert bei der § 36 verordneten Verteilung unter den Mitgliedern der Fakultät.

### Dritter Abschnitt.
Von der Aufsicht der theologischen Fakultät über die Lehre in ihrem Gebiete und deren Vollständigkeit.

I. Von den Lehrern und Vorlesungen der theologischen Fakultät.

§ 39. Die theologische Fakultät ist, wie alle übrigen Fakultäten der Universität, für die Vollständigkeit des Unterrichts in ihrem Gebiete so weit verantwortlich, dafs jeder, der drei volle aufeinanderfolgende Jahre dem Studium der Theologie auf der Universität obliegt, Gelegenheit haben mufs, über alle Hauptdisciplinen derselben wenigstens zwei Mal Vorlesungen zu hören. — Zu den Hauptdisciplinen gehören: Encyklopädie und Methodologie der Theologie, Einleitung in das Alte und in das Neue Testament, biblische Kritik und Hermeneutik, Geschichte des Alten Testaments und biblische Archäologie, Auslegung des Pentateuch, des Hiob, der Psalmen, des Jesaias, der wichtigsten historischen und didaktischen Schriften des Neuen Testaments, Kirchengeschichte und Dogmengeschichte, Dogmatik, theologische Moral, Symbolik und praktische Theologie, entweder im ganzen oder nach ihren einzelnen Zweigen. — Aufser den Vorlesungen der ordentlichen Professoren dürfen hierbei auch die der aufserordentlichen Professoren, nicht aber die der Privatdocenten, mit in Anschlag gebracht werden (Univ.-St. Abschn. II, § 6). — Um der oben gedachten Verantwortlichkeit genügen zu können, hat die Fakultät das Recht, dem Ministerium, wenn sie sich für unzureichend hält, mit Gründen belegte Vorstellungen zu machen und sich, wenn sie nachweisen kann, dafs eine jener Hauptdisciplinen in dem für den Kursus bestimmten Zeitraum von keinem der vorhandenen Lehrer habe gelesen werden können, für diesen Gegenstand aufser Verantwortlichkeit zu erklären (ibid § 7).

§ 40. Vier Wochen vor Anfertigung des Verzeichnisses der Vorlesungen beruft der Dekan die ordentlichen und aufserordentlichen Professoren zu einer Versammlung, um darüber zu verhandeln, dafs keine Hauptvorlesung fehle und Kollisionen der

2. Kapitel. Fakultätsbestimmungen. 429

Hauptvorlesungen in denselben Stunden vermieden werden. Die in dieser Versammlung ohne gültige Entschuldigung ausbleibenden ordentlichen Mitglieder der Fakultät trifft die im § 32 verordnete Geldstrafe.

§ 41. Das Recht, bei der Fakultät Vorlesungen zu halten, haben die bei ihr angestellten ordentlichen und aufserordentlichen Professoren und die Privatdocenten (Univ.-St. Abschn. VIII § 2). Die den ordentlichen und aufserordentlichen Professoren obliegende Pflicht, zu lesen, erstreckt sich nicht auf die Privatdocenten.

§ 42. Die Privatdocenten erwerben das Recht, Vorlesungen zu halten, ohne Ausnahme, nur durch die Habilitation. — Die ordentlichen und aufserordentlichen Professoren haben schon als designati das Recht und die Verpflichtung, zu lesen.

§ 43. Für die Hauptfächer der Theologie bestehen vorläufig sechs ordentliche Nominalprofessuren, und zwar: 1. zwei für den exegetischen Teil der Theologie, und unter diesen die eine für die neutestamentliche Exegese, die andere für die alttestamentliche, nebst der Einleitung in das Alte und Neue Testament, der biblischen Kritik und Hermeneutik, Geschichte des Alten Testaments und biblischen Archäologie; 2. zwei für den systematischen Teil, unter diesen die eine für Dogmatik und Symbolik, die andere für die Sittenlehre, nebst Encyklopädie und Methodologie der theologischen Wissenschaften; 3. eine für Kirchen- und Dogmengeschichte; 4. eine für die praktische Theologie. — Sind alle sechs Nominalprofessuren besetzt, so ist kein Ordinariat als erledigt zu betrachten; dagegen kann auch kein Professor zwei Nominalprofessuren in seiner Person vereinigen. Ist ein Ordinariat erledigt, so ist der Fakultät gestattet, drei für dasselbe geeignete Männer mittels eines motivierten Gutachtens dem Ministerium vorzuschlagen. Das Ministerium behält sich vor, die Zahl der ordentlichen Nominalprofessuren nach Mafsgabe des Bedürfnisses der Fakultät und der vorhandenen Mittel zu vermehren.

§ 44. Ein jeder zu der Fakultät gehörige Professor ist berechtigt, über alle in das Gebiet derselben einschlagenden Fächer Vorlesungen zu halten. Zu öffentlichen Vorlesungen sind die Professoren nur nach Mafsgabe ihrer Bestallung verpflichtet. — Privatdocenten sind nur über diejenigen Fächer zu lesen berechtigt, in welchen sie lehren zu wollen bei der Meldung zur Habilitation erklärt haben (Univ.-St. Abschn. VIII § 3 und 4). Auch ist den Privatdocenten nicht gestattet, eine Vorlesung über einen Gegenstand, über welchen ein Professor eine Privatvorlesung gehalten hat, in demselben Semester gratis zu halten.

§ 45. Sollte ein Mitglied der Fakultät Vorlesungen ankündigen, welche der Dekan nicht zu den Vorträgen derselben rechnen zu dürfen glaubt, so ist jene an den Dekan der anderen betreffenden Fakultät zu verweisen, welcher ihm, auf den Fall der auch hier erfolgten Verweigerung, der Rekurs an das Ministerium unbenommen bleibt. — Ebenso müssen umgekehrt akademische Docenten, die einer andern Fakultät angehören und Vorlesungen halten wollen, die in das Gebiet der theologischen Fakultät gehören, die Einwilligung dieser dazu nachsuchen, wobei ihnen, im Falle der Verweigerung, ebenfalls der Rekurs an das Ministerium frei steht.

§ 46. Wenn ein ordentlicher oder aufserordentlicher Professor für eine bestimmte Disciplin besonders bestellt wird, so giebt ihm dies (§ 44) nicht etwa ein Recht, mit Ausschlufs anderer Lehrer diese Disciplin allein zu lehren, wohl aber ist er alsdann derjenige, an den sich die Fakultät für diesen Gegenstand zuerst und vorzüglich zu halten hat (Univ.-St. Abschn. II § 3).

§ 47. Der Dekan ist verpflichtet, zu der durch Umlaufschreiben des Rektors jedesmal bestimmten Zeit die Anzeigen der Vorlesungen, welche die Lehrer der Fakultät im nächsten Semester zu halten gesonnen sind, einzufordern, jeder Lehrer aber, nach erfolgter Aufforderung des Dekans, in welcher der Termin jedesmal bemerkt sein mufs, ihm seine Anzeige bis zum 2. Januar und bis zum 2. Juni zu übergeben. Verzögerung derselben über diese Frist wird an ordentlichen und aufserordentlichen Professoren durch eine Geldbufse von fünf Thalern Courant zum allgemeinen Freitisch, welche durch den Rektor einzuziehen sind, an den übrigen Lehren aber durch gänzliche Weglassung aus dem Lektionskataloge für dieses halbe Jahr bestraft. Der Dekan redigiert aus den eingegangenen Anzeigen den die theologische Fakultät angehenden Teil des lateinischen und des deutschen Verzeichnisses der Vorlesungen mit Einschlufs der zu ersterem gehörigen chronologischen Übersicht und hat demnächst den 9. Januar und 9. Juni diese Verzeichnisse dem Professor der Beredtsamkeit zuzustellen.

§ 48. Findet der Dekan bei der Prüfung der eingegangenen Anzeigen der Vorlesungen, nach Mafsgabe der obigen Bestimmungen, Zweifel über die Berechtigung eines der Einsender, sei es überhaupt in Ansehung seiner Person, oder in Ansehung der bestimmten Fächer, in welche die angezeigten Vorlesungen einschlagen, so hat der Dekan dieses dem Einsender bemerklich zu machen, und, falls letzterer sich mit ihm nicht einigt, die Fakultät zu versammeln und ihr den Fall zur Entscheidung vorzulegen.

§ 49. Privatdocenten dürfen keine Anzeigen von Vorlesungen an das schwarze Brett anschlagen lassen, die nicht von dem Dekan geprüft und mit seinem Vidi und mit seiner Namensunterschrift bezeichnet sind.

§ 50. Wenn ein ordentlicher oder aufserordentlicher Professor eine im Katalog angekündigte Hauptvorlesung nicht halten will, und dieselbe nicht durch einen andern ordentlichen oder aufserordentlichen Professor anderweitig besetzt ist, mufs der erstere davon dem Dekan Anzeige machen, damit die Fakultät ihrer Verpflichtung, für die Vollständigkeit des Lehrkursus zu sorgen, zeitig nachkommen könne.

§ 51. Jeder der Fakultät angehörige Lehrer ist verpflichtet, wenn er die Universität, aufser den Ferien, auf länger als drei Tage verläfst, dem Dekan davon Anzeige zu machen (Univ.-St. Abschn. II § 9). Für die ordentlichen Professoren gilt diese Verpflichtung auch innerhalb der Ferien. Scheidet ein der Fakultät angehöriger Lehrer von der Universität aus, so hat er der Fakultät davon schriftlich Anzeige zu machen.

§ 52. Wenn ein Privatdocent auf ergangene Aufforderung für zwei Semester keine Anzeige von Vorlesungen eingereicht hat, so ist sein Recht, bei der Fakultät zu lesen, auf solange auspendiert, bis er von selbst wieder um Aufnahme in den Lektionskatalog ansucht, und ist diese Bestimmung einem jeden, bei seiner Annahme nach der Habilitation, vom Dekan bekannt zu machen.

§ 53. Kein Privatdocent hat als solcher und vermöge seiner Ancinnität Anspruch auf Beförderung zur Professur; diese hängt vielmehr nur von dem Bedürfnis der Fakultät und der Tüchtigkeit der Person ab. Gesuche der Privatdocenten um Beförderung sind nicht vor Ablauf von drei Jahren seit der Habilitation des Privatdocenten zulässig, und sind zunächst bei der Fakultät einzureichen, welche darüber nach Befinden der Umstande an das Ministerium berichtet. — Die Fakultät ist befugt, einem Privatdocenten bei leichteren Anstöfsigkeiten durch den Dekan Verwarnung oder Verweis zu erteilen und bei wiederholten oder gröberen Verstöfsen auf seine gänzliche Remotion bei dem Ministerium anzutragen.

§ 54. Aufser der Sorge für die Vollständigkeit und den ordentlichen Fortgang der Vorlesungen hat die Fakultät auch auf das Gedeihen des homiletischen und des theologischen Seminars Bedacht zu nehmen, besonders aber das letztere nach den für selbiges gegebenen Statuten zu leiten. Namentlich hat der Dekan die Meldungen derjenigen anzunehmen, die in dasselbe einzutreten wünschen, und sie nach angestellter vorläufiger Prüfung hinsichtlich der statutenmäfsigen Bedingungen den Dirigenten der einzelnen Abteilungen zuzuweisen, auch über die von diesen, unter Genehmigung der Fakultät aufgenommenen Mitglieder Register zu führen. Die Fakultät hat die Berichte der Dirigenten über die Übungen des Seminars und den Erfolg derselben entgegen zu nehmen und an das Ministerium zu befördern; sie hat über die Verteilung der Stipendien und Prämien zu bestimmen und darüber Anträge an das Ministerium zu machen. Doch haben an der letztgedachten Bestimmung nur diejenigen Fakultätsmitglieder Teil, die sich in irgend einer Abteilung des Seminars der Leitung ihrer Übungen thätig annehmen.

## II. Von der Habilitation der Privatdocenten.

§ 55. Wer bei der Fakultät als Privatdocent Vorlesungen halten will, muſs sich bei derselben habilitieren (§ 42). Zur Habilitation wird Niemand zugelassen, als wer den Grad eines Lizentiaten oder Doktors der Theologie auf einer inländischen Universität rite erworben hat, oder wenn er auf einer ausländischen Universität zum Lizentiaten oder Doktor der Theologie promoviert worden, doch bereits auf einer inländischen oder ausländischen Universität Privatdocent gewesen ist, wobei indes dem Ministerium vorbehalten bleibt, auch solchen, die auf ausländischen Universitäten zu Lizentiaten oder Doktoren der Theologie promoviert sind, wenn sie auch noch nicht Privatdocenten gewesen, Dispensation dieser Verordnung zu erteilen. Inländer haben zugleich nachzuweisen, daſs sie der Militärpflicht genügt haben, und können ohne diesen Nachweis nicht zugelassen werden. Dasselbe gilt von Habilitanden, welche Ausländer und aus einem der deutschen Bundesstaaten gebürtig sind. Auch wird Niemandem die Habilitation früher, als nach drei Jahren nach vollendetem akademischen Triennium gestattet, welches bei Inländern von dem Zeitpunkte an, da sie mit dem Zeugnis der Reife studiert haben, zu berechnen ist, wenn das Ministerium nicht von dieser Berechnungsweise dispensiert hat, und es muſs zugleich nachgewiesen werden, daſs der Habilitande diese drei Jahre auf eine wissenschaftliche Weise benutzt habe. Für hiesige Gymnasiallehrer, welche sich zur Habilitation gemeldet haben, muſs die Fakultät nach vorhergegangener Beratung die Genehmigung des Ministeriums auf den Fall einholen, daſs der Aspirant zugleich Gymnasiallehrer bleiben will. Endlich hat der Dekan, ehe dem Aspiranten, welchen die Fakultät für zulassungsfähig erklärt hat, die Habilitationsleistungen aufgegeben werden, bei dem Königlichen Kurator anzufragen, ob der Zulassung des Aspiranten keine anderweitige Gründe entgegen stehen. — Jedem, der sich zur Habilitation meldet, hat der Dekan, nach Abschn. III §§ 44, 52, 53 und 69 die Verhältnisse der hiesigen Privatdocenten, und insbesondere die Abschn. V § 104 ihnen aufgelegte Verpflichtung ausdrücklich unter Aufnahme eines Protokolls bekannt zu machen.

§ 56. Der Nachsuchende hat in einem lateinischen Schreiben bei der Fakultät um die Zulassung zur Habilitation anzuhalten. — Diesem Schreiben sind beizulegen: 1. die Dokumente über alles dasjenige, was nach § 55 für die Zulassung zur Habilitation erforderlich ist, mit Ausschluſs der erst später vom Dekan einzuholenden Genehmhaltung des Königlichen Kurators; 2. ein Curriculum vitae in lateinischer Sprache; 3. eine geschriebene oder gedruckte Abhandlung aus jedem der Hauptfächer, über welche er zu lesen gedenkt, in lateinischer oder auch in deutscher Sprache. — Die Probeschrift oder etwanige Dissertation (vergl. § 101), auf welche ein Aspirant zum Lizentiaten promoviert worden, darf nicht als hinreichend zu diesem Zweck angesehen werden.

§ 57. Die Eingabe des Habilitanden nebst Allem, was dazu gehört, hat der Dekan in der nächsten Sitzung an die Fakultät zu bringen. Nachdem sie sich überzeugt hat, daſs dem genügt sei, was zur regelmäſsigen Erlangung des Grades erforderlich ist, welches in Bezug auf beide Grade nach den im Abschn. II § 8 für den Doktorgrad gegebenen Bestimmungen, soweit sie hierher gehören, zu beurteilen ist, wählt sie in derselben Sitzung durch geheime Abstimmung mit absoluter Stimmenmehrheit zwei Kommissarien, denen die genaue Prüfung der eingereichten Probeschriften obliegt. Keiner der Gewählten darf ohne die triftigsten, von der Fakultät gebilligten Gründe den Ihm gewordenen Auftrag ablehnen. Der Fakultät ist auch gestattet, jedoch nur in dringenden Fällen, wenn für dies Geschäft, ihrer Überzeugung nach, die Fakultät in dem Augenblick nicht genügend besetzt ist, einen zu ihr gehörenden Professor ordinarius designatus oder einen Professor extraordinarius, der nicht mehr blofs designatus ist, mit seinem Einverständnis zum Kommissarius zu ernennen, der dann auch für sein Gutachten die dem Kommissarius nach § 65 zustehenden Gebühren erhält. Jedem der Kommissarien werden zur Prüfung vierzehn Tage bewilligt. Sie sind verpflichtet, über die Probeschriften ein motiviertes Urteil schriftlich abzugeben, woraus erhellt, in welchem Grade der Aspirant, in Rücksicht auf Gelehrsamkeit sowohl als auf Geist ausgezeichnet zu nennen ist. Der Dekan läfst die Probeschriften nebst dem Urteil der beiden Kommissarien sodann bei der Fakultät umlaufen, welche hiernächst in einer Sitzung durch absolute Mehrheit der Stimmen über die Zulassung entscheidet. Zu einer gültigen Entscheidung ist aber erforderlich, dafs wenigstens drei Viertel der Fakultätsmitglieder anwesend seien; die ohne gültige Entschuldigung Ausbleibenden betrifft die im § 32 bestimmte Geldstrafe. Ist einer der begutachtenden Kommissarien nicht in der Fakultät, so ist er dennoch zu dieser Sitzung einzuladen, ist aber nicht gesetzlich verbunden, teilzunehmen, und zählt auch nicht in der Abstimmung. Fällt das Urteil in der Sitzung nicht günstig aus, so hat die Fakultät zu bestimmen, ob der Aspirant geradezu abzuweisen, oder ihm eine genügende Probeschrift abzufordern sei, welche ihr jedoch nicht vor Ablauf eines Jahres vorgelegt werden darf.

§ 58. Hat die Fakultät beschlossen, den Ansuchenden zu Habilitation zuzulassen, so mufs derselbe eine Probevorlesung, in der Regel in deutscher Sprache, über ein von der Fakultät aufgegebenes oder von dem Ansuchenden, mit ihrer Bestimmung, gewähltes Thema vor der versammelten Fakultät halten. Dem Ansuchenden steht frei, die Vorlesung lateinisch zu halten. Will er über mehrere Fächer Vorlesungen halten, so ist die Fakultät berechtigt, über jedes Hauptfach auch eine besondere Vorlesung zu verlangen, kann jedoch hiervon nach Erwägung der Umstände auch abgehen. Zu einer gültigen Entscheidung in dieser Sitzung ist die Anwesenheit von mindestens drei Vierteln der Fakultätsmitglieder erforderlich, und trifft die ohne gültige Entschuldigung Ausbleibenden die im § 32 verordnete Geldstrafe.

§ 59. Zur Ausarbeitung jeder solchen Probevorlesung erhält der Ansuchende eine Frist von vier Wochen, nachdem ihm das Thema bekannt gemacht worden, und nur auf Vorstellung besonderer Gründe kann die Fakultät Ausnahmen hiervon bewilligen.

§ 60. Nach beendigter Probevorlesung vor der versammelten Fakultät wird mit dem Verfasser über den Inhalt derselben ein Kolloquium gehalten, welches in der Regel der Professor, in dessen Hauptfach die Vorlesung gehört, anfängt, an welchem aber auch jedes andere Mitglied der Fakultät teilnehmen kann. — Die Fakultät ist berechtigt, zu diesem Kolloquium erforderlichen Falls auch einen zu ihr gehörigen Professor ordinarius designatus oder Professor extraordinarius, der nicht mehr blofs designatus ist, mag derselbe Kommissarius zur Begutachtung der Probeschriften gewesen sein oder nicht, mit seinem Einverständnis zuzuziehen; jedoch giebt dieser nur sein Gutachten, ohne dafs seine Stimme bei der Entscheidung mitzählte, und wird auch für diese Funktion nicht remuneriert.

§ 61. Nach beendigtem Kolloquium entfernt sich der Ansuchende aus der Versammlung, und es wird durch absolute Stimmenmehrheit der anwesenden Fakultäts-

## 2. Kapitel. Fakultätsbestimmungen.

Mitglieder der Beschluſs gefaſst, ob er als Privatdocent anzunehmen sei oder nicht. Den Erfolg hiervon hat ihm der Dekan nach der Sitzung bekannt zu machen.

§ 62. Bei der Zulassung zur Habilitationsprüfung und Erteilung der Lizenz ist übrigens die Fakultät nicht bloſs an die Rücksicht auf wissenschaftliche Tüchtigkeit und Lehrfähigkeit gebunden; es wird namentlich vorausgesetzt, daſs der Aspirant keine Veranlassung gegeben habe, an seiner moralischen Führung etwas auszusetzen.

§ 63. Ist der Beschluſs der Fakultät günstig ausgefallen, so hat der angenommene Privatdocent noch eine Vorlesung in lateinischer Sprache über ein Thema, welches ebenfalls auf die § 58 angegebene Weise bestimmt wird, zu halten (Univ.-St. Abschn. VIII § 4), wozu ihm von der Fakultät eine Frist von drei Monaten nach gehaltener Probevorlesung bewilligt wird, von welcher die Fakultät nur nach Erwägung besonderer Gründe Ausnahmen zu machen berechtigt ist.

§ 64. Die Einladung zu dieser öffentlichen Vorlesung geschieht durch einen lateinischen Anschlag, wovon auf Kosten des Privatdocenten 150 Exemplare gedruckt werden. Ein Exemplar wird öffentlich angeschlagen, von den übrigen werden zwölf an das Ministerium gesandt, und die erforderliche Zahl an die Professoren der Universität und die übrigen besonders berechtigten Personen verteilt und zu den Akten genommen. — Nach vollendeter Habilitation hat die Fakultät dem Ministerium die geschehene Vollziehung derselben anzuzeigen.

§ 65. Die Kosten der Habilitation betragen aufser fünf Thalern Courant, welche von dem Dekan für die Universitätsbibliothek erhoben und an die Quästur abgeliefert werden, für einen auswärts Promovierten 40 Thaler Gold, für einen hier Promovierten 20 Thaler Gold. Die an die Bibliothek zu zahlenden Gebühren sind erst dann fällig, wenn der Aspirant die Probevorlesung in consessu facultatis mit günstigem Erfolge gehalten hat; die übrigen Gebühren sind gleich bei der Meldung zu zahlen. Wird der Aspirant gleich nach der Prüfung der Probeschriften oder nach der Probevorlesung in consessu facultatis abgewiesen, so wird ihm die erlegte Summe mit Ausnahme von 15 Thalern Gold zurückgegeben.

§ 66. In jedem Falle, die Habilitation mag vollzogen sein oder nicht, erhält am Schlusse des Dekanatsjahres der Dekan, der die Verhandlung bis zur Abstimmung über die Probeschriften in der deshalb gehaltenen Sitzung fortgeführt hat, 5 Thaler Gold aus der Fakultätskasse, jedoch mit der § 20 festgesetzten Ausnahme, daſs, falls der Bewerber in der Abstimmung über die Probeschriften zugelassen worden, aber seine Vorlesung in consessu facultatis nicht mehr unter demselben Dekan gehalten hat, von welchem die Abstimmung über die Probeschriften geleitet worden, diese Remuneration demjenigen Dekan zufällt, unter welchem die letztgenannte Vorlesung gehalten wird. Aufserdem erhält am Schlusse des Dekanatsjahres jedes der beiden Fakultätsmitglieder, welche ein kommissarisches Urteil in obgedachter Weise abgegeben haben, aus der Fakultätskasse ebenfalls 5 Thaler Gold. Die Söhne und Brüder der fungierenden, emeritierten oder verstorbenen Professoren der Universität und des fungierenden Universitätsrichters, Quästors und Sekretärs haben von den Kosten der Habilitation, mit Ausnahme des an die Universitätsbibliothek Kommenden, Befreiung.

§ 67. Der Fakultät bleibt es vorbehalten, einem in der gelehrten Welt schon vorteilhaft bekannten Manne, der jedoch die theologische Doktorwürde rite erlangt haben muſs, die Kosten der Habilitation, mit Ausnahme des für die Universitätsbibliothek zu Zahlenden, und die Prüfung selbst zu erlassen, worüber durch absolute Stimmenmehrheit in einer Sitzung entschieden wird.

Beziehen Theologie Studierende ohne Reife im Hebräischen die Universität, so haben sie nach Ablegung der Prüfung im Hebräischen noch 5 Semester auf das Studium der Theologie zu verwenden vergl. § 42 des Prüfungsreglements vom 4. Juni 1834 und ME 19. Febr. 1877.

Diese Prüfung ist entweder an dem Gymnasium, welches das Reifezeugnis erteilt hat, oder vor der wissenschaftlichen Prüfungskommission einer preufsischen Universität abzulegen. Der Meldung zu einer solchen steht auch seitens der auf nichtpreufsischen Universitäten Studierenden nichts im Wege. Nur ausnahmsweise kann jedoch die Prüfung auf einer ausländischen Universität gestattet werden, wobei die ausländische Prüfungsbehörde beziehentlich der betreffende Examinator in dem Genehmigungsgesuch an den Minister namhaft zu machen ist vergl. CE 6. Sept. 1884.

Es bedarf keines Beweises, dafs das Studium der Theologie empfindlich beeinträchtigt und namentlich nach der wissenschaftlichen Richtung gehemmt werden mufs, wenn die Erlernung des Hebräischen bis in den akademischen Zeitraum verschoben wird Verf. des Prov.-Schulkollegiums Königsberg vom 20. Mai 1878.

(Die betreffenden Schüler der oberen Klassen sind deshalb rechtzeitig auf die Nachteile aufmerksam zu machen, welche Unkenntnis im Hebräischen oder der Mangel eines Reifezeugnisses in dieser Disciplin für Theologiestudierende mit sich bringt CE 9. Okt. 1866 vergl. CE 8. Dez. 1869.)

Nur diejenigen Theologen, welche die Reife im Hebräischen erlangt haben, sind bei der Verleihung akademischer Benefizien zu berücksichtigen ME 10. März 1856.

Künftige Theologen sind schon auf der Schule zur Teilnahme an den Gesangstunden und namentlich zur Sicherheit im Choralgesang dringlich anzuhalten vergl. ME 23. Mai 1859 und Verfügung des Provinzial-Schulkollegiums Breslau vom 1. Juni 1859. Die kirchlich-musikalische Ausbildung ist den Theologen ernstlich ans Herz zu legen ME 23. März 1859.

Schon in den Abgangszeugnissen von der Schule sind die künftigen Theologen zu ermahnen, auf der Universität die philologischen Studien überhaupt und die Übung im lateinisch Schreiben und Sprechen (die nach der Prüfungsinstruktion verlangt wird) im besonderen nicht zu vernachlässigen vergl. ME 5. Dez. 1861, Verfügung des Provinzial-Schulkollegiums Berlin vom 24. Dez. 1861 und ME 3. April 1862.

Studierende der evangelischen Theologie müssen wenigstens 3 Semester ihres gesetzmäfsigen Trienniums auf einer preufsischen Universität studiert haben ME 4. Mai 1868, 13. Febr. 1875.

Über die Stipendienstiftung für Privatdocenten vergl. CBl. 1862, 75 ff.

Reglement für das theologische Seminar (zu Königsberg vom 6. April 1880 — probeweise):

## 2. Kapitel. Fakultätsbestimmungen.

§ 1. Das theologische Seminar zerfällt in 5 Abteilungen: 1. für alttestamentliche, 2. neutestamentliche Schriftwissenschaft, 3. Kirchen- und Dogmengeschichte, 4. systematische Theologie, 5. praktische Theologie.

§ 2. Das Seminar hat den Zweck, einerseits die Studierenden der Theologie überhaupt durch unmittelbaren wissenschaftlichen Verkehr mit ihren Lehrern in allen theologischen Hauptdisciplinen zu selbstthätiger Aneignung und wissenschaftlicher Verarbeitung des Stoffes anzuregen oder zu praktischen Übungen anzuleiten, andererseits aber besonders begabte und strebsame Studierende in selbständigen wissenschaftlichen Versuchen zu fördern. Diesem Zweck entsprechend finden in jeder Abteilung mündliche und schriftliche Übungen statt.

§ 3. In den beiden ersten Abteilungen werden vorzugsweise Interpretationsübungen gehalten. Daran können sich Vorträge und Disputationen über andere Gegenstände der biblischen Wissenschaften anreihen. Die Mitglieder der kirchen- und dogmengeschichtlichen Abteilung werden vorwiegend mit Erklärung kirchenhistorischer Quellenschriften und mit Vorträgen und Besprechungen über kirchen- und dogmengeschichtliche Gegenstände beschäftigt. Die Übungen der systematischen Abteilung bestehen zum Zwecke tieferen Studiums der einzelnen Disciplinen in Vorträgen und Disputationen, und zwar auf Grund der Schrift und der kirchlichen Bekenntnisse unter Anschluſs an die einschlägige theologische und religionsphilosophische Litteratur. In der Abteilung für praktische Theologie sollen die Mitglieder durch Besprechung katechetischer und homiletischer Entwürfe sowie ausgeführter Katechesen und Predigten gefördert werden.

§ 4. Die schriftlichen Arbeiten der beiden ersten Abteilungen behandeln einzelne hinsichtlich der Auslegung besonders schwierige Schriftstellen, ausgewählte Probleme der biblischen Theologie und Einleitung, Altertumskunde und Hermeneutik, der biblischen Kritik und Sprachkunde. Die historische Abteilung hat vornehmlich quellenmäſsige Untersuchungen über geeignete Materien der Kirchen- und Dogmengeschichte anzustellen; die systematische schriftliche Arbeiten im Anschluſs an die mündlichen Übungen und zwar unter besonderer Berücksichtigung spekulativer Fragen zu liefern. Die Abteilung für praktische Theologie fordert von ihren Mitgliedern die schriftliche Abfassung von homiletischen Entwürfen und Recensionen derselben, katechetische Entwürfe und Predigten.

§ 5. Die schriftlichen Arbeiten sind ihrem Gegenstande entsprechend nach der Entscheidung des Abteilungsdirigenten entweder deutsch oder lateinisch abzufassen. Die Beurteilung der Arbeiten geschieht durch den Dirigenten derart, daſs die Mitglieder der Abteilung an der Kritik beteiligt werden.

§ 6. Jede Abteilung hält wöchentlich eine zweistündige Sitzung.

§ 7. Die Abteilungsdirigenten werden durch den Unterrichtsminister ernannt.

§ 8. Jedem Dirigenten steht in seiner Abteilung die nähere Bestimmung über die Gegenstände der mündlichen Übungen und schriftlichen Arbeiten selbständig zu.

§ 9. Die Seminarbibliothek zerfällt ebenfalls in 5 Abteilungen. Die Verwaltung der einzelnen ist Sache des Dirigenten, welcher jährlich zu Ostern ein Verzeichnis der neu angeschafften Bücher der Fakultät vorlegt.

§ 10. In der Regel können nur Studierende aufgenommen werden, welche mindestens 2 Semester Theologie studiert haben. Die Aufnahme erfolgt durch den Dirigenten zu Anfang des Semesters. Es ist zulässig, daſs ein Studierender zwei Abteilungen zugleich angehört. Das Verzeichnis der Aufgenommenen wird der Fakultät mitgeteilt.

§ 11. Der Austritt steht den Mitgliedern am Schlusse des Semesters frei. Auſserdem erlischt die Mitgliedschaft spätestens mit dem Abgange von der Universität.

§ 13. Seminaristen, welche sich unfleifsig, unfähig oder unwürdig erweisen, sind auf Antrag des Dirigenten durch Beschlufs der Fakultät aus dem Seminar auszuschliefsen.

§ 14. Das Seminar steht als Ganzes unter der Aufsicht der Fakultät. An den Dekan reichen die Dirigenten am Schlusse des Studienjahres ihre Jahresberichte ein, welche über den Stand der Abteilungen und über Fleifs und Leistungen der Mitglieder Aufschlufs geben. Der Dekan hat diese Berichte mit geeigneten schriftlichen Arbeiten aus allen Abteilungen dem Universitätskurator zur Übermittelung an den Unterrichtsminister einzureichen.

Statuten des evangelisch-theologischen Seminars zu
Berlin vom 31. März 1876,
Bonn „ 10. Februar 1862 (Stift),
Breslau ., 10. Dezember 1860,
Göttingen „ 5. Juni 1678 (Seminar und Stift),
Kiel „ 30. August 1875,
Marburg „ 26. Oktober 1872.

§ 2. *Studienplan für katholische Theologie*¹) (vergl. ME 1. Febr. 1873 und CBl. 1873, 131 ff.).

Als specielle Hauptzweige gehören zur katholischen Theologie Exegese des Alten und Neuen Testaments, Kirchengeschichte, Dogmatik, Moral- und Pastoraltheologie und Kirchenrecht.

Von den Studierenden ist zu erwarten, dafs sie sich nicht auf die notwendigen Fakultätsstudien beschränken, sondern auch solche theologischen Vorlesungen, welche nicht zu den unentbehrlichen zu rechnen sind, gehörig benützen. Überdies dürfen sie mit Rücksicht auf die Stellung, welche die Theologie im Gesamtorganismus der Universitätswissenschaften einnimmt, die in andere Fakultäten einschlagenden Vorbereitungs- und Hilfswissenschaften nicht vernachlässigen.

Den Vorlesungen laufen für die systematischen Fächer Examinatoria und Repetitoria parallel.

Eine zweckentsprechende Benutzung des akademischen Triennums hängt davon ab, dafs die Studierenden nicht gleichzeitig zu viel oder zu wenig hören, oder eine unpassende Anordnung der Vorlesungen treffen. In zweifelhaften Fällen erteilt deshalb der Dekan die nötigen Aufschlüsse. Was die zumal im ersten Semester zu hörenden Kollegia der philosophischen Fakultät betrifft, so kommen nicht blofs die Disciplinen der Philosophie im engeren Sinne (Logik, Psychologie, Metaphysik, Geschichte der Philosophie), sondern auch philologische und historische Vorlesungen und einzelnes aus dem Gebiete der Naturwissenschaften in Betracht.

Exegetische Kollegia über einzelne Bücher beider Testamente ziehen sich durch alle sechs Semester hindurch. Einleitung in das Alte und Neue Testament, biblische Archäologie, Kritik und Hermeneutik, Theo-

---
1) Aufgestellt von der katholisch-theologischen Fakultät zu Breslau.

logie des alten Bundes und Leben Jesu sind möglichst in den ersten Semestern zu hören. In den ersten 3 bis 4 Semestern sind Vorlesungen über Kirchengeschichte und die mit ihr zusammenhängenden Fächer der Patrologie und christlichen Archäologie zu besuchen. Die Vorträge über die einzelnen Teile der mit Symbolik, Synodologie und Dogmengeschichte verknüpften Dogmatik einschließlich der Fundamentaltheologie, deren integrierender Bestandteil die Encyklopädie und Methodologie der Theologie ist, und welche zugleich die Grundfragen über die Wechselbeziehungen der Theologie zur Philosophie zu erörtern hat, fallen am besten den ersten 4 bis 5 Semestern zu. Im 2. Studienjahre sind thunlichst Vorlesungen über Moraltheologie zu hören. Zu Kollegien über Kirchen- und Eherecht sowie über Pastoraltheologie einschließlich der Liturgik, Katechetik und Homiletik empfehlen sich die letzten 2 bis 3 Semester.

Zur Bethätigung des Privatfleißes bieten die alljährlich aus dem Bereiche der einzelnen theologischen Disciplinen gestellten Preisaufgaben besonderen Anlaß. Außerdem erhält das Streben nach wissenschaftlicher Durchbildung eine passende Richtung in den durch specielles Reglement bestimmten Übungen des katholisch-theologischen Seminars, welches aus der alt- und der neutestamentlichen, kirchengeschichtlichen und dogmatischen Abteilung besteht.

Von den Mitgliedern der katholischen homiletischen Seminare sind die zur Disposition und Ausführung gestellten Themata zunächst selbständig zu entwickeln, hinsichtlich der Darstellungsform aber den älteren deutschen, französischen und nicht minder den lateinischen und griechischen Homileten anzulehnen ME 12. Nov. 1872.

Die Studierenden der katholischen Theologie zu Münster können sich sogleich bei Beginn ihrer Studien bei der theologischen Fakultät einschreiben lassen AO 13. Dez. 1876.

(Diejenigen, welche ihre Studien ganz oder teilweise auf der katholisch-theologischen Fakultät zu Innsbruck absolvieren, haben nicht darauf zu rechnen, daß ihnen zur dereinstigen Anstellung in einem inländischen geistlichen Amte von dem in § 4 des Gesetzes vom 11. Mai 1873 bestimmten Erfordernis eines 3jährigen Studiums auf einer deutschen Staatsuniversität Dispensation werde erteilt werden ME 20. Febr. 1874.)

§ 3. *Studienplan für Juristen*[1]) (vergl. CBl. 1876, 224 ff.).

Die juristischen Disiplinen, über welche nach deutscher akademischer Sitte Vorlesungen gehalten werden, stehen in solchem Zusammenhange untereinander, daß ihr volles Verständnis durch die Reihenfolge, in

---

1) Aufgestellt von der juristischen Fakultät zu Göttingen. — Der Studienplan wird mit Rücksicht auf das neue deutsche bürgerliche Gesetzbuch demnächst wesentliche Abänderungen erfahren.

welcher sie gehört werden, bedingt wird. Ist sie nämlich nicht die richtige, so entstehen Unsicherheit, Unklarheit und Mifsverständnisse, die auch im günstigsten Falle nur mit Mühe überwunden werden. Wie der juristische Beruf selbst nicht blofs einzelne Teile der Rechtswissenschaft, sondern ihren Gesamtkreis umfassende Bildung verlangt, so fordert auch das Gesetz über die juristischen Prüfungen eine allgemeine rechts- und staatswissenschaftliche Universitätsbildung. Zu ihr gehört nun nicht blofs die Kenntnis des Privat-, Straf- und Prozefsrechts, sondern auch der verschiedenen Zweige des öffentlichen Rechts; nicht allein die Kunde des augenblicklichen Bestandes, sondern auch eine Einsicht in die geschichtliche Entwickelung der Rechtsinstitute. Die nach diesen Gesichtspunkten regelmäfsig zu haltenden juristischen Vorlesungen sind daher folgende: Encyklopädie und Methodologie, Institutionen und Geschichte des römischen Rechts, Geschichte des römischen Civilprozesses, Pandekten, civilrechtliche Exegetica, Civilprozefs, civilrechtliche und -prozessualische Praktica, deutsche Staats- und Rechtsgeschichte, deutsches Privatrecht einschliefslich Lehenrecht, Handels-, Wechsel- und Seerecht, deutschrechtliche Exegetica, Strafrecht, Strafprozefs, Kriminalpraktica, deutsches Staats- und Reichsrecht, Verwaltungsrecht, Kirchen- und Eherecht, Völkerrecht, preufsisches Privatrecht.

Diese Vorlesungen werden am richtigsten in der Reihenfolge gehört, dafs 1. mit den Institutionen und der römischen Rechtsgeschichte begonnen wird. Wie wichtig die Grundlage klar und fest gefafster Institutionsbegriffe ist, kann nicht genug betont werden. Neben den genannten Vorlesungen ist daher von juristischen Disciplinen im ersten Semester nur die Encyklopädie zweckmäfsig zu hören; dagegen empfehlen sich für die erste Studienzeit philosophische und historische Kollegia. 2. Die Pandekten werden richtig unmittelbar nach den Institutionen gehört. Die Geschichte des römischen Civilprozesses kann im ersten oder zweiten Semester gehört werden. 3. Die weiteren Studien sind hierauf am besten durch die deutsche Staats- und Rechtsgeschichte einzuleiten, welche zweckmäfsig schon neben den Pandekten gehört werden kann. Handelsrecht setzt voraus, dafs das römische Obligationenrecht bereits gekannt sei. 4. Das Prozefsrecht jedes Rechtsteiles folgt sachgemäfs dem entsprechenden materiellen Rechte nach. 5. Dasselbe gilt von Practicis und Exegeticis im Verhältnis zu den betreffenden theoretischen Disciplinen. 6. Partikularrechtliche Vorlesungen sind nach den entsprechenden gemeinrechtlichen zu hören. Diejenigen Studierenden, welche demnächst ihre praktische Ausbildung in den landrechtlichen Gebieten des Staates zu suchen beabsichtigen, werden auf die Notwendigkeit hingewiesen, sich mit den Grundlehren des preufsischen Privatrechtes schon auf der Universität vertraut zu machen. 7. Der

Besuch staatswissenschaftlicher Vorlesungen eignet sich für alle Semester.

CE 14. Juli 1876: Bestimmungen über Anwendung der deutschen Sprache bei Promotionen und Habilitationen.

Bei der Promotion zum Doctor juris utriusque darf das Gesuch um Zulassung zur Prüfung in einem deutschen Schreiben angebracht, das begleitende curriculum vitae in deutscher Sprache abgefaßt sein. Für das dem Gesuch beizufügende Specimen seiner wissenschaftlichen Kenntnisse bezw. die Inauguraldissertation steht dem Kandidaten die Wahl zwischen der deutschen und der lateinischen Sprache frei. Dem Ermessen der Fakultät bleibt es in jedem einzelnen Falle überlassen, für die vor dem mündlichen Examen einzureichenden schriftlichen Prüfungsarbeiten die deutsche oder lateinische Sprache anzuordnen. Die mündliche Prüfung ist ausschließlich in deutscher Sprache abzuhalten. Dasselbe gilt von der öffentlichen Disputation, während es der Fakultät freisteht, für den Akt der Promotion selbst die lateinische Sprache ganz oder teilweise beizubehalten. Die Doktorsponsion wird auch ferner lateinisch abgelegt und das Diplom in lateinischer Sprache ausgefertigt.

Bei der Habilitation darf das Gesuch um Zulassung und das curriculum vitae gleichfalls deutsch abgefaßt sein. Für die gedruckten oder geschriebenen Abhandlungen aus den Hauptfächern, über welche der Bewerber zu lesen gedenkt, und ebenso für die als Habilitationsschrift zu druckende Abhandlung steht ihm die Wahl zwischen deutscher und lateinischer Sprache frei. Das Kolloquium für etwaige Nostrifikation, die Probevorlesung vor der Fakultät, das sich dieser anschließende Kolloquium und die öffentliche Disputation sind deutsch abzuhalten.

Auch für die von der juristischen Fakultät gestellten Preisaufgaben ist die deutsche Sprache zuzulassen.

ME 22. April 1875: Reglement für das juristische Seminar (zu Berlin — probeweise).

§ 1. Das juristische Seminar hat den Zweck, Studierenden der Rechte durch exegetische, historische und systematische Übungen Anleitung zu eigenen wissenschaftlichen Arbeiten zu geben und sie dadurch zu selbständigen wissenschaftlichen Forschungen vorzubereiten.[1]

§ 2. Das Seminar steht unter Aufsicht der juristischen Fakultät. Diese ist befugt, Anträge in betreff desselben an die vorgesetzte Behörde zu richten.

§ 3. Die Fakultät bestimmt die Lehrkräfte zur Leitung der Übungen[2] und trägt Sorge, daß in jedem Semester womöglich drei Abteilungen gebildet werden, von denen die eine dem römischen, die andere dem deutschen, die dritte dem kanonischen

---

[1] Das Königsberger Reglement setzt hinzu: .... „durch geeignete praktisch-prozessualische Übungen sie zu einer wissenschaftlichen Auffassung der Praxis anzuleiten."

[2] Das vorgenannte Reglement berechtigt jeden Ordinarius der Fakultät, „in den Disciplinen, über welche er Vorlesungen hält, auch Seminarübungen zu leiten."

Recht[1]) gewidmet ist. Die Fakultät kann je nach Bedürfnis auch aufserordentliche Professoren und Privatdocenten, sofern sie sich dazu bereit erklären, zur Beteiligung an dem Seminarunterricht veranlassen.

§ 4. Die Ankündigung der Seminarübungen erfolgt gleichfalls im Vorlesungsverzeichnis, und zwar stets nur für ein Semester. Durch Abhaltung einer Seminarübung wird der gesetzlichen Pflicht zur Lesung eines öffentlichen Vortrages (Publicum) genügt.

§ 5. Honorar wird nicht entrichtet.

§ 6. Über die Aufnahme entscheidet der betreffende Lehrer nötigenfalls nach vorgängiger Prüfung der erforderlichen Vorkenntnisse.[2]) Die Aufnahme erfolgt nur für ein Semester. Seminarübungen sind gleichfalls auf der Quästur zu belegen, jedoch erst nach erfolgter Bescheinigung über die Aufnahme. Die Mitglieder sind zur Eintragung in das Seminaralbum anzumelden.

§ 7. Die Art der Übungen und die Zahl der zu verwendenden Stunden wird von den Lehrern nach freiem Ermessen bestimmt.[3])

§ 8. Die Zahl der Mitglieder kann von der Fakultät begrenzt werden.

§ 9. In der Regel soll jedes Mitglied pro Semester eine schriftliche Arbeit liefern. Wegen Unfleifses usw. kann der Ausschlufs erfolgen.

§ 10. Für die Seminarbibliothek wird von der Fakultät ein Bibliothekar gewählt, welcher zugleich als Geschäftsführer des Seminars dessen Album führt.

§ 11. An letzteren sind die Anträge auf Neuanschaffungen zu richten.

§ 13. Über die Arbeiten und Leistungen des Seminars erstattet die Fakultät am Schlufs jedes Universitätsjahres dem Unterrichtsminister Bericht.

Statuten des Seminars zu Greifswald vom 3. September 1863,
      „ Bonn  „ 4. Juni 1872,
      „ Königsberg „ 24. August 1872,
      „ Marburg  „ 8. Juli 1873,
      „ Breslau  „ 14. August 1874.

§ 4. *Studienplan für Mediziner*[4]) (vergl. CBl. 1869, 44 ff.).

Ausführliches über Inhalt, Umfang und Bedeutung der einzelnen medizinischen Disciplinen sowie über die zweckmäfsigste Art ihrer Studien lehren die Vorlesungen über Encyklopädie und Methodologie der Medizin, die als Einleitung in das medizinische Studium am besten im 1. Semester gehört werden. Das medizinische Studium und die zu demselben gehörigen Disciplinen zerfallen naturgemäfs in zwei grofse Abteilungen, die propädeutischen, hauptsächlich naturwissenschaftlichen Vorstudien und die eigentlichen medizinischen Studien. Die ersteren werden am besten mit dem 4. Semester abgeschlossen. Sie bilden nicht blofs die notwendige Vorbereitung für das tentamen physicum, das gesetzlichen Bestimmungen zufolge zwischen dem Ende des 4. und des 6. Semesters abgelegt werden soll, sondern auch die notwendige Grundlage für die eigentlichen medizinischen Studien.

---

1) Greifswald widmet die dritte Abteilung dem Prozefswesen.
2) Zumeist wird verlangt, dafs die entsprechende theoretische Vorlesung bereits gehört ist.
3) In Königsberg sind mindestens 2 Wochenstunden anzusetzen.
4) Aufgestellt von der medizinischen Fakultät zu Halle.

## 2. Kapitel. Fakultätsbestimmungen.

Da nicht alle Vorlesungen in jedem Semester gehalten werden, so ist die Verteilung der Disciplinen auf zwei Studienpläne am zweckmäßigsten, je nachdem das Studium beginnt

### A. mit dem Sommersemester:

I. Semester: Encyklopädie und Methodologie der Medizin, Osteologie und Syndesmologie, Physik (2. Teil), Botanik, Zoologie mit vergleichender Anatomie;

II. Semester: Specielle Anatomie nebst Anatomie der Sinnesorgane, Präparierübungen an Leichen, Experimentalchemie, Physik (1. Teil), Mineralogie;

III. Semester: Physiologie, Histologie mit praktischer Mikroskopie, Entwickelungsgeschichte, organische Chemie, praktische chemische Übungen;

IV. Semester: Anatomie (wiederholungsweise), Präparierübungen an Leichen (2. Teil), Pharmakologie (Vorbereitung zum tentamen physicum);

V. Semester: Allgemeine Pathologie und Therapie, specielle Pathologie und Therapie, Frauenkrankheiten, Akiurgie mit Operationskursus, pathologische Anatomie;

VI. Semester: Medizinische Klinik, chirurgische Klinik, Theorie der Geburtshilfe, allgemeine Chirurgie, Lehre von Frakturen und Luxationen, medizinische Diagnostik mit Übungen im Auskultieren, Perkutieren usw., Zahnheilkunde, Toxikologie, Kinderkrankheiten;

VII. Semester: Medizinische Klinik, chirurgische Klinik, geburtshilfliche Klinik, geburtshilflicher Operationskursus, psychiatrischer Kursus, Laryngoskopie, topographische Anatomie, pathologisch-anatomischer Kursus, Ohrenheilkunde;

VIII. Semester: Medizinische Klinik, chirurgische Klinik, geburtshilfliche Klinik, ophthalmiatrische Klinik, pathochemisches Praktikum, Staatsarzneikunde;

### B. mit dem Wintersemester:

I. Semester: Encyklopädie und Methodologie der Medizin, specielle Anatomie nebst Anatomie der Sinnesorgane, Präparierübungen an Leichen (1. Teil), Experimentalchemie, Physik (1. Teil);

II. Semester: Osteologie und Syndesmologie, Histologie mit praktischer Mikroskopie, Physik (2. Teil), organische Chemie, Botanik, Zoologie mit vergleichender Anatomie;

III. Semester: Anatomie (wiederholungsweise), Präparierübungen an Leichen (2. Teil), Mineralogie, praktische chemische Übungen;

IV. Semester: Physiologie, Entwickelungsgeschichte (Vorbereitung zum tentamen physicum);

V. Semester: Pharmakologie und Rezeptierkunst, allgemeine Pathologie und Therapie, specielle Pathologie und Therapie, allgemeine Chirurgie, Lehre von den Frakturen und Luxationen, Theorie der Geburtshilfe;

VI. Semester: Akiurgie und Operationskursus, medizinische Klinik, chirurgische Klinik, Frauenkrankheiten, pathologische Anatomie, medizinische Diagnostik mit Übungen im Auskultieren usw., Toxikologie, Kinderkrankheiten, Zahnheilkunde;

VII. Semester: Medizinische Klinik, chirurgische Klinik, geburtshilfliche Klinik, opthalmiatrische Klinik, geburtshilflicher Operationskursus, pathologisch-anatomischer Kursus, laryngoskopische Übungen;

VIII. Semester: Medizinische Klinik, chirurgische Klinik, geburtshilfliche Klinik, psychiatrischer Kursus, topographische Anatomie, Otiatrik, Staatsarzneikunde.

Reichsgewerbeordnung vom 1. Juli 1883: Das Studium der Mediziner wird auf 9 Semester festgesetzt.

ME 30. Juli 1872: Von der Absolvierung der Maturitätsprüfung behufs Zulassung zum medizinischen Staatsexamen kann nicht dispensiert werden.

Erlaß des Reichskanzleramtes vom 3. März 1875: Realabiturienten sind zur Ablegung medizinischer Prüfungen nicht berechtigt.

E. d. R. 26. Nov. 1877: Die im Auslande bestandenen Prüfungen sind für Erlangung der ärztlichen Approbation in Deutschland wirkungslos.

ME 18. Aug. 1879: Studierenden, die auf ein Realabiturientenzeugnis in der philosophischen Fakultät vom Anfang ihres Studiums an medizinische Vorlesungen hören, können auch nach Ablegung des Maturitätsexamens an einem Gymnasium die bereits gehörten Semester nur mit ministerieller Genehmigung auf die vorgeschriebene Studienzeit angerechnet werden.

ME 30. März 1871: Auf italienischen Universitäten nachweislich absolvierte medizinische Semester dürfen in Anrechnung gebracht werden.

ME 12. Okt. 1870: Bei Medizinern dauert das akademische Bürgerrecht eo ipso 10 Semester.

ME 19. Febr. 1861: Aspiranten des medizinischen Doktorgrades haben sich nach Schluß des 4. und spätestens vor Beginn des 7. Semesters einem tentamen physicum in den Hauptfächern der Physik, Chemie, Anatomie und Physiologie zu unterwerfen. Der Verlauf der Prüfung ist durch die Censuren gut, genügend und ungenügend zu bezeichnen, vergl. CE 13. Febr. 1883 und 15. März 1886 (hinsichtlich der Censur für Botanik und Zoologie).

Über die Vorprüfung selbst vergl. Bekanntmachung vom 2. Juni 1883.

ME 2. Juni 1860: Bei der großen Wichtigkeit der Physiologie, die neben der Anatomie die unentbehrliche Grundlage der gesamten

## 2. Kapitel. Fakultätsbestimmungen.

Heilkunde bildet, kann diese Disciplin nicht gut in einem Semester absolviert werden.

CE 22. Nov. 1872: Dafs Studierende der Medizin unmittelbar nach Ablegung des tentamen physicum sofort zum klinischen Unterricht übergehen, ohne theoretische Vorlesungen über Chirurgie und Medizin gehört zu haben, ist ein Übelstand, der im besten Falle lediglich zur technischen Routine führt. Denn nur auf die gewöhnlichen klinischen Krankheitsfälle oberflächlich eingeschult und mit den Reminiscenzen aus der Behandlungsweise ihrer klinischen Lehrer dürftig ausgerüstet, geraten die angehenden Ärzte auf diesem Wege in die Lage, ihre praktische Laufbahn ohne sicheren wissenschaftlichen Anhalt lediglich als Routiniers beginnen zu müssen. Die medizinischen Fakultäten haben daher die unabweisbare Verpflichtung, in jedem Semester für einen theoretischen Vortrag über Chirurgie und Medizin Sorge zu tragen und, da ein ohnehin unentbehrlicher Operationskursus nicht als Ersatz für einen systematischen Vortrag über Akiurgie angesehen werden kann, für einen solchen und daneben für Vorträge über Pathologie und Therapie schon bei Feststellung des Lektionsplanes Vorkehrungen zu treffen.

CE 27. Okt. 1860: Kein Kandidat darf zu den medizinischen Staatsprüfungen zugelassen werden, welcher nicht nachweisen kann, dafs er sowohl an einer chirurgischen als auch an einer allgemeinen medizinischen Klinik mindestens zwei Semester als Praktikant teilgenommen hat. In den Abgangszeugnissen bedarf es hierüber besonderer Bescheinigungen der klinischen Direktoren, zu welchen diese verpflichtet sind ME 12. März 1875 vergl. ME 19. Juni 1865 und 31. Dez. 1879. Dieser Nachweis kann nur durch Zeugnisse der Dirigenten von stationären Kliniken, nicht von Polikliniken geführt werden CE 5. Mai 1886.

ME 5. Nov. 1574: Unzweifelhaft ist es ein dringendes Bedürfnis, dem angehenden Arzte möglichst ausgedehnte Gelegenheit zur Kenntnisnahme von Krankheitsprozessen des kindlichen Alters und ihrer Therapie zu geben. Es ist deshalb auf theoretische Vorlesungen und klinische Unterweisungen Gewicht zu legen, wenn es auch nicht geboten erscheint, die Lehre von den inneren, chirurgischen und Augenkrankheiten der Kinder zusammengefafst als selbständige Disciplin zu behandeln.

Bekanntmachung des Reichskanzlers von 25. April 1887: Zur ärztlichen Prüfung ist der Nachweis erforderlich, dafs der Kandidat mindestens 2 Semester an der chirurgischen und geburtshilflichen Klinik als Praktikant[1]) teilgenommen, mindestens zweimal in

---

1) Über Institutsgebühren und Praktikantenbeiträge vergl. CE 4. Okt. 1897 und ME 15. Okt. 1889.

Gegenwart des Lehrers oder Assistenzarztes selbständig entbunden, ein Semester als Praktikant die Augenklinik besucht, am praktischen Unterricht in der Impftechnik teilgenommen und die zur Ausübung der Impfung erforderlichen technischen Fertigkeiten erworben hat. Zur Ausstellung des bezüglichen letztgenannten Zeugnisses ist nur der Lehrer berechtigt, welcher den betreffenden Lehrauftrag erhalten hat CE 13. Mai 1887.

CE 2. Febr. 1885: Tierversuche (Vivisektionen) dürfen nur von Professoren und Docenten oder unter deren Verantwortlichkeit ausgeführt werden.

CE 13. Febr. 1894: Diejenigen Studierenden der Medizin, welche ohne Unterbrechung den regelmäfsigen Studiengang zu Ostern beendigen, dürfen im Sommer zur ärztlichen Prüfung zugelassen werden, sofern die Meldung vor dem 1. April erfolgt und nach dem Urteil der Fakultät der Abschlufs der Prüfung während des Sommersemesters möglich ist. Diesbezügliche Gesuche sind dem Kurator einzureichen und von diesem nebst Äufserung der Fakultät dem Minister zu übersenden.

CE 19. Febr. 1861: Alle Aspiranten des medizinischen Doktorgrades haben aufser dem Maturitätszeugnis noch eine Bescheinigung darüber beizubringen, dafs sie auf einer der Landesuniversitäten ein tentamen physicum bestanden und in demselben dargethan haben, dafs sie in den allgemeinen Vorbereitungswissenschaften, insbesondere der Physik und Chemie, Anatomie und Physiologie die für einen Doktor der Medizin erforderlichen Kenntnisse besitzen.

ME 30. Juni 1868: Die Promotionsprüfung kann auch vor Einreichung der Inauguraldissertation abgehalten werden.

CE 8. Sept. 1880: Assistentenstellen bei medizinischen Universitätsinstituten sind in der Regel nur solchen Bewerbern zu verleihen, welche die medizinische Doktorwürde erworben und die ärztliche Staatsprüfung zurückgelegt haben.

ME 13. Dez. 1872 (mit Abänderung des § 57 Abschn. III des Statuts): Die Meldung zur Habilitation als Privatdocent in Berlin darf erst 3 Jahre nach erfolgter Approbation als praktischer Arzt erfolgen. Nachweis über Praxis ist nicht erforderlich.

Reglement für Habilitation in Kiel vom 25. Juli 1879: Nach Zurücklegung des medizinischen Studiums müssen 2 Jahre bei der Meldung verflossen sein. Aufser der Doktordissertation ist eine andere Arbeit einzureichen, welche Beherrschung des gegenwärtigen Standes seiner Disciplin in selbständiger Forschung answeist. Ist diese Arbeit genehmigt worden, so hat der Bewerber eine Vorlesung über ein wissenschaftliches Thema zu halten, welches die Fakultät aus 3 vom Kandidaten vorgeschlagenen auswählt. Dieser Vorlesung folgt ein Kolloquium in den Disciplinen, für welche die Habilitation nachgesucht wird.

(Bezüglich der militärärztlichen Bildungsanstalten, der medizinisch-chirurgischen Akademie für das Militär und des medizinisch-chirurgischen Friedrich Wilhelms-Instituts — jetzt Kaiser Wilhelm-Akademie — zu Berlin vergl. CBl. 1894, 689 ff.)

ME 28. Nov. 1884: Um zu den zahnärztlichen Studien und Prüfungen zugelassen zu werden, genügt das Abgangszeugnis einer lateinlosen Oberrealschule nicht, dieses muls vielmehr noch durch das an einem Realgymnasium zu erwerbende Zeugnis der Reife in Latein für die Prima eines Realgymnasiums ergänzt werden.

§ 5. *Studienplan der philosophischen Fakultät*[1]) (vergl. ME 27. März 1866). Die philosophische Fakultät umfalst die Lehrfächer: Philosophie, Mathematik, Naturwissenschaften (Chemie, Physik, Mineralogie und Geognosie, Zoologie, Botanik) Geschichte samt Hilfswissenschaften (Geographie, Chronologie), Philologie (klassische Philologie, deutsche Sprache und Litteratur, neuere Sprachen, morgenländische Sprachen) und schöne Künste (Ästhetik, Rhetorik, Kunstgeschichte).

Diese Lehrfächer sind bestimmt, einmal allgemeine Geistesbildung zu vermitteln, sodann im einzelnen das Studium der Theologie vorzubereiten, besonders aber die Ausbildung derjenigen Studierenden zu erzielen, welche sich dem Lehrfach an Gymnasien und Realschulen oder auch an Universitäten widmen wollen.

Der zuletzt genannte Zweck ist die Hauptbestimmung der philosophischen Fakultät und im Folgenden besonders im Auge zu behalten.

Denen, welche späterhin als Lehrer eines bestimmten Faches auftreten wollen, wird hier besonders ans Herz gelegt, dafs sie neben ihrem Hauptstudium nicht nur solche Fächer, welche dem Wesen nach zu jenem in nächster Beziehung stehen, wie die Mathematik zur Naturwissenschaft, die Geschichte zur Philologie, die klassische Philologie zu den übrigen philologischen Fächern, mit Ernst betreiben, sondern dafs sie auch über diese Kreise hinaus diejenigen wissenschaftlichen Kenntnisse zu erwerben trachten, welche von jedem auf allgemeine wissenschaftliche Bildung Anspruch Machenden vorausgesetzt, vom künftigen Lehrer an höheren Unterrichtsanstalten aber gefordert werden. Der Studierende muls sich des inneren Bandes bewulst werden, welches alle Disciplinen der philosophischen Fakultät umschlielst. Und zu diesem Ende bietet das akademische Studium die Gelegenheit, deren Versäumnis zur Einseitigkeit und zu später schwer zu hebenden Nachteilen führt.

Philosophie. Wenn es Aufgabe der Philosophie im allgemeinen ist, das objektiv Gegebene in seinen höchsten übersinnlichen Gründen und Beziehungen zu erforschen, soweit die menschliche Vernunft reicht, so ist die Grundbedingung zur Erfüllung dieser Aufgabe ein richtiges,

---
1) Aufgestellt von der philosophischen Fakultät zu München.

geordnetes und geschärftes Denken. Dieses wird nur dann möglich sein, wenn man sich einerseits verständigt über die Gesetze und den ganzen Prozefs des Denkens und die Bedingungen der formalen und materiellen Wahrheit der Erkenntnis erforscht und anderseits auf der Grundlage des wissenschaftlichen Verständnisses das Denken auch übt und zur Anwendung bringt. Um jedoch den Zweck solches Denkprozesses vollkommen zu erreichen, ist wiederum notwendig, dafs eine wissenschaftliche Entwickelung der Seelenkräfte des Menschen überhaupt sowie ihres gegenseitigen Verhältnisses zu einander vorausgehe. Daraus folgt, dafs der philosophische Kursus notwendig mit der Psychologie beginnen und dafs an diese die Logik sich anschliefsen müsse; denn die Psychologie ist die Voraussetzung der Logik und diese wiederum, wie Aristoteles sagt, das Organon der Philosophie. Sind nun aber Psychologie und Logik vorausgegangen, so mufs in den eigentlichen Mittelpunkt der Philosophie, die Metaphysik als die Lehre von dem Scienden als solchem, eingetreten werden. In demsber die Metaphysik den höchsten Grund und die höchsten Gesetze alles Seienden erforscht, nimmt sie insofern im Bereich der höheren Wissenschaften eine centrale Stellung ein, als sie sich einerseits auf die Resultate der übrigen Wissenschaften stützt, anderseits den Prinzipien derselben durch Zurückführung auf die höchsten Gesetze alles Erkennbaren die tiefste Begründung giebt. Von der wissenschaftlichen Untersuchung des Seienden geht endlich die Philosophie fort zur wissenschaftlichen Erörterung des menschlichen Handelns, indem auf metaphysischer Grundlage die sittliche Idee in der philosophischen Ethik, die Rechtsidee in der philosophischen Rechts- und Staatslehre entwickelt wird.

Pädagogik. Als die wissenschaftliche Erziehungs- und Unterrichtslehre ist die Pädagogik sowohl für Theologen als für Lehrer unbedingt notwendig. Sie entwickelt die Prinzipien der Erziehung und des Unterrichts und legt den Gang dar, welchen diese im allgemeinen einzuhalten haben. Die Geschichte der Pädagogik geht der Entwicklung und dem Fortschritte beider Künste durch alle Jahrhunderte nach und giebt dadurch den pädagogischen Lehrsätzen selbst Klarheit und Verständnis.

Mathematik. In jedem Semester werden bei den die Elemente der Geometrie und Algebra betreffenden Übungen die Methoden gelehrt, nach welchen schwierigere Aufgaben und Sätze in diesen Disciplinen zu behandeln sind, und zugleich Kenntnis von den Erweiterungen gegeben, welche die Elemente der Wissenschaft in neuerer Zeit erfahren haben. An die Elementargeometrie, welche nur die Theorie der geraden Linie, des Kreises und der von jenen Linien begrenzten Figuren zum Gegenstande hat, schliefst sich die nach der Methode der Alten behandelte Lehre der Kegelschnitte, der Parabel, Ellipse und Hyperbel an. In der

## 2. Kapitel. Fakultätsbestimmungen. 447

Algebra folgen dem Vorbereitungskursus die allgemeine Theorie der Gleichungen mit ihren bis zum 4. Grade reichenden allgemeinen Auflösungsmethoden und endlich die Behandlung numerischer Gleichungen höheren Grades. Die Eigenschaften der den Potenzen entsprechenden Fakultäten, die Lehre der Binominalkoeffizienten, die Analysis der algebraischen Funktionen, die kombinatorische Analysis schließen sich den obigen Untersuchungen an. Die ebene Trigonometrie erhält eine Erweiterung durch die sphärische, welche eine unmittelbare Anwendung in der sphärischen Astronomie erfährt. Eine übersichtliche Darstellung der Erscheinungen der Sternenwelt im allgemeinen, unter Berücksichtigung der mathematischen Geographie und mit Umgehung des rechnenden Teils, geht der sphärischen Astronomie voraus. Die analytische Geometrie lehrt die Eigenschaften der Linien und Flächen durch eine algebraische Gleichung zwischen zweien oder mehreren Veränderlichen, den Koordinaten, darzustellen, und mit ihrer Hilfe werden die gerade Linie in der Ebene und im Raume, die ebenen und krummen Flächen im Raum, die Kreislinie und die Kegelschnitte einer besonderen Erforschung unterworfen. Die von Gauſs eingeführte Lehre der Kongruenzen der Zahlen und deren Anwendung zur Auflösung der sogen. diophantischen Gleichungen, die Theorie der Kettenbrüche und Teilbruchreihen und ihre Anwendungen bilden den Gegenstand einer besonderen Vorlesung. Das wichtigste Ergebnis, das aus der analytischen Geometrie hervorgegangen, ist die Differential- und Integralrechnung. Zweck der Vorlesung, welche sich der Reichhaltigkeit des Stoffes wegen auf zwei Semester erstreckt, ist, die Zuhörer in Stand zu setzen, auch für die Zukunft mit Leichtigkeit in den Geist der Werke einzudringen, welche den wichtigen Gegenstand der höheren Mathematik behandeln. Es werden neben den Übungen in der Behandlung der Differential- und Integralformen vielfache Anwendungen auf die Untersuchung der Kurven und Flächen höherer Ordnung und der transcendenten Kurven gemacht. Hieran schließt sich in einer besonderen Vorlesung noch als Anwendung die Lehre vom Gleichgewicht und der Bewegung der Körper, die analytische Mechanik.

Naturwissenschaften. Es ist hergebracht, die Naturwissenschaften in die 5 Hauptfächer: Zoologie, Botanik, Mineralogie und Geognosie, Chemie und Physik einzuteilen. Diese Abteilungen sind jedoch der Natur der Sache nach nicht scharf geschieden, sondern ihre Gebiete gehen vielfach in einander über, und jedes dieser Fächer ist auf die Benutzung der Resultate, welche in den anderen erzielt worden, angewiesen. So muſs die Geognosie, um die geschichteten Gesteine der Erde zu charakterisieren, die Organisation der Reste aus der untergegangenen Fauna und Flora, welche hier eingeschlossen liegen, untersuchen und daher zoologische und botanische Studien voraussetzen. Die 3 erstgenannten Disciplinen nehmen auf die Erfahrungen und Gesetze Rücksicht, welche Chemie und Physik über die Körper im allgemeinen gewonnen haben. Der Mineraloge sucht die chemische Zusammensetzung der Mineralien auf und charakterisiert sie durch ihre physikalischen Eigenschaften. Bei der Erklärung der Gesteinsbildung liefert das Verhalten der Bestandteile zum Wasser, zur Atmosphäre, zur Wärme dem Geognosten die wertvollsten Anhaltspunkte. In dem Mafse, als die Physiologie der Pflanzen und Tiere fortschreitet, werden daselbst die Ergebnisse der Chemie und Physik von immer gröfserer Bedeutung. Letztere Disciplinen selbst sind endlich gegenwärtig so mit einander verschmolzen, dafs die Aufstellung einer Grenze zwischen ihren Gebieten unmöglich geworden ist.

Die Studien, welche die einzelnen Zweige unseres Naturwissens voraussetzen, sind verschieden. Für ein eingehenderes Verständnis der in irgend einem Teile der Physik erzielten Resultate wird die Kenntnis der Methoden, welche die Grundlagen der analytischen Geometrie sowie der Differential- und Integralrechnung bilden, unentbehrlich. Bei dem Studium der Chemie werden solche mathematische Kenntnisse nicht gefordert, sondern die Verhältnisse, welche hier vorkommen, sind einer guten mathematischen Vorbildung bereits geläufig geworden. Ebenso setzen die übrigen Fächer mit Ausnahme der Krystallographie, welche die sphärische Trigonometrie und die Elemente der analytischen Geometrie zur Anwendung bringt, eine besondere mathematische Ausbildung nicht voraus. Diese letztere sowie der Zusammenhang, in dem die einzelnen Fächer der Naturwissenschaften untereinander stehen, bedingen wesentlich die Reihenfolge, in welcher der Anfänger am zweckmäfsigsten sich mit ihnen beschäftigt. Da für das Verständnis jedes Faches die Kenntnisse über die Zusammensetzung der Körper zumeist erforderlich sind, so empfiehlt es sich, das Studium der Naturwissenschaften im ersten Semester mit der allgemeinen Experimentalchemie zu beginnen. Die physikalischen Verhältnisse, welche die chemischen Vorgänge begleiten, können daneben erörtert werden. An die Chemie werden sich die Vorlesungen über allgemeine Botanik, allgemeine Zoologie und Mineralogie anreihen. Da die Studierenden der Naturwissenschaften gleichzeitig der Mathematik sich befleifsigen, so geht den obengenannten Vorlesungen, die sich zweckmäfsig über die drei ersten Semester verteilen, das wichtige Studium der Elemente der höheren Mathematik parallel. Analytische Geometrie, Differential- und Integralrechnung werden in dieser Zeit soweit betrieben sein müssen, dafs im 4. Semester der Anbau der Physik mit Erfolg begonnen werden kann. Der Studierende wird hierbei selbst zur Einsicht gelangen, dafs, wie nötig auch eine Übersicht über das Gesamtgebiet der Naturwissenschaften ist, dem einzelnen es doch unmöglich wird, sämtliche Fächer gleich eingehend zu betreiben. Er wird sich, ohne seine Ausbildung

## 2. Kapitel. Fakultätsbestimmungen. 449

zum künftigen Lehrer aufser acht zu lassen, umsomehr zu einer Einschränkung entschliefsen müssen, als die Vorlesungen und die Lektüre von Handbüchern in keinem Falle genügen. Will er nicht an der Oberfläche bleiben und auf Selbständigkeit des Urteils verzichten, so mufs er selbst zur Beobachtung und Anstellung von Versuchen übergehen und Anleitung darin suchen. Um in der Chemie weitere Fortschritte zu machen, wird das Arbeiten im Laboratorium unerläfslich. Erst hier gelangen die Gegenstände, welche in der Vorlesung besprochen werden, insbesondere die Methoden der chemischen Forschung zum vollen Verständnis. Der Kandidat eignet sich hier Sorgfalt, Genauigkeit und Geschicklichkeit im Arbeiten an, ohne welche keine Resultate in den experimentalen Wissenschaften zu erzielen sind. Die qualitative und quantitative Analyse als Grundlagen moderner Chemie werden nur selten noch in Vorlesungen behandelt, sondern sogleich an Beispielen praktisch gelernt. Erst nachdem der Studierende bereits praktische Erfahrungen gewonnen, wird er mit Nutzen und Interesse Vorlesungen über organische Chemie hören und sich mit den verwickelteren Verbindungen beschäftigen.

Das Studium der Physik wird bei der Ausdehnung des Gebietes unmöglich im Laufe eines Halbjahres abzuhandeln sein. Die Vorlesung wird entweder zwei Semester umfassen, oder einzelne Hauptteile werden den Gegenstand besonderer Vorträge bilden. Diese Disciplin ist auch eine unerschöpfliche Quelle mathematischer Probleme und bei ihrer formalen Ausbildung das geeignetste Feld, Geist und Verständnis der höheren Mathematik sich anzueignen. Experimentale Arbeiten fordern schon Reife des Urteils und des mathematischen Wissens und werden daher erst in den letzten Semestern zu unternehmen sein.

Diejenigen Studierenden, welche den beschreibenden Naturwissenschaften ein gröfseres Interesse widmen und in den ersten Semestern sich bereits eine Übersicht über die Elemente der Mineralogie, Botanik und Zoologie erworben haben, gehen in den späteren zu eingehenden Studien der einzelnen Teile über. Der Kandidat, welcher sich die nötigen Vorkenntnisse aus der sphärischen Trigonometrie und den Elementen der analytischen Geometrie gesammelt, beginnt nun die specielle Krystallographie. Die Beschäftigung mit Geognosie und Paläontologie wird ebenfalls eintreten. Praktische Übungen auf dem Museum gehen den Vorträgen parallel, und geognostische Exkursionen knüpfen sich thunlichst an.

In gleicher Weise sind die späteren Semester dem Studierenden der Zoologie und Botanik für die Betreibung der einzelnen Teile dieser Fächer bestimmt. Der Zoologe wird als Grundlage weiterer Ausbildung sich vor allem eine genaue Kenntnis des anatomischen Baues des menschlichen Körpers verschaffen müssen. Daran reihen sich sodann die vergleichende Anatomie und Physiologie, sowie das specielle Studium der einzelnen Klassen und Ordnungen, wie Mastozoologie, Ornithologie, Entomologie usw.

In der Botanik tritt die Anatomie und Physiologie der Gewächse mit Einschlufs ihrer Entwickelungsgeschichte in den Vordergrund, und hieran schliefst sich die genauere Beschäftigung mit der Systematik und den Specialteilen der Wissenschaft. Es versteht sich von selbst, dafs auch in diesen Fächern mit dem Anhören der Vorlesungen rege Teilnahme an Exkursionen und praktischen Übungen zu verbinden ist. Erst nach Aneignung dieser Grundkenntnisse wird die Geschichte der Disciplinen und die Lehre von der geographischen Verbreitung der Tiere und Pflanzen mit Erfolg betrieben werden können.

Geschichte. Die Grundlage aller historischen Studien bildet die Geschichte der alten Welt, zumal für den künftigen Lehrer. Die Vorträge über alte Geschichte zerfallen in die drei Hauptabschnitte: Geschichte der alten orientalischen Völker mit ihrer ältesten Kultur, Geschichte Griechenlands (a. bis Alexander d. Gr., b. bis zur römischen Eroberung) und Geschichte des römischen Staates (a. bis zum Ende der Republik, b. bis zum Untergange des weströmischen Reiches). In der griechischen Geschichte wird neben dem politischen Leben auf Entwickelung der Verfassungen und die Hauptmomente der Kultur sowie des sozialen Lebens, in der römischen die Entwickelung der Gesetzgebung und Verfassung besonders zu berücksichtigen sein. Daran schliefst sich die allgemeine Geschichte des Mittelalters (a. bis zu den Kreuzzügen, b. bis zur Reformation) und hieran die allgemeine Geschichte der neueren Zeit (a. bis zur ersten französischen Revolution, b. bis zur Gegenwart). Besondere Vorträge behandeln daneben die Geschichte des Deutschen Reiches und des germanischen Verfassungswesens, Geschichte der wichtigeren europäischen Staaten, der wichtigeren Zeiterscheinungen, des Kolonialwesens und Handels und der Rückwirkung dieser Ereignisse und Verhältnisse auf die Staaten selbst.

Als Hilfswissenschaften der Geschichte werden die allgemeine und besondere Geographie und die Grundsätze der wissenschaftlichen Chronologie vorzüglich zu betreiben sein.

Philologie. a. Klassische Philologie. Die Quellen des klassisch-philologischen Studiums, dessen Zweck und Ziel die Erkenntnis des geistigen Lebens der Griechen und Römer ist, sind: die Werke der Litteratur, die Inschriften und die archäologischen Denkmäler. Die erste Aufgabe der Philologie ist das richtige Verständnis der Schriften des Altertums, die Hermeneutik, die zweite die Untersuchung des Echten und Unechten, die Kritik, sei es in Bezug auf das Ganze einer Schrift oder auf ihre Fassung im einzelnen. Um nun zum Verständnis der Schriftsteller zu gelangen, gehört als erstes Erfordernis die Kenntnis der

## 2. Kapitel. Fakultätsbestimmungen. 451

Sprache, die Grammatik, welche als Fundamentalwissenschaft der Philologie bezeichnet werden mufs. Dazu kommt bei Dichtern die Wissenschaft der Metrik. Beide Vorlesungen behandeln den formalen Teil der Philologie besonders, während Hermeneutik und Kritik zumeist in den Vorträgen über Encyklopädie der Philologie und Methodologie betrieben zu werden pflegen. Die letzteren, welche eine Übersicht des Gesamtgebietes der Philologie und die erforderliche Anleitung zum praktischen Studium geben, können daher nicht früh genug gehört werden. Dasselbe gilt von der im nächsten Zusammenhange stehenden Geschichte der Philologie. Das Hauptaugenmerk hat der Philologe aber auf das Lesen der Klassiker zu richten und deshalb auf die Vorlesungen, welche die Erklärung der Schriftsteller zum Gegenstande haben, ein vorzügliches Gewicht zu legen. Damit mufs die Privatlektüre der Klassiker in Verbindung gesetzt werden, am besten im Anschlufs an die in den Vorlesungen erklärten Autoren und möglichst vom Leichten zum Schweren fortschreitend. Als wesentliches Mittel zum Verständnis der Litteratur und zugleich als Gesamtdarstellung des antiken Lebens nach seiner äufseren und inneren Seite, daher als Inbegriff aller den materiellen oder realen Teil der Philologie bildenden Disciplinen nehmen die Altertümer die nächste Stelle ein. Dieselben umfassen: die Geographie und Topographie des Altertums, die politische Geschichte nebst Chronologie, die politischen, Privat- und Sakralaltertümer, die Archäologie der Kunst und die Geschichte der Litteratur. Als Zusammenfassung des gesamten Quellenmaterials und derjenigen Gebiete, auf denen der Geist des Altertums sich am glänzendsten offenbart hat, gewinnt die letztgenannte Vorlesung für den Philologen hervorragende Bedeutung. Die Inschriftenkunde wird zur Kenntnis der Litteratur und Altertümer als Nebenquelle wissenschaftlich behandelt.

Besondere Aufmerksamkeit der Philologen verdient aufser den Vorlesungen das philologische Seminar, welches ihnen Gelegenheit giebt, von ihren in Vorlesungen und durch Privatfleifs erworbenen Kenntnissen praktische Anwendung zu machen. Die in demselben vorkommenden Übungen in der exegetischen und kritischen Behandlung der Schriftsteller und im schriftlichen und mündlichen Gebrauch des Lateinischen, die Aufsätze und Disputationen über schwierigere Gegenstände der Altertumswissenschaft sind die beste Vorbereitung für ihren künftigen Beruf.

Deutsche Sprache und Litteratur. Die genaue Kenntnis der deutschen Sprache nach ihrer Ausbildung bis zur Neuzeit, vorzüglich aber in ihren Entwicklungsstadien des Gothischen, Althochdeutschen, Mittelhoch- und Niederdeutschen ist bei ihrer Stellung in der sprachvergleichenden Grammatik für den Philologen ein unabweisbares Bedürfnis.

29*

Er wird deshalb aufser Vorträgen über Sanskrit und vergleichende Grammatik Vorlesungen über die ältesten deutschen Mundarten, die Geschichte der deutschen Litteratur in ihren Abteilungen und die Geschichte des Epos, der Lyrik und des Dramas besonders hören müssen.

Neuere Sprachen. Für den künftigen Lehrer handelt es sich zunächst um genaue und klare Einsicht in den Ursprung und die Entwicklung jener Sprachen bis zur Gegenwart. Der Gang dieses Studiums umfafst deshalb wissenschaftliche Grammatik der romanischen Sprachen überhaupt, italienische, spanische, französische und englische Grammatik, Etymologie und Synonymik, Erklärung und Auslegung von Hauptwerken dieser verschiedenen Litteraturen aus älterer und neuerer Zeit, Geschichte der italienischen, französischen und englischen Litteratur bis zur Gegenwart. Zu praktischen Zwecken dienen Übungen im schriftlichen und mündlichen Gebrauch dieser Sprachen, welche besonders auch die Feinheiten der Aussprache pflegen.

Morgenländische Sprachen. Sanskrit, Zend und Persisch sind wegen ihres Zusammenhanges mit dem Griechischen, Lateinischen und Deutschen für den Philologen besonders wichtig; Hebräisch, Aramäisch, Syrisch, Äthiopisch und Arabisch treten hinzu, wenn er auf alttestamentliche Studien und erweiterten sprachlichen Gesichtskreis überhaupt Gewicht legt. Mit der Grammatik dieser Sprachen wird überall der Anfang gemacht. Sodann folgt die Auslegung solcher Schriften und Lesestücke, welche sowohl auf die älteste Zeit dieser Sprachen als auch ihre fortschreitende Entwickelung hinweisen. Über die Litteraturgeschichte der Inder, Perser und Araber handeln besondere Vorträge.

Kunst und Kunstgeschichte. Das Studium des Ästhetik, Rhetorik und Poetik ist für die Beurteilung antiker Meisterwerke von gröfstem Wert. Die Vorlesungen über Geschichte der Kunst haben mit der Archäologie die engste Berührung.

Reglement für die Kandidaten der Pharmacie vom 9. Dez. 1857 [1]) vergl. ME 10. Mai 1861.

§ 1. Die Pharmaciebeflissenen haben sich bei dem Direktor des pharmaceutischen Studiums bezw. dem Universitätsrichter zu melden und werden zu den Vorlesungen an der Universität ohne Immatrikulation nach folgender Mafsgabe zugelassen.

§ 2. Die Meldung erfolgt vor Beginn der Vorlesungen unter Beibringung glaubwürdiger Zeugnisse über die vorangegangene Lehr- und Servierzeit [2]) und die bisherige moralische Führung. Der Direktor ist befugt, sich in geeignet scheinender Weise von der Zulänglichkeit der Vorkenntnisse des Kandidaten Überzeugung zu

---

1) Ursprünglich nur für Berlin bestimmt.
2) Die Lehr- und Servierzeit beträgt je drei Jahre (die Lehrzeit bei Besitz eines Maturitätszeugnisses zwei Jahre). Als Vorbildung wird verlangt das Einjährigenzeugnis einer Lateinanstalt bezw. Nachprüfung in Latein: Erlafs des Reichskanzlers vom 5. März 1875 vergl. Erlafs vom 3. April 1878.

verschaffen und Kandidaten, welche die zu einem erfolgreichen Studium der Pharmacie notwendigen Kenntnisse nicht besitzen, von der Zulassung zu den Vorlesungen einstweilen zurückzuweisen.

§ 3. Kandidaten, welche bereits eine andere Bildungsanstalt für Pharmaceuten oder eine Universität besucht haben, müssen durch vorschriftsmäßige Abgangszeugnisse sich über diesen Besuch und ihr Wohlverhalten während desselben ausweisen. Sind sie von einer Anstalt oder Universität verwiesen, so können sie nur mit Genehmigung des Unterrichtsministers zum Studium zugelassen werden, welche durch Vermittelung des Direktors nachzusuchen ist.

§ 4. Die Zugelassenen werden vom Direktor mit den ihnen obliegenden Verpflichtungen bekannt gemacht, durch Handschlag verpflichtet, vorschriftsmäßig inskribiert und mit näherer Anweisung der zu hörenden Vorlesungen zuvörderst für das nächste Semester versehen. Die obligatorischen Vorlesungen werden von dem Direktor in den Anmeldebogen eingetragen.

§ 5. Über die Inskription wird dem Betreffenden gegen 9 M. Gebühren eine Bescheinigung eingehändigt, mit welcher er sich innerhalb der nächsten drei Tage persönlich beim Universitätsrichter meldet. Demselben ist auch die Wohnung und deren etwaiger Wechsel anzuzeigen.

§ 6. Andere als die vom Direktor bezeichneten Vorlesungen dürfen Pharmaceuten ohne besondere Erlaubnis nicht besuchen. Dagegen steht ihnen die Wahl des Docenten, wenn möglich, frei.

§ 7. Die Zulassung zu den Vorlesungen umschließt die Befugnis zur regelmäßigen Benutzung der mit der Universität verbundenen wissenschaftlichen Sammlungen und Anstalten, insbesondere des zoologischen Museums, des Mineralienkabinetts, der pharmakologischen Sammlung, der botanischen Gärten, des Herbariums und der Bibliothek (in Berlin zugleich der königlichen).

§ 8. Zur Annahme von Vorlesungen melden sich die Kandidaten innerhalb der ersten drei Wochen des Semesters unter Vorlegung des Inskriptionsscheines und Anmeldebogens persönlich auf der Quästur und entrichten daselbst im voraus Honorar und Auditoriengeld. Darauf überreichen sie persönlich Anmeldebogen und Quittung den Docenten und erhalten von diesen Platzkarten für den Hörsaal.

§ 9. Am Schlusse des Semesters (8 Tage vor oder nach Beendigung der Vorlesungen) wird der Anmeldebogen dem Docenten zur Bescheinigung wieder vorgelegt. Solche, die eine Universität verlassen wollen, können diese Bescheinigung schon vier Wochen vor Schluss des Semesters erbitten.

§ 10. Vor Beginn jedes neuen Semesters wird unter Vorlegung des Anmeldebogens die Anweisung zu weiteren Vorlesungen persönlich eingeholt.

§ 11. Die Pharmaceuten sind in disciplinarischer Beziehung dem Direktor ihres Studiums und dem Universitätsrichter unterworfen. Allen auf Ordnung der Universität insbesondere auf den Besuch der Vorlesungen bezüglichen Bestimmungen der Universitätsbehörden haben sie unbedingt Folge zu leisten.

§ 12. Bei allen Gesuchen usw. haben sie sich an den Direktor als ihren nächsten Vorgesetzten zu wenden. Den Vorladungen des Direktors und des Universitätsrichters haben sie pünktlich nachzukommen.

§ 13. Insbesondere wird ihnen anhaltender Fleiß im Besuch der Vorlesungen und Gebrauch der Hilfsmittel, eifrige wissenschaftliche Beschäftigung außer den Lehrstunden, Achtung gegen die Lehrer und friedliches Verhalten zu einander und gegen die Universitätsstudierenden zur Pflicht gemacht. Wer sich Verletzung dieser Vorschriften zu schulden kommen läßt, verfällt in Disciplinarstrafen.

§ 14. Solche sind: Verweise, Karzerstrafe bis zu vier Wochen, Entziehung etwaiger Benefizien, consilium, relegatio und in besonders gravierenden Fällen schimpfliche Ausstofsung mit gleichzeitiger Namhaftmachung am Schwarzen Brett und Anzeige an andern Universitäten sowie die Polizeibehörde des Orts.

§ 15. Beharrlicher Ungehorsam, Beleidigungen der Lehrer, Widersetzlichkeit, Störung der Ruhe und Ordnung werden akademischerseits mit Entfernung von der Universität bestraft.

§ 16. Wird ein Kandidat von dem Polizeirichter wegen Vergehen usw. zur Untersuchung gezogen, so ist sein Kollegienbesuch vorläufig suspendiert. Ausschliefsung erfolgt bei Verbrechen, dolosen Vergehen oder drei Monate Freiheitshaft übersteigenden Strafen. Auch im Falle einer Freisprechung kann die Wiederzulassung unter Umständen von dem Direktor versagt werden.

§ 17. Das Ausscheiden aus dem Universitätsverbande erfolgt 1. mit Ablauf der reglementsmäfsigen Studienzeit [1]), 2. mit der Zulassung zur Staatsprüfung oder mit Eintritt in ein anderes dem Universitätsstudium nicht verträgliches Verhältnis, 3. durch sechsmonatige freiwillige Abwesenheit, 4. durch unfreiwillige Entfernung von der Universität.

§ 18. Wer in den zwei letztgenannten Fällen auf Grund ministerieller Erlaubnis zum pharmaceutischen Studium wieder zugelassen zu werden wünscht, ist von neuem zu inskribieren.

§ 19. In den beiden ersten Fällen ist der Kandidat ein Abgangszeugnis über Fleifs und Führung nachzusuchen verpflichtet, wozu er sich unter Beibringung des völlig ausgefüllten Anmeldebogens bei dem Direktor zu melden hat, der das Abgangszeugnis ausfertigt und gemeinsam mit dem Universitätsrichter vollzieht.

§ 20. In dem Abgangszeugnis werden vermerkt 1. sämtliche Vorlesungen nach der Reihenfolge der Semester mit besonderer Angabe des Besuchsfleifses, 2. etwaige Übertretungen und Disciplinarstrafen sowie Gesamturteil über sein Verhalten. — Für dieses Zeugnis werden 6 M. entrichtet.

Vorstehende Bestimmungen gelten mit sachgemäfsen Abänderungen bis auf weiteres auch für die Studierenden der Zahnheilkunde, welche ein viersemestriges Studium zu absolvieren haben.

Reglement für das Institut für Altertumskunde zu Berlin vom 15. Aug. 1888. (§ 1: Das Institut hat den Zweck, durch Lehrübungen und Darbietungen wissenschaftlicher Hilfsmittel in das Studium der Quellen der alten Geschichte einzuführen und zu eigenen wissenschaftlichen Forschungen anzuleiten. § 2: Das Institut zerfällt in eine griechische und eine römische Abteilung, von denen jede unter einem besonderen Direktor steht. Die Geschäftsführung wechselt von Jahr zu Jahr unter den beiden Direktoren.)

Gesetz vom 23. Mai 1887 (RGBl. 1887, 193) über Errichtung des Orientalischen Seminars an der Universität zu Berlin. Die Vorträge des Seminars erstrecken sich über Chinesisch, Arabisch, Persisch und Hindustani, Arabisch, Türkisch, Suaheli, Neugriechisch und technische Geographie.)

Aufserdem bestehen an preufsischen Universitäten klassisch- und neuphilologische, historische, mathematische, naturwissenschaftliche und staatswissenschaftliche Seminare und Proseminare, welche ihre Mit-

---

[1]) welche mindestens drei Semester betragen mufs § 4 Abs. 3 der Bekanntmachung des Reichskanzlers vom 5. März 1875.

glieder historisch, exegetisch und praktisch bilden und deren Selbstthätigkeit in Disputationen und Abhandlungen wissenschaftlich fördern.

## II. Abschnitt. Die anderen deutschen Universitäten.

Mit geringen Abweichungen wird der Rahmen des im I. Abschnitte gezeichneten Universitätsbildes auch von den anderen deutschen Hochschulen (Heidelberg, Leipzig, Rostock, Freiburg, Tübingen, Jena, Würzburg, Giefsen, Erlangen, München, Strafsburg) eingehalten, weshalb diese hier nicht weiter behandelt werden, um so mehr, als in dem von W. Lexis 1893 herausgegebenen Sammelwerke „Die deutschen Universitäten" nach der spekulativen Seite, in der von G. Kaufmann bereits bis zum 2. Bande (1896) fortgesetzten „Geschichte der deutschen Universitäten" nach der geschichtlichen und verfassungsmäfsigen Seite hin ausgezeichnete Monographien vorliegen.

## III. Abschnitt. Ausländische Universitäten.

1. Belgien. Staatsuniversitäten bestehen nach dem Gesetz vom 27. September 1835 zu Gent und Lüttich. Die am 4. November 1834 zu Mecheln eingeweihte katholische Universität wurde kurz darauf nach Löwen verlegt, wo sie die Räume der im Jahre 1426 gegründeten, 1817 als Staatsuniversität eröffneten alma mater und deren Stiftungen in Besitz nahm. Im Gegensatz zu dieser wurde am 20. November 1834 zu Brüssel eine freie Universität errichtet mit der Bestimmung, die Interessen des freien Gedankens in der Wissenschaft zu vertreten.

2. Dänemark. Für die Universität Kopenhagen hat das Gesetz vom 7. Mai 1788 in der Hauptsache noch immer Geltung. Über das Maturitätsexamen der künftigen Studierenden trafen die Bekanntmachung vom 30. November 1864, über das Vorbereitungsexamen vor der Immatrikulation die Forordning vom 25. August 1871 und 1. Juli 1872 Bestimmungen, letztere namentlich über die Prüfung in Latein und Griechisch für die künftigen Theologen und Juristen. Hinsichtlich der Aufnahme von Realabiturienten wurde 1887 (1. August) ein besonderes Examen höheren und niederen Grades angeordnet. Über Universitätsangelegenheiten vergl. P. Linde, Meddelelser angaaende Kjøbenhavn Universitet 1605—70.

3. Frankreich. Über die französischen Fakultäten und ihre durch das Gesetz vom 10. Juli 1896 bedingte Neugestaltung siehe den geschichtlichen Teil (Band I).

4. Grofsbritannien und Irland. Als Universitäten in unserem Sinne sind in England anzusehen: Oxford, Cambridge, Durham, University College und Kings College in London, Victoria University in Manchester, University of Wales (Colleges zu Aberystwyth, Bangor und Cardiff); in Schottland: Edinburgh, Glasgow, St. Andrews und Aberdeen; in Irland die alte Universität zu Dublin und Queen's University mit den

Colleges in Belfast, York und Galway. Allgemeine Universitätsgesetze existieren nicht; die Fakultätsbestimmungen sind sehr verschieden. Die englischen Universitäten betreiben mehr humanistische Studien als eigentliche Fachbildung, und die Grenze zwischen ihnen und den gymnasialen Colleges ist meist eine fliefsende. Nicht nur die schottischen Hochschulen konkurrieren durch ihre in den Vorlesungskreis aufgenommenen Vorbereitungsgegenstände mit den niederen Unterrichtsanstalten, sondern auch die meisten jener Colleges haben Abendklassen für Anfänger und Vorgerücktere, wie z. B. in King's College sogar Lesen, Schreiben und elementare Mathematik nebenbei betrieben wird. Die Universitäten veranstalten für Neueintretende Immatrikulationsprüfungen; die meisten Sohulen ersten Grades jedoch unterziehen sich denen zu Oxford oder Cambridge. Die Universitäten besitzen öffentliche Lehrstühle in den verschiedenen Fakultäten, die beiden Londoner Institute aber nicht für Theologie. Die eigentlichen, von öffentlichen Professoren gehaltenen akademischen Vorlesungen treten aber in den Hintergrund, da der Hauptunterricht den Colleges zufällt, in denen die Tutors ihre Studenten zu den verschiedenen Prüfungen vorbereiten. Oxford und Cambridge erteilen Grade und Diplome (Baccalaureus und Magister artium), die Londoner Universität, eine von University und King's College unabhängige Korporation, dazu noch besondere Grade in den Naturwissenschaften (Bachelor und Doctor of Science).

5. Holland. Staatsuniversitäten bestehen zu Leyden, Utrecht und Groningen. Das Athenäum illustre zu Amsterdam, eine mit 5 Fakultäten (der theologischen, juristischen, medizinischen, naturwissenschaftlichen — f. des sciences — und sprachwissenschaftlich-historischen — f. des lettres) ausgestattete Hochschule, erhielt seit 1849 das Recht, akademische Grade zu erteilen, wurde zu einer städtischen Universität erhoben und 1868 durch eine Lehranstalt für Pharmacie, 1869 durch eine von Utrecht dorthin verlegte Bildungsanstalt für Militärärzte im Rahmen der medizinischen Fakultät erweitert. Die theologischen Fakultäten trugen bis 1848 ein rein konfessionelles Gepräge, zur Ausbildung von Geistlichen für die reformierte Kirche. Seitdem besitzen sie lediglich wissenschaftlichen Charakter, ohne Rücksicht auf einen speciellen Kultus. In Utrecht besteht ein besonderer Kursus für Meteorologie und ein Observatorium für diese Disciplin. In Leyden werden (seit 1864[1]) besonders die für den Kolonialbesitz wichtigen Wissenschaften betrieben, Sprachen, Geographie und Völkerkunde von Niederländisch-Indien, wie es denn auch

---

[1] In diesem Jahre wurde das ostindische Institut an der Akademie zu Delft, zur Ausbildung der Beamten des niederländischen Indiens, mit der Universität Leyden vereinigt. Gleichzeitig wurde aber in Delft zu demselben Zweck eine städtische Anstalt neubegründet, welcher auch ihrer mehr praktischen Vorbildung wegen von den zukünftigen indischen Beamten der Vorzug gegeben wird.

das Monopol des muhammedanischen Rechtes hat. Aufser den Professoren werden auch die Lektoren mit festem Gehalt angestellt. Kollegiengelder fliefsen in die Staatskasse. Dem König steht das Recht zu, nach Bedürfnis neue Lehrstühle zu errichten.

6. Italien. Staatsuniversitäten besitzt Italien 17: zu Turin, Genua, Pavia, Padua, Parma, Modena, Bologna, Pisa, Siena, Macerata, Rom, Neapel, Messina, Catania, Palermo, Cagliari und Sassari; freie Universitäten 4: zu Camerino, Ferrara, Perugia und Urbino, dazu die päbstliche Universität zu Rom. Die theologische Fakultät wurde durch Gesetz vom 26. Januar 1873 überall beseitigt. Es bestehen, durch gleiches Reglement mit einander verbunden, Fakultäten für Jurisprudenz, Medizin, Philosophie und schöne Wissenschaften, Mathematik und Naturwissenschaften. Durch die Verordnung (Bonghi) vom 11. Okt. 1875, ergänzt durch die Bestimmungen vom 8. Okt. 1876, wurden für alle Universitäten gemeinsame gleichlautende Normen festgesetzt. Zum Eintritt in die Studien berechtigt ein Abgangszeugnis von Sekundärschulen, Gymnasien, Lyceen und scuole techniche. Innerhalb der Fakultätsverordnungen ist das Studium und sein Gang völlig freigestellt, jedoch müssen vor Zulassung zu den Fakultätsprüfungen die über Zahl und Dauer der Kurse vorgeschriebenen Bedingungen erfüllt sein. Das Minimum der zu hörenden Vorlesungen ist auf 19, das Maximum auf 30, in der medizinischen Fakultät auf 36 Wochenstunden festgesetzt. Die Vorträge umfassen in der juristischen Fakultät: Encyklopädische Einleitung, Institutionen des römischen Rechts, Rechtsgeschichte, römisches Recht, kanonisches Recht, bürgerliches Recht, Handelsrecht, Kriminalprozefs, Civilprozefs und Gerichtsorganisation, politische Ökonomie, Statistik, konstitutionelles Recht, Verwaltungsrecht, internationales Recht, Rechtsphilosophie und Anfangsgründe der gerichtlichen Medizin; in der medizinisch-chirurgischen Fakultät: Chemie, Botanik, Zoologie, Experimentalphysik, Anatomie des Menschen, Physiologie, Pathologie, Klinik, Augenheilkunde, Geburtshilfe, gerichtliche Medizin und Hygiene; in der philosophisch-historischen Fakultät: Italienische, lateinische und griechische Litteratur, Archäologie, alte und neue Geschichte und Geographie, vergleichende Geschichte der klassischen und neulateinischen Sprachen, theoretische Philosophie, Ethik, Geschichte der Philosophie und Pädagogik; in der mathematisch-naturwissenschaftlichen Fakultät: Experimentalphysik und Mathematik, Algebra, Infinitesimalrechnung, analytische Geometrie, entwerfende und beschreibende Geometrie, Geodäsie, Geologie, Mechanik, Chemie, Mineralogie, Botanik, Zoologie, vergleichende Anatomie und Physiologie, Astronomie, Ornamentzeichnen und elementare Architektur. Neben den obligatorischen Hauptfächern werden in jeder Fakultät noch corsi liberi e complimentari gehalten. Um sich zu den Prüfungen melden zu können, ist die Erwerbung eines Fleifszeugnisses am Schlusse eines jeden Studienjahres

nötig. Die Universitätsprofessoren sind ordentliche, welche der König, und aufserordentliche, welche der Minister ernennt. Vor ihrer Einführung haben sie sich einem Konkurse zu unterwerfen, entweder in einer öffentlichen Prüfung oder durch Einreichung gedruckter Werke. Die aufserordentlichen Professoren erhalten einen Lehrauftrag nur für einen bestimmten Kursus, der in der Folge wieder erneuert werden mufs; ihre Zahl darf die der ordentlichen innerhalb einer Fakultät nicht überschreiten. Der Unterricht der Professoren zerfällt in Vorlesungen und Seminarübungen (Konferenzen), von denen die ersteren sämtlich öffentlich sind. Die Themen, die er nach und nach hierin entfalten will, mufs jeder Professor in ein vom Ministerium ihm eigens zugestelltes Annuarium der Reihe nach eintragen. Die liberi docenti, welche neben den Professoren Vorlesungen halten, haben den Studenten gegenüber dieselben Rechte wie die Staatslehrer. Jede Fakultät hat einen Präsidenten, unter dessen Vorsitz sie sich zur Feststellung des Lektionsverzeichnisses und zum Vorschlage von Veränderungen und Reformen versammelt. Die Disciplin übt der Rektor aus, der die Verwaltung und Leitung der Universität versieht, den jährlichen Bericht an das Ministerium einreicht und Diplome im Namen des Königs verleiht. Seine Wahl vollziehen die Fakultäten CE 27. Mai 1896.

7. **Oesterreich.** AO 29. Sept. 1850. CE 1. Okt. 1850. Allgemeine Anordnungen über die Fakultätsstudien der Universitäten Wien, Prag, Lemberg, Krakau, Olmütz, Graz und Innsbruck.

§ 1. Die Hörer der Fakultätsvorlesungen an den Universitäten sind entweder immatrikulierte (ordentliche) oder nicht immatrikulierte (aufserordentliche).

§ 2. Die Aufnahme der Studierenden in die Zahl der akademischen Bürger geschieht durch die Immatrikulation. Diese wird im Namen des Rektors durch den Dekan des Professorenkollegiums derjenigen Fakultät vorgenommen, in welche der Studierende eintreten will.

§ 3. Der zu Immatrikulierende wird zunächst in die Universitätsmatrikel eingetragen, und aus dieser geschieht sodann die Übertragung in das Album der Universität, worüber ein Matrikelschein ausgestellt und eine Matrikeltaxe entrichtet wird. Nur immatrikulierte Studierende können zu den strengen Prüfungen und solchen Staatsprüfungen gelangen, welche ein Fakultätsstudium voraussetzen.

§ 4. Jeder Studierende kann zu derselben Zeit nur bei einer Fakultät immatrikuliert sein. Es steht ihm jedoch frei, auch in jeder anderen Kollegien zu hören.

§ 5. Jeder Studierende, welcher nach erlangter Universitätsreife aus dem Vorbereitungsstudium oder von einer anderen Universität oder gleichgewerteten Lehranstalt neu ein- oder von einer Fakultät zur anderen übertritt, ist verpflichtet sich immatrikulieren zu lassen.

§ 6. Die geschehene Immatrikulation behält ihre Wirksamkeit, bis der Studierende die Universität verläfst oder zu einer anderen Fakultät übertritt oder seine Studien auf länger als ein Semester unterbricht.

§ 7. Jeder zur Immatrikulation nach § 5 Verpflichtete hat sich drei Tage vor Beginn oder innerhalb der ersten vierzehn Tage des Semesters persönlich an den betreffenden Dekan zu wenden und ihm die Belege seiner Universitätsreife und sein vollständiges eigenhändig geschriebenes und unterschriebenes Nationale in duplo vorzulegen.

§ 8. Die Rubriken des zu überreichenden Nationales sind: 1. Vor- und Zuname, Geburtsort, Alter und Religion, Wohnung, Name, Stand und Wohnung seines Vaters oder Vormunds, Bezeichnung der Lehranstalt, von welcher der Übertritt an die Universität erfolgt, Benennung des etwaigen Stipendiums oder der Stiftung, die der Studierende geniefst, Angabe des jährlich damit verbundenen Geldbetrages und Datums der Verleihung mit Angabe der verleihenden Instanz, Anführung der Grundlage, auf welcher er die Immatrikulation der Inskription ansprechen zu können glaubt, z. B. Maturitätszeugnis, II. Anführung der Vorlesungen, welche er in dem beginnenden Semester hören will, mit namentlicher Angabe der Docenten.

§ 9. Als hinreichende Belege der Universitätsreife werden angesehen a. Zeugnisse über die entsprechend bestandene Maturitätsprüfung, b. Universitätszeugnisse über den Abgang von einer Universität, c. Zeugnisse über sonstige genügende Vorbildung.

§ 10. In zweifelhaften Fällen hat das betreffende Professorenkollegium zu entscheiden, ob der Studirende ohne weiteres zu immatrikulieren oder abzuweisen oder anzuhalten sei, sich vorher nach ME 3. Juni 1850 einer Maturitätsprüfung an der philosophischen Fakultät zu unterziehen.

§ 11. Angehörige fremder Staaten können immatrikuliert werden, wenn sie nach dem Urteil des Dekans im allgemeinen denjenigen Grad von Vorbildung besitzen, welcher von Inländern gefordert wird, oder, falls sie von einer auswärtigen Universität kommen, ein genügendes Universitätszeugnis vorweisen.

§ 12. Gegen ein Erkenntnis der Professorenkollegien über den Mangel der Universitätsreife findet kein Rekurs statt.

§ 13. Steht der Immatrikulation kein Hindernis im Wege, so erhält der Studierende einen Interimsaufnahmeschein und wendet sich zur Bezahlung der Matrikeltaxe und wegen Inskription zu den Vorlesungen an die Quästur.

§ 16. Dekane und Quästoren haben darauf zu sehen, dafs Studierende nicht gegen den Inhalt rechtskräftiger Erkenntnisse, durch welche sie von jeder oder einer bestimmten österreichischen Universität ausgeschlossen worden sind, immatrikuliert oder inskribiert werden. Dasselbe gilt auch von gänzlich oder auf bestimmte Zeit relegierten Studierenden auswärtiger Universitäten, mit deren Regierungen ein Übereinkommen dieserhalb besteht. Eine gegen solche Erkenntnisse erschlichene Immatrikulation oder Inskription ist in jeder Beziehung ungültig.

II. § 21. Die Einschreibung in die Vorlesungen findet für jedes Semester besonders statt. Die Grundlage derselben bildet für die Immatrikulierten Hörer das Meldungsbuch.

§ 22. Dasselbe soll für die ganze Universitätszeit zur Anmeldung der Vorlesungen, zur Bestätigung über die gehörten Kollegien und das gezahlte Honorar sowie zur Grundlage des späteren Universitätszeugnisses dienen.

§ 23. Es enthält aufser den Bemerkungen der Quästur die nähere Bezeichnung des Semesters, der Universität und Fakultät, Gegenstand, Lehrer und Zahl der Wochenstunden angemeldeter Vorlesungen und Bestätigung des Lehrers über persönliche Meldung und Besuch.

§ 25. Die Numerierung der Plätze in den Hörsälen ist dazu bestimmt, dem Studierenden, welcher einen bestimmten Platz zugewiesen erhielt, ein Recht auf denselben einzuräumen.

§ 30. Wohnungswechsel haben die Studierenden binnen drei Tagen der Quästur anzuzeigen.

III. § 33. Als aufserordentlicher Hörer kann eingeschrieben werden (ohne einer Fakultät immatrikuliert zu sein), wer das 16. Lebensjahr überschritten hat und einen Grad geistiger Bildung besitzt, der den Besuch von Vorlesungen für ihn wünschenswert und nutzbar erscheinen läfst. Zweifel über die Aufnahme solcher Hörer sind vom Professorenkollegium endgültig zu entscheiden.

§ 34. Aufserordentliche Hörer erhalten einen Meldungsbogen, der ähnlich den -Büchern auszufüllen ist.

§ 36 und 37. Aufserordentliche Hörer, zu denen besonders die Pharmaceuten gehören, sind ebenso wie die immatrikulierten zur Beobachtung der akademischen Gesetze und Ordnungen verpflichtet.

IV. 38. Zur Evidenzhaltung sämtlicher Hörer hat die Quästur in jedem Semester neu anzulegen: einen Hauptkatalog der immatrikulierten Studierenden für jede Fakultät, einen für alle aufserordentlichen Hörer der Universität und einen besonderen für die Pharmaceuten.

§ 39 und 40. Diese Kataloge enthalten genaue Angaben über jeden Studierenden.

§ 41. Abschriften desselben erhält jeder Dekan für seine Fakultät.

§ 42. Sechs Wochen vor Ablauf des Semesters hat die Quästur jedem Docenten einen Katalog der für jedes seiner Kollegien eingeschriebenen Hörer mit Angaben über etwaigen Honorarerlafs einzureichen.

§ 43. Ersieht ein Dekan aus diesen Katalogen, dafs ein immatrikulierter Studierender seiner Fakultät in kein Kolleg eingeschrieben ist, so hat er denselben nach vorausgegangener Einvernehmung von der Universität wegzuweisen. Hört ein Studierender in seiner Fakultät kein Kolleg, oder ergiebt sich aus der Richtung seiner Studien, dafs er einer anderen angehört, so ist er dieser anderen zuzuweisen.

V. § 44. Den Studierenden steht es im allgemeinen frei zu wählen, welche Vorlesungen und bei welchem Lehrer sie hören wollen.

§ 45. Um den in eine Fakultät neu Eintretenden einen Überblick über das Gesamtgebiet derselben und die Einsicht in die zweckmäfsigste Anordnung und Auswahl der zu hörenden Vorträge zu verschaffen, haben die Lehrkörper dafür zu sorgen, dafs von Zeit zu Zeit kurze encyclopädische und hodogetische Vorträge als allgemeine Einleitung in das Fakultätsstudium gehalten werden. Auch haben Dekane und Lehrer die Pflicht, den in dieser Hinsicht Belehrung wünschenden Studierenden mit ihrem Rate beizustehen.

§ 46. Es ist den österreichischen Staatsangehörigen, welche die gesetzlichen Eigenschaften besitzen, um an einer österreichischen Universität immatrikuliert zu werden, gestattet, solche nichtösterreichische Universitäten, an welchen Lehr- und Lernfreiheit besteht, zu besuchen, und es soll ihnen die an denselben zugebrachte und bescheinigte Studienzeit ebenso angerechnet werden, als wäre sie an einer inländischen absolviert. Ebenso können Angehörige anderer Staaten an österreichischen Universitäten immatrikuliert werden.

§ 47. Um zu Prüfungen wegen Erlangung des Doktorgrades einer österreichischen Universität oder zu einer Fakultätsstudien voraussetzenden Staatsprüfung zugelassen zu werden, ist die Nachweisung eines Universitätsbesuches von einer bestimmten Dauer notwendig, und zwar für das philosophische Doktorat von drei, das medizinische von fünf Jahren, für das juristische Doktorat und die Staatsprüfungen, welche rechts- und staatswissenschaftliche Studien voraussetzen, im allgemeinen von vier Jahren (vergl. Gesetz von 29. Juli 1850). Von den für das medizinische Doktorat geforderten fünf Universitätsjahren müssen wenigstens vier an der medizinischen Fakultät zugebracht und zwei Jahre zum Besuch der Kliniken verwendet worden sein. Ein Jahr der geforderten Universitätszeit kann der Kandidat des medizinischen und juristischen Doktorats sowie der rechts- und staatswissenschaftlichen Staatsprüfung auch an der philosophischen Fakultät zugebracht haben.

§ 48. Von den vorgenannten Universitätsjahren mufs ein Teil an einer österreichischen Universität zugebracht sein, und zwar für das philosophische Doktorat wenigstens ein Jahr, für die übrigen zwei Jahre.

§ 49. Damit einem Studierenden ein Semester in seine gesetzliche Universitätszeit eingerechnet werden könne, wird in der Regel der bescheinigte Besuch von so vielen Kollegien gefordert, dafs durch dieselben (ungerechnet die Unterrichtsstunden der Lehrer im engeren Sinne) wöchentlich wenigstens zehn Stunden ausgefüllt werden. Eine Ausnahme ist nur bei denen zu machen, welche sich einem einzelnen Lehrgegenstande vorzugsweise widmen und in demselben intensivere Studien treiben.

VI. § 52. Die Studierenden sind zu einem regelmäfsigen Besuche der von ihnen angemeldeten Vorlesungen verpflichtet. Er ist die Bedingung der Einrechnung eines Semesters in ihre gesetzliche Universitäts- oder Fakultätszeit.

§ 53. In der Mitte jedes Semesters versammelt der Dekan des Lehrerkollegiums sämtliche Professoren und Privatdocenten zu einer Besprechung über den Besuch der immatrikulierten Studierenden, bei welcher sie ihre hierüber gemachten Erfahrungen gegenseitig austauschen. Ergiebt sich hierbei, dafs einzelne Studierende nachlässig frequentieren, so ist es Pflicht des Dekans, diese vorzuladen, sie darüber zu hören und Ermahnungen oder Rügen auszusprechen oder die Sache vor das Professorenkollegium zu bringen. Wegen beharrlichen Unfleifses kann ein Studierender zu jeder Zeit von der Universität weggewiesen werden.

§ 54. Die Docenten sind verpflichtet, bei dieser Gelegenheit sowie bei Bestätigung des Besuches überhaupt gewissenhaft in Anschlag zu bringen, was ihnen über den Kollegienfleifs der Studierenden im Laufe des Semesters bekannt geworden ist.

§ 55. Kurz vor Schlufs des Semesters versammelt der Dekan abermals die Docenten seiner Fakultät zur Beratung, ob einem Studierenden die Besuchszeugnisse zu versagen seien oder das abgelaufene Semester einem immatrikulierten Hörer in seine Fakultätszeit eingerechnet werden könne, was in den Katalogen zu vermerken ist. Hat der Studierende nur über ein einziges Kolleg ein Besuchszeugnis zu bekommen, so hat der Dekan ihn vorzurufen und die Art seiner Studien zu untersuchen, wonach das Professorenkollegium darüber entscheidet, ob das Semester in die gesetzliche Fakultätszeit einzurechnen sei oder nicht. Der Dekan hat die Pflicht, nötigenfalls über Kollegienbesuch sich auch mit den Dekanen anderer Fakultäten, in welchen der Studierende Vorlesungen hört, ins Einvernehmen zu setzen.

§ 56. Um die Bestätigung des Besuches hat sich der Studierende innerhalb der letzten drei Wochen des Semesters persönlich bei den betreffenden Docenten und bei dem Dekane zu melden, nachdem er vorher seiner Honorarpflicht genügt oder über seine Honorarbefreiung für alle von ihm angemeldeten Kollegien die Bestätigung der Quästur erhalten hat.

§ 60. Meldet sich ein Studierender bis zum Schlusse des Semesters um ein Besuchszeugnis nicht, so wird angenommen, dafs er die Universität im Laufe des Semesters verlassen habe. Das letztere wird ihm in sein Fakultätsstudium nicht eingerechnet, ausgenommen, wenn bei einer nachträglichen Meldung um das Besuchszeugnis der Studierende hinlänglich, seine Verspätung rechtfertigende Gründe nachweist und wenigstens ein Docent positiv aus eigenem bestimmten Wissen bestätigt, dafs der Bittsteller seine Vorlesungen fleifsig besucht habe. Wird ihm wegen nicht rechtzeitig oder persönlich geschobener Meldung von einem oder mehreren Docenten die Bestätigung seines Besuches verweigert, so kann er sich an das Professorenkollegium wenden, welches das Recht hat, aufserordentliche und nachgewiesene Billigkeitsrücksichten, insbesondere bei notorisch sonst ausgezeichneten Studierenden in Anschlag zu bringen. Gegen die Entscheidung des Professorenkollegiums findet ein Rekurs nicht statt.

§ 61. Keinem Studierenden darf von irgend einem Docenten der Besuch eines Kollegs bestätigt werden, bevor er in dem Meldungsbuch oder -Bogen die Bestätigung des Quästors über die Bezahlung des Kollegiengeldes für sämtliche von dem Studierenden angemeldeten Vorlesungen oder über die gänzliche Befreiung von der Entrichtung des Honorars eingesehen hat.

§ 62. Die in jedem Meldungsbuch oder -Bogen enthaltenen Bestätigungen über den Besuch der Kollegien unterliegen zusammen pro Semester einem Stempelbetrage von 6 Kr.

VII. § 64. Das Studienjahr zerfällt in das Wintersemester (vom 1. Oktober bis Donnerstag vor Palmsonntag) und Sommersemester (von Donnerstag nach Ostern bis 31. Juli).

§ 65. Hinsichtlich der Feiertage gelten die bestehenden Vorschriften oder die an jeder Universität beobachtete Übung.

VIII. § 67. Verläfst ein immatrikulierter Studierender die Universität, so ist er verpflichtet, ein Universitätszeugnis zu verlangen. Ohne ein solches Abgangszeugnis darf er weder an einer anderen Universität definitiv aufgenommen, noch zu den Doktorats- oder letzten Staatsprüfungen zugelassen werden. Zur Abmeldung hat er dem Dekan seine früheren Zeugnisse und sein Meldungsbuch vorzulegen (vergl. ME 10. März 1850).

§ 67. Für Ausfertigung des Abgangszeugnisses ist ein Gulden zu entrichten (aufser dem gesetzlichen Stempel).

IX. § 69. Hat ein Studierender ein Gesuch oder eine Beschwerde anzubringen, so mufs er sich, soweit nicht eine schriftliche Eingabe ausdrücklich durch das Gesetz gefordert wird, zuerst mündlich an den betreffenden Dekan wenden. Dieser bescheidet ihn mündlich oder weist ihn an, eine schriftliche Eingabe an das Professorenkollegium zu richten.

§ 70. Fühlt sich der Studierende durch den erhaltenen mündlichen oder schriftlichen Bescheid des Dekans oder Kollegiums nicht zufriedengestellt, so steht es ihm frei, soweit das Gesetz nicht einen solchen ausdrücklich abgeschnitten hat, den Rekurs an den akademischen Senat zu ergreifen, an welchen er auch sein Gesuch in dem Falle zu richten hat, dafs die erste Instanz demselben vorbehalten ist. Immer aber ist ein solcher Rekurs an den Senat oder, soweit zulässig, an das Unterrichtsministerium bei dem betreffenden Professorenkollegium einzureichen und von diesem berichtend weiter zu befördern.

§ 71. Der Studierende hat in der Regel keine Zustellung von seiten der Universitätskanzlei zu erwarten, sondern den Bescheid selbst oder durch einen legitimierten Stellvertreter von dort abzuholen. Nur in besonders dringenden oder wichtigen Fällen kann der Dekan oder Rektor eine Zustellung direkt an den Studierenden anordnen.

§ 72. Die Studierenden haben von den Anschlägen am Schwarzen Brett Kenntnis zu nehmen und alles, was von akademischen Behörden oder dem Rektor dort angeschlagen worden, als gehörig kundgemacht und für die Betreffenden verpflichtend anzusehen.

CE 16. Sept. 1851 zur näheren Bestimmung über die Fakultätsstudien der (katholischen) Theologen.

Die Meldungsbücher bezw. -Bogen der theologischen Studierenden müssen eine Rubrik für die Einzeichnung der Fortgangsklasse enthalten. Bei Beginn eines jeden Semesters haben die Theologen, deren gröfsere Zahl von Honorarzahlungen befreit ist, die zu hörenden Kollegien bei dem Dekan anzumelden. Dieser übergibt dem Quästor ein Verzeichnis der honorarpflichtigen Hörer seiner Fakultät. Alle hierin nicht Enthaltenen sind als gänzlich befreit anzusehen. Die Nationalien für den Hauptkatalog hat gleichfalls der Dekan zu sammeln und dem Quästor einzureichen. Für die nicht immatrikulierten Theologen, d. h. die als aufserordentliche Hörer zu behandelnden Alumnen und Ordenskleriker, ist ein besonderer Katalog anzulegen. Die Kandidaten des geistlichen Standes sind verpflichtet, 8 Semester die theologischen Vorträge zu hören. Die Wahl anderer Vorlesungen, welche sie daneben in der theologischen oder einer anderen Fakultät hören wollen, steht ihnen frei; jedoch haben sie hierzu die Gutheifsung desjenigen, welcher von ihrem Bischof oder Ordensvorstand mit der Leitung ihrer Studien betraut ist, einzuholen und sich hierüber bei der Anmeldung der Kollegien mit seinem Vidi auszuweisen. Die theologischen Professoren haben darüber zu wachen, dafs die Kollegien von den eingeschriebenen Studierenden regelmäfsig besucht werden. Wegen beobachteter Vernachlässigung haben sie sich mit dem Studienleiter ins Einvernehmen zu setzen. Ebenso ist von der etwaigen Wegweisung eines solchen Theologen von der Universität der betreffende geistliche Vorsteher zu verständigen. Theologen, welche die Universität verlassen, sind auf Verlangen Universitäts- oder Abgangszeugnisse auszufertigen. In diesen ist die bei Annual- oder Semestralprüfungen erhaltene Klassifikation ersichtlich zu machen (vgl. ME 4. Nov. 1863).

Solche, die an einer gesetzmäfsig organisierten Diözesan- oder Klosterlehranstalt die Theologie absolviert haben, können an einer Universität nach vorläufiger Immatrikulation zu den strengen Prüfungen und zur Erlangung der theologischen Doktorwürde zugelassen werden, wenn sie in das theologische Studium nachweislich auf Grund eines Maturitätszeugnisses aufgenommen sind.

Es ist nicht nur gestattet, sondern auch sehr wünschenswert, dafs die Vorträge an theologischen Fakultäten auch von anderen Studierenden besucht werden. Auf diese finden dann die Bestimmungen vom 1. Okt. 1850 volle Anwendung.

MV 29. März 1858 (vgl. AO 8. März 1858) über die Regelung der theologischen Studien.

Den Bischöfen steht es frei, den Unterricht ihrer Seminarzöglinge nach Richtschnur des Kirchengesetzes mit voller Freiheit zu leiten; jedoch sind sie zu folgenden Bestimmungen übereingekommen.

In die theologischen Studien sind nur solche aufzunehmen, welche das Unter- und Obergymnasium mit hinreichendem Erfolge absolviert haben. Die Theologie zerfällt in 4 Jahrgänge (vergl. ME 12. Juli 1864) und ist von 4—6 Professoren vorzutragen. An allen theologischen Lehranstalten müssen Dogmatik, Moral- und Pastoraltheologie, Kirchengeschichte, Kirchenrecht, die h. Schrift a. und n. B. und hebräische

Sprache vorgetragen werden; doch kann der Bischof die Zöglinge von Erlernung der hebräischen Sprache, soweit es ihm zweckmäfsig erscheint, dispensieren. Soweit es die Verhältnisse gestatten, sollen vorzüglich über Patristik, doch auch über andere den Dienern der Kirche nützliche Gegenstände aufserordentliche Vorlesungen gehalten werden.

Die Lehrgegenstände des theologischen Seminarunterrichts umfassen I. Jahrgang: Allgemeine Dogmatik, Einleitung in die h. Schrift, Erklärung des A. T. aus der Vulgata, Hebräische Sprache; II. Jahrgang: Specielle Dogmatik, Erklärung des N. T. aus der Vulgata mit fortlaufender Rücksicht auf die Begründung der Glaubenslehre, Erklärung des Urtextes; III. Jahrgang: Kirchengeschichte mit vorherrschender Rücksicht auf Dogmen- und Verfassungsgeschichte, Moraltheologie mit besonderer Rücksicht auf die Bedürfnisse des Beichtvaters; IV. Jahrgang: Pastoraltheologie im engeren Sinne, Liturgik, geistliche Beredtsamkeit, Katechetik, Unterrichtslehre, Kirchenrecht.

Das Latein ist die ordentliche Sprache der theologischen Lehrvorträge. Eine Ausnahme soll nur für einzelne Lehrfächer und aus wichtigen Gründen gemacht werden.

Als Professoren der Theologie sollen nur solche angestellt werden, welche ihre Befähigung durch eine schriftliche Prüfung und einen mündlichen Probevortrag ausgewiesen haben, doch kann bei Männern, welche ihre Fähigkeit durch Leistungen als Lehrer oder Schriftsteller bereits hinreichend bewährt haben, eine Ausnahme gemacht werden. Der Bischof trägt Sorge, dafs die schriftliche Prüfung der Bewerber unter einer strengen Aufsicht gehalten werde. Über das Ergebnis wird er nebst dem Gutachten der Professoren der Diözesananstalt auch das einer anderen theologischen Lehranstalt einholen. Die Beurteilung des Probevortrages ist von einem Ordinariatskommissar und den Professoren der Theologie vorzunehmen. Nach Beurteilung der Prüfungsleistungen wählt der Bischof aus den Bewerbern jenen, welcher am meisten Bürgschaft für eine heilbringende Wirksamkeit darbietet, und versichert sich durch eine an den Statthalter gerichtete Anfrage, dafs dem Erwählten kein politisches Bedenken im Wege steht, worauf er ihm das Lehramt verleiht. Dasselbe Verfahren ist zu beobachten, wenn der Bischof einen durch seine Leistungen als Schriftsteller oder Lehrer ausgezeichneten Mann ohne vorherige Konkursprüfung als Professor bezeichnet.

An den Theologischen Fakultäten ist bei Anstellung der von Sr. Majestät zu ernennenden Professoren in nachstehender Weise zu verfahren. Wird an einer theologischen Fakultät die Stelle eines Professors erledigt, dessen Lehrthätigkeit zum planmäfsigen Unterricht notwendig ist, und wünscht der Bischof für diese einen Mann, welcher seine Befähigung bereits durch Leistungen im Lehrfache oder als Schriftsteller hinreichend bewährt hat, so bleibt es ihm unbenommen, sich nach Anhörung des theologischen Lehrkörpers mit dem Unterrichtsministerium ins Einvernehmen zu setzen. Wünscht der Bischof keine besondere Berufung, oder ist über diese kein Einvernehmen' herzustellen, so ist vom Unterrichtsministerium durch die öffentlichen Blätter eine Bewerbung auszuschreiben. Die zur schriftlichen Prüfung erforderlichen Fragen bestimmt der Bischof und übergiebt sie dem genannten Ministerium, welches dem Bewerber gestatten kann, sich der Konkursprüfung an einer in der Ausschreibung nicht genannten theologischen Lehranstalt zu unterziehen. Dem Probevortrag wohnt ein bischöflicher Kommissar bei. Unter Mitteilung sämtlicher Gesuche, der Prüfungsarbeiten und der Beurteilung des Probevortrags wird sich das Unterrichtsministerium mit dem betreffenden Bischof ins Einvernehmen setzen, damit dessen Wünsche berücksichtigt werden können. In letzter Beziehung müfste eine Ausnahme gemacht werden, wenn dem vom Bischof vorzugsweise gewünschten Manne ein politisches Bedenken im Wege stünde.

Alle theologischen Fakultätsprofessoren sollen in der Regel Doktoren der Theologie sein. Ihre Anstellung wird drei Jahre lang als provisorisch betrachtet, wenn sie nicht gleich bei der Ernennung für definitiv erklärt wird.

Dem Bischof der Diözese, in welcher sich die Lehranstalt befindet, steht es zu, von sämtlichen Professoren und Lehrern der Theologie die Gewährleistung kirchlicher Gesinnung zu fordern, ihren Wandel, ihre Lehre und gesamte Amtsthätigkeit fortwährend zu überwachen und, wenn sie in einer dieser Beziehungen sich ihres Berufes unwürdig erweisen sollten, die Ermächtigung zum Vortrage der Theologie zurückzunehmen.

CE 2. Okt. 1855 über die Regelung der rechts- und staatswissenschaftlichen Studien an Universitäten und Rechtsakademieen.

Die Studienzeit dauert vier Jahre und beginnt mit dem Wintersemester.

Folgende Lehrgegenstände sind notwendig und in bezeichneter Reihenfolge vorzutragen: I. Jahr Deutsche Reichs- und Rechtsgeschichte; Römisches Recht samt Geschichte desselben — durch das ganze Jahr. II. Jahr (Wintersemester) Gemeines deutsches Privatrecht; (Sommersemester) Rechtsphilosophie; Encyklopädie der Rechtswissenschaft; daneben im II. Jahre Kanonisches Recht. III. Jahr Oesterreichisches bürgerliches Recht — durch das ganze Jahr; daneben politische Wissenschaften und (im Wintersemester) österreichisches Strafrecht; (im Sommersemester) Strafprozefs. IV. Jahr Oestereichischer Civilprozefs nebst dem Verfahren aufser Streitsachen — durch das ganze Jahr; daneben österreichisches Handels- und Wechselrecht und politische Wissenschaften (Wintersemester); österreichische Statistik (Sommersemester).

Die drei Kollegien über Politische Wissenschaften haben zu umfassen: Nationalökonomie, Finanzwissenschaft und die Lehre über jene administrativen Aufgaben, welche weder der Justiz- noch der Finanzverwaltung angehören — mit möglichster Hinweisung auf die österreichischen Verhältnisse, Einrichtungen und Gesetze.

Nebst den bezeichneten Fächern sind in angemessenen Zeiträumen noch Vorträge zu halten über: Völkerrecht; Bergrecht; Oesterreichische Verwaltungs- und Finanzkunde; Praktika und Relatoria aus dem österreichischen Civil- und Strafrecht; Oesterreichisches Lehenrecht und Partikularrecht; Statistik der europäischen Staaten; Gerichtliche Medizin; Staatsrechnungswissenschaft.

Die Docenten der beiden letztgenannten Gegenstände haben, sofern es Rücksichten auf Unterricht und Disciplin erfordern, den Sitzungen des rechts- und staatswissenschaftlichen Professorenkollegiums mit Sitz und Stimme beizuwohnen, sind aber, wenn sie nicht Doktoren der Rechte sind, nicht Mitglieder des Kollegiums.

Neben den oben bezeichneten Vorträgen sind die Studierenden verpflichtet, an der philosophischen Fakultät zu hören: binnen der drei letzten Semester wenigstens ein Kolleg über Philosophie, und zwar praktische Philosophie; im 3. Semester österreichische Geschichte; innerhalb der ganzen Studienzeit noch ein geschichtliches Kolleg. Überhaupt haben die Studierenden sich nicht auf die ihnen ausdrücklich vorgeschriebenen Kollegien zu beschränken, sondern noch andere nach eigener Wahl und an beliebiger Fakultät zu besuchen, und zwar in solcher Anzahl, dafs sich die Summe der Wochenstunden im 4. und 5. Semester auf 12, in den übrigen auf 20 beläuft.

Die Studierenden haben insgesamt zu Ende oder nach Ablauf des 4. Semesters eine Prüfung zu bestehen in folgenden Gegenständen: Römisches Recht; Kanonisches Recht; Deutsche Reichs- und Rechtsgeschichte in Verbindung mit österreichischer Geschichte. Wer diese Prüfung nicht vor Beginn oder innerhalb des 5. Semesters bestanden hat, dem sind die weiteren Semester, in welchen er vor Ablegung der Prüfung noch inskribiert sein mag, nicht in das gesetzliche Quadriennium einzurechnen.

An den (in Ungarn, Siebenbürgen und Kroatien bestehenden) Rechtsakademieen ist ein dreijähriger Kursus und folgender Studienplan einzuhalten: I. Jahr (Wintersemester) Geschichte des römischen Rechts und Institutionen, österreichisches Strafrecht, Oesterreichische Geschichte, (Sommersemester) Kirchenrecht, Strafprozefs, österreichische Geschichte. II. Jahr (Wintersemester) österreichisches Civilrecht, politische Ökonomie, (Sommersemester) österreichisches Civilrecht, ungarisches, siebenbürgisches Recht, österreichische Statistik, Bergrecht. III. Jahr (Wintersemester) Civilprozefs, österreichische Verwaltungsgesetzkunde; (Sommersemester) Verfahren aufser Streitsachen, Handels- und Wechselrecht, Finanzgesetzkunde.

Gesetz vom 20. April 1893 über die rechts- und staatswissenschaftlichen Studien.

§ 1. Die rechts- und staatswissenschaftlichen Studien sind, sofern durch dieselben die Qualifikation für den öffentlichen Dienst erworben werden soll, an einer rechts- und staatswissenschaftlichen Fakultät zurückzulegen. Hinsichtlich jener Studierenden, welche weder Anstellung im Staatsdienst noch die Erlangung des Doktorgrades anstreben, haben ausschliefslich die Bestimmungen der allgemeinen Studienordnung Geltung.

§ 2. Die Studiendauer beträgt mindestens acht Semester, von welchen mindestens drei vor Ablegung der rechtshistorischen Staatsprüfung zurückzulegen sind. Ein Semester ist jedoch in diese Studiandauer nur dann einzurechnen, wenn die im Verordnungswege festgesetzte Anzahl der Vorlesungen eingehalten ist. Über Einrechnung etwaiger anderer Studiensemester oder der an ausländischen Universitäten zugebrachten Studienzeit bestimmt der Unterrichtsminister.

§ 3. Die Zulassung zu den theoretischen Staatsprüfungen hat daneben den Besuch der vorgeschriebenen Vorlesungen, die Zulassung zur juridischen und staatswissenschaftlichen Staatsprüfung überdies den Nachweis der mit Erfolg abgelegten rechtshistorischen Staatsprüfung zur Voraussetzung.

§ 4. Obligat sind nachfolgende Disciplinen: I. behufs Zulassung zur rechtshistorischen Staatsprüfung: Römisches Recht, Kirchenrecht, deutsches Recht (Geschichte der Rechtsquellen und des öffentlichen Rechts, Geschichte und System des Privatrechts), österreichische Reichsgeschichte (Geschichte der Staatsbildung und des öffentlichen Rechts); II. behufs Zulassung zur juridischen und staatswissenschaftlichen Staatsprüfung: Oesterreichisches Privatrecht, österreichisches Handels- und Wechselrecht, österreichisches civilgerichtliches Verfahren, österreichisches Strafrecht und Strafprozefs, allgemeines österreichisches Staatsrecht, Verwaltungslehre und österreichisches Verwaltungsrecht, Volkswirtschaftslehre und Volkswirtschaftspolitik, Finanzwissenschaft mit besonderer Rücksicht auf österreichische Finanzgesetzgebung; III. Aufserdem haben die Studierenden der Rechte zu hören: 1. vor der rechtshistorischen Staatsprüfung eine Vorlesung an der philosophischen Fakultät aus dem Gebiete der Philosophie, 2. vor oder nach dieser Prüfung noch eine Vorlesung an der philosophischen Fakultät, ferner eine Vorlesung über Geschichte der Rechtsphilosophie und eine Vorlesung über allgemeine vergleichende und österreichische Statistik.

In besonders motivierten Fällen kann der Unterrichtsminister von dem Besuche einzelner obligater Vorlesungen entbinden.

Specielle Anordnungen über das medizinische und pharmaceutische Studium: CE 20. April 1833.

Über die Stellung der philosophischen Studien im Universitätsunterricht ME 24. Nov. 1867: Da die philosophische Fakultät nicht die Aufgabe hat, eine bestimmte Berufsbildung zu geben, ihr vielmehr die Pflege der wissenschaftlichen Bildung um ihrer selbst willen zufällt, so liegt für den Kandidaten der philosophischen Doktorwürde kein

Grund vor, eine Beschränkung seiner Wahlfreiheit in betreff der Fakultät, in welcher er seine gesetzliche Universitätszeit (3 Jahre) zubringen will, eintreten zu lassen, um so weniger, als dem Immatrikulierten jeder Fakultät freisteht, auch Vorlesungen an der philosophischen Fakultät zu besuchen. Ein gesetzlicher Zwang zum Besuche der philosophischen Fakultät während eines gewissen Zeitraumes[1]) für die Kandidaten der philosophischen Doktorwürde oder des Gymnasiallehramtes, dessen Berechtigung doch nur aus Rücksichten für einen geregelten Bildungsgang derselben aufgestellt werden könnte, würde aber in seiner Allgemeinheit dem beabsichtigten Zwecke nicht entsprechen. — Allein derlei Rücksichten müssen unter allen Verhältnissen dem höheren an den österreichischen Hochschulen zum Prinzip erhobenen Grundsatz der Lern- und Lehrfreiheit, soweit dies nur immer ausführbar ist, untergeordnet und dürfen nicht zum Ausgangspunkte von Beschränkungen dieses Prinzipes genommen werden.[2])

ME 7. Okt. 1858: Studienordnung der evangelisch-theologischen Fakultät zu Wien (vergl. Dekret vom 29. Dez. 1819 über die Stiftung und ME 8. Okt. 1850 über die Organisation).

Der Studiengang erstreckt sich auf 3 Jahre und umfaßt im I. Semester: Theologische Encyklopädie, Einleitung in das A. T., hebräische Sprache, griechische Sprache, Kirchengeschichte bis auf Karl d. Gr.; II. Semester: Biblische Archäologie, Einleitung in das N. T., neutestamentliche Hermeneutik, Kirchengeschichte bis zur Reformation; III. Semester: Exegese des A. T., Exegese des N. T., Kirchengeschichte bis zur Gegenwart, Dogmatik; IV. Semester: Exegese des A. und N. T., christliche Ethik; V. Semester: Exegese des N. T., Kirchenrecht, Homiletik, homiletische Übungen; VI. Semester: Theologische Litteraturgeschichte, Symbolik, Liturgik, Katechetik, Pastoraltheologie, homiletische, katechetische und liturgische Übungen.

8. Rußland. Stiftungsurkunde der Universität Dorpat vom 30. Juni 1802 (vollzogen durch Gustav Adolf im Feldlager zu Nürnberg). Restauriert 1802. Statuten vom 12. Sept. 1803. Die theologische Fakultät ist protestantisch. Die philosophische wurde 1850 geteilt in eine philosophisch-historische und eine physiko-mathematische Fakultät. Geltende Statuten vom 9. Jan. 1865.

Für die Universitäten Petersburg, Moskau, Charkow, Kasan,

---

[1] Es handelte sich bei diesem Erlaß um die Vorstellung des philosopischen Professorenkollegiums von Prag, wenigstens ein viersemestriges Fakultätsstudium vorzuschreiben.

[2] Obgleich der Erlaß an anderer Stelle bemerkt, daß dieses „Prinzip" bei den anderen Fakultäten durchbrochen sei, wird gleichwohl bei dem schwierigsten aller Berufe, dem höheren pädagogischen, damit eine gewisse Regellosigkeit in der Vorbildung inauguriert.

Kijew und Odessa: Allgemeines Statut der kaiserlich russischen Universitäten vom 23. August 1884. (Seit 1892/93 hinsichtlich der Studierenden auch für Dorpat [Jurjew]). Die Universitäten stehen unter besonderer Protektion des Kaisers (III, 1). An jeder vollständigen Universität bestehen 4 Fakultäten: die historisch-philologische, physikomathematische, juristische und medizinische. In Petersburg besteht dazu noch eine besondere Fakultät für orientalische Sprachen (III, 3). Für Studierende orthodoxer Konfession ist an jeder Universität ein besonderer Lehrstuhl für orthodoxe Theologie eingerichtet (III, 53). Der Inhaber ist Mitglied des Universitätsconseils (Rektor und Dekane), steht aber aufserhalb des Fakultätsverbandes. Zum Vortrag moderner Fremdsprachen sind überall Lektoren angestellt, die der philosophisch-historischen Fakultät zugehören. Zur Fakultät zählen Professoren, Docenten, Lektoren und Assistenten. Der Unterrichtsminister kann Litteraten, die sich wissenschaftlich ausgezeichnet, auch ohne vorherige Doktorpromotion als aufserordentliche Professoren berufen (II, 7 und III, 62). Die Dekane werden vom Kurator aus den Professoren gewählt und vom Unterrichtsminister auf 4 Jahre bestätigt. Die Universitäten stehen unter dem Unterrichtsminister. Die unmittelbare Leitung steht dem Rektor zu, die äufsere und unmittelbare dem Kurator des betreffenden Lehrbezirks. — Als Studierende werden solche aufgenommen, die das Reifezeugnis eines anerkannten Gymnasiums besitzen (V, 16). Andere Personen werden zum Hören von Vorlesungen auf die vom Unterrichtsminister zu bestimmenden Bedingungen hin zugelassen (V, 120). Die Aufnahme erfolgt einmal im Jahr, vor dem 20. August. Die Wahl der Fächer innerhalb und aufserhalb der Fakultät steht frei. (Gilt auch für die 1587 errichtete Universität zu Tomsk.)

9. Schweiz. Universitäten zu Basel, Zürich, Bern, Genf, Lausanne (Freiburg und Neuenburg). Das Prüfungswesen für den Zutritt zum theologischen, juristischen und philologisch-mathematischen Studium ist kantonal geregelt. Hinsichtlich des medizinischen Studiums gelten: Regulativ vom 1. Juli 1891 für die eidgenössischen Maturitätsprüfungen der Kandidaten der Medizin, Bundesgesetz vom 19. Dez. 1877 und 21. Dez. 1886 (Verzeichnis der maturitätsberechtigten Schulen vom 21. Aug. 1889).

Basel (gegründet 1460): Protestantisch-theologische, juristische, medizinische und philosophische Fakultät, letztere mit philologisch-historischer und mathematisch-naturwissenschaftlicher Abteilung. Universitätsgesetz vom 30. Jan. 1866. Ordnung für die Studierenden vom 27. März 1890. Zur Immatrikulation ist ein Sitten- und Studienzeugnis, bei Kantonsangehörigen auch ein Maturitätszeugnis erforderlich. Der Besuch einzelner Vorlesungen ist auch Nichtstudierenden gestattet. (Es werden auch weibliche Studierende zugelassen.) Es lesen ordentliche,

außerordentliche Professoren und Privatdocenten. Die ordentlichen
Professoren sind lebenslänglich angestellt und bilden die akademische
Regenz, aus deren Mitte jährlich der Rektor gewählt wird, und welcher
die Aufsicht über die Studierenden und die Sammlungen sowie die
Verwaltung des Universitätsfonds zusteht. Die sämtlichen Professoren
jeder Fakultät bilden ein Kollegium unter Vorsitz eines jährlich aus
den ordentlichen Professoren gewählten Dekans.

Zürich (gegründet 1832): Protestantisch-theologische, staatswissenschaftliche, medizinische und philosophische Fakultät mit philosophisch-philologisch-historischer und mathematisch-naturwissenschaftlicher
Sektion. Universitätsordnung vom 7. März 1855 (23. Juni 1886).
Verordnung über Organisation der Lehrkurse und der Studien vom
15. Sept. 1877. Gemeinsame Bestimmungen über die Seminare vom
12. März 1687. Statuten für die Studierenden vom 16. März 1889.
Die Professoren jeder Fakultät resp. Sektion wählen auf 2 Jahre einen
Dekan, der Senat, d. h. die ordentlichen Professoren und Dekane, auf
2 Jahre den Rektor. Zur Immatrikulation werden Sittenzeugnis und
genügende Vorkenntnisse, bei Kantonsbürgern auch das Maturitätszeugnis verlangt. Industrieschul-, Seminar- und ähnliche Abiturienten
können bei der philosophischen Fakultät immatrikuliert werden.

Bern (gegründet 1834): Protestantisch-, katholisch-theologische,
juristische, medizinische und philosophische Fakultät. Dem Rahmen der
Universität ist eine Tierarzneischule eingefügt. Gesetz über die Hochschule vom 14. März 1834 (20. Sept. 1867). Reglement über die Eintrittsbedingungen vom 24. Sept. 1880. Reglement über die Disciplin vom
22. Febr. 1893. Studienplan der Bernischen Hochschule vom 22. Juli 1892.
Gesetz über die Tierarzneischule vom 10. Sept. 1868. Reglement der
Tierarzneischule vom 11. März 1876. Studienplan für die Bernische
Hoch- und Tierarzneischule vom 5. Mai 1886. Die Professoren und
die Docenten, welche ein Honorar beziehen, bilden den akademischen Senat, welcher unter regierungsseitiger Bestätigung den Rektor
auf 1 Jahr wählt. Der akademische Senat ist die vorberatende Behörde
für alle allgemeinen die Hochschule betreffenden Verfügungen und besitzt
das Recht, dem Erziehungsdepartement pädagogische Vorschläge zu
machen. Das letztere ist befugt, von den ordentlichen Professoren,
deren Lehrfächer sich hierzu eignen, die Lesung gemeinverständlicher
Publica zu verlangen.

Genf (gegründet 1873): Faculté des sciences, des lettres et des
sciences sociales, de droit, de théologie protestante und de médicine. Loi
sur l'instruction publique (§§ 130—163) vom 5. Juni 1886. Règlement de
l'université vom 9. Mai 1893. Die ordentlichen Professoren werden
lebenslänglich angestellt und erhalten nach 12 Dienstjahren den Titel
„Professeur honoraire". Die außerordentlichen erhalten einen Lehrauf-

trag mit 3jähriger Amtsdauer auf Wiederwählbarkeit. Die Immatrikulation geschieht auf Grund eines Maturitätszeugnisses bei beiden Geschlechtern. Die Studierenden können nach jedem Jahreskursus ein Examen ablegen. Der Senat erteilt auf Prüfungsergebnisse hin Diplome als Bachelier, Licentié oder docteur sowie für Chemiker resp. Pharmaceuten. Im Anschluſs an die Universität besteht zu Genf die École dentaire, welche in 3 Jahreskurse auf Grund von Maturitätszeugnissen inskribiert vergl. Règlement 18. Mai und 18. Dezember 1868.

Lausanne (gegründet 1890): Faculté de théologie protestante, de droit, de médicine, des lettres und des sciences (in 3 Sektionen: mathématiques, pharmaceutiques — École de pharmacie — und technique — École d'ingénieurs). Loi sur l'instruction publique supérieure vom 10. Mai 1890. Règlement général de l'Université vom 19. Juli 1890. Règlement de la Section des sciences techniques soit École d'ingénieurs vom 15. Okt. 1891. Der theologische Kursus ist auf 8, der juristische auf 6, der philosophische in beiden Sektionen auf 4 Semester berechnet. Das Ingenieurdiplom kann nach 7 Semestern errungen, die (eidgenössische) Medizinalprüfung nach 4 + 5 Semestern abgelegt werden, das Pharmaceutenexamen setzt viersemestriges Studium voraus. Zur Immatrikulation sind genügende Vorkenntnisse, für Kantonsangehörige das Diplom als bachelier ès-lettres von Lausanne erforderlich. Die Universität erteilt Licences, Diplome und Doktortitel. Weibliche Aspiranten werden aufgenommen.

Freiburg (gegründet 1889): Katholisch-theologische, juristische und philosophische Fakultät. Statuten der Universität von 1890. In der theologischen Fakultät wird meist lateinisch, in den übrigen deutsch oder französisch gelesen. Die Fakultät entscheidet über Zulassung zur Immatrikulation.

Neuenburg (gegründet 1866): Faculté des lettres, des sciences, de droit und de théologie protestante. Loi sur l'enseignement supérieur vom 31. Mai 1883. Die Akademie ist ein selbständiger Oberbau des Gymnasiums. Zur Aufnahme als Studierender ist ein Maturitäts- oder gleichwertiges Studienzeugnis erforderlich. Die Privatdocenten gelten als Professeurs agrégés. Für besondere Verdienste kann der Titel als Honorarprofessor staatlicherseits verliehen werden. Die Akademie verleiht Diplome als Bachelier ès-lettres, ès-sciences und als Licentié ès-lettres, ès-sciences, en théologie und en droit.

10. Skandinavien. a. Schweden. Universitäten bestehen zu Lund und Upsala, eine Hochschule zu Stockholm. Die Universitätsverfassungen sind den deutschen ähnlich. Aufser den Professoren lesen Docenten mit und ohne Gehalt sowie salarierte Amanuensen. An der Hochschule zu Stockholm, früher nur medizinisch-chirurgisches Institut, werden auch mathematisch-naturwissenschaftliche Vorlesungen und Üb-

ungen gehalten. — b. Norwegen. Universität Christiania (gegründet 1811): theologische, juristische, medizinische, historisch-philosophische und mathematisch-naturwissenschaftliche Fakultät. Aufser den Professoren giebt es Universitätsstipendiaten, welche die Stelle von Privatdocenten einnehmen. Die Dekane als Vorsitzende der Fakultäten bilden das akademische Kollegium. Nach den 1854 erlassenen Immatrikulationsbestimmungen wird die Zulassung durch das nach Gesetz vom 16. Juni 1883 vorgeschriebene examen artium oder das Entlassungsexamen der Kriegsschule bedingt. Weibliche Aspiranten sind durch Gesetz vom 14. Juni 1884 den männlichen völlig gleichgestellt. Zu den Staatsprüfungen der einzelnen Fakultäten können nur die als akademische Bürger Immatrikulierten zugelassen werden. Das erste Universitätsexamen, welchem sich jeder Studierende zu unterziehen hat, ist das examen philosophicum. Nach dem Gesetz vom 3. April 1875 und den königlichen Resolutionen vom 18. Mai 1876 und 4. Juni 1877 wird hierbei jeder Examinand in Philosophie (philosophischer Propädeutik, Psychologie und Ethik) und in 5 anderen Disciplinen geprüft, die er sich aus den in der philosophischen oder mathematischen Fakultät vorgetragenen wählen kann. Von den gewählten Fächern soll jedoch wenigstens eins der sprachlich-geschichtlichen oder der mathematisch-naturwissenschaftlichen Fachgruppe angehören. Dieses Examen wird am Schlusse jedes Semesters durch eine vom akademischen Kollegium ernannte Deputation abgehalten und kann entweder auf einmal oder in mehreren Abteilungen abgelegt werden; jedoch darf am Ende des ersten Semesters kein Studierender mehr als zwei Fächer, von denen Philosophie überhaupt ausgeschlossen ist, absolvieren.

# Anhang.

**Nachtrag I.** zu Seite 60 ff. (77 Anm.) *Preufsen.* Lehrerbesoldungsgesetz vom 3. März 1897 (GS 25). § 1. Das Diensteinkommen fest angestellter vollbeschäftigter Lehrkräfte öffentlicher Volksschulen besteht aus Grundgehalt, Alterszulagen und freier Wohnung oder Mietsentschädigung. § 2. Das Grundgehalt beträgt für Lehrer mindestens 900 M., für Lehrerinnen mindestens 700 M. jährlich; bei Rektoren oder Hauptlehrern steigert es sich nach örtlichen oder amtlichen Verhältnissen. Einstweilig angestellte und solche Lehrkräfte, die noch nicht 4 Jahre im öffentlichen Schuldienste gestanden haben, erhalten nur ⁴/₅ des Grundgehaltes der betreffenden Schulstelle; jedoch darf die Besoldung der Lehrerinnen nicht unter 700 M. sinken. § 5. Die Alterszulage beträgt für Lehrer jährlich 100 M., steigend von 3 zu 3 Jahren um je 100 M. bis 900 M., für Lehrerinnen jährlich 80 M., steigend von 3 zu 3 Jahren um je 50 M. bis 720 M. § 6. Die erste Zulage wird nach siebenjähriger Dienstzeit im öffentlichen Schuldienste gewährt. § 7. Ein rechtlicher Anspruch auf Neugewährung einer Alterszulage steht den Lehrern und Lehrerinnen nicht zu, die Versagung ist jedoch nur bei unbefriedigender Dienstführung zulässig. Die Versagung bedarf der Genehmigung der Bezirksregierung, in Berlin des Provinzial-Schulkollegiums. Die zeitweise Vorenthaltung der Alterszulage ist ohne Einfluss auf die Berechnung der Dienstzeit bei späterer Gewährung der Zulage. § 8. Behufs gemeinsamer Bestreitung der Alterszulagen wird für die zur Aufbringung verpflichteten Schulverbände in jedem Regierungsbezirk (ausschliefslich der Stadt Berlin) eine Kasse gebildet. Die Verwaltung der Alterszulagekasse erfolgt durch die Bezirksregierung. Die Kassengeschäfte werden durch die Regierungshauptkasse und durch die ihr unterstellten Kassen unentgeltlich besorgt. Die Alterszulagen werden von der Kasse an die Bezugsberechtigten gezahlt. Die Kosten der Zusendung trägt die Kasse. In städtischen Schulverbänden erfolgt die Auszahlung durch die Schulverbände für Rechnung der Alterszulagekasse. Das gleiche Verfahren kann von der Schulaufsichtsbehörde in gröfseren ländlichen Schulverbänden angeordnet werden. Für jedes mit dem 1. April beginnende Rechnungsjahr wird der Bedarf der Kasse nach dem Stande der Alterszulagen vom 1. Oktober des Vorjahres unter Berücksichtigung der voraussichtlichen Steigerung oder Verminderung der Alterszulagen und unter Hinzurechnung der voraussichtlichen Verwaltungskosten berechnet. Den Mafsstab für die Verteilung des Bedarfs auf die Schulverbände bildet die Anzahl der der Alterszulage angeschlossenen Lehrer- und Lehrerinnenstellen in Verbindung mit dem Einheitssatze der Alterszulagen der betreffenden Stellen. Für Schulstellen, welche nach Aufstellung des Verteilungsplanes im Laufe des Jahres neu errichtet werden, ist der Beitrag zur Alterszulagekasse von dem Tage an zu zahlen, seit welchem die Stelle durch eine besondere Lehrkraft versehen wird. Auf die Alterszulagen der Lehrer und Lehrerinnen in Berlin findet der § 5 nur mit der Mafsgabe Anwendung, dafs der Bezug spätestens nach siebenjähriger Dienstzeit im öffentlichen Schuldienste zu beginnen hat, und dafs der Höchstbetrag spätestens nach weiteren vierundzwanzig Dienstjahren erreicht sein mufs. § 9. Der Bezug der Alterszulagen beginnt mit dem Ablaufe desjenigen Vierteljahres, in welchem die erforderliche Dienstzeit vollendet wird. § 10. Bei Berechnung der Dienstzeit der Lehrer und Lehrerinnen kommt die gesamte Zeit in Ansatz, während welcher sie im öffentlichen Schuldienste in Preufsen oder in den nach ihrem Eintritt in den öffentlichen Schuldienst von Preufsen erworbenen Landesteilen sich befunden haben. Ausgeschlossen bleibt die Anrechnung derjenigen Dienstzeit, während welcher die Zeit und Kräfte eines Lehrers oder einer Lehrerin nach der Entscheidung der Schulaufsichtsbehörde durch die ihnen übertragenen Geschäfte nur nebenbei in Anspruch genommen gewesen sind. Die Dienstzeit wird vom Tage der ersten eidlichen Verpflichtung für den öffentlichen Schuldienst an gerechnet. Kann ein Lehrer oder eine Lehrerin nachweisen, dafs die Vereidigung erst nach dem Eintritt in den öffentlichen Schuldienst stattgefunden hat, so wird die Dienstzeit von letzterem Zeitpunkt an gerechnet. Der Dienstzeit im Schulamte wird die Zeit des aktiven Militärdienstes hinzugerechnet. Die Dienstzeit, welche vor dem Beginn des einundzwanzigsten Lebensjahres fällt, bleibt aufser Berechnung. Als öffentlicher Schuldienst ist auch anzurechnen: 1. diejenige Zeit, während welcher ein Lehrer an einer Anstalt thätig gewesen ist, welche vertragsmäfsig die Vorbereitung von Zöglingen für die staatlichen Lehrerbildungsanstalten übernommen hat; 2. diejenige Zeit, während welcher ein Lehrer oder eine Lehrerin als Erzieher oder Erzieherin an einer öffentlichen Taubstummen-, Blinden-, Idioten-, Waisen-, Rettungsoder ähnlichen Anstalt sich befunden hat. Mit Genehmigung des Unterrichtsministers kann auch die im aufserpreufsischen öffentlichen Schuldienste zugebrachte Zeit angerechnet werden. § 11. Für diejenigen Lehrer und Lehrerinnen, die vor ihrem Eintritt in den öffentlichen Volksschuldienst an Privatschulen, in denen nach dem Lehrplan einer öffentlichen Volksschule unterrichtet wird, voll beschäftigt waren, gelten bei Bemessung der Alterszulagen folgende Vorschriften: 1. Sofern sie sich beim Inkrafttreten dieses Gesetzes (1. April 1897) bereits im öffentlichen Schuldienste befinden, sind ihnen die an derartigen Privatschulen zugebrachten Dienstjahre anzurechnen 2. Sofern sie erst nach dem Inkrafttreten dieses Gesetzes in den öffentlichen Volksschuldienst übertreten, erlangen sie bis zum Höchstmafse von zehn Jahren eine Anrechnung dieser Dienstzeit oder eines Teiles dieser soweit, als ein Beitrag von jährlich 270 Mark für Lehrer und 120 Mark für Lehrerinnen für diese Zeit an die Alterszulagekasse, in Berlin an die Schulkasse, nachgezahlt wird. Für die vor dem 1. April 1897 zurückgelegene Zeit ermäfsigen sich die vorstehenden Sätze auf ein Drittel. Die Stadt Berlin ist befugt, bei der Anrechnung jener Dienstzeit über das Höchstmafs von zehn Jahren hinauszugehen und auf die Einzahlungen an die Schulkasse ganz oder teilweise zu verzichten. 3. Die Beschäftigung, welche vor den Beginn des einundzwanzigsten Lebensjahres oder vor die erlangte Befähigung zur Anstellung im öffentlichen Volksschuldienste fällt, bleibt aufser Berechnung. Der Beschäftigung an einer preufsischen Privatschule im Sinne des ersten Absatzes steht die Thätigkeit als Lehrer oder Lehrerin, als Erzieher oder Erzieherin an einer privaten Taubstummen-, Blinden-, Idioten-, Waisen-,

Rettungs- oder ähnlichen Anstalt gleich. Die auf Grund der vorstehenden Bestimmungen erfolgte Anrechnung ist auch für den Anspruch auf Ruhegehalt mafsgebend. § 20. Auf das Grundgehalt (§§ 1, 2, 4) oder die nach § 3 gewährte Besoldung sind anzurechnen: 1. Der Ertrag der Landnutzung, 2. Die sonstigen Diensteinkünfte an Geld oder Naturalleistungen. Bei amtlicher Festsetzung des Diensteinkommens beschliefst auf Anrufen von Beteiligten über die Anrechnung dieser Diensteinkünfte sowie des Ertrages der Landnutzung der Kreisausschufs und, sofern es sich um Stadtschulen handelt, der Bezirksausschufs. Der Beschlufs des Bezirksausschusses in erster oder zweiter Instanz ist endgültig. Eine anderweitige Festsetzung ist bei erheblicher Änderung der ihr zu Grunde liegenden thatsächlichen Verhältnisse zulässig. Die Festsetzung gilt auch für die Berechnung des Ruhegehaltes. 3. Das Brennmaterial wird mit dem nach § 8 des Gesetzes vom 23. Juli 1893, betreffend Ruhegehaltskassen für die Lehrer und Lehrerinnen an den öffentlichen Volksschulen (Gesetzsammlung S. 194) festgesetzten Betrage mit der Beschränkung angerechnet, dafs das verbleibende Grundgehalt (§ 2) einschliesslich der zu 1 und 2 angeführten Bezüge bei Lehrern nicht unter 840 Mark, bei Lehrerinnen nicht unter 650 Mark jährlich betragen darf. In gleicher Weise ist das Grundgehalt, von welchem die nach § 3 festzusetzende Besoldung gewährt wird, zu berechnen. § 21. Die Zahlung des baren Diensteinkommens erfolgt an endgültig angestellte Lehrer und Lehrerinnen vierteljährlich, an einstweilig angestellte monatlich, im voraus. § 22. Lehrer und Lehrerinnen an öffentlichen Volksschulen erhalten bei Versetzungen im Interesse des Dienstes aus der Staatskasse eine Vergütung für Umzugskosten unter Wegfall der von den Schulunterhaltungspflichtigen zu entrichtenden Anzugs- oder Herbeiholungskosten. . . . . . § 24. Kommissarisch mit der Verwaltung einer Stelle Beauftragten ist ohne Anspruch auf Entschädigung in der Dienstwohnung ein Unterkommen zu gewähren. § 27. I. Aus der Staatskasse wird ein jährlicher Beitrag zu dem Diensteinkommen der Lehrer und Lehrerinnen und, soweit er hierzu nicht erforderlich ist, zur Deckung der Kosten für andere Bedürfnisse des betreffenden Schulverbandes an die Kasse desselben gezahlt. Der Beitrag wird so berechnet, dafs für die Stelle eines alleinstehenden sowie eines ersten Lehrers 500 Mark, eines anderen Lehrers 300 Mark, einer Lehrerin 150 Mark jährlich gezahlt werden. Bei der Berechnung kommen nur Stellen für vollbeschäftigte Lehrkräfte in Betracht. Darüber, ob eine Lehrkraft voll beschäftigt ist, entscheidet ausschliefslich die Schulaufsichtsbehörde. Aufser Betracht bleiben neu errichtete Stellen, bis sie durch eine besondere Lehrkraft versehen werden. Das Recht auf den Bezug des Staatsbeitrages ruht, so lange und soweit durch dessen Zahlung eine Erleichterung der nach öffentlichem Recht zur Schulunterhaltung Verpflichteten mit Rücksicht auf vorhandenes Schulvermögen oder auf Verpflichtungen Dritter aus besonderen Rechtstiteln nicht würde bewirkt werden. II. Der Staatsbeitrag wird bis zur Höchstzahl von 25 Schulstellen für jede politische Gemeinde gewährt. Sind die Einwohner einer politischen Gemeinde mehr als 25 Schulstellen vorhanden, so wird der Staatsbeitrag innerhalb der Gesamtzahl von 25 Stellen für so viele erste Lehrerstellen, andere Lehrerstellen und Lehrerinnenstellen gewährt, als dem Verhältnis der Gesamtzahl dieser Stellen untereinander entspricht. Bruchteile werden bei solchen Schulstellen, für welche der höhere Staatsbeitrag zu zahlen ist, ausgeglichen Wo die Grenzen der politischen Gemeinde sich mit denen des Schulverbandes nicht decken, dergestalt, dafs der Schulverband aus mehreren politischen Gemeinden oder Teilen von solchen besteht und für die Einwohner einer dieser politischen Gemeinden mehr als 25 Stellen vorhanden sind, wird durch Beschluſs der Schulaufsichtsbehörde nach Anhörung der Beteiligten mit Rücksicht auf die Zahl der Einwohner des Schulverbandes und der Schulkinder, welche den einzelnen politischen Gemeinden angehören, sowie mit Rücksicht auf die Einrichtung der Schule festgesetzt, wie viele ganze der im Schulverbande bestehenden (ersten, anderen Lehrer-, Lehrerinnen-) Stellen auf jede zum Schulverbande gehörende politische Gemeinde oder Teile von Gemeinden zu rechnen sind, für wie viele Stellen demgemäſs an den Schulverband der Staatsbeitrag zu zahlen ist. Der Beschluſs ist den beteiligten Schulverbänden zuzustellen. Diesen steht binnen vier Wochen nach der Zustellung die Beschwerde an den Oberpräsidenten (in den Hohenzollernschen Landen an den Unterrichtsminister) zu, welcher endgültig entscheidet. Bei einer erheblichen Änderung der Verhältnisse kann eine neue Berechnung von den beteiligten Schulverbänden beantragt oder von der Schulaufsichtsbehörde von Amts wegen beschlossen werden. Gehören die Einwohner einer politischen Gemeinde verschiedenen Schulverbänden an, so werden die für die politische Gemeinde zu berechnenden Staatsbeiträge für erste, andere Lehrer- und Lehrerinnenstellen auf die einzelnen Schulverbände durch die Schulaufsichtsbehörde nach dem Verhältnis solcher Staatsbeiträge verteilt, welche den Schulverbänden bei Gewährung der Staatsbeiträge für sämtliche Schulstellen zu zahlen sein würden. Die in diesen Vorschriften angeordnete Festsetzung und Verteilung bleibt bis zum Schlusse desjenigen Rechnungsjahres maſsgebend, in welchem eine neue getroffen ist. Auf Beschwerden entscheidet der Oberpräsident (in den Hohenzollernschen Landen der Unterrichtsminister) endgültig. III. In Schulverbänden, in denen der Staatsbeitrag für alle Schulstellen gezahlt wird, ist er für einstweilig angestellte Lehrer und für Lehrer, welche noch nicht vier Jahre im öffentlichen Schuldienste gestanden haben, um 100 M. jährlich zu kürzen. IV. Für solche Lehrerstellen, für welche der Staat den Besoldungsbeitrag (Nr. 1) an den Schulverband gewährt, wird aus der Staatskasse ein jährlicher Zuschuſs von 337 M., für die Lehrerinnenstellen dieser Art ein jährlicher Zuschuſs von 184 M. an die Alterszulagekasse des betreffenden Bezirks gezahlt und dem Schulverbande auf seinen Beitrag zur Kasse angerechnet. In dem Falle der Nr. II Absatz 4 erfolgt die Zahlung und Anrechnung für die einzelnen Schulverbände nach dem Verhältnis der ihnen zu gewährenden Besoldungsbeiträge. In Berlin wird der staatliche Zuschuſs zu den Alterszulagen an die Schulkasse gezahlt. VI. Solchen politischen Gemeinden, denen nach den Bestimmungen zu I, II und IV am 1. April 1897 geringere Zahlungen aus der Staatskasse zu leisten sind, als ihnen nach den Vorschriften der Gesetze vom 14. Juni 1888 und 31. März 1889 (G.-S. S. 240 u. 64) zustehen würden, wird der Ausfall durch Gewährung eines dauernden Zuschusses aus der Staatskasse insoweit ersetzt, wie dieser Ausfall den Betrag von zwei vom Hundert des Veranlagungssolls übersteigt, welches der Gemeindebesteuerung der Einkommen von mehr als 900 M. jährlich für das Jahr 1. April 1897/98 bei Anwendung der Vorschriften des Kommunalabgabengesetzes vom 14. Juli 1893 (G.-S. S. 152) zu Grunde zu legen ist. Gehören die Einwohner einer dieser politischen Gemeinden verschiedenen Schulverbänden an, so finden die Vorschriften des Absatz 1 mit der Maſsgabe Anwendung, daſs der Staatszuschuſs, welcher demnach der politischen Gemeinde zustände, wenn die öffentlichen Volksschulen in ihr als Gemeindeanstalten unterhalten würden, auf die einzelnen Schulverbände nach dem Verhältnis des für letztere entstandenen Ausfalles an bisher zahlbar gewesenen Staatsbeiträgen verteilt wird. Die Festsetzung der Staatszuschüsse für die einzelnen beteiligten politischen Gemeinden und Schulverbände erfolgt durch Königliche Verordnung. VII. Soweit in einem Jahre der für die Gewährung des Mindestsatzes der Alterszulagen erforderliche Bedarf hinter dem Staatszuschufs zurückbleibt, ist der Staatszuschufs entsprechend zu kürzen. Der Überschufs ist zur Unterstützung solcher Alterszulagekassen zu verwenden, in denen der Bedarf für die Gewährung des Mindestsatzes durch den Staatszuschufs nicht gedeckt wird. Soweit der Überschufs nicht hierzu Verwendung findet, ist er zur Unterstützung von leistungsunfähigen Schulverbänden bei Elementarschulbauten in den Staatshaushaltsetat einzustellen. VIII. Die Staatsbeiträge sind vierteljährlich im voraus zu zahlen, soweit sie nicht gegen die von den Schulverbänden zu entrichtenden Alterszulage- und Ruhegehaltskassenbeiträge (§ 11 des Gesetzes vom 23. Juli 1893, G.-S. S. 194) aufgerechnet werden. Die den Lehrern und Lehrerinnen an öffentlichen Volksschulen aus Staatsfonds gewährten Alterszulagen kommen in Fortfall. § 28 —. Die §§ 1 bis 3 des Gesetzes vom 14. Juni 1888 (G.-S. S. 240) und Artikel I des Gesetzes vom 31. März 1889 (G.-S. S. 64), betreffend die Erleichterung der Volksschullasten, treten aufser Kraft.

**Nachtrag II** zu Seite 437. Änderung des Studienplans der juristischen Fakultät an preufsischen Universitäten. Im Einverständnis mit dem Minister für geistliche usw. Angelegenheiten verfügte der Justizminister unter dem 19. Januar 1897 — I 168 (Just.-Min. Bl. 19) — : I. An Stelle der bisherigen Vorlesungen über juristische Encyklopädie, römische Rechtsgeschichte, Institutionen des römischen Rechts, Pandekten, deutsche Rechtsgeschichte, deutsches Privatrecht, preufsisches Landrecht, rheinisch-französisches Recht treten folgende Vorlesungen: 1. Einführung in die Rechtswissenschaft; 2. römische Rechtsgeschichte und System des römischen Privatrechts; 3. deutsche Rechtsgeschichte und Grundzüge des deutschen Privatrechts; 4. deutsches bürgerliches Recht (bürgerliches Gesetzbuch nebst reichs- und landesrechtlichen Ergänzungen) in eingehender dogmengeschichtlicher Entwickelung; 5. Übersicht über die Rechtsentwickelung in Preufsen mit Rücksicht auf die einzelnen Landesteile. II. Von den exegetischen, praktischen oder sonstigen Übungen der Studierenden mufs a. in die erste Hälfte der Studienzeit mindestens eine Übung im deutschen bürgerlichen Rechte, b. in die zweite Hälfte der Studienzeit mindestens eine Übung im deutschen bürgerlichen Rechte und eine civilprozessualische, das bürgerliche Recht mitumfassende Übung fallen. III. Dem Gesuche um Zulassung zur ersten juristischen Prüfung sind Arbeiten beizufügen, welche in den unter IIa, b bezeichneten Übungen vom Kandidaten angefertigt und vom Lehrer oder dessen Assistenten schriftlich censiert sind. Aus den Censuren mufs sich ergeben, dafs die Arbeiten mit dem Kandidaten besprochen sind. Auch ist ein Gesamtzeugnis einzureichen, dafs der Kandidat mit Fleifs und Erfolg an der Übung teilgenommen hat. IV. Inwieweit die Nichtbeachtung der Bestimmungen unter I—III die Annahme eines ordnungsmäfsigen Rechtsstudiums ausschliefst, hat der Vorsitzende der Prüfungskommission zu entscheiden. Liegt nach dieser Entscheidung ein ordnungsmäfsiges Rechtsstudium nicht vor, so wird der Kandidat auf ein oder mehrere Semester zurückgewiesen. V. Als genügend entschuldigt ist die Nichtteilnahme an einer Vorlesung oder

Übung namentlich dann anzusehen, wenn diese an der Universität, auf welcher sich der Studierende befand, nicht oder nur in einer dem Rahmen des gesamten Studienplans nicht entsprechenden Stundenzahl gehalten worden ist und der Studierende den Umständen nach nicht in der Lage war, eine andere Universität zu beziehen. In Betreff der Frage, ob die für eine Vorlesung oder eine Übung angesetzte Stundenzahl als eine unverhältnismäfsige anzusehen ist, hat eine besondere Verfügung des Herrn Unterrichtsministers als Anhalt zu dienen. Diese Vorschriften finden auf die Studierenden, die ihr Rechtsstudium vor dem 1. April 1898 begonnen haben, nur insoweit Anwendung, als sich nicht mit Rücksicht auf die Zahl der von ihnen bereits zurückgelegten Semester Einschränkungen ergeben und es auch nach allen sonst in Betracht kommenden Gesichtspunkten der Billigkeit angemessen erscheint.

# Bibliographie.

## Abkürzungen.

Ar = Arena (Boston).
Arbeiterfr. = Arbeiterfreund (Berlin).
Arch. f. öff. R. = Archiv für öffentliches Recht (Freiburg i. B.).
Beitr. z. Statist. d. KR. Bayern = Beiträge zur Statistik des Königreichs Bayern (München).
Calc. Rev. = Calcutta Review (Calcutta).
Chaut = Chautauquan (London).
Chr. soz. Bl. = Christlich-soziale Blätter (Berlin).
Contemp. Rev. = Contemporary Review (London).
D. Rev. = Deutsche Revue (Breslau).
D. Rundsch. = Deutsche Rundschau (Berlin).
de Econ. = de Economist (Haag).
Edinb. Rev. = Edinburgh Review (Edinburg).
Educ. Rev. = Educational Review (New York).
Fortn. Rev. = Fortnightly Review (London).
H.-W.-B. d. Staatsw. = Handwörterbuch der Staatswissenschaften (Jena).
Hom. Rev. = Homiletic Review (New York u. London).
Journ. de la Soc. de stat. = Journal de la Société de statistique de Paris (Paris).
Journ. d. Econ. = Journal des Economistes (Paris).
Journ. of the Stat. Soc. = Journal of the Statistical Society (London).
Journ. of the Stat. etc. Soc. of Irel. = Journal of the Statistical and Social Society of Ireland (Dublin).
Kons. Monatschr. = Konservative Monatschrift (Leipzig).
Macm. Mag. = Macmillan's Magazine (London).
Landw. Jahrb. = Landwirtschaftliche Jahrbücher (Berlin).
Mittlgn. a. d. Geb. d. Statist. = Mitteilungen aus dem Gebiete der (österr.) Statistik (Wien).
Monatsschr. statist. = Statistische Monatsschrift, hrsg. von der k. k. statistischen Centralkommission (Wien).
Murr. Mag. = Murray's Magazine (London).
Nat. = Die Nation (Berlin).
Nat. Rev. = National Review (London).
N. Rev. = New Review (London).
N. Zeit = Neue Zeit. Revue etc. (Stuttgart).
Ninet. Cent. = Nineteenth Century (London).
N. A. R. = North American Review (New York).
Oest MSchr. f. chr. SozR. = Oesterreichische Monatsschrift für christliche Sozialreform (Wien).
Oest. Ung. Rev. = Oesterreich-Ungarische Revue (Wien).
Päd. Bl. = Pädagogische Blätter (Gotha).
Preuß. Jahrb. = Preussische Jahrbücher (Berlin).
Qu. Journ. of Econ. = Quarterly Journal of Economics (Boston u. London).
Qu. Rev. = Quarterly Review (London).
Rev. d'admin. = Revue générale d'administration (Paris).
Rev. col. int. = Revue coloniale internationale (Amsterdam).
Rev. pol. et parl. = Revue politique et parlementaire (Paris).
Rev. soc. et pol. = Revue sociale et politique (Brüssel).
Riv. d. benef. = Rivista delle beneficenza (Rom).
Russ.-balt. Bl. = Russisch-baltische Blätter (Leipzig).
Russ. Rev. = Russische Revue (St. Petersburg).
Schönberg, Handb. = v. Schönbergs Handbuch d. polit. Oekonomie 3. Aufl. (Tübingen).
Scott. Rev. = Scottish Review (Edinburg).
Transact. of the Manch. St. Soc. = Transactions of the Manchester Statistical Society (Manchester).
Ung. Rev. = Ungarische Revue (Budapest).
U. Zeit. = Unsere Zeit (Leipzig).
Verw.-Arch. = Verwaltungsarchiv. Zeitschrift für Verwaltungsrecht (Berlin).
Vierteljahrschr. f. Volksw. = Vierteljahrschrift für Volkswirtschaft u. Kulturgeschichte (Berlin).
Westm. Rev. = Westminster Review (London).
Zeitschr. d. k. bay. statist. B. = Zeitschrift des k. bayerischen statistischen Bureaus (München).
Zeitschr. d. k. pr. statist. B. = Zeitschrift des k. preussischen statistischen Bureaus (Berlin).
Zeitschr. f. Litt. u. Gesch d. StW. = Zeitschrift für Litteratur und Geschichte der Staatswissenschaften (Leipzig).
Zeitschr. f. d. ges. St.-W. = Zeitschrift für die gesamte Staatswissenschaft (Tübingen).
Zeitschr. f. d. ausl. Unterr. = Zeitschrift für das ausländische Unterrichtswesen (Leipzig).
Zeitschr. d. hist. V. f. NSachsen = Zeitschrift des historischen Vereins für Niedersachsen (Hannover).
Zeitschr. d öst. Volksw. = Zeitschrift für Volkswirtschaft etc. Organ der österr. Volkswirte (Wien).

## I. Pädagogik im allgemeinen.

Anhalt, E., Darstellung des Erziehungswesens, im Zusammenhange mit der allgemeinen Kulturgeschichte. Jena 1846.
Bahnsen, J., Beiträge zur Charakterologie. Mit besonderer Berücksichtigung pädagogischer Fragen. 2 Bde. Leipzig 1867.
Bain, A., Erziehung als Wissenschaft. Leipzig 1880.
Barthel, C., Schulpädagogik. Ein Handbuch zur Orientierung für angehende Lehrer und zur Beachtung für junge Theologen als künftige Schulrevisoren. 2. Aufl. Lissa 1845.
Basedows Ausgewählte Schriften. Mit Biographie hrsg. von Göring. Langensalza 1880.
Bauck, Rousseau und Montaigne. Gumbinnen 1885.
Baudouin, F. M., Considérations sur l'Instruction, ce q'uelle est, ce q'uelle devrait être. Paris 1869.
Beeger, J., Die pädagogischen Bibliotheken, Schulmuseen und ständigen Lehrmittelausstellungen der Welt. Leipzig 1892.
Böse, K. G., Ueber Sinneswahrnehmung und deren Entwicklung zur Intelligenz. Ein psychologisch-pädagogischer Versuch. Braunschweig 1872.
Bonzon, J., Le crime et l'école. Paris 1896. (Table des matières: La criminalité de l'enfance. — Les causes du mal. La part de l'école. — Les réformes possibles. — Appendice: L'ame de l'école )
Bréal, Mich., Excursions pédagogiques. Paris 1882.
Browning, O., A history of educational theories. New York 1889.
Brückner, N., Erziehung und Unterricht vom Standpunkte der Sozialpolitik. Berlin 1895.
Campe, J. H., Allgemeine Revision des gesamten Schul- und Erziehungswesens. 16 Bde. Hamburg 1785—91.
Cohn, Herm., Die Schule der Zukunft. Vortrag, gehalten am 27. Februar 1890. Hamburg 1890.
Compayré, G., The history of pedagogy. Translated with an introduction, notes etc. by W. H. Payne. Boston 1886.
Cramer, F., Geschichte der Erziehung und des Unterrichts im Altertum. 2 Bde. Elberfeld 1839.
Dampmartin, A. H., Esquisse d'un plan d'éducation. Berlin 1796.
Devidé, Th., Das Recht auf Erziehung. Beitrag zur Lösung der sozialen Fragen. München 1892.
Dielitz, Th., Ueber die erziehende Kraft der Schule. Berlin 1841. (Jahresbericht über die k. Realschule pro 1841.)
Dollinger, J., und W. Suppan, Ueber die körperliche Erziehung der Jugend. Zwei Berichte. Stuttgart 1891.
Encyklopädie des gesamten Erziehungs- und Unterrichtswesens, bearbeitet von einer Anzahl Schulmänner und Gelehrten, hrsg. unter Mitwirkung von F. Palmer und Wildermuth, von K. A. Schmid und (nach dessen Tode) fortgeführt von W. Schrader. 2. Aufl. 10 Bde. Gotha 1877—1887.
Engel, M. E., Grundsätze der Erziehung und des Unterrichts nach Herbart-Ziller und A. Diesterweg. Preisgekrönte Beantwortung der von der Diesterwegstiftung in Berlin gestellten Aufgabe: Welche Berührungspunkte bieten hinsichtlich ihrer Erziehungs- und Unterrichtsgrundsätze Herbart-Ziller und A. Diesterweg? Berlin 1887.
Escribano y Hernández, G., Elementos de pedagogia. Madrid 1896.
Fauth, F., Die wichtigsten Schulfragen auf dem Boden der Psychologie erörtert. Gütersloh 1878.
Fechtner, Lockes Gedanken über Erziehung. Wien 1894.
v. Fichte, J. H., Die nächsten Aufgaben für die Nationalerziehung der Gegenwart mit Bezug auf F. Fröbels Erziehungssystem. Berlin 1870.

**Fischer**, K., Grundzüge einer Sozialpädagogik und Sozialpolitik. Eisenach 1892.
**Flössel**, E., Volksbildung und Jugenderziehung mit Rücksicht auf die Zuchtlosigkeit unter der Jugend. Ein Beitrag zur Lösung der sozialen Frage durch systematische Jugendpflege. Leipzig 1891.
**Friedrich**, J., Jahn als Erzieher. München 1896.
**Fröbel**, J., Ueber das Wesen der Bildung überhaupt und insbesondere der Volksbildung. Zürich 1837.
**Fröhlich**, G., Die Erziehungsschule. Zugleich eine Einführung in die wissenschaftliche Pädagogik. Eisenach 1877. Gekrönte Preisschrift. (Pädagogische Studien, hrsg. von W. Rein, Heft 18.)
—, Die Grundlage der Schulorganisation nach den Forderungen der pädagogischen Wissenschaft und der Erfahrung. Leipzig 1880. (Gekrönte Preisschrift.)
—, Pädagogische Bausteine für Leiter, Lehrer und Freunde der Schule. 2. Aufl. Jena 1867.
**Frohschammer**, J., Über die Organisation und Kultur der menschlichen Gesellschaft. Philosophische Untersuchungen über Recht und Staat, soziales Leben und Erziehung. München 1885.
**Geschichte** der Pädagogik im Rahmen der Weltgeschichte. Efsllingen a. N. 1893.
**Girardet-Breling**, Die Aufgaben der öffentlichen Erziehung gegenüber der sozialen Frage. Leipzig 1890.
**Haufe**, E., Die natürliche Erziehung. Grundzüge des objektiven Systems. Meran 1899.
**Heegaard**, S., Über die Erziehung. Eine Darstellung der Pädagogik und ihrer Geschichte. Nach der 2. Aufl. des dänischen Originals übs. von O. Gleifs. 2 Teile (I. Geschichte der Erziehung; II. Theorie der Erziehung). Gütersloh 1884.
**Heinrich** v. Treitschke als Erzieher. Von ***. Berlin 1891.
**Hilfenhaus**, Die pädagogischen Bestrebungen Johannes Kromayers.: Päd. Bl., Bd. XIX. Gotha 1890, S. 543 ff.
**Hinsdale**, B. A., Studies in education, science, art, history. Chicago 1896. — (Contents: The dogma of formal discipline. — The science and the art of teaching. — Calvinism and averaging in education. — The pedagogical chair in the university and college. — Twenty years of public schools in Rome. — Religious instruction in the schools of Germany etc.)
**Jahrbuch** des Vereins für wissenschaftliche Pädagogik. Begründet von T. Ziller. Jahrgang I—XXVIII. Gegenwärtig hrsg. von dem Vorsitzenden des Vereins Th. Vogt. Leipzig 1869—96.
**Jahresbericht**, pädagogischer. Herausgegeben von A. Richter. Jahrg. I—XLVII (für die Jahr 1846—1894). Leipzig 1846—95. (Begründet von Nacke, fortgesetzt von Lüben.)
**Jolly**, L., Unterrichtswesen. Grundsätze und Ueberblick etc.: Schönberg, Handb., 3. Aufl. Tübingen 1891. S. 1047 ff.
**Kehr**, C., Johann Heinrich Pestalozzi, Rede am 17. II. 1877, dem 50jähr. Todestage Pestalozzis: Päd. Bl., Bd. VI. Gotha 1877, S. 105 ff.
—, Die Schuldisziplin im Altertum.: Päd. Bl., Bd. XIII. Gotha 1884, S. 219 ff.
**Kehrein**, J., Ueberblick der Geschichte der Erziehung und des Unterrichtes insbesondere auch der wichtigsten Lehrmethoden. 4. Aufl. Paderborn 1874.
**Kellner**, L, Lebensblätter. Erinnerungen aus der Schulwelt. 2. Aufl. Freiburg i. B 1892.
**Kern**, H., Grundrifs der Pädagogik. Berlin 1873.
**Kilian**, Die Schulfrage als Beitrag zum Kulturkampf des XIX. Jahrhunderts. Strafsburg 1877.
**Körner**, F., Geschichte der Pädagogik von den ältesten Zeiten bis zur Gegenwart. Leipzig 1857.
—, Die Volksbildung als Grundlage des modernen Staats- und Kulturlebens. Beiträge zu einer zeitgemäfsen Organisation des gesamten Unterrichts- und Erziehungswesens. Jena 1866.
**Körpererziehung** und Schulreform. Von einem rheinischen Juristen. Hannover-Linden 1891.

**Krampe, W.,** Die italienischen Humanisten und ihre Wirksamkeit für die Wiederbelebung gymnastischer Pädagogik. Breslau 1895.
**Kreyenberg, Salzmann** und seine Bedeutung. Frankfurt a. M. 1896.
**Krüger, W.,** Die konfessionslose Schule. Ein Wort zur Verständigung mit Verständigen. Barmen 1870.
**Laigle, A.,** L'éducation au point de vue de la lutte pour la vie. Paris 1891.
**Lammers, A.,** Die Erziehung zur Arbeit. Gotha 1891.
**Lange, W.,** Die Fundamentalsätze der heutigen erziehlichen Theorie und Praxis. Kothen 1869.
—, Die Schule im Lichte des erziehlichen Prinzips. Berlin 1869.
**Lorenz, H., J. B.** Basedows Philanthropin im Lichte neuerer Forschung.: Päd. Bl., Bd. XXI. Gotha 1892, S. 214 ff., 314 ff., 511 ff.
**Luqueer, F. L.,** Hegel as educator. New York 1896.
**Mahaffy,** The future of education: Ninet. Cent., 1893. London, August-No.
**Meyer, Job.,** Die soziale Frage und die Schule. Gotha 1868.
**Mill, J. Stuart,** Inaugural address at St. Andrews. London 1867. (Der Inhalt beschäftigt sich mit Erziehung im allgemeinen.)
**Mitarbeit, die,** der Schule an den nationalen Aufgaben der Gegenwart. Berlin 1890.
**Möbius, P,** Erinnerungen eines Schulmannes aus den letzten 25 Jahren. Leipzig 1878.
**Monroe, W. S.,** Educational museums and libraries of Europe : Educ. Rev., 1896. April. New York 1896, p 374/391.
**Morf, H.,** Zur Biographie Pestalozzis. Ein Beitrag zur Geschichte der Volkserziehung. 4 Teile. Winterthur 1866—89.
**Müller, W.,** Erziehungsrat Joachim Heinrich Campe.: Päd. Bl., Bd. XXI. Gotha 1892, S. 1 ff.
**Nicolay, F.,** Les enfants mal élevés. Etude psychologique, anecdotique et pratique. Paris 1890.
**Nohl, C,** Ein neuer Schulorganismus. Zugleich Kritik des gesamten Schulwesens. Neuwied 1877.
**Pappenheim, E.,** Johann Amos Comenius. Bearbeitet und zu dessen 300stem Geburtstage (28. März 1892) herausgegeben von E. P. Teil I: Lebensabrifs; ferner die „grofse Lehrkunst", aus dem Lateinischen übersetzt. Langensalza 1892.
**Patton, S. N.,** The educational value of political economy. Baltimore 1891.
**Perevloski, P.,** Sachunterricht nach dem System Pestalozzis. Moskau 1896.
**Pictet de Genève, C.,** Education pratique. (Traduction libre de l'anglais de Maria Edgeworth). Paris (an IX) 1801.
**Pietzker, Fr.,** Schule und Kulturentwickelung. Vortrag, gehalten im Verein für Schulreform zu Berlin. Braunschweig 1890.
**Pinet, A.,** De l'organisation pédagogique des écoles, d'après M. Villemereux. Paris 1861.
**Pinloche, A.,** Geschichte des Philantropinismus. Deutsche Bearbeitung von J. Rauschenfels und A. Pinloche. Leipzig 1896.
**Pomarius, Ch,** Consiliarius scholasticus, hoc est de studiis trivialibus ordinandis. Magdeburg 1675.
**v. Raumer, K,** Geschichte der Pädagogik vom Wiederaufblühen der klassischen Studien bis auf unsere Zeit. 4. Aufl. 4 Bde. Gütersloh 1872—74. (Bd. IV s. u. d. T.: Die deutschen Universitäten.)
—, Geschichte der Pädagogik etc. Fortgeführt und ergänzt von J. Lothholz. Teil V: Pädagogik der Neuzeit in Lebensbildern. Gütersloh 1897.
**Rein, W.,** Pädagogik im Grundrifs. Stuttgart 1890.
**Rembrandt als Erzieher.** Von einem Deutschen. 26. Aufl. Leipzig 1890.
**Reyer, Ed.,** Handbuch des Volksbildungswesens Stuttgart 1895.
**Rüegg, H. R,** Die Pädagogik in übersichtlicher Darstellung. 3. Aufl. Bern 1870.
**Ruefs, W.,** Die moderne Schule. Eine Denkschrift. Freiburg i. B. 1877.
**Salzmanns** Ameisenbüchlein oder Anweisung zu einer vernünftigen Erziehung der Erzieher. Bearbeitet von (Seminardirektor) Wimmers. 3. Aufl. Paderborn 1896.

Sander, F., Lexikon der Pädagogik. Encyklopädisches Handbuch. Leipzig 1884.
v. Schenckendorff, E., Der praktische Unterricht, eine Forderung der Zeit an die Schule. Breslau 1890.
Scherer, H., Die Pädagogik vor Pestalozzi in ihrer Entwicklung im Zusammenhange mit dem Kultur- und Geistesleben und ihrem Einfluss auf die Gestaltung des Erziehungs- und Bildungswesens dargestellt. Leipzig 1897.
Schindler, E., Gedächtnis und Verstand im Dienste der Schule. Frankfurt a. M. 1875.
Schliephake, F. W. Th., Ueber Friedrich Fröbels Erziehungslehre, deren wissenschaftliche Begründung und Fortbildung. 2. Aufl. Berlin 1671.
Schmelzer, K., Pädagogische Aufsätze. Ein Vorschlag zur Schulreform. Leipzig 1890.
Schmid, K. A., Geschichte der Erziehung von Anfang an bis auf unsere Zeit, bearbeitet in Gemeinschaft mit einer Anzahl von Gelehrten und Schulmännern, fortgeführt von Bd. II, 1 an von G. Schmid. Bd. I–IV, Abteil. 1. Stuttgart 1884—1896.
Schmidt, K., Geschichte der Pädagogik, dargestellt in weltgeschichtlicher Entwicklung und im organischen Zusammenhange mit dem Kulturleben der Völker. 3. Aufl. besorgt von W. Lange. 4 Bde. Köthen 1872—76. (Bd. IV: Die Geschichte der Pädagogik von Pestalozzi bis zur Gegenwart.)
—, dasselbe Werk. 4. Aufl., vermehrt und verbess. von F. Dittes und E. Hannock. Bd. I. Ebd. 1889 (soweit als erschienen).
Schönbach, A. E., Ueber Lesen und Bildung. 2. Aufl. Graz 1888.
Schreiben an den Utschitel von ganz Deutschland über den Nutzen des Chalotaischen Kinderunterrichts, Basedowschen Freunden zur Beschämung vorgestellt. Frankfurt a. M. 1772.
Schröer, A., Wissenschaft und Schule in ihrem Verhältnisse zur praktischen Spracherlernung. Leipzig 1887.
Schultheiß, Fr. G., Friedrich Ludwig Jahn. Sein Leben und seine Bedeutung. Preisgekrönte Arbeit. Berlin 1894.
Spencer, H., Education, intellectual, moral and physical. London 1886.
—, Erziehungslehre. Mit des Verfassers Bewilligung in deutscher Übersetzung hrsg. von F. Schultze. Jena 1874.
v. Stein, L., Die Verwaltungslehre Teil 5, 6 u. 8. A. u. d. T.: Die innere Verwaltung. 2. Hauptgebiet: Das Bildungswesen. 3 Teile. Stuttgart 1883—84. (Inhalt: Bildungswesen I. Teil. Das System und die Geschichte des Bildungswesens der alten Welt. 2. Aufl — Bildungswesen II. Teil. Das Bildungswesen des Mittelalters. Scholastik. Universitäten. Humanismus. 2. Aufl. — Bildungswesen III. Teil. Von der Reformation bis zur Gegenwart. I. Die Zeit bis zum 19. Jahrhundert.)
Strümpell, L., Psychologische Pädagogik. Leipzig 1880.
v. Türk, W. C. C., Briefe aus München-Buchsee über Pestalozzi und seine Elementarbildungsmethode. 2 Bde. Leipzig 1806.
Unsere nationale Erziehung. Mit besonderem Bezug auf die Forderungen Paul de Lagardes und des Verfassers von „Rembrandt als Erzieher." Von einem Oberdeutschen. Berlin 1891.
Waitz, Th., Allgemeine Pädagogik. Braunschweig 1852.
Weicker, G., Das Schulwesen der Jesuiten nach den Ordensgesetzen dargestellt. Halle 1883.
Wittstock, A., Pädagogische Wanderungen. Kassel 1870.

## II. Voraussetzungen und Bedingungen des öffentlichen Unterrichts.

### 1. Lehrerstand und Lehrerbildungswesen im allgemeinen.

Fischer, K. (Seminarlehrer), Geschichte des deutschen Volksschullehrerstandes. 2 Bde. Hannover 1892.

Richter, A., Sächsische Volksschullehrer vor der Zeit der Seminare. Geschichtliche Skizze. Leipzig 1887.

Bert, P., Des conditions du recrutement et du fonctionnement des instituteurs et institutrices primaires. Paris 1877.
Private schools and private schoolmasters, by an assistant-master. London 1892.
Théry, A., Lettres sur la profession d'instituteur. 4e éd. Paris 1874.
Wat wij willen. Een woord tot leden en niet leden van den Bond van Nederlandsche onderwijzers door het hoofdbestuur. Amsterdam 1892.

## 2. Präparanden- und Seminarwesen.

Bildung, die, der Schullehrer im Königreiche Bayern (k. Allerh. Verordnung v. 29. Sept. 1866). München 1866.
Fries, W., Die Vorbildung der Lehrer für das Lehramt. München 1895. (Aus Baumeisters Handbuch.)
Hauffe, G., Diesterweg und die Lehrerbildung. Breslau 1891.
—, Th., Die Volksschule und die Lehrerbildung in Oesterreich nach ihren gesetzlichen Grundlagen etc. Gotha 1897.
Kannengiefser, A., Der Bedarf Preufsens an Kandidaten des höheren Lehramts.: Preufs. Jahrb. Bd. LXXIV. Berlin 1893.
Keferstein, H., Die Volksschullehrernot, ihre Ursachen und Mittel zu ihrer Abhilfe. Jena 1872.
Krause, R., Adolf Diesterweg und seine Verdienste um die Entwickelung des deutschen Volksschullehrerstandes. Ein Gedenkblatt. Borna 1889.
Rüegg, H. R., Ueber Bildung und Freizügigkeit der Lehrer an schweizerischen Volks- und Mittelschulen. Vortrag. Zürich 1860.
Schiller, H., Ueber die pädagogische Vorbildung zum höheren Lehramt. Giefsen 1877.
Stamm, W., Die Erfordernisse einer besseren Lehrerbildung. Darmstadt 1873.
Steiner, O., Das öffentliche Interesse und die Oberlehrerinnenfrage. Berlin 1879.
Vofs, P., Die pädagogische Vorbildung zum höheren Lehramt in Preufsen und Sachsen. Ein Reisebericht. Halle a. S. 1889.
Wiese, L., Verordnungen und Gesetze für die höheren Schulen in Preufsen. Teil II: (Das Lehramt und die Lehrer). Berlin 1868.
Wilke, E., Diesterweg und die Lehrerbildung. Ein Beitrag zur Geschichte des deutschen Volksschullehrerstandes. Berlin 1890.
Zwick, H., Die Ziele der modernen Lehrerbildung. Berlin 1869. (Mit besonderer Rücksicht auf Preufsen.)

Andreae, C. (Seminarinspektor, Kaiserslautern), Zur innern Entwicklungsgeschichte der deutschen Lehrerbildungsanstalten. Kaiserslautern 1893.
Bestimmungen, allgemeine, betreffend das Volksschul-, Präparanden- und Seminarwesen vom 15. Oktober 1872. Nebst Prüfungsordnungen für Lehrerinnen und Schulvorsteherinnen.... und dem Schulaufsichtsgesetze vom 11. März 1872. 6. Aufl. Hannover 1877.
Bethe, M. F., Das k. Seminar zu Weifsenfels und die mit demselben verbundene Provinzal-Taubstummenanstalt. Festschrift zur Feier des 50jähr. Bestehens beider Anstalten. Gotha 1879.
Bildungsanstalten für Lehrer und Lehrerinnen (in Oesterreich). Verordnungen vom 12. Juli 1869. Prag 1869.
Bon, C. L (Prof. Aurillac), Bildungsanstalten für Seminarlehrer und -Lehrerinnen in Frankreich.: Zeitschr. f. ausl. Unterr. Jahrg. I. Leipzig 1895/96 S. 214 ff
Bormann, K., Pädagogik für Volksschullehrer auf Grund der allgemeinen Bestimmungen vom 15. Okt. 1872, betreffend das Volksschul-, Präparanden- und Seminarwesen. 3. Aufl. Berlin 1879.
—, Schulkunde für evangelische Volksschullehrer auf Grund der preufsischen Regulative vom 1., 2. und 3. Okt. 1854 über Einrichtung des evangelischen Seminar-, Präparanden- und Elementarschulunterrichts. 15. Aufl. Berlin 1869.

**Bosse, F.**, Die Entstehung des herzoglichen Lehrerseminars in Braunschweig und seine Entwicklung von 1751—1801. Braunschweig 1894.

**Chronik** des mathematisch-pädagogischen Seminars des Professor Schellbach zu Berlin für 1855—1880. Berlin 1880.

**Claußen**, Zur Reform der Volksschullehrerseminare in Preußen.: Päd. Bl., Bd. XXVI. Gotha 1897, S. 126 ff.

**Czerny, J.**, und G. Grabolle, Der Elementarunterricht und die praktische Ausbildung der Lehramtskandidaten in Deutschland und in der Schweiz. Reisebericht. Wien 1879.

**Deinhardt, H.**, Ueber Lehrerbildung und Lehrerbildungsanstalten. Wien 1869.

**Ehrhard**, Die „Ecole normale supérieure" in Paris.: Zeitschr. f. ausl. Unterr., Jahrg. I. Leipzig 1895/96, S. 17 ff., S. 136 ff.

**Ehrlich, C. H.**, Versuch zu einem ausführlichen Lehrplan eines Seminars zur Bildung der Lehrer, nebst Nachrichten über das Seminar zu Soest. Soest 1909.

**Eibach**, Der Beginn des Lehrerseminars zu Idstein im Jahre 1817.: Päd. Bl., Bd. XXV. Gotha 1896, S. 179 ff.

**Einrichtungs-** und Lehrplan des höheren Lehrerinnenseminars zu Stuttgart. Stuttgart (o. J.).

**Frequenzverhältnisse**, die, der k. Lehrer- und Lehrerinnenseminare in Preußen. Berlin 1877.

**Freytag, E. R.**, Entstehungsgeschichte der k. sächsischen Lehrerbildungsanstalten. Päd. Bl. Bd. XV. Gotha 1886, S. 454 ff.

**Gesetze** und Verordnungen das Seminar- und Volksschulwesen im Königreich Sachsen betreffend. Dresden 1875.

**Giebe**, Das k. Schullehrerseminar zu Bromberg. Bromberg 1872.

**Goebel, F.**, Kempener Seminarerinnerungen. Festgabe zur Feier des 50jähr. Jubiläums des k. Lehrerseminars zu Kempen am 19. Juni 1890. Düsseldorf 1890.

**Hausmann, C.**, Das erste Jahrhundert des großh. Lehrerseminars zu Weimar.: Päd. Bl., Bd. XVII. Gotha 1888, S. 463 ff.

**Hientzsch, J. G.**, Geschichte des ehemaligen kurmärkischen Schullehrerseminars, von der Gründung bis zu seiner Verlegung nach Potsdam. Potsdam 1847.

**Hoffmann, J. G.**, Übersicht der Seminarien zur Bildung von Elementarschullehrern im preußischen Staate. Nach der zu Ende des Jahres 1840 aufgenommenen Kirchen- und Schultabelle.: Sammlung kleiner Schriften. Berlin 1843.

**Hory, E.**, Das Elementarlehrerinnenseminar zu Ludwigsburg. Stuttgart 1872.

**Kämmel**, Zur Vorgeschichte des Seminarwesens.: Päd. Bl., Bd. XIII. Gotha 1884, S. 305 ff.

**Knoke, K.**, Das erste Triennium des k. evangelischen Schullehrerseminars zu Wunstorf. Hannover 1877.

**v. Krosigk, Ernestine**, Ausführliche Nachricht von der Einrichtung und Verfassung des k. Seminariums für Erzieherinnen und der damit verbundenen Töchterschule zu Berlin. Berlin 1904.

**Lehrplan** der Lehrerinnenbildungsanstalt zu Darmstadt. Darmstadt 1877.

**Lentz, F.**, Die Theorie und Praxis des pädagogischen Unterrichts an den deutschen Schullehrerseminarien. Karlsruhe 1870.

**Meister, W.**, Drei Jahre auf einem preußisch-regulativischen Lehrerseminar. Leipzig 1873.

**Müller, H.**, Leben und Streben im Seminar zu Hannover während der Jahre 1790—94. Hannover 1877.

**Nohl, C.**, Pädagogische Seminarien auf Universitäten. Neuwied 1876.

**Organisationsstatut** der Bildungsanstalten für Lehrer und Lehrerinnen an öffentlichen Volksschulen in Oesterreich. Wien 1874.

**Programm** der Kantonsschule von Solothurn und des Lehrerseminars für 1871—1872. Solothurn 1872.

**Rückert**, Einrichtung und Lehrplan eines Lehrerseminars vor 100 Jahren.: Päd. Bl., Bd. XXIII. Gotha 1894, S. 76 ff.

**Satzungen** und Lehrplan des Münchener Arbeitslehrerinnenseminars. 2 Hefte. München 1876—79.
**Schlegel, J. J.**, Die Lehrerbildungsanstalten. Basel-Genf-Lyon 1875. (Statistik des Unterrichtswesens in der Schweiz im Jahre 1871, Teil V.)
—, Die schweizerischen Lehrerbildungsanstalten. Kurze Geschichte, Organisation und Statistik derselben. Zürich 1873.
**Seyffarth, L. W.**, Die Seminarien für Volksschullehrer. Eine historisch-pädagogische Skizze. Berlin 1869.
**Stehle, Br.**, Das Lehrerseminar I zu Kolmar i. E. von 1871-1896. Festschrift zur Feier des 25jährigen Bestehens. Gebweiler 1896.
**Steinberg**, Geschichte und Statistik des Schullehrerseminars zu Halberstadt. Halle 1871.
**Steinberger, C**, Geschichte des grofsherzogl. hessischen evangelischen Schullehrerseminars zu Friedberg. Friedberg 1865.
**Stoy, K. V.**, Organisation des Lehrerseminars. Ein Beitrag zur Methodologie der Pädagogik etc. (nebst Bericht über das erste Lebensjahr des Lehrerseminars zu Bielitz.) Leipzig 1869.
**Supprian, K.**, Das k. evangelische Schullehrerseminar zu Pyritz, das frühere Ottostift, im ersten Halbjahrhundert seines Bestehens. Pyritz 1877. (Festschrift.)
**Todtenhaupt, A. G**, Ueber die Gründung eines wissenschaftlichen Volkslehrerseminars unabhängig von Kirche und Staat. Hamburg 1870.
**Zeyfs, A.**, Jahresberichte über das herzogliche Lehrerseminar (Herzog Ernst-Seminar) zu Gotha. Jabrg. 1—XXII. Gotha 1866-1893.
—, Zur Geschichte des Lehrerbildungswesens im Herzogtum Gotha.: Päd. Bl., Bd. IX. Gotha 1880, S. 341 ff. u. 509 ff.
Zur Statistik der Schullehrerseminarien in Preufsen. Berlin 1871.

---

**Allard**, Recueil méthodique des lois, ordonnances, règlements, arrêtés et instructions relatifs à l'administration et à la comptabilité des écoles normales primaires. Paris 1843.
**Documents** relatifs aux écoles normales supérieures de l'enseignement primaire. Paris 1893. (Publication du Ministère de l'instruction publique.)
**Ecoles normales d'instituteurs**. Réglementation. Paris 1884. (Publication du Ministère de l'instruction publique.)
**Enquête** sur le brevet de capacité. Rapports des recteurs. Extraits des rapports des inspecteurs d'académie, des commissions d'examens, des directeurs d'école normale et des inspecteurs primaires. Paris 1880.
**Instruction** sur l'administration et la comptabilité intérieures des écoles normales primaires. Paris 1883. (Publication du Ministère de l'instruction publique.)
**Rapport** de l'école normale de jeunes filles de Tokio, années 1876/1877, 1879/1880. 4 vols. Tokio. (Ganz in japanischer Sprache.)
**Règlement** de l'école normale de jeunes filles de Tokio. 2 broch. Tokio 1893. (Ganz in japanischer Sprache.)
**Règlements**, arrêtés et instructions sur la comptabilité des écoles normales primaires. Paris 1845.
**Souvenirs** du centenaire de l'école normale (1795—1895.) Paris 1895.
**Statut** de l'école normale d'instituteurs de Molodiétchna. 2 broch. St. Pétersbourg 1874.
**Statuts** des écoles primaires israélites et des écoles normales d'instituteurs pour les israélites. 2 broch. St. Pétersbourg 1874.
**Statuts** des écoles urbaines et des écoles normales d'instituteurs pour les écoles urbaines. St. Pétersbourg 1872.
**Statut** des écoles normales d'instituteurs pour les écoles tartares d'Oufa et de Simphéropol. Saint-Pétersbourg 1874.

---

**Gordy, J. P.**, Rise and growth of the normal school in the United States. Washington 1891.

Normal school for Ontario (Upper Canada). 2 vols. Toronto 1862—1877.

Мещерскiн. Н., Сельскохозяйственные курсы для народныхъ учителей въ Россiи. 1893—1892. (J. Meschtschersky, Landwirtschaftliche Kurse für Volksschullehrer in Rufsland, 1853—1892.) о. О. 1893.

### 3. Prüfungswesen.

**Bormann, K.**, Die Prüfung der Lehrerinnen in Preufsen nach ihrer Vorbereitung, Vollziehung und Wirkung. Berlin 1867.
**Bratuscheck, E.**, Die Philosophie als obligatorischer Gegenstand der Schulamtsprüfung. Giefsen 1874.
**Ordnung** der Prüfung für das Lehramt an höheren Schulen vom 5. Februar 1887. Berlin 1887.
**Prüfungsordnung** für Lehrer und Lehrerinnen an Volksschulen im Königreiche Sachsen. o. O. (Dresden) 1877.
**Reglement** für die Prüfungen der Kandidaten des höheren Schulamts pro facultate docendi sowie über die Colloquia pro rectoratu und die Ableistung des Probjahres vom 12. XII. 1866, 21. II. und 30. III. 1887. 2. Aufl. Berlin 1872.
**Reglement** für die Prüfungen der Kandidaten des höheren Schulamts. Amtlich. Berlin 1887.
**Verordnungen** über die Prüfung der Kandidaten des höheren Schulamts in Elsafs-Lothringen. Strafsburg 1873.

### 4. Schulunterhaltungswesen.

**Brüel, L. A.**, Der Gesetzentwurf betreffend die Einrichtung und Unterhaltung der öffentlichen Volksschulen. Beleuchtet in seiner Bedeutung für das hannoversche Volksschulwesen. Hannover 1869.
**Dullo** (Direktor des statist. Amtes der Stadt Königsberg i. Pr.), Die städtischen Schulen und die städtische Schullast in Königsberg i. Pr. Königsberg 1895.
**Eisner v. Gronow, M.**, Die Unterhaltung der Volksschule. Nach den schlesischen Schulreglements und den allgemeinen landrechtlichen Bestimmungen zusammengestellt und erläutert. Breslau 1886.
—, Die Volksschullasten in Preufsen. Ein Handbuch besonders für den Geltungsbereich des allgemeinen Landrechts. Aachen 1890.
**Silbergleit, G.**, Die Verteilung der Volksschullast in Stadt und Land und die in den gröfseren Städten zu erwartende Wirkung des Lehrerbesoldungsgesetzes. Magdeburg 1896. Mit 4 graphischen Tafeln. (A. u. d. T.: Mitteilungen des statistischen Amts der Stadt Magdeburg. Nr. 3.)
**Report** of the special Committee on the comparative cost of school maintenance. London 1881.

### 5. Schulgeld und unentgeltlicher Volksschulunterricht.

**Hofmann, F.**, Die öffentlichen Schulen und das Schulgeld. Berlin 1869.
**Petersilie, A.**, Das Schulgeld.: Zeitschr. d. k. pr. statist. B., Jahrg. XXVI. Berlin 1886.
**Ruge, L.**, Ueber die Erhöhung des Schulgeldes in den höheren Lehranstalten. Zwei Vorträge. Berlin 1868.
**Sachse, A**, Die Unentgeltlichkeit des Volksschulunterrichts in Frankreich.: Preufs. Jahrb, Bd. LII u. LIII. Berlin 1883—84.
**Werner, K.**, Zur Frage des Schulgeldes für Volksschulen.: Oest.-Ung. Rev., Jahrg. X. Wien 1895.

**Ducurtyl, L.**, L'instruction gratuite. Lyon 1877.
**Bouvier, F.**, La vérité sur l'instruction gratuite. Paris 1880.

**Abolition**, the, of school fees, by the Chairman of the London School Board.: Fortn. Rev. London 1885.
**Diggle, J. R.**, School fees and public management.: Cont. Rev 1890, April. London.

**Heffing van schoolgelden voor lager en meer uitgebreid lager onderwijs. 3 deelen.** Utrecht 1874—1880. (Erhebung des Schulgeldes in den unteren und höheren Elementarschulen der Stadtgemeinde Utrecht.)

**6. Schule und Staat. Schule und Kirche.**

a. Schulzwang:

**Beelaerts van Blokland**, J., Der Schulzwang in Frankreich.: de Econ. Jahrg. 1882. 's Hage.
**Büdinger**, M., Von den Anfängen des Schulzwanges. Zürich 1865.
**Diendorfer**, J. E., Der staatliche Schulzwang in der Theorie und Praxis. Passau 1868.
**Gmelch**, A., Unterrichtsfreiheit und Schulzwang mit Bezug auf die Volksschulfrage in Bayern und auf die Schrift von J. Lukas: Der Schulzwang, ein Stück moderner Tyrannei. Vom kirchlichen Standpunkte beurteilt. Augsburg 1866.
**Lukas**, J., Der Schulzwang, ein Stück moderner Tyrannei. Landshut 1865.
—, Der Schulzwang, etc. 2. (um das Kapitel Bayern vermehrte) Aufl. Landshut 1865.
**Lux**, J., Beleuchtung der Schrift: Der Schulzwang, ein Stück moderner Tyrannei, von J. Lukas. München 1866.
**Rümelin**, Das Objekt des Schulzwangs.: Zeitschr. f. d. ges. St.-W. Bd. XXIV. Stuttgart 1868. S. 311 ff.
**Zell**, C., Ueber die Staatsregie des öffentlichen Unterrichts. Würzburg 1864.

**Detourbet**, Ed., La loi du 28 mars 1882 sur l'enseignement primaire obligatoire. Commentaire, exposé de doctrine, etc. Paris 1884.
**Dussao**, P., L'instruction obligatoire devant l'assemblée de Versailles. Première question: obligation. Paris 1872.
**Freynet** (l'abbé), L'école laïque, obligatoire. Réponse à M. Gambetta. 2 édition. Paris 1878.
**Houdoy**, J., L'instruction gratuite et obligatoire depuis le XVI$^e$ siècle. Lille 1873.
L'Instruction obligatoire aux Iles Sandwich. Paris 1872.
**de Laveleye**, E., De l'enseignement obligatoire. Bruxelles 1859.
**Lenain**, Des contraventions à la loi du 28 mars 1882 sur l'enseignement primaire obligatoire. Paris 1887.
**de Molinari**, G. et F. Passy, De l'enseignement obligatoire. Paris 1859.
**Petit** (l'abbé), Les principes de droit naturel dans la question de l'instruction obligatoire, gratuite et laïque. Tours 1873.
**Popoff**, S., Du principe de l'instruction obligatoire au point de vue du droit naturel. Havre 1867.
**de Potter**, A., De l'instruction obligatoire comme remède aux maux sociaux. Mémoire soumis à l'examen de l'Académie royale de Belgique avec les rapports de MM. E. Ducpetiaux et P. Devaux, et lour réfutation. Paris 1866.
**Pujos**, Maur., La loi et l'instruction gratuite laïque, obligatoire. Paris 1876.
**Rendu**, A., Code de l'enseignement primaire obligatoire et gratuit. Commentaire de la loi du 28 avril 1882. Paris 1883.
—, E., L'obligation légale de l'enseignement. Paris 1872.
**Robert**, Ch., L'instruction obligatoire. Paris 1871.
**Rocy**, H., L'instruction primaire obligatoire mais non gratuite. Toulouse 1870.
**Simon**, J., L'instruction gratuite et obligatoire. Paris 1873.
**Simonet**, L. C., Loi du 28 mars 1882 sur l'enseignement primaire obligatoire et laïque. Analyse et explication, résumé méthodique et critique des débats législatifs. Paris 1882.

**Campbell**, H. D., Compulsory education. 3. edition. London 1870.
Compulsory education. Circular of information of the Bureau of Education for December 1871. Washington 1872.
**Dewes**, A., A letter to Oliver Heywood on compulsory education. London 1868.

Sull obbligo della istruzione elementare nel Regno d'Italia. Attuazione della legge 15 luglio 1877. Roma 1878.
Tommasi-Crudeli, C., Sulla necessità rendere obbligatoria la istruzione primaria in Italia. Palermo 1869.

b. Schulaufsicht.

Dienstinstruktion für die technischen Inspektoren zwei- oder einklassiger Latein- und Realschulen. Stuttgart 1877.
Frey, K., Die Schulaufsicht, ihre Aufgaben und ihre Gestaltung. Köln 1894.
Gneist, R., Ueber das Schulaufsichtsgesetz. Rede. Berlin 1872.
Instruktion für Bezirksschul- und k. k. Landesschuldirektoren vom 16. Mai und 11. Juli 1869. Prag 1669.
Instruktion für die Schulkommission. Stettin 1869.
Kompetenz des Magistrats und der k. Schulbehörde in Schulsachen, dann Rechte und Pflichten der k. Lokalschulinspektionen in den Städten. Nürnberg 1870.
Laacke, Karl, Die Schulaufsicht in ihrer rechtlichen Stellung. 2. Aufl. nebst Nachtrag I u. II. Leipzig 1887—94.
Staat oder Geistlichkeit in der Schule. Stenographische Berichte der Verhandlungen des Hauses der Abgeordneten über den Gesetzentwurf betreffend Beaufsichtigung des Erziehungs- und Unterrichtswesens. Berlin 1872.

———

de Beaupré, Le livre des délégués des conseils départementaux pour le surveillance et la direction morale de l'enseignement primaire. Paris 1869.
Brouard et Defodon, Inspection des écoles primaires, 2e éd. Paris 1875.
Doyotte (l'abbé), Manuel du délégué cantonal et du délégué communal. 4e éd. Nancy 1874.
Le Bourgeois, H., Le délégué cantonal pour la surveillance et l'inspection des établissements d' instruction primaire. Lois, décrets et instructions relatifs à ses fonctions. Paris 1878.
Lhomme, Ch. et H. Pierret, Code manuel des délégués cantonaux et communaux. Paris 1882.
—, Code manuel des membres des commissions municipales scolaires. Paris 1883.

van Dyck, H. H., General circular of Instruction to School Commissioners etc. Albany 1861.
Report of Departmental Committee on school attendance and child labour. London 1893.

7. Schuldienst. Schuldisziplin (bezw. Straf- und Züchtigungsrecht). Schulpraxis.

Abschaffung, die, des Rechts körperlicher Züchtigung in der Schule. Erlangen 1868.
Callisen, C. F., Winke zu einer angemessenen Amtsführung für Landschullehrer. Altona 1807.
Hartz, Die Ueberbürdungsfrage und die Schulbücher. Königsberg 1879.
Kabisch, Ueber die pädagogische Strafe. Berlin 1835. (Gymnasialprogramm).
Klett, C., Der Lehrer ohne Stock. Gegen die körperliche Strafe in der Schule. Stuttgart 1869.
Ortloff, H., Die Ueberschreitung des Züchtigungsrechts. Anhang: Trommelfellzerstörung durch Trauma (Druck) oder durch Entzündung? Für Gerichtsärzte und Lehrer. Zum Rechtsschutz deutscher Volksschullehrer. Neuwied 1891.
Sack, E., Gegen die Prügelpädagogen. Braunschweig 1878.
Sattler, W., Zur Frage des Nachmittagsunterrichts. Bremen 1871.
Schnell, F., Die Beschränkung des Schulunterrichts auf die Vormittagszeit etc. Berlin 1864.
—, Die Schuldisziplin, als wissenschaftlich geordnete Kunde in ein einfaches System zusammengefasst. Berlin 1850.
Schönflies, A., Die Ueberfüllung im höheren Lehramt : Preufs. Jahrb , Bd. LXIX. Berlin 1892.

Seevers, H., Der Schuldienst. Auszug aus den Gesetzen, Verordnungen und Ausschreiben in Schulsachen für den Bezirk der königl. Regierungen zu Hannover, Hildesheim und Lüneburg. z. Aufl. Hannover 1889.
Ueberbürdung, die, der Gymnasiasten. Ein Wort an die Eltern unserer Schüler. Von einem preufsischen Gymnasialdirektor. Gütersloh 1878.
Velten, W., Züchtigungsrecht und Züchtigungspflicht der Lehrer. Düsseldorf 1887.
Wahrheit, die, in der Frage der Ueberbürdung unserer Schüler. Dresden 1891.
Zusammenstellung der über den verbotenen Wirtshausbesuch der Schuljugend und die Vernachlässigung des Schulbesuches erschienenen Verordnungen und Vollzugsvorschriften. München 1887.

### 8. Rechtsverhältnisse der Lehrer und Lehrerinnen. Soziale Stellung derselben: Gehaltsregulierung, Pensionierung und Fürsorge für Witwen und Waisen.

Behm, G., Die Elementarlehrer-, Witwen- und Waisenkassen vom Standpunkte wissenschaftlicher Prinzipien beleuchtet. Neustadt-Eberswalde 1870.
Berger, J., Motiviertes Gutachten über das Gesetz vom 26. Mai 1868 die Emeritierung ständiger Lehrer an den Volksschulen im Königreich Sachsen betreffend. Leipzig 1869.
Berke, K., Aufruf an Preufsens Lehrer zur allgemeinen Petition an das Abgeordnetenhaus. Neuhaldensleben 1870.
Boots, A., Wer soll noch Lehrer werden? Ein Wort über die Arbeit und die Besoldung der preufsischen Volksschullehrer. Osterwieck (Harz) 1897.
Bubendey, G. H., Die Witwenkasse der Lehrer am Johanneum in ihrer Entwicklung von 1736 bis 1886. Hamburg 1886.
Calm, Marie, Die Stellung der deutschen Lehrerinnen. Berlin 1870.
Dotationsgesetz. Zur Vorlage des Unterrichts- und Dotationsgesetzes. Von einem deutschen Pädagogen. Berlin 1868.
Frantz, A., Die Lehrergehaltsregulierung und das Unterrichtsgesetz in Preufsen. Historisch und staatswissenschaftlich beleuchtet für Preufsens Volksschullehrer, etc. Hamburg 1881.
Gatzweiler, P., Ueber die Leistungsfähigkeit der Elementarlehrer-, Witwen- und Waisenkassen im preufsischen Staate. Aachen 1869.
Gehaltsverhältnisse, die, der rheinischen Landlehrer. Herausgegeben vom Lehrerverband „Kreuznach-Land:" Bielefeld 1890.
Gehrs, W., Das Einkommen der Lehrer an den Gemeindeschulen des Herzogtums Braunschweig. Braunschweig 1866.
Gesetz, das k. preufsische, betreffend das Diensteinkommen der Lehrer und Lehrerinnen an öffentlichen Volksschulen vom 3. März 1897. Mit erläuternden Vorbemerkungen. Leipzig 1897. (Meinholds jurist. Handbibliothek. Bd. 63.)
Gesetz betreffend die Rechtsverhältnisse der Volksschullehrer in Württemberg. (Stuttgart) 1878.
Gesetzentwürfe, die vier preufsischen, das Volksschulwesen betreffend, nebst Motiven. Berlin 1869. (Nr. 3. Die Pensionierung und Pensionsberechtigung der Lehrer etc., Nr. 4. Die Erweiterung der Witwen- und Waisenkassen für Elementarlehrer.)
Gotthelf, Joh. (pseud.) Offener Brief an den Minister von Mühler. Leipzig 1869.
Hart, J., Besoldungsverhältnisse der preufsischen Volksschullehrer einst und jetzt nebst Vorschlägen zur Erlangung besserer und gesetzlich geregelter Gehaltsverhältnisse. Frankfurt a/M. 1895.
Hawlitschka, R. Die Ministerialerlasse, betreffend die Gehaltsverhältnisse der Elementarlehrer, seit dem Jahre 1852. Breslau 1868.
Heberle, F. und C. Almer, Die württembergischen Gesetze betreffend die Rechtsverhältnisse der Lehrer und Lehrerinnen an höheren Mädchenschulen. Stuttgart 1878.
Honck, W. und H. Ischerland, Die Gehaltsverhältnisse der Volksschullehrer in mehr als 300 Städten der verschiedensten Deutschen Gaue mit besonderer Berücksichtigung Preufsens. Bielefeld 1899.
Hoffmann, Ch., Übersicht über die Gehalts- und Pensionsverhältnisse der Volks-

schullehrer in gröfseren Städten Bayerns. Hrsg. nach den Erhebungen der statistischen Kommission des Bezirkslehrervereins Nürnberg-Stadt. Nürnberg 1891.

Jütting, W. U., Die ungenügende Besoldung der preufsischen Volksschullehrer. Eine Druckschrift. Mit einem Nachworte über die Küsterfrage. 6. Aufl. Leipzig 1872.

—, Der zweiunddreifsigjährige Lebenskampf eines preufsischen Volksschullehrers. Leipzig 1872.

Karup, J., Die Finanzlage der Gothaischen Staatsdiener-Witwensozietät am 31. Dezember 1890 begutachtet auf Grund der eigenen Erfahrungen der Anstalt und eingehender mathematisch-technischer Untersuchungen. Dresden 1893.

Laacke, K., Anderweite Ausgestaltung des Schulwesens in Preufsen, nach der Kabinettsordre vom 1. Mai 1889 und das Amt des Lehrers in seiner rechtlichen Stellung. Leipzig 1890.

—, Das Besoldungswesen der Lehrer im Deutschen Reiche und das neue Besoldungsgesetz in Preufsen. Leipzig 1897.

Lesohen, H. C., Allgemeine Auflösung der Aufgabe: Bei Witwenkassen mit einer unveränderlichen Interessentenzahl die wahrscheinlich gröfste Anzahl der zu erwartenden Witwen anzugeben. In besonderer Beziehung auf die in den Herzogtümern in Schleswig und Holstein errichteten Schullehrer-Witwenkassen. Altona 1832.

Lützen, G., Die Verbesserung des Einkommens der Lehrer ist notwendig und ausführbar. Berlin 1867.

Mushacke, E., Gesetze und Verordnungen über Besoldung, Dienstwohnungen, Diäten, Umzugskosten etc. der Lehrer an den preufsischen Gymnasien, Realschulen. etc. Berlin 1865.

Paur, Th., Die Stimmen des Landes in der Schulfrage, nach den an das preufs. Abgeordnetenhaus gerichteten Petitionen. Berlin 1869.

Petersilie, A., Die Gehalts- und Pensionsverhältnisse der Elementarlehrer in Frankreich, mit einem Hinblick auf die entsprechenden Verhältnisse in Preufsen.: Zeitschr. d. k. pr. statist. B., Jahrg. XVII. Berlin 1877. S. 197 ff.

Ramme, Ch., Die Gehaltsverhältnisse der Berliner Gemeindelehrer. Eine Druckschrift. Berlin 1878.

Schmidt, W., Das neue Lehrerpensionsgesetz für Preufsen. Ergänzt und erläutert auf Grund der amtlichen Motive und Verhandlungen des Landtags. Berlin 1885.

Scholze, E. und H. Heidrich, (Lehrer, Zittau). Die Besoldung der sächsischen Volksschullehrer. Eine übersichtliche und vergleichende Darstellung der Gehaltsstaffeln und sonstigen Gehaltsverhältnisse der sächsischen Volksschullehrer in Stadt und Land. Zittau 1896.

Streloh, K., Die Rechtsverhältnisse der Lehrer und Lehrerinnen in den höheren Volks- und Mädchenschulen (Württembergs). Stuttgart 1879.

Volksschullehrer-Witwen- und Waisenkasse für die Verwaltungsbezirke des Konsistoriums in Hannover, des Oberkirchenrats der Grafschaft Bentheim, des kathol. und evang. Konsistoriums zu Osnabrück, etc. Statuten, Gesetze, Grundlagen u.s.w. zusammengestellt von W. Kastein. Hannover 1869.

Az országos tanítói nyugdíj-es gyámalap állapotáról jelentése. 2 vols. Budapest 1882—1889. (Bericht über die Höhe der Pensionen und Zuschüsse bezogen von emeritierten ungarischen Lehrern.)

## 9. Schulhygiene.

Bartels, F. Badeeinrichtungen innerhalb der Schulen, besonders der Volksschulen. Jena 1889.

Bauer, G., Die Gesundheitspflege in der Schule. Vortrag gehalten auf der Volksschullehrerkonferenz in Erfurt am 30. Juni 1887. Langensalza 1888.

Becker, Th., Luft und Bewegung zur Gesundheitspflege in den Schulen. Frankfurt a. M. 1867.

Bock, Ueber die Pflege der körperlichen und geistigen Gesundheit des Schulkindes. Leipzig 1871.

Buohner, Zur Schulbankfrage. Berlin 1869. Mit 1 lith. Tafel.

Cohn, H., Die Kurzsichtigkeit unter den Schulkindern und ihre Beziehung zu Schul-

tisch und Helligkeit der Schulzimmer. Nach Untersuchungen an 7568 Schülern. Berlin 1886.
Cohn, H., Die Schularztdebatte auf dem internationalen hygienischen Kongresse zu Wien. Hamburg 1887.
—, Die Schulhäuser auf der Pariser Weltausstellung. Vom hygienischen Standpunkte beurteilt. Berlin 1867.
—, Die Schulhygiene auf der Pariser Weltausstellung 1878. Breslau 1879.
—, Untersuchungen der Augen von 10060 Schulkindern, nebst Vorschlägen zur Verbesserung der den Augen nachteiligen Schuleinrichtungen. Leipzig 1867. Mit Figurentafel.
Engelhorn, E., Schulgesundheitspflege. Stuttgart 1889.
Eulenberg und Bach, Schulgesundheitslehre. Das Schulhaus und das Unterrichtswesen, vom hygienischen Standpunkte. Berlin 1899.
Falk, F., Die sanitäts-polizeiliche Ueberwachung höherer und niederer Schulen und ihre Aufgaben. Leipzig 1868.
Flinzer, N., Ueber die Anforderungen der öffentlichen Gesundheitspflege an die Schulbänke. Chemnitz 1869.
Florschütz, B., Die Kurzsichtigkeit in den Koburger Schulen. Nach seinen Untersuchungen in den Jahren 1873 und 1877 zusammengestellt. Koburg 1880.
Groß, K. H., Grundzüge der Schulgesundheitspflege. Nördlingen 1878.
Hase, C. W., Das Volksschulhaus. Eine Anleitung zum Bau und zur inneren Einrichtung desselben.... hinsichtlich der Gesundheitspflege in den Schulzimmern. Hannover 1872. Mit 10 Tafeln.
Hermann, A., Ueber die Einrichtung zweckmäßiger Schultische. Braunschweig 1868.
Kotelmann, L., Die Körperverhältnisse der Gelehrtenschüler des Johanneums in Hamburg. Ein statistischer Beitrag zur Schulhygiene. Berlin 1879.
Kuby, W., Das Volksschulhaus mit besonderer Berücksichtigung der Verhältnisse auf dem Lande und in kleinen Städten. Augsburg 1875. Mit 14 Tafeln.
Küchler, F., Die Reform unserer Volksschule in hygienischer Richtung. 2. Aufl. Bern 1878.
Linsmayer, A., Die Münchener Schulbank. München 1876.
Passavant, G., Zur Frage der Beseitigung der Exkremente aus den Schulgebäuden. Frankfurt a/M. 1870.
Reddersen, H. O., Gesundheitspflege in den Schulen. Bremen 1872.
Rembold, S., Schulgesundheitspflege. Tübingen (1889).
Rietschel, H., Ueber Schulheizung. Berlin 1880.
Schildbach, C. H., Die Schulbankfrage und die Kunzesche Schulbank. Leipzig 1869. Mit 11 Abbildgn.
Schulbauten von dem Standpunkt der öffentlichen Gesundheitspflege. Gutachten des ärztlichen Vereins in Frankfurt a. M. Frankfurt a/M. 1869.
Verfügung des k. Ministeriums des Kirchen- und Schulwesens, betreffend die Einrichtung der Schulhäuser und die Gesundheitspflege in den Schulen. Stuttgart 1870.
Verfügung des k. Ministeriums des Kirchen- und Schulwesens, betreffend eine Instruktion für die Einrichtung der Subsellien in den Gelehrten-, Real- und Volksschulen. Stuttgart 1868.
Virchow, R., Ueber gewisse die Gesundheit benachteiligende Einflüsse der Schulen. Berlin 1869.
Voller, A., Ueber Luftwechsel und Beschaffenheit der Luft in den ventilierten Räumen der Realschule des Johanneums. 2 Hefte. Hamburg 1878–80.
Wehmer, R., Grundriß der Schulgesundheitspflege, unter Zugrundelegung der für Preußen gültigen Bestimmungen bearbeitet. Berlin 1895.
v. Zehender, W., Ueber den Einfluß des Schulunterrichts auf Entstehung von Kurzsichtigkeit. Stuttgart 1880.
—, Vorträge über Schulgesundheitspflege. Stuttgart 1891.
Zur Schulgesundheitspflege. Beglaubigte Zahlen betreffend die Schulhäuser und

Schulzimmer von 10 meist gröfseren Gemeinden der Regierungsbezirke Aachen und Düsseldorf. Elberfeld 1872.

Belval, Th., L'hygiène scolaire au Congrès international d'hygiène de Paris (1878). Bruxelles 1878.

Cardot, C., Historique de la table-banc. Traité de mobilier scolaire. Paris 1881.

Collinesu, A., L'hygiène à l'école, pédagogie scientifique. Paris 1889.

Dubrisay, J. et P. Yvon, Manuel d'hygiène scolaire à l'usage des délégués cantonaux, des médecins inspecteurs et des instituteurs. Paris 1887.

Erisman, F., Hygiène scolaire. Projet d'une classe-modèle. Bruxelles 1876.

Janssens, E., De l'inspection hygiénique et médicale dans les écoles. Bruxelles 1880.

Javal, Hygiène des écoles primaires et des écoles maternelles. Paris 1884.

Perrin, E. R., Des latrines scolaires. Paris 1879.

Riant, A., Hygiène scolaire: influence de l'école sur la santé des enfants. Paris 1874.

Thorens, Rapport sur les mesures à prendre contre les attitudes scolaires vicieuses. Paris 1881.

Trapenard, G., Etude d'hygiène des écoles, éclairage de jour et mobilier. Paris 1877.

Vernois, M., Etat hygiénique des lycées de l'Empire en 1867. Paris 1869.

Chesterton, T., The theory of physical education in elementary schools. London 1895.

Pfeiffer, E., Women and work: an essay on the relation to health and physical devolpment of the higher education of girls etc. London 1887.

# III. Der öffentliche Unterricht.

(Geschichtliche Entwicklung. Gesetzgebung. Statistik. Allgemeines.)

## 1. Internationales.

Beer, A. und F. Hochegger, Die Fortschritte des Unterrichtswesens in den Kulturstaaten. 2 Bde. Wien 1867—68. (Bd. I. Das Unterrichtswesen Frankreichs u. Oesterreichs; Bd. II, Abteil. I. Das Unterrichtswesen Rufslands und Belgiens. Bd. II, Abteil. 2: Das Unterrichtswesen der Schweiz.)

Schwarcz, J., Zur Reform des europäischen Unterrichtswesens. Budapest 1879.

Thiersch, F., Ueber den gegenwärtigen Zustand des öffentlichen Unterrichts in den westlichen Staaten von Deutschland, in Holland, Frankreich und Belgien. 2 Teile. Stuttgart 1838.

Barnard, H., National education in Europe. Hartford 1854.

—, Systems, institutions and statistics of public instruction in different countries. 2 vols. New York 1872. (Vol. I: Europe. German States: — Vol. II: Europe: Switzerland. France. Belgium. Holland. Denmark. Norway. Sweden. Russia. Turkey. Greece. Italy. Spain. Portugal.)

Baudouin, J. M., Rapport sur l'état actuel de l'enseignement spécial et de l'enseignement primaire en Belgique, on Allemagne et en Suisse. Paris 1865.

Congrès international de l'enseignement. Bruxelles 1880. 2 vols. Bruxelles 1880—1882.

Draper, J. W. et L. Aubert, Histoire du développement intellectuel de l'Europe. 3 vols. Paris 1868—1869.

Educational exhibits and conventions at the World's Industrial and Cotton Centennial Exposition, New Orleans 1884—85. 3 parts. Washington 1886. (Part II: Proceedings of the international Congress of Educators.)

International conference, the, on education, held at Philadelphia, july 17 and 18, in connexion with the International Exhibition of 1876. Washington 1877.

## 2. Deutsches Reich.

Kämmel, H. J., Geschichte des deutschen Schulwesens im Übergang vom Mittelalter zur Neuzeit. Aus seinem Nachlasse. Leipzig 1882.

**Mascher,** H. A., Das deutsche Schulwesen nach seiner historischen Entwickelung und den Forderungen der Gegenwart. Eisenach 1876. (Pädagogische Studien. Hrsg. von W. Rein, Heft 8.)
**Monumenta Germaniae paedagogica.** Schulordnungen, Schulbücher und pädagogische Miscellaneen aus den Landen deutscher Zunge. Hrsg. von K. Kehrbach. Band VII: Philipp Melanchthon als praeceptor Germaniae Berlin 1889.
**Schwarz,** B., Jakob Wimpheling, der Altvater des deutschen Schulwesens. Gotha 1875.
**Seidel,** Friedrich der Große, „der Heros der deutschen Volksbildung" und die Volksschule. Wien 1885.
**Specht,** F. A., Geschichte des Unterrichtswesens in Deutschland von den ältesten Zeiten bis zur Mitte des 13. Jahrhunderts. Stuttgart 1885.
**Stephan,** G., Die häusliche Erziehung in Deutschland während des achtzehnten Jahrhunderts. Wiesbaden 1891.
**Ueber deutsche Schulen im Mittelalter.** Ein Vortrag von G. H. Salzburg 1886.

---

**Baumann,** Volksschulen, höhere Schulen und Universitäten. Wie sie heutzutage eingerichtet sein sollten. Göttingen 1893.
**Bayer,** K., Der Sieg der Freiheit und die deutsche Volksbildung. Nürnberg 1848.
**Denkschrift des I.—IX. deutschen evangelischen Schulkongresses zu Frankfurt a/M., Kassel,** Stuttgart, Hannover, Barmen, Erfurt, Bielefeld, Dresden, Potsdam in den Jahren 1882—84, 1886, 1888, 1890—91, 1893 und 1895. 9 Hefte. Frankfurt a/M., Leipzig, Berlin 1893—95.
**Dörpfeld,** F. W., Die drei Grundgebrechen der hergebrachten Schulverfassungen nebst bestimmten Vorschlägen zu ihrer Reform. Elberfeld 1869.
**Erinnerungsblätter an die XVII. deutsche Lehrerversammlung zu Kassel am 4., 5. u. 6. Juni 1868.** Hrsg. von H. Pfister. Kassel 1868.
**Fröhlich,** G., Die Schulorganisation nach den Forderungen des Staats- und Kirchenrechts, der Kultur und des Zeitgeistes. Zugleich ein Beitrag zur Fortbildung des Schulrechts. Jena 1868. (Gekrönte Preisschrift.)
**Gesell,** G., Pädagogische Kleinmünze. Beiträge zur Förderung der deutschen Haus- und Volksschulerziehung. Chemnitz 1895.
**Göring,** H., Die neue deutsche Schule. Ein Wort zur Verwirklichung vaterländischer Erziehung. Leipzig 1890.
**Götze,** H., Es beginnt zu tagen! Ein Wort zur Schulreform und zur Erziehung der Jugend gerichtet an das deutsche Bürgerhaus. Berlin 1891.
**Gutersohn,** J., Schulreform und soziales Leben mit besonderer Berücksichtigung der Berliner Schulkonferenz und der kaiserlichen Reden. Vortrag. Karlsruhe 1891.
**Heinrichs,** A., Das Schulbücherwesen muß verstaatlicht werden. Ein Mahnruf an das deutsche Volk. Zittau 1890.
**Hippeau,** C., L'instruction publique en Allemagne. Paris 1873.
**Jolly,** L., Das Unterrichtswesen Deutschlands (Volksschule. Höhere Schulen. Universitäten. Fachschulen. Privatunterricht).: Schönberg, Handb., 3. Aufl. Tübingen 1891. S. 1061 ff.
**Krusche,** G., Litteratur der weiblichen Erziehung und Bildung in Deutschland von 1700 bis 1886. Langensalza 1887.
**Le Mang,** P., Unsere Erziehung muß umkehren! Zeitbetrachtung. 2. Aufl. Berlin 1879.
**Scherer,** H., Die Simultanschule, warum muß sie die Schule der Zukunft sein? Bielefeld 1893.
**Schultze,** Fritz, Deutsche Erziehung. Leipzig 1892.
**Schramm,** P., Grundgedanken und Vorschläge zu einem deutschen Unterrichtsgesetz. Zürich 1877. (Preisschrift.)
**Tews,** J., Der achte deutsche Lehrertag und seine Gegner. Hrsg. vom Ortsausschusse des achten deutschen Lehrertages. Leipzig 1890.
**Verhandlungen der ersten Generalversammlung des allgemeinen deutschen Lehrerinnenvereins in Friedrichsroda vom 16.—19. Mai 1891.** Im Auftrage des Vorstandes zusammengestellt von der Vorsitzenden. Gera, Th. Hofmann, 1891.

Vorschläge, unmaßgebliche, eines christlichen Schulfreundes zur Verbesserung des so sehr verdorbenen Schulwesens, nebst Vorrede von J. H. Michaelis. Halle 1827.
Zapp, A., Aus meinem Leben. Ein Beitrag zur Reform des deutschen Schulwesens. Zürich, 1898.
Zirngiebl, E., Studien über das Institut der Gesellschaft Jesu mit besonderer Berücksichtigung der pädagogischen Wirksamkeit dieses Ordens in Deutschland. Leipzig 1870.
Zródlowski, F., Das Schulwesen und seine Verwaltung. Reform der Volks-, Bürger-, Mittel- und Hochschulen. Leipzig 1889.

Cousin, V., Rapport sur l'état de l'instruction publique dans quelques pays de l'Allemagne et particulièrement en Prusse. Paris 1833.
Rebière, M., De l'instruction en Allemagne et en Angleterre. Paris 1873.
Saint-Marc-Girardin, De l'instruction intermédiaire et de son état dans le midi de l'Allemagne. Paris 1839.
Souvenirs de captivité. De l'instruction en Allemagne, par un officier général. Paris 1872.

Seeley, Levi, The common-school system of Germany (especially of Prussia) and its lessons to America. New York and Chicago 1896.
Guesalaja, A., La Instrucción pública en Alemania y en Suiza. Buenos Ayres, Lajouane, 1894.

## 8. Die Staaten des Deutschen Reichs.

### a. Baden.

Aktenstücke, offizielle, über die Schul- und Kirchenfrage in Baden. Hefte 1—6. Freiburg i. B. 1867—69.
Baumstark, A., Zur Neugestaltung des badischen Schulwesens. Leipzig 1862.
v. Hammerstein, L , Die Schulfrage. Freiburg i. B. 1877.
Knecht, F. J., Die Früchte der badischen Schulreform und der neue Gesetzentwurf über zwangsweise Einführung der gemischten Schule. Freiburg i. B. 1876.
Le Pique, C. D., Statistik der evangelisch-protestantischen Kirchen und Schulen im Großherzogt. Baden. Heidelberg 1824.
Schulen, die, des Großherzogtums Baden. Karlsruhe 1873. (Beiträge z. Statistik der inneren Verwaltung des Großherzt. Baden. Heft XXXIV.)
Sommerlad, F. W., Geschichte des öffentlichen Schulwesens zu Offenbach a. M. mit vorausgehendem Ueberblick über die Geschichte Offenbachs im allgemeinen. Offenbach a. M. 1892.
Verordnungsblatt des großherzoglich-badischen Oberschulrates. Jahrg. I ff. Karlsruhe 1862 ff.
Weilget, C., Beiträge zur Förderung des naturwissenschaftlichen und landwirtschaftlichen Unterrichts. Karlsruhe 1872.

### b. Bayern.

Gebele, Jos., Das Schulwesen der k. bayerischen Haupt- und Residenzstadt München in seiner geschichtlichen Entwicklung und unter Berücksichtigung der älteren bayerischen Schulzustände aus archivalischen Quellen dargestellt. München 1896. Mit 6 Abbildgn.
Geschichte der Erziehung der bayerischen Wittelsbacher von den frühesten Zeiten bis 1750. Urkunden, nebst geschichtlichem Ueberblick und Register von F. Schmidt. Berlin 1892. (A. u. d T.: Monumenta Germaniae paedagogica Bd. XIV.)
Klockhohn, A., Beiträge zur Geschichte des Schulwesens in Bayern vom 16. bis zum 18. Jahrhundert. München 1875.
—, Der Freiherr v. Ickstatt und das Unterrichtswesen in Bayern unter dem Kurfürsten Maximilian Joseph. München 1869.

**Bildungsanstalt,** die, des Erzieherverelns zu Nürnberg. Erlangen 1820.
**Ergebnisse,** die, der Unterrichtsstatistik im Königreich Bayern für das Schuljahr 1884/85.: Beitr. z. Stat. d. Königreichs Bayern, Heft LII. München 1887.
**Hauptergebnisse** der Unterrichtsstatistik im Königreich Bayern für das Schuljahr 1892/93, von Steiner.: Zeitschr. d. k. bayer. statist. B., Jahrg. XXVI. München 1894.
**v. Hermann,** Anstalten für Wissenschaft, Kunst, Unterricht und Erziehung nach dem Stande von 1851/52 und früherer Jahre.: Beitr. z. Statist. d. KR. Bayern, Heft V. München 1855.
—, Anstalten für Wissenschaft, Kunst, Unterricht und Erziehung nach dem Stande von 1862/63.: Beitr. z. Statist. d. KR. Bayern, Heft XIV. München 1866.
**Lehrordnung** für die deutschen Schulen des Kreises Schwaben und Neuburg. Augsburg 1676.
**Mayr, G,** Statistik des Unterrichts und der Erziehung im Königreiche Bayern für die Jahre 1869/70, 1870/71 und 1871/72, mit Rückblicken auf die Ergebnisse früherer Jahre etc.: Beitr. z. Statist. des KR. Bayern, Heft 29. 2 Teile. München 1873—75.
**Ministerialblatt** für Kirchen- und Schulangelegenheiten im Königreich Bayern. Jahrg. 1 ff. München 1865 ff.
**Pözl, J,** Pflege der Bildung der Staatsangehörigen (Bayerns) (nebst Schulordnungen u. Rechtsverhältnissen der Lehrer) etc.: Lehrbuch des bayerischen Verwaltungsrechts. 3. Aufl. München 1871, S. 480 ff.
**Voß, Joh. Heinr.,** Beurteilung des neuen Lehrplans für die kurpfalzbaierischen Mittelschulen etc., mit Anmerkungen von J. A. B. o. O. 1805.

### c. Braunschweig.

**Braunschweigische** Schulordnungen von den ältesten Zeiten bis zum Jahre 1828 mit Einleitung, Anmerkk., Glossar. Hrsg. von F. Koldewey. 2 Bde. Berlin 1886—90. (A. u. d. T.: Monumenta Germaniae paedagogica, Bde. 1 u. VIII.)
**Koldewey, F.** (Prof., Direktor des herz. Realgymnasiums zu Braunschweig), Geschichte des Schulwesens im Herzogtum Braunschweig von den ältesten Zeiten bis zum Regierungsantritt des Herzogs Wilhelm im Jahre 1831. Wolfenbüttel 1891.

### d. Elsaß-Lothringen.

**Kaufmann, G.,** Der Kampf der französischen und deutschen Schulorganisation und seine neueste Phase in Elsaß-Lothringen. Berlin 1877.
**Maggiolo, L.,** Les écoles en Lorraine (Meurthe-et Moselle, Meuse, Vosges) avant et après 1789. IIIème partie: 1802—1890. Nancy 1891.

### e. Preußen.

**Bornhak, C.,** Das preußische Unterrichtswesen als Staatsinstitut in rechtsgeschichtlicher Entwicklung.: Arch. f. öff. R., Bd. IV. Freiburg i. B. 1859, S. 101 ff.
**Centralblatt** für die gesamte Unterrichtsverwaltung in Preußen, hrsg. vom Ministerium der geistlichen, Unterrichts- und Medizinalangelegenheiten. Jahrg. I ff. Berlin 1859—90.
**Erläuterungen** die Bestimmungen der Verfassungsurkunde vom 5. Dez. 1848 über Religion, Religionsgesellschaften und Unterrichtswesen betreffend. Berlin 1849.
**Gesetzgebung,** die, auf dem Gebiete des Unterrichts in Preußen von 1817 bis 1868. Aktenstücke mit Erläuterungen aus dem Ministerium der geistlichen etc. Angelegenheiten. Berlin 1869.
**Kley, H.,** Kurzer Abriß der Geschichte der preußischen Gesetzgebung. Fulda 1896.
**Laacke, Karl Chr. Fr.,** Schulgesetzsammlung. Gesetze, Verordnungen, Entscheidungen, Gesetzentwürfe, Gutachten etc. über das Schulwesen in Preußen. 3 Teile. Leipzig 1878; 1881; 1890.
**Repertorium** der wichtigsten Gesetze, Ministerial- und Regierungsreskripte etc. über das Schulwesen in den k. preuß. Staaten seit dem Jahre 1810 bis 1843. Breslau 1844.

v. Rönne, L., Staatsrecht der preufsischen Monarchie. 4. Aufl. 4 Bde. Leipzig 1881—84.
—, Das Unterrichtswesen des preufsischen Staates, eine systematisch geordnete Sammlung aller auf dasselbe Bezug habenden gesetzlichen Bestimmungen etc. 2 Teile in 3 Bänden. Berlin 1854—55. (Teil I, 1 a. u. d. T.: Das Unterrichtswesen des preufsischen Staates in seiner geschichtlichen Entwickelung. Teil I, 2 a. u. d. T.: Das Volksschulwesen des preufsischen Staates mit Einschlufs des Privatunterrichts. Teil II a. u. d. T.: Die höheren Schulen und die Universitäten des preufsischen Staates. S. 325—66. Die Fachschulen. Das ganze Werk bildet den 2. Band des VIII. Teiles von des Verfassers Verfassung und Verwaltung des preufsischen Staates.)
Schulverordnungen für den Regierungsbezirk Minden. Hrsg. von den Regierungs- und Schulräten Hechtenberg und Vandenesch. Minden 1890.

Annalen des preufsischen Schul- und Kirchenwesens. Hrsg. von Fr. Gedike. Berlin 1800 ff.
Berger, J., Entwurf eines Schulgesetzes für das Königr. Preufsen. Leipzig 1877. (Gekrönte Preisschrift.)
Diesterweg, A., Alaaf Preufsen! Zur Begrüfsung der neuen Epoche im Erziehungswesen. Berlin 1842.
Dieterici, F. W. C., Die statistischen Tabellen des preufsischen Staats, nach der amtlichen Aufnahme des Jahres 1843. Berlin 1845; S. 109 ff.: Kirchen und Schultabelle des ganzen preufsischen Staates für das Jahr 1843.
—, Statistische Uebersicht des öffentlichen Unterrichts im preufsischen Staate im Jahre 1816 und im Jahre 1846.: Mitteilgn. des statist. B. in Berlin, Bd. I. Berlin, 1848, S. 33.
Dupanloup, F., Der Schulunterricht in Preufsen. Mainz 1872.
(Eilers), Zur Beurteilung des Ministeriums Eichhorn, von einem Mitglied desselben. Berlin 1849. (Kritik über das vormärzliche Unterrichtswesen Preufsens, etc.)
Engel, E., Die Schulen und der Unterricht im preufsischen Staate im Jahre 1861.: Zeitschr. des k. preufs. statist. B. Jahrg. 1863, S. 77—78.
Ernesti, C., Frz. v. Fürstenbergs Leben und Schriften über Erziehung und Unterricht, sowie die Schulgesetzgebung des ehemal. Fürstentums Münster. Paderborn 1892.
v. Felbiger, J. J., Eigenschaften und Bezeigen rechtschaffener Schulleute um nach dem in Schlesien für die Römischkatholischen bekannt gemachten Generalland-Schulreglement der Jugend Unterricht zu geben. Bamberg 1772.
Gebhardt, Br., Die Einführung der Pestalozzischen Methode in Preufsen. Ein urkundliches Kapitel preufsischer Schulgeschichte. Berlin 1896.
—, Wilhelm von Humboldt als Staatsmann. I. Band: Bis zum Ausgang des Prager Kongresses. Stuttgart 1896. (Darin: II. Buch: An der Spitze des Unterrichtswesens 1809 und 1810.)
Hertzberg, F., Auch ein Wort über den verewigten Grafen v. Hertzberg und seine Verdienste um das vaterländische Schulwesen. Berlin 1796.
Hornemann, F., Die Berliner Dezemberkonferenz und die Schulreform. Vom geschichtlichen Standpunkte aus beleuchtet. Hannover 1891.
Hübler, B. (Geb. O.-Reg.-R Prof.), Die religiöse Erziehung der Kinder aus gemischten Ehen im Gebiet des preufsischen allgemeinen Landrechts. Berlin 1888.
Herrfurth, L. und W. v. Tschoppe, Beiträge zur Finanzstatistik der Gemeinden in Preufsen. Berlin 1884. (A. u. d. T.: XVI. Ergänzungsheft zur Zeitschr. d. k. pr. statist. B. Darin auf Spalten 34—39: Nachweisungen der Ausgaben etc. für Volksschulen bezw. für Mittel-, Rektorats-, gehobene Bürger- und höhere Mädchenschulen in den preufs. Stadt- und Landgemeinden für das Jahr 1883-84.)
Kuhn, Bericht über die Schulverwaltung der Stadt Wiesbaden. Wiesbaden 1874 (Nicht im Handel.)
Lehmann, J. A. O. L., Ueber Organisation der Schulbehörden des preufsischen Staates. Marienwerder 1850.
Matthes, F., Die Staatsschule. Berlin 1877.

PETERSILIE, Der öffentl. Unterricht II. 32

**Münzenberger, E. F. A.,** Die Entwickelung des Frankfurter Schulwesens im letzten Jahrzehnt. 2. Aufl. Frankfurt a/M 1880.

**Nippold, F.,** Die gegenwärtigen Zustände im ehemal. Herzogtum Nassau vornehmlich auf dem Gebiete der Kirche und Schule. Mannheim 1869.

**v. Pfeil, (Graf),** Schulwesen und Unwesen. Breslau 1877.

**Preußische Statistik.** Heft 5. Die Ergebnisse der Volkszählung und Volksbeschreibung vom 3. Desember 1861, resp. Anfang 1862. Berlin 1864. Darin auf SS. 64 ff., 140 ff., 210 ff.: Die Schule und der Unterricht.

**Preußische Statistik.** Heft 10. Ergebnisse der Volkszählung und Volksbeschreibung etc, in den Jahren 1862, 1863 u. 1864. Berlin 1867. Darin auf SS. 59 ff., 136 ff. u. 265 ff.: Oeffentliche und Privat-Unterrichtsanstalten.

**Riemann, C. F.,** Historische Nachricht von einer im Niederoderbruch errichteten Konferenzgesellschaft und deren Verhandlungen über die Kochowschen und Pestalozzischen Grundsätze etc. (über Elementarschulkunde und Schulpraxis.) Berlin 1812.

**Schulrat, der,** an der Oder. Breslau 1817.

**Schulwesen, das,** des preußischen Staates. Berlin 1866. (Abdruck aus der Nationalzeitung.)

**Schulze, Knapp** und **Niemeyer,** Beschreibung des Hallischen Waisenhauses und der übrigen Franckeschen Stiftungen nebst der Geschichte ihres 1. Jahrhunderts, Halle 1799. Mit Portr. u. Ansichten.

**Sendschreiben** eines preußischen Schulmannes an seine Amtsbrüder und an die Schulaufseher. Berlin 1816.

**Seyffarth, L. W.,** Die Stadtschulen. Betrachtungen und Vorschläge. Berlin 1867.

**Spieker, C. W.,** Bericht über die neue Einrichtung des Schulwesens zu Frankfurt a/O. Frankfurt a/O. 1815.

**Staatsminister, der, v. Raumer,** und seine Verwaltung des Ministeriums der geistlichen, Unterrichts- und Medizinalangelegenheiten in Preußen. Berlin 1860.

**Statistik** der kirchlichen und Unterrichtsverwaltung in der Provinz Schleswig-Holstein im Jahre 1891. Kiel 1891.

**Steffenhagen, H.,** Handbuch der Organisation und Verwaltung der städtischen Schuldeputation. Berlin 1888.

**Tabellen und amtliche Nachrichten** über den preußischen Staat für das Jahr 1849, Bd. II. Berlin 1851. Darin S. 409 ff.: Die Kirchen- und Schultabelle (Oeffentliche Schulen einschl. Universitäten) der Provinzen und Regierungsbezirke.

**Tabellen und amtliche Nachrichten** etc. für 1852. Ebd. 1855. Darin S. 198 ff.: Kirchen- und Schultabelle.

**Tabellen und amtliche Nachrichten** etc. für 1855. Ebd. 1858. Darin S. 149 ff.: Kirchen- und Schultabelle.

**Tabellen und amtliche Nachrichten** etc. für 1858. Ebd. 1860. Darin S. 193 ff.: Kirchen- und Schultabelle.

**Uebersicht,** tabellarische, der Unterrichtsanstalten der preußischen Monarchie. Berlin 1834.

**Vorschläge,** praktische, zur Reform des preußischen Unterrichtsministeriums als Grundlage aller Schulreformbestrebungen. Hagen i. W. 1889.

## f. Sachsen.

**Bericht** über den Stand des Unterrichtswesens im Königreiche Sachsen. (Dresden) 1873.

**Bericht** über den Stand der dem Ministerium des Kultus und öffentlichen Unterrichtes unterstellten Unterrichts- und Erziehungsanstalten im Königreiche Sachsen, Schuljahre 1876—1880. 2 Hefte. (Dresden) 1878—81.

**Bericht** über die gesamten Unterrichts- und Erziehungsanstalten im Königreiche Sachsen. 2 Hefte. Dresden 1894—1890.

**Exposé** über den Stand des öffentlichen Schulwesens im Königreiche Sachsen. (Dresden) 1867.

**Maugner, E.,** Die Inquisition in der Leipziger Ratsfreischule. Ein Beitrag zur deutschen Schulgeschichte. Leipzig 1692. (A. u. d. T.: Schriften des Vereins für die Geschichte Leipzigs, Band IV.)

**Rammings** Handbuch der Schulstatistik (des Königreichs Sachsen) [Neue Folge von Rammings kirchlich-statistischem Handbuch] 10. u. 11. Ausgabe bearb. von E. Kiefsling. Dresden 1875 u. 1879; 12.—14. Ausgabe bearb. von J. Jüchtzer. Ebd. 1882, 1885, 1898; 15. Ausgabe bearb. von Alban Förster. Ebd. 1891; 16. Ausgabe bearb. von A. Kolbe. Ebd. 1894.

**Schneider, E. G. P.**, Die Geschichte der Schule zu Nossen. Zugleich ein Beitrag zur Geschichte der Schulen in den kleinen und mittleren Städten Sachsens. Nossen 1892.

**Wittich**, Beitrag zur Geschichte des sächsischen Schulwesens im Mittelalter. Dresden 1857. (Realschulprogramm.)

### g. Württemberg.

**Statistik** des Unterrichts- und Erziehungswesens im Königreiche Württemberg. 34 Teile. Stuttgart 1864—1896.

**Württemberg** im Jahre 1844. Winterthur 1844. (Ueber Württembergs Schulen, die Tübinger Universität, etc.)

### h. Andere deutsche Staaten.

**Boehne, W.**, Die pädagogischen Bestrebungen Ernst des Frommen von Gotha. Gotha 1898.

**Löbe, J.**, Geschichte der Kirchen und Schulen des Herzogtums Sachsen-Altenburg. 2. Aufl. 3 Bde. Altenburg 1889—1891.

**Statistik** der dem Ministerialdepartement des grofsherz. Hauses und des Kultus unterstellten Unterrichts- und Erziehungsanstalten im Grofsherzogt. Sachsen-(-Weimar-Eisenach). Weimar 1893.

**Nachrichten**, statistische, über das Unterrichtswesen.: Mitteilungen des herz. Anhaltischen statist. Bureaus. No. 6. Dessau 1869.

**Büsch, J. G.**, Ein Wort an die Bürger Hamburgs über Nichtachtung der Gelehrsamkeit in der Erziehung der Söhne. Hamburg 1800.

**Gesetz** betreffend das Unterrichtswesen der freien und Hansestadt Hamburg. Verordnung vom 13. Nov. 1870. Hamburg.

**Statistik** der hamburgischen Unterrichtsanstalten. Hamburg 1869.

### 4. Aufserdeutsche Kulturstaaten.

#### a. Belgien.

**Wenselburger, Th.**, Schulverhältnisse in Belgien.: Preufs. Jahrb., Bd. LXIV. Berlin 1899.

**Buse, J.**, La question de l'instruction publique devant la Convention nationale. Bruxelles 1879.

**Chambre des représentants.** Enquête scolaire. 8 vols. Bruxelles 1881—1883.

**Chambre des représentants.** Commission d'enquête scolaire. Examens subis par le contingent de milice du 1882. 2 vols. Bruxelles (1882).

**Chambre des représentants.** Commission d'enquête scolaire. Statistique des écoles primaires officielles et privées au 31 decembre 1881. Bruxelles (1881).

**Greyson, E.**, L'enseignement public en Belgique. Histoire et exposé de la législation. I. Bruxelles 1893.

**Note** sur l'exposition scolaire organisée par la ville de Liège à l'Exposition universelle de Paris en 1878. Liège (1878).

**Projet** de loi pour l'enseignement public en Belgique et exposé des motifs. Bruxelles 1832.

**Sauveur, J.**, Statistique générale de l'instruction publique en Belgique dressée d'après les documents officiels. 2 vols. Bruxelles 1880—1890.

### b. Dänemark.

Spindler, E., Die deutschen Schulen in Kopenhagen.: Zeitschr. f. d. ausl. Unterr. Jahrg. I, Leipzig 1895/96, S. 61 ff.
Matrat (Mlle.), Rapport adressé à M. le ministre de l'instruction publique sur les écoles scandinaves et sur l'éducation artistique et industrielle de la femme à l'exposition de Copenhague. Paris 1889.
Petersen, A., Skolestatistik. Skematisk Oversigt over Borger- og Almueskolen i Danmark. 2. Aufl. Kopenhagen 1887.

### c. Grofsbritannien und Irland.

Fischer, F. G., Ueber die englischen Lehranstalten in Vergleichung mit den unsrigen. Berlin 1827. (Gymnasialprogramm.)
Hollmann, H. (London), Der gegenwärtige Stand des Erziehungswesens in England.: Zeitschr. f. d. ausl. Unterr. Jahrg. I. Leipzig 1895/96, S. 36 ff.
Hughes, Th, Tom Brown's Schuljahr. Von einem alten Rugby-Jungen. Zur Darlegung des gegenwärtigen Standes der Erziehung in den oberen Klassen Englands. Bearbeitet von E. Wagner. Gotha 1867.
Jolly, L, Das Unterrichtswesen Englands (Volksschulen. Höhere Schulen. Universitäten).: Schönberg, Handb., 3. Aufl. Tübingen 1891, S. 1129 ff.
Schiller, K., Englische und deutsche Erziehung. Wien 1868.
Schmick, H., Mitteilungen aus dem englischen Schulleben. Bonn 1869.
Sombart, C. M., Einiges über englische Schulverhältnisse.: Nat. Jahrg. XIII, No. 47. Berlin 1896.
Weber, E., Verdienen englische Schulen als Vorbild für deutsche Schulen hingestellt zu werden?: Zeitschr. f. Gymnasialw., Bd. XXXIV. Berlin 1890, S. 502 ff.
Wiese, L., Deutsche Briefe über englische Erziehung nebst einem Anhang über belgische Schulen. Berlin 1855.
Zimmermann, A., Englands öffentliche Schulen von der Reformation bis zur Gegenwart. Freiburg i. B. 1892.

---

Education 1866. Revised code of regulations etc. London 1866. (Parl. paper.)
Education Bill, 1896. A Bill to make further provision for education in England and Wales. Introduced by Sir John Gorst, London 1896. (Parl. paper.)
New code of regulations. Education Department. 2 vols. London 1878—1891.
Public schools. Report of H. Maj.'s. Commissioners appointed to inquire into the revenues and management of certain colleges and schools, and the studies pursued and instruction given therein. 4 vols. London 1864 (Parl. paper.)
Report, annual, of the Committee of Council on education in Scotland. 22 vols. Edinburgh 1873—1895. (Parl. paper.)
Report, annual, of the Board of education for Scotland to the Committee of Council. 6 parts. Edinburgh 1873—1876.
Report of Committee on the present state of legal education in England and Ireland, and the means for its improvement and extension. London 1846. (Parl. paper.)
Report of the Science and Art Department of the Committee of Council of education. 44 annual reports. London 1854—96. (Parl. paper.)
Report of the Committee of Council on education (England and Wales) (with minutes of the Committee, appendices, reports of inspectors etc.]. 60 vols. London 1839—96. (Parliamentary reports.)
Schools Inquiry Commission. Report of Royal Commission (Lord Taunton, chairman) appointed to inquire into the education given in schools in England, not comprised within the two recent commissions on popular education (1861) [s. d.] and on public schools (1864) [s. d.]. 21 vols. London 1868. (Parliam. paper )

Denison, G. A., The school in England, century XIX. London 1883.
Farrar, F. W., On some defects in public school education. London 1867.

Fortescue (Earl), Public schools for the middle classes. London 1864.
Gregory (the canon), The report of the Education Commission.: Contemp. Rev., 1858, November. London.
Hazlitt, W. C., Schools, school-books and schoolmasters. A contribution to the history of educational development in Great Britain. London 1889.
Leach, A. F., School supply in the middle ages.: Contemp. Rev., 1894, November. London.
Lyon, H., Royal Education Commission, 1886-1888. Summary of the final report. London 1888.
Masson, D., The state of learning in Scotland. Edinburgh 1866.
Public schools year book, with a select list of preparatory schools. (Edited by three public school men at Eton, Harrow, Winchester.) Year I-VIII. London 1890-1897.
Public schools the: Winchester, Westminster, Shrewsbury, Harrow, Rugby. Notes of their history and traditions by the author of „Etoniana". Edinburgh 1867.
Ramsay, G. G., Scotch und English educational endowments.: Macm. Mag., No. 307. London 1885, May.
Report from the select Committee on Manchester and Salford education, with minutes of evidence, etc. London 1852.
Schaible, Ch. H., The State and education: an historical and critical essay with special reference to educational reform. London 1870.
Shuttleworth, J. Kay, Public education, as affected by the minutes of the Committee of privy council for 1846-52, with suggestions as to future policy. London 1853.
Thornton, F. V., The education of the middle classes in England. London 1862.
Yoxall, J. H, The public and the Educational Department.: Murr. Mag., 1890. London.

Hippeau, C., L'instruction publique en Angleterre. Paris 1872.
Marguerin, Motheré, De l'enseignement des classes moyennes et des classes ouvrières en Angleterre. Paris 1864.
Parmentier, Histoire de l'éducation en Angleterre, les doctrines et les écoles an XIX° siècle. Paris 1896.

Halbertsma, P., De nieuwe rigting van het onderwijs in Engeland. Deventer 1849.

### d. Frankreich.

Bona-Meyer, Jürgen (Prof.), Victor Cousin als Pädagog und Unterrichtsminister.: Zeitschr. f. d. ausl. Unterr. Jahrg. I. Leipzig 1895-90, S. 279 ff.
v. Dumreicher, A., Ueber den französischen Nationalwohlstand als Werk der Erziehung. Abteil. I: Die Entwickelung des Erziehungswerks. Wien 1879.
Hahn, L., Das Unterrichtswesen in Frankreich, mit einer Geschichte der Pariser Universität. Breslau 1848.
Jolly, L., Das Unterrichtswesen Frankreichs (Behördenorganisation und Volksschulwesen. Mittelschulwesen. Wissenschaftlicher Unterricht).: Schönberg, Handb. 3. Aufl. Tübingen 1891, S. 1103 ff.
Salomon, Sophie, Mitteilungen über das staatliche Mädchenschulwesen in Frankreich.; Osterprogramm der städt. höheren Töchterschule zu Gumbinnen. Gumbinnen 1896, S. 15 ff.
Wychgram, J., Das weibliche Unterrichtswesen in Frankreich. Leipzig 1886.

Guizot, F., Annales de l'éducation. 6 vols. Paris 1811-1813.
—, Essai sur l'histoire et l'état actuel de l'instruction publique en France. Paris 1816.
Hippeau, C., L'instruction publique en France pendant la révolution. Paris, s. d.
Maitre, L., Les écoles épiscopales et monastiques de l' Occident, depuis Charlemagne jusqu'à Philippe-Auguste. Paris 1866.
de Riancey, H., Histoire critique et législative de l'instruction publique etc. 2 vols. Paris 1844.

**Vallet de Viriville**, Histoire de l'instruction publique en Europe, et principalement en France, depuis le christianisme jusqu'à nos jours. Paris 1849.

---

**Barreau**, Th., Législation de l'instruction publique. Paris 1853.
**Bulletin** administratif du Ministère de l'instruction publique, de 1850 à 1895. 61 vols. Paris 1850—1895.
**Circulaires** et instructions officielles relatives à l'instruction publique de 1802 à 1878 inclusivement. Publication entreprise par ordre de S. Exc. le Ministre de l'instruction publique et des cultes. 7 vols. (Vol. VII: table analytiques des tomes I—VI.) Paris 1863—1878.
**Cousin**, V., L'instruction publique en France sous le gouvernement de juillet. Loi de 1833. Ministère de 1840. Discussions de 1843, 1844, 1845 et 1848. 2 vols. Paris 1850.
**Duruy**, V., Circulaires et instructions officielles relatives à l'instruction publique. Années 1863—1869. Paris.
**Jacquemard et Lheureux**, Le code manuel de la commission municipale scolaire. Paris 1887.
**Lois**, décrets et règlements relatifs à l'instruction publique depuis le 2 décembre 1851 jusqu'au 1er juillet 1856. 2 vols. Paris 1854—1856.
**Recueil** des arrêts du Conseil supérieur de l'instruction publique en matière contentieuse et disciplinaire (1850 à 1888.) Paris 1889.
**Recueil** de lois et règlements concernant l'instruction publique depuis l'édit de Henri IV en 1598 jusqu'à ce jour. 5 vols Paris 1814—1828.

---

**Annuaire** de l'instruction publique des beaux-arts et des cultes, rédigé et publié par MM. Delalain. Années I—XLV. Paris 1851—96.
**Bautain**, L. E., De l'éducation publique en France au XIX<sup>e</sup> siècle. Paris 1876.
**Bréal**, M, Quelques mots sur l'instruction publique en France. Paris 1872.
**Clément-Simon**, G., Le protestantisme et l'érudition dans le pays basque au commencement du XVII. siècle. Paris 1896.
**Corre**, A., L'instruction publique et les écoles à Brest avant 1789. Paris 1896.
**Cournot**, Des institutions d'instruction publique en France. Paris 1864.
**Cucheval-Clarigny**, L'instruction publique en France. Paris 1883.
**Dejob**, C., L'instruction publique en France et en Italie au XIX<sup>e</sup> siècle. Paris 1894.
**Duruy**, V., L'administration de l'instruction publique de 1863 à 1869. Paris, s. d.
**Ferneuil**, Th., La réforme de l'enseignement public en France. Paris 1879.
**Gainet**, De l'enseignement public en France comme principale cause de la crise actuelle. Bar-le-Duc 1872.
**de Girardin**, E., De l'instruction publique en France. 3<sup>e</sup> édition. Paris 1842.
**Gobron**, L, Législation et jurisprudence de l'enseignement public et de l'enseignement privé en France. Paris 1890.
**Horridge**, F, Conférence sur l'enseignement. Paris 1890.
**Instruction** publique (de l') en France dans le passé et dans le présent. (par un ancien professeur.) Paris 1864.
**Jourdain**, Ch., Rapport sur l'organisation et les progrès de l'instruction publique. Paris 1887. (Publication faite sous les auspices du Ministère de l'instruction publique.)
**Narjoux**, F., Les écoles publiques en France et en Angleterre. (Construction et installation. Documents officiels Services intérieurs. Salles d'asile. Mobilier scolaire.) Paris 1877. Avec 154 figur.
**Rapport** à M. le ministre de l'instruction publique, des beaux-arts et des cultes sur les champs d'expériences scolaires, par G. Ville. Paris 1894.
**Renan**, E, La part de la famille et de l'état dans l'éducation. Paris 1869.
**Robin**, C, L'instruction et l'éducation. Paris 1877.

**Education in France.** (Circulars of information of the Bureau of Education.) No. 4, 1881.) Washington.

**Simon, J.**, Public education in France.: Contemp. Rev, 1882, November. London.

### e. Holland.

**Wirth, L.** (Utrecht), Das Unterrichtswesen in den Niederlanden.: Zeitschr. f. d. ausl. Unterr. Jahrg. l. Leipzig 1895/96, S. 170 ff., S. 262 ff.

**Cousin, Victor,** L'instruction publique en Hollande. Paris 1837.

**Steyn-Parvé,** Instruction primaire, secondaire et supérieure en Hollande. Leide 1878.

**Bijdragen** voor onderwijs en opvoeding in Nederland. 74 vols. Leiden 1800—1873.

**de Bosch Kemper, J.,** Geschiedenis van Nederland na 1830 met aanteekeningen en onuitgegeven stukken. 5 Bde. Amsterdam 1873.

**Groen van Prinsterer,** Historische bijdrage: hoe de onderwijswet van 1857 tot stand kwam. Amsterdam 1876.

**Hubrecht, P. F.**, Jaarboek van het onderwijs in Nederland 1891. Haarlem, de erven F. Bohn, 1891.

**Lastdrager, A. J.**, Bijdrage tot de geschiedenis van het onderwijs in Nederland sedert 1825. Leiden 1849.

**Rapport** van de Commissie belast met het instellen van een onderzoek en het doen van voorstellen met betrekking tot het openbar onderwijs. Utrecht 1873. (Bericht der Enquete-Kommission über den Zustand des öffentlichen Unterrichts in der Stadtgemeinde Utrecht.)

**Rapport** van de Commissie ter overweging van de belangen van het lager en middelbaar onderwijs. 2 deelen. Utrecht 1879. (Enquetebericht über die Zustände des Elementar- und mittleren Unterrichts in der Stadtgemeinde Utrecht)

**Verslag** van den staat der hooge-, middelbare en lagere scholen in het Koninkrijk der Nederlanden over 1887/1888; 1889/1890; 1890/1891; 1891;1892; 1892/1893. 's Gravenhage

**de Vos, P. A., en F. Willems,** Bijdragen over opvoeding en onderwijs. Lierre 1896.

### f. Italien.

**Bravi, Fr.**, Il problema pedagogico in Italia: s. l. (Ravenna) 1893.

**Gerini, G. D.**, Gli scrittori pedagogici italiani del secolo decimoquinto. Turin 1896.

**Sabbadini, R**, La scuola e gli studi di Guarino Guarini, Veronese. Catania 1896. (Con 44 documenti.)

**Cogliolo, P. et A. Majorana,** Codice scolastico: leggi, regolamenti, circolari concernanti la pubblica istruzione. Firenze 1892.

**Gluria, E**, Leggi e regolamenti della pubblica istruzione. Roma 1895.

**Ministero** della pubblica istruzione. Bollettino ufficiale. 42 vols. Roma 1875—1896.

**Atti** del IX° Congresso pedagogico italiano e della esposizione scolastica. Bologna 1874.

**Burzi, D. M.,** Istituti scolastici del comune di Bologna. Relazione: anni 1874—1875. Bologna 1875.

**Istituti** d'istruzione elementare e secondaria dispendenti del municipio de Bologna. Bologna 1872—1874.

**Istruzione** primaria e secondaria classica data nel seminari. Firenze 1865. (Statistica del regno d'Italia.)

**Istruzione** primaria e secondaria data da corporazioni religiose, anno scolastico 1863/64. Fienze 1865. (Statistia del regno d'Italia.)

**Istruzione** pubblica e privata, anni scolastici 1862/63 e 1863/64. 3 parti. Torino 1865—66. (Statistica del regno d'Italia.) [Parte I.: Istruzione primaria. Parte II e III.: Ginnasi, licei e scuole techniche, 1862/63., Istituti superiori, 1863,64.]

**Municipio** de Firenze. Regolamenti e programmi per le scuole femminili e maschili, 1873—75. Firenze 1875.

Municipio di Torino. Istruzione. 2 vols. Torino 1879.
Oldrini, Alex., Education in Italy.: Chaut., vol. XVIII. London 1895.
Raccolta di relazione speciali intorno alla pubblica istruzione in Genova. Genova 1867.
Relazione statistica sulla istruzione pubblica e privata in Italia, compilata da documenti ufficiali per l'esposizione di Parigi. Roma 1878.
Satolli (Archbishop) The catholic school system in Rome.: N. A. R., vol CLIX. New York 1895.
Stato di previsione della spesa del Ministero dell' istruzione pubblica per l'esercizio finanziario dal 1. VII. 1888 al 30. VI. 1889. Roma 1888. (pp. 166/190; Raffronto tra il bilancio d'Istruzione dell' Italia e dei principali Stati di Europa.)
Sulle condizioni della pubblica istruzione nel regno d'Italia. Relazione generale. Milano 1865.

Dejob, C., L'instruction publique en France et en Italie au XIX° siècle. Paris 1894.
Depoisier, J., Sur l'instruction publique dans les Etats sardes. Paris 1847.
Hippeau, C., L'instruction publique en Italie. Paris 1875.

Clarke, G., The education of children at Rome. London 1896.

### g. Oesterreich-Ungarn.

Eymer, W., Graf Franz Josef Kinsky als Pädagog. Ein Beitrag zur Geschichte der Erziehung und des Unterrichtes in Österreich. Prag 1887.
Lehner, T., P. Simon Rettenbachers pädagogisch-didaktische Grundsätze Ein Beitrag zur österreichischen Erziehungs- und Schulgeschichte. Kremsmünster 1895. (Aus dem Programm des dortigen k. k. Obergymnasiums.)
Siebenbürgisch-sächsische Schulordnungen, die, mit Einl., Anmerk. u. Reg. hrsg. von F. Teutsch. 2 Bde. (1543—1778 u. 1752—1883.) Berlin 1888—92. (A. u. d. T. Monumenta Germaniae pedagogica, Bde. VI u. XIII.)
Wolfs, Die allgemeine Schulordnung der Kaiserin Maria Theresia und Felbigers Forderungen an Schule und Lehrer. Leipzig 1896.
Wolf, G., Das Unterrichtswesen in Oesterreich unter Kaiser Josef II. Nach einer Darstellung von J. v. Sonnenfels. Wien 1880.

Sammlung der wichtigsten, insbesondere auf die von der Stadt Wien erhaltenen Schulen Bezug nehmenden Gesetze, Verordnungen und Gemeinderatsbeschlüsse. 3 Bde. Wien 1870—1885.
Schwicker, J. H., Die ungarischen Schulgesetze und Verordnungen, nebst 2 Supplementheften. Budapest 1877—78.
Verordnungsblatt für den Dienstbereich des Ministeriums für Kultus und Unterricht. Jahrg. Iff. Wien 1869—96.

Aufwand, der, für das öffentliche Unterrichtswesen (in Cisleithanien.) Auf Grund der Erhebung des Jahres 1890 bearbeitet. Wien 1895. (Oesterreichische Statistik, Bd XLII, Heft 1.)
Bericht über österreichisches Unterrichtswesen aus Anlafs der Weltausstellung 1873. 2 Bde. Wien 1873.
Bericht des ungarischen Ministeriums für Kultus und Unterricht an den Reichstag über den Zustand des öffentlichen Unterrichts in den Jahren 1870 und 1871. Budapest 1873.
Freimund, E, Drei Kapitel zum oesterreichischen Schulstreite. Sozial-politische Erwägungen. Wien 1890.
Ganser, A., Schule und Staat. Ein Problem unserer Zeit. Graz 1892.
Jireček, J., Handbuch des Unterrichts- und Prüfungswesens in Oesterreich Wien 1868.
Jahresbericht (I ff.) des k. k. Ministeriums für Kultus und Unterricht. Wien 1870 ff.

**Jolly, L.**, Das Unterrichtswesen Oesterreichs.: Schönberg, Handb., 3. Aufl. Tübingen 1891. S. 1093 ff.
**Lehranstalten**, spezielle, Lehr- und Erziehungsanstalten der im Reichsrate vertretenen Königreiche und Länder, dann der Militärgrenze 1866.: Mittlgn. a. d. Geb. der Statist. Jahrg. XV, Heft 2. Wien 1865.
**Löwy**, Das Unterrichtswesen in Wien. Wien 1890.
**Programm** zur Verfassung einer internationalen Statistik der Unterrichtsanstalten. Wien 1872.
**Schmid, F.**, Kritische Streiflichter auf die Finanzgebarung der österreichischen Unterrichtsanstalten.: Zeitschr. d. österr. Volksw., Bd. V. Wien 1896.
**Statistik** der Lehranstalten in 1851—1857.: Mittlgn. a. d. Geb. d. Statist., Jahrg. VII, Heft 1 u. 4. Wien 1859.
**Statistik** der Unterrichtsanstalten in den im Reichsrate vertretenen Königreichen und Ländern für die Jahre 1851/82, 1882/83, 1883/84, 1884/85, 1885/86, 1886/87, 1887/88, 1888/89, 1889/90, 1890/91, 1891/92, 1892/93. Wien 1884—1896. (Oesterreichische Statistik. Hrsg. von der k. k. statistischen Centralkommission, Bd. III. Heft 2 bis Bd. XLIV, Heft 4.)
**Unterrichtswesen**, das ungarische, am Beginne des Jahres 1875. Budapest 1877. (Bericht des k. ungar. Ministers für Kultus und Unterricht an den Reichstag.)
**Unterrichtswesen**, das ungarische, am Schlusse des Schuljahres 1877/78 im Auftrage des k. ung. Ministers für Kultus und Unterricht dargestellt von Joh. H. Schwicker. Budapest 1879.
**Unterrichtswesen**, das ungarische, in den Studienjahren 1882/83 und 1883/84. Im Auftrage des k. ung. Ministers für Kultus und Unterricht dargestellt. Budapest 1885.
**Unterrichtswesen**, das ungarische. 3 Bde. Budapest 1881—90.
**Wien** 1848—1888. Denkschrift zum 2. Dez. 1888, hrsg. vom Gemeinderate der Stadt Wien. 2 Bde. Wien 1888. (Darin der Artikel: Die Schule, von E. Hannak.)
**A közoktatás állapatáról jelentése.** 14 vols. Budapest 1870—1880. (Bericht über den Stand des öffentlichen Unterrichts in Ungarn.)
**Somlay, J.**, A magyarországi néptanítók 1896, évi augusztus 20—23. napján Budapesten tar ott negyedik egyetemes gyülésének naplója. Budapest 1891. (Protokolle der vom 20.—23. August 1890 in Budapest abgehaltenen Verhandlungen des IV. allgemeinen ungarischen Lehrertages, redigiert von J. Somlay.)
**Utasítás a fővárosi községi iskolai hatóságuk számára.** 2 Teile. Budapest 1877. (Instruktion betreffend die Direktive in den städtischen Schulen zu Budapest.)

**L'Instruction publique en Autriche**, par un diplomate étranger. Paris 1841.

## h. Russland und Finland.

**Bericht** über den Zustand des Unterrichtswesens. 2 Bde. St. Petersburg 1871-76.
**Busch**, Beiträge zur Geschichte und Statistik des Kirchen- und Schulwesens der ev. Augsburgischen Gemeinden im KReich Polen. St. Petersburg 1867.
**Hasselblatt, Jul.**, Die St. Petersburger Kommunalarbeit auf dem Gebiete der Volksaufklärung. Russ. Rev., Bd. XXIX. St. Petersburg 1890, S. 1 ff.
**v. Jung-Stilling, F.**, Resultate der am 17. Februar 1883 ausgeführten schulstatistischen Enquete in Riga. Riga 1884.
**v. Krusenstern, A.**, Abrifs des Systems, der Fortschritte und des Zustandes des öffentlichen Unterrichts in Russland. Aus dem Französischen. Breslau 1841.
**Strack, H. L.**, Das russische Unterrichtswesen in neuerer Zeit mit besonderer Berücksichtigung des Jahres 1874.: Russ. Rev., Bd. V. St. Petersburg 1875, S. 417 ff.
**Tolstoi, D. A.** (Graf), Ein Blick auf das Unterrichtswesen Russlands im XVIII. Jahrhundert bis 1782. Aus dem Russischen von P. v. Kügelchen. St. Petersburg 1884.
**Unterrichtswesen**, das russische, im Jahre 1871. Nach dem Bericht des Ministers der Volksaufklärung.: Russ. Rev., Bd. II. St. Petersburg 1873, S. 532—565.

**Woldemar**, Zur Geschichte und Statistik der Gelehrten- und Schulanstalten des kais. russischen Ministeriums der Volksaufklärung. 2 Bde. St. Petersburg 1865—1868.

Матеріалы для статистики учебныхъ заведеній С.-Петербургскаго учебнаго округа, собранные И. Корниловымъ. Ст.-Петербургъ 1862. (Materiallen zur Statistik der Lehranstalten des St. Petersburger Schulbezirks, gesammelt von J. Kornilow. St. Petersburg 1862. (Mit Atlas.)

Сборникъ постановленій по Министерству народнаго просвѣщенія. С.Петербургъ 1802 ff. (Sammlung von Beschlüssen und Verfügungen erlassen von dem Ministerium des Oeffentlichen Unterrichts in St. Petersburg.)

Сборникъ распоряженій по Министерству народнаго просвѣщенія. С.Петербургъ 1802 ff. (Sammlung von Regulativen erlassen von dem Ministerium des Oeffentlichen Unterrichts in St. Petersburg.)

Списки учебныхъ заведеній вѣдомства Министерства народнаго просвѣщенія. С.-Петербургъ 1883—84. (Verzeichnis sämtlicher Lehranstalten, welche vom Ministerium des öffentlichen Unterrichts ressortieren. 4 Hefte. St. Petersburg 1883—84.)

Статистическій временникъ Россійской имперіи. Серія III, выпускъ 12. С.Петербургъ 1886. (Statistisches Jahrbuch des russischen Kaiserreichs, Serie III, Heft 12: Russische Rekrutierungsstatistik für die Jahre 1874—1883, mit Erhebungen über den Bildungsstand der Rekruten.)

**Hippeau**, C., L' instruction publique en Russie. Paris 1878.
de **Khanikof**, N., Etudes de l'instruction publique en Russie. Paris 1865.
de **Krusenstern**, A., Précis du système, des progrès et de l'état de l'instruction publique en Russie. Varsovie 1837.
**Rapport** du Ministre de l'instruction publique à Sa Majesté l'Empereur de Russie (concernant les années 1872 à 1877.) St. Pétersbourg 1878.

**Bidrag** till Finlands officiella statistik IX. Statistisk öfversigt af elementarläroverkens i Finland under läseåret 1863/84—1894/95. 12 årgangen. Helsingfors 1885—1896. (Statistik des öffentlichen Unterrichts im Grossfürstentum Finland in den Schuljahren 1883/84—1894/95 nebst Mitteilungen über den Stand der Privatschulen.)

**Statistisk** Arsbok för Finland utgifven af Statistiska Centralbyrån. Argangen I—XVII. Helsingfors 1879—1896. (Jeder Jahrgang dieses statistischen Jahrbuchs für Finland bringt die Abteilung „Undervisningsväsendet", bezw. öffentliches Unterrichtswesen Finlands.)

i. Schweiz.

**Gesetz** betreffend das Schulwesen im Kanton Glarus. Glarus 1861.
**Gesetzesentwurf** über das öffentliche Erziehungswesen im Kanton Basel-Landschaft. Basel 1872.
**Grob**, C., Sammlung neuerer Gesetze und Verordnungen nebst statistischen Uebersichten über das gesamte Unterrichtswesen in der Schweiz in den Jahren 1883—1886. 2 Bde. Zürich 1886—87.
**Schulgesetz** des Kantons Unterwalden nid dem Wald. Stans 1851.

**Anträge** des Gemeinderates der Stadt Bern an den grossen Stadtrat in der Schulreorganisationsangelegenheit. Bern 1878.

**Geschäftsbericht** des Stadtrates und der Zentralschulpflege der Stadt Zürich von den Jahren 1893, 1894, 1895. 3 Bde. Zürich 1894—96.
**Grob**, C., Statistik des Unterrichtswesens in der Schweiz im Jahre 1881. 7 Bde. Zürich 1883.
**Heinemann**, F., Geschichte des Schul- und Bildungslebens im alten Freiburg bis zum 17. Jahrhundert. Freiburg 1896.
**Jahrbuch** des Unterrichtswesens in der Schweiz. Jahrg. I—VIII für die Jahre

1897—1895. Zürich 1889—1896. (Jahrgänge I/II bearbeitet von C. Grob, die übrigen von A. Huber. Sekretär des Unterrichtswesens des Kantons Zürich.)
Jolly, L., Das Unterrichtswesen der Schweiz.; Schönberg, Handb., 3. Aufl. Tübingen 1891. S. 1099 ff.
Largiadère, A. Ph., Schulwesen des Kantons Basel-Stadt, 1890—1898. Basel 1899. (Nicht im Handel.)
—, Das Unterrichtswesen der Schweiz.: Zeitschr. f. d. ausl. Unterr. Jabrg. I. Leipzig 1895/96, S. 8 ff.
Lehrertage, zwei schweizerische, oder: Die Vereinigung der Arbeiter im Felde der Schule und Erziehung zum Austausche ihrer Erfahrungen u. s. w. St. Gallen 1868.
Pädagogische Prüfung bei der Rekrutierung im Herbste 1876 bis zum Herbste 1895. 20 Hefte. Bern 1877—1896. (Schweizerische Statistik. Lieferung 34, 36, 39 etc. etc. bis 106.)
Rechenschaftsbericht des Erziehungsdepartements Solothurn. Solothurn 1870.
Reglement für die Lehrerkonferenzen des Kantons Zug. o. O. u. J. (Zug 1864.)
Schulfrage, die eidgenössische, oder zur pädagogischen Union der Schweiz. Biel 1895.
Schulwesen, das schweizerische. Herausgegeben aus Auftrag des schweizerischen Departement des Innern anläßlich der Weltausstellung in Chicago 1593. Redaktion: O. Hunziker. Zürich 1893. Mit einer kartographischen Darstellung der Rekrutenprüfungen von 1889—91.
Schulwesen, das, der Stadt Zürich in seiner geschichtlichen Entwickelung. Auf Anordnung des Schulvorstandes bearbeitet für die schweizerische Landesausstellung in Genf 1896. Zürich 1896.

Archinard, Ch., Histoire de l'instruction publique dans le canton de Vaud. Lausanne 1870.
Daguet, A, Le père Girard et son temps. Histoire de la vie, des doctrines et des travaux de l'éducation suisse (1765—1850). 2 vols. Paris 1896.
Dittes, F. et A. Bedolfi, Histoire de l'éducation et de l'instruction. Genève 1879.
Kummer, J. J., Histoire de l'instruction publique dans le canton de Berne. Bern 1974.
Examen des recrues. Examen pédagogique subi lors du recrutement (concernant les années 1875—1889). 2 vols. (Berne) 1890.
Grob, C., Statistique de l'instruction publique en Suisse. 3 vols. 1891.
Keller, E. et G. Niedermann, Les sociétés suisses d'instruction en 1871. Bâle, Genève et Lyon s. a. (1572).
Guesalaja, A., La instrucción pública en Alemania y en Suiza. Buenos Ayres 1894.

### k. Schweden und Norwegen.

Bidrag till Sveriges officiela statistik. P. Undervisningväsendet (Oeffentlicher Unterricht). Aaren 1867—1891/92. Stockholm 1884—1895.
Sveriges undervisningsväsen. Kortfattad redogörelse utarbetad för sjunde nordiska skolmötet i Stockholm 1895, genom svenska mötesbestyrelsens ut ställingssoktion. Stockholm 1895.
Scheffler, W. (Dresden), Der VII. Allgemeine Nordische Lehrertag zu Stockholm.: Zeitschr. f. d. ausl. Unterr. Jahrg. I. Leipzig 1895/96, S. 348 ff.
Hippeau, C., L'instruction publique dans les Etats du Nord: Suède; Norvège; Danemark 1876.
Report on the systems of public instruction in Sweden and Norway. Washington 1871. (Circular of information of the Bureau of Education.)
Norges officielle Statistik. A, No. 1. Skolevaesenets Tilstand in Aarene 1861—1891. Kristiania 1803—1895. (Oeffentlicher Unterricht in Norwegen. Statistik für die Jahre 1861—1891).
Rapport sur la situation des écoles dans le royaume de Norvège pour l'année 1875. Christiania

Résumé des renseignements statistiques sur la Norvége. Elaboré par le Bureau de statistique du Ministère de l'intérieur. Christiania 1875.

### l. Spanien und Portugal.

Compilación legislativa de instrucción publica. 2 vols. Madrid 1876—1878. (Sammlung von Gesetzen über den öffentlichen Unterricht in Spanien.)

(Ibáñez), Reseña geográfica y estadística de España. Madrid 1888 (darin S. 309 bis 400: Instrucción pública.)

Orbaneja y Majada, E., Diccionario de legislación de instrucción pública. 2 vols. Valladolid 1889—91.

Ghira, M., Relatorio sobre a visita de inspecção extraordinaria ás escólas do districto de Lisboa feita no anno lectivo de 1863—64 e estatistica das mesmas escolas no anno de 1864—65. Lisboa 1866.

Ribeiro, J. S., Historia dos estabelecimentos scientificos, litterarios e artisticos de Portugal. 5 vols. Lisboa 1871—1876.

### m. Griechenland.

Girard, P., L'éducation Athénienne au V<sup>e</sup> et au IV<sup>e</sup> siècle avant Jésus-Christ. Paris 1889. (Ouvrage couronné par l' Académie des Inscriptions et belleslettres.)

Davidson, T., The education of the Greek people and its influence on civilisation. London 1895.

Wilkins, A. S, National education in Greece in the fourth century before Christ. London 1837.

### n. Europäische Türkei.

Belin, De l'instruction publique et du mouvement intellectuel en Orient. Paris 1866.

Статистика на българскигѣ училища въ Европейска Турция (Македония и Одринско за учебната 1893—1894 година. Пловдивъ (Philippopel) 1895. Statistik der bulgarischen Schulen in der europäischen Türkei (in den Vilayets Macedonien und Adrianopel) für das Schuljahr 1893/94.)

### o. Rumänien.

Buletinul oficial al Ministerului cultelor si instructiunei publice. Anul I—III à anul 2 vols. Bucuresci (Bukarest) 1893—95.

Statistica din Romania. Statistica invetiamentului pe anul scolar 1876—77. Bucuresci 1878.

Statistica din Romania. Satistica invetiamon tului, 1877—1886. Bucuresci (1888). (Statistik des öffentlichen Unterrichts in Rumänien für die Jahre 1877—86.)

### p. Serbien.

Tuma, A., Serbien. Hannover 1894. (Darin die Abteilung: Oeffentlicher Unterricht und geistige Kultur)

Државопис Србије Свеска XX: Статистика наставе у краљевини Србији за 1884—85. школску годину. Београду 1894. (Serbische Statistik Band XX: Statistik des öffentlichen Unterrichts im Königreich Serbien für das Schuljahr 1884—85.) Belgrad 1894. (Mit 6 Karto- und 10 Diagrammen.)

Јовановић, В., Статистика наставе у књажевини Србији за 1871—72, 1872—73 и 1873—74 школску годину Београду 1870—78. (Jobanowitsch, Serbische Unterrichtsstatistik für die Jahre 1871—74. 2 Bde. Belgrad 1876—78.)

### 5. Aussereuropäische Kulturstaaten.

### a Vereinigte Staaten von Amerika.

Burstall, Sara A., Die Mädchenerziehung in den Vereinigten Staaten.: Zeitschr. f. d. ausl. Unterr. Jahrg. I. Leipzig 1895/96. S. 226 ff.

Dulon, R, Aus Amerika über Schule, deutsche Schule, amerikanische Schule und deutsch-amerikanische Schule. Heidelberg 1866.

**Fick, H. H.**, Der deutsche Unterricht in amerikanischen Schulen. : Sammlung pädag. Vorträge. Bd. VIII, Heft 8. Bielefeld 1896.
**Jappe, Th. H.**, Das Schulwesen der Vereinigten Staaten. : Preuß. Jahrb. Band LXV. Berlin 1890.
**Migerka, F.**, Das Unterrichtswesen in den Vereinigten Staaten. Wien 1877. (Bericht der Österreich. Kommission über die Weltausstellung in Philadelphia 1876. Heft XI.)
**Oetken, F.**, Ueber die Schulen in den Vereinigten Staaten von Nordamerika. Oldenburg 1891.
**Sahlee, E.**, Die neuesten Bewegungen im Unterrichtswesen in Nordamerika.: Zeitschr. f. d. ausl. Unterr. Jahrg. I. Leipzig 1895/96, S. 49 ff., S. 124 ff.
**Schuricht, H**, Geschichte der deutschen Schulbestrebungen in Amerika. Leipzig 1884.
**Troschel**, Der Volkscharakter und die Bildungsanstalten der Nordamerikaner. Berlin 1867. (Gymnasialprogramm.)

**Adams, Ch. F.**, The new departure in the common schools of Quincy. Quincy 1875.
**Annual reports** of the Board of Directors of the Saint-Louis public schools. 28 vols. Saint-Louis 1860—1890.
**Annual reports** of the Board of Education of the city and county of New York. 17 vols. New York 1875—96.
**Annual reports** of the Board of Public Education of the first school district of Pennsylvania, comprising the city of Philadelphia. 17 vols. Philadelphia 1871—1895.
**Annual reports** of the Board of School Commission of the city of Milwaukee, years 1873 sqq. Milwauke.
**Annual reports** of the School Board of the city of Milwaukee, years 1875 sqq. Milwaukee.
**Annual reports** of the Board of trustees of public schools of the city of Washington, years 1870 sqq. Washington.
**Annual reports** of the School Committee of the city of Boston. 29 vols. Boston 1863—93.
**Annual reports** of the Superintendent of public schools. City and county of San Francisco. 24 vols. San Francisco 1872—95.
**Blake, Sophia J.**, A visit to some American schools and colleges. London 1867.
**Circulars** of information of the Bureau of education. Department of the Interior. 25 annuals. Washington 1871—1895.
**City** of Chicago. Annual reports of the Board of Education. 24 vols. Chicago 1877—95.
**Cleveland** public schools. Report of the Board of Education. 2 vols. Cleveland 1870—1873.
**Code** of public instruction of the State of New York. Albany 1856.
**Collings, J.**, An outline of the American school system; with remarks on the establishment of common schools in England. Birmingham 1867.
**Educational** exhibits and conventions at the world's Industrial and cotton centennial Exposition. New Orleans 1884—85.
**Hart, A. B.**, Studies in American education. London 1895.
**Jefferson, Thomas**, Views on public education, by John C. Henderson. New York 1890.
**Jones, Ch. E.**, Education in Georgia.: Contrib. to Am. Educ. Hist., ed. by H. L. Adams, N° 5. Washington 1889.
**Martin, G. H.**, The evolution of the Massachusetts public school system: an historical sketch. London 1895.
**Proceedings** of the School Committee of Boston. 3 vols. Boston 1878—1883.
**Randall, S. S.**, History of the common school system of the State of New York, from its origin in 1795 to the present time. New York 1871.
**Report** of the Board of Education together with the report of the Commissioner of public schools of Rhode-Island. 14 vols. (Providence) 1877—1889.

**Report** of the Commissioner of Education. 36 vols. Washington 1870—95.
**Report** of the Board of trustees of public schools of the district of Columbia. 12 vols. Washington 1674—95.
**Report** of the School Committee of the city of Newport, R. J., Newport 1873.
**Report** of the School Committee of the city of Springfield (Massachusetts) Springfield 1871.
**Rice, J. M.**, The public school system of the United States. New York 1893.
**Shiras, A. and Ch. Warren**, The national Bureau of education, its history, work, and limitations. 2 broch. Washington 1878.
**Special** report of the Commissioner of Education on the condition and improvement of public schools in the district of Columbia. Washington 1871.
**Statement**, a, of the theory of education in the United States of America. New-York 1874.
**Stearns, J. W.**, Columbian history of education in Wisconsin, by various authors; embracing universities, colleges, academies, private schools, institutions for the preparation of teachers, city and county school systems, Lutheran and Catholic education in Wisconsin, Milwaukee College for women, etc. Milwaukee 1893.
**Taylor, J.**, A manual of the Ohio school system. Cincinnati 1857.
**Walton, G. A.**, Report of examinations of public schools in Norfolk county (Massachussetts). Boston 1881.

---

**Dugard, M.**, La société américaine. Paris 1896. (Darin pag. 205—298; Boston. Le milieu et les écoles. L'éducation américaine, son esprit. L'éducation dans la famille, l'école et le collège. De l'enseignement mixte et de l'éducation des jeunes filles.)
**Guichon de Grandpont**, Mémoire sur l'instruction publique dans quelques Etats de l'Amérique du Sud.: Rev. marit., tome XCVIII. Paris 1865.
**Hippeau, C.**, L'instruction publique aux Etats-Unis. Paris 1872.

### b. Argentinische Republik.

**Berra, F. A.**, Resumen de las leyes naturales de la enseñanza. Buenos Aires 1896.
**Censo** escolar nacional correspondiente a fines de 1683 y principios de 1884, compilado bajo la direccion de Fr. Latzina. 3 tomos. Buenos Aires 1888. (Tomo II: Legislación escolar.)
**El Monitor** de la educación comun. 2 broch. Buenos Aires 1885. (Moniteur des öffentlichen Unterrichts in Argentinien.)
**Gutiérrez, José Maria**, Educación común en la capital, provincias y territorios nacionales (della República Argentina.) 1894/95. 2 vols. Buenos Aires 1896.
**Latzina, F.)**, Resúmenes generales y preliminares en cifras absolutas y relativas del Censo escolar nacional etc. Buenos Aires 1884. (Resultate der Ende 1883 und Anfang 1884 in der Argentinischen Republik aufgenommenen statistischen Erhebungen über das öffentliche Schulwesen)
**Memoria** presentada al Congreso nacional de años 1880—1889 por el Ministro de justicia, culto é instrucción pública. 15 tomos. Buenos-Aires 1881—1889.
**Republica Argentina**. Educación comun en la capital, provincias, colonias y territorios federales. 2 vols. Buenos Aires 1886.

---

**Zubiaur, J. B.**, Quelques mots sur l'instruction publique et privée dans la République Argentino. Paris 1889.

### c. Republik Chile.

**Ballesteros, M. E.**, Compilación de leyes i decretos vijentes en materia de instrucción publica. Santiago de Chile 1872.
**Libertad, la**, de enseñanza ante la Camera de diputados i el Consejo universitario. Santiago 1874. (Die Freiheit des Unterrichts in Chile vor der Deputiertenkammer und dem Universitätssenat.)
**Memoria** del Ministro de justicia e instrucción pública, presentada al Congreso nacional en 1888. Santiago de Chile 1888.

d. **Republik Costa-Rica.**

Jimenez, R., Instrucción civica para uso de las escuelas de Costa-Rica. San José 1888.

e. **Republik Peru.**

Pinto, V. T. y E. S. Vyanguren, Estadística escolar de la República Lima 1890. (Enquete des öffentlichen Unterrichtswesens der Republik Peru.)

f. **Republik Uruguay.**

Enciclopedia, la, de educación. 8 vols. Mondevideo 1878–1880.
Estadística escolar de la República oriental del Uruguay. Mondevideo 1891.
Estadistia escolar de la República oriental del Uruguay correspondiente a los años de 1890 y 1891. Mondevideo 1892.
Legislación escolar vigente. Montevideo 1882.

g. **Canada.**

Annual reports of the schools of Ontario. (Upper Canada.) 24 vols. Toronto 1852–1895.
Annual reports of the Superintendent of public schools, Nova Scotia, for the years 1878 sqq. Halifax.
Education Department, Ontario. Compendium of acts and regulations respecting the public, separate and high schools. Toronto 1878.
Hodgins, S., Special report on the Ontario educational exhibit, and the educational features of the international Exhibition at Philadelphia, 1876. Toronto 1876.
Marling, A., The Canada educational directory and year book. Toronto 1876.
Paris Exhibition, 1878. Educational institutions, province of Ontario, Dominion of Canada. Toronto 1878.
Province of Ontario. Special examination for county inspectors. Examination of public school teachers (relat. to the years 1871–77.) Toronto 1878.
Public schools, city of Toronto. Reports for the years 1859–95. Toronto.
Report of the Superintendent of public instruction of the province of Quebec. 18 vols. Quebec 1875–96.
School law, the. Province of Ontario. Toronto 1883.

---

Chauveau, M., L'instruction publique au Canada. Quebec 1876.
Circulaire du surintendant de l'instruction publique. Circulaire aux inspecteurs. 2 broch. Quebec 1877.
Etat financier du surintendant de l'instruction publique pour la province de Quebec. Quebec 1883.
Lois sur l'instruction publique dans la province de Quebec. 2 tomes. Quebec 1876–1877.
Lois de l'instruction publique de la province de Quebec ..... jusqu'au 1er juillot 1894... Règlements du comité catholique de l'instruction publique.... Publiés par le département de l'instruction publique de la province de Quebec. Montréal 1894.
Meilleur, J. B., Mémorial de l'éducation du Bas Canada. Quebec 1876.
Rapport du surintendant de l'éducation pour le Bas Canada. 3 vols. Quebec 1855–1866.

h. **Kaiserreich Japan.**

Bolljahn, J., Japanisches Schulwesen, seine Entwicklung und sein gegenwärtiger Stand. Berlin 1896.
Kompendium der Geschichte des öffentlichen Unterrichts in Japan Tokio 1877. (Ganz in japanischer Sprache)

---

Annual reports of the Minister of Education. 12 parts. Tokio 1876–87.
History, a short, of the Department of Education. Tokyo 1897.
History, a short, of the Japanese Educational Society, and its present condition. Tokio 1886.

Japanese code of education. 2 broch. Tokio 1879—1680.
Outlines, descriptive, of the various schools in Japan. Tokyo 1887.
Outlines of the modern education in Japan. Tokyo 1888.
Regulations of the Japanese Educational Society. Tokio 1686.

Rapport annuel du Ministère de l'instruction publique. Tokyo. (Erscheint seit 1879 in japanischer Sprache.)
Résumé statistique de l'Empire du Japon. Année I—IX. Tokio 1887—1895. (Darin die Abteilung: Instruction publique.) (In japanischer Sprache mit französischer Uebersetzung.)

### i. Britisch Indien.

Contribution, a, to the education question: Calc. Rev. 1692, April. Calcutta.
General report on public instruction of Bengal for 1890—91. Calcutta 1892, with maps.
Johnston, J., Education in India and the Indian Commission on Education.: Journ. of the Stat. Soc., vol XLVI. London 1883.
Report of the Department of public instruction in the Bombay presidency. 31 parts. Bombay 1865—95.
Report on public instruction in the Madras Presidency. 22 vols. Madras 1875—96.
Scott, T. J., Moral education for young India.: Calc. Rev., N° CLXXVI. Calcutta 1889.
Thomas, F. W., The history and prospects of British education in India: being the „Le Bas" prize essay for 1890. London 1891.
Thornton, R., Memoir on the statistics of indigenous education within the North Western provinces of the Bengal presidency. Calcutta 1850.

Jung, E., Das Bildungswesen Britisch-Indiens.: Rev. colon. Int., tome V, No. 6, Dezember. Amsterdam 1887.
Bellet, D., L'instruction indigène dans l'Inde anglaise.: Journ. d. Econ., année 1891, octobre. Paris.

### k. Ägypten.

Dor, V. E., L'instruction publique en Egypte. Paris 1872.

### l. Kap-Kolonie.

Report of the Superintendent-general of Education for the years 1892, 1593 and 1891. Capetown 1893—95.

### m. Englischer Kolonialbesitz in Australien.

Jung, E., Das australische Schulwesen : Rev. colon. Int., tome IV, Amsterdam 1886.
Education (Colony of Victoria.) Report of the Minister of Public Instruction for the year 1891—92. Melbourne 1893.
Victoria Report of the Board of Education. 23 vols. Melbourne 1863—1892.

## IV. Der Volksschulunterricht.

Geschichtliche Entwicklung. Gesetzgebung. Statistik. Allgemeines.

### 1. Internationales.

Brodier, A., Etude statistique sur l'instruction primaire en Europe, en France et notamment dans le département de l'Yonne. Auxerre 1876.
Ducpetiaux, E., De l'état de l'instruction primaire et populaire en Belgique, comparé avec celui de l'instruction en Allemagne, en l'russe, en Suisse, en France, en Hollande et aux Etats-Unis. 2 tomes. Bruxelles 1838.

**Monthaye, P. A.**, L'instruction populaire en Europe et aux Etats-Unis d'Amérique. 2 tomes. Bruges 1876.
**Statement** of elementary education in foreign countries.: Report of the Commissioner of Education for the year 1894—95. Volume II. Washington 1896, p. 2260 sqq

## 2. Staaten des Deutschen Reichs.
### a. Deutschland im allgemeinen.

**Alleker, F.**, Die Volksschule. Unter Mitwirkung von Fachmännern hrsg. 2. Aufl. Freiburg i/B. 1876.
**Anhalt, E.**, Die Volksschule und ihre Nebenanstalten. Jena 1846.
**Baader, G.**, Die Volksschule. Eine Studie und Kritik. Augsburg 1865.
**Bassermann, H.**, Bilder aus der Geschichte der deutschen Volksschule. Vortrag. Heidelberg 1879.
**Baumgarten**, Volksschule und Kirche. Auch eine soziale Frage. Ein Beitrag zur Diesterwegfeier. Leipzig 1890.
**Böhm, J**, Die Disciplin der Volksschule. Ein Leitfaden für Seminaristen und Lehrer. Nördlingen 1876.
**Buschick, Ch. G.**, Vorschläge wie der verderbliche Einfluss der Fabriken auf die Volksschulen und Volksbildung ohne Nachteile des Gewerbes und des Wohlstandes zu verhindern sei. Leipzig o. J. (1821).
**Chronik** des Volksschulwesens, allgemeine. Herausgegeben (Jahrg. I—VIII): 1865—1872 von A. Wolfram, (Jahrg. IX - XV): 1873—79 von W. Seyffarth. Altona 1866—73 und Breslau 1874—80.
**Conrad. M. G.**, Zur Volksbildungsfrage im Deutschen Reich. Freie pädagogisch-soziale Reformvorschläge. Nürnberg 1971.
**Dittes, F**, Geschichte der Erziehung und des Unterrichts für deutsche Volksschullehrer. Leipzig 1871.
**Dubelmann**, Die konfessionslose Volksschule. Ein ernstes Wort an alle christlichen Eltern. Bonn 1869.
**Eisenlohr, Th.**, Die Idee der Volksschule nach den Schriften Fr. Schleiermachers. Stuttgart 1869.
**Fröhlich, G**, Die Volksschule der Zukunft, ein Ideal für die Gegenwart. Jena 1866.
**Gräfe, H.**, Die deutsche Volksschule oder die Bürger- und Landschule nach der Gesamtheit ihrer Verhältnisse. 2. Aufl. 3 Bde. Leipzig 1850.
**Hübsch, G.** Abriss der Geschichte der Erziehung und des Unterrichts unter vorzugsweiser Berücksichtigung des deutschen Volksschulwesens. Bamberg 1897.
**Kaiser, B.**, Die nationale Aufgabe der Volksschule. Gmünd 1874. (Gekrönte Preisschrift.)
**Keferstein, H.**, Volkserziehung und Staatspädagogik. Hamburg 1887.
**Kehr, C.**, Geschichte der Methodik des Volksschulunterrichtes. 6 Bände. (Bd. VI in 2 Teilen) nebst Register. Gotha 1888—1892.
—, Die Praxis der Volksschule. 3. Aufl. Gotha 1869.
**Kellner, L**, Kurze Geschichte der Erziehung und des Unterrichtes mit vorwaltender Rücksicht auf das Volksschulwesen. Freiburg i B. 1877.
**Kirsch, K.**, Das deutsche Volksschulrecht. 3 Bde. Bd. I u. II. Leipzig 1854—1855; Bd. III. Hamburg 1872 (Bd. III a. u. d. T.: Die neue Schulgesetzgebung und die Forderungen der Zeit an dieselbe.)
**Lorenz, S.**, Volkserziehung und Volksunterricht im späteren Mittelalter. Paderborn 1887.
**Notwendigkeit**, über die, der Entfernung des Religionsunterrichtes aus der Volksschule. Berlin 1871. (Gekrönte Preisschrift des Vereins für Freiheit der Schule.)
**Otto, F.**, Der deutsche Bürgerstand und die deutsche Bürgerschule. Eine kulturhistorische Erörterung. Leipzig 1871.
**Patuschka, A.**, Volkswirtschaftliche Ergänzungen zum Lehrstoffe der Volksschule. Vom christlich-nationalen Standpunkte entwickelnd bearbeitet. Berlin 1889.
**Pfeifer, W.**, Die Theorie und Praxis der einklassigen Volksschule nach ihrem

Wesen und den Bedingungen ihres Gedeihens. Teil I: Die theoretische Grundlegung. Gotha 1887.

Ramshorn, C., Die Gliederung der deutschen Volksschule in gröfseren Städten. Leipzig 1865.

Seyffarth, L. W., Die Dorfschulen. Ein Beitrag zur Geschichte der Pädagogik. Berlin 1867.

—, Die deutsche Volksschule. Eine Denkschrift. Im Auftrage etc. des Landesvereins der preufsischen Volksschullehrer. Berlin 1873.

Strack, K., Geschichte des deutschen Volksschulwesens. Gütersloh 1872.

—, Stellung der Kirche und Geistlichkeit zur Volksschule besonders im evangelischen Deutschland. Geschichtlich dargestellt. Gütersloh 1874.

Uhlich, Die Volksschule. 16 Sätze mit Erläuterungen. Gera 1867.

Volksschulkonferenzen, die deutschen, der Jahre 1879—1895, a. u. d. T.: I.—XVI. pädagogisches Jahrbuch enthaltend Themata und Thesen ausgeführt, besprochen und angenommen in den Lehrerkonferenzen. Gesammelt von G. Giggel, Lehrer. Dresden 1880—96.

Wigge, H. und P. Martin, Die Unnatur der modernen Schule. Grundlagen zur naturgemäfsen Umgestaltung des gesamten Volksschulwesens. Leipzig 1888.

Witte, J. H., Dr. Dittes und sein Ideal: Die konfessionslose Volksschule. Ein Vortrag. Ruhrort 1890.

Zell, C., Die moderne deutsche Volksschule mit Rücksicht auf die neuesten Gesetzgebungen über das Volksschulwesen in Süddeutschland. Frankfurt a/M. 1868.

Monnier, F., L'instruction populaire en Allemagne, en Suisse et dans les pays Scandinaves. I<sup>ère</sup> partie: Allemagne. Paris 1866.

Rendu, E., De l'éducation populaire dans l'Allemagne du Nord et de ses rapports avec les doctrines philosophiques et religieuses. Paris 1855.

b. Baden.

Joos, A., Das badische Gesetz vom 5. März 1868 über den Elementarunterricht samt den dazu gehörigen Verordnungen. 3 Abteilungen. Heidelberg 1869—1872.

—, Die Gesetze und Verordnungen über Elementarunterricht, Volksschulunterricht und Mittelschulen für die weibliche Jugend im Grofshzt. Baden. Heidelberg 1879.

Kopp, K. A., Die badische Volksschulgesetzgebung, enthaltend das Gesetz über den Elementarunterricht in der Fassung vom 13. Mai 1892, das Gesetz über den Fortbildungsunterricht vom 18. Febr. 1874, die zum Vollzuge dieser Gesetze erlassenen Vorschriften etc. 3. Ausgabe. Karlsruhe 1893.

Heckenhayn, Th, Organisation des Volksschulwesens mit Rücksicht auf gegebene Verhältnisse für Stadt und Land, etc. Heidelberg 1869.

Heyd, H., Geschichte der Entwicklung des Volksschulwesens im Grofsherzogtum Baden. Bühl 1894.

Mühlhäufser, K., Die Volksschule in der ehemaligen Markgrafschaft Baden-Durlach. Karlsruhe 1871.

Neugestaltung, die, des Volksschulwesens in Baden. Eine Denkschrift. 2. Aufl. Heidelberg 1861.

Stoy, K. V., Organisation des Volksschulwesens mit Rücksicht auf gegebene Verhältnisse für Stadt und Land. Heidelberg 1869.

c. Bayern.

Engelmann, J. A., Handbuch des bayerischen Volksschulrechtes. 3. Aufl. herausgegeben von Ed. Stingl. München 1888.

Entwurf eines Gesetzes über das Volksschulwesen im K Reich Bayern. München 1867.

Grafsmann, Aus dem Volksschulrechte des Königreichs Bayern.: Arch. f. öff. R. Bd. VIII. Freiburg i/B. 1893.

Böhm, J., Das bayerische Volksschulwesen. Nördlingen 1874.

—, Statistisches Handbuch des bayerischen Volksschulwesens I. Nürnberg 1872.

Brand, C. J., Streiflichter zur Schulreformfrage in Bayern. 2. Aufl. Kempten 1869.
Eberhard, A., Kritik des bayerischen Schulgesetzes im Entwurf. Regensburg 1868.
Gutbier, A., Die Reform der Volksschulen und der Entwurf eines Gesetzes über das Volksschulwesen im KReich Bayern. München 1866.
Hübsch, G., Die Reform und Reformbestrebungen auf dem Gebiete der Volksschule im ehemaligen Hochstifte Bamberg unter den Fürstbischöfen Adam Friedrich von Seinsheim (1757—79) und Franz Ludwig von Erbthal (1779—95.) Bamberg 1891.
Korreferat, das, des Hl. Reichsrates, Oberkonsistorialpräsidenten v. Harless, über den bayerischen Schulgesetzentwurf, beleuchtet von einem katholischen Pädagogen Bayerns. Leipzig 1869.
Marschall, G. N., Die Reform des Münchener Volksschulwesens. Mit den beiden Gutachten der Münchener Lehrerschaft. München 1871.
Münchener Volksschulen, die, in den Jahren 1874—1883. 7 Hefte. München.
Stählin, A., Zur Schulreformfrage. Mit besonderer Berücksichtigung der Denkschrift des bayerischen Volksschullehrervereins. Nördlingen 1865.
Volksschulwesen und Kirche in Bayern. Sammlung allgemeiner Aktenstücke zur Darstellung des Verhältnisses zwischen Volksschule, Staat und Kirche vom Jahre 1848 bis zum Schlusse des Jahres 1867. Regensburg 1868.

### d. Braunschweig.

Fricke, A., Die das Volksschulwesen des Herzogtums Braunschweig betreffenden Gesetze und Verordnungen nebst den wichtigsten Verfügungen, Reskripten und Bekanntmachungen usw. Braunschweig 1892.
Gehrs, W., Das Einkommen der Lehrer an den Gemeindeschulen des Herzogtums Braunschweig. Braunschweig 1866.

### e. Elsafs-Lothringen.

Blum, H., Gesetze, Verordnungen und Verfügungen betreffend das niedere Unterrichtswesen in Elsafs-Lothringen. Strafsburg 1896.
Gesetze, Verordnungen und Verfügungen betreffend das niedere Unterrichtswesen in Elsafs-Lothringen 1871 bis 1888. Strafsburg 1899.
Normallehrplan für die deutschen Elementarschulen in Elsafs-Lothringen. Neuer Abdruck. Strafsburg 1873.
Verwaltung, die, des niederen Unterrichts in Elsass-Lothringen von 1871 bis Ende 1878. Strafsburg 1679.
Volksschulreform, die, ein Hauptmittel zur Bekämpfung der Sozialdemokratie, von einem Lehrer in Elsafs-Lothringen. Mainz 1892.

### f. Hessen.

Ein Urteil über den Gesetzentwurf, das Volksschulwesen im Grhzt. Hessen betreffend. Mainz 1873.
Müller, P., Das Volksschulwesen im Grofsherzogtum Hessen. Unter Mitwirkung des (GehOSchulR) Greim in Darmstadt bearbeitet. Giefsen 1892.
Volksschule, die, im Kampfe um ihr Recht. Denkschrift des hessischen Volksschullehrervereins. I. Kassel 1871.
Zimmermann, E., Verfassung der Kirche und Volksschule im Grofsherzogtum Hessen. Darmstadt 1832.

### g. Preufsen.

Altgelt, H., Sammlung der gesetzlichen Bestimmungen und Vorschriften des Elementarschulwesens im Bezirk der k. Regierung zu Düsseldorf, mit einer historischen Einleitung in die Verwaltung des öffentlichen Unterrichts aus den Zeiten 1791 bis 1840. 2. Aufl. Düsseldorf 1842.
Clausnitzer, L., Geschichte des preufsischen Unterrichtsgesetzes. Mit besonderer Berücksichtigung der Volksschule. 2. Aufl. Berlin 1891.
Gesetz vom 26. Mai 1867 betreffend die Feststellung von Anforderungen für Volksschulen. Hrsg. von W. Velten. Essen 1887.

**Giebe,** Verordnungen betreffend das gesamte Volksschulwesen in Preußen. 4. Aufl. Düsseldorf 1882. I—III Nachtrag zur 4. Aufl. Ebd. 1884, 1887 u. 1891.
**Gesetzentwürfe,** die neueren, das preußische Volksschulwesen betreffend. Hildesheim 1885.
**Gesetzentwürfe,** die vier preußischen, das Volksschulwesen betreffend, nebst Motiven. Berlin 1868.
**Königk, H.,** Allgemeine Verfügungen betreffend das Volksschulwesen im Regbez. Stettin, mit den zugehörigen gesetzlichen Bestimmungen und Ministerialerlassen. Breslau 1895.
**Kuntze, G. C. T.,** Das Volksschulwesen der Provinz Schleswig-Holstein. Systematische Zusammenstellung der bezüglichen Gesetze, Verordnungen und Erlasse. Schleswig 1872. Nebst Nachtrag 1. Ebd. 1878.
**Pogge,** Die neueren Gesetze auf dem Gebiete des preußischen Volksschulwesens. Zusammengestellt und erläutert. Berlin 1893.
—, Verordnungen betreffend das Volksschulwesen des Regbes. Merseburg. Breslau 1895.
**Schneider, K.** und **E. v. Bremen,** Das Volksschulwesen im preußischen Staate in systematischer Zusammenstellung der auf seine innere Einrichtung und seine Rechtsverhältnisse, etc. bezüglichen Gesetze und Verordnungen. Zugleich ein vollständiger Auszug der für das Centralblatt für die gesamte Unterrichtsverwaltung von 1859 bis 1885 mitgeteilten auf das Volksschulwesen bezüglichen Gesetze und Verordnungen. 3 Bände. Berlin 1886—87.
**Schulz, B.,** Schulordnung für die Elementarschulen der Provinzen Ost- und Westpreußen vom 11. Dez. 1845 nebst den zur Erklärung und Ergänzung ihrer Bestimmungen dienenden allerh. Ordres, Gesetzen, Ministerialreskripten, Entscheidungen etc. Mit Nachträgen. Danzig 1853—1857.
**v. Schulze-Gaevernitz, H.,** Das preußische Staatsrecht auf Grundlage des deutschen Staatsrechts dargestellt. 2. Aufl. Bd. II. Leipzig 1890.
**Verfügungen** der k. Regierungen zu Potsdam und Frankfurt a. O betreffend das Volksschulwesen in den bezüglichen Regierungsbezirken. Zugleich eine Sammlung der wichtigsten Ministerialerlasse. Hrsg. v. A. Wolter. Potsdam 1887.
**Verordungen** betreffend die Volksschulen im Regierungsbezirk Königsberg. Aus den Akten d. kgl. Regierung. Königsberg 1883.
**Waschow, J.** (Reg.- u. SchulR.), Verordnungen, betreffend das Volksschulwesen des Regbez. Bromberg. Nach amtlichen Quellen zusammengestellt. Breslau 1896.

—

**Aktenstücke** zur Geschichte und zum Verständnis der drei preußischen Regulative. Mit erläuternden Bemerkungen herausgegeben von F. Stiehl. Berlin 1855.
**Arons, S.,** Zur Reform der Volksschule. Ein Wort an die zur Zeit im Kultusministerium tagende Schulkonferenz. Berlin 1872.
**Backe, G. W.,** Neues approbiertes und konformiertes Reglement für die Wollinsche Stadtschule. Stettin 1804.
**Bartholomäus, W.,** Das „Allgemeine Landrecht" und die preußische Volksschule. Bielefeld 1895.
**Beck, H.** Entwurf eines Unterrichtsgesetzes für Preußen, ausgehend von dem Grundsatze der Selbstverwaltung und unter Berücksichtigung der Städte-, Kreis- und Provinzialordnung. Leipzig 1876.
**Bericht** des Vereins zur Beförderung des Elementarschulwesens in den preußischen Staaten. Berlin 1830.
**Bertram, H.,** Das Gemeindeschulwesen der Stadt Berlin. Vortrag. 2 Hefte. Berlin 1878—79.
**Bleck, R.,** Die Kreis- und Lokalaufsicht der Volksschulen. Erfurt 1872.
**Block, F. A.,** Geschichte des städtischen Schulwesens in Merseburg. Zur Einweihung der neuen Mädchenschule zusammengestellt. Merseburg 1885.
**Broßmann,** Die Volksschule in Preußen in den Jahren 1807 bis 1813 und die Volksschule in Frankreich nach 1870.; Päd Bl., Bd. XVI. Gotha 1887, S. 455 ff.
**Brückmann, R.,** Vorschläge zur Reform des Volksschulunterrichts mit besonderer Berücksichtigung des Arbeitsunterrichts. Königsberg i. Pr. 1896.

**Cathrein**, V., Kirche und Volksschule mit besonderer Berücksichtigung Preufsens. Freiburg i/Br. 1896. (Mit Approbation des hochw. Herrn Erzbischofs von Freiburg)

**Dannell**, F., Geschichte des evangelischen Dorfschulwesens im Herzogtum Magdeburg. Halle 1876.

**Dörpfeld**, F. W., Ein Beitrag zur Leidensgeschichte der Volksschulen nebst Vorschlägen zur Reform der Schulverwaltung 3. Aufl. Barmen 1892.

**Elementarschulwesen**, das, in den Städten und auf dem Lande in Preufsen zu Ende des Jahres 1871.: Jahrb. f. d. amtl. Statist. d. pr. St., Jahrg. IV. 2. Hälfte. Berlin 1876, S. 2 ff.

**Engel**, E, Beiträge zur Geschichte und Statistik des Unterrichtes, insbesondere des Volksschulunterrichtes im preufsischen Staate.: Zeitschr. d. k. preufs. statist. B., Jahrg. 1869, S. 99 ff., S. 153 ff.

**Eras**, W., Was steht in den preufsischen Schulregulativen? Leipzig 1869.

**Erfurter** Dorfschule. Zur Geschichte derselben in der zweiten Hälfte des 17. Jahrhunderts.: Pād. Bl., Bd. XXIV. Gotha 1895, S. 450 ff., S. 503 ff.

**Erinnerung** an die Einweihung der neuen Bürgerschule zu Naumburg. Naumburg 1809.

**Etat** der katholischen Elementarschulen der Stadt Aachen, 1875—1890. Aachen.

**Fehre**, H. G, Nachrichten über die Bürger- und Volksschulen zu Mühlhausen, angehend das Schuljahr 1855 bis dahin 1856. Mühlhausen 1856.

**Finscher**, L., Ueber die Volksschule in Preufsen. Anträge, hauptsächlich in Betreff ihrer innern Einrichtung und ihrer rechtlichen Stellung. Elberfeld 1866.

**Firnhaber**, C. G., Die nassauische Simultanvolksschule. Ihre Entstehung, gesetzliche Grundlage und Bewährung nebst einer Geschichte der alten nassauischen Volksschule. 2 Bde. Wiesbaden 1891—1893.

**Flügel**, G., Das niedere Schulwesen und die Lehrerbildung im vormaligen Hochstift Fulda. Fulda 1856.

**Freimund**, A, Kritik des preufsischen Volksschulwesens und Vorschläge zu einer Reform desselben nach freisinnigen Grundsätzen. Ein Beitrag zur Schulgesetzgebung der Gegenwart. Leipzig 1869.

**Friese**, F., Die Volksschule des Regbez. Lüneburg mit Einschlufs der gehobenen Schulen und der höheren Mädchenschulen. Statistische Nachweisungen. Lüneburg 1891.

**Gasser**, A, Beiträge zu einer Geschichte der Domschule zu Frankfurt. Mit Fortsetzung. 2 Hefte. Frankfurt a. M. 1865—70.

**Gieseler**, Th., Ueber die gesetzliche Regelung der Volksschule in Preufsen nach der Verfassung. Berlin 1860.

**von Gneist**, R, Die staatsrechtlichen Fragen des preufsischen Volksschulgesetzes. Berlin 1892.

—, Die Selbstverwaltung der Volksschule. Berlin 1869.

—, Die gesetzmäfsige Volksschule in Preufsen.: Verw.-Arch. Bd. II. Berlin 1893.

**Goltzsch**, E. T., Einrichtungs- und Lehrplan für Dorfschulen, insbesondere für solche, an denen nur ein Lehrer angestellt ist. 4. Aufl. Berlin 1859.

**Grundlehrplan** für die katholischen Elementarschulen des Regbez. Aachen. Aachen 1871.

**Harkort**, F., Bemerkungen über die preufsische Volksschule und ihre Lehrer. Hagen 1842.

—, Bemerkungen über die preufsische Volksschule unter dem Ministerium von Mühler. Berlin 1871.

—, Die preufsische Volksschule und ihre Vertretung im Abgeordnetenhause von 1848—1873. Hagen 1875.

**Harnisch**, W., Der jetzige Standpunkt des gesamten preufsischen Volksschulwesens mit besonderer Beachtung seiner Behörden, wie der Bildung und äufsern Stellung seiner Lehrer etc. Leipzig 1844.

**Heppe**, H., Geschichte des deutschen Volksschulwesens. 5 Bde. Gotha 1858—1860.

Herold, J., Schematismus der öffentlichen evangelischen Elementarschulen Schlesiens. 2. Aufl. Breslau 1879. (Statistik und Adrefsbuch der Schulen.)
Herrfurth, L , Beiträge zur Statistik der Gemeindeabgaben in Preufsen.: Zeitschr. d. k. pr. stat. B., Jahrg. XVIII, Berlin 1878, S. 59: Aufwendungen für Volksschulzwecke!
—, Beiträge zur Finanzstatistik der Gemeinden in Preufsen. (a. u. d. T.; VI. Ergänzungsheft zur Zeitschr. d. k pr. stat. B.) Berlin 1879 S. 106 ff.: Über die Aufwendungen zu Volksschulzwecken in den preufsischen Gemeinden mit mehr als 10000 Einwohnern im Jahre 1876.
Herzberg, E., Über das Berlinische Elementarschulwesen. Berlin 1819. (Friedrich-Wilhelms-Gymnasium-Osterprogramm )
Hirschfeld, F. S., Das preufsische Elementarschulwesen. Kurzgefafster, kritisch-pädagogischer Reformversuch. Altona 1869.
Hohenzollern, die, und die Volksschule. Hannover 1869.
Holzmüller, G , Der Kampf um die Schulreform in seinen neuesten Phasen. Hagen 1890.
Horn, Ein Gang durch unser Elementarschulwesen. Königsberg 1872.
Huber, F. P., In letzter Stunde. Offenes Sendschreiben bezüglich des Volksschulgesetzentwurfes an Ihre Excellenzen die Herren Grafen v. Caprivi und von Zedlitz-Trützschler. Berlin 1892.
Jahrbücher des preufsischen Volksschulwesens. Herausgegeben von L. Beckedorff. 9 Bde. Berlin 1825–1829.
Jastram, H., Die preufsischen Regulative und die hannoversche Volksschule. Ein geschichtlich-kritischer Vergleich. Hannover 1870.
Jütting, W. U., Geschichte des Rückschritts in der Dotation der preufsischen Volksschule. Beiträge zur inneren Schulgeschichte und zur Kritik der bestehenden Schulgesetzgebung etc. Minden 1870.
—, Von dem Kampfe um die Volksschule in Preufsen und von der Stellung und Besoldung ihrer Lehrer. Berlin 1869.
—, Zur Dotation der preufsischen Volksschule. Kritik und Antikritik. Minden 1871.
Karnstädt, Th., Nachrichten über die Bürger- und Volksschulen zu Mühlhausen 1874–1875. Mühlhausen i. Th. 1875.
Keller, E., Geschichte des preufsischen Volksschulwesens. Berlin 1873.
Kwiatkowski, A., Geschichtliche Entwicklung des Volksschulwesens in Ost- und Westpreufsen. Königsberg i. Pr. 1880.
Leverkühn, C. G. C., Die Volksschulen des Fürstentums Lüneburg mit Einschlufs der Bürger-, Mittel-, höheren Töchter- und Privatschulen. Hannover 1875.
Meyer, Jürgen Bona, Gegen den Entwurf eines Volksschulgesetzes. Ein Mahnruf an Preufsens deutsches Gewissen. Bonn 1892.
Muster, F., Die Geschichte in der Volksschule. Köln 1876. (Prämiierte Konkurrenzschrift.)
Nachrichten, statistische, über das Elementarschulwesen in Preufsen für die Jahre 1859–1864. 2 Teile. Berlin 1864–1867. (Hrsg. vom k. preufs. Ministerium für Unterrichtsangelegenheiten.)
Neese, C., Die preufsisch-deutsche Volksschule, ihr Streben nach nationaler Selbständigkeit und Einheit und die Schulaufsichtsfrage seit 1807 bis zur Jetztzeit. Berlin 1869.
Neumann, K. H., Bericht über die begonnene Verbesserung des Volksschulwesens in der Frankfurter Diöcese. Potsdam 1812.
Ordnung und Gesetze, verbesserte, der deutschen Schulen zu Frankfurt, vom 12. November 1765. Frankfurt a. M.
Paldamus, F. C., Zur Lage des Frankfurter Schulwesens. Frankfurt a. M. 1871.
Petersilie, A., Das niedere Schulwesen Preufsens in statistischer Beleuchtung.: Zeitschr. d. k. pr. statist. B., Jahrg. XXXIII. Berlin 1893.
—, Preufsens öffentliche Volksschulen.: Zeitschr. d. k. pr. statist. B , Jahrg. XXIII. Berlin 1883, S. 45 ff.
—, Die öffentlichen Volksschulen in Preufsen (einschl. Mittel- und höhere Mädchen-

schulen) und die zur Unterhaltung derselben erforderlichen persönlichen und sächlichen Gesamtaufwendungen im Jahre 1878. Im Auftrage des Herrn Ministers der geistlichen, Unterrichts- etc. Angelegenheiten bearbeitet. Berlin 1882. (A. u. d. T.: X. Ergänzungsheft zur Zeitschr. d. k. pr. statist. B.)

**Petersilie, A.**, Das öffentliche Volksschulwesen Preufsens in statistischer Beleuchtung.: Preufs. Jahrb., Bd. LXXIV. Berlin 1893.

**Petry, E. F. Th.**, Auf welche Weise kann die Volksschule zur Hebung der Landwirtschaft beitragen? Leipzig 1899. (Gekrönte Preisschrift der k. Regierung zu Wiesbaden.)

**Preufsische Statistik.** (Amtliches Quellenwerk.) Herausgegeben in zwanglosen Heften vom k. statistischen Bureau in Berlin. Heft 101: Das gesamte Volksschulwesen im preufsischen Staate im Jahre 1886. Mit einer einleitenden Denkschrift von Dr. K. Schneider und Dr. A. Petersilie. Berlin 1889. Nebst Karte.

**Preufsische Statistik.** Heft 120: Das gesamte Volksschulwesen im preufsischen Staate im Jahre 1891. I. Teil: Die öffentlichen Volks- und die Mittelschulen, die Privatschulen und die sonstigen niederen Schulen im Staate, in den Provinzen und Regierungsbezirken mit Unterscheidung der Stadt- und Landschulen. Im Auftrage des Herrn Ministers der geistlichen, Unterrichts- und Medizinalangelegenheiten bearbeitet vom kgl. statistischen Büreau. Mit einer einleitenden Denkschrift von (WGehORegR.) K. Schneider und (Prof.) A. Petersilie. Berlin 1893.

**Preufsische Statistik.** Heft 120: Das gesamte Volksschulwesen im preufsischen Staate im Jahre 1891. Teil II: Die öffentlichen Volksschulen in den einzelnen Kreisen und Oberämtern mit Unterscheidung der Stadt- und Landschulen. Im Auftrage des Ministers der geistlichen, Unterrichts- und Medizinalangelegenheiten bearbeitet vom kgl. statistischen Büreau. Berlin 1892.

**Protokolle** über die im Juni 1872 im k. preufsischen Unterrichtsministerium gepflogenen Verhandlungen über das Volksschulwesen.: Centralbl. f. d. ges. Unterrichtsverw. In Preufsen, Jahrg. 1872. Berlin, S. 385 ff.

**Ries, E.**, Die Simultanschule. Minden i. W. 1886.

**Rintelen, V.**, Das Verhältnis der Volksschule Preufsens zu Staat und Kirche. Paderborn 1888.

**Rosin, H.**, Friedrich Harkort, der Tribun der preufsischen Volksschule. Mit besonderer Berücksichtigung seiner schulpolitischen Schriften und Reden verfafst. Dortmund 1893.

**Schaefer, P.**, Das geschichtliche Anrecht der Kirche und des Staates auf die Volksschule. Köln 1892.

**Schlosser, F. F. H.**, Aktenmäfsige Darlegung eines in der katholischen Kirchen- und Schulkommission zwischen dem Direktor Senator von Guaita und den übrigen Mitgliedern eingetretenen Vorgangs, die Einrichtung und Leitung das zerrütteten hiesigen katholischen Gemeindeschulwesens betreffend. Mit Akten. Frankfurt a. M. 1816. — G. F. v. Guaita, Denkschrift für die Besitzer vorgenannter Darlegung. Ebd. 1816.

**Schmalz, E. A. W.**, Uebersicht der preufsischen Volksschulverfassung. Liegnitz 1824.

**Schmid, Ferd.**, Der neue preufsische Gesetzentwurf über die öffentliche Volksschule. Wien 1891.

**v. Schmieder, C. C. F.**, Das Elementar- und Bürgerschulwesen in der Provinz Brandenburg in seiner Entwickelung und seinen Fortschritten. Leipzig 1840.

**Schneider, K.**, Aufgabe und Ziel der einklassigen Volksschule. 2. Aufl. Bromberg 1867.

—, Volksschulwesen und Lehrerbildung in Preufsen. Berlin 1875.

**Schumann, G.**, Eine Lehrerreise. Randzeichnungen zu dem preufsischen Volksschulwesen, besonders zu den Regulativen und dem neuen Volksschulgesetze. I. (einz.) Abteilung. Stendal 1869.

**Schumann, J. Ch. G.**, Die Geschichte des Volksschulwesens in der Altmark und des altmärkischen Schullehrerseminars zu Gardelegen-Osterburg im Zusammenhange mit der altmärkischen Kultur- und Kirchengeschichte und der evangelischen Pädagogik. Halle 1871.

**Seyffardt, L. F.**, Die katholische Volksschule am Niederrhein unter geistlicher Leitung. Krefeld 1876.

**Stolzenberg, W.**, Beiträge zur Geschichte der Regulative vom 1., 2. u. 3. Oktober 1854. Breslau 1860.

v. **Tanéeff, S.**, Grundzüge des Volksschulwesens in den Königreichen Preufsen und Sachsen. Aus dem Russischen. Leipzig 1862.

**Thilo, W.**, Preufsisches Volksschulwesen nach Geschichte und Statistik. Gotha 1867.

**Thiessen, F. Th.**, Zur Frankfurter Schulfrage. Ein Wort an die Bürgerschaft Frankfurts jeglicher Konfession. Frankf. a/M. 1869.

**Thiessen** und die katholische Kirchen- und Schulkommission. 3 Streitschriften nebst Anlagen. Frankfurt a/M. 1859. (Als Manuskr. gedruckt.)

**Treskow, G.**, Das öffentlich anerkannte Wirken des preufsischen Volksschullehrers im Jahre 1866. Magdeburg 1867.

**Uebersichtskarte** der konfessionellen Verhältnisse der Elementarschulen des Regierungsbezirks Breslau. Angefertigt im Katasterbureau der königl. Regierung. Breslau 1899. Mafsstab 1 : 400 000. Berlin 1891.

**Verflachung** und moderne Schule. Von einem schleswig-holsteinischen Lehrer. Schleswig 1869.

**Volksschulen**, die öffentlichen, im preufsischen Staate. Bearbeitet im Auftrage des Herrn Ministers der geistlichen, Unterrichts- und Medizinalangelegenheiten. 2 Teile. Berlin 1883. (A. u. d. T.: XIII. Ergänzungsheft zur Zeitschr. d. k. pr. statist. B. Berlin 1883. Inhalt: Teil I. Die Aufgabe der preufsischen Volksschulverwaltung, Denkschrift zur Erläuterung tabellarischer Nachweisungen über den Zustand der preufsischen Volksschulen im Jahre 1882. Teil II Tabellarische Nachweisungen über den Zustand etc. im Jahre 1882.)

**Volksschulverwaltung**, die, in der Provinz Hannover und der Organisationsplan der k. Regierung in ihrem Verhältnis zum bestehenden Rechte und zu den Fragen der Decentralisation und Selbstverwaltung. Hannover 1868.

**Volksschulverwaltung** in der Provinz Hannover und ihr Verhältnis zur Staatsregierung. Hannover 1869. (Beleuchtet von einem alten preufsischen Schulmanne.)

**Weiterentwickelung**, die, der drei preufsischen Regulative. Mit einem Vorwort von F. Stiehl. Berlin 1861.

**Witt, N. M.**, Zur Geschichte einer Schule (Simultanschule in der Provinz Posen).: Vierteljahrschr. f. Volksw. u. K., Jahrg. XXV, Hd. 2. Berlin 1888.

**Zachariä, G. T.**, Historische Nachrichten von der Rats- und Stadtschule zu Alten-Stettin. Berlin 1760.

v. **Zittwitz, H.**, Ein Volksschuldotationsgesetz.: Preufs. Jahrb., Bd. LXXIII. Berlin 1893.

**Zur Geschichte** der Real- und Volksschule der israelitischen Gemeinde in den Jahren 1804–1822 zu Frankfurt a/M. Frankfurt a M. 1875.

**Zur Organisation** der evangelischen Volksschule in ihrer naturgemäfsen Stellung zu Kirche, Staat und Haus. Den hohen preufs. Kammern vorgelegt von Lehrern aus Rheinland und Westfalen. Elberfeld 1849.

**Zustände** der Volksschule und ihrer Lehrer in Rheinland und Westfalen. Iserlohn 1843. (Denkschrift der märkischen Lehrer.)

**Zwick, H.** (Stadtschulinspektor), Die Entwickelung des Berliner Gemeindeschulwesens vom Jahre 1875 bis zur Gegenwart. Denkschrift aus Anlafs der Eröffnung der 200. Gemeindeschule im Auftrage der Schuldeputation des Magistrats verfafst. Berlin 1894. 85 S. mit 11 Tabellen und 1 graphischen Darstellung. (Nicht im Handel.)

---

**Cousin, V**, Etat de l'instruction primaire dans le royaume de Prusse à la fin de l'année 1831. Paris 1833.

—, Rapport sur l'état de l'instruction publique dans quelques pays de l'Allemagne et particulièrement en Prusse. Paris 1833.

**l'évêque d' Orléans** (Monseigneur), Quelques mots sur l'instruction primaire en Prusse. Paris 1872.

**Seeley, Levi**, The common-school system of Germany (especially of Prussia) and its lessons to America. New York and Chicago 1896.

## h. Sachsen.

**Gesetze** und Verordnungen, das Seminar- und Volksschulwesen im KReich Sachsen betreffend. Dresden 1875.
v. **Seydewitz,** P., Das k. sächsische Volksschulgesetz vom 26. IV. 1873, nebst Ausführungsverordnung zu demselben vom 25. VIII. 1874 etc. Mit erläuternden Anmerkungen. Leipzig 1888.
**Volksschulwesen,** das, im KReich Sachsen. Gesetz vom 26. April 1873. 2. Aufl. Leipzig 1876.
**Walter,** O. E., Das k. sächsische Volksschulrecht vom 26. IV. 1873, bezw. (Ausführungsverordnung) v. 25. VIII. 1874. 4. Aufl. Dresden 1892.

**Burkhardt,** C. A. H., Geschichte der sächsischen Kirchen- und Schulvisitationen von 1524—45, quellenmäfsig bearbeitet. Leipzig 1879.
**Eckardt,** E., Lehr- und Stundenpläne für die einfache Volksschule. Leipzig 1877.
**Florey,** R., Codex der sächsischen Elementarvolksschule. Zusammenstellung aller Gesetze und Verordnungen das sächsische Elementar-Volksschulwesen betr. von 1835—1867. 3. Aufl. Leipzig 1868.
**Haushaltplan** der städtischen Volksschulen. 3 Bde. [Leipzig 1877—1896.
**Helm,** F. E., Geschichte des städtischen Volksschulwesens in Leipzig. Leipzig 1892. (Festschrift zum 100jähr. Jubiläum der Ratsfreischule)
(**Poschel,** E.), Bericht der Schuldeputation zu Dresden über die städtischen Elementarschulen. Dresden 1867.
**Reichardt,** R., Entwurf zu einer Lokalschulordnung für Landgemeinden in Gemäfsheit der Bestimmungen des Volksschulgesetzes vom 26. IV. 1873. Dresden 1875.
**Richter,** K., Was thut der Volksschule not? Nicht Trennung von der Kirche, wohl aber die rechte Emanzipation und eine bessere Dotation. Meifsen 1869.
**Steglich,** F. A. W., Die beantragte Revision des Elementar-Volksschulgesetzes im KReich Sachsen, insbesondere die sogenannte Trennung der Schule von der Kirche. Leipzig 1870.
**Thesen** zu einer zeitgemäfsen Reform des sächsischen Volksschulwesens. Chemnitz 1867.
**Volksschulwesen,** das, im Königreich Sachsen. Leipzig 1879.
**Volksschulwesen,** das, in Sachsen von seiner mangelhaftesten und hilfsbedürftigsten Seite dargestellt. Leipzig 1833.
**Wie** kann man zu schulgeldfreiem Unterrichte in der Volksschule kommen. Ein Beitrag zur Lösung der Aufgabe, welche durch den „Meister'schen Antrag" gestellt ist. Chemnitz 1871.

## i. Württemberg.

**Hory,** E., Die Fragen der Gegenwart und die Volksschule. Stuttgart 1872.
**Kaifser,** B., Geschichte des Volksschulwesens in Württemberg. Festgabe zum fünfundzwanzigjährigen Regierungsjubiläum Sr. Maj. des Königs Karl. Spaichingen 1889.
**Kammerer,** Die Realien in der Volksschule. Wiesensteig 1870.
**Normallehrplan** für die württembergischen Volksschulen. (Stuttgart) 1870.
**Stirm,** V., Das Volksschulwesen in Württemberg. Gotha 1873.
**Ulmer,** C., Das Gesetz über die Volksschulen des Königreichs Württemberg vom 29. IX. 1836 mit den Abänderungen und Zusätzen der Gesetze vom 6. XI. 1858 und 25. V. 1865. 2. Aufl. Ravensburg 1884.
**Verfügung** des k. württembergischen Ministeriums des Kirchen- und Schulwesens, betreffend den Normallehrplan für die Volksschulen. Stuttgart 1870.

## k. Mecklenburg-Schwerin.

**Balck,** C. W. A., Landschulwesen in Mecklenburg-Schwerin. Wismar 1860.
**Bock,** Altes und Neues über das ritterschaftliche Schulwesen in Mecklenburg. Wismar 1866.

**Voß, B.**, Geschichte der Volksschule Meklenburg-Schwerins. Im Auftrage und unter Mitwirkung einer Vereinigung von Schweriner Lehrern nach den Quellen bearbeitet. Schwerin 1893.

l. Sachsen-Weimar. Sachsen-Altenburg. Sachsen-Koburg-Gotha. Sachsen-Meiningen. Reuſs j. L.

**Bartels, F.**, Die Gliederung des Bürgerschulwesens in den mittleren und gröfseren Städten mit Berücksichtigung der Organisation des Bürgerschulwesens der Stadt Gera. Gera 1875.

**Berbig,** Die koburg-gothaische Volksschule im Casimirianischen Zeitalter. Beitrag zur Schulgeschichte des 17. Jahrhunderts. Gotha 1895.

**Kübner,** Die Schulen zu Saalfeld. Saalfeld 1838.

**Sammlung** der das Volksschulwesen im Herzogtum Sachsen-Altenburg regelnden Bestimmungen. Heft 1 u. 2. Altenburg 1893—1896.

**Volksschulgesetz** für das Herzogtum Gotha zusammengestellt von B. Schreiber. Gotha 1885.

**Volksschulgesetzgebung,** die, des Grofsherzogstums Sachsen. Heft 1—6. Weimar 1875—1893.

**Zachau, O.**, Die Stadtschule in Jena. Beiträge zu ihrer Geschichte von 1254 bis 1892. Jena 1892. (Festschrift zur Einweihung der neuen Bürgerschule.)

m. Hansestädte.

**Rée, A.**, Die allgemeine Volksschule, oder Standesschulen? Zur Schulfrage in Hamburg, zugleich als Abwehr der Angriffe von Th. Hoffmann. Hamburg 1860.

**Selwich, S.**, Eine Volksschule wie sie sein soll. Bremen 1869.

### 3. Aufserdeutsche Kulturstaaten.

a. Belgien.

**Hoffmann, P.** (Prof., Univ. Gent), Das belgische Volksschulgesetz vom 15. September 1895.: Zeitschr. f. d. ausländischen Unterr. Jahrg. I. Leipzig 1895/96, S. 322 ff. u. Jahrg. II, 1896/97, S. 53 ff. u. S. 122 ff.

**Lauer, M.**, Entwicklung und Gestaltung des belgischen Volksschulwesens seit 1842. Berlin 1885.

**Unterrichtsgesetze,** die belgischen, vom 27. IX. 1835 und 23. IX. 1842. Deutsch von M. Block. Berlin 1849.

---

**Lebon, L.**, Répertoire historique, analytique et raisonné de l'enseignement populaire en Belgique. Principes, législation, jurisprudence, faits et statistique. 2 tomes. Paris 1859.

**Loi** sur l'instruction primaire. Documents; discussions parlementaires. 2 vols. Bruxelles 1879.

**Monthaye, P. A.**, Code de l'instruction primaire de Belgique. Bruges 1873.

**Stasse, A.**, Code administratif de l'enseignement primaire en Belgique. Liège 1891.

---

**Adnet, A.**, L'instruction du peuple; le mal et le remède. Bruxelles 1866.

**Baudouin, F. M.**, Rapport sur l'état actuel de l'enseignement spécial et de l'enseignement primaire en Belgique, en Allemagne et en Suisse. Paris 1865.

**Braun, Th.**, La vérité sur les écoles primaires communales de Bruxelles. Bruxelles 1873.

**Discailles, E.**, Histoire des concours généraux de l'enseignement primaire, moyen et supérieur en Belgique (1840—1881). Bruxelles 1881—1883.

**Discussion** de la loi sur l'instruction primaire du 23 décembre 1842. Bruxelles 1843.

**Ducpétiaux, E.**, De l'état de l'instruction primaire et populaire en Belgique, comparé avec celui de l'instruction en Allemagne, etc. 2 tomes. Bruxelles 1838.

**Etat** de l'instruction primaire en Belgique, 1830—40. Bruxelles 1842. (Rapport décennal présenté aux chambres législ. le 25. 1. 1842. Précédé d'un exposé de

la législation antérieure à 1830 e suivi du texte des lois, arrêtés et circulaires de 1814 à 1840.)
de **Haerne** (Mgr.), Rapport sur l'enseignement primaire obligatoire, présenté à la Chambre des représentants. Bruxelles 1872.
—, Der Schulzwang vor der belgischen Kammer. Übersetzt von M. Reiser. Passau 1873.
de **Hauleville**, F., De l'enseignement primaire en Belgique. Bruxelles 1870.
**Lebon**, L., Histoire de l'enseignement populaire. Bruxelles et Paris 1869.
—, De l'instruction primaire en Belgique. Résumé historique et statistique tracé d'après les documents officiels (1630—64). Bruxelles 1864.
**Matthieu**, E., Histoire de l'enseignement primaire en Hainaut. Mons 1597.
van **Nérum**, G., Essay sur l'instruction primaire et sur les écoles gratuites de Gand. Gent 1835.
**Rapport** triennal sur la situation de l'instruction primaire en Belgique, présenté aux chambres législatives. Período triennale première à dixseptième (années 1843/45, 1846/48, 1849/51, 1852/54, 1855/57, 1558/60, 1861/63, 1864/66, 1867/69, 1870/72, 1873/75, 1876 78, 1979/81, 1882/84, 1885/87, 1888/90, 1891/93.) 17 vols. Bruxelles 1849—1896
**Sauveur**, J., Statistique des dépenses du service ordinaire de l'enseignement primaire 1843—1872. Rapport à M. le Ministre de l'Intérieur. Bruxelles 1874.
**Tempels**, R., L'instruction du peuple. Bruxelles 1865.
**Ville de Verviers**. Règlement des écoles primaires de garçons. Verviers 1870.

b. Dänemark.

**Beretning** (I sqq.) om det kjøbenhavnske Borger- og Almue-Skolevaesens Tilstand. Kjøbenhavn 1867—1896. (Bericht über die Wirksamkeit der Bürger- und Volksschulen Kopenhagens in den Jahren 1867 ff.)

c. Grofsbritannien und Irland.

**Unterberger**, K., Die Entwickelung des englischen Volksschulwesens seit 1870. Charlottenburg 1896.
**Wagner** (StadtschulR., Altona), Volksschule und Lehrerbildung in England.: Päd. Bl., Bd. XXVI. Gotha 1897, S. 1 ff.
**Wehrhahn**, Das Volksschulwesen in England mit besonderer Berücksichtigung seiner gesetzlichen Grundlagen. Hannover 1876.
A **bill** to provide for public elementary education in England und Wales. London, 17 February 1870. (Parliam. paper.)
**Education**, England and Wales. Report of Committee of council, with appendix, for 1895—96. London 1896. (Contents: Reports of H. M. Inspectors on elementary schools and training colleges. — Day school code, 1896. — Revised instructions to inspectors. — Evening continuation school code, 1896. — etc.)
**Glen**, W. C., The Elementary Education Acts, 1870—1890. London 1891.
**Heller**, Th. E., The new code for day schools, 1894—1895. London 1894.
**Owen**, H. (Sir), The Education Acts manual. 17th edition. London 1891.
**Popular Education**, Report of Royal Commission (Duke of Newcastle, chairman) on the state of popular education in England, and as to the measures required for the extension of sound and cheap elementary instruction to all classes of the people; with reports of assistant commissioners, etc. 6 vols. London 1861. (Parl. paper.)
**Report** of the Commissioner appointed to inquire into the state of popular education in England. 6 vols. London 1861.
**Report**, annual, of the Commissioners of national education in Ireland. 62 parts. Dublin 1834—96. (Parl. paper.)
**Report** of the Royal Commission of inquiry into primary education (Ireland), with appendices and returns 8 vols. Dublin 1870. (Parliam. paper.)
**Report** of the Royal Commission appointed to inquire into the working of the Elementary Education Acts in England and Wales; with evidence, appendices,

reports from foreign countries, statistics, etc., and index. 10 vols. London 1886—1889. (Parliam. paper.)
Reports of Committee (Lord Brougham, chairman) appointed in 1816 to inquire into the education of the lower orders, with evidence, appendix and index. 12 parts. London 1816–18. — Die Fortsetzung dieser Enquete, welche sich auf England, Wales und Schottland ausdehnte, führt den Titel: Reports of the Commissioners (known as Lord Brougham's Commission) appointed to inquire concerning charities for the education of the poor in England and Wales etc. 44 vols. London 1819–42. (Parliam. paper.)
Return relating to schools for the poorer classes of children in the municipal boroughs of Birmingham, Leeds, Liverpool, and Manchester, and Commissioners reports on the same, etc. London 1870. (Parliam. paper.)
Rules and regulations of the Commissioners of national education in Ireland (for the years 1877—1884.) Dublin.
School Board for London. Minutes and proceedings. 38 vols. London 1870—95.
School Board for London. Report of the school management Committee. 19 vols. London 1877—95.
School Board for London. Report of the bye-laws Committee. 19 vols. London 1877–95.
School Board for London. Report of the statistical Committee. 9 vols. London 1878–95.
Steinthal, A. E, The Elementary Education Act, 1891. London 1891.
Yoxall, J. H and T. A. Organ, The new code (1897) of regulations for day schools. With schedules and appendices, the new revised instructions to inspectors, etc. London 1897.

—

Adderley, C., A few thoughts on national education and punishments. London 1874.
Adams, Fr., History of the elementary school contest in England. London 1882.
Arnott, N., Observations on some of the fundamental principles and existing defects of national education. London 1869.
Bartley, G. C. T., The schools for the people containing the history, development, and present working of each English school for the industrial and poorer classes. London 1871.
Board and voluntary schools. London 1894.
Buxton, C. Sydney, Notes on school board questions.; Ninet. Cent., No. 69. London 1882, November.
Calvert, Fr. Q. C., Defects of the law on education. London 1879.
Christian teaching in public elementary schools. London 1693.
Church, the, and education. London 1894.
Clifford, J., The destruction of the Board school.: Contemp. Rev., 1894, November. London.
Combe, G., Lectures on popular education. Edinburgh 1833.
Craik, H., The citizen series. The State in its relation to education. London 1898.
Dashwood, F. L., On local rating in England, Scotland and Ireland; and how to enlist the co-operation of owners and occupiers, both large and small, in advancing primary education and administring pauperism. London 1871.
Dawson, A. A., Church schools and board schools. Swaffham, 1878.
Elementary education: Payment of results : Westm Rev., October 1889. London.
Hamilton, R. W. (of Leeds), Institutions of popular education, an essay. Leeds 1845.
Hirst Hollowel, J, National elementary education. London 1859.
Hole, J., The working classes of Leeds. An essay on the present state of education in Leeds and the best means of improving it. 2. ed. London 1863.
Holland, H. W., Proposed national arrangements for primary education. London 1870.
Jenkins, E., The education of the people. London 1870.

Kay, J., The social condition and education of the people in England and Europe; shewing the results of the primary schools, and of the division of landed property, in foreign countries. 2 vols. London 1850.
Keatinge, J. (Rev.), Free education and our schools. Chatham 1891.
Lobb, J., The Bible reading in board schools. London 1894.
—, London school board. 3 parts. London 1886—1891.
Manning, H. E. (Cardinal), The Education Commission and the school rate.: Fortn. Rev., 1889, May. London.
—, The State and education. London 1889.
Moore, Th., The education brief on behalf of the voluntary schools. London 1890.
Politics of education. London 1886.
Religious instruction, the, given in board schools. London 1894.
Report of the first general meeting of members of the National Education League, held at Birmingham, on October 12 and 13, 1896. London 1896.
Resolutions of the Cardinal Archbishop and bishops of England on public elementary education. London 1894.
Richard, W. J. B. (Rev.), Report of the Diocesan Inspector of Westminster, 1893—1894. London 1894.
Riley, Ath., Religious Instruction in board schools. London 1893.
Rooker, W. S., National education in England and Wales. Principles and plan. London 1870.
Sanderson, R. E., Our church schools. London 1894.
Shelly, J., Unsectarianism and board schools. London 1892.
Shuttleworth, J. Kay, Four periods of public education, as reviewed in 1832, 1839, 1846, 1862. London 1862.
Simpson, J., Necessity of popular education as a national object, with hints on the treatment of criminals, etc. Edinburgh 1834.
Sonnenschein, A., The truth about elementary education. London 1885.
Sproat, G. M., Education of the rural poor, with a full discussion of the principles and requirements of remedial legislation thereon. London 1870.
Stanley, E. Lyulph, The Free Education Bill.: Contemp. Rev., 1891, July. London.
Taylor, F., The Education Act and its opponents. A series of letters, with replies by R. W. Dale and G. Dixon. London 1871.
Temple, H., Injustice in the working of the Education Act of 1870. London 1893.
Two aspects of the Free Education Bill, 1, by the Dean of St. Paul's; 2, by E. L. Stanley.: N. Rev., 1891, July. London.
Verinder, Fr., Free schools. London 1885.
Warner, H. Lee, A few last words on day schools and boarding schools : Macm. Mag.. Nr. 307. London 1885, May.
Watts, J., Elementary education in Manchester.: Transact. of the Manch. St. Soc., session 1852/53. Manchester 1853.
Wells, Ch. A. (Rev.), The church of England and the education of the people. London 1893.

Bascan, L'enseignement de la morale et le School Board of Londres.: Ann. de l'enseign. prim. publ. par Jost, année XII. Paris 1895.
Buisson, B., L'instruction primaire en Angleterre. Paris 1880.
Le Léap, H., L'enseignement et l'éducation civiques dans les écoles d'Angleterre.: Ann. de l'enseign. prim., par Jost, X° année. Paris 1894.
Macaulay (Lord), L'éducation du peuple. Discours proponcé à la Chambre des communes d'Angleterre (le 19 avril 1847) traduit par le comte de Gardane. Paris 1869.
Nerinox, A., Du régime légal de l'enseignement primaire en Angleterre. Gand 1895.
Rendu, E., De l'instruction primaire à Londres dans ses rapports avec l'état social. 2. éd. Paris 1853.

**Reyntiens, N.**, L'enseignement primaire et professionnel en Angleterre et en Irlande. Paris 1884.

**Catalani, T.**, Dell' Insegnamento primario in Inghilterra. Notizie. Firenze 1877.

**de Grave, J. L. A. Salverda**, Het lager onderwijs in Engeland. 's Gravenhage 1886.

### d. Frankreich.

**Heinzig, B.**, Die Schule Frankreichs in ihrer historischen Entwickelung besonders seit dem deutsch-französischen Kriege von 1870-71, nebst einer Übersetzung des neuesten französischen Primärschulgesetzes. Frankfurt a/M. 1891.

**Kemény, F.**, Beiträge zur Kenntnis des modernen Volksschulwesens von Frankreich, etc. Gotha 1890.

**Sachse, A**, Charakterzüge der französischen Volksschule.: Preuſs. Jahrb, Bd. LX. Heft 4. Berlin 1887.

**Schröder, Ch**, Das Volksschulwesen in Frankreich. Dargestellt nach den jetzt geltenden gesetzlichen Bestimmungen unter Berücksichtigung der geschichtlichen Entwicklung der Schulgesetzgebung. 2 Teile. Köln 1884-87. (Teil I: Die Vorbildung, Prüfung und gesetzliche Stellung der Volksschullehrer in Frankreich. Teil II: Die Volksschule in Frankreich von 1789-1886.)

**Sombart, C M.**, Wanderungen durch Pariser Volksschulen und Fachschulen.: Die Nation, Jahrg. XIII. Berlin 1896, Nr. 43 u. 44.

**Weigert, Max**, Die Volksschule und der gewerbliche Unterricht in Frankreich. Mit besonderer Berücksichtigung des Schulwesens von Paris. 2. Aufl. Berlin 1890.

---

**Allain (l'abbé)**, L'instruction primaire en France avant la Révolution. Paris 1881.

**Chevalier, A.**, Les frères des écoles chrétiennes et l'enseignement primaire après la Révolution (1797 à 1830). Paris 1887.

**Chossat, Les Jésuites et leurs oeuvres à Avignon 1553-1768. Paris 1896.

**Demange, F. J.**, Les écoles d'un village toulois au commencement du XVIII⁰ siècle, d'après les documents inédits. Paris 1892.

**Dubord, R.**, L'instruction primaire avant 1789. Toulouse 1883.

**de Fontaine de Resbecq**, Histoire de l'enseignement primaire avant 1789 dans les communes qui ont formé le département du Nord. Lille 1878.

**Rendu, F**, Sept ans de guerre: L'enseignement primaire libre à Paris 1850-1856. Paris 1857.

**Rotgès, E.**, Histoire de l'instruction primaire dans l'arrondissement de Bazas du XVIᵉ siècle à nos jours, avec 12 cartes scolaires de l'arrondissement, suivie de notices sur les anciens collèges de Bazas et de Langon. Paris 1893.

---

**Belese, G**, Dictionnaire d'instruction primaire. Éducation, enseignement, législation, etc. Paris 1877.

**Bulletin** de l'instruction primaire du département de la Seine, de 1866 à 1895. 29 vols. Paris 1866-95.

**Carrive, La** nouvelle législation de l'enseignement primaire. Paris 1889.

**Cosson, La** nouvelle législation sur l'instruction primaire en Algérie. Commentaire des décrets des 5 novembre et 9 décembre 1887. Paris 1888.

**(Cousin)**, Loi sur l'instruction primaire. Rapport fait à la Chambre des pairs par M. Cousin de l'examen du projet de loi sur l'instruction primaire. (Paris) 1833. (Chambre des Pairs. Impressions No 9, 1833.)

**L'Ecole des communes**, années 1832 à 1896. 55 vols. Paris.

**d'Estournelles de Constant**, Guide pratique de l'enseignement primaire sous forme de dictionnaire. Paris 1893.

—, Lois et règlements sur l'enseignement primaire annotés. Paris 1891.

**Gréard, O.**, La législation de l'instruction primaire en France depuis 1789 jusqu'à nos jours. Recueil de lois, décrets, ordonnances, etc. 2ᵉ édition. 4 vols. Paris 1889-1890.

Kilian, Manuel législatif et administratif de l'instruction primaire. Nouveau code avec notes et commentaires. Paris 1879.
Lhomme, Code-manuel des membres des commissions municipales scolaires. Paris 1883.
Lhomme et Pierret, Code-manuel des délégués cantonaux et communaux. Paris 1883.
Loi du 30 octobre 1886 sur l'organisation de l'enseignement primaire. Analyse et explication. Documents. Paris 1885.
Magendie, Code répertoire de la nouvelle législation sur l'instruction primaire. 3e éd. 2 tomes. Paris 1866.
Pichard, A., Nouveau code de l'instruction primaire donnant l'état de la législation au 1er juin 1867. Paris 1867.
Rapport au Roi sur la situation de l'instruction primaire en 1843. Paris 1845. (Publication du Ministère de l'instruction publique.)

Amieux, J., Traité populaire d'économie politique à l'usage des élèves des écoles primaires. Lyon 1877. (Ouvrage couronné par la Société d'économie polit. de Lyon.)
Annuaire de l'enseignement primaire, publié sous la direction de G. Jost (inspecteur général de l'instruction publique). Années I. à XIII. Paris 1885—96.
Bert, P., Rapport présenté à la Chambre des députés sur la loi de l'enseignement primaire (proposition Barodet). Paris 1880.
Bourdin, C. E., Recherches statistiques sur l'instruction primaire dans l'armée française. Strasbourg 1868.
Brodier, A., Étude statistique sur l'instruction primaire en Europe, en France et notamment dans le département de l'Yonne. Auxerre 1876.
Brouard, E. et Ch. Defodon, Inspection des écoles primaires. Paris 1874.
Cazelles, P. N., Les indigents et les écoles libres devant la gratuité absolue. Toulouse 1866.
Cottin, P., De l'enseignement primaire dans les campagnes et de son influence sur la vie politique des populations. Paris 1865.
Daubié, V. (Mlle.), Du progrès dans l'enseignement primaire; justice et liberté! Paris 1862.
Desceilligny, A. P., De l'influence de l'éducation sur la moralité et le bien-être des classes laborieuses. Paris 1865. (Ouvrage ayant reçu la récompense de 3000 frs. dans le concours du prix Beaujour.)
Écoles primaires communales gratuites. Degré d'instruction des adultes. Paris 1866.
Erreurs, les, de M. Spuller dans son rapport sur le projet de loi de M. Ferry relatif à la liberté de l'enseignement. 2e éd. Paris 1879.
Favre, J., L'avenir de l'enseignement populaire. Paris 1869.
Gréard, Statistique de l'enseignement primaire à Paris et dans le département de la Seine de 1867 à 1877. Paris 1878.
Hurel, A., Les écoles de village dans un canton de Normandie. Paris 1879. (Étude d'hygiène.)
Instruction populaire en France. Débats parlementaires par MM. Carnot, Havin et J. Simon. Avec une introduction historique par J. Simon. Paris 1865.
de Lacombe, K., La liberté de l'enseignement devant le Sénat. Nouvelle édition. Paris 1879.
Lanthenas, F., Rapport et projet de décret sur l'organisation des écoles primaires, présentés à la Convention nationale au nom de son comité d'instruction publique. Paris 1792.
de Laveleye, E., L'instruction du peuple. Paris 1872.
Marais, A., L'école et la liberté. Avec préface par E. Polletan. Paris 1869.
Mougy, J., Des progrès de l'instruction primaire. Paris 1866. (Pétition au Sénat français, session de 1866.)
Petit, E., Autour de l'éducation populaire. Paris 1896.
Pisard, A., L'histoire dans l'enseignement primaire. Paris 1890.

**Rivet,** La législation de l'enseignement primaire libre. Paris 1891.
**Schmit,** H., L'organisation de l'enseignement primaire. Commentaire le la loi du 30 octobre 1886 suivie do la législation en vigueur (lois, décrets et arrêtés pris en exécution de la loi.) Paris 1887.
**Simon,** J., L'école. Paris 1865. (Aus dem Inhalt: Législation de l'instruction primaire 1793 à 1854. — L'instruction obligatoire. L'enseignement libre.)
—, L'école. 12e édition, contenant un résumé de la dernière statistique officielle. Paris 1894.
**Statistique** de l'enseignement primaire pour l'année 1863. Situation au 1er janvier 1864. Paris 1865. (Publication du Ministère de l'instruction publique.)
**Statistique** de l'enseignement primaire, 5 vols. Paris 1878—1895. (Publication du Ministère de l'instruction publique etc. Vol. I: pour les années 1876/77; Vol. II: Statistique comparée de l'enseignement primaire 1829—1877; Vol. III) pour les années 1881/82; Vol. IV: pour les années 1886/87; Vol. V: pour les années 1891/92.)
**Villemain,** Tableau de l'état actuel de l'instruction primaire en France. Paris (s. a.
**Willm,** J., Essai sur l'éducation du peuple ou sur les moyens d'améliorer les écoles primaires populaires. Strasbourg 1843.
**Wolff,** Maur., L'éducation nationale le problème de l'éducation moderne et l'université. Paris 1897.

- - -

**Arnold,** M., The popular education of France with notices of that of Holland and Switzerland. London 1861.

e. Holland.

**Blaupot Ten Cate,** S., en A Moens, De wet op het lager onderwijs met aanteekeningen. IVde druk (de wet van 1859), bewerkt door G. van Milligen. Groningen 1890.
**Hartman,** H. J. G., Wet tot regeling van het lager onderwijs met aanteekeningen, ontleend aan de off. stukken der Staten-Generaal, aan administratieve beslissingen en aan de litteratuur onder toezicht van E. L. van Emden. Sneek 1890.
**Huishoudelijke** verordeningen. Regeling van het gewoon-en meer uitgebreid lager onderwijs in de gemeente Utrecht. 3 deelen. Utrecht 1874—1886.
**Onderwijswetten,** de, in Nederland en hare uitvoering. Administratieve verzameling van alles wat daarop betrekking heeft, uitgegeven en met aanteekeningen voorzien door P. F. Hubrecht. Lager onderwijs. 5 vols. s'Hage 1880—1894.
**Schaepman,** H. J. A. M., De wet op het lager onderwijs met aanteekeningen. Utrecht 1890.
**Wet,** de nieuwe, tot regeling van het lager onderwijs naast de wet van 13 Aug. 1857 gesteld. Haarlem 1878.
**Wet** op het lager onderwijs, met de daarover vooral in de IIde Kamer der Staten Generaal gewisselde stukken en gehoudene beraadslagingen; uitgegeven onder toezicht van A. M. van Voortbuiysen en W. Middelveld Viersen. Nijmegen 1894

**van Assendelft de Coningh,** A. D., De nieuwe regeling van het lager onderwijs.: de Econ., Jabrg. XXXIX. s'Gravenhage 1890, p. 88 sqq.
**Brumund,** J. F. G., Het volksonderwijs onder de Javanen. Batavia 1857.
**Görlitz,** P. K., Geschiedkundig overzicht van het lager onderwijs in Nederland Leiden 1849.
**Lamping,** J. A., De Staat en het volksonderwijs in Nederland. Leiden 1869.
**van Renesse,** J. E., Het lager onderwijs in Nederland sedert 1657. Haarlem 1886.

**Bacot,** D., Notes sur l'instruction primaire en Hollande. L'école neutre. Paris 1875.
**Moyersoen,** R., Du régime légal de l'enseignement primaire en Hollande. Gand 1895.
**Ramon de la Sagra,** Voyage en Hollande et en Belgique sous le rapport de l'instruction primaire, etc. 2 tomes. Paris 1839.

**Steyn Parvé,** D. J., Organisation de l'instruction primaire, secondaire et supérieure dans le royaume des Pays-Bas. Leide 1878.

**Holländische Staatsschulen,** die, ein Zeichen der Warnung. Stade 1869.
**Kommunalschule,** die, und die holländischen Bischöfe. München 1873.
**Lauer, M.,** Entwicklung und Gestaltung des niederländischen Volksschulwesens seit 1857. Berlin 1885.
**Schwarz, F. W. S.,** Die religionslose Schule der Niederlande und ihre Früchte. Berlin 1885.

### f. Italien.

**Baricco, T. C.,** L'istruzione popolare in Torino. Torino 1865.
**Comitato** per la distribuzione dei sussidi alla istruzione primaria e popolare. Relazione. Roma 1873.
**Documenti** sulla istruzione elementare nel regno d'Italia. 4 vols. Firenze e Roma 1869—1873.
**(Gioda)** Delle condizioni della istruzione elementare in Italia e del suo progresso dal 1861 in poi. Roma 1890. 35 pp. e 10 carte grafiche; distribuzione geografica dell' analfabetismo, etc. (Relazione al Ministro della pubblica istruzione: P. Boselli.)
**Municipio di Bologna.** Relazione e proposta della giunta municipale. Istruzione elementare comunale. Bologna 1867.
**Municipio di Bologna.** Riforma dell' istruzione elementare comunale. Rapporto. Bologna 1869.
**Piano** organico e regolamento disciplinare per le civiche scuole elementari di Bologna. s. l. (Bologna 1870.)
**Prospetti** statistici delle scuole comunali di Milano. Milano 1879. (Die Statistik umfasst die Jahre 1859 bis 1879.)
**Rendiconto** della Società delle scuole elementari gratuite per ragazzi e ragazze rachitici in Torino. Torino 1880. (Rechenschaftsbericht der Gesellschaft zur Unterhaltung von Freischulen für mit der englischen Krankheit behaftete Kinder in Turin.)
**Scuole,** le, comunali di Venezia. Notizie e regolamenti. Venezia 1870.
**Signorini, G.,** Le scuole del popolo di Firenze.: Riv. d. benef., anno XX. Roma 1892.
**Statistica** dell' istruzione elementare per gli anni scolastici 1891/92—1893/94. 14 vols. Roma 1884—1895.
**Statistica** del regno d'Italia. Istruzione primaria. Istruzione elementare pubblica per comuni, anno scolastico 1862/63. Modena e Firenze 1865.
**Sulle** condizioni delle scuole elementari del municipio di Palermo dal 1860 al 1872. Palermo 1872.
**Tommasi-Crudeli, C.,** Sulla necessità di rendere obbligatoria la istruzione primaria in Italia.: Rivista sicula, vol. I. Palermo 1869.

### g. Oesterreich-Ungarn.

**Handbuch** der Reichsgesetze und Ministerialverordnungen über das Volksschulwesen in den im Reichsrate vertretenen Königreichen und Ländern. 2 Bde. Wien 1882—1884.
**v. Hermann, A.** (Ritter), Handbuch der Gesetze, Verordnungen und Normalerlasse über das Volksschulwesen in Niederösterreich. Wien 1889.
**v. Obentraut, A.,** Die österreichischen Volksschulgesetze. 2. bis zum Jahr 1877 fortgeführte Aufl. 2 Bände. (Bd. I.: Reichsgesetze und Ministerialerlasse für Niederösterreich. Bd. II: Landesgesetze für Salzburg.) Wien 1878.
**Reichs-Volksschulgesetz,** das. Wien 1883.
**Sammlung** von Gesetzen und Verordnungen betreffend das Volksschulwesen in Oesterreich mit specieller Berücksichtigung Kärntens. Zusammengestellt von J. Benisch. Klagenfurt 1869.

**Schwicker, J. H.**, Die ungarischen Schulgesetze samt den ministeriellen Instruktionen und Cirkularschreiben zur Durchführung derselben. Budapest 1877.
**Unterrichtswesen** (Oesterreichs) in den Volksschulen. Wien 1869. (Handausgabe der österr. Gesetze und Verordnungen, Heft 10.)
**Volksschulgesetz**, Österreichisches. Verordnungen zur Durchführung desselben vom 14. Mai 1869. Wien 1869.
**Volksschulgesetze**. Die Reichs- und Landesgesetze mit den einschlägigen Ministorialverordnungen und Erlässen erläutert durch die Entscheidungen des k. k. Verwaltungsgerichtshofes etc. Zusammengestellt von Burckhard. 2 Teile. Wien 1888.

---

**Albert, M.**, Die Dorfschule. Ein Stück Dorfleben aus dem sächsischen Volke. Hermannstadt 1869.
**Anweisung** für die Distriktsschulräte in Angelegenheit der Durchführung des Gesetzartikels XXXVIII vom Jahre 1868 über den Volksschulunterricht. Ofen 1870.
**Biographien** österreichischer Schulmänner. Als Beitrag zur Schulgeschichte der letzten 100 Jahre hrsg. von Fr. Frisch. Wien 1897.
**Detailkonskription** der Volksschulen in den im Reichsrate vertretenen KReichen und Ländern. Wien 1885.
**Egger-Möllwald, A.**, Oesterreichisches Volks- und Mittelschulwesen in der Periode von 1867—1877. Im Auftrage des k. k. Unterrichtsministeriums dargestellt. Wien 1878.
**Eichholtz, L.**, Welche Schwierigkeiten stehen der fortschrittlichen Entwicklung der Volksschulen entgegen, und wie können sie gehoben werden? Wien 1867.
**Gaßner, F. J.**, Die Volksschulfrage in Tirol in ihrem Zusammenhange mit der damaligen politischen Strömung in Oesterreich. Innsbruck 1888.
**Grünberg, S.**, Das Volksschulwesen in der Bukowina, in seiner historischen Entwicklung und seinem jetzigen Stande.: Oest. Ung. Rev., Jahrg. 1888. Wien.
**Hauffe, Th.**, Die Volksschule und die Lehrerbildung in Oesterreich nach ihren gesetzlichen Grundlagen und ihrem gegenwärtigen Zustande. Gotha 1887.
**Hauptbericht** des Wiener Bezirksschulrates über den Zustand der Volks- und Bürgerschulen der Stadt Wien für die Schuljahre 1869/70—1881/82. 10 Teile. Wien 1871—1883. (Der Hauptbericht für das Schuljahr 1875/76 ist nicht erschienen.)
**Holzinger, K.**, Aus den Papieren eines österreichischen Pädagogen. Ein Beitrag zur Reform der Volksschule. Wien 1869.
**Kankoffer, J.**, Denkschrift über das Volksschulwesen in Wien. Wien 1863.
**Körösi, J.**, Die öffentlichen Volksschulen der Hauptstadt Budapest in den Jahren 1871/72—1888/89. 4 Hefte. Pest und Budapest 1875—1889.
**Kommunale** Volksschulen, die, in Wien im Jahre 1879 und in dem vorausgegangenen Jahrzehnt 1869—1878. Wien 1880.
**Láng, L.**, Die Entwicklung des ungarischen Volksschulunterrichts 1869—1884.: Ung. Rev., Jahrg. V. Wien 1885.
**Lehrplan** für ungeteilte einklassige Volksschulen. Wien 1874.
**Möllwald, A. E**, Oesterreichisches Volks- und Mittelschulwesen (für 1867—1877.) Wien.
**Polek, J.**, Die Anfänge des Volksschulwesens in der Bukowina. Ein Beitrag zu einer Geschichte der Bukowinaer Militärverwaltung. Czernowitz 1891.
**Poppe, P.**, Die Volksschule wie sie sein soll, als erstes Mittel zur Hebung aller staatlichen Verhältnisse. Wien 1860.
**Prausek, V.**, Die Verbesserung der Volksschule mit besonderer Berücksichtigung Oesterreichs. Wien 1868.
**Rauchberg, H.**, Beiträge zur Statistik der öffentlichen Volksschulen Oesterreichs.: Monatsschr. statist., Jahrg. XVII. Wien 1891.
**Schematismus** der allgemeinen Volksschulen und Bürgerschulen in den im Reichsrate vertretenen Königreichen und Ländern auf Grund der statistischen Aufnahme vom 30. April 1890. Bearbeitet und hrsg. von der k. k. statistischen Centralkommission. Wien 1891.

Schimmer, G A., Statistik der öffentlichen- und Privatvolksschulen in den im Reichsrate vertretenen Königreichen und Ländern. Nach den von den Bezirksschulbehörden für das Schuljahr 1875 vorgelegten Erhebungen bearbeitet. Wien 1876. (Hrsg. von der k. k. statistischen Centralkommission.)
Schindler, L., Die österreichische Bürgerschule. Wien 1879.
Schneller, Ch., Die Volksschule in Tirol vor hundert Jahren. Vortrag. Innsbruck 1874.
Statistik der öffentlichen- und Privatvolksschulen in den im Reichsrate vertretenen Königreichen und Ländern nach dem Stande des Schuljahres 1880. Wien 1882.
Statistik der allgemeinen Volksschulen und Bürgerschulen in den im Reichsrate vertretenen Königreichen und Ländern. Auf Grund der statistischen Aufnahme vom 30. April 1890. Wien 1892. (A. u. d. T.: Oesterreichische Statistik hrsg. von der k. k. statistischen Centralkommission. Band XXXV, Heft 1.)
Statistik der Volksschulen (umfassend die kommunalen, staatlichen, konfessionellen, Vereins- und Privatelementarschulen) der Hpt.- u. Resid.-Stadt Budapest in den Jahren 1894/95, bezw. 1890/95.: Budapest székes főváros statisztikai évkönyve: Statistisches Jahrbuch von Budapest 1. Jahrg. (für 1891) Budapest 1896, S. 249 ff.
Unterrichtswesen, das, in Wien. 1. Volks- und Spezialschulen, bearbeitet von W. Löwy, Wien 1890. (Sonderabdruck aus dem „Oesterreichischen Städtebuch", Jahrg. III.)
Volksschulen, die kommunalen, in Wien im Jahre 1879 und in dem vorausgegangenen Jahrzehnt 1869—1878. Wien 1879.
Volksschulen, die, in Ungarn, Kroatien etc. im Jahre 1851. Wien 1853. (Mitteilungen aus dem Gebiet der österr. Statistik, Jahrg. II )
Voranschlag der deutschen Volks- und Bürgerschulen der k. Hauptstadt Prag. Jahrgänge 1876—1888. Prag.
v. Wilhelm, A, Das österreichische Volks- und Mittelschulwesen in den Hauptmomenten seiner Entwicklung seit 1812. Prag 1874.

Néptanítók Lapja. Vol. I. ff. Budapest 1874—1896. (Journal für ungarische Volksschullehrer.)
Szabályzat a főváros elemi népiskolainak szervezése és a tanitói fizetések rendezése tárgyában. Budapest 1877. (Regulativ betreffend die Organisation der öffentlichen Elementarschulen in Budapest und Feststellung der Gehaltsbezüge der Lehrkräfte.)
Szente, József, Utasitás a szamológép használására népiskolai tanitók számára. Budapest 1873. (Instruktion für die ungarischen Volksschullehrer in Bezug auf den Gebrauch der Rechenmaschine.)
Tanterv a népiskolák számára. 2 Hefte. Budapest 1870—77. (Lehrplan für ungarische Volksschulen.)
Tanterv a polgári iskolák számára. 2 Hefte. Budapest 1873—77. (Lehrplan für ungarische Bürgerschulen.)
Utasitás a polgári községi iskolaszékek számára. Budapest 1876. (Instruktion für die städtischen Bürgerschulen in Ungarn.)
Utasitás a népiskolai oktatás számára. Pest 1869. (Instruktion für den Unterricht an ungarischen Volksschulen.)
Vallás- és közoktatási, a. m. k. miniszternek a közoktatás állapotáról szóló jelentése. (XVII. Bericht des kgl. ungar. Ministers für Kultus und Unterricht an den Reichstag über den Stand des ungarischen Unterrichtswesens. 2 Bände. Band I: Die Volksunterrichtsanstalten im Schuljahre 1896/97. Band II: Die mittleren und höheren Lehranstalten und die Universitäten und kulturellen Institute im Studienjahre 1897/98. Budapest 1898.

Předchozí rozvrh obecných a měšťanských škol českých obce Pražsk, 1876—1888. Pražsk. (Voranschlag der tschechischen Volks- und Bürgerschulen der Stadtgemeinde Prag pro 1876—1888.)

Annuario delle scuole popolari del Tirolo. Pubblicato dell' i. r. consiglio scola-

stica pro vinciale pel Tirolo. Edizione italiana curata da G. Stanger. Annata I. Innsbruck 1896.
Municipio di Trieste. Cenni statistici sulle scuole comunali, 1878—1880. Triest.

i. Rufsland.

Замѣчанія о народныхъ училищахъ Министерства народнаго просвѣщенія И. Корнилова. Ст.-Петербургъ 1862. (Bemerkungen über die Volksschulen des Ministeriums der Volksaufklärung von J. Kornilov.) St. Petersburg 1862.

Отчетъ о состояніи городскихъ начальныхъ училищъ, утрежденныхъ Московскою городскою Думою, 1888—1889. (Moskau 1890.) (Rechenschaftsbericht über den Zustand der von dem Gemeinderat der Stadt Moakau verwalteten Volksschulen in dem Schuljahre 1888/89.)

Первое десятилѣтіе начальныхъ училищъ въ вѣдѣніи С.-Петербургской городской Думы, 1877—1887. С.-Петербургъ 1888. (Uebersicht über die ersten 10 Jahre (1877—1887) ihrer Wirksamkeit der unter die Oberaufsicht des Gemeinderats von St. Petersburg gestellten Volksschulen.)

v. **Jung-Stilling**, Beitrag zur Statistik der evangelisch-lutherischen Landvolksschulen in Livland. Riga 1879. Mit 4 graphischen Tafeln.

**Russische Ministerium**, das, der Aufklärung und die lutherische Volksschule in Livland.: Rufs.-balt. Bl., Heft 4. Leipzig 1888.

**Strümpell**, Lehrpläne für Knaben. Elementarschulen im Dorpater Lehrbezirk. Dorpat 1869.

**Unsere Dorfschule**, auf Grundlage der neuesten statistischen Publikationen : Rufs. Rev., Bd. XXIX. St. Petersburg 1889, S. 265/327 u. 415/470.

**Schédo-Ferroti**, D. K., Lettres sur l'instruction populaire en Russie. Adressées à M. le comte D. Tolstoi (Ministre de l'instruction publique). Berlin 1869.

i. Schweiz.

**Baumgartner**, O. P., Die Volksschulbestrebungen in der Schweiz und insbesondere in Graubünden von 1760 bis 1837.: Pad. Bl., Bd. XVI. Gotha 1887, S. 415 ff.

**Dietrich**, R., Schweizerisches Volksschulwesen. Wiesbaden 1896.

Gesetzesvorschlag über die Primarschulen des Kantons Solothurn. Solothurn 1872.

**Kinkelin**, H , Statistik des Unterrichtswesens in der Schweiz im Jahre 1871. Im Auftrage des schweizerischen Departements des Innern bearbeitet. 2 Teile. Basel 1873—75. (Teil I.: Gesetzgebung über das Primär- und Sekundärschulwesen. Teil II.: Statistik der Primärschulen und Ergänzungen zu Teil I).

Lehrplan, allgemeiner, für die thurgauischen Primarschulen. Frauenfeld 1871.

**Schmid**, J. G., Die schweizerischen Primärschulen oder ein bescheidener Beitrag zur Beantwortung der Frage: Welches ist die beste Primärschul-Organisation? Bern 1878.

Unterrichtsplan für die Primarschulen des Kantons Unterwalden nid dem Wald. Stans 1864.

**Escalli**, F., (Mme), L'instruction primaire en Suisse. Paris 1885.

**Maguin**, H., Notes et documents sur l'état de l'instruction populaire en Suisse. Paris 1876.

Règlement pour les écoles primaires du canton de Fribourg. Fribourg 1850.

k. Schweden und Norwegen.

**Nougaret**, F., De l'enseignement populaire en Suède. Paris 1869.

**Beretning** om Almueskolevæsenets Tilstand i Kongeriget Norges Landdistrikt for Aarene 1861—1863. Kristiania 1867. (Bericht über den Zustand der ländlichen Gemeindeschulen im KReich Norwegen für die Jahre 1861—1863).

**Beretning** om Skolevæsenets Tilstand i Kongeriget Norges Landdistrikt for Aarene 1864—1876. 10 parten. Kristiania 1869—78. (Bericht über den Zustand der ländlichen Gemeindeschulen des KReichs Norwegen in den Jahren 1864—1876.)

Bibliographie. 533

### 1. Spanien und Portugal.

Colección legislativa de primera enseñanza, desde 1° de enero de 1877 hasta 31 diciembre de 1853. Madrid (1884). (Sammlung von Gesetzen über den Primärunterricht in Spanien seit t. I. 1877 bis 31. XII. 1883.)

Legislación de instrucción primaria. Recopilación y comentarios a las leyes, reglamentos, reales órdenes, decretos y circulares, dictadas sobre el ramo de primera enseñanza en España. Publicada por la redacción de la Gazeta de instrucción primaria de Lérida. Lérida 1867.

Apendice à la educación populorum, pars I: Decadencia de los officios y artes en España. Madrid 1775.

Barrantes, V., La instrucción primaria en Filipinas. Manilla 1869.

Estadística general de primera enseñanza. 2 vols. Madrid 1870—1880.

Molina, R., La instrucción primaria. Madrid 1882.

Herpin, J. Ch., Rapport sur les progrès et l'état actuel de l'instruction primaire en Espagne. Paris 1864.

Instrucção primaria em Portugal. Estatistica por districtos e concelhos das escolas primarias mantidas ou não pelo estado segundo os dados obtidos pela inspecção de 1863 a 1864. Lisboa 1867.

### m. Griechenland.

Πετρίδης, Δ. Γ., Στοιχειώδεις πρακτικαί όδηγίαι περί διδασκαλίας μαθημάτων έν τοις δημοτικοίς σχολείοις. Έν Αθήναις 1881. (Petrides, D. G., Praktische Elementarunterweisungen über die Unterrichtsmethode in den Primärschulen Griechenlands.)

Βινθύλος, Γ., Θεσμολόγιον τῆς δημοτικῆς ἐκπαιδεύσεως, 1833—1883. Ἐν Ἀθήναις 1884. (Griechische Volksschulgesetzgebung umfassend die Jahre 1833—1883. Herausgegeben von G. Venthylos.)

Βράτσανος, Μ. Ι., Λόγος περὶ δημοτικῆς παιδεύσεως ἀπὸ τῶν χρόνων τῆς ἐθνεγερσίας μέχρι σήμερον. Ἐν Ἀθήναις 1882. (Abhandlung über den griechischen Volksschulunterricht seit dem Bestehen der griechischen Nationalität bis zu unseren Tagen.)

### 4. Außereuropäische Kulturstaaten.

#### a. Ver. Staaten von Amerika.

Common schools of Cincinnati. Annual reports 1869 sqq. Cincinnati.

Buisson, B., L'enseignement primaire au congrès d'éducation et à l'exposition scolaire de Chicago. Paris 1896.

Kommunalschulen, die, in Chicago. Ein Beitrag zu den Besprechungen des Schulwesens der Stadt Mannheim. Mannheim 1869.

#### b. Republik Chile.

Dias Prado, J. A., Memoria sobre instrucción primaria presentada a la Universidad de Chile. De la instrucción primaria en Chile. Santiago de Chile 1856.

Luis, M. y G. V. Amunátegui, De la instrucción primaria en Chil. Santiago de Chile 1856.

Recopilación de leyes, reglamentos, decretos supremos i circulares sobre instrucción primaria en Chile. Santiago de Chile 1869.

Reglamento para los establicimientos municipales de instrucción primaria de Valparaiso. Santiago de Chile 1861.

#### c. Republik Costa Rica.

Ley de educación comun y reglamento de la misma. San José de Costa-Rica 1887. (Gesetz und Regulativ bezüglich des Volksschulunterrichts in der Republik Costa-Rica.)

#### d. Republik Uruguay.

Memoria por el inspector nacional de instrucción primaria. 10 vols. Montevideo 1876—1886.

**Varela, J. A.**, Memoria correspondiente á los años de 1879 y 1880, presentada á la Dirección de Instrucción publica. 2 tomi. Montevideo 1881. (Tom. I. Memoria del Inspector nacional de Instrucción primaria. Tom. II. Memorias de los Inspectores de escuelas de los departementos de campaña.)

### e. Britisch-Indien.

**D'Cruz, L. W.**, The Education Code for European schools in Bengal.: Calc. Rev. N° CLXVIII. Calcutta 1887.
**Gasper, G. S.**, Bengal European School Code.: Calc. Rev. N° CLXIX. Calcutta 1887.
**Pincott, Fr.**, Primary education in India.; Nat. Rev., 1884. London.
**Trevelyan, Ch. E.**, Education of the people of India. London 1838.

### f. Japan.

**Kannegiesser**, Das Volksschulwesen im heutigen Japan.: Päd. Bl., Bd. XIX. Gotha 1890, S. 105 ff mit Karte.

## V. Die Fortbildungsschule

(als Ergänzung des Volksschul- bezw. Elementarunterrichts).

**Andreae, H.**, Verfassungs- und Gesetzeskunde für die Fortbildungsschulen des Grofsherzogt. Hessen. Giefsen 1893.
**Armstroff, W.**, Die Fortbildungsschule, ihre Aufgabe, Organisation etc. Zugleich Bericht über die städtische Sonntags- und Handwerkerfortbildungsschule zu Duisburg. Duisburg 1877.
**Beumer, W.**, Die Entwicklung der Fortbildungsschulen und der gewerblichen Fachschulen in Preufsen, soweit dieselben zum Ressort des Ministeriums für Handel und Gewerbe gehören. Nach der Denkschrift vom April 1891 und dem Staatshaushalt von 1894/95. (Statistische Zusammenstellung.) Bonn 1895.
**Darlegung** der im KR. Sachsen mit der Fortbildungsschule gemachten Erfahrungen. Mittels k. Dekrets vom 3. November 1879 den Ständen des Landes zugegangen. Dresden 1879.
**Einführung**, die bevorstehende obligatorische, von Fortbildungsschulen für sächsische Jünglinge von 14—17 Jahren. Oschatz 1873.
**Entstehung** und Entwicklung, die, der gewerblichen Fortbildungsschulen und Frauenarbeitsschulen in Württemberg. Herausgegeben von der k. Kommission für die gewerblichen Fortbildungsschulen. 2. Aufl. Stuttgart 1889. Nebst Karte von Württemberg und 5 graphischen Beilagen.
**Fortbildungsschule**, die unterfränkische. Herausgegeben von F. Mann. Gruppe A. Nr. 1. Skizze der Geschichte, Organisation und Statistik des unterfränkischen polytechnischen Centralvereins und seiner Schulen von C. Maier. Würzburg 1880.
**Fortbildungsschulen**, die kaufmännischen, zu Berlin. Festschrift zur Feier des 10jähr. Bestehens der Anstalten am 1. X. 1895. Berlin 1895.
**Fortbildungsunterricht** in der städtischen Gewerbeschule zu Stuttgart.(Bericht über die Jahre 1871—1884.) Stuttgart.
**Friborg, Maikki**, Die Volkshochschulen im Norden. Vortrag. Berlin 1895. (In Skandinavien versteht man unter Volkshochschulen keine populären Universitätskurse, sondern Fortbildungsschulen für Erwachsene.)
**Gewerbliche Fortbildungswesen, das.** Sieben Gutachten und Berichte vom Verein für Sozialpolitik. Leipzig 1879. (Schriften des Vereins für Sozialpolitik, XV.)
**Glinzer, E.**, Der Sonntagsunterricht und seine Zukunft. Vortrag zu Kassel 1893. 2. Aufl. Leipzig 1894.
**Henschke, Ulrike**, Denkschrift über das weibliche Fortbildungsschulwesen in Deutschland. Berlin 1893.
**Jütting, W. und F. Vorbrodt**, Lehr- und Lesebuch für allgemeine und gewerbliche Fortbildungsschulen etc. Teil I: Für allgemeine Fortbildungsschulen mit be-

sonderer Berücksichtigung der Bedürfnisse des gewerblichen Lebens. 2. Aufl. Braunschweig 1879.

**Kamp, O.**, Fortbildungsschulen für Mädchen. Auf Grund eines vom Verfasser am 27. August 1887 in der Frankfurter allgem. Lehrerversammlung gehaltenen Vortrags. Berlin 1888.

**Kummer, J. J.**, Das Fortbildungsschulwesen. Vortrag. Bern 1874.

**Lautz, Th.**, Die Fortbildungsschulen der Zukunft im Anschluß an die Geschichte und bisherige Organisation der Fortbildungsschulen in Nassau. Wiesbaden 1878.

**"Leidsch Toynbeewerk"**: Die neu errichtete Fortbildungsanstalt für Fabrikarbeiter und Handwerker in Leiden (in holländischer Sprache).: de Econ., jaarg. XLI. 's Gravenhage 1892.

**Lesebuch** für landwirtschaftliche Winter- und Fortbildungsschulen, hersg. auf Veranlassung des landwirtschaftlichen Vereins für Rheinpreussen. Bonn 1890.

**Lüders, K. und O. Simon**, Denkschrift über die Entwicklung der gewerblichen Fortbildungsschulen und der gewerblichen Fachschulen in Preussen während der Jahre 1891 bis 1895. Berlin 1890.

**Nachricht, I—XLV.** von dem Zustande der sonntäglichen Freischulen zu Berlin für versäumte Handwerkslehrlinge etc. Berlin 1800—1844.

**Nagel, R.**, Die gewerblichen Fortbildungsschulen Deutschlands. Reisestudien und Reformvorschläge auf Grund eines den k. preußischen Ministerien des Kultus und Handels eingereichten Reiseberichts. Eisenach 1877.

**Pache, O.**, Gesetzeskunde und Volkswirtschaftslehre in der Fortbildungsschule. 2 Teile. Leipzig 1878—1889. (Teil I.: Die Lehre vom Staate, Teil II.: Die Lehre von der Gesellschaft.)

—, Die zeitgemäße Gestaltung der deutschen Fortbildungsschule. Wittenberg 1890.

—, Handbuch des deutschen Fortbildungsschulwesens. I. Teil. Wittenberg 1890.

**Patuschka, A.**, Die Praxis der Fortbildungsschule. Unter Mitwirkung genannter Autoren bearbeitet. Wittenberg 1889.

**Paulick, H.**, Lehrbuch für Fortbildungs-, Fach-, Gewerbe- und Handwerkerschulen und Lehrwerkstätten etc. Band I und II. Dresden 1893.

**Reichenau, E.**, Fortbildungsunterricht im Anschluß an die Volksschule als Mittel der Volkserziehung. Berlin 1869.

**Ressel, G. A.**, Die Fortbildungsschule. Ein Handbuch aller einschlägigen Gesetze, Verordnungen und Erlasse nebst Formularien zur Amtsführung für Genossenschaften, Behörden und Schulleitungen. Wien 1895.

**Satzungen** für die gewerblichen Fortbildungsschulen in München. 3 Hefte. München 1872—76.

**Schell, W.**, Das gewerbliche und ländliche Fortbildungsschulwesen in Preussen. Düsseldorf 1889.

**Schmitt, Harry**, Die kaufmännischen Fortbildungsschulen Berlins. Ihre Entstehung und Entwicklung, sowie die gegenwärtige Organisation der kaufmännischen Fortbildungsschulen Inselstr. 2—5 und Dorotheenstr. 13 u. 14. Berlin 1891.

—, Das kaufmännische Fortbildungswesen Deutschlands; seine gegenwärtige Gestaltung und Ausdehnung. Mit tabellarischer Uebersicht über das gesamte kaufmännische Fortbildungsschulwesen Deutschlands in 7 Tafeln. Berlin 1892.

**Stoerl, H.**, Das Fortbildungsschulwesen im KReich Sachsen in seinen gesetzlichen Bestimmungen. Leipzig 1896.

—, Ein Wort zur Geschichte des Leipziger Fortbildungsschulwesens. Leipzig 1893.

**Versuch** die berlinischen Sonntagsschulen gegen einigen Widerspruch in Schutz zu nehmen. Berlin 1801.

**Werther, W.**, Verordnungen betreffend das Fortbildungsschulwesen in Preussen Leipzig 1890.

**Zimmermann, J. W.**, Ein offenes Wort über Fortbildungsanstalten und kaufmännische Schulen. Leipzig 1868.

———

**Alexander, J. W.**, The American sunday-school and its adjuncts. Philadelphia s. l. (1856).

**Battersen** (Lord), Evening continuation schools.: N. Rev. Nr. 51. London 1893.
**Heller,** Th. E., The new code for evening schools, 1894—1895. London 1894.
—, The new code for evening continuation schools 1896—97. London 1896.
**School Board** for London. Annual report of the special Committee on evening classes. 13 parts. Lon lon 1882—95.
**Scotch code** of regulations for evening continuation schools, with schedule and appendix. London 1893. (Parliam. paper).
**Smith, Sam.,** A plea for continuation schools.: Contemp. Rev., 1891, July. London.

**Buisson, F.,** Education populaire des adultes en Angleterre. Paris 1896.
**L'Education populaire des adultes, en Angleterre.** Paris 1896. (Darin u. a.: Cours du soir. Les institutions polytechniques. — L'éducation sociale de l'ouvrier.)
**Ville de Verviers.** Règlement des écoles d'adultes. Verviers 1868.

**Grosso, A.,** Municipio di Bologna. Relazione sulle scuole serali per gli adulti analfabeti. Bologna 1889. (Bericht über die Bologneser Abendschulen für erwachsene Analphabeten.)

## VI. Die Mittelschulen und höheren Lehranstalten.

Geschichte, Gesetzgebung, Methodik, Statistik und Allgemeines.

(Die Abkürzung (Pr.) in Abteilung VI bedeutet Programmabhandlung.)

### 1. Die Staaten des Deutschen Reichs.

#### a. Deutschland im allgemeinen.

**Baumgarten-Crusius,** D. R. W., Briefe über Erziehung und Bildung in Gelehrtenschulen. Leipzig 1824.
**Baier,** Die Mathematik im Unterrichte der höheren Schulen von der Reformation bis zur Mitte des 18. Jahrhunderts. Krimmitschau 1879. (Pr.)
**Brauns und Theobald,** Statistik der deutschen Gymnasien für das Jahr 1835. Kassel 1835.
**Brons, B.,** Ueber die gemeinsame Erziehung beider Geschlechter an den höheren Schulen. Hamburg 1888.
**Brückner,** T., Wissenschaftliche Vertiefung der Unterrichtsmethode auf dem Gymnasium. Fürstenwalde 1885.
**Christaller, E.,** Ueber unser Gymnasialwesen. Leipzig 1884.
**Conrad, C.,** Die französische Sprache als Unterrichtsgegenstand für Gelehrtenschulen. Berlin 1835. (Gymnasialprogramm.)
**Gemß,** Statistik der Gymnasialabiturienten im Deutschen Reich während der letzten drei Schuljahre. Berlin 1895.
**Grefsler, J.,** Die Mittelschulfrage vom theoretischen und praktischen Standpunkte aus beleuchtet. Hilgenbach 1890.
**Grupp, Rud.,** Die deutschen Didaktiker und die Schulen des XII. und XIII. Jahrhunderts. 2 Teile. Brandenburg a. H. 1888—89.
**Handbuch** der Erziehungs- und Unterrichtslehre für höhere Schulen. In Verbindung mit genannten Autoren herausgegeben von A. Baumeister. 1. Band in 2 Abteilungen. München 1897. (Bd. I, Abt. 1.: Geschichte der Pädagogik mit besonderer Berücksichtigung des höheren Unterrichtswesens von Th. Ziegler (Prof., Straßburg), 27 Bogen. Bd. I. Abt. 2.: Die Einrichtung und Verwaltung des höheren Schulwesens in den Kulturländern von Europa etc. in Verbindung mit zahlreichen Mitarbeitern unter Redaktion des Herausgebers. 57 Bogen.)
**Hartmann, Ed.,** Tagesfragen. Leipzig 1896. (Darin u. a.: Der deutsche Unterricht im Gymnasium.)
**Hasemann, P.,** Die Ueberbürdung der Schüler in den höheren Lehranstalten Deutschlands mit Beziehung auf die Wehrhaftigkeit des deutschen Volkes. Straßburg 1881.
**Heussi, J.,** Die Mathematik als Bildungsmittel. Berlin 1836. (Realschulprogramm.)
v. **Hirschfeld, L.,** Gymnasialunterricht und Fachbildung. Leipzig 1887.

**Hornemann, F.,** Die Zukunft unserer höheren Schulen. Hannover 1887. (Schriften des dtsch. Einheitsschulvereins, Heft 2.)
**Jahresberichte** über das höhere Schulwesen herausgegeben von C. Rethwisch. Jahrgänge I.—XI. für die Jahre 1886—1896. Berlin 1887—1897.
**Juling,** Das Gymnasium mit zehnjährigem Kursus.: Schriften d. deutschen Einheitsschulvereins, Heft 7. Hannover 1890.
—, Taschenbuch der höheren Schulen Deutschlands 1891/92. Leipzig 1692.
**Klumpp, F. W.,** Die gelehrten Schulen nach den Grundsätzen des wahren Humanismus. 2 Teile. Stuttgart 1829—1830.
**Körner, F.,** Die Bedeutung der Realschulen für das moderne Kulturleben. Leipzig 1851.
**Kolb, C.,** Die städtischen Lateinschulen am Ende des Mittelalters. Schwäbisch-Hall 1887.
**Kreyssig, F.,** Ueber Realismus und Realschulwesen. Berlin 1872.
**Kuntzemüller, O.,** Die Ueberfüllung der gelehrten Fächer. Deren Ursachen und Mittel zur Abhilfe. Berlin 1889.
**Lange, Helene,** Entwicklung und Stand des höheren Mädchenschulwesens in Deutschland. Berlin 1893.
**Maerkel, P.,** Herbart und der Religionsunterricht an höheren Lehranstalten. Berlin 1897. (Pr.)
**Meyer, Lothar,** Mathematik und Naturwissenschaften in der Einheitsschule. Hannover 1887. (Schriften des deutschen Einheitsschulvereins, Heft 1.)
**Mützell, J.,** Pädagogische Skizzen, die Reform der deutschen höheren Schulen betreffend. Berlin 1850.
**Mushacke,** Statistisches Jahrbuch der höheren Schulen und heilpädagogischen Anstalten Deutschlands, Luxemburgs und der Schweiz. 46 Jahrgänge. Leipzig 1854—1897. (Die neue Folge beginnt mit dem Jahr 1890, die erste Folge führt den Titel Mushackes Schulkalender.)
**Nagel, Chr. H.,** Die Idee der Realschule mit Berücksichtigung der Thierschen Schrift: „Ueber den gegenwärtigen Zustand des öffentlichen Unterrichts in den westlichen Staaten von Deutschland" Ulm 1840.
—, Reiseerfahrungen über den gegenwärtigen Zustand des Realschulwesens in Deutschland. Ulm 1844.
**Pachtler, G. M.,** Die Reform unserer Gymnasien. Paderborn 1883.
**Paulsen, Fr.** Geschichte des gelehrten Unterrichts auf den deutschen Schulen und Universitäten vom Ausgang des Mittelalters bis zur Gegenwart. Mit besonderer Rücksicht auf den klassischen Unterricht. 2. Aufl. 2 Bde. Leipzig 1896.
**Perthes, O.,** Die Mitschuld unseres höheren Schulwesens an der Ueberfüllung in den gelehrten Ständen. Gotha 1889.
**Petersdorff, R.,** Die wichtigsten Punkte der Methodik im gymnasialen Unterricht. 1. Teil. Leipzig 1892.
**Pietzker, F. und P. Treutlein,** Der Zudrang zu den gelehrten Berufsarten, seine Ursachen und etwaigen Heilmittel. Braunschweig 1889. (Zwei vom „Allgemeinen Deutschen Realschulmännerverein" preisgekrönte Arbeiten.)
**Rethwisch, C.,** Deutschlands höheres Schulwesen im XIX. Jahrhundert. Geschichtlicher Ueberblick im Auftrage des k. preufsischen Ministeriums der geistlichen, Unterrichts- und Medizinalangelegenheiten. Berlin 1893.
**Ribbeck, A. F.,** Ueber die den Gymnasien geziemende Stellung zu den verschiedenartigen Anforderungen der Zeit. Berlin 1829. (Pr.)
**Schimmelpfeng,** Die gruppierende Unterrichtsmethode. Marburg 1865. (Pr.)
**Schlemm, O.,** Ueber gymnasiale Erziehung. Chemnitz 1883.
**Schneider, L.,** Auch eine Gymnasialreform. Ein Beitrag zur deutschen Kulturgeschichte. Neu-Ruppin 1877.
**Schriften** des deutschen Einheitsschulvereins. Hefte 1—7. Hannover 1887—1890 (soweit als erschienen).
**v. Soden, A.,** Die Einflüsse unseres Gymnasiums auf die Jugendbildung. 2. Aufl. Tübingen 1884.

**Steinmeyer,** Betrachtungen über unser klassisches Schulwesen. 2. Ausg. Kreuzburg 1882.
—, Halbbildung und Gymnasium. Grünberg 1886.
v. **Treitschke,** H., Deutsche Kämpfe. N. Folge. Leipzig 1896. (Darin u. a.: Die Reproduktionen aus den „Preufsischen Jahrbüchern": Einige Bemerkungen über unser Gymnasialwesen. — Die Zukunft des deutschen Gymnasiums.)
**Uhlig,** O., Die Einheitsschule mit lateinlosem Unterbau. Heidelberg 1892.
**Vieweger,** L., Das Einheitsgymnasium als psychologisches Problem behandelt. Danzig 1887.
—, Die einheitliche höhere deutsche Unterrichtsanstalt. Kleve 1877.
**Wendt,** G., Die Gymnasien und die öffentliche Meinung. 2. Aufl. Karlsruhe 1883.

**Blum,** E., Aperçu général sur l'enseignement secondaire des jeunes filles en Allemagne. Paris 1899.
**Hegener,** Th., L'enseignement secondaire en Allemagne.: Rev. soc. et pol. I^re année. Brüssel 1891.
**Minssen,** J. F., Etude sur l'instruction secondaire et supérieure en Allemagne. Paris 1866.

### b. Baden.

**Festschrift** zur 300jähr. Jubelfeier des grofsherzoglichen Gymnasiums in Karlsruhe. Karlsruhe 1886. (Darin: Wendt, Ueberblick der Geschichte des Gymnasiums.)
**Festschrift** zu der am 24. und 25. Oktober 1896 stattfindenden 350jährigen Jubelfeier des grofsherz. Gymnasiums in Heidelberg. Heidelberg 1896.
**Frühe,** Ein Rückblick auf die ersten 25 Jahre (1870—95) des Gymnasiums und Realprogymnasiums in Baden. Baden-Baden 1895. (Pr.)
**Funck,** H., Die alte badische Fürstenschule und August Böckh. Karlsruhe 1881. (Pr.)
**Geschichte des grofsherz. Lyceums** zu Heidelberg von 1808 bis 1858. Heidelberg 1859. (Enthalten im Jahresbericht über das Lyceum, 1858/59.)
**Goll,** H., Der Humanismus in Realschulen auf Grund der vollständigen Ausbildung in lebenden Sprachen gegenüber dem gymnasialen Lateinunterricht. Karlsruhe 1886.
**Häufser,** L., Die Anfänge der klassischen Studien zu Heidelberg. Heidelberg 1844.
**Hautz,** J. F., Geschichte der Neckarschule in Heidelberg von ihrem Ursprunge im 12. Jahrh. bis zu ihrer Aufhebung im Anfang des 19. Jahrh. Heidelberg 1849.
**Höhere Bürgerschule** zu Heidelberg. Jahresberichte I ff. Heidelberg 1836 ff.
**Hoffmann,** F. A., Beiträge zur Geschichte des Lyceums in Konstanz. I. Abteilung Stiftung der Anstalt durch die Gesellschaft Jesu. Konstanz 1859.
**Höhler,** W., Geschichte des Realprogymnasiums zu Ettenheim 1891. (Festschrift zur Feier des 50jähr. Bestehens.)
—, Die Lateinschule zu Mahlberg 1504—1850. Ettenheim 1892. (Pr.)
**Jahresberichte** des Realgymnasiums und der höheren Bürgerschule in Karlsruhe. Heft 1 ff. Karlsruhe 1867 ff.
**Lehrplan** für eine sechsklassige höhere Bürgerschule ohne Lateinunterricht. Heidelberg 1873.
**Pfaff,** K., Zur Geschichte des Heidelberger Gymnasiums. Heidelberg 1893.
—, Zwei Schulreden und das Verzeichnis der Abiturienten des Heidelberger Gymnasiums aus den Jahren 1844—1893 mit biographischen und bibliographischen Bemerkungen. Heidelberg 1893. (Pr.)
**Programme** des grofsherz. Gymnasiums zu Karlsruhe. Heft 1 ff. Karlsruhe 1875 ff.
**(Schorm),** Zur Geschichte und Statistik des grofsh. Gymnasiums zu Bruchsal. Vom Jahre 1803 bis auf die neueren Zeiten. Karlsruhe 1860.
**Tritscheler,** E. E., Die Realschule in Karlsruhe (früher höhere Bürgerschule) von 1863—1888. (Festschrift.) (Pr.)
**Weber,** G., Der Geschichtsunterricht in Mittelschulen. Heidelberg 1864.

**Wendt, G**., Beitrag zur Geschichte der badischen Gymnasien seit vierzig Jahren. Karlsruhe 1892. (Pr.)

—, S., Zum Lehrplan des Gymnasiums. Karlsruhe 1877.

**Zandt, E.**, Die Anforderungen der modernen Schulgesetzgebung an die Leistungen des Gymnasialunterrichts. Karlsruhe 1876.

**Jahresberichte** der städtischen höheren Mädchenschule zu Karlsruhe. Bericht 1 ff. Karlsruhe 1877 ff.

**Programme** der städtischen höheren Töchterschule in Karlsruhe. Heft 1 ff. Karlsruhe 1835—77.

### c. Bayern.

**Bauer, W.**, Zur Reform der bayerischen Gymnasien. München 1869.

**Beier**, Geschichte des Realgymnasiums zu Landeshut. Festschrift. Landeshut 1887. (Pr.)

**Bischoff, A.**, Ueber bayerisches Gymnasialwesen. 2 Hefte. Landau 1884.

**Braun, C.**, Die ersten 25 Jahre des Seminars für junge Adelige gegründet von Jul. Echter, Fürstbischof von Würzburg (1607—1632). Würzburg 1889.

**Darstellung** der unrechtmäfsigen Ausschliefsung augsburgischer Patrizier- und Bürgersöhne von dem dortigen hohen Domstifte. Frankfurt a/M. u. Leipzig 1789.

**Entwurf** einer Ordnung der gelehrten Mittelschulen (Studienanstalten) in Bayern, auf Grund der Beschlüsse der am 30. Oktober 1869 im k. Staatsministerium des Innern für Kirchen- und Schulangelegenheiten zusammen getretenen Beratungskommission. München 1870.

**Faltermayer, H.**, Geschichte des Studienwesens in Burghausen mit Rücksicht auf die Gesamtentwicklung des Mittelschulwesens in Bayern, von der Mitte des 16. Jahrhunderts bis zur Gegenwart. Burghausen 1892. (Pr.)

**Firnstein, J.**, Reorganisation der bayerischen Gymnasien. Regensburg 1866.

**Fries, K.**, Geschichte der Studienanstalt in Bayreuth. Bayreuth 1864.

**Gebrechen** und Heilung der humanistischen Gymnasien mit besonderer Rücksicht auf Bayern. Gedanken von zwei Philologen. München 1872.

**Griefsbach, Joh.**, Die geschichtliche Entwicklung des altklassischen und deutschen Unterrichts an den Gymnasien im KReich Bayern. Hof 1892. (Pr.)

**Gymnasialwesen**, das bayerische, einst und jetzt. Eine Erinnerung an Döderlein. Erlangen 1869.

**Hohn, K. R.**, Die Studienanstalten im Königreiche Bayern. Bamberg 1819.

**Kelper, Ph.**, Neue urkundliche Beiträge zur Geschichte des gelehrten Schulwesens im früheren Herzogtum Zweibrücken, insbesondere des Zweibrücker Gymnasiums. Teil I—II. Zweibrücken 1892—1893.

**Keller, G. J.**, Die Gründung des Gymnasiums zu Würzburg durch den Fürstbischof Friedrich v. Wirsberg. Würzburg 1880.

**Kilian, B.**, Chronik der k. Studienanstalt zu Bamberg. Bamberg 1879. (Pr.)

**Reiser, K.**, Statistisches Jahrbuch der humanistischen und technischen Mittelschulen des KReichs Bayern. Jahrgang I und 2 Abteilungen. Bamberg 1891.

**Roth, C. L.**, Das Gymnasialschulwesen in Bayern 1542—43. Stuttgart 1845.

**Schiller, L.**, Das Carolo-Alexandrinum. I.—III. Beitrag zur Geschichte der Schule. Ansbach 1877—1880. (Pr.)

**Sickenberger, A.**, Die k. Luitpold-Kreisrealschule. Nach Mitteilungen der Bauleitung und der Fachlehrer zusammengestellt. München 1892. Mit 10 Tafeln, nebst Plänen u. Abbildgn. (Pr.)

**Sörgel, J.**, Die gegenwärtige Gymnasialbildung mit besonderer Berücksichtigung des bayerischen Gymnasialwesens. Nördlingen 1872.

**Taschenbuch**, neues, für Lehrer an höheren Unterrichtsanstalten auf die Schuljahre 1889/90—1896/97, hrsg. von K Reisert. Jahrg. I—VIII. München 1889—96. Mit der Beilage: Personalstatus der Gymnasien, Progymnasien, Lateinschulen, Industrieschulen und Realschulen im KReich Bayern nach dem Stande vom 1. Sept. 1889 bis 1 Sept. 1896. 8 Hefte.

**Völcker, V.**, Geschichte der Studienanstalt Schweinfurt. I. Teil: Geschichte der alten Lateinischen Schule. Schweinfurt 1892.

**Wagner, G.**, Geschichtliche Uebersicht der Studienanstalten in Bayern. Stadtamhof 1839. (Pr.)

**Muggenthaler, L.**, Der Schulorden der Salesianerinnen in Bayern von 1667 bis 1631. Ein Beitrag zur Geschichte des höheren weiblichen Unterrichts- und Erziehungswesens. Bamberg 1895.

**Satzungen** für die städtische höhere Töchterschule in München. 2 Hefte. München 1875.

**Städtische höhere Töchterschule, die**, in München. München 1886. (Mitteilgn. des statist. Bureaus der Stadt München, Bd. VIII, Heft 2)

### d. Braunschweig.

**Hille, W.**, Geschichte des Gymnasiums zu Wolfenbüttel. I. Teil (bis 1643). Wolfenbüttel 1874.

**Koldewey, Fr.**, Die Verfassung der Realschule im hochfürstl. großen Waisenhause zu Braunschweig. Braunschweig 1886. (Pr.)

### e. Elsafs-Lothringen.

**Restauratione, de, et reformatione gymnasii Argentoratensis.** Argentorati (Strafsburg) 1634.

**Engel, K.**, Das Schulwesen in Strafsburg vor der Gründung des protestantischen Gymnasiums 1538. Strafsburg i. E. 1886. (Pr.)

**Gesetze**, Verordnungen und Verfügungen betreffend das höhere Unterrichtswesen in Elsafs-Lothringen. Amtliche Ausgabe. Strafsburg 1878.

**Heitz, E.**, Das Gymnasialwesen in Elsafs-Lothringen. s. l. n. d. (ca. 1873.)

**Kromayer**, Kurzer Bericht über die Entwicklung des Gymnasiums zu Weifsenburg in dem Dezennium 1871-1882. Weifsenburg i. E. 1882. (Pr.)

—, Das Gymnasium zu Weifsenburg im zweiten Jahrzehnte seines Bestehens, mit besonderer Berücksichtigung der Entwicklung des gesamten Gymnasialwesens in Elsafs-Lothringen. Weifsenburg i. E. 1892. (Pr.)

**Ludwig**, Die städtische Realschule in ihrem Verhältnis zu den übrigen städtischen Unterrichtsanstalten. Strafsburg 1876. (Pr.)

**Pfeiffer, E.**, Geschichtliche Entwicklung des höheren Schulwesens der Stadt Metz. Metz 1880. (Pr.)

**Schnéegans, A.**, Das höhere Schulwesen in Elsafs-Lothringen. L'instruction secondaire en Alsace-Lorraine. Strasbourg 1878.

**Veil, H.**, Das protestantische Gymnasium zu Strafsburg in den Jahren 1538—1888. Strafsburg 1888. (Festschrift.) (Pr.)

**Verwaltung**, die, des höheren Unterrichts in Elsafs-Lothringen von 1871 bis Ende 1878. Strafsburg 1879.

**Vorschriften**, allgemeine, für die höheren Schulen in Elsafs-Lothringen vom 20. Juni 1883. Strafsburg 1883.

**Boegner, Ch. H.**, Relation de la 3e fête séculaire du gymnase protestant de Strasbourg. Strasb. 1838.

**Engel, C.**, Le progymnase de Bischwiller, histoire d'une école libre. Strasbourg 1875.

**Froehly, L.** (abbé), La discipline dans les écoles d'autrefois. Discours prononcé au collège libre du Haut-Rhin. Montbéliard 1879.

**Liblin, J.**, L'ancien gymnase de Colmar. Colmar s. d.

**Schnéegans, A.**, Le 10 août 1865. Souvenir de l'inauguration du nouveau gymnase protest. de Strasbourg. Strasb. 1865.

**Strobel, A. W.**, Histoire du gymnase protestant de Strasbourg. Strasb. 1838.

### f. Hessen.

**Aufsicht**, die, über das öffentliche gelehrte Schulwesen und das Verhalten der Lehrer an den betreffenden Anstalten im Grbzt. Hessen. Darmstadt 1847.

Becker, A., Beiträge zur Geschichte der Frei- und Reichsstadt Worms und der seit 1527 errichteten höheren Schulen. Worms 1880.
Bender, F., Festalbum. Erinnerungsblätter an die Jubiläumsfeier des Gymnasiums zu Büdingen. Büdingen 1872.
Dieffenbach, Ph, Nachricht über die Augustinerschule zu Friedberg. Giefsen 1825. (Mit Verzeichnis der Lehrer 1524–1784.)
Dinges, H., Geschichte des Bensheimer Gymnasiums nach den Urkunden dargestellt. Bensheim 1887.
Einführung, die, der Stenographie als fakultativen Unterrichtsgegenstand in die höheren Lehranstalten Hessens. Giefsen 1862.
Germann, K., Geschichte der Realschule und des Realgymnasiums zu Alzey. 2 Teile. Teil I: 1841–1866; Teil II: 1866–1891. Alzey 1891–92. (Festschrift.) [Pr.]
Glaser, E, Die Realschule von Giefsen und ihre Reorganisation. Giefsen 1875.
Krämer, Rückblick auf die Geschichte des grofsh. Gymnasiums zu Büdingen während seines 50jährigen Bestandes. Büdingen 1872.
Nodnagel, Geschichte des Realgymnasiums und der Realschule zu Giefsen. Giefsen 1897. (Pr.)
Schulordnung für das grofsh. hessische akademische Pädagogium in Giefsen. Giefsen 1812.
Stein, Die Realschule. Giefsen 1876.
Thudichum, G., Geschichte des Gymnasiums zu Büdingen. Büdingen 1832.
Uhrig, W., Geschichte des grofsherz. Gymnasiums zu Darmstadt. Darmstadt 1879.
Wenck, H. B., Nachricht von der gegenwärtigen Einrichtung des fürstl. Pädagogs zu Darmstadt. Darmstadt 1774.

Lehrverfassung der höheren Mädchenschule zu Darmstadt. Darmstadt 1877.
Vortrag des grofsherz. Bürgermeisters an die Stadtverordnetenversammlung betreffend Aufhebung der Mittelschulen für Mädchen und Freistellen für Kinder armer Eltern an den Mittelschulen. Darmstadt 1876.

### g. Preufsen.
#### g¹. Allgemeines.

Alexi, C., Das höhere Unterrichtswesen in Preufsen. Gütersloh 1877.
Arnold, A., Die höheren Unterrichtsanstalten nach den Anforderungen der Gegenwart. Berlin 1829.
Baumeister, A., Die Organisation des höheren Unterrichts im Königreich Preufsen. München 1897.
Beleuchtung der Parität in Preufsen auf dem Gebiete des hohen und mittleren Unterrichts. Freiburg 1862.
Bemerkungen zur Realschulfrage. Von einem Mitgliede des Abgeordnetenhauses: Berlin 1877.
Blätter für höheres Schulwesen. Organ für die Interessen der höheren Schule und des höheren Lehrstandes (in Preufsen). Herausgegeben von Fr. Alby und Steinmeyer, gegenwärtig von Steinmeyer allein. Jahrg. I–XIII. Grünberg und (seit 1893) Leipzig 1884–1896.
Blume, W. H., Ueber die Verbindung einer höheren Realschule mit dem Gymnasium. Potsdam 1835.
Cauer, P., Suum cuique. Fünf Aufsätze zur Reform des höheren Schulwesens. Kiel 1889.
Conradt, C, Dilettantentum, Lehrerschaft und Verwaltung in unserem höheren Schulwesen. Wiesbaden 1890.
Denkschrift betreffend die Frage der Ueberbürdung der Jugend in den höheren Schulen. Berlin 1883.
Dirichlet, C. Lejeune, Paul Güfsfeldt und das humanistische Gymnasium. Königsberg i. Pr. 1890.

**Erhard, J. B.**, Ueber die Einrichtung und den Zweck der höheren Lehranstalten. Breslau 1802.

**Erler, V.**, Die Direktorenkonferenzen des preufsischen Staates. Sämtliche auf ihnen gepflogene Verhandlungen. Berlin 1876. Als Nachtrag dazu: Die Direktorenkonferenzen der preufsischen höheren Lehranstalten in den Jahren 1876 und 1877. Ebd. 1878.

**Fechner, H.**, Gelehrsamkeit oder Bildung? Versuch einer Lösung der Gymnasiums- und Realschulfrage. Breslau 1879.

**Fischer, H.**, Die Reform der höheren Schulen. Greifswald 1876.

**Frankfurter, S.**, Die Mittelschulreform in Preufsen und das österreichische Mittelschulwesen. Mit einer vergleichenden Zusammenstellung der Lehrpläne und tabellarischen Übersicht der Stundenpläne. Wien 1893.

**Frequenzübersicht** über die höheren Lehranstalten im Sommersemester 1882, als Beilage zu der Karte über Verteilung der höheren Lehranstalten im KReich Preufsen. Berlin 1882.

**v. Gofsler, G.** (Minister der geistlichen, Unterrichts- etc. Angelegenheiten). Ansprachen und Reden. Berlin 1890. (Darin u. a.: Die Reform des höheren Unterrichtswesens.)

**Friedländer K.**, Die Zulassung der Realschulabiturienten zum Studium der Medizin im Anschluss an das Votum der Kommission zur Begutachtung der ärztlichen Prüfungsvorschriften beleuchtet. Hamburg 1878.

**Griesbach, H.**, Nochmals Gymnasium und Realschule. Berlin 1879.

**Grundsätze**, über die ersten, der Methodik für die Lehrobjekte eines Gymnasiums. 3 Hefte. Berlin 1810—1816.

**Gutachten**, akademische, über die Zulassung von Realschulabiturienten zu Fakultätsstudien. Berlin 1870. — Streiflichter auf die akademischen Gutachten über die Zulassung etc. Von einem Realschullehrer. Ebd. 1870.

**Gymnasium**, das preufsische, und der Sozialismus.: Chr.-soz. Bl., Jahrg. XXX. Neufs 1897.

**v. Hammerstein, L.** (Priester der Gesellschaft Jesu), Das preufsische Schulmonopol mit besonderer Rücksicht auf die Gymnasien. Freiburg i. Br. 1893.

**Höhere Schulen**, die, und das bevorstehende Unterrichtsgesetz in Preufsen. Von einem Gymnasiallehrer. 2. Ausg. Leipzig 1878.

**Holzapfel**, Ueber Wesen und Aufgabe der heutigen Realschule. Magdeburg 1869.

**Jäger, O**, Das humanistische Gymnasium und die Petition um durchgreifende Schulreform. Wiesbaden 1889.

**Kalisch**, Ueber das Lateinische in der Realschule. Berlin 1840. (Pr.)

**Kekulé, A.**, Die Prinzipien des höheren Unterrichts und die Reform der Gymnasien. Bonn 1879.

**Kratz, H.**, Die Berechtigungen der höheren Schulen in Preufsen zur Vorbildung für weitere Studien und die öffentlichen Dienstzweige. Neuwied 1892.

**Kunze. K.**, Kalender für das höhere Schulwesen Preufsens. Schuljahr 1896/97. 2 Teile. Breslau 1896.

**de Lagarde, P.**, Ueber die von Herrn Paul Güfsfeldt vorgeschlagene Reorganisation unserer Gymnasien. Göttingen 1890.

**Loof, F. W.**, Beleuchtung der Unterrichts- und Prüfungsordnung der [preufsischen Real- und höheren Bürgerschulen vom 6. X. 1859. Leipzig 1861.

**Matthias, A.**, Die Bedeutung der höheren Bürgerschule für unsere Volksbildung und für unser höheres Schulwesen. Minden i. W. 1889.

**Mechovius, G.**, Hermathene, hoc est Mercurii ac Palladis simulacrum, de recta institutione juventutis scholasticae. Francof. 1673.

**Mehring, D. G. G.**, Der Geist der Schule oder wie wird einzig ein kräftiges Volk gebildet? Nebst Entwurf einer höheren Bürgerschule und Gymnasiums. Berlin 1816.

**Mettenheimer, C.**, Die Zulassung der Realschulabiturienten und ihre mutmafsliche Bedeutung für den ärztlichen Stand. Ludwigslust 1879.

**Mitteilungen**, statistische, über das höhere Unterrichtswesen im KReich Preufsen für die Jahre 1884—1890. Berlin 1895—1897. (A. u. d. T.: Ergänzungshefte 1-XIII zum Centralblatt für die gesamte Unterrichtsverwaltung in Preufsen.)

Münoh, W., Vermischte Aufsätze über Unterrichtsziele und Unterrichtskunst an höheren Schulen. Berlin 1895.

Neigebaur, J. F., Die preufsischen Gymnasien und die höheren Bürgerschulen. Eine Zusammenstellung der Verordnungen. Berlin 1835.

Nohl, Cl., Der gemeinsame lateinlose Unterbau und die Schulkonferenz vom Dezember 1890. Neuwied 1891.

Notwendigkeit, über die, der Entfernung des Unterrichts im Lateinischen aus dem Lehrplan der Real- und höheren Bürgerschulen. Von einem Reallehrer. Neuwied 1870.

Olok, F., Die neuesten Ansichten über die Ziele des höheren Unterrichts. Vortrag. Königsberg i. Pr. 1878.

Ordnung der Reifeprüfungen an den höheren Schulen und Ordnung der Abschlufsprüfungen nach dem sechsten Jahrgange der neunstufigen höheren Schulen nebst Erläuterungen und Ausführungsbestimmungen. Berlin 1891.

Paulsen, Fr., Das Realgymnasium und die humanistische Bildung. Berlin 1889.

Pilger, R., Ueber das Verbindungswesen auf norddeutschen Gymnasien. Berlin 1880.

Reglement für die Prüfungen der Kandidaten des höheren Schulamts pro facultate docendi etc. etc. Berlin 1868.

Reimnitz, Ueber die Verbindung höherer Bürgerschulen mit den Gymnasien. Krossen 1834.

Rethwisch, C., Der Staatsminister Freiherr von Zedlitz und Preufsens höheres Schulwesen im Zeitalter Friedrichs des Grofsen. 2. Ausgabe. Berlin 1886.

Richter, G., Das höhere bürgerliche Schulwesen in seiner geschichtlichen Entwicklung.: Schriften des deutschen Einheitsschulvereins, Heft 5. Hannover 1889.

v. Richthofen, E., Zur Gymnasialreform in Preufsen. Magdeburg 1887.

Salomon, E., Die medizinische Gesellschaft in Berlin und die Realschulen erster Ordnung. Bromberg 1879.

Scheibert, C. G., Das Gymnasium und die höhere Bürgerschule. 2 Teile. Berlin 1836.

Schmeding, Die Bedenken Sr. Exzellenz des Herrn Ministers von Gofsler gegen die Aufhebung des Gymnasialmonopols. Braunschweig 1890.

Schmieder, C. C., Ueber die Einrichtung höherer Bürgerschulen. Halle 1809.

Schöler, G., Protreptikon oder Andeutungen zur Würdigung und Betreibung der Gymnasialstudien. Danzig 1813.

Schrader, W., Die Verfassung der höheren Schulen. Pädagogische Bedenken. 3. Aufl. Berlin 1889.

Schwartz, W. F. L., Der Organismus der Gymnasien in seiner praktischen Gestaltung. Berlin 1878.

Sechs Artikel wider die Unterrichts- und Prüfungsordnung der Realschule vom 6. X. 1859. Von einem preufsischen Schulmann. 2. Aufl. Danzig 1861.

Spilleke, A., Gesammelte Schulschriften. Berlin 1825.

—, Ueber das Wesen der Gelehrtenschule etc. Berlin 1821.

Steinbart, Q., „Unsere Abiturienten", ein Beitrag zur Klärung der Realschulfrage im Auftrage des Vorstandes des allgemeinen deutschen Realschulmännervereins veröffentlicht. Berlin 1878.

Thomaschky, P., Zur geschichtlichen Entwicklung des Realschulwesens. Berlin 1894.

Ueberbürdung, die, der Gymnasiasten. Ein Wort an die Eltern unserer Schüler. Von einem preufsischen Gymnasialdirektor. Gütersloh 1879.

Varrentrapp, B., Johannes Schulze und das höhere preufsische Unterrichtswesen in seiner Zeit. Leipzig 1889.

Verhandlungen der Direktorenversammlungen in den Provinzen des Königreichs Preufsen seit dem Jahre 1879. Band I—XLVIII. Berlin 1879—1895.

Verhandlungen über Fragen des höheren Unterrichts, Berlin, 4. bis 17. Dezember 1890. Berlin 1891. (Veröffentlichung im Auftrage des Ministers der geistlichen, Unterrichts- und Medizinalangelegenheiten.)

**Verhandlungen** über die Reorganisation der höheren Schulen. Berlin, 16. IV. bis 14. V. 1849.

**Vieweger, C.**, Das Einheitsgymnasium als psychologisches Problem behandelt, zugleich eine Lösung der Überbürdungsfrage auf psychologischer Grundlage. Danzig 1887.

**Völcker, G.**, Die Reform des höheren Schulwesens auf Grund der Ostendorfschen These: Der fremdsprachliche Unterricht ist mit dem Französischen zu beginnen. Berlin 1887.

**Weidmannscher Kalender** für die höheren Lehranstalten Preufsens. Jahrg. I – VII bezw. Schuljahr 1889/90 – 1895/96. à 2 Teile. Berlin. 16.

**Wenzlaff**, Zur Verständigung über das Realschulwesen. Berlin 1856. (Pr.)

**Wernicke, A.**, Kultur und Schule. Präliminarien zu einem Schulfrieden im Anschlufs an die preufsische Neuordnung vom 1. April 1892. Osterwieck a. H. 1896.

**Wiese, L.**, Sammlung der Verordnungen und Gesetze für die höheren Schulen in Preufsen. 3. Ausgabe, bearbeitet und bis zum Anfang des Jahres 1886 fortgeführt von O. Kübler. Abteilung I.: Die Schule. Abteil. II.: Das Lehramt und die Lehrer. Berlin 1880 – 1886.

—, Das höhere Schulwesen in Preufsen. Historisch-statistische Darstellung. 3 Bde. Berlin 1864 – 1873.

—, August Gottlob Spilleke nach seinem Leben und seiner Wirksamkeit dargestellt. Berlin 1842.

**Cousin**, Etat de l'instruction secondaire dans le royaume de Prusse pendant l'année 1831. Paris 1834.

**De l'instruction secondaire** en Prusse, enseignement classique et intermédiaire d'après les documents les plus récents. Paris 1868.

### g¹. Die einzelnen Provinzen.

#### Provinz Brandenburg.

**Bandow, K.**, Zur Geschichte der Luisenstädtischen Oberrealschule (Gewerbeschule) während der ersten 25 Jahre ihres Bestehens. Berlin 1890. (Pr.)

**Bellermann, J. J.**, Das graue Kloster in Berlin. Stück 1–4. Berlin 1823–1826.

—, Rückblick auf die letzten 25 Jahre des grauen Klosters zu Berlin. Berlin 1828.

**Berbig, F.**, Urkunden der lateinischen Schule zu Krossen. Krossen 1889.

**Grosser, R.**, Statistischer Rückblick auf das 1. Decennium des Gymnasiums zu Wittstock. Wittstock 1879. (Pr.)

**Heydenhan, J. F.**, Nachricht von den obersten Lehrern, die seit der Reformation die Jugend in der hiesigen Stadtschule unterrichtet haben. Küstrin 1758.

**Instruktion** für die Direktoren und die Lehrer und Ordinarien an den höheren Unterrichtsanstalten der Provinz Brandenburg. Amtlich. 2 Hefte. Berlin 1865.

**Joachimsthalsches Gymnasium**. Einige nähere Nachrichten von der Gründung, früheren Einrichtung und den Schicksalen des Gymnasiums bis zu seiner Vernichtung und Wiederherstellung. Berlin 1825.

**Kern, H.**, Beiträge zur Geschichte des k. Friedrich-Wilhelms-Gymnasiums. Berlin 1889. (Pr.)

**Klöden, K. F.**, Die Geschichte des kölnischen Gymnasiums während seiner Vereinigung mit dem berlinischen Gymnasium. Berlin 1826.

—, und V. H. **Schmidt**, Die ältere Geschichte des kölnischen Gymnasiums. Berlin 1825.

**Köpke, F. C.**, Geschichte der Bibliothek des k. Joachimsthalschen Gymnasiums. Berlin 1831.

**Krüger**, Abrifs der Geschichte des k. Friedrich-Wilhelms-Gymnasiums zu Neu-Ruppin. Neu-Ruppin 1837. (Pr.)

**Kusch, E.**, C. G. J. Jacobi und Helmholtz auf dem Gymnasium. Beitrag zur Geschichte des Victoria-Gymnasiums zu Potsdam. Leipzig 1896.

**Schulordnung** des Friedrichs-Gymnasiums. Berlin 1812.

**Schultz,** F., Der Gedenktag des 25jährigen Bestehens des Gymnasiums in Charlottenburg. Charlottenburg 1895. (Pr.)
**Schulz,** J. H., Die k. Realschule zu Berlin. Eine historische Skizze. Essen 1842.
**Schwalbe,** L., Das fünfzigjährige Bestehen des Dorotheenstädtischen Realgymnasiums zu Berlin als städtische höhere Lehranstalt. Berlin 1887. (Pr.)
**Simon,** O., Abriss der Geschichte der k. Realschule (in Berlin). Teil I: 1747—1814. Berlin 1897. (Beilage zum Osterprogramm des k. Realgymnasiums.)
**Tschiersch,** O., Zur Geschichte des Küstriner Gymnasiums. Küstrin 1893. (Pr.)
**Tschirch,** O., Die Stiftung und die erste Blütezeit der Salderischen Schule (städt. ev. v. Salderasches Realgymnasium). Brandenburg a. H. 1889. (Pr.)
**Uebersicht,** kurze, der Geschichte des k. Joachimsthalschen Gymnasiums. Berlin 1821.
**Verfassung** und Einrichtung der Ritterakademie zu Brandenburg. Brandenburg 1857.
**Weineck,** F., Zur Geschichte des Realprogymnasiums zu Lübben. Festschrift. Lübben 1887. (Pr.)
**Zachau,** H., Die Entwicklung des höheren Schulwesens der Stadt Schwedt. Schwedt a. O. 1889. (Pr.)

### Provinz Hannover.

**Babucke,** H., Geschichte des Progymnasiums (Ulrichsschule) in Norden. Emden 1877.
**Fischer,** O., Zur Geschichte des k. Realgymnasiums zu Osnabrück während der 25 Jahre seines Bestehens. Osnabrück 1893. (Pr.)
**Hampke,** H., Bericht über das 300jährige Jubiläum des Gymnasiums zu Göttingen (gegr. August 1586). Göttingen 1887. (Pr.)
**Heynacher,** Max, Festschrift zu der 250jährigen Stiftungsfeier des k. Gymnasiums zu Aurich am 17. Sept. 1896. Aurich 1897.
**Iber,** H., Geschichte des Gymnasium Carolinum. 3 Teile. Osnabrück 1889—91.
**Kriegk,** G. Nic., Constitutio rei-scholasticae Ilfeldensis, complectens lectionum, legum, disciplinae atque emendationis rationem, cui inserta commentatio parergica de ratione studiorum humaniorum. Nortbusae 1710.
**Kühlewein,** H., Mitteilungen zur ältesten Geschichte der Klosterschule. Ilfeld 1886. (Pr.)
**Kükelhan,** L, Beiträge zur Geschichte des k. Realprogymnasiums zu Otterndorf. Otterndorf 1892. (Pr.)
**Leimbach,** K. L., Album der Schüler der ersten und zweiten Klasse des Progymnasiums (von 1840—1865), der Realschule I. Ordn. (1868—1853), des Realgymnasiums (seit 1883) und des Gymnasiums (seit 1884) [zu Goslar.] Mit biographischen Skizzen. Goslar 1888.
**Mängel** des höheren Unterrichtswesens, besonders im Kfreich Hannover. Vorschläge und Wünsche zur ernsten Prüfung empfohlen (von Kalokagathophilos.) Hamburg 1828.
**Nachricht** von der neuen Einrichtung der Ritterakademie zu Lüneburg. Lüneburg 1821.
**Overholthaus,** G., Rückblick auf die 25jähr. Geschichte des Realgymnasiums zu Papenburg. Papenburg 1895. (Pr.)
**Pannenberg,** A., Zur Geschichte des Göttinger Gymnasiums. Göttingen 1886. (Pr.)
**Reibstein,** Ad., Zur Geschichte des Stader Gymnasiums. Denkschrift zu der vor 300 Jahren erfolgten Neugestaltung der Schule. Stade 1889. (Pr.)
**Reinecke,** H., Die allgemeinen Bestimmungen vom 15. Oktober 1872 und die Mittelschule der Provinz Hannover. Hannover 1873.
**Winter,** R., Die Entwicklung der höheren Lehranstalt (jetz. städt. Realgymnasium) in Quakenbrück. Quakenbrück 1887. (Pr.)

### Provinz Hessen-Nassau.

**Baerwald,** H., Zur Geschichte der Real- und Volksschule der israelitischen Gemeinde. 2 Teile. Frankfurt a. M. 1869—75.
**Bernhardt,** E, Zur Geschichte des Gymnasiums zu Weilburg in den letzten 50 Jahren. Weilburg 1890. (Festschrift.) (Pr.)

Duncker, A., Friedrich Rückert als Professor am Gymnasium zu Hanau. Hanau 1874.
Eiselen, F., Geschichte des deutschen Schulwesens in Frankfurt bis zur Gründung der Musterschule; die ersten Jahre dieser Anstalt selbst und ihre beiden ersten Oberlehrer. Frankfurt a. M. 1880. Mit 4 Plänen.
Groß, Fr. G. K., Zur Statistik des Lyceum Fridericianum für den Zeitraum von 1779 bis 1835. Kassel 1880. (Pr.)
Hartwig, Th., Die Hofschule zu Kassel unter Landgraf Moritz dem Gelehrten. Marburg 1864.
Helfenstein, J., Die Entwicklung des Schulwesens in seiner kulturhistorischen Bedeutung, dargestellt in Bezug auf die Schulverhältnisse von Frankfurt. I. (einz.) Abteilung: Mittelalter und Reformationszeit. Frankf. a. M. 1859.
Hempfing, Chr., Rückblick auf das 25jährige Bestehen des Realprogymnasiums zu Marburg, welchem eine Geschichte der früheren Realschule vorausgeht. Marburg 1892. (Pr.)
Heß, M., Die Bürger- und Realschule der israelitischen Gemeinde zu Frankfurt von ihrer Entstehung 1804 bis zu meinem Abtreten 1855. Frankf. a. M 1857.
Hochhut, Festschrift zur Gedenkfeier des 50jähr. Bestehens des Realgymnasiums zu Wiesbaden Wiesbaden 1895. (Pr.)
(Kühner, C.), Beiträge zur Geschichte der Musterschule in Frankfurt a/M. (städt. simult. Realgymnasium, gegr. April 1803). Frankfurt a. M. 1865. (Pr.)
Mauritii (Landgr. Hassiae) Constitutio de ratione et ordine informationis puerilis in paedagogiis et inferioribus Hassiae scholis. Kassel 1618.
—, Ausschreiben wie es mit der studierenden rittermäßigen Jugend in Künsten und Sprachen etc. gehalten werden soll. Kassel 1618.
Mommsen, T., Zur Geschichte des (Frankfurter) Gymnasiums. I. (einz.) Beitrag. Frankfurt a. M. 1869. Mit Abbild.
Münscher, F., Geschichte des Gymnasiums in Marburg. Marburg 1869.
—, Chronik des Gymnasiums zu Marburg von 1833—1853. Marburg 1853.
Otto, Fr., Geschichte der Friedrichsschule zu Wiesbaden. Wiesbaden 1880. (Pr.)
Paehler, Geschichte des Wiesbadener Pädagogiums. I. Teil. Wiesbaden 1895. (Festschrift.)

Provinz Ostpreußen.

Bernecker, E., Geschichte des k. Gymnasiums zu Lyck. Teil I.: Die Lycker Provinzialschule von ihrer Gründung bis zur Umwandlung in ein humanistisches Gymnasium Königsberg 1887. (Festschrift.)
Buchholz, R., Zur Geschichte des ersten Vierteljahrhunderts der höheren Lehranstalt zu Rössel als eines vollen k. Gymnasiums. Rössel 1892. (Pr.)
Friedersdorff, Fr., Festbericht über die 300jährige Jubelfeier des Gymnasium illustre Tilsense. Tilsit 1897. (Pr.)
Gruchot, Zur Geschichte des Gymnasiums zu Braunsberg während der letzten fünfundzwanzig Jahre. Braunsberg 1891.
Kammer, Bericht über die Feier des 300jährigen Bestehens des Gymnasiums zu Lyck. Lyck 1888. (Pr.)
Knaake, E., Geschichte des k. Realgymnasiums zu Tilsit von 1839—1889. Festschrift. Tilsit 1889.
Möller, R., Geschichte des altstädtischen Gymnasiums. Stück 1—7. Königsberg i. P. 1877.—1881. (Pr.)
Poehlmann, H., Geschichte des k. Gymnasiums zu Tilsit. Tilsit 1886. (Pr.)
Sachse, G., Geschichte der höheren Lehranstalt zu Hohenstein in Ostpreußen während ihres 50jähr. Bestehens. Hohenstein 1895. (Pr.)

Provinz Pommern.

Becker, Joh., Das k. Domgymnasium und Realgymnasium zu Kolberg in seinen ersten fünfzig Jahren. Kolberg 1893. (Festschrift.)
Beyer, Th., Geschichte des k Gymnasiums zu Neustettin während der Jahre 1640—1890. (Festschrift.) Neustettin 1891. (Pr.)

**Beyer, Th.**, Die ältesten Schüler und Gönner des Neustettiner Gymnasiums. Neustettin 1993. (Pr.)
**Brand, A.**, Bericht über das 25jährige Bestehen des Gymnasiums zu Dramburg. Dramburg 1893. (Pr.)
**Fritsche, H.**, Geschichte der Friedrich-Wilhelms-Schule zu Stettin während der ersten 55 Jahre ihres Bestehens 1840—1890. Stettin 1891. (Festschrift.)
**Kaulfuß, J. S**, Kurze Nachricht von dem jetzigen Zustande des Gymnasiums in Neustettin. Köslin 1830.
**Kirchner, C.**, Verfassung und Lehreinrichtung des Stralsunder Gymnasiums. Stralsund 1827.
**Loebe, V.**, Geschichte des k. Pädagogiums Putbus. Putbus 1857.
**Wähdel, H.**, Zur Geschichte des Stralsunder Gymnasiums. Beitrag I—VII. Stralsund 1891. (Pr.)
**Weicker, G.**, Bericht über die 350jährige Jubelfeier am 24. und 25. Sept. 1894 des Marienstiftsgymnasium zu Stettin. Stettin 1895. (Pr.)
**Zober, E.**, Zur Geschichte des Stralsunder Gymnasiums 1560—1569. Stralsund 1830.

### Provinz Posen.

**Beck, J.**, Gründungsgeschichte des Realgymnasiums von Posen. Posen 1895. (Pr.)
**Beckhaus, H.**, Zur Geschichte des k. Gymnasiums zu Ostrowo. Ostrowo 1895. (Festschrift.) [Pr.]
**Leuchtenberger, G.**, Geschichte der höheren Lehranstalt zu Krotoschin während ihres 50jährigen Bestehens. Krotoschin 1857. (Pr.)
**Methner, J.**, Die ersten 25 Jahre des Gymnasiums in Gnesen. Gnesen 1859. (Pr.)

### Rheinprovinz.

**v. Bianco, G. J**, Versuch einer Geschichte der ehemaligen Universität und der Gymnasien der Stadt Köln. Köln 1833.
**Bigge**, Geschichte des katholischen Gymnasiums an der Apostelkirche. Köln 1882.
**Bouterweck, W.**, Geschichte der lateinischen Schule zu Elberfeld. Elberfeld 1866.
**Brockhues, H.**, Zur Geschichte der früheren höheren Schule zu Euskirchen. Euskirchen 1876.
**Buschmann, J.**, Zur Geschichte des Bonner Gymnasiums. 3 Teile. Bonn 1891—94.
**Domine**, Geschichte des Gymnasiums zu Bonn. Bonn 1825.
**Heilermann, H.**, Zur Geschichte des Realgymnasiums und der höheren Bürgerschule zu Essen. Essen 1889. (Festschrift.)
**Heine, W.**, Geschichte des städtischen Realprogymnasiums (höhere Bürgerschule zu Solingen 1841—1891). Solingen 1892. (Pr.)
**Heinekamp, R.**, Die Lateinschule zu Siegburg bis zum Jahre 1855. Siegburg 1888. (Pr.)
**Heinen, Fr.**, Die städtische Realschule I. Ordnung zu Düsseldorf. Düsseldorf 1863.
**Henke, O.**, Chronik des Gymnasiums zu Barmen. 2 Teile. Barmen 1890—91. (Festschrift.)
**Hörling, W.**, Das höhere Schulwesen in M.-Gladbach seit Aufhebung der Abtei. M.-Gladbach 1887. (Pr.)
**Jäger, O.**, Geschichte des k. Friedrich-Wilhelms-Gymnasiums zu Köln, 1525—1875. Köln 1875.
**Jahresberichte** über das k. Gymnasium (Kaiser-Karls-Gymnasium) zu Aachen. Bericht I ff. Aachen 1830—96.
**Keller**, Entstehung und Entwicklung der Realschule I. Ordn. und der damit verbundenen Provinzialgewerbeschule zu Trier. Trier 1882.
**Kleiner, Ad**, Geschichte des Weseler Gymnasiums. Wesel 1882.
**Kniffler, G.**, Das Jesuitengymnasium zu Düsseldorf. Ein Beitrag zur Geschichte des k. Gymnasiums zu Düsseldorf. Düsseldorf 1892. (Pr.)
**Kuhl, J.**, Geschichte des früheren Gymnasiums zu Jülich Zugleich ein Beitrag zur

**Ortsgeschichte.** 3 Bde. I. Die Partikularschule 1571—1664; II. 1664—1742; III. 1742—1815. Jülich 1891—1894.

Litter, J., Zur Geschichte und Statistik der Akademie (Ritterakademie.) Bedburg 1892. (Pr.)

Mils, H., Geschichte des Gymnasiums an Marzellen zu Köln. 3 Teile. (Teil I beginnt mit dem Jahr 1450, und Teil III endigt mit dem Jahr 1865.) Köln 1856—1889. (Pr.)

Moldenhauer, Fr., Geschichte des höheren Schulwesens der Rheinprovinz unter preufsischer Regierung. Köln 1895. (Festgabe zur 43. Versammlung deutscher Philologen und Schulmänner zu Köln.)

Peter, F., Zur Geschichte des Gymnasiums in Saarbrücken. Saarbrücken 1865.

Probst, H., Geschichte des Gymnasiums zu Kleve von 1817—1867. Kleve 1867.

Programm des Realgymnasiums zu Aachen für die Jahre 1861—96. Aachen.

Rothert, E., Geschichte des Realgymnasiums in Düsseldorf. Düsseldorf 1888. (Festschrift.)

Schauenburg, E., Festschrift zur fünfzigjährigen Gedenkfeier der Gründung der Realschule zu Krefeld. Krefeld 1869.

Schoenen, G., Die kölnischen Studienstiftungen. Köln 1892.

Steinbart, Historisch-statistische Notizen über die ersten 50 Jahre der Realschule zu Duisburg. Duisburg 1881.

Topphoff, Beiträge zur Geschichte des Gymnasiums in Essen. Essen 1865. (Pr.)
—, Nachrichten über die höheren Schulanstalten, welche in Essen vor der Vereinigung derselben zu dem jetzigen Gymnasium (1819) bestanden haben. Essen 1863. (Pr.)

Tücking, K., Geschichte des Gymnasiums zu Neufs, verbunden mit einer Uebersicht über die Entwicklung der dortigen Stifts- und Stadtschulen. Neufs 1889. (Pr.)

Vogeler, E., Geschichte des Soester Archigymnasiums. Soest 1887. (Pr.)

Wittenhaus, Die höhere Bürgerschule und die höhere Töchterschule zu Rheydt während der ersten 50 Jahre ihres Bestehens. Rheydt 1879. (Pr.)

Provinz Sachsen.

Eckstein, F. A., Beiträge zur Geschichte der Halleschen Schule. 2 Teile. Halle 1850—51.

Fischer, C. C. F., Über Realschulen überhaupt, besonders die in Nordhausen. Nordhausen 1846.

Fulda, A., Rückblick auf das erste Decennium des Gymnasiums zu Sangerhausen. Sangerhausen 1881. (Pr.)

Geschichte der Schule zu Kloster Bergen bis zu ihrer Aufhebung. Magdeburg 1812.

Jacobs, E., Geschichte der evangelischen Klosterschule zu Ilsenburg und der Klosterschule zu Hirzenhain. Wernigerode 1867.

Jordan, R., Beiträge zur Geschichte des städtischen Gymnasiums in Mühlhausen i. Thür. Mühlhausen 1895. (Pr.)

Knaut, K., Der Lehrplan des altstädtischen Gymnasiums zu Magdeburg im Jahre 1619. Magdeburg 1857. (Pr.)

Pädagogium zu Halle a/S. Geschichte, Verfassungen und Gesetze. Halle 1812.
— Bericht von der Verfassung, dem Unterricht und den Kosten des Pädagogiums zu Halle. 2. Hefte. Ebd. 1834 u. 1841.

Scholae Portensis solemnia saecularia diebus 20—22 Maii 1843. Numb. (Naumburg) 1843. (Darin enthalten C. Kirchneri historia scholae Portensis asoc. XIX.)

Stiftungen, die. A. H. Franckes in Halle. Halle 1853. Mit Stahlst., Holzschn. u. Plan. (Mit besonderer Berücksichtigung des Gymnasiums, k. Pädagogiums und der Realschule.)

Thiele, R., Die Gründung des evangelischen Ratsgymnasiums zu Erfurt (1561) und die ersten Schicksale desselben. Ein Beitrag zur Schul- und Gelehrtengeschichte des 16. Jahrh. Erfurt 1896.

Verzeichnis sämtlicher Rektoren und Direktoren des Gymnasiums zu Nordhausen. Nordhausen 1852.

# Bibliographie.

**Vollheim, Fr.**, Geschichte des k. Gymnasiums zu Eisleben von 1846—1896. Festschrift zur 350jähr. Jubelfeier. Eisleben 1896.
**Witte, F.**, Geschichte des Domgymnasiums zu Merseburg. 3 Teile. Merseburg 1890 bis 1892. (Pr.)

### Provinz Schlesien.

**Bünger, R.**, Entwicklung des höheren Schulwesens in Schlesien, statistisch dargestellt. Görlitz 1895. (Pr.)
**Elvenich**, Nochmals die Errichtung einer katholischen Realschule erster Ordnung in Breslau. Breslau 1869.
**Fiedler, H.**, Beiträge zur Statistik der Breslauer höheren Lehranstalten vom Jahre 1849—1867. Breslau 1867.
**Jung, A.**, Geschichte des Gymnasiums zu Neustadt O.S. bis zu seiner Uebernahme auf den Staat. Neustadt O. S. 1890. (Pr.)
**Nietsche, B.** Die lateinische Schule des Cistercienzerklosters Rauden 1744—1816, eine Vorläuferin des katholischen Gymnasiums zu Gleiwitz. 2. Teile. Gleiwitz 1891—92. (Pr.)
**Ronke, W.** Die letzten 25 Jahre des Gymnasiums zu Gleiwitz als Beitrag zu einer Geschichte der Anstalt. Gleiwitz 1891. (Pr.)
**Schönwälder, K. F.** und **J. J. Guttmann**, Geschichte des k. Gymnasiums zu Brieg. Zur dreihundertjähr. Jubelfeier desselben. Breslau 1869.
**Schwenkenbecher, W.**, Die Geschichte des Realgymnasiums zu Sprottau (1866—1891). Sprottau 1891. (Pr.)
**Wossidlo, P.** Vorgeschichte des k. Realgymnasiums zu Tarnowitz und Ueberblick über die ersten 25 Jahre seines Bestehens. Tarnowitz 1895. (Pr.)
**Wunster, J. B.**, Ausführliche Nachrichten von der k. Friedrichsschule zu Breslau. Breslau 1812. (Herbstprogramm, darin die Geschichte der Realschule von 1770—1776.)

### Provinz Schleswig-Holstein.

**Butz, W.**, Beiträge zur Geschichte der ersten 25 Jahre der Albinusschule. Lauenburg a. d. E. 1890. (Pr.)
**Detlefsen, G.**, Geschichte des k. Gymnasiums zu Glückstadt. 4 Teile. I. Teil: Von der Gründung der Stadt im Jahre 1617 bis zur Einsetzung des Collegium Scholasticum im Jahre 1747. IV. Teil: Vom Rektorate Germars 1802 bis zur Trennung der Gelehrtenschule von der Bürgerschule. Glückstadt 1890—95. (Pr.)
**Hansen, Th.**, Die Realschule in Sonderburg, zugleich ein Votum über die Realschule überhaupt in unserem Heimatlande. Sonderburg 1866.
**Heß, G.**, Uebersicht über die Geschichte des k. Christianeums zu Altona. Altona 1899.
**Lorens, W.**, Geschichte des k. Gymnasiums zu Meldorf bis zum Jahre 1777. Aus den Akten. Meldorf 1891. (Festschrift zum 350jähr. Jubiläum.) (Pr.)
**Seitz**, Aktenstücke zur Geschichte der früheren lateinischen Schule zu Itzehoe. 4 Teile. Itzehoe 1888—1892. (Pr.)

### Provinz Westfalen.

**Hense, J.**, Das Gymnasium Theodorianum zu Paderborn unter der preufsischen Regierung (1802—1895). Paderborn 1895. (Pr.)
**Hesselbarth**, Aus der Geschichte des alten Lippstädter Gymnasiums. Lippstadt 1889. (Pr.)
**Hölscher, L.**, Jahrbücher der Geschichte des Gymnasiums zu Herford seit 1540. Herford 1891. (Festschrift.) (Pr.)
**König, J.**, Geschichtliche Nachrichten über das Gymnasium zu Münster in Westfalen (von 791 bis 1592). Münster 1821.
**Petri, H.**, Jahrbücher über die ersten 25 Jahre des König-Wilhelms-Gymnasium zu Höxter a. W. Höxter 1892. (Pr.)

### Provinz Westpreufsen.

**Brunnemann, K. O. M**, Die Elbinger höhere Bürgerschule. 2 Teile.: 1841—1845 u. 1845—59. Elbing 1889—90.

**Engelhardt,** F. G., Gymnasii Gedanensis saecularia. Gedani (Danzig) 1858.
**Hirsch,** Th., Geschichte des Danziger Gymnasiums seit 1814. Danzig 1858.
**Löffler,** J., Zur Geschichte des Kulmer Gymnasiums während der zweiten 25 Jahre seines Bestehens. Kulm 1857. (Pr.)
**Müller,** G., Das Realprogymnasium (Realschule; Webers Schule) in den ersten 25 Jahren seines Bestehens. Riesenburg (Wpr.) 1895. (Pr.)
**Seemann,** Joh., Geschichte des k. Gymnasiums zu Neustadt in Westpreufsen während seines 25jähr. Bestehens. Neustadt i. WPr. 1882. (Pr.)
**Zwerg,** G., Uebersichten zur Chronik des k. Gymnasiums zu Marienwerder. Marienwerder 1891. (Pr.)

### g'. Höhere Mädchenschulen.

**Bachmann,** Fr., Geschichte der k. Elisabethschule zu Berlin zur Feier ihres hundertundfünfzigjährigen Bestehens am 10. Mai 1897. Berlin 1897.
**Buchner,** W., Gegenwart und Zukunft der höheren Mädchenschule. Eisenach (1876.)
**Cauer,** E., Die höhere Mädchenschule und die Lehrerinnenfrage. Berlin 1878.
**Denhard,** B., Mitteilungen über Plan, Lehrgang, innere und äufsere Einrichtung der höheren Mädchenschule zu Hanau. Hanau 1889.
**Erkeleng,** H , Die höhere Bürgerschule für Mädchen zu Köln. Köln 1882.
**Jahresberichte** (I u. ff.) über die städtische höhere Töchterschule zu Köln. Köln 1876—90.
**Janke,** A., Die Mängel in der gegenwärtigen äufsern und innern Einrichtung und die zeitgemäfse Umgestaltung der höheren Töchterschulen. Berlin 1873. Gekrönte Preisschrift.
**Niebecker,** E. A., Nachrichten über die höhere Töchterschule, die Bürgerschulen und die Fortbildungsschule zu Delitzsch. Delitzsch 1876.
**Oltrogge,** C., Die Töchterschule in Lüneburg. Hannover 1842.
**Schornstein,** R., Das höhere Mädchenschulwesen, seine bisherige Entwicklung und Zukunft. Elberfeld 1866.
**Statuten** der städtischen höheren Töchterschule für Mittel- und Ober-Barmen. o. O. u. I. (Barmen ca. 1875.)
**Werther,** W., Die Verordnungen betreffend das höhere Mädchenschulwesen in Preufsen. Hannover 1889.
**Weifs,** K., Unsere Töchter und ihre Zukunft. Berlin 1877.
**Wulckow,** R , Die höhere Mädchenschule in Preufsen. Ein Mahnwort. Giefsen 1891.

### h. Sachsen.

**Gesetz** über die Gymnasien, Realschulen und Seminare vom 22 August 1876 und die Ausführungsverordnungen vom 29. Januar 1877 etc. Hrsg. von R. Götz Leipzig 1877. (Handausgabe k. sächsischer Gesetze, Bd. 48.)
**Götz,** R., Gesetz über die Gymnasien, Realschulen und Seminare. Leipzig 1877.
**Philipp,** C., Das höhere Schulwesen im Königreich Sachsen. Sammlung der auf dasselbe bezüglichen und der sonst einschlagenden Gesetze, Verordnungen u. s. w. Mit Sachregister. Dresden 1889.
**Regulativ** für die Gelehrtenschulen im Königreich Sachsen. 2 Hefte. Leipzig 1847.
**Regulativ** für die Gymnasien im KReich Sachsen. Dresden o. J. (1870.)

**Bericht** über die Versammlung sächsischer Gymnasiallehrer zu Leipzig 1848. Aus den Protokollen zusammengestellt von Dietsch. (Leipzig 1848.)
**Heyden,** H., Beiträge zur Geschichte des höheren Schulwesens in der Oberlausitz. Zittau 1880.
**Heydenreich,** E., Kurze Geschichte des Schneeberger Lyceums. Schneeberg 1891. (Festschrift.)
**Höheres Schulwesen,** das, in Sachsen, und die Grenzboten Nr. 43 und 44 vom Jahre 1871. Vom Ministerium des Kultus und öffentlichen Unterrichts. Leipzig 1872.

Lorenz, C. G., Bericht über Gründung der Landesschule zu Grimma 1550, ihre Schicksale und Jubelfeier 1650, 1750 und 1850. 2 Teile mit Portr. u. Abbldgn. Grimma 1850.
Meltzer, O., Die Kreuzschule vor zweihundert Jahren. Vortrag. Dresden 1880.
Mühlmann, G., Beiträge zur Gymnasialfrage. 2 Hefte. Leipzig 1868—1869.
Müller, J. A., Versuch einer vollständigen Geschichte der Fürsten- und Landesschule zu Meißen. 2 Bde. Leipzig 1787—1789. Mit 4 Tafeln.
Reimer, B., Zur Reformfrage in Bezug auf den Unterrichtsorganismus der Realschule. Leipzig 1869. (Bericht über die Realschule zu Leipzig im Schuljahre 1868 69.)
Roeßler, K. J., Geschichte der k. sächsischen Fürsten- und Landesschule Grimma. Leipzig 1891.
Sachse, R., Beiträge zur Geschichte des Thomasklosters und der Thomasschule. Leipzig 1880. (Pr.)
Stallbaum, G., Die Thomasschule in Leipzig nach dem allmäligen Entwicklungsgang ihrer Zustände, insbesondere ihres Unterrichtswesens. Eine Säkularschrift. Leipzig 1839.
Thümer, K. A., Geschichte des Gymnasiums zu Freiberg (gestiftet 1515) 1811—1842. Freiberg i. S. 1887. (Pr.)
Vietor, A., Historische Uebersicht über die 100 Jahre von 1779—1879 der Annen-Realschule zu Dresden. Dresden 1879. (Pr.)
Wustmann, G., Urkundliche Beiträge zur frühesten Geschichte der Nikolaischule. Leipzig 1895. (Pr.)
Zur Erinnerung an die 325jähr. Jubelfeier der Fürstenschule Grimma, 14. u. 15. Sept. 1875. Grimma 1875.

Holscher, H., Ueber Stellung und Aufgabe der höheren Töchterschule nebst einer Vorlage für die Organisation einer solchen in Chemnitz. Chemnitz 1871.

i. Württemberg.

Bäumlein, W., Ansichten über gelehrtes Schulwesen mit besonderer Rücksicht auf Württemberg. Heilbronn 1841.
Behagel, A., Die Entlastung der überbürdeten Schuljugend der Mittelschulen. Heilbronn 1882.
Büchle, das neueste, vom Wildbad, oder die Wildbader Realschulfrage. Wildbad 1875.
Camerer, J. W., Beitrag zur Geschichte des Stuttgarter Gymnasiums. Stuttgart 1834.
Dienstvorschrift für die Vorstände und Lehrerkollegien der Gymnasien, der Lyceen u. s. w. Stuttgart 1878.
Dillmann, Das Realgymnasium und die württembergische Kammer der Abgeordneten. Stuttgart 1896.
Euler, D. A., Die hohe Karlsschule. Historisch-pädagogische Studie. Stuttgart 1882.
Fundament und Ordnung des neu aufgerichteten Fürstl. Gymnasii zu Stuttgart. Stuttgart 1686.
Gratulationsschrift des Gymnasiums zu Tübingen für die 4. Sackularfeier der Universität, 9.—11. August 1877. Tübingen 1877.
Hehle, Kulturgeschichtliches aus Neuwürttemberg. Das ehemalige Zwiefalter Gymnasium und Kollegium zu Ehingen in seiner Erstlingsperiode (1689—1719). Festschrift. Ehingen 1889.
Held, Geschichte der humanistischen Lehranstalt in Ravensburg von ihrer ersten Gründung bis zu ihrer Erhebung zum Gymnasium. Ravensburg 1882. (Pr.)
Herzog, E., Die Reform des höheren Schulwesens von der administrativen Seite aus betrachtet. Rede gehalten am 6. März 1890. Tübingen 1890.
Kieß, G. F., Das Realschulwesen nach seiner Bedeutung und Entwicklung. Stuttgart 1863.
Klumpp, F. W., Ueber die Errichtung von Realschulen. Stuttgart 1836.
Kolb, Ch., Zur Geschichte des alten Haller Gymnasiums. Festschrift. Schw.-Hall 1889. (Pr.)

**Lamparter, G.**, Beiträge zur Geschichte des Gymnasiums in Stuttgart. 5 Teile. Stuttgart 1874—1879. (Pr.)

**Nachrichten über das k. Gymnasium zu Tübingen** (für die Jahre 1875—1878). Tübingen.

**Nachrichten, statistische, über den Stand des Gelehrten- und Realschulwesens in Württemberg** am 1. Januar 1891. Tübingen 1891.

**Paulus, Gebr.**, Die wissenschaftliche Bildungsanstalt der Gebrüder Paulus auf dem Salon zu Ludwigsburg. Stuttgart 1841.

**Pressel**, Das Heilbronner Gymnasium unter der Regierung des Königs Karl von Württemberg. Heilbronn 1889.

**Schanzenbach, O.**, Geschichte des Eberhard-Ludwig-Gymnasiums in Stuttgart. Nebst Nachträgen, 1. Folge. Stuttgart 1856—57. (Pr.)

**Schmid, K. A.**, Festschrift der Gymnasien und Seminarien Württembergs zur 4. Saekularfeier der Universität Tübingen. Stuttgart 1877. Nicht im Handel.

—, Der moderne Gymnasialreformer. Vermächtnis an das schwäbische und deutsche Gymnasium. Rede. Stuttgart 1879.

**Schneiderhahn**, Schulnachrichten über das k. Gymnasium zu Rottweil, 1877—79. Rottweil.

**Wagner, H.**, Geschichte der hohen Karlsschule. 2 Bde. Illustriert von C. A. v. Heideloff. Würzburg 1856—57.

### k. Übrige deutsche Bundesstaaten.

#### k¹. Anhalt.

**Schneider, M.**, Die Knabenmittelschulen, ihr Zweck und ihre Organisation. Köthen 1876.

**Suhle, H.**, Beiträge zur Geschichte der Fürstlichen Schule zu Dessau. I. Abteilung: 1530—1625. Dessau 1858. (Pr.)

#### k². Hansestädte.

**Deecke, E.**, Das Katharineum zu Lübeck vor 1800. Eine Jubelschrift im Namen jener Anstalt. Lübeck 1843.

**Friedlaender und Bahnson**, Beiträge zur Geschichte des Johanneums. Hamburg 1876.

**Gedächtnisschrift** der Gelehrtenschule des Johanneums: „Johannes Classen". Hamburg 1892. (Pr.)

**Grobmann, J. C.**, Index praelectionum in gymnasio Hamburgensium academico semestre aestivo 1833. Hamburg 1832.

**Lehrplan** für die neunklassigen Mittelschulen für Knaben in Lübeck. Lübeck 1899.

**Scherling, Chr.**, Unsere Realschule, was sie war, geworden ist und werden muß. Lübeck 1869.

**Schubring, J.** (Prof.), Die Verdienste der Lübeckischen Gesellschaft zur Beförderung gemeinnütziger Thätigkeit um Erziehung und Unterricht. Festschrift zur Feier ihres hundertjähr. Bestehens im Namen des Katharineums überreicht. Lübeck 1889.

**Verordnung** eines Hochw. Raths der kayserl. Freyen Reichsstadt Lübeck wegen der Schulen zu St. Katharinen. Lübeck, publiziert am 2. November 1705.

**Verordnung**, revidirte, etc. etc. wegen der Schule zu St. Katharinen samt den Schulgesetzen etc. i. J. 1755.

**Verordnung**, revidirte, eines hochedlen etc. Raths der kayserl. und des heil. Röm. Reichs freyen Stadt Lübeck wegen des neuorganisirten Gymnasiums und der Bürgerschule zu St. Katharinen samt den Schulgesetzen und der neuen Vorschrift der Lektionen i. J. 1801.

**Wichern, J.**, Rückblick auf die 40jährige Entwicklung des Paulinum. Horn-Hamburg 1892. (Pr.)

---

**Meior, A.**, Unsere Schulgemeinde. Eine Jubelschrift der am 9. Januar 1806 gegründeten höheren weiblichen Bildungsanstalt in Lübeck 1856.

**Moier, J. H.**, Ueber weibliche Bildung durch öffentliche Anstalten insonderheit durch die am 9. Januar 1806 eröffnete Bildungsanstalt für Töchter. Lübeck 1826.

k². Mecklenburg-Schwerin.

**Bolle**, Geschichte der Grofsen Stadtschule zu Wismar (Gymnasium und Realschule). Wismar 1592. (Pr.)

**Hölscher**, Geschichte des herzogl. Pädagogiums in Bützow (1760—1789.) Bützow 1881. (Pr.)

**Latendorf**, Fr., Lehrer und Abiturienten des Fridericianums in Schwerin von 1834 bis 1874. Ein Beitrag zur Statistik und Kulturgeschichte aus Mecklenburg. Schwerin 1875.

**Riesche**, A., Der Unterricht an den höheren Schulen Mecklenburgs im 18. Jahrh. Ludwigslust 1889.

**Seeger**, H., Realschulen erster oder zweiter Ordnung? Wismar 1869.

**Unterrichtsplan** der grofsen Stadtschule zu Rostock: Gymnasium, Realschule, Vorschule. Rostock 1866.

k⁴. Reufs ä. u. j. L.

**Büttner**, Rich., Rektor Joh. Seb. Mitternacht und seine Wirksamkeit am Geraer Gymnasium. Gera 1858. (Pr.)

**Hauptmann**, C. S. W., Einige Nachrichten von den Vorstehern und Lehrern des gemeinschaftlichen Gymnasiums zu Gera. Gera 1808.

**Kiefsler**, R., Beiträge zur Geschichte der ersten 25 Jahre des Realgymnasiums zu Gera. Gera 1889.

**Zippel**, Zur Geschichte des Greizer Lyceums. Greis 1879. (Pr.)

k⁵. Thüringische Herzogtümer und Fürstentümer und das Grofsherzogtum Sachsen-Weimar.

**Daehne**, J., Das Realprogymnasium (früher Realschule, ehemals erste Bürgerschule) in Altenburg von 1860—1890. Altenburg 1890. (Pr.)

**Emmerich**, A., Geschichte des Meininger Realgymnasiums von 1838 bis 1888. Meiningen 1888. (Pr.)

**Francke**, O., Regesten zur Geschichte des Gymnasiums zu Weimar. Weimar 1888. (Pr.)

**Geyer**, M., Geschichte des Friedrichsgymnasiums zu Altenburg seit 1789. Altenburg 1892. (Festschrift.) [Pr.]

**Grobe**, Das Gymnasium academicum zu Hildburghausen. Hildburghausen 1879. [Pr.]

**Kroschel**, Beiträge zur Geschichte des Arnstädter Schulwesens und Verzeichnis der Primaner von 1705—1890. Arnstadt 1891. (Pr.)

—, Die gräfliche Erziehungsanstalt im Barfüsserkloster zu Arnstadt und Arnstädter Abiturienten des 16. und 17. Jahrhunderts. Arnstadt 1890. (Pr.)

**Kühn**, G., Regesten zur Geschichte des Karl-Friedrich-Gymnasiums zu Eisenach. Eisenach 1895. (Pr.)

**Ordnung** der beiden Landesgymnasien zu Meiningen und Hildburghausen. Meiningen ca. 1833.

**Proksch**, A., Geschichte des Lyceums zu Eisenberg (gegenwärtig herz. Gymnasium Christianeum). Eisenberg 1889. (Pr.)

**Richter**, G., Das alte Gymnasium in Jena. Beiträge zu seiner Geschichte. 2 Teile. Jena 1887—88. (Pr.)

**Uhlworm**, Beiträge zur Geschichte des Gymnasiums zu Arnstadt. 3 Teile. Arnstadt 1847—61.

**Zenker**, G., Ueber das Wesen der Bildung etc. nebst Lehrplan und Nachrichten von der Zenker'schen Unterrichts- und Erziehungsanstalt. Jena 1869.

**Zschäck**, Die Errichtung der höheren Bürgerschule zu Gotha. Zur Geschichte des Schulwesens der Stadt Gotha. Gotha 1891. (Pr.)

2. Aufserdeutsche Kulturstaaten.

a. Belgien.

**Buyse**, O., La réorganisation des écoles moyennes de l'Etat. Bruxelles 1897.

**Discailles**, E., Histoire des concours généraux de l'enseignement primaire moyen et supérieur en Belgique (1840 à 1881.) 3 vols. Bruxelles 1881—1883.

**Flourens, E.**, L'enseignement supérieur en Belgique. Paris 1879.
**de Laveleye, E.**, La question du grec et la réforme de l'enseignement moyen. Bruxelles 1889.
**Organisation** de l'enseignement moyen en Belgique. Recuell des lois, règlements et instructions qui régissent l'enseignement moyen en Belgique, par V. Gaudy. Bruxelles 1893.
**Rapports** triennals sur l'état de l'enseignement moyen en Belgique présentés aux Chambres législatives. Période triennale I – XIII: 1855 à 1892. Bruxelles 1857 – 1893.
**Situation** de l'enseignement supérieur donné aux frais de l'Etat. Rapports triennals, présentés aux Chambres législatives. Années 1871 à 1873, 1874 à 1876, 1877 à 1879, 1880 à 1882, 1883 à 1885, 1886 à 1888, 1889 à 1891. Bruxelles 1876 – 1893.
**Trasenster, J.**, Réformes dans l'enseignement supérieur. (Discours le 19 octobre 1855.) Liége 1855.

### b. Dänemark.

**Asmußen, A. F.**, Meddelelser angaaende de lærde Skoler med dertil hørende, Realundervisning i Kongerigot Danmark for Skoleårene 1887, 1888/89, 1889/90, 1890/91, 1891/92, 1892/93, 1893/94. 7 vols. Kjøbenhavn 1887 – 1895. (Mitteilungen über die Sekundärunterrichtsanstalten (Gymnasien und Realschulen etc.) des Kit. Dänemark für die Schuljahre 1887 – 1893/94. Herausgegeben im Auftrage des Ministeriums für geistliche und Unterrichtsangelegenheiten in Kopenhagen.)
**Meddelelser** angaaende do lærde Skoler i Kongeriget Danmark. 6 Bde. (Kjøbenhavn) 1850 ff. (Nachrichten über die Hochschulen im Königreich Dänemark in den Jahren 1850—95.)

### c. Grofsbritannien:

**Account**, a brief, of cathedral and collegiate schools; with an abstract of their statutes and endowments. s. l. (London) 1827.
**Acland, A. H. D. and Llewellin Smith**, Studies in secondary education. With an introduction by J. Bryce. London 1892.
**Eyles**, The Endowed Schools Acts 1869, 1873 and 1874. London 1875.
**Fry, H.**, Our schools and colleges. Containing the principal respecting endowed grammar schools, collegiate schools, proprietary schools, middle-class schools, etc. London 1867.
**Leach, A. F.**, English schools at the Reformation. London 1897.
**Report** of Royal Commission (J. Bryce, chairman) on secondary education. 9 vols. London 1895. (Parliam. paper.) [Contents: Vol. I. Historical sketch. The present condition of secondary education in England. Public financial resources at present available. Existing secondary schools. — etc. — Vol. IX. Statistical tables, etc.]
**Secondary Education**, Scotland. Annual reports. London. Der letzte Bericht behandelt das Jahr 1896. (Die Berichte erscheinen unter Redaktion des Direktors des Scotch Education Department, H. Craik.)
**Staunton, H.**, The great schools of England: an account of the foundation etc. of the chief seminaries of learning in England; including Eton, Winchester, Westminster, St. Paul's, Charter-House, Merchant-Taylor's, Harrow, Rugby, Shrewsbury, etc. London 1865.
**Yoxall, J. S.**, Secondary education. London 1896.

---

**Beedy, Mary E.**, Higher education of women in England.: Connect. School Journ. vol VI, February 1893.
**Bremner, C. S.**, Education of girls and women in Great Britain. London 1897.
**Fawcett, M. G.**, The use of higher education to women.: Contemp. Rev., November 1886 London.
**Magnus (Lady)**, The higher education of women.: Nat. Rev., January 1889. London.

**Schaible, K. H.**, Die höhere Frauenbildung in Grofsbritannien von den ältesten Zeiten bis zur Gegenwart. Karlsruhe 1894.

**de Coubertin, P.**, L'éducation en Angleterre. Collèges et Universités. Paris 1888.

**Demogeot, J. et H. Montucci**, De l'enseignement secondaire en Angleterre et en Écosse. Paris 1868.

—, De l'enseignement supérieur en Angleterre et en Écosse. Rapport adressé à M. le ministre de l'instruction publique. Paris 1870.

**Frédéricq, P.**, De l'enseignement supérieur de l'histoire en Écosse et en Angleterre. Paris 1885.

**Wiesener, L.**, Les études classiques en Angleterre au XVI<sup>e</sup> siècle. Paris 1873.

**Brandl, H.**, Ueber das höhere Unterrichtswesen (secondary education) in England.: Preufs. Jahrb. Bd. LXXXIV. Berlin 1896.
**Breul, K.**, Die Organisation des höheren Unterrichts in Grofsbritannien.: Baumeister, Handb. der Erziehungs- u. Unterrichtslehre für höhere Schulen. Bd. I, 2. Abteil. München 1897, S. 737—892.
**Gallert**, Das höhere Schulwesen in England, eine pädagogische Skizze nach den Beobachtungen auf einer Studienreise im Sommer 1891. Stralsund 1892. (Pr.)
**Mc Murry**, Organisation des höheren Schulwesens in den V. Staaten und England. Jena 1889.

### d. Frankreich.

**Agenda** des écoles; Lycées et collèges pour 1897. Paris 1897.
**Amiel, J**, Réponse à Monseigneur Dupanloup sur l'instruction secondaire des femmes. Paris 1868.
**Cantemerle**, Dictionnaire de l'administration des lycées, collèges communaux et écoles normales primaires. 2 vols. Paris 1897.
**Clerval, A.**, Les Écoles de chartres au moyen âge. Paris 1895.
**Dario, E.**, Histoire du collège de Moissac depuis sa fondation jusqu'à nos jours. Toulouse 1895.
**Decauville-Lachenée, A.**, Le lycée et l'abbaye de Saint-Étienne de Caen. Paris 1896.
**Ferneuil, Th.**, La réforme de l'enseignement secondaire devant le Conseil supérieur. Paris 1880.
**Ferry, Jules**, Discours et opinions publiées avec commentaires et notes par P. Robiquet (avocat au conseil d'État). Tome III. Paris 1895. (Sommaire: Les lois scolaires, 1<sup>re</sup> partie: La loi sur la liberté de l'enseignement supérieur. — L'article 7. — Les décrets. — La loi sur le Conseil supérieur. — La loi sur les titres de capacité.)
**Franchau, L., H.** (ancien proviseur du lycée), Le collège et le lycée d'Orléans (1762—1892). Notes, souvenirs, documents. Orléans 1894. 700 pag. avec plans, vues et figures.
**Legouvé, E**, L'art de la lecture. A l'usage de l'enseignement secondaire. Avec complément XVIII<sup>e</sup> éd. Paris 1877.
**Plan** d'études et programmes de l'enseignement secondaire spécial prescrits par décision du 6 avril 1866. Paris 1866.
**Programmes** officiels de l'enseignement secondaire classique avec les instructions ministérielles qui s'y rapportent. Nouv. édition. Paris 1869.
**Rabany, Ch.**, L'instruction secondaire en France et en Angleterre. Paris 1879.
**Rapports** sur la situation et les travaux des écoles supérieures d'Alger pendant l'année scolaire 1890—1891. Alger 1891.
**Simon, J.**, La réforme de l'enseignement secondaire. 2<sup>e</sup> éd. Paris 1874.
**Statistique** de l'enseignement secondaire 1843, 1865, 1876. 3 vols. Paris 1846—1878.

**Dorfeld, C.**, Das französische Gymnasial- und Realschulwesen unter der dritten Republik.: Zeitschr. f. d. ausl. Unterr. Jahrg. I. Leipzig 1895/96, S. 309 ff. u. Jahrg. II, 1896/97, S. 36 ff., S. 140 ff.

Ingerslev, Der Zustand der gelehrten Schulen in Deutschland und Frankreich. Berlin 1941.

v. Medvecsky, F., Der Kongress für Hoch- und Mittelschulen in Paris 1889.: Ung. Rev., Jahrg. 1890. Heft 6. Wien.

Schwemer, R., Das höhere Schulwesen in Frankreich. Eine pädagogische Skizze. Frankfurt a. M. 1895.

Stropeno, E., Die Organisation des höheren Unterrichts in Frankreich.; Baumeister, Handb. der Erziehungs- u. Unterrichtslehre für höhere Schulen. Bd. I, 2. Abteil. München 1897, S. 419/461.

### e. Holland.

Brill, W. G., Over de inrichting der gymnasien met het oog op het ontwerp van wet tot regeling van het hooger onderwijs. Utrecht 1870.

van Emden, D. S., Wet tot regeling van het hooger onderwijs, met aanteekeningen. 'sHago 1876.

de Geer van Jutfaas, B. J. L., Wet op het hooger onderwijs. Uit de gewisselde stukken en de gehouden beraadslagingen toegelicht. 2 deelen. Utrecht 1877—1884.

Thorbecke, J. R., Over de regeling van het hooger onderwijs. 's Gravenhage 1876.

Verordeningen betrekkelijk het stedelijk gymnasium te Utrecht. Utrecht 1873.

Verordening tot regeling van het stedelijk gymnasium te Utrecht. Utrecht 1879.

Verslag van den staat de hooge, middelbare en lagere scholen in het koningrijk der Nederlanden. 36 vols. 's Gravenhage 1858—93.

Verslag van den toestand van het stedelijk gymnasium. 15 deelen. Utrecht 1877—96.

Vitringa, A. J., Tegenwoordige toestand en plan tot hervorming van het middelbar onderwijs. Arnhem 1860.

---

van Oven, A., L'enseignement moyen en Hollande.: Rev. soc. et pol. Année II. Brüssel 1892.

Parvé, D. J. Steyn, Les examens de sortie des gymnases dans les Pays-Bas. Paris 1881.

—, Organisation de l'instruction primaire, secondaire et supérieure dans le royaume des Pays-Bas. Leide 1878.

—, Die Elementar- und Mittelschulen im KReich der Niederlande. Leiden 1873.

### f. Italien.

Istruziono secondaria classica e tecnica e convitti maschili e femminili, anno scolastico 1893/94. Roma 1896.

Istruzione secondaria e superiore: Convitti maschili e femminili, anni scolastici 1888,89—1891/92. Roma 1892—1894. (Enthält u. a. die Statistik der Gymnasien, Liceen und technischen Hochschulen.)

Ricooboni, A., De gymnasio Patavino commentariorum libri VI, quibus antiquissima ejus origo ei multa preclara ad Patavium pertinentia recensentur. Patavii (Padua) 1598.

Statistica dell' Istruzione secondaria e superiore per gli anni 1881/82—1888/89. 7 vols. Roma 1884—1892.

Notizie sulla civica scuola superiore femminile di Milano. Milano 1877.

Regolamento per la scuola femminile superiore del comuno di Bologna. Bologna 1873.

Zimmern, Helen (Florenz), Die höhere Bildung der Frauen in Italien.: Zeitschr. f. d. höh. Unterr., Jahrg. II, Leipzig 1897.

### g. Oesterreich-Ungarn.

Akin, C. K., Ideen zur Reform des höheren Unterrichtswesens. Denkschrift gerichtet an den k. ungar. Minister für Kultus und Unterricht. Pest 1868.

Baran, A., Geschichte der alten lateinischen Stadtschule und des Gymnasiums zu

**Krems.** Mit 5 Schulordnungen aus dem 14. und 16. Jahrh. etc. Krems 1895. (Beitrag zur Jubelfeier des 900jähr. Bestandes der Stadt Krems.)
**Biermann, G.**, Geschichte des Gymnasiums der Kleinseite in Prag. Prag 1880. (Pr.
**Brunner, P.**, Oesterreichs Mittelschulen im Schuljahre 1874—1875. Wien (1876).
**Deschmann, G.**, Führer durch Oesterreichs Schulen. Pilsen 1892. (S. 54 ff. Verzeichnis der Mittelschulen, Internate für Mittelschulen und der Seminarien etc. in Cisleithanien).
**Deutsch-evangelischen Mittelschulen**, die, in Siebenbürgen und die denselben drohende Gefahr. Eine Rechts- und Kulturfrage. Leipzig 1880.
**Duldner, J.**, Der Schäfsburger Rektor Georg Seraphin (1669—1677.) Schäfsburg 1899.
**Frankfurter, S.** (Wien) und **M. Kármán** (Budapest), Die Organisation des höheren Unterrichts in Oesterreich-Ungarn : Baumeister, Handb. der Erziehungs- u. Unterrichtslehre für höhere Schulen. Bd. I, 2. Abteil. München 1897, S. 239/365.
**Gerstendörfer, Jos.**, Geschichte des k. k. Staatsgymnasiums zu Krumau von 1584 bis 1777 und von 1871 bis 1896. Krumau 1896. (Festschrift.)
**Geschichte des evangelischen Gymnasiums A. B.** in Hermannstadt. Hermannstadt 1896. (Pr.)
**Gymnasien**, die, Oesterreichs und die Jesuiten. Leipzig 1859.
**Hackel, H.**, Geschichte des Gymnasiums in Freistadt in den ersten 25 Jahren seines Bestehens. I. Teil (1867—1892). Freistadt, OOester., 1893. (Pr.)
**Hendrich, J.**, Die deutsche Staats-Oberrealschule in Triest während der Jahre 1870 bis 1895. Triest 1895. (Pr.)
**Instruktionen** für den Unterricht an den Gymnasien in Oesterreich. Wien 1884.
**Instruktionen** für den Unterricht an den Realschulen in Oesterreich im Anschlusse an einen Normallehrplan. Wien 1883.
**Jäkel, Jos.**, Geschichte des Gymnasiums zu Freistadt. Freistadt (in Oberösterr.) 1892. (Pr.)
**Jahrbuch** des höheren Unterrichtswesens in Oesterreich mit Einschlufs der gewerblichen Fachschulen und der bedeutendsten Erziehungsanstalten. Bearbeitet von J. Neubauer und J. Divis. Jahrg. I—IX. Wien 1888—1896.
**Jahresbericht** des k. k. Ministeriums für Kultus und Unterricht für 1870. Wien 1871. (Mit Karte der Hoch- und Mittelschulen in Cisleithanien.)
**Kaulich, W.**, Zur Reform der Gymnasien und Realschulen. Graz 1869.
**Kelle, J.**, Die Jesuitengymnasien in Oesterreich. Vom Anfange des vorigen Jahrhunderts bis auf die Gegenwart. Prag 1873.
**Kemény, F.**, Die Mittelschulen Ungarns. Prefsburg 1896.
**Lebinger, N.**, Zur Geschichte des Gymnasiums in Klagenfurt. Klagenfurt 1892. (Pr.)
**Lehranstalten**, die höheren, und die Mittelschulen der österreichischen Monarchie im Jahre 1851.: Mittlgn. a. d. Geb. d. Statist., Jahrg. I. Wien 1852.
**Loos, J.**, Ein Rückblick auf die ersten 25 Jahre (1871—1896) des k. k. Maximiliansgymnasiums in Wien. Wien 1896.
**Lemayer, K.**, Die Verwaltung der österreichischen Hochschulen (in den Jahren 1868—1877.) Wien 1877.
**Lorenz, O.**, Ueber Gymnasialwesen, Pädagogik und Fachbildung. Wien 1879.
**Malfertheimer, A.**, Vergleichende Statistik des Unterrichtserfolges der österreichischen Gymnasien. Wien 1897.
**v. Marenzeller, E.**, Normalien für die Gymnasien und Realschulen in Oesterreich. 2 Bde. Wien 1884.
**Pick, H.**, Beiträge und neue Beiträge zur Statistik der öffentlichen Mittelschulen der im österreichischen Reichsrate vertretenen Königreiche und Länder am Schlusse des Schuljahres 1883/84. 2 Hefte. Salzburg 1885.
**v. Pirquet**, Die Reform der Mittelschulen. Debatte im ungarischen Reichstage vom 21. bis 29. Jänner 1890. Wien 1890.
**Professoren und Lehrerkalender**, Frommo's österr., für die Schuljahre 1869 bis 1895/96. Jahrg. I—XXVIII. Redig. von J. E. Dafsenbacher und F. E. Müller. Wien 1870—1896.

**Rauchberg**, H., Besuch der österreichischen Mittelschulen am Anfange des Schuljahres 1889/90.: Monatsschr. statist., Jahrg. XVI. Wien 1890.
**Rotter**, R., Die Realschule als Mitbegründerin eines freien Bürgertums, in Ansehung ihrer geschichtlichen Entwicklung, sowie ihrer Bedeutung für Oesterreich überhaupt und für Ungarn insbesondere. Wien 1862.
**Salzer**, Cl. und T. Passl, Geschichte des Gymnasiums (zu Komotau) vom Jahre 1591 bis 1891. Komotau 1891. (Pr.)
**Schmit**, K., Geschichte des nieder-österr. Landes-Realgymnasiums in Waidhofen a. d. T. in den ersten 25 Jahren seines Bestandes (1870—1894). Waidhofen 1895. (Pr.)
**Schuller**, R., Geschichte des Schäßburger Gymnasiums. Schäßburg 1896. (Pr.)
**Schuster**, H., Das Sächsisch-Regener Gymnasium. Eine kulturhistorische Studie. Sächsisch-Regen (Szász-Regén). 1890. (Pr.)
**Schwicker**, J. H., Das Mittel- und Hochschulwesen in Ungarn. 2. Abteilungen. (1. Die Mittelschulen. 2. Die Hochschulen.): Oest.-Ung. Rev., N. F. Bd. XI. Wien 1891.
**Siegel**, F., Die Notwendigkeit der Vereinigung beider Mittelschulen zu Realgymnasien. Brüx 1868.
**Skalla**, F., Rückblick auf das erste Vierteljahrhundert der Landes-Oberrealschule in Znaim. Znaim 1896.
**Stöckl**, J., Zur Geschichte der Stadt und des Piaristengymnasiums zu Kremsier. Kremsier 1887. (Festschrift aus Anlaß des 200 jähr. Bestandes des Gymnasiums.) [Pr.]
**Swida**, F., Zur Geschichte des Gymnasiums von Mitterburg. Pola 1891. (Pr.)
**Verhandlungen** der Gymnasial-Enquetekommission im Herbst 1870. Veröffentlicht vom k. k. Ministerium für Kultus und Unterricht. Wien 1871.
**Vogt**, Th. Die österreichischen Realgymnasien. Leipzig 1873.
**Wallner**, J., Geschichte des k. k. Gymnasiums zu Iglau. Einleitung: Kurzer Abriß des Schulwesens zu Iglau bis zur Begründung einer protestantischen lateinischen Schule (1561). I. Teil: Geschichte der lateinischen Schule während der Zeit des Protestantismus 1562—1623. Iglau 1880—81. (Pr.)
**Walser**, E., Die Entwicklung des Realschulwesens und die zu lösenden Unterrichtsaufgaben. Zur Erinnerung an die Eröffnung der neuen Wiener Kommunal-Oberrealschule des 1. Bezirkes im Herbste des Jahres 1877. Wien 1877.
**Weisungen** zur Führung des Schulamtes an den Gymnasien zu Oesterreich. Wien 1895. (Anhang zu den „Instruktionen für den Unterricht.")
v. **Wilhelm**, Das österreichische Volks- und Mittelschulwesen seit 1812. Prag 1874.
**Wretschko**, M., Ueber die Reform des naturwissenschaftlichen Unterrichts an Mittelschulen. Wien 1870.
**Zingerle**, A., Ueber Dom- und Stiftsschulen Tirols im Mittelalter mit besonderer Berücksichtigung ihrer Lehrmittel. Innsbruck 1896. (Pr.)

**Jancsó**, Benedek, Középiskoláink reformjve. Budapest 1891. (Die Reform unserer Mittelschulen. Pädagogische Studie von Benedikt Jancsó.)
**Jelentés** a Budapesti és Kolozsvári magy-kir. középtanodai tanárképezdék állapotáról és működéséről. Budapest 1877. (Bericht über den Zustand und die Leistungen der staatlichen ungarischen Nationalschulen für den Sekundärunterricht in Budapest und Kolozsvar.)
**Kemény**, X. Fr, Az egységes középiskola és nemzeti kulturánk. Budapest 1893. (Die Einheitsschule und unsre nationale Kultur.)
**Középiskolai** rendtartás. Budapest 1876. (Disziplinarvorschriften für ungarische Mittelschulen.)
**Szabályzat** a reáliskolákban tartandó érettségi vizsgálatról. Budapest 1876. (Prüfungsregulativ behufs Ermittlung des Fähigkeitsnachweises zur Aufnahme in die ungarischen Realschulen.)
**Vallás-és** közoktatási, a. m. k. minisztemek a közoktatás állapotáról szóló jelentése. (XVII. Bericht des k. ungar. Ministers für Kultus und Unterricht an den

Reichstag über den Stand des ungarischen Unterrichtswesens. 2 Bände. Bd. II: Die mittleren und höheren Lehranstalten und die Universitäten und kulturellen Institute im Studienjahre 1887/88. Budapest 1888.

Zessensky, István, A gymnasiumok reformja. (Die Reform der Gymnasien, von Stefan Zessenszky) Preſsburg 1889.

Programma del gymnasio comunale superiore di Trieste. Triest 1877.

### b. Ruſsland.

Историческая записка о Самарскомъ реальномъ училищѣ имени императора Александра благословеннаго за первое десятилѣтіе его существованія (1880—1890). Samara 1891. (Geschichte der Kaiser-Alexander-Realschule zu Samara während der ersten zehn Jahre ihres Bestehens, 1880—1890.)

Samjetschanja etc. (russisch:) Gutachten über die Reform der russischen Gymnasien und anderer Lehranstalten. 6 Bände. St. Petersburg 1863.

Beer, A. und Fr. Hochegger, Das Unterrichtswesen Ruſslands und Belgiens. Wien 1867. (Fortschritte des Unterrichtswesens, Bd. I.)

Ein Beitrag zur Kenntnis des Gymnasialwesens in Ruſsland, von Fr. Br.: Russ. Rev, Bd. V. St. Petersburg 1874.

Einladungsschrift zur Feier des 25jähr. Jubelfestes und der Einweihung des neuerbauten Lehrgebäudes des Gouvernementsgymnasiums zu Dorpat. Dorpat 1830. (Enthält u. a. die Geschichte des Gymnasiums.)

v. Hansen, G., Geschichtsblätter des revalschen Gouvernementsgymnasiums zu dessen 250jährigem Jubiläum. Reval 1881.

Instruktion für die Lehrer der ehstländischen Ritter- und Domschule. Reval 1856.

Jahresbericht der deutschen Hauptschule zu St. Petri. St. Petersburg 1892.

Karte, vergleichende, der höheren und mittleren Lehranstalten des Ministeriums der Volksaufklärung. 4 Blatt in gr. Folio. (Die Vergleichung erstreckt sich über die Schuljahre 1855—1888.)

Kirchner, J., Album der ehstländischen Ritter- und Domschule zu Reval vom 2. III. 1834 bis 2. III. 1859. Reval 1859.

Lübeck, C., Der Kampf um die höhere Bildung in Ruſsland.: N. Zeit, Jahrg. VI. Stuttgart 1898.

Statut der russischen Gymnasien und Progymnasien im Ressort des Ministeriums der Volksaufklärung, bestätigt von Sr. Majestät dem Kaiser am 30. Juli 1871. St. Petersburg 1871.

Strack, H. L., Vergleichende Uebersicht der höheren und mittleren Lehranstalten Ruſslands im Jahr 1866 und im Jahr 1876.: Russ. Rev., Bd. VIII. St. Petersburg 1876.

Schoenfeld, H., Higher education in Russian, Austrian, and Prussian Poland.: Report of the Commissioner of Education for the year 1894/95. Vol. I. Washington 1896, p. 713—792.

Gymnases, les, des femmes en Russie.: Rev. des D. Mondes. Paris 1873, Mars.

Statut des gymnases et des progymnases de filles. 2 broch. St. Pétersbourg 1874.

Heyfelder, O., Die weiblichen höheren Kurse in Ruſsland.: U. Zeit, Jahrg. 1889. Leipzig.

### l. Schweiz.

Beer, A. und Fr. Hochegger, Das Unterrichtswesen der Schweiz. Wien 1868. (Fortschritte des Unterrichtswesens, Bd. II.)

Bericht und Antrag des Gemeinderates der Stadt Bern an den grofsen Stadtrat und an die Gemeindeversammlung über den Bau eines städtischen Gymnasiums und eines neuen Primarschulhauses der oberen Stadt. Bern 1852.

Finsler, G., Die Lehrpläne und Naturitätsprüfungen der Gymnasien der Schweiz.: Zeitschr. f. schweiz. Statistik. Jahrg. XXIX. Bern 1893.

Jahresberichte der kantonalen Industrieschule, des städtischen Gymnasiums und der Sekundärschule in Zug, 1863 ff. Zug 1883 ff.

Jahresbericht über die höhere Lehranstalt zu Luzern für das Schuljahr 1694/95. Redigiert von Hürbin und Amberg. Luzern 1895.

Jahresheft, I—XXVI, des Vereins schweizerischer Gymnasiallehrer. 26 Hefte. Aarau 1869—1896.

Kantonsschule Zürich. Programm des Unterrichts für die Jahre 1872 ff. Zürich 1872 ff.

Lang, R., Das collegium humanitatis in Schaffhausen. Ein Beitrag zur Schulgeschichte. 2 Teile. (Teil I: 1645—1727); Teil II: 1727—1851.) Leipzig 1893—96.

Organisation der Gymnasien. Der hohen Erziehungsdirektion des Kantons Zürich als Beantwortung der in der Dekanntmachung vom 22. XI. 1869 mit Bezug auf das Gymnasium gestellten Fragen, vorgelegt von dem Lehrerkonvent des Gymnasiums. Zürich 1870.

Uhlig und Burckhardt-Bremer, Zusammenstellung der Gymnasialpläne der deutschen Schweiz, der bedeutendsten deutschen Staaten und Frankreichs nebst pädagogischen Thesen. 2. Aufl. Aarau 1868.

Bétant, E. A., Notice sur le collège de Rive, avec la description de la ville de Genève. Genève 1866.

Paringault, E., L'enseignement secondaire des jeunes filles dans les cantons de Genève, de Lausanne et de Neuchatel. Paris 1870.

Rambert, E., L'avenir de l'instruction supérieure dans la Suisse française. Genève 1869.

### k. Schweden und Norwegen.

Klinghardt, H., Das höhere Schulwesen Schwedens und dessen Reform in modernem Sinne. Leipzig 1887.

Paludan, Det høiere Skolevæsen I Danmark, Norge og Sverig. Historisk Fremstilling. Kjøbenhavn 1885.

Roese, F., Das höhere Schulwesen Schwedens. Wismar 1890. (Pr.)

### l. Portugal. Serbien. Griechenland.

Schiller, Die Reform des höheren (Sekundär-)Unterrichts im KReich Portugal vom 22. 12. 1894.; Zeitschr. f. d. ausl. Unterr., Jahrg. I. Leipzig 1895/96. S. 160 ff., 255 ff.

Schmitter, A. (in Belgrad), Die Mittelschulen in Serbien.; U. Zeit, Jahrg. 1891. Leipzig.

Chassiotis, G., L'instruction publique chez les Grecs, depuis la prise de Constantinople par les Turcs jusqu'à nos jours. Paris 1881. (Auch unter Abteilung III, 4, m gehörig )

### 3. Aussereuropäische Kulturstaaten.

#### a. Verein. Staaten von Amerika.

Allen, W. F. and D. E. Spencer, Higher education in Wisconsin. Washington 1889. (Contributions to Am. Educ. Hist., ed. by H. B. Adams, N° 7.)

Bash, A. G., Education in Florida. Washington 1889.

—, History of higher education in Massachusetts. Washington 1892.

Blackmar, F. W., The history of federal and State aid to higher education in the United States. Washington 1890. (Contributions to Am. Educ. Hist., ed. by H. B. Adams, N° 9.)

Campbell, F. M. and H. B. Adams, The State and the higher education. Washington 1889. (Bureau of Educ., circular of inform., N° 2.)

Clark, W. G., History of education in Alabama. Washington 1889.

Colleges and college education. New York 1869. (Putnams Monthly Magazine, Sept. 1869.)

Commons, J. R. and J. W. Knight, History of higher education in Ohio. Washington 1892.

Jones, C. E., Education in Georgia. Washington 1889.
Mc Laughlin, A. C., History of higher education in Michigan. Washington 1892. (Contributions to Am. Educ. Hist., ed. by H. B. Adams, N° 11.)
Meriwether, C., History of higher education in South Carolina with a sketch of the free school system.: Contrib. to Am. Educ. Hist., ed. by H. B. Adams. N° 4. Washington 1889.
Merriam, L. S., Higher education in Tennessee. Washington 1893.
Parker, L. T., Higher education in Jowa. Washington 1893.
Stearns, J. W., Columbian history of education in Wisconsin, by various authors; embracing universities, colleges, academies, private schools, institutions for the preparation of teachers, city and county school systems, Lutheran and Catholic education in Wisconsin, Milwaukee College for women etc. Milwaukee 1893.
Steiner, B. C., History of education in Connecticut. Washington 1893.
—, History of education in Maryland. Washington 1894.
Tolman, W. H., History of higher education in Rhode Island. Washington 1894.

Compayré, G., L'enseignement secondaire aux Etats-Unis. Paris 1896.
—, L'enseignement supérieur aux Etats-Unis. Paris 1896.

Mc Murry, Organisation des höheren Schulwesens in den Verein. Staaten und England. Jena 1888.
Wheeler, B. J. u. Ch. H. Turber, Die Organisation des höheren Unterrichts in den V. Staaten von Amerika.

Boardman, G. N., Importance of public institutions for the education of young women. New York 1867.
Brackett, Anna C., Education of American girls, considered in a series of essays. New York 1874.
—, Women and the higher education. New York 1893.
Dix, M., The higher education of women.: New York Sch. Journ. New York 1893.
Spalding, Helen F., Higher education of women. Portland (Orog.) 1888.
Thwing, Ch. F., The college woman. New York 1894.

b. Republiken Chile und Costa Rica.
Programa de Instrucción superior para el Instituto nacional. Santiago de Chile 1850.
Reglamento para el liceo de Valparaiso. Santiago de Chile 1864.
Reglamento del liceo de Costa-Rica. San José 1888.

c. Canada.
Education Department, Ontario. Compendium of acts and regulations respecting the public, separate and high schools. Toronto 1878.

d. Britisch-Indien.
Parbati C. Roy, High education in Bengal.: Calc. Rev., N° CLXVIII. Calcutta 1887, April.
Russell, John, Schools of Greater Britain, sketches of the educational systems of the colonies and India. London s. a.

e. Australien.
Sämtliche australische Kolonien veröffentlichen statistische von dem „Government Statistician" bearbeitete Berichte „statistical register" etc., in denen der öffentliche niedere und höhere Unterricht statistisch behandelt ist. Die Kolonien Neu-Seeland, Neu-Südwales und Victoria geben außerdem „yearbooks" heraus, in denen sich ebenfalls auf das Unterrichtswesen bezügliche Daten befinden.

## VII. Fachschulen.

### 1. Landwirtschaftliche Lehranstalten.

Baumstark, Die k. staats- und landwirtschaftliche Akademie Eldena bei der Universität Greifswald. Berlin 1870.

Beschreibung der land- und forstwirtschaftlichen Akademie Hohenheim. Hrsg. von dem Direktor und den Lehrern der Anstalt. Stuttgart 1863.

Birnbaum, K., Die Universitäten und die isolierten landwirtschaftlichen Lehranstalten. Gießen 1862.

Dünkelberg, Fr. W., Festschrift zur Feier des 50jähr. Jubiläums des landwirtschaftlichen Institutes zu Wiesbaden am 17. Oktober 1868. Wiesbaden 1869.

Feier, die, des 25jähr. Bestehens der landwirtschaftlichen Akademie Proskau. Oppeln 1872.

Funke, W., Der höhere landwirtschaftliche Unterricht in Württemberg. Stuttgart 1873.

v. Gohren, Th., Die landwirtschaftlichen Unterrichtsanstalten im KReich Preußen.: Land- und forstw. Unterrichtsztg., Jahrg. I, Heft 1. Wien 1887.

Hartstein, E., Ueber Zweck und Einrichtung höherer landwirtschaftlicher Lehranstalten. Nebst Beschreibung der höheren landwirtschaftlichen Lehranstalt zu Poppelsdorf. Bonn 1852.

v. Hohenbruck, A. und Fr. v. Zimmerauer, Der land- und forstwirtschaftliche Unterricht in den im Reichsrate vertretenen Königreichen und Ländern. Im Auftrage des k. k. Ackerbauministeriums verfaßt. Wien 1890.

Ideal einer praktisch ökonomischen Landesakademie für d. k. preußischen Staaten. Berlin 1879.

Jahresbericht der k. Landwirtschaftlichen Hochschule in Berlin für die Zeit vom 1. IV. 1892 bis 31. III. 1897. Jahrg. I—V. Berlin 1892—1897.

Joly, Ch., Der landwirtschaftliche Unterricht in Frankreich und anderen Ländern. Leipzig 1887.

v. Knieriem, W, Ueber das höhere landwirtschaftliche Unterrichtswesen und speziell über die landwirtschaftliche Abteilung des Polytechnikums zu Riga.: Journ. f. Landwirtschaft, Bd. XLI. Göttingen 1893.

Krämer, A., Die landwirtschaftliche Schule des eidgenössischen Polytechnikums zu Zürich. Bern 1871.

Kühn, Jul., Das Studium der Landwirtschaft an der Universität Halle. Geschichtliche Entwicklung und Organisation desselben. Eine Festschrift zur Feier des 25jährigen Bestehens des landwirtschaftlichen Instituts der Universität. Kottbus 1888.

Landwirtschaftliches Institut der Universität Halle. Mitteilungen desselben. Halle 1870 ff. (Das erste Publikationsorgan des Instituts war die „Zeitschr. des landw. Centralvereins der Prov. Sachsen.")

(Die) Landwirtschaftliche Akademie Proskau. Dargestellt von den Lehrern derselben. 4. Aug. Berlin 1872.

Löbe, W., Die landwirtschaftlichen Lehranstalten Europas, ihre Geschichte, Organisation und Frequenz. Stuttgart 1849.

Lorenz, J. R., Anschauung, Uebung, Anwendung, Erfahrung, Praxis mit Bezug auf den land- und forstwirtschaftlichen Unterricht. Wien 1877.

Mitteilungen der k. landwirtschaftlichen Akademie Poppelsdorf. I. Bonn 1869.

Mitteilungen der Landwirtschaftsschule des großherz. Polytechnikums zu Darmstadt. Hrsg. von den Docenten der Landwirtschaftschule. Heft 1 ff. Darmstadt 1870 ff.

Müller, O. H., Die Vorurteile gegen die (sogenannten militärberechtigten) „Landwirtschaftsschulen." Ein offenes Wort an die Landwirte. Leipzig 1891.

Scheidler, Lebensfrage der europäischen Zivilisation und die Bedeutung der Fellenbergschen (landwirtschaftlichen) Bildungsanstalten zu Hofwyl. Jena 1839.

Schober, H., Die Akademie Eldena. Ein Beitrag zur Geschichte des landwirtschaftlichen Unterrichtswesens. Greifswald 1843.

Schulz, F. C., Die landwirtschaftlichen Mittelschulen und das sogenannte Freiwilligenrecht. Bonn 1872.
Schulze, F. G., Das landwirtschaftliche Institut zu Jena. Nebst einer Abhandlung über höhere Bildung des deutschen Landwirts und Gutsbesitzers. Jena 1843.
—, Nachricht von dem landwirtschaftlichen Institute zu Jena im Jahre 1856. Leipzig.
v. Stein, L, Die staatswissenschaftliche und die landwirtschaftliche Bildung. Breslau 1880.
Stöckhardt, E. Th., Bemerkungen über das landwirtschaftliche Unterrichtswesen und namentlich über die Vorbildung angehender Landwirte auf Gewerbeschulen. Chemnitz 1851. (Pr.)
Uebersicht über die Organisation, die Zwecke, den Lehrplan, die Lehrmittel, Aufnahmebedingungen und sonstigen Verhältnisse der k. württembergischen land- und forstwirtschaftlichen Akademie Hohenheim. 3 Hefte. (Hohenheim) 1873 bis 1883.
Uebersichten der land- und forstwirtschaftlichen Lehranstalten in Oesterreich.: Land- u. forstw. Unterrichtsztg, Jahrg. I, Heft 1. Wien 1887.
Veit, R., Nachricht über die k. bayerische landwirtschaftliche Centralschule zu Schleifsheim und die k. bayerischen Staatsgüter Schleifsheim, Wolkenstephan und Fürstenried. München 1844.
Walz, G., Mitteilungen aus Hohenheim. 5 Hefte. Stuttgart 1653—60.
Weidenhammer, R., Die landwirtschaftliche Bildung und die zur Gewinnung derselben geeigneten Anstalten. Leipzig 1664.
—, Zweck und Organisation der landwirtschaftlichen Lehranstalten und Vorschläge zu deren Reorganisation. Düsseldorf 1863.
Wohltmann, F., Studien über landwirtschaftliches Unterrichts-Versuchs- und Bildungswesen in England und Schottland.: Landw. Jahrb, Bd. XVII. Berlin 1888.

Beretning om den höiere Landbrugsskole i Aas i Aarene 1862 sqq. Christiania 1865 sqq.
Jenkins, H. M., Agricultural education abroad and in U. Kingdom.: Rep. of R. Commission on techn. instr., vol. II. London 1883.
Годишенъ отчетъ на державного практическо земледѣлческо училище въ Садово (Rechenschaftsbericht über die Thätigkeit der praktischen Landwirtschaftsschule im Gouvernement Sadovo, für das Studienjahr 1886/87.) Philippopoli 1888.
Le Jeune, Exposé de l'enseignement et de l'organisation de l'Institut agricole de l'Etat (à Gembloux). Rapport pour la période de 1861 à 1867. Bruxelles 1868.
Loubié, H., Rôle et importance de l'enseignement agricole en France. Paris 1888.
Organisation lists of agricultural experiment stations and agricultural schools and colleges in the United States. Washington 1890.
Rapport sur l'enseignement agricole au Danemark.: Bulletin du Minist. de l'agricult., XVIe année. Paris 1897.
Scuole (le R.) pratiche o speciali di agricoltura nel triennio 1887—88, 1888—89, 1889—90. Roma 1892.
Scuole superiori agrarie all'estero: (Germania, Inghilterra, Belgio, Austria-Ungheria. Francia.) Roma 1887. (Annali di agricoltura, 1887 N° 124.)
Twenty two years' work of the Hampton Normal and Agricultural Institute at Hampton, Virginia. Hampton 1893.
Varagnac, Un apôtre de l'enseignement agronomique: Richard du Cantal.: Journ. d. Econ., année 1891, Juin. Paris.

## 2. Höhere Bergschulen und Bergakademien.

Caspaar, Die Entwicklung des höheren montanistischen Unterrichtes in Oesterreich-Ungarn seit 50 Jahren.: Monatsschr. statist., Jahrg. XVII. Wien 1891.
Bergakademie und Bergschule zu Klausthal. Jahresberichte 1 ff. Klausthal 1872 ff.
Bergakademie zu Freiberg. Zur Erinnerung an die Feier des 100jährigen Geburtstages Werners, 25. Sept. 1850. Freiberg 1850.

**Festschrift** zum 100jährigen Jubiläum der k. sächsischen Bergakademie zu Freiberg am 30. Juli 1866. Dresden.

**Gedenkbuch** zur hundertjährigen Gründung der k. ungarischen Berg- und Forstakademie in Schemnitz, 1770—1870. (Schemnitz) 1871.

**Huyßen**, A., Ueber die Errichtung einer hüttenmännischen Lehranstalt in Oberschlesien. Breslau 1853.

**Lehrplan**, allgemeiner, für die höheren k. k. Montanlehranstalten (Bergakademien) des österreichischen Kaiserstaates. Schemnitz 1862.

**Noeggerath**, J., Die k. Bergakademie zu Berlin. Berlin 1865.

**Regulativ** für den Besuch der k. Bergakademie zu Freiberg und die nachfolgende Vorbereitung zum Berg- und Hüttendienst. Freiberg 1880.

**Römer**, J., Die preußischen Bergschulen. Breslau 1864.

**Tunner**, Die steiermärkisch-ständische montanistische Lehranstalt zu Vordernberg o. O. u. J.

**Discussions** on technical education, at the Washington meeting of the American Institute of mining engineers and at a joint meeting of the American Society of civil engineers, and the American Institute of mining engineers at Philadelphia. New York 1876.

### 3. Forstlehranstalten.

**Fürst**, H., Chronik der k. bayerischen Forstlehranstalt Aschaffenburg für die Jahre 1844—1894. Zu Ehren ihres 50jähr. Bestehens herausgegeben. Aschaffenburg 1894.

**Heß**, Rich., Die forstliche Unterrichtsfrage. Berlin 1874.

**Judeich**, F., Zur Geschichte der Forstakademie Tharand während der 25 Jahre vom Sommerhalbjahr 1866 bis zum Schluß des Winterhalbjahrs 1890/91. Dresden 1891.

**Schindler**, K., Die k. k. Forstlehranstalt zu Mariabrunn. Eine geschichtlich-statistische Darstellung seit ihrer Entstehung bis zur Gegenwart. Wien 1863.

—, Schematismus und Statistik der Staatsforste, der forstlichen Lehranstalten und Vereine des österreichischen Kaisertums. Jahrg. 1. (einz.) Wien 1864.

**Tharander** Jahrbuch zugleich Festschrift zum 50jährigen Jubiläum der Akademie im Jahre 1866. Hrsg. von Judeich, Schober, Preßler etc. Leipzig 1866.

**Programme** des conditions d'admission à l'École Impériale forestière. Année 1866. Paris.

**Brown**, J. C., The schools of forestry in Europe. A plea for the creation of a school of forestry in connection with the arboretum at Edinburgh. Edinburgh 1877.

**Ordinamento** dello Istituto forestale di Vallombrosa. Roma 1886.

### 4. Handelsschulen.

**Amthor**, E., Festrede zum 25jährigen Jubiläum der Amthorschen Handelsschule in Gera am 5. Oktober 1874. 2. Aufl. Gera 1880.

**(Benser**, A.) Die Gründung und Entwicklung der öffentlichen Handelslehranstalt der Dresdner Kaufmannschaft (1854—1879). Dresden 1879.

**Berliner** Handelsschule, die. Berlin 1865.

**Böhmert**, V., Handelshochschulen. Denkschrift zur Errichtung handelswissenschaftlicher Abteilungen an den technischen Hochschulen und Universitäten. Dresden 1897.

**Classen**, J., Die ehemalige Handelsakademie des Prof. J. G. Büsch und die Zukunft des akademischen Gymnasiums in Hamburg. Hamburg 1865.

**Cleminius**, J. G., Plan einer höhern merkantilischen Bildungsanstalt, welche in Frankfurt zu Ostern ihren Anfang nehmen wird. Frankfurt a. M. 1805.

**Detekind**, J. L. U., Die höhere Handelslehranstalt oder die merkantilische Abteilung des herzoglichen Collegii Carolini zu Braunschweig, in ihren Grundzügen dargestellt. Braunschweig 1836.

**Glasser**, Fr., Die Entwicklung des kommerziellen Unterrichts in Oesterreich und besonders in Wien. Wien 1891.

**Handelslehranstalt,** öffentliche, zu Chemnitz. Jahresbericht über das I.—XLVII. Schuljahr. Chemnitz 1949—1996.
**Handelslehranstalt,** öffentliche, der Dresdener Kaufmannschaft. I.—XLII. Jahresbericht. Dresden 1854—96.
**Handelsschulen,** über. Ein Wort an Alle, welche sich für den Handelsstand interessieren, namentlich an die Väter künftiger Kaufleute. Hildesheim 1964.
**Hopf, G.,** Festrede bei der Jubelfeier des 50jährigen Bestehens der kaufmännischen Innungshalle zu Gotha und der damit verbundenen Handelsschule am 29. März 1868. Gotha 1868.
**Katte,** Rückblick auf den Zweck, die Errichtung und den Entwicklungsgang der Berliner Handelsschule während ihres 25jährigen Bestehens. Berlin 1873.
**Kaulich,** Vierzig Jahre der Prager Handelsakademie.: XL. Jahresbericht der Anstalt. Prag 1896, S. 5 ff.
**Lindwurm, A.,** Handels- (tauschwirtschaftliche) Akademie zu Bonn. Braunschweig 1870.
**Müller, Joh. Nik.,** Vorschlag, auf k. Georg-Augusts-Universität eine Handlungsakademie zu errichten. (Göttingen) o. J.
**Organisationsplan** der Handelsschule zu München. München 1868.
**Richter, H. M.,** Die Entwicklung des kaufmännischen Unterrichts in Oesterreich nebst einer dokumentarischen Geschichte der Wiener Handelsakademie. Wien 1873.
**Satzungen** für die städtische Handelsschule in München. 4 Hefte. München 1877—78.
**Statuten** der Handelsschule zu Karlsruhe. Karlsruhe 1877.
**Wolfrum, C.,** Die öffentliche Handelslehranstalt zu Leipzig in den Jahren 1831—1881. Zur Jubelfeier am 23. Januar 1881. Leipzig 1881. (Herausgegeben von der Kramerinnung zu Leipzig.)
**Zimmermann, W.,** Kulturzustände an der öffentlichen Handelslehranstalt zu Leipzig, unter der Direktion des Herrn C. G. Odermann. Leipzig 1867.

---

**Annuaire** de l'enseignement commercial et industriel, publié sous la direction de G. Paulet (chef du bureau de l'enseignement commercial au Ministère du commerce.) Ière—VIème année. Paris 1892—1895.
**Écoles,** les, de commerce et l'enseignement complémentaire commercial en Suisse. Genf 1897.
**Jourdan, E. et G. Dumont,** Étude sur les écoles de commerce en Allemagne, en Autriche-Hongrie, en Belgique, en Danemark, en Italie, en Roumanie, en Russie, en Suède, en Suisse (l'Europe moins la France) et aux États-Unis d'Amérique. Paris 1896.
**Léautey, E.,** L'instruction commercial et les écoles de commerce en France et dans le monde entier. Paris 1886.
**Minot, E.,** L'enseignement commercial et les écoles de commerce en France et dans le monde entier.: Journ. de la Soc. de stat., XXVIIIe année. Paris 1887.
**Notizie e documenti** sulle scuole superiori commerciali di Venezia, Parigi ed Anversa. Roma 1880.
**Siegfried, J.,** Les écoles supérieures de commerce. Mulhouse 1870.
**Truan, H.,** Les écoles de commerce. 2e éd. Paris 1879.
**Marchi, A.** (prof.), Le scuole superiori di commercio e la loro evoluzione; la cattedra di ragioneria sperimentale ed i concorsi pel banco modello. Potenza 1894.

### 5. Technische Schulen.

(Gewerbe-, bezw. Polytechnische, Kunstgewerbe- und Kunstschulen. Technische Hochschulen.)

**a. Allgemeines und Internationales.**

**Fürstedler, L.,** Beobachtungen über die Fortschritte auf dem Gebiete der Industrie und des gewerblichen Unterrichts. Nach den Berichten der vom niederösterr. Gewerbeverein zur Pariser Weltausstellung entsendeten Lehrer. Wien 1868.

**Kugler, F**, Ueber die Anstalten und Einrichtungen zur Förderung der bildenden Künste und zur Konservation der Kunstdenkmäler in Frankreich und Belgien, nebst Notizen über einige Kunstanstalten in Italien und England. Berlin 1846.

**v. Zahn, A.**, Bericht über die Resultate des Kunstunterrichts in Bezug auf den Fortschritt der Kunstgewerbe nach den Ergebnissen der Pariser Weltausstellung von 1867. Leipzig 1868.

**Annual report**, VIII.th, of the Commissioner of Labor, 1892: Industrial education. Washington 1893. (Contents in a vol. of 707 pp.: Present status of industrial education in the United States, in Austria, in Belgium, in France, in Germany, in Great Britain, in Switzerland, in Italy, in Russia and in Scandinavian countries, etc.)

### b. Die Staaten des Deutschen Reichs.

#### b¹. Deutschland im allgemeinen.

**Adler, A.**, Leitfaden der Volkswirtschaftslehre zum Gebrauche an höheren Fachlehranstalten etc. 2. Aufl. Leipzig 1890.

**v. Bauernfeind, C. M.**, Ueber die Organisation der Studien und Prüfungen an den deutschen Bau- und Ingenieurschulen. München 1876.

**Böhmert, W.**, Das Studium der Wirtschaftswissenschaften an den technischen Hochschulen. Zürich 1872.

**Bücher, K.**, Die gewerbliche Bildungsfrage und der industrielle Rückgang. Eisenach 1877.

**Fischer, F.**, Das Studium der technischen Chemie an den Universitäten und technischen Hochschulen Deutschlands etc. Braunschweig 1897.

**Holzapfel, E.**, Die technischen Schulen und Hochschulen und die Bedürfnisse der deutschen Industrie. Eine Denkschrift der herz. h. Regierung und den Mitgliedern des Anhaltischen Landtages ehrerbietigst überreicht. Leipzig 1893.

**Kalender** für die technischen Hochschulen und Bergakademien des Deutschen Reiches. Bearbeitet von W. Scheffler. Jahrg. I—VI (letzter) für die Jahre 1888/89—1893/94. Leipzig.

**Köhler, H. G.**, Ueber die zweckmäfsigste Einrichtung der Gewerbeschulen und der polytechnischen Institute. Göttingen 1830.

**Koristka, C.**, Der höhere polytechnische Unterricht in Deutschland, in der Schweiz, in Frankreich, Belgien und England. Gotha 1863.

**Meyer, B.**, Die Beziehungen der Gewerbezeichenschulen zur Kunstindustrie und zur Volksbildung. Berlin 1870.

**Prinzipien** der Organisation polytechnischer Schulen. Als Resultat wiederholter und eingehender Beratungen aufgestellt und empfohlen vom Vereine deutscher Ingenieure, nach Beschlufs seiner Hauptversammlung zu Breslau im Sept. 1865. Berlin 1868.

**Resolutionen** der Hauptversammlung des Vereins deutscher Ingenieure, betreffend die einheitliche Entwicklung der deutschen technischen Hochschulen und die Einführung einer technischen Reichsprüfung. Berlin 1876.

**Rücklin, Fr.**, Die Volksgewerbeschule, ihre sozialwirtschaftliche Aufgabe, ihre Methode und naturgemäfse Gestaltung. Leipzig 1888.

**Schaefer, W.**, Das wirtschaftliche Studium auf technischen Hochschulen.: Vierteljahrsschr. f. Volksw., Jahrg. XXXIII. Berlin.

**Schödler, T.**, Die höheren technischen Schulen, nach ihrer Idee und Bedeutung, dargestellt und erläutert durch die Beschreibung der höheren technischen Lehranstalten zu Augsburg, Braunschweig, Karlsruhe, Kassel, Darmstadt, Dresden, München, Prag, Stuttgart, Wien. Braunschweig 1847.

**Schwabe, H**, Die Organisation von Kunstgewerbeschulen in Verbindung mit dem deutschen Gewerbemuseum in Berlin. Berlin 1868.

**Verhandlungen** der Versammlung von Delegierten der deutschen technischen Hochschulen am 31. März, 1. u. 2. April 1880 zu Berlin. Berlin 1880.

**Zeitschrift** für technische Hochschulen. Organ des allgemeinen deutschen Polytechnikerverbandes. Jahrgänge 1—VI. Hannover 1876—1881 (soweit als erschienen).

**Zöller, E.**, Die Universitäten und technischen Hochschulen. Ihre geschichtliche Entwicklung und ihre Bedeutung in der Kultur, etc. Berlin 1891.

**Beaulieu, N. A.**, Coup d'oeil sur l'enseignement industriel dans quelques états d'Allemagne. Bruxelles 1849.
**Buyse, D.**, Les écoles professionnelles et les écoles d'art industriel en Allemagne et en Autriche. Bruxelles 1898.
**de Cuyper, C.**, L'enseignement technique supérieur dans l'Empire d'Allemagne. Liége 1875.
**Rapport** sur l'organisation de l'enseignement industriel en Allemagne et en Suisse. (Paris) 1864.

### b¹. Baden.

**Nebenius, C. F.**, Über technische Lehranstalten in ihrem Zusammenhange mit dem gesamten Unterrichtswesen und mit besonderer Rücksicht auf die polytechnische Schule zu Karlsruhe. Karlsruhe 1832.
**Organisation** der polytechnischen Schule. Karlsruhe 1865. (Grofsh. badisches Regierungsblatt, N° 9.) [1825 als polytechnische Schule gegr., 1832—1865 Polytechnikum, seit 1867 technische Hochschule.]

### b². Bayern.

**Bestimmungen**, organische, für die polytechnische Schule in München. München 1868. [1827 als polytechnische Centralschule gegr., 1864 Polytechnikum, 1877 technische Hochschule.]
**Entwurf** einer zeitgemäfsen Organisation des technischen Unterrichtes, zunächst im Hinblick auf die bevorstehende Reorganisation des technischen Unterrichtswesens in Bayern. Leipzig 1862.
**Hermann, F. B. W.**, Ueber polytechnische Institute im allgemeinen und über die Erweiterung der technischen Schule zu Nürnberg insbesondere. Nebst Anhang: Ueber die Einrichtung der polytechnischen Schulen zu Prag, Wien und Berlin. Nürnberg 1828. — Derselbe, Ueber polytechnische Institute, 2. Heft: Versuch einer Darstellung der Anstalten für technische Bildung in Frankreich, mit Hinsicht auf das Schulwesen in Bayern. Ebd. 1829.
**Horváth, J.**, Das bayerische technische Unterrichtswesen. Bericht an den k. ungar. Staatsminister für Kultus- und Unterrichtswesen. Teil 1. Nürnberg 1875.
**Industrie, die**, Augsburgs mit Rücksicht auf die polytechnische Schule. Augsburg 1862.
**Industrie, die**, Nürnbergs mit Rücksicht auf die polytechnische Schule. Nürnberg 1861.
**Schulordnung** für die technischen Lehranstalten in Bayern, als Gewerbeschule, Realgymnasium und polytechnische Schule nebst der bezüglichen Verordnung vom 14. V. 1864. Würzburg 1864.
**Verhandlungen** über die Organisation der Gewerbeschulen in Bayern. München 1871.
**Verordnung**, k. Allerh., vom 16. II. 1833, die Gewerbe- und polytechnischen Schulen betreffend, und Vollzugsvorschriften zu dieser Verordnung über die technischen Unterrichtsanstalten des Kreichs Bayerns vom 4. IV. 1836. München 1836.

### b⁴. Braunschweig.

**Gesetze** für die Studierenden des Collegii Carolini. Braunschweig 1823.
**Schreiben** eines Braunschweigers an einen auswärtigen Freund, die Errichtung einer Universität, oder eines polytechnischen Instituts in Braunschweig betreffend. Braunschweig 1831.
**Uhde, A.**, Die höhere technische Lehranstalt, oder die technische Abteilung des herzoglichen Collegii Carolini zu Braunschweig. Braunschweig 1836.

### b⁵. Hansestädte.

**Bericht** der Gewerbeschule zu Lübeck aus den Jahren 1841—76. Lübeck.
**Gewerbeschulen**, über, und gewerbliche Museen. Hamburg 1863. (Hrsg. auf

Veranlassung der Hamburger Gesellschaft zur Beförderung der Künste und Gewerbe.)
Melchior, C., Das Gewerbeschulwesen in Hamburg. Hamburg 1891.

### b⁴. Hessen.

Feier, die, des 25jährigen Stiftungstages der höheren Gewerbeschule zu Darmstadt am 12. Juli 1861. Darmstadt.
Festschrift zu der Jubelfeier des 50jährigen Bestehens der grofsh. technischen Hochschule zu Darmstadt. Darmstadt 1886. [1836 als Gewerbeschule gegr., 1864—69 Polytechnikum, seit 1877 technische Hochschule.]
Harres, B., Die höhere Gewerb- und Realschule zu Darmstadt. Darmstadt 1845. (6 lith. Tafeln mit Text.)
Külp, E, Die höhere Gewerbeschule zu Darmstadt nach Zweck und Einrichtung. Darmstadt 1850.
Schacht, Th., Ueber Zweck und Einrichtung der höheren Gewerbeschule des Grofshzt. Hessen und der damit verbundenen Realschule zu Darmstadt. Darmstadt 1834.

### b⁵. Preufsen.
#### b⁵ᵃ. Preufsen im allgemeinen.

Geisenheimer, L., Die preufsischen Fachschulen. Ein Mahnruf an Staat und Industrie. Breslau 1877.
Lüders, K., Denkschriften über die Entwicklung der gewerblichen Fachschulen und der Fortbildungsschulen in Preufsen während der Jahre 1879 bis 1890. Berlin 1891.
—, und O. Simon, Denkschrift über die Entwicklung der gewerblichen Fortbildungsschulen und der gewerblichen Fachschulen in Preufsen während der Jahre 1891 bis 1895. Berlin 1896.
Meyer, Moritz, Technik und Nationalökonomie. Ein Wort über das Studium und die Stellung der Nationalökonomie an den technischen Hochschulen. Berlin 1879.
Pfuhl, E., Die Fach- und Gewerbeschulen Preufsens. Vortrag. Königsberg 1876.
Richter, F., Das gewerbliche Bildungswesen in Preufsen mit besonderer Berücksichtigung des gewerblichen Fortbildungsunterrichts. Berlin 1891.
Unterrichtswesen, technisches, in Preufsen. Denkschriften. 4 Hefte. Berlin 1879.
Verhandlungen der ständigen Kommission für das technische Unterrichtswesen zu Berlin am 5. und 6. Juni 1891. Berlin 1891.
Verhandlungen der ständigen Kommission für das technische Unterrichtswesen zu Berlin am 13. und 14. Januar 1896. Berlin 1897.

Beaulieu, Notices sur les écoles d'industrie en Prusse. Bruxelles 1835.

#### b⁵ᵇ. Gewerbeschulen. Höhere Gewerbeschulen. Technische Hochschulen.

Adler, F., Die Bauschule zu Berlin von C. F. Schinkel. Festrede. Berlin 1869.
Bericht über die Entwicklung, die Verfassung und den Lehrplan der höheren und niederen Gewerbeschule zu Barmen. Barmen 1868.
Bertram, Ueber die Entwicklung des gewerblichen Schulwesens in Berlin.; Verhdlgn. d. V. z. Beförd. d. Gewerbfleifses, Jahrg. 1895, Heft 9. Berlin.
Brutschke, F., Ueber die Mifsstände auf der Gewerbeakademie zu Berlin. Berlin 1879.
Gallenkamp, Die Friedrichs-Wersche Gewerbeschule in Berlin nach ihrer prinzipiellen Stellung und ihrer geschichtlichen Entwicklung. Berlin 1874. (Festschrift.)
Geisenheimer, L, Vorschläge zur Gestaltung der preufsischen Gewerbeschulen. Leipzig 1875.
Grothe, Geschichte und Zweck der Gewerbeschulen. Hagen 1848. (Pr.)
Grundsteinlegung, die, der k. rheinisch westfälischen polytechnischen Schule zu Aachen. Aachen 1865.

**Hehl,** Die Reorganisation der höheren Gewerbeschule in Kassel. Ein Beitrag zur praktischen Pädagogik. 2 Hefte. Kassel 1849—1850.

—, Die höhere Gewerbeschule in Kassel, und deren Anfeindungen. Kassel 1865.

**Hobrecht, J.,** Vortrag gehalten im Architektenverein zu Berlin. Nebst der Erwiderung darauf: Vortrag von W. Böckmann. Berlin 1878. (Die Vorträge behandeln die Reorganisation der preufsischen Gewerbeschulen.)

**Hochschule, k.** technische Hochschule zu Berlin (gegr. als technische Schule 1821, 1870—79 Gewerbeakademie, verbunden mit Bauakademie). Programme für das Studienjahr 1879/80 u. ff. Berlin.

— Festschrift der k. technischen Hochschule zu Berlin zur Feier der Einweihung ihres neuen Gebäudes am 2. November 1884. Berlin 1884.

**Hochschule, k.** technische, zu Hannover (gegr. 1831 als höhere Gewerbeschule, 1847—1879 Polytechnikum). Programme für das Studienjahr 1879/80 u. ff. Hannover.

— Beschreibung der Jubelfeier des 25jährigen Bestehens der Technischen Hochschule im Juni 1881. Hannover 1881.

**Holzapfel,** Kurze Geschichte der höheren Gewerbe- und Handelsschule (jetziger Realschule I. Ordn.) zu Magdeburg. Magdeburg 1870.

**Jacobi, V.,** Nachrichten über das Gewerbeschulwesen in Preufsen und Sachsen, auch Stuttgart, Nürnberg und Karlsruhe. Leipzig 1842.

**Karmarsch, K.,** Festrede zur Feier des 25jährigen Bestehens der polytechnischen Schule in Hannover. Hannover 1856.

—, Die höhere Gewerbeschule in Hannover. 2. Aufl. Hannover 1844.

—, Die polytechnische Schule zu Hannover 1849; dasselbe, 2. Aufl. ebd. 1856.

**Krüger,** Geschichte der Gewerbeschule in Saarbrücken. I. Teil. Saarbrücken 1886. (Pr.)

**Laboratorien,** die chemischen, der k. rheinisch-westfälischen Hochschule zu Aachen. Aachen 1879. (1870 als Polytechnikum gegründet, wurde das Institut 1880 technische Hochschule.)

**Langhoff, Fr.,** Beitrag zur Geschichte der preufsischen Provinzialgewerbeschulen und Geschichte der Provinzialgewerbeschule zu Potsdam. Potsdam 1860.

**Launhardt,** Die k. technische Hochschule zu Hannover von 1831 bis 1881. Zur Jubelfeier des 50jähr. Bestehens der Hochschule. Hannover 1881.

**Nachrichten an das Publikum** über den Zweck und die Einrichtungen der hiesigen städtischen Gewerbeschule. Berlin 1840.

**Neumann, R.,** Die polytechnische Hochschule und die Bauakademie. Ein Wort zur Tagesfrage. Berlin 1876.

**Nottebohm, F. W.,** Chronik der k. Gewerbeakademie zu Berlin. Festschrift zur Feier des 50jähr. Bestehens der Anstalt. Berlin 1871.

**Pütsch, A.,** Die Reorganisation der Gewerbeschulen und der von ihr zu erwartende Nutzen.: Glasers Annalen. Berlin 1879.

**Regulativ** für die Organisation des k. Gewerbeinstituts in Berlin vom 23. August 1860. Berlin 1860.

**Regulativ** für die k. preufsischen Navigationsschulen. Berlin 1881.

**Reorganisation,** die, der Provinzialgewerbeschule zu Aachen. Aachen 1877.

**Schrader, W.,** Bericht über die ersten zehn Jahre der k. Provinzialgewerbeschule zu Halle a. d. S. vom Oktober 1852 bis Sept. 1862. Halle 1862.

**Spennrath, J.,** Bericht über die Gewerbeschule zu Aachen für die Zeit vom I. XI. 1886 bis 14. IV. 1891. 3 Teile. Aachen.

**Umgestaltung,** die, der Provinzialgewerbeschulen und die Berliner Konferenz. Köln 1878.

**Verordnungen** über die Umgestaltung der bestehenden und die Errichtung neuer Gewerbeschulen in Preufsen vom 21. März 1870. Berlin 1870.

**v. Weber, M. M.,** Eisenbahnakademien. Leipzig 1874.

**Wernicke, Ad.,** Bericht über die Provinzialgewerbeschule zu Görlitz von ihrer Gründung im April 1852 bis Oktober 1862. Görlitz 1862.

### b⁴. Sachsen.

**Franke,** C. A. und J. A. **Schubert,** Die polytechnische Schule als Grundlage aller technischen Fachschulen Sachsens. Dresden 1849.

**Gottschaldt,** A., Der Neubau der k. technischen Lehranstalten zu Chemnitz. Chemnitz 1878. Mit 5 Grundrissen und 2 Ansichten. (Pr.)

**Habilitationsordnung** am k. Polytechnikum. Dresden 1876.

**Hülsse,** Die k. polytechnische Schule (technische Bildungsanstalt) zu Dresden während der ersten 25 Jahre ihres Wirkens. Dresden 1853. (Das Institut zählt seit 1890 zu den technischen Hochschulen.)

**Organisationsplan** der k. sächsischen polytechnischen Schule zu Dresden, genehmigt durch Verordnung des k. Ministeriums des Innern vom 31. I. 1865. Dresden.

**Organisationspläne** für die technische Bildungsanstalt, dermalen k. polytechnischen Schule zu Dresden. 6 Hefte. Dresden 1830—1865.

**Pomsel,** L. T., Einige Gedanken über die ersten Grundzüge für Einrichtung von Gewerbeschulen, besonders in Sachsen. Chemnitz 1832.

**Programme** der k. Gewerb- und Baugewerkenschule zu Chemnitz; von 1856 an auch mit: der Werkmeisterschule, und von 1863 an: der k. höheren Gewerbeschule, Baugewerkenschule und Werkmeisterschule. Chemnitz 1837 ff.

**Programme** der technischen Bildungsanstalt und der k. Baugewerkenschule zu Dresden; von 1852 an: der k. polytechnischen Schule und k. Baugewerkenschule, und von 1869 an: der k. polytechnischen Schule. Dresden 1836 ff.

**Schnedermann,** G. H. E., Die k. Gewerbeschule zu Chemnitz in den ersten 25 Jahren ihres Bestehens. Chemnitz 1862. (Pr.)

**Wort,** ein, in Angelegenheiten der gewerblichen Fortbildung, insbesondere der Gewerbeschule des Gewerbevereins zu Dresden. Dresden 1861.

### b⁵. Württemberg.

**Bäumer,** Die Bedeutung des kunstgewerblichen Unterrichts für Württemberg. Vortrag, gehalten im Polytechnikum 6. III. 1870. Stutgart 1870.

**Denkschrift** zur Feier der Einweihung des neuen Gebäudes der k. polytechnischen Schule zu Stuttgart am 30. Sept. und 1. Oktober 1864. Stuttgart 1864. (Das 1829 als Gewerbeschule gegründete Institut wurde 1862 technische Hochschule.)

**Dorn,** A., Pflege und Förderung des gewerblichen Fortschrittes durch die Regierung in Württemberg. Wien 1868.

**Finckh,** F. L., Ueber Gewerbeschulen und ihre Einrichtung in Württemberg. Stuttgart 1829.

**Genauck,** C., Gewerblicher Unterricht in Württemberg. Reichenberg 1882.

**Kapff,** H. C., Ueber die Einrichtung von Real- und Gewerbeschulen mit besonderer Rücksicht auf Heilbronn. Heilbronn 1841.

**Wartmann,** J., Bericht über die technischen Anstalten in Stuttgart, Nürnberg und Karlsruhe, nebst Vorschlägen über die Einrichtung einer solchen Schule. St. Gallen 1839.

### c. Ausserdeutsche Kulturstaaten.

#### c¹. Belgien.

**Alvin,** L., L'alliance de l'art et de l'industrie dans ses rapports avec l'enseignement du dessin en Belgique. Bruxelles 1863.

**Ecole** professionnelle de Verviers. Règlement organique. Bruxelles 1862.

**Ecoles** préparatoires et spéciales du génie civil et des arts et manufactures annexées à l'Université de Gand. Bruxelles 1862.

**Ecoles** spéciales des arts et manufactures et des mines annexées à l'Université de Liége. Bruxelles 1864.

**Gauthy,** E., Influence de l'enseignement sur la prospérité industrielle et commerciale. Bruxelles 1860.

**Rapport,** adressé par M. Trasenster etc. sur la situation de l'enseignement industriel dans les collèges et autres écoles moyennes, en 1849. Bruxelles 1849.

**De Vaux,** Enseignement supérieur. Bruxelles 1852. (Behandelt die höheren gewerblichen Unterrichtskurse an der Universität Lüttich.)

Genauck, C., Die gewerbliche Erziehung durch Schulen, Lehrwerkstätten, Museen und Vereine im Königreich Belgien. 2 Teile. Reichenberg 1857.

### c². Dänemark. Schweden und Norwegen.

Ofversigt of Chalmerska slöjd-skolan (Gewerbe- und Handfertigkeitsschule) i Götheborg. Arbeten och förhallanden. Götheborg 1840.
Oversight over Trondhjems tekniske Læreanstalts virksomhed. I. skoleaaret 1878/79. Trondhjem (Drontheim) 1879.
Steen, A., Den Polytekniske Lärcanstalt första halvhundrede Aar: 1829—79. Kjøbenhavn 1879.
Thalbitzer, V. A. og W. Toussieng, Den tekniske Undervisning og den dermed i Forbindelse staaende kunstnoriske Undervisning i Sverige, Norge og Danmark. Kopenhagen 1895. (Verbindung des technischen mit dem kunstgewerblichen Unterricht in Skandinavien.)
Tekniska Högskolan. Underdånigt betänkande och förslag till utvidgning or omorganisation of tekniska högskolan. Stockholm 1891.

Vachon, M., Rapport à M. le ministre de l'instruction publique et des beaux-arts sur les musées et les écoles d'art industriel et sur la situation des industries artistiques en Danemark, Suède et Norvège. Paris 1889.

### c³. Grofsbritannien.

City and guilds of London Institute for the advancement of technical education. Calendar for the sessions 1896 to 1894. London.
Conversation upon knowledge, happiness, and education; between a mechanic and a patron of the London Mechanics' Institution. London 1929.
Dawson, C., The want of industrial and practical education in Irish national schools.: Journ. of the Stat. etc. Soc. of Irel. Year 1896. Dublin.
Directory with regulations for establishing and conducting schools of art, and promoting general art education. London 1860.
Directory with regulations for establishing and conducting science and art schools and classes. London 1890.
Gordon, L., University of Glasgow. A synopsis of lectures, on civil engineering and mechanics. Glasgow 1849.
Graham-Smith, C., Address on the education of a civil engineer at the opening meeting of the Edinburgh and Leith Engineers' Society. London 1876.
Hartington (the Marquis of), H. E. Roscoe, A. H. D. Acland etc., The industrial value of technical training.: Contemp. Rev. London 1889.
Lineham, R. S., A directory of science, art and technical colleges, schools and teachers in the U. Kingdom, including a brief review of educational movements during the year 1895. London 1896.
Llewellyn Smith, H., Report to the special committee (of London County Council) on technical education. London 1892.
Mill, J., What is industrial and technical education. London 1871.
Montague, F. C., Technical Education. A summary of the report of the Royal Commission, appointed to inquire into the state of technical instruction, etc. London 1887.
Prospectus of the National Association for the promotion of technical education. London 1890.
Report from the select Committee on scientific instruction. London 1568. (Blue book.)
Reports of Royal Commission on Science and Art Department. 43 annuals. London 1854—90. (Parliam. paper.)
Reports of Royal Commission on technical instruction. 6 parts. London 1882—84. (Parl. paper.)
Robins, E. Cookworthy, Technical school and college building, being a treatise on the design and construction of applied science and art buildings, etc. With a chapter on technical education. London 1887. With 63 plates.

**Royal College** of Science for Ireland (Science & Art Department). Directory for the session 1887—88. Dublin 1887.
**School Board** for London. Report of the Industrial schools Committee. 19 parts. London 1877—95.
**Studies in secondary education.** Edited by A. H. D. Acland and Llewellyn Smith. London 1892. (Die „special district studies" behandeln den höheren technischen Unterricht in London. Liverpool, Birmingham, etc.)
**Sullivan**, W. K , Scheme of technical education for Ireland.: Rep. of R. Commission on techn. inst., vol. III. London 1883.
**Taylor**, J. R., The rise and progress of mechanics' institutes in England. London 1860.
**Technical education** in England and Wales. London 1889. (Enthält u. a.: The Science and Art Department. — The city and guilds of London Institute. — Secondary and higher education )
**Transactions** of the Society, instituted at London, for the encouragement of arts, manufactures, and commerce; with the premiums offered in the years 1783—1840. Vol. I—LV. London 1783—1840.

**de Stuers**, A., Rapporten over het kunstonderwijs in Engeland en het South-Kensington-Museum te London. 's Gravenhage 1878.
**Tylor**, A., Industrie und Schule. Mitteilungen aus England, deutsch bearbeitet von B. v. Gugler. Stuttgart 1865.
**Vachon**, M., Rapport sur les musées et les écoles d'art industriel en Angleterre. Paris 1890.

c¹. Frankreich.

**Andréani**, A., Les écoles françaises civiles et militaires. Paris 1891. (Table: Ecoles d'agriculture. — Ecoles commerciales. — Ecoles d'instruction technique. — Ecoles de la marine etc.)
**Annuaire** de l'Ecole royale polytechnique pour 1834 à 1846. Paris 1833—46.
**Arago**, D. F., Sur l'ancienne Ecole polytechnique. Paris 1853.
**de Camberousse**, Ch., Histoire de l'Ecole centrale des arts et manufactures depuis sa fondation jusqu'à ce jour. Paris 1879. Av. 4 planches.
**Coq**, P., Cours d'économie industrielle à l'école municipale Turgot. Paris 1878.
**Cougny**, G., L'enseignement professionnel des beaux-arts dans les écoles de la ville de Paris. Paris 1888.
**Ecole des arts et manufactures**, destinée à former des ingénieurs civils, des directeurs d'usines etc. Année 1845/46 ss. Paris 1846 ss.
**Enquête** sur l'enseignement professionnel ou recueil de déposition faites en 1863 et 1864 devant la Commission de l'enseignement professionnel. 2 vols. Paris 1864—65.
**Fourcy**, A., Histoire de l'Ecole polytechnique. Paris 1828.
**Guettier**, A., Histoire des écoles impériales d'arts et métiers: Liancourt, Compiègne, Beaupréau, Châlons, Angers, Aix. Paris 1865.
**Hachette**, Correspondance sur l'Ecole impériale polytechnique, à l'usage des élèves de cette école. 3 tomes. Paris 1808—16.
**Marjolin**, Les écoles techniques et professionnelles. Paris 1876.
**Pinet**, G., Histoire de l'Ecole polytechnique. Paris 1887.
**Programme des conditions d'admission** à l'Ecole Impériale polytechnique. Paris 1866.
**Programme des conditions d'admission** à l'Ecole impériale centrale des arts et manufactures. Paris 1866.
**Programme des conditions d'admission** aux écoles impériales d'arts et métiers. Paris 1866.
**Schoenhof**, J. (Consul at Tunstall), Technical education in Europe. Irst part: Industrial education in France. Washington 1888. (Enthält auch ausführliche Berichte über Handelsschulen, Kunstschulen und Kunstgewerbemuseen in Frankreich.)
**Trois écoles nationales professionnelles**, les. Paris 1888.

Bücher, Karl, Lehrlingsfrage und gewerbliche Bildung in Frankreich. Eisenach 1878.
v. Dumreicher, A. (Frh.), Ueber den französischen Nationalwohlstand als Werk der Erziehung. Studien über Geschichte und Organisation des künstlerischen und technischen Bildungswesens in Frankreich. Wien 1879. (I. Studie.)
Hermann, F. B., Über polytechnische Institute im Allgemeinen und Anstalten für technische Bildung in Frankreich. Nürnberg 1828.
v. Nördling, W., Ueber das technische Schul- und Vereinswesen Frankreichs. Wien 1881.

### c⁴. Italien.

Andreucci, O., Dell Istituto superiore di studi pratici e di perfezionamento in Firenze. Firenze 1870.
Boccardo, G., Regio Istituto tecnico industriale, professionale e di marina mercantile di provincia di Genova. Genova 1867.
Istituti industriali e professionali e scuole militari e di marina militare. 2 parti: Anni scolastici 1863/64—1865/66; 1868 69. Firenze 1867—70. (Statistica del regno d'Italia.)
Istituti tecnici, gli, in Italia. Firenze 1869.
Istruzione industriale et professionale, la, in Italia nell' anno 1878. Relazione. Roma 1879.
Jervis, G., Reale Museo industriale Italiano. Torino 1869.
Levi, Leone, Report on technical, industrial, and professional education in Italy and other countries. London 1868. (Parl. paper.)
Mariotti, F., Professioni, impieghi o nuovi studi a cui sono rivolti i giovani licenziati dall' Istituto tecnico di Firenze. Firenze 1875. (Enthält einen Bericht über die Jahre 1859—1875 hinsichtlich der Laufbahn, welcher die jungen Techniker beim Verlassen des Instituts sich gewidmet.)
Morpurgo, E., L'istruzione tecnica in Italia. Studi presentati a S. E. il Ministro Finali. Roma 1875. (Der Inhalt erstreckt sich auf Gewerbeschulen, Nautische Schulen, Bergschulen, Forstschulen, Kunstschulen, technische Hochschulen, etc.)
Notizie sull' Istituto Aldini-Valeriani. Bologna 1892.
Reale scuola d'arti e mestieri di Spezia. Spezia 1857.
Relazione del Ministro di agricoltura, industria e commercio sopra gli Istituti tecnici, le scuole di arti e mestieri, etc. Torino 1862.

### c⁵. Oesterreich-Ungarn.

Auszug aus einem Exposé über die Organisation des gewerblichen Unterrichts in Oesterreich. 2 Hefte. Wien 1875—1876.
Bericht über die Wirksamkeit der Gewerbeschulkommission in Wien (im Jahre 1875—1876). Wien.
Bidermann, H. J., Die technische Bildung im Kaisertume Oesterreich. Ein Beitrag zur Geschichte der Industrie und des Handels. Wien 1854.
Blodig, H., Die Staatsprüfungen an der k. k. technischen Hochschule in Wien in den Jahren 1879—1857.; Monatsschr., statist., Jahrg. XV. Wien 1859.
Brachelli, H. F., Rede, gehalten bei der feierlichen Inauguration des für das Studienjahr 1878/79 gewählten Rektors der k. k. technischen Hochschule in Wien. Wien 1878.
Eitelberger v. Edelberg, R., Ueber Zeichenunterricht und kunstgewerbliche Fachschulen. 2 Vorträge. Wien 1876.
Exner, W. F., Das k. k. polytechnische Institut in Wien, seine Gründung, seine Entwicklung und sein jetziger Zustand. Wien 1861.
Fogowitz, J., Zur Staatsprüfung an den technischen Hochschulen. Wien 1879.
Göth, G., Das Johanneum in Graz, geschichtlich dargestellt zur Erinnerung an seine Gründung vor 50 Jahren. Graz 1861.
Günsberg, R., Die Fachschule für chemische Technik an der k. k. technischen Hochschule zu Lemberg. Lemberg 1866.
Ilg, A., Die kunstgewerblichen Fachschulen des k. k. Handelsministeriums, anläßlich der Ausstellung derselben im Oktober 1875. Wien 1876.

**Institut, das ständisch-polytechnische zu Prag.** Programm zur 50jähr. Erinnerungsfeier an die Eröffnungsfeier des Instituts am 10. XI. 1806. Prag 1856.
**Jahrbuch des höheren Unterrichtswesens in Oesterreich** mit Einschluss der gewerblichen Fachschulen und der bedeutendsten Erziehungsanstalten Bearbeitet von J. Neubauer und J. Divis. Jahrg. I—IX. Wien 1888—1896.
**Jelinek, K.**, Das ständisch-polytechnische Institut zu Prag. Programm zur 50jährigen Erinnerungsfeier. Prag 1856.
**Klein, Fr.**, Zur Einführung der Staatsprüfungen an den technischen Hochschulen Oesterreichs. Ein Beitrag zur Lösung der Frage der sozialen Stellung des Technikers. Wien 1879.
**Lehrplan** der k. k. Gewerbeschule in Czernowitz. Czernowitz 1874.
**Noeggerath, E.**, Bericht über die k. Gewerbeschule zu Brieg. Brieg 1878—79.
**Notizen über das k. k. polytechnische Institut zu Wien** und über die dafür errichteten Gebäude etc. Wien 1841.
**Prokop, A.**, Ausbau und Ausgestaltung der k. k. technischen Hochschulen Oesterreichs. Wien 1896.
**Richter, K. T.**, Die Gewerbe- und Kunstgewerbeschulen. Wien 1869.
**Schön, J. G.**, Die technischen Hochschulen und deren Organisation in Oesterreich. Leipzig 1853.
**Schreyer, F. H.**, Ueber die Aufgaben der gewerblichen Unterrichtspflege im Herzogtum Kärnten. Klagenfurt 1896.
**Wiener Polytechnikum, das.** Glossen zum organischen Statut desselben von A. B. Wien 1877.
**Wilda, E.**, Promemoria über die Organisation der k. k. Gewerbeschule zu Brünn. Wien 1874.
—, Wahrnehmungen und Gedanken über technisch-gewerbliches Schulwesen. Bericht über eine gelegentlich der Pariser Weltausstellung 1878 im Auftrage des k. k. Österreich. Unterrichtsministers unternommene Studienreise. Leipzig 1879.
**Zur Frage der Erziehung der industriellen Klassen in Oesterreich.** Wien 1876. (Sonderabdruck aus dem Jahresberichte des k. k. Ministeriums für Kultus und Unterricht für 1876.)

**L'Enseignement des arts industriels en Autriche.**: Rev. d'admin., XII° année. Paris 1889.
**Programma** della civica scuola reale superiore in Trieste, 1577—1884. (Programm der höheren städtischen Gewerbeschule zu Triest etc.)

c'. Rufsland.

Киевское александровское городское ремесленное училище за первые 9 месяцев его существования. Киев (Kieff) 1875. (Die Alexanderschule für Künste und Gewerbe zu Kieff in den ersten neun Monaten ihres Bestehens.)
**Festschrift** der polytechnischen Schule zu Riga zur Feier ihres 25jährigen Bestehens. Riga 1887.
**Holst, M.**, Ziel und Mittel zur Förderung des gewerblichen Unterrichts in den Ostseeprovinzen und Riga. Riga 1872.

**de Cuyper, A. C**, L'enseignement professionnel en Russie. Liège 1874.
**Della Vos, V.**, Notice sur l'école impériale technique de Moscou. Paris 1878.

**Anapoff, J. A.**, Review of the present condition of middle and lower technical and trade education in Russia. (St. Petersburg) 1889.
**Mather, W.**, Notes on technical education in Russia.: Rep. of R. Commission on techn. instr, vol. III. London 1883.

c'. Schweiz.

**Böhmert, V.**, Das Studium der Wirtschaftswissenschaften an den technischen Hochschulen. Zürich 1872.

**Eidgenössisches Polytechnikum in Zürich.** Bericht über die Organisation und das Wirken der eidgenöss.-polytechnischen Schule in Zürich. Zürich 1875. —
Rapport sur l'Ecole polytechnique suisse. 26 Hefte. Zürich 1870—1895. —
Règlement pour les examens d'admission à l'Ecole polytechnique fédérale. Zürich 1872. — Regulativ für die Diplomprüfungen am eidgenössischen Polytechnikum in Zürich. Zürich 1867.

**Polytechnische Schule, die eidgenössische,** in Zürich Herausgegeben im Auftrage des schweizerischen Bundesrates bei Anlaß der Weltausstellung in Paris 1889. Zürich 1889. Mit 16 Tafeln.

**Bouvier,** L'Ecole professionnelle à Genève. Genève 1898.

**Programme et règlement des examens de capacité pour l'enseignement dans les écoles industrielles.** 2 broch. Chaux de Fonds et Neuchâtel 1868—71.

**Report on technical instruction in Germany and Switzerland.** London 1869. (Parl. paper.)

c². Portugal.

**Annuario da Academia polytechnica do Porto.** Anno lectivo de 1891/92. Porto 1892.
**Gewerbeinstitut, das,** zu Lissabon. Lissabon 1873.

d. Außereuropäische Kulturstaaten.

d¹. Verein. Staaten von Amerika.

**Constitution and by-laws of the Franklin Institute of the State of Pennsylvania** for the promotion of the mechanic arts, with the Act of incorporation. Philadelphia 1847.

**Industrial education in the United States.** A special report prepared by the U. St. Bureau of Education. Washington 1883.

**Johnson,** Walter R., Address introductory to a course of lectures on mechanics and natural philosophy, delivered before the Franklin Institute, Philadelphia. Boston 1829.

**Letter of the vice-president of the National Academy of sciences,** communicating in obedience to law, a report of the proceedings of the Academy for the year 1866—67. Washington (1867.)

**Majo,** A. D., Industrial education in the South. Washington 1889.

**Massachusetts Institute of Technology.** Annual catalogue of the officers and students and programme of the course of instruction to the Institute. Year I sqq. Boston 1866 sqq.

**Massachusetts J. of T.** Presidents' reports for the years 1876—1895. Boston 1877—96.

**Place of scientific and technical schools in American education.:** Technology Quarterly, vol. IV, N° 4. New York 1891.

**Seaver,** E. P., Mechanic arts high schools.: Bureau of Educ., U. States, 1889 N° 2. Washington.

**Warren,** S. E., Notes on polytechnic or scientific schools in the United States; their nature, position, aims and wants. New York 1866.

**Back,** H., Der gewerblich-technische Unterricht in Lehranstalten der nordamerikanischen Union. Frankfurt a/M. 1895.

**Wedding,** H., Mitteilungen über die technische Erziehung in Nordamerika.: Verh. d. Vereins z. Beförd. d. Gewerbfl., Jahrg. 1877. Berlin.

d². Chile.

**Reglamento para las escuoles de artes i oficios.** Santiago de Chile 1864.

d³. Canada.

**Educational Museum, the,** and school of art and design for Upper Canada. Toronto 1858.

**Mather,** W., Technical instruction in Canada and the United States.: Rep. of R. Commission on techn. inst., vol. II. London 1883.

d'. Japan.

**Tokei** (Tokio.) Imperial college of engineering (Kobu-Dai-Gakko.) Reports by the principal and professors for the period 1873—1877. Tokei 1877.

**Règlement** de l'École manufacturière de Tokio. Tokio 1883 (ganz in japanischer Sprache).

d'. Kolonie Neu-Süd-Wales.

**Combes, E.,** New South Wales. Report on technical education. Sydney 1887.

## VIII. Universitäten.

### 1. Die Universitäten im Altertum und Mittelalter. Die Universitäten Europas im allgemeinen.

**Acta scholastica et Nova Acta scholastica,** worinnen auserlesenste programmata und der Zustand derer berühmtesten Schulen und Gelehrsamk. entdeckt wird. Leipzig 1735 ff.

v. **Berber, Th.,** Professoren, Studenten und Studentenleben vor 1500 Jahren. Bern 1867.

**Brehm, G. N.,** Altertümer, Geschichte und neuere Statistik der hohen Schulen. I. (einziger) Band. Leipzig 1783.

**Denifle, H.,** Die Universitäten des Mittelalters bis 1400. I. Bd. Berlin 1885.

**Gaupp,** De professoribus et medicis. Breslau 1827.

**Kaemmel, O.,** Die Universitäten im Mittelalter.: K. A. Schmid, Gesch. d. Erziehung, fortgef. von G. Schmid, Bd. II, Abt. 1. Stuttgart 1892.

**Laurice, S. S.,** The rise and early Constitution of Universities; with a survey of mediaeval education. New York 1887. (Darin enthalten u. a.: The Romano-Hellenic schools and their decline. — Influence of Christianity on education, and rise of Christian schools. — Rise of Universities (X$^{th}$ century) — The first Universities. — The University of Bologna. — University of Paris. — Privileges of Universities-faculties.)

**Lucae, Fr.,** Europäischer Helikon auff welchem die Akademien oder Hohe Schulen Europae von Anfang der Welt an sambt ihren vorn. Lehrern vorgestellt. Frankfurt 1711.

**Meiners, C.,** Geschichte der Entstehung und Entwicklung der hohen Schulen unseres Erdteils. 4 Bde. Göttingen 1802—1805.

—, Historische Vergleichung der Sitten und Verfassungen, der Gesetze und Gewerbe, des Handels und der Religion, der Wissenschaften und Lehranstalten des Mittelalters mit denen unseres Jahrhunderts. 3 Bde. Göttingen 1792—93.

**Montefredini, F.,** Le più celebri Università antiche e moderne. Roma 1883.

**Professoren** und Studenten während der römischen Kaiserzeit, von H. G. Leipzig 1861.

**Rashdall, Hastings,** The Universities of Europe in the middle ages. 3 parts. London 1895. (Vol. I.: Salerno; Bologna; Paris. — Vol. II, part 1.: Italy; Spain; France; Germany; Scotland, etc. — Vol. II, part 2.: Oxford; Cambridge; Student life.)

**Universities,** the, of the middle ages.: Edinb. Rev., N° 377. Edinburgh 1896.

**Alpy, H.,** De la collation des grades universitaires dans les principaux pays de l'Europe. Paris 1879.

**Arnold, M.,** Schools and Universities on the Continent. London 1868.

**Laurent, O.,** Les universités des deux mondes. (Histoire, organisation, étudiants.) Paris 1896.

**Minerva.** Jahrbuch der gelehrten Welt. Herausgegeben von R. Kukula und K. Trübner. Jahrg. I—VI: 1891—1896/97. Straßburg. (Nur der europäische Teil macht Anspruch auf Vollständigkeit.)

## 2. Die Universitäten des Deutschen Reichs.

**a. Geschichte und Verfassung. Pädagogische und ethische Aufgaben. Philologische und theologische Reformatoren. Allgemeines.**

**Anhalt, E.,** Die Universität. Ueberblick ihrer Geschichte und Darstellung ihrer gegenwärtigen Aufgabe. Jena 1846.
**Arnold, M.,** Higher Schools and Universities in Germany. London 1892.
**Arnold, W.,** Die Bedeutung der kleinen Universitäten. Marburg 1872.
**Auerbach, Fel.,** Die Entwicklung der deutschen Universitäten. Breslau 1885.
**Baur, G. A. I.,** Ueber die Bedeutung der historischen Kontinuität mit besonderer Rücksicht auf die deutschen Universitäten. Giessen 1857.
**Bernhardi, A. F.,** Ansichten über die Organisation der gelehrten Schulen. Berlin 1818.
**Bird, C.,** Higher education in Germany and England. London 1884.
**Blanchard, Les** universités allemandes. Paris 1883.
**Böhlau, H.,** Die Bedeutung der kleinen Universitäten. Rostock 1875.
**Bressler, H.,** Stellung der deutschen Universitäten zum Baseler Konzil. Leipzig 1885.
**Breton, J.,** Notes d'un étudiant français en Allemagne (Heidelberg, Berlin, Leipzig, Munich.) Paris 1895.
**Bush, G. G.,** The origin of the first German universities. Boston 1884.
**Bursian, C.,** Geschichte der klassischen Philologie in Deutschland von den Anfängen bis zur Gegenwart. 2 Teile. München 1883. (Geschichte der Wissenschaften in Deutschland, Bd. XIX.)
**Caron, L.,** L'Allemagne universitaire. Amiens 1885.
**Conrad, J.,** Allgemeine Statistik der deutschen Universitäten.: Lexis, Die doutschen Universitäten, Bd. I, S. 115/165. Berlin 1893.
—, Das Universitätsstudium in Deutschland während der letzten 50 Jahre. Statistische Untersuchungen mit besonderer Berücksichtigung Preussens. Jena 1884.
**Conring, H.,** De antiquitatibus academiorum dissertationes VII. Helmstädt, 1859; recogn. C. A. Heumann. Göttingen 1739.
**Diesterweg, F. A. W.,** Ueber deutsche Universitäten. Essen 1836.
**v. Döllinger, J. J.,** Ign , Die Universitäten sonst und jetzt. 2. Ausg. München 1871.
**Erhard, H. A.,** Geschichte des Wiederaufblühens wissenschaftlicher Bildung vornehmlich in Deutschland bis zum Anfang der Reformation. 3 Bde. Magdeburg 1827—32.
**Eulenburg, Franz,** Ueber die Frequenz der deutschen Universitäten in früherer Zeit.: Jabrb. f. NatOek. u. Statist., III. Folge, Bd. 13. Jena 1897.
**Flach, J,** Die Reform der Universitäten. Hamburg 1889.
**Flammermont, J.,** Les universités allemandes. Paris 1886.
**Gebhardt, B.,** Die deutschen Universitäten im Mittelalter.: Preufs. Jabrb, Bd. LXXXVIII. Berlin 1897.
**Gesner, J. M.,** Institutiones rei scholasticae. Jena 1715.
**v. Giesebrecht, W.,** Ueber den Einfluss der deutschen Hochschulen auf die natio. nale Entwicklung. München 1870.
**Goodrick, A. T.,** Decline of the German universities: Macm. Mag., July 1880. London.
**Grimm, Hermann,** Deutsche Kunst auf deutschen Universitäten.: D. Rundsch., Bd. LXXV. Berlin 1893.
**Hart, J. M.,** German Universities. A narrative of personal experience. New York 1874.
**Hartfelder, K.,** Ph. Melanchthon als praeceptor Germaniae. Berlin 1889. (Monumenta Germaniae paedagogica, vol. VII.)
**Hasse, C.,** Die Mängel deutscher Universitätseinrichtungen und ihre Besserung. Jena 1887.
**Haupt, Erich,** Plus ultra. Zur Universitätsfrage. Halle 1887.
**Hegel, C.,** Die deutsche Sache und die deutschen Hochschulen. Rede am 14. XI. 1870. 3. Aufl. Erlangen 1870.

PETERSILIE, Der öffentl. Unterricht II.

Hochschulen. Von deutschen Hochschulen Allerlei was da ist und was da sein sollte. Berlin 1869.
Ingerslev, C. F., Bemerkungen über den Zustand der gelehrten Schulen in Deutschland und Frankreich 1841.
Jahrbuch, deutsches akademisches. Jahrg. I. u. II. (soweit als erschienen.) Leipzig 1876—77. Mit Porträts und den Siegeln der Hochschulen.
Jahrbuch, allgemeines, der Universitäten, Gymnasien, Lyceen und anderer gelehrter Bildungsanstalten in und anfser Teutschland. Band I. Erfurt 1798.
Janssen, J., Aus dem deutschen Universitätsleben des sechzehnten Jahrhunderts. Frankfurt a/M. 1886.
Jörg, J. Ch. G., Aphoristische Winke zur richtigen Beurteilung teutscher Universitäten 2 Teile. Leipzig 1819. (Teil II u. d. T.: Ueber die vier Fakultäten in den Universitäten Teutschlands.)
Kähler, M., Die Universitäten und das öffentliche Leben. Ueber die Aufgabe des akademischen Unterrichts und seine zweckmäfsigere Gestaltung. Erlangen 1891.
Kaufmann, G., Die Geschichte der deutschen Universitäten. 2 Bände. (Bd. I. Vorgeschichte; Bd. II. Entstehung und Entwicklung der deutschen Universitäten bis zum Ausgang des Mittelalters.) Stuttgart 1888—1896.
Klumpp, Fr., Die gelehrten Schulen nach den Grundsatzen des wahren Humanismus und den Anforderungen der Zeit. 2 Bde. Stuttgart 1829—1830.
Körte, V., Leben und Studien F. A. Wolfs des Philologen. 2 Bde. Essen 1833.
Krafft, K. und W., Briefe und Dokumente aus der Zeit der Reformation im 16. Jahrh., nebst Mitteilungen über kölnische Gelehrte und Studien im 13. und 16. Jahrhundert. Elberfeld 1876.
Kraft, F. C., Vita D. C. Ilgenii. Leipzig 1837.
Krause, C., Helius Eobanus Hessus, sein Leben und seine Werke. 2 Bde. Gotha 1879.
Krug, Ueber deutsches Universitätsleben. Leipzig 1819.
Kukula, R., Bibliographisches Jahrbuch der deutschen Hochschulen. Neuauflage des „Allgemeinen Deutschen Hochschulalmanachs" (Wien 1888). Innsbruck 1892.
Laverrens, C., Die Medaillen und Gedächtnismzeichen der deutschen Hochschulen. Ein Beitrag zur Geschichte der Universitäten Deutschlands. 2 Teile (Teil I 2. Aufl.) Berlin 1886—87. Mit 58 Tafeln.
Lavisse, E., Universités allemandes et universités françaises.: Rev. des deux mondes, Juin 1884. Paris.
Lexis, W., Die deutschen Universitäten. Für die Universitätsausstellung in Chicago. 1893. Unter Mitwirkung zahlreicher Universitätslehrer. 2 Bde. Berlin 1893.
Liard, L., Universités et facultés. Paris (1890).
Lübker, Fr., Gregor Wilhelm Nitzsch, sein Leben und Wirken. Jena 1864.
Marbach, G. O., Universitäten und Hochschulen im auf Intelligenz sich gründenden Staate. Leipzig 1834.
Masius, H, Die Einwirkung des Humanismus auf die deutschen Gelehrtenschulen. Leipzig 1862.
Meiners, C., Ueber die Verfassung und Verwaltung deutscher Universitäten. 2 Bände. Göttingen 1801—1802.
Meyer, J. Bona, Gedanken über eine zeitgemäfse Entwicklung der deutschen Universitäten. Hamburg 1860.
—, Die Gemeinschaft der Fakultäten. Rede. Bonn 1869.
—, Zur Reform der deutschen Hochschule. Bonn 1867.
—, Deutsche Universitätsentwicklung. Vorzeit, Gegenwart und Zukunft. Berlin 1874.
Michaelis, J. D, Räsonnement über die protestantischen Universitäten in Deutschland. 4 Bde. Frankfurt und Leipzig 1769—76.
Müller, Ed., Die nationale Bedeutung der Hochschulen. Bern 1876.
Muther, Th., Aus dem Universitäts- und Gelehrtenleben im Zeitalter der Reformation. Erlangen 1866.
Nachricht, kurtze, von denen Akademien und Universitäten überhaupt. Halle o. J. (1709)

Nerrlich, P., Das Dogma vom klassischen Altertum und seine geschichtliche Entwicklung. Leipzig 1894.

Otto, H. A. B., Gänzliche Umgestaltung aller Gelehrtenschulen Deutschlands, oder drittes Gebrechen der Gelehrtenschulen. 3 Hefte. Leipzig 1831.

Passow, C., Beitrag zur Geschichte der deutschen Universitäten im XIV. Jahrhundert. Berlin 1830. (Pr.)

Paulsen, Fr., Geschichte des gelehrten Unterrichts auf den deutschen Schulen und Universitäten vom Ausgang des Mittelalters bis zur Gegenwart. Mit besonderer Rücksicht auf den klassischen Unterricht. 2 Aufl. in 4 Halbbdn. Leipzig 1896—97.

—, Ueber die änsseren Verhältnisse und die Lebensordnungen der deutschen Universitäten im Mittelalter.: v. Sybels histor. Zeitschr., Bd. 45. München 1881.

—, Wesen und geschichtliche Entwicklung der deutschen Universitäten.: Lexis, Die deutschen Universitäten, Allgemeiner Teil. Berlin 1893.

—, The German Universities: their character and historical development. Translated by E. D. Perry. London 1895.

Personnification, la, civile des universités. Rapports sur la situation juridique des universités en Allemagne, aux Pays-Bas et en Italie.: Rev. soc. et pol. III® année. Brüssel 1893.

Pfleiderer, Zum Wesen der Universität und ihrer Aufgabe als Hochschule. Tübingen 1884.

Protokolle, offizielle, über die Verhandlungen deutscher Universitätslehrer zur Reform der deutschen Hochschulen in Jena vom 21. bis 24. September 1849. Jena (1849).

v. Raumer, K., Geschichte der Pädagogik vom Wiederaufblühen der klassischen Studien bis auf unsere Zeit. 4. Aufl. 4 Bde. Gütersloh 1872—74. (Bd. IV a. u. d. T.: Die deutschen Universitäten.)

Reform (zur) der deutschen Universitäten. Ansichten und Anträge des Reformvereins zu Jena. Jena 1848.

Ribbeck, O., F. W. Ritschl. Ein Beitrag zur Geschichte der Philologie. 2 Bde. Leipzig 1879.

Riggenbach, B., Untergegangene deutsche Universitäten. Basel 1857.

Rühle, H., Ueber die Bedeutung der deutschen Universitäten für das Gedeihen des Vaterlandes. Bonn 1880.

Saint-Marc, H. Etude sur l'enseignement de l'économie politique dans les universités d'Allemagne et d'Autriche. Paris 1892.

Scheidler, K. U., Paränesen für Studierende zur Methodik des akademischen Studiums. Jena 1840.

—, Staatsrechtliche und politische Prüfung des Vorschlags einer totalen Reform des deutschen Universitätswesens. Jena 1834.

Schelling, F. W. J., Vorlesungen über die Methode des akademischen Studiums. Tübingen 1803.

Schleiermacher, F., Gelegentliche Gedanken über Universitäten in deutschem Sinn. Nebst einem Anhang über eine neu zu errichtende. Berlin 1808.

Schrader, W., Die Verfassung der höheren Schulen. 2. Aufl. Berlin 1881.

Schultz-Schultzenstein, C. H., Der Zustand der Wissenschaften auf Universitäten im Verhältnis zur Lebenspraxis. 2. Aufl. Basel 1873.

Steffens, H., Ueber die Idee der Universitäten. Berlin 1809.

Stintzing, R., Die deutsche Hochschule in ihrem Verhältnisse zu der allgemeinen Bildung unserer Zeit. Erlangen 1864.

Strobel, G. T., Neue Beiträge zur Litteratur, besonders des 16. Jahrhunderts. 5 Bde. Nürnberg 1790—94.

v. Sybel, H., Die deutschen Universitäten, ihre Leistungen und Bedürfnisse. Bonn 1874.

—, Die deutschen und die auswärtigen Universitäten. Bonn 1868.

Tessier, J., Universités allemandes et facultés françaises.: La nouv. Revue, 15 Février 1880. Paris.

**Thiersch, H.,** Friedrich Thierschs Leben. 2 Bde. Leipzig 1866.
**Tholuck, A.,** Das akademische Leben des 17. Jahrhunderts mit besonderer Beziehung auf die protestantisch-theologischen Fakultäten Deutschlands. 2 Bde. Halle 1853—54.
**Thordén, K. M.,** Under the shade of German universities. Upsala 1884.
**Vignal, Les** Universités des pays de langue allemande. Paris 1856. (Extrait des „Archives générales de médecine.")
**Villers, C,** Ueber die Universitäten und öffentlichen Unterrichtsanstalten im protestantischen Deutschland, insbesondere im KReich Westfalen. Aus dem Französischen von F. H. Hagena. Lübeck 1808.
**Vogt, K A. T.,** Joh. Bugenhagen Pomeranus. Leben und ausgewählte Schriften. Elberfeld 1867.
**Voigt, G.,** Die Wiederbelebung des klassischen Altertums oder das erste Jahrhundert des Humanismus. 2 Bde. 2 Aufl. Berlin 1880.
**Vom Recht** Universitäten aufzurichten, als einem annexo juris liturgici. o. O. u. J.
**Winkelmann, Ed.,** Ueber die ersten Staatsuniversitäten. Heidelberg 1880.
**Wolf, F. A.,** Kleine Schriften 2 Bände. Herausgegeben von G. Bernhardy. Halle 1869.
—, Ueber Erziehung, Schule, Universität (consilia scholastica). Aus Wolfs Nachlasse zusammengestellt von W. Körte. Quedlinburg 1835.
**Würtz, A.,** Les hautes études pratiques dans les Universités d'Allemagne et d'Autriche-Hongrie: (Berlin, Budapest, Graz, Leipzig, München, Prag.) 2 vols. Paris 1882.
**Wuttke, H.,** Jahrbuch der deutschen Universitäten. 2 Bände. Leipzig 1842. (Nicht mehr erschienen.)
**Zarncke, F.,** Die deutschen Universitäten im Mittelalter. Teil I (soweit als erschienen.) Leipzig 1857.
**v. Ziegler, Fr. V.,** Denkschrift über die Revision eines Universitätsstatuts. Dessau 1876.
**Zöller, Egon,** Die Universitäten und technischen Hochschulen. Ihre geschichtliche Entwicklung und ihre Bedeutung in der Kultur, ihre gegenseitige Stellung und weitere Ausbildung. Berlin 1891.
**Zöllner, Fr.,** Beiträge zur deutschen Judenfrage mit akademischen Arabesken als Unterlagen zu einer Reform der deutschen Universitäten. Hrsg. und mit einer Einleitung versehen von Moritz Wirth. Leipzig 1894. Mit 3 Tafeln etc.

### b. Die akademischen Lehrer. Akademische Lehrfreiheit.

**Aktensammlung** über die Entlassung des Professors D. de Wette vom theologischen Lehramt zu Berlin. Leipzig 1820.
**Aktenstücke,** betreffend den Dienstaustritt des Professors R. v. Mohl. Freiburg i. B 1846.
**Albrecht, W. E.** (pseud.), Die Protestation und Entlassung der sieben Göttinger Professoren. Herausgegeben von Dahlmann. Leipzig 1838.
**Beamten- und Besoldungsfrage,** die, in ihrem Zusammenhange mit der Organisation des Staatsdienstes und der Universitäten. Wien 1857.
**Beckhaus, F. W. K.,** Die Stellung der Privatdozenten. Leipzig 1858. — Derselbe, Abschiedswort in Sachen der Privatdozenten. Königsberg 1860.
**Daude, P.,** Die Rechtsverhältnisse der Privatdozenten. Zusammenstellung der an den Universitäten Deutschlands und Oesterreichs sowie an den deutschsprachlichen Universitäten der Schweiz über die rechtliche Stellung der Privatdozenten erlassenen Bestimmungen. Berlin 1895.
**Fall, der,** des Professors v. Kirchenheim in seiner Bedeutung für das badische Beamtentum etc. Pforzheim 1890.
**Fichte, J. G.,** Ueber die einzig mögliche Störung der akademischen Freiheit. Rede am 19. Oktober 1811. Berlin 1812.
**Flach, Joh ,** Der deutsche Professor der Gegenwart. 2. Aufl. Leipzig 1886.
—, Die akademische Karriere der Gegenwart. 2. Aufl. Leipzig 1887.
**Flemming, W.,** Die Universitätsferien bei uns und im Auslande. Braunschweig 1891.

Gorel, L., Der deutsche Professor in der Politik. Berlin 1587.
Grimm, Jakob, Ueber meine Entlassung. Basel 1639.
Helmholtz, H., Ueber die akademische Freiheit der deutschen Universitäten. Rede. Berlin 1878.
Hoffmann, Max, Grundsätze und Bedingungen für die Habilitation als Privatdozent bei den philosophischen Fakultäten der Universitäten des Deutschen Reichs. Leipzig-Reudnitz 1890.
Honorarwesen, das, und die deutschen Universitäten.: Beilage zur Allgemeinen Zeitung, Jahrg. 1896. N° 257 u. 272. München. (N° 272 enthält die Reformpläne für Preußen).
Horn, E., Kolleg und Honorar. Ein Beitrag zur Verfassungsgeschichte der deutschen Universitäten. München 1897.
Laspeyres, E., Das Alter der deutschen Professoren. Berlin 1876.
Lehrfreiheit und Hörfreiheit. Dresden 1841.
Muhlius, H., De libertate academica. s. l. (1713.)
Nees von Esenbeck, Erklärung (seine Amtsentsetzung betreff.) o. O. u. J.
Paulsen, Die deutschen Universitäten und die Privatdozenten.: Preuß. Jahrb., Bd. LXXXIII. Berlin 1896.
Scheidler, K. H., Ueber die Idee der Universität und ihre Stellung zur Staatsgewalt. Nebst einer einleitenden Abhandlung über die Bedeutung der Kölner und Göttinger Amtsentsetzungen für die Staatsfragen der Gegenwart. Jena 1838.
Schröer, A., Ueber Erziehung, Bildung und Volksinteresse in Deutschland und England. Dresden 1801. (Darin u. a. enthalten: Die Lehr- und Lernfreiheit an unseren Universitäten.)
v. Stein, Lorenz, Lehrfreiheit, Wissenschaft und Kollegiengeld. Wien 1875.
Universitätskalender, deutscher. Hrsg. von F. Ascherson. I.—LI. Ausgabe für die Jahre 1873 bis Sommersemester 1897. Berlin.
Zehn Aktenstücke über die Amtsentsetzung des Professors Hoffmann-Fallersleben. Mannheim 1843.

### c. Die einzelnen Fakultäten. Methodik und Gliederung des akademischen Unterrichts.

Bäbler, J. J., Die Errichtung pädagogischer Seminare an Universitäten. Zürich 1873.
Billroth, Th., Ueber das Lehren und Lernen der medizinischen Wissenschaften an den Universitäten der deutschen Nation nebst allgemeinen Bemerkungen über Universitäten. Wien 1876.
Blondel, G., L'enseignement du droit dans les universités allemandes. Paris 1885.
Braniß, Ch. J., Die wissenschaftliche Aufgabe der Gegenwart als leitende Idee im akademischen Studium. Breslau 1848.
Brzoska, H. G., Die Notwendigkeit pädagogischer Seminare auf der Universität und ihre zweckmäßige Einrichtung. Neu hrsg. von W. Rein. Leipzig 1887.
Collard, F., Les séminaires et les étudiants allemands.: Revue cathol., 1890, Février. Louvain.
—, Trois universités allemandes (Strasbourg, Bonn et Leipzig) considerées au point de vue de l'enseignement de la philologie classique. Louvain 1883.
Ernesti, L., Ueber die Abnahme der Theologie Studierenden. Stuttgart 1875.
Fischer, G., Ueber die Errichtung staatswissenschaftlicher Seminare auf den deutschen Universitäten nebst Bericht über das staatswissenschaftliche Seminar zu Jena. Jena 1857.
Frédéricq, P., De l'enseignement supérieur de l'histoire en Allemagne. Notes et impressions de voyage. Gand 1882. (Die bezüglichen Reiseeindrücke lieferten dem hospitierenden Verfasser die Universitäten Berlin, Göttingen, Halle und Leipzig.)
Goldschmidt, L., Das dreijährige Studium der Rechts- und Staatswissenschaften. Berlin 1878.
Harms, Fr., Methode des akademischen Studiums. Herausgegeben von H. Wiese. Leipzig 1885.
Heß, R. und C. Ulrich, Ueber den Umfang und die Bedeutung der Forstwirtschaft

als Universitätsdisziplin. — Ueber die Lichtseiten des forstlichen Universitätsunterrichts. Giefsen 1882.
Jaccoud, De l'organisation des facultés de médecine en Allemagne. Paris 1864.
Jullien, C., Notes sur les séminaires historiques et philologiques des universités allemandes. : Rev. Intern. de l'enseignement, vol. VIII. Paris 1884.
v. Kirchenheim, A., Zur Reformation des Rechtsunterrichts. Leipzig 1887.
Kirchner, W., Zweck und Aufgabe der Landwirtschaftswissenschaft an der Universität. Dresden 1890.
Kraus, F. X., Ueber das Studium der Kunstwissenschaft an den deutschen Hochschulen. Strafsburg 1874.
Krause, Vorlesungen über die Methode des akademischen Studiums. Hrsg. von Hohlfeld und Wünsche. Leipzig 1884.
Jeannel, J., Visite à quelques facultés de médecine des universités allemandes en janvier 1875. Lille 1875.
Leonhard, R., Noch ein Wort über den juristischen Universitätsunterricht. Marburg 1887.
Malvus, F., Das heutige Studium und das Studiertenproletariat! Auch ein Beitrag zur sozialen Frage. Berlin 1889.
Muther, Th., Die Reform des juristischen Unterrichts. Weimar 1873.
Nationale Reform, die, unserer höheren Lehranstalten. Nebst einem Anhang über die Notwendigkeit einer Professur für neuere Litteratur an den deutschen Hochschulen. Essen 1880.
Nohl, C., Pädagogische Seminarien auf Universitäten. Neuwied 1576.
Ortloff, H., Die Reform des Studiums der Rechts- und Staatswissenschaften. Berlin 1887.
Reuling, W., Zur Reform der juristischen Studienordnung. 2. Aufl. Leipzig 1889.
Richter, G., Die rechte Methode des akademischen Studiums. Rede. Jena 1890.
Ruyssen, Th., Les sciences sociales et politiques dans les Universités allemandes. : Rev. pol. et parl., année III. Paris 1896.
Scheidler, K. H., Ueber das Universitätsstudium der rationellen Oekonomie Jena 1862.
Schelling, F. W. J., Vorlesungen über die Methode des akademischen Studiums. 2. Ausgabe. Stuttgart 1813.
Schulze, Fr. G., Ueber Wesen und Studium der Wirtschafts- und Kameralwissenschaften. Jena 1826.
Seignobos, C., L'Histoire dans les universités allemandes. : Rev. intern. de l'enseign., Juin 1881. Paris.
Siebeck, H., Ueber Wesen und Zweck des wissenschaftlichen Studiums. Hamburg 1883.
Thonissen, Trois universités allemandes considérées au point de vue de l'enseignement de la philologie classique. : Bulletin de l'Acad. roy. des sciences, 53e année, 3e série. Bruxelles 1884.

### d. Akademisches Leben. Studentische Sitten, Bräuche und Beneflzien.

Alschefski, C. F. S., Ueber das angebliche Verderben auf den deutschen Universitäten. Berlin 1836.
Arends, H. G., Hand- und Lehrbuch für Deutschlands Studentenschaft. Geschichte des deutschen Studentenlebens etc. Leipzig 1890.
Baumgart, M., Die Stipendien und Stiftungen (Konvikte, Freitische u. s. w.) zu Gunsten der Studierenden an allen Universitäten des Deutschen Reichs, nebst den Statuten und Bedingungen für die Bewerbung und den Vorschriften über die Stundung resp. den Erlafs des Kollegienhonorars. Berlin 1885.
Bemerkungen über die heutigen akademischen Verbindungen. Berlin 1824.
Collard, F., Les étudiants allemands. : Revue cathol., Avril 1880. Louvain.
Dahn, Fel., Erinnerungen. Leipzig 1891. (Das II. Buch umfafst die Universitätszeit.)

**Diesterweg**, F. A. W., Die Lebensfrage der Civilisation oder über das Verderben auf den deutschen Universitäten. Essen 1836.
**Dolch**, O., Geschichte des deutschen Studententums bis zu den deutschen Freiheitskriegen. Leipzig 1858.
**Erdmann**, J. E., Vorlesungen über akademisches Leben und Studium. Leipzig 1868.
**Fabricius**, V., Die Studentenorden des 18. Jahrhunderts und ihr Verhältnis zu den gleichzeitigen Landsmannschaften. Jena 1891.
**Fiedler**, O., L'étudiant allemand.: Revue pédag. Belge. Bruxelles 1885.
**German Student life.**: Fraser's Magazine, Nov. 1881. London.
**Graser**, J. B., Ueber die vorgebliche Ausartung der Studierenden in unserer Zeit. Bairenth und Hof 1824.
v. **Hase**, Karl, Reden an die Jünglinge der freien Hochschulen Deutschlands. Leipzig 1891.
**Haupt**, J. L., Landsmannschaften und Burschenschaft. Altenburg 1820.
**Hessen**, R., Der 70jährige Verruf zwischen Korps und Burschenschaften. Berlin 1887.
**Jakob von der Heyden**, Speculum Cornelianum. In sich haltent: Viel artiger Figuren betreffent das Leben eines vermeynden Studenten, etc. Strafsburg 1618.
**Keil**, Rob. u. Richard, Die Gründung der deutschen Burschenschaft in Jena. 2. Aufl. Jena 1865.
—, Die burschenschaftlichen Wartburgfeste von 1817 und 1867. Jena 1868.
**Korps**, die, der deutschen Hochschulen. Anhang: Die modernen Burschenschaften. Leipzig 1870.
**Krüger-Velthusen**, H., Das Wesen akademischer Vereinigung nach Mafsgabe der akademischen Ideale. Berlin 1887.
**Leben und Treiben**, das, der Wingolfiten. Beiträge zur Charakteristik der christlichen Verbindungen auf deutschen Universitäten. Hagen i. W. 1889.
**Leo**, H.. Herr Dr. Diesterweg und die deutschen Universitäten. (Richtet sich gegen die Diesterweg'sche Schrift: „Lebensfragen der Civilisation od. über das Verderben auf den deutschen Universitäten.")
**Niederegger**, A., Der Studentenbund der Marianischen Sodalitäten. Regensburg 1884.
**Pernwerth von Bärnstein**, A., Beiträge zur Geschichte und Litteratur des deutschen Studententums. Würzburg 1882.
v. **Petersdorff**, H., Die Vereine deutscher Studenten. Neun Jahre akademischer Kämpfe. Leipzig 1891.
**Raveux**, A., Das Korpsleben und seine heutige Stellung auf der Hochschule. 2. Aufl. Leipzig 1848.
**S. C.!** Die Korps und ihre Stellungnahme zur deutschen Studentenschaft. Leipzig 1890.
**Schauenburg**, H., Zur Sittengeschichte deutscher Hochschulen. 2. Aufl. Lahr 1860.
**Schmeizel**, M., Rechtschaffener Academicus. Halle 1738.
**Schmid**, U. R., Das Wesen der Burschenschaft auf geschichtlichem Grunde. 2. Aufl. Jena 1890.
**Seifart**, Altdeutscher Studentenspiegel. Bremen 1856.
**Stellung**, die, der Korps im heutigen Studentenleben. Glofson 1869. (Entgegnung auf die Schrift: „Was sind und wollen die Korps?")
**Stipendien**, die, an den deutschen Universitäten. Ein Handbuch für Studierende. Mit einem Anhang: Das studentische Leben in Deutschland, Oesterreich, der Schweiz, Rufsland und Frankreich. (6. Aufl. von „Wie bewirbt man sich um Stipendien.") Leipzig (1895).
**Student**, der deutsche. Ein Beitrag zur Sittengeschichte des 19. Jahrhunderts, von A. v. S. Stuttgart 1835.
**Studentenleben**, vernünftiges. Jena 1726.
**Studentenschaft**, die deutsche. Eine akademische Zeitstudie. Zugleich Entgegnung auf die neuesten Flugschriften der Korpsstudenten und Burschenschafter. Würzburg 1869.

Studententeuffel, der, das ist: getrewliche Abkonterfeyung des aller erschröcklichsten Teuffels, so jetzo die Erde beäwet, etc. Durch Richardum Jowirim (Privatdoctum.) Leipzig 1855.

Studententum, das gegenwärtige deutsche, seine Parteien und die Grundzüge seiner Entwicklung. Dargelegt in der Form einer Erwiderung auf die Schrift: Was sind und wollen die Korps? Göttingen 1869.

Ueber teutsche Universitäten und Studenten. Leipzig 1819.

Vom Schulden machen der Studenten auf Universitäten. o. O. n. J.

Vestner, G., Verzeichnis der an allen deutschen Universitäten existierenden Universitätsstipendien. Erlangen 1890.

Was sind und wollen die Korps? Entwurf einer Zusammenstellung der allgemeinen deutschen Korpsprinzipien. Göttingen 1869.

v. Zehender, W., Die korporativen Organisationen im deutschen Studentenleben Rektoratsrede. Rostock 1876.

Ziegler, Th., Der deutsche Student am Ende des 19. Jahrhunderts. Vorlesungen (17) gehalten im Wintersemester 1894/95 an der Kaiser-Wilhelms-Universität zu Strafsburg (behandelnd 1. das Leben des deutschen Studenten; 2. das akademische Studium). 3. Aufl. Stuttgart 1895.

### e. Das Promotionswesen.

Altmann, W., Die Doktordissertationen der deutschen Universitäten in den Jahren 1885/86 bis 1889/90. Statistische Betrachtungen. Nebst einem statistischen Überblick über die Doktordissertationen der französischen Universitäten. Berlin 1891.

Baumgart, Max, Grundsätze und Bedingungen zur Erteilung der Doktorwürde bei allen Fakultäten der Universitäten des Deutschen Reichs nebst einem Anhange enthaltend die Promotionsordnungen der übrigen Universitäten mit deutscher Unterrichtssprache: Basel, Bern, Zürich, Dorpat, Czernowitz, Graz, Innsbruck, Prag und Wien. 4. Auflage. Berlin 1892.

Carpin, Das Examenunwesen auf deutschen Hochschulen speciell in der philosophischen Fakultät. Leipzig 1895.

Hoffmann, M., Satzungen und Bedingungen für die Erwerbung des Doktorgrades bei den medizinischen Fakultäten der Universitäten des Deutschen Reiches. Leipzig-Reudnitz 1889.

Kufsmaul, Ad., Ueber den kommissarischen Entwurf zur Revision der deutschen medizinischen Prüfungsordnung. Heidelberg 1897.

Oberbreyer, M, Die Reform der Doktorpromotion. Statistische Beiträge. 3. Aufl. Eisenach 1877.

Vestner, G., Promotionsordnungen für Mediziner an den Universitäten Berlin, Bonn, Breslau, Erlangen, etc. Erlangen 1889.

Warlomont, De la valeur du diplôme de médecin allemand délivré par les jurys spéciaux de l'Allemagne du Nord à la suite de l'examen d'Etat. Lettre adressée à M. le Ministro de l'instruction publ. à Bruxelles. Réplique aux journaux allemands, et deuxième réplique. Gand et Bruxelles 1880.

Wernher, Die Promotionen der deutschen medizinischen Fakultäten in Beziehung zu der Bekanntmachung, betreffend die Prüfung der Aerzte etc. Giefsen 1876.

### f. Preufsisches Universitätswesen im Allgemeinen.

(Bindewald), Der Staatsminister v. Raumer und seine Verwaltung des Ministeriums. Berlin 1860.

Dieterici, W., Geschichtliche und statistische Nachrichten über die Universitäten im preufsischen Staate. Berlin 1836.

Eilers, G, Zur Beurteilung des Ministeriums Eichhorn von einem Mitglied desselben. Berlin 1849.

Freimütige aber bescheidene Prüfung der neuerlich ergangenen k. preufsischen Verordnung, betreffend die Verhütung und Bestrafung der die öffentliche Ruhe störenden Excesse der Studierenden. o. O. 1795.

Fürsorge, die staatliche, für die Hinterbliebenen der Lehrer an den Universitäten, der Akademie zu Münster und dem Lyceum Hosianum zu Braunsberg. Berlin

1890. (Ergänzungsheft zum Centralblatt für die gesamte Unterrichtsverwaltung, Jahrg. 1890.)

Gesetze, allgemeine, für alle k. preufsischen Universitäten. Berlin 1796.

Jacobson, J., Die Augenheilkunde an preufsischen Universitäten, ein Notstand im Kultus, Erlangen 1869.

Kaper, J., De højere skolevæsen i Preussen. Kjøbenhavn 1882.

Koch, J. F. W., Die preufsischen Universitäten. Eine Sammlung von Verordnungen, welche die Verfassung und Verwaltung dieser Anstalten betreffen. 3 Bände. Berlin 1839—1840.

Lexis, V., Denkschrift über die dem Bedarf Preufsens entsprechende Normalzahl der Studierenden der verschiedenen Fakultäten. 2. Bearbeitung. (Berlin 1890.) [Als Manuskript gedruckt.]

Nasse, E., Ueber die Universitätsstudien und Staatsprüfungen der preufsischen Verwaltungsbeamten. Bonn 1868.

Perlbach, M., Prussia scholastica: Die Ost- und Westpreufsen auf mittelalterlichen Universitäten. 2 Hefte. Leipzig 1895.

Protokolle der im Oktober 1873 im k. preufsischen Unterrichtsministerium über verschiedene Fragen des höheren Schulwesens abgehaltenen Konferenz. Berlin 1874.

Reinke, Die preufsischen Universitäten im Lichte der Gegenwart. Rede. Kiel 1891.

Schubert, Fr. W., Zur Geschichte und Statistik der akademischen Studien und gelehrten Berufe in Preufsen seit 1810.; Archiv f. Landesk. d. pr. Monarchie. Bd. II, Berlin 1856.

Statistik der preufsischen Landesuniversitäten mit Einschlufs der theologisch-philosophischen Akademie zu Münster und des Lyceum Hosianum zu Braunsberg für die Studienjahre Michaelis 1887/1888 bis Wintersemester 1894/95. Im Auftrage des Herrn Ministers der geistlichen, Unterrichts- und Medizinalangelegenheiten bearbeitet vom k. statistischen Bureau. 5 Bände Berlin 1892—1896. (A. u. d. T.: Preufsische Statistik. (Amtliches Quellenwerk) Heft 106, 112, 116, 125 und 136.)

Varrentrapp, C., Joh. Schulze und das höhere preufsische Unterrichtswesen in seiner Zeit. Leipzig 1889.

Verhandlungen der Konferenz zur Beratung von Reformen in der Verfassung und Verwaltung der preufsischen Universitäten. Berlin, Dezember 1849.

## g. Die einzelnen deutschen Universitäten.

Altdorf (gest. 1575, aufgeh. 1809). Apini (S. J.) Vitae et effigies Procancellariorum Altorfii. Altdorf 1721. — Ejusdem vitae professorum philos. ibid. 1728.

— Baieri (J. J.) Biographiae professorum med. Altdorf 1725.

— Zeltneri (G. G.) Vitae et effigies professorum theologiae. Altdorf 1742.

— Will, G. A., Geschichte und Beschreibung der Nürnbergischen Universität Altdorf. Altdorf 1795.

Bamberg (gest. 1648 vom Fürstbischof Melchior Otto, aufgeh. 1803). Domus sapientiae, hoc est academia Ottoniana. Bamberg 1649.

— Weber, H., Geschichte der gelehrten Schulen im Hochstift Bamberg von 1007—1803. Bamberg 1880—1882.

Berlin. Ascherson, F., Urkunden zur Geschichte der Jubelfeier der k. Friedrich-Wilhelms-Universität zu Berlin im Oktober 1860. Berlin 1863.

— Banning, E., Rapport sur l'organisation et l'enseignement de l'Université de Berlin. Présenté à M. le Ministre de l'intérieur. s. l. (1861.)

— Daude, Die k. Friedrich-Wilhelms-Universität zu Berlin. Systematische Zusammenstellung der für dieselbe bestehenden gesetzlichen, statutarischen und reglementarischen Bestimmungen. Berlin 1887.

— Fakultät, die juristische, der Universität zu Berlin, seit Berufung des Herrn v. Savigny bis zur Niederlegung seines akademischen Amtes, und deren erforderliche Umgestaltung. Berlin 1842.

— Friedrich-Wilhelms-Universität Berlin, die, in ihrem Personalbestande seit ihrer Errichtung Michaelis 1810 bis Mich. 1885. Berlin 1885.

**Berlin. Köpke, R.,** Die Gründung der k. Friedrich-Wilhelms-Universität zu Berlin. Nebst Anhängen über die Geschichte der Institute etc. Berlin 1860.
— **Lavisse, E,** La fondation de l'Université de Berlin, avec note sur l'Université allemande de Strasbourg. Paris 1876.
— **Loebell, J. W.,** Der Geist, in welchem die Universität zu Berlin gestiftet und eröffnet wurde. Bonn 1839.
— **Preuſs, J. D. E.,** Das k. preufsische medizinisch-chirurgische Friedrich-Wilhelms-Institut zu Berlin. Ein geschichtlicher Versuch. Berlin 1819.
— **Schwebel, O.,** Die Universität Berlin. München 1891.
— **Stipendien und Stiftungen,** die, (Konvikte, Freitische u. s. w.) zu Gunsten der Studierenden der Universität Berlin. Berlin 1857. (Sonderausgabe aus „M. Baumgart's Stipendien und Stiftungen.")
— **Statuten** der Universität zu Berlin. Berlin 1816.
— **Virchow, Rud.,** Die Gründung der Berliner Universität und der Uebergang aus dem philosophischen in das naturwissenschaftliche Zeitalter. Berlin 1893. (Rektoratsrede am 3. August 1893.)
— **Wagner, Ad.,** Die Entwicklung der Universität Berlin 1810—1896. Rektoratsrede zur Gedächtnisfeier der Stiftung der Universität am 3. 8. 1896 gehalten in der Aula. (Beilage zur Allgemeinen Zeitung, Jahrg. 1896, Nr. 188 und 189.) München, 14. u. 17. August 1896.

**Bonn. Dreyfus-Brisac, E.,** L'Université de Bonn et l'enseignement supérieur en Allemagne. Paris 1879.
— v. **Sybel, H.,** Gründung der Universität Bonn. 1868.
— **Schaarschmidt, B.,** Kurzgefafste Geschichte der Universität Bonn, 1818—1853.: Archiv f. Landesk. d. pr. Monarchie, Bd. II. Berlin 1856. S. 205 ff.
— **Statuten** der k. preufsischen rheinischen Friedrich-Wilhelms-Universität. Bonn 1863.

**Breslau. Barth, J. A.,** Universitati litterariae Viadrinae post tria saecula gloriose peracta Francofurto Wratislaviam translatae et cum Leopoldina sorore duobus saeculis minore feliciter iunctae ut benevoli animi quo Wratislavia antiqua musarum nutrix Viadrinam hospitem salutat documentum extet et gratulationis causa. Breslau 1811.
— **Reinkens, J. H.,** Die Universität Breslau vor der Vereinigung der Frankfurter Viadrina mit der Leopoldina. Festschrift. Breslau 1861.
— **Röpell, K.,** Zur Geschichte der Stiftung der Universität Breslau. Breslau 1861.
— **Statuten** für die Universität zu Breslau vom 21. Februar 1816. Wieder abgedruckt mit Anmerkungen. Breslau 1886.
— **Wuttke, H.,** Die Versuche zur Gründung einer Universität in Schlesien. Breslau 1841.

**Duisburg** (gest. 1655, aufgeh. 1804.) **Hasse,** Beiträge zur Geschichte der früheren Universität in Duisburg. Duisburg 1879.

**Erfurt** (gest. 1392. aufgeh. 1815). **Kampschulte, F. W.,** Die Universität Erfurt, in ihrem Verhältnisse zu dem Humanismus und der Reformation. 2 Teile. Trier 1858—60.
— **Weifsenborn, J. C. H.,** Akten der Erfurter Universität. 2 Bde. Halle 1881—1884.

**Erlangen. Engelhardt,** Die Universität Erlangen von 1743 bis 1843. Erlangen 1843.
— **Fickenscher, G. W. A.,** Gelehrtengeschichte der Universität Erlangen. 3 Teile. Nürnberg 1806.
— Derselbe, Geschichte der Universität zu Erlangen. Koburg 1795.
— **Gadendam, J. W.,** Historia academiae Erlangae. Erlangen 1744.
— **Jubelfeier,** die hundertjährige, der Universität Erlangen. Erlangen 1843.
— **Müller, J.,** Die Universität Erlangen unter dem Markgrafen Alexander. Erlangen 1878.
— **Pabst, J. G. F.,** Gegenwärtiger Zustand der Friedrich-Alexander-Universität zu Erlangen. Erlangen 1791.

**Erlangen.** Reuter, Fr., Die Erlanger Burschenschaft 1816—1833. Ein Beitrag zur innern Geschichte der Restaurationszeit. Erlangen 1896.
— Die Universität Erlangen von 1743—1843. Zum Jubiläum der Universität. Erlangen 1843.

**Frankfurt** (gest. 1505, mit Breslau vereinigt 1811). Beckmann, J. C., Notitia universitatis Francofurtanae. Frankfurt 1706.
— Etwas für die Universität Frankfurt a. O. aber nicht von ihr. Frankfurt a/O. o. J.
— Friedländer, E, G. Liebe und E. Theuner, Aeltere Universitätsmatrikeln. I. Universität Frankfurt a. O. Aus der Originalhandschrift. 3 Bde. Leipzig 1887—91. (Publikationen aus dem k. preussischen Staatsarchiv.)
— Hausen, C. R., Geschichte der Universität und Stadt Frankfurt a. O. Frankfurt 1800.

**Freiburg i. B.** Pfister, E., Finanzielle Verhältnisse der Universität Freiburg seit ihrer Gründung bis zur Mitte des 19. Jahrh. Freiburg i. B. 1889.
— Riegger, J. A., Amoenitates literariae Friburgenses. 3 partes. Ulm 1775—1776.
— (idem), Analecta academiae Friburg. ad hist. et jurisprudentiam praecipue ecclesiasticam illustrandam. Ulm 1774.
— v. Rotteck, K., Für die Erhaltung der Universität Freiburg. Aus Auftrag des Prorektors und Konsistoriums geschrieben. Freiburg i. B. 1817.

**Giefsen.** Gellfus, F. Ch., De venationis in tuenda studiosorum valetudine usu et abusu. Giefsen 1737.
— Hanneken, Ph. L., In indiciis omnibusque fel. saeculis in prosperitate Acad. Gissenae exultans Hassla. Gissae 1670.
— Hesse, F. H., Das I. Jahrhundert der theologischen Fakultät in Giefsen. Giefsen 1858.
— Hoffmann, H., Zur Geschichte der Hochschule zu Giefsen. Giefsen 1866.
— Laukhard, Fr. Chr., Annalen der Universität zu Schilda (Giefsen) oder Bocksstreiche und Harlekinaden der gelehrten Handwerksinnungen in Deutschland. 3 Teile. o. O. 1798—99.
— Schlettwein, J. A., Grundverfassung der neuerrichteten ökonomischen Fakultät auf der Universität Giefsen. Giefsen 1778.
— Taokii (J. S.) Academia Gissae restaurata. Giefsen 1652.
— Weihrich, G., Beiträge zur Geschichte des chemischen Unterrichts an der Universität Giefsen. Giefsen 1891.
— Wernher, A., Das akademische Hospital der Universität Giefsen im Jahre 1849. Giefsen 1849.

**Göttingen.** Brandes, E., Ueber den gegenwärtigen Zustand der Universität Göttingen. Göttingen 1802.
— Drechsler, G., Das landwirtschaftliche Studium an der Universität Göttingen. Göttingen 1872.
— Gesner, J. M., De academia Georgia Augusta dedicata narratio. Göttingen 1738.
— Heyne, Ch. G., Opuscula academica collecta. 6 tomi. Göttingen 1785—1812.
— Knoke, Geschichte der Freitische an der Georg-Augusts-Universität zu Göttingen.: Zeitschr. d. hist. V. f. NSachsen, Jahrg. 1893. Hannover.
— Manuale professorum Gottingensium. U. a. die Statuten der Univ. G. enthaltend. Göttingen 1857.
— Meiners, Ch., Göttinger Annalen. I. (einziger) Band. Hannover 1804.
— Pütter, J. St., Versuch einer akademischen Gelehrtengeschichte von der Georg-Augustus-Universität zu Göttingen. Fortgesetzt von Saalfeld und Osterley. 4 Bde. Göttingen 1765—1838.
— Schöne, A., Die Universität Göttingen im siebenjährigen Kriege. Leipzig 1887.
— Student, der Göttinger, oder Bemerkk. etc. über Göttingen und das Studentenleben auf der Georgia Augusta. Göttingen 1813. Mit 8 Kpfrn.
— Umrisse einer Geschichte und Beschreibung der Stadt, der Universität, der

wissenschaftlichen und insbesondere der naturwissenschaftlichen und medizinischen Institute. Göttingen 1854.

**Göttingen.** Unger, F. W., Göttingen und die Georgia Augusta. Göttingen 1861.

**Greifswald.** Baumstark, E., Die Universität Greifswald vor hundert und vor 50 Jahren. Akademische Festschrift. Greifswald 1866.
— Friedländer, E., Matrikel der Universität Greifswald. 2 Bde. Leipzig 1892—1894.
— Kosegarten, J. G. L., Geschichte der Universität Greifswald mit urkundlichen Beilagen. Greifswald 1857.
— Statuten der k. preufsischen Universität Greifswald. Greifswald 1866.

**Halle.** Beischlag, D. W., Die Gedenkfeier der fünfzigjährigen Vereinigung von Halle-Wittenberg am 20. und 21. Juni 1867. Festbericht im Auftrag des akademischen Senates erstattet. Halle 1867.
— Bullmann, J. K, Denkwürdige Zeitperioden der Universität zu Halle, nebst Chronologie dieser Hochschule seit 1805. Halle 1833.
— Conrad, J., Die Statistik der Universität Halle während der 200 Jahre ihres Bestehens. Jena 1894. (Separatausgabe aus der Jubiläumsfestschrift.)
— Dernburg, Thomasius und die Stiftung der Universität Halle. Halle 1865.
— Förster, J. C., Uebersicht der Geschichte der Universität Halle in ihrem ersten Jahrhundert. Halle 1799.
— Geschichte der Universität und Stadt Halle seit dem Ausbruche des Krieges 1806 bis zum 3. August 1814. Halle 1824. Nebst Anhang.
— Hoffbauer, J. Ch., Geschichte der Universität Halle bis 1805. Halle 1805.
— Nachricht, kurtze, von der Stadt Halle und ihrer Universität. o. O. 1709.
— v. Natzmer, G. E., Zur Geschichte der Franckeschen Stiftungen und der Universität Halle.: Kons. Monatsschr., Jahrg. XLVI. Leipzig 1889.
— Niemeyer, A. H., Die Universität Halle nach ihrem Einflufs auf gelehrte und praktische Theologie in ihrem ersten Jahrhundert. Halle 1817.
— Schrader, W., Geschichte der Friedrichsuniversität zu Halle. 2 Bände. Berlin 1894.
— Statuten der k. preufsischen vereinigten Friedrichs-Universität Halle-Wittenberg. Halle 1854.

**Heidelberg.** Acta sacrorum secularium, cum a 1786 a die 6—9 novemb. festum seculare quartum pio solemnique ritu celebravit academia Heidelb. Heidelberg 1787.
— Beleuchtung der Angriffe gegen die Universität Heidelberg, ihre Lehrer, Anstalten und ihren Kurator. Von Letzterem. Heidelberg 1849.
— Creuzer, Fr, Das akademische Studium des Altertums, nebst einem Plan der humanistischen Vorlesungen und des philologischen Seminarium auf der Universität zu Heidelberg. Heidelberg 1807.
— Fischer, K., Festrede zur 500jähr. Jubelfeier der Universität Heidelberg. 2. Aufl. Heidelberg 1886. (Mit einem Abrifs der Universitätsgeschichte bis zum Jubiläumsjahr.)
— Hagen, H., Briefe, von Heidelberger Professoren und Studenten verfafst vor 300 Jahren. Bern 1886.
— (v. Hammerstein), Das Korpsleben in Heidelberg während des 19. Jahrhunderts. Heidelberg 1886.
— Hautz, J. F., Geschichte der Universität Heidelberg. Hrsg. von Reichlin-Meldegg. 2 Bände. Mannheim 1862—1864.
— — Die Juristenfakultät der Universität Heidelberg unter der Regierung des Kurfürsten Friedrich III. von der Pfalz von dem Jahre 1559 bis zum Jahre 1576. Leipzig 1853.
— Heidelbergs vierte akademische Jubelfeier, ein Denkmal für jetzige und künftige Pfälzer. o. O. 1787.
— Heinze, R., Heidelberger Universitätsjubiläum. Heidelberg 1884.
— Heyck, Ed, Heidelberger Studentenleben zu Anfang unseres Jahrhunderts. Heidelberg 1886.

**Heidelberg.** Holstein, H., Zur Gelehrtengeschichte Heidelbergs beim Ausgange des Mittelalters. Wilhelmshaven 1893. (Pr.)
- Martin, C. R. D., Rechtsgutachten und Entscheidungen des Spruchkollegii der Universität Heidelberg. 1. (einz.) Bd. Heidelberg 1805.
- Mittermaier, K. und F., Bilder aus dem Leben von K. J. A. Mittermaier. Zur fünfhundertjähr. Jubelfeier der Universität Heidelberg. Heidelberg 1886. Mit dem Bildnisse Mittermaier's und 8 Bildern in Lichtdruck nach Zeichnungen und Aquarellen von K. Roux
- Quincke, G., Geschichte des physikalischen Instituts der Universität Heidelberg. Heidelberg 1885.
- Reichlin-Meldegg, Geschichte der Universität Heidelberg. Nach handschriftlichen Quellen nebst den wichtigsten Urkunden. Herausgegeben von R.-M. 2 Bde. Mannheim 1862-64.
- Ruperto-Carola. Illustrierte Festchronik der V. Säkularfeier der Universität Heidelberg. Heidelberg 1886.
- Schwab, J., Syllabus rectorum academiae Heidelb. 1386-1786. 2 partes. Heidelberg 1786-1787.
- Thorbecke, A, Die Anfänge der Universität Heidelberg. Heidelberg 1886.
- Derselbe, Geschichte der Universität Heidelberg im Auftrage der Universität dargestellt. Abt. I: Die älteste Zeit der Universität Heidelberg 1386-1449. Heidelberg 1886. (Soweit als erschienen.)
- Derselbe, Statuten und Reformation der Universität Heidelberg vom 16.-18. Jahrhundert. Leipzig 1891.
- Toepke, G., Die Matrikel der Universität Heidelberg von 1386-1662. Heidelberg 1884-1893.
- Urkundenbuch der Universität Heidelberg. Hrsg. von Ed. Winkelmann. 2 Bde. Heidelberg 1886.
- Winkelmann, E., Die Universität Heidelberg in den letzten Jahren der pfalzbayrischen Regierung. Karlsruhe 1883.
- Zeller, J., Cinquième centenaire de l'université de Heidelberg. Paris 1886.

**Helmstädt** (gest. 1576, aufgeb. 1809). Historica narratio de introductione universitatis Juliae. Holmstädt 1579.
- Meibom, H., De academia Juliae primordiis et incrementis. Holmstädt 1607.
- Conring, H., De antiquitatibus academiae. Helmstädt 1659, p. 377 sqq
- Meier, G. Th, Memoriae professorum theol. et jurisprudentiae. Helmstädt 1650.
- Boehmer, J. Ch., Memoriae professorum eloquentiae. Göttingen 1733.
- Bruns, P. J., Die Verdienste der Professoren zu Helmstädt um die Gelehrsamkeit. Halle 1810.
- Henke, E. L. Th., Die Universität Helmstädt im 16. Jahrhundert. Halle 1833.

**Herborn** (als reform. Gymnasium academicum 1584 gest., seit 1654 Universität, seit 1818 theologisches Seminar). Steubing, J. H., Geschichte der hohen Schule Herborn. Hadamar 1823.

**Jena.** Annales academiae Jenensis ed. H. C. A. Eichstaedt, tomus I. (un.) Jena 1823.
- Biedermann, K., Die Universität Jena nach ihrer Stellung und Bedeutung in der Geschichte deutschen Geisteslebens von ihrer Gründung bis zur Gegenwart. Festgabe zum 300jährigen Jubiläum dieser Universität. Jena 1858.
- Gesetze für die Studierenden der Gesamtakademie in Jena. Jena 1845.
- Günther, J., Lebensskizzen der Professoren der Universität Jena seit 1558 bis 1858. Jena 1858.
- Keil, Rich. und Rob, Geschichte des Jenaischen Studentenlebens von der Gründung der Universität bis zur Gegenwart (1548-1858). Leipzig 1858. (Festgabe zum 300jähr. Jubiläum der Universität Jena.)
- Koecher, J. C, Die erfüllte Hoffnung einer jubilirenden hohen Schule bey kummervollen Zeiten. Jena 1755. (Gelegenheitsschrift zum III. Saekular-Universitätsjubiläum 1758.)

**Jena.** Nachricht, aktenmäfsige, über die seit dem 10. Juni 1792 auf der Akademie zu Jena vorgefallenen Unruhen. Weimar 1792.
— Schmitt, A., Zur Geschichte der Universitäten Jena und Halle in der Mitte des 18. Jahrhunderts.: Zeitschr. f. Kulturgesch., Neue (4.) Folge, Bd. III. Leipzig 1896.
— Zeissing, J. G., Die grofse Glückseeligkeit derer, die auf hohen Schulen als heiligen Stätten sich befinden. Jena 1759. (Gelegenheitsschrift zum III. Saekular-Universitätsjubiläum 1758.)

**Kiel.** Franz, A. J. T., In Cimbrica Chersoneso academiae Kiloniae fundatae inaugurationis panegyrica descriptio. Mit 6 Anhängen: Inaugurationspredigten, Oden etc. zur Feier der Gründung der Universität Kiel. Nebst zahlreichen Kupfertafeln (Radierungen) und musikalischen Beilagen. Kiel 1666.
— Ratjen, H., Beitrag zur Geschichte der Kieler Universität. Kiel 1859.
— Derselbe, Geschichte der Universität zu Kiel. Kiel 1870.
— Thiess, J. O., Gelehrtengeschichte der Universität zu Kiel. 2 Bde. Kiel 1800—1802. (Das Werk ist unvollendet geblieben.)

**Köln** (gest. 1389). v. Bianco, F. J., Die alte Universität Köln und die späteren Gelehrtenschulen dieser Stadt. 2 Bde. Köln 1856.
— Derselbe, Versuch einer Geschichte der ehemaligen Universität und der Gymnasion der Stadt Köln. Köln 1833.
— Keussen, H., Die Matrikel der Universität Köln 1389—1559. I. Bd. (1389—1466.) Köln 1892.
— Schoenen, G., Die kölnischen Studienstiftungen. Köln 1592.

**Königsberg.** Arnoldt, D. H., Ausführliche und mit Urkunden versehene Historie der Königsbergischen Universität. 2 Bde. Königsberg 1746.
— Gervais, E., Die Gründung der Universität Königsberg und deren Säkularfeier 1644 und 1744. Danzig 1844.
— Goldbeck, J. F., Nachrichten von der k. Universität zu Königsberg in Preufsen etc. (Königsberg) 1782.
— Prutz, H., Die Universität Königsberg im XIX. Jahrhundert. Königsberg 1894.
— Statuten der k. preufsischen Albertus-Universität Königsberg. Königsberg 1843.
— Töppen, M., Die Gründung der Universität zu Königsberg und das Leben ihres 1. Rektors G. Sabinus. Königsberg 1844.
— Witt, A., Die dritte Jubelfeier der Albertus-Universität zu Königsberg. Königsberg 1844.

**Leipzig.** Academiae Lipsiensis in saeculo XIX. initiis pietatis monumenta. Lipsiae 1801.
— Acta Lipsiensium academica, oder Leipzigs Universitätsgeschichte, welche den gegenwärtigen Zustand der akademischen Gelehrsamkeit auf der Universität Leipzig eröffnen. 15 Teile mit Porträts. Leipzig 1723—24.
— Beschreibung, historische, der Universität Leipzig und Nachricht von ihrem III. Jubelfeste. Leipzig 1710.
— Boehme, J. G, De litteratura Lipsiensis opuscula academica. Lipsiae 1779.
— Brasch, Mor., Geschichte der Universität Leipzig. München 1891.
— Erler, Matrikel der Universität Leipzig 1409—1559. Leipzig 1895.
— Königs Johann Besuch der Universität Leipzig (August 1857) mit einer Darstellung der Anstalten und Sammlungen der Universität. Leipzig 1855.
— Kreussler, H. G., Beschreibung der Feierlichkeiten am Jubelfeste der Universität, Leipzig, 4. Dezember 1809. Leipzig 1810. Mit 27 Portr. u. 11 kolor. Kostümkupfern.
— Lehrfreiheit und Hörfreiheit. Ein Notruf der Universität Leipzig. Dresden 1841.
— Leipzig und seine Universität vor hundert Jahren. Aus den gleichzeitigen Aufzeichnungen eines Leipziger Studenten. Leipzig 1879.
— Marbach, O., Das Jubiläum der Universität Leipzig nach vierhundert und fünfzigjährigem Bestehen am 2. Dezember 1859. Leipzig 1860.
— Meltzer, M., Verzeichnis der Stipendien und Beneficien, welche ausschliefslich

oder doch eventuell für Studierende an der Universität Leipzig fundiert sind. 3. vermehrte Aufl. Leipzig 1896.

**Leipzig.** Peifer, Memorabilia Lipsiensia, in quibus origo, urbis et academiae etc. Lipsiae 1725.
— Rocke, P., Die sächsischen Landesfürsten und die Universität Leipzig. Leipzig-Reudnitz 1889.
— Schulze, J. D., Abrifs einer Geschichte der Leipziger Universität im Laufe des 18. Jahrhunderts, nebst Rückblick auf die früheren Zeiten. Leipzig 1802.
— Statutenbücher der Universität Leipzig aus den ersten 150 Jahren ihres Bestehens, hrsg. von Fr. Zarncke. Leipzig 1861.
— Stübel, B., Aus der Vergangenheit der Universität Leipzig.: Preufs. Jahrb. Bd. LXXIII. Berlin 1893.
— Derselbe, Urkundenbuch der Universität von 1409—1555. Leipzig 1879. (Codex diplomaticus Saxoniae regiae, vol. XI.)
— Tomkowicz, S , Die Polen auf der Universität Leipzig im XV. und XVI. Jahrhundert. (Polnisch).: „Przegląd Polski", 1891. (Krakau.)
— Wenck, F. A. G., Oratio saecularis de viris eruditis qui inde a 1709 Lips. acad. doctrina scriptisque ornaverunt. Leipzig 1810.

**Mainz.** Bockenheimer, K. G., Die rechtliche Natur des Mainzer Universitätsfonds. Mainz 1875.

**Marburg.** Caesar, C. J., Academiae Marburgensis privilegia et leges generales. Marburg 1867.
— Derselbe, Statuta facultatum Marburgensium specialia anno 1653 promulgata. Marb. 1868.
— Dilich, W., De urbe et academia Marburgensi, ed. C. J. Caesar. (4 fasc.) Marbnrg 1863—67. (Gelehrtengeschichte der Universität Marburg im ersten Jahrhundert ihres Bestehens.)
— Edicta de emendando academiae Marburgensis statu s. 1575 promulgata. Marb. 1879.
— Henke, Die Eröffnung der Universität Marburg im Jahre 1653. Marburg 1862.
— Heppe, H., Geschichte der theologischen Fakultät zu Marburg. Marburg 1873.
— Hildebrandt, Urkundensammlung über die Verfassung und Verwaltung der Universität Marburg unter Philipp dem Grofsmütigen. Marburg 1848.
— Justi, K. W., Die dritte Säkularfeier der Universität Marburg. Marburg 1827.
— Kretschmar, J., Das älteste Stammbuch der Marburger Universität.: Zeitschr. d. Vereins f hess. Gesch. u. Landeskunde. N. F., Bd. XXI. Kassel 1896.
— Marburgische Beiträge zur Gelehrsamkeit nebst den Neuigkeiten der Universitäten Marburg und Rinteln, und Vorrede J. G. Estors. 5 Teile. Marburg 1749-50.
— Robert, G. F. C., De jure praelaturae academiae Marburgensi competente. Marburg 1797.
— Statuten der k. Universität zu Marburg. Marburg 1860.
— Weber, H., Die Universität Marburg unter preufsischer Herrschaft. Festrede zur Einweihung der neuen Aula am 26. Juni 1891. Marburg 1891.
— Widerlegung der Geschichtserzählung in Sachen Universität Marburg gegen Universität Gielsen, die rezefswidrige Ablösung der von Darmstadt mehr als 100 Jahre besessenen Gielser Universitätsvogteyen zu Marburg und Kaldern betreffend. o. O. 1747.

**München.** Haushofer, M., Die Ludwig-Maximiliansuniversität. München 1890.
— Mederer, J. N., Annales Ingolstadensis academiae. 4 tomi. Ingolstadt und Landshut 1782-1784.
— Nachrichten, litterarische, von dem itzigen Zustande der baier. Universität in Ingolstadt. Frankfurt a M. 1757.
— Pözl, J , Ueber die Stellung der Studierenden an der Universität Ingolstadt im ersten Jahrhundert ihres Bestehens. München 1859.
— Prantl, C., Geschichte der Ludwig-Maximilians-Universität in Ingolstadt, Landshut, München. 2 Bde. München 1872.

**München.** **Reithofer, F. D.**, Geschichte und Beschreibung der Ludwig-Maximilians-Universität in Landshut. Landshut 1811.
**Osnabrück** (gest. v. Bischof Franz Wilh. Grafen v. Wartenberg 1632, aufgeh. 1633). Academia Carolina Osnabrugensis. Osnabrück 1650.
**Rinteln** (gest. 1619 vom Grafen E. v. Schaumburg, aufgeh. 1809). **Bierling, F. G.**, Historia et monumenta primi festi saeculi Rintelii. Rinteln 1721.
— **Dolle, C. A.**, Lebensbeschreibung aller Professorum theologiae, welche auf der Universität Rinteln gelehret haben. Hannover 1752.
— **Hauber, E. D.**, Primitiae Schauenburgicae. Wolfenbüttel 1728.
— **Suchier**, Statuta, leges et privilegia Universitatis Rinteliensis Rinteln 1880. (Pr.)
**Rostock.** **Eschenbach, J. Ch.**, Annalen der Rostocker Akademie. 13 Bde. Rostock 1790—1807.
— **Hofmeister, A.**, Matrikel der Universität Rostock. 3 Bde. Rostock 1886—1895.
— **Jubilaeum academiae Rostochiensis festum.** Centenarium tertium 1619 celebratum Rostochi. s. a. 1619.
— **Krabbe, O**, Die Universität Rostock im 15. und 16. Jahrhundert. 2 Teile. Rostock 1854.
— **Krey, J. B.**, Andenken an die Rostocker Gelehrten aus den drei letzten Jahrhunderten. Rostock 1814 ff.
— Derselbe, Beiträge zur Mecklenburgischen Kirchen- und Gelehrtengeschichte. Rostock 1819 ff.
— Derselbe, Die Rostocker Theologen. Rostock 1817.
**Strafsburg.** **Barack, K. A.**, Badische Studenten auf der Strafsburger Universität 1616—1791. Karlsruhe 1884.
— **Berger-Levrault, O.**, Annales des professeurs des académies et universités Alsaciennes. (1523—1871). Paris 1893. 554 pag. avec 16 tableaux synoptiques des cours, 5 gravures dans le texte et 2 planches reproduisant en photogravure les anciens sceaux de l'Université de Strasbourg.
— **Dietzel, C.**, Strafsburg als deutsche Reichsuniversität und die Neugestaltung des juristischen und staatswissenschaftlichen Studiums. Frankfurt a/M. 1871.
— **Erichson, A.**, Der alten Strafsburger Hochschule erstes Jahrhundertfest am 1. Mai 1667. Ein Rückblick am 25. Stiftungstage der Kaiser-Wilhelms-Universität, 1. Mai 1897. Strafsburg 1897.
— **Festschrift** zur Einweihung der Neubauten der Kaiser-Wilhelms-Universität Strafsburg. Strafsburg 1884. Mit 16 Lichtdrucktaf. etc.
— **Hausmann, S.**, Die Kaiser-Wilhelms-Universität Strafsburg. Ihre Entwicklung und ihre Bauten. Strafsburg 1897. Mit 22 Lichtdr.-Tafeln.
— **Hoseus, H.**, Die Kaiser-Wilhelms-Universität zu Strafsburg, ihr Recht und ihre Verwaltung. Eine Festschrift zum 1. Mai 1897. Strafsburg 1897.
— **Hottinger, Ch. G.**, Die kaiserliche Universitäts- und Landesbibliothek in Strafsburg. Strafsburg 1872.
— **Knod, G. C.**, Die alten Matrikeln der Universität Strafsburg 1621—1793. 2 Bde. Strafsburg 1897.
— **Rückblick** auf das erste Jahrzehnt der Universität. Strafsburg 1882.
— **Schricker, A.**, Zur Geschichte der Universität Strafsburg. Strafsburg 1872.
— **Schützenberger, Ch.**, De la réforme de l'enseignement supérieur et des libertés universitaires. Strasbourg 1870.
— **Warth, O.**, Das Kollegiengebäude der Kaiser-Wilhelms-Universität zu Strafsburg. Karlsruhe 1885. (18 Lichtdrucktaf.)
**Tübingen.** **Bender, H.**, Gymnasialreden nebst Beiträgen zur Geschichte des Humanismus und der Pädagogik. Tübingen 1887. (Aus dem Inhalt: Die Anfänge der humanistischen Studien an der Universität Tübingen. — Humanismus und Humanisten in Tübingen im XVI. Jahrhundert.)
— **Bök, A F.**, Geschichte der herzogl. württembergischen Eberhard Karls-Universität zu Tübingen. Tübingen 1774.
— **Constitutiones** atque leges illustris etc. in Tubingensi academia nuper instituti collegii ducalis Wyrtembergici. Tübingen 1597.

**Tübingen.** Gratulationsschrift des Gymnasiums zu Tübingen für die 4. Saekularfeier der Universität, 9.—11. August 1877. Tübingen 1877.
- **Klüpfel, K.**, Geschichte und Beschreibung der Universität Tübingen. Tübingen 1849. (Bildet die II. Abteilung der „Geschichte der Stadt Tübingen".)
- **Kugler, B.**, Die Jubiläen der Universität Tübingen nach handschriftlichen Quellen. Tübingen 1877. (Festschrift zur 4. Säkularfeier der Univ. Tübingen.)
- **Linsemann, F. X.**, Konrad Summenhart. Ein Kulturbild aus den Anfängen der Universität Tübingen. (Festschrift zur 4. Säkularf. der Univ. Tübingen.)
- **Macleod, Norm.**, The earnest student, being memorials of J. Mackintosh. London 1863. (Der Autor studierte ebenfalls in Tübingen.)
- **v. Mohl, R.**, Die Sitten und das Betragen der Tübinger Studierenden während des 16. Jahrh. 2. Aufl. Tübingen 1871.
- **Pfaff, K.**, Versuch einer Geschichte des gelehrten Unterrichtswesens in Württemberg und älteren Zeiten. Tübingen 1842.
- **Rümelin, G.**, Reden und Aufsätze. III. Folge. Freiburg i. B. 1894. (Darin u. a.: König Friedrich von Württemberg und seine Beziehungen zur Landesuniversität. — Die Entstehungsgeschichte der Tübinger Universitätsverfassung.
- **Schmid, K. A.**, Festschrift der Gymnasien und Seminarien Württembergs zur 4. Saekularfeier der Universität Tübingen. Stuttgart 1877. Nicht im Handel.
- **Seeger, H.**, Die strafrechtlichen consilia Tubingensia von der Gründung der Universität bis zum Jahre 1600. Tübingen 1877. (Festprogramm der juristischen Fakultät zur 4. Säkularfeier der Univ. Tübingen.)
- **Statistik** der Universität Tübingen. Hrsg. von dem k. statistisch-topographischen Bureau. Stuttgart 1877. (Der Hochschule zur 4. Säkularf. gewidmet.)
- **Statut** für die Lehramtskandidaten des evang. theologischen Seminars in Tübingen. Stuttgart 1860.
- **Steudel, J. C. F.**, Ueber die neue Organisation der Universität Tübingen. Tübingen 1830.
- **Urkunden** zur Geschichte der Universität Tübingen aus den Jahren 1476 bis 1550. Tübingen 1877.
- **v. Weizsäcker, C.**, Lehrer und Unterricht an der evangelisch-theologischen Fakultät der Universität Tübingen von der Reformation bis zur Gegenwart. Tübingen 1877. (Festschrift zur 4. Säkularfeier.)
- **Württemberg** im Jahre 1644. Winterthur 1844. (Das bis 1848 in Württemberg verbotene Buch enthält u. a. freimütige Bemerkungen über die Tübinger Universität.)
- **Zeller, A. Ch.**, Ausführliche Merkwürdigkeiten der Universität und Stadt Tübingen. Tübingen 1744.

**Wittenberg.** Foerstemann, C. E., Album academiae Vitebergensis, 1502—1560. Lipsiae 1841.
- Idem, Liber Decanorum facultatis theologicae Vitebergensis. Lipsiae 1838.
- **Hertzberg**, Zur Geschichte der Vereinigung von Wittenberg und Halle. Geschichte der v. Ponickauschen Bibliothek von Böhmer. Halle 1867.
- **Kius**, Das Stipendiatenwesen in Wittenberg und Jena im 16. Jahrhundert.: Ilgens Zeitschr. f. histor. Theologie, Bd. XXXV. Leipzig 1865.
- **Leges** academiae Vitebergensis de studiis et moribus auditorum. Item Artickel nothwend. Ordnung zu erhaltung guter Policen in Schul- und Stadtregiment, etc. Wittenberg 1595.
- **Schalscheleth, S. P.** (pseud.), Historisch-geographische Beschreibung Wittenbergs und seiner Universität nach ihrem gegenwärtigen Zustande. Frankfurt und Leipzig 1795.

**Würzburg.** Alma Julia. Illustrierte Chronik der dritten Säkularfeier der Universität zu Würzburg. Redigiert von A. Schäffler. Würzburg 1882.
- **Boenicke, C.**, Grundrifs einer Geschichte von der Universität Würzburg. 2 Teile. Würzburg 1792.
- **Festschrift** zur III. Säkularfeier der Alma Julia Maximiliana, gewidmet von der medizinischen Fakultät Würzburg. 2 Bde. Leipzig 1882. Mit 17 Tafeln.
- **Grohmann, J. C. A.**, Annalen der Universität Würzburg. Meifsen 1801.

**Würzburg. Reuß,** Johann I. von Egloffstein, Bischof von Würzburg und Herzog von Franken, Stifter der ersten Hochschule in Würzburg. Würzburg 1847.
— **v. Wegele,** F. X., Geschichte der Universität Würzburg. 2 Teile. Würzburg 1882. (Teil II: Urkundenbuch.)
— Derselbe, Die Reformation der Universität Würzburg. Würzburg 1863.
— **zur Westen,** J., Sicilimenta quaedam ad historiam universitatis Wirceburgensis. Würzburg 1794.

### Das Frauenstudium auf deutschen Universitäten.

**Carpin,** Frauenstudium, Sittlichkeit und Sozialreform. Leipzig 1896. (Cyklus akademischer Broschüren, Heft 11.)
**Dühring,** E., Der Weg zur höheren Berufsbildung der Frauen und die Lehrweise der Universitäten. Leipzig 1877; 2. Aufl. Ebd. 1885.
**Düsing,** Die Verjudung der Ärzte und das dadurch veranlaßte Eindringen des Cynismus in die Medizin. Ein Beitrag zur Frauenärztinnenfrage. Münster 1895.
**Frauenstudium,** das, und die deutschen Universitäten.: D. Rundsch., Jahrg. XXIII. Berlin 1897.
**Gnauck-Kühne,** E., Das Universitätsstudium der Frauen. Ein Beitrag zur Frauenfrage. Oldenburg 1891.
**Henrich-Wilhelmi,** Hedwig, Das Recht der Frauen zum Studium und ihre Befähigung für alle Berufsarten. Berlin 1894.
**Ichenhaeuser,** Eliza, Die Ausnahmestellung Deutschlands in Sachen des Frauenstudiums. Berlin 1897.
**Kirchhoff,** A., Die akademische Frau. Gutachten hervorragender Universitätsprofessoren, Frauenlehrer und Schriftsteller über die Befähigung der Frau zum wissenschaftlichen Studium und Berufe, hrsg. von A. K. Berlin 1897.
**Kleinwächter,** L., Zur Frage des Studiums der Medizin des Weibes. Neuwied 1896.
**Lindner,** F., Vom Frauenstudium. Vortrag. Rostock 1897.
**Pochhammer,** L., Beitrag zur Frage des Universitätsstudiums der Frauen. Rede am 6. III. 1893. Kiel 1893.
**Svetlin,** W., Die Frauenfrage und der ärztliche Beruf. Wien 1895.
**(Zimmern,** Alice), Women of the German universities.: Athenaeum. London 1895.

### 3. Die Universitäten außerdeutscher europäischer Kulturstaaten.

#### a. Belgien.

**Anniversaire** décennal de la fondation de l'Université de Bruxelles. Bruxelles (1844.)
**Annuaire** de l'Université catholique de Louvain. Année I—LXI, 1837—97. Louvain 1838—98.
**Defré,** L., L'Université de Louvain et le christianisme, ou jésuitisme et socialisme. Bruxelles 1850.
**Dehaut,** L. J., De l'état actuel de l'instruction publique, mais surtout de l'enseignement supérieur en Belgique et de la nécessité de modifier etc. la loi sur les universités de l'Etat et sur les jurys d'examen. Bruxelles 1838.
**Fondations** de bourses d'étude établies en Belgique. Fondations isolées dites volantes. Tome I à VII. Recueil des fondations publié par H. Lentz. Bruxelles 1890—1896.
**Le Roy,** A., L'Université de Liége depuis sa fondation. Liége 1869.
**Liber** memorialis de l'Université catholique de Louvain 1834—1884. Louvain 1887. (Contenant: Fêtes jubilaires de 1884. — Bibliographie académique.)
**Monseur,** Nos universités et nos lois. Liége 1889.
**Namèche** (Mgr.), Jean IV et la fondation de l'Université de Louvain. Louvain 1853.
**Picard,** F., Une nouvelle université à Bruxelles. Bruxelles 1894. (Extrait à la „Société nouvelle" 1894.)
**van der Rest,** La sociologie. Bruxelles 1899. (Der Verfasser spricht sich gegen die proponierte Kreierung eines besonderen Lehrstuhls für Soziologie an der Brüsseler Universität aus.)

Situation de l'enseignement supérieur (en Belgique) donné aux frais de l'Etat.
Rapport triennal I—VII (1671 à 1873—1889 à 1891) présenté aux Chambres
législatives. Bruxelles 1876—1892.
Trasenster, L., L'enseignement des sciences sociales et politiques. (Discours inaugural, prononcé à la salle académ. de l'Université de Liége, le 20. 10. 1884)
Liége 1884.
Université libre de Bruxelles. Rapport sur les années académiques 1892/1893 à
1895/96. 4 brochures. Bruxelles 1894—1896.
Vanderkindere, L., L'Université de Bruxelles, 1834 à 1884. Bruxelles 1884.

### b. Dänemark. Schweden und Norwegen.

Christiania (gest. 1811). Frederiks-Universitets (det kongelige) in Christiania.
Aarsberetning for Aarene 1861 sqq. Christiania 1862 sqq.
— Frederiks-Universitets-Halvhundredaars-Fest, det. Beretning og actstykker.
Christiania 1862.
— Monrad, M. J., Det kongelige Norske Frederiks Universitets Stiftelse. Christiania 1861.
Kopenhagen (gest. 1479). Bartholini, C., Oratio de ortu, progressu et incrementis
regiae academiae Hafniae. Kopenhagen 1820.
— Thura, A., Academiae Hafniae infantia et pueritia. Flensburg und Altona 1734.
Lund (gest. 1666). Acta universitatis Lundensis. (Lunds Universitets 5rs-skrift.)
Anni 1 sqq. (à 3 partes.) Lund 1864 sqq. Multis cum tabulis aeneis.
— de Döbeln, J. J., Historia academiae Lundensis. Lund 1740. (Fortsetzungen
hiervon erschienen in Dissertationen von Sommelius 1757 ff., Stenstrom 1803 ff.
und Lindfors 1809 ff.)
Soroe (gest. 1586, bezw. 1623, aufgeh. 1665, reorganis. 1822). Meddelelser angaande Sors Academi, 1849—1890. (Nachrichten über die Akademie auf der
Insel Soroe; Jahrgänge 1849 ff.)
Upsala (gest. 1477). Arrhenii, Historia academiae Upsaliae. Upsala 1784.
— Fant, G. F., Antiquitates academiae Upsaliae. Upsala 1785.
— Knoos, A. A., Dissertatio historica academiae Upsaliae. Upsala 1785.
— Maurer, K., Das älteste Hofrecht des Nordens. Eine Festschrift zur Feier des
400jährigen Bestehens der Universität Upsala. München 1877.

### c. Grofsbritannien und Irland.

Aschrott, P. F., Das Universitätsstudium und insbesondere die Ausbildung der
Juristen in England. Hamburg 1886.
Barnett, S. A., The Universities and the poor.: Ninet. Cent., N° 53. London 1884.
—, University teaching, east and west.: N. Rev., N° 49. London 1893.
Belcher, H., Degrees and „degrees"; or, the traffic in theological, medical and
other „diplomas" exposed. London 1872. (Bezieht sich auf Verleihung akademischer Würden in England und Amerika.)
Bulloch, J. M., A history of the University of Aberdeen 1495—1895. London 1895.
Cairnes, J. E., University education in Ireland. London 1866.
Cambridge (gest. zwischen 1205 und 1208). Cambridge University calendar,
for the years 1866—1896/97. London.
— Cantilowe, Nicol., Historia de antiquitate et origine universitatis Cantabrigiae,
cum Th. Sprotti chron. ed. Th. Hearne. London 1719.
— Dyer, G., History of the University and colleges of Cambridge. 2 vols.
London 1814.
— Parker, Rich., History and antiquity of the University of Cambridge.
London 1721.
Cohn, G., Zur Finanzstatistik der englischen Universitäten.: Jahrb. f. NatOek. u.
Stat Bd. LV. Jena 1890.
Conybeare, F. C., The endowment of a roman catholic University in Ireland.:
Nat Rev., October 1889. London.

Demogeot, J. et H. Montucci, De l'enseignement supérieur en Angleterre et en Écosse. Paris 1870.
Dodds, W., A complete guide to matriculation at the University of London. Manchester 1872.

**Dublin** (gest. 1591). Healy, J., Maynooth College: Its centenary history, 1795—1895. Dublin 1895. With plates and illustrations.
— Mahaffy, Trinity College, Dublin.: Ninet. Cent., July 1892. London.
— Stubbs, J. W., The history of the University of Dublin, from its foundation to the end of the XVIII$^{th}$ century. Dublin 1890.
— Transactions of the Dublin University Philosophical Society. Volume I sqq. Dublin 1847 sqq.
— Trinity College, Dublin.: Qu. Rev., N° 349. London 1892.
— Urwick, W., The early history of Trinity College, Dublin, 1591—1660. As told in contemporary records on occasion of the tercentenary. London 1892.

**Edinburg** (gest. 1581). Anderson, J., History of Edinburgh, from the earliest period to 1850. Edinburgh 1856.
— Bower, Al., History of the University of Edinburgh chiefly compiled from original papers and records never before published. 2 vols. Edinburgh 1817.
— Grant, A., The story of the University of Edinburgh during its first 300 years. 2 vols. London 1884.

Geddes, P., University systems.: Fortn. Rev., October 1893. London.
Gneist, R., Das englische Verwaltungsrecht der Gegenwart etc. 3. Aufl. 2 Bde. Berlin 1883—84 (Vgl. Bd. II, Kap. X, § 175 über englische Universitäten.)
Haughton, S., University education in Ireland. Dublin 1869.
Huber, V. A., Die englischen Universitäten. 2 Bde. Kassel 1539—1840.
v. Jolly, Die neueren Reformen der englischen Universitäten.: Pr. Jahrb., Bd. XLIII. Berlin 1879.
Knight, The Scottish Universities Commission: Curricula of study and academical degrees.: Scott. Rev., January 1890. Dublin.
Leys, J., Life at the Scotch Universities.: Nat. Rev., December 1886. London.
Lyon-Playfair, Speech on the second reading of Irish Unversity Bill. Dublin 1873.
—, On teaching Universities and examining boards. Dublin 1873.
—, Universities in their relation to professional education. Edinburgh 1873.
Mill, J. St., Inaugural address delivered to the University of St. Andrews. London, February 1867.

**Oxford** (gest. in einzelnen Kollegien 1141). Abbot, E. and L. Campbell, The life and letters of Benjamin Jowett, Master of Balliol College, Oxford. 2 vols. London 1897.
— Alumni Oxonienses. The members of the University of Oxford 1715—1886, with a record of their degrees being the matriculation register of the University, annotated by J. Foster. 4 vols. Oxford 1888.
— Arnold, F., Oxford and Cambridge, their colleges, memories, and associations. London 1873.
— Brodrick, G. C., History of the University of Oxford. London 1886.
— Case, Th., Against Oxford degrees for women.: Fortn. Rev., July 1895. London.
— Chalmers, A., History of the University of Oxford. 2 vols. London 1810.
— Clark, A., Colleges of Oxford: their histories and traditions. 2$^{nd}$ ed. London 1893.
— Foster, J., Oxford men and their colleges. 2 vols. London 1893.
— Heywood, J., The recommandations of the Oxford University Commissioners, with selections from their report. London 1853.
— Ingram, Memorials of Oxford. 2. ed. 2 vols. London 1847.
— Lockwood, J., The early days of Marlborough College. London 1893.
— Lyte, H. C. M., History of the University of Oxford to 1530. London 1886.

**Oxford.** Oxford: its life and schools. Edited by A. M. M. Stedman, assisted by members of the University: (Ashley, Brabant, Dixey, Gent, Gerrans, Hall, Stenson, Sadler, Weatherly, Wells). London 1887.
— Oxford University statutes, translated to 1843 by G. R. M. Ward and completed by J. Heywood (to 1850). 2 vols. London 1845—1851.
— Register of the visitors of the University of Oxford from 1647 to 1658. Ed. by M. Burrows. London 1881.
— Report of the Commissioners appointed to inquire into the state, discipline, studies, and revenues of the University and Colleges of Oxford. 2 parts. London 1852. (Blue book.)
— Report of the Commissioners appointed to inquire into the property and income of the Universities of Oxford and Cambridge and of the colleges and halls therein. 3 vols. London 1874. (Blue book.)
— Smith, G., Oxford and her colleges, a view from the Radcliffe library. London 1894.
— Wood, Ant., Historia et antiquitates universitatis Oxoniensis. 2 voll. Oxford 1674.
— idem, Athenae Oxonienses, an exact history of all the writers and bishops who have had their education in the University of Oxford from 1500—1690. 2 vols. London 1691; new ed. Oxford 1721.

Pascal, L., Les bibliothèques et les facultés de médecine en Angleterre. Paris 1664.
Pearson, K., The new University for London: a guide to its history and criticisms of its defects. London 1891.
Report of Royal Commission of inquiry into the state of the Universities and Colleges of Scotland. Edinburgh 1831. — Report of Royal Commission etc. Evidence taken before the Commission. Papers etc. 4 vols. Edinburgh 1837. (Vol. I. Edinburgh; vol II. Glasgow; vol. III. St. Andrews; vol. IV. Aberdeen.)
Schlottmann, A., Das englische Universitätswesen in seiner neuesten Entwicklung.: Jahrb. f. Ges. u. Verw. (Schmoller) Jahrg. IX. Leipzig 1885.
Tille, A., Britische und deutsche Universitäten.: D. Rev. Jahrg. 1893. Breslau.
Warington, R., Agricultural science: Its place in a University education. A lecture delivered before the University of Oxford on November 5, 1896, etc. London 1896.
Whewell, W., Principles of English University education. London 1837.
Williams, J., The public schools and the Universities, their studies, examinations and expenditure. London 1864.
Wordsworth, Ch., Social life at the English Universities in the XVIIIth century. Cambridge 1874.
Zimmermann, Athan., Die Universitäten Englands im 16. Jahrhundert. Freiburg i. B. 1889.

Dabis, Th., Die Stellung der Frau an der englischen Universität.: Zeitschr. f. d. ausl. Unterr. Jahrg. I. Leipzig 1895/96.
—, Wie nimmt man in England Stellung zu der Frage eigener Frauenuniversitäten?: Zeitschr. f. d. ausl. Unterr., Jahrg. I, 1895/96. Beiheft, S. 35 ff.
Gordon, J. E. H. (Mrs.), The after careers of university-educated women.: Nineth. Cent. London, 1895, June.
Grose, T. H. and Th. Case, Oxford degrees for women.: Fortn. Rev., August 1895. London.
Tanner, J. R., Degrees for women.: Fortn. Rev., May 1897. London.
University degrees for women.: Fortn. Rev. London 1895.

### d. Frankreich.

Alix, G., Les facultés de droit et l'enseignement des sciences politiques. Paris 1889.
Amette, A., Guide général de l'étudiant en médecine contenant les ordonnances royales, statutes et arrêtés universitaires etc. Paris 1849.
Barckhausen, H., Statuts et règlements de l'ancienne Université de Bordeaux (1441—1793). Libourne 1886.

**Aix** (gest. gegen 1400). **Belin, F.**, Histoire de l'ancienne université de Provence ou histoire de la fameuse université d'Aix. [re période (1409—1679). Marseille 1896.
— **Chavernac, F.**, Histoire de l'Université d'Aix. 1er fascicule. Aix 1889.
**Avignon** (gest. gegen 1290). Cartulaire de l'Université d'Avignon (1303-1791) publié avec introduction et notes par V. Laval. Ire partie. Avignon 1884.
— **Laval, V.**, État de l'Université d'Avignon en 1789. Avignon 1889.
— **Marchand, J.**, La faculté des arts de l'Université d'Avignon. Notice historique etc. Avignon 1897.
— **de Teule, E.**, Chronologie des docteurs en droit civil de l'Université d'Avignon (1303—1791). Paris 1887.
**Bautain** (l'abbé), De l'enseignement de la philosophie en France au XIXe siècle. Strasbourg 1833.
**Beaune, H. et J. d'Arbaumont**, Les Universités de France-Comté, Gray, Dôle, Besançon. Documents inédits publiés, avec une introduction historique. Dijon 1870.
**Beaussire**, La liberté de l'enseignement et l'Université sous la 3ième République. Paris 1884.
**Béranger, H.**, L'Aristocratie intellectuelle. Paris 1895.
**Bouillier**, L'Université sous M. Ferry. Paris 1880.
**Bourgade**, De la faculté de Montauban et du projet de la transférer à Paris, ou examen de cette question: que faut-il pour constituer une bonne faculté de théologie, etc. Montauban 1836.
**Cauvet, J.**, Le collège des droits de l'ancienne Université de Caen. Caen 1858.
**Chénon**, Les anciennes facultés des droits de Rennes (1735—1792). Rennes 1890.
**Compayré, G.**, Abelard (founder of the University of Paris) and the origin and early history of Universities. New York 1893.
**Compte** rendu du Congrès de l'enseignement supérieur tenu à Lyon en 1894. Lyon 1896.
**Dechevrens, A.**, Les universités catholiques autrefois et aujourd'hui. Orléans 1894.
**Denifle, H.**, Les universités françaises au moyen-âge. Avis à M. Marcel Fournier, éditeur des statuts et privilèges des universités françaises. Paris 1892.
**Didon** (le Père), L'enseignement supérieur et les universités catholiques. Paris 1876.
**Douai** (gest. 1520). **Cardon, G.**, La fondation de l'Université de Douai. Paris 1892.
— **Courdaveaux**, La question du transport des facultés de Douai à Lille. Mémoire prés. par la municipalité de Douai au Conseil supérieur de l'instruction publ. Douai 1887.
— **Legrand, L.**, L'Université de Douai 1530—1790. Paris 1885.
**Dupuy, A.**, L'État et l'université, ou la vraie réforme de l'enseignement secondaire. Paris 1890.
**L'École** libre des sciences politiques (1871—1889). Paris 1889.
**École libre des sciences politiques**. Année scolaire 1896—1897. Organisation et programme des cours; renseignements sur les carrières auxquelles l'École prépare (diplomatie, consulats, Conseil d'État, inspection des finances etc.). Paris 1896.
**Egger, E.**, La tradition et les réformes dans l'enseignement universitaire. Paris 1883.
**L'Enseignement supérieur**. Collation des grades. Discours à la Chambre des députés et au Sénat dans les séances des 1er juin à 20 juillet 1876. 2 vols. Paris 1876.
**Facultés et écoles supérieures**. I. Des établissements d'enseignement supérieur. II. De la condition des professeurs. III. De la rétribution universitaire. IV. Des bourses d'enseignement supérieur.: Dictionnaire des finances, publié par L. Foyot et A. Lanjalley. Tome II. Paris 1894, pag. 218 ff.
**de Folleville**, Recueil des règlements des facultés de droit. Avec annexes 1 à 3. Paris 1881—1884.
**Fournier, Marcel**, Les statuts et privilèges des universités françaises depuis leur fondation jusqu'en 1789. Tome I-IV. Paris 1890—1895.

**Grande guerre** contre l'Université et petit moyen de faire la paix avec elle. Paris 1816.

**Gréard, O.**, Education et instruction. Enseignement supérieur. Paris 1889. —

**Grenoble** (gest. 1339). **Berriat de St. Prix**, Histoire de l'ancienne Université de Grenoble. Paris 1520.

— **Annales** de l'Université de Grenoble, publ. par les facultés de droit, des sciences et des lettres, et par l'école de médecine. Tome I à XI. Paris 1891—96 (erscheint in Vierteljahrsbänden).

**Guerlin de Guer, E**, L'enseignement supérieur en France.: Rev. d'admin., XIII<sup>e</sup> année. Paris 1890.

**Hartel, W**, Die Universitäten. (Wiener Ausstellungsbericht 1873. Heft 26, Gruppe XXVI.) Wien 1874. (vornehmlich französ. Universitäten behandelnd.)

**Jourdain, C. B.**, Le budget de l'Instruction publique et des établissements scientifiques et littéraires, depuis la fondation de l'Université jusqu'à nos jours. Paris 1857.

**Leclerc, Max**, Le rôle social des universités. Paris 1892.

**de Lens, L.**, Université d'Angers, du XV<sup>e</sup> siècle à la Révolution française. Tome I. Faculté des droits. Angers 1880.

**Liard, L.**, L'enseignement supérieur en France 1789—1893. 2 tomes. Paris 1890—1894.

—, Universités et facultés. Paris 1890.

**Lyon** (gest. gegen 1280). **Meyssonier, Las**, Histoire de l'Université de Lyon. Lyon 1644.

— **de Colonia**, Histoire littéraire de la ville de Lyon. 2 vols. Lyon 1728.

— **Gairal**, L'enseignement du droit à Lyon en 1769. Lyon 1889.

**Marion, H**, L'éducation dans l'Université. Paris 1896.

**Montpellier** (gest. 1160, privil. 1289). **d'Aigrefeuille, Ch.**, Histoire de la ville de Montpellier. 2 vols. Montpellier 1737.

— **Cartulaire** de l'Université de Montpellier. Tome I (1181—1400). [Précéd. d'une histoire de l'Université, par A. Germain.] Montpellier 1890.

— **Fanoillon, F.**, La faculté de théologie de Montpellier (1613—1790). Montpellier 1857.

— le même, Le Collège des jésuites de Montpellier (1629—1762). Montpellier 1859.

**Nisard, Th.**, Du monopole universitaire au point de vue politique. Paris 1844.

**Observations** sur la rétribution universitaire consacrée par les lois de finances depuis 1816. Paris 1831.

**Orléans** (gest. 1234, priv. 1305). **Bimbenet**, Histoire de l'Université de lois d'Orléans. Orléans 1853.

— **Boucher de Molandon**, La salle des thèses de l'Université d'Orléans. 2<sup>e</sup> éd. Orléans 1873.

— **Loiseleur, J.**, L'Université d'Orléans pendant la période de décadence. Paris 1856.

— le même, Privilèges de l'Université de lois d'Orléans. Orléans 1887.

**Paris** (als philosophische Schule 1140 gest., Universität seit 1200). **Altmann, W.**, Die Entstehung und Entwicklung der beiden ältesten Universitäten Paris und Bologna.: Preuß. Jahrb., Bd. LVIII. Berlin 1886.

— **Budinszky, A.**, Die Universität in Paris und die Fremden an derselben im Mittelalter. Berlin 1876.

— **Buslaei** (C. Egassii), Historia universitatis Parisiensis etc. et aliarum universitatum. 6 voll. Paris 1665.

— **Chartularium** universitatis Parisiensis sub auspiciis consilii gener. facultatum Parisis, colleget et cum authent. chartis contulit H. Denifle, auxiliante C. Chatelain. Tomus I et II (ab anno 1200 ad annum 1350). 2 vols. Paris 1889.

— **Combes, Fr**, Lectures historiques à la Sorbonne et à l'Institut. 2 vols. Bordeaux s. a. (c. 1890)

— **Crevier**, Histoire de l'Université de Paris depuis son origine jusqu'en 1600. 7 vols. Paris 1761.

**Paris.** Douarche, A., L'Université de Paris et les Jésuites (XVI° et XVII° siècles). Paris 1895.
— Dubarle, E., Histoire de l'Université depuis son origine jusqu'à nos jours. 2 vols. Paris 1829.
— Franklin, A, La Sorbonne, ses origines, sa bibliothèque, les débuts de l'imprimerie à Paris et la succession de Richelieu. 2° éd. Paris 1875.
— Hahn, L., Das Unterrichtswesen in Frankreich, mit einer Geschichte der Pariser Universität. Breslau 1818.
— Jourdain, Ch., Histoire de l'Université de Paris au 17° et au 18° siècle. Avec pièces justificatives et index chronologicus chartarum. 3 vols. Paris 1862–1866. Nouvelle éd. 2 vols. Paris 1588.
— Lebleu, A., Vingt-cinq ans de Sorbonne et de Collège de France (1860–1894). Paris 1894.
— Livret, le, de l'étudiant de l'Université de Paris. Paris 1896.
— Péries, G, La faculté de droit dans l'ancienne Université de Paris (1160–1793). Paris 1890.
— Rance, A. J., La réforme de l'Université de Paris sous Henry IV. d'après deux manuscrits de la bibliothèque Méjanes. Aix 1885.
Pierson, N., L'Université de Nancy et la décentralisation. Nancy 1890.
Pinloche, A. (Prof., Univ. Lille), Die Reform der Universitäten in Frankreich und ihre geschichtlichen Vorbedingungen.; Zeitschr. f. ausl. Unterr. Jahrg. I. Leipzig 1895/96. Beiheft, S. 2 ff.
Pont à Mousson (gest. 1569). Favier, J., Mœurs et usages des étudiants de l'Université de Pont-à-Mousson (1572–1768). Paris 1878.
— le même, Nouvelle étude sur l'Université de Pont-à-Mousson. Paris 1881.
— Martin, E. (l'abbé), L'Université de Pont-à-Mousson (1572–1768). Paris 1891.
— Université de Pont-à-Mousson (1572–1850). Histoire extraite des manuscrits du (P.) Nicolas Abram (le la compagnie de Jésus) Publiée par (le Père) A. Carayon Poitiers 1871.
von Savigny, L, Die französischen Rechtsfakultäten im Rahmen der neueren Entwicklung des französischen Hochschulwesens. Berlin 1891.
Schoen, H., Die französischen Hochschulen seit der Revolution nach dem Werk von Liard: l'enseignement supérieur en France 1789–1893. München 1896.
Statistique de l'enseignement supérieur, années 1865 à 1868–1869 à 91 Paris 1868–1892. (Enseignement, organisation des facultés, examen, grades, recettes et dépenses, etc.)
Success of Roumanian and Russian ladies in schools of law in Paris.; Journ. of Educ. London 1890.
Thomas, A, Note à consulter sur l'état présent de l'université. Paris 1848.
Vigné d'Octon, Les universités nouvelles. Discours prononcé à la Chambre des députés le 5 mars 1896. Paris 1896.

c. Holland.

de Brouckere, C., Examen de quelques questions relatives à l'enseignement supérieur dans le royaume des Pays-Bas. Liége 1829.
Franeker (gest. 1585). Vrimoet, E. L., Athenae Frisiacao universitatis historia. Leeuwarden 1758.
Gröningen (gest. 1614). Effigies et vitae professorum academiae Groningae et (U. Emmii) natales academiae erectae in urbe Gron. Gröningen 1654.
Harderwyk (gest. 1600). Schrassert, J., Hardervicum antiquum. 2 voll. Harderwyk 1730.
Jordens, P. H., Wet van den 28. April 1876 tot regeling van het hooger onderwijs, zooals die is gewijzigd bij de wetten van 7. Mei 1878, 28. Junij 1881, 15. Junij 1883, 23. Julij 1886, 15. April 1886 en 9. Mei 1890. 3° druk. Zwolle 1890.
Leiden (gest. 1575). Annales academiae Lugduni Batavorum. Leiden 1717 sqq.
— Fabricius, Fr., Oratio in natal. CL academiae Batavae. Leiden 1725.

**Leiden. Gaubii, H. D.,** Oratio in auspicio saec. III. Leiden 1775.
— **Icones** et vitae professorum academiae Leidensis. Leiden 1814.
— **Meursii, J.** Athenae Batavae. Leiden 1625, ed. nova 1633.
— **Siegenbeek,** Geschiedenis der Leidsche hooge school. Leiden 1829.
— te **Water, J. G.,** Narratio de rebus academiae Lugduni Batavorum saec. XVIII prosperis et adversis. Leiden 1802.
de **Loos, D.,** Organisation de l'enseignement supérieur dans le royaume des Pays-Bas. Leyde 1895.
**Schaepman, H. J. A. M.,** Het hooger onderwijs en de drie rijks-universiteiten. Antwoord van J. d'Aulnis de Bourouill. Utrecht 1883.
**Treub, H.,** Universität und Vaterland. Eine Wehrschrift. Amsterdam 1897. (Ueber die Stellung des deutschen Professors an holländischen Universitäten.)
**Utrecht** (gest. 1636). Annales academiae Trajectum Rheni. Utrecht 1617 sqq.
— **Burmann, C.,** Trajectum eruditum. Utrecht 1738.

### f. Italien.

**Bologna** (als jurist. Hochschule privil. von Kaiser Friedrich I, 1158, Universität seit 1200). **Gemelli, C.,** Notizie storiche sulla r. biblioteca universitaria di Bologna. Con appendice. Bologna 1872.
— **Maurus Sarti** et **Maurus Fattorini,** De claris archigymnasii Bononiensis pro- fessoribus a saec. XI usque ad XIV. 2 voll. Bologna 1769—70.
— **Statuti** della honor. Universitate do li Mercanti de Bologna compilati del a. 1509. Con additioni. Bologna 1522.
— **Leonhard,** Die Universität Bologna im Mittelalter. Vortrag. Leipzig 1888.
— **Tille, A,** Aus den Ehrentagen der Universität Bologna im Juni 1888. Leipzig 1888.
**Campori, G.,** Della necessità di conservare le università minori. Firenze 1874.
**Cantoni, L.,** La questione universitaria. Milano 1874.
**Duthoit, E.,** L'enseignement du droit et des sciences politiques dans les univer- sités d'Italie. Saint-Dizier 1894.
**Ferrara** (gest. 1624, priv. 1391). De academia Ferraria a Clemente XIV. restituta. Ferrara 1772.
**Fornelli, N.,** Versuche einer Reform der Universitäten in Italien.: Zeitschr. f. d. ausl. Unterr. Jahrg. I. Leipzig 1895/96. Delheft, S. 21 ff.
**Frankenstein, K.,** Zur Geschichte und Statistik des Studiums der italienischen Universitäten.: Zeitschr. f. Litt. u Gesch. d. StW. Bd. 11. Leipzig 1894.
**Genua** (gest. 1243). **Isnardi, P. L.,** Storia della Università di Genova. 2 vols. Genova 1861—1867.
**Lapouge, G.,** Le prolétariat intellectuel en Italie.: Devenir social. Année 3. Paris 1897.
**Luschin v. Ebengreuth,** Vorläufige Mitteilungen über die Geschichte der deut- schen Rechtshörer in Italien. Wien 1892. (Sitzungsberichte der kais. Akad. d. W. in Wien. Philos.-histor. Klasse, Bd. 127.)
**Neapel** (gest. 1224). **Origlia, G.,** Istoria dello studio di Napoli. 2 voll. Neapel 1752.
**Padua** (gest. gegen 1222). **Facciolati (J.)** Fasti gymnasii Patavini usque ad annum 1756. 3 voll. Padua 1757.
— **Lutius,** De privilegiis scholarium. Patavium 1564.
— **Papadopoli, N. C.,** Historia gymnasii Patavini. 2 voll. Venedig 1725.
— **Riccoboni,** De gymnasio Padavino, etc. Padua 1595 (s. d. ausf. Titel unter VI, 2 f. auf Seite 256.).
**Palma, L. e L. Ferri,** Legislazione scolastica comparata. Firenze 1875. (Parte II: Regolamento universitario italiano comparato a quello delle principali università germaniche.)
**Pavia** (gest. 1300, privil. 1361). **Gatti (A.),** Gymnasii Ticinensis historia et vin- diciae a saec. V ad finem XV. Mailand 1704.
— **Monti, V.,** Prolusioni agli studi dell' Università di Pavia per l'a. 1804. Mai- land 1804.

**Pisa** (gest. 1316, priv. 1338). **Fabronii** (A.) Historia academiae Pisanae. Pisa 1791.
**Riordinamento dello università** etc. Torino 1862. (Gesetze und Verordnungen für die Universitäten Italiens und deren Fakultäten.)
**Rom** (als Archigymnasium 1245 gest., 1303 erweitert, seit 1431 Universität). **Carafa**, J., De gymnasio Romano et de ejus professoribus. Roma 1751.
— **Renazzi**, T. M., Storia dell' Università degli studj di Roma, detta la sapienza, con un saggio storico de letteratura Romana dal sec. XIII. sino al sec. XVIII. 4 voll. Roma 1803-1806.
**Statistica dell' istruzione superiore.** Anni scolastici 1893 94 e 1894/95. Roma 1896. (Enthält u. a.: Universitätsbesuchs-, akademische Prüfungs- und Diplomierungsstatistik)
**Statistica dei posti di studio a beneficio dell' istruzione superiore.** 2ª ed. Roma 1883. (Pubblicazione del Ministero dell' istruzione pubblica.)

### g. Oesterreich-Ungarn.

**Albert**, E., Die Frauen und das Studium der Medizin. Wien 1895. — Hannak, Prof. E. Alberts Essay „Die Frauen und das Studium der Medizin" kritisch beleuchtet. Ebd. 1895.
**Alexander**, A., Die Studentenverbindungen in Oesterreich. Ein Beitrag zur Charakteristik der österreichischen Hochschulen. Jena 1876.
**Breitenstein**, M., Reform der Hochschulen in Oesterreich. Wien 1894.
**Budapest** (gest. 1635 in Tyrnau [s. d.]). Jelentés a Budapesti m. kir. tudományegyetem állapotáról, működéséről és haladásáról. Budapest 1876. (Bericht über den Zustand, die wissenschaftlichen Arbeiten und die Fortschritte der k. ungarischen Universität zu Budapest.)
— Szabályrendelet a tudományegyetemi orvosi karoknal tartandó tudori szigorlatokról. s. l. e. a. (Budapest 1875.) [Dokret betreffend die Bedingungen zur Erlangung der Doktorwürde an der Budapester medizinischen Fakultät.]
— v. **Hajnik**, Emerich, Die Autonomie der Budapester Universität.: Ung. Rev., Jahrg. IX. Budapest 1889.
— **Seminarien** an der Budapester Universität.: Ung. Rev., Jahrg. VIII. Budapest 1888.
v. **Dumreicher**, A., Die Verwaltung der Universitäten seit dem letzten politischen Systemwechsel in Oesterreich. Wien 1873.
**Graz** (gest. 1586, ernouert 1827). **Mayer**, F. M., Die Gründung der Grazer Universität.: Oest. Ung. Rev., Jahrg. 1886. Wien.
— v. **Pebal**, L., Das chemische Institut der k. k. Universität Graz. Wien 1880.
v. **Helfert**, Die Reform der rechts- und staatswissenschaftlichen Studien an den österreichischen Universitäten. Wien 1888.
**Innsbruck** (gest. 1670). **Probst**, J., Geschichte der Universität Innsbruck. Innsbruck 1869.
**Kist**, L., Studium und Studentenleben vor 40 bis 50 Jahren und eine schwere Prüfung nach absolviertem Universitätsstudium. Ein Beitrag zur Kulturgeschichte des XIX. Jahrhunderts. Innsbruck 1891.
**Kleinwächter**, F., Die rechts- und staatswissenschaftlichen Fakultäten in Oesterreich. Wien 1876.
**Krakau** (gest. 1347). Acta rectoralia almae universitatis studii Cracoviensis inde ab a. 1469. Editionem curavit W. Wisłocki. Tomus I, fasc. 1—3. Krakau 1893—95.
— v. **Reibnitz**, E. W., Reden 1, bei der Einführung des hohen Rates der Universität Krakau nach deren vollendeten Reorganisation und 2, bei Uebergabe der Konstitutionsurkunde der freien Stadt Krakau. Berlin 1818.
— **Soltykowicz**, J., O stanie akadem. Krakov. Krakau 1810.
— **Zeissberg**, H., Das älteste Matrikelbuch der Universität Krakau. Innsbruck 1872.
**Lemberg** (gest. 1784). **Liske**, X., Der angebliche Niedergang der Universität Lemberg. Lemberg 1876.
**Lemayer**, K., Die Verwaltung der österreichischen Hochschulen von 1868—1877. Wien 1878.

**Prag** (gest. 1347). **Feyertag, A.**, Conspectus antiquorum statutorum studii gen. Pragae. Prag 1796.
- **Karl Ferdinands-Universität** in Prag und die Cechen. Ein Beitrag zur Geschichte dieser Universität in den letzten hundert Jahren (1754—1855). Leipzig 1856.
- **Monumenta historica universitatis Pragae.** Pars I. Prag 1830.
- **Tomek, W. W.**, Geschichte der Prager Universität zur Feier der hundertjährigen Gründung derselben. Prag 1849.
- **Voigt**, Versuch einer Geschichte der Universität zu Prag. Prag 1776.

**Pulszky, Agost**, Az egyetemikérdések Magyarországon. Budapest 1889. (Die Fragen der Universitätsreform in Ungarn.)

**Reform**, zur, der rechts- und staatswissenschaftlichen Studien an den österreichischen Universitäten.: Oest. MSchr. f. chr. SozR., Jahrg. IX u. X. Wien 1887—1889.

**Reform**, zur, des Universitätswesens in Ungarn. Pest 1870.

**Rokitansky, K.**, Die Konformität der Universitäten in Oesterreich. Wien 1863.

**Rollett, A.**, Ueber Zweck und Freiheit des akademischen Lebens. Rektoratsrede. Graz 1895.

**Salzburg** (gest. 1622, aufgeh. 1810). **Hübner, L.**, Beschreibung der Stadt Salzburg. 2 Bde. Salzburg 1792.
- **Mesger, Jos.**, Historia Salisburgensis. Salzb. 1692.
- **(Sedlmayer)**, Historia universitatis Salisburgensis sub cura (PP.) Benedictinorum. Bonndorf 1728.

**v. Schweickhardt**, Sammlung der für die österreichischen Universitäten giltigen Gesetze und Verordnungen. 2. Aufl. Bd. I. u. II. Wien 1895.

**van Swieten, Gerhard**, Die Reform der Universitätsstudien in Oesterreich.: Oest. Ung. Rev. Bd. VII. Wien 1889.

**Tewes, A**, Schule, Universität, Akademie. Aus dem Cyclus der Vorträge des Collegium publicum „de rebus academicis." Graz 1887.

**v. Thaa, R. G.**, Sammlung der für die österreichischen Universitäten giltigen Gesetze und Verordnungen. Wien 1871. Nebst Supplementheft I. Ebd. 1876. (Mehr ist nicht erschienen.)

**Trummer, E.**, Appell an die christlichen Eltern und alle Freunde wahrer Wissenschaft und Bildung zur Förderung und Errichtung einer freien kathol. Universität etc. Graz 1885.

**Tyrnau** (Nagy-Szombat) [bestätigt von Ferdinand II. 1635, verlegt nach Pest 1784]. **Kasy, Fr.** (S. J.), Historia universitatis Tyrnaviae. 3 voll. Tyrnau 1737.

**Universitäten**, die, Oesterreichs und die Kollegiengelderfrage, von ***. Wien 1889.

**Wien** (gest. 1365). **Aschbach, J.**, Geschichte der Wiener Universität im I. Jahrhundert ihres Bestehens und ihre Humanisten im Zeitalter Kaiser Maximilians I. 2 Bde. Wien 1865—1877.
- **Eder et Sorbait**, Catalogus rectorum archigymnasii Viennensis. Wien 1670.
- **Karsten, H.**, Die Fäulnis und Ansteckung. Im Anhange die Darstellung meiner Erlebnisse an der Wiener Universität in den Jahren 1869—1871. Schaffhausen 1872.
- **Kink, R.**, Geschichte der Universität Wien. 2 Bde. Wien 1854.
- **Reichenau, Jos.**, Conspectus historiae universitatis Viennensis ab initiis ejus usque ad a. 1465 ex actis veteribusque documentis erutae. Vienna 1722; continuatio a Seb. Mitterdorffero. 3 voll. Ibid. 1724.
- **Schmid, F.**, Bericht über die Thätigkeit des statistischen Seminars an der k. k. Universität Wien im Wintersemester 1888/89.: Monatsschr., statist., Jahrg. XV. Wien 1889.
- **Schroff, C. D.**, Bericht über die 500jährige Jubelfeier der Wiener Universität im Jahr 1865. Wien 1866. Mit Abbild. der Jubiläumsmünze.
- **Unger, J.**, Zur Reform der Wiener Universität. Ein Votum erstattet in der Sitzung des Unterrichtsrates am 29. XII. 1868. Wien 1869.
- **Unterricht**, der medizinische, an der Wiener Hochschule und seine Gebrechen. Wien 1869.
- **Wolf, G.**, Zur Geschichte der Wiener Universität. Wien 1883.

h. Rußland.

Åbo (gest. 1640, nach Helsingfors verlegt 1827). **Bilmark, S. J.**, Dissertatio historica regiae academiae Aboae. Abo 1770.
— **Stiermann**, Aboa litterata. Stockholm 1719.
**Dorpat** (gest. 1632, aufgeh. 1656, neu organis. 1690, nach Pernau verlegt 1699, eingegangen 1710, als kais. russ. Universität neu errichtet 1802). **Eberhard, D.**, Dorpatum litteratum. Dorpat 1698.
— **Siveberg, G.**, Pernavia litterata. Pernau 1703.
— **Sommelius, G.**, Reg. academiae Gustavo-Carolinae seu Dorp. Pernaviae historia. Lund 1790 — 92.

— **Busch, F.**, Der Fürst Karl Lieven und die kais. Universität Dorpat unter seiner Oberleitung. Dorpat 1846.
— **Dorpat, die deutsche Universität, im Lichte der Geschichte und der Gegenwart.** Leipzig 1882.
— **Dorpat: Jurjew**, von Livonus.: Preuſs. Jahrb., Bd. LXXIV. Berlin 1893.
— **(Heyking)**, [rh статьи о студенческой жизни в Дерпт. С.-Петербург 1892. (Ueber das Studentenleben in Dorpat.)
— **Morgenstern, C.**, Dörptische Beyträge. 3 Bände. Dorpat 1813 ff.
— **Otto, G. und Hasselblatt**, Von den 14000 Immatrikulierten Dorpats. Dorpat 1891.
— **Rückblick auf die Wirksamkeit der Universität Dorpat, 1802—1865.** Dorpat 1866.
— **Statuten der (kais.) Universität zu Dorpat.** Dorpat (1803).
— **Statut der kais. Universität Dorpat vom 4. Juni 1820 und Schulstatut für den Lehrbezirk der Universität Dorpat.** Dorpat 1820.
— **Statut der kais. Universität Dorpat.** Dorpat 1865. (Russisch und deutsch.)
— Ученыя записки императорскаго Юрьевскаго университета. Acta et commentationes Imp. universitatis Jurievensis (olim Dorpatensis). Jahrg. I (1893) — Jahrg. IV (1896). Jurgew 1893 — 96.
— **Universität Dorpat, die kaiserl.**, während der ersten 50 Jahre ihres Bestehens und Wirkens. Dorpat 1852.
— **Universitäten, die**, Dorpat und Abo.: Bischof Ferd. Walter, Landtagspredigten und Lebenslauf. Leipzig 1891.
— **Von der Universität Jurgew.** (Glossen zu dem Bestreben der russischen Regierung Dorpat dem Niveau der übrigen russischen Universitäten anzupassen). : Beilage z. Allg. Zeitung, Jahrg. 1896, Nr. 128. München.
**Entwurf** (amtlicher) eines allgemeinen Statuts für die kais. russischen Universitäten. Deutsch von Tancoff. Leipzig 1862.
**Helsingfors** (eröffn. 1827, vgl. Abo). Statuter for Keys. Alexanders Universiteted i Finland. St. Petersburg 1829.
**Legeal, G**, Universités et écoles.: La Russie. 2e éd. Paris (1895).
**Kasan** (gest 1793, privil. 1804 von Alexander I.). Извѣстія и ученыя записки Императорскаго Казанскаго университета. Годъ I sqq. Казан 1834 sqq. (Denkschriften und Dissertationen der kais. russischen Universität Kasan.) (Jeder Jahrgang umfasst 6 Hefte.]
— **1793—1893.** Празднованіе Императорскимъ Казанскимъ университетомъ столѣтней годовщины дня рожденія Н. И. Лобачевскаго. (Festschrift zur Säkularfeier der Gründung der kais. Universität Kazan, von N. J. Lobatschevski) Kazan 1894.
**Reform** der russischen Universitäten nach dem Gesetz vom 23. August 1884, Leipzig 1886.
**St. Petersburg** (gest. 1819). **Grigorief**, Императорский С.-Петербургский университетъ втеченіе первыхъ пятидесяти лѣтъ его существованія. Ст.-Петербург 1870. (Die kaiserliche St. Petersburger Universität in den ersten 50 Jahren ihres Bestehens.)
— Отчетъ о состояніи и дѣятельности Императорскаго Ст. Петербургскаго университета за 1891 годъ составленный проф. Д. Коноваловымъ. (Bericht über den Stand und die Thätigkeit der kais. Universität zu St. Petersburg im Jahre 1891. Zusammengestellt von (Prof.) Konowalow. St. Petersburg 1891.)

Statut, allgemeines, der kais. russischen Universitäten vom 23. August 1884. St. Petersburg 1884.
Statuten der Lehranstalten, welche den Universitäten untergeordnet sind. Nebst Modifikationen der Statuten. Dorpat 1804.
Universitäten, die, des russischen Reiches.: Russ. Rev, Jahrg. XII. St. Petersburg 1893.
Wright, C. T., Hagbert, The Russian universities.: Scott Rev., July 1872. Edinburgh.

!. Schweiz.

Basel (gest. 1460). Fick, Ed., Fondation de l'Université de Bâle. Genève 1863.
— Heß, J. W., Beschreibung der 4. Jubelfeier der Stiftung der Universität Basel, 5. 6. u. 7. Sept. 1860. Basel 1860.
— Rechnung über das Vermögen der Universität und des Gymnasiums Basel, Finanzjahre 1876 ff Basel.
— Thommen, R , Geschichte der Universität Basel, 1532—1632. Basel 1889.
— Vischer, W., Geschichte der Universität Basel von der Gründung 1460 bis zur Reformation 1529. Basel 1860.
Bericht und Anträge der Majorität der nationalrätlichen Kommission zu den Gesetzesentwürfen, betreffend Errichtung einer eidgenössischen Universität und einer eidgenössischen polytechnischen Schule. (Bern 1853.)
Bern (gest. 1834). Müller, E., Die Hochschule Bern in den Jahren 1834—1884. Bern 1884.
Chatelain, E., Les étudiants Suisses à l'Ecole pratique des hautes études (section des sciences historiques et philologiques) 1869—1891. Avec un appendice sur les étudiants suisses de Paris aux XVe et XVIe siècles. Paris 1891.
Freiburg. Morel, C., Die internationale katholische Universität Freiburg in der Schweiz. Uebersetzung der 2. französ. Aufl. Freiburg I. B. 1895.
Geiser, K., Die Bestrebungen zur Gründung einer eidgenössischen Hochschule 1758—1874. Bern 1890.
Genf (gest. 1536). Bouvier, M. B., L'Université de Genève et son histoire. Genève 1996.
— Fick, Ed., C. Lefort et G. Revilliod, Le livre du recteur, catalogue des étudiants de l'Académie de Genève, de 1559 à 1859. Genève 1860.
— Histoire du collège de Genève, publié sons les auspices du département de l'instruction publique. Genève 1896.
— Stolipine, D., Essais de philosophie des sciences. Programme du prix de philosophie sociale proposé par l'Université de Genève. Genève 1896.
Müller, Ed., Die nationale Bedeutung der Hochschulen. Bern 1878.
Wolf, Jul., Vorschläge zur Organisation einer eidgenössischen Rechtsschule (in Verbindung mit der Hochschule für Staatswissenschaft). (Zürich) 1899.
Zürich (gest. 1833). Boden, A., Geschichte der Berufung des Dr. Strauß an die Hochschule von Zürich. Frankfurt a/M. o. J.
— Frequenz, die, der Universität Zürich in den ersten 40 Jahren ihres Bestehens von Ostern 1833 bis Ostern 1873. Herausgegeben von H. Henke. Zürich 1874.
— Hermann, Das Frauenstudium und die Interessen der Hochschule Zürich. Zürich 1872.
— v. Schleinitz, Alexandra, Offener Brief einer Studierenden an die Gegner der „Studentinnen" unter den Studenten und Berichtigung dieses Schreibens. Zürich 1872.

k. Spanien und Portugal.

Barcelona (gest. 1430). Flaquer y Fraisse, J., Discursos leidos ante el claustro de la Universidad de Barcelona etc. Barcelona 1863.
Bilbao (gest. 1730). Ordenanzas de la ilustre Universidad y casa de contratación de la villa de Bilbao, insertos sus reales privilegis. Madrid 1796.
— Ordenanzas de la Universidad de la villa de Bilbao aprobadas en 2 de diciembre 1737 y en 27 de junio de 1814. Con inserción de los privilegios de julio 1819. Madrid 1819.

Coimbra (gest. 1290). Serra de Mirabeau, B. A., Memoria historica de commemorativa da faculdade de medicina nos cem annos decorridos desde a reforma da Universidade em 1772. Coimbra 1872.
de la Fuente, V, Historia de las Universidades en España. 4 voll. Madrid 1884—1889.
Posaada, A, La enseñanza del derecho en las universidades. Madrid 1889. (Das Studium der Rechtswissenschaft auf den spanischen Universitäten.)
de Quevedo, M. Ruiz. Cuestión universitaria. Madrid 1876.
Salamanca (gest. gegen 1250, privil. 1404). Graux, Ch., L'Université de Salamanque. Paris 1887.

### 4. Universitäten anssereuropäischer Kulturstaaten.

#### a. Vereinigte Staaten von Amerika.

Adams, H B, The study of history in American Colleges and Universities. Washington 1887.
—, Thomas Jefferson and the University of Virginia. Washington 1887.
van Amringel, H., Columbia College. An historical sketch, 1754—1876. Columbia 1876.
Andrews, J. W., Historical sketch of Marietta College. Cincinnati 1876.
Benjamin Franklin and the University of Pennsylvania, edited by Fr. Newton Thorpe. Washington 1893. (Bureau of Education, Circular of Information. No 2, 1892.)
Boynton, E. C., History of West Point. New York 1870.
ten Brook, A. T, American State Universities, their origin and progress. History of congressional University land-grants, a particular account of the pp. University of Michigan etc. Cincinnati 1875.
Brown University. Sketch of the history and present organization. Providence 1881.
v. Bunsen, Marie, Besuch der amerikanischen Frauenuniversität Wellesley-College bei Boston.: Frau. die, im gemeinnütz. Leben, Jahrg. I. Gera 1886.
Butler, B, Plan for the organization of a law faculty in the University of the city of New York. New York 1835.
Columbia University in the city of New York. University Bulletin. New York. (erscheint monatlich seit 1895.)
the Cornell University register. Ithaca (State of New York) 1888—1889.
de Cubertin, P., Universités transatlantiques. Paris 1890.
Dexter, F. B., Biographical sketches of the graduates of Yale College. New York 1885.
Dunlway, C. A., Graduate courses. A handbook for graduate students, lists of advanced courses by 21 colleges 1895—1896. New York 1895.
Durfee, C., A history of Williams College. Boston 1860.
Farrand, E. M., History of the University of Michigan. Ann Arbor 1885.
Four American Universities. New York 1895. (Contents: Harvard, by C. E. Norton. — Yale. by A. T. Hadley. — Princeton, by W. M. Sloane. — Columbia, by J. Brander Matthews. —)
Gayley, J. F., A history of Jefferson medical College of Philadelphia. Philadelphia 1859.
Hamilton College. Memorial semi-centennial. Utica 1852.
Hill, W. H., Historical sketch of St. Louis University. St. Louis 1879.
History, the, of the College William and Mary. Richmond 1874.
Jefferson, T. and J. C. Cabell, Early history of the University of Virginia. Richmond 1856.
Laborde, M., History of South Carolina College. Charleston 1874.
Lafayette College. An historical sketch. Philadelphia 1876.
Laurent, O., Les Universités des Etats-Unis et du Canada et spécialement leurs institutions médicales. Paris 1894.
Law and documents relating to Cornell University. Ithaca 1870.

Log College, Biographical sketches. Philadelphia 1851.
Lossing, B. J., Vassar College and its founder. New York 1867.
Maclean, History of the College of Princeton. Philadelphia 1871.
Madison University, the first half century 1819—1869. New York 1872.
Matile, G. A., Les écoles de droit aux États-Unis. Paris 1864.
Moore, N. F., An historical sketch of Columbia college in the city of New York. New York 1846.
Peter, Rob., and (his daughter) Johanna Peter, Transylvania University, its origin, rise, decline, and fall. Louisville (Kentucky) 1896. [Die zu Lexington im Staate Kentucky belegene Transylvania-Universität war die erste Hochschule im Thale des Ohio.]
Pierce, B., History of Harvard University. Cambridge (State of Massachusetts) 1863.
Sheffield scientific school of Yale College. Annual report I sqq. New Haven 1867 sqq.
Smith, B. P., History of Dartmouth College. Boston 1878.
Spalding, J. R., Vermont College. Historical discourse. Burlington 1854.
Stearns, J. W., Colombian history of education in Wisconsin, by various authors; embracing universities, colleges, academies, private schools etc. in Wisconsin, Milwaukee College for women, etc. Milwaukee 1893.
Student, the, in American life.: Crooker, Problems in American society. Boston 1889.
Swathmore College. Essay on the education of the Society of friends. Philadelphia 1869.
Thwing, C. F., American Colleges, their students and work. New York 1878.
University of the State of New York: Regents Bulletin N° 1—42. New York, 1892, February — 1895, December.
Walker, C. M., History of the Ohio University. Athens 1869.
Wisconsin. Historical sketch of the University of W., 1849—1876. (Madison) 1876.
Zimmermann, Athan, Die Universitäten in den Vereinigten Staaten Amerikas. Ein Beitrag zur Kulturgeschichte. Freiburg i. B. 1896.

### b. Chile und Argentinien.

Anales de la Universidad de Chile. 35 vols. Santiago de Chile 1843—1877.
Domeyko, J., Reseña de los trabajos de la Universidad desde 1855 hasta el presente memoria. Santiago 1872. (Revue über die wissenschaftliche Thätigkeit der Universität Chile in den Jahren 1855 bis 1871.)
Garro, J. M., Bosquejo historico de la Universidad de Cordoba con un apendice de documentos. Buenos Aires 1852.

### c. Japan.

Journal of the College of science (Fakultät der Wissenschaften), imperial University Japan. 2 vols. Tokio 1886—1887.
Memoirs of the literature college, imperial University of Japan. Tokio 1887. (Denkwürdigkeiten der litterarisch-linguistischen Abteilung der philosophischen Fakultät der kais. Universität Japan.)
Rapport de la faculté de médecine de l'Université de Tokio. 3 vols. Tokio 1878—80. (Ganz in japanischer Sprache.)
Rapport des trois sections de la faculté des lettres, Université de Tokio. 2 vols. Tokio 1877—1879. (Ganz in japanischer Sprache.)
Tokio (Jeddo). University of Tokio. The calendar of the Departments of law, science and literature, 2539—47. Tokio 1879—94.

### 5. Volkshochschulen und Universitäts-Ausdehnungsbewegung.

Aspects of modern study: being University Extension addresses by Lord Playfair, Canon Browne, Mr. Goschen, Mr. John Morley, Sir James Paget, etc. etc London 1894.
Bergemann, P., Ueber Volkshochschulen. Wiesbaden 1896.
Churton Collins, J., The Universities in contact with the people.: Ninet. Cent., N° 151. London 1889.

**Cummings, E.**, University settlements.: Qu. Journ. of Econ., vol. VII, N° 3. Boston 1892.

**L'Education populaire des adultes en Angleterre.** (Table des matières: L'extension de l'enseignement universitaire, par Mich. E. Sadler. — Les colonies universitaires (University settlement:) Toynbee Hall, la colonie universitaire de Whitechapel, par Th. Hancock Nunn. — L'éducation sociale de l'ouvrier. — etc.)

**Fischer, Marie** (geb. Lette), Volkshochschulen. Leipzig 1895.

**Földes, B.**, Az angol egyetemek és a munkásügy, különös tekintettel Tonwee Hallra. Budapest 1892. (Die englischen Universitäten und die Arbeiterfrage mit besonderer Rücksicht auf Toynbee Hall.)

**Friberg, Maikki**, Die Volkshochschulen im Norden. Vortrag. Berlin 1895.

**Garnett**, University education for the people.: Contemp. Rev., Nov. 1887. London.

**Holmberg, Th**, Die schwedische Volkshochschule.: Zeitschr. f. d. ausl. Unterr. Jahrg. I 1895/96. Beiheft, S. 40 ff.

**Knapp, J. M.**, Universities and the social problem.: an account of the University settlements in East London. Rivington 1895.

**Leclère, L.**, Les universités populaires dans les pays anglo-saxons. Bruxelles 1893.

**Lippert, P.**, Arnold Toynbee.: H.-W.-B. d. Staatsw., Bd. VI, S. 237 ff. Jena 1894.

**Mackinder, H. J.**, and M. E. **Sadler**, University extention; past, present, and future Oxford 1892.

**Marholm, L.**, Volkshochschulen in Dänemark.: U. Zeit, Jahrg. 1658. Leipzig.

**Programme of the 1st to VIIth summer meeting of University Extension and other students in Oxford, August 1859—95.** Oxford.

**Reyer, Ed.**, Handbuch des Volksbildungswesens. Stuttgart 1896.

**Roberts, R. D.**, Eigtheen years of University extension. Cambridge 1891.

**Rosendal, H.**, Danemarks folkehøiskoler og landsbrugsskoler, øren 1844—1894. Odense 1894.

**Russell, Jam**, Die Volkshochschulen (extension of University teaching) in England und Amerika. Deutsch mit Anmerkungen von O. W. Beyer. Leipzig 1895.

**Sadler, M. E.**, University extension. London 1895. (Social Science Series.)

**Schultze, E**, Volkshochschulen und Universitäts-Ausdehnungsbewegung. Leipzig 1897.

**Toynbee Hall, Whitechapel.** Annual reports 1st sqq. of the Universities' settlement in East London. London 1885 sqq.

**Universities and the social problem:** an account of the University settlements in East London. Edited by John M. Knapp. London 1895.

**University extension.** Congress, London 1894. Report of the proceedings, including the reports of the expert committees submitted to, and adopted by, the Congress. London 1894.

**Vincent, J. H.**, Chautauqua: a popular University.: Contemp. Rev., May 1887. London.

**Whibley, Ch.**, The farce of University extension: a rejoinder.: Ninet. Cent., N° 212. London 1894.

## Nachtrag

zu IV. 3, i Schweiz, Seite 532:

**Balsiger, E.**, Haus Rudolf Ruegg. Lebensbild eines schweizerischen Schulmannes und Patrioten, zugleich ein Beitrag zur Geschichte des Volkschulwesens. Zürich 1896.

**Heer, G.**, Geschichte des glarnerischen Volkschulwesens. Glarus 1886.

**Hunziker, O.**, Geschichte der schweizerischen Volksschule. 2. Ausg. 3 Bde. Zürich 1887.

—, Entwicklung der staatlichen Volksschule der Schweiz seit 1830. Zürich 1882.

P. Lippert.

www.ingramcontent.com/pod-product-compliance
Lightning Source LLC
Chambersburg PA
CBHW021227300426
44111CB00007B/449